기독교문서선교회(Christian Literature Center: 약칭 CLC)는 1941년 영국 콜체스터에서 켄 아담스에 의해 시작되었으며 국제 본부는 미국 필라델피아에 있습니다.
국제 CLC는 59개 나라에서 180개의 본부를 두고, 약 650여 명의 선교사들이 이동 도서차량 40대를 이용하여 문서 보급에 힘쓰고 있으며 이메일 주문을 통해 130여 국으로 책을 공급하고 있습니다. 한국 CLC는 청교도적 복음주의 신학과 신앙 서적을 출판하는 문서선교기관으로서, 한 영혼이라도 구원되길 소망하면서 주님이 오시는 그날까지 최선을 다할 것입니다.

추천사

조 종 남 박사
한국 웨슬리학회 명예회장

이번 허천회 박사의 『웨슬리의 생애와 신학』의 출판을 축하하며 기쁘게 생각한다. 웨슬리신학은 그의 신앙을 삶으로 실천하는 과정에서 형성되었고, 또한 그의 삶의 경험과 이성적 통찰을 통해 신학으로 발전한 것이다. 그런데도 웨슬리의 삶과 함께 그의 신학을 이해하고 설명하는 작업이 한국에서 이루어진 적이 없어 안타까웠는데 이번에 허천회 박사가 그 일을 해 주었다.

캐나다 토론토대학교 낙스신학대학원에서 학위를 받고, 웨슬리의 생애와 신학을 가르치며 한국에서는 찾을 수 없는 풍부한 자료를 참고하여 방대하면서 탁월한 저서를 남긴 허천회 박사의 노고에 진심으로 축하한다.

그는 총 3권으로 된 루크 타이어맨(Luke Tyerman)의 『웨슬리의 생애와 시대』(*The Life and the Times of the Rev. John Wesley, M.A., Founder of the Methodists*)를 참고하여 한 권 안에 웨슬리의 일기, 신학, 설교, 편지 등의 내용을 검토, 인용하며 새로운 해석을 제시함과 동시에 신학적으로 의미 있는 내용들을 보충하는 놀라운 일을 해냈다. 특히, 그동안 산만하게 인용된 모든 출처를 재확인함으로써 『200주년 기념 웨슬리 총서』(*The Bicentennial Edition of the Works of John Wesley*)에 근거해 웨슬리의 신학을 집대성시키는 작업을 한 것도 학문적 진보를 이루는 의미 있는 일이다.

또한, 그는 당시의 정치적-사상적 배경 안에서 웨슬리뿐만 아니라 그의 가문의 신앙적 배경을 이해하려고 했고, 웨슬리 삶의 중반과 후반을 지나면서 나타나고 있는 웨슬리의 인간적인 고뇌에 집중하면서 신학이 인간의 삶과 밀접하게 연관될 수밖에 없다는 사실을 탁월하게 보여 주었다. 특히, 웨슬리 말년에 미국에 파송한 동료 웨슬리안들과의 관계와 갈등을 비교적 상세하게 살피면서 18세기 영국의 웨슬리신학과 19-20세기 미국에 전달된 웨슬리신학이 어떻게 다른지 보여 줌으로써 현재 우리가 알고 있는 웨슬리의 생애와 신학을 점검할 수 있도록 해 주었다.

그후 저자는 최근에 이르기까지 다양하게 해석된 웨슬리신학의 일면을 살펴보며 향후 웨슬리신학의 연구 방향을 제시하고 있다. 특히, 그가 서론에서 제시하고 있는 '바람직한 웨슬리신학 방법론'은 웨슬리신학도와 학자들이 반드시 참고해야 할 내용이라고 생각한다. 허천회 박사의 이 책은 웨슬리신학을 공부하는 사람들이라면 피해갈 수 없는 탁월한 교재임을 믿어 의심치 않으며 기쁜 마음으로 추천하는 바이다. 마지막으로 외로운 학자의 길을 올곧게 걸으며 한국 기독교 역사에 귀한 선물을 안겨 준 허천회 박사의 노고를 치하하며, 또한 나에게도 훌륭한 후학을 둔 기쁨을 준 허천회 박사에게 고마움을 표한다.

장 기 영 박사
서울신학대학교 웨슬리신학 외래교수

    국내에 메도디스트 부흥 운동의 창시자 존 웨슬리에 관한 학술적 전기는 이미 여러 권 출판되어 있다. 그중 대부분은 해외 서적을 번역한 것이며, 국내 저자의 책은 매우 부족하다. 기존 웨슬리 전기의 대부분을 읽은 사람으로서 허천회 박사의 새로운 책을 기대하는 마음으로 꼼꼼히 정독했다. 책을 읽으면서 가장 먼저 받은 느낌은, 문체가 명료하고 읽기 쉬워 두꺼운 분량의 책인데도 매우 재미있게 읽을 수 있었다는 점이다.

    그의 글은 저널(Journals)과 일기(Diaries), 편지(Letters), 논문(Essays), 신구약주해(Notes on the Bible), 설교(Sermons) 등 웨슬리 자신의 글 전반과 웨슬리의 생애와 사역에 관한 많은 영어권 저술들을 두루 참고한 것이다. 그럼에도 해외 서적에서 느껴지는 번역투 문장이나 학술서의 난해함이 느껴지지 않고, 마치 웨슬리를 잘 아는 누군가가 웨슬리에 관해 들려주는 것처럼 흥미진진하게 책을 읽을 수 있었다. 내용 전개는 상당히 빠르고 특정 사건을 장황하게 묘사하지 않았다. 웨슬리 전기를 이처럼 재미있게 읽을 수 있다는 것은 이 책이 지닌 특별한 가치라고 생각한다.

    그러면서도 이 책은 웨슬리가 남긴 많은 저술의 수집과 편집, 출판 등 자료의 발전 과정을 잘 설명할 뿐만 아니라 웨슬리의 삶과 신앙의 여정, 신학적 사고의 변천 과정과 메도디스트 부흥 운동의 발전 과정을 연대기적으로 잘 기술하고 있다.

    특히, 웨슬리 자료가 어떤 목회적, 신학적 상황 속에서 생성되었는지 그 배경을 잘 밝혀 주어 각각의 글이 무미건조한 신학적 유물이 아니라 당시와 오늘의 교회와 신자의 필요를 충족시키고 하나님의 진리와 은혜로 시대를 깨운 하나님의 말씀의 나팔로 되살아나게 한다. 따라서 이 책은 오늘의 교회를 섬기기 위해 웨슬리를 학문적으로 더 깊이 연구하고자 하는 사람이라면 반드시 읽어야 할 필독서이다.

    이 책은 무엇보다 깊은 감동을 전달한다. 하나님의 영광을 위해, 그리고 18세기 산업혁명 시대 영국 국교회의 돌봄을 받지 못하던 가난하고 불쌍한 사람들을 찾아다니며 그들을 비참한 영적-육적 상태에서 건져내기 위해, 그리고 타락한 세상을 말씀으로 개혁하기 위해 참으로 치열하게 살았던 웨슬리의 삶과 경건, 헌신적 사역의 모습을 매우 사실적으로 우리 앞에 되살려 놓기 때문이다. 사실, 웨슬리 삶과 사역에 함께 하신 하나님의 손길을 발견하려면 웨슬리의 많은 글, 특히 '메도디스트 부흥 운동'의 과정이 자세히 묘사된 웨슬리 일기를 읽는 것이 큰 도움이 된다.

그러나 웨슬리 일기는 아직 국내에 번역되어 있지 않을 뿐더러, 혹 번역되었다 하더라도 엄청난 분량의 자료를 다 읽기는 쉽지 않다. 이런 상황 속에서 이 책은 웨슬리가 어떤 초인적인 믿음과 사랑으로 수십 년 동안 한결같이 하나님과 이웃 사랑하기를 실천했는지, 마치 웨슬리 일기 전체의 요약과도 같이 우리에게 상세히 전달해 주고 있다.

이 책은 탁월한 신학자로서만이 아니라 언제나 하나님의 더 충만한 은혜를 갈구했던 고뇌하는 신앙인, 우리와 동일한 연약성을 지니고서도 자신의 인생을 불태워 하나님께 산 제물로 올려드린 웨슬리의 진면목을 더 마음에 와닿게 느낄 수 있게 한다. 나는 이 책을 읽던 중 웨슬리와 메도디스트들의 경건과 사랑의 모습에 감정 이입이 되어서인지 두 차례 눈시울을 적셨는데, 이런 일은 다른 웨슬리 서적을 읽을 때는 경험해 보지 못한 것이었다.

저자는 책의 시작 부분인 머리말이나 제1부에서도 웨슬리신학을 "일관성의 결여나 논리적 한계" 등 상당한 결함과 문제를 지닌 신학으로 묘사한다. 웨슬리신학을 루터와 칼빈신학 등 개신교 내 다른 신학 전통과 비교, 연구하면서 웨슬리신학이 개신교신학 전통 중 가장 성경적 균형을 지닌 탁월한 신학체계임을 알게 된 추천자의 입장에서는 동의하기 힘든 주장이다. 그럼에도 저자가 보여 준 웨슬리의 생애나 신학에 대한 비평적 시각은, 이제까지 다른 웨슬리 학자들이 웨슬리에 대한 존경심 때문에 충분히 드러내지 못한 웨슬리의 솔직한 모습을 드러내는 장점으로 작용하기도 한다.

이 책이 드러낸 웨슬리는 지금까지의 많은 웨슬리 전기가 보여 준 웨슬리 신화나 용비어천가가 아닌, 그야말로 그의 많은 약점과 인간적 부족함까지 그대로 드러낸 진정한(Real) 웨슬리일지도 모른다. 그 점에서 저자의 책은 웨슬리 전기 분야에서의 새로운 도전이자 학문적 발전이기도 하다.

웨슬리를 잘 안다고 생각하고 이 책을 읽기 시작했지만, 그동안 잘 알지 못했던 많은 내용을 새롭게 배울 수 있었고, 무엇보다 웨슬리를 더 존경하고 사랑하는 마음을 갖게 되었다. 또한 부족하더라도 웨슬리와 같은 경건과 사랑의 삶을 살아가기를 꿈꾸며 기도하게 되었다. 이 책을 읽는 다른 분들에게도 동일한 배움과 깨달음, 그리고 감동을 선물해 줄 것임을 믿어 의심치 않기에, 이 책을 목회자와 성도, 신학생을 포함해 모든 신자에게 온 마음을 다해 추천한다.

이 은 재 박사
감리교신학대학교 역사신학 교수

'종합신학자'(A holistic Theologian) 존 웨슬리(John Wesley), 이 책의 가치를 평가하는 결정적인 단어일 것이다. 그동안 감리교는 일관된 신학이 부재하다거나, 웨슬리신학은 '신인(神人)협력'을 주장하는 공로 사상과 '그리스도인의 완전'이라는 비성경적 신학이라는 오해가 한국교회 안에서 주장되고 있었다. 그것이 경쟁적인 교파 간의 갈등에 따른 외부의 비난이건, 혹은 웨슬리 계통 내부의 신학적인 훈련의 미흡함이건 간에 이제는 문제를 바로잡을 수 있는 좋은 책을 손에 쥐게 되었다고 확신한다.

우리는 허천회 박사의 『웨슬리의 생애와 신학』을 통해 웨슬리의 삶과 신학이 당시의 영국 사회에서 어떤 의미를 가졌었고 지금도 생명력이 있다는 것을 깨닫게 될 것이다. 웨슬리신학을 처음 접하거나 확실하지 않았던 편견을 바로잡기를 원하는 독자들에게 기쁜 마음으로 읽을 것을 추천한다.

웨슬리의 생애와 신학

The Life and Theology of John Wesley
Written by ChunHoi Heo
All rights reserved.
Korean Edition Copyright ⓒ 2020 by Christian Literature Center, Seoul, Korea

웨슬리의 생애와 신학

2020년 2월 10일 초판 발행

지은이	|	허천회
편집	|	구부회
디자인	|	전지혜
펴낸곳	|	(사)기독교문서 선교회
등록	|	제16-25호(1980.1.18.)
주소	|	서울특별시 서초구 방배로 68
전화	|	02-586-8761~3(본사) 031-942-8761(영업부)
팩스	|	02-523-0131(본사) 031-942-8763(영업부)
이메일	|	clckor@gmail.com
홈페이지	|	www.clcbook.com
송금계좌	|	기업은행 073-000308-04-020 (사)기독교문서 선교회

ISBN 978-89-341-2075-9(93230)

이 도서의 국립중앙도서관 출판예정도서목록(CIP)은 서지정보유통지원시스템 홈페이지(http://seoji.nl.go.kr)와 국가자료공동목록시스템(http://www.nl.go.kr/kolisnet)에서 이용하실 수 있습니다. (CIP제어번호: CIP2019052937)

이 책의 저작권은 저자와 (사)기독교문서 선교회가 소유합니다. 신저작권법에 의하여 한국 내에서 보호받는 저작물이므로 무단 전재와 무단 복제를 금합니다.

The Life and Theology of John Wesley

웨슬리의 생애와 신학

허천회 지음

CLC

목차

추천사
조 종 남 박사 / 한국 웨슬리학회 명예회장
장 기 영 박사 / 서울신학대학교 웨슬리신학 외래교수
이 은 재 박사 / 감리교신학대학교 역사신학 교수

머리말		11
서론		13
제1부	**웨슬리신학 방법론과 자료에 대한 평가**	**25**
제1장	전통적 웨슬리신학 방법론 비판	26
제2장	웨슬리의 삶과 신학에 대한 자료의 문제	42
제2부	**웨슬리의 출생과 신학적 배경**	**69**
제1장	영국 국교회의 태동과 신학의 형성	71
제2장	웨슬리 가문과 수잔나 가문의 신학적 배경	91
제3장	웨슬리의 어린 시절	133
제4장	웨슬리의 청소년기	148
제5장	성직 안수 과정(1724-1728)	166
제3부	**메도디즘의 태동과 발전: 신성회에서 올더스게이트 체험까지**	**198**
제1장	메도디즘의 기원: 신성회의 태동과 활동(1729-1735)	201
제2장	메도디즘 태동의 두 번째 단계: 조지아 선교(1735-1738)	237
제3장	메도디즘 태동의 세 번째 단계: 페터레인신도회(Fetter Lane Society)	295
제4장	올더스게이트에서의 특별한 체험	312
제5장	유럽 여행과 헤른후트 방문	357

제4부	페터레인신도회의 분열과 파운더리신도회의 설립:갈등과 분열	379
제1장	페터레인신도회에서의 성령 체험과 분열	381
제2장	야외설교와 갈등과 분열	388
제3장	파운더리신도회 시대와 웨슬리신학의 정체성 형성	426

제5부	메도디스트 운동의 조직과 성장: 1742-1744년	436
제1장	메도디즘의 확장과 조직	437
제2장	핍박과 어머니의 죽음	452
제3장	메도디스트연회와 웨슬리신학의 정체성 확립	466
제4장	1744년 최초의 메도디스트연회와 정리되는 웨슬리신학	489
제5장	메도디스트들에 대한 비판을 통해 드러난 웨슬리신학의 특징	513
제6장	1748년-1755년까지 웨슬리의 활동과 연회	530

제6부	후기 웨슬리신학의 형성과 그에 대한 비판	592
제1장	1756년-1760: 여전히 해결되지 않은 문제들	593
제2장	1761-1769: 완전성화의 교리 논쟁과 신도회 내의 갈등	615
제3장	웨슬리신학에 대한 자체 수정	666

제7부	웨슬리신학의 확장과 한계: 아메리칸 감독교회의 탄생, 영국 국교회와의 관계, 동료 목회자들과의 갈등	695
제1장	영국 내 메도디스트들의 문제와 아메리칸 메도디스트들의 등장	697
제2장	메도디스트의 부흥과 도전받는 웨슬리의 권위	722
제3장	1783-1790년까지: 아메리칸 메도디스트들과 갈등, 영국 국교회와의 관계	758
제4장	웨슬리의 죽음과 그가 남긴 신학적 과제	854

에필로그		884
부록 1	"그리스도인의 완전" 교리와 20세기 웨슬리안신학의 흐름	888
부록 2	년도 별로 정리한 설교(Sermons in Chronological Sequence)	897
부록 3	웨슬리의 주요 연대(Chronology of John Wesley)	903
색인		907
참고 문헌(Bibliography)		913

일/러/두/기

*각주 형식: 예를 들어, 『200주년 기념 웨슬리 총서』는 Outler, *Sermon*, 3: 215 로 표기, 3권 215 페이지를 의미한다.
*Standard edition 도 같은 형식으로, 즉 편집본은 Telford, *Letters*, 3:215
*저널과 일기 편집본은 Curnock, *Journal*, 3:215 로 표기한다.

머리말

허 천 회 박사
토론토대학교 낙스신학대학원 웨슬리신학 겸임교수/말씀의교회 담임

지난 10년은 존 웨슬리(John Wesley)와 동행하며 많은 것을 배운 행복한 시간이었다. 한 위대한 신학자요 성직자를 이해하는 일은 결코 쉬운 일이 아님을 절실하게 느꼈음에도 그것을 멈추지 않을 수 있었던 것은 그 열매가 매우 달고 풍성했기 때문이다.

연대기적으로 보면 루터와 칼빈을 먼저 배우고 웨슬리를 이해하는 것이 당연하겠지만, 이번에는 웨슬리를 통해 역사를 거슬러 올라가 칼빈과 루터를 이해하는 일정이었다. 일정을 마치고 돌이켜보니 아무리 위대한 인물이라 해도 그 시대가 주는 한계와 오류는 피할 수는 없다는 사실이다.

다만, 그들 모두가 직면하고 있는 치명적인 문제를 극복하고 대안을 제시했다는 것이 오늘날까지 그들의 영향력이 지대할 수밖에 없는 이유이다. 웨슬리가 모든 목회자나 학자들에게 가르쳐 준 가장 큰 교훈은 신학자가 현장을 떠나서는 안 된다는 것이고, 목회자는 학문적인 책을 손에서 놓아서는 안 된다는 것이다. 어느 한쪽을 포기하고 웨슬리신학을 한다는 것은 사실상 불가능하다.

루터와 칼빈이 16세기 종교개혁을 일으키면서 개혁주의신학이 형성되었다면, 200년이 지나면서 18세기 영국에서 드러난 개혁주의신학의 한계와 모순을 극복하는 과정에서 형성된 것이 웨슬리신학이다. 그런가 하면, 웨슬리신학은 19-20세기를 여는 신학이 됨으로써 현대신학까지 연결되고 있다.

교신학을 이해하기 위해서는 개혁주의신학과 웨슬리신학, 그리고 현대신학까지 이해할 때 비로소 기독교신학에 대해 바람직하게 이해 될 것이다. 그런 의미에서 웨슬리신학을 공부하는 이유는 웨슬리안(Wesleyan)이 되기 위해서라기보다는 기독교신학 전반을 이해하기 위한 필연적인 과정이라고 보는 것이 옳을 것이다.

학생과 목회자들은 제법 부피가 큰 이 책을 인내를 가지고 읽으면, 웨슬리뿐만 아니라 기독교신학 전반에 대해 많은 것을 배우게 될 것이다. 독자들은 번역과 함께 원문을 그대로 인용한 것에 대해 익숙지 않을 것이다. 그러나 웨슬리 자신이 한 말이나 학문적인 평가들을 이해할 때 원문을 보면 그 뜻을 더 정확하게 알 수 있다는 장점을 살리기 위함이고, 또한 웨슬리안 학자들이 더 깊은 이해를 위해 원문을 찾고 확인하는 수고를 덜어주는 의미에서 그렇게 했다.

기독교신학의 역사 안에서 웨슬리신학의 이해와 확장할 수 있도록 학문적 스승이 되어 주신 해롤드 웰즈(Harold Wells) 박사와 학문적 동역자로서 토론을 마다하지 않은 펜샴(Charles Fensham) 교수, 그리고 낙스대학 존 비서(John Vissers) 학장님께 행복하다는 마음을 전한다. 또한, 수업시간에 열띤 토론에 참여해 주신 학생들, 동료 교수들에게 감사를 전한다.

졸저를 즐겁게 읽어 주시고 추천사를 써주신 장기영 박사님께도 감사드린다. 특히 평생 학문과 인생의 동반자인 한혜경 교수의 끊임없는 이해와 지원, 그리고 가치 있는 조언에 감사드린다.

무엇보다도 지난 2003년 개척 이래 오늘날까지 필자와 함께 동고동락하며 기도와 물질로 지원해 주고 있는 토론토 말씀의교회 온 성도들께도 이 자리를 빌려 감사의 마음을 전한다.

마지막으로 학창 시절에 웨슬리신학에 눈을 뜨게 해 주시고 오늘에 이르기까지 끊임없이 연구할 수 있도록 격려해 주셨으며 제자의 졸고를 정성껏 추천해 주신 조종남 박사님께 깊은 감사를 드리며 이 책을 바친다.

서론

1. 이 책을 쓰게 된 동기와 목적

존 웨슬리(John Wesley, 1703 - 1791)는 1703년 영국 국교회 사제의 아들로 태어나 87세로 죽을 때까지 영국 국교회 사제로 살았던 위대한 전도자요 신학자이다. 초기 개혁자들이 가톨릭신학의 문제를 극복하고 대안을 제시함으로써 개혁주의신학을 태동시킨 사람들이라면, 웨슬리는 그 개혁주의신학이 200여 년을 지나오며 드러난 한계와 모순을 극복하여 새로운 신학적 대안을 제시한 신학자이다.

초기 개혁자들이 가톨릭신학과 전통을 전면적으로 부정하며 세상에 등장한 것과 달리 웨슬리는 영국 국교회신학의 정체성에 따라 개혁주의신학의 전통 안에서 가톨릭신학을 수용하면서 동시에 영국 국교회신학의 문제점을 극복하면서 가장 성경적인 기독교를 실현하려고 노력한 인물이다. 그런 의미에서 기독교신학의 역사에 있어서 초대교회 이후 가톨릭신학이 있고 그 이후에 종교개혁신학이 있다면, 그 이후에는 웨슬리신학이 있는 것이다.

웨슬리가 18세기 영국 국교회 사제의 아들로 태어나 영국 국교회 사제로 죽었기 때문에 그의 신학은 분명히 18세기 영국 국교회신학이어야 할 것이다. 하지만, 웨슬리가 자신이 속해 있는 영국 국교회를 갱신하려고 했고, 또한 대부분의 활동을 영국 국교회 밖에서 했기 때문에 그의 신학을 단순히 영국 국교회신학이라고 단정지을 수 없다는 문제가 있다. 그는 분명 영국 국교회 사제의 가정에서 태어났지만, 한때 비국교도들이었던 부모들로부터 비국교도이면서 청교도적인 영향을 받았고, 30대에 들어서 알게 된 독일의 모라비안들(Moravians)로부터 많은 영향을 받았다.

그런가 하면, 개인적인 성향에 따라 알게 된 신비주의신학, 그리고 학문적 열정에 따라 섭렵하게 된 초기 교부들의 신학과 동방교회신학 등이 모두 웨슬리신학의 배경이 되었다. 그런 의미에서 웨슬리신학은 개혁주의신학을 계승하면서도 개혁주의신학의 한계와 모순을 극복하는 신학이며, 또한 당시 영국의 영국 국교회신학을 계승하고 영국 국교회신학의 한계와 모순을 극복하는 웨슬리만의 신학이라고 할 수 있겠다.

18세기 영국에서 태동한 웨슬리신학은 미국에 전해지면서 19-20세기 '미국 부흥 운동'을 이끌었고, '성결 운동'과 '오순절 부흥 운동'을 태동시킨 복음주의신학(Evangelical Theology)의 뿌리가 되었다. 그런가 하면, 개혁주의신학과 현대신학 사이에 웨슬리신학이 있다는 것을 아는 것이 중요하다. 왜냐하면, 웨슬리와 그의 신학에 대한 이해 없이는 현대신학을 논하는 것은 불가능하기 때문이다.

예를 들어, 현대신학의 개척자인 프리드리히 슐라이어마허(F. Schleiermacher, 1768-1834)는 경건주의에 바탕을 둔 경험주의신학을 태동시킨 신학자인데, 웨슬리는 개혁주의신학의 전통 안에서 자신의 체험을 신학화 했다는 차원에서 그의 선구자가 되었고, 18세기 영국에서 교회신학이 이신론적 대세와 합류하며 자연스럽게 성경과 예수 그리스도를 벗어나고 있을 때, 웨슬리가 철저하게 예수 그리스도의 삶과 가르침에 근거하는 신학을 발전시켰다는 차원에서 칼 바르트(K. Barth, 1886-1968)의 그리스도 중심 신학의 선구자가 되었다.

즉, 웨슬리는 개혁주의신학을 계승하고 극복하면서 자연스럽게 현대신학의 선구자가 되었다. 그런 의미에서 현대신학을 이해하기 위해서 웨슬리신학에 대한 이해가 필연적으로 요청되는 것이다.

웨슬리 사후부터 오늘날까지 웨슬리신학에 대한 다양한 이해가 시도되었는데, 한편으로 웨슬리는 마틴 루터(Martin Luther)나 존 칼빈(John Calvin)처럼 신학적 저작을 쓰지 않았기 때문에 신학자로 볼 수 없다는 관점과 다른 한편으로 웨슬리야말로 가장 성경적이고 가장 실천적 기독교를 실현한 위대한 신학자라는 주장이 대립했다.

그런데 그의 사후 한 세기도 더 지난 20세기 초부터 조지 크로프트 셀(George Croft Cell), 막시민 피에트(Maximin Piette), 어니스트 레이튼 버리(Ernest Rattenbury), 알버트 C. 아우틀러(Albert C. Outler) 등 학자들의 연구에 따라 웨슬리가 신학자가 아니라는 주장은 더 이상 불가능하게 되었다.

웨슬리신학의 가치를 발견한 초기에는 일반적으로 신학이 대중과 거리가 먼 것과는 달리, 웨슬리신학은 '대중을 위한 신학'(a folk theology)이라는 것과 다른 신학들이 대부분 지나치게 이론적인 것에 비해 웨슬리신학은 매우 '실천신학'(a practical theology)이라고 했다.[1]

---

[1] 사실 이 용어는 1961년에 알버트 C. 아우틀러(Albert C. Outler)가 미국신학협회 회장으로서 웨슬리를 신학자로 조명해야 한다는 내용의 기조 연설문 "Toward a Re-Appraisal of John Wesley as a Theologian"에서 사용된 용어이다. Thomas C. Oden and Leicester R. Longden, eds., "The Wesleyan Theological Heritage: Essays of Albert C. Outler" (Grand Rapids, MI: Zondervan Publishing House, 1991), 39-54. See also his later essay "John Wesley: Folk Theologian," in Thomas C. Oden and Leicester R. Longden, eds., "The Wesleyan Theological Heritage: Essays of Albert C. Outler," 111-24. 그 외에도 78, 138-9 페이지에서도 등장한다. 최근에 랜디 L. 매덕스(Randy L. Maddox)는 웨슬리를 "실천신학자"(a practical theologian)임을 인정하면서도 사실 그 보다 훨씬 조직적인 신학자임을 보여 주고 있다. See his "John Wesley – Practical Theologian?" *Wesleyan Theological Journal* 23 (1988), 122-47.

그런데 21세기에 접어들면서 웨슬리신학의 가치를 최소한으로 인정하던 초기와 달리, 이제는 웨슬리신학이야말로 기독교 역사에 있어서 가장 생명력이 있는(vital) 종합적인 신학(a holistic theology)임을 인식하기 시작했다.

웨슬리신학을 칼빈주의적 관점에서 알미니안신학의 하나로 여기거나 루터신학의 관점에서 지나치게 율법적인 신학의 하나로 보는 것은 옳지 않다. 웨슬리의 삶을 통해 알 수 있는 것은, 그의 신학은 지역적 한계를 지나 세계를 향한 복음주의신학의 태동이며, 이론적 한계를 벗어난 실천신학이며, 또한 성경과 현장이 분리되지 않고 밀접하게 유기적 역동성을 가지고 인간의 가장 근본적인 문제를 해결하는 데 집중한 신학이기 때문에 오늘날처럼 출구 없는 미래에 직면한 시대에 가장 절실하게 요청되는 신학임에 틀림 없을 것이다.

그러나 웨슬리의 일기나 저널, 각종 신학적 저작들은 어떤 체계를 갖추고 정교하게 정립된 신학이 아니라는 사실 또한 부인할 수 없다.[2] 그는 분명 특정 분야에서 탁월한 신학적 논리를 제공했고, 새로운 신학적 통찰과 대안을 제시한 것이 사실이지만, 매우 제한된 주제와 반복, 그리고 설교나 신학적 선언과도 같은 것들이 모여 재구성된 내용이 대부분이다. 그런 의미에서 웨슬리신학이 웨슬리가 생전에 잘 정립하고 완성한 신학인 것처럼 주장하거나, 제한된 그의 신학 체계 안에서 다양한 신학적 주제들을 모두 설명하려는 시도는 옳지 않다.

그것보다는 웨슬리신학의 내용이 무엇인지, 그 한계는 무엇인지, 기독교 신학에 어떠한 기여를 하고 있는지, 그리고 오늘날 어떤 의미가 있는지 이해하는 것이 웨슬리의 삶과 신학에 접근하는 가장 바람직한 방법이 될 것이다. 그러므로 이제 우리는 웨슬리가 신학자인가 아닌가를 논할 것이 아니라

---

2 See Don Thorsen, *The Wesleyan Quadrilateral* (Lexington, Emeth Press, 1990, 2005), 23-32.

어떻게 웨슬리신학을 이해하고 발전시킬 것이며, 어떻게 오늘날의 삶에 적용하여 기독교신학의 발전에 기여할 것인가를 논해야 할 것이다.

웨슬리가 죽은 후 200여 년간의 웨슬리의 생애에 관한 연구들을 자세히 살핀 리차드 P. 하이젠레이터(Richard P. Heitzenrater)가 "알기 어려운 웨슬리"(The Elusive Wesley)라고 말한 결론에 공감한다.[3] 지난 수년간 웨슬리신학을 가르치는 과정에서 깨닫게 된 것은 웨슬리의 삶을 떠나 그의 신학을 이해하는 것이 불가능하다는 것이었다. 그런 의미에서 웨슬리의 생애와 함께 그의 신학을 설명하는 교재를 찾았지만 만족스러운 교재를 찾지 못한 것이 이 책을 쓰게 된 동기와 용기가 되었다.

웨슬리의 생애에 대해서는 100년이나 200년 전에 쓰인 것들로서 최근의 학문적인 결과를 수용하지 못하고 있다는 단점을 가지고 있고 웨슬리신학에 대해서는 웨슬리가 언제 어디에서 왜 그렇게 말했는지 알지 못한 채 웨슬리가 그렇게 말했기 때문에 그것이 곧 웨슬리신학이라는 주장을 반복하는 교재들이 대부분이다.

그런 문제를 익히 알고 있던 아우틀러는 1964년에 매우 선구자적인 책, 『존 웨슬리』(John Wesley)를 편집하여 출판할 당시까지 그토록 다양한 웨슬리의 전기나 그의 신학에 관한 책들이 출판되었음에도, "여전히 웨슬리의 생애와 신학에 대해 좀 더 정확하면서도 학문적으로 평가할 저서가 출판될 필요가 있다"(An adequate study of Wesley's life and thought is still greatly needed)라고 했다.[4]

---

[3] Richard P. Heitzenrater, *The Elusive Mr. Wesley: John Wesley as Seen by His Own Biographer*, vol. 1 and *The Elusive Mr. Wesley: John Wesley as Seen by Contemporaries and Biographers*, vol. 2 (Nashville, TN: Abingdon Press, 1984). 이하 Heitzenrater, *The Elusive Mr. Wesley*로 표기.

[4] Albert C. Outler, ed., *John Wesley* (New York: Oxford University Press, 1964), 18, note 61. 이하 Outler, ed., *John Wesley*로 표기. 알버트 C. 아우틀러(Albert Cook Outler, 1908-1989) 박사는 예일대학교(Yale University)에서 박사학위(Ph.D.)를 받고 동 대학과 듀크대학교(Duke University), 그리고 퍼킨스신학대학원(the Perkins School of Theology)에서

한편, 웨슬리와 그의 신학이 한국에 소개된 지 100년이 훨씬 지났지만, 한국 사람에 의해 쓰인 웨슬리의 생애와 신학에 관한 학문적인 책이 한 권도 없다는 사실에 놀라지 않을 수 없다. 웨슬리의 생애에 대한 몇 권의 책이 출판되었지만, 대부분 학문적인 출처가 없거나 1886년에 출판된 이래 영어권에서 가장 대중적으로 읽히고 있는 존 텔포드(John Telford)의 역저 『웨슬리의 생애』(The Life of John Wesley)를 부분적으로 번역하거나 요약한 수준의 것들이다.

텔포드의 책은 웨슬리의 생애를 주제별로 탁월하게 설명해 주고 있다는 장점에도 불구하고 알 수 없는 이유로 출처를 밝히지 않았다는 점과 웨슬리를 탁월한 설교가요, 조직 운영자요 전도자요, 또한 사회 운동가로 조명했지만, 신학자로 인식하는 데는 약점을 가지고 있으므로 학문적인 가치를 상실하고 있다.

웨슬리의 삶과 신학에 관한 한 많은 부분을 보완해 주고 있는 책, 마틴 슈미트(Martin Schmidt)의 『존 웨슬리: 신학적 전기 상, 하』(John Wesley: A Theological Biography, vol. 1 and 2) 가 한국어로 출판된 것은 다행스러운 일이다.[5] 그 외에 웨슬리신학의 특정 주제를 학문적으로 연구한 탁월한 저서나

가르치다가 후에는 텍사스에 있는 남감리교대학교(Southern Methodist University)에서 은퇴할 때까지 가르쳤다. 특히, 퍼킨스신학대학교 재직 중에 『200주년 기념 웨슬리 총서』 발행을 위한 총 편집자(General Editor)로 일했다.

그는 웨슬리의 신학 방법론을 사변형(Quadrilateral), 즉 성경(Scripture), 교회 전통(Church Tradition), 이성(Reason), 그리고 개인의 경험(Personal Experience)으로 규정한 것으로 유명하다. 그런데 사실 사변형 중에서 "개인적 경험" 외에 다른 세 가지는 웨슬리 당시 영국 국교회신학이 중심 내용이었음을 알면 웨슬리는 매우 영국 국교회신학에 충실했음을 알 수 있다. 그런데 아우틀러가 웨슬리신학을 사변형으로 규정함으로써 "인간의 경험"이 신학 방법론에 있어서 매우 중요한 위치를 차지하게 되는 기여를 한 것과 아울러 웨슬리신학에 있어서 매우 중요한 성령의 능력, 혹은 성령의 증거 부분이 빠지는 결과를 가져왔음을 알 필요가 있다.

[5] Martin Schmidt, *John Wesley: A Theological Biography* vol. 1 and 2 (Nashville, MI: Abingdon Press, 1962). 이 책은 1953년에 독일어로 쓰였는데, 1962년에 영어로 번역된 책이

번역서들이 출판되었지만, 웨슬리의 생애와 함께 그의 신학을 조명하고 있는 책은 발견하지 못했다.

2. 집필 방법

이 책의 집필 방법은 웨슬리의 생애를 따라가며 그의 신학의 발전 과정을 이해하는 것이다. 생애에 관한 한 웨슬리가 얼마나 훌륭한 전도자인가를 증거하기 위함이 아니라 그가 어떤 사람이었고, 무엇을 했고, 어떤 문제를 가지고 고민했는지 보여 줌으로써 독자들이 웨슬리신학의 동기와 목적이 무엇이었는지 볼 수 있도록 돕는 것이 이 책의 목적이다.

신학적으로는 웨슬리가 얼마나 탁월한 신학자인지 증거하기보다는 그가 당대에 가장 고민한 문제가 무엇이며, 그러한 문제를 해결하기 위해 그가 제시하고 노력한 내용이 개혁주의신학의 전통 안에서 어떤 의미가 있고, 오늘날 어떻게 기여하고 있는지 볼 수 있도록 하는 것이다. 그렇게 함으로써 웨슬리신학을 이해할 수 있을 뿐만 아니라 그 신학의 한계와 문제점 또한 파악하면서 웨슬리신학을 더욱 발전시키는 데 기여하고자 한다.

본서는 다음과 같은 세 단계를 거치며 완성되었다.

첫째, 웨슬리의 생애와 관계된 역사적인 내용에 대해서는 타이어맨(Luke Tyerman)의 『웨슬리의 생애와 시대』(*The Life and the Times of the Rev. John Wesley, M.A., Founder of the Methodists*)를 참고하되 모든 내용을 다시 점검하고, 교정

다. 저자가 "웨슬리의 회심에 끼친 루터의 영향"(Die Bedeutung Luthers fur John Wesleys Bekehrung)에 대해 1938년에 논문을 쓴 이래 15년 만에 완성한 대작이다. 저자의 의도는 웨슬리신학이 사실 루터신학과 매우 유사하다는 것을 보여 주면서 동시에 루터과 경건주의적인 관점에서 웨슬리의 삶과 신학을 재평가하는 것이었다.

하며 보충하였다.[6] 타이어맨의 전기는 총 3권이나 되는 분량이기 때문에 웨슬리신학의 전문가들조차 그 책의 내용을 모두 섭렵하기 어렵다는 문제가 있었다.

그 내용을 한 권 안에 담기 위해서는 지나치게 반복되는 내용을 생략하고, 역사적 배경 설명과 웨슬리 가문에 관한 내용, 특히 웨슬리의 인간적인 면에 대한 설명이 부족하다는 타이어맨의 약점을 보완하기 위해 피에트, 하이젠레이터, 슈미트 등의 도움을 받았다.

둘째, 웨슬리의 생애를 따라가며 그에 따른 신학적 사고와 논쟁을 첨가하는 작업을 했다. 전기 작가들의 작업에 신학적인 첨가를 하는 과정에서 다음과 같은 신학자들의 도움을 받았다.

웨슬리신학의 선구자들인 아우틀러, 셀, 프랭크 베이커(Frank Baker), 윌리엄 R. 캐논(William R. Cannon) 등의 저작들을 참고했다. 1985년에 테오도르 루니온(Theodore Runyon)이 편집한 『오늘날의 웨슬리신학』(*Wesleyan Theology Today*)은 『200주년 기념 웨슬리 총서』와 마찬가지로 지난 200년 동안 발전한 웨슬리신학을 정리하며 평가하는 작업을 했는데, 성경신학, 선교신학, 여성신학 등 다양한 분야에서 웨슬리신학을 평가하고 확장하는 작업을 해 주었기 때문에 매우 유용하다.

그 외에 헨리 D. 랙(Henry D. Rack)의 『이성적인 열광주의자』(*Reasonable Enthusiast*)와 랜디 L. 매덕스와 제임스 E. 비커(Randy L. Maddox and Jason E. Vickers)가 2010년에 공동으로 편집하여 케임브리지대학교를 통해 출판한 『존 웨슬리』(*John Wesley*)를 통해 많은 도움을 받았다. 두 저작은 그 이전의 전기들과 달리 최근의 학문적 발전에 따라 웨슬리의 생애와 신학에 대한

---

[6] Luke Tyerman, *The Life and the Times of the Rev. John Wesley, M.A., Founder of the Methodists*, 3 vols (London, 1870). 이하 Tyerman, *John Wesley*로 표기.

이해와 지평을 넓혀주고 있기 때문에 귀한 자료가 된다.[7] 구체적으로 종합해 보면 타이어맨, 슈미트, 아우틀러, 랙, 케네스 J. 콜린스(Kenneth J. Collins), 하이젠레이터(Richard P. Heitzenrater), 그리고 매덕스 등 학자들의 도움 없이이 책은 완성될 수 없었다.

셋째,『200주년 기념 웨슬리 총서』(The Bicentennial Edition of the Works of John Wesley)에 따라 그동안 인용된 모든 출처를 재확인하면서 우리가 부분적으로 알고 있던 것이나 잘못 알고 있던 내용을 교정했다.『200주년 기념 웨슬리 총서』는 감리교회가 미국에서 감독교회로 공식 출발한 해인 1784년으로부터, 200주년이 되는 해인 1984년부터 시작하여 오늘날까지 계속 진행하면서 웨슬리가 쓴 문서와 그에 대해 문서들을 총망라하여 출판하고 있으므로 역사적으로나 학문적으로 가장 신뢰할 수 있는 자료이다.

즉, 그의 일기, 신학적 저술, 설교, 편지 내용 등 그가 읽은 방대한 분량의 저서들에 대한 목록을 총망라해서 보여 주고 있는 '총서'를 갖게 되었다는 것은 오늘날의 모든 웨슬리안이 누리는 가장 큰 혜택 중 하나이다.

특히, 필자는 그동안 출판되었던 편지나 저널이나 설교 외에 연회록을 참고함으로써 많은 신학적 내용을 얻을 수 있었다. 필자는 그 과정에서 그동안 학자들에 따라 다양하게 인용되었던 자료들을 '총서'로 통일함으로써 앞으로 후학들이 다양한 출처를 찾는 수고를 덜어주려고 했고, 특히 원문을 구입하는데 어려움이 있는 한국의 독자들을 고려하여 영어 원문을 번역과 함께 첨부했다.

---

[7] Randy L. Maddox and Jason E. Vickers, eds., *The Cambridge Companion to John Wesley* (Cambridge University Press, 2010).

이 책은 다음과 같이 **7부**로 구성되었다.

제1부에서는 "웨슬리신학 방법론과 자료에 대한 평가"를 했다. 그렇게 한 이유는 웨슬리의 생애와 신학에 대한 자료가 너무 많으므로 학문적으로 가치 있는 자료들을 선별하는 작업이 필요하기 때문이다.

제2부에서는 웨슬리가 태어나기 전부터 형성된 신학적 배경과 부모들로부터 물려받은 비국교도적인 영향, 그리고 학교에 들어가기 전부터 가정에서 실천한 경건 생활에 대해 살펴볼 것이다.

제3부에서는 웨슬리의 성장기에서부터 사제 안수를 받기까지 살펴보는데, 그 과정에서 웨슬리가 당시 유럽의 대세를 이루고 있었던 이신론적 영향 가운데 있던 대학에서 교육을 받고 1725년부터 성직자 안수 과정을 거쳐 영국 국교회 사제가 되기까지 내적 갈등과 신학 수업에 대해 살펴볼 것이다.[8] 특히, 그 과정을 거치면서 책을 통해 영적 멘토들을 만나게 되는데 그들로부터 구체적으로 어떠한 영향을 받고 발전시켰는지 주목할 것이다.

제4부에서는 웨슬리가 사제 안수를 받은 후 떠나는 조지아 선교와 그에 따라 발생하는 여러 가지 문제들에 대해 고찰할 것이다.

제5부에서는 웨슬리가 30대 중반에 선교지에서 돌아와 올더스게이트와 페터레인신도회에서 특별한 영적 체험을 한 것과 그에 따른 결과들에 대

---

[8] 웨슬리는 당시 영국 국교회의 사제(priest)였다. 목사(Minister)란 명칭은 미국의 웨슬리안이 감독교회로 출범하면서 사용한 용어이기 때문에 웨슬리가 살아 있는 동안의 직책에 대해서는 사제라 하는 것이 옳을 것이다.

또한, 'deacon'도 한국 기독교는 평신도들에게 주는 봉사직으로서 '집사'라 하지만, 당시 영국 국교회에서는 목회자 안수 과정에서 주는 직분이었으므로 한국 성공회의 용어를 따라 "부제"라고 할 것이고, 'curater'는 '부사제'라고 번역했음을 밝힌다. '부제'는 신학교를 졸업한 전도사에 해당할 것이고, '부사제'는 부목사에 해당할 것이다. 그러므로 웨슬리와 관계하여 'deacon'을 번역할 때, '집사,' 또는 '목사'라고 번역하는 것은 잘못이다.

해 살펴볼 것이다.

제6부에서는 웨슬리가 30대 후반에 야외설교에 나서면서 발생하는 문제와 그를 향한 각종 반대와 비난에 대해 답변을 하는 과정에서 형성되는 웨슬리신학의 정체성에 대해 살펴볼 것이다. 그 과정에서 창조적으로 발전시켜가는 웨슬리신학과 말년에 이르러서는 자신의 한계를 떠나 발생하는 일에 대처하면서 자기 생각을 교정할 뿐만 아니라 자신에게 모순되는 결정을 할 수밖에 없는 웨슬리의 모습에 주목할 것이다.

제7부에서는 웨슬리신학의 전통 안에서도 각기 다른 길을 가게 된 웨슬리안들의 다양한 선택에 대해 살펴보고 18세기 영국의 웨슬리에서 19세기 아메리칸 메도디즘에 이르는 과정에서 발생하는 문제들을 살펴볼 것이다. 그리고 결론에서 웨슬리의 삶과 신학을 한국적 상황에서 비판적으로 정리할 뿐만 아니라 연구의 방향을 제시할 것이다.

이 책에서는 '웨슬리신학'(Wesley's Theology)과 '웨슬리안신학'(Wesleyan theology)을 구분하여 사용하는데, 전자는 웨슬리 자신의 생각이나 웨슬리가 개진한 신학적 사고를 말하는 것이고, 후자는 웨슬리 이후 학자들에 의해 이해되고 발전한 신학을 의미한다.

그런 의미에서 웨슬리신학이 웨슬리안신학과 반드시 일치한다는 보장은 없다. 또한, 웨슬리신학이 더 옳다는 뜻도 아니고, 웨슬리안신학이 잘못되었다는 뜻도 아니다. 다만, 18세기 영국의 웨슬리신학과 19-20세기에 발전하는 웨슬리안신학 사이에는 논쟁과 오해, 교정과 왜곡, 그리고 발전이 공존하기 때문에 그 과정과 내용을 정확하게 이해하는 것이 필요하다는 뜻이다.

방대한 웨슬리의 삶과 신학을 한 권의 책 안에 담아내는 입문서를 집필하겠다는 뜻 자체가 무모한 도전일 수 있다. 하지만, 목회자나 신학도들, 그리고 웨슬리신학 전공자들이 타이어맨의 전기와 그 이후 발전한 모든 신학적인 저서를 읽을 수 없다면, 그리고 이 한 권이 웨슬리의 삶과 신학을 어느 정도 이해하는 데 도움이 된다면, 지난 10년간의 노력은 결코 헛된 것이 아닐 것이다.

졸고를 마치고 나서 타이어맨이 20년 이상 공을 들인 자신의 역작을 출판하면서 왜 다음과 같은 말을 남겼는지 이해할 수 있게 되었다.

> 나는 내가 원했던 만큼은 못 했지만, 할 수 있는 만큼은 했다(I have not done what I wished, but what I could).

많은 한계에도 불구하고 이 책이 웨슬리의 삶과 신학에 대해 통일된 자료와 출처를 제공하면서 18세기 웨슬리의 삶과 신학에 가깝게 접근하는 일, 더 나아가 현대신학을 포함하여 기독교신학 전체를 이해하는 데 도움을 줌으로써 오늘날 기독교가 맞고 있는 각종 위기를 극복하고 창조적 대안을 제시하는 데 기여할 수 있다면 이 책의 소임 이상을 완수하는 일이 될 것이다.

제1부

웨슬리신학 방법론과 자료에 대한 평가

제1장   전통적 웨슬리신학 방법론 비판
제2장   웨슬리의 삶과 신학에 대한 자료의 문제

제1장

전통적 웨슬리신학 방법론 비판

존 웨슬리(John Wesley)의 삶과 신학에 대한 자료는 크게 웨슬리 자신이 남긴 것과 웨슬리에 대해 타인들이 남긴 것으로 구분되는데, 웨슬리 자신이 남긴 자료들조차도 비평적으로 평가할 필요가 있다. 왜냐하면, 웨슬리는 자신만의 느낌을 극단적으로 표현하는 경우가 많았고, 또한 자신의 주장을 시기와 장소에 따라 달리 표현했는가 하면, 자신의 주장을 중도에 교정하거나 그 이전의 자기 뜻과는 달리 설명한 데도 다수 발견되기 때문이다.[1]

---

[1] 헨리 D. 랙(Henry D. Rack)도 웨슬리가 남긴 문서들은 웨슬리가 자신의 주장을 변호하겠다는 뜻을 가지고 재편집한 것이므로 비판적으로 읽을 필요가 있다고 했다. 그런가 하면, 웨슬리는 1738년 5월 24일 이후로 계속하여 변했다고 다음과 같이 주장했다: "It is evident form this that despite Wesley's claims in the 1760s that his doctrine had always had been the same, he did in fact modify it in various ways from his conversion onwards" (웨슬리 자신이 1760년대에 자신의 신학은 변한 적이 없다고 주장했지만, 실은 올더스게이트 체험 이후 계속하여 그는 여러 면에서 자신의 신학을 교정했다는 사실은 명백하다. See Henry D. Rack, *Reasonable Enthusiast: John Wesley and the Rise of Methodism* (London: Epworth Press, 1989; 2005), 114, 397. 이하 Rack, *Reasonable Enthusiast*로 표기.

1. 웨슬리신학에 대한 두 가지 극단적 오류

웨슬리신학을 이해하는 데 있어서 웨슬리안(Wesleyan)들이 범하는 극단적 오류는 크게 두 가지이다.

첫째, 오직 "대립적 관점"(a contradictory perspective)으로 이해하는 것이다. 즉, 웨슬리는 영국 국교회와 대립하며 영국 국교회와 전혀 다른 신학을 주장했고, 하나님의 주권을 강조하던 마틴 루터(M. Luther)와 존 칼빈(J. Calvin)의 개혁주의신학과 대립하면서 인간의 자유와 선행을 강조한 신학자라고 주장하는 경우 등이다.

그러한 관점은 웨슬리 사후 초기 웨슬리안들 사이에 강하게 나타났는데, 자신들이 왜 영국 국교회로부터 독립할 수밖에 없었는지 설명하는 과정에서 자연스럽게 모교회와 대립각을 세울 수밖에 없었고, 또한 영국에서 태동한 개혁주의신학의 한 줄기로서 자신들의 영적, 신학적 아버지인 웨슬리가 어떠한 면에서 루터와 칼빈보다 탁월한 신학자인지 항변하는 과정에서 형성된 극단적 오류 가운데 하나이다.

둘째, 웨슬리안들이 오직 "통합적 관점"(a synthetic perspective)으로 웨슬리의 삶과 신학을 전개하는 것이다.

웨슬리신학을 신인협동설(synergism)로 규정하는 것이 대표적인 예인데, 웨슬리신학을 칭의 중심의 개혁주의신학과 성화 중심의 가톨릭신학뿐만 아니라 영국의 청교도적 신앙 전통과 독일의 경건주의까지 포함하여 웨슬리신학이 마치 모두를 통합한 것으로 이해하는 경우이다.

하지만, 웨슬리신학이 마치 그러한 통합을 완벽하게 이룬 것처럼 제시하는 것 또한 웨슬리신학의 단점을 볼 수 없게 만드는 반웨슬리적 웨슬리

안신학(Wesleyan theology against Wesley)이 될 수 있다.²

웨슬리가 분명 다양한 신학의 종합을 이루면서 자신만의 독창적인 신학으로 발전시킨 것은 사실이지만, 그러한 신학의 종합이 완벽하게 이루어진 것이라고 단언할 수 없다. 통합의 과정에서 나타나는 일관성의 결여나 논리적 한계를 도외시한다면, 그 또한 웨슬리신학의 실체를 파악할 수 없게 만드는 일이 될 것이다.

통합적 모델의 극단적인 예가 김홍기 교수에게서 나타나는데, 그는 다음과 같이 웨슬리신학을 정의했다.

> 루터는 성화와 은총을 말하기는 하였지만, 의인화의 은총을 중심으로 강조하였고, 칼빈은 그리스도의 십자가 사건이 주는 의인화와 성화의 두 차원적 은총을 말하였다. 웨슬리는 칼빈이 이해한 성화의 교리를 더욱 발전시킨다. 칼빈은 성화도 그리스도의 십자가가 주는 은혜라고 해석했지만, 웨슬리는 의인화는 그리스도의 은혜요, 성화는 성령의 은혜라고 해석하였다. 칼빈의 성화론은 성령의 역사로서의 선행, 곧 하나님 100%, 인간 0%를 강조함으로써 인간 의지의 노예 신세를 주장하나 웨슬리의 성화론은 하나님 100%, 인간 100%의 복음적 신인협동설을 주장한다.³

김홍기 교수는 "칼빈의 성화론은 성령의 역사로서의 선행, 곧 하나님 100%, 인간 0%를 강조함으로써 인간 의지의 노예 신세를 주장하나 웨슬

---

2   Rack, *Reasonable Enthusiast*, 408. 랙에 의하면 웨슬리 자신이나 웨슬리안들이 바라듯이 웨슬리의 신학이 그렇게 잘 정립된 것이 아니라고 했다.
3   김홍기, 『종교개혁사: 마틴 루터에서 존 웨슬리까지』 (지와 사랑: 2004), 567-8.
    김홍기 교수는 신인협동설에 대해 어거스틴과 펠라기우스 신학을 비교하여 설명하면서 웨슬리가 완성한 것처럼 결론을 내리고 있다. 같은 책, 101, 144, 155, 360, 568, 592, 596, 602, 630페이지를 보라.

리의 성화론은 하나님 100%, 인간 100%의 복음적 신인협동설을 주장한
다"라고 했는데, 그러한 이해는 칭의 이후 인간의 노력을 그토록 강조하
는 칼빈의 성화론도 아니고, 성화에 있어서 인간의 노력이나 참여가 100%
라고 말한 적이 없는 웨슬리의 성화론도 아니다.[4]

웨슬리 이후, 웨슬리의 삶과 신학을 이해하는 데 있어서 상기한 두 가지
극단적인 방법, 즉 지나친 "대립적 관점"(a contradictory perspective)이나 이상
적 "통합적 관점"(a synthetic perspective)은 웨슬리의 의도와 그의 신학을 정

---

[4] 김홍기 교수는 칼케돈공의회(Council of Chacedon, 451 A.D.)에서 그리스도론을 정립
할 때 사용된 교리적 선언, 즉 그리스도는 "완전한 신이며 완전한 인간이다"(truly God
and truly man)라는 논리를 무비판적으로 적용하고 있는 듯하다. 기독교 초기에 그리스
도의 존재 양식에 대한 논쟁이 계속되는 가운데, 문제를 해결하기 위해 니케아공의회
(Council of Nicaea, 325)에서부터 시작하여 칼케돈공의회에 이르러 수백 년간 지속하던
신학 논쟁을 마무리 했다. 교황 레오 1세(Reo I)의 요청에 의해 동로마 황제 마르키아누
스(Flavius Marcianus, 396-457년)가 소아시아의 칼시돈(Chalcedon)에 소집하였다.
600여 명의 동방교회 주교들이 참석한 반면에 서방교회 측에서는 각 2명씩의 아프리카
주교와 교황청 대표들만이 참석한 회의에서 그리스도의 "두 본성이 나누어졌다"(unity
in two natures)fk고 주장하는 안디옥 학파의 주장과 두 본성의 통일성(unity of two na-
tures)을 주장하는 알렉산드리아 학파의 주장을 조화시켜 "두 본성 안에서 통일성을 이
루었다"라는 결론을 도출해 냄으로써 기독론 논쟁을 마무리했다. 그리고 신인 양성은
"혼동이 없고(without confusion), 변함이 없고(without change), 분리가 없고(without
separation), 분할이 없다(without division)"라고 설명함으로써 그리스도는 본질상 하
나님과 동일하고, 또한 인간이 되심에 있어서는 우리와 동일하다고 하는 기독론을 선
언했다.
그 과정에서 "하나님의 어머니"(Theotoskos, The Mother of God)라는 단어를 첨가함으
로써 신모설을 인정하기도 했다. 결과적으로 그리스도의 신성만을 주장하던 콥틱교회
나 인성만을 주장하던 네스토리우스 학파는 이단으로 단죄되어 중동과 중국 등으로 흩
어지게 되었고, 그리스도는 "완전한 신이며 완전한 인간이다"(truly God and truly man)
라는 초 논리적 결론이 서방교회의 정통 기독론으로 확립되게 되었지만, 그러한 기독론
을 설명할 수 있는 인간의 언어가 존재하지 않는다는 것이 문제이다. 그런 의미에서 기
독론도 논리의 문제에서 믿음의 문제로 규정되었던 것이다. 그런데 그러한 기독론적 믿
음을 웨슬리의 성화론을 설명하는 논리로 사용하는 것은 오히려 웨슬리신학을 미궁에
빠트리는 결과를 가져올 것이다.

직하게 이해하는 데 방해가 되었다. 그런 의미에서 필자는 웨슬리의 삶과 신학에 접근하는 바람직한 방법을 다음과 같이 10가지로 제시한다.

최근에 헨리 D. 랙(Henry D. Rack)은 상기한 오류들 중 하나를 극복하며 설득력 있는 관점을 제시하고 있다. 그에 의하면, 당시 영국 국교회신학은 보는 관점에 따라 지나치게 이성적이라고 비판한 비국교도들이 있었는가 하면, 영국 국교회신학이 지나치게 반이성적이기 때문에 새로운 세대에게 걸림돌이 된다고 비판한 이신론주의자들도 있었다는 사실을 상기시키면서 웨슬리는 그들 모두에게 설득력이 있는 기독교 복음을 제시한 "이성적인 열광주의자"(Reasonable Enthusiast)였다는 것이다. 그런 의미에서 웨슬리신학은 철학자 존 로크(John Locke, 1632-1704)의 언어로 성경의 신비한 능력을 나타내려고 했던 위대한 신학자였다고 주장했다.[5]

필자는 웨슬리 사후 오늘날까지 진행되어 온 웨슬리의 생애와 신학에 대한 연구의 장단점을 비평적으로 평가하면서 오늘날 요청되는 가장 바람직한 방법으로 다음과 같이 10가지 방법을 제시한다.

2. 10가지로 정리한 바람직한 웨슬리신학 방법론

1) 웨슬리신학은 다른 어떤 신학자들과는 달리 그의 삶과 신학을 함께 연구해야 한다

웨슬리신학은 철저히 자신의 삶의 여정에서 태동하며 발전하였고 다시 목회 현장에서 발전하고 변형되면서 형성된 신학이기 때문이다. 웨슬리는 젊은 시절부터 삶의 과정에서 생긴 질문과 고뇌를 신학으로 발전시켰고,

---

[5] Rack, *Reasonable Enthusiast*, 32-33.

또한 성경과 신학을 통해 배우고 깨달은 내용은 반드시 살아가는 동안에 실현하려고 누구보다도 노력한 인물이다.

그런데 웨슬리 사후 초기 웨슬리안들은 웨슬리가 신학자가 아닌 것이 자랑스러운 듯 오직 복음 전도자로만 제시함으로써 그의 삶으로부터 신학을 분리하는 오류를 범했다.

웨슬리신학을 이해하는 데 있어서 가장 중요한 내용은 그의 삶이 곧 신학이었고 그의 신학이 또한 그의 삶이었기 때문에 그의 삶과 신학을 분리하는 것은 그의 신학을 가장 황폐하게 만드는 일이다.[6]

2) 웨슬리신학은 그의 삶의 여정을 따라가며 발전적으로 이해해야 한다

웨슬리신학을 이해하는 데 있어서 가장 혼란을 초래하는 것 중 하나는 그때가 언제인지 밝히지 않고, 그가 한 말이나 주장을 인용하며 마치 그것이 웨슬리신학이 전부인 양 주장하는 것이다.

알버트 C. 아우틀러(Albert C. Outler, 1908-1989)는 실제로 초기 웨슬리와 중기 웨슬리, 그리고 후기 웨슬리 사이에는 연속성과 불연속성이 동시에 존재하기 때문에 주의가 요청된다고 다음과 같이 지적해 주고 있다.

---

[6] 최근에 성공회 감독인 케네스 L. 카더(Kenneth L. Carder)는 메도디스트 웨슬리안이 웨슬리신학에서 삶을 제외시켰기 때문에 얼마나 긴급하고 소중한 것을 상실하고 반웨슬리안적이 되었는지 신랄하게 비판했다. 그런가 하면, 토마스 랑포드(Thomas A. Langford)는 웨슬리 사후 영국과 미국에서 신학자들이 웨슬리의 신학을 그의 삶으로부터 분리시켰기 때문에 발생한 문제에 대해 잘 정리해 주면서 다시금 웨슬리의 통합적 신학(holistic theology)을 회복할 것을 주장하고 있다. See Kenneth L. Carder, "What Difference Does Knowing Wesley Make?" and Thomas A Langford, "John Wesley and Theological Method," in Randy Maddox, ed., *Rethingking Wesley's Theology* (Nashville, TN: Abingdon Press, 1998), 21-34 and 35-47.

초기 웨슬리와 성숙한 웨슬리 사이는 1738년을 전후로 하여 구분할 수 있고 실제로 큰 차이가 있다. 성숙한 웨슬리와 후기 웨슬리 사이가 뚜렷하게 구분되지는 않지만, 후기에 중대한 발전을 이루기 때문에 후기 웨슬리신학에 더 많은 비중을 두는 것이 바람직하다(Between the 'early' and the 'mature' Wesley there is a great gulf fixed by the transformations of 1738 and thereafter. The developments from the 'mature' Wesley to the 'late' are not so clearly marked. They are, however, considerable and important and this is why the 'late Wesley' deserves so much more study than he has ever had).[7]

가장 보편적으로 발견되는 오류는 웨슬리가 30대 중반에 올더스게이트에서의 특별한 영적 체험으로 인해 비로소 그의 신학은 결정되었고, 그 이후 그의 신학은 변함이 없는 것처럼 주장하는 것이다. 독자들은 이 책을 통해 초기 웨슬리와 중기(성숙기)의 웨슬리, 그리고 후기의 웨슬리에 이르기까지 그의 생각이 어떻게 형성이되고 교정되었는지 발견함으로써 왜 그러한 방법이 잘못되었는지 알게 될 것이다.

3) 개혁주의신학과 웨슬리신학과의 관계를 잘 이해할 필요가 있다

웨슬리신학을 종교개혁의 전통 안에서 이해하는 것을 가장 방해한 사람들이 바로 웨슬리안들이라고 아우틀러는 통렬하게 비판했다.[8] 초기 웨슬리의 후예들이 웨슬리를 루터와 칼빈보다 우월한 인물로 규정하기 위해 초기 개혁주의자들의 신학적 유산으로부터 웨슬리를 격리하고 웨슬리

---

[7] Outler, *Sermons, The Works of John Wesley Bicentenial Edition*, 1:65-66. 이하 『200주년 기념 웨슬리 총서』는 Outler, *Sermons*, 1:65-6 형식으로 표기.
[8] Outler, *John Wesley*, iii-viii.

신학은 마치 그만의 독창적인 신학인 양 강조함으로써 웨슬리신학 중에서 루터와 칼빈 등 초기 개혁자들과 공유하고 있던 개혁주의신학적 요소들을 볼 수 없게 만들었다는 것이다.

결과적으로 웨슬리안들은 마치 루터와 칼빈을 무시하고 웨슬리신학만 잘 배워도 우수한 목회자요 신학자가 되는 것처럼 무지한 자부심을 갖도록 만들었다. 그러한 오류를 극복하기 위해서는 무엇보다도 먼저 루터와 칼빈과 웨슬리의 신학을 서로 연관지어 이해하는 것이 웨슬리신학을 바로 이해하는 방법이며 동시에 바람직한 기독교신학 수업임을 알 필요가 있다.

4) 웨슬리의 삶과 신학의 직접적 배경이 된 영국 국교회신학과의 관계 안에서 웨슬리신학을 이해하는 것이 중요하다

웨슬리안들이 범한 또 하나의 오류는 웨슬리신학을 웨슬리가 속해 있던 영국 국교회신학으로부터 지나치게 격리한 것이다.

비록, 웨슬리가 영국 국교회 성직자의 아들로 태어나 영국 국교회 사제로 죽었지만, 그의 생전에 영국 국교회와의 관계가 극도로 나빴고, 그에 따라 웨슬리가 죽자마자 곧이어 자신들이 영국 국교회로부터 분리할 수밖에 없었다는 태도를 변호하는 과정에서 영국 국교회 잔재보다는 비국교도적인 신학적 특징을 웨슬리신학인 양 부각하는 과정에서 나타난 오류이다.

그런 문제를 극복하는데 가장 기여한 학자는 프랭크 베이커(Frank Baker)로서 그의 저서 『존 웨슬리와 영국 국교회』(*John Wesley and the Church of England*)는 웨슬리와 영국 국교회와의 관계를 역사적으로, 신학적으로 균형 있게 설명하고 있다.[9]

---

[9] Frank Baker, *John Wesley and the Church of England* (Nashville, TN: Abingdon, 1970). 이

한편, 아메리칸 메도디스트들도 자신들의 신학적 아버지인 웨슬리신학을 계승하면서도 영국과는 정치적으로 독립함으로써 웨슬리신학과 영국 국교회신학과의 관계를 도외시하는 결과를 초래한 것도 사실이다.[10]

웨슬리는 성경에 나타나고 있는 초대교회로 돌아가 기독교 복음의 본질을 회복하려고 했는데 그 또한 영국 국교회신학과 깊은 관계가 있다.

하지만, 웨슬리와 모교회와의 관계는 문자적으로만 해석하기 어려운 복잡한 요소가 있음을 알 필요가 있다. 왜냐하면, 그는 영국 국교회 목회자의 아들로 태어나 평생을 영국 국교회 내에서 활동하다가 영국 국교회 목회자로 죽은 사람이고 영국 국교회신학이 세상에서 가장 성경적인 신학이라고 믿고 있음에도 불구하고 영국 국교회를 개혁하려고 했다는 사실 때문이다.[11]

당시 영국 국교회 동료들은 메도디스트들을 "교회 내에 있는 작은 교회들"(ecclesiolae in Ecclesia, little churches within the church)이라고 부르며 웨슬리는 교회 분리주의자라고 비난했는데, 반면에 웨슬리는 그 뜻을 "영국 국교회 내에서 갱신하는 그룹"이란 뜻에서 긍정적인 의미로 사용했다.[12]

하 Baker, *John Wesley and the Church of England*로 표기.

[10] 웨슬리 말년에 아메리카에 있는 메도디스트들을 위한 연회와 교회를 설립하는 과정에서 영국 국교회의 『공동기도서』(*The Book of Common Prayer*)를 재편집하여 『주일 예배 규범』(*The Sunday Service*)을 작성하였는데, 웨슬리가 자신의 신학적 확신에 따라 39개 조항을 24개 조항으로 축약하여 만들었다. 이에 관한 유익한 연구는 다음을 참고하라. Baker, *John Wesley and the Church of England*, 243. Paul Freeman Blankenship, "Significance of John Wesley's Abridgement of the Thirty-nine Articles as Seen from His Deletion," *Methodist History* 2, no. 3 (1964), 35-47.

[11] 웨슬리는 그의 1739년 9월 13일 자 저널에서 자신과 메도디스트들이 어떤 면에서 공통점이 있고 어떤 면에서 다른지 잘 설명해 주었다. See Ward and Heitzenrater, *Journal and Diaries*, 19:96-7. Nehemiah Curnock, ed. *The Journal of the Rev. John Wesley*, A.M., 8 vols (Epworth Press, 1938, 초판 1909), 2: 274. 이하 Curnock, ed. *The Journal*로 표기.

[12] Howard A. Snyder, *The Radical Wesley* (Illinois: IVP, 1980), 128. "교회 내의 교회"(*ecclesiola in ecclesia*, a church within the church)란 표현은 교회 분리주의자들을 경계하는 의

웨슬리와 영국 국교회와의 관계는 영국 국교회 동료들이 보는 관점, 웨슬리 자신의 처신, 그런가 하면 웨슬리 사후 웨슬리안들이 취한 행동 등을 세심하게 살피면서 이해해야 할 것이다.

5) 웨슬리의 삶과 신학 안에 내재되어 있는 다양한 신학적 전통을 이해하는 것이 필요하다

초기 개혁주의신학자들이 가톨릭신학을 철저히 거부했다면 웨슬리는 영국 국교회신학의 전통 안에서 가톨릭신학의 유산을 수용하고 있는 것이 큰 특징 중 하나이다. 웨슬리는 오직 믿음에 의한 칭의만을 강조하는 개혁주의신학 안에서 믿음과 삶이 분리되는 문제점을 직시하고 가톨릭신학의 중심내용 중 하나인 '사랑으로 역사하는 믿음'과 그에 따른 '거룩, 혹은 성결한 삶'을 구원론과 연결해 성화의 복음으로 발전시켰다는 사실을 알 필요가 있다.

그런가 하면, 웨슬리의 삶과 신학 안에 비국교도적인 요소, 즉 청교도 신학, 독일의 경건주의나 신비주의신학 등이 다양하게 내재되어 있음을 아는 것이 중요하다. 웨슬리신학의 비국교도적인 요소는 자신의 선택이 아니라 부계(父系)와 모계(母系)의 신앙적 전통으로부터 물려받은 유산이다. 웨슬리의 아버지 사무엘 웨슬리(Samuel Wesley)와 어머니 수잔나(Susanna Wesley) 가문은 모두 비국교도 전통을 이어받은 집안으로써 수많은 국교회의 핍박 가운데서도 자신들만의 신앙 전통을 유지한 집안이었다.

그런데 수잔나는 13세가 되기 직전에 자신의 결정으로 국교도로 개종을

미에서 사용되던 표현이었다. 아우틀러는 웨슬리가 그러한 표현을 긍정적으로 생각할 수 있었던 것은 가톨릭교회 내에 존재하는 예수회(the Society of Jesus)의 예로부터 배운 것 같다고 했다. Outler, ed., *John Wesley*, 307.

하였고, 사무엘 웨슬리도 10대 후반의 학창 시절에 국교도를 비판하라는 청탁을 받고 자세히 살펴본 결과, 오히려 국교도가 옳다고 판단하며 국교도가 된 인물이다. 하지만, 완전히 고교회주의자가 된 아버지와 달리 웨슬리는 어머니를 통해 청교도적 교육을 받았고, 또한 성인이 된 후에 독일의 경건주의자들로부터 많은 영향을 받아, 그의 삶과 신학에서 비국교도적인 요소와 경건주의를 배제할 수 없다는 문제가 있다.[13]

6) 웨슬리신학과 동방교회신학과의 관계에 대해 주목할 필요가 있다

서방기독교 전통 안에서 웨슬리신학의 가치를 평가하는 데 정열적으로 매진한 아우틀러가 웨슬리신학의 중심 사상은 라틴어로 신학을 발전시킨 서양신학자들보다는 헬라어로 신학을 발전시킨 동방교회(Eastern Orthodox Church)의 교부들과 영성가들의 글 속에서 더 많이 발견된다고 주장한 이래 오늘날까지 활발하게 논의되고 있는 내용이다.[14]

---

[13] 웨슬리의 삶과 사상에 끼친 독일 경건주의의 영향에 대해서는 다음을 보라; Schmidt, *John Wesley: A Theological Biography*, 1:309; R. C. Monk, *John Wesley: His Puritan Heritage* (Nashville, TN: Abingdon Press, 1966); Arthur Wilford Nagler, "Pietism and Methodism: A Comparative Study," in *Pietism and Methodism, Or, The Significance of German Pietism in the Origin and Early Development of Methodism* (Nashville, TN: Publishing House M.E. Church, South, 1918), 120-41.

[14] Albert C. Outler, ed., *Wesley* (New York: Oxford University Press, 1964; Paperback, 1980), 9-10. 그 외에 아우틀러의 다음의 논문을 참조하라. "The Place of Wesley in the Christian Tradition," in Kenneth E. Rowe, ed., *The Place of Wesley in the Christian Tradition* (Metuchen, N.J.: The Scarecrow Press, 1976), 11-38, 특히 30-31; "John Wesley's Interests in the Early Fathers of the Church," in Thomas C. Oden & Leicester R. Longden, eds., *The Wesleyan Theological Heritage* (Grand Rapids, MI: Zondervan Publishing House, 1991), 97-110. 아우틀러 교수는 웨슬리가 1748년 말에 기독교 역사에서 기적(miracles)은 예수와 사도 시대 이후에 끝났다고 주장하는 미들톤(Coneyers Middleton) 박사의 주장을 반박하기 위해 좀처럼 보기 드물게 "거의 20일간"(almost trenty days)이나 모든 일을 멈추고, 102페이지에 달하는 장문의 편지를 쓴 사실에 주목하며 그 편지형식의 글

특히, 서양신학의 전통에서 보면 이해하기 힘들뿐만 아니라 이단적 사상으로 들리는 '완전성화,' 즉 "인간이 하나님의 성품에 참여함으로써 완전에 이를 수 있다"(벧후 1:4)라고 하는 내용은 내용은 동방교회(Eastern Orthodox Church)의 "신성화"(Deification)의 개념과 유사하다는 것이다.

최근에 매덕스는 아우틀러의 주장대로 웨슬리가 동방교회 교부들의 영향을 받았다는 전제 안에서 웨슬리신학의 난제들을 설명했지만, 케네스 J. 콜린스(Kenneth J. Collins)는 그러한 주장이 난센스이며 웨슬리신학은 철저히 서방교회(Western Christianity) 전통에 서 있다고 주장했다.[15]

에서 웨슬리가 언급한 초대교회 교부 중에서 오늘날 동방교회로 분류되는 마카리우스(Macarius)와 시리아의 이브라임(Ephraim Syrus)에 주목한다. 1746년 1월 4일날 미들톤 박사에게 쓴 것으로 되어 있는 그 편지글은 Telford, Letters, 2: 312-388에 포함되어 있는 반면, 『200주년 기념 웨슬리 총서』의 편지 편집본에서는 제외하고, "Doctrinal and Controversial Treaties"에 포함하는 것 같다. See Campbell, Letters, 3:354, note 24.

[15] Kenneth J. Collins, John Wesley: A Theological Journey (Nashville, TN: Abingdon Press, 2003), 42, 198; Randy L. Maddox, Responsible Grace (Nashville, TN: Kingswood Book, 1994), 28, 55, 261. 그 외에 웨슬리와 동방교회와의 관계에 대해서는 다음을 보라. Howard Albert Snyder, "John Wesley and Macarius the Egyptian," Asbury Theological Journal 45 (1990), 2:55-59; David Bundy, "Christian Virtue: John Wesley and the Alexandrian Tradition," Wesleyan Theological Journal, 26:1 (1991), 139-63; Troy W. Martin, "John Wesley's Exegetical Orientation: East or West?" Wesleyan Theological Journal, 26:1 (1991), 104-38; Hoo-Jung Lee, "Experiencing the Spirit in Wesley and Macarius," in Randy L. Maddox, ed., Rethingking Wesley's Theology (Nashville, TN: Kingswood Books, 1998), 197-212; 이후정, 『성화의 길』 (서울: 대한기독교서회, 2001), 33-43; 주승민, "정교회와 웨슬리의 성화론의 관계 연구" 강근환 교수 은퇴기념 논문집 출판위원회, 성결과 하나님 나라 (서울: 한들, 2000), 97-142; David Bundy, "Wesley and The Eastern Church," in Young Tae Han, ed., 『조종남 목사 성역 50주년 기념 논문집』 (서울: 두루, 2006), 367-377.

7) 18세기 영국에서 태동하고 발전한 웨슬리신학과 19세기에 아메리카에 전해져 발전한 19-20세기 웨슬리안신학을 구분할 필요가 있다

사실 한국에 웨슬리신학(Wesley's Theology)을 소개한 대부분 사람은 19-20세기 미국의 '웨슬리안 부흥 운동'의 후예들이었다. 한국에 소개된 웨슬리안들 가운데는 성화론, 즉 "그리스도인의 완전"이라는 주제를 둘러싼 논쟁을 중심으로 발전한 웨슬리신학과 웨슬리의 삶 가운데 가장 오랜 시간을 야외설교자로 살아가면서 야외에서 나타났던 "성령의 역사"(the work of the Holy spirit)를 중심으로 발전시킨 웨슬리안신학(Wesleyan Theology)이 있다.

그런가 하면, 웨슬리를 인간의 도덕과 사회 개혁을 강조한 신학자로 제시하며 인간의 자유와 책임을 강조하는 자유주의신학으로 발전한 웨슬리안신학도 있다. 그러한 다양한 이해와 해석이 동일하게 "웨슬리안"이라는 이름으로 나타나기 때문에 혼란스러운 것도 사실이다.

한편, 로버트 E. 차일스(Robert E. Chiles)는 그의 저서 『1790-1935년 동안 미국 감리교에서 진행된 신학적 변천』(*Theological Transition in American Methodism: 1790-1935*)에서 웨슬리의 말년 이후 150년간 미국에서 웨슬리안교회와 신학이 발전하며 변천한 과정을 밝혀 줌으로써 18세기 영국의 웨슬리신학과 19-20세기 웨슬리안신학을 구분하여 이해할 수 있도록 돕고 있다.[16]

---

[16] Robert E. Chiles, *Theological Transition in American Methodism: 1790-1935* (New York: Abingdon Press, 1965). See 콜린 윌리엄스도 영국의 메도디스트신학과 미국의 메도디스트신학을 구분하고 있다. Colin Williams, *John Wesley's Theology Today* (New York, Nashville: Abingdon Press, 1960), 8.

8) 웨슬리신학 안에 존재하는 모순을 보는 것도 중요하다

이미 언급한 바와 같이, 웨슬리는 당대에 이미 신학적으로 일관성이 없고 모순되는 주장을 한다는 비판을 끊임없이 받았다. 웨슬리 자신도 그러한 비판에 대해 1725년과 1738년 사이에는 분명히 큰 변화가 있었다는 사실을 인정하면서도, 1738년 이후 1788년까지 지난 50여 년간 전혀 변화가 없이 일관성을 유지했다고 주장하기도 했다.[17]

그러나 그러한 그의 주장을 그대로 받아들이기는 쉽지 않은 이유는 모라비안들의 영향을 받으며 그들과 결별하는 과정 중에 동료 메도디스트인 조지 휫필드와 논쟁을 하고 그들의 비판에 답을 하는 과정에서 웨슬리는 자신의 신학을 교정하는가 하면 더욱 확고히 하는 등 변화를 보이기 때문이다. 특히, 『그리스도인의 완전』(Christian Perfection)의 교리에 대한 그의 주장과 거듭되는 설명 중에서 무엇이 진정 웨슬리가 주장하는 내용인지 알기 어렵다는 문제가 웨슬리 시대는 물론 오늘날까지 지속하고 있는 것도 사실이다.

9) 웨슬리의 삶과 신학에서 이중 구조를 보는 것이 중요하다

웨슬리는 분명 영국 국교회 목회자였지만, 삶의 대부분을 야외에서 보내며 교회 밖에 있는 사람들에게 설교했다는 사실을 직시할 필요가 있다. 교회 내에서는 영국 국교회를 비판하며 갱신하려고 하지만, 교회 밖에서는 한 영혼이라도 더 구원하기 위해 설교하면서 상황에 따라 다른 교리들이 서로 보충적으로 발전된 것을 보는 것이 중요하다.

즉, 그가 영국 국교회 내에서 설교할 때는 칭의 이후에도 반드시 신생을

---

[17] Letter to William Green(25 Oct. 1789) and letter to John Maso (13 Jan. 1790) in Telford, Letters, 8:179 and 196.

체험해야 한다고 설교했지만, 칭의를 알지 못하는 사람들에게 설교할 때는 회개하고 복음을 믿는 것이 곧 칭의와 같은 것이며 구원의 길이라고 설교했다.

그런가 하면, 웨슬리는 야외설교의 현장에서는 순간적 체험을 통해 거듭날 것을 촉구했지만, 메도디스트 공동체가 조직을 갖춘 그의 말년에는 오히려 점진적인 성장을 강조하는 변화를 보인다. 그러한 웨슬리만의 이중 구조를 이해할 때 그의 삶과 신학을 바람직하게 이해할 수 있을 것이다.

10) 공신력 있는 자료의 종합과 표준화가 필요하다

웨슬리 사후 100여 년이 지난 1896년에 리차드 그린(Richard Green) 목사는 웨슬리 형제의 작품들을 총망라하여 정리하였는데, 그의 보고에 따르면 모두 391개의 작품(문서) 가운데 웨슬리에 의해 직접 쓰인 것이 233개, 편집한 것이 100개이고 동생 찰스 웨슬리(Charles Wesley)의 것이 20개, 30권(서적)은 동생 찰스와 공동 저작한 것이고 그 외 둘 중 누구의 것인지 알 수 없는 것들까지 포함하여 편집이나 수집된 것들이 있다고 했다.[18]

그런데 그 이후로 새로 발견된 자료들과 연구와 그에 대한 비평적 평가들까지 포함하면 한 사람의 능력으로는 감당할 수 없는 분량이 되었기 때문에 모든 자료 중에서 역사적-신학적으로 공신력 있는 자료를 선별하여 사용하는 것이 필연적이다. 웨슬리안 학자들의 숙원 사업이기도 했던

---

[18] R. Green, *The Works of John and Charles Wesley*. A bibliography containing an exact account of all the publications issued by the brothers Wesley; arranged in chronological order, with a list of early editions, and descriptive and illustrative notes (London, 1896; 재판은 1906). cf. Maximin Piette, *John Wesley in the Evolution of Protestantism* (New York: Sheed and Ward, 1938; in Franch 1925), 202. 이하 Piette, *John Wesley*로 표기.

『웨슬리 총서』 작업은 이미 언급한 바와 같이 1984년에 시작하여 오늘날까지 계속되고 있다.

상기한 열 가지 방법에 따라 웨슬리의 삶과 신학을 연구하다 보면, 웨슬리신학은 우리가 알고 있는 것보다 훨씬 복잡하다는 사실을 발견하게 될 것이다. 웨슬리의 삶과 신학 안에는 다양하고 풍부한 신학적 전통이 포함되어 있고 동시에 종합을 이루는 과정에서 혼돈과 교정을 거치면서 형성되었을 뿐만 아니라 후기 웨슬리안들에 의해 다시 교정되거나 왜곡되었다는 사실을 부정할 수 없다.

그런데 그러한 면이 웨슬리신학의 단점이기도 하지만, 동시에 장점이기도 하다. 즉, 웨슬리신학을 이해하는 일은 곧 기독교신학 전반을 이해하는 일과 같은 것이다. 초대교회 때부터 오늘날 현대신학에 이르기까지 제기된 다양한 신학적 내용을 담고 있는 웨슬리신학을 이해하는 것이야말로 가장 탁월한 신학 수업이 될 것이다.

The Life and Theology of John Wesley

제2장

웨슬리의 삶과 신학에 대한 자료의 문제

　18세기 영국 웨슬리의 삶과 신학을 연구하는 데 있어서 가장 먼저 해결해야 할 문제는 지난 2세기 동안 축적된 웨슬리의 삶과 신학에 관한 연구 중에서 신뢰할 만한 것들을 선별하는 일이다.

　웨슬리의 죽음이 가까워지자 그동안 산재해 있는 모든 문서를 종합하고 정리하는 일이 요청되는 때에 그 일을 가장 먼저 시행한 사람은 웨슬리 자신이었다. 이어서 동시대 사람들로부터 시작해 오늘날까지 진행되었는데, 그 많은 자료 가운데 가치 있는 것들을 선별하여 살펴보자.

1. 웨슬리의 죽음 전후에 출판된 자료들

1) 웨슬리의 말년에 출판된 자료들

　웨슬리는 1778년부터 자신이 죽기 전에 '총서'를 만들어 출판하겠다는 뜻을 가지고 편집하기 시작하여 1771-1774년 사이에 총 32권의 『웨슬리 총서』(*The Works of John Wesley*)를 출판했다.¹ 웨슬리와 동시대를 살아가던 메도디스트들 중에서 최초로 『웨슬리 총서』를 32권으로 편집하여 출판한 사람은 W. 파인(W. Pine)이다.² 웨슬리가 1791년까지 살았는데 파인의 『웨슬리 총서』는 1774년까지만 포함하고 있으므로 웨슬리의 말년과 사후의 것이 빠져 있다는 단점이 있다.

한때 웨슬리의 동역자였던 존 햄슨(John Hampson, Sr.)이 1785년에 웨슬리를 떠난 후 남은 여생을 웨슬리와 메도디스트 운동의 태동과 발전에 관한 책을 쓰는 데 바쳤으나 완성을 못 한 채 죽고 그의 아들 존 햄슨 주니어(John Hampson, Jr, 1760-1817)가 3권으로 완성하여 웨슬리가 죽던 해인 1791년에 출판했다.³

햄슨의 책은 최초의 메도디스트연회가 열린 1729년부터 웨슬리가 죽기 직전까지의 일에 대해 기록하고 있는데, 웨슬리는 미신적이며, 야망이 강

---

1 Baker, Frank. ed., *The Works of John Wesley*, vol. 25, *Letters* I-2. Oxford: Clarendon Press, 1980-82, 26:322-3 이하 Baker, *Letters*로 표기; Luke Tyerman, *The Life and the Times of the Rev. John Wesley*, M.A., *Founder of the Methodists*, 3 vols.(London, 1870), 2:26, 3:182-83. 이하 Tyerman, *John Wesley*로 표기.
2 W. Pine, ed., *The Works of the Rev. John Wesley*, A.M. 32 vols.(Bristol, 1771-1774). 파인은 1803년에 죽었다.
3 1784년의 연회에서 웨슬리는 자기 죽음 이후에 실시할 "행동강령"(the Deed of Declaration)을 작성하였는데, 메도디스트들을 법적으로 주관하는 기구인 연회에 200명의 설교자들 중에서 오직 절반인 100명에게만 회원권을 주는 과정에서 알 수 없는 이유로 존 햄슨(John Hampson Sr.)을 제외했다. 그러한 결정에 대해 당시 최고 지도자 중 한 사람이었던 토마스 콕(Thomas Coke)도 "그 이전에도 그랬던 것처럼 모든 설교자에게 반드시 회원권을 주어야 한다"(all preachers in full connection should be members, as had been the case for over a dozen years before 1780)고 주장하며 반발했다. 웨슬리는 연회 기간에 신도회를 돌볼 설교자들을 남겨 두어야 한다는 이유와 함께 200명이 모이는 것보다는 100명이 모임으로써 경비가 절약된다는 이유 때문이라고 해명했지만, 햄슨은 그러한 결정에 불만을 품고 웨슬리와 동료들을 떠났다. 그러나 그는 여전히 충성스러운 메도디스트 설교자로서 죽는 순간까지 웨슬리와 메도디스트 운동의 태동과 발전에 관한 책을 쓰는 일에 집중했다. Richard P. Heitzenrater, *Wesley and the People Called Methodists* (Nashville, TN: Abingdon Press, 1992), 422.

해 자신의 지도력에 도전하는 사람들을 철저히 무시하거나 혹독하게 대하는 등 성격적인 문제가 많다고 지적했고, 또한 웨슬리의 가르침들 일부를 비판하면서, 특히 '그리스도인의 완전' 교리를 비판했다. 메도디스트 동료들은 햄슨의 전기를 인정하지 않고 오히려 그런 주장을 취소하도록 종용했지만, 오늘날 학자들은 햄슨이 제시한 웨슬리가 역사적으로 정확할 수 있다는 사실을 인정하고 있다.[4]

2) 웨슬리 사후 이루어진 일들

웨슬리는 1789년 2월 20일 쓴 유언장에서 다음의 세 사람에게 자신이 죽은 다음에 자신과 메도디스트들에 대해 정리할 의무를 일임하듯 다음과 같이 써 두었다.

> 나의 모든 자료를 토마스 콕(Thomas Coke), 존 화이트헤드(John Whitehead), 그리고 헨리 무어(Henry Moore)에게 남기는데 그들이 보기에 좋으면 출판을 하고 그렇지 않으면 불태워 버리면 된다(I give all my manuscripts to Thomas Coke, Doctor Whitehead, and Henry Moore, to be burned or published as they see good).[5]

---

[4] Ward and Heitzenrater, *Journal and Diaries*, 6: 340, note 80; John Hampson, *Memoirs of the late Rev. John Wesley*, M.A., with a review of his life and writings, and a History of Methodism, from its commencement in 1729 to the present time (Sunderland, 1791). See also Heitzenrater, *The Elusive Mr. Wesley*, 2, 169-170. see Rack, *Reasonable Enthusiast* (London: Epworth, 2005), 536-42.

[5] Nehemiah Curnock, ed. *The Journal of the Rev. John Wesley*, A.M., 8 vol. (Epworth Press, 1938; 초판 1909), 8:342-44; Jackson, *The Works of John Wesley*, 14 vols. (London, 1829-31; reprinted 2007 by Baker Books), 4:500(이하 Jackson, *Works*로 표기); Tyerman, *John Wesley*, 3: 616-17; *Arminian Magazine for January*, 1792, 29. 유언장 작성의 경위에 대해서는 다음을 보라. Ward and Heitzenrater, *Journal and Diaries*, 24, 121. 이 가치 있는 자

전기를 쓰는 일은 화이트헤드에게 맡겨졌다. 그런데 화이트헤드는 모든 작업을 마치고 출판하기 직전에 자신이 전기를 쓰는 동안 감수한 수입의 손실을 충당하기 위해 저작권료를 요구했고, 그의 처신에 동료 지도자들이 분개했다. 그리고 1792년 연회는 콕과 무어에게 요청하여 당시까지 그들이 가지고 있던 자료들을 급히 조합하여 화이트헤드의 책이 나오기 전에 『존 웨슬리의 생애』(The Life of Rev. John Wesley)를 출판해 버렸다.[6]

그리고 지도자들은 화이트헤드에게 모든 자료를 돌려달라고 요청했지만, 그는 돌려줄 것을 거부하고 자기 뜻을 밝히는 7페이지 분량의 서문과 함께 『존 웨슬리의 생애』 1793년에 제1권을, 이어서 1796년에 제2권을 출판함으로써 웨슬리 사후 가장 공신력 있는 전기가 되었다.[7]

화이트헤드는 집필을 마친 후, 모든 자료를 시티로드채플 근처에 있는 '설교자들의 집'(the preacher's house next to the City Road Chaple)에 반납했다. 그런데 당시 런던 교구의 감리사(superintendent of the London circuit)로서 그 집에 거주하던 존 포슨(John Pawson)이 누구의 허락도 받지 않고 웨슬리의 책들과 돌려받은 자료의 일부를 불태워 버리는 사고가 발생했다.

이유를 알 수 없는 사고로 인해 웨슬리의 사적인 일기나 편지 등 중요한 자료 일부가 소실된 것은 안타까운 일이다.[8] 한편, 화이트헤드의 처신에 화가 난 지도자들은 그의 신도회 회원권을 박탈했는데, 1년 후에 회원권

료를 『200주년 기념 웨슬리 총서』에서는 찾을 수 없다.
6 T. Coke and H. Moore, Life of Rev. John Wesley, 2 vols.(London, 1792).
7 John Whitehead, The Life of the Rev. John Wesley (London, 1793). 제1권은 주로 웨슬리 가문과 가족에 대한 내용인데, 특히 동생 찰스에 대한 내용이 65페이지에서 213페이지에 이르기까지 제1권의 3분의 2나 되는 150페이지 분량이고, 제2권이 웨슬리에 대한 내용이다. 미국에서 1852년에 단권으로 출판되었다(Aubum:Alden, Beardsley & Co; Rochester: wanzer, Beardsley & Co., 1852). 특별한 언급이 없는한 통합본을 인용할 것이다. 참조 Piette, John Wesley, 204.
8 Heitzenrater, The Elusive Mr. Wesley, v. 2: 173.

은 회복되었고, 그가 죽은 후 1806년에 개정판이 나왔다.⁹

1808년 연회는 당시에 「메도디스트 잡지」(Methodist Megazine)의 편집이자 탁월한 성경학자로 알려진 조셉 벤슨(Joseph Benson)에게 웨슬리의 모든 저작을 편집해 달라고 요청하였다. 그는 주로 화이트헤드의 저작을 참고하였고, 파인의 32권 편집본에서 수천 페이지를 누락시킨 채 1809-13년 사이에 런던에서 16권으로 된 『웨슬리 총서』를 출판하였다.¹⁰

1820년에 로버트 소우데이(Robert Southey)는 시인다운 문학적 능력으로 주로 벤슨의 '총서'에 의존하여 『웨슬리의 생애와 메도디즘의 태동과 성장』(The Life of Wesley and the Rise and Progress of Methodism)을 총 2권으로 출판하였는데, 소우데이는 이전의 전기들과는 달리 자신은 원자료는 가지고 있지 않지만, 전달받은 자료들을 통해 발견한 대로 웨슬리를 얕보거나 과장하지 않고 그의 오류까지도 정확하게 알리는 작업을 하겠다는 목표에 따라 책을 완성했다. 웨슬리뿐만 아니라 그를 따르던 웨슬리안들의 부정적인 면까지 드러낸 것에 대해 메도디스트들은 집중적으로 비판했다.¹¹

소우데이는 웨슬리의 추종자들을 '발작증 환자들'(the paroxysms of the disease which methodism excited)이나 '자기 도취자들'(the self-sufficency of fancied

---

9   Heitzenrater, *The Elusive Mr. Wesley*, 170-173.
10 Heitzenrater, *The Elusive Mr. Wesley*, 174. 벤슨이 죽은 후에 필라델피아와 뉴욕에서 1826-27년에 10권으로 재출판 되었다.
11 Robert Southey, *The Life of Wesley and the Rise and Progress of Methodism*, v. 2 (London, 1820). 필자는 소우데이가 책을 완성한 후 교정하려고 했지만, 이루지 못하고 죽자 아트킨슨(J.A. Atkinson) 목사가 그의 아들의 편집 의도에 따라(under the editorship of his son) 1846년에 단권으로 편집하여 출판한 책을 중심으로 인용할 것이다. 저자는 서문에서 "나는 내가 발견한 모든 사실을 세밀하게 드러냈는데, 그 과정에서 웨슬리에 대한 어떤 것도 얕보거나 과장하는 일은 하지 않았다"(I have represented facts as I found them, with scrupulous fidelity, neither extenuating nor exaggerating anything)고 했다. See, Robert Southey, *The Life of Wesley and the Rise and Progress of Methodism* (London and New York: Frederick Warne And Co., Ltd., 1846), xvii. 이하, Southey, *The Life of Wesley and the Rise and Progress of Methodism*로 표기.

inspiration) 등으로 깎아내렸고, 웨슬리 사후 메도디스트들은 설립자의 뜻과는 반대로 로마교회처럼 권위주의에 가득한 조직으로 변했다고 비판함으로써 메도디스트들의 분노를 샀다.¹² 그러나 몇 가지 비판받을 만한 내용 외에 그는 웨슬리는 정말 위대한 인물이었다는 결론을 내렸다. 리차드 왓슨(Richard Warson)은 그 다음해에 소우데이의 작품에서 발견되는 몇 가지 오류를 지적하면서 웨슬리를 변호하는 책을 쓰기도 했다.¹³

1821년 연회는 즉시 소우데이의 전기에 대응한다는 차원에서 당시 웨슬리의 동역자이자 성경학자인 아담 클락(Adam Clarke, 1762-1832)에게 자신들이 기대하는 웨슬리 전기를 쓰도록 요청했다.

그는 웨슬리의 유언에 따라 전기를 쓸 수 있는 특권을 부여받았던 3인 중 유일한 생존자인 무어의 도움을 받으며 그때까지 알려지지 않은 자료들과 생존해있는 사람들의 증언, 특히 가족들에게서 직접 들은 이야기들까지 포함하여 1년도 안 된 다음해 2월 28일 『웨슬리 가족에 대한 추억들』(*Memoirs of the Wesley Family*)을 완성했다. 그리고 자신은 그 이전의 전기 작가들이 갖지 못했던 원본들까지 모두 가지고 있으므로 웨슬리와 그의 가족에 대해 전기를 쓸수있는 가장 적합한 인물임을 과시하듯이 제목에 "주로 원본에 근거하여"(collected principally from original documents)란 수식어를 붙였다.¹⁴

그러나 그는 전기를 쓰는 과정에 1832년에 죽었고, 1836년에 2권의 개정판이 편집위원들에 의해 완성되어 오늘날까지 남아 있는데 웨슬리와 가족

12　Heitzenrater, *The Elusive Mr. Wesley*, 2:175-6. cf. Robert Southey, *The Life of Wesley and the Rise and Progress of Methodism*, 344.
13　Richard Watson, *Observations on Southey's "Life of Wesley"* (London: T. Cordeux, 1821). 참조 Piette, *John Wesley*, 205.
14　Adam Clarke, *Memories of the Wesley Family Collected Principally From Original Documents* (New York: N. Bangs and T. Mason for the Methodist Episcopal Church, 1824; New York: Collord Printer, 1832), 3-9. 이하 Clarke, *Memories of the Wesley Family* 로 표기.

들에 관한 연구에 있어서 매우 귀중한 자료가 된 것은 틀림없는 사실이다.[15]

무어도 총 2권으로 된『존 웨슬리의 생애』(The Life of John Wesley)를 1824-25년에 출판하였다.[16] 많은 부분이 클락이나 화이트헤드의 책에 있는 내용을 인용하면서도 출처를 밝히지 않은 것이나 중간마다 웨슬리가 직접 쓴 원본들을 "내 앞에 가지고 있다"(I have before me original letters or documents)라고 언급하곤 한 것은 자신이 웨슬리를 가장 잘 알고 있는 마지막 생존자로서 이미 다 알고 있는 내용이라는 태도를 보인 것이다. 한편, 무어는 웨슬리가 평신도들에게 독자적으로 목사 안수를 준 것에 대해 변호했는데, 자신도 1789년에 웨슬리로부터 안수를 받은 순회설교자라고 하는 사실은 끝까지 밝히지 않고 있는 것이 흥미롭다.[17]

3. 웨슬리 이후의 총서와 전기

클락이나 무어 이후 웨슬리와 동시대 사람으로서 웨슬리의 삶과 신학에 대한 전기나 총서를 쓸 사람은 더 이상 남아 있지 않게 되었다. 하지만, 그때까지 진행된 모든 자료를 종합하고 재평가하는 일이 요청되던 때에 토마스 잭슨(Thomas Jackson)이 1829-31년 동안 런던에서『웨슬리 총서』(The Works of John Wesley)를 총14권으로 편집하여 출판하였다. 잭슨 판은 1840

---

[15] Heitzenrater, The Elusive Mr. Wesley, 2: 176-178.
[16] Henry Moore, The Life of John Wesley, 2 vols. (London: John Kershaw, 1824-25). 전체 제목은 다음과 같다. The Life of the Rev. John Wesley, A.M., Fellow of Lincoln College, Oxford; in which are included the life of his brother the Rev. Charles Wesley, A.M., student of Christ Church, and memoirs of the family; comprehending an account of the great revival of religion in which they were the chief instruments.
[17] Tyerman, John Wesley, 3:441-42; Heitzenrater, The Elusive Mr. Wesley, 2: 178-179. 참조 Adam Clarke, Memoirs of the Wesley Family, 173.

년과 1856년에 약간씩 수정된 후에 1872년 런던에서 개최된 웨슬리안 컨퍼런스에서 공인된 이후 사진판으로 재생산되면서 오늘날까지 사용되고 있다.[18]

당시까지 발견된 웨슬리에 의한, 그리고 웨슬리에 대한 원본들만을 모아 편집한 것이라고 했지만, 웨슬리를 철저히 개혁주의신학 관점에서 조명하기 위해 가톨릭적 요소를 많이 담고 있는 웨슬리의 『영국 국교회 설교 발췌』(Wesley's extract of the Homilies of the Church of England) 등 많은 자료가 빠졌다.[19] 하지만, 오늘날까지 150여 년간 웨슬리의 삶과 신학에 대해 가장 공신력 있는 자료로 인용되고 있는 것도 사실이다.

한편, 잭슨의 『웨슬리 총서』가 웨슬리 형제의 시와 음악 등 문학 작품을 포함하지 않고 있음을 발견한 G. 오스본(G. Osborn) 목사는 1868-1872년에 『웨슬리 형제들의 시적 작품집』(The Poetical Works of John and Charles Wesley)을 총 13권으로 출판했고, 그 일을 하면서 발굴된 자료들을 모아 『웨슬리 연구를 위한 참고 문헌 정리』(Outlines of Wesleyan Bibliography)를 1869년에 출판함으로써 웨슬리의 삶과 신학의 연구에 많은 이바지를 했다.

잭슨의 『웨슬리 총서』 이후 웨슬리에 대한 전기 중 가장 높은 완성도를 보인 작품은 1870년에 루크 타이어맨(Luke Tyerman)에 의해 총 3권으로 출판된 『메도디스트 설립자, 존 웨슬리의 생애와 시대』(The Life and the Times of the Rev. John Wesley, M.A., Founder of the Methodists)이다.[20] 메도디스트 순회설

---

[18] Thomas Jackson, *The Works of John Wesley*, 14 vols (London, 1829-31; reprinted 2007 by Baker Books).

[19] Kenneth E. Rowe, ed., *The Place of Wesley in the Christian Tradition* (Metuchen, N.J: The Scarecrow Press, 1976), 1. 아우틀러는 그 문제를 인식하고 자신의 책에 포함시켰다. See Outler, ed., *John Wesley*, 121-33.

[20] Tyerman, *John Wesley*. 같은 해에 나온 책 중에 전문가들로부터 가장 주목받은 흥미로운 책은 Miss Julia Wedgewood가 쓴 *John Wesley and the Eavangelical Reaction of the 18th Century* (London, 1870) 이다. 타이어맨의 작품에 대한 평가 See Piette, *John Wesley*, 205-07.

교자(an itinerant Methodist preacher)였던 저자는 건강상 순회설교를 중단하고 20여 년간 자료를 수집하여 작품을 완성했는데, 오직 사실만을 전해주려는 그의 노력대로 웨슬리의 출생부터 죽을 때까지 연대기를 따라가며 웨슬리의 삶에 대한 모든 것을 가장 소상하게 밝혀 주고 있다.

타이어맨은 "웨슬리의 모든 목적은 영혼 구원이었다"(his sole aim was to save souls)라고 한 것처럼 웨슬리를 신학자보다는 기독교 역사 이래 가장 위대한 전도자로 소개하고 있다. 그런 관점에서 타이어맨은 기독교 역사이래 메도디즘만큼 빠른 속도로 세계에 전파된 예가 또 어디 있느냐고 자랑스럽게 말하며 통계들을 나열하였다.

1864년도에 영국의 경우만 보아도 평신도 설교자 1만 1,804명의 목회자까지 합치면 총 1만 3,852명의 설교자가 있었고, 6,718개의 장소에서 메도디스트들이 모이고 있다고 보고했다. 그리고 웨일스(Wales), 스코틀랜드(Scotland), 아일랜드(Ireland)까지 합친 소위 대영제국(the United Kingdom) 전체적으로 보면 메도디스트 예배에 참여하는 신도 수가 100만 명 이상이라고 자랑스럽게 보고했다.[21]

그러나 웨슬리라는 인물에 집중한다는 그의 의도에 따라 그의 종교적, 정치적 배경과 그 가문에 관한 연구를 지나치게 생략한 것이 단점이 되고 있다. 무엇보다도 타이어맨은 웨슬리의 위대함을 부각하는 과정에서 마치 웨슬리가 어떠한 신학적 전통으로부터도 배우지 않았다는 것을 강조하며 다음과 같이 말했다.

> 웨슬리는 남의 것을 베끼는 사람이 아니다. 그는 자신의 신학을 고대나 현대의 어느 학파나 개인으로부터 배우지 않았고 모라비안이나 다른 어떤 신학으로부터도 영향을 받지 않았다(Wesley was no copyist. He owed his theology

---

[21] Tyerman, *John Wesley*, Preface, v and pp. 1-13.

to no class of theologians, either ancient or modern, - Moravian or others).²²

그리고 웨슬리는 오직 성경을 통해 직접 배웠다고 함으로써 웨슬리는 역대 어느 신학자들보다 더 성경적이고 더 창조적인 신학자로 묘사했다. 결과적으로 보면, 타이어맨은 웨슬리를 과거의 모든 신학적 유산으로부터 격리시켰고 후학들도 타이어맨이 걸어놓은 덫에 걸려 영웅주의적 웨슬리안신학에 갇혀 있게 되었다.

한편, 타이어맨은 웨슬리가 결코 흠이 없는 사람이 아니었다는 사실을 인정하면서도 웨슬리의 인격과 재치와 판단력과 성실성 등 그의 모든 행실을 볼 때 "웨슬리는 하늘 아래 우리가 알고 있는 가장 완전한 사람이었다"(perfect as we ever expect man to be on this side of heaven)라고 함으로써 웨슬리가 주장한 '그리스도인의 완전' 교리를 변호하는 듯한 결론을 내렸다.²³ 오늘날까지 우리에게 알려진 웨슬리는 '타이어맨의 웨슬리'라고 해도 과언이 아니다.

타이어맨에 이어 1886년에 존 텔포드(John Telford)는 그 이전의 모든 자료와 연구를 종합하면서도 웨슬리 이전 시대의 웨슬리 가문에 관한 연구 등 웨슬리의 삶과 신학을 이해하는 데 도움이 되는 자료들을 종합하여 『웨슬리의 생애』(The Life of John Wesley)를 출판하였는데, 당시의 모든 웨슬리안 목회자들의 필독서로 지정될 정도로 쉬운 언어로 잘 정리된 책이지만, 타이어맨이 제시한 웨슬리에 대한 평가와 크게 다르지 않다.²⁴

결국, 타이어맨과 텔포드에 의해 웨슬리는 모든 메도디스트들의 아버지요 영국 전체를 구하거나 빛낸 역사적인 인물 중의 한 사람이고 초인적인

---

22 Tyerman, *John Wesley*, 1:532.
23 Tyerman, *John Wesley*, 3: 659-660;
24 John Telford, *Life of John Wesley* (London, 1886). 이하 Telford, *John Wesley*로 표기.

전도자 중의 한 사람으로 각인되었으며 그와 같은 이미지는 오늘날까지 변함이 없으므로 상대적으로 웨슬리를 신학자로 인식하는 데 가장 큰 걸림돌이 된 것도 사실이다.

타이어맨과 텔포드 사이에, 비록 웨슬리의 전기는 아니지만, 웨슬리의 생애에 관한 한 독보적인 책이 조지 J. 스티븐슨(George J. Stevenson)에 의해 1876년에 출판되었다. 그의 책, 『웨슬리 가문에 대한 추억들』(Memorials of The Wesley Family)은 웨슬리의 증조할아버지 바톨로메 웨슬리(Bartholomew Wesley)에서부터 찰스의 손자들까지 약 250년간의 역사를 추적하여 웨슬리 가문의 정치적-종교적 배경에 대한 정보를 제공하고 있다.[25]

이미 언급한 바와 같이, 클락에 의해 1822년에 『웨슬리 가족에 대한 추억들』(Memoirs of the Wesley Family)이 출판된 바 있고 타이어맨도 그의 도움을 받아 웨슬리의 전기를 구체적으로 쓸 수 있었지만, 스티븐슨은 웨슬리 연구가들이 여전히 궁금해하는 많은 내용, 특히 웨슬리의 조상들뿐만 아니라 그의 가족들과 후손들에 이르기까지 살피기 위해 지난 900여 년 전까지 거슬러 올라가서 살피고 있다.

비록, 웨슬리의 생애와 신학에 대한 전기는 아니지만, 그의 삶과 신학을 이해하는 데 있어서 매우 가치 있는 자료임에는 틀림이 없다.

총 14권의 잭슨의 『웨슬리 총서』와 타이어맨의 전기 등 다양한 연구서들이 출판되었음에도 웨슬리의 것이 아닌데 웨슬리의 것처럼 포함되어 있다는 문제와 중요한 자료들이 다수 빠져 있다는 문제를 극복하자는 취지로 메도디스트 설교자인 그린의 제안에 따라 '웨슬리역사위원회'(the Wesley Historical Society)가 1893년에 결성되었다.

그들은 웨슬리 사후 100년 동안 만들어진 모든 자료들을 수집하였고,

---

[25] George J. Stevenson, Memorials of The Wesley Family (London: S.W. Partridge & Co., 1876). 이하 Stevenson, The Wesley Family로 표기.

리차드는 그 내용을 정리하여 『웨슬리 형제 총서와 참고 문헌』(*The Works of John and Charles Wesley: A Bibliography*)을 1896년에 출판했다. 그의 보고에 따르면, 모두 391개의 작품 가운데, 웨슬리에 의해 직접 쓰인 것이 233개, 편집한 것이 100개이고 동생 찰스의 것이 20개, 30권은 동생 찰스와 공동으로 저작한 것이고 그 외 둘 중 누구의 것인지 알 수 없는 것들까지 포함하여 편집이나 수집된 것들이 있다고 했다.

그린은 50권으로 출판된 『그리스도인 문고』(*Christian Library*)와 14권으로 편집된 「알미니안 잡지」(*Arminian Megazine*)를 각각 한 권으로 취급하였다.[26]

느헤미야 커녹(Nehemiah Curnock)은 리차드 그린의 격려에 힘입어 1909-16년 동안에 웨슬리의 모든 저널을 8권으로 종합하여 런던에서 출판함으로써 소위 표준판(Standard)의 효시가 되었다.[27]

그 후, 존 텔포드(John Telford)가 8권으로 편집한 『웨슬리의 편지』(*The Letters of the Rev. John Wesley, A.M.*)와 에드윈 H. 숙든(Edwin H. Sugden)이 총 2권으로 편집한 『웨슬리의 표준설교』(*Wesley's Standard Sermons*)가 출판됨으로써 세 개의 표준판 시리즈가 완성되었다.[28] 텔포드는 잭슨의 『웨슬리 총서』에 포함된 웨슬리의 편지들보다 두 배가 넘는 2,670개의 편지를 수집하여 8권으로 출판한 것을 보면 표준판들의 가치가 어느 정도 인지 짐작

---

[26] R. Green, *The Works of John and Charles Wesley. A bibliography containing an exact account of all the publications issued by the brothers Wesley; arranged in chronological order, with a list of early editions, and descriptive and illustrative notes* (London, 1896; second edition, 1906). cf. Maximin Piette, *John Wesley in the Evolution of Protestantism* (New York: Sheed and Ward, 1938; in Franch 1925), 202. 이하 Piette, *John Wesley*로 표기.

[27] 총 8권 중 제2권을 완성하지 못하고 커녹이 죽자 나머지 제2권은 텔포드가 완성하였다.

[28] John Telford, ed. *The Letters of the Rev. John Wesley, A.M.*, 8 vols (Epworth Press, 1931); Nehemiah Curnock, ed. *The Journal of the Rev. John Wesley, A.M.*, 8 vols (Epworth Press, 1938; 초판 1909); Edwin H. Sugden, *Wesley's Standard Sermons*, 2 vols (Epworth and Allenson, 1954, 56). 이하 Telford, ed., *The Letters of the Rev. John Wesley*로 표기.

할 수 있다.²⁹ 웨슬리 사후 100년이 지나면서 이루어진 일들이었다.

그린을 이어 "웨슬리역사위원회"(the Wesley Historical Society)의 회장을 지낸 존 S. 사이몬(John S. Simon)은 70세가 되던 해인 1913년에 은퇴한 이후 20년 동안 웨슬리 연구에 매진하여 1921년에 제1권 『웨슬리와 종교위원회』(*John Wesley and the Religious Societies*)를 시작으로 1934년에 마지막 제5권인 『웨슬리의 마지막 순간』(*John Wesley, the Last Phase*)까지 마쳤다.

이전의 전기 작가들이 웨슬리를 지나치게 영웅시함으로써 웨슬리 본래의 모습을 발견하는 데 방해가 되었다고 생각한 사이몬은 역사적으로 가장 웨슬리다운 웨슬리(Wesley as he was)를 복원하겠다는 자신의 의지대로 신뢰할 만한 자료를 남겼다.³⁰

4. 웨슬리의 삶과 신학에 대한 새로운 평가: 20세기-현재

20세기에 이르기까지 웨슬리의 삶과 신학에 관한 연구는 웨슬리안들에 의해 주로 영어권에서만 진행되었다는 한계를 극복하기 위해 쓰인 책이 출판되었다. 막시민 피에트(Maximin Piette)에 의해 1925년에 불어로 쓰이고, 1936년에 영어로 번역된 『개혁주의신학의 태동과 발전 안에서 본 웨슬리』(*John Wesley in the Evolution of Protestantism*)이다.

---

29 Heitzenrater, *The Elusive Mr. Wesley*, vol. 2, 191.
30 책 전체의 제목은 다음과 같다.
    John Wesley and the Religious Societies – and the Methodist Societies – and the Advance of Methodism – the Master Builder – the Last Phase (London: 1921, 1923, 1925, 1927, 1934). 사이몬이 제5권을 끝내지 못하고 죽자 그의 사위인 A.W. 해리슨(A.W. Harrison)이 완성하였다.

피에트는 벨기에 프란시스칸(a Belgian Franciscan) 소속 신부로서 전 생애를 웨슬리 연구에 연구에 바쳐 탁월한 저서를 남겼지만, 영어권과 한국어권 학자들에게 상대적으로 덜 알려졌다. 예를 들어, 피에트의 영어 번역이 나오기 일 년 전인 1935년에 조지 크로프트 셀(George Croft Cell) 교수가 출판한 『존 웨슬리의 재발견』(The Rediscovery of John Wesley)이 널리 알려진 것과는 대조적이다.

피에트는 1913년부터 웨슬리의 삶과 신학에 관심을 두고 연구를 하던 중 벨기에 군대의 군목으로 입대했다. 제1차 세계 대전 중에 두 번이나 독일군 포로가 된 적이 있고, 사형 선고를 받은 적도 있다. 전쟁 후, 웨슬리와 메도디즘에 대한 연구를 계속하면서 대부분 웨슬리와 메도디즘에 대한 연구가 웨슬리안들에 의해서만 진행되어 온 사실과 그러한 대부분의 저작이 충분한 배경 설명이나 객관적 평가가 결여되었을 뿐만 아니라 영어 외의 언어로 쓰인 전기들이 드물다는 사실을 발견한다.

피에트의 「웨슬리의 삶과 신학에 관한 연구 논문」이 1925년에 책으로 출판되자마자 주목을 받기 시작했고, 곧이어 루베인대학교(The University of Louvain)는 그에게 신학 박사학위를 수여했고, 벨기에 정부는 1926년에 전국 대학교 내 최고의 논문상을 수여했다(The Belgian Government granted it the first prize in the 1929 Inter-University Awards).[31]

다음해에는 프랑스 학문성의 최고의 영예에 해당하는 '마르셀린게린상'(Prize Marcelin Guerin)을 수여하기도 했다. 그는 학업을 계속하여 1928년

---

[31] Maximin Piette, *John Wesley in the Evolution of Protestantism* (New York, Sheed & Ward, Inc., 1938; originally written in French in 1925), xi. 이하 Piette, *John Wesley*로 표기. 저자는 웨슬리를 접하자마자 매료되어 연구에 몰입한지 9년 만에 자신을 사로잡고 있던 그 위대한 분의 모습이 남아 있는 런던을 방문할 수 있었다(1922년 9월 15일). 그는 무엇보다도 웨슬리의 무덤을 보고 싶었기 때문에 웨슬리의 무덤과 동상이 있는 웨슬리채플(Wesley's Chapel)을 찾아갔다.

에는 미국 하버드대학교에서 석사학위(master's degree from Harvard University)를 받기도 했다.

『개혁주의신학의 태동과 발전 안에서 본 웨슬리』(*John Wesley in the Evolution of Protestantism*)가 어떤 의미에서 웨슬리신학뿐만 아니라 기독교신학 전반의 발전에 기여하고 있는지 다음과 같이 여섯 가지로 정리하며 지면을 할애하는 것도 한국인 독자들에게 유익할 것이라 생각한다.

첫째, 피에트의 저서는 웨슬리신학에 대한 평가지만, 전체적으로 보면 개혁주의신학과 아울러 가톨릭신학, 그런가 하면 현대신학에 이르기까지 연결하여 웨슬리신학을 이해하고 있다는 것이 가장 큰 장점이다.

영역본을 기준으로 한다면 총 576페이지 중에서 울리히 츠빙글리(U. Zwingli, 1484-1531)에서부터 마틴 루터(M. Luther, 1483-1546)와 재세례파(Anabaptism)를 지나 당시 유럽의 종교적 대세를 형성하게 된 존 칼빈(J. Calvin, 1509-1564)의 신학적 영향까지 총망라하여 다루어 줄 뿐만 아니라 16세기 영국의 종교개혁에서부터 시작하여 18세기 정치와 종교적 상황까지 전체 분량의 삼 분의 일이 넘는 192페이지에 정리해 주고 있다.

그렇게 하는 이유는 웨슬리의 삶과 신학을 18세기 영국적 상황 안에서만 연구하던 이전의 웨슬리안 학자들과 달리 유럽과 세계의 신학 흐름 안에서 평가하기 위함이었다. 결과적으로 피에트는 18세기 영국의 웨슬리 삶과 신학을 영국과 유럽이란 테두리를 넘어 세계로 향할 수 있도록 문을 열어주었다.

둘째, 웨슬리 사후 100여 년이 지나도록 웨슬리에 대한 연구는 주로 "가까이서 바라본" 관점이었다면 피에트의 연구는 "멀리서 바라본" 관점이라 할 수 있겠다.

가까이서 바라볼 때, 웨슬리의 메도디스트 운동은 영국 국교회의 '부흥'(Revival), 혹은 '갱신'(Renewal) 운동으로 정의할 수 있겠지만, 멀리서 바라보면 기독교 자체의 신학과 전통에 대한 '반발'(Reaction)로 볼 수도 있다.³² 그런 의미에서 피에트는 다음과 같이 분류했다.

① 예언자적-공동체적 반발(The Prophetico-Communistic Reaction), 1521년에 토마스 뮌처(Thomas Munzer)와 그의 추종자들에 의해 형성된 재세례파 운동을 말하는데 그들은 루터와 그의 신학을 적으로 규정하였다.
② 국가적 반발(The Nationalist Reaction), 대표적으로 헨리 8세(Henry VIII)의 영국과 영국 국교회의 형성으로서 그들도 역시 루터의 신학을 거부하였다.
③ 신학적 반발(The Theological Reaction), 주로 칼빈에 의해 제시된 것인데 루터신학을 적으로 규정하지는 않았지만, 분명한 선을 그었다.³³

세계의 역사 가운데 이루어진 일들 가운데 웨슬리의 메도디스트 운동은 루터와 칼빈 이후 200년 만에 윤리적으로 타락한 기독교에 반발하며 일어난 경건주의 운동이라고 정의하며 웨슬리신학은 기독교신학에 새로운 통찰과 역동성을 제공하는 운동이었음을 보여 주려고 했다.

셋째, 웨슬리의 삶과 신학을 개혁자들과의 연속성 안에서 잘 설명해 주고 있다는 장점과 함께 웨슬리가 왜 그들과 다른가를 또한 탁월하게 지적해 주었다.

피에트에 의하면 초기 개혁자들이 가톨릭신학을 강하게 부정하며 새로운 탈출구를 찾기 위해 투쟁한 결과 하나를 얻기 위해 다른 하나를 잃을 수밖에 없었지만, 웨슬리는 오히려 초기 개혁자들의 극단적 처방의 부작

---

32 Piette, *John Wesley*, 192, 195.
33 Piette, *John Wesley*, 16.

용을 극복하고 가톨릭신학의 전통을 회복한 가톨릭적 학자라는 것이다.[34]

피에트는 웨슬리가 루터신학의 왜곡 현상 중 하나인 '믿음 만능주의'(solafidianism)와 오직 하나님의 주권만을 강조하며 인간의 참여를 배제하는 칼빈주의적 신학의 문제점을 익히 알고 하나님의 구원 사건에 왜 인간의 참여와 선행이 필요한지 치열하게 살핀 신학자라는 사실에 주목한다.

결과적으로 칭의보다는 인간의 회개를 강조했고, 또한 인간의 실질적인 변화를 추구하며 성화를 강조했는데, 놀랍게도 그러한 신학적 통찰이 웨슬리가 가톨릭 전통으로부터 물려받은 신학적 유산이라는 것이다.[35] 그런가 하면, 한발 더 나아가 가톨릭신학이 웨슬리로부터 배울 것이 있다고 주장한 것은 그만의 공로라고 할 수 있겠다.[36]

넷째, 종교에 있어서 경험이라는 매개체를 통해 웨슬리신학과 프리드리히 슐라이어마허(F. Schleiermacher. 1768-1834)의 경험주의신학과의 연관성을 밝혀 주고 있다.[37] 즉, 웨슬리는 슐라이어마허를 지나 윌리엄 제임스(William James, 1842-1910)에 이르기까지 경험이 기독교의 전통과 신학에 얼마나 중요한 요소인지를, 더 나아가 실제로 매우 성경적인 내용인지를 밝히는데 그 이전의 누구보다도 기여한 것이 사실이다.[38]

경건주의적인 가정에서 태어난 슐라이어마허는 경건주의자들이 설립한 할레대학교(University of Halle, 1694년에 설립)에서 공부하고 이성을 초월하는

---

[34] Piette, *John Wesley*, 423.
[35] Piette, *John Wesley*, 412-452.
[36] Piette, *John Wesley*, 480.
[37] Piette, *John Wesley*, 199, 477-479.
[38] 윌리엄 제임스(William James)는 하버드대학교의 교수로서 기념비적인 저서 『심리학의 원칙들』(*The Principles of Psychology*)을 썼다. 기독교신학과 관계해서는 『믿음에의 의지』(*The Will to Believe*, 1897)과 『다양한 종교적인 경험들』(*The Varieties of Religious Experience*, 1902)등이 대표적이다.

체험을 종교의 중심에 두고 기독교 복음을 설명한 신학자였다. 그 과정에서 마치 구원의 주체가 하나님이라기보다는 인간의 하나님 체험인 것처럼 말함으로써 '자유주의신학의 아버지'라고 불린 사람이 슐라이어마허이다.

그런데 피에트는 웨슬리가 그 이전에 벌써 인간의 이성을 초월하는 신비한 능력과 체험을 강조한 신학자임을 밝혀줌으로써 웨슬리가 슐라이어마허의 선구자일 뿐만 아니라 현대신학의 문을 연 신학자임을 밝혀 주고 있다.[39]

개혁주의신학의 전통 안에서 웨슬리와 슐라이어마허와 현대신학에 이르는 연속성을 밝혀 주고 있는 것은 웨슬리신학의 가치에 대한 또 다른 발견이라 할 수 있겠다. 조지 크래프트 셀(George Croft Cell) 교수도 그의 책 『웨슬리신학의 재발견』(The Rediscovery of John Wesley)에서 웨슬리와 슐라이어마허와의 관계에 대해 언급하고 있지만, 그 이상 발전시키지는 못했다.[40] 우리는 웨슬리의 삶과 신학을 더욱 연구함으로써 웨슬리안 복음주의신학과 현대 자유주의신학과의 관계를 알게 될 것이다.

다섯째, 이미 어거스틴 리거(Augustin Leger)에 의해 의문이 제기된 바대로 피에트도 1738년 올더스게이트에서의 특별한 체험을 웨슬리의 회심 사건으로 볼 수 없다고 본다.

피에트는 웨슬리가 사제 안수를 받는 과정을 지나던 중 1725년에 웨슬리의 진정한 회심이 일어났다고 주장했다.[41] 그때는 존이 옥스퍼드대학교

---

[39] 지금은 마틴 루터 할레-비텐베르크대학교(Martin Luther Universitat Halle – Wittenberg)가 되었는데, 1502년에 설립된 비텐베르크대학교와 1694년에 경건주의자들에 의해 세워진 할레대학교가 1817년에 합병되면서 생긴 명칭이다.

[40] George Croft Cell, The Rediscovery of John Wesley (New York: Henry Holt and Company, 1935), 47-51, 72-93.

[41] Augustin Leger, La Jeunesse de Wesley (Yonge Wesley, 1910), 350. Piette, John Wesley, 306에서 재인용. 사실, 이러한 주장은 울린(R.D. Ulin)이 그의 책 Churchman's Life of Wesley (SPCK, 1880)에서 처음으로 한 것이다. see Rack, Reasonable Enthusiast, 587, note 51.

의 크라이스트처치대학(Christ Church College in the University of Oxford)을 졸업하고 성직 안수를 받기 전, 토마스 아 켐피스(Thomas a Kempis)와 제레미 테일러(Jeremy Taylor)의 저서들을 통해 전적으로 하나님께 헌신하는 회심을 하게 되었다는 것이다. 피에트에 의하면, 개혁주의 웨슬리안들이 올더스게이트 체험을 회심으로 봄으로써 인간의 변화가 순간적으로 일어날 수 있다는 것만을 강조하기 때문에, 결과적으로 지속적이고 점진적인 성장을 통해 이룰 수 있다고 하는 웨슬리의 성화론의 가치를 상실하게 되었다는 것이다.

그러한 의미에서 그는 올더스게이트 체험을 "복음적 회심"(an evangelical conversion)이라고 규정한 타이어맨과 달리 믿는 자 안에서 언제나 일어날 수 있는 보편적 현상, 즉 "하나님의 사랑으로의 회심"(conversion to the love of God)이라고 했다. 그리고 이어서 "하나님과 친근하게 연합하는 특별한 감정"(a feeling of intimate union with God)이라고 설명한 것은 가톨릭신학자다운 해석이라고 할 수 있겠다.[42]

여섯째, 선교신학으로서의 웨슬리신학을 적극적으로 수용하고 있다.

피에트는 웨슬리신학이 유럽의 테두리를 벗어나 아메리카 선교의 주역을 담당했을 뿐만 아니라 중국과 일본 등 아시아권까지 확장되면서 복음주의신학의 태동이요, 근거가 되었으며 앞으로 그러한 복음주의신학은 세계 곳곳으로 확장될 것이라는 결론을 내렸다.[43] 웨슬리신학이 세계 선교를 이끌어 가면서 미래 교회의 대안이 되리라 예측하는 것은 가톨릭교회가 웨슬리신학을 적극적으로 수용해야 한다고 강력하게 주장하는 것과 같다.

---

42   Piette, *John Wesley*, 306-7.
43   Piette, *John Wesley*,, 480.

결국, 가톨릭신학이 개혁주의신학인 웨슬리신학을 적극적으로 수용함으로써 웨슬리신학의 확장에 기여할 뿐만 아니라 기독교의 역사 속에 뿌리 깊게 박혀 있는 종교적 갈등을 극복하고 영혼을 구원하는 종교로서의 기독교의 본질을 회복할 것을 촉구하고 있다.

그러나 피에트의 웨슬리 연구에 단점이 없는 것은 아니다. 예를 들어, 웨슬리의 삶과 신학에서 조지아 선교를 중심으로 발생한 문제들은 지나칠 수 없는 내용인데 피에트는 그 일에 대해 무심하다.

결과적으로 항해 기간에 있었던 일들에 대한 정보와 모라비안들과의 만남과 웨슬리의 삶과 신학에 끼친 모라비안들의 영향에 관한 연구, 그리고 웨슬리가 조지아에서 인디언들을 대상으로 선교하려고 했던 일들에 관한 연구가 부족하고, 특히 목회하던 중에 발생했던 많은 일을 통해 자신의 연약성뿐만 아니라 인간의 뿌리 깊은 죄성에 대해 처절하게 깨닫게 되는데, 그러한 깨달음이 그의 신학에 어떻게 반영되었는지 알 수 없는 것은 아쉬운 점이다.

한편, 1935년에 보스턴대학교에서 기독교 역사를 가르치던 셀 교수는 그의 오랜 연구의 결과인 『존 웨슬리의 재발견』을 통해 웨슬리가 생전에 그토록 대립을 보였던 칼빈주의와 사실은 다른 점보다는 공통점이 더 많다는 사실을 밝혀 줌으로써 그동안 칼빈주의와 대립적 각을 세운 웨슬리신학으로만 알려진 것에 대해 심각한 의문을 제기했을 뿐만 아니라 개혁주의신학의 연속성 안에서 웨슬리의 삶과 신학을 재조명함으로써 웨슬리가 위대한 개혁주의신학자 중의 한 사람임을 드러내 주었다.

더 나아가, 웨슬리신학이 "개신교의 은총의 윤리와 가톨릭의 거룩의 윤리를 종합한 신학"(The Wesleyan reconstruction of the Christian ethic life is an original and unique synthesis of the Protestant ethic of grace with the Catholic ethic of holiness)이라고 정의함으로써 가톨릭신학과의 연속성도 밝혀 주고 있는 것이

그의 공로이다.⁴⁴ 그런가 하면, 웨슬리의 경험주의신학이 이론적 신학의 영역에 실천적 윤리가 그 중심에 서도록 했다는 사실을 강조함으로써 웨슬리가 기독교신학의 발전에 기여했음을 보여 주고 있다.⁴⁵

피에트의 『개혁주의신학의 태동과 발전 안에서 본 웨슬리』(*John Wesley in the Evolution of Protestantism*)는 이미 1925년에 불어로 출판되었고, 1936년에 영어로 번역되었는데 그때는 셀이 자신의 책을 집필하고 있을 때였기 때문에 피에트의 연구를 알고 있었을 것이다. 그럼에도 불구하고 피에트의 연구에 대해 단 한 번도 언급하지 않는 것은 흥미로운 일이다.

두 연구서의 공통된 공로는 무엇보다도 기독교신학의 전통 안에서 웨슬리를 위대한 신학자로 인식하고 있다는 것이다. 웨슬리신학과 전통 기독교신학과의 거리를 좁혀 주었다는 것이다. 한 사람은 가톨릭신학과의 관계를, 다른 한 사람은 개혁주의신학과의 연관성을 밝혀 줌으로써 웨슬리신학이 전통 기독교신학의 전통 안에서 가톨릭신학이나 개혁주의신학이 잃어버렸던 부분을 회복하여 주었다는 데 의의가 있다.

그 외 주목할 만한 연구들이 다음과 같은 결과물로 출판되었다. 1946년에 출판된 윌리엄 R. 캐논(William R. Cannon)의 『웨슬리신학』(*The Theology of John Wesley*)⁴⁶은 하나님의 은총을 강조하는 데 있어서 웨슬리는 어거스틴과 칼빈의 신학적 전통에 서 있다는 사실을 밝혀 주고 있다. 같은 해에 출판된 헤롤드 린드스트롬(Harold Lindström)의 『웨슬리와 성화』(*Wesley and Sanctification*)는 웨슬리신학에서 가장 논쟁적인 주제라 할 수 있는 성화론을 가장 탁월하게 설명해 주고 있다.⁴⁷

44　Cell, *The Rediscovery of John Wesley*, 347, 361-2.
45　Cell, *The Rediscovery of John Wesley*, 48-49.
46　William R. Cannon, *The Theology of John Wesley, with special reference to the doctrine of justification* (New York: Abingdon Press, 1946).
47　Harold Lindström, *Wesley and Sanctification* (London: Epworth Press, 1946).

1951년에 출판된 프란츠 힐데브란트(Franz Hildebrandt) 교수의 『루터에서 웨슬리까지』(From Luther to Wesley)는 웨슬리가 모라비안들과 결별한 이후 거리가 있던 루터와 웨슬리와의 관계를 신학적으로 회복시켜 주고 있다. 콜린 윌리엄스(Colin W. Williams)는 1959년에 『오늘날의 웨슬리신학』(John Wesley's Theology Today)에서 에큐메니컬 관점으로 웨슬리신학을 설명하면서 영국 국교회로부터 분리해 나온 웨슬리안신학이 오히려 연합을 추구하는 신학이었다고 항변하고 있다.

독일의 루터 신학자가 풍부한 독일의 경건주의적 자료를 통해 웨슬리의 삶과 신학을 더 깊고 넓게 조명해 주었다는 차원에서 마틴 슈미트(Martin Schmidt) 교수의 2권으로 된 『존 웨슬리』(John Wesley)를 주목할 필요가 있다. 그 책은 1953-66년에 독일어로 쓰였고, 10여 년이 지난 1963-73년에 영어로 번역되었는데, 웨슬리가 언급한 인물이나 저서들에 대해 더 깊고 넓은 이해를 제공함으로써 웨슬리의 삶과 신학에 대한 이해의 지경을 넓혀주었다.[48]

한편, 레오 콕스(Leo Cox)는 1964년에 웨슬리신학에서 가장 어려운 문제 중 하나인 『웨슬리의 그리스도인의 완전』(John Wesley's Concept of Perfection)에 대한 개념을 오직 웨슬리신학의 전통 안에서 설명해 주고 있고, 1967년에 밀드레드 B. 윈쿠프(Mildred B. Wynkoop)는 그의 책 『웨슬리안-알미니안신학의 근거』(Foundations of Wesleyan-Arminian Theology)에서 역대 어느 신학자보다도 칼빈주의를 탁월하게 비판한 신학자가 웨슬리라고 했다.[49]

---

[48] 연대적으로 정리하면 다음과 같다. Franz Hildebrandt, From Luther to Wesley (London: Epworth Press, 1951); Colin W. Williams, John Wesley's Theology Today (New York & Nashville, TN: Abingdon Press, 1959); Martin Schmidt, John Wesley: A Theological Biography, 2 vols (1953-66; 영어판. London: Epworth Press, 1963-73); Leo Cox, John Wesley's Concept of Perfection (Beacon Hill Press, 1964).

[49] Mildred B. Wynkoop, Foundations of Wesleyan-Arminian Theology (Kansas City: Beacon Hill Press, 1967). 한국에서 한영태 박사가 『칼빈주의와 웨슬레 신학』이라고 번역함

오늘날처럼 웨슬리를 신학자로 조명하는 일에 매진하여 현대 웨슬리신학 연구에 있어서 가장 많이 기여한 학자는 아우틀러라는 데 이의를 제기할 사람은 없을 것이다. 그는 1961년에 '미국신학협의회'(American Theological Society)에서 행한 회장 기조 연설을 통해 웨슬리를 기독교 역사상 가장 위대한 신학자들 가운데 한 사람으로 인정하고 그의 신학을 연구 발전시켜야 한다고 촉구하였다.

아우틀러가 이전에 쓴 논문들을 편집하여 놓은 『웨슬리신학의 유산』(The Wesleyan Theological Heritage)과 『존 웨슬리: 프로테스탄트 사상 문고』(John Wesley: The Library of Protestant Thought), 그리고 리차드 P. 하이젠레이터(Richard P. Heitzenrater)와 공동 편집한 『웨슬리 설교선집』(John Wesley's Sermon: An Anthology)은 전술한 타이어맨, 피에트, 셀의 책과 함께 웨슬리신학을 연구하는 모든 학도들의 필독서들이다.⁵⁰

웨슬리를 신학자로 조명하는 데 있어서 아우틀러는 얼마나 다양하고 풍부한 신학적 유산이 웨슬리의 삶과 신학 가운데 반영되어 있는지 밝혀 주면서 그렇게 다양한 신학을 자신만의 신학적 통찰에 따라 목회 현장에서 대중들에게 선포했다는 의미에서 웨슬리신학을 "복음적통합신학"(evangelical Catholicism)이라 칭하기도 했다.⁵¹

로써 웨슬리가 칼빈주의를 탁월하게 비판한 것을 부각하는 데는 성공했지만, 웨슬리가 탁월한 알미니안신학자임을 드러내려는 저자의 의도를 한국의 독자들은 볼 수 없게 만들었다.

50 Albert C. Outler, ed., *John Wesley. The Library of Protestant Thought* (New York: Oxford University Press, 1964), Albert C. Outler and Richard P. Heitzenrater, eds., *John Wesley's Sermon: An Anthology* (Nashville, TN: Abingdon Press, 1991); Albert C. Outler, Thomas C. Oden & Leicester R. Longden, eds., *The Wesleyan Theological Heritage* (Grand Rapids, MI: Zondervan Publishing House, 1991).

51 Albert Outler, "Toward a Re-Appraisal of John Wesley as a Theologian," in Thomas C. Oden and Leicester R. Longden, eds., The Wesleyan Theological Heritage: Essays of Albert C. Outler (Grand Rapid, Mich. Zondervan Publishing House, 1991), 44.

더 나아가, 웨슬리신학을 오직 16세기 개혁주의신학의 전통과의 관계 안에서만 조명하던 그 이전의 웨슬리안신학과 달리, 초기 교부들의 신학과 동방교회 신학과의 관계 등 기독교 초기부터 19-20세기 신학에 이르기까지 웨슬리신학의 뿌리와 그 영향력에 대해 살펴봄으로써 웨슬리안들 안에 갇혀 있던 웨슬리신학을 기독교신학 전통 안에서 다양하고도 깊게 조명할 수 있게 했다.

그뿐만 아니라 아우틀러는 『200주년 기념 웨슬리 총서』(The Bicentennial Edition of the Works of John Wesley)의 출판을 주도함으로써 웨슬리의 삶과 신학의 연구에 획기적인 기여를 했다. 1960년대부터 거론되던 '『웨슬리 총서』 발행을 위해 미국 내의 네 곳의 웨슬리안의 신학교(Theological Seminary of Wesleyan)에서 대표들이 모였다. 듀크대학교(Duke University)에서 로버트 E. 크슈만(Robert E. Cushman) 교수, 드류대학교(Drew University)에서 힐데브란트 교수, 에모리대학교(Emory University)에서 존 로슨(John Lawson) 교수, 그리고 퍼킨스신학대학(Perkins School of Theology)에서 아우틀러 교수가 모였다.

그리고 1974년에 영국, 독일, 아일랜드, 미국 등에서 프로테스탄트나 가톨릭 학자들이 드루대학교에 모여 옥스퍼드대학교 출판사를 통해 발행되는 『웨슬리 총서』를 평가하는 컨퍼런스를 개최했다. 그들은 "기독교 정통에서의 웨슬리의 위치"(The Place of Wesley in the Christian Tradition)란 주제로 논문을 발표하며 토론을 하였는데 그 내용이 케네스 E. 로(Kenneth E. Rowe) 박사의 편집으로 출판되었다.[52]

옥스퍼드대학교 『웨슬리 총서』(The Oxford Edition of the Works of John Wesley)는 1975-1983년까지 7, 11, 25, 26권을 출판한 후 재정적인 문제로 중단할 수밖에 없었다. 그러자 아우틀러와 힐데브란트 등이 위원회를 구성하

---

[52] Kenneth E. Rowe, ed., *The Place of Wesley in the Christian Tradition* (Metuchen, N.J: The Scarecrow Press, 1976).

고 세계에 흩어져 있는 모든 자료를 총망라하고 각계로부터 재정적인 후원을 받았다.

메도디스트감독교회가 미국에서 독립교회로 공식 출발한 해인 1784년으로부터 200주년이 되는 해인 1984년을 기념하면서 『200주년 기념 웨슬리 총서』(The Bicentennial Edition of the Works of John Wesley)로 개명하여 오늘날까지 아빙돈출판사(Abingdon Press)에서 출판하고 있다.[53]

총 33권으로 기획된 내용 중에서 2018년 32권인 제임스 도냇과 랜디 매독스(James Donat and Randy Maddox)이 편집한 『의학 및 건강 관련 저작들』(James Donat and Randy Maddox, Medical and Health Writings)을 포함하여 2019년 현재 21권까지 출판된 '총서'는 새로운 자료들을 다수 포함하고 있는데, 특히 웨슬리가 옥스퍼드에 머무르던 초기 10여 년간의 소위 『옥스퍼드 일기』(The Oxford diaries)를 비롯하여 웨슬리가 쓴 편지뿐만 아니라 웨슬리에게 쓴 편지 중에서 역사적 가치가 있는 것들을 수록했기 때문에 텔포드의 표준판보다 삼분의 일 정도 더 많은 양을 수록하고 있다.

그 외에 웨슬리와 관계된 논쟁적 저작들을 수록해 줌으로써 그 시대 안에서 웨슬리를 발견할 수 있도록 돕고 있다. 그와 같이 웨슬리의 생애와 신학에 관계된 가치 있는 역사적-신학적 자료를 담고 있는 '총서'를 통해 통일된 출처를 밝힐 수 있게 되었다.

가장 최근까지 발전한 웨슬리신학적 관점을 가지고 웨슬리의 삶과 신학을 정리해 준 랙의 『이성적인 열광주의자』(Reasonable Enthusiast)는 1989년에 초판이 출판된 이래 2005년까지 개정을 거듭하며 타이어맨 이후 발전한 학문적인 관점에 따라 서술된 탁월한 전기이다.

1990년대 이후 출판된 주목할 만한 연구서 중에서 돈 톨슨(Don Thorsen)

---

[53] Randy L. Maddox and Jason E. Vickers, eds., The Cambridge Companion to John Wesley (Cambridge University Press, 2010), 317.

의 『웨슬리안 사변형』(The Wesleyan Quadrillateral)은 웨슬리신학을 네 가지 관점, 즉 성경, 전통, 이성, 그리고 경험의 관점에서 이해할 수 있도록 돕고 있는데, 사실 그러한 사변형적 신학은 이미 영국 국교회신학의 틀이었던 성경, 전통, 이성에 경험만이 추가된 개념이다.

웨슬리신학을 주제별로 잘 정리해 준 토마스 C. 오든(Thomas C. Oden)의 『존 웨슬리의 성경적 기독교』(John Wesley's Scriptural Christianity)는 웨슬리신학의 근거가 성경임에도 불구하고, 제한된 주제에 국한되어 있던 한계를 극복하고 다양한 신학적 주제에 따라 보충하고 확장함으로써 웨슬리신학의 성경적 근거를 밝히는 데 기여했다.[54] 웨슬리신학의 성경적 근거를 밝히며 확장하는 일은 앞으로도 더욱더 발전되어야 할 분야이다.

2000년대에 들어서 콜린스는 『존 웨슬리: 그 신학적 여정』(John Wesley: A Theological Journey)에서 웨슬리의 삶과 신학의 서론적 연구를 했고 그에 기초하여 『존 웨슬리의 신학: 거룩한 사랑과 은총』(The Theology of John Wesley: Holy Love and the Shape of Grace)에서 현대신학의 내용을 섭렵하며 발전시켰다.[55] 그 과정에서 콜린스는 19-20세기 미국의 성결 운동의 전통 안에서 웨슬리의 삶과 신학을 조명하며 회개, 중생, 성령의 능력 등이 웨슬리신학의 중심임을 밝혀 주고 있다. 그렇게 함으로써 18세기 영국에서 태동한 웨슬리안 메도디스트 신학이 19-20세기 아메리카에서 다양하게 발전했고 더 나아가 오늘날의 현대신학과 깊은 연관이 있음을 밝혀 주고 있다.

매덕스의 『책임적 은총』(Responsible Grace)은 그동안 웨슬리신학의 약점으

---

[54] Don Thorsten, The Wesleyan Quadrillateral(Lexington: Emeth Press, 1990, 2005). Thomas C. Oden, John Wesley's Scriptural Christianity(Grand Rapid: Zondervan Publishing House, 1994).

[55] Kenneth J. Collins, *John Wesley: A Theological Journey*(Nashville, TN: Abingdon Press, 2003) and *The Theology of John Wesley: Holy Love and the Shape of Grace*(Nashville, TN: Abingdon Press, 2007).

로 지적을 받아 온 논리적 결여, 즉 웨슬리의 선언적 신학에 대한 논리적-철학적 설명이 부족한 부분을 잘 보완해 줌으로써 웨슬리신학이 조직신학적 가치를 갖는 데 기여하고 있다.[56]

콜린스는 웨슬리신학을 서방기독교 전통 안에서 설명하고 있는 반면에 매덕스는 동방기독교 전통이 웨슬리신학에 끼친 영향력을 논하면서 서방기독교신학으로 설명하기 어려운 부분을 동방기독교신학의 관점에서 설명해 주고 있다는 것이 다르다.

한국인 저자에 의해 쓰인 자료 중에서 극히 제한된 범위 안에서 언급한다면, 1970년대 이후의 초기 저작으로는 한국에 웨슬리신학을 소개하는 데 선구적인 역할을 한 조종남 박사의 『요한 웨슬레의 신학』, 초기 개혁자들인 츠빙글리, 루터, 칼빈신학과 함께 웨슬리신학을 소개하고 있는 김홍기 박사의 『종교개혁사』, 웨슬리의 생애를 평이한 언어로 썼다는 장점은 있지만, 너무 많은 각주를 생략함으로써 학문적 가치를 잃어버린 김진두 박사의 『존 웨슬리의 생애』 등이 있다.

박창훈 박사의 『존 웨슬리, 역사 비평으로 읽기』와 『존 웨슬리 사회 비평으로 읽기』도 웨슬리의 삶과 신학을 이해하는 데 도움을 준다.[57] 특히, 최근에 출판된 장기영 박사의 개신교신학의 양대 흐름은 웨슬리신학의 이해와 확장에 기여를 할 것이다. 그 외에 웨슬리신학 중에서 특정 주제에 집중하여 쓴 연구서들이 다수 출판되었지만, 웨슬리의 생애와 신학을 함께 설명하는이 책의 목적 외의 연구서들을 생략하기로 한다.

---

[56] Randy L. Maddox, *Responsible Grace*(Nashville, TN: Kingswood Book, 1994).
[57] 조종남, 『요한 웨슬레의 신학』 (서울: 대한기독교서회, 1984; 2008년 12 쇄); 김홍기, 『종교개혁사』 (서울: 지와 사랑, 2004); 김진두, 『존 웨슬리의 생애』 (서울: 도서출판 kmc, 2010; 초판은 2006); 박창훈, 『존 웨슬리, 역사 비평으로 읽기』 (서울: 기독교 서회, 2007)와 『존 웨슬리, 사회 비평으로 읽기』 (서울: 기독교서회, 2014).

제2부

웨슬리의 출생과 신학적 배경

제1장　영국 국교회의 태동과 신학의 형성
제2장　웨슬리 가문과 수잔나 가문의 신학적 배경
제3장　웨슬리의 어린 시절
제4장　웨슬리의 청소년기
제5장　성직 안수 과정(1724-1728)

21세기에 사는 우리가 웨슬리의 삶과 신학을 바람직하게 이해하기 위해서는 무엇보다 먼저 웨슬리와 18세기 영국과의 관계 안에서 그가 왜 그렇게 생각하고 그렇게 행동해야만 했는지 파악해야 한다.

그 일을 위해 우리는 16-17세기 영국의 정치-종교적 상황을 살펴보면서 당시의 독일과 영국 등 유럽에서 종교 분쟁이 얼마나 심각했는지, 그리고 국가와 종교의 관계에 따라 발생했던 다양하고 복잡한 문제들, 결과적으로 반종교적-반기독교적 정서를 가진 민중들에게 웨슬리는 어떠한 신학적 대안을 제시했는지 살펴보도록 하자.

제1장

영국 국교회의 태동과 신학의 형성

1. 영국의 정치적 상황과 영국 국교회의 태동

18세기 영국 국교회 태동의 역사는 15세기 영국의 왕 헨리 7세(Henry VII, 1457-1509)까지 거슬러 올라간다. 그는 튜더 왕조(Tudor Dynasty)를 세우고 24년간 영국을 통치한 왕이다. 그의 재임 기간(1485-1509)에 외교적인 목적으로 큰아들 아더 튜더(Arthur Tudor)를 에스파냐(스페인)의 공주 캐서린(Catherine of Aragon)과 결혼시켰는데, 결혼 후 자식을 낳기 전에 아더가 죽는다.

캐서린의 엄마 이사벨(Isabel)은 과부가 된 딸을 아더의 동생인 헨리 튜더(Henry Tudor, 1491-1547)와 결혼시킬 것을 원하였고 이에 동의한 아버지 헨리 7세의 뜻에 따라 헨리는 1509년에 형수와 결혼을 했고, 곧 아버지를 이어 헨리 8세(Henry VIII)가 왕으로 등극한다.

그의 재임 기간(1509.4.21-1547.1.28) 중 독일에서는 루터에 의해 종교개혁이 발생하면서 독일이 종교적으로 교황청으로부터 독립할 수 있음을 인접 국가에 시사하게 되었다. 한편, 왕과 왕비 사이에서 딸들만 태어났는데 그들 중에서도 메리 튜더(Mary Tudor, 1516-1558)만 생존하고 다 죽는다.

그런데 헨리 8세는 궁녀 앤 볼린(Anne Boleyn)과 사랑에 빠지면서 형수였던 캐서린(Catherine)과의 결혼은 성경에 어긋나는 근친 결혼이므로(레 20:21) 결혼을 파기하고 앤 볼린과 결혼을 추진하기 위해 추기경 월시(Cardinal Wolsey)를 파송하여 교황의 승인을 얻으려 한다.

그러나 헨리 8세의 혼인 무효 신청이 교황 클레멘스 7세(Pope Clement VII, 제219대 교황, 1523-1534)에 의해 거절당하자 헨리 8세는 월시 추기경을 파면하고 1533년에 크랜머 대주교(Archbishop Thomas Cranmer, 1489-1556)를 임명한다. 헨리 8세에 의해 캔터베리의 대주교(Archbishop of Canterbury)가 된 크랜머는 헨리 8세의 요구에 따라 교황권을 제한하는 여러 가지 법령을 영국에서 통과시킴으로써 영국 국교회가 로마 교황권의 지배로부터 벗어날 수 있는 법적 기반을 마련해 주었다.

헨리 8세는 로마 교황청의 간섭 없이 1533년 앤과 결혼하였고 크랜머는 그 결혼의 합법성을 선언해 주었다. 헨리 8세는 앤과의 사이에서 딸 엘리자베스 1세(Elizabeth I, 1533-1603, 궁녀 출신 왕비 앤 볼린과의 사이에서 태어난 딸, 후에 엘리자베스 1세 여왕이 된다)를 낳고 1534년에 유명한 "수장령"(the Act of Supremacy)을 영국 의회에서 통과시킴으로써 국가 권력이 종교를 다스릴 수 있게 만들었다. 즉, 모든 종교적인 교리나 정책은 국회의 인준을 받도록 함으로써 정치적 왕이 종교를 장악하도록 만들었다.

그런가 하면, 1536년에는 "종교 정책에 대한 10개 조항"(the Ten Articles of Religion)을 발표하였는데, 루터나 칼빈이 개혁의 대상으로 삼았던 몇 가지 핵심 주제들 가운데 성찬의 문제나 성직자들의 독신주의(celibacy of the clergy)에 대해 언급하지 않았기 때문에 가톨릭적 잔재를 담고 있는 내용이었다.[1] 결과적으로, 영국에서는 가톨릭적 잔재가 있는 교회의 수장이 교황

---

[1] 웨슬리가 성찬식에 대해 화체설적 경향을 가진 것이나 목회자의 독신에 대해 긍정적으로 생각하고 있었던 것이 당시 영국 국교회의 신학과 연관이 있다. 영국 국교회 내에

이 아니라 왕이 되었고 예배의 공식 언어는 라틴어가 아닌 영어가 되는 대변혁이 일어났다.

1536년에 "수도원 해산법"(Dissolution of the Lesser Monasteries Act)을 발표하여 당시 200여 개의 규모가 작은 수도원들을 해산시킴으로써 가톨릭과의 연결을 단절시킴과 동시에 엄청난 재산을 확보하여 영국 국교회의 설립에 사용하였다.[2] 그러나 헨리 8세는 앤이 3년 동안 아들을 낳지 못하자 간통죄를 적용하여 처형시키고 세 번째 여인인 제인 세이무어(Jane Seymour)와 1536년에 결혼했는데, 세이무어는 다음해에 아들 에드워드 6세(Edward VI, 1537-1553)를 낳고 곧 죽는다.

헨리 8세는 1540년에 클리브즈의 앤(Anne of Cleaves)과 4번째 결혼을 하지만, 바로 이혼하고 같은 해에 캐서린 하워드(Catherine Howard)를 왕비로 맞이한다. 하지만, 3년이 못 되어 간통 혐의로 처형을 하고 6번째로 캐서린 파아(Catherine Parr)와 결혼하여 4년간 살다가 1547년에 55세의 나이에 죽음으로써 영국의 정치와 종교사에 가장 복잡한 구조를 남기게 된다.

헨리 8세가 죽자 3번째 아내였던 제인 세이무어와의 사이에서 태어난 아들 에드워드 6세가 아홉 살의 나이로 1547년에 왕위에 오르게 된다. 너무 어린 왕을 위해 삼촌 에드워드 세이무어(Edward Seymour, Jane Seymour의 오빠)가 소머셋(Somerset) 공작의 직위로 섭정을 하게 된다.

한편, 크랜머는 영국이 교황청으로부터 독립한 이후 영국 국교회신학의 기초를 마련하는데 기여했는 데, 그의 지도로 21개의 설교를 담고 있

서 목회자의 호칭이 "사제"(priest)로 유지된 것도 독신주의와 연관이 있겠지만, 가톨릭처럼 엄격하게 독신주의가 지켜지지는 않았다. 당시 개혁을 주도하던 크랜머 대주교(Archbishop Thomas Cranmer)는 수장령(Acts of Supremacy, 首長令)을 발표하기 2년 전인 1532년에 비밀리에 마가렛 오시엔더(Margaret Osiander)와 결혼한 상태였다. See Richard P. Heitzenrater, *Wesley and the People Called Methodists* (Nashville, TN: Abingdon Press, 1995), 6.

2 결과적으로 영국 내에서 헨리 8세 왕에 대한 저항 운동의 계기가 되었다.

는 『설교집 총서』(Book of Homilies)가 1546년에 편집되어 설교자들의 성경 해석과 교리의 표준이 되었다. 다음해에는 저스티스 요나스(Justus Jonas)의 『독일 교리문답』(German Catechism of Justus Jonas)을 번역하여 출판하기도 했다. 1549년에 『공동기도서』(the Book of Common Prayer)를, 다음해에 『성례전의 세계 보편적 진리에 대한 변호』(Defence of the True and Catholic Doctrine of the Sacrament)를 완성했다.

1553년에는 기존의 『42개 교리조항』(the Forty-Two Articles)을 개정하여 출판했는데, 인간의 선행보다는 하나님의 절대 주권을 강조하는 내용이었다. 에드워드 6세가 20세가 되기 전에 사망하자 첫 부인 캐서린의 딸 중에서 유일한 생존자 메리 튜더가 영국 역사에서 최초로 여왕이 된다. 그는 왕이 되자마자 아버지 헨리 8세와 엄마 캐서린과의 결혼은 적법한 것이었다고 선언하였는데, 사실은 자신의 왕위 계승의 적법성을 확보하려는 조치였다.

메리는 자신의 왕권의 적법성을 무효화시키려 했던 프로테스탄트들을 5년이란 짧은 재임 기간(1553-1558) 동안에 무자비하게 죽였고 크랜머 대주교를 2년 이상 감옥에 가두었다가 화형에 처하는 등 세 명의 주교를 화형에 처했기 때문에 오늘날까지 "피의 여왕"(Bloody Mary)이라 불리고 있다.[3]

메리의 폭정으로 인해 영국에서는 로마 가톨릭적 개혁에 강함 혐오감을 느끼게 되었다. 메리가 1558년에 병으로 죽자 곧이어 엘리자베스 1세가 28세의 나이로 두 번째 여왕이 되었다. 여왕은 즉시 스페인을 무찌르고 해상권을 장악함으로써 대영제국의 시대를 열게 되었는데, 왕이 된 지 1년 만인 1559년에 새로운 수장령을 발표함으로써 국가와 교회의 수장이 되었다.[4]

---

[3] Heitzenrater, Wesley and the People, 6.
[4] 수장령은 한 번만 발표된 것이 아니라 1534년에 처음 발표된 이래 수차례 수정을 거쳤

여왕을 교회의 수장으로 인준하는 과정에서 교회의 머리는 그리스도라는 성경적 근거가 되는 에베소서 5:23과 골로새서 1:18을 인용했던 것은 이해하기 어려운 일이다. 그러나 자신의 모토 중의 하나가 "나는 안다. 그러나 아무 말도 하지 않는다"(video et taceo, I see, and say nothing)라고 했던 것을 보면 여왕은 논쟁보다는 화해와 중용이라는 "중도의 길"(Via Media, middle way)을 택하는 인물이었음을 짐작할 수 있다.⁵

영국은 엘리자베스 1세 여왕의 통치하에서 유럽의 중심 국가가 되었고, 또한 왕의 주도하에 전통 가톨릭과 프로테스탄트 교리의 조화를 이루는 자신들만의 영국 고교회주의를 구축했다.

하지만, 그렇게 정치적인 의도에 따라 종교가 개혁되는 것에 동의하지 않는 그룹이 다양하게 존재했는데 그들을 통칭하여 비국교도들(Nonconformists or Dissenters)이라고 불렀다. 비국교도들은 국가에서 주는 각종 혜택을 거부하고 오직 성경이 가르치는 대로 살겠다는 사람들이었는데 결과적으로 국교회로부터 각종 불이익과 핍박을 당하게 되었다.

존 웨슬리(John Wesley)가 태어나기 100여 년 전에 이루어진 일이었는데, 웨슬리의 할아버지 존 웨스틀리(John Westley, 1636-1678)와 증조할아버지 바톨로뮤 웨스틀리(Bartholomew Westley, 1596-1680)가 비국교도들이었고, 아버지 사무엘 웨슬리(Samuel Wesley)도 역시 비국교도였다가 10대 후반에 영국 국교도로 개종해서 사제가 된다. 결과적으로 웨슬리는 비국교도의 뿌리가 깊은 가문에서 영국 국교회 사제의 아들로 태어나는 복잡한 신학적 배경을 갖게 되었다.

다. 수장령에 따라 성직자들이 국왕에게 선서하는 것이 1793년까지 진행되다가 1829년에 가톨릭 교도들의 선서가 폐지되었고, 1867년에 수장령이 완전히 폐지되었다.
5 Heitzenrater, *Wesley and the People*, 8.

경제적 상황은 지역에 따라 차이가 있었지만, 영국 전체 인구 중에서 제조업 종사자가 약 50-60%, 농업 종사자가 약 20-25%, 상인과 일반 군인 등 노동자들이 약 20%, 전문직 종사자가 약 2-4% 정도 차지하는 사회였다.[6]

2. 영국 국교회신학의 태동

지금까지 우리는 웨슬리가 속해 있던 영국 국교회의 정치적-종교적 배경에 대해 알아보았다. 이제 좀 더 넓은 관점에서 17세기 유럽의 철학적-종교적 흐름 안에서 영국 국교회의 신학적 경향을 파악해 보도록 하자.

1) 영국 국교회신학의 형성

엘리자베스 1세는 중용 정책(*Via Media*)의 일환으로 개정된 "통일령"(the Act of Uniformity)을 발표하고 『공동기도서』를 만들어 개혁주의자들이 사용할 수 있게 하였으며, 마침내 전통 가톨릭 신앙과 개혁주의 신앙을 아우르는 영국 국교회의 42개 조항을 1563년에 "39개 조항"(Thirty-Nine Articles)으로 만들어서 영국만의 영국 국교회신학을 형성하게 되었다.

그런데 교황 파이우스 5세(Pope Pius V, 1504-1572)는 그러한 영국만의 독자적인 개혁을 용납하지 않고 1570년에 엘리자베스 여왕을 파면하는 사건이 발생하자 영국 내의 가톨릭 신자들은 교황과 여왕 중 누군가를 택해야만 하는 혼란에 빠지게 되었다.

그때 신학자 리차드 후커(Richard Hooker, 1554-1600)가 1593년에 『교회정치법』(*Of the Law of Ecclesiastical Polity*, 1593)을 써서 영국 국교회신학은 다음

---

[6] Rack, *Reasonable Enthusiast*, 439-40..

과 같은 세 가지를 주장한다.

① 이성(Reason)
② 성경(Scripture)
③ 개혁교회 전통(Reformed Tradition)

영국 국교회는 이를 따르면서 가장 성경적인 기독교를 실현하는 것이라고 함으로써 영국 내 가톨릭 신자들이 엘리자베스 여왕의 정책을 따르는 것이 반교황적이라기보다는 가장 성경적이라는 신학적 근거를 마련해 줌으로써 여왕에게 정치적 안정을 확보해 주었다.[7]

후커의 주장과 같이 영국 국교회신학의 틀을 세워가는 원칙은 이성적인 판단에 따라 가장 성경적인 기독교를 실현한다는 목적을 이루기 위해 그동안 분쟁의 원인이 되었던 것들의 조화를 추구하는 것이었다. "39개 조항" 중 제7항에서 구약성경과 신약성경이 서로 반대되는 것이 아니라 조화를 이룬다고 보는 것이나, 예수 그리스도는 하나님과 인간 사이의 중보자

---

[7] 첫 4권의 책(the first four books)은 1593년에 출판되었고, Book V는 1597년에, Book VI과 Book VIII은 1648년과 1651년에, 그리고 마지막으로 Book VII은 1662년에 비로소 완성되었다. 결국, 영국 국교회신학의 신학적 근거는 후커가 첫 4권을 출판한 후, 곧 죽고(1600) 그 이후 완성되기까지 총 70여 년 정도 소요되었다. See Richard Hooker, *Of the Laws of Ecclesiastical Polity, v. 1, with Introduction by Christopher Morris* (London: J.M. Dent & Sons LTD, 1907, last printed, 1958), Xiv. 한편, 돈 톨슨(Don Thorsen)의 『웨슬리안 사변형』(*The Wesleyan Quadrilateral*)은 웨슬리신학을 네 가지 관점, 즉 성경, 전통, 이성, 그리고 경험의 관점에서 정리하고 있는데, 이는 이미 후커가 영국 국교회신학을 성경, 전통, 이성으로 정리한 것에 웨슬리신학의 특징인 "경험"만 첨가한 것이 된다. 다만, 후커는 이성을 가장 먼저 묘사한 것이 다르고 그가 언급한 전통의 개념은 개혁주의나 가톨릭 전통 이전의 가장 초대교회적인 형식(form)과 정책(polity)을 말하는 것이다. 그런 의미에서 웨슬리도 영국 국교회신학을 공부한 후 초대교회를 회복하기 위해 자신만의 신학적 사고에 따라 독창적으로 활동한 것은 전혀 이상한 일이 아니다.

(Mediator)임을 강조한 것 등이 좋은 예이다.[8]

그러나 전체적으로 보면 후커의 『교회 정치법』의 핵심 논리는 로마 가톨릭교회가 타락했기 때문에 하나님은 자신의 목적에 따라 영국 국교회를 선택하였다는 것이다. 그런 의미에서 칼빈이 주장한 하나님의 주권과 선택을 믿는 믿음으로 시작하여, 왜 칼빈의 주장이 옳고 자신들의 주장에 반발하는 사람들이 옳지 않은지 설명하는 설교로 시작한다. 결과적으로 영국 국교회신학은 로마 가톨릭교회의 지배를 거부하고 영국만의 독자적인 개혁을 시도하는 정치적인 목적과 자신들의 뜻을 이루는 데 가장 적합한 칼빈주의신학이 결합되어 이루어지게 되었다.

그러한 국가 주도적인 종교개혁은 아무 반발도 없이 진행될 수는 없다. 당시 영국 내에 있는 급진적 칼빈주의자들은 영국 국교회신학 안에 여전히 남아 있는 로마 가톨릭 교리와 정책으로부터 교회를 정결하게 하려고 (to purify the Church of England from its Roman Catholic vestiges in terms of both doctrine and polity) 투쟁하는 사람들이 나타나는데 그들이 바로 "청교도들"(puritans)이다.

후커는 이미 『교회 정치법』에서 청교도들이 위험한 존재들이라고 배척하고 있다.[9] 당시 청교도들에게 신학적 논리를 제공하며 투쟁의 전선에 나섰던 지도자들은 존 폭스(John Foxe, 1516-1587)나 토마스 카트라이트(Thomas Cartwright, 1535-1603) 등이다.[10] 폭스는 저서 『순교사』(Book of Martyrs)에서

---

[8] Article 7 of the Church of England states: "The Old Testament is not contrary to the New: for both in the Old and New Testament everlasting life is offered to Mankind by Christ, who is the only Mediator between God and Man…." See Philip Schaff, ed., *The Creeds of Christendom*(Michigan: Baker Books, reprinted from the 1931 edition), v. 3, 486-516, esp., 491-92.

[9] Hooker, *Of the Laws of Ecclesiastical Polity*, v. 1, 124-43.

[10] 케임브리지대학교의 성요한대학(St. John's College) 학생이었던 토마스 카트라이트 (Thomas Cartwright, 1535-1603)는 피의 여왕 메리가 즉위하자, 곧 대학에서 추방된다.

피의 여왕 메리 시절에 순교 당한 사람들의 이야기를 상세하게 전해줌으로써 가톨릭에 대한 개신교도들의 분노를 자극했다.

또한, 존 칼빈(John Calvin)과 존 낙스(John Knox) 등이 참여하여 제네바에서 1560년에 출판한 『제네바 바이블』(Geneva Bible)은 히브리어와 헬라어 원문에서 직접 영어로 번역했기 때문에 성경의 원뜻에 가장 가깝다는 뜻에서 하나님의 말씀에 따라 경건 생활을 하기 원하는 청교도 등 경건주의자들 사이에서 널리 읽히게 되었다.[11]

그런데 윌리엄 라우드(William Laud, 1573-1645)가 1633년부터 1640년까지 캔터베리 대주교(Archbishop of Canterbury)로 있는 동안 오직 로마 가톨릭(Roman Catholic)의 믿음과 예전을 계승하고 있는 교회만이 진정한 교회라고 선포하면서 종교개혁뿐만 아니라 청교도들의 개혁까지 부정하자 청교도들은 강하게 반발했다.

한편, 영국 국교회신학자인 윌리엄 케이브(William Cave)는 1672년에 『초대 기독교』(Primitive Christianity)란 책을 써서 영국 국교회가 초대교회적 이상을 가장 잘 실현하고 있는 것처럼 묘사했다. 웨슬리의 아버지 사무엘 웨슬리도 그 책을 통해 많은 영향을 받아 신구약성경을 새롭게 연구하며, 교회 내에서 시행되고 있는 성찬식이나 세례식 등의 성경적인 의미를 찾으려고 노력했다.[12]

사무엘 웨슬리 시대에는 가톨릭과 개혁주의자들이 갈등 가운데 공존하고 있었는가 하면, 개혁주의자들 내에서도 국교도들과 비국교도들 사이에

하지만, 메리가 죽은 후 엘리자베스 1세 여왕이 즉위하자 다시 대학으로 돌아와 공부를 하여 모교와 트리니티대학(Trinity College)의 교수가 된다. 그러나 신학교 교수로서 영국 국교회 제도를 비판하고 회중들이 장로를 선출하고 목사를 선택하도록 하자고 주장하는 등 영국 국교회 제도를 비판하자 대학에서 파면되었고, 말년에는 목사직을 박탈당한 무면허 목회자로 사명을 감당하면서 여생을 마쳤다.

11 Heitzenrater, *Wesley and the People*, 7-9.
12 Schmidt, *John Wesley: A Theological Biography*, 1: 44.

갈등이 심했는데, 그러한 갈등과 신학적 논란이 웨슬리의 삶과 신학에 그대로 드러나고 있다는 사실을 아는 것이 중요하다.

웨슬리는 영국 국교회의 교육을 받고 성직 안수를 받으면서 영국 국교회야말로 가장 성경적이라고 믿었고 기독교의 본질과 진정한 초대교회적 복음을 회복하려는 자신의 노력이 곧 영국 국교회신학과 일치한다고 주장했다. 하지만, 그런 영국 국교회를 갱신하려고 한 사람이 또한 웨슬리이기 때문에 그의 의도와 목적이 무엇인지 파악하기는 쉽지 않은 일이다.

2) 극단적 칼빈주의와 알미니안신학의 등장

극단적 칼빈주의자들이 웨슬리를 알미니안주의자라고 비판했는데, 그 이유를 알기 위해서는 17세기의 종교적 상황을 살펴볼 필요가 있다. 16세기 후반의 인물인 제이콥 알미니우스(Jacob Arminius, 1560-1609)는 칼빈의 후계자인 테오도르 베자(Theodore Beza, 1519-1605)의 주도하에 정립된 칼빈주의신학이 하나님의 주권을 왜곡한 편협한 예정론이라고 비판했다. 즉, 인간의 참여와 책임을 철저히 배제하고 "오직 선택받은 소수만을 구원한다"(Christ died only for the elect)라는 칼빈주의신학의 문제점을 지적하며 인간의 자유의지와 책임이 배제되지 않는 구원론을 제안했다.

그는 하나님의 주권을 절대 배제하지 않으면서 하나님의 선택과 인도하심에 응답할 수 있는 선택권이 인간에게 있다고 주장하며 인간이 어떠한 선택을 하든 그 모든 과정과 결과를 하나님은 이미 알고 있다고 하는 '예지론'(divine foreknowledge)으로 '예정론'(divine determination)을 대체시키려 했다. 그리고 "그리스도는 모든 사람을 위해 돌아가셨다"(Christ died for all)라는 '만인구원론'(universal atonement)을 주장하면서, 하나님의 부르심에 응답하는 사람은 누구라도 구원받을 수 있다고 했다. 비록, 알미니우스가 인간의 행위와 무관하게 구원을 보장해 주는 칼빈주의자들을 비판했지만, "하나님의 은혜로 믿음을 통해 구원받는다"(salvation by the grace through faith)라는 원칙을 부정한 것은 결코 아니다.

칼빈주의자들은 전적으로 하나님의 주권에 속하는 인간의 구원에 알미니우스가 다시 인간의 공로와 참여를 통해 구원받는 것처럼 주장하는 것은 "세미펠라기우스주의와 다르지 않다"(another form of semi-Pelagism)고 공격했다.

그래서 자신들이 개혁의 대상으로 삼았던 전통 가톨릭신학의 부활을 방지하기 위해 1618년에 네덜란드의 도르트공의회(the Synod of Dort in the Netherland)를 소집했다. 하지만, 그때는 이미 알미니우스가 50세를 넘기지 못하고 죽은 이후였기 때문에 몇몇 추종자들만이 참석한 노회에서 알미니안들이 논쟁에서 패하면서 1619년에 칼빈주의가 정통(orthodox)으로 선언되었다. 노회는 칼빈주의신학을 다음과 같이 다섯 개 조항으로 정립하여 선포했다. 그 후 오늘날까지 그 앞 자를 따서 '튤립'(TULIP)[13]으로 알려졌다.

① 인간의 전적 타락(Total depravity)
② 무조건적 선택(Unconditional election)
③ 제한된 구원(Limited atonement)
④ 불가항력적 은총(Irresistable grace)
⑤ 성도의 견인(Perseverance of the saints)

---

[13] 도르트공의회(The Synod of Dort)는 1618년 11월 13일부터 1619년 5월 9일까지 7개월 동안이나 진행된 대규모 종교회의였는데 칼빈주의 개혁주의신학을 계승한 네덜란드도 그 일로 인해 교회와 정부간에 갈등이 생기며 시민전쟁으로 발전하기도 했다. 한편, 당시 도르트공의회에서 확정된 소위 칼빈의 5대 강령이 가장 성경적이라고 믿는 사람들을 "극단적 칼빈주의자들"(Hyper-Calvinists)이라 부르는데, 그들의 주장이 곧 칼빈이 가르친 내용이라고 볼 수는 없다.

그때 이후로 칼빈주의자는 자신들의 교리와 일치하지 않는 사람 중에서 도덕적 책임이나 인간의 자유 등을 강조하는 사람들은 모두 '알미니안주의자들'(Arminians)로 규정하며 반기독교적이라고 비판한 반면에 알미니안들은 루터주의자들이나 극단적 칼빈주의자들은 오직 믿음만으로 모든 문제를 해결하려 하기때문에 인간의 무책임과 도덕 불감증(moral laxity)을 유발시키는 '믿음 만능주의자들'(solifidians), 혹은 '율법 무용론자들'(antinomians)이라고 비판했다.

3) 비국교도들의 태동(The Emergence of Nonconformists/ Dissenters)[14]

엘리자베스 여왕 이후, 영국의 왕위를 계승한 제임스(James, 1566-1625) 왕은 칼빈주의자들과의 갈등을 청산할 뿐만 아니라 다른 개혁주의자들과 대화한다는 뜻에서 새로운 성경 번역을 추진하여 마침내 1611년에 새로운 번역본,「킹제임스성경」(King James Bible)을 출판했다.[15] 그러나 왕과 그의 아들 찰스 1세(Charles I, 1600-1649)가 점점 로마 가톨릭 쪽으로 기울자 개혁주의자들, 특히 청교도들은 강하게 반발했다.

결국, 1642년에 청교도들의 지도자인 올리버 크롬웰(Oliver Cromwell, 1599-1658) 장군이 이끈 혁명군들이 찰스 1세의 영국 국교회 군대를 제압

---

[14] "비국교도"들을 지칭할 때 'Nonconformists,' 또는 'Dissenters'라고 하지만, 보편적으로 후자를 더 많이 사용했다.

[15] 최초의 영어 성경은 위클리프(John Wycliffe, 1331-1384)가 1382년에 신구약을 완역한「위클리프성경」(Wycliffe Bible)인데 필사본이었다. 그 이후 틴데일(William Tyndale, 1494-1536)이 번역한「틴데일신약성경」이 1525년에 출판됨으로써 최초로 인쇄된 영어 번역 성경이 되었다. 그 후「제네바성경」(Geneva Bible)이 1560년에 출판되어 청교도들의 환영을 받았는데 오늘날처럼 장과 절로 구분된 최초의 성경이었다. 그 외에 몇몇 영어로 출판된 성경들이 있는데 영국 국교회가 1568년에 출판한「비숍성경」(Bishops' Bible)도 그중 하나이다.

하고 '청교도혁명'을 성공시켰다. 그리고 1645년 윌리엄 라우드(William Laud, 1573-1645) 주교를 처형하는 등 영국 국교회 내에서 칼빈주의적 청교도 개혁을 진행해 나갔다.

그러나 극단적 개혁이 진행됨에 따라 일반 대중들의 불만은 높아져 갔고, 1660년에 왕의 군대가 크롬웰 장군의 개혁군을 물리치고 왕정이 복고되면서 찰스 2세(Charles II, 1630-1685)가 찰스 스튜어트(Charles Stuart) 왕으로 등극한다. 결국, 청교도적 개혁은 20년도 안 되어 종결되었고 그 이후로 청교도들은 비국교도들이 되어 영국 국교회의 핍박을 받게 되었다.[16]

스튜어트 왕조는 국교회의 정책에 반대하는 사람들을 통제하기 위해 가혹한 법령들을 공포하기 시작했다. "협력령"(the Corporation Act), 즉 오직 영국 국교회에 협력하는 자들에게만 교회 회원권을 인정하는 법을 1661년에, 그리고 1년 후에 개정된 『공동기도서』(the Book of Common Prayer)만을 사용하라고 하는 '통일령'을, 그리고 영국 국교회가 인정하지 않는 모든 대회나 집회는 불법이라고 하는 "집회법"(the Conventicle Act)을 1664년에 발표하였다.

마침내 1665년에 유명한 "오마일령"(the Five Mile Act)을 발표하여 영국 국교회의 교리와 법령에 동의하지 않는 모든 성직자는 국교회 교구의 5마일 이내에 접근할 수 없으며, 또한 영국 국교회의 교리와 법령에 동의한다고 하는 서약과 맹세가 없이는 누구도 설교할 수 없게 만들었다. 한편, 1673년에 "시험령"(Test Act)을 발표하여 여전히 남아 있는 가톨릭 신자들을 모든 공적 업무에서 완전히 배제함으로써 자신들만의 개혁을 완성하려고 했다.[17]

---

[16] 크롬웰은 케임브리지대학교에서 공부하고 1628년에 하원 의원(Member of Parliamnet)이 된다. '청교도혁명'에서는 의회군(Paliamentarians)편에 서서 왕의 군대(royalist forces)를 물리치고 국왕 찰스 1세를 몰아내는 데 성공한다. 내란의 종결 후 크롬웰 장군은 군대 해산의 요구를 거절하고 1649년에 영국 공화국의 군주(Lord Protector of the Commonwealth of England)가 되어 지나친 억압 정치를 시행하여 대중의 신임을 잃고 후에 병사한다(1658). 왕의 군대가 다시 정권을 잡자 그의 시체를 파내어 교수형에 처한다.

[17] Anthony Armstrong, *The Church of England, the Methodists, and Society, 1700-1850* (Lon-

그런데 영국만의 교회와 신학을 확립하기 위해 가톨릭이나 청교도 등 영국 국교회의 정책에 반대하는 세력을 제거하며 강력한 개혁을 추진하던 찰스 스튜어트 왕이 1685년에 죽자, 그의 동생이 제임스 2세(James II) 왕으로 취임했다. 그는 가톨릭 신자로서 가톨릭과 개혁주의자들에게 동등한 권리를 주는 것 같았지만, 사실 가톨릭 우대 정책을 유지해 나갔다.

개혁이 후퇴되고 가톨릭으로 복귀해야 함을 느낀 그의 사위 오렌지의 윌리엄 3세(William III of Orange)는 그의 아내 메리 스튜어트(Mary Stuart)와 함께 장인 제임스 2세를 폐위시키고 1688년 윌리엄 왕(King William)으로 등극한다. 그리고 다음해에 종교는 달라도 서로 용납해야 한다는 "관용법"(The Act of Toleration/ the Toleration Act)을 시행함으로써 비국교도들도 자신들의 종교적인 신념에 따라 살아갈 수 있게 했다.[18]

관용법은 비국교도들에게 관용을 베풀면서도 다음과 같은 제약을 두었다.

① 정기적으로 만나는 장소는 정부에 등록해야 한다(meeting house must be registered with the government).
② 서약을 거부한 설교자들은 설교자 인증서를 받아야 한다(dissenting preachers must be licenced).
③ 예배는 등록된 장소에서만 드려져야 하고 개인 집에서는 허용되지 않는다(meeting for worship must be held in the registered meeting house, not in private homes).

---

don: University of London Press Ltd, 1973), 46.
[18] 당시에 웨슬리의 아버지 사무엘은 충성스러운 영국 국교회주의자로서 왕을 위해 기도했지만, 어머니 수잔나는 패륜적 방법으로 왕이 된 사람에게 동의할 수 없었기에 부부간에 정치적인 문제로 갈등이 있었다.

④ 가톨릭 신자들이나 유니테리언들, 그리고 무신론자들은 관용법의 적용에서 제외된다. 즉, 영국 내에서 그들의 존재를 인정하지 않는다는 것이다(Roman Catholic, Unitarian and Atheists groups were not to be included under these provisions, i.e. not allowed to exist legally).[19]

윌리엄 왕에 의해 비로소 가톨릭과 개혁교회가 공존하며 화합하는 영국 국교회만의 규범과 신학이 형성되었지만, 반면에 그러한 정치적 타협에 반발하는 비국교도들(nonconformists/ dissenters) 역시 세력을 형성하게 되었다. 결과적으로 제임스 왕의 정책에 동의하는 사람들을 "제임스파들"(Jacobites)이라고 부르고, 윌리엄 왕의 정책에 반대하며 서약을 거부한 사람들을 "서약 거부자들"(nonjurors)이라고 불렀다.[20]

한편, 루터의 개혁 이후에 나타나는 모순이나 한계를 극복하기 위해 힘쓰던 경건주의자들 가운데 필립 제이콥 스페너(Philipp Jacob Spener, 1635-1705)는 특히 개인의 실제적인 경건을 강조하는 운동을 이끌었는데 그러한 운동을 "경건주의"(Pietism)라고 불렀다. 스페너는 1675년에 출판한 그의 책 『경건에 대한 열망』(*Pia desideria, Desires of Piety*) 에서 다음과 같이 여섯 가지로 경건의 내용을 밝혔다.

첫째, 루터가 '오직 성경'(sola scriptura)을 주창한 대로 교회는 성경 공부에 매진해야 한다.

둘째, 루터가 '만인제사장'(the priesthood of all believers)설을 주창한 대로 평신도들이 교회의 일에 적극적으로 참여해야 한다.

---

[19] Anthony Armstrong, *The Church of England, the Methodists, and Society, 1700-1850* (London: University of London Press Ltd., 1973), 35.
[20] Heitzenrater, *Wesley and the People*, 16.

셋째, 교리적 논쟁보다는 '복음 전도'에 매진해야 한다.

넷째, 교리를 강조하기보다는 '실제적'을 강조해야 한다.

다섯째, 가르치거나 교정하기보다는 '구원의 역사'가 일어나도록 설교해야 한다.

여섯째, 목회자들이 도덕적으로나 영적으로 잘 훈련받아야 한다.[21]

칼빈주의적 청교도 운동이나 루터적 경건주의 운동에서 다음과 같은 네 가지 공통점이 발견된다.

① 마음의 신학
② 평신도 운동
③ 소그룹 운동
④ 성경 공부 운동

제도권 교회인 영국 국교회도 유사한 경건 운동을 추진했다. 즉, 인간의 도덕성과 지성을 고양하며 개인의 경건을 촉진해 사회적으로 확장해 간다는 목적을 가지고 '신도회'(society) 결성을 장려했다.

대표적인 신도회들은 1691년에 결성된 "태도의 개혁을 위한 신도회'(Society for the Reformation of Manners), 1698년에 결성된 '기독교지식증진회"(Society for Promoting Christian Knowledge, SPCK), 그리고 1701년에 결성된 '복음홍보회'(Society for the Propagation of the Gospel) 등이 있다.[22] 그러한 다양한 신도회들의 공통적인 강조점은 영국 국교회신학에 따라 "마음과 삶의

---

[21] Heitzenrater, *Wesley and the People*, 19-20.
[22] Heitzenrater, *Wesley and the People*, 21-25. Henry Rack, *Reasonable Enthusiast*, 14, 384. John Locke, cf. *The Reasonableness of Christianity, as Delivered in the Scriptures* (London: Adam and Charles Black, 1958).

진정한 거룩"(real holiness of heart and life)이었는데 후에 웨슬리가 정확하게 같은 내용을 강조한 것을 보면, 웨슬리가 영국 국교회로부터 받은 영향은 지대하다고 볼 수 있겠다.

다만, 영국 국교회는 인간은 죄인이라는 전제하에 성경의 원칙에 따라 교육과 성장을 장려한 것에 반해, 웨슬리는 인간의 삶에 있어서 죄의 문제가 해결되는 본질적인 변화를 추구한 것이 다르다.

4) 기독교와 이신론

17세기 말부터 유럽과 영국에서는 인간의 이성이 급격하게 발달하면서 이신론(Deism)이 대두되었다. 이신론은 일종의 철학적 신학인데, 세상을 창조한 신이 인간에게 이성을 주셨기 때문에 신의 뜻을 알기 위해서 기적이나 계시 등 초이성적인 것에 의존하지 말고, 오히려 이성적 판단에 따르는 것이 더 성경적이라는 사상이다.

근대적 이신론은 프랑스의 철학자 르네 데카르트(Rene Descartes, 1596-1650)에 의해 설득력 있게 제기된 지 1세기 만에 프랑스를 넘어 영국 등 유럽 전역에 다양하게 영향을 미쳤다.

데카르트는 우리가 알고 있는 모든 사실은 오류와 왜곡을 유발하는 감각 기관을 통해 인식되었기 때문에 믿을 수 없다고 주장하며 기존의 모든 지식을 의심하고 또 의심하여 절대로 의심할 수 없는 절대적인 진리에 도달하는 방법을 추구했다.

그는 하나님에 대해 알기 전에 인간의 오류와 왜곡을 밝히는 것을 자신의 철학 방법으로 삼고 『방법서설』(Discourse on the Method, 1637), 『제1철학 묵상』(Meditations on First Philosophy, 1641), 그리고 『철학 원리』(Principles of Philosophy, 1644)를 써서 프랑스뿐만 아니라 유럽의 지식인들에게 전통적 사고를 버리고 좀 더 합리적인 사고를 하도록 자극했다.

데카르트 이후 볼테르(Voltaire, 1694-1778)가 성직자들의 무지와 비도덕적인 면을 공격하며 성경은 신뢰할 만한 책이 못 된다고 조롱하는 글들을 발표했을 때 프랑스뿐만 아니라 유럽의 대중들이 매력을 느끼고 환호했다.

영국에서는 웨슬리가 태어나기 직전까지 사상적-종교적 영향력을 끼친 사람은 청교도 목사의 아들인 철학자 존 로크(John Locke)였는데, 그는 『성경에서 증거된 바에 따른 기독교의 합리성』(*The Reasonableness of Christianity, as Delivered in the Scriptures*, 1695)과 『기독교의 합리성에 대한 정당성』(*A Vindication of the Reasonableness of Christianity*, 1695) 등의 저서를 통해 당시 기독교 지도자들이 자연 질서와 순리를 무시하고 마치 기독교 진리가 비이성적인 것인 양 가르치는 것에 반발했다.

하지만, 그는 다른 이신론주의자들과 달리 이성이 충분히 계시를 이해할 수 있다고 역설하며 이성과 계시의 조화를 추구했는데, 그러한 기독교 복음에 대한 철학적 이해에 웨슬리도 동의했다.[23]

같은 시기에 존 톨랜드(John Toland)도 『기독교는 신비의 종교가 아니다』(*Christianity not Mysterious*)를 써서 "성경에는 이성에 반하는 내용이 없으며 그런 의미에서 기독교 교리가 신비라고 불릴 이유가 전혀 없다"(There is nothing in the Gospel contrary to reason, not abobe it; and no Christian doctrine can be properly called a mystery)라고 주장했다.[24] 로크를 존경하는 앤서니 콜린스(Anthony Collins, 1676-1729)도 "무지는 무신론을 만들고, 자유로운 사고는 그것을 치료한다"(Ignorance is the foundation of atheism, and freethinking the cure of it)라고 주장하며 당대 기독교와 사제들의 무지를 비판하면서 이신론적 신학에 불을 지폈다.[25]

---

[23] Vivian H. H. Green, *The Young Mr. Wesley: A Study of John Wesley and Oxford Methodist* (New York: St. Martin's Press, 1961), 1-12. 이하 Green, *The Young Mr. Wesley*로 표기.
[24] John Toland, *Christianity not Mysterious* (London, 1969).
[25] Anthony Collins, *A Discourse of Free-Thinking* (London:1713), 105.

한편, 이신론의 영향에 따라 인간의 이성을 초월하는 하나님의 은총과 인간의 책임에 근거한 도덕성과 사랑의 윤리를 강조하면서 전통적 신앙 안에서 합리주의적 기독교 신앙을 수호하려는 종교 지도자들과 철학자들이 나타났는데, 아일랜드 감독(Irish Bishop)인 조지 버클리(George Berkeley), 영국 국교회 감독인 조셉 버틀러(Joseph Butler), 영국 국교회 사제인 매튜 틴달(Matthew Tyndal, 1657-1733), 영국 국교회 감독이자 작가였던 윌리엄 와버튼(William Warburton) 등이 그들이다.²⁶ 특히, 틴달은 1730년에 출판한 『창조만큼 오래된 기독교』(Christianity as Old as Creation)에서 기적을 부정하였고, 성경은 오류가 많은 불완전한 책이기 때문에 진리를 판단하는 기준이 될 수 없다고 하면서 인간의 이성만이 진리의 판단 기준이 되어야 한다고 주장했다.²⁷

스코틀랜드에서는 데이비드 흄(David Hume, 1711-1776)이 성경에 나타나는 비이성적인 계시나 기적 등에 대해 신랄한 비판을 가했는데, 특히 그의 사후에 출판된 『자연 종교에 관한 대화』(Dialogues Concerning Natural Religion, 1777)는 신의 존재마저도 의심할 수 있다는 여지를 남김으로써 반기독교적인 지성에 철학적 논리를 제공했다.

그런데 그러한 이신론적 배경과 웨슬리신학과의 관계 평가에 있어서 루크 타이어맨(Luke Tyerman)과 그의 영향을 받은 학자들은 웨슬리가 영국 국교회의 이신론적 신학에 반대하며 오직 성경적인 기독교만을 추구했던 것처럼 제시함으로써 웨슬리가 얼마나 이성을 존중하고 추구했는지 볼 수 없게 만들었다. 그와 같이 웨슬리를 반지성적 인물인 것처럼 제시하는 것이 대표적인 '반웨슬리적 웨슬리'(Wesley against Wesley)를 양산하는 결과를 가져왔다.

---

26 Heitzenrater, *Wesley and the People*, 19.
27 William Ragsdale Cannon, *The Theology of John Wesley: With Special Reference to the Doctrine of Justification* (Lanham, New York, London: University Press of America, 1974), 17-19.

사실, 웨슬리는 이성을 경시한 적이 없다. 웨슬리가 이성을 존중하되 이성의 한계를 안 것이 동시대 이신론주의자들과 다른 점이다. 웨슬리는 이성을 동원하여 하나님의 은혜와 신비를 이해하려고 했고, 또한 모든 합리적인 방법을 동원하여 신비한 하나님의 은혜와 구원을 가르치고 선포하는 데 최선을 다한 인물이었다.

웨슬리는 기독교 신앙 안에서 이성을 지나치게 신뢰하거나 지나치게 경시하는 것이야말로 가장 비이성적인 일이라고 생각했다. 믿음 만능주의자와 대화하며 웨슬리는 자기 생각을 다음과 같이 밝힌 적이 있다.

> 나는 이제 믿으며 또한 이성적으로 생각한다. 왜냐하면, 나는 그 둘 사이에 어떤 불일치도 발견할 수 없기 때문이다. 내가 내 이성을 잠시 젖혀두는 것은 믿음을 확고히 하기 위해 눈을 빼는 것과 같은 일이다(Now I believe and reason too: For I find no inconsistency between them. And I would just as soon put out my eyes to secure my faith, as lay aside my reason).[28]

결국, 웨슬리는 이성을 배제하는 믿음에 절대 동의하지 않았다. 다만, 이성적으로 다 알 수 없는 내용에 대해서는 성경과 예수 그리스도의 가르침에 따라 판단한 것이 다를 뿐이다. 지금까지 우리는 웨슬리가 1703년에 영국에서 태어나기 전 200여 년 전부터 그가 살았던 시대의 정치적-신학적 배경에 대해 간략하게 살펴보았다.

결과적으로 웨슬리의 삶은 다양하고 복잡한 정치적-종교적 배경을 가지고 있으므로 하나의 관점만으로 그의 삶과 신학을 평가할 수 없다는 사실을 알게 되었다. 이제 그러한 배경과 함께 웨슬리가 성장하면서 부계와 모계로부터 받은 영향에 대해 살펴보도록 하자.

---

[28] "A Dialogue between An Antinomian and His Friend" in Jackson, *Works*, 10: 267.

제2장

웨슬리 가문과 수잔나 가문의 신학적 배경

16세기 중반부터 시작되어 17세기 말에 이르기까지 150년 이상 지속한 영국의 복잡한 정치적-종교적 갈등을 그대로 담고 있는 대표적인 집안 중 하나가 바로 웨슬리 가문이다. 결과적으로 웨슬리는 태어나는 순간부터 이미 세 종류의 서로 다른 신학 전통을 물려받았다.

첫째, 루터와 칼빈에 의해 독일, 프랑스, 스위스에서 발전한 프로테스탄트 종교개혁 전통이다.
둘째, 그러한 개혁주의신학을 수용하면서도 영국만의 개혁을 통해 형성된 영국 국교회신학과 전통이다.
셋째, 웨슬리는 그러한 주류에서 벗어난 비국교도적인 유산을 상당히 많이 물려받았다는 것이다.

메도디즘(Methodism)과 영국 국교회(Church of England)와의 관계를 연구한 베이커 교수가 "웨슬리의 부모들은 아들이 비국교도적인 영향을 더 이상 받지 않도록 세심한 주의를 기울였다"(His parents deliberately withheld from him that part of his inheritance)라고 했는데, 그 뜻은 사실 웨슬리는 이미 부모와 다양한 환경을 통해 비국교도적인 영향을 많이 받았다는 사실을 반증하는

말이기도 하다.[1]

웨슬리는 아버지 사무엘 웨슬리(Samuel Wesley)가 영국의 동북부 링컨주의 작은 마을, 즉 인구 1,500명이 안 되는 엡워스(Epworth in Lincolnshire)에서 목회하는 동안에 1703년 6월 17일(또는 6월 28일)에 태어났다.[2] 그는 영국 국교회 사제(priest)의 아들로 태어났고, 영국 국교회의 신학 교육을 받았다.[3] 웨슬리는 부모님들로부터 많은 영향을 받았는데, 특히 아버지보다 어머니 수잔나(Susannah)로부터 더 많은 영향을 받은 것처럼 알려지면서

---

[1] Baker, *John Wesley and the Church of England*, 7.

[2] 웨슬리가 태어난 날에 대해 어떤 사람은 1703년 6월 17일이라 하기도 하고 어떤 사람은 1703년 6월 28일이라고도 한다. 그러한 혼란이 있는 이유는 웨슬리 당시 영국에서는 오늘날 우리가 사용하고 있는 고레고리안력(Gregorian Calendar)과 다른 율리우스력(Julian Calendar)를 사용하고 있었기 때문이다. 당시 율리우스력 6월 17일은 고레고리안력(Gregorian Calendar) 6월 28일에 해당하므로 사실은 같은 날이다. 율리우스 시저(Gaius Julius Caesar, B.C. 102?– 44년 3월 15일)가 로마의 황제가 된 후, B.C. 45년에 캘린더를 개혁하였는데, 일 년을 365와 4분의 1일로 계산하고, 매 4년마다 하루씩을 더해야 하며, 매 천년마다 7일간의 차이가 나는 불완전한 캘린더였다.

그런데 16세기에 이르러 교황 그레고리 8세(Pope Gregory XIII)는 부활절 날짜를 정확하게 맞춘다는 종교적인 이유로 1582년에 고레고리안력(Gregorian calendar)으로 개혁했는데, 당시 영국 국교회는 교황의 주도하에 이루어진 계산법을 거부한다는 뜻에서 그레고리안력을 사용하지 않고 있었기에 태어날 당시에는 6월 17일이었다. 그런데 1752년이 되어서 다른 유럽 국가들과 공조한다는 취지에 그레고리안력을 따르기로 결정했다. 그에 따라 웨슬리도 1752년 이후로 자신의 생일을 6월 28일로 지키면서 혼란이 야기된 것이다. 웨슬리의 생애를 연대기를 따라가며 살핀 타이어맨은 웨슬리가 태어날 당시 기준으로 웨슬리가 6월 17일 태어났다고 기록했지만, 1752년 이후 웨슬리가 저널에 쓴 대로 6월 28일을 생일로 하고 있다. 필자 역시, 웨슬리는 6월 17일 태어난 것으로 하면서도 그의 저널과 역사 기록에 나타난 대로 따르고 있음을 밝힌다. 이에 대한 설명으로 다음을 참고하라: Tyerman, *John Wesley*, 1:15, note 1; Kenneth J. Collins, *John Wesley: A Theological Journey*, 271, note 15.

[3] 18세기 당시 영국 국교회에서 목회자를 'priest'라 했고 웨슬리 역시 사제의 신분으로 죽었기 때문에 오늘날 성공회에서 그렇게 하는 것처럼 사제로 번역되어야 할 것이다. 사실, 미국에서 웨슬리안들에 의해 감독교회(episcopal church)가 태동하면서 사제(priest) 대신 목사(minister)란 명칭을 사용하면서 웨슬리를 목사라고 부르기 시작했는데, 그렇게 되면 웨슬리의 삶과 신학을 이해하는 데 있어서 영국 국교회적 내용과 정서를 상실할 수 있다.

그가 아버지로부터 받은 영향이 도외시되었다는 사실을 인지하면서 웨슬리가 아버지로부터 받은 영향력에 대해 주목할 것이다.

1. 어머니 수잔나로부터 받은 영향

1) 수잔나의 종교적 배경

수잔나(Susannah/Susanna Annesley)는 1669년 1월 20일 청교도 전통이 강한 집안에서 태어나서 비국교도 교육을 받으며 성장했다.[4] 성장할 때부터 어른이 되기까지 할아버지와 아버지로부터 배운 대로 시간을 내어 성경을 묵상하는 시간을 가졌고, 자신의 영적인 상태를 점검하는 일기를 썼으며, 철저하게 주일성수를 하여 주일은 하나님께 온전히 드리는 삶을 살았다.[5]

그런데 13세가 되기 전에 비국교도에서 아버지를 핍박하는 국교도로 개종하는 대전환이 일어난다. 그 일에 대해 장남 사무엘에게 1709년 10월 11일에 쓴 편지에서 다음과 같이 말한다.

---

[4] 수잔나 웨슬리는 자기 이름을 쓸 때 마지막 h를 쓰지 않았다. 그래서 아들 찰스도 어머니 비문을 쓸 때 평소에 어머니가 쓰던 대로 h가 없는 Susanna로 썼지만, 후대 사람들이 다시 Susannah로 썼다. 다음을 보라. Ward and Heitzenrater, *Journal and Diaries*, 19:283 note 57. 웨슬리의 가문에 관한 연구로는 조지 J. 스티븐슨(George J. Stevenson)의 *Memorials of the Wesley Family*가 매우 유용하고, 한국어 자료는 김진두의 책 『웨슬리의 뿌리』(서울: kmc, 2009; 초판은 2005)가 있지만, 내용의 근거인 각주가 거의 없는 것이 치명적인 단점이다.

[5] Charles Wallace Jr., ed., *Susanna Wesley: The Complete Writings* (New York: Oxford University Press, 1997). 이하 Wallace Jr., *Susanna Wesley*로 표기. 수잔나가 남긴 많은 기록과 신학적 묵상이 1709년 2월에 발생한 화재로 인해 소실되었다.

나는 비국교도들 안에서 교육을 받았기 때문에 13세가 되기 전에 그들을 떠났다고 하는 것이 보통 일은 아니다. 사실, 나는 비국교도들과 국교도들 간의 논쟁을 듣고 판단한 결과 국교도들이 옳다는 이성적 판단하에 국교도가 되기로 결단을 내렸다(And because I was educated among the Dissenters, and there was somewhat remarkable in my leaving 'em at so early an age, not being full 13, I had drawn up an account of the whole transaction, under which head I had included the main of the controversy between them and the Established Church as far as it had come to my knowledge; and then followed the reasons that determined my judgment to the preference of the Church of England).[6]

13세가 되기 직전에 누구의 강요에 의해서가 아니라 아버지와 동료 지도자들의 대화와 논쟁에 들어가며 스스로 판단해서 결단한 수잔나를 이해하기는 쉽지 않은 일이다. 수잔나는 부모조차도 감당하기 어려운 독립적 사고를 하고 실천하는 매우 지적이며 경건한 인물이었음이 분명하다.

그녀는 무슨 책이든 손에 잡히는 대로 읽는 사람이었기 때문에(An omnivorous reader, she pick up books at random) 어려서부터 이미 경건 서적이나 과학 서적 등을 통해 다양한 지식을 습득하였다.[7] 20세 때 27세인 사무엘(Samuel Wesley)을 만나 결혼을 하고 1년 후 1690년 2월에 첫 아기 사무엘 웨슬리 주니어(Samuel Wesley Jr.)를 낳은 이래 40세에 낳은 막내 아이를 포함하여 18, 혹은 19명의 아이를 낳았기 때문에(두 번은 쌍둥이를 낳았다) 약 20년 동안 임신과 출산이 끊이지 않았던 삶이었다.[8]

---

6 Wallace Jr., *Susanna Wesley*, 71. See also Telford, *The Life of John Wesley* (New York: Methodist Book Concern, 1899), 9.
7 Piette, *John Wesley*, 216.
8 See Clarke, *Memories of the Wesley Family*, 173.

웨슬리가 태어날 당시 마르다(Martha)와 막내 케지아(Keziah), 그리고 웨슬리와 함께 '메도디스트 운동'을 이끌었던 동역자 찰스 웨슬리(Charles Wesley)는 아직 태어나지 않았다.

타이어맨에 의하면 웨슬리가 태어나기 전 죽은 두 남자아이가 있었는데, 하나는 존(John)이고 다른 하나는 벤자민(Benjamin)이었다. 수잔나는 존에게 그 둘의 이름을 붙여 존 벤자민(John Benjamin)이라 부르기도 했지만, 거의 사용하지는 않았다.[9] 사무엘과 수잔나는 가난한 목회자 가정으로서 첫아들 사무엘 주니어와 늘 병약했던 막내 딸 케지아까지 아들 셋과 딸 일곱을 양육하고 있었고, 웨슬리는 생존한 10명의 자녀 중에서는 7번째였고, 전체적으로 보면 13번째, 또는 14번째였다.

최근에 웨슬리와 메도디스트 운동 역사에 대해 권위자인 리차드 P. 하이젠레이터(Richard P. Heitzenrater)는 "웨슬리가 13번째인지 14번째인지 아무도 모른다"(John was either the thirteenth or fourteenth; no one is quite sure)고 했다.[10]

수잔나는 몇 명의 자녀를 낳았고, 그중에서 웨슬리는 몇째 아이였을까?

초기에 웨슬리 가족에 대해 가장 풍부한 정보를 제공해준 아담 클락(Adam Clarke)에 의하면 "수잔나는 19명의 자녀를 두었고, 그들 중 생존자는 10명"이라고 했다.[11]

타이어맨도 그 사실을 의심 없이 받아들여 웨슬리는 19명의 자녀들 가운데 생존한 7번째 생존자였고, 웨슬리 이후 3명이 더 태어났다고 했다. 그리고 생존한 7명의 이름을 "사무엘 주니어(Samuel Jr.), 에밀리(Emilia[Emily]), 수잔나(Susannah), 메리(Mary[Molly]), 헤테벨(Mehetabel[Hetty]), 앤과 존

---

9 Tyerman, *John Wesley*, 1: 15-16; Maximin Piette, *John Wesley*, 222.
10 Heitzenrater, *The Elusive Mr. Wesley*, 1: 37.
11 Clarke, *Memories of the Wesley Family*, 173.

웨슬리"(Anne[Nancy] and John Wesley)라고 밝혔다. 타이어맨 이후 텔포드는 웨슬리 전후에 죽은 자녀들을 고려해서 웨슬리가 15번째라고 했고,[12] 대부분의 학자들은 그 사실을 의심 없이 받아들였다.

역사가 비비안 H. H. 그린(Vivian. H. H. Green)은 좀 더 구체적으로 수잔나의 모든 자녀들의 출생 연도를 다음과 같이 밝히면서 웨슬리가 15번째임을 증명하려고 했다. 사무엘 웨슬리 주니어가 1690년에 처음으로 태어났고, 다음해인 1691년에 에밀리 그리고 1695년에 수잔나가 태어났다. 메리는 1696년에, 메헤테벨은 1697년에, 그리고 앤이 1702에 태어난 후 웨슬리가 15번째로 1703년에 태어났다는 것이다.[13] 한편, 한국의 김진두 박사도 역시 15번째라고 했지만, 근거를 밝히지는 않았다.[14]

그런데 막시민 피에트(Maximin Piette)는 웨슬리가 13번째라고 했는데 근거를 밝히지는 않았다.[15] 수잔나에 대해 가장 세밀하게 연구한 찰스 월리스(Charles Wallace Jr.)는 수잔나의 자녀들을 밝히는 과정에서 "18 또는 19"라고 했는데, 이것은 사실 수잔나의 자녀들이 몇 명인지 분명하게 알 수 없다는 뜻이다.[16]

그런 의미에서 하이젠레이터도 웨슬리가 13, 혹은 14번째라고 했던 것이다. 웨슬리 가족에 대해 가장 세밀하게 살핀 스티븐슨의 도표에 의하면, 9번째 자녀에 대해 "알 수 없음"(unknown)이라고 했고, 웨슬리 바로 다음에 태어난 남자 아이는 이유를 밝히지 않은 채 "간호사가 목졸라 죽였다"(son smothered by nurse)라고 했다.[17]

---

[12] Telford, *The Life of John Wesley*, 11.
[13] Green, *The Young Mr. Wesley*, 51-52.
[14] 김진두, 『존 웨슬리의 생애』 (서울: kmc, 2006; 2010년 6쇄), 20.
[15] See Piette, *John Wesley*, 222.
[16] See, Wallace Jr., *Susanna Wesley*, xiv, note 3.
[17] Stevenson, *Memorials of the Wesley Family*, 65.

그와 같이 사무엘의 자녀들에 대해 알려지지 않은 내용에 대해 근대 역사가들은 확실하게 답하는 것을 꺼리고 있는 듯하다. 그러한 문제를 알고 있다는 듯, 웨슬리의 생애와 함께 그의 신학을 설명하고 있는 케네스 J. 콜린스(Kenneth J. Collins)는 웨슬리가 몇 번째인지 언급하지 않았다.[18]

수잔나는 목회자의 아내로서 재정적인 어려움에도 불구하고 자녀들을 영적으로나 지식적으로 양육한 탁월한 교육가였다. 특히, 자녀들에게 많은 편지를 썼는데, 화재로 모두 소실되고 그 후에 쓴 74편의 편지만 남아 있는데, 그중 아들 존에게 쓴 것이 40여 개로 가장 많다.[19] 편지를 통해 알려진 바에 의하면 수잔나는 자녀들을 교육하기 위해 2권의 소책자를 만들었는데 2권 모두 1709년 2월 9일에 발생한 화재 때 소실된 듯 남아 있지 않다.

다만, 딸 수키(Suky = Susanna)에게 편지 형식으로 1710년 1월 13일에 『사도신경 해설』(*The Apostles' Creed Explicated in a Letter to Her Daughter Susanna*), 그리고 1710년 1월 14일에서 1711년 5월 24일 사이에 『십계명 해설』(*A brief Exposition on the Ten Commandments*)을 다시 썼는데, 수잔나의 신학적-교육적 소양을 밝혀 주는 귀중한 자료이다. 특히, 십계명 해설은 미완성으로서 앞으로 계속 진행될 것처럼 끝맺고 있다.[20]

---

[18] Heitzenrater, *The Elusive Mr. Wesley*, 1: 37.
[19] 모든 편지가 다 소실된 것은 아니다. 화재 당시 집을 떠나 있던 사무엘에게 쓴 편지는 아들이 보관하고 있었기 때문에 보관되어 있어서 당시 상황을 대변해 주고 있다. 남아 있는 편지 중에는 아들이 엄마에게 쓴 편지 18개, 엄마가 아들에게 쓴 편지 40개가 남아 있다. See Baker, *Letters*, 25:144, note 1. Wallace Jr., *Susanna Wesley: The Complete Writings*에는 엄마가 아들에게 쓴 편지 36개만 수록되어 있다.
[20] Wallace Jr., *Susanna Wesley*, 377-407, 408-24. 그동안 웨슬리의 편지를 편집한 텔포드나 베이커(Baker)는 1721년에 웨슬리가 차터하우스학교의 회계담당자였던 암브로스 아이어(Ambrose Eyre)에게 편지한 것에서 시작하여 그가 죽기 직전까지 쓴 편지들만을 편집했는데, 월리스는 그 이전에 수잔나와 장남 사무엘 웨슬리 사이에 주고받은 편지 등 매우 가치 있는 편지들을 제공하고 있다.

1709년 10월 11일에 아들 사무엘에게 쓴 편지에 의하면 수잔나는 자신이 모든 자녀에게 유익한 '작은 교재'(a little manual)를 만들고 있었다.

> 나는 지난 몇 년 동안 일부는 독서를 통해 알게 된 것이고, 대부분은 관찰과 경험을 통해 알게 된 내용인데, 자녀들 모두에게 유익하기 바란다(I had been for several years collecting from my little reading, but chiefly from my own observation and experience, some things which I hoped would have been useful to you all).[21]

아마도 그 이전에 작업했던 것들을 화재로 모두 잃어버렸지만, 자기 뜻을 포기하지 않고 다시 작업하고 있었던 것 같다. 특히, 딸에게 쓰는 편지 형식을 택한 것을 보면 아들들은 집을 떠나 학교에서 공부할 수 있지만, 여전히 집에서 자신이 교육해야만 하는 딸들을 염두에 두고 쓴 내용임을 짐작할 수 있다.[22]

수잔나는 1709년부터 쓴 총 255편의 묵상 일기 제목을 "생각은 많이 하고 말은 적게 하라"(Think Much and Speak Little)고 한 것이나 아들 존에게도 "항상 자기 자신을 먼저 살피고 잘못된 성격을 고치라"고 충고한 것을 보면 자기 자신의 잘못을 교정하고 하나님의 뜻에 합당하게 살기 위해 얼마나 신중하게 생각하며 행동했는지 알 수 있다.[23]

자기 주관이 강한 수잔나는 남편 사무엘 웨슬리(Samuel Wesley)가 윌리엄 왕(King William)을 위해 기도했을 때 '아멘'을 하지 않았다. 윌리엄 왕과 그의 아내 메리 수튜어트(Mary Stuart)는 가톨릭 신자인 제임스 2세(James II)를 폐위

---

[21] Wallace Jr., *Susanna Wesley*, 371.
[22] Wallace Jr., *Susanna Wesley*, 379. 사무엘도 아직 미완성이었지만, 그 자료들을 받아서 가지고 있었다.
[23] Wallace Jr., *Susanna Wesley*, 202. 아들에게 성격을 고치고 자신을 살피라고 권고한 편지는 1724/5년 2월 23일 쓴 것이다. See Baker, *Letters*, 25:159-60.

시키고 왕이 된 사람이다. 사실, 제임스 2세는 메리 스튜어트의 아버지였기 때문에 자녀가 부모를 몰아내고 왕이 된 것에 대해 수잔나는 동조할 수 없었기에 남편이 윌리엄 왕을 위해 기도했을 때 아멘을 하지 못했던 것이다.

그러나 1689년에 "관용법"(the Toleration Act)을 제정하여 자신과 부모들이 속해 있는 비국교도들을 보호해 준 윌리엄 왕을 위해 기도할 명분이 있다고 생각하고 있던 사무엘은 그런 아내의 태도에 화가 나서 "수키(수잔나의 애칭), 그렇다면 우리는 갈라서야지. 우리에게 두 왕이 있다면 우리는 두 침대를 써야겠소"(Sukey, if that be case, we must part, for if we have two Kings, we must have two beds)라고 말하면서 아내가 하나님께 회개하지 않으면 (unless she begged God's pardon) 결코 돌아오지 않겠다고 선언하고 런던으로 가버렸다. 별거의 기간이 길어지자 수잔나는 그 지역의 다른 사제에게 부탁하여 남편을 설득하여 마침내 1년여 만에 돌아왔는데, 그 후 일 년이 못되어 존(John Wesley)이 태어났던 것이다.[24]

존은 자라면서 어머니 수잔나로부터 많은 영적-신학적 영향을 받았다. 수잔나의 할아버지 존 화이트(John White)는 신실한 청교도로서 올리버 크롬웰(Oliver Cromwell, 1599-1658) 장군의 집권 당시(1640-1660) 국회의원(a member of Parliament)이 되어 "성직자검열위원회 회장"(chairman of the committee for Scandalous Minister)직을 맡아 당시 영국 국교회 사제들의 자격을 심사하여 회원권을 박탈하는 일을 맡았었다.[25]

---

[24] 이 이야기는 웨슬리가 클락에게 전해준 이야기이다. A. Clarke, *The Wesley Family* (London, 1823), 1: 198. Rack, *Reasonable Enthusiast*, 48-9에서 재인용. See also Heitzenrater, *The Elusive Mr. Wesley*, 1: 47; Kenneth J. Collins, *Wesley: A Theological Journey*, 16; Randy L. Maddox and Jason E. Vickers, eds., *The Cambridge Companion to John Wesley*, XiX.
[25] Robert C. Monk, *John Wesley: His Puritan Heritage* (Nashville, TN: Abingdon Press, 1966), 20.

그런가 하면, 수잔나의 아버지 애너슬리(Samuel Annesley, 1620-1696) 박사는 옥스퍼드대학교 퀸즈대학(Queens College in the University of Oxford)에서 1639년에 학사 학위(B.A.)를, 그리고 1644년에 문학 석사학위를 받은 후 1648년에는 명예 법학 박사학위를 받았다(honored with the Doctor of Laws degree).

그는 1644년에 영국 국교회의 사제 안수를 받고 채플린으로 목회를 시작하지만, 1662년 그의 설교와 신학이 영국 국교회와 부합하지 않는다는 이유로 직위 해제를 당한다. 그러나 그 후 30년이 넘도록 경건주의적이며 청교도적인 자신의 신학적 확신을 굽히지 않고 비국교도 목회자로 살다가 1696년 12월 31일에 76세의 생을 마감했다.[26]

웨슬리는 자신의 『기독교 문고』(A Christian Library)에서 17세기의 "실천적 경건"(practical divinity)에 대한 대표적인 설교를 수집하여 소개하는 과정에서 장인어른 애너슬리 목사의 신학을 잘 나타내고 있는 설교의 일부를 다음과 같이 소개하고 있다.

> 비록, 설교의 다른 부분을 잊을지라도, 다음의 두 단어를 기억하시오. "그리스도와 성결, 성결과 그리스도."
> 여러분들의 모든 대화에서 모든 방법을 동원해서 적용하십시오.
> 내가 강조하는 기독교는 매우 진지한 기독교이고 진정한 기독교입니다. 믿음이 없는 행동은 곧 잘 포장된 이교도 신앙이고, 또한 행동이 따라주지 않는 믿음은 위선에 불과합니다. 하나님과 인간이 함께 협력할 때 성령께서 도우심으로 가능해지는 영적인 믿음이어야 합니다. 그러한 믿음이야말로 하나님과 사람에게 사랑으로 역사하는 믿음이며 선행이 가득한 진정한 믿음입니다(Remember these two words, though you forget all the rest of the Sermon, viz., "Christ and Holiness, Holiness and Christ" interweave these all manner of

---

[26] Collins, *John Wesley: A Theological Journey*, 14.

ways, in your whole conversation ··· It is serious Christianity that I press, as the only way to better every condition: it is Christianity, downright Christianity, that alone can do it: it is not morality without faith; that is but refined Heathenism: it is not faith without morality; that is but downright hypocrisy: it must be a divine faith, wrought by the Holy Ghost, where God and man concur in the operation; such a faith as works by love, both to God and man; a holy faith, full of good work).[27]

놀랍게도 이 한 편의 설교 안에 웨슬리가 전 생애 동안 강조하고, 발전시킨 신학의 핵심적인 내용들, 즉 '성결의 강조'(emphasis on holiness), '삶이 따라주지 않는 신앙은 결국 이교적이라는 단호한 입장,' '하나님과 이웃에게 사랑으로 역사하는 믿음'(faith working by love, both to God and man), '성령의 역사'(the work of the Holy Spirit), 그런가 하면 '하나님과 인간이 동역한다'(God and man concur in the operation)라는 개념이 모두 등장하고 있다.

웨슬리는 비록 생전에 외할아버지를 만난 적은 없지만, 그의 설교와 신학적 가르침은 어머니 수잔나를 통해 웨슬리에게 전달되었던 것이다. 애너슬리 박사는 두 부인들로부터 얻은 24, 혹은 25명 중에서 막내인 수잔나에게 죽기 직전에 모든 자료를 남겼고 그 자료를 보관하고 있던 어머니를 통해 웨슬리는 외할아버지의 신학적-영적 유산을 물려받았다.[28] 외할아버지가 설교에서 강조한 내용은 당시 청교도신학의 중심 가르침들이었다.

---

[27] John A. Newton, *Methodism and the Puritans* (London: Dr. Williams's Trust, 1964), 19. Kenneth J. Collins, *John Wesley: A Theological Journey*, 14에서 재인용. 밑줄은 필자의 것.

[28] Kenneth J. Collins, *John Wesley: A Theological Journey*, 15. 애너슬리 박사는 두 번 결혼 했는데, 수잔나는 두 번째 부인과의 사이에서 태어난 막내이다.
See Adam Clarke, *Memoirs of the Wesley Family*, 157, 170. cf. Rack, *Reasonable Enthusiast*, 48.

결과적으로, 웨슬리가 외할아버지와 어머니를 통해 실천적으로 물려받은 내용은 청교도적 신학과 경건이었다. 이런 관점으로 보면, 웨슬리의 출생부터 살핀 타이어맨의 전기나, 웨슬리의 아버지의 가문에서부터 시작하는 텔포드의 전기나 가정의 종교적 배경보다는 정치적 배경에 집중한 그린(Green)의 전기들은 웨슬리가 어머니로부터 물려받은 영적–신학적 영향의 가치를 인식하지 못한 약점을 가진 전기들이다.

그런데 지금까지 살펴본 바와 같이 웨슬리는 수잔나를 통해 전해진 뿌리 깊은 비국교도적 영성과 신학적 영향을 받았다는 사실을 알게 되었다. 그러한 전 이해를 가지고 존이 성장하면서 구체적으로 어머니로부터 어떤 교육을 받으며 자랐는지 살펴보도록 하자.

2) 청교도적 가정 교육

웨슬리는 30대가 되어가는 1731/2년 2월 6일에 쓴 편지에서 어렸을 때 어머니가 자신을 포함하여 다른 자녀들에게 했던 것처럼 성인이 되었지만, 여전히 시간을 할애하여 가르침을 달라고 부탁한 바 있다.

> 엄마가 매주 목요일 시간을 내어 가르쳐 줌으로써 자신의 부족함을 고치고 판단력을 형성하는데 도움을 준 것처럼 지금도 목요일 저녁에 짧게라도 시간을 내어 조언해 주시기 바랍니다(If you can spare me only that little part of Thursday evening which you formerly bestowed upon me in another manner, I doubt not but it would be as useful now for correcting my heart as it was then for the forming my judgment…).[29]

---

[29] Baker, *Letters*, 25:329.

웨슬리가 언급한 것처럼 수잔나는 매주 날짜를 정해 자녀들을 만나 대화하며 교육했는데, 월요일엔 몰리(Molly), 화요일엔 헤티(Hetty), 수요일엔 낸시(Nancy), 목요일엔 재키(Jacky), 금요일엔 패티(Patty), 토요일엔 찰스(Charles), 그리고 일요일엔 에밀리(Emily)와 수키(Suky)를 만났다.[30]

그리고 1731년 2년 2월 28일 어머니에게 편지하여 당시에 어머니가 그 많은 자녀를 어떻게 가르쳤는지 그 교육 방법을 구체적으로 가르쳐 달라고 요청했다.[31] 그에 대해 수잔나는 1732년 7월 24일 편지에서 다음과 같이 정리하여 보내 주었다.

> 아기가 태어나는 순간부터 규칙적인 생활을 하도록 해야 한다. 어린아이가 한 살이 되면 회초리를 무서워하고, 아주 조용하게 우는 법을 배워야 한다. 그래야만 더 큰 어려움을 피할 수 있게 될 것이다(The children were always put into a regular method of living, in such things as they were capable of, from their birth, When the children turned a year old, and some even before, they were taught to "fear the rod, and to cry softly; by which means they escaped abundance of correction they might otherwise have had).

말하면서 어려서부터 규칙적인 삶(a regular method of living)을 가르치려 했던 자신의 교육철학을 설명해 주었다.[32]

---

[30] Ward and Heitzenrater, *Journal and Diaries* 19: 285. Kenneth J. Collins, *John Wesley: A Theological Journey*, 17.
[31] Baker, *Letters*, 25:327-30.『200주년 기념 웨슬리 총서』는 이 편지가 쓰인 때를 "1731년 혹은 1732"이라 표기했지만, 어머니의 답변 날짜가 1732년 7월 24일인 것을 보면 같은 해에 쓰였다고 보는 것이 타당할 것이다.
[32] Baker, *Letters*, 25:330-31.

수잔나는 당시에 청교도 목사의 아들로 태어나서 청교도 교육을 받으며 자라난 철학자 로크의 교육 이념에 나타나고 있는 '의지의 정복'(conquering the wills)이라는 개념에 동감하고 있었다. 즉, 수잔나는 어린 자녀들이 악한 의지가 굳어지기 전에 경건 훈련이 되어야 한다고 믿고 다음과 같이 말했다.

> 어린아이들의 마음을 형성하기 위해 가장 먼저 해야 할 일은 그들의 의지를 정복하는 일이다. … 늦기 전에 먼저 어린아이의 의지를 다스리라고 내가 주장하는 이유는 그렇게 하는 것이 바로 모든 종교 교육의 유일한 근거이기 때문이다. 그 일이 온전히 이루어지면 자기 자신의 의식이 성숙해질 때까지 아이는 부모의 뜻에 따라 다스려질 수 있을 것이다(In order to form the minds of children, the first thing to be done is to conquer their will. …I insist upon conquering the wills of children betimes, because this is the only foundation for a religious education. When this is thoroughly done, then a child is capable of being governed by the reason of its parent, till its own understanding comes to maturity).[33]

그러한 의미에서 수잔나는 "자녀들이 나쁜 버릇이 들도록 방치하는 부모들은 종교를 비효과적으로 만들고, 자녀들이 구원을 받지 못하도록 만들어 결국 영원한 심판을 받게 만드는 것이기 때문에 사탄의 일을 하는 것과 같다!"(The parent who indulges it does the devil's work, makes religion impracticable, salvation unattainable, and does all that in him lies to damn his child, soul and body,

---

[33] Baker, *Letters*, 25:330-31. 이는 분명 잠언 22:6, "마땅히 행할 길을 아이에게 가르치라 그리하면 늙어도 그 길을 떠나지 아니하리라"(Train up a child in the way he should go; and when he is old, he will not depart from it)와 일치하는 내용이다. 수잔나는 비록 철학적인 가르침을 받았다고 하지만, 성경적인 가르침과 일치하기 때문에 그러한 방법에 전적으로 동의할 수 있었던 것이다.

forever!)라고 했다.[34]

다음은 수잔나가 가난하게 살면서도 10명이나 되는 아이들을 주어진 환경에서 효과적으로 가르치기 위해 다음과 같은 준칙들(by laws)을 만들어 시행했다고 아들에게 설명해 준 내용이다.

① 누구든지 잘못을 범했지만, 인정하고 다시는 그렇게 하지 않겠다고 약속을 하면 매를 맞지 않는다. 이런 규칙은 거짓말을 방지하는 효과가 있다.

② 모든 잘못된 행동, 예를 들어 거짓말, 남의 물건을 훔치는 것, 교회에서 또는 주일에 놀이를 하는 것, 불순종, 싸움 등을 하면 반드시 대가를 치르도록 한다.

③ 누구든지 같은 잘못으로 두 번 벌을 받지 않는다(no child should ever be chid or beat twice for the same fault…).

④ 좋은 일을 했을 때는 칭찬을 해 주고, 그 결과에 따라 상을 준다.

⑤ 비록, 결과가 좋지 않았지만, 좋은 의도를 가지고 한 일에 대해서는 인정을 해 주고 다음에 잘할 수 있도록 지도해 준다.

⑥ 각자의 소유권은 지켜져야 하며 아무리 작은 것, 즉 아주 작은 동전 하나, 핀 한 개라도 남의 소유를 침해해서는 안 된다.

⑦ 약속은 반드시 지켜야 하고, 한번 주어진 선물은 이미 준 사람의 손을 떠났기 때문에 되돌려질 수 없다.

⑧ 여자아이는 그들이 읽고 쓰는 것을 배울 때까지는 일을 시켜서는 안 된다 (no girl be taught to work till she can read very well).

⑨ 공부하는 동안에는 일을 시켜서는 안 된다. 왜냐하면, 여자아이들에게 읽고 쓰는 것을 가르치기 전에 먼저 일을 시키기 때문에 나중에 그들이 제대로 읽을 수 없게 되는 것이다.[35]

---

[34] Baker, *Letters*, 25:331.
[35] Ward and Heitzenrater, *Journal and Diaries*, 19: 290-91. 수잔나가 8가지로 잘 정리해 준

이미 언급한 것 외에 주목할 만한 내용을 발췌해 보면 다음과 같다.

오후 6시에 가족기도회를 한 후 저녁을 먹었으며, 7시에는 모두 씻고 8시에는 모두 잠자리에 들게 했다. 말을 배우는 즉시 규칙적으로 생활하도록 가르쳤는데, 특히 일어날 때와 잠자리에 들 때 주기도문을 외우도록 했다. 그런가 하면, 비록 형제자매 간 부를 때에도 예의를 갖추어 형제(brother), 혹은 자매(sister)를 이름 앞에 붙이도록 했다.

누구도 5살이 되기 전에 읽는 법을 가르치지 않았다. 특히, 여자아이들이 읽고 쓰는 것을 배우기 전에 일을 시켜서는 안 된다고 했는데, 여자아이들을 가르치지 않고, 먼저 일을 시키기 때문에 발생하는 문제를 스스로 극복하려는 방법이었고, 동시에 5살이 되기 전에 읽고 쓰는 것보다 더 중요한 영적인 습관을 먼저 가르치기 위함이었다. 그래서 5살이 되는 생일은 알파벳을 배우는 첫 수업을 하는 날이고, 곧 창세기를 읽기 시작해서 능숙하게 읽을 때까지 계속했다.

가정에서 하루에 6시간씩 교육을 했는데, 학습이 시작되는 오전 9시부터 12시까지, 그리고 오후 2시부터 5시까지는 누구도 남의 방에 들어가는 것이 허락되지 않았다. 매일 일어났을 때와 잠자리에 들기 전에 동생들과 짝을 지어 아침에는 시편과 구약성경을, 밤에는 시편과 신약성경을 읽게 했고, 그것이 끝나면 각자 경건의 시간을 갖게 했다.[36]

것처럼 보이지만, 사실은 웨슬리의 요청에 따라 수잔나가 생각나는 대로 이보다 더 길게 정리해 준 내용을 후대의 학자들이 목적에 따라 축약한 내용이다. 막시민 피에트는 수잔나의 편지 전문을 그대로 밝히고 있다. See his *John Wesley*, 541-544.

[36] See also Ward and Heitzenrater, *Journal and Diaries* 19, 286-291. 사실, 이 모든 내용은 1742년 7월 30일 어머니 수잔나가 죽은 다음날 장례식을 치르는 과정에서 그동안 웨슬리가 알게 된 어머니를 회상하는 가운데 특히 자기를 포함하여 자녀들을 교육한 일에 대해 1742년 8월 1일 저널에 남긴 내용이다. 어머니가 1711/12년 2월 6일과 1732년 7월 24일에 자신에게 보내온 편지 내용인데, 수잔나의 교육철학과 구체적인 실천을 망라하여 보여 주는 역사적인 자료의 편집이라고 할 수 있겠다. 참조 Tyerman, *John Wesley*, 1: 17-18. Schmidt, *John Wesley: A Theological Biography*, 1:61; Baker, *John Wesley and the*

웨슬리의 삶과 관련하여 발견되는 특징들을 다음과 같이 세 가지로 요약해 보자.

첫째, 음식에 대한 규율이 세밀하고 엄격한 것은 극도로 가난한 삶을 잘 반영해 주고 있는데 사실 웨슬리의 사역에 있어서 가난한 사람들에 대한 배려가 각별했다는 사실과 관련이 있을 것이다.
둘째, 아침에 일어나 잠자리에 들 때까지 종교 교육을 중심으로 순서와 규칙을 정하고 준수하며 살았는데, 그러한 삶의 장점을 익히 알게 된 웨슬리는 성인이 되어서는 그보다 더 철저하게 하루하루를 규칙적으로 살아갔다.
셋째, 자녀들은 자랄 때부터 집안일을 감당하며 남을 배려하고 존중하는 삶을 살도록 훈련을 받았는데, 그러한 일은 가정에서 종교 교육뿐만 아니라 사회인으로 살아갈 수 있도록 훈련을 받은 것이다.

수잔나는 종교 교육과 일반 교육에 있어서 놀라울 정도로 균형을 이루고 있는데, 웨슬리는 어려서부터 시작한 성경 읽기를 죽을 때까지 지속했고, 또한 조지 휫필드가 설립한 킹스우드(Kingswood)학교를 운영하게 되었을 때도 가정에서 자라면서 배운 것을 엄격하게 적용하려고 했던 것은 결코 놀라운 일이 아니다.[37]

Church of England, 8.
[37] 킹스우드(Kingswood)에 있는 학교는 사실 휫필드(George Whitefield)가 탄광 근로자들의 아들들을 교육하기 위해 설립한 것인데 공사를 시작한 후 6주 후에 웨슬리가 인수받아 완성하고 운영하며 발전시킨 학교이다. 그런데 웨슬리가 이사회를 선정하는 과정에서 휫필드와 동료들이 웨슬리가 건물을 소유하려 한다고 보고 웨슬리로 하여금 오직 운영만 하도록 권한을 제한하였다. 웨슬리는 후에 남자 아이들뿐만 아니라 여자 아이들도 교육하도록 했고, 어른들을 교육하는 장소로도 사용하였다. see Tuttle, *John Wesley*, 27, note 7; Tyerman, *John Wesley*, 1:270.

현대적 관점에서 보면, 매를 든다든지 어린아이들에게 가혹할 정도로 단호한 수잔나의 교육 방법은 분명 비판을 받을 소지가 있다. 하지만, 자녀들을 학교에 보낼 수 없었던 당시의 상황과 부족한 생활비, 그런가 하면 경건한 삶을 가장 중요시하는 종교적 신념 등을 감안하면 분명 주목해 볼 가치가 있다.

하지만, 그 가정의 딸들 모두 결혼 생활은 순탄치가 않았다. 술주정뱅이를 만나 혼전 임신을 하거나 바람둥이를 만나 두 자매 사이를 오가며 애정행각을 벌이는 목사와 만나 결혼을 했지만, 결국 그가 다른 여자를 만나 떠나거나 도저히 함께 살 수 없을 정도로 무지하고 난폭한 사람을 만나 별거를 하는 등 모두 결혼 생활에 실패했다.[38]

그런 현상에 대해 역사학자 그린은 딸들이 엄마로부터 지나치게 종교적으로 교육을 받아서 사회성이 모자랐을 수도 있고, 또한 수잔나처럼 남자들을 지배하는 듯한 태도 등이 문제가 되었을 수도 있다고 추측하기도 한다.[39]

수잔나의 자녀 교육 방법은 당시 사회적인 상황과 종교적인 상황을 고려하는 데 매우 유익한 자료가 되고 있으며 또한 청교도적인 종교교육의 장점뿐만 아니라 단점은 무엇인지 비판적으로 고찰해 볼 수 있는 내용이므로 오늘날도 주목할 필요가 있다.

3) 신학적 사고와 판단

대부분의 전기 작가들은 수잔나가 아들에게 끼친 영향 가운데, 특히 교육적인 면만을 강조하는 경향이 있는데, 사실 어머니와 아들이 주고받은

---

[38] Rack, *Reasonable Enthusiast*, 52.
[39] Green, *The Young Mr. Wesley*, 54.

편지는 수잔나가 상당한 수준의 신학적 지식을 갖춘 조언자였으며, 웨슬리 또한 자신이 읽은 책이나 신학적인 주제에 대해 아버지보다는 오히려 어머니와 더 자주, 더 깊은 토론을 하고 있음을 발견할 수 있다.

(1) 경건 서적을 이해하는 데 있어서

웨슬리는 어렸을 때부터 누구보다도 하나님 앞에서 신실한 그리스도인으로 살아가기를 열망했다. 그러나 10대를 지나면서 부족한 지식과 미숙한 열정만으로는 자신의 뜻을 이루지 못하고 좌절하곤 했다.

그런데 20대 초반이 되어 접하게 된 토마스 아 켐피스(Thomas a Kempis, 1380-1471)의 『그리스도를 본받아』(*The Imitation of Christ*)와 제레미 테일러(Jeremy Taylor, 1613-67)의 책들 『거룩한 삶에 대한 규칙과 연습』(*Rule and Exercises of Holy Living*, 1650)과 『거룩한 죽음에 대한 규칙과 연습』(*Rule and Exercises of Holy Dying*, 1651)을 읽고 비로소 이루어진 듯한 영적 진보를 이룬다.

그러나 어머니에게 쓴 편지에서 그는 켐피스가 요구하는 수준이 너무 가혹해 일반인들이 이룰 수 없고 결국은 비참하게 느끼게 할 것이라는 의견을 제시한다.[40] 특히, 행복을 추구하는 것이 죄라고 생각하는 켐피스에게 동의할 수 없다고 했다.

1725년 6월 8일 답장에서 수잔나는 그 책을 읽은 지 오래되어 분명히 기억할 수는 없지만, 세상적인 모든 것을 악으로 규정하는 것은 곧 하나님의 창조를 악으로 규정하는 듯한 위험성이 있다고 했고, 칼빈이 주장하듯이 하나님의 독단적인 주권에 의해 몇몇 사람들이 불행하게 되는 것은 부당하다는 아들의 의견에 동의한다.[41] 그러나 켐피스가 강조하는 내적 종교

---

[40] Baker, *Letters*, 25:163.
[41] Baker, *Letters*, 25:164 (June 8, 1725).

와 영적 훈련 부분은 매우 중요하다고 조언하는 것도 잊지 않았다.[42]

그런가 하면, 테일러 주교의 두 저서에서 말하고 있는 겸손(humility)에 대해 아들이 물었을 때 수잔나는 지난 20년 이상 그 책을 본 적이 없기 때문에 잘 알 수 없다고 하면서도 웨슬리가 언급한 내용에 근거해서 주교가 말한 겸손의 의미를 다음과 설명했다.

> 겸손이란 교만, 즉 한편으로 자신에 대해 너무 많은 가치를 부여하는 것과 다른 한편으로는 자신을 비참한 존재로 느끼는 것 사이의 성품이다. 비열한 성격 사이에 있는 것이다. 겸손은 우리 자신 안에 내재되어 있는 것인데, 그것은 곧 하나님을 가장 위대하고 본질적인 영광이요, 절대적으로 완전하신 분임을 인정하는 데서 비롯되는 성품이다. 즉 과거에는 우리가 하나님께 대적했지만, 현재는 우리가 얼마나 부족하고 깨지기 쉬운 존재인가를 아는 것이 겸손이다(Humility is the mean between pride, or an overvaluing ourselves on one side, and a base abject temper on the other. It consists in an habitual disposition to think meanly of ourselves; which disposition is wrought in us by a true knowledge of God, his supreme, essential glory, his absolute, immense perfection of being! A just sense of our dependence on and past offences against him, together with a consciousness of our present infirmities and fraility).[43]

즉, 겸손이라고 하는 것이 단순하게 어떤 예절을 의미하는 것이 아니라 인간 관계에서, 그리고 하나님과의 관계에서 반복하여 나타나는 하나의 성품인데, 철저하게 우리의 부족함과 하나님의 완전하심을 신뢰하는 것이라고 설명해 주는 수잔나는 분명 평범한 목회자의 아내라 할 수 없다.

---

[42] Baker, *Letters*, 25:166-67; Tyerman, *John Wesley*, 1: 34.
[43] Baker, *Letters*, 25:172 (July 21, 1725); Piette, *John wesley*, 254.

1725년 8월 18일 쓴 편지에서 엄마는 아들이 지난달에 제기한 문제에 대해 좀 더 확실한 답을 주려는 의미에서 다음과 같이 말했다.

> 진정한 믿음의 척도는 계시자의 권능으로서 그 권능 안에서 그분의 능력과 고결하심을 항상 마음에 간직하는 것이다. 거룩한 믿음은 하나님께서 우리에게 드러내셨기 때문에 하나님께서 드러내신 모든 것에 동의하는 것을 의미한다(The true measure of faith is authority of the revealer, the weight of which always holds proportion with our conviction of his ability and integrity. Divine faith is an assent to whatever God has revealed to us, because he has revealed it).[44]

같은 편지에서 수잔나는 당시에 아들이 고민하고 있는 또 다른 문제, 즉 칼빈주의자들이 주장하는 예정론이 어떤 문제가 있는지 밝혀 주고 있다.

> 고지식한 칼빈주의자들이 주장하고 있는 예정론은 참으로 충격적인데 거부되어야 할 교리이다. 왜냐하면, 그러한 교리는 거룩하신 하나님을 죄의 주관자로 만들기 때문이다. 네가 그 문제를 잘 파악하고 정리했다고 본다. 사실, 예정론과 같은 교리는 사람이 육체적으로나 도덕적으로 죄를 범했을 때 그 일로 인해 벌을 주시는 하나님의 정의와 선하심에 전혀 부합되지 못하는 교리이기 때문이다(The doctrine of predestination, as maintained by the rigid Calvinists, is very shocking, and ought utterly to be abhorred; because it directly charges most holy God with being the author of sin. And I think you reason very well and justly against it. For it is certainly inconsistent with the justice and goodness of God to lay any man under either a physical or moral necessity of committing sin, and then punish him for doing it).[45]

---

[44] Baker, *Letters*, 25:179 (August 18, 1725).
[45] Baker, *Letters*, 25:179 (August 18, 1725); cf. Tyerman, John Wesley, 1:40.

웨슬리는 칼빈주의자들과 갈등이 있을 때마다 어머니와 편지를 주고 받으면서 자신의 생각을 정립하곤 했다. 초기 청교도들의 대부분이 극단적 칼빈주의자들이었다는 역사적 사실을 감안할 때, 청교도적 배경을 가진 수잔나가 칼빈주의자들의 문제를 그토록 예리하게 파악하고 비판했다는 것은 놀라운 일이다.

(2) 학문적인 주제에 대해

웨슬리는 학창 시절 때부터 루터의 "믿음 만능주의"(solifidianism)와 칼빈의 예정론 등 선구자들의 개혁주의신학의 문제점을 발견하고, 어떻게 대안을 제시해야 할지 고민하고 있었다. 그러던 중 성직자 안수를 받을 것인지 말 것인지 심각하게 고민에 빠진다. 그때 믿음과 인간 이성(reason)의 관계에 대해 고민하면서 1725년 7월 29일 어머니에게 쓴 편지에서 합리적인 믿음, 즉 이성적으로 동의할 수 있는 믿음이 진정한 믿음이라는 자기의 생각을 표현한다.

> 신앙이란 일종의 믿음의 체계이고 믿는다고 하는 것은 곧 합리적 근거에 따라 동의하는 것을 말합니다. 합리적 근거가 없다면 믿을 수 없고 결과적으로 신앙이 불가능합니다(Faith is a species of belief, and belief is defined, an assent to a proposition upon rational ground. Without rational grounds there is therefore no belief, and consequently no faith).[46]

웨슬리는 믿음을 지나치게 강조하면서 이성을 배제하는 듯한 "믿음 만능주의"(solifidianism)에 반발하면서 "신앙은 어느 정도 이성적으로 설명되어야 할 필요가 분명히 있다"(faith must necessarily at length be resolved into reason)라

---

[46] Baker, *Letters*, 25:175.

고 생각하고 있었던 것이다. 수잔나는 즉시 답장을 보내 믿음과 이성의 차이를 구분하는 데 있어서 아들의 오류를 지적하면서 자신의 견해를 밝힌다.

> 너는 신앙을 이해하는 데 있어서 문제가 있구나. 모든 신앙은 곧 동의하는 것이다. 그런데 모든 동의가 곧 신앙은 아니다. 어떤 믿음은 스스로 증거하기 때문에 우리가 동의하는 것이고, 어떤 믿음은 스스로 증거하는 것이라기보다는 이성의 일반적 과정을 거쳐서 우리의 동의를 얻어내는 것이 있는데 그러한 믿음은 사실 믿음이 아니라 과학이다. … 신앙이란 오직 신앙을 드러내 주시는 분에 의해서만 판단 받을 수 있다. 그분의 능력과 온전하심을 확신할 때 비로소 주어지는 것이다. 온전한 믿음은 하나님께서 우리에게 무엇을 드러내 주시든 하나님께서 그렇게 하셨기 때문에 동의하는 것이다(You are somewhat mistaken in your notion of faith. All faith is an assent, but all assent is not faith. Some truths are self-evident, and we assent to them because they are so. Others, after a regular and formal process of reason, by way of deduction from some self-evident principle, gain our assent; this is not properly faith but science. …The true measure of faith is the authority of the revealer, the weight of which always holds proposition with our conviction of his ability and integrity. Divine faith is an assent to whatever God has revealed to us, because he has revealed it).[47]

이 편지를 받고 웨슬리는 마치 생각지 못하던 것을 발견했다는 듯이 즉시 답장을 보내 어머니의 생각에 전적으로 동의하는 자기 생각을 다음과 같이 표현했다.

---

[47] Baker, *Letters*, 25:179 (August 18, 1725); John Whitehead, *The Life of the Rev. John Wesley* (Auburn:Alden, Beardsley & Co; Rochester: Wanzer, Beardsley & Co., 1852; originally published in two volumes, 1793, 1796), 225; Tyerman, *John Wesley*, 1:39-40; Piette, *John Wesley*, 257.

구원하는 믿음은(실천 포함) 하나님께서 하신 것에 대해 무조건 동의하는 것입니다. 왜냐하면, 하나님께서 그렇게 하셨고 그 진리는 이성에 의해 확증되는 것이 아니기 때문입니다(The saving faith[including practice] is an assent to what God has revealed, because He has revealed it, and not because the truth of it may be evinced by reason).[48]

웨슬리는 분명 비이성적인 신앙, 많은 불합리를 양산하는 신앙을 거부하면서도 근본적으로 신앙은 사람들로부터 얻는 동의(assent)라기보다는 하나님이 드러내신 것을 인정하고 신뢰하는 확신이라는 것을 알게 되는데 그 과정에서 수잔나는 결정적인 조언을 하였다. 더 나아가 웨슬리는 어머니의 도움으로 조지 버클리(George Berkeley, 1685-1753)의 이상주의적인 철학이 어떤 문제가 있는지 알게 되었다고 했다.[49]

한 가지 예를 더 들면, 웨슬리가 성직자가 되는 과정에서 엄마는 아들이 웨슬리가 옥스퍼드대학교에서 공부할 때 수잔나는 1724년 9월 10일에 편지하여 아들이 성직자가 되어 아버지를 도울 수 있기를 바란다고 했다.[50] 아내가 아들에게 성직자 과정을 공부하라고 한 것을 눈치챈 아버지는 그 다음해 1월 26일 편지하여 성직자가 되기 위해 서두르지 말고 학문적으로 충분히 준비하라고 조언했다.[51]

이에 대해 수잔나는 다시 2월 23일 편지하여 조금은 격앙된 듯한 어조

---

[48] Baker, *Letters*, 25:188.
[49] Baker, *Letters*, , 25:186. Rack, *Reasonable Enthusiast*, 74. 그 외에 수잔나는 웨슬리에게 가톨릭 영성가인 후안 데 카스타니자(Juan de Castaniza), 로렌조 스쿠볼리(Lorenzo Scupoli), 그리고 스코틀랜드 신학자인 헨리 스쿠걸(Henry Scougal), 영국 청교도 지도자 리차드 박스터(Richard Baxter) 등의 책들을 읽도록 소개했다. See Don Thorsen, *The Wesleyan Quadrilateral*, 24.
[50] Baker, *Letters*, 25:149.
[51] Baker, *Letters*, 25:157-59.

로 "쓸데없는 학문"(trifling studies)을 하느라고 가장 중요한 것을 도외시하는 것을 심각한 악(great evil)으로 규정하며, 겸손하게 "실천신학"(a practical divinity)을 집중적으로 공부하라고 촉구했다.[52]

그에 대하여 아들이 1727년 1월 24일 어머니에게 편지를 썼다.

> 세상에는 알 가치가 없는 이론들이 많다고 한 어머니의 의견에 전적으로 동의합니다(perfectly come over to [her] opinion, that there are many truths it is not worth while to know),

이렇게 말하는 장면이 놀랍다.[53]

수잔나는 남편의 목회 현장에 참여하면서 이론적인 신학과 목회 현장과의 거리를 목격하고 성직자나 신학자들이 얼마나 교구원들의 삶과 거리가 먼 문제를 가지고 시간과 에너지를 낭비하는지 목격했기 때문에 아들이 그런 오류를 반복하는 것을 원치 않는다고 했다.

수잔나는 가정 교육을 중시하는 비국교도 가정에서 자라면서 수많은 경건 서적을 읽었고, 그 내용을 정리하는 과정에서 자신의 경험에 근거하여 다시 정립해 두는 일을 반복하고 있었다. 그런가 하면, 아버지와 동료들이 나누었던 신학적 대화들을 기억하며, 또한 아버지와 남편의 서재에서 발견할 수 있는 각종 신학 서적들을 독학으로 공부하여 상당한 수준의 신학적 지식을 습득했던 것이 분명하다.

수잔나는 아들들뿐만 아니라 집에 있는 딸들이 어려서부터 성년이 되기까지 교육을 멈추지 않은 것 같다. 사도신경과 십계명 해설집을 만들었던 것과 같이 자신과 자녀들을 위해 교육 교재를 스스로 만들었고, 학문적인

---

[52] Baker, *Letters*, 25:159-60.
[53] Baker, *Letters*, 25:208-9.

남편과 아들들과 대화를 하고 편지를 주고받으면서 수잔나 자신 또한 계속하여 성장했던 것 같다. 아마도 어머니가 아들에게 준 가장 큰 영향력은 단순히 경건한 삶뿐만 아니라 학문적인 면과 실천적인 면이 조화를 이루어야 한다는 가르침일 것이다.

2. 아버지 사무엘 웨슬리(Samuel Wesley)로부터 받은 영향

1) 웨슬리 가문의 영적 배경과 진정한 복음에 대한 열정

웨슬리 가문 중에서 웨슬리와 연관된 내용을 이해하기 위해서는 아마도 그의 증조할아버지인 바톨로뮤 웨스틀리(Bartholomew Westley, 1596-1680?)부터 시작하는 것이 좋을 것이다. 웨슬리 가문의 이름은 원래 아일랜드 가문(Irish)으로부터 유래되어 1420년 이후 'Wellesley'와 'Welsly,' 또는 'Westley'로 쓰이다가 1539년 이래 'Westley'와 'Wesley'가 혼용되어 쓰이고 있었다.

바톨로뮤 웨스틀리는 엘리자베스 1세(Elizabeth I, 1533-1603) 여왕 통치 말기에 태어났다. 여왕의 통일령이 발표된 이후로 청교도적 가정에서 교육을 받으며 성장했다. 그는 옥스퍼드대학교에 들어가 신학(divinity)과 의학(physics) 공부에 매진했다. 비국교도로서 그는 대학을 졸업하고 1645년에 차머스와 캐서스톤(Charmouth and Catherston)마을들의 성직자가 되었는데 의사로도 많이 알려졌다.

키가 작아 '왜소한 목사'(puny parson)라고 불리기도 했는데 웨슬리 집안의 평균 키는 5.4-5.6피트(163-168 cm) 정도였다고 한다. 그는 1640년대 초에 크롬웰에 의해 '청교도혁명'이 일어나기 전까지 '방해자'(intruder)로 분류되어 격리된 지역에서만 목회를 할 수 있었다.

그런데 1660년에 왕의 군대가 승리하고 찰스 2세가 복권되자 2년 후인

1662년에 축출되었고, 티모시 할렛(Timothy Hallett)이 그 자리를 차지했다. 축출당한 후 그는 차머스(Charmouth)로 돌아가 평소에 받던 5분의 1정도의 수입만 가지고 살아야만 했지만, 신학 공부와 의학(physic) 공부에 더욱 매진하여 의사로서 살아갔다. 한편, 그에게는 유일한 아들 존 웨스틀리, 혹은 웨슬리(John Westley or Wesley, 1636-1678)가 있었는데, 그가 국가로부터 핍박을 받다가 1678년에 42세의 젊은 나이로 죽자, 자신도 1680년쯤에 84, 혹은 85세로 죽었다. 그가 어디에 묻혔는지 알려진 것이 없다.[54]

존 웨스틀리 혹은 웨슬리(John Westley or Wesley, 1636-1678) 역시 아버지와 같이 청교도적인 신앙에 충실했으며 옥스퍼드의 뉴인홀(New Inn Hall, Oxford)에서 공부하며 1654년에 학사 학위(B.A.)를, 1657년에 문학 석사학위를 받았는데, 특히 동양 언어(Oriental languages)에 탁월한 실력을 갖추었다. 그는 크롬웰 장군이 1653년에 호국경(Lorde Protector)이 되어 전제 정치를 할 때 38명으로 구성된 '성직자검열위원회'(chairman of the committee for Scandalous Minister)의 일원으로 활동하기도 했으며, 졸업 후 '윈터본 윗쳐치의 돌셋셔 교구'(Dorsetshire village of Winterborn-Whitchurch)의 사제가 1658년에 죽자, 그 교구의 설교자로 청빙을 받고 그 해 5월부터 연 30파운드의 보수를 받는 설교자가 됨으로써 22살 때부터 설교하기 시작했다.[55]

웨스틀리는 영국 국교회로부터 성직 안수를 받지 않고 "자발적으로 모여든 사람들로 구성된 작은 교회"(a small company of Christian people, called a gathered church)에 가입하여 설교자로 활동했다. 그런데 1661년 스튜어트가

---

[54] George J. Stevenson, *Memorials of the Wesley Family*, 2-15, 특히 키에 대해서는 11을 보라. 그 외에 Schmidt, *John Wesley: A Theological Biography*, 1:35-36. See Telford, *The Life of John Wesley*, 1-2. 한편, 클락은 그가 옥스퍼드대학을 졸업했다는 증거를 찾지 못했다고 했다. See his *Memoirs of the Wesley Family* (New York, 1832), 20.

[55] 그가 태어난 해는 1658년에 22살이라는 기록에 따라 역으로 추적하여 1636년으로 추측한 것이다. See Stevenson, *Memorials of the Wesley Family*, 17-20.

의 찰스 2세(Charles II of the Stuart line)가 즉위한 후 존 웨스틀리는 크롬웰을 지지하면서 스튜어트 왕가를 비난하기 시작한다.

결국, 강단에서 청중들을 "사악하게 매도한다"(diabolically railing)라는 비난과 함께 영국 국교회의 『공동기도서』(the Book of Common Prayer)의 사용을 거부했다는 이유로 1661년에 1년간 감옥에 갇힌다. 출소하자마자 1662년 성 바톨로메 기념일(St. Bartholomew's Day)인 8월 24일에 영국 국교회의 교리를 반대하는 비국교도 성직자 2,000명과 함께 축출되었다(he was ejected).[56]

그의 마지막 설교의 본문은 사도행전 20:32 말씀이었다.

> 지금 내가 여러분을 주와 및 그 은혜의 말씀에 부탁하노니 그 말씀이 여러분을 능히 든든히 세우사 거룩하게 하심을 입은 모든 사람 가운데 기업이 있게 하시리라(행 20:32).

양떼를 두고 목자가 떠나야만 하는 절박한 상황 가운데 하나님의 은혜만을 의지하며 떠나는 비장함이 서려 있는 말씀이다.[57] 그의 아들 사무엘 웨슬리가 태어나던 해에 발생한 일이었다.

교구에서 축출당한 후에도 순회전도자로서 활동을 하다가 1665년에 제정된 "5마일령"(Five Mile Act), 즉 영국 국교회 정책에 반대하는 모든 비국교도(Dissenters)는 교구로부터 5마일 밖으로 나가서 사람들과 교제를 끊으라는 정책에 따라 마을을 떠날 수밖에 없었고, 결국 돌체스터(Dorchester)라는 외딴 마을에서 여생을 보냈다.

그는 아들 사무엘이 16세가 되던 해인 1678년에 42세의 젊은 나이로 생을 마감했고, 홀로 남겨진 미망인이 사무엘을 포함한 네 자녀(3남 1녀)를

---

56 Stevenson, *Memorials of the Wesley Family*, 13, 19-34.
57 Stevenson, *Memorials of the Wesley Family*, 30; Telford, *The Life of John Wesley*, 4-5.

양육해야만 했다.⁵⁸ 사무엘은 자라면서 비국교도들이 겪는 많은 어려움을 목격했고, 또한 그러한 종교 분쟁의 결과로 아버지를 잃는 아픔을 겪으면서 내면적 고뇌를 피할 길이 없었을 것이다.

존 웨스틀리는 일기를 썼으며, 평생 간직했던 낡은 성경을 아들 사무엘에게 유산으로 남겼는데, 아들은 그것을 보관하던 중 엡워스 목사관에 불이 나서 소실된 줄 알았지만, 기적처럼 그 성경은 불 속에서도 잘 보존되어 아버지에 의해 아들 존에게 주어졌고, 존은 할아버지가 보시던 낡은 성경을 물려받아 보관하고 있었다.⁵⁹

사무엘(Samuel)은 비국교도들이 도체스터에 세운 자유학교(the Free School in Dorchester)에 다녔다. 졸업 후에도 역시 고전을 강조하는 비국교도 학교인 뉴잉톤그린(Newington Green)에서 공부를 했다.⁶⁰ 그런데 학교 지도자들은 여러 가지 면에서 탁월했던 사무엘에게 비국교도로서 왜 국교도 정책이 불공평한지 논박하라는 책임을 맡긴다. 그래서 자신의 임무를 충실하게 수행하기 위해 국교도의 모든 교리와 문서를 세밀하게 검토하는 과정에서 사무엘은 오히려 국교도들의 교리와 정책이 옳다는 생각을 하게 된다.⁶¹

그때 사무엘은 1672년에 영국 국교회신학자인 윌리엄 케이브(William

---

58 후에 존 웨스틀리 목사는 프레스톤(Preston)에 정착하여 목회를 하다가 죽었는데 안타깝게도 프레스톤의 교구 담당 영국 국교회 목회자는 웨스틀리가 교회에 묻히는 것을 반대해 지금도 그가 어디에 묻혔는지 알 수 없다. Frank Baker, "Westley's Puritan Ancestry," *London Quarterly & Holborn Review* 187 (July 1962), 183. Collins, *John Wesley: A Theological Journey*, 22에서 재인용.
59 Stevenson, *Memorials of the Wesley Family*, 34-5.
60 Luke Tyerman, *The life and Times of Samuel Wesley* (London, 1866). 당시의 비국교도 학교들은 고전이나 경건을 강조하는 것이 당대 도덕적으로나 영적으로 타락해 가는 대학들(the debauchery of the universities)과는 비교가 되었다. 그래서 심지어 국교도들도 자녀들을 비국교도 학교에 보내는 일이 있었다고 한다. 이에 대해서는 다음을 참고하라: Gordon Rupp, *Religion in England, 1688-1791* (Oxford: Clarendon Press, 1986), 173.
61 Tyerman, *The life and Times of Samuel Wesley*, 77.

Cave)가 출판한 『초대 기독교』(*Primitive Christianity*)를 읽었는데, 영국 국교회가 초대 기독교의 모습에 더 가깝다고 생각하게 되었다. 그런가 하면, 비국교도들이 찰스 1세(Charles I) 왕을 축출시킨 일에 동의할 수 없었고, 그들이 조직한 "송아지 머리클럽"(calf's head club)에 혐오감을 느끼면서 비국교도들이 더 경직되고 참을성 없다고 생각했다.[62] 결국, 사무엘은 할아버지와 아버지를 핍박한 국교도로 개종을 하게 되는데 그의 10대 후반에 일어난 대변화였다.

비국교도에서 국교도로 개종한 이후로 그는 가문의 전통적인 이름 "웨스틀리(Westley)에서 완전히 "웨슬리"(Wesley)로 개명하여 통일했다.[63] 사무엘은 1683년에 옥스퍼드대학교 엑스터대학(Exeter College in the University of Oxford)에 입학하여 급비생(servitor)이 되었다. 급비생이란 학부 학생으로서 학교 내에서 간단한 일들을 도와주는 대가로 학비와 약간의 생활비를 보조받는 제도였는데, 특히 옥스퍼드대학교에서는 주로 상급생들(number of higher ranked students)을 도와주도록 했다. 상급생들을 아침에 깨워주는 일, 목욕할 때 도와주거나 쓰레기를 버려주는 일, 그런가 하면 책을 날라다 주거나 숙제할 때 도와주는 일 등이었다.[64]

다음 해인 1689년에 런던의 주교인 컴프턴 박사(Dr. Compton, the Bishop of London)에 의해 사제안수(priesthood)를 받고 부교역자로 첫 목회를 하는 동안 일년 급여 28파운드를 받았다. 곧 이어 해군 군목(a naval chaplain)으로

---

[62] Southey, *The Life of Wesley; and Rise and Progress of Methodism*, 4. "송아지 머리클럽"(calf's head club)은 찰스 1세가 1649년 1월 30일에 교수형에 처해진 후 매년 1월 30일에 비밀리에 모여서 폭군 찰스를 상징하는 송아지 머리를 요리해서 접시에 두고, 폭군 왕을 처단한 애국자들에게 건배하는 비밀 클럽이었는데, 1734년까지 존속했던 것으로 알려진다.

[63] Telford, *The Life of John Wesley*, 3; Collins, *John Wesley: A Theological Journey*, 22-23.

[64] Telford, *The Life of John Wesley*, 7. Servitor 제도가 잘못 사용되는 때도 있어서 옥스퍼드대학교에서는 1800년대 중반에 폐지되거나 다른 이름으로 개선되었다.

근무하기 시작하면서 년 70파운드를 받으며 생활이 안정되었다. 그 동안 사무엘은 성경을 연구한 신학서적을 출판하기도 했고, 특히 예수님의 전 생애를 서사시로 쓰는 작업을 시작했다.[65]

그러나 곧 군목을 그만두고 런던 교구에서 년 30파운드를 받는 조건으로 부교역자 직을 시작했다. 2년간의 기간 안에 사무엘은 결혼을 하고 부지런히 책을 써서 부수입을 올려 60파운드 정도의 수입으로 살아갔다.[66]

1691년 28세의 나이로 200여명이 사는 사우스 오름스비 (South Ormsby) 마을의 교구담당 목회를 시작했는데 년 50파운드를 받으며 5년간 감당했다. 그 기간 동안 사무엘은 마침내 예수의 전 생애를 349페이지나 되는 분량의 시로 쓴 『우리의 복되신 구주 예수 그리스도의 생애』(The Life of Our Blessed Lord and Savior Jesus Christ)를 1693년에 출판하여 메리 여왕(Queen Mary II, 1662-1694)에게 바쳤다.[67]

그의 자녀들 가운데 장남 사무엘 주니어와 찰스, 그리고 딸 헤티(Hettie)까지 시인이 된 것은 분명 아버지로부터 물려받은 재능 때문이었을 것이다. 그러나 당시의 시인들은 사무엘을 삼류 시인쯤으로 여겼던 것 같다. 동료 시인 중 한 사람인 존 둔톤(John Dunton)은 사무엘의 시에 대해 안타까운 마음과 동정하는 마음으로 다음과 같이 평했다.

> 불쌍하지만, 해롭지는 않은 웨슬리, 그가 다시 시를 쓰게 하자. 구식의 영웅적 어법으로 쓰는 것에 대해 동정을 받게 하자. 그래서 자신이 열등생임을 인정하고, 한 번에 12개의 서점을 파산시키도록 하자(Poor harmless Wesley let him write again. Be pitied in his old heroic strain. Let him in remains declare himself a

---

[65] Luke Tyerman, *The Life and Times of the Rev. Samuel Wesley*, M.A. (London: Simpkin, Marshall & Co., Stationers' Hall Court, 1866), 118-9, 128.
[66] Stevenson, *Memorials of the Wesley Family*, 60-61; Telford, *The Life of John Wesley*, 8.
[67] Piette, *John Wesley*, 216.

dunce, And break dozen stationers at once).[68]

그리고 사우스 오름스비에서 목회를 하면서도 학업을 계속하여 1694년에 케임브리지대학교(Cambridge University) 문학 석사학위를 받았다. 그리고 1697년 링컨지구 엡워스(Epworth in Lincolnshire) 교구의 담당 사제(rector)로 임명받아 갈 때, 이미 3명의 자녀가 있었고, 8년 후에 웨슬리가 태어난다.[69]

한편, 이 시점에서 웨슬리의 삶과 신학을 이해하는 데 도움이 될 한 가지 사실을 언급하는 것이 도움이 될 것이다. 60세가 넘은 웨슬리는 자신의 가문에 주어진 영적인 소명에 대해 다시금 생각한 듯 몇 가지 사실들에 대해 언급하는 장면이 나온다.

먼저 1765년에 자신의 저널에 할아버지 존 웨스틀리와 당시 브리스톨의 주교 길버트 아이론사이드(Gilbert Ironside, Bishop of Bristol)사이에 오고 간 대화에서, 할아버지가 당시에 25세에 불과하지만 사람의 숫자와 상관없이 오직 복음을 전하는 설교자로 부르심을 받은 사실을 주교에게 당당하게 설명하는 장면을 기록한 적이 있다.[70] 몇 년이 지나 1768년 1월 15일 동생 찰스에게 보내는 편지이다.

> 아들, 아버지, 그리고 할아버지까지 3대가 진정한 복음을 전하는 것이 지난 수천 년 동안 흔치 않은 일이다(such a thing has scarce been for these thousand years before, as a son, father, grandfather, avavus, tritavus, preaching the gospel, nay, and

---

[68] Clarke, *Memoirs of the Wesley Family*, 1:143; Piette, *John Wesley*, p. 540, note 20에서 재인용.
[69] Telford, *The Life of John Wesley*, 10; Piette, *John Wesley*, 216.
[70] Telford, *The Life of John Wesley*, 5-6. Collins, *John Wesley*, 22. 그 후 웨스틀리 목사는 풀(Poole)이란 지역에서 목회하며 감옥에도 4번씩이나 가는 등 고난 가운데 복음을 전하다가 42세라는 젊은 나이로 아버지보다 먼저 세상을 떠났지만, 그가 언제 죽었고, 어디에 묻혔는지 오늘날까지 알려진 바가 없다.

the genuine gospel, in a line).

이러므로 주님 앞에 담대히 서게 될 것이라고 자랑스럽게 말한 적이 있다.[71] 사실 웨슬리의 증조할아버지(great grandfather)인 바톨로뮤 웨스틀리와 할아버지 존 웨스틀리, 그리고 아버지 사무엘 웨슬리에 이어 웨슬리 자신과 동생까지 복음을 전하는 설교자가 됨으로써 4대째 복음전도자가 되었다.

웨슬리가 복음에 대해 언급할 때 "복음, 아니 진정한 복음"(the gospel, nay, and the genuine gospel)이라고 교정하여 언급하는 것을 보면, 그가 얼마나 "진정한 복음"(True/ Real Gospel)을 추구하고 있었는지 알 수 있다.

2) 목회자로서의 사무엘

사무엘은 1695년부터 엡워스(Epworth in Lincolnshire) 교구를 맡아 담임목회(rector)를 시작하여 1735년에 그곳에 묻힐 때까지 38년 동안 한 교회만을 섬긴 충성스러운 영국 국교회 사제였다. 그런데 옥스퍼드대학교와 케임브리지대학원 출신 목사가 외딴 마을 주민들의 삶 가운데 녹아들어서 목회 하는 것은 쉽지 않았다. 하지만, 사무엘은 3마일이나 되는 교구에서 가가호호 방문을 하면서 교구원들을 돌보며, 특히 교육에 힘을 썼다.

성찬식은 월 1회 실시했는데 20여 명 정도에게만 성찬을 허용할 정도로 엄격했다. 갓 태어난 아이가 세례를 받기 위해 교회로 와야 하는데, 경우에 따라 집에서 세례를 받을 수 있다는 영국 국교회의 예외 조항에 따라 집에서 세례 받기를 원하는 부모들이 있었지만, 그는 교회에서의 세례식만을 고집하였다.

그러다 보니 순서를 기다리다가 죽는 아이들도 생기면서 새로 부임한 담임목사에 대한 교인들의 불만은 고조되어 갔다. 목회 환경이 열악

---

[71] Telford, ed., *The Letters*, 5:76.

하고 위험해 친구들은 엡웟스에서 떠나라고 종용했지만, 사무엘은 "사람들이 나를 어렵게 하고, 많은 상처를 주었지만, 나를 죽이지는 못할 것이다"(They have only wounded me yet, and I believe can't kill me)라고 말하고 끝까지 남아서 사명을 감당했다.[72]

한편, 가난한 지역에서 목회하며 많은 자녀를 양육하는 상태에서 그는 지나치게 연구에 몰두하며 많은 책을 사다 보니 가정은 빚을 지게 되었다. 그런데 당시에 교구 내에서도 정치적이고 종교적인 갈등이 있을 때 사제의 반대파에 속하는 사람들이 갑자기 빚을 갚으라고 요구했고, 그는 그 요구를 들어주지 못해 1705년에 채무불이행자(insolvency)로 링컨성감옥(Lincoln Castle prison)에 갇히게 된다.

1705년 6월 23일 금요일 "유아세례식을 베풀고 난 직후 담임사제가 교회 마당에서 체포되는"(he was arrested in the churchyard immediately after a baptism) 사건이 발생한 것이다.[73] 물론, 웨슬리가 두살 때 일어난 일이므로 인식하지는 못하겠지만, 재정적 어려움과 관계된 삶은 웨슬리가 성장하는 동안 해결된 적이 없는 고질적인 문제였다.

감옥에 갇힌 사무엘은 놀랍게도 그곳에서도 목회적인 일을 발견하고 샤프 주교(Archibishop Sharp)에게 편지하여 감옥에 있는 동안에 엡웟스 교구보다 이 새로운 교구에서 더 많은 선을 행하고 있는 것 같다고 했다.

그는 감옥 소장의 허락을 받아 매일 아침과 저녁에 죄수들을 위한 기도회를 인도했고, 매 주일 예배를 인도하기 시작했다. 또한, 대부분 죄수가

---

[72] Piette, *John Wesley*, 215-17; Green, *The Young Mr. Wesley*, 44. 이미 알려진 바와 같이 사무엘은 한때 비국교도였던 사람이 철저하게 국교도적 목회를 함으로써 당시 비국교도들은 배신자를 응징한다는 차원에서 더욱 심하게 반발했을 가능성을 배제할 수 없다.

[73] Schmidt, *John Wesley: A Theological Biography*, 1: 59; Piette, *John Wesley*, 218; Kenneth J. Collins, *A Real Christian: The Life of John Wesley* (Nashville, TN: Abingdon Press, 1999), 11.

글을 읽을 줄 모른다는 사실을 알고 그들에게 읽기와 쓰기, 그리고 기독교 교양을 가르치던 중 당시 영국 국교회가 실행 중이던 '기독교지식증진회'에 편지하여 죄수들에게 줄 신앙 서적을 보내 달라고 부탁하기도 했다.[74]

주교는 그의 편지에 감동하고, 즉시 답장을 보냈으며 동시에 그에 대한 모든 고소 내용도 허위임이 밝혀졌다는 기쁜 소식도 전해 주었다. 한편, 사무엘은 감옥에 있은 지 3개월쯤 되는 9월 17일 다시 주교에게 편지하여 두고 온 가족들과 아내 수잔나에 대해 심히 염려하고 있다는 내용과 함께 가슴 아픈 소식을 전했다. 즉, 아내는 감옥에 있는 남편을 염려하며 자기가 할 수 있는 마지막 방법으로 결혼 반지를 보냈지만, 자신은 그 반지를 받을 수 없어 곧 돌려보냈다는 내용이었다.

그 외에 125파운드가 모여서 빚의 반 정도를 갚게 되었다는 소식을 전하는 것을 보면 그의 빚이 약 250-300파운드 정도였던 것으로 추측되는데, 그렇다면 당시 평범한 교구사제의 연 사례비가 30-50파운드 정도인 것을 감안할 때 상당히 많은 빚을 지고 있었음을 알 수 있다.

편지를 통해 소식을 들은 주교의 주선으로 모금을 하여 동문, 교구 성도들, 그리고 무명의 손길들을 통해 빚은 청산되고 약 4개월 만에 감옥에서 나올 수 있었다.[75] 후에 아들 존과 찰스가 옥스퍼드신성회(Holy Club) 시절에 보카르도(Bocardo)교도소 선교를 시작하기 전에 그러한 일이 영국 고교회의 성직자로서 바람직한 선교 방법인지 아버지에게 문의한 적이 있다.

그때 아버지는 1730년 9월 21일 자 편지에 다음과 같은 답변을 보냈다.

계속해라. 그리고 하나님의 이름으로 그들에게 가라!
주께서 너를 이끄시는 길로 가라!

---

[74] Clark, *Memoirs of the Wesley Family*, 76-77.
[75] Clark, *Memoirs of the Wesley Family*, 79-80; Robert G. Tuttle, Jr., *John Wesley*, 40, note 5.

그 길은 아버지인 내가 너희보다 먼저 걸었던 길이다!

(Go on then, in God's name, in the path to which your Saviour has directed you, and that track wherein your father has gone before you!)

이렇게 격려했던 것도 바로 자신이 이미 감옥에 갇힌 적도 있고, 그 안에서 목회를 했던 경험을 통해 그 중요성을 알고 있었기 때문이었다. 아버지는 지금도 그때를 생각하면 후회 없이 만족하고 있다고 말하면서 다만 교회 법안에서 조심스럽게 하라고 충고했다.[76] 그 후 영국 전역에 메도디스트신도회가 결성되면서 확장될 때도 웨슬리와 메도디스트들은 감옥을 방문하여 어려운 사람들을 살피는 일을 계속했다.

사무엘은 1731년 가족들과 함께 탄 마차가 전복되는 사고로 크게 상처를 입었다. 그 사고에 대해서 수잔나는 7월 12일 자 편지로 아들 존에게 상세하게 설명해 주면서 그래도 크게 다치지 않고 목숨을 살려주신 하나님께 감사하다고 했다. 하지만, 그 사고의 후유증은 결국 노종의 죽음으로 끝이 났는데, 그는 1735년 4월 25일에 72세의 일기로 교구사제로서의 소명을 다한다.[77]

웨슬리의 나이 22살 때의 일이다. 사무엘은 열악한 환경 가운데서도 한계를 극복하기 위해 효과적으로 조직을 운영하며 교구원의 영적인 상태를 돌보는 일이나 가난한 사람들을 살피는 일, 그런가 하면, 사제관에 몇 차례의 불이 나고, 빚을 갚지 못한 관계로 투옥되기도 하는 등 순탄치 않은 목회를 하면서도 38년간 목회지를 떠나지 않은 아버지의 삶과 죽음은 웨슬리에게 하나님의 종으로서 어떻게 살고 죽어야 하는지 각인시키는 가르

---

[76] Ward and Heitzenrater, *Journal and Diaries*, 18:125-6. 참조 Heitzenrater, *The Elusive Mr. Wesley*, 1: 66; Piette, *John Wesley*, 279.
[77] See Baker, *Letters*, 25:291-92.

침이 되었다.

아들이 성직 안수를 받도록 재촉한 사람은 어머니였지만, 자신이 성직자의 길을 가는 데 결정적인 영향을 준 사람은 바로 아버지라고 하는 사실을 그렇게 표현했다.[78] 웨슬리가 사제 안수를 받은 후 과거를 회상하며 쓴 일기이다. "내가 22살이 되었을 때 아버지는 내가 성직 안수를 받도록 재촉했다"(When I was about twenty-two my father pressed me to enter into holy order).

3) 신학자로서의 사무엘

사무엘이 아들 웨슬리에게 끼친 영향력을 논하는 데 있어서 그의 학문성을 빼놓을 수 없다. 아버지는 자녀들에게 고대 성경 언어를 익히도록 교육했다.[79] 사무엘 자신도 탁월한 저서들을 남긴 학자였고, 아버지의 학문적인 능력과 조언이 아들 존에게 많은 도움을 주었다. 특히, 아버지는 웨슬리가 성직자 과정을 심각하게 고려할 때에 안수를 서두르지 말고 오히려 학문적인 일에 매진하도록 격려하기도 했다.

사무엘은 1700년에 두 편의 논문을 한 권의 책으로 엮어 출판했는데 하나는 「바르게 준비된 경건한 수찬자」(*The Pious Communicant Rightly Prepared*)이고 다른 한편은 「세례에 대한 강론」(*Short Discourse on Baptism*)이다. 웨슬리가 태어나던 해에도 그는 『신구약성경의 역사』(*History of the Old and NewTestament attempted in Verse*)를 쓰고 있었다.[80]

그런가 하면, 평생의 역작으로서 죽기 직전에야 완성한 『욥기 주석』(*Dissertationes in Librum Jobi, Dissertations on the Book of Job*)을 라틴어로 써서 1735년에

---

[78] Ward and Heitzenrater, *Journal and Diaries*, 18: 243 (May 24, 1738).
[79] Tyerman, *The life and Times of Samuel Wesley*, 320-21; Green, *The Young Mr. Wesley*, 59.
[80] Tyerman, *John Wesley*, 1: 16.

출판했다. 600페이지나 되는 그 주석에 대해 웨슬리는 많은 내용을 담고 있어서 배울 점은 있지만, 지루하다고 평한 바와 같이 사무엘의 저작들은 학계의 주목을 받지는 못했다.[81]

사무엘은 아들에게 1725년 첫 달 26일에 편지하여 하나님의 말씀에 충성스러운 목회자가 되기 위해서는 성경을 원어로 읽을 뿐만 아니라 각종 번역을 비교하며 읽는 것이 좋다고 했다. 당시에도 히브리어성경에 갈대아역(Chaldee), 70인역, 라틴어성경(Vulgate)을 함께 편집하는 작업을 하고 있었던 사무엘은 아들에게 '히브리어성경'과 '불가타라틴어번역성경'을 읽으면서 변형된 점과 다른 점을 구분하라고 했다.[82]

---

[81] Tyerman, *John Wesley*, 1:98-99. 사무엘은 히브리어 원문 분석과 그때까지 발전된 성경 고고학의 예를 들어가며 욥이 역사적인 인물이라 했고, 특히 욥과 엘리후(Elihu)는 삼위일체(Trinity)를 믿었고, 욥이 19:25에서 말하고 있는 "내가 알기에는 나의 구속자가 살아계시니 후일에 그가 땅 위에 서실 것이라"고 한 분이 하나님이 아니라 예수 그리스도를 지칭한 것이라고 했다. 그리고 자신의 그러한 관점이 당시 영국 국교회의 39개 교리조항(Thirty-nine Articles)의 일곱 번째 항에서 "구약과 신약은 서로 상충하는 것이 아니다. 두 성경은 하나님과 인간 사이에 유일한 중보자 그리스도에 의해 인류에게 제시된 영원한 생명이다. 그런 의미에서 구약의 조상들은 오직 이 땅에서 지나가 버릴 약속만을 추구했다는 주장은 옳지 않다"(The Old Testament is not contrary to the New: for both in the Old and New Testament everlasting life is offered to Mankind by Christ, who is the only Mediator between God and Man. Wherefore they are not to be heard, which feign that the old Fathers did look only for transitory promises)고 하는 영국 국교회신학과 일치한다고 주장했다. See Shmidt, *John Wesley*, 1:46, note 2.

[82] Chaldee, 혹은 Chaldean는 셈족 언어 카스딤(Kasdim)이 헬라어 '*Khaldaia*'가 되었다가 라틴어로 변형된 명칭이다. 칼데아 부족(The Chaldean tribes)의 기원은 B.C. 9세기 중반쯤에 앗시리아를 다스렸던 샬만에셀 3세 왕의 연대기(in the annals of the Assyrian king Shalmaneser III)에 나타나고 있지만, 언제부터 존재했는지 분명하지 않다. 그들은 바벨론에 흡수되었다. 성경에서 갈대아 사람(단 1:4; 3:8 등)이라고 했고, 하박국 선지자는 그들을 "사납고 성급한 백성"(a bitter and swift nation, 합1:6)이라 했다. 역사적으로 보면, 1683년에 칼데아가톨릭교회(Chaldean Catholic Church)가 형성되어 오늘날까지 존재하지만, 인종과 관계된 명칭인지 교리적 분류인지 분명하지 않다. 불가타(Vulgate)성경은 4세기 때 제롬(Jerome, 347-420)이 편집한 라틴어성경이다.

더 나아가, 모세오경을 읽되 히브리어성경은 사마리아역(Samaritan text), 헬라어성경은 알렉산드리아역과 바티칸역을 비교하며 읽으라고 하면서 자신은 작년 한 해에 4번 읽었고, 이제 5번째 읽을 예정이라고 했다. 그런 가 하면, 존 크리소스톰(John Chrysostom, 347-407)의 『사제: 사제직에 관한 연구』(De Sacerdotio, Treaties Concerning The Christian Priesthood)를 정독하여 완전 히 소화하라고 권했다.[83]

그리고 다시 7월 14일 편지하여 켐피스의 『그리스도를 본받아』(Imitation of Christ)는 약점과 장점을 구분하며 읽을 필요가 있지만, "고행은 그리스 도인들에게 여전히 중요한 덕목"(mortification is still an indispensible Christian duty)임을 깨우쳐 주면서 본받을 것이 많다고 했다.[84]

웨슬리는 아버지의 뜻에 따라 옥스퍼드대학교 크라이스트처치대학 (Christ Church College in the University of Oxford)에서 공부하는 동안 초대 교부 들의 책을 많이 읽었는데, 그러한 지식은 후에 웨슬리가 자신의 신학을 정 립하는 데 중요한 자료들이 되었다.[85]

웨슬리는 자신이 직접 히브리어와 헬라어 문법책을 쓸 정도로 성경 원 어에 능했고, 평소에는 라틴어로 쓰거나 대화하기를 즐겼는데, 20대 후반 이 되는 1731년부터 동생 찰스 웨슬리와 라틴어로 대화하기로 작정한 이 래 죽을 때까지 실천했다.[86] 아버지의 그러한 학문적인 열정과 무모할 정 도로 책을 읽고 쓰는 일상은 고스란히 아들에게 전달되었고, 아들은 아버 지보다 오랜 기간을 살면서 더 많은 양의 저작을 남길 수 있었다.

---

[83] Baker, Letters, 25:157-59.
[84] Baker, Letters, 25:171.
[85] 웨슬리가 젊은 시절에 읽은 독서 목록을 비비안 H. H. 그린(Vivian H. H. Green)이 잘 정리해 주었다. Green, The Young Mr. Wesley, 305-319.
[86] Tyerman, John Wesley, 1:80. 웨슬리는 당시에 아라비아어(Arabic)까지 공부했다. See also Heitzenrater, The Elusive Mr. Wesley, 52.

4) 영국 국교회신학의 수호자로서의 사무엘

웨슬리 집안은 전통적으로 비국교도에 속해 있었는데, 사무엘이 국교도로 개종한 이후에 후손들은 모두 국교도가 되었다. 사무엘은 영국 국교회가 더 성경적, 사도적, 복음적이라고 믿으며 영국 국교회의 교리와 규칙과 예전을 충성스럽게 준수했다. 그러한 영국 국교회의 사제인 아버지에게서 태어나 사제가 된 세 아들, 즉 사무엘 주니어, 존, 그리고 찰스도 역시 충성스러운 영국 국교회 사제가 되었다. 당시 영국 국교회는 타락해 가는 현실에 맞서 일반 성도들의 신앙과 교양을 고양하기 위해 몇 가지 위원회를 조직하여 운영했고, 각 지역 교회에서도 그러한 조직을 잘 활용하도록 장려했다.

'생활습관개혁위원회'(the Society for the Reformation of Manners)는 기독교인으로서 교회와 사회에서 어떻게 행동해야 하는지 가르치며 장려하는 위원회였다. 사무엘이 그 소위원회에서 1698년에 설교를 했는데, 65년 후에 아들 웨슬리도 같은 위원회에서 설교한 것을 보면 그 때까지 활용되고 있던 제도임을 알 수 있다.[87]

영국 국교회의 방침에 따라 사무엘은 자신의 교구에서 몇 가지 소위원회(society)를 조직하여 운영하면서 다음과 같이 그 목적을 밝혔다.

첫째, 하나님께 기도한다.

둘째, 성경과 상호 영적 교화를 위한 가르침을 읽는다.

셋째, 이웃들을 교화하고 그것을 촉진하기 위해 심사숙고한다.

(First to pray to God; secondly, to read the Holy Scriptures and discourse upon religious atters for their mutual edification; and thirdly, to deliberate about the edification of our

---

[87] Kenneth J. Collins, *John Wesley*, 25.

neighbor and the promoting of it).[88]

특히, 그러한 소위원회를 통해 젊은이들을 교육하기에 힘썼는데, 매주 토요일 저녁에 모여 말씀을 듣고, 기도에 힘쓰며, 경건을 증진하기에 힘썼다. 아울러 경건 서적을 많이 읽도록 장려했고 교구 안의 가난한 사람들과 병든 사람들을 방문하여 돌보는 일에 주력했다. 비록, 작은 마을에서 적은 무리가 참여했지만, 영적 개혁을 통해 도덕적-사회적 개혁 운동을 하고 있을 때 그러한 광경을 웨슬리가 보고 자랐을 뿐만 아니라 자신이 부사제로서 아버지를 도와 잠시 목회를 하는 동안에도 그러한 일에 적극적으로 참여했다.

두 아들이 '신성회'(Holy Club)를 조직하여 적극적으로 활동했는데, 사실 신성회도 소위원회와 같은 모임이었다. 웨슬리가 메도디시트 운동을 조직하고 확장시킬 때, '소위원회,' 혹은 '신도회'(society) 제도를 효과적으로 활용한 것은 결코 이상한 일이 아니다. 메도디스트들의 성장과 확장을 위해 신도회를 조직하고 운영한 것이 사실 웨슬리만의 독창적인 아이디어가 아니라, 이미 영국 국교회가 권장하던 제도를 자신의 목적에 따라 더욱 효과적으로 활용한 것이었다.

웨슬리는 말년에 자신의 동역자들과 갈등이 있었다. 동료들은 '메도디스트 부흥 운동'을 더욱더 활발하게 전개해 나가기 위해서는 영국 국교회로부터 독립을 해야한다고 주장했다.

그러한 요구가 있을 때마다 웨슬리는 단호하게 거절했고, 죽기 직전까지 그 입장을 고수하며 1789년 12월 11일에 발표한 문서, 「교회와 국가의 분리에 대한 교부의 사상」(Father Thoughts on Separation from the Church)에서 다음과 같이 선언하고 결국 영국 국교회의 한 사람으로 죽었다.

---

[88] Heitzenrater, *Wesley and the People*, 27-28.

나는 영국 국교회의 한 사람으로 살고 죽는다. 이러한 나의 판단과 권고를 존중하는 사람은 누구도 모교회를 떠나지 않을 것이다(I live and die a member of the Church of England, and that none who regard my judgment or advice will ever separate from it).[89]

우리는 웨슬리가 17-18세기 영국의 정치적-종교적 갈등의 중심에서 태어났고, 성장을 하면서 각각 부계와 모계로부터 뿌리 깊은 신학적-영적 유산을 물려받게 되었는데 그 내용이 다양하고 복잡하다는 것을 알게 되었다. 그러나 양가의 전통으로부터 받은 공통적인 내용은 기독교는 '마음의 종교'(a religion of heart)라는 것과 성경 중심으로 '진정한 복음'(a genuine gospel)을 추구하는 정신일 것이다.

그리고 아버지로부터는 목회자로서의 모델과 영국 국교회신학에 대해 배웠다면, 어머니로부터는 청교도적 경건과 실천을 배웠다. 이러한 배경에 대한 이해는 영국 국교회 목회자이면서 왜 웨슬리가 자신이 속한 영국 국교회 지도자들과 갈등을 일으켰는지, 그리고 어떤 의미에서 웨슬리는 개혁주의신학의 전통 안에 있으면서 그 안에 머물러 있을 수 없었는지 알아가는 데 도움이 될 것이다.

The Life and Theology of John Wesley

---

[89] "Father Thoughts on Separation from the Church (Dec. 11, 1789)." in Davies, ed., *The Methodist Societies*, 9:538-40, esp., 540. See also Thomas Jackson, *The Works*, 13:272-4; Baker, *John Wesley and the Church of England*, 320-22.

제3장

웨슬리의 어린 시절

이제 우리는 웨슬리가 성장하는 동안 부모님들로부터 받은 영향뿐만 아니라 가난한 목회자의 가정에서 태어나서 성장하는 과정에서 겪게 된 특별한 경험 중에서 몇 가지 사건에 주목할 것이다.

특히, 웨슬리가 6살이 되기 전에 목사관에 화재가 발생했을 때 죽음 직전에 기적적으로 구출된 경험이나 웨슬리가 10살쯤 되었을 때 어머니 수잔나가 부엌에서 인도하는 주일 저녁 예배에 참여하며 주일 오전 예배 때보다 더 많은 사람이 모여 찬양과 기도를 하며 은혜받는 것을 목격하게 된 경험 등이 그의 삶과 신학에 어떠한 영향을 끼쳤는지 살펴보자.

1. 가난한 목회자의 가정에서 성장

웨슬리의 생애와 신학에서 빼놓을 수 없는 주제 중 하나가 가난에 대한 것이다. 웨슬리가 태어났을 때 12살이었던 형 사무엘 웨슬리 주니어(Samuel Wesley Jr.)는 당시에 웨스트민스터학교(Westminster School)로 보내져 주로 그곳에서 생활했지만, 그 외의 자녀들은 돈이 없어 학교에 다닐 수 없었기 때문에 가정에서 교육을 받으며 성장했다.

웨슬리도 10살 때 집을 떠나 차터하우스학교(Charterhouse School)로 갔는데, 재정적 어려움은 오히려 가중되어 공부하는 동안, 그리고 학업을 마치고 성직 안수를 받을 때까지도 재정 문제는 해결되지 않았다.[1]

그가 전도자요 신학자로서 가난한 사람들에 대한 특별한 애정을 갖고 구제하는 일에 힘쓴 것이나 가난한 가정의 어린이들을 교육하기 위해 자신이 가진 모든 것을 다 주었을 정도로 노력했던 일은 그의 가난의 경험과 절대 무관하지 않을 것이다.

다음은 웨슬리가 1786년에 행한 "복장에 대하여"(On Dress)란 설교에서 언급한 내용이다. 수년 전에 신성회(Holy Club)에서 설립한 학교에 다니는 어린 소녀가 추운 겨울날 웨슬리에게 도움을 요청했다. 웨슬리는 얇은 천 가운 하나만 걸친 채 얼어 죽게 된 어린 소녀를 돕겠다는 마음으로 주머니에 손을 넣고 돈을 찾았지만, 찾을 수가 없었다. 그림 액자 하나를 사느라고 돈을 다 써버렸기 때문이었다. 그때 웨슬리는 주님께서 책망하시는 것 같았다고 했다.

> 네가 이 불쌍한 소녀를 추위로부터 구해줄 수 있는 돈을 액자를 사서 벽을 꾸미기 위해 써버렸구나. … 그렇다면 그 그림들은 곧 이 불쌍한 소녀의 피가 아니더냐?(Thou hast adorned thy walls with the money which might have screened this poor creature from the cold! … Are not these pictures the blood of this poor maid?)[2]

---

[1] 웨슬리가 차터하우스학교에 입학한 때가 1714년 1월 28일인데, 사실 1703년 6월 17일 태어난 웨슬리는 아직 생일을 지나지 않았기 때문에 만으로 11살이 되기 전이다. 이렇게 생일을 중심으로 나이를 계산하면 웨슬리는 사실 1791년 3월 2일 죽었기 때문에, 비록 그의 비석에 88세에 죽었다고 기록되어 있지만, 사실은 87세에 죽은 것이 된다.

[2] "On Dress" (Dec. 30, 1786) in Outler, *Sermons* 3:255.

그런 의미에서 그리스도인들이 필요 이상의 화려한 옷을 입기 위해 돈을 사용하는 것은 곧 가난한 사람들의 피를 흘리는 것과 같다고 책망했다. 그가 죽기 전에 유언장에 자신의 모든 소장품을 비롯해 남은 돈을 가족과 동역자들과 지인들에게 나누어 주도록 명시했는데, 그중에서 자신이 죽은 후 관을 운반하는 여섯 명은 가난한 사람 중에서 선발하되 "그들에게 각각 1파운드의 수고비를 주라"(A pound to the six men who should carry his body to the grave)며 6파운드를 남긴 것이야말로 웨슬리가 얼마나 진지하게 가난의 문제를 생각하고 삶과 신학에 적용했는지 설명해 주는 가장 대표적인 예라고 할 수 있다.³

2. 자신만의 독립적 사고

성경학자로서 웨슬리의 후계자가 된 클락은 매우 친밀한 기록 하나를 전해주고 있는데, 한번은 사무엘이 수잔나에게 말했다.

> 여보, 우리 잭(존 웨슬리의 애칭)은 아무리 상식적이고 자연스러운 일이라 해도 자신의 이성에 맞지 않으면 전혀 관심이 없어(I profess, sweetheart, I think our Jack would not attend to the most pressing necessities of nature, unless he could give a reason for it).⁴

---

3   Thomas Jackson, *Works* 4:500; Tyerman, *John Wesley*, 3:617.
    당시에 한 사람이 검소하게 1년을 살아가는데 30파운드 정도 소요된다고 하는데, 30분의 1에 상당하는 돈이다. 만약, 한국에서 30파운드를 천만이라고 한다면, 그것의 30분의 1, 즉 30만원쯤 되는 액수이므로 가난한 사람들에게 실제로 많은 도움이 되는 액수였을 것이다.
4   Adam Clarke, *Memoires of the Wesley Family*, 2: 321. Tyerman, *John Wesley*, 1:18과 Piette, *John Wesley*, 544 note 43에서 재인용. See Rack, *Reasonable Enthusiast*, 58.

웨슬리는 어려서부터 자기가 이해할 만한 이유를 발견하지 못하면 어떤 행동도 취하지 않는 독립적인 아이였는데, 그것이 정도가 심하므로 부모들은 염려하고 있었던 것 같다. 그런가 하면, 웨슬리가 9살쯤에 천연두(smallpox)를 앓았는데 엄마는 남편에게 편지를 써서 존이 많이 아플 텐데 전혀 내색도 하지 않고 대장부처럼 잘 견뎌냈다고 자랑스럽게 알리고 있는 것도 웨슬리의 한 면을 잘 설명해 주고 있다.[5] 그런가 하면 8살 때부터 아버지가 인도하는 성찬식에 참여하는 것을 허락받기도 했다.[6]

웨슬리가 10살이 되면서 처음으로 가게 된 학교 차터하우스학교(Charterhouse School)에서 6년 동안 공부하면서 웨슬리는 여러 가지 면에서 많이 성장했다. 그런데 당시 선생님이었던 앤드류 투크(Andrew Tooke) 목사는 웨슬리가 공부를 잘하는데도 늘 공부를 못하는 학생들과 지냈으며 주로 자기보다 작은 아이들과 어울리는 특이한 면을 발견했다. 그래서 조용히 자기 방으로 불러, 왜 큰 아이들과 어울리지 않고 주로 몸집이 작고 왜소한 아이들과만 어울리냐고 물었다. 그때 웨슬리는 "천국에서 지배를 받는 것보다 지옥에서 다스리는 것이 더 좋다"(Better to rule in hell than to serve in heaven)[7]라고 대답했다.

그와 같이, 청소년기 때부터 자기보다 부족한 사람들에 대한 특별한 애정과 함께 어디를 가도 어려운 사람들을 위해 지도자로 살겠다는 웨슬리의 분명한 의지가 그렇게 표출되었다.

---

[5] John Whitehead, *The Life of the Rev. John Wesley* (Auburn: Alden, Beardsley & Co; Rochester: Wanzer, Beardsley & Co., 1852), 218. 참조 Tyerman, *John Wesley*, 1:19.

[6] Telford, *Letters*, 106, note 1; Stevenson, *Wesley Family*, 330.

[7] A letter to the Rev. Thomas Coke, LL.D. and Mr. H. Moore by "An Old Member of Society." Piette, 234 에서 재인용; Tyerman, I:20; Green, *The Yonge Mr. Wesley*, 55. Andrew Tooke 목사는 당시 교장 선생이던 토마스 워커(Thomas Walker) 박사가 1728년에 죽자 그를 이어 교장이 되었다.

그러한 성격이 1721년 웨슬리가 옥스퍼드대학교 크라이스트처치대학(Christ Church College in the University of Oxford)에서 공부할 때 더욱 공고해진 것 같다. 형 사무엘은 대학생인 동생의 지나친 면에 대해 염려를 하면서 "너는 몸을 생각하지 않고 너무 열심히 하는구나"(Your soul is too great for your body)라고 쓴 것을 보면 웨슬리는 건강을 해칠 정도로 모든 일을 열심히 하였던 것 같다.[8]

그러한 생활 습관은 결국 웨슬리의 건강을 해쳤고 주위로부터 "지나치다" 혹은 "극단적이다"라는 평을 듣게 했는데, 그러한 태도는 그가 죽을 때까지 변한 것이 아니라 더욱 철저해졌다. 20대 후반이 되자 웨슬리는 세상의 어떤 기준보다는 오직 성경의 가르침대로 하려 했고 친구나 주교 등 어떤 개인보다도 하나님께 순종하겠다는 의지를 분명히 했다.

신성회 동료 몰간의 아버지(Richard Morgan, Sen.)가 웨슬리의 지나친 훈련과 활동에 이의를 제기하면서 감독들의 가르침을 인용했을 때 웨슬리는 갈라디아서 1:8을 인용하면서 다음과 같이 결론을 내린 것이 대표적인 예이다.

그러나 우리나 혹 하늘로부터 온 천사라도 우리가 너희에게 전한 복음 외에 다른 복음을 전하면 저주를 받을지어다(갈 1:8).

저입니까?
그들입니까?
보십시오!
제가 이전에 말씀드렸듯이 사람보다는 하나님께 순종해야 합니다. 그들의 피가 그들의 머리로 돌아갈 것입니다. 비록, 어떤 신적인 존재나 감독이

---

[8] Stevenson, *Wesley Family*, 243, 245; Baker, *John Wesley and the Church of England*, 12. 이 말은 형이 동생에게 자주 하던 말이었다. See Baker, *Letters* 25:326.

그렇게 말해도 저는 모릅니다. 제가 아는 것은 단순한 하나님의 말씀인데, 하나님은 어디에서나 죄를 피하는 것만큼 선행하지 않으면 누구도 의롭게 될 수 없다고 말씀하십니다(Me or them? Behold, I had told thee before, Obey God rather than man. Thy blood be on thy own head. Whether divine and bishop will agree to this I know not. But this I know: it is the plain Word of God. God everywhere declares: that without doing good as well as avoiding evil, shall no flesh living be justified…).[9]

이러한 기준과 태도는 그가 죽을 때까지 절대 변하지 않았다.

웨슬리는 분명 자신이 태어난 시대의 정치-문화-교육으로부터 영향을 받았고, 또한 그 한계를 벗어날 수 없는 시대의 아들이었다. 그리고 웨슬리가 외형적으로는 가톨릭신학과 개혁주의신학이 조화를 이룬 영국 국교회 전통과 신학을 계승하고 있는 목회자 가정에서 태어났지만, 그 가문만이 가지고 있었던 비국교도적인 요소가 웨슬리의 삶과 신학에 깊은 영향을 미친 것도 사실이다.

하지만, 그러한 배경적 연구하고 웨슬리의 삶과 신학을 설명하기에 부족하다. 그러한 배경과 상황 속에서 웨슬리는 자신만이 가지고 있던 독립적 사고와 지나칠 정도로 추구하는 그만의 경건한 삶을 이해하지 않으면, 그가 영국 국교회 내에서 왜 그러한 모순을 발견했고, 또한 그러한 모순을 극복하는 대안을 제시하기 위해 왜 그토록 치열하게 살았는지 이해할 수 없을 것이다.

---

9 Baker, *Letters*, 25:381-82 (March 15, 1734). 이 답변 안에 벌써 행 5:29과 18:16, 그리고 롬 3:20이 인용되어 있듯이 웨슬리는 일기를 쓰거나, 문제의 답변을 찾을 때, 신학적 논쟁을 할 때, 또는 자기 자신을 성찰할 때, 그리고 편지 등 사견을 나눌 때도 항상 성경 말씀의 근거를 먼저 찾았다.

3. 5살 때 겪은 화재 사건: 불에서 꺼낸 그슬린 나무

웨슬리는 5살 때 겪었던 일에 대해 생생하게 기억하고 있었다. 웨슬리로서는 자신의 삶에 있어서 매우 영적인 사건, 즉 하나님의 섭리와 관계된 사건이기에 결코 잊을 수 없었을 것이다. 그런데 웨슬리의 생애에 대해 가장 상세하게 살핀 타이어맨이 그 화재 사건을 반 페이지가 안 되는 한 문단으로 묘사함으로써 웨슬리의 생애와 신학에서 매우 중요한 부분을 상실하고 있다.

1709년 2월 9일 수요일 밤 11시쯤 모두가 깊은 잠이 들었을 때 사제관에 불길이 번져가고 있었다.[10] 집에 불이 난 것을 알아차린 헤티(Hetty)가 벌떡 일어나 엄마와 두 언니가 자는 방으로 달려가면서 소리쳤다.

"불이야(fire)! 불이야(fire)!"

이 외치는 소리에 잠을 깬 사무엘은 하녀와 세 딸과 두 아들, 즉 6살 된 존과 두 달밖에 안 된 찰스가 있는 방으로 달려가 그들을 깨워 불길을 뚫고 사제관을 빠져나왔다.

수잔나는 당시에 19번째 아이를 배고 있었기에 하나님의 긍휼을 구하며 불길을 빠져나왔는데, 손과 얼굴에 조금이 화상을 입은 것 외에 크게 다치지 않고 빠져나올 수 있었다. 가족들은 모두가 무사한 것을 확인하고 기뻐했다. 그런데 그 순간 어린 재키(Jackie)가 없는 것을 알아차린 아버지는 아들을 구하기 위해 다시 불길 속으로 들어가려고 했지만, 이미 타버린 계단이 무너져 위층으로 올라갈 수 없는 상태였다.

---

[10] See Tyerman, *John Wesley*, 1:17. 웨슬리는 6살 때의 화재 사건이 "자신이 23-4세가 되기 전까지의 인생을 되돌아볼 때 가장 인상 깊은 사건이었다"(The strongest impression I had till I was 23 or 24 years old)고 회고했다.
See *Arminian Magazine* 8 (1785), 152. Schmidt, *John Wesley*, 65, note 3.

위층으로 올라갈 수 있는 계단이 무너진 것은 아들을 구할 수 있다는 희망도 무너진 것과 같았다. 아버지는 그 순간 무릎을 꿇고 어린 아들의 생명을 하나님께 의탁하는 기도를 드렸다.

그런데 놀랍게도 어린 존이 위층에서 옷장을 딛고 올라가 창문에 기대어 구조를 요청하고 있는 것을 발견했다. 웨슬리는 훗날 그러한 공포의 순간에도 다른 사람들이 생각하듯이 자기는 울지 않았다고 말을 했다.[11] 사다리를 가지러 갈 시간이 없음을 안 한 사람이 어깨에 다른 사람을 올려 위층에 닿을 만큼 올라가 존의 손을 잡아 내리는 순간 안쪽에서 지붕이 무너져 내렸다. 만약, 지붕이 바깥쪽으로 무너졌다면 모든 사람이 깔려 죽을 수도 있었던 비극이 모두를 피해 간 순간이었다. 아들이 무사히 구출되자 사무엘은 주위 사람들에게 같이 무릎을 꿇고 기도할 것을 청하였다.

하나님께 감사드립시다. 하나님께서는 나에게 여덟 명의 아이들을 주셨습니다. 집은 타버리도록 둡시다. 나는 이미 부자입니다(Let us give thanks to God! He has given me all my eight children; let the house go. I am rich enough).

다음날 다 타버린 집을 둘러보던 사무엘은 타다 남은 다중언어성경(his polyglot Bible)을 발견하고 그중에서 타다 남은 한쪽을 집어 보니 다음과 같은 내용을 읽을 수 있었다.

가서 네가 가지고 있는 것을 팔고, 네 십자가를 지고 나를 따르라*(Vade, vende omnia quae habes et attole crucem, et sequere me!*, Go and sell that you have and take

---

[11] 1778년에 창간한 아르미니안 매거진에서(In the first issue of his monthly Arminian Megazine in 1778), 웨슬리는 수잔나가 전해 준 화재 사건을 회상하면서 자신의 기억을 더 해서 전해주는 과정에서 엄마는 어린 웨슬리가 울었다고 했는데 자신은 울지 않았다고 말했다. Wallace Jr., ed., *Susanna Wesley*, 65; M. Schmidt, *John Wesley*, 64, note 2.

up your cross and follow me, 참조 마 19:21).

사무엘은 그 사건을 하나님의 섭리로 받아들였다.[12]

그날의 사건을 기억하며 웨슬리를 향한 하나님의 특별하신 섭리가 있음을 믿게 된 사람은 어머니 수잔나였다. 아들이 죽음으로부터 구출된 지 석 달 때쯤 되어 수잔나는 자신의 저녁 명상록에 다음과 같이 썼다.

> 나는 하나님께서 이 아이의 영혼에 베푸신 특별한 은혜에 관심을 기울였다. 그의 마음에 하나님의 진정한 종교의 원칙들을 각인시키는 데 주력할 것이다. 주여 나에게 은혜를 주셔서 그 일을 신실하고 신중하게 감당하게 하시고 그 일이 잘 되도록 축복하소서!(I do intend to be more particularly careful of the soul of this child, that Thou hast so mercifully provided for, than ever I have been, that I may do my endeavor to instill into his mind the principles of Thy true religion and virtue. Lord give me grace to do it sincerely and prudently, and bless my attempts with good success!)[13]

훗날 그 사건을 통한 하나님의 섭리를 생각할 때 웨슬리는 자신을 "불에서 꺼낸 그슬린 나무"(a brand plucked out of the burning, 암 4:11; 슥 3:2)라고 표현하곤 했다. 특히, 자신의 힘으로 어찌할 수 없는 상황, 즉 전적으로 하나님의 은혜에 의지할 수밖에 없는 상황이 닥칠 때마다 웨슬리는 그때의

---

[12] Whitehead, *The Life of the Rev. John Wesley*, 217; Rack, *Reasonable Enthusiast*, 57. 사실, 이것은 첫 번째 화재가 아니었다. 1702년과 1704년에도 화재가 난 적이 있는데, 다시 세 번째 화재가 난 것은 이례적인 일이기 때문에 단순한 화재라기보다는 방화로 추정한다. 물론, 누구의 소행인지 알 수는 없지만, 당시의 정치적-종교적 상황을 고려할 때 엡워스라는 외딴 시골에 살던 주민들이 고교회적인 사제의 정책에 불만을 품고 극단적인 일을 저질렀을 가능성도 배제할 수 없다. See Piette, *John Wesley*, 226-28.

[13] Whitehead, *The Life of the Rev. John Wesley*, 218.

사건을 회상하며 전적인 하나님의 은총을 구하곤 했다.

예들 들어, 1737년 3월 7일자 일기에서 웨슬리는 "그리고 나는 다시 한번 불에서 꺼낸 그슬린 나무가 되었다"(And I was once again snatched like a brand from the fire)라고 했는데, 그때는 외롭고 고독한 선교지에서 만난 홉키와 사랑에 빠졌을 때 자신도 억제하기 힘든 정욕과 싸움에서 하나님의 은혜로 건져냄을 받았을 때의 위기 상황을 그렇게 표현했던 것이다.[14] 또한, 웨슬리는 불이 났던 집을 배경으로 자신의 초상화를 그리고, 그 밑에는 "불에서 꺼낸 그슬린 나무"(A brand plucked out of the burning)라는 제목을 붙이는 것을 허락했다.[15]

그런가 하면, 화재 사건 이후로 40년이 지난 1750년 2월 9일 런던의 채플에서 송구 영신 예배를 드리면서(in the midst of a warch-night service) 그때를 연상하며 다음과 같이 말했다.

> 밤 11시쯤에 갑자기 40년 전에 나는 '불에서 꺼낸 그슬린 나무'라는 생각이 들었다. 순간 나는 잠시 멈추고 그 놀라운 섭리를 생각해 보았다. 그리고 찬양과 감사의 목소리가 커지면서 우리는 기쁨으로 충만했다(About eleven o'clock it came into my mind that this was the very day and hour in which, forty years ago, I was taken out of the flames. I stopped and gave a short account of that wonderful providence. The voice of praise and thanksgiving went up on high, and great was our rejoicing before the Lord).[16]

---

14 Ward and Heitzenrater, *Journal and Diaries*, 20:482; Curnock, *Journal*, 1: 328; Piette, *John Wesley*, 544.

15 Weise, *MSS. In the Wesleyan Conference Office*. Piette, *John Wesley*, 544, note 42에서 재인용.

16 Ward and Heitzenrater, *Journal and Diaries*, 20:320; Curnock, *Journal*, 3: 453-4; Piette, *John Wesley*, 544, note 41에서 재인용.

그리고 50세가 된 1753년 말경에 자신의 건강이 악화되어 곧 죽게 되었다고 생각할 때 웨슬리는 11월 26일 자신의 비문(epitaph)을 써 두었는데, 그때도 자신을 "불에서 꺼낸 그슬린 나무토막"이라고 고백했다.

> 여기 불 속에서 꺼낸 그슬린 나무
> 존 웨슬리의 몸이 잠들어 있다.
> 그는 51세에 폐병으로 죽을 때,
> 빚을 다 갚고 나면 10파운도 남기지 못한다.
> 다만, 이렇게 기도할 뿐
> 하나님, 이 무익한 종에게 자비를 베푸소서!

> Here lieth the body
> of
> **John Wesley**
> a brand plucked out of the buring:
> who died of a consumption in the Firty-first year of his age,
> not leaving, after his debts are paid, ten pounds behind him: praying
> God be merciful to me an unprofitable servant![17]

웨슬리는 살아가면서 인간의 한계에 직면할 때마다 자신이 아직 영적인 의미를 충분히 알 수 없을 때 겪었던 한 사건, 즉 5살 때 자신을 죽음으로부터 건져 준 화재 사건을 회상하면서 자신을 향한 하나님의 은혜와 섭리를 재확인하곤 했다.[18] 그는 분명 오직 믿음으로만 구원을 받는다는 사실

---

[17] Ward and Heitzenrater, *Journal and Diaries*, 20:482(비문에 적힌 모양 그대로 인용).
[18] Curnock, *Journal*, 4: 90.

을 인정하면서도 그의 신학 중심에는 인간의 믿음 이전에 역사하시는 하나님의 은혜와 섭리가 자리 잡고 있었다.

그런가 하면, 설교자가 되어 모든 그리스도인에게 인간의 책임과 선행을 그렇게 강조하면서도 구원하시는 분은 오직 하나님 한 분이라는 사실을 결코 양보한 적이 없는데, 그토록 철저하게 하나님의 구원하시는 주권과 은총을 강조하게 된 그의 신학적인 내용도 어린 시절의 체험과 밀접한 관계가 있다는 사실을 인정해야 할 것이다.

4. 여성 사역자를 통해 역사하시는 하나님에 대한 경험

사무엘은 링컨주 대표로 주교회의(Church Convocation)에 참석하기 위해 런던에 가면서 교회를 비워야 할 때가 종종 있었는데 한 번 갈 때마다 서너 달씩 머물렀고 그 기간 부사역자가 설교했다.[19] 그런데 사무엘이 1710년 11월부터 1712년 2월까지 약 4달간 런던에 머물러야 했을 때, 부사역자(curate)인 인맨(Inman)은 기독교인이 사람에게 진 빚을 반드시 갚아야 한다는 주제를 가지고 자주 설교했다.[20]

당시에 열악한 지역의 사제요, 대가족을 부양해야만 하는 가장이었던 사무엘은 빚을 질 수밖에 없었는데, 그러한 설교는 담임사제에 대한 공격과 같았다. 수잔나는 부사역자의 그러한 태도와 동시에 영적이지 못한 설

흥미로운 것은 동생 찰스도 같은 표현을 하고 있다는 것이다. See Charles Wesley, *The Journal*, 2: 97.

[19] Piette, *John Wesley*, 230.
[20] 성경적 근거(롬 1:19 하나님을 알 만한 것이 그들 속에 보임이라 하나님께서 이를 그들에게 보이셨느니라. 마 5:19 그러므로 누구든지 이 계명 중의 지극히 작은 것 하나라도 버리고 또 그같이 사람을 가르치는 자는 천국에서 지극히 작다 일컬음을 받을 것이요, 누구든지 이를 행하며 가르치는 자는 천국에서 크다 일컬음을 받으리라).

교, 그리고 주일 저녁 예배를 없애는 등 불성실한 태도가 마음에 들지 않아 자신이 직접 사제관 부엌에서(not in the church, but in the kitchen of the rectory) 주일 저녁 예배를 인도하기 시작했다.

시편의 노래를 불렀고, 기도를 하였으며, 설교는 주로 좋은 설교를 읽어 주거나, 사무엘의 서재에서 여러 서적을 읽으며 정리한 내용을 읽어 주었는데, 자신들을 이해하고 영적인 필요를 채워주는 수잔나의 설교와 기도를 통해 감동을 받은 사람들이 처음에는 30-40명 정도 모이다가 마침내 200명 정도가 모이게 되었다.[21]

그러한 사적인 모임이 활성화되는 것을 본 인맨은 영국 국교회 내에서 사적인 모임을 방지하는 "관용법"(the Act of Toleration)에 근거하여 사무엘에게 거칠게 항의했다. 사태의 심각성을 느낀 사무엘은 서둘러서 아내에게 편지를 써 그만두라고 했다.[22] 하지만, 수잔나는 모임을 멈출 수 없다는 단호한 입장을 다음과 같이 남편에게 전한다.

> 만약, 당신이 이 모임을 해체하려고 하신다면 나에게 그렇게 하라고 말하지 마세요. 왜냐하면, 제 양심으로는 그렇게 할 수 없기 때문입니다. 그렇지 않으면 당신과 내가 우리 주 예수 그리스도 앞에 서게 될 때에 내가 양떼를 돌보는 일을 외면함으로써 받게 될 양심의 가책과 심판을 면할 수 있도록 분명히 말해 주세요(If you do, after all, think fit to dissolve this assembly, do not tell me any more that you desire me to do it, for that will not satisfy my conscience; but send me your positive command, in such full and express terms as may absolve me from all

---

21 Piette, *John Wesley*, See also Schmidt, *John Wesley*, 1:35-44; Kenneth J. Collins, *John Wesley*, 20.
22 Baker, *John Wesley and the Church of England*, 9; Heitzenrater, *Wesley and the People*, 29. 당시의 관용법(the Act of Toleration)은 등록된 단체에 한해서만 제한적으로 집회를 허용하는 일종의 통제법이었다.

guilt and punishment, for neglecting this opportunity of doing good to souls, when you and I shall appear before the great and awful tribunal of our Lord Jesus Christ).**23**

결국, 그 모임은 사무엘이 돌아온 후에야 멈추었고 수잔나를 통해 은혜를 받았던 사람들은 흩어지고 말았다.**24** 웨슬리가 10살쯤 되었을 때 발생했던 일이다.

비록, 웨슬리가 어렸을 때 목격한 일들이지만, 후에 목회자요 신학자로서 웨슬리가 발전시킨 신학과 연속성이 발견된다. 즉, 교회가 아닌 다른 장소에서 성직 안수를 받지 않은 사람, 특히 여성에 의해 예배가 진행되었던 일이었다. 비록, 정식 예배는 아니었지만, 찬양을 부르고 설교문을 낭독하고 간증을 나누면서 기도를 하는 등 평신도들의 영혼을 돌보기에 충분한 활동이었다. 웨슬리가 야외설교를 통해 메도디스트 운동을 영국 전역에 전개해 나가면서 평신도 설교자들뿐만 아니라 여성 사역자들을 세울 수 있었던 것은 그가 어렸을 때 어머니의 사역을 통해서 본 경험과 결코 무관하지 않을 것이다.**25**

이와 더불어, 웨슬리만의 경험과 특성에 있어서 간과해서는 안 될 것은 그가 많은 자매와 함께 성장했다는 것이다. 즉, 어머니와 누이와 여동생들과 함께 성장했는데 웨슬리가 태어난 바로 다음해에 웨슬리보다 12살이 많은 형이 웨스트민스터학교로 갔으니, 그 이후로 웨슬리는 엄마를 비롯하여 모두 여성들 속에서 성장했다. 그 과정에서 웨슬리는 지적이며 문학적 재능이 뛰어난 누이들이 아버지의 목회에 상당히 기여하는 것을 목격했다.**26** 그

---

23 Wallace Jr., ed., *Susanna Wesley*, 82-3.
24 Stevenson, *Wesley Family*, 194-7; Curnock, *Journal*, 3: 32; Tyerman, *Samuel Wesley*, 347.
25 Paul Wesley Chilcote, *John Wesley and the Women Preacher of Early Methodism*(Metuchen & London: The Scarecrow Press, Inc., 1991).
26 웨슬리에 대한 최고의 전기 작가인 타이어맨이 웨슬리의 어린 시절에 대해 기술할 때

렇다고 하면 웨슬리가 성장하여 여성 사역자들을 적극적으로 활용하지 않는 것이 더 이상한 일일 것이다.

사실 웨슬리신학과 그 결과로 태동한 메도디스트 운동은 처음부터 계획을 세우고 진행된 일들이 아니라 현장에서 필요 때문에 개발되고 발생하는 문제들에 대해 대처해 가면서 발전된 것들이다. 그러한 의미에서 웨슬리신학에서 일관성을 찾기는 쉽지 않은 일이다.

그런데도, 웨슬리의 어린 시절에 발견되는 일들, 즉 가난에 대한 체험, 자신만의 특성, 불가항력적으로 죽을 수밖에 없었던 불길 속에서 건져냄을 받은 특별한 은혜, 그런가 하면 아버지가 없는 사이에 어머니가 여성 사역자로서 훌륭하게 목회적 기능을 감당해내는 모습 등은 성년이 되면서 발전한 웨슬리신학의 곳곳에 나타나게 될 것이다. 이제 웨슬리의 어린 시절을 지나 청소년기를 보내면서 발전하는 웨슬리신학에 대해 살펴보도록 하자.

수잔나가 감당한 사역에 대해 언급하지 않는 것은 의외이다. 반면에 피에트는 웨슬리가 어머니로부터 받은 영향뿐만 아니라 자매들과 성장하며 자연스럽게 얻어진 여성적 경향(distinctly feminine)에 대해 이례적으로 주목하고 있다.
See his *John Wesley*, 248-49. 그런가 하면, 그런도 웨슬리가 성장할 때 형은 집을 떠나 있었고, 동생 찰스가 아직 성장하기 전에 주로 누나들과 놀면서 여성적인 놀이에 익숙해질 수 밖에 없었다고 말했다. See his *The Young Wesley*, 52.

제4장

웨슬리의 청소년기

1. 차터하우스학교 시절 (1714-1720)

웨슬리는 어린 성장기 때까지 가정에서 교육을 받다가 10세 때인 1714년 1월 28일 런던에 있는 버킹엄 공작의 도움으로(in London by the Duke of Buckingham) 명문 사립학교인 차터하우스학교(Charterhouse School)에 입학을 했다.

그 즈음, 형 사무엘이 옥스퍼드에서 런던에 있는 웨스트민스터(Westminster)학교로 돌아왔는데 찰스 역시 1716년부터 그 학교에 다니기 시작했기 때문에 웨슬리가 1720년에 옥스퍼드대학교 크라이스트처치대학(Christ Church College in the University of Oxford)에 들어가기까지 세 형제가 약 4년 동안 런던에 동시에 머물렀던 기간도 있었다.[1] 그 당시에 웨슬리는 6년 동안 학교 생활을 하면서 채식주의 다이어트(vegetarian diet)를 했고, 아버지의 권

---

[1] Telford, *The Life of John Wesley*, 28. 한편, 아들들이 런던과 옥스퍼드대학교에서 공부한 것에 비해 딸들의 교육에 대한 언급이 없는 것으로 보아, 대부분 딸들은 학교보다는 가정에서 교육을 받은 것으로 보인다.

고에 따라 매일 아침 학교 정원을 세 바퀴씩 뛰었다. 처음에는 시골의 가난한 목회자의 자녀로서 적지 않은 따돌림을 받았지만, 곧 높은 학업의 성취도를 보이며 인정을 받았다.²

웨슬리는 6-7년간 차터하우스학교에서 공부하는 동안 가운보이(a gown-boy)를 했는데, 아는 선배들의 가운을 정리해 주며 일 년에 20파운드를 받는 일종의 근로 장학생을 말한다.³ 기본 지식과 어학을 강조하는 차터하우스학교의 학풍에 따라 그는 라틴어, 성경 히브리어, 성경 그리스어를 공부했다. 당시에 처음으로 학창 생활을 하는 동생을 지켜보던 형 사무엘이 1719년에 아버지에게 보고한 바에 의하면 "동생은 학자가 될 소질이 다분하고(gives no manner of discouragement for breeding your third son a scholar), 히브리어 습득 능력이 뛰어나다"(learning Hebrew as fast as he can)라고 했다.⁴

아버지는 아들이 갈 대학은 옥스퍼드대학교밖에는 없다고 생각하고, 차터하우스학교를 졸업하자마자 좋은 조언을 해 줄 것으로 기대하고 사키베렐(Sacheverell) 박사에게 아들을 소개한다. 그런데 사키베렐 박사는 웨슬리가 너무 어리고 성경 그리스어와 라틴어를 충분히 배우지 않았기 때문에 차터하우스학교로 돌아가라고 말한 적이 있다.

그 순간 웨슬리는 "내가 만약 박사님보다 그리스어와 라틴어를 못한다면 나는 정말 학교로 돌아가야겠지요"(If I do not know Greek and Latin better than you, I ought to go back to school indeed)라는 생각을 했었다고 전했다.⁵ 그는 속으

---

2 Tyerman, *John Wesley*, 1: 19-20; 타이어맨은 채식주의 다이어트(vegetarian diet)에 대한 언급이 없지만, 피에트는 그런 사실을 밝혀 주고 있다. See his *John Wesley*, 231.
3 Baker, *Letters*, 25:143, note 1. See "Gown-Boy at Charterhouse" in Telford, *The Life of John Wesley*, 23-32.
4 Whitehead, *The Life of Rev. John Wesley*, 218.
5 Telford, *The Life of John Wesley*, 30; Collins, *John Wesley*, 27. 텔포드는 출처도 없이 이 내용을 전했고, 콜린스는 텔포드의 것을 근거로 이 내용을 인용했다. 사실, 이 내용은 웨슬리가 동료 설교자들에게 했던 이야기를 듣고, 아일랜드 신학자요 설교자였던 알렉

로 박사님보다 더 잘할 수도 있다는 생각을 할 정도로 두 언어에 자신이 있었던 것 같다. 그는 실제로 차터하우스학교 시절에 라틴어에 능한 사람으로 널리 알려졌고, 몇몇 라틴어 고전을 영어로 번역한 것으로 알려졌다.[6]

외딴 시골 지역에서 성장하며 가정에서만 교육을 받은 소년이 처음으로 도시에 있는 정규학교에 들어갔을 때 발생할 수밖에 없었던 혼란에 대해 성인이 된 웨슬리는 당시를 회상하는 글을 남겼다. 즉, 1738년 5월 24일 올더스게이트의 체험에 대해 언급하는 과정에서 그는 차터하우스학교 시절의 생활을 다음과 같이 묘사했다.

> 나는 6-7년 동안 학교에서 보내면서 이전과 비교해 볼 때 나를 억누르던 것들로부터 벗어났다. 그리고 사회적으로 보면 크게 문제 될 일은 아니겠지만, 분명 경건치 않은 일을 하며 지냈다. 하지만, 나는 여전히 성경을 읽고 매일 아침 저녁으로 기도를 하였다. 나는 여전히 구원받기를 희망하며, (1) 다른 사람들처럼 나쁘게 행동하지 않고, (2) 예배에 충실하게 참석하고, (3) 성경을 읽으며, 기도를 하였다(The next six or seven years were spent at school; where, outward restraints being removed, I was much more negligent than before even of outward duties, and almost continually guilty of outward sins, which I knew to be such, though they were not scandalous in the eye of the world. However, I still read the Scriptures, and said prayers morning and evening. And what I now hoped to be saved by, was, (1) not being so bad as other people, (2) having still a kindness for religion; and (3) reading the Bible, going to church, and saying my prayers).[7]

산더 낙스(Alexander Knox, 1757-1831)가 전해준 이야기이다. See J.B. Wakeley, ed., *Anecdotes of the Wesleys* (New York: carlton & Lanahan; Cincinnati: Hitchcock & waldon: 1870), 82.
6   Curnock, *The Journal*, 1: 47.
7   Ward and Heitzenrater, *Journal and Diaries*, 18:243 (May 24, 1738). 참조 Curnock, *The*

이러한 웨슬리의 자전적 회상을 근거로 하여 타이어맨은 지금도 회자되고 있는 유명한 주장을 한 바 있다.

> 웨슬리는 성자로 차터하우스에 들어갔지만, 나올 때는 죄인으로 나왔다 (Wesley entered the Charterhouse a saint, and left it a sinner).[8]

그러한 관점에서 타이어맨은 차터하우스학교에서부터 옥스퍼드의 삶까지 포함하여 "11살 때부터 22살이 될 때까지 웨슬리는 자신의 영혼을 돌보지 않는 삶을 살았고"(from the age of eleven to the age of twenty-two, Wesley made no pretensions to be religious), "습관적으로 죄를 짓는 생활을 했다"(lived habitually in the practice of known sin)는 웨슬리의 고백에 따라 "성인"과 "죄인" 만큼의 차이를 강조했다.[9]

그러나 사실 웨슬리가 심각하게 세상의 일에 빠져 타락한 것은 아니라는 뜻에서 다음의 세 가지 경건 생활을 유지하고 있었다고 밝히고 있는 것에 주목할 필요가 있다.

> **첫째**, 다른 아이들처럼 나쁘게 되지 않았다(not being so bad as other people).
> **둘째**, 여전히 경건 생활을 즐거워했다(having still a kindness for religion).
> **셋째**, 성경을 읽고 예배에 참여하여 규칙적으로 기도하는(reading the Bible, going to church, and saying my prayer) 삶을 유지하고 있었다.[10]

    Journal, 1: 465-66.
[8] Tyerman, *John Wesley*, 1: 22.
[9] Tyerman, *John Wesley*, 1:30-31. "When we say that from the age of eleven to the age of twenty-two, Wesley ⋯ habitually lived in the practice of known sin, we only say that ever lived. The fact is humiliating, and ought to be deplored; but why hide it in one case more than in another?"
[10] Tyerman, *John Wesley*, 1:21-22.

비록, 갑작스런 변화에 따른 혼란을 겪은 것이 분명하지만, 타이어맨의 주장대로 성자와 죄인이라는 큰 차이보다는, 오히려 그동안 자신이 배우고 살아온 경건한 삶에 위협이 될 정도의 현실에 직면해서 영적으로 혼란기를 겪었다고 보는 것이 옳을 것이다.

그동안 웨슬리안들에 의해 지나치게 미화된 '이상적인'(ideal) 웨슬리나 칼빈주의자들에 의해 '왜곡된'(distorted) 웨슬리가 아닌, 인간 웨슬리의 모습을 그대로 보여 주겠다는 타이어맨의 목적이 어느 정도 성공했다.

하지만, 올더스게이트에서의 특별한 영적 체험과 변화를 극대화하기 위해 상대적으로 차터하우스학교와 옥스퍼드대학교 크라이스트처치대학(Christ Church Collegei n the University of Oxford)에서의 삶을 더 부정적으로 묘사함으로써 타이어맨의 웨슬리도 '저자의 의도에 따라 맞춰진 웨슬리'라는 비판을 피할 수 없게 되었다.

타이어맨 이후 웨슬리에 대한 가장 많은 자료를 수집하여 18세기 영국의 웨슬리에 가장 가깝게 접근하려고 시도했던 피에트가 올더스게이트 체험 이후 완전히 변화된 웨슬리를 제시한다는 자신들의 목적에 따라 그 이전의 웨슬리를 죄인으로 만든 책임이 전기 작가들에게 있다고 했을 때 그는 타이어맨을 포함하여 그렇게 비판했다.[11]

웨슬리가 차터하우스학교에 재학하고 있을 때 엡워스(Epworth)의 목사관에서 이상한 일이 반복하여 일어난 적이 있다. 1716년 12월 1일 두 자매 수잔나(Susanna)와 낸시(Nancy)가 누군가 문을 계속 두드리는 소리와 마치 병을 깨는 듯한 소리를 들었는데 당시의 하인 로버트 브라운(Robert Brown)도 들었다고 했다. 그런 이상한 소리를 들었어도 아버지에게 말도 못 하고 있었는데, 그 이후 수차례 누군가 방에 들어오는 소리, 부엌에서 창문이 흔들리는 소리가 나고 개는 계속 짖어대는 등 더 이상 외면할 수 없는 수준이 되

---

[11] Piette, *John Wesley*, 232-241, 특히 547, note 10 and 11을 보라

자 어머니 수잔나는 쥐들이 그런 소리를 낼 것이라고 말하며 더 이상 말도 꺼내지 말라고 짜증을 냈다. 에밀리는 과거에 그 집에서 죽은 제프리(Jeffery)가 찾아온 것으로 생각하고, 그런 소리를 내는 장본인을 '올드 제프리'(Old Jeffery)라 불렀지만, 누구도 그 실체를 본 사람은 없었다. 다음해 1월 24일과 같은 현상이 반복되자 아버지 사무엘과 아들 주니어도 깊은 관심을 갖게 되었다.

1720년에 웨슬리가 집에 와서 모든 내용을 자세히 듣고 무엇인가 영적인 의미가 있다고 생각했다. 심지어 자기가 태어나기 전에 아버지가 엄마를 버리고 무작정 떠났던 일에 대해 하나님께서 그의 죄를 깨닫게 하시는 일이라고 생각하기도 했다. 그리고 그 일에 대해서 1784년에 「알미니안 잡지」에 쓴 것을 보면 웨슬리는 분명 눈에 보이지 않는 세계와 신비한 일이 존재하며 현재의 삶에 영향을 미친다고 믿고 있었던 것 같다.[12]

유령 출현에 대한 웨슬리의 처신에 대해 소우데이는 웨슬리가 "미신적인(superstitious) 성향"을 가지고 있었다고 하며 상세하게 전하고 있는 반면에, 타이어맨은 웨슬리가 "초월적"(supernatural) 신비에 대해 열려있었지만 크게 비중을 두지 않았다는 듯이 한 페이지 분량으로 축약했다. 한편, 그린은 다른 목적, 즉 당시 18세기 영국 민중들의 기독교적 신앙의 단면을 그대로 묘사하려는 목적으로 비교적 상세히 다루고 있다.[13]

이제 우리는 옥스퍼드대학교에 들어가서 대학교 생활을 하면서 학문적으로나 사회적으로 성장하는 웨슬리의 모습과, 특히 펠로우가 된 후 참여하게 된 '신성회' 활동과 그 이후 그의 삶과 신학에 끼친 영향에 대해 살펴보자.

---

[12] *Arminian Magazine* (1784), 548-50, 606-8, 654-6. Green, *The Young Mr. Wesley*, 58에서 재인용.
[13] Tyerman, *John Wesley*, 1:23-4.

2. 옥스퍼드대학생 시절(1720-1726)

웨슬리는 1720년 6월 24일(17세 때) 옥스퍼드대학교 크라이스트처치대학에 합격했다.[14] 연대적으로 보면, 1724년 졸업할 때까지 10대 후반에서부터 20대 초반까지 대학교 생활을 했는데, 그 기간은 웨슬리의 학문과 경건한 삶의 틀을 결정하는 중요한 시기였다. 그런데 웨슬리의 대학교 시절을 평가하는 데 있어서 두 가지 문제점이 있다.

첫째, 웨슬리가 일기를 쓰기 시작한 것은 크라이스트처치 졸업 이후인 1725년 4월 5일부터이므로 대학교 시절에 대한 기록이 거의 없다는 것이다.[15]
둘째, 웨슬리의 대학교 생활에 대한 기록 중 많은 부분이 20여 년이 지난 후에 올더스게이트 체험의 의미를 긍정적으로 부각하기 위해 상대적으로 당시 옥스퍼드에서의 삶에 대해서는 부정적으로 묘사한 것이므로 비판적으로 읽을 필요가 있다는 것이다.

그린은 그의 책 『청년 웨슬리』(*The Young Mr. Wesley*)에서 웨슬리의 성장기 때의 정치적-종교적 배경에 대해 집중적으로 연구함으로써 그 이전의 전기들

---

14 "Tyerman, *John Wesley*, 1:19; Telford, *The Life of John Wesley*, 28. "옥스퍼드대학교 크라이스트처치대학"라는 표현이 한국의 독자들에게는 생소하게 들릴 수 있다. 두 이름이 공존하기때문이다. 유럽에서는 여러 소규모 단과 대학들이 각각 존재하다가 후에 하나의 종합대학으로 통합되는 과정에서 칼리지마다 고유 명칭과 전통을 유지하면서 종합대학교는 새로운 이름을 가지기 때문에 생긴 문화이다. 그러므로 현대적 영어로 표기하면 "옥스퍼드대학교 크라이스트처치대학"(Christ Church College in the University of Oxford)가 될 것이다. 필자가 웨슬리신학을 가르치고 있는 대학을 "토론토대학교 낙스대학"(Knox College in the University of Toronto)라고 표기하는 이유는 낙스대학(Knox College)를 포함하여 다른 여러 칼리지들이 연합하여 토론토대학교(University of Toronto)를 형성했기 때문에 생긴 것과 같은 경우이다.
15 Curnock, *The Journal*, 1: 4-5, 40, 42; Piette, *John Wesley*, 247.

이 주로 성숙한 웨슬리의 삶과 신학에 집중함으로써 상대적으로 웨슬리 가문과 그의 어린 시절을 포함하여 학창 시절에 대한 비평을 해 줌으로써 웨슬리의 생애와 신학의 연구에 기여했다.[16]

그린이 제공해 준 자료에 따르면, 웨슬리의 청년 때에 대해 다음과 같은 두 가지 사실을 분명하게 알 수 있다.

첫째, 웨슬리가 대학교 교육 과정을 지나는 동안 많은 양의 독서를 함으로써 신학적으로 많이 진보했다는 것.
둘째, 그 시기에 영적으로도 성장하며 성직자가 되기로 결단하고 충실하게 그 과정을 이수했다는 것.

그 이후 1725년부터 34년까지 10년 동안 그의 일기를 통해 유추해 보면 당시에 웨슬리가 읽은 저서나 단편들이 500여 권이 넘는 것으로 알려졌다.[17] 결과적으로 보면 웨슬리가 가장 성장한 시기임에도 불구하고, 그 시기에 대한 자료는 가장 빈약하기 때문에 아이러니컬한 시기이다. 그러나 전혀 알 수 없는 불모지는 아니다. 대부분 후기에 회상하며 기록된 것들에 의존하면서, 다른 간접적인 자료들을 통해 많은 내용을 알 수 있다.

1) 웨슬리와 옥스퍼드대학교

당시 옥스퍼드대학교(University of Oxford)는 어거스틴 수도회의 전통을 이어 받은 대학으로서, 당시 영국의 정치, 철학, 종교 등 각 분야의 지도자들을 배출하던 학교였다. 옥스퍼드대학교가 설립된 정확한 날짜는 불분명

---

[16] Green, *The Young Mr. Wesley*.
[17] See Green, *The Young Mr. Wesley*, 305-19.

하다. 헨리 2세(Henry II, 1133-1189)가 재위 기간 중(1154-1189) 영국 학생들이 당시 경쟁국이었던 프랑스 파리대학에 등록할 수 없도록 조치하기 위해 국가적으로 육성하면서 영국의 중심 대학이 되었다.

14세기 때 존 위클리프(John Wycliffe, 1320년경-1384)는 성직자가 아닌 평신도로서 성경을 대중의 언어로 번역했다고 해서 교황의 정죄를 받는 사건이 발생했는데 당시에 그는 옥스퍼드대학교 중 하나인 발리올대학(Balliol College in the University of Oxford)의 교수였다.[18]

중세시대 때는 왕당파(Tories) 보수주의의 전통을 이어가는 대학으로서 자리 잡았는데, 국가적인 정책을 지지하는 보수적 색체와 자유로운 학문적 발전 사이에서 갈등이 심화되든 시기에 웨슬리 형제가 공부했다. 17세기 말경에 철학자 로크를 정죄하고 학교와 나라를 떠나도록 조치한 적도 있다.[19]

대학교에 속한 몇몇 대학들은 당시의 이단들과 싸우면서 형성되었는데 그중 옥스퍼드대학교 링컨대학(Lincoln College in the University of Oxford)은 중세시대 때 일어난 롤라드(Lollards)를 반대하는 과정에서 1427년에 설립된 대학이다.[20] 롤라드는 위클리프를 추종하던 사람들로써 눈에 보이는 교회가 물질과 이성에 타락하여 교회 밖에 있는 사람들을 수용하지 못하고 있다고 비판했는데, 링컨대학은 그들을 이단으로 정죄하고 물리치는 데 앞장섰다. 한편, 옥스퍼드대학교는 남성들만의 대학으로 설립되어 웨슬리

---

[18] Wycliffe란 이름이 Wycliff 혹은 Wyclif 등으로 표기되기도 한다. 번역 과정에서 흔히 발생하는 일이다.

[19] See "The Oxford Background" in V. H. H. Green, The Young Mr. Wesley.

[20] Henry D. Rack, *Reasonable Enthusiast*, 63, 75; Gerald R. Cragg, *The Appeals to Men of Reason and Religion*, 11: 183. 웨슬리가 후에 링컨대학의 펠로우가 되어 롤라도들이 주장한 내용, 즉 "눈에 보이는 교회가 물질과 이성에 타락하여 교회 밖에 있는 사람들을 수용하지 못하고 있다"라고 했는데, 흥미롭게도 웨슬리는 롤라도와 비슷한 관점을 가지고 당시 영국 국교회를 비판했던 것이다.

시대에도 남성들만 신입생으로 받다가 1920년부터 비로소 여학생을 받기 시작했다. 대학의 교수직 중 하나인 펠로우(fellow)들은 직무 기간 동안 독신을 유지해야만 하고 결혼을 하는 즉시 펠로우직이 박탈된다.[21]

사무엘은 아들들이 모두 옥스퍼드대학교에서 공부하게 되었을 때 그토록 자랑스럽게 생각했던 것은 웨슬리 가문과 옥스퍼드대학교과의 뿌리 깊은 관계 때문이었다. 웨슬리의 증조부 바톨로뮤 웨스틀리, 조부 존 웨스틀리, 그리고 자신까지 모두 옥스퍼드대학교 출신인데 아들이 옥스퍼드대학교에 감으로써 4대째 전통을 이어가게 되었기 때문이었다.

그런가 하면, 어머니 수잔나의 외조부 존 화이트(John White) 박사도 옥스퍼드대학교 출신이었고, 아버지 애너슬리 목사 역시 옥스퍼드대학교 출신이었다. 그러므로 존이 옥스퍼드대학교에 간 것은 그가 영국의 신학적 전통을 충분히 수용할 뿐만 아니라 가문의 신앙과 신학적 전통을 충실하게 이어가게 되었다는 뜻에서 그렇게 기뻐했다.[22]

2) 가난한 학생 시절의 체험

가난의 문제는 차터하우스학교에서 옥스퍼드대학교 크라이스트처치대학(Christ Church College in the University of Oxford)으로 이어졌다. 웨슬리가 대학교 시절에 쓴 편지 내용 중에 돈을 보내 달라고 하는 내용이 지속으로 등장한다. 1723년 9월 23일 어머니에게 편지하여 자신이 어디를 가든 제발 빚에서 벗어났으면 좋겠다고 했다. 엄마는 아들에게 돈을 아껴 쓰라고 당부하면서도 빚이 점점 늘어가는 것에 대해 심히 염려하기도 한다.[23]

---

[21] Green, *The Young Mr. Wesley*, 31-32. 그 당시에도 독신인 펠로우들과 여성들과의 스캔들이 종종 발생했다고 한다.
[22] cf. Schmidt, *John Wesley: A Theological Biography*, 1:35-44.
[23] Baker, Letters 25, 144(Sep. 23, 1723), 153(Nov. 24, 1724), 180(Aug. 18, 1725).

아버지는 빚에 쪼들리면서 아들에게 최선을 다해 돈을 보내 주려고 했고, 어머니도 돈을 보내 줄 수 없을 때는 다음에 얼마를 보내 줄 것을 약속하며 안타깝게 편지를 맺곤 했다.

가난 때문에 웨슬리는 옥스퍼드대학교를 다니는 학생이라면 누구나 할 수 있는 매우 기본적인 것조차 할 수 없었는데, 대표적인 예로 옥스퍼드대학교의 교수들이나 학생들은 모자나 가발을 쓰며 멋을 내는 것이 하나의 문화였고, 특히 식

John Wesley by Frank O. Salisbury
(프랭크 오 솔즈베리 이후[1874-1962].
출처: http://en.wikipedia.org/wiki/John_Wesley)

당에 들어갈 때는 가발이나 가운을 입는 등 정장을 하지 않으면 차라리 들어가지 않는 것을 예의로 하고 있었다.[24]

그런데 웨슬리 학생은 가발이나 모자를 사는 데 드는 2-3파운드의 돈을 절약하기 위해 긴 머리의 끝을 말아 올려서 모자나 가발을 대신했다. 그러한 헤어스타일은 펠로우가 된 후에도 계속되어 오늘날 우리가 그의 초상화에서 보는 모습은 가발이 아니라 머리를 감아올린 모습이다.[25]

---

[24] Christopher Wordsworth, *Social Life at the English Universities in the Eighteenth Century* (Cambridge, 1874), 133. 필자가 웨슬리신학을 가르치고 있는 녹스대학(Knox College)은 토론토대학(Toronto College)의 신학대학원(Toronto School of Theology)들 중 하나인데, 그중에 성공회에 속하는 트리니티대학(Trinity College)은 2019년 현재도 다른 어떤 기숙사 식당과 달리 가장 엄숙하게 식사 예법을 지키려고 한다.

[25] JTelford, *Letters*, 1: 9-11. Tyerman, *John Wesley*, 1:46.

1724년 8월 19일 수잔나가 아들에게 쓴 편지를 보면, 웨슬리는 학생이면서도 늘 빚을 지고 있었고, 그 문제를 해결해 주지 못하는 엄마의 애절한 심정을 전하고 있다.

사랑하는 재키야, 오랫동안 너의 소식을 듣지 못해 마음이 편치 않다. 편지 한 통도 못하는 것을 보면 너에게 무슨 일이 있었나보구나. 나도 건강이 악화된 후로 편지 한 통 쓰는 것이 평소에 10통 쓰는 것보다 더 어렵구나. 자주 편지를 하여 건강이 어떤지, 잘 지내고 있는지, 그리고 빚에서 벗어날 방법은 있는지 알려주기 바란다.

… 너에게 10파운드를 빌려주었다는 너그러운 신사분이 마음에 걸리는데, 그분께 한두 달 더 기다려 달라고 부탁해야 하니 부끄럽구나. … 사랑하는 재키, 결코 낙망해서는 안 된다. 다만, 네 할 일에 충실하기 바란다. 너는 학업에만 열중하고 더 좋은 날이 온다는 것을 믿어야 한다. 아무리 어려워도 올해가 가기 전에 돈을 긁어모아서라도 너에게 보내려고 한다(Dear Jacky, I am somewhat uneasy, because I've not heard from you so long, and think you don't do well to stand upon points, and write only letter for letter, since I decline apace, and it's more troble for me to write one than for you to write ten times. Therefore let me hear from you oftner, and inform me of the state of your health, how you go on, and whether you are easier than formerly, and have any reasonable hopes of being out of debt. … I am most concerned for that good, generous man that lent you 10 pound; and am ashamed to beg a month or two longer. … Dear Jacky, be not discouraged; do your duty, keep close to your studies, and hope for better days; perhaps, notwithstanding all, we shall pick up a few crumbs for you before the end of the year).[26]

---

[26] Baker, *Letters*, 25:148. Charles Wallace, *Susanna Wesley, Complete Writings*, 103-104; Tyerman, *John Wesley*, I, 26. Piette, *John Wesley*, 243.

그런가 하면, 1725년 7월에 아버지는 상황이 다급하지만, 돈을 마련해 줄 수 없는 안타까운 마음으로 몇 주만 더 기다려 달라는 편지를 쓴다.[27] 그리고 9월 1일에 쓴 편지에서는 아들이 목사 안수를 받는 데 드는 비용을 다음 주 토요일까지는 돈을 마련할 방법이 없으니 보내 주는 8파운드로 1-2주 지내고 크리스마스 전까지는 돈을 보내 줄 수 있기를 바란다는 말로 편지를 맺는다.[28] 그리고 11월 말경에는 리차드 엘리슨(Richard Ellison)에게 부탁해 놓은 것이 있으니 10파운드를 받으라고 알린다.[29]

웨슬리가 링컨대학의 펠로우가 된 때는 1726년 3월 17일인데, 21일 12파운드를 당시 학장이던 몰리(Morley) 박사에게 꾸어달라고 해서 웨슬리에게 전달했는데, 다시 4월 1일 편지해서 큰아들에게 돈을 빌려서 보내 줄 테니 조금 기다리라고 한다. 비록, 그가 펠로우로 선출되었지만, 새로 선출된 펠로우들은 첫 6개월이 지난 후에야 돈을 받기 시작한다는 관례에 따라 아직 급여를 받지 못한 상태에서 급하게 조치하는 아버지의 초조함이 느껴진다.[30]

3) 건강의 문제

가난의 문제와 함께 웨슬리의 대학생 시절을 논할 때 빼놓을 수 없는 것이 그의 건강 문제이다. 자랄 때도 하루 세 끼만 먹고 간식은 허용되지 않았는데, 그 한 끼마저 충분한 양이 아니었기 때문에 그의 건강 상태가 좋을 수는 없었다. 이미 언급한 바와 같이, 그가 9살 때 많은 어린이의 목숨

---

[27] Baker, *Letters*, 25:170.
[28] Baker, *Letters*,, 25:181.
[29] Baker, *Letters*, 25:189.
[30] Baker, *Letters*, 25:193-95.

까지 앗아가는 천연두(smallpox)를 앓기도 했다.³¹ 그는 자주 코피를 흘렸는데(he was frequently troubled with bleeding at the nose), 하루는 너무 많이 흘려 숨이 막힐 정도였지만(it almost choked him) 멈추게 할 방법이 없어 강물에 뛰어들어 겨우 멈추게 한 적도 있다.

1725년에는 조지 체니(George Cheyne, 1671-1743) 박사의 『건강과 장수』(Book of Health and Long Life)를 읽고 그 내용에 따라 소금이나 양념으로 요리된 것, 그리고 돼지고기나 생선 등을 피하고 매일 2 파인트(pints)씩의 물과 1 파인트의 포도주를 마시고 야채를 많이 먹었다. 하지만, 지나치게 학업에 열중하면서 개선되지 않는 아들의 병약한 상태는 엄마의 근심거리였다.

웨슬리는 1742년 3월 12일 체니 박사의 탁월한 책 중 하나인 『자연 치료 방법』(Natural Method of Curing Diseases)에서 가르치는 대로 소식을 하고 물을 많이 마시는 생활 습관을 유지하면서 자신의 건강 관리를 했다.³²

50대 이후로 웨슬리는 각종 병으로 죽을 고비를 몇번 넘기면서도 그만의 식단과 야외설교를 다니면서 자연스럽게 하게 되는 운동 등을 통해 그는 87세로 죽을 때까지 어느 누구보다도 건강하게 살았다.

4) 엄청난 양의 독서

옥스퍼드대학교 크라이스트처치대학(Christ Church College in the University of Oxford)에서 대학 과정을 공부하는 동안 아버지의 조언에 따라 초대 교

---

31 Whitehead, *Life of Rev. John Wesley*, 218.
당시에 천연두는 앓다가 죽는 경우가 많았다. 실제로 웨슬리가 차터하우스학교에 있을 때 학생 하나가 천연두를 앓다가 죽었다고 웨슬리는 엄마에게 보고하고 있다. See Baker, *Letters*, 25:144-45.
32 Baker, *Letters*, 25:151; Telford, *Letters*, 1:11 and note 1; Tyerman, *John Wesley*, 1: 26. 체니 박사의 책은 1724년에 출판되고(New York: Arno Press, 1724), 다음해에 4판이 나올 정도로 인기있는 도서였다.

부들의 글을 포함하여 많은 고전을 읽은 것이 그의 신학을 형성하는 데 지대한 영향을 끼쳤다.[33] 웨슬리가 메도디스트들과 특히 설교자들을 위해 1750년에 출판한 『기독교 문고』(Christian Library, 전 50권)는 웨슬리 자신이 약 200여 권의 책을 읽고 그 내용을 발췌하거나 요약한 것들이다.

전체적으로 고전(Classics), 종교(religion), 기독교신학, 그리고 각종 철학, 문학, 역사 외에 천문학, 의학 등을 포함하고 있는 것을 보면 웨슬리가 얼마나 폭넓은 독서를 하였는지 보여 주고 있다. 웨슬리는 그러한 다양한 지식이 하나님의 계시를 더욱 분명하게 밝혀 주고 있다고 믿었고, 그러한 의미에서 웨슬리는 동료 설교자들에게 지식을 최대한 습득하여 성경을 이해하고 효과적으로 설교하는 데 활용하라고 강조했다.

과목 중에서 논리학(Logic) 성적이 좋았는데, 실제로 학문적으로 논쟁을 할 때는 상대방을 곤경에 빠뜨리곤 했기 때문에(tumble in argument all who should presume to enter the fists with him in these academic jousts) 악동(a very demon arguing)으로 알려지기도 했다.[34] 웨슬리가 성경 언어에 능하고, 남보다 더 많은 독서를 하고, 논리학 등에 특별한 관심을 가졌던 것은 성경을 읽으며 하나님의 뜻을 바르게 알기 위한 일이었다. 1724년 당시 21-2세였던 웨슬리에 대한 인상을 다음과 같이 표현한 가치 있는 내용을 사무엘 배드콕(Samuel Badcock)은 전해주고 있다.

> 대단히 재치있고 정확한 그 학생은 예리한 논리로 모든 사람을 난처하게 만들기도 하고, 생각 없이 결정하는 사람들을 비웃기도 했다. 그 젊은이는 고

---

[33] 이 때 읽은 책의 목록에 대해서는 Green, *The Young Mr. Wesley*, 305-319에 잘 정리되어 있다.

[34] Samuel Badcock, *Account of the Wesley family*, December 5, 1782. "New Review: On the Wesley family," *Westminster Magazine* (1784). Piette, *John Wesley*, 546, note 9 에서 재인용.

전적인 멋을 가졌으면서도 남자답고 개방된 자유로움이 있는 사람이었다 (The very sensible and acute collegian, baffling every man by the subtleties of logic, and laughing at them for being so easily routed; a young fellow of the finest classical taste, of the most liberal and manly sentiments).³⁵

웨슬리가 학문적 논쟁뿐만 아니라 다양한 주제의 토론에서도 다른 사람들을 압도할 수 있었던 것은 바로 깊고 넓은 학문과 다양한 독서에 기반을 둔 정연한 논리가 있었기 때문이었다. 웨슬리의 삶과 신학을 이해하는 데 있어서 가장 심각하게 왜곡된 사실 중 하나가 "웨슬리는 한 책의 사람(*homo unius libri*)이었다"라는 말이다. 웨슬리는 성경의 원칙과 기준에 따라 생각하고 결단을 했다는 차원에서 그는 분명 성경을 가장 중요시 여겼지만, 그렇다고 하여서 다른 책들을 도외시한 것은 결코 아니었다.

웨슬리는 오직 한 책, 즉 성경만을 읽고, 이해하고 설교했던 사람으로 제시하면서 웨슬리안들이 반지성적인 것처럼 만드는 것은 심각한 반웨슬리안적 오류이다. 신학함이란 세상을 정죄하며 거부하거나 피하는 것이 아니라 세상과 소통하기 위해 많은 위험을 감수하는 일이다.

설교자는 자신의 정체성을 위협하는 세상 가운데서 많은 혼란을 겪으면서도 지성과 영성을 가지고 하나님의 계시와 가르침을 세상과 소통하는 언어로 선포하는 사람이다. 그런 사명을 감당하는 데 있어서 웨슬리는 분명 탁월한 선구자로서 우리에게 가르침을 주고 있다.

---

35 Samuel Badcock, *Account of the Wesley family*, December 5, 1782. Piette, *John Wesley*, 546, note 9 에서 재인용.

5) 학문과 경건 사이에서

18세기 옥스퍼드대학교도 여느 대학과 마찬가지로 죄악과 연루된 많은 것들을 자유롭게 즐기고 있었는데, 웨슬리도 그러한 환경을 수용하고 어느 정도 즐겼던 것으로 보인다. 남성 중심의 대학에서 학생들은 술과 담배를 많이 했고 심지어 동성애 사건도 발생한 적이 있다. 1725년 9월 19일 부제 안수를 받을 당시의 일기를 보면, 웨슬리는 커피하우스에도 가고, 테니스도 치는 등 다른 젊은이들과 다르지 않게 행동했다.

그러나 경건한 가정에서 자란 웨슬리가 가정에 있을 때처럼 그렇게 살지 못하는 과정에서, 웨슬리는 주위에 죄가 만연되어 있고 자신도 죄를 범하고 있다고 느끼면서 때로는 회개하지 않으면 구원을 받을 수 없을 것 같이 느끼는 것도 당연한 일일 것이다. 그러나 그는 차터하우스 때와 마찬가지로 경건한 삶을 위해 노력한 것 또한 사실이다.

> 나는 여전히 공적으로나 사적으로 기도했고, 성경을 포함해 여러 경건 서적을 읽었고, 특히 신약성경 주석들을 읽었다(I still said my prayers, both in public and private; and read, with Scriptures, several other books of religion, especially comments on the New Testament).[36]

경건 생활을 유지하는 데 어려움을 겪으면서도 웨슬리는 학업에 매진했다. 웨슬리는 대학교 시절에 신학 다음으로 언어 공부에 매진했다. 당시에 그는 성경 히브리어와 헬라어 외에 라틴어와 불어, 그리고 더 나아가 아랍어(Arabic)까지 공부했다.[37] 신학적으로는 조지 위간(George Wigan), 헨리 셔

---

[36] Ward and Heitzenrater, *Journal and Diaries*, 18:243; Curnock, *The Journal*, 1: 466.
[37] Curnock, *The Journal*, 1: 65.

만(Henry Sherman), 조나단 콜리(Jonathan Colley) 등 노 교수들이 젊은 웨슬리를 지도했는데, 그들은 영국 국교회의 신학적 원칙, 즉 '극단을 피하는 중도의 길'(via media, a middle way or compromise between extremes)에 따라 교황주의자들이 외부적 선행을 너무 강조하면서 하나님의 은혜를 망각하도록 한 것이나, 종교개혁자들이 그러한 문제를 개혁하는 과정에서 믿음을 지나치게 강조하면서 인간의 삶과 하나님의 구원에서 인간의 책임과 행위를 배제한 문제를 잘 가르쳐 주었다.[38]

옥스퍼드대학교를 졸업하면 문학 학사(B.A., Bachelor of Arts)를 받음과 동시에 성직자가 되기에 필요한 모든 공부를 마친 것과 동일한 자격이 주어졌기 때문에 본인의 의사에 따라 성직자 안수를 받을 수 있었다. 1724년에 졸업을 한 후에도 자신의 방에 머물면서 계속 공부하여 1727년 문학석사학위를 받을 때까지 웨슬리는 학교에 남아 학업에 열중했다. 당시 문학석사학위는 교수가 되는 자격을 갖추는 높은 수준의 학문적 학위였기 때문에 웨슬리 연구자들이 그의 경력에 'M.A.'라고 명시하는 것을 잊지 않은 것이다.[39]

---

[38] Green, *The Young Mr. Wesley*, 13-40; Piette, *John Wesley*, 266; Collins, *John Wesley*, 61; Baker, *John Wesley and the Church of England*, 13.

[39] Green, *The Young Mr. Wesley*, 13-40; Piette, *John Wesley*, 266; Collins, *John Wesley*, 38-9. 웨슬리는 분명 학자가 될 수 있는 능력이 충분함에도 불구하고 그가 공부를 계속하지 않은 것에 대해 그의 저널을 편집한 느헤미야 커녹(N. Curnock)은 두 가지 요인을 생각한다. 하나는 허약한 건강상 공부에 집중하기 어려웠고, 두 번째로는 웨슬리는 한 가지 이론적인 주제에 집중하기보다는 세상에서 필요한 여러가지 실질적인 지식을 더욱 중시하는 경향이 있었기 때문이라고 했다. See his *The Journal of the Rev. John Wesley*, 1: 20-1.

제5장

성직 안수 과정(1724-1728)

웨슬리가 대학을 졸업하면서 두 가지 문제를 고민하고 있었는데, 하나는 성직자가 될 것인가의 문제였고, 다른 하나는 여성들과 교제하면서 성적인 유혹을 받는다는 것이었다. 영적으로는 고뇌의 시기이며 육적으로는 위기의 때에 웨슬리는 경건 서적을 읽으면서 자신에게 길을 제시해 주는 영적인 멘토들을 만난다. 대표적인 인물로 제레미 테일러(Jeremy Taylor), 토마스 아 켐피스(Thomas a Kempis), 그리고 윌리엄 로(William Law) 등인데, 그들이 웨슬리의 삶과 신학에 어떤 영향을 주었는지 살펴보자.

1. 성직 안수에 대한 부모님의 견해 차이

웨슬리가 옥스퍼드대학교 크라이스트처치대학(Christ Church College in the University of Oxford)에서 공부하는 동안 성직자가 되라고 처음으로 격려한 사람은 어머니 수잔나였다. 1724년 9월 10일에 수잔나는 아들에게 다음과 같이 썼다.

나는 네가 성직 안수를 받고 와서 아버지를 도와 부사역자로 일하기를 간절히 바란다. 그렇게 되면 내가 너를 자주 볼 수 있고, 또한 이렇게 떨어져 있을 때보다 더 많은 도움이 될 수 있을 것이다(I heartily wish you were in orders, and could come and serve as one of your father's curates. Then I should see you often, and could be more helpful to you than it is possible to be at this distance).[1]

수잔나는 아들이 성직 안수를 받는 것이 아들뿐만 아니라 남편에게도 필요하다고 생각하고 재촉했다. 지난해 아내가 아들에게 성직자 과정(Holy Order)을 이수하라고 한 사실을 눈치챈 아버지는 1725년 1월 26일 편지하여 다음과 같이 다섯 가지로 조언을 했다.[2]

첫째, 비록 엘리의 아들들처럼 양식을 먹기 위함이라 해도 일하고 수고비를 받는 것은 나쁜 일은 아니다(It is no harm to desire getting into that office, even as Eli's sons, 'to eat a piece of bread'; 'for the labourer is worthy of his hire').

두째, 좀 더 엄격한 삶을 살겠다고 작정하는 것은 좋은 일이고 진작부터 그렇게 하는 것이 좋았겠지만, 십중팔구 처음의 좋은 뜻을 잃어버리고 변질되니 조심하여라(Though, a desire and intention to lead a stricter life, and a belief one should do so, is a better reason; though this should by all means be begun before, or else, ten to one, 'twill deceive us afterward).

셋째, 어떤 사람은 성직자가 될 마음이 없으면서도 성령의 감동하여 성직자의 길을 가게 되었다고 말하는 경우가 있는데 사실 그렇지 않을 수도 있다(If a man be unwilling and undesirous to enter into Orders, 'tis easy to guess whether he

---

1 Baker, *Letters*, 25:149; Tyerman, *John Wesley*, 1: 27.
2 Whitehead, *The Life of the Rev. John Wesley*, 220. 당시에 출판된 것들 중에서 그로티우스(Grotius)의 주석이 가장 탁월하다고 했다.

can say, so much as with common honesty, that he believes he's 'moved by the Holy Spirit' to do it).

넷째, 처음에 말한 세 경우는 모두 부차적인 것이다. 성직자가 되는 가장 우선적인 동기와 목적은 하나님의 영광을 위하여, 그리고 교회를 섬김으로 이웃을 구원하기 위함이어야 한다(the principal spring and motive, to which all the former should be only secondary, must certainly be the glory of God, and the service of his church, in the edification and salvation of our neighbor).

다섯째, 성직자가 되려는 사람은 지혜자나 원로들의 조언을 잘 듣고 행하되, 특히 겸손과 신실함과 열심으로 하고 금식과 기도를 하면서 하나님과 성령님의 인도하심을 받아서 해야 한다.

그 외에 "설교자는 성경 언어를 익히는 것이 중요하다. 주석 중에 가장 좋은 주석은 바로 성경이고"(You ask me which is the best commentary on the Bible. I answer, The Bible itself), "성경을 원어로 읽으며, 각종 번역 성경들을 참고하며 읽는 것이 최고 좋은 방법"(infinitely preferable to any commentary I ever saw)이라고 했다.[3]

"아버지가 보시기에 그렇게 준비된 성직자가 되기 위해서 많은 시간이 필요하니 성직 안수를 서두르지 말라"(By all this you see I am not for your going over hastily into Orders)고 조언했다.[4]

남편의 생각이 자신과 다르다는 사실을 알고 수잔나는 다시 2월 23일 편지하여 아버지의 생각과 자기 생각이 다른 점을 강조하며 성직 안수를 미루지 말라고 했다. 그리고 아들이 성직 안수를 받기 전에 좀 더 학문적

---

[3] Whitehead, *The Life of the Rev. John Wesley*, 220. 당시에 출판된 것들 중에서 그로티우스(Grotius)의 주석이 가장 탁월하다고 했다.

[4] Baker, *Letters*, 25:157-9; 참조 Tyerman, *John Wesley*, 1:31-32; M. Pitte, *John wesley*, 246.

으로 잘 준비되기를 원했던 아버지와는 달리, 어머니는 아들에게 먼저 철저히 회개하고 성령의 인도하심을 받으며 무엇보다도 목회에 가장 필요한 '실천신학'(practical divinity)을 공부하라고 촉구했다.

네가 성격이 변했다고 하는데 여전히 문제가 있는 것 같구나. 긍정적으로 생각해서, 하나님의 성령 역사로 네 성격에 변화가 있기 바란다. 너의 육체적인 쾌락을 벗어버려라. 왜냐하면, 그것들은 네가 거룩하고 영적으로 사는 데 방해되기 때문이다.
… 사랑하는 재키야, 내가 진심으로 바라건대, 무엇보다도 먼저 네 자신을 진지하게 성찰하여 예수 그리스도의 구원에 합당한 희망이 너에게 있는지 알기 바란다. … 네 아버지와 나는 생각이 같았던 적이, … 부제(deacon) 안수를 빨리 받을수록 좋다고 생각한다. 왜냐하면, 네가 실천신학을 더 많이 공부할 수 있는 기회가 주어지기 때문이다.
나는 성직자 후보생에게 실천신학이 가장 필요한 공부라고 생각한다. 네 아버지와 나는 생각이 다른데 네 아버지는 너에게 비평적인 학문(critical learning)을 권장하는 것 같은데 (내가 확실히 알지는 못하지만) 그런 학문은 때에 따라서만 필요한 것이기 때문에 그것에 치중하는 것은 현명하지 못한 일이야. 그러므로 나는 네가 절대적으로 중요한 것을 외면하고 사소한 공부에 치중하는 중죄(great evil)를 범하지 말게 해달라고 하나님께 진심으로 기도한다(The alteration of your temper had occasioned me much speculation. I, who am apt to be sanguine, hope it may proceed from the operations of God's Holy Spirit. That by taking off your relish of sensual enjoyments, [it] would prepare and dispose your mind for a more serious and close application to things of a more sublime and spiritual nature. … Dear Jacky, I heartily wish you would now enter upon a serious examination of yourself, that you may know whether you have a reasonable hope of salvation by Jesus Christ. … that your father and I seldom think alike. …

> I think the sooner you are a deacon the better, because it may be an inducement to greater application in the study of practical divinity, which of all other I humbly conceive is the best study for candidates for Orders. Mr. Wesley differs from me, and would engage you, I believe, in critical learning [though I am not sure], which, though accidentally, and by way of concomitance, yet is in nowise preferable to the other. ThereforeI earnestly pray God to avert that great evil from you, of engaging in trifling studies to the neglect of such as are absolutely necessary).[5]

지나치게 학문적인 것을 '쓸데없는 학문'(trifling studies)이라 했고, 가장 중요한 것 외에 이차적인 일에 매진하는 것을 '심각한 악'(great evil)이라고 규정하는 것을 보면, 평소에 수잔나의 편지에서 찾아보기 어려운 격앙된 표현이다. 아마도 수잔나는 지난 30여 년간 남편의 목회를 바라볼 때 남편이 지나치게 이론적인 것에 심취하여 실제적인 목회를 외면하는 오류를 범하는 것을 보며 마음에 분노가 쌓였던 것 같다.

그런데 아들에게 성직 안수를 서두르지 말라고 하던 아버지가 자신의 건강이 약해지자, 1725년 3월에 다시 편지를 써서 오는 여름부터 안수 과정을 시작하라고 재촉한다. 그리고 안수에 필요한 돈을 보내 주겠다는 약속까지 한다.[6] 사실 누구보다도 아들이 목사가 되어 아버지의 뒤를 이어 엡워스 교구를 맡아주기를 바랐던 사람은 바로 아버지 사무엘이었고, 아들도 그 뜻을 알고 있었기에 고민이 더욱 깊었다.

---

[5] Baker, *Letters*, 25:160. Wallace Jr. ed., *Susanna Wesley*, 103-104; Tyerman, *John Wesley*, 1: 32; Piette, *John Wesley*, 246-7.
[6] Baker, *Letters*, 25:160-1. 총서의 편집자들은 이 편지가 쓰인 해를 1724/5라고 표기했다.

2. 영적 멘토들: 제레미 테일러, 토마스 아 켐피스, 윌리엄 로

성직자 안수 과정을 전후하여 심각한 영적-신학적 고민을 하게 된 웨슬리에게 길을 제시해 준 사람은 테일러 주교(Bishop Jeremy Taylor, 1613-1667)이다.[7] 1725년에 테일러의 『거룩한 삶과 죽음에 대한 규칙과 연습』(Rules and Exercises of Holy Living and Holy Dying, 1650-1651)을 읽고 시간을 중시하는 경건한 삶의 패턴을 정하게 된다.[8]

같은 해에 중세기 공동 생활 형제단의 수도사인 켐피스가 쓴 『그리스도를 본받아』를 읽고 웨슬리는 평생 그의 가르침을 따랐다. 그런가 하면, 펠로우(Fellow)가 된 후 1727년부터 읽기 시작한 윌리엄 로(William Law, 1686-1761)의 『헌신되고 거룩한 삶에 대한 진지한 소명』(A Serious Call to a Devout and Holy Life)과 『그리스도인의 완전』(Christian Perfection)은 웨슬리의 삶과 신학의 특징을 결정하는 데 기여했다. 텔포드나 콜린스는 켐피스, 테일러, 로의 순서로 살펴보기 때문에 연대적으로 약간의 혼란을 주고 있다. 아마도 그들은 웨슬리가 테일러나 로를 접하기 전에 켐피스를 먼저 읽었다는 사실에 주목

---

[7] 테일러는 윌리엄 라우드 대 주교(Archbishop William Laud)와 찰스 1세의 보호를 받다가 왕권이 몰락하자 나중에 여러 지역의 영국 국교회 주교를 지냈고(Anglican bishop of Down, Connor, and Dromore), 더블린에 있는 트리니티대학의 학장(vice chancellor of Trinity College in Dublin)이 된 인물이다.
"vice chancellor"를 직역하면 "부챈슬러"라 할 수 있는데, 챈슬러는 명예직이고 대부분의 실제 업무를 "vice chancellor"가 담당하기 때문에 그를 학장, 또는 총장이라 부르는 것이다.

[8] Campbell, Letters, 27: 427-8 (To John Newton, May 14, 1765). 사실, 웨슬리는 뉴톤에게 쓴 편지에서 마치 이 책이 『거룩한 삶과 죽음에 대한 규칙과 연습』(Rules and Exercises of Holy Living and Holy Dying, 1650-1651)이란 제목으로 출판된 한 권의 책인 것처럼 말했지만, 사실은 『거룩한 삶에 대한 규칙과 연습』(Rules and Exercises of Holy Living)란 제목으로 1650년에 출판된 것과 그 다음해에 출판된 『거룩한 죽음에 대한 규칙과 연습』(Rules and Exercises of Holy Dying)을 말하는 것이다. 테일러는 "잘사는 것"과 아울러 "잘 죽는 것"이 경건을 위해 필연적이라고 보았던 것이다.

하고 있는 듯하다.⁹

하지만, 웨슬리가 영적-신학적 고민을 할 때 실제로 테일러의 저서들을 통해 거룩한 삶을 동경하며 실천하기 시작한 후에 켐피스를 통해 확인받게 되었고, 로의 저서들을 통해 좀 더 신학적으로 정립되는 순서를 거쳤기 때문에 테일러 먼저 살펴보는 것이 좋을 것이다. 이 연대적 순서에 대해서는 웨슬리가 1765년 5월 14일 존 뉴톤(John Newton)에게 쓴 편지에서 상세하게 밝히고 있다.¹⁰

1) 제레미 테일러(Jeremy Taylor, 1613-1667)

테일러의 『거룩한 삶과 죽음에 대한 규칙과 연습』의 내용은 23개의 규칙(twenty-three rules)을 따라 살면 거룩하게 살 수 있다고 안내하는 교범과 같은 책이다. 그 내용을 크게 세 부분으로 나눈다면, 시간 활용에 대한 것과 정욕을 피하는 것과 쓸모없는 지식의 남용을 금하는 내용들인데 웨슬리는

---

9   Telford, *The Life of John Wesley*, 38-39. 한편, 텔포드는 William Law에 대해서는 1738년 올더스게이트 체험에 대해 논할 때 언급하면서 그와의 관계를 상세하게 다루고 있다. See page. 103-8.

10 Campbell, *Letters*, 27:427; Ward and Heitzenrater, *Journal and Diaries*, 21: 508-11. 1725년 5월 28일 웨슬리가 어머니에게 쓴 편지에 의하면, 웨슬리는 당시에 켐피스의 저서를 소개 받았다고 했고, 부모들은 그 책에 대한 장단점을 지적해 주면서 역시 읽을 가치가 있다고 추천했다.
See Baker, *Letters*, 25:162-71. 웨슬리는 "A Plain Account of Christian Perfection"에서 켐피스의 저서를 1726년에 읽었다고 했다. See his "A Plain Account of Christian Perfection, As believed and taught by The Rev. Mr. John Wesley, from the year 1725 to 1765," in Chilcote and Collins, *Doctrinal and Controversial Treaties*, 13: 136-7. 그 다음에 밝힌 순서는 1730년에 "한 책의 사람"이 되기로 했고(In 1730 I began to be *homo unius libri*), 마침내 1733년에 "마음의 할례"(The Circumcision of the Heart)를 설교하게 되었던 것이다.

거룩을 추구하기 위해 무엇보다도 먼저 시간 활용에 집중했다.[11]

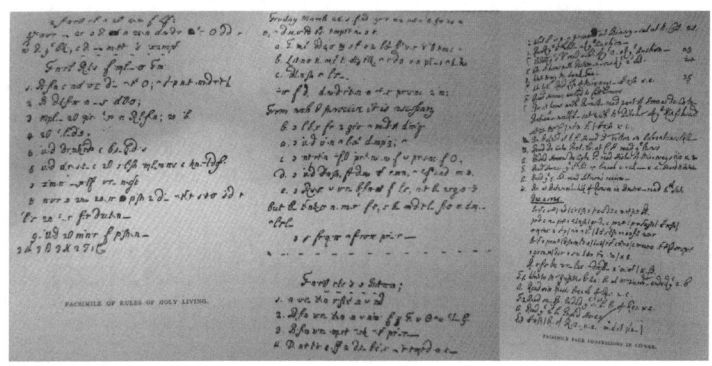

▲ 웨슬리 일기 복사본

웨슬리는 철저하고 온전하게 하루의 모든 시간을 하나님께 드리며 하루를 성찰하고 영적 진보를 점검하기 위해 1725년 4월 5일부터 일기를 쓰기 시작했는데 자기만이 아는 사인(signs)이나 약어(abbreviations), 암호(ciphers) 등을 많이 썼기 때문에 다른 사람들은 읽을 수가 없다.[12] 그런데 많은 양의 일기들, 예를 들어 1727년부터 29년까지, 1734년, 1737년, 1738년, 1742-1783년까지의 일기가 존재하지 않는다. 하이젠레이터는 웨슬리가 죽은 이후에 그의 유언에 따라 많은 부분이 폐기되었을 것이라고 추측한다.[13]

웨슬리가 뉴톤에게 설명할 때는 테일러의 저작을 읽고 비로소 "나의 생각을 온전히 하나님께 드려야 함"(a fixed intention to give myself up to God)을 깨닫게 되었다고 했다. 그런데 1년 후에 쓴 『그리스도인의 완전에 대한 평이한 해설』(A Plain Account of Christian Perfection)에서 좀 더 상세하게 설명해 주고 있다.

---

11 "Introductory" in Nehemiah Curnock, *The Journal*, 1: 3-77, 특히 71-77. 커녹은 49-50 페이지에 웨슬리의 일기의 복사본을 제시하고 있는데, 전혀 이해할 수가 없다.
12 Rack, *Reasonable Enthusiast*, 82.
13 Campbell, "John Wesley as diarist and correspondent," in Randy L. Maddox and Jason E. Vickers, eds., *The Cambridge Companion to John Wesley*, 134.

나는 대단하게 영향을 받았는데, 특히 의도의 순수성에 대한 부분이다. 결과적으로 나는 나의 모든 삶과 생각과 말과 행동을 전적으로 하나님께 위탁하기로 했다. 그리고 내 전체의 삶을 하나님께 희생 제물로 바치든지, 아니면 나 자신 즉 악에 받치든지 둘 중 하나만 있지 그 중간은 없다는 사실을 분명히 알게 되었다(I was exceedingly affected; that part in particular which relates to purity of intention. Instantly, I resolved to dedicate all my life to God, all my thoughts, and words, and actions; being thoroughly convinced, there was no medium; but that every part of my life[not some only]must either be a sacrifice to God, or myself, that is, in effect, the devil).[14]

여기에서 발견되는 중요한 개념들은 "의도의 순수성"(purity of intention)과 "전 생애를 하나님께 헌신하는 것"(dedicate all my life to God)이다. 웨슬리가 제레미 테일러를 통해 배운 공통점은 오직 하나님께 헌신하든지, 아니면 우리 자신에게 헌신하는 것만 있을 뿐 그 중간은 없다(there is no medium)는 것이다. 그리고 그러한 극단적인 생각과 행동은 죽을 때까지 변함이 없었다.

그러나 웨슬리는 테일러가 말한 확신(assurance)과 겸손(humility)에 대한 내용에는 동의할 수 없었다. 테일러의 주장대로라면, 인간이 죽을 때까지 죄 사함을 확신할 수 없으므로 평생을 기도해야 한다고 했는데, 그렇다면 매 순간 살아갈 때마다 기쁨보다는 두렵고 떨림으로 살아야만 한다는 사실에 웨슬리는 동의할 수 없었다.[15] 테일러를 읽고 난 후, 웨슬리는 극단적

---

[14] "A Plain Account of Christian Perfection, As believed and taught by The Rev. Mr. John Wesley, from the year 1725 to 1765," in Chilcote and Collins, *Doctrinal and Controversial Treaties*, 13: 136-7; Thomas Jackson, *The Works*, 11:366. Tyerman, *John Wesley*, 1:36.

[15] Baker, *Letters*, 25:169-170, 174-5; Thomas Jackson, *Works*, 12: 8-9. Tyerman, *John Wesley*, 1:34-35. 인간은 자신 안에 있는 뿌리 깊은 죄성 때문에 죽는 순간까지 하나님의 은혜를 필요로하는 존재라는 사실에 칼빈과 웨슬리가 동의한다. 그렇기 때문에 웨슬리는 그 문제를 해결하기 위해 하나님의 은총을 구하는 것이 기독교적 경건이라고 생각한 반

인 주장들에 대해 좀 더 신중하게 생각하기 시작했고, 어머니와 지속으로 편지를 주고 받으며 자신의 그러한 생각을 점검해 나갔다.

웨슬리의 경건 생활은 온전한 마음을 드리는 규칙과 훈련들로 채워졌다. 일찍 일어나서 잠들기 전까지 세밀하게 그날의 삶을 성찰하며 해결책을 제시하는 일기를 썼다. 모든 삶에 적용하는 원칙으로(A general rule in all actions of life)는 "무슨 일을 할 때마다 하나님은 어떻게 하셨는지, 어떻게 하실 것인지, 그리고 어떻게 그것을 따라 할 것인지 생각하라"는 원칙을 정했다. 그리고 '하루의 시간을 철저하게 드리기 위한 원칙'(general rules of employing time)을 다음과 같이 정하고 실천했다.[16]

① 매일 매일을 하나님과 함께 시작하고 마치라, 너무 많이 자지 말라 (Begin and end every day with God; and sleep not immoderately).

② 너의 소명에 부지런하라(Be diligent in your calling).

③ 할 수 있는 한 모든 시간을 경건 생활에 할애하라(Employ all spare hours in religion; as able).

④ 모든 공휴일을 거룩한 날로 지켜라(All holidays[holy-days]).[17]

⑤ 술주정뱅이와 참견하는 사람들을 피하라(Avoid drunkards and busybodies).

⑥ 호기심이나 쓸데없는 일과 지식을 피하라(Avoid curiosity, and all useless employments and knowledge).

⑦ 매일 밤 자신을 성찰하라(Examine yourself every night).

면에, 칼빈주의자들은 그러한 사실을 인정하며 하나님의 은총을 구하는 것이 경건이라고 생각한 것이 다르다.

[16] See Curnock, *The Journal*.
[17] 사실 대부분의 공휴일은 종교적인 목적에 집중하라는 뜻에서 제정된 것인데 사람들은 오직 자신들의 휴식이나 즐거움을 추구하는 목적으로 사용하는 것에 대해 웨슬리는 원래의 뜻을 되새기며 하나님의 뜻을 실천하는 날로 지키라는 뜻일 것이다.

⑧ 하루 중 아무리 바빠도 최소한 한 시간씩 경건의 시간을 가져라(Never on anyhour for devotion).

⑨ 모든 종류의 정욕을 피하라(Avoid all manner of passion).[18]

그런가 하면, 사제 안수를 받기 1년 전인 1726년 1월 29일에 쓴 일기에 의하면 신성회 때부터 하던 대로 매달 한 번씩 수요일 금식을 하면서 헬라어로 "주여 도우소서"(kurie Boethei, Lord help me)라고 기도했다. 그리고 그는 잠을 너무 많이 자는 것에 대해 반성하며 아침 5시에 일어나기로 작정한다. 새벽 5시에 일어나는 것이 성공한 후 1728년 언젠가부터 새벽 4시에 일어나기 시작했다.[19] 그는 새벽 4시에 일어나서 5시에 첫 예배를 드리고 하루를 시작하기를 죽을 때까지 계속했다.

2) 토마스 아 켐피스(Thomas a Kempis, 1380-1471)

웨슬리는 1725년에 자신에게 근본적으로 변화를 준 믿음의 친구를 만났다고 했는데 그가 누구인지는 밝히지는 않았다.[20] 그때 그 친구를 통해

---

[18] Curnock, The Journal, 1: 48.
[19] Telford, The Life of John Wesley, 51.
[20] Ward and Heitzenrater, Journal and Diaries, 18: 243-4 (May 24, 1738). 그 이전에 어떤 전기 작가도 웨슬리가 익명으로 언급하고 있는 친구가 누구인지 밝히지 못했는데, 웨슬리의 글과 일기를 편집한 커녹은 웨슬리가 스탠톤(Stanton)에 있는 리오넬 커크햄 (L. Kirkham) 목사의 집을 자주 방문한 사실에 주목하며 웨슬리의 일기에서 바라네즈 (Varanese)라는 별명으로 언급되고 있는 사람은 그 목사의 두 딸들 중 언니 샐리 커크햄 (Sally Kirkham)과 동생 베티 커크햄(Betty Kirkham)양 중에서 동생일 것이라고 추측했다(Curnock, The Journal, 1: 13-19). 반면에, 『200주년 기념 웨슬리 총서』 편집자들이나 콜린스 등 최근의 학자들은 언니인 샐리 커크햄(Sally Kirkham)이라는데 동의하고 있다. Ward and Heitzenrater, Journal and Diaries, 18: 244, note 37; Collins, John Wesley, 30. See also Piette, John Wesley, 550, note 27.

자신의 인생에 결정적인 변화를 준 책을 한 권을 소개받았는데 바로 토마스 아 켐피스의 『그리스도를 본받아』이다.[21]

중세시대 공동 생활 형제단의 수도사인 켐피스가 쓴 『그리스도를 본받아』는 당시에도 널리 알려진 고전이었는데, 웨슬리는 조지 스탠호프(George Stanhope, 1660-1728)에 의해 『그리스도인의 모범』(The Christian's Pattern)으로 번역된 책을 읽었다.

그 책을 읽고 어머니에게 쓴 편지를 보면, 그리스도를 본받는 삶으로서 이웃 사랑과 내적인 성결을 강조는 내용에 매우 감동하였지만, "너무 가혹한 관점에 화가 났다"(I was, however, very angry at Kempis for being too strict)라고 하면서 저자가 요구하는 수준이 너무 가혹해 일반인들이 이룰 수 없을 것이고, 결국은 비참하다고 느끼게 만들 것이라고 했다.[22] 그러면서도 자신은 그 책의 가르침에 따라 새로운 삶(a new life)을 살기로 작정하고 모든 죄를 청산하는 "내적 성결"(inward holiness)를 위해 기도하기 시작했다.[23]

그 이후로 웨슬리는 그 책과 동행하며 동료 메도디스트들에게 켐피스의 『그리스도를 본받아』를 필독서로 추천했다. 1761년에 그의 친구 바이롬(Byrom)에게 말하기를 "토마스 아 켐피스의 책은 자신에게 성경 다음으로 중요한 책"(Thomas a Kempis was next to the Bible)이라고 했다.[24]

---

[21] Thomas a Kempis란 그의 고향인 Kempen(켐팬)출신의 토마스란 뜻이다. 그래서 독일어명은 "Thomas von Kempen"이다.

[22] Ward and Heitzenrater, *Journal and Diaries*, 18: 243-44(May 24, 1738); Baker, *Letters*, 25:163; Tyerman, *John Wesley*, I: 33. Piette, *John Wesley*, 549, note 27. 웨슬리는 Dean Stanhope라고 했는데, 그의 직책이 Dean of Canterbury 였기때문이다.

[23] Ward and Heitzenrater, *Journal and Diaries*, 18: 244; Curnock, *The Journal*, 1: 466-7. 『그리스도를 본받아』가 웨슬리의 삶과 신학에 끼친 영향이 지대함을 증명하는 또 하나의 증거는 자신이 그 책을 읽은 지 10년이 지나서 요약판을 출판하여 포켓용으로 보급한 것이다.

[24] Telford, *The Life of John Wesley*, 38에서 재인용. 그러나 텔포드는 그 출처를 밝히지 않고 있고, 『200주년 기념 웨슬리 총서』에서도 그런 인물과 편지를 찾아볼 수 없다.

『그리스도를 본받아』를 읽은 지 40년이 지난 1766년에 쓴『그리스도인의 완전에 대한 평이한 해설』에서 웨슬리는 켐피스가 자신에게 깨우쳐 준 면에 대해서 높게 평가하고 있다.

> 나는 켐피스의『그리스도인의 모범』을 접했다. 내적인 종교, 즉 마음의 종교의 본질과 넓이가 이전에 없었던 강한 빛으로 나에게 다가왔다. 나의 마음, 나의 모든 마음을 하나님께 드리지 않는다면(그렇게 하는 것이 가능함에도 불구하고), 나에게 아무 유익이 없다는 것을 알았다.
> 의도의 단순성과 감정의 순결, 즉 말하거나 행동하는 모든 것에 있어 한 가지 계획, 그리고 우리의 감정을 다스리는 한 가지 갈망 등이 진실로 [우리] 영혼의 날개이다. 그것들이 없이는 영혼이 결코 하나님의 경지에 도달하지 못할 것이다(I met with Kempis's "Christian's Pattern." The nature and extent on inward religion, the religion of the heart, now appeared to me in a stronger light than ever it had done before. I saw that giving even all my life to God [supposing it possible to do this, and go no further] would profit me nothing, unless I gave my heart, yea, all my heart, to Him. I saw that simplicity of intention, and purity of affection, one design in all we speak and do, and one desire ruling all our tempers, are indeed the wings of the soul, without which she can never ascend to the mount of God).

여기서 발견되는 가장 중요한 개념은 "내적인 종교"(inward religion) 혹은 "마음의 종교"(a religion of heart)인데, 웨슬리는 부모로부터 배운 내용을 중세기의 수도사를 통해 재확인하게 되었다.

1733년 1월 1일 웨슬리가 펠로우로서 옥스퍼드대학교의 교수들과 학생들에게 행한 첫 설교가 "마음의 할례"(The Circumcision of the Heart)였다. 사실 그동안 묵상하고 훈련한 모든 내용을 가장 우선적으로 설교했는데 그 요지는 바로 '마음을 온전히 하나님께 드리는 것'이었다.²⁵ 그 이후 '마음의 할례' 문제는 그가 죽는 순간까지 강조한 '완전성화'(Entire Sanctification), 혹은 '그리스도인의 완전'(Christian Perfection)과 직결되는 신학적 내용이 되었다.

3) 성직 안수 과정

웨슬리는 1724년에 옥스퍼드대학교 크라이스트처치대학을 졸업한 다음해인 1725년 9월 19일 주일에 옥스퍼드 주교인 존 포터(J. Potter)에 의해 그의 나이 22세 때 부제(deacon) 안수를 받았다. 사실, 웨슬리는 1725년 5월 23일 안수를 받기로 되어 있었는데, 2주 전에 9월로 연기되었다. 연기된 이유에 대해서는 안수를 받는 데 필요한 경비가 없었거나 당시 여러 여성과 활발하게 교제를 하고 있었다는 사실에 근거하여 이성 문제가 정리될 필요가 있었기 때문이라고 추측하기도 하지만, 정확한 이유를 알고 있는 사람은 없는 것 같다.²⁶

마침내, 웨슬리는 1725년 9월 19일 주일 부제로 안수를 받은 후, 사우스 레이(South Leigh)에서 설교를 했는데 그것이 웨슬리가 행한 첫 설교가 되었고, 이어서 1726년 1월 11일 엡워스에서도 설교를 했다.²⁷

한편, 성직 안수 과정에서 경건 서적을 통해 만난 영적 멘토들을 통해 얻은 영적 깨달음에 따라 웨슬리의 삶의 방향이 결정된 것에 주목한 몇몇 전기 작가들은 1738년 5월 24일에 웨슬리가 올더스게이트에서 회심을 했다고 주장한 타이어맨과 달리 1725년을 웨슬리의 회심 시기로 주장하기도 한다. 웨슬리 사후 100년이 더 지난 후에 어거스틴 리거(Augustin Leger)

---

25 Tyerman, *John Wesley*, 1:88. 본문은 로마서 2:29 이었다.
26 See Piette, *John Wesley*, 251과 Tyerman, *John Wesley*, 1:43.
27 Curnock, *The Journal*, 1:59. See also Tyerman, *John Wesley*, 1:41, 44; Telford, *The Life of John Wesley*, 40.

가 그의 책 『청년 웨슬리』(*La Jeunesse de Wesley*, Young Wesley, 1910)에서 주장한 바 있는데, 피에트는 그때 웨슬리가 최초로 진실한 회심(the first and true conversion)을 했다고 주장했다.²⁸

피에트가 첫 회심이라고 표현한 것은 다음에 있을 회심을 염두에 두고 한 말이다. 그런 의미에서 피에트는 올더스게이트에서의 체험을 "복음적 회심"(evangelical conversion)이라 했고, 그것이 곧 "하나님의 사랑으로의 회심"(conversion to the love of God)이요, "하나님과 친근하게 연합하는 감정"(a feeling of intimate union with God)이라고 정의하며 그러한 새로운 삶(a new life)에 대한 경험과 사건을 후에 웨슬리는 "중생"(a regeneration or a second birth)이라고 했다는 것이다.²⁹

최근에 알버트 C. 아우틀러(Albert C. Outler) 교수도 그들과 뜻을 같이하며 웨슬리가 1725년에 토마스 아 켐피스, 제레미 테일러 등을 통해 동방 교부들이 가르쳤던 "거룩한 삶으로 회심하게 되었다"(had been converted to the holy living)고 평했다.³⁰

웨슬리의 회심에 대해 논쟁이 되는 것은 웨슬리 자신의 고백 때문이다. 그는 1766년에 쓴 『그리스도인의 완전에 대한 평이한 해설』에서 1725년부터 1765년에 이르기까지 지난 40년 동안 자신에게 일어난 변화를 설명하는 과정에서 무엇보다도 먼저 1725년부터 시작한다는 사실과 그해에 자기에게 가장 획기적인 변화가 일어났던 것처럼 묘사하고 있기 때문이다.

---

28 Piette, *John Wesley*, 420.
29 iette, *John Wesley*, 306-7. 피에트가 1925년에 웨슬리의 회심에 대해 논할 때 "evangelical conversion," 즉 "복음적 회심"이란 용어를 사용했다는 사실에 주목할 필요가 있다.
30 Outler, "John Wesley as a Theologian: Then as Now," in Thomas C. Oden and Leicester R. Longden, eds., *The Wesleyan Theological Heritage: Essays of Albert C. Outler*, 64.

1725, 즉 내가 23세일 때 나는 테일러 감독의 『거룩한 삶과 죽음의 규칙과 연습』을 읽고 많은 영향을 받았다. 특히, 의도의 순수성에 대해 알고 그때 이후로 나는 나의 모든 삶, 나의 모든 생각과 나의 말과 행동을 전적으로 하나님께 드리기로 했다. 그리고 내 삶의 모든 부분(일부분이 아닌)을 하나님께 드리느냐 아니면 나에게, 즉 마귀에게 드리느냐, 다른 중도의 길은 없다는 것을 확신하게 되었다(In the year 1725, being in the twenty-third year of my age, I met with Bishop Talor's Rule and Exercises of Holy Living and Dying. In reading several parts of this book I was exceedingly affected – that part in particular which relates to purity of intention. Instantly I resolved to dedicate all my life to God; all my thoughts, and words, and actions; being thoroughly convinced, there was no medium, but that every part of my life [not some only]must either be a sacrifice to God or to myself, that is, in effect, to the devil).[31]

흥미로운 것은 자신에게 일어난 가장 의미 있는 변화를 연대적으로 설명하고 있는 『그리스도인의 완전에 대한 평이한 해설』에서 올더스게이트 체험에 대한 언급이 전혀 없다는 것이다.

1784년에 쓴 설교, "어떤 면에서 우리는 세상을 떠나야 할까?"(*In What Sense We are to Leave the World*)에서 웨슬리는 자신이 '명목상의 그리스도인'(a nominal Christian)에서 '진정한 그리스도인'(a real Christian)이 되는 획기적인 변화가 그의 나이 22살 때, 즉 1725년에 일어난 것처럼 말했다.

22살 때쯤 내가 명목상의 그리스도인이 아니고 진정한 그리스도인이 되기를 원했을 때 나의 지인들도 대부분 나처럼 하나님에 대해 무지했다. 그 당시 나는 나의 무지를 깨달았고 하나님에 대해 무지한 그들을 깨우치려 했지만, 허사였다. 대화를 통해 문제를 해결하려고 했지만, 그들은 나

---

[31] Chilcote and Collins, *Doctrinal and Controversial Treaties*, 13:136.

의 모든 노력을 물거품으로 만들어버렸다. 그 뒤로 어떻게 하면 하나님에 대한 무지를 제거할 수 있을지 생각하고 또 생각했다. 하나님께서 나를 다른 학교로 옮기시지 않는 한 다른 방법이 없다는 것을 알게 되었다(When it pleased God to give me a settled resolution to be not a nominal, but a real Christian[being then about two and twenty years of age] my acquaintance were as ignorant of God as myself. But there was this difference: I knew my own ignorance; they did not know theirs. I faintly endeavoured to help them; but in vain. Meantime I found by sad experience that even their harmless conversation[so called] damped all my good resolutions. But how to get rid of them was the question, which I resolved in my mind again and again. I saw no possible way, unless it should please God to remove me to another college).[32]

웨슬리는 80세가 넘어서도 자신의 삶을 되돌아볼 때 22-23세 때 "명목상의 그리스도인"에서 "진정한 그리스도인"이 되는 계기가 된 것이 자신에게 일어났던 가장 큰 변화라고 생각하고 있었던 것 같다.

4) 펠로우(fellow)로 선출되다

성직 안수를 받은 후 1726년 3월 17일 웨슬리는 당시에 공석이었던 "링컨대학의 펠로우"(a Fellow of Lincoln College)직에 만장일치로 선출되었는데, 그의 나이 23세 때의 일이다.[33] 당시 웨슬리의 경쟁자는 웨슬리가 지나치게 심각하므로 펠로우직에 적합하지 않다고 비방했지만, 당시 학장이었던 몰리(Morley) 박사는 웨슬리의 그러한 면을 긍정적으로 평가해 주었다.

---

32 Outler, *Sermons*, 3:152.
33 전임 펠로우 John Thorold는 1725년 5월 3일 사임했기 때문에 거의 1년 가까이 공석이었던 자리에 웨슬리가 취임하게 된 것이었다. See Telford, *The Life of John Wesley*, 42.

아버지는 아들이 펠로우가 되는 것을 매우 자랑스럽게 생각하고 자신이 도울 수 있는 모든 방법을 동원하며 지원했다. 이제 나이가 들어 사제직을 감당하기 어려워졌을 때 펠로우가 된 아들에게 편지하여 자신의 마음을 다음과 같이 표현한 바 있다.

> 올여름이 끝나기 전에 내 운명이 어떻게 될지 하나님만이 아신다. 그러나 내가 어디에 있든 아들 재키는 링컨대학의 펠로우이다(and what will be my own fate, God knows, *Sed passi graviora* ['여름이 끝나기 전에'란 뜻], and wherever I am, my Jacky is Fellow of Lincoln).[34]

한편 어머니 수잔나는 아들이 펠로우로 선출된 아들에게 하나님이 아들을 거룩한 일을 위해 사용하실 것 같으니 구원하는 믿음을 가지고 실제적으로 회개할 것을 촉구하기도 했다.[35]

펠로우(fellow)란 학부생(undergraduates)을 가르치는 일종의 교수직이지만, 독신으로 살며 주로 대학교 내에 머무르면서 학생들을 가르쳐야 하고, 논쟁이나 분쟁을 조절해 주며, 교수들과 학생들을 위한 예배를 인도하면서 영적인 지도를 하는 특별한 직책이었다. 펠로우가 되는 것은 학문과 경건에 있어서 우수한 사람에게 주어지는 매우 영예로운 직책이었기 때문에 경쟁 또한 치열했다.

펠로우직은 결혼하는 즉시 자동적으로 해제된다. 그러므로 오늘날 펠로우를 단순히 '독신 교수' 혹은 '대학원 장학생' 혹은 '석좌 교수' 등으로 번역하지만, 어느 것도 정확하지 않기에 그냥 펠로우라고 부르는 것이 좋

---

[34] John Whitehead, *The Life of the Rev. John Wesley*, 228-29. Baker, *Letters*, 25:194. Tyerman, *John Wesley*, 1: 45; Telford, *The Life of John Wesley*, 42; Piette, *John Wesley*, 263.
[35] Baker, *Letters*, 25:193.

을 것이다. 펠로우가 되면 지역과 환경에 따라 약 20-80파운드 정도의 월급을 받는 데, 웨슬리 연 20파운드를 받았다.[36]

당시의 링컨대학은 1명의 학장과 12명의 펠로우와 2명의 채플린으로 구성되어 있었고 학생들은 약 50여 명 이었다고 한다. 그리고 웨슬리가 거주하던 방을 오늘날까지 "웨슬리의 방"(Wesley's room)이라 하고, 그 방의 창문을 두르고 있던 덩굴(vine)을 "웨슬리의 덩굴"(Wesley's vine)이라 부르기도 했다.[37]

펠로우로 선출된 뒤 잠시 안식 기간을 얻어 1726년 여름을 부모님과 함께 엡위스와 루트(Wroote)에서 부교역자로 섬기며 보냈다. 그동안에 웨슬리는 매주 두 번씩 설교했고, 공부에 집중하는 유익한 시간을 보냈다. 1726년 9월 21일 학교로 복귀했는데, 그가 가르친 과목은 고전 문학과 논리학(1726-1730), 신약성경 그리스어(1726-1727, 1729-1734), 그리고 고전 문학과 철학(1730-1735) 등이다.[38]

---

[36] Piette, *John Wesley*, 265-66. 웨슬리의 년봉이 20파운드라고 피에트가 밝힌 반면에 타이어맨은 전혀 언급이 없다. 월급 액수에 대해서는 다음을 참고하라: Telford, *John Wesley*, 47-8; Green, *The Young Mr. Wesley*, 320-1. 년 20파운드는 당시 근로 장학생이 받는 액수에 불과했는데, 오늘날 얼마를 의미하는 액수일까?
찰스가 1740년대 말쯤에 결혼하게 되었을 때 신부 측의 어머니가 가족을 부양해야할 책임이 있는 찰스에게 년 100파운드의 수입을 증명하라고 요구한 것을 보면, 당시 일반 중산층 가정이 일년 살아가는데 100파운드 정도 필요하다고 본다. 그렇다면 독신자에게 20파운드는 결코 많은 돈이 아니지만, 당시 빚을 지고 있던 웨슬리에게는 단비와도 같은 재정이었을 것이다. 하지만, 새로 선출된 펠로우는 첫 6개월이 지난 후에야 돈을 받는 규정에 따라 아마도 웨슬리는 펠로우가 된 직후부터 첫 월급을 받을 때까지가 재정적으로 매우 어려웠던 것으로 보인다. See, Telford, *The Life of John Wesley*, 47, note. 사실, 웨슬리가 야외설교를 하면서 신도회를 조직하는 등 교구 외의 곳에서 활동할 수 있었던 것은 그가 펠로우였기 때문에 가능했다. 즉, 펠로우로서 경제적인 도움을 받으면서, 또한 특정 교구에 매이지 않고 각 교구를 순회하며 설교를 할 수 있었던 것이다.
[37] Green, *The Young Mr. Wesley*, 100 note 1. 타이어맨과 피에트와는 달리 그린은 웨슬리가 펠로우로서 가르친 과목과 기간을 일목요연하게 정리해 주었다.
[38] Tyerman, *John Wesley*, 1:45, note 2.

특히, 성경 그리스어를 가르치는 동안에는 대학생들에게 신약성경에서 본문을 선택하여 분석하고 주석을 해 주었다. 그러나 사실 성경 그리스어를 가르친다고 하지만, 주로 영적인 일을 주관하는 것이 더 큰 목적이었다. 그런가 하면, 당시 링컨대학에서는 주일을 제외하고 주중에 강당에서 학생들이 매일 논쟁을 하도록 장려했는데, 펠로우는 학생들이 논쟁을 통해 자신의 주장을 관철하고 적의 논리를 제압할 수 있도록 훈련하는 일도 담당했다.[39]

웨슬리는 1751년 결혼할 때까지 25년간 펠로우직을 유지했다. 웨슬리는 펠로우직을 감당하는 동안 연구를 계속하여 1727년 2월 14일 문학 석사학위(M.A., Master of Arts)를 받았는데, 그 과정으로서 반드시 라틴어로 논문을 쓰고 강의를 해야만 했다. 웨슬리가 쓴 세 편의 논문이다.

    첫째, 동물들의 영혼에 대하여(*De Anima Brutorum*, on the souls of animals)
    둘째, 율리우스 시저에 대하여(*De Julio Caesare*, on Julius Caesar)
    셋째, 하나님의 사랑에 대하여(*De Amore Dei*, on the love of God)

안타깝게도 그때의 논문은 남아 있지 않아 그 깊이를 알 수는 없지만, 제목을 통해서 짐작할 수 있는 것은 웨슬리는 라틴어에 능했고, 철학과 과학에도 조예가 깊었던 것으로 보인다.[40]

펠로우로서 문학 석사학위 과정을 이수하는 동안 웨슬리는 동료들과 사소한 대화로 시간을 낭비하는 일을 최대한 회피하고 오직 학문에 집중했는데 특히 다음과 같은 하루의 일정과 일주일 동안의 일정을 짜서 그 스스로 철저히 지켜 나갔다.

---

[39] Tyerman, *John Wesley*, 1:47-48, 66; Piette, *John Wesley*, 266.
[40] Tyerman, *John Wesley*, 1::54; Piette, *John Wesley*, 266; Collins, *John Wesley*, 39.

월요일과 화요일에는 신약성경 헬라어와 라틴어 고전, 그리고 역사가와 시인들에 대하여, 수요일에는 논리학과 윤리학, 목요일에는 히브리어와 아랍어, 금요일에는 형이상학과 자연철학, 토요일에는 웅변과 시학을 공부하며 주로 시를 썼으며, 마지막 주일에는 경건 서적을 읽었다. 그리고 남는 시간에는 2-3년 전에 시작한 불어 공부를 했고, 때로는 천체학에 몰두하기도 했고, 수학을 공부하는 가운데 유클리드, 카일, 그리고 아이작 뉴턴 경을 공부했다(Mondays and Tuesdays he devoted to the Greek and Roman [Latin] classics, historians and poets; Wesdesdays, to logic and ethics; Thursdays to Hebrew and Arabic; Fridays to Metaphysics and natural philosophy; Saturdays to oratoryand poetry, chiefly composing; and Sundays, to divinity. In intermediate hours, he preferred himself in the French language, which he had begun to learn two or three years before; sometimes amused himself with experiments in optics; and in mathematics studied Euclid, Keil, and Sir Isaac Newton).[41]

웨슬리는 대학과 대학원 과정에서 믿을 수 없을 정도로 광범위한 지식을 쌓았다. 한편, 웨슬리가 로의 저작을 통해 배운 『그리스도인의 완전』과 자신이 체험하고 깨닫게 된 『그리스도인의 완전』과 동일하지 않다는 문제가 발생하는데 그 문제가 어떻게 발전하는지 주목해 볼 일이다.

5) 첫 목회 경험과 사제 안수

존은 1727년 8월부터 1729년 11월 대학에 복귀하기까지 2년 이상 주로 루트(Wroote) 교구에서 아버지를 도와 부사제(curate)로 일했다.

---

[41] John Whitehead, The Life of the Rev. *John wesley*, 235-36; Tyerman, *John Wesley*, 1:55-56; Telford, *The Life of John Wesley*, 49

아버지는 어느덧 66세가 되어 엡워스와 루트 두 교구를 돌보기에 힘들 때 아들이 가서 도왔다.[42] 부사제 사역을 감당하던 중 웨슬리는 잠시 옥스퍼드로 와서 1728년 9월 22일에 2년 전에 부제 안수를 하였던 존 포터에 의해 사제(priest) 안수를 받았는데 안수 과정에서 당시의 모든 영국 국교회 성직자들이 하던 대로 왕이 교회의 머리임을 인정하는 영국 국교회의 교리에 충성하겠다는 서약을 했다.[43]

1724년에 옥스퍼드대학교을 졸업하고 성직 안수 과정에 들어가 1725년 9월 19일 부제 안수를 받았고, 26년 3월 17일에 펠로우가 되었고, 27년 2월 14일에 문학 석사학위를 받고, 마침내 28년에 사제 안수를 받았다. 4년 동안 그 모든 과정을 지나는 동안 고향으로 가서 아버지를 돕는 부사제 사역도 감당하는 등 바쁜 시간을 보냈다.[44] 그런데 사역 현장에서 웨슬리는 상상도 못했던 현실을 경험하게 된다.

> 나는 1725년부터 1729년까지 열심히 설교했지만, 나의 설교는 아무런 열매를 맺지 못했다. 나의 설교는 사람들을 회개시키지도 못했고 복음을 믿게 하지도 못했다. 그 사람들은 자신들은 이미 믿는 사람들이라고 생각하면서 많은 사람이 회개의 필요를 전혀 느끼지 못했다(From the year 1725 to 1729

---

[42] Telford, *The Life of John Wesley*, 51-52.
[43] 수장령에 따라 웨슬리도 교회의 머리를 왕으로 인정하는 영국 국교회의 교리와 법령에 충성한다고 서약했다. 그런데 교회의 머리는 예수 그리스도(엡 1:22)라고 믿고, 설교하는 영국 국교회 성직자들이 어떻게 "교회의 머리는 왕"이라는 서약을 했는지 이해하기 어렵다.
[44] 이 과정을 통해 알 수 있는 것은 사제 안수를 받지 않아도 펠로우가 될 수 있다는 것이고, 웨슬리는 부제 안수를 받은 후 3년 후에 사제 안수를 받았다. 하지만, 동생 찰스가 조지아 선교사로 떠나기 직전에 부제 안수를 받은 지 8일 만에 사제 안수를 받은 경우나, 후에 웨슬리가 메도디스트 내에서 부제 안수 후 하루 만에 사제 안수를 한것을 보면 부제 안수 후 얼마만에 사제 안수를 받아야만 한다는 규정은 없었던 것으로 보인다. See Schmidt, *Theological Biography*, 1:136.

I preached much, but saw no fruit of my labour. Indeed, it could not be that I should; for I neither laid the foundation of repentance, nor of believing the gospel, taking it for granted that all to whom I preached were believers, and that many of them needed no repentance).[45]

당시 루트는 영국 동북 쪽에 위치한 외진 곳으로 인구도 300명이 안 되는 농촌 마을로서 습지로 둘러싸여 지리적으로나 경제적으로 소외되었고 도덕적으로 타락한 지역이었다. 옥스퍼드대학교를 졸업한 지적인 설교자의 생각과 용어와 루트 교구의 청중들 사이에는 상당한 거리가 있었다. 무엇보다도 웨슬리는 그리스도인답게 살지도 못하면서 자신들은 구원받은 사람들이라고 생각하는 사람들에게 설교하며 매우 실제적인 신학적 고뇌를 하게 되었다.

그러던 중 튜터가 부족하니 속히 학교로 복귀해 달라는 몰리(Morley, the Rector of Lincoln) 학장의 연락을 받고 1729년 11월 22일에 연로한 부모님의 아쉬움을 뒤로한 채 학교로 복귀했다.[46] 그러나 목회 현장에서의 당황스러운 경험은 그때까지 자신만의 경건에 집중하던 웨슬리가 영국 국교회의 문제, 더 나아가 기독교 복음에 대해 근본적으로 다시 생각하는 계기가 되었다.

6) 윌리엄 로(William Law, 1686-1761)

학교로 복귀한 웨슬리는 신성회 회원들과 함께 윌리엄 로(William Law, 1686-1761)의 저서들을 읽으며 많은 감명과 영향을 받는다.[47] 로는 1711년 케임브리지의 임마누엘대학(Emmanuel College, Cambridge)의 펠로우로 선출

---

45 See "The Principles of a Methodist Father Explained" in Davies, *The Methodist Societies*, 9:222. 참조 Tyerman, *John wesley*, 1:57.
46 Schmidt, *John Wesley: A Theological Biography*, 1:96.
47 Schmidt, *John Wesley: A Theological Biography*, 1: 97.

되었지만, 1714년 제임스 1세(James I)의 증손자가 조지 1세(George I)로 영국 왕에 즉위하는 것을 인정하지 않는다는 이유로 펠로우직을 박탈당했다가 10년도 더 지난 후 1727년에 다시 복직되었던 인물이다.[48]

로는 『그리스도인의 완전』을 1726년에, 그리고 『헌신 되고 거룩한 삶에 대한 진지한 소명』(A Serious Call to a Devout and Holy Life)을 1729년에 출판했다.[49] 웨슬리는 로의 책 『그리스도인의 완전』에서 다음과 같은 내용을 배웠다.

> 기독교는 질적인 변화(a change of nature)를 추구한다. 세상의 가치를 거부하고, 자기를 부인하며 고행을 감당하면서 하나님께 완전하게(perfectly) 헌신해야 한다. 목회자는 과거의 계명이나 교리를 공부하는 것보다 가난하고 병든 사람들을 방문하여 영혼을 치유하는 일에 전념하는 것이 더 중요하다. 즉, 필요 없는 책을 읽는데 시간과 에너지를 소모하지 말고, 오직 그리스도를 닮는 데 주력해야 한다는 뜻이다. 그는 『진지한 부름』에서도 경건과 헌신의 삶에 대해 아름답고도 강력하게 강조했다. 이후로 웨슬리는 하루에 몇 시간씩 성경을 원어로 읽는 데 주력하면서, 특히 예수의 마음을 갖고, 예수를 따르는데, "많이" 혹은 "최고로"가 아니라 "모든 것을 다해"(not only in many, or in most respects, but in all things) 전적으로 따르기로 했다.[50]

---

[48] Collins, *John Wesley*, 40.
[49] 『그리스도인의 완전』이라고 알려진 로의 책 전체 제목은 『그리스도인의 완전에 대한 실천적 연구』(*A Practical Treaties Upon Christian Perfection*)이다. Piette, *John Wesley*, 269. 웨슬리와 로와의 관계에 대해서는 다음을 참조하라; J. Brazier Green, *John Wesley and William Law* (London: The Epworth Press, 1945), Eric W. Baker, A Hearld of the Evangelical Revival: *A Critical Inquiry into the Relation of William Law and John Wesley and the Beginnings of Methodism* (London: The Epworth Press, 1948).
[50] Chilcote and Collins, *Doctrinal and Controversial Treaties*, 13: 137; Tyerman, *John Wesley*, 1:51.

로의 저작들을 읽고 한참이 지난 1738년 5월 24일 저널에서 웨슬리가 로의 저작들을 통해 어떤 영향을 받았는지 밝혔다.

나는 공부에 더 주력했고, 내가 실제로 범하고 있는 죄에 대해 더 주의 깊게 살폈다. 나는 다른 사람들에게도 내 자신에게 적용하던 모델대로 그렇게 경건 생활에 힘쓰라고 조언했다. 그런데 로의 『그리스도인의 완전』과 『진지한 소명』(비록, 두 책의 내용 중 동의할 수 없는 부분들이 있지만)은 나로 하여금 하나님의 법에 대해 더 높고 넓고 깊은 확신하도록 해 주었다.
나는 하나님께 도와달라고 울며 기도했고, 지금까지 한 번도 그렇게 한 적이 없을 정도로 철저하게 하나님께 순종할 수 있게 해 달라고 간청했다. 그리고 내가 안팎으로 나의 한계에 도달할 때까지 그분의 모든 계율을 지키기 위해 계속하여 노력함으로써 비로소 내가 받아들여지고, 또한 내가 구원받은 상태가 된다는 것을 알게 되었다(I applied myself closer to study. I watched more carefully against actual sins; I advised others to be religious, according to that scheme of religion by which I modelled my own life. But meeting now with Mr. Law's Christian Perfection and Serious Call[although I was much offended at many parts of both, yet] they convinced me more than ever of the exceeding height and breadth and depth of the law of God. The light flowed in so mightily upon my soul that everything appeared in a new view. I cried to God for help and resolved not to prolong the time of obeying him as I had never done before. And by my continued endeavour to keep his whole law, inward and outward, to the utmost of my power, I was persuaded that I should be accepted of him, and that I was even then in a state of salvation).[51]

그 당시의 고백에 의하면 자신이 얼마나 부족한지 알게 되었고, 그러므

---

[51] Ward and Heitzenrater, *Journal and Diaries*, 18:244-45.

로 더욱 노력해야만 구원받은 상태가 되는 것을 알게 되었다고 했다.

그런데 그 후 28년이 지난 1766년에 쓴 『그리스도인의 완전에 대한 평이한 해설』에서도 자신이 35년 전에 로의 책을 읽고 자신을 전적으로 드리지 않으면 절반의 그리스도인일 뿐, 결코 완전한 그리스도인이 될 수 없다는 것을 분명히 알게 되었다고 밝혔다.

> 1-2년 후에 윌리엄 로의 "그리스도인의 완전"과 "진지한 부르심"이 내 손에 들어왔다. 그 책들은 그 어느 때보다도 절반의 그리스도인은 불가능하다는 것을 확실히 알게 해 주었다. 나는 주님의 은혜에 의지하여 나의 영혼과 몸, 그리고 존재 전체를 하나님께 드리기로 작정하였다.
> 진지한 신앙을 가진 사람이라면 그 누가 이와 같은 온전한 헌신이 너무나도 지나친 것이라고 말할 수 있겠는가?
> 우리에게 생명과 구원을 주신 하나님께 우리 자신과 우리가 가진 모든 것과 모든 존재를 드리는 것보다 덜 드리는 것이 합당하다고 말할 수 있겠는가?(A year or two after, Mr. Law's Christian Perfection and Serious Call were put into my hands. These convinced me, more than ever of the absolute impossibility of being half a Christian. And I determined, through his grace[the absolute necessity of which I was deeply sensible of] to be all-devoted to God, to give him all my soul, my body and my substance?)[52]

윌리엄 로의 저작은 분명 웨슬리로 하여금 『그리스도인의 완전』의 개념에 집중하도록 만들었음을 알 수 있다.

---

[52] Chilcote and Collins, *Doctrinal and Controversial Treaties*, 13: 137.

7) 여성들로부터 오는 유혹

웨슬리가 학창 시절에 여성들과의 관계로 얼마나 심각하게 고민했는지 알 수는 없지만, 성직 안수를 준비하는 기간에 그가 쓴 편지나 일기를 보면 그는 여성들과의 관계에 있어서 심각하게 고민하고 있었음을 알 수 있다. 키가 5피트 3-5인치(161-165cm)밖에 안되지만, 웨슬리는 지성과 영성을 겸비했고 특히 여성들에게 예의를 갖추며 친절하게 대했기 때문에 여성들에게 꽤 인기가 있었던 것 같다.[53]

남성이 여성에게 성적 매력을 느끼는 것은 지극히 당연한 일이겠지만, 웨슬리의 경우 성직 안수 전후뿐만 아니라 선교지에 가서도, 그리고 중년이 되어서도, 그런가 하면 결혼한 후에도 지속해서 발생한 문제이기 때문에 그의 삶과 신학을 평가하는 데 있어서 도외시할 수 없는 부분이다.

(1) 샐리 커크햄(Sally Kirkham)과의 관계

웨슬리가 대학을 졸업하고 난 후, 사라 커크햄(Sarah Kirkham)에게 특별한 감정을 느꼈던 것이 아마도 웨슬리의 첫사랑의 경험일지도 모른다. 신성회 회원 중에 웨슬리와 절친한 로버트 커크햄(Robert Kirkham)이라는 회원이 있었는데 그는 스탠튼(Stanton)의 교구 목사 리오넬 커크햄(L. Kirkham)의 아들이었다.

그에게는 세 명의 누이들 중 베티(Betty)와 사라(Sarah or Sally)와 특히 친근한 관계였는데, 자신보다 연상이며 지적인 경건을 갖춘 사라에게 애정을 느꼈던 것 같다. 사실, 1725년쯤에 웨슬리에게 토마스 아 켐피스와 제

---

[53] 존 윌리엄스(John Williams)는 1741년에 웨슬리의 외모를 상세하게 묘사했다. Rack, *Reasonable Ehthusiast*, 183. 그런데 랙은 5피트 3인치를 153cm인 것처럼 소개하고 있다. 하이젠레이터 역시 윌리엄스를 따라 5피트 3인치(161cm)로 소개하고 있다. See Heitzenrater, *The Elusive Mr. Wesley*, 17, 21.

레미 테일러의 저서들을 읽으라고 추천한 사람도 바로 사라였다고 추측된다. 둘은 처음에는 영적인 독서를 하며 교제하다가 점점 이성적인 관계로 발전했다.⁵⁴

둘은 애명을 지어 편지를 주고받았는데, 사라는 바라네즈(Varanese)라고 불렀다. 웨슬리가 부제 안수를 받은 즉시 하루에도 두 번이나 바라네즈에게 편지를 쓸 정도로 특별한 감정이 있었던 것은 분명하다.⁵⁵ 웨슬리와 바라네즈의 관계가 심상치 않음을 감지한 누이 에밀리아(Emilia/ Emily)가 1725년 4월 7일 동생에게 편지하여 여자 문제에 심각하게 타이른다.

> … 네가 곧 결혼할 수 있도록 세상 일들이 정리되기 전에 애정에 빠져서는 안 된다. 우리 가정의 경우도 그랬듯이 순서가 잘못되면 매우 안좋은 결과를 낳지. 너는 이미 많은 어려움을 겪었고, 혹독한 시험을 이겨낸 장부이기에 이 세상에서 다른 어떤 어려움들도 쉽게 이겨낼 것이다. 그러나 네가 희망도 없는 사랑에 빠지면 지금까지 겪었던 것과는 비교할 수 없이 큰 고통을 겪게 될 것이다(… never engage your affections before your worldly affairs are in such a posture that you may marry soon. The contrary practice has proved very pernicious in our family. I know you are young man encompassed with difficulties, and have passed through many hardships already, and probably must through many more you are easy in the world; but, believe me, if ever you come to suffer the torment of a hopeless love, all other afflictions will seem small in comparison of this).⁵⁶

---

54 *Tyerman, John Wesley*, 1:50.
55 Curnock, *The Journal*, 1: 59.
56 Baker, *Letters* 25: 161(April 7, 1725).

웨슬리는 바라네즈가 결혼한 후에도 영적 독서와 신학적 주제에 대한 편지를 교환하며 교제를 했는데 최소한 43개의 편지를 쓴 것으로 추측되지만, 현재 남아 있는 것은 없다.[57] 바라네즈가 1725년 말경에 학교 교사인 존 카폰(John Capon) 목사와 결혼했는데 웨슬리가 결혼식에 참석한 후 돌아와서 두 사람의 관계가 보통 이상이었다고 추측할 만한 기록을 남겼다.

즉, 1726년 1월 29일 일기에서 무엇보다도 먼저 "내가 하나님보다 여자들이나 친구들을 더 사랑하는가?"(Have I loved women or company more than God?)라고 묻고, "기도 생활을 방해하는 잠과 세상 친구를 멀리한다"(Never to let sleep or company hinder me from going to prayers)라고 작정한 것을 보면 비로소 어려운 문제가 해결되었다는 것을 느낄 수 있다.[58]

1725년은 웨슬리의 나이 22세, 대학을 졸업할 때라고 볼 때, 바라네즈와 교제한 기간은 2년이 채 안 되는 것 같다. 그즈음 수잔나도 아들이 여성들과의 문제로 위기에 빠질 수 있다는 현실을 염려하며 1726년 1월 31일 편지하여 잘못된 애정이 영적으로 얼마나 치명적인 결과를 가져오는지 경고했다.

> 나는 왜 많은 사람들이 하나님의 나라에 들어가기를 원하지만, 결국 들어가지 못하는지 알게 되었다. 왜냐하면, 주위에 성적 부도덕에 빠지도록 유혹하는 들릴라가 있기 때문이다. 나는 네가 경건 생활을 철저하게 준수함으로써 그런 잘못을 범하지 않기 바란다(I am verily persuaded that the reason why so many 'seek to enter into the kingdom of heaven, but are not able,' is because there is some Delilah, some one loved vice, they will not part with; hoping that by a strict observance of other duties that one fault will be dispensed with).[59]

---

[57] "Introduction" in Baker, *Letters*, 25:84. 커녹은 질투심 많았던 웨슬리의 부인이 모두 없애버린 것으로 추측한다. See Curnock, *The Journal*, 1: 66.
[58] Curnock, *The Journal*, 1: 52.
[59] Baker, *Letters*, 25:210.

바라네즈와의 문제가 해결된 후 웨슬리는 더욱더 열정적으로 학문과 경건 생활에 집중했다. 그 즈음에 웨슬리는 형에게 다음과 같이 말했다.

> 즐기는 삶과 나는 별개의 것이다. 나는 내가 살아 있는 한, 건강이 허락하는 한 바쁘게 살 것이다(Leisure and I have now taken leave of one another. I propose to be busy as long as I live, if my health is so long indulged to me).[60]

그리고 평생 그렇게 살겠다고 다짐했는데, 아마도 웨슬리는 세상으로부터 오는 각종 유혹을 이기는 방법으로 학문과 경건에 집중하며 바쁘게 사는 방법을 택한 것 같다.

(2) 메리 펜다르브스(Mary Pendarves) 미망인과의 관계

바라네즈가 결혼한 이후에도 편지 왕래는 계속되었지만 웨슬리가 외롭게 된 것은 현실이었다. 실연의 아픔을 겪은 후 5년 동안 성직자 과정을 충실하게 이행하면서 학문에 매진하던 중 1730년 8월부터 웨슬리는 스탠튼(Stanton) 근처에 살고 있는 젊은 과부 메리 펜다르브스(Mrs. Pendarves)와 편지왕래를 시작했다. 펜다르브스 부인의 원래 이름은 메리 그랜빌(Mary Granville)이었는데 아버지가 죽은 후 삼촌과 함께 살다가 17세 되던 해에 60세나 된 펜다르브스씨와 거의 강제로 결혼하면서 메리 펜다르브스가 되었다.

그런데 남편은 7년 만에 죽고 그녀는 29세의 나이에 상당한 재산을 물려받은 미망인이 되었다. 메리는 바레네즈의 친구였기 때문에 웨슬리와도 자연스럽게 친구가 친분이 있었는데, 웨슬리의 설교에 은혜를 받은 메리가 그에게 설교 원고를 달라고 요청하면서 특별한 관계로 발전했다.

---

[60] Baker, *Letters*, 25:223

웨슬리가 27세가 된 해인 1730년 8월부터 1734년 7월까지 4년간 웨슬리는 사이러스(Cyrus), 펜다르브스는 아스파시아(Aspasia)란 애명으로 편지 왕래를 했는데, 주로 영적인 내용이었고 때로는 인간적인 애정을 나누기도 했다.[61]

연상인 메리는 웨슬리에게 설교 스타일 등에 대해 조언하기도 했다. 아스파시아는 특히 "원시 기독교"를 가장 이상적으로 보고 추구했고, 그런 면에서 웨슬리에게 영향력을 끼쳤을 것이라고 추측하고 있다.[62]

그러나 메리가 1731년 겨울에 아일랜드(Ireland)로 간 후 웨슬리의 편지에 답장을 하지 않자 관계는 소원해졌다. 메리는 10년쯤 지난 1743년에 부유한 델라니(Delany) 박사와 결혼을 한다.[63]

그 외에 1726년경 엡워스의 근처에 사는 키티(Kitty)라는 여인과도 깊은 관계였던 것으로 추측된다. 딸과 웨슬리와의 관계를 눈치 챈 아버지는 딸을 멀리 보내버린 일이 있었는데, 당시 웨슬리가 암호로 쓴 일기에 의하면, "다시는 키티의 손을 잡지 않겠다"(never touch Kitty's hand again)는 표현이나 "다시는 여성의 가슴을 만지지 않겠다"(never to touch any woman's breasts again)고 쓴 것을 보면 분명 문제가 있었던 것 같다.[64]

성직 안수를 전후하여 여성들과 애정 문제들이 발생했지만, 큰 문제로 발전하지 않고, 잘 해결된 것 같다. 1740년에 허튼이 진젠도르프에게 쓴 편지에 의하면, "웨슬리 형제는 젊은 여성들에게 위험한 덫과 같은 존재"(Both of them are dangerous snares to young women)라고 하면서 그들이 차라리 결혼했으면 좋겠는데, 만약 자신에게 딸이 있다면 그들에게 주지는 않을 것이라고 했다.[65]

---

[61] See Curnock, *The Journal*, 1: 66.
[62] Baker, *Letters*, 25:246, note 2.
[63] Tyerman, *John Wesley*, 1:74-80.
[64] Rack, *Reasonable Enthusiast*, 79.
[65] Rack, *Reasonable Enthusiast*, 190.

그러한 유혹은 웨슬리에게도 마찬가지였을 것이다. 그런데 웨슬리가 더 이상 여인들로부터 오는 성적인 유혹이 없을 것이라고 생각하고 떠난 선교지에서 만난 여인을 포함하여, 중년을 지나면서 만난 여인들까지 웨슬리와 여인들과의 관계에서 야기되는 문제는 끊이지 않았다. 그러나 결과적으로 보면, 웨슬리는 여인들과의 관계를 통해 많은 것을 배우고 깨달았고, 그러한 가르침들이 그의 신학적인 발전에 기여했음도 부인할 수 없는 사실이기 때문에 주목할 필요가 있다.

The Life and Theology of John Wesley

제3부

메도디즘의 태동과 발전:
신성회에서 올더스게이트 체험까지

제1장 　메도디즘의 기원: 신성회의 태동과 활동(1729-1735)

제2장 　메도디즘 태동의 두 번째 단계: 조지아 선교(1735-1738)

제3장 　메도디즘 태동의 세 번째 단계: 페터레인신도회(Fetter Lane Society)

제4장 　올더스게이트에서의 특별한 체험

제5장 　유럽 여행과 헤른후트 방문

지금까지 우리는 존 웨슬리(John Wesley)가 학교에 들어간 이후부터 사제 안수를 받기까지, 즉 10대 초반부터 20대 중반에 이르기까지 많은 변화를 겪으면서 많은 경험과 지식을 습득하는 과정을 살펴보았다.

무엇보다도 웨슬리는 대학교 과정을 통해 신학적인 지식뿐만 아니라 성경 언어와 고전어, 그리고 독서를 통해 엄청난 지식을 습득한 과정, 특히 여성들과의 관계에 대해서도 살펴보았다. 이제 성직자가 된 웨슬리에게 닥치는 여러 가지 일들 가운데, 특히 신성회 활동과 갑자기 떠나게 된 조지아 선교와 돌아와 올더스게이트에서의 특별한 체험, 그리고 곧이어 페터레인신도회에서의 성령 체험 등에 대해 살펴볼 것이다.

1765년에 모하임(Mosheim)이 『교회사』(Ecclesiastical History)를 출판했고, 그것을 아키발드 맥클레인(Archibald Maclaine)이 영어로 번역했는데, 번역자가 연대적으로 교회사를 정리하는 과정에서 웨슬리와 휫필드를 이교도(heretics)로 분류했다. 그런데 웨슬리가 78세가 되던 해인 1781년에 그 책을 총 4권으로 요약 편집하여 『간추린 교회사』(A Concise Ecclesiastical History)로 출판하면서 부록(appendix)으로 『메도디스트들의 역사』(A Short History of the People Called Methodists)를 통해 메도디스트들은 이교도가 아니라 온 세상에 성결의 복음을 전하라고 하는 하나님의 섭리에 따라 부르심을 받은 사람들이라고 변호했다.[1]

---

[1] Rupert E. Davies, *The Methodist Societies: History, Nature, and Design*, 9:425. 모하임(J.L. von Mosheim, 1694-1755)의 <교회사>의 전체 제목: <An Ecclesiastical History, From the Birth of Christ to the Beginning of the Eighteenth Century: in which The Rise, Progress and Variation of the Church Power Are Considered in Their Connection with the State of Learning And Philosophy, And The Political History of Europe During that Period, 1765>. 웨슬리는 자신들의 정체성을 정의할 때 한 번도 "메도디스트"(Methodists)라고 말한 적이 없고, 다만 "메도디스트라 불린 사람들"(the people called Methodists)이라고만 했다.

그 과정에서 웨슬리는 초기 메도디즘의 역사를 다음과 같이 세 시기로 정리했다.

첫째, 옥스퍼드대학교에서 6년간의 신성회(Holy Club) 시절
둘째, 조지아 선교(Georgia Mission) 시기
셋째, 런던의 페터레인신도회(Fetter Lane Society in London) 시기[2]

사실, 웨슬리는 "신성회"(Holy Club)라고 부른 적이 없고, "우리의 작은 신도회"(Our Little Society), 혹은 "친구들의 모임"(a company of friends) 등으로 부르다가 나중에는 "옥스포드 메도디스트"(he Oxford Methodists)라고 했다.[3] 먼저, 웨슬리의 구분에 따라 메도디즘의 태동기부터 살펴보도록 하자.

---

2   Davies, *The Methodist Societies: History, Nature, and Design*, 9:430.
3   Curnock, *The Journal*, 1: 89, note 2.

제1장

메도디즘의 기원:
신성회의 태동과 활동(1729-1735)

1. 신성회의 태동

실제로 메도디스트(Methodist)란 명칭과 존 웨슬리(John Wesley)라는 인물이 세상에 알려지게 된 것은 신성회 활동을 통해서였다. 신성회(Holy Club)의 태동에 관한 자료는 다음과 같이 다섯 종류가 있는데, 웨슬리의 기록에 따라 연대순으로 살펴보자.

첫째, 웨슬리가 신성회 회원 중 하나인 윌리엄 몰간(William Morgan)이 죽는 사고가 발생했을 때, 그의 아버지에게 1732년 10월 19일에 편지하여 해명하는 과정에서 설명한 내용이다.
둘째, 메도디스트 자신들의 정체성을 확립할 필요에 따라 웨슬리가 1765년에 쓴「메도디즘 약사」(*A Short History of Methodism*)이다.
셋째, 1770, 1772년의『대 회의록』(*Large Minutes*)에서 "메도디즘의 태동이 언제라고 보아야 하는가?"(What are the rise of Methodism, so called?)라는 질문에 대해 답한 내용이다.

넷째, 세계 교회사에서 메도디스트들을 변호하며 그 의미를 알리기 위해 1781년에 쓴 「메도디스트들의 약사」(*A Short History of The People Called Methodists*)[1]
다섯째, 찰스 웨슬리(Charles Wesley)의 기록이다.

상기 다섯 가지 기록들을 비교하며 살펴보면 흥미로운 사실들을 발견할 수 있다.

1) 몰간의 아버지에게 쓴 편지(1732)

편지에서 웨슬리는 다음과 같이 설명했다.

> 1729년 11월에 옥스퍼드로 돌아왔는데, 그때 당신의 아들과 나와 동생 찰스 그리고 다른 한 청년이 매주 3-4회 모이기로 했습니다. 우리가 모이는 목적은 주중에는 각자 읽던 고전을, 주일에는 주로 경건 서적을 함께 읽기 위함이었습니다(In November 1729, at which I came to reside at Oxford, your son, my brother and myself, and one more, agreed to spend three or four evenings in a week together. Our design was to read over the classics, which we had before read in private, on common nights, and on Sunday some book in divinity).[2]

---

[1] 웨슬리가 1765년에 쓴 「메도디즘의 약사」는 불과 6페이지 분량이었다. 그 후 16년이 지난 1781년에 다시 쓸때는 그 때까지의 모든 내용을 정리하고 첨가하여 80여페이지나 되는 분량이 되었다.

[2] Baker, *Letters*, 25:335-44, esp., 336-7. 찰스의 기록에 의하면 웨슬리가 몰간의 아버지에게 1732년 10월 18일 편지를 썼다고 했지만, 웨슬리의 일기를 살펴본 전기 작가들은 그 편지를 쓴 날이 1730년 10월 18일이라고 한다. 하지만, 웨슬리는 그 편지를 쓴 날을 1732 10월 19-20이라고 했다. "The Preface," in Ward and Heitzenrater, *Journal and Diaries*, 18:123-4. See also Baker, *Letter* 25: 335, note 2 and Nehemiah Curnock, *The Journal*, 1: 87, note 2. 찰스와 몰간은 1729년 초부터 모이기 시작했고 웨슬리가 합류한 때는 그해 11월이므로 몰간의 일이 바로 다음해에 발생했다고 보는 것과 몇 년 후에 발

"1729년 11월에 옥스퍼드로 돌아왔는데, 그때 당신의 아들과 나와 동생 찰스, 그리고 다른 한 청년이 매주 3-4회 모이기로 했습니다"라고 언급한 내용을 보면 두 가지 사실을 알 수 있는데, "1729년부터 모이기 시작했다"라는 것과 "몰간과 웨슬리와 찰스와 다른 한 청년까지 네 명이 동시에 모이기 시작했다"라는 것이다.

2) 「메도디즘의 약사」(*A Short History of Methodism*, 1765)

웨슬리는 1765년에 필요에 의해 「메도디즘의 약사」를 썼는데, 대외적으로 메도디즘의 역사를 알리기 위해 쓴 것이 아니라 메도디스트 자신들의 정체성을 분명히 하기 위해 불과 6페이지 안에서 간단하게 서술한 것이다.

> 1729년에 옥스퍼드대학교의 네 명의 젊은이들, 즉 링컨대학의 존 웨슬리, 크라이스트처치대학의 학생 찰스 웨슬리, 크라이스트처치대학의 학생 몰간, 그리고 머튼대학의 학생 커크햄이 모여 주중 몇 일 밤을 함께 보내며 독서를 하기로 했는데, 특히 신약성경을 원어로 읽기로 했다(In November 1729, four young gentlemen of Oxford, Mr. John Wesley, Fellow of Lincoln College, Mr. Charles Wesley, Student of Christ Church, Mr. Morgan, Commoner of Christ Church, and Mr. Kirkham, of Merton College, began to spend some evenings in a week , in reading, chiefly the Greek Testament).[3]

33년 전에 쓴 편지에서 말했던 것처럼 1729년에 네 명의 청년에 의해 시작되었다고 했는데, 다만 다른 것이 있다면 커크햄(Kirkham)을 포함한 네 명

생한 것으로 보느냐의 차이이다.
3   Davies, *The Methodist Societies: History, Nature, and Design*, 368.

의 청년들의 이름을 밝히며 그들에 의해 신성회가 태동한 것처럼 되어 있다.

3) 『대 회의록』(Large Minutes, 1770, 1772)

메도디스트들 내에서 이러한 질문이 제기되었다.
"메도디즘의 태동이 언제라고 보아야 하는가?"(What are the rise of Methodism, so called?)
왜 그런 질문이 제기되었는지 정확하게 알 수 없지만, 아마도 당시에도 웨슬리와 찰스 중 누가 먼저 신성회를 시작했는지 논란이 되었던 것으로 보인다. 그에 대해 연회에서는 다음과 같이 정리했다.

> 1729년에 두 젊은이가 성경을 읽으며 거룩이 없이는 구원받을 수 없다는 사실을 알게 되었다. 1737년에 거룩은 믿음으로만 얻을 수 있다는 것을 알게 되었다. 마찬가지로 그들은 성화 이전에 칭의가 먼저라는 사실도 알게 되었다. 하지만, 그들의 목표는 여전히 거룩이었다(In 1729 two young men, reading the Bible, saw they could not be saved without holiness, followed after it, and incited other so to do. In 1737 they saw, holiness comes by faith. They saw likewise that men are justified before they are sanctified: but still holiness was their point).[4]

여기서 두 가지 특징이 발견되었다.

첫째, 네 명이 아닌, 두 젊은이라고 함으로써 처음부터 웨슬리와 찰스에 의해 태동한 것처럼 묘사했다.
둘째, 역사적인 관점보다는 신학적인 내용으로 설명하고 있다는 것이다.

---

[4] Henry D. Rack, *The Minutes of Conference*, 10: 875.

4) 『메도디스트들의 약사』(*A Short History of the People called Methodists*, 1781)

1765년에 불과 6페이지 분량으로 「메도디즘의 약사」를 쓴 후, 16년이 지난 1781년에 요한 로렌츠 폰 모하임(Johann Lorenz von Mosheim)이 1765년에 쓴 『교회사』(*Ecclesiastical History*)를 요약해 출판하면서 하나님이 메도디스트를 일으키신 섭리와 목적을 설명함으로써 기독교 역사 속에서 메도디스트를 변호할 뿐만 아니라 그들의 사명을 분명하게 알릴 목적으로 80여 페이지나 되는 분량으로 정리하여 첨부한 내용이다.

1729년 11월에 옥스퍼드로 돌아왔는데, 그때 내 동생 찰스와 나, 그리고 다른 두 명의 청년들이 매주 저녁에 3-4회 모이기로 했습니다. 주일에는 주로 경건 서적을 함께 읽고 주중에는 헬라어나 라틴어 고전을 읽기 위함이었다(In November 1729, at which time I came to reside at Oxford, my brother and I, and two young gentlemen more, agreed to spend three or four evenings in a week together. On Sunday evening we read something in divinity; on other nights, the Greek or Latin classics).[5]

5) 찰스의 기록

찰스는 죽기 전에 챈들러(Chandler) 박사에게 1785년에 쓴 편지에서 신성회의 태동에 대해 다음과 같이 말했다.

나는 매 주일 성만찬을 받으러 갔으며 곧 2-3명의 젊은 학생들을 설득하여 함께 성찬에 나가고 대학이 규정한 연구 규칙을 철저히 지켰다. 이렇게

---

[5] Davies, *The Methodist Societies: History, Nature, and Design*, 9: 426-503, esp., 426-7.

하는 것 때문에 나는 "해롭지 않은 메도디스트라는 별명"(the harmless nickname of a Methodist)을 얻게 되었다. 이후 반년이 지나서 나의 형님이 엡워스에서 돌아왔고, 우리들을 돕기 시작했다.[6]

이 기록에 의하면 두 가지 사실이 이전의 기록들과 다르다.

첫째, 신성회는 찰스가 먼저 2-3명의 친구들과 시작했고, 반 년 후에 웨슬리가 합류했다는 것이다.

둘째, 찰스가 친구들과 모일 때 이미 메도디스트라는 별명을 얻었다.

웨슬리가 1728년 9월에 사제 안수를 받은 이후 엡워스와 루트(Wroote)에서 아버지의 목회를 돕던 중 1729년 1월 동생 찰스로부터 편지가 왔다. "크라이스트처치는 진지하게 믿음 생활을 하려고 하는 사람에게는 최악의 장소인데 자신이 어려움을 겪고 있다는 내용"(Christ church is certainly the worst place in the world to begin a reformation in)이었고, 다시 5월에도 편지하여 자신이 얼마나 심각하게 영적인 싸움을 하고 있는지 알림으로써 형의 도움을 요청하는 편지였다.[7]

그 후 10개월쯤 지난 11월 22일에 웨슬리가 옥스퍼드로 돌아와 펠로우직을 수행하면서 동생이 인도하고 있던 그 작은 그룹의 고전 연구를 지도하면서 자연스럽게 지도자가 되었다. 그러한 의미에서 루크 타이어맨(Luke Tyerman)은 "메도디스트 운동은 웨슬리에 의해 태동한 것이 아니라 그의 동생 찰스에 의해 시작된 것이었다"(The Methodist movement, however, was be-

---

6　John R. Tyson, ed., *Charles Wesley: A Reader* (Oxford: Oxford University Press, 1989), 5; Kenneth J. Collins, *John Wesley*, 44; Rack, *Reasonable Enthusiast*, 85.

7　Baker, *Letters*, 25:233-6, 237-9.

gun not by Wesley, but by his brother Charles)라고 밝히고 있다.[8]

신성회는 찰스에 의해 시작되었고, 웨슬리가 합류하기 전에 이미 "메도디스트"(Methodist)란 별명을 얻었다면 메도디스트 운동의 기원을 찰스가 시작한 1728년으로 할 것인지, 아니면 웨슬리가 합류한 해인 1729년으로 할 것인지 논란이 될 수밖에 없었다.

하지만, 웨슬리를 중심으로 메도디스트 운동의 역사를 기록하는 역사가들이 신성회가 마치 1729년에 결성된 것처럼 말하며 그것이 곧 메도디스트 운동의 태동이라고 정의한 웨슬리를 따라 그렇게 기록하고 있다. 메도디스트 운동의 진행 등 모든 역사는 웨슬리와 관계된 것이기 때문에 웨슬리를 중심으로 메도디즘의 역사를 기록하는 것은 불가피한 일이라 하겠지만, 신성회는 찰스에 의해 시작되었고, 또한 웨슬리가 합류하기 전부터 메도디스트라는 별명을 얻었다는 역사적 사실을 인식할 필요는 있다.

2. 신성회 활동과 메도디스트란 별명에 대하여

신성회에 합류하자마자, 웨슬리는 특유의 리더십과 학문성으로 인해 즉시 리더가 되었다. 그들은 매일 저녁에 모였고, 모일 때마다 기도로 시작해서 그날의 활동을 점검하고, 다음 날의 활동을 계획하였으며, 간단한 식사를 하고 마쳤다. 신성회 회원들은 주로 신약성경을 원어로 읽었고 라틴어 고전들을 읽었다.

1731년 웨슬리 형제는 신성회 활동을 하던 기간에 라틴어로 서로 대화하기로 했는데 특별한 경우 외에는 죽을 때까지 그와 같이 했다(In 1731 Wesley

---

[8] Tyerman, *John Wesley*, 1:66-67.

and his brother began the practice of conversing with each other in Latin when by themselves, and this they continued to the end of life).⁹

웨슬리는 개인적으로 시간을 효과적으로 사용하며 경건 생활에 힘쓰기 위해 아침에 일찍 일어나는 연습을 했는데 처음에는 7시에, 더 노력하여 6시, 그리고 5시에, 마침내 4시에 일어나는 데 성공한다. 그 이후로 생을 마칠 때까지 웨슬리는 새벽 4시에 일어나는 생활을 지속했다. 일어나서 한 시간, 잠자리에 들기 전에 1시간씩 개인 경건의 시간을 가지면서 모든 메도디스트들은 그렇게 해야 한다고 가르쳤다. 일기를 썼으며, 일주일에 하루는 친지들에게 편지 쓰는 날로 정했다. 회원들 간에는 하루에 세 번, 같은 시간에 어디에 있든 동시에 기도하도록 했고, 또한 찬송을 많이 불렀다.¹⁰

1730년 8월에 몰간이 먼저 옥스퍼드에 있는 감옥들, 특히 보카도감옥(the Castle and the Bocardo in particular)의 죄수들을 방문하다가 신성회 회원들에게 함께 할 것을 제안했다.¹¹

웨슬리는 감옥을 방문하는 일에 대해 아버지 사무엘과 상의하였고 사무엘은 1730년 9월 21일날 답장하여 자신도 빚을 갚지 못해 감옥에 갔을 때 죄수들을 돕고 그들에게 복음을 전한 경험이 있었던 사람으로서 아들들에게 적극적으로 지지한다는 뜻을 보내면서 먼저 학교의 허락을 얻고 조심스럽게, 그리고 겸손한 마음으로 진행하라고 조언했다.¹²

---

9 Tyerman, *John Wesley*, 1: 80.
10 Tyerman, *John Wesley*, 1:71-73, 81-82, 85. 타이어맨은 최초의 메도디스트들이 하루에 두시간씩 시편이나 찬송을 불렀다고 한다.
11 Baker, *Letters* 25:336-7.
12 Ward and Heitzenrater, *Journal and Diaries*, 18: 125-6(아버지가 아들에게 1730년 9월 21일에 쓴 편지를 그대로 인용하고 있다).

한번은 동성애자란 죄목으로 복역 중이던 블레어(Blair)라는 사람을 도와줌으로써 비난을 받기도 했다.[13] 그런가 하면 런던의 타이번(Tyburn in London)감옥은 교도소이면서 동시에 사형장이었는데, 웨슬리는 그곳 마당에서 죄수들과 사형수들을 대상으로 설교하기도 했다. 그 후 1743년 메도디스트연회에서 죄수들을 방문하는 일을 신도회의 규칙으로 정하고, 1778년 연회에서 메도디스트 설교자들을 감옥의 죄수들을 위한 목회자로 파송하기도 했다.[14]

비록, 1732년에 가입한 클레이튼은 6개월이 안 되는 짧은 기간 동안 활동한 것에 비해 웨슬리와 신성회에 지대한 영향을 끼쳤다. 그는 웨슬리에게 토마스 디이컨(Thomas Deacon)이나 존 바이롬(John Byrom)과 같은 맨체스터 서명 거부자들(Manchester nonjurors)을 소개해 주었는데 그들은 초대교회 때처럼 살아가는 사람이었다.

그들의 조언에 따라 신성회 회원들은 매주 수요일과 금요일에 금식(stationary fasts)을 하기 시작했고 매일 성찬과 침례를 강조하기 시작했다.[15] 금식은 오후 3시까지만 했다. 그리고 클레이튼의 제안에 따라 1732년부터 구빈원(workhouse)을 일주일에 두 번씩 방문하여 가난한 사람들을 돕고, 그들의 자녀들을 교육하는 일을 시작하였는데, 특히 옥스퍼드대학교 내에 가난한 사람들의 자녀들을 위해 학교를 설립하여 가르치기도 했다.[16]

그런가 하면, 런던의 책 장사의 아들이었던 클레이튼은 웨슬리에게 런던과 옥스퍼드의 출판업자들을 소개해 줌으로써 앞으로 진행될 웨슬리의 출

---

[13] Rack, *Reasonable Enthusiast*, 91.
[14] Henry D. Rack, *The Methodist Societies, the Minutes of Conference* (Nashville, TN: Abingdom Press, 2011), 10:482. 이하 Rack, *The Minutes of Conference*로 표기.
[15] Baker, *Letters*, 25 : 343, 437; Curnock, *The Journal*, 1: 101; Piette, *John Wesley*, 289; Rack, *Reasonable Enthusiast*, 90.
[16] Tyerman, *John Wesley*, 1:70. 구빈원(workhouse)은 가난한 사람들이 살 수 있도록 한 집인데 스코틀랜드에서는 "가난한 사람들의 집"(poorhouse)이라 불렀다.

판과 문서 선교에 큰 기여를 했다.

클레이튼은 당시 신성회 회원들의 기도를 수집하였고 웨슬리는 그것을 종합하여 1733년에 자기 자신과 신성회 회원들을 위해 『매일기도집』(*A Collection of Forms of Prayers for Every Day in the Week*)을 출판했는데 그것이 웨슬리가 출판한 최초의 책이었다.

그 기도집에는 가족과 자녀들을 위한 매일 「아침기도문」과 「저녁기도문」, 그리고 「매일의 자기 성찰 일람표」(*A Scheme of Self-examination*)가 포함되어 있었다. 특히, 자기 성찰에 대해서 웨슬리는 로버트 넬슨(Robert Nelson)의 『진정한 헌신 연습』(*Practice of True Devotion*)이나 경건주의자 어거스트 헤르만 프랑케(August Herman Francke)의 『니고데모, 또는 인간을 두려워하지 않는 것에 대한 연구』(*Nicodemus; or a Treaties against the Fear of Man*) 등의 영향을 받았다고 했다.[17]

신성회가 늘 성장한 것만은 아니었다. 1731년 4월에 웨슬리 형제가 3주간 엡워스를 방문한 적이 있는데 그때 25마일 거리를 걸어갔다가 걸어온 적이 있었다. 그때 웨슬리는 걸어 다니면서 책을 읽는 것이 가능함을 알고 고향 방문 등 걸어 다닐 때마다 책을 읽게 되었다. 그런데 3주 만에 돌아와 보니 "거의 모든(27명) 회원이 여러 가지 이유로 거의 다 떠나고"(Their

---

[17] Jackson, *Works*, 11: 203-237, 237-272, 521-523. Baker, *Letters*, 25:437; Rack, *Reasonable Enthusiast*, 93. 막시민 피에트(Maximin Piette)는 이 부분에서도 웨슬리가 가톨릭의 영성가들, 즉 성 프란치스코 살레시오(St. Francis de Sales, 1567-1622), 블레즈 파스칼(Blaise Pascal, 1623-1662), 프랑수아 페넬롱(Francois Fenelon, 1651-1715) 등이 이미 겪은 "영적전쟁"(The Spiritual Combat)의 개념으로부터 배웠다고 주장했다. See Piette, *John Wesley*, 554, note 2. 그리고 1년 후인 1734년에 두 번째로 출판한 책은 존 노리스(John Norris)의 책에서 발췌하여 『기독교 신중성에 대한 고찰』(*A Treatiese of Christian Prudence*)를 출판했고, 이어서 1745년에는 토마스 아 켐피스(Thomas a Kempis)의 『그리스도를 본받아』(*Imitatio Christi, The Christian Pattern*)을 출판했다. Green, *The Young Mr. Wesley*, 134, note, 1.

little company had shrunk into almost none at all) 5명만 남게 되었다.¹⁸

1733년에는 벤자민 잉햄(Benjamin Ingham)과 브로톤(J. Broughton), 그리고 곧이어 제임스 허비(James Hervey)가 회원이 되었지만, 1년 후에 네 명의 회원이 떠났는데, 그중 3명이 웨슬리의 학생들이었고 한 명은 클레이튼의 학생이었다. 그 당시 그룹의 확장을 주장하던 클레이튼의 지도로 8개 대학에서 회원들을 모집했는데 대부분은 20대 학생들이었고, 14살짜리도 있었는데 대부분 남성이었다. 그중에 미스 포터(Miss Potter)라는 여성 회원도 있었는데 그는 웨슬리와 생각을 달리하는 사람들과 모임을 가지며 반발하는 그룹을 형성하기도 했다.¹⁹

1735년에는 우리가 주목해야 할 인물인 조지 휫필드(George Whitefield)가 가입했는데 그 당시에는 약 14-15명 정도만 남아 있었지만, 모두 한마음 한뜻이었다고 웨슬리는 자랑스럽게 전하고 있다.²⁰

한편, 1734년쯤부터 웨슬리는 말을 타고 자기 고향을 방문하는 등 장거리를 이동할 때 말을 타고 다니면서도 책을 읽는 연습을 시작했는데, 그 후 40여 년간 그는 말이나 마차를 타고 다니면서 책을 읽고 글을 쓰기도 했다.²¹

신성회 활동이 활발해지면서 그들은 다양한 별명을 얻게 되었는데, 그들의 삶의 형태와 활동을 대변해 주는 별명들은 다음과 같다.

---

18 Tyerman, *John Wesley*, 1:81.
19 Davies, *The Methodist Societies: History, Nature, and Design*, 9:426-7. 1765년에 쓰인 「메도디즘의 약사」(*A Short History of Methodism*)에 의하면 잉햄이 1732년에 합류한 것으로 되어 있다. See Davies, *The Methodist Societies: History, Nature, and Design*, 9:368. cf. Piette, *John Wesley*, 288-9. cf. Tyerman, *The Oxford Methodists*(London: Horder and Stoughton, 1873), 361. Heitzenrater, *Wesley and the People*, 49; Tyerman, *John Wesley*, 1:93. 웨슬리와 함께하다가 그의 지나친 엄격함이나 독선적 지도력을 견디지 못하고 회원들이 떠나거나 분열되는 현상이 신성회때부터 있었다는 사실을 염두에 두자.
20 Jackson, *Works*, 8:304; Piette, *John Wesley*, 289.
21 Tyerman, *John Wesley*, 1:100.

① 규칙주의자들(Methodists)

② 성경 그리스도인(Bible Christian)

③ 신성회(Holy Club)

④ 신성클럽(Godly Club)

⑤ 성경 벌레들(Bible Moths)

⑥ 성경 집착주의자들(Bible Bigots)

⑦ 공로를 쌓아 구원을 얻으려는 자들(Superogation Men)

⑧ 성찬주의자들(Sacramentarians)

⑨ 초대교회(Primitive Church)

⑩ 열광주의자들(Enthusiasts)

⑪ 개혁 집단(Reformation Club)

⑫ 완전주의 추종자(Followers of Perfection)[22]

웨슬리와 동료들이 기꺼이 받아들인 별명들은 "메도디스트," "신성회," "성경 집착주의자들," "초대교회" 등이었고, 마지막까지 끈질기게 메도디스트들을 괴롭힌 것은 "열광주의자들"(Enthusiasts)이라는 것이다. 그중에서 웨슬리와 신성회 회원들은 "메도디스트"(Methodist), 즉 "규칙주의자"라는 별명이 자신들의 삶의 방식과 다르지 않기 때문에 기꺼이 받아들인 것 같다.

사실, 메도디스트라는 명칭은 그때 처음 사용된 것은 아니다. 웨슬리도 1742년에 쓴 『메도디스트의 특징』(The Character of a Methodist)에서 메도디스트

---

[22] Outler, Sermons, 3:581. 흥미로운 사실은 웨슬리 전기 작가 중에서 신성회에 대해 많은 지면을 할애한 타이어맨이 신성회의 별명들에 대해서는 언급하지 않은 것이다. 반면에 피에트는 여러 별명들을 나열하는 가운데 "완전주의 추종자"(Followers of Perfection)란 별명도 있었다고 전해주고 있다(Piette, John Wesley, 284). 웨슬리는 이미 신성회 때부터 "완전주의자"(perfectionist)란 비난을 들었다는 사실에 주목하자.

(Methodist)란 이름의 기원에 대해 설명했는데, 로마의 네로 황제 시대 때 특별한 방법(method)으로 치료하던 의사들을 지칭하는 말이었다고 했다. 그들은 모든 질병이 음식을 통해 발생하므로 식이요법을 통해 모든 병을 치료할 수 있다고 믿고, 다이어트 요법과 함께 규칙적으로 운동을 하도록 처방을 하던 의사들이었다.[23]

웨슬리 자신도 많은 부분에서 그들의 처방에 동의하고 있었던 것 같다. 사실, 그는 젊었을 때부터 죽을 때까지 조지 체니(George Cheney, 1673-1743) 박사의 자연 치료 처방을 충실하게 따르며 건강 관리를 했다.

그런가 하면, 새로운 설교 방법을 사용하여 설교한 사람들을 지칭했던 적이 있는데, 그들은 화려한 언변보다는 누구든지 이해할 수 있도록 평이한 언어로 설교한 사람들, 즉 "평이한 규칙주의자들(plain packstaff Methodists)이었고 사람들은 그들을 "메도디스트"라고 불렀다는 언급이 17세기의 람베트(Lambeth)의 설교집에 나온다.[24]

신성회의 활동이 옥스퍼드대학교 내에서 알려질 때 크라이스트처치대학의 존 빙햄(John Bingham, M.A., of christ Church College)이 "우리 가운데 규칙주의자들이라는 새로운 집단이 발생했군"(a new set of Methodists sprung up amongst us)이라고 말했을 때, 웨슬리는 후에 그 일을 회상하며 "그가 정말 우리에 대해 새로운 규칙주의자(a set of New Methodists)라고 했던가?"라고 반문했던 적이 있다.[25]

---

[23] Davies, *The Methodist Societies: History, Nature, and Design*, 9:33. They thought that "almost all diseases might be cured by a specific method of diet and exercise." See, Tyerman, *John Wesley*, 1:67; Piette, *John Wesley*, 285; Telford, *The Life of John Wesley*, 58-59.
[24] Tyerman, *John Wesley*, 1:67. 람베트(Lambeth)란 영국 국교회 캔터베리 대주교의 관저를 지칭한다. 람베트 설교집이란 람베트에서 행해진 대 주교들의 설교를 모은 것이다. See, Telford, *The Life of John Wesley*, 59. 피에트는 1690년에 어떤 특정 종교집단을 비판할 때 영국에서 사용한 적이 있다고 전하고 있다. See his *John Wesley*, 285.
[25] Heitzenrater, *Wesley and the People*, 45-46. Davies, *The Methodist Societies: History, Nature,*

메도디스트란 명칭을 자신들을 지칭하는 의미에서 최초로 사용한 예가 클레이튼이 1732년 9월 6일에 웨슬리에게 쓴 편지에서 "이제 당신은 갔소. 우리는 좋은 의미에서 메도디스트란 명예로운 별명을 잃어버리게 되었소"(Now you are gone, we have in good part lost the honorable appellation of Methodists)라고 표현한 데서 발견된다.[26] 그 뒤로 옥스퍼드의 대중들 사이에 서서히 알려지던 "메도디스트"(Methodist)란 용어가 런던의 신문, 「포그스 주간지」(Fog's Weekly Journal) 12월 자에 보도되면서 많은 사람에게 알려지기 시작했다.

웨슬리는 어머니와 편지를 교환할 때도 "규칙적인 삶"에 대해 많이 토론했고, 경건 서적에서 수없이 강조된 내용이며, 그 자신도 지나칠 정도로 규칙적으로 사는 사람으로서 "규칙주의자들"이란 별명을 긍정적으로 받아들였다. 클레이튼이 "메도디스트란 명예로운 별명"(the honorable appellation of Methodists)이라고 말한 적이 있는데 이상한 일이 아니다. 그런데 흥미롭게도 웨슬리는 자신들을 지칭할 때 "메도디스트"라 부른 적이 없고 다만 "메도디스트라 불린 사람들"(the People Called Methodists)이라고 했다.

3. 신성회에 대한 비판과 위기

신성회에 관한 평가는 대부분 "지나치다"(too strict, extreme, rigor, exactitude, scrupulocity 등)라는 것이었다. 1732년 봄쯤에 클레이튼과 브로튼의 지

---

and Design, 9:33, note 3 and 368.

[26] Baker, Letters, 25:331-4; Jackson, Works, 8:347-348. Curnock, The Journal, 8: 281. 그런데 리차드 P. 하이젠레이터(Richard P. Heitzenrater)는 존 클레이튼(John Clayton)이 웨슬리에게 편지한 날을 8월(August)이라고 잘못 표기했는데 사실은 9월 6일(Sep. 6) 이다. See his Wesley and the People, 46. 그런데 베이커가 『200주년 기념 웨슬리 총서』에서 편집한 편지들(Letters)에서 1732년 8월 1일 것 외에 무슨 이유로 커녹이 편집한 저널에 포함되어 있는 클레이튼의 9월 4일자와 6일자 편지를 누락시켰는지 알 수 없다.

도하에 일주일에 6일을 밤 6-9시까지 신약성경을 원어로 읽으며 토론을 하는 등 학문과 경건 생활 활동에 집중하고 있었다.[27] 그러던 중 처음부터 신성회의 회원으로서 중요한 역할을 담당하던 몰간이 건강상 문제로 7월에 대학을 중퇴했는데, 육체적인 병은 정신병으로 악화되어 결국 8월 26일에 죽는 사고가 발생한다.[28]

그런데 그의 아버지 리차드 몰간(Richard Morgan Sr.)은 아들의 죽음의 원인이 신성회의 지나친 금욕과 활동 때문이라고 비난했다. 그런가 하면, 그해 12월 9일「포그스 주간지」(Fogg's Weekly Journal)에 옥스퍼드에 있는 몇몇 "슬픔의 자식들"(sons of sorrow)이 이상하고 낭만적인 생각을 가지고 세상 모든 곳을 수도원(a monastery)으로 만들려고 한다고 비판하는 글이 실렸다.

아울러 그 메도디스트들은 마치 유대인 중에서 극단적 경건주의자들이었던 에세네파나 스위스의 극단적 경건주의자들(the Essenes among the Jews, and the Pieties in Switzerland)처럼 행동한다고 했다.

그들은 세상적으로 필요한 각종 즐거움이나 음식까지도 거부하고 고행을 하며 새벽 4시에 일어나며 하루에 두 시간씩 시편과 찬송가 부르며 자신들처럼 하지 않는 모든 사람을 정죄한다고 했다. 그리고 다른 사람들은 그들을 위선자, 광신주의자, 미신주의자들이라고 비판한다고 전했다. 그러 그러한 비판이 잘못되었음을 밝히며「옥스퍼드의 메도디스트」(The Oxford Methodist)가 출판되었는데, 그것은 30여 페이지나 되는 장문의 팜플렛(pamphlet)이었다. 그들의 삶과 이론을 살펴본 결과 세 가지 특징이 있다고 했다.

첫째, 죄수들이나 병자들을 방문하여 그들에게 성경이나 공동기도서, 그 외 교양 서적을 나누어 준다. 그런가 하면, 가난한 가정을 방문하여 어린

---

[27] Tyerman, *John Wesley*, 1:83.
[28] Rack, *Reasonable Enthusiast*, 88, 91.

이들에게 교리를 가르쳐 주고 약간의 돈과 그들이 필요한 것을 공급한다.

둘째, 매주 성찬식을 한다.

셋째, 초대교회가 했던 것처럼 철저하게 금식일을 지킨다는 것이었다.

그러한 의미에서 그들에 대한 비판은 부당하다는 주장이었다.[29]

웨슬리는 몰간의 아버지에게 신성회와 자신을 변호하기 위해 10페이지가 넘는 장문의 편지를 썼는데 그 이후로 비판이 이어지지 않았고 죽은 몰간에 이어 그의 동생 몰간(Richard Morgan Jr.)이 신성회 회원에 가입한 것을 보면 아버지는 그 편지를 통해 메도디스트에 대해 이해하게 된 듯하다.[30] 그 편지 내용은 그때까지 웨슬리의 생각을 잘 정리해 놓은 귀한 자료가 되기 때문에 다음에 좀 더 자세하게 살필 것이다.

하지만, 리차드 몰간(Richard Morgan Jr.)도 역시 신성회의 규칙이 너무 혹독하거나 독선적이라고 아버지에게 편지를 써서 "그들은 매시간, 아니 매분 하나님께 예배드리고 헌신하지 않으면, 마치 구원을 받을 수 없다는 듯이 행동합니다"(They imagine they cannot be saved if they do not spend every hour, nay minute, of their lives in the service of God)라고 냉소적으로 표현하기도 하지만, 자신들은 굶어 죽을 지경이 되어도 남을 돕거나 경건 서적을 사는 데 돈을 쓰는 것에 대해 놀라움을 표하기도 했다. 하지만, 계속 웨슬리의 지도를 따라 하다 보면, 자신도 역시 망가질 것 같으니(if I am continued under Mr. Wesley I shall be ruined) 이제 그런 경건 생활 보다는 공부에 더 열심을 내겠다는 말로 편지를 맺는다.[31]

---

[29] Tyerman, *John Wesley*, 1:85-7; Heitzenrater, *Wesley and the People*, 45-46. Rack, *Reasonable Enthusiast*, 83
[30] Baker, *Letters*, 25:335-44.
[31] Baker, *Letters*, 25:364-6.

결과적으로 보면, 한 회원의 죽음과 주위에서 제기되는 비판에도 불구하고 신성회의 지나치게 엄격한 삶과 활동은 계속되었고 비판의 대상은 지도자 웨슬리에게 집중되었음을 발견한다. 대학의 총장인 몰리(Morley) 박사도 몰간의 동생에게 웨슬리의 엄격한 종교관(The rector cautioned me against Mr. Wesley's strict notion of religion)에 대해 조심하라고 충고를 한 것을 보면 학교에서도 문제가 되고 있었음을 알 수 있다.[32]

신성회 내에서도 웨슬리의 지나친 리더십에 반발하는 회원들이 속출했다. 클레이튼은 웨슬리 형제를 의도적으로 멀리했고(shunned), 브로톤은 공개적으로 대적했으며(opposed), 잉햄은 결국 떠나버렸다. 웨슬리의 학생 중 하나인 허비는, 비록 기독교인의 예의를 갖추기는 했지만, 웨슬리 형제를 비난하는 글을 썼고, 갬볼드(Gambold)는 웨슬리 형제를 창피하게 여겼으며 그토록 열정적이었던 휫필드조차 한동안 웨슬리 형제와 소원했던 적이 있었다.[33]

사무엘은 지난 1731년 6월 초에 말에서 떨어지는 사고를 당한 후 건강히 극도로 악화하기 시작해서 수잔나는 다음해 10월 25일 자 편지에서 아들에게 아버지는 예배를 인도하기도 어려울 정도도 건강이 악화하였고 죽음을 앞에 두게 되었다고 알렸다.[34]

마침내, 1734년 10월쯤 죽음을 앞둔 아버지는 아들에게 자신을 대신해서 목회할 것을 강력하게 요청했다. 여러 사람의 의견을 들으며 고민하던 아들은 11월 15일 편지하여 옥스퍼드가 거룩한 삶을 증진하기에 가장 적합한 장소이기 때문에(there is no place under heaven so fit for my improvement as Oxford) 떠날 수 없다는 뜻을 밝혔다.[35]

---

[32] Baker, *Letters*, 25:366.
[33] Tyerman, *John Wesley*, 1:68.
[34] Baker, *Letters*, 25:291.
[35] Baker, *Letters*, 25:395.

실망한 아버지는 5일 만에 답장하여 아들의 논리를 다섯 가지로 조목조목 반박하며 재차 자기 뜻을 받아 달라고 요청했는데, 아들은 무려 스물여섯 가지나 되는 이유를 들어 다시 아버지의 청을 매정하게 거절한다. 그 가운데 웨슬리가 가장 관심이 있었던 것은 자신의 경건한 삶, 즉 거룩한 삶을 추구하는 것이었다.

> 제가 거룩이라 할 때, 금식이나 육체적인 엄격성, 또는 외적인 진보를 위한 수단들이 아니라 이 모든 것이 내포된 내적인 성품, 즉 하나님의 형상 안에서 영혼이 새로워지는 것을 의미합니다.
> 제가 의미하는 것은 겸손함, 온유함, 정결함, 믿음, 소망, 그리고 하나님과 사람에 대한 사랑 등을 모두 포함하는 습성입니다. 그러므로 지금 이 상태에서 나 자신 안에 있는 거룩한 삶을 최대한 증진할 수 있다고 믿습니다. 왜냐하면, 저는 지금 거룩한 삶에 부합하는 여러 가지 유익한 것들을 즐기고 있기 때문입니다(By holiness I mean, not fasting, or bodily austerity, or any other external means of improvement, but that inward temper to which all these are subservient, a renewal of soul in the image of God. I mean a complex habit of lowliness, meekness, purity, faith, hope, and love of God and man. And I therefore believe that in the state wherein I am I can most promote this holiness in myself, because I now enjoy several advantages which are almost peculiar to it).[36]

아버지에게도 당시 영국 국교회의 문제가 무엇이고, 자신은 무슨 생각을 하고 무엇을 추구하고 있는지 분명히 밝혔다. 그 과정에서 "절반의 그리스도인(a half-Christian)으로부터 자신을 구해 달라"는 그의 기도는 그의 신학적 선언처럼 들린다.

---

[36] Baker, *Letters*, 25:399; cf. Collins, *John Wesley*, 52-53.

제가 경건이라는 독소, 즉 그저 좋은 사람들, 미지근한 그리스도인(그들이 그렇게 불리듯이), 종교에 관해 관심은 있지만, 이해가 부족한 사람들로부터 피할 수 있다는 사실에 감사드립니다. 그런 사람들은 내 결심을 무기력하게 만들며, 내 열정을 빼앗아 갑니다. 저는 결코 이 가련하고 방탕하고 내 정력을 빼앗아 가는 "세상의 성자들"에 속하지 않으면서, "하나님 절반의 그리스도인으로부터 나를 구원하소서"라고 기도하고 있습니다(And this, I bless, I can in some measure, so long as I avoid that bane of piety, the company of good sort of men, lukewarm Christians[as they are called], persons that have a great concern for, but no sense of, religion. But these insensibly undermine all my resolutions, and quite steal from me the little fervour I have; and I never come from among these "saints of the world" … faint, dissipated, and shorn of all my strength, but I say, "God deliver me from a half - Christian").[37]

앞으로 웨슬리의 삶과 신학을 논할 때 그가 말한 "경건이라는 독소"(bane of piety)가 무엇인지, 그리고 "절반의 그리스도인"(a half - Christian)은 어떤 사람을 의미하는지 알게 될 것이다.

사실, 아버지는 장남인 사무엘에게 자신을 이어 목회를 담당해 달라고 먼저 부탁했지만, 거절당하자 다시 존에게 한 것인데 동생이 아버지의 뜻을 끝까지 거절하자, 사무엘은 크리스마스 날에 편지하여, 목회하면 거룩함을 이룰 수 없을 것 같다는 동생의 논리를 이해할 수 없다고 불평하며 아버지의 뜻을 따르라고 부탁했다.[38]

하나님이 우리를 부르실 때는 하나님의 뜻을 이루시기 위함인데, 웨슬리는 하나님의 뜻보다는 자기의 뜻을 먼저 이루려 한다는 것이 형의 논리이

---

[37] Baker, *Letters*, 25:400.
[38] Baker, *Letters*, 25:410-11. 당시 엡워스 교구 담임사제는 연봉 200파운드를 받고 있었기 때문에 한 가족이 살만했지만, 사무엘처럼 대가족을 부양해야 하고, 또한 연구하는 사람에게는 턱없이 부족한 액수였을 것이다. See Tyerman, *John Wesley*, 1:95-96, 100-102.

다. 그런 의미에서 다음해 1월과 2월 사이에 몇 차례 더 편지하며 동생에게 먼저 하나님의 뜻을 이루라고 강권했지만, 웨슬리는 "지금 현재 위치에서 하나님의 일을 충실하게 감당할 수 있다"(Now that I can, as clergyman, better serve God and his Church in my present station)라고 답하면서 뜻을 꺾지 않았다.[39]

아버지는 8개월간의 투병 생활 끝에 1735년 4월 25일 72세로 생을 마치고 하나님의 부르심을 받았다. 영국 국교회 목회자요 학자요 열악한 지역의 사제로서 40여 년간 충성한 종은 죽기 전에 아들 존 웨슬리에게 그때까지 자신이 깨닫고 체험한 기독교 복음의 핵심을 다음과 같이 전해 주었다.

> 내적인 증거, 아들아, 내적인 증거야. 그것만이 그리스도교의 가장 강력한 증거다(The inward witness, son, the inward witness. that is the proof, the strongest proof of Christianity).[40]

그리고 찰스의 머리에 안수하며 말했다.

> 견고하라. 이 나라에 기독교의 부흥이 일어날 것이다. 비록, 나는 그것을 보지 못하고 죽지만, 너는 보게 될 것이다"(Be steady. The Christian faith will surely revive in this kingdom; you shall see it, though I shall not).

---

[39] Baker, *Letters*, 25:413-21.
[40] Baker, *Letters*, 26:288-89. 웨슬리는 이 말을 1748년 3월 22일에 존 스미스(John Smith)에게 쓴 편지에서 인용하면서, 당시에는 그게 무슨 뜻인지 이해하지 못했다는 말과 함께 이 교리는 성경적이고 교회사 속에서 지속적으로 경험되어 온 정통 교리로서 성령의 증거를 통해 확증되는 교리라고 설명했다. cf. Richard P. Heitzenrater, "Great Expectations: Aldersgate and the Evidences of Genuine Christianity," in Randy L. Maddox, ed., *Aldersgate Reconsidered* (Nashville, TN: Kingswood Books, 1990), 61.

자신이 목회하던 교회에 묻히기 전에 남긴 예언이 놀랍게도 적중했는데, 자신의 아들들을 통하여 그러한 부흥이 일어날 것이라고는 상상도 못했을 것이다.[41] 아버지가 죽자 웨슬리는 두 달 동안 교구에 남아 목회를 했다.

7월에 웨슬리는 학교의 부름을 받고 펠로우로서의 의무를 감당하기 위해 옥스퍼드로 돌아가게 되었다. 그때 그는 혼자 되신 어머니와 누이들을 두고 엡워스를 떠나면서 누가복음 10:42을 본문으로 하여 "오직 한 가지 필요한 것"(*The One Thing Needful*)에 대해 설교했다.

> 이제 우리가 해야 할 가장 위대한 일, 오직 하나 가장 필요한 일은 우리의 타락한 본질을 새롭게 하는 것이다. 하나님의 형상 안에서 만들어진 대로 (Now this great work, this one thing needful, is the renewal of our fallen nature. In the image of God was made).[42]

1734년에 쓴 것으로 추측되는 본 설교는 신학적으로 두 가지 면에서 중요하다.

첫째, 웨슬리의 인간 이해를 그대로 담고 있다. 즉, 비록 타락하여 하나님의 형상을 상실했지만, 그 타락한 본질을 회복할 수 있다고 하는 플라톤적인 이상이 들어가 있다.

둘째, 이 설교의 본문 말씀을 그 이후에도 죽을 때까지 50여 회나 인용하면서 끊임없이 추구했다는 것이다. 흥미로운 사실은 그럼에도 웨슬리는

---

[41] Telford, *The Life of John Wesley*, 72-3. cf. Baker, *Letters*, 26:288-9.
[42] Outler, *Sermons*, 4:352-59, esp., 354. See also Campbell, *Letters*, 27: 428 (To John Newton, May 14, 1765).

본 설교 내용을 출판한 적이 없고 찰스가 편집한 설교집을 통해서만 전해 졌을 뿐이다.[43]

옥스퍼드로 돌아와 보니 자신과 운명을 같이 할 것만 같았던 신성회 회원들이 모두 흩어져 버린 상태였다. 그리고 곧이어 웨슬리 형제가 몇몇 신성회 회원들과 함께 선교사의 자격으로 1735년 10월 14일 미국의 조지아(Georgia)로 떠나자, 지도자를 잃은 신성회는 2-3년간 명맥을 유지하다가 자연스럽게 해체된 것으로 보인다.

신성회는 비록 역사 속으로 사라져 버렸지만, 웨슬리의 신학과 메도디스트 운동의 특성이 그때부터 형식과 내용을 갖추게 되었고 대외적으로 알려지게 되었다. 또한, 웨슬리 형제가 메도디스트 운동을 조직하고 확장해 가는 데 있어서 선구자로 참여한 사람들도 주로 신성회 회원들이었기 때문에 사라진 것이 아니라 다른 형태로 더 크게 나타났다고 보는 것이 옳을 것이다.

그 외에 성직 안수 과정부터 펠로우로서 신성회 회원들과 함께 하는 동안 읽은 다양한 독서 목록을 그린은 그의 책, 부록에서 잘 정리해 주었다. 웨슬리는 청년 시절부터 프랜시스 베이컨(Francis Bacon) 존 로크(John Locke)나 조지 버클리(George Berkeley)와 같은 철학자들의 저서와, 특히 케임브리지대학교의 플라톤 주의자 중 하나인 존 노리스(John Norris)의 저작들과 독일 경건주의자 프랑케의 저작들을 많이 읽은 것이 눈에 띈다.

그리고 성 어거스틴(Saint Augustine of Hippo, 354-430)의 『고백록』(Confessions), 윌리엄 케이(William Cave)의 『원시 기독교』(Primitive Christianity), 윌리엄 베버릿(William Beveridge)의 『종교에 대한 사적인 생각』(Private Thought Upon Religion, 1709)과 같은 신학 서적들, 더 나아가 『호레이스 전집』(Works by

---

[43] See "An Introductory Comment" in Outler, Sermons, 4:351.

Horace), 쉐익스피어(Shakespeare)의 저작들과 같은 문학 작품들, 그리고 로버트 넬슨의 『진정한 헌신』(*Robert Nelson, The Practice of True Devotion*, 1708), 『드 렌티의 생애』(*Life of de Renty*)와 같은 경건 서적을 포함하여 웨슬리는 다양한 분야의 책들 수백 권을 읽었다.[44]

4. 종합 정리: 신성회 기간에 정리된 웨슬리의 삶과 신학

펠로우로서 학생들을 가르치고 신성회에서 동료들과 치열하게 성경적인 삶을 실천하며 자신의 신학적 사고들이 정리되었기 때문에 웨슬리는 신성회 활동을 메도디스트의 태동으로 보았다.

그런 의미에서 신성회 활동 기간에 정리된 웨슬리신학을 간략하게 정리해 보자. 이렇게 하는 이유는 초기 웨슬리신학의 형성을 확인함과 동시에 이후로 나타나는 웨슬리신학을 이해하는 중요한 관문이 되기 때문이다.

1) 성경 그리스도인

신성회 회원들이 얻은 별명 가운데 성경과 관계된 것이 다음과 같이 세 가지나 된다.

① 성경 벌레들(Bible Moths)
② 성경 고집장이(Bible Bigots)
③ 성경 그리스도인(Bible Christian)[45]

---

[44] Green, *The Young Mr. Wesley*, 305-19.
[45] Outler, *Sermons*, 3:504.

신성회 회원들은 모두 성경을 신앙과 삶의 유일한 기준으로 삼았다는 좋은 증거이다. 1766년에 쓴 『그리스도인의 완전에 대한 평이한 해설』 (*A Plain Account of ChristianPerfection*)에서 웨슬리는 1729년부터 시작된 신성회 때의 일을 회고하면서 다음과 같이 말했다.

> 1729년부터 나는 성경을 읽는 것에 그치지 않고 공부하기 시작했는데, 성경만이 유일한 진리이며 순수한 종교의 표준이기 때문이다(In the year 1729, I began not only to read, but to study the Bible as the one, the only standard of truth, and the only model of pure religion).[46]

비록, 웨슬리가 신성회가 조직된 1729년을 지목하지만 사실 그의 어린 시절부터 1728년 사제 안수를 받고 신성회 활동을 시작할 때까지 성경은 한 번도 그에게 유일한 진리가 아닌 적이 없었다.

1765년 5월 14일 뉴톤에게 쓴 편지에 의하면, 웨슬리가 비로소 "한 책의 사람"(*homo unius libri*, A man of one book)이 되기 시작한 때는 1730년이라고 했다. 그때 상황을 웨슬리는 다음과 같이 설명하고 있다.

> 나는 1727년 로 선생의 『그리스도인의 완전』과 『진지한 소명』을 읽었고, 몸과 혼과 영으로 하나님께 전적으로 헌신하기로 했다. 1730년에 나는 한 책의 사람이 되어 오직 성경만을 공부하기로 했다. 그리고 그 이전과 비교도 안 될 정도로 분명하게 오직 한 가지 필요한 것이 있는데, 그것은 하나님과 이웃에 대한 사랑으로 역사하는 믿음이요, 내적으로나 외적으로 거룩해야 한다는 것을 알게 되었다. 그 후로 나는 온 마음으로 하나님을 사랑하고 온 힘을 다해 그분을 섬기기를 갈망했다(In 1727 I read Mr. Law's

---

[46] Chilcote and Collins, *Doctrinal and Controversial Treaties*, 13: 137.

christian perfection and Serious Call, and more explicitly resolved to be all devoted to God in body, soul, and spirit. In 1730 I began to be homo unius libli, to study[comparatively] no book but the Bible. I then saw in a stronger light than ever before that only one thing is needful, even faith that worketh by the love of God and man, all inward and outward holiness; I groaned to love God all my heart and to serve Him with all my strength).[47]

즉, 웨슬리는 1727년에 로 선생의 『그리스도인의 완전』과 『진지한 소명』을 읽었고, 1729년에 신성회를 시작하면서 더욱더 성경만을 연구하게 되면서 1년 후에 한 책의 사람이 되었으며, 결과적으로 자신에게 가장 시급한 것은 하나님과 이웃에 대한 사랑으로 역사하는 믿음과 성결임을 알게 되었다. 그래서 웨슬리는 몸과 마음과 힘을 다하여 하나님을 사랑하고 섬기기를 원했는데, 그 모든 내용의 근거가 곧 성경이라는 것이다. 한편, 웨슬리가 옥스퍼드대학교회에서 "마음의 할례"를 설교했을 때가 1733년인 것을 보면, 그 설교를 하기 전에 웨슬리는 이미 한 책의 사람이 되었고, 철저하게 성경에서 발견한 구원론을 선포하기 시작했다.

그 이후 죽는 순간까지 웨슬리의 모든 삶과 신학이 오직 성경에 근거한다는 원칙은 변한 적이 없다. 1766년 6월 5일 60세가 넘은 웨슬리가 "나의 근거는 성경이다. 그렇다. 나는 성경 고집쟁이다. 나는 크든 작든 모든 면에서 성경을 따른다"(My ground is the Bible. Yea, I am a Biblebigot. I follow it in all things, both great and small)라고 했다.[48] 그런가 하면, 1787년에 쓰인 "하나님의 포도원에서"(On God's Vineyard)이란 설교에서 웨슬리는 다시 한번 자신은 "한 책의 사람"임을 재천명했다.

---

[47] Campbell, *letters*, 27:428; Telford, *Letters*, 4:299.
[48] Ward and Heitzenrater, *Journal and Diaries*, 22:42

처음부터, 네 명의 젊은이들이 모이기 시작한 때부터 우리는 모두 한 책의 사람이었다. 그들은 모두 오직 한 가지 판단의 기준을 가지고 있었는데, 바로 성경 그리스도인이 되기로 했다는 것이다(From the very beginning, from the time that four young men united together, each of then was *homo unius libri* – A man of one book… They had one, and only one, rule of judgment. … They were one and all determined to be Bibl e– Christian).**49**

그런데, 웨슬리가 고백한 "나는 한 책의 사람"(*homo unius libri*)이라고 한 것을 근거로 하여 마치 웨슬리가 성경 외에 다른 학문을 도외시했던 것처럼 생각하는 것은 큰 오해이다. 웨슬리는 성경을 이해하고 해석하는 데 도움이 되는 모든 학문을 누구보다도 깊고 넓게 섭렵하고 그러한 지식을 최대한 활용하여 하나님의 말씀인 성경을 이해하려고 노력했고 또한 동료 설교자들에게도 그렇게 하라고 끊임없이 강조한 설교자임을 잊어서는 안 된다. 그런 의미에서 웨슬리의 성경 해석학을 다음과 같이 세 가지로 정리할 수 있다.

첫째, 웨슬리는 분명 성경을 유일한 진리의 기준으로 삼았고, 누구보다도 성경 히브리어와 헬라어에 능통하여 성경을 원어로 읽으며 성경을 문자적으로 이해하고 실천하는데 주력한 것이 사실이다.

그는 어려서부터 성경을 읽으며 성장한 웨슬리는 신학을 공부할 때부터 성경 원어뿐만 아니라 여러 가지 번역을 비교하며 읽도록 아버지로부터 지도를 받았고 그렇게 실천한 설교자요 신학자였다.

둘째, 그러나 웨슬리는 르네상스 시대의 학문적 발전에 근거한 비평적 성경 신학에 근거한 개혁주의신학의 전통 안에서 비평학적 해석학을 수용

---

49 Outler, *Sermons*, 3:504.

하고 있었다. 성경 이해와 해석에서 비평적 해석학을 배제하는 반지성적 태도를 취하는 것이야말로 웨슬리신학을 황폐하게 만드는 반웨슬리안신학이다.

셋째, 웨슬리는 논쟁에 논쟁을 이어가는 이론적 신학보다는 성경적 진리를 삶으로 살아가는 실천신학을 추구했다. 오늘날도 웨슬리신학을 이론적으로만 설명하는 신학이야말로 웨슬리가 가장 경계하는 신학임을 분명히 할 필요가 있다.

2) 초대교회의 공동체 생활 회복

신성회 회원 중에 웨슬리에게 초대교회 때 하던 대로 실천하자고 제안했던 사람은 존 클레이튼(John Clayton)이었고, 웨슬리 역시 누구보다도 철저하게 초대교회적 경건을 당대에 실천하려고 노력함으로써 신성회는 자연스럽게 "초대교회"(Primitive Church)란 별명을 얻었다.[50]

신성회 회원들은 펠로우인 웨슬리에게 제공된 아파트(apartments)의 일층에 자리잡은 "웨슬리의 포도원"(Wesley's vine)이라 명명된 방에 모여 음식을 나누면서 기도와 말씀에 집중했다.[51] 당시에 나타나던 기독교의 모습, 즉 정치와 결탁하고 물질의 풍요 가운데 웅장한 건물 안에서 모이는 것이 아니라 초대교회처럼 검소하고 순수한 "적은 무리"(a little company)였다.[52] 초대교회가 했던 것처럼 매주 수요일과 금요일에는 금식을 했고, 침례를

---

50 Baker, *Letters* 25:343; Rupert Davies, *The Methodist Societies*, 9:427; Collins, *John Wesley*, 44-45.
51 J. Telford, "Wesley's room in Lincoln College, Oxford" in *London Quarterly Review*(October, 1929), No. 152: 250-253. 웨슬리의 방은 미국감리교 위원회(American Methodist Committee)에 의해 1928년에 복원되어 오늘날까지 전해져 내려오고 있다. Piette, *John Wesley*, 553, note 20에서 재인용.
52 Curnock, *Journal*, 2: 371.

선호하게 되었다.

신성회때부터 시작된 초대교회에 대한 이상은 영국을 떠나 선교지인 조지아(Georgia)로 연결되었다. 선교지에 가서 아직 세속에 물들지 않은 원주민(Native Indians)들과 또한 여러 지역에서 이주해온 사람들에게 성경을 잘 가르치면 초대교회와 같은 공동체가 이루어질 것이라고 믿고 열정적이면서도 매우 엄격하게 목회를 했던 것이다.[53] 선교지에서 돌아온 후 올더스게이트 체험을 하고 곧 이어 방문하게 된 모라비안 공동체를 보면서, 초대 기독교 공동체가 현실 속에서 실현될 수 있다는 증거를 보았다고 한 것도 신성회 때부터 동경하던 삶과 직접적인 연관이 있는 내용이다.

그런가 하면, 웨슬리가 50대에 접어들 즈음인 1761년 1월 7일에 "웨스트민스트 저널 편집자에게"(To the Author of the Westminster Journa) 편지하여 메도디스트들을 광신주의자들이나 새로운 종교 집단으로 오해하는 것에 대해 메도디스트들은 "종교개혁만큼이나 오래되었고, 기독교만큼 오래되었으며, 모세만큼이나, 아담만큼이나 오래되었다"(it is the one old religion , as old as the Reformation, as old as Christianity, as old as Moses, as old as Adam)라고 말한 것은 메도디스트들이야말로 가장 가장 성경적이고 가장 초대교회적이라고 항변한 것이다.[54] 결국, 웨슬리는 모든 메도디스트 공동체를 가장 초대교회적인 공동체로 만들려고 했던 것임을 알 수 있다.

3) 하나님과 이웃에 대한 사랑

이미 언급한 바와 같이 웨슬리와 신성회 회원들은 학업과 경건 생활에 열중하면서도 이웃을 돕고 사랑하는 일에 매진했다. 비록, 자신들의 양

---

[53] Schmidt, *John Wesley: A Theological Biography*, 1: 132.
[54] Telford, *Letters* 3:128-32, esp. 131.

식을 줄여서라도 남을 돕는 데 최선을 다하는 등 하나님과 이웃을 사랑하는 다양한 방법을 고안하여 실천했는데 그러한 "사랑으로 역사하는 믿음"(faith working by love, 갈 5:6)에 대한 생각은 웨슬리가 죽는 순간까지 변하지 않았다. 신성회 때부터 마지막 순간까지 가장 일관성이 있는 내용이 있다면 아마도 하나님과 이웃에 대한 사랑일 것이다.

1747년에 웨슬리는 매우 독특한 책을 한 권 출판했는데 책의 제목이 『가정의학 처방서』(Primitive Physic; or an easy and natural Method of curing most Disease)이다.[55] 그 책의 목적은 병원에 갈 수 없는 상황 가운데 있는 사람들, 특히 가난한 사람들이 가정에서 처방할 수 있는 내용을 정리해 준 것인데 당시에 많은 사람이 그 책의 혜택을 받았다.

그런가 하면, 대영제국 전역을 순회하며 보고 느낀 것 등을 종합하여 국가적인 정책에 반영하도록 하는 등 경제적-정치적 영역으로 발전한다. 그리고 마침내 메도디즘의 대표적인 교리인 "그리스도인의 완전"의 개념으로 발전한다. 분명한 것은 신성회 때 이미 그런 일들이 진행되고 있었다.

신성회 회원들은 자신들의 필요를 극도로 제한하고 남는 것을 최대한 남을 돕는 데 사용했는데, 그러한 삶이 훗날 모든 메도디스트들의 삶의 방식이 되었다. 웨슬리의 말년에 동료 메도디스트들이 초기의 영성을 상실하고 오히려 물질의 노예가 되는 현상을 보고 1787년 「알미니안 잡지」(Arminian Magazine)에 발표한 "더 나은 길"(The More Excellent Way)이란 설교에서 모든 메도디스트들이 구제하는 데 힘을 다해 살 것을 거듭 촉구한 것은 전혀 새로운 일이 아니다.

---

[55] 책의 영어 제목이 <Primitive Physic>이기 때문에 직역을 하면 <원초적 의학> 혹은 <원초적 의술>이 될 것이다. 그러나 그 책의 부제, 즉 "대부분의 병을 치료하는 쉽고 자연적인 방법"(an easy and natural Method of curing most Disease)까지 참고할 때 그 책은 의학이나 의술책이라기보다는 가정에서 처방할 수 있는 의학적 안내서, 즉 "가정의학 처방서"라고 보는 것이 더 정확할 것이다.

옥스퍼드의 메도디스트 중 한 명은 일 년에 30파운드를 벌었다. 자신을 위해 28파운드를 사용하고 40실링을 나누어 주었다. 다음해에 그는 60파운드를 벌 때도 여전히 자신은 28파운드만 사용하고 나머지 32파운드를 나누었다. 3년째 그는 90파운드를 받아 62파운드를 나누어 주었다. 4년째 되던 해에 그는 120파운드를 받았다. 그런데 여전히 28파운드만 가지고 살면서 그중 92파운드를 가난한 사람들에게 나누어 주었다. 이러한 삶이 더 나은 삶이 아니겠는가?(One of them had thirty pounds a year. He lived on twenty-eight, and gave away forty shillings. The next year receiving sixty pounds, he still lived on twenty-eight, and gave away two-and-thirty. The third year he received ninety pounds, and gave away sixty-two. The fourth year he received a hundred and twenty pounds. Still he lived as before on twenty-eight, and gave to the poor ninety-two. Was not this a more excellent way?)[56]

4) 마음의 할례

신성회 활동을 하던 중 1733년 1월 1일 성메리교회(St. Mary Church)에서 행한 설교 "마음의 할례"(Circumcision of the Heart)는 신성회에 대한 각종 비판에 신학적인 변호를 하는 설교였다. 즉, 초기 웨슬리의 삶과 신학을 나

---

[56] Outler, *Sermons*, 3:275-76; Jackson, *Works*, 7: 36 타이어맨은 "Wesley's Works, vol. vii., 34라 했지만,(See his *John Wesley*, 72, note 1) 사실 "vii 36"이 맞다.Kenneth J. Collins는 이 문장을 인용할 때(as before), 밑줄 – 저자 표시를 빠뜨렸다. See his *John Wesley*, 45. 사실, 이 설교는 1787년 「알미니안 잡지」(*Arminian Magazine*)에 처음으로 제목도 없이 발표 되었다가 다음해에 웨슬리 자신이 편집한 설교집(in *the seventh volume of Wesley's collected Sermons*) 제7권에 "더 나은 길"(The More Excellent Way)이란 제목으로 다시 출판되었다. See A. Outler & Richard P. Heirzenrater, eds., *John Wesley's Sermons: An Anthology* (Nashville, TN: Abingdon Press, 1991), 511.

타내는 대표적인 설교가 바로 "마음의 할례"이다.⁵⁷

그 설교에서 웨슬리는 다음과 같은 세 가지 내용을 설교했다.

첫째, 기독교는 내적인 마음의 종교이다.

로마서 2:29 "할례는 마음에 할찌니 신령에 있고 의문에 있지 아니한 것이라"(circumcision is that of the heart, in the spirit, and not in the letter)는 말씀에 따라 당시에 영국 국교회 내에서 진행되고 있는 많은 외형적인 것들을 비판하면서 그리스도인들에게 정말 필요한 것은 하나님의 형상을 회복함으로써 내적인 마음을 새롭게 하는 것이라고 설교했다. 그 설교를 들은 청중들은 "열정적"(enthusiastic)이었다는 것 외에 대부분 부정적으로 평가했다.

그때 이후로 "마음의 할례" 문제는 웨슬리의 모든 설교와 사역의 중심이 되었다. 그 후 30년 이상이 지난 1765년 5월 14일 웨슬리는 존 뉴턴(John Newton)에게 쓴 편지에서 자신이 마음의 할례에 대해 설교한 이후로 그때까지 모든 죄로부터 구원을 받고 오직 마음을 다해 하나님을 사랑하라는 설교를 하고 있다고 했다.⁵⁸

둘째, 인간의 죄를 씻고, 영혼을 변화시키기 위해서는 성령의 도우심이 절대적으로 필요하다.

웨슬리는 이미 죄의 문제를 해결하기 위해서는 오직 하나님의 은혜와 성령의 능력으로만 가능하다고 설교했다. 같은 해에 "하나님의 성령을 근심하게 하지 말라 그 안에서 너희가 구속의 날까지 인치심을 받았느니라"(엡 4:30)는 본문에 의거하여 성령의 역사를 강조하는 또 한 편의 설교를 썼다.⁵⁹

57　Outler, *Sermons*, 1:401-414; Outler & Heizenrater, eds., *John Wesley's Sermons*, 23-32.
58　Telford, *The Letters*, 4:299.
59　Tyerman, *John Wesley*, I:90.

그런데 웨슬리가 1738년에 피터 뵐러(Peter Böhler)를 만난 후 비로소 성령의 역사에 대해 알게 되었고, 마침내 페터레인(Fetter lane)신도회에서 처음으로 성령을 체험한 것처럼 말했던 것은 무슨 뜻인가?

사실 웨슬리는 어려서부터 신성회 활동을 할 때까지 성령의 존재와 능력에 대해 무수히 듣고 익히 알고 있었지만, 성령의 역사에 대해 알고 있는 것과 체험하는 것은 완전히 다른 차원이었다. 자신이 설교하던 성령을 자신이 체험한 후에야 비로소 삶으로 나타나게 되었다는 뜻이다.

셋째, 마음의 할례는 곧 "그리스도인의 완전"으로 확장된다.

비록, "그리스도인의 완전"이란 용어를 사용하지는 않았지만, 마음의 할례를 받음으로 죄로부터 씻음을 받고, 하나님과 이웃을 사랑하고 모든 영광을 하나님께 돌리는 완전하고 거룩하고 행복한 삶을 살게 된다고 했다.[60]

1766년에 쓴 『그리스도인의 완전에 대한 평이한 해설』에서 이미 30년 전에 했던 내용을 반복하며 다음과 같이 말했다.

> 여러 경건 서적에서 말한 영혼의 습관적인 성향 중 하나를 거룩이라고 했는데, 그것은 곧 죄, 즉 육체와 영혼의 모든 불결한 것으로부터 깨끗해지는 것을 의미한다. 그러므로 결과적으로 예수 그리스도의 성품을 부여받게 되는 것이다(It is that habitual disposition of soul which, in the sacred writings, is termed holiness; and which directly implies, the being cleansed from sin, "from all filthiness both flesh and spirit"; and, by consequence, the being endued with those virtues which were in Christ Jesus).[61]

60　Outler, *Sermons*, 1:407.
61　Chilcote and Collins, *Doctrinal and Controversial Treaties*, 13: 138; Jackson, *Works*, 11:367. 설교 "마음의 할례"(Circumcision of the Heart)의 내용의 일부인데 인용하고 있는 것이다.

마음의 할례를 받고 모든 죄로부터 씻음을 받는 것은 언제나 "하늘에 계신 아버지가 온전하심과 같이 우리도 온전하게 되는 것"(the being so renewed in the image of our mind as to be perfect as our Father in heaven is perfect)을 의미한다고 했다.[62]

5) 거룩(하나님의 형상, 혹은 신적 본질)의 회복

몰간의 동생이 또다시 불평했을 때 웨슬리는 1734년에 몰간의 아버지에게 자기 생각을 완곡하면서도 단호하게 표현했는데, 웨슬리신학의 중심을 이루는 내용이다.

> 나는 종교를 공적이거나 사적인 장소에서 아침이나 밤에 하는 많은 기도라고 하거나 무심한 혹은 세상의 삶에 주어진 부산물이라고 말하지 않습니다. 반면에 종교는 영적 습관을 지속해서 다스리는 것이고, 하나님의 형상 안에서 우리의 마음을 새롭게 하는 것이고, 내재한 신성을 회복하는 것이고, 끊임없이 우리의 가장 거룩하신 구원자께 우리의 마음과 삶을 고양해 나가는 것으로 생각합니다(I take religion to be, not the bare saying over so many prayers, morning and evening, in public or in private; not anything superadded now and then to a careless or worldly life; but a constant ruling habit of soul, a renewal of our minds in the image of God, a recovery of the divine likeness, a still-increaseing conformity of heart and life to the pattern of our most holy Redeemer).[63]

---

[62] Outler, *Sermons*, 1:402-3. 영어 "Perfect"을 '완전'이라 번역할 때와 '온전'이라 번역할 때 뜻이 다를 수 있다. 그리스도인의 완전을 주장하는 사람들은 '완전'이라 하고, 인간이 완전할 수 없다고 생각하는 사람들은 '온전'이라고 번역하는 경향이 있다. 한국성경공회 등 모든 한국어 번역은 '온전'을 택한 것 같다.
[63] Baker, *Letters*, 25:369.

이 짧은 인용문에 웨슬리가 평생을 두고 씨름한 신학적 주제들이 잘 나타나 있으므로 좀 더 구체적으로 살펴볼 필요가 있다.

(1) 영적 습관을 다스리는 것

목회자의 아들이며 청교도였던 철학자 존 로크는 인간은 태어날 때 이미 어떤 내적인 상태나 생각(innate ideas)을 가진 것이 아니라 철저히 '백지 상태'(a state of blank or tabula rasa)이며 후천적인 내용이나 특성은 감각적 '경험을 통해서만'(only through experience) 습득된다고 했다.[64]

그러한 로크의 주장을 따라 수잔나는 자녀들이 어려서부터 잘못된 습관에 빠져들기 전에 경건 훈련을 시키려고 노력했다. 물론, 그런 교육을 받은 웨슬리도 이에 전적으로 동의하면서 동시에 켐피스나 테일러 등의 영향을 받고, 더욱더 철저하게 자신을 제어할 수 있는 영적 습관들을 만들어 갔다. 그런가 하면, 보육원이나 기숙학교를 통해 어린이나 청소년들을 교육하는데 전력을 다한 것도 모두 어려서부터 영적 습관을 다스려야 한다는 확신을 가지고 진행한 일들이었다.

(2) 하나님의 형상 안에서 우리의 마음을 새롭게 하는 것 / 끊임없이 우리의 거룩하신 구원자께 우리의 마음과 삶을 고양해 나가는 것

웨슬리는 인간은 하나님의 형상대로 창조되었고, 비록 타락했지만, 거룩하신 하나님의 형상을 완전히 상실한 것이 아니므로 죄인인 인간도 하나님의 형상을 가진 존재로 보았다는 것이 웨슬리의 인간 이해의 중요한 내용이다. 그런 의미에서 웨슬리는 죄인인 인간이 거국의 본질에 참여하

---

[64] 그러한 경험론적 철학은 모든 인간은 태어날 때 이미 '선험적 개념들'(pre-existing concepts)을 가지고 있다는 '데카르트 철학의 전제'(Cartesian hypothesis)에 반대되는 주장으로서 후천적으로 교육을 강조하는 논리적 근거가 되었다.

는 것이 분명 하나님의 은혜와 성령의 능력에 의해서 가능하다고 믿었다.

그러나 그러한 과정에서 인간의 노력을 절대 배제하지 않고 끊임없이 "그리스도에게까지 성장하라"(엡 4:15)라고 가르친 것이 또한 웨슬리신학의 특징이다. 그러한 삶과 신학이 그의 "그리스도인의 완전"에 대한 추구로 집약되었다.

(3) 거룩한 본질을 회복하는 것

"거룩한 본질의 회복"이란 내용은 웨슬리신학에서 가장 논란거리가 되는 내용이다. 어거스틴 이후 서양의 기독교신학은 인간을 전적으로 타락한 죄인이라고 규정해 왔다. 그러나 웨슬리는 인간이 죄인으로 태어나서 죄인으로 살다가 죄인으로 죽는다고 하는 것은 곧 절망의 복음이라고 생각했다. 그러한 죄인도 예수 그리스도를 통해 새로운 피조물, 즉 죄가 없는 의로운 존재로 사는 것이 하나님의 뜻이라고 믿었다.

그러한 의미에서 웨슬리는 "새로운 피조물"이 되는 것은 새로운 인간을 만드는 것이 아니라 "하나님의 형상을 회복"하는 것이라고 했는데, 그것은 또한 타락한 본질이 변하여 하나님의 형상을 회복하는 것이라고 했다.

웨슬리는 하나님의 형상(image of God)을 세 가지로, 즉 자연적(natural), 정치적(political), 그리고 도덕적(moral) 형상으로 구분하고 있는데 그중에서 도덕적 형상(moral image of God)을 가장 중요하게 생각했다.[65] "인간도 하나님처럼 거룩한 존재가 될 수 있다"는 개념은 웨슬리신학에서 "완전성화"(Entire sanctification)교리의 근본인데, 그러한 생각이 이미 신성회 때부터 나타나고 있음을 볼 수 있다.

---

[65] Jackson, *Works*, 9:346-47; Kenneth J. Collins, *The Theology of John Wesley* (Nashville, TN: abingdon Press, 2007), 51-7.

종합해 보면, 옥스퍼드대학교 내에서 경건과 학문을 추구하던 젊은이들과 신성회 활동을 하던 시기에 초기 웨슬리신학의 정체성이 형성되었음을 알 수 있다. 학문적으로는 초대 교부들의 저서 등 고전에 대해 다양한 지식을 축적했고, 실천적으로는 자신뿐만 아니라 동료들과 공동체를 이루어 가장 성경적이라고 믿는 자신들의 이상적 기독교와 경건을 추구했다.

한편, 신성회 활동 기간 한 여인을 사랑하면서 생기는 갈등이나 자신의 멘토였던 아버지가 세상을 떠났고, 어머니는 아버지가 남긴 가난과 자녀들을 떠안은 채 홀로 남게 되는 현실 속에서 몹시 당황했던 것도 사실이다. 그때 웨슬리 형제는 미지의 세계인 조지아(Georgia)로 가서 선교와 목회를 하자는 제안을 받는다.

결과적으로, 자신이 그토록 애정을 가지고 헌신했던 신성회를 떠나게 되자, 존 갬볼드(John Gambold)가 리더가 되어 얼마동안 유지했지만, 그마저 모라비안들과 합류하면서 신성회는 역사 속으로 사라져 버렸다.[66]

---

[66] Schmidt, *John Wesley: A Theological Biography*, 1: 135.

제2장

메도디즘 태동의 두 번째 단계: 조지아 선교(1735-1738)

웨슬리는 신성회 활동을 하던 중 1735년 4월 25일 아버지의 죽음을 맞이했는데, 사무엘은 평생의 역작인 『욥기 주석』(*Dissertationes in Librum Jobi, Dissertations on the Book of Job*)을 유작으로 남기면서 아들에게 그 저서를 캐롤라인(Caroline) 왕비에게 전달해 달라고 부탁했다.[1]

아버지는 죽기 13주 전쯤인 1월 21일 쓴 마지막 편지에서 책을 출판하는데 소용되는 비용을 걱정하면서도 아들에게 삽화를 넣어줄 것과 출판을 마무리해 달라고 부탁한 바 있다.[2]

아버지 사후 옥스퍼드로 돌아온 웨슬리는 일주일 만에 출판사의 요청을 받고 런던으로 갔는데, 그곳에서 옥스퍼드대학교 동기인 존 버튼(John Burton of Corpus Christi College in the University of Oxford, 1696-1771) 목사를 만난다. 그는 웨슬리에게 아메리카의 식민지 조지아(Georgia)에 선교사로 갈 것을 제안하였는데, 당시 영국 국교회의 주력 사업 중 하나인 '기독교지식증진회'(the Society for Promoting Christian Knowledge, SPCK)의 일을 하면서 선교 사

---

[1] Davies, *The Methodist Societies: History, Nature, and Design*, 9:427. 책은 웨슬리 일행이 조지아로 떠나기 이틀 전인 10월 12일 주일 왕비에게 전달되었다. See note 9.
[2] Baker, *Letters*, 25:414-15. See also Tyerman, *John Wesley*, 1:98-99.

역도 감당해 낼 수 있는 적임자는 웨슬리라고 생각하고 당시 조지아에 식민지를 개척하고 있던 제임스 에드워드 오글도프(James Edward Oglethorpe)에게 웨슬리를 소개하였다.³

오글도프는 조지아에 식민지를 개척하는 목적을 다음과 같이 세 가지로 밝힘으로서 왕의 허락을 받아냈다.

> **첫 번째**, 정치적인 목적으로는 사우스캐롤라이나에 식민지를 개척함으로써 플로리다에서 스페인의 세력을 견제하는 방어벽을 구축하는 것이다 (to provide a buffer against Spanish power in Florida)
> **두 번째**, 종교적 목적으로는 핍박을 받고 있던 프로테스탄트들을 식민지로 이주시켜 신변을 보호한다는 것이다.
> **세 번째**, 사회적 목적으로는 당시 영국의 감옥에 갇혀 있는 죄수들을 식민지로 이주시켜 새로운 삶의 기회를 마련해 주자는 것이다.⁴

하지만, 오글도프가 공식 문서에 밝히지 않은 또 다른 분명함 목적이 있었다. 즉, 미국 내에 있는 인디언들에게 복음을 전하는 것이었다. '기독교 지식증진회'의 설립자 중의 한 사람인 토마스 브래이(Thomas Bray)는 오글도프와 함께 "미국 내에 있는 흑인 노예들을 개종시키는 일"(the project for the conversion of the Negro slaves of America)과 더불어 미국 내에 있는 인디언을 개종시키겠다는 열정을 가지고 일을 추진하고 있었던 것이다.⁵

---

3   Curnock, Journal, 1:109, note 4; Tyerman, *John Wesley*, 1:108-109; Heitzenrater, *John Wesley and the People*, 56.
4   "가톨릭과 유대인들(Catholics and Jews)"은 이주자 중에서 배제하겠다는 내용이 계획서에 포함되어 있었는데 삭제되었다. Ward and Heizenrater, *Journal and Diaries*, 18:136, note 4.
5   오글도프의 인디언 선교에 대한 관심과 열정에 대해서는 다음을 보라.
    Letter from Oglethorpe to the Hon. 一, 9th June, 1733, in *the Gentleman's Magazine*,

오글도프는 정부로부터 이미 50에이커의 부지를 받았고, 개인이나 단체들로부터도 많은 지원을 받으며 마침내 114명으로 제한하여 모집한 사람들과 1732년 11월 17일 날 영국을 떠난 첫 배는 찰스톤(Charleston)에 1733년 1월에 도착함으로써 본격적으로 진행되고 있었다.⁶

오글도프에 의해 식민지 개척이 추진될 때 사무엘 웨슬리도 오글도프에게 편지를 하여 "만약, 10년 전에 이런 일이 있었다면, 내가 남은 삶을 새로운 개척지에 기쁨으로 바칠 수 있었을 텐데"(if it had but been ten years ago, I would gladly have devoted the remainder of my life and labours to that place)라고 말한 적이 있다. 형 사무엘도 열악한 감옥의 환경이나 죄수들의 처우 개선에 관심이 있던 중 오글도프의 계획을 듣고 앞으로 동생들이 그 일에 합류하리라는 것을 상상도 못한 채 식민지 개척을 위한 펀드를 모으는 일에 이미 참여하고 있었다.⁷

처음 떠날 때부터 성직자 헨리 허버트(Henry Herbert)도 동행했는데, 그는 현지에서 죽고, 후에 사무엘 퀸시(Samuel Quincy)가 최초의 영국 국교회 성직자로서 1732년부터 식민지에서 목회 사역을 감당하고 있었다.

1차 선발대가 출발한 후, 3년 만에 2차로 거주자들과 그 일을 더욱 효과적으로 진행할 적임자들을 모집하던 중 오글도프는 사무엘과 교제를 통해 그의 아들들에 대해 이미 들은바 있었기 때문에 웨슬리 형제를 소개받았을 때 즉시 받아들였다.

III(1733), 413-15. Schmidt, *John Wesley: A Theological Biography*, I: 128, note 5에서 재인용.

6 Schmidt, *John Wesley: A Theological Biography*, 1: 127; Rack, *Reasonable Enthusiast*, 110.
7 Stevenson, *Memorials of the Wesley Family*, 142; Schmidt, *John Wesley: A Theological Biography*, 1:127-28.

크게 보면 두 가지 업무가 웨슬리에게 주어졌다.

첫째, 정착민들을 위해 목회하는 것(pastoral work among the colonists in Savannah)

둘째, 그곳에서 만나는 흑인 노예들이나 인디언들에게 복음을 전하는 것(missionary service among the Negro salves of America and the nearby Indians)

"공식적으로는 국외 선교부"(the Society for the Propagation of the Gospel in Foreign Parts)로부터 조지아 지역 담당 목회자로 파송을 받았는데, 웨슬리는 연 50파운드를 받는 조건이지만, 그와 동행하는 사람들은 월급은 없고 의식주를 제공 받는 조건이었다.[8]

웨슬리도 긍정적으로 생각하고 형 사무엘의 의견을 묻기도 하고, 친구 클레이튼(Clayton)에게 같이 가자고 제안하기도 했다. 특히, 남편을 잃고 홀로 되신 어머니와 그 일을 상의했을 때, 수잔나는 "만일 내게 스무 아들이 있고, 그들 모두가 선교사가 되어 내가 더 이상 볼 수 없게 된다 할지라도 나는 기뻐할 것이다"(Had I twenty sons, I should rejoice that they were all so employed, though I should never see them more)라고 말했다.[9] 어머니의 격려가 뜻을 정하는 데 큰 힘이 되었을 것이다.

욥기 주석을 전해 받은 캐롤라인 공주(Queen Caroline)는 "제본이 잘 되어 있다는 의례적 언급"(with only a non-committal comment about the binding)과 함께

---

[8] R. Butterworth, "Wesley as the Agent of the S.P.G." *Proceedings of the Wesley Historical Society* 7(1910), 99-102. Schmidt, *John Wesley: A Theological Biograph*, 1:135. 타이어맨은 *Methoidist Magazine* (1844), p.920에 근거하여 웨슬리의 월급이 50파운드라고 했다. Tyerman, *John Wesley*, 1:114. See Baker, *Letters*, 25:491 and note 1.

[9] Simon, *John Wesley and the Religious Scieties*, 111; Piette, *John Wesley*, 293. Schmidt, *John Wesley: A Theological Biography* 1:131.

"격려의 말"(many good words and smiles)을 보냈다. 웨슬리도 고전적인 학자들이 흔히 범하는 실수처럼 아버지의 책도 지나치게 학문적이고 고급스러운 문장을 고집하느라고 진정한 뜻을 드러내는 데는 실패한 것 같다고 했다.[10]

1. 조지아 선교를 떠나는 목적

마침내, 웨슬리는 1735년 10월 10일 편지를 통해 버튼 박사에게 조지아 선교사로 가겠다고 통보하면서 다음과 같이 그 이유를 밝혔다.

> 나 자신의 영혼을 구하기 위해서 간다. 나는 이교도들에게 복음을 전파하면서 그리스도의 복음의 진정한 의미를 알기 원한다(My chief motive is the hope of saving my own soul. I hope to learn the true sense of the gospel of Christ by preaching it to the heathen).[11]

그는 신성회 회원으로서 왕성하게 활동하면서도 여전히 어리석은 "욕망에 끌리는 죄인"(grievous sinner)이었는데, 그러한 "유혹이 없는 선교지"(most of those temptations are removed), 특히 "여자가 없고 대신 선교할 사람들이 많은 선교지"(where I see no woman but those which are almost of a different species from me)로 간다고 했다.[12]

웨슬리는 분명 어떠한 유혹도 없는 새로운 나라에서 더 이상 죄를 짓지 않으며 오직 하나님의 영광만을 위해 살 수 있다고 기대하고 있었다. 그런

---

[10] Tyerman, *John Wesley*, 1:116-17; Schmidt, *John Wesley: A Theological Biography*, 1: 136.
[11] Baker, *Letters*, 25:439.
[12] Baker, *Letters*, 25:440-41; Tyerman, *John Wesley*, 1:116..

기대는 곧 오직 경건 생활에 매진함으로써 자신의 구원을 이루는 일이라는 뜻에서 다음과 같이 말했다.

> 아마도 당신은 저에게 왜 조지아에서처럼 영국에서 당신의 영혼을 구할 수 없느냐고 물을 것입니다. 아닙니다. 저는 영국에서는 같은 정도의 성결을 이룰 수 없습니다. 그러한 사실을 알면서도 제가 영국에 머무른다면 저는 전혀 성결을 이루지 못하고 말 것입니다. 왜냐하면, 사람에게는 두 길이 있는데, 그중에서 하나님을 덜 기쁘시게 하고 거룩한 삶을 살지 못하고 있음을 분명히 마음에 인식하고 있으면서도 그대로 지낸다면, 그리스도의 복음에 따르면 그 사람은, 결코 하나님을 기쁘시게 하지 못할 뿐만 아니라 어느 정도 그리스도인의 완전을 이룰 수 없기 때문입니다(But you will perhaps ask, Can't you save your own soul in England as well as in George? I answer, No, neither can I hope to attain the same degree of holiness here which I may there; neither, if I stay here knowing this, can I reasonabley hope to attain any degree of holiness at all. For whoever, when two ways of life are proposed, prefers that which he is convinced in his own mind is less pleasing to God, and less conductive to the perfection of his soul, has no reason from the gospel of Christ to hope that he shall ever please God at all, or receive from him that grace whereby alone he can attain any degree of Christian perfection).[13]

웨슬리는 아버지가 자신에게 엡워스에 와서 목회를 도와달라고 했을 때 자신의 거룩함을 유지하고 고양시키기에 옥스퍼드가 적합한 장소라는 이유로 거절을 했는데, 이번에는 자신의 거룩함을 유지하고 고양하기에는 옥스퍼드는 부적합한 장소이므로 조지아로 떠난다고 하는 모순적 논리를

---

[13] Baker, *Letters* 25: 441.

펴고 있는 것이 흥미롭다.¹⁴

그런데 자기의 영혼을 구원하는 일 외에 조지아로 가는 매우 뚜렷한 두 번째 이유는 전혀 문명의 때가 묻지 않은 인디언들에게 복음을 전함으로써 성경에서 본 초대교회와 같은 공동체를 이루겠다는 이상을 실현하기 위함이었다. 웨슬리가 보기에 당시 영국의 기독교는 성경이 가르치고 있는 진정한 그리스도인을 양성하지 못하고 있으며, 모세의 율법과 예언자들을 알고 있었지만, 그것을 진정으로 추구하지 않는 이교도들, 즉 "집 안에 있는 이교도들"(heathens at home)이었다.

그래서 웨슬리는 복음을 받아들이지 않았던 유대인들을 떠나 이방인들에게 갔던 사도 바울처럼(행 13:46) 자신도 영국 국교회 교인들을 떠나 인디언들에게 복음을 전하면 그들은 진정한 기독교인들이 될 것이라고 믿고 있었다. 그렇게 하는 것이 예수님이 말씀하신 것처럼 "집이나 형제나 자매나 어미나 아비나 자식이나 전토를 버린 자는 금세에 있어 백 배나 받되 핍박을 겸하여 받고, 내세에 영생을 받는 일"(막 10:29-30)이라고 믿었다.¹⁵

웨슬리는 신성회 때부터 초대교회 공동체의 회복을 실현하려고 최선을 다했지만, 결론적으로 이미 현대 문명에 물든 영국 내에서는 불가능하다고 판단하면서 신 개척지에서는 자신의 이상을 실현할 수 있다고 생각했다. 당시 인디언들에 대한 웨슬리의 생각이 얼마나 이상적인지 다음을 보면 알 수 있을 것이다.

> 그들은 성경 본문에서 벗어나게 하는 가르침을 받은 적이 없고, 또 그것을 훼손하는 공허한 철학도 없고, 소화하기 힘든 하나님의 말씀을 세상의 것과 조화를 이룬다는 명목으로 사치스럽거나 욕심이 많거나 야망으로 조장하

---

14 Baker, *Letters*, 25:395 (Letter to the Rev. Samuel Wesley, Sen., Nov. 15, 1734).
15 Baker, *Letters*, 25:442.

는 사람도 없습니다. 그들은 어떤 파당을 짓지도 않기 때문에 복음을 순수하게 받아들이기에 합당합니다. 그들은 어린아이처럼 겸손하여 무엇이든지 배우려고 하며 하나님의 뜻을 행하는데 열심일 것입니다. 그러므로 내가 설교하는 모든 교리를 잘 받아들일 것입니다. 그러므로 나는 이들을 통해 옛 선지자들이 가졌던 순수한 신앙을 배우기를 원합니다(They have no comments to construe away the text, no vain philosophy to corrupt it, no luxurious, sensual, covetous, ambitious expounders to soften its unpleasing truths, to reconcile earthly-mindedness and faith, the Spirit of Christ and the spirit of the world. They have no party, no interest to serve, and are therefore fit to receive the gospel in its simplicity. They are as little children, humble, willing to learn, and eager to do the will of God. And consequently they shall know of every doctrine I preach, whether it be of God. From these, therefore, I hope to learn the purity of that faith which was once delivered to the saints, the genuine sense and full extent of those laws which none can understand who mind earthly things).[16]

과연 웨슬리가 생각하듯이 아메리카에 있는 인디언들이 복음을 전할 때마다 하나님의 음성으로 듣고 변화를 보일 것인지, 그래서 그토록 열망하던 초대교회와 같은 공동체가 마침내 실현될 것인지 주목해 볼 일이다.

2. 항해 중 생활에 대하여

웨슬리 형제는 1735년 10월 14일 런던에서 그레이브센드(Gravesend)항구로 가서 그곳에서 여객선 시몬즈호(Simmonds)에 승선했다.[17] 그런데 런

---

[16] Baker, *Letters*, 25:439.
[17] Ward and Heitzenrater, *Journal and Diaries*, 18:136. 런던에서 그레이브 센드(Gravesend)

던을 떠나기 전에 중요한 일이 하나 더 있었는데, 찰스의 사제 안수 문제였다. 찰스가 형과 함께 선교지로 떠나기 이틀 전인 12일 주교 에드먼드 깁슨(the bishop, Edmund Gibson)에 의해 사제 안수를 받았는데, 그 전에 부제 안수(deacon)를 받은 지 8일 만의 일이었다.

찰스 자신은 그렇게 급하게 진행되는 일이 마음에 들지 않았지만, 버튼 사제(John Burton)와 형은 앞으로의 일을 위해 필요하다고 생각하고 서둘러서 이루어진 속성 과정이었다.[18]

웨슬리 형제는 당시 비국교도인 존 허튼(John Hutton) 목사의 집에 머물고 있었는데, 그 때 웨슬리의 헌신과 결심을 듣고 감동을 받아 동행하기로 결심한 그의 아들 제임스 허튼(James Hutton)과 역시 아버지의 반대를 무릎 쓰고 팀에 합류한 21세 청년 찰스 델라모트(Charles Delamotte), 그리고 신성회 동료였던 링컨대학 리차드 몰간(Richard Morgan of Lincokn College)과 벤자민 잉햄(Benjamin Ingham)이 함께했다.

그들 모두는 "우리의 영혼을 구하고, 전적으로 하나님의 영광을 위해 살기 위해"(to save our souls, to live wholly to the glory of God) 조지아 선교에 참여하는 데 동의했다.[19] 그 외에 조지아 식민지 총독 오글도프, 헤른후트(Herrnhut)를 떠나 신 대륙의 새로운 정착지를 향해 이주하는 26명의 모라비안들과 그들의 감독 데이비드 니츠만(David Nitschmann)이 함께 타고 있

로 가는 데 7시간이 걸리는 길이다. 배는 두 대가 전세 되었는데, 하나는 시몬즈호(Simmonds)이고 다른 한 배는 런던 머천드호(London Merchant)였다. Curnock, *Journal*, 1:106-09; See Schmidt, *John Wesley: A Theological Biography*, I:136.

[18] Schmidt, *John Wesley: A Theological Biography*, I:136.
[19] Ward and Heitzenrater, *Journal and Diaries*, 18:136-137: Our end in leaving our native country was not to avoid want(God having given us plenty of temporal blessings), nor to gain the dung or dross of riches or honour: but singly this-to save our souls, to live wholly to the glory of God. 웨슬리 형제를 포함하여 신성회 회원들, 즉 메도디스트들 4명이 함께 동역하는 여정이었다.

있으며, 나머지는 영국에서 새로운 일터와 정착지를 찾아 떠난 사람들까지 총 119명이 같은 배에 타고 있었다.[20]

그러나 승선하자마자 심한 바람이 불어 출발하지 못하고 있는 동안에 그들은 "모든 무거운 것과 얽매이기 쉬운 죄를 벗어버리고 인내로써 우리 앞에 당한 경주를 달려가자"라고 서로 격려했다. 17일부터 웨슬리는 모라비안들과 대화하기 위해 독일어 공부를 시작했고 18일 30세의 남성 암브로시우스 테크너(Ambrosius Tackner)에게 세례를 주었다.

19일 선상에서 맞이하는 첫 주일 예배에서 웨슬리가 설교하고 성찬식을 거행했는데 웨슬리 일행 외에 전날에 세례받은 사람과 두 명 더 참석했지만, 곧 더 많은 사람이 참석하게 될 것으로 생각했다.[21]

한편, 20일부터는 니츠만과 다른 2명의 동료가 영어를 배우면서 서로에게 언어를 가르쳐 주었다. 그날부터 웨슬리와 찰스는 동료들과 함께 채식주의 다이어트(a vegetable diet)를 하며 고기와 술(flesh and wine)을 금하고 밥과 비스켓만을 먹기로 했다.[22]

---

[20] Ward and Heitzenrater, *Journal and Diaries*, 18:312; Jackson, *Works*, 13:304; Tyerman, *John Wesley*, I:117-19. 당시 웨슬리는 32세, 잉햄은 23세, 델라모트는 21세였고, 니츠만은 60세로 배를 타고 장거리 여행을 하기엔 고령이었다. 모라비안들은 14세기의 종교개혁 운동의 선구자라 할 수 있는 존 후스(John Huss, 1369-1415)의 추종자들인데, 후스는 교황은 교회의 머리가 아니고 오직 예수 그리스도만이 교회의 머리라고 선언하고 교황주의자들, 교권주의자들의 비성경적 권위와 부패를 비판하다가 이단 사상으로 정죄받고 1415년에 화형 당한 사람이다. 그러한 후스의 사상을 믿고 따르던 사람들은 핍박을 받고 1457년경에 쿤발트(Kunwald)마을 리티쯔(Lititz)성에 숨어들어 공동 생활을 하면서 모라비안들의 전신인 "공동 생활 형제단"(Unitas Fratrum, The United Brethren)을 형성했다. 형제단들은 자체 내에서 성직자를 세우는 등 루터의 종교개혁이 있기 50여 년 전부터 이미 개혁을 실행하면서 놀랍게도 유럽 각 지역에 200여 개의 공동체를 형성한다.

[21] "shake off every weight, and to run with patience the race set before us"(히 12:1). See Ward and Heitzenrater, *Journal and Diaries*, 18: 137; Curnock, *Journal*, I: 110.

[22] 채식주의 다이어트는 웨슬리가 10대 때 차터하우스에 있는 동안에도 아버지의 권고에 따라 실시한 적이 있다. 한편, 찰스가 1749년에 채식 다이어트가 문제가 되었지만, 잘

드디어, 승선한 지 일주일이 지난 21일에 비로소 조지아를 향해 출발할 수 있었지만, 곧 일기가 나빠져서 몇 시간 만에 다운스(Downs)에 정박해야만 했다.[23] 정박해 있는 동안에도 배가 몹시 흔들리는 바람에 선원들 가운데는 델라모트나 찰스를 비롯하여 많은 사람이 뱃멀미(seasickness)로 고생하기 시작했지만, 다행히 웨슬리는 아무 문제 없었기 때문에 다른 사람들을 돌볼 수 있었다.

웨슬리는 선상에서의 일과를 기록해 두었는데 시간에 따라 정리하면 다음과 같다.

> 오전 4-5시: 각자 개인기도를 했다.
> 오전 5-7시: 함께 성경을 읽었는데 초대교회의 문헌들과 비교하며 읽었다
> (From four in the morning till five each of us used private prayer … we read the Bible together, carefully comparing it(that we might not lean to our own understanding) with the writings of the earliest ages.)[24]
> 오전 7시: 아침 식사

해결되어 찰스는 결혼 후에도 채식 다이어트를 유지했던 것으로 보인다. See, Tyerman, *John Wesley*, 2:34.

[23] Ward and Heitzenrater, *Journal and Diaries*, 18: 138.

[24] 『200주년 기념 웨슬리 총서』는 웨슬리의 글들 중에서 현대에 사용하지 않거나 이해하기 어려운 부분을 현대인들의 이해를 돕기 위해 현대 영어로 수정했는데, 웨슬리만의 언어나 의도를 상실하는 경향도 발견된다. 예를 들어, 상기한 웨슬리의 일기 내용을 다음과 같이 수정했는데, "we read the Holy Scriptures, adding sometimes such treaties as give an account of the sense thereof, which was once delivered to the saints"
사실 웨슬리 일행이 가지고 있었던 정서, 즉 성경을 초대 교부들의 주석과 "비교하며 읽었는데"(carefully comparing it) 그렇게 한 이유는 "자신들만의 제한된 이해를 극복하기 위함"(that we might not lean to our own understanding)이라는 웨슬리 일행들의 의도를 상실하는 수정이다. 그러므로 필자는 이 경우에 『200주년 기념 웨슬리 총서』의 수정본보다는 원본을 그대로 전해주고 있는 커녹의 기록을 택했음을 밝힌다. See Curnock, *Journal*, 1:112.

오전 8시: 30-40명이 모여 함께 기도했다.

오전 9-12시: 웨슬리는 독일어를, 델라모트(Delmotte)는 성경 헬라어를 공부했고, 찰스는 설교를 썼다. 잉햄(Ingham)은 신학 논문(some treaties of divinity)을 읽거나 어린이들을 가르쳤다.

정오 12시: 함께 모여 각자가 한 일에 관해 이야기하고 다음 일정을 정했다.

오후 1시: 점심 식사

점심 식사 후 – 4시(The time from dinner to four): 일상의 생활을 하면서 관심을 가진 사람들에게 필요한 내용을 가르치거나 이야기해주는 일을 했다.[25]

오후 4시: 오후기도회를 했고, 어른들 앞에서 어린이들에게 교리를 가르쳤다.

오후 5-6시: 각자 개인기도를 했다.

오후 6-7시: 원하는 사람들에게 각자의 선실에서 책을 읽어 주었는데, 나는 주로 한두 명에게, 동생은 두세 명에게 읽어 주었다.

오후 7시: 독일 모라비안들이 모든 사람을 대상으로 인도하는 예배에 참여해서 함께 예배드리는 동안 잉햄은 갑판 위에서 원하는 사람들에게 책을 읽어 주었다.

오후 8시: 웨슬리 일행은 모여서 서로 권면하는 시간을 가졌다.

오후 9-10시: 잠자리에 들었는데, 파도 소리나, 배가 흔들리는 소리도 하나님께서 우리에게 주신 휴식을 방해하지는 못했다

(Our common way of spending our time was this: from four to five we used private prayer. From five to seven we read the Holy Scriptures, adding soetimes such treaties as give an ac-

---

[25] 웨슬리는 "점심 식사 후 – 4시까지"를 "The time from dinner to four"라고 한 것은 영국에서 사용하는 영어이다. Dinner는 반드시 저녁을 의미하기보다는 하루 중 좋은 식사를 의미하는데 오늘날도 웨슬리가 그렇게 했듯이 영국에서는 'lunch'를 'dinner,' 저녁을 'supper'라고 한다.

count of the sense thereof, which was once delivered to the saints. At seven we breakfasted. At eight were the public prayers, at which were present usually between thirty and forty of our eighty passengers. From nine to twelve I commonly learned German, Mr. Delamonte Greek. My brother wrote senmons, and Mr. Ingham read some treaties of divinity, or taught the children. At twelve we met to give account to one another of what we have done since our last meeting, and what we designed to do before our next. About one we dined. The time from dinner till four we spent with the people, part in public reading, part in reading or speaking to those severally of whom each of us had taken charge. At four we had Evening Prayer, and the children were instructed and catechized before the congregation, unless when the Second Lesson was explained, as it always was in the morning. Between the five and six we joined in private prayer. From six to seven I read in our cabin to one or two of the passengers, and my brother to two or three more in theirs. At seven Mr. Ingham read to as many as desired to hear, which time I spent with the Germans in their public service. At eight we met again, to instruct and exhort one another, and between nine and ten we went to bed, where neither the roaring of the sea nor the motion of the ship could take away the refreshing sleep which God gave us).[26]

선상에서의 삶을 다음과 같이 이해해보자.

오전 4시 전에 일어나 1시간 기도하고 성경이나 경건 서적을 2시간 읽었다면 매일 3시간씩 경건의 시간을 가진 것이다. 그리고 1시간 동안 아침 식사를 한 후 다시 1시간 동안 아침 예배를 드렸다. 오전 9시부터 12시까지 3시간 동안 자신들이 가장 하고 싶은 일, 혹은 해야 할 일을 했는데, 웨슬리는 독일어 공부에 주력했다. 점심시간 전에 모여서 각자가 한 일을

---

26 Ward and Heitzenrater, *Journal and Diaries*, 18: 314. 다음은 『200주년 기념 웨슬리 총서』가 현대 영어로 약간 수정한 내용이다. cf. Curnock, *Journal*, I:112-3.

점검하고 오후에 할 일을 계획했다.

점심 식사 후 오후 2시부터 4시까지 2시간 동안 배 안의 이민자 중에 각자가 맡은 사람들에게 책을 읽어 주거나 이야기를 들려주는 사회적 봉사도 했다. 오후 7시에 독일 모라비안들의 예배에 참석했다. 예배는 오전과 오후 두 번 드린 것이 된다.

하루의 마지막 순서로 잠자리에 들기 전에 다시 서로의 삶과 사역을 성찰하는 시간을 가진 후 오후 9-10시 사이에 잠자리에 들었다. 그리고 다음날 다시 4시에 일어났다면 하루 24시간 중에서 수면으로 6-7시간, 식사를 위해 3시간, 즉 자고 먹는 데 9-10시간 외에 오전과 오후에 각각 3시간씩 하루에 6시간을 예배와 개인의 경건을 위해 힘썼다는 뜻이 된다. 그런데 일과표에 휴식시간이 없는 것이 당혹스럽다.

그러한 일상은 1736년 2월 5일 조지아에 도착할 때까지 3개월 이상 계속되었다. 이미 신성회 시절부터 생활화된 규칙적이며 봉사하는 삶임에는 틀림이 없지만, 다음과 같은 몇 가지 특징을 발견할 수 있다.

17일 독일어 공부를 시작한 이래 시간이 지날수록 오전과 오후에 독일어 문법을 공부하는 횟수가 많아지더니 마침내 일주일이 지난 23일 "문법 공부를 마쳤다"(ended German grammar)고 기록하고 있다.

그 이후로 일기에는 지속해서 독일어 공부에 힘쓴다는 표현이 발견되는데, 선교지에 독일 사람들과 대화를 하며, 독일어 찬송이나 기도문, 그리고 성경을 읽어줄 수 있는 수준이 되었다. 그렇다면 문법 공부는 일주일 만에 끝냈고, 전체적으로 3개월 정도 공부한 후에 독일어로 읽고 말하는 수준이 되었다는 뜻이 된다. 그리고 선교지에 도착한 후 1년쯤 되는 때에 독일어 찬송을 영어로 번역하여 활용하기 시작했다.[27]

그러나 2년 후 모라비안 공동체를 방문했을 때 주로 영어나 라틴어로

27　Ward and Heitzenrater, *Journal and Diaries*, 18: 500(1737년 4월 18일 일기).

대화한 것을 보면 늦게 배운 독일어로 유창하게 대화하기는 어려웠던 것으로 보인다.[28]

그리고 1735년 10월 24일부터 웨슬리의 일기에 나타나는 특별한 현상은 일기를 다 쓴 마지막에 "섭리"(Providence)와 "은혜"(Grace)로 나누어 그 날 하나님의 섭리는 무엇이고, 하나님의 은혜는 무엇이었는지 다시 정리하고 있는데 한 2년 정도 그렇게 했다. 델라모트가 며칠째 아팠는데 그를 위해 특별히 기도해 주었다. 그와 같이, 선상에서 아픈 사람들이 발생할 때마다 웨슬리 일행은 그들을 위해 기도해 주었고, 기도를 통해 고침을 받는 일들이 많았다.[29]

한편, 12월 7일 이후 웨슬리 일행은 저녁을 먹지 않기로 했는데 그 이후로 전혀 불편함이 없었다고 했다.[30]

웨슬리는 찾아오는 사람들에게 경건 서적을 읽어 주곤 했는데 웨슬리가 그때 가지고 갔던 책들은 토마스 아 켐피스의 『그리스도를 본받아』, 윌리엄 로의 『그리스도인의 완전』, 그리고 어거스트 헤르만 프랑케(August Hermann Franke)의 『니고데모』(Nicodemus)와 『그레고리 로페즈의 생애』(The Life of Gregory Lopez) 등이었다.[31]

프랑케의 책 『그레고리 로페즈의 생애』에 의하면, 스페인 사람인 로페즈(Lopez, 1542-1596)는 20살 때 모든 세상 것을 포기하고 전적으로 하나님께 헌신하기로 하고 멕시코에서 은둔 생활을 하며 오직 성경 말씀을 묵상하는

---

[28] Ward and Heitzenrater eds., *Journal and Diaries*, 18:260.
[29] Ward and Heitzenrater eds. *Journal and Diaries*, 18:137-39.
[30] Ward and Heitzenrater eds. *Journal and Diaries*, 18:140, 328: "Finding nature did not require so frequent supplies as we had been accustomed to, we agreed to leave off suppers; from doing which we have hitherto found no inconvenience." Green, *John Wesley*, 41; cf. Tyerman, *John Wesley*, 1:117.
[31] Ward and Heitzenrater eds. *Journal and Diaries*, 18:324(1735년 11월 23-25일간의 일기); Schmidt, *John Wesley: A Theological Biography*, 1:140.

일에 매진했던 사람이다. 그는 주기도문 중에서 "뜻이 하늘에서 이루어진 것처럼 땅에서도 이루어지이다"(Thy will be done on earth as it is in heaven)를 평생 암송하며 산 인물인데 웨슬리도 그러한 극단적 경건주의자들의 삶을 동경하고 있었던 것 같다.[32]

3. 모라비안들과 만남

18세기, 배로 겨울 시즌에 대서양을 횡단하는 것은 죽음을 위협하는 폭풍우를 피할 수 없는 매우 위험한 일이었다. 11월 2일 카우스(Cowes)란 지역에 정박하였다가 20일 다시 떠났지만, 하루 만에 다시 회항할 수밖에 없었다. 그리고 23일 밤에 선실에 누워있던 웨슬리는 배를 심하게 흔들어대는 폭풍우에 놀라서 잠이 깨어나는 순간 죽음의 공포를 느꼈다.[33]

12월을 무사히 항해한 시몬즈호는 항해한 지 3달쯤 되는 1736년 1월 17일 밤에 갑작스럽게 나빠진 일기로 인해 심한 폭풍우의 공격을 받았다. 폭풍우는 바닷물을 들어 배를 강타하며 안으로 쏟아부었고, 사람들은 바닷물에 흠뻑 젖어 추위에 떨었다. 공포의 밤이 지나자 웨슬리는 다음과 같은 기록을 남겼다.

> 나는 …, 내가 살아남을 수 있을지 확신이 없었다. 그리고 무엇보다도 죽음을 두려워하는 나 자신이 부끄러웠다(I …, very uncertain whether I should wake alive, and much ashamed of my unwillingness to die).[34]

---

32 Schmidt, *John Wesley: A Theological Biography*, I:146.
33 Ward and Heitzenrater, *Journal and Diaries*, 18: 140.
34 Ward and Heitzenrater, *Journal and Diaries*, 18:141.

1월 23일 금요일 저녁에 두 번째 들이닥친 폭풍우 속에서 "나는 나 자신에게 여전히 죽는 것을 두려워하는 나, 믿음 없음을 어찌할꼬?"라고 말할 수밖에 없었다"(I could not but say to myself, 'How is it that thou hast no faith?' being still unwilling to die)라는 기록을 남겼다.[35] 가장 무서운 폭풍우는 이틀 후에 닥쳤다. 1월 25일 정오부터 불어닥친 폭풍이 가장 위협적이었다.

그때의 긴급한 상황과 공포에 대해 웨슬리는 다음과 같이 생생하게 묘사하고 있다.

> 바다의 파도가 얼마나 세고 무서운지 마치 하늘에 닿았다가 다시 지옥으로 떨어지는 것 같았다(They rose up to the heavens above, and clave down to hell beneath.) … 배가 앞 뒤로 심하게 흔들려 … 무엇을 붙들지 않으면 잠시라도 서 있을 수가 없었다(… The ship nor ony rocked to and fro with the upmost violence, … that one could not but with great difficulty keep ones's hold of anything, nor stand a moment without it). … 맹렬한 파도는 10분마다 배를 사방으로 때려 산산조각낼 것만 같았다(… Every ten minutes came a shock against the stern or side of the ship, which one would think should dash the planks in pieces).[36]

공포의 상황이 오후 4시까지 계속되자, 웨슬리와 사람들은 계속 기도하며 하나님의 은혜를 구했는데 감사하게도 두세 시간 후 수그러들었다. 오후 7시가 되어 웨슬리는 모라비안 동료들에게 갔다. 왜냐하면, 파도가 배를 덮고 모든 사람을 삼켜버릴 것만 같은 상황에서 "영국인들은 비명을 질렀는데 독일인들은 침착하게 찬송을 부르고 있는 것"(A terrible screaming

---

[35] Ward and Heitzenrater, *Journal and Diaries*, 18:142.
[36] Ward and Heitzenrater, *Journal and Diaries*, 18: 142. "바다의 파도가 얼마나 무서운지 마치 하늘에 닿았다가 다시 지옥으로 떨어지는 것 같았다"는 시편 107: 26을 연상하는 표현이다.

began among the English. The Germans calmy sang on)을 목격했기 때문이었다.

웨슬리는 그들 중 한 사람에게 물었다
"당신은 두렵지 않습니까?"
그는 "네 두렵지 않고, 오히려 하나님께 감사할 뿐입니다"라고 대답했다.
"당신 중에는 여자들과 어린아이들도 두려워하지 않습니까?"
그는 "네 우리 중에는 여자들이나 아이들도 죽는 것을 전혀 두려워하지 않습니다"라고 부드럽게 대답했다
(A terrible screaming began among the English. The Germans calmy sang on. I asked one of them afterwards. "Were you not afraid?" He answered, "I thank God, no." I asked, "But were not your women and children afraid?" He replied mildly, "No; our women and children are not afraid to die").[37]

곧 죽음이 생명을 삼켜버릴 것만 같은 상황에서 이 대조적인 현상 앞에서 웨슬리의 모든 이성적 판단은 무너졌다.[38]
"영국인들은 공포 가운데 비명을 질렀고"(the English terribly screamed), "독일인들은 평안 가운데 찬양을 했다"(the German carlmy sang).
그의 한계를 지나는 답변들만 들었다. 웨슬리는 그날 "이것은 내가 지금까지 본 것 중 가장 영광스러운 날이다"(This was the most glorious day which I have ever hitherto seen)라는 소회를 남겼는데 결코 과장된 표현이 아니었다.[39]

---

[37] Ward and Heitzenrater, *Journal and Diaries*, 18:143 ; Tyerman, *John Wesley*, 1:123.
[38] 우리는 이 순간 웨슬리가 민족적인 대조를 보이는 용어를 사용하고 있음에 주목해 보자. "영국인들은 공포 가운데 비명을 질렀고"(the English terribly screamed), "독일인들은 평안 가운데 찬양을 했다"(the German carlmy sang)라는 표현 속에는 독일 개혁주의 신앙에 대한 존중과 함께 무언가 심각한 문제를 가지고 있는 자신들의 신앙에 대한 냉철한 비판이 담겨 있음을 느낀다.
[39] Ward and Heitzenrater, *Journal and Diaries*, 18: 143, 345; Curnock, *Journal*, I: 143.

이때의 경험과 그에 따른 신학적 질문들은 선교지에 도착한 이후에도, 그리고 모든 선교를 마치고 영국으로 돌아간 이후에도 계속되었다.

4. 모라비안들과 공동 생활

웨슬리 일행이 조지아에 오기 2년 전에 이미 잘츠버거인들(the Saltzburghers)이 도착해서 오글도프를 만나 협의한 결과 사우스 캐롤라이나의 찰스톤(Charleston in South Carolina)에 정착하게 되었다.[40]

그들은 오글도프의 식민지 개척이 시작되기 일 년 전쯤에 당시 독일의 잘츠버거에서 프로테스탄트 부흥이 일어났을 때 개종한 루터란들인데 당시의 교회 구조, 즉 교황이나 감독 등을 인정하지 않는다는 이유로 교황주의자들 뿐만 아니라 동료 프로테스탄트들로부터도 무자비한 핍박을 받게 되었다. 핍박을 피해 1734년 1월 8일에 잘츠버거를 떠나 3월에 새로운 정착지인 조지아에 도착했다.

그들은 또한 사바나 근처에 아름다운 타운을 형성하고 "에벤에셀" (Ebenezer, 하나님께서 여기까지 우리를 도우셨다는 뜻 [삼상 7:12])이라 불렀다. 당시에 할레의 경건주의 지도자인 프랑케가 그들의 지도자 역할을 하고 있었다.[41]

웨슬리 일행은 1735년 10월 14일 영국의 그레이브센드 항구를 떠나 다음해 2월 5일 날 오후에 사바나에 도착했으니 거의 네 달 동안이나 배에

목적지에 도착하기 불과 10일 전의 경험이었기에 선교지에 도착해서도, 그리고 모든 선교를 마치고 영국으로 돌아간 이후에도 그 경험과 질문은 계속되었다.

[40] 웨슬리가 일기나 저널에서 계속 Charlestown 이라 표기한 곳은 South Carolina에 있는 항구 도시 Charleston을 그렇게 잘못 표기한 것이다. See Ward and Heitzenrater, *Journal and Diaries*, 18: 167 note 21.

[41] Tyerman, *John Wesley*, 1:111-13. see Rack, *Reasonable Enthusiast*, 121.

서 지낸 것이다. 항해 기간 여러 환자가 있었지만, 죽은 사람이 없고, 한 어린이가 '순무'(turnips)를 훔쳐 벌을 받은 것 외에 다른 사건이 일어나지 않은 질서정연한 여정이었다.⁴² 바로 내리지 못하고 다음날 아침에 아메리카에 첫발을 내렸는데 모든 사람이 무릎을 꿇고 감사기도를 드렸는데, "내니 두려워 말라"(It is I, be not afraid, 막 6:50)는 말씀을 받았다.⁴³

도착은 했지만, 거처할 곳이 없어 24일까지 배에서 생활하다가 25일부터 모라비안들과 함께 3주 정도 거주하고 3월 15일이 돼서야 웨슬리는 사제관으로 들어갈 수 있었다.⁴⁴

오글도프는 웨슬리 일행들을 위해 집을 짓기보다는 먼저 교회를 짓도록 물자를 공급해 주었다(Oglethorpe's first act was to give orders to provide materials to build a church.).⁴⁵

---

42 Tyerman, *John Wesley*, I:119, note 2. 한편, 타이어맨은 도착한 날을 2월 5일이라 한 반면에 피에트는 2월 6일이라 했는데(See Piette, *John Wesley*, 294), 사실 웨슬리 일행이 미국 땅에 도착한 것은 2월 5일 오후 2-3시 쯤이었지만, 웨슬리가 1736년 2월 6일자 일기에서 "오전 8시쯤에 우리는 미국땅에 첫발을 디뎠다"(About eight in the morning we first set foot on American ground)라고 한 바와 같이 도착한 다음 날에 배에서 내릴 수 있었던 것이다. 웨슬리 일행은 1735년 10월 14일날 미국으로 떠나는 배에 올랐지만, 거센 바람 때문에 일주일 만에 떠날 수 있었고, 그 마저 몇 시간 만에 다시 다운스에(in the Downs) 정박했다. 다운스를 떠난 후에도 다시 카우스란 지역에(at Cowes) 정박해 있다가 12월 10일에야 출발할 수 있었다. See Ward and Heitzenrater, *Journal and Diaries*, 18:329; Tyerman, *John Wesley*, 1:119-20.
그런데, 김진두는 "57일간의 항해를 마치고 웨슬리 일행은 1736년 1월 5일 날 조지아의 사바나(Savannah)에 도착"했다고 했는데 (김진두, 『존 웨슬리의 생애』, 57, 120). 도착한 날을 1월 5일로 표기하는 것은 분명한 오류이고, "57일"도 타이어맨이 "The voage, from Cowes to the Savannah, was made in fifty-seven days"(Cowes 에서 사바나까지 57일 걸렸다)라고 한 것을(Tyerman, *John Wesley*, 1:122) 김진두는 그대로 번역함으로써 그 전에 떠나고 정박한 기간 등을 알 수 없게 만들었다.
43 Ward and Heitzenrater, *Journal and Diaries*, 18: 145; Tyerman, *John Wesley*, 1:123, 125, 146.
44 Ward and Heitzenrater, *Journal and Diaries*, 18: 154.
45 Tyerman, *John Wesley*, I:123.

사바나에 처음 도착한 사람들을 위해 1733년 7월까지 약 40여 채의 같은 크기의 집을 지었는데, 1736년 2월에는 100채가 넘는 집을 지었고 그중에는 3층짜리 집도 다수 있었다. 사바나로부터 반 마일쯤 거리에 주로 크릭 인디언(Creek nation)마을이 있었다. 조지아에는 사바나 외에 약 100마일 떨어져 있는 프레데리카(Frederica in St. Simon's Island) 타운이있었고, 그 외에 작은 마을들이 여기저기 흩어져있었다.⁴⁶

오글도프는 며칠 후 웨슬리에게 모라비안 목사인 어거스트 고틀립 스팡겐버그(August Gottlieb Spangenberg, 1704-92)를 소개시켜 주었다. 스팡겐버그는 모라비안들의 감독인 니콜라우스 루트비히 폰 진젠도르프(Nikolaus Ludwig von Zinzendorf, 1700-1760)의 제자이며 동역자로서, 조지아 선교사로 파송되어 그곳에 사는 모라비안들의 지도자로 있었다.⁴⁷ 웨슬리는 그를 보는 순간 매우 영적인 사람이라는 사실을 직감하고, 자기가 어떻게 행동해야 하는지에 관해 물었다. 그러자 스팡겐버그는 자신이 먼저 묻겠다고 하며 질문했을 때 웨슬리는 당황스럽게 대답했는데 웨슬리는 당시 대화 내용과 자신이 느낀 것을 저널에 남긴 것을 다음과 같이 정리해 보자.

"형제여, 당신은 마음속에 구원의 증거를 가지고 있습니까?"(Have you the witness within yourself?)

"하나님의 영이 당신의 영에게 당신은 하나님의 자녀라고 증거하고 있습니까?"(Does the Spirit of God bear witness with your spirit that you are a child of God?). 순간 웨슬리는 당황했는데, 그는 재차 물었다.

---

46 Tyerman, *John Wesley*, I:123-25.
47 스팡겐버그는 1732년에 할레대학교(University of Halle)에서 신학을 가르치는 교수로 있다가 진젠도르프의 영향을 받고 그의 신학을 계승발전 시켰을 뿐만 아니라 아메리카에서 모라비안 공동체를 설립하고 발전시키는 데 주역을 담당한 인물이다. 그는 1760년에 진젠도르프가 죽자 그를 이어 모라비안들의 지도자가 되었다.

"당신은 예수 그리스도를 아십니까?"(Do you know Jesus Christ?).

조금 후 웨슬리는 대답했다.

"나는 그분이 온 세상의 구주라고 알고 있습니다"(I know He is the Saviour of the world).

그러자 그는 "맞습니다. 그러나 그분이 당신을 구원하셨다는 사실을 아십니까?"(True, but do you know he has saved you?)라고 다시 물었고, 웨슬리는 대답했다.

"나는 그가 나를 구원하기 위하여 죽으셨기를 바랍니다"(I hope He has died to save me).

스팡겐버그는 "당신은 자신을 아십니까?"(Do you know yourself?)라고 재차 물었다.

웨슬리는 "나는 압니다"(I do) 라고 대답했다.

하지만, 그날 밤 일기에 자신의 대답은 확신이 없는 빈말이었다(But I fear they were vain words)고 썼다.[48]

선상에서 모라비안들의 삶을 본 후, 이제 육지에서 그들과 직접 생활을 하면서 받은 인상을 웨슬리는 1736년 2월 25일 자 저널에 다음과 같이 기록했다.

> 그들은 언제나 부지런하고 명랑하고 즐거운 유머를 주고받았다. 그들은 분노나 다툼, 부정적인 말이나 불평, 그리고 우울한 분위기를 멀리했다. 그들은 어디에 있든 부름에 합당한 삶을 살아가면서 항상 기뻐하고 서로 사랑하고 주님을 찬양하였다(They were always employed, always cheerful themselves, and in good humour with one another. They had put away all anger and strife and

---

[48] Ward and Heitzenrater, *Journal and Diaries*, 18:146.

wrath and bitterness and a clamour and evil speaking. They walked worthy of the vocation wherewith they were called, and adorned the gospel of our Lord in all things).⁴⁹

잉햄도 어머니에게 보내는 장문의 편지에서 "그들은 사도 시대 이후 제가 만난 사람 중에서 가장 경건하고 완전한 사람들입니다"라고 말한 것을 보면 웨슬리 일행이 모라비안들에게 받은 인상이 어떠했는지 알 수 있다.[50] 웨슬리는 진젠도르프에 대해 듣고 깊은 존경심이 생겼고, 마침내 1736년 3월 15일에 그에게 처음으로 편지했는데, 라틴어로 쓴 편지에서 자신이 영적 도움을 받고 싶다고 밝혔다. 그에 대하여 진젠도르프는 10월 23일날 더 유창한 라틴어로 답장을 하여 이미 웨슬리에 대해 들었는데 편안하게 살 수 있는 영국을 떠나 선교지에 가 있는 웨슬리의 열정에 경의를 표했다. 그리고 매우 그리스도 중심적이며 동시에 삼위일체적 관점에서 세례나 성찬에 대한 자신의 견해를 밝히면서 모라비안 공동체야 말로 가장 성경적인 교회라고 주장했다.[51]

한편, 웨슬리는 1737년 7월 31일날 스팡겐버그와 장시간 대화하면서 그동안 자신이 그들과 생활하면서 갖게 된 영적-신학적 질문들을 서른 한 가지나 제시하면서 답을 구했다. 회심은 어두움에서 빛으로 들어가는 것이며 또한 사탄의 능력에서 벗어나 하나님께 나아가는 것(행 26:18)이라고 했다. 그런 과정은 순간적으로 일어나는데 (행 16:27), 점진적으로 일어나기도 한다(행 2:37).

성경을 읽고, 듣고, 금식을 하고, 자신의 성찰하는 등의 은총의 수단들이 성경에 언급되어 있는 것처럼 회심을 위해 도움이 되며 독신(celibacy) 생활이 거룩을 실천하는데 도움이 된다는 의견도 들었다. 선행과 믿음의

---

49 Ward and Heitzenrater, *Journal and Diaries*, 18:151.
50 Ward and Heitzenrater, *Journal and Diaries*, 18:151, note 57. Ingham's Journal. Tyerman, *John Wesley*, 1:121-122에서 재인용.
51 Baker, *Letters*, 25:449-450, 479-483. 잰젠도르프의 편지는 헤르후투에 보관되어 있다.

관계에 대해 물었을 때, "선행을 통해 믿음이 완전해 진다"(By works faith is perfect)라는 답을 들었다. 그 외에 성찬식이 은총의 수단이라는 것과 모라비안들은 예수님과 하나님은 동일하신 분임을 믿는다는 답을 들었다.[52]

이 시점에서 앞으로 전개될 웨슬리의 삶과 신학을 이해하기 위해 웨슬리가 모라비안들로부터 받은 초기 영향에 대해 다음과 같이 정리해 보자.

첫째, 웨슬리 자신이 구원받았다는 사실을 한 번도 의심해 본 적이 없었다. 그는 그러한 믿음이 죽음의 공포 앞에서 여지없이 무너지는 문제를 발견하고 충격을 받았다. 그런데 모라비안들과의 만남을 통해 웨슬리는 죽음의 공포를 해결하는 진정한 믿음의 문제, 즉 "구원의 확신"이 얼마나 중요한가를 깨닫게 되었다. 그 후 웨슬리는 삶과 죽음의 문제를 초월하여 하나님을 전적으로 신뢰하는 "구원의 확신"은 규칙적인 훈련을 통해 얻어지는 것이 아닌, 영적인 문제라는 사실을 깨닫게 된다.

둘째, 모라비안들이 웨슬리에게 준 선물 중 하나는 그들이 시편뿐만 아니라 영적 감화를 통해 지은 찬송을 예배 중에 부른다는 것이었다.[53] 당시 영국 국교회의 예배에서는 시편만을 부르도록 했고, 다른 사람들에 의해 쓰인 찬송은 인간의 창작물이라 해서 거부하고 있었다.[54] 반면에 모라비안들은 죽음의 공포 앞에서도 찬송을 부르는가 하면 경건회나 예배 때 수시로 불렀는데 웨슬리에게는 새로운 경험이었다.

웨슬리가 선상에서 독일어를 공부하며 독일어 찬송을 배웠고 마침내 모라비안들의 독일어 찬송을 영어로 번역하여 자신이 인도하는 경건회나 예배 때 활용한 것은 영국 국교회 사제인 웨슬리에게 일어난 큰 변화 중 하

---

52 Ward and Heitzenrater, *Journal and Diaries*, 18:531-33.
53 Tyerman, *John Wesley*, 1:113.
54 Ward and Heitzenrater, *Journal and Diaries*, 18:160, note 94.

나였다. 1737년에 모라비안들이 부르던 찬송 중 다수를 영어로 번역하여 편집한 『시편과 찬송 모음집』(*A Collection of Psalms and Hymns*)을 출판했는데 영어권에서 출판된 최초의 찬송집이다.

그 후 1738년에 두 번째 찬송 모음집을 출판했고, 1739년에 출판한 『찬송과 거룩한 시 모음』(*Hymns and Sacred Poems*)에 처음으로 동생 찰스의 곡을 포함하기 시작했다. 비록, 약간의 수정을 하면서 번역을 했지만, 예배나 신도회 모임, 그리고 개인의 경건 생활에서 찬송을 부르게 된 것은 분명 모라비안들로부터 받은 영향 중 하나였다.[55] 한편, 웨슬리는 말년에 모든 메도디스트들이 부를 수 있도록 1779년에 78곡을 선별하여 1780년에 찬송집을 출판했는데, 웨슬리가 독일어에서 번역한 8곡이 포함되어 있었다.[56]

셋째, 회심(conversion)의 개념에 대해 새롭게 인식하기 시작했다.

회심은 "어두움에서 빛으로, 사탄의 능력에서 벗어나 하나님께 가는 것 (The passing from darkness into light, and from the power of Satan unto God), 특히 그러한 회심이 "한순간에"(in a moment) 일어날 수 있다(행 16:27)는 것은 철저한 교육화 성장을 통해 새롭게 거듭나는 것을 강조하는 국교회의 사제인 웨슬리로서는 이해하기 힘든 답변이었을 것이다.

넷째, 모라비안들의 신앙과 신학만큼이나 웨슬리의 관심을 끈 것은 그들의 "공동체 생활"이었다.

---

[55] Baker, Letters, 25:500-501 (28 March, 1737); Rack, *Reasonable Enthusiast*, 123. 그후 1753년에 84곡이 편집되어 있는 *Hymns and Spiritual songs, intended for the use of Real Christians of all Denominations*를 출판했는데 영국과 미국에서 27판이 나오기도 했다.

[56] See Franz Hildebrandt and Oliver A. Beckerlegge, *A Collection of Hymns for the Use of The People Called Methodists* (Nashville, TN: Abingdon Press; first published by Oxford university Press, 1983), 7:73 note 1; Rack, *Reasonable Enthusiast*, 123. .

웨슬리는 자신이 그토록 갈망하던 초대교회 공동체의 유형을 목격한 듯했고 또한 그러한 삶이 현대에도 실현될 수 있다는 가능성을 본 듯했다. 그래서 웨슬리가 메도디스트들을 조직하고 확대해 나갈 때 이미 영국 국교회에서 활성화되어 있는 "신도회"(Societies) 외에 모라비안 공동체에서 활용되던 작은 신도회들을 보고, "속회"(class meeting)나 "반회"(band meeting) 등의 형식으로 활용할 수 있었다.[57]

한편, 웨슬리가 모라비안들로부터 영향을 받았다는 사실과 함께 그가 조지아에 도착한 후, 요한 아른트(Johann Arndt, 1555-1621)가 쓴 『진정한 기독교』(True Christianity)를 읽고 진정한 기독교인(a true Christian)이 되는 것에 대한 더 깊은 열망을 품게 되었다는 사실을 아는 것도 중요하다. 그 책이 영국 사회에 1648년대 말부터 알려지기 시작했는데 웨슬리는 1736년 3월 24일 소개받아서 일주일 만에 통독했다.[58]

요한 아른트가 말한 "성장하여 완전에 이른다"(growing up to perfection), "순수한 사랑에 의해 하나님과 단단하게 연합한다"(firm union with God is cemented by pure love), "거룩한 삶(a holy life)으로 그리스도의 가르침을 증명해야 한다"는 개념 등에 대해서 웨슬리는 전적으로 동의하였다. 웨슬리가 "그리스도인의 완전"에 대해 설명할 때 아른트의 주장과 유사한 것은 전혀 이상한 일이 아니다.

---

[57] Ward and Heitzenrater, *Journal and Diaries*, 18:157, note 82.
[58] Ward and Heitzenrater, *Journal and Diaries*, 18:371, 373. 참조 Collins, *John Wesley*, 64.

5. 조지아에서의 활동: 첫 목회 경험

사실 조지아 개척은 웨슬리가 참여하기 전부터 이미 시행되고 있었다. 처음에 오글도프가 1733년 2월에 사바나에 도착하여 식민지를 개척할 때 처음으로 정착한 사람들은 대부분 영국에서도 문제가 많은 죄수들이었고, 심지어 도피자들도 있었으며 비국교도들이 많았다.

그런가 하면, 유대인들을 포함하여 독일, 스위스, 프랑스, 이탈리아 등 세계 각지에서 이주한 사람들이었으며, 또한 다수의 흑인 노예들도 함께 거주하고 있었다. 정착민들이 가장 많은 사바나(Savanna)를 포함하여 어거스타(Augusta), 에벤에셀(Ebenezer), 다리엔(Darien), 그리고 프레데리카(Frederica)까지 5개 타운이 형성되었고 그 외 작은 마을들이 되었다. 하지만, 그들이 어디에서 어떤 목적을 가지고 왔던 신 개척지에 정착하기 위해서는 철저히 영국식 삶과 통치를 따르게 되어 있다. 살인, 간음, 그리고 음주 등 기독교인이 되기에 부적절하다고 생각되는 것들은 '식민지개척위원회'(the Georgia Trustees)에 의해 엄격하게 금지되었다.[59]

특히, 당시에 신 개척지에는 약 3만 명의 흑인 노예들이 살고 있었는데, 그런 지역에 도착한 기독교인 개척자들이 조지아에서는 노예 제도를 금지하기로 했다는 것은 놀라운 일이다.[60] 하지만, 그런 결정이 저항 없이 실행되기는 불가능한 일이었다.

그런가 하면, 오글도프와 웨슬리는 인디언들에게 복음을 전하겠다는 뜻에 동의했지만, 그 방법 또한 일치하는 것은 아니었기에 갈등이 발생하기도 했고, 특히 영국 국교회 사제인 웨슬리는 선교 외에 다양한 사람들을 대상으로 목회를 하면서 많은 경험을 하게 되는데, 그러한 첫 목회의 경험

---

[59] Schmidt, *John Wesley: A Theological Biography*, 1: 128-29.
[60] Schmidt, *John Wesley: A Theological Biography*, 1:135. cf. Tyerman, *John Wesley*, I:111-14.

들이 고스란히 그의 신학적 사고로 발전했다.

1) 신앙적 갈등

웨슬리는 사바나에 도착했지만, 예배드릴 장소가 없어서 법정에서(in the court-house) 예배를 드리기로 하고, 1736년 3월 7일 고린도전서 13:3 본문 말씀으로 첫 설교를 했다.[61]

> 내가 내게 있는 모든 것으로 구제하고 또 내 몸을 불사르게 내줄지라도 사랑이 없으면 내게 아무 유익이 없느니라(고전 13:3).

당시 사바나 지역의 인구는 518명이었는데, 그중 149명이 16세 이하였다.[62] 영국 국교회의 고교회적 목사는 모든 교인을 위해 매일 아침기도회와 저녁기도회, 그리고 주일 예배를 드리면서 매주, 그리고 매공휴일 때마다 성찬식을 했다. 작은 신도회(a small society)를 만들어 초대교회의 금식일이었던 수요일과 금요일에 만났다.

주일 예배는 새벽기도, 성찬 예배, 저녁 예배로 구분하여 드렸는데, 특히 저녁에는 자원하는 사람들만 모여 기도와 말씀 읽기와 시편송을 부르며 영적 훈련 및 성장을 추구했다. 처음 시작할 때는 주일 예배에 10여 명쯤 참석했는데, 1년 반 동안 오후 12 - 3시까지 집집이 교인들을 방문하는 등 목회에 주력하자 60-80명 정도 모이게 되었다.[63]

---

[61] Tyerman, *John Wesley*, I:126.
[62] yerman, *John Wesley*, II:142.
[63] Heitzenrater, *Wesley and People*, 69.

하지만, 웨슬리의 엄격한 교회적 목회는 대부분 비국교도들인 주민들과 갈등을 유발했다. 웨슬리는 국교도가 아니면 다시 세례를 받아야 한다는 영국 국교회의 방침에 따라 비국교도 자녀들에게 다시 세례를 받도록 했는가 하면, 세례는 초대교회의 방식대로 한다는 자신의 확신에 따라 침례를 고집했다.

어린아이들도 예외는 아니었는데, 사바나 부시장(Second Bailiff of Savannah), 파커(Parker) 부부는 아이가 물속에 세 번 잠기는 것을 원치 않았기 때문에 침례 대신 세례를 원했다.

하지만, 웨슬리는 그 청을 거절했고, 부부는 다른 목회자를 통해서 아이의 세례식을 거행하는 사태가 발생하며 갈등의 골은 깊어졌다. 성찬을 받을 사람은 일주일 전에 목사에게 통보하도록 했는데, 이미 영국에서도 시행되지 않던 제도를 웨슬리는 자신의 소신에 따라 엄격하게 시행한 것 같다.

그런가 하면, 비국교도의 장례를 거부하기도 했다. 교구원들은 자신들의 사제가 교황주의자(a papist)라고 수군거렸다.[64] 그리고 수요일, 토요일, 주일 저녁에 기도 모임을 만들고, 예배 중에 찬양을 불렀는데 모라비안들 외에 대부분 사람에게는 익숙하지 않은 일이었다.

웨슬리 형제와 주민들과의 갈등은 프레데리카에서 더 심했다. 그들은 처음으로 4월 4일 프레데리카를 방문한 이후 사바나에서 해상으로는 3일, 육지로는 일주일쯤 걸리는 거리를 오가며 목회 및 선교를 했다. 그런데 첫 방문 후 프레데리카에 남아 목회하던 찰스가 한 달 만인 5월 16일 갑자기 철수했다. 그래서 웨슬리가 델라모트와 함께 5월 22일 가서 6월 23일까지 한 달 동안 집중적으로 목회를 했지만, 주민들의 불평이 거세지기만 했다.

---

[64] Ward and Heitzenrater, *Journal and Diaries*, 18:157-58; Tyerman, *John Wesley*, I:130; Green, *John Wesley*, 45.

회중 가운데 홀튼(Horton)이라는 사람이 22일 웨슬리에게 다음과 같이 항의했다.

> 우리는 당신이 하는 모든 것을 좋아하지 않습니다. 당신의 모든 설교는 특정인을 비꼬는 설교입니다. 그러므로 저는 더 이상 당신의 설교를 듣지 않을 것이고, 다른 사람들도 저와 같은 마음입니다. 그리고 우리는 개신교도들인데 우리는 당신이 도대체 무슨 종교를 가르치고 있는지 모르겠습니다. 그런 가르침은 전에 들어본 적이 없습니다. 그리고 당신의 개인적 태도에 대해서도 말하는데, 당신이 이곳에 온 이후로 사람들과 여러 분쟁이 유발되었는데 모두 당신 때문입니다. 그러므로 우리 가운데 어느 누구도 당신이 하는 말에 신경 쓰지 않습니다(I like nothing you do; all your sermons are satires on particular persons. Therefore I will never hear you more. And all the people are of my mind. Besides, we are Protestants: but as for you, we cannot tell what religion you are of. We never heard of such a religion before; we know not what to make of it. And then your private behavior: all the quarrels that have been here since you came have been 'long of you. Indeed there is neither man nor woman in the town who minds a word you say).[65]

결국, 웨슬리는 다음날 프레데리카를 떠나 사바나로 돌아갔다. 물론 그 후에도 계속 프레데리카를 방문했는데, 먼길을 오가는 중에 비를 흠뻑 맞고, 노상에서 잠을 자는 때도 있었다. 10월 12일은 저녁에 사람들을 초대하여 그들에게 이 으뜸가는 에프라임 사이러스(Ephraim/ Ephrem/ Ephraim Syrus, 306-73)의 글을 읽어 주었다. 그리고 18일 영어를 이해하지 못하는 독일인들이 여럿 있음을 발견하고 오후에 집으로 초대해서 처음으로 독일어로 찬양을 하고, 신약성경을 독일어로 읽어 주었다.

---

[65] Ward and Heitzenrater, *Journal and Diaries*, 18:161-62; Tyerman, *John Wesley*, I:130.

12월 28일 웨슬리 일행은 육지를 이용하여 일주일 이상 걸리는 거리를 가는 중에 양식이 떨어졌지만, 말려서 구운 약간의 곰 고기를 끓여서 여럿이 먹으며(having a little barbecued Bear's flesh(i.e. dried in the sun), we boiled it and found it wholesome food) 겨우 버텼다. 그러던 중 다리엔(Darien)에 도착했을 때 마음씨 좋은 스코틀랜드 고지 사람들(the Scotch Highlanders)과 그곳에서 목회하는 목사의 도움을 받을 수가 있었다.

그곳을 떠나 프레데리카로 돌아왔을 때가 1737년 1월 5일이었는데, 돌아와 보니 교인들은 냉랭하기만 했다. 마침내, 1737년 1월 26일 더 이상 "허공을 치는"(beaten the air) 일을 하지 않기로 하고, 프레데리카를 떠난 이후로 그 곳에서 더 이상 정기적인 예배는 진행되지 못했다.[66]

한편, 찰스는 '식민지개척위원회'의 비서와 오글도프 총독의 개인 비서로 일하고 있었는데, 어느날 호킨스(Hawkins)와 웰츠(Welch)라는 두 여인이 찰스에게 찾아와 자신들이 오글도프와 성관계를 했다고 고백하는 충격적인 사건이 발생했다. 그런데 그 소문이 사람들 사이에 퍼지면서 찰스에게 고백했던 두 여인은 찰스가 그 소문을 사람들에게 퍼뜨렸다고 총독에게 고소하면서 문제가 심각해졌다. 다행스럽게 사건의 내용을 세밀하게 살핀 후 총독이 고소인들에게 문제가 있음을 발견함으로써 찰스에 대한 오해가 풀렸다.

하지만, 사제로서 근무를 수행할 수 없게 된 찰스는 1736년 8월에 자신의 건강 상태 등의 이유를 대고 선교지에 온 지 6개월여 만에(in the colony only about six months) 영국으로 돌아가 버렸다.[67]

---

[66] Ward and Heitzenrater, *Journal and Diaries*, 18:172-75, 457-58.
[67] Collins, *John Wesley*, 68; 두 여인의 나쁜 품행에 대해서 다음을 참고하라: Ward and Heitzenrater, *Journal and Diaries*, 18:410-15.

웨슬리와 교구원들 사이에 갈등은 계속되었고, 동생이자 동역자인 찰스는 불명예를 가지고 돌아가 버리는 참담한 결과를 맞이하면서 웨슬리의 사역도 쉽지 않게 진행되고 있었다.

1736년 7월에 사바나에서 지내는 동안에 조지아에 온 이래 본 적이 없는 천둥 번개가 치는 가운데 다시 한번 죽음의 공포를 경험한다. 그때도 역시 그는 "나는 아직 죽을 때가 아니다"(I was not fit to die)라고 생각했는데, 죽음 앞에 당당하게 서지 못하는 자신을 하나님이 책망하시는 것같이 느꼈다고 했다.[68]

몇주 후에 그는 캐롤라이나(Carolina) 해안을 떠나 '성 헬레나 사운드'(St. Helena Sound)로 항해하는 중, 또 한 번의 폭풍우를 경험하면서 웨슬리는 또 다시 믿음이 없는 자신을 발견한다.[69]

이처럼, 웨슬리가 선교지를 향해 가는 중에, 그리고 선교지에서 목회하는 동안에 죽음의 공포 앞에서 흔들리는 영적 시련을 여러 번 겪었다. 인간의 믿음과 결단으로는 도저히 해결할 수 없는 궁극적인 공포와 불안의 문제에 직면해서 웨슬리는 그동안 자신이 그토록 신뢰했던 훈련과 자긍심이 뿌리째 흔들리면서 내면적 고민과 영적 혼란을 겪게 되었다.

2) 인디언 선교

웨슬리가 조지아에 간 목적은 관점에 따라 달리 해석될 수 있다. 왜냐하면, 오글도프가 웨슬리에게 설득한 것은 신 개척지에 이주한 사람들의 영혼을 살피는 일과 동시에 인디언들에게 복음을 전하자는 것이었다.[70]

---

[68] Ward and Heitzenrater, *Journal and Diaries*, 18:165.
[69] Ward and Heitzenrater, *Journal and Diaries*, 18:169.
[70] Ward and Heitzenrater, *Journal and Diaries*, 18:136-37.

그러므로 두 가지 일을 병행하는 것이 당연한데, 오글도프는 웨슬리가 주민들의 영혼을 살피는 일에 매진해 주기를 바랐지만, 웨슬리는 인디언 선교에 더 많은 관심을 가진 것이 문제였다. 그래서 웨슬리는 도착한 지 두 달이 넘도록 사바나와 프레데리카를 오가며 목회를 하면서 자신이 그곳에 온 '주목적'(main design), 즉 인디언 선교를 위해 기회를 엿보고 있다고 말했다.[71]

오글도프는 웨슬리가 자주 목회자를 비우고 선교하기 위해 떠나는 것을 못마땅하게 여기고 있던 차에 11월 23일 영국으로 가면서 웨슬리에게 인디언들에게 선교하는 것을 조금 줄이라고 말했다. 그러한 오글도프의 태도에 대해 웨슬리는 처음부터 그런 일이었다면 자신은 오지도 않았을 것이라고 강하게 불만을 표시하면서 자신은 인디언 선교의 문이 열리면 즉시 목회 현장을 떠날 생각으로 왔다고 말했다.[72]

그런 의미에서 막시민 피에트(Maximin Piette)가 다른 전기 작가들과 달리 자신의 책 5장의 제목을 "인디언들을 향한 모험"(Adventures Among the Redskins)이라고 한 것은 웨슬리의 의도를 잘 알고 그렇게 했던 것이다.[73]

행정 중심지인 사바나 주변에는 '인디언 원주민 마을들'(Indian Reserves)이 흩어져 있었고, 웨슬리는 그들과 좋은 관계를 맺으려고 노력했지만, 뜻대로 되지 않았다. 아메리카에 첫발을 디딘 지 일주일이 조금 넘은 2월 14일 오글도프의 소개로 영국을 다녀온 적이 있는 추장 토모치치(Tomo-Chichi, a chief of the Creeks)의 가족과 일행들이 웨슬리 일행을 방문했다.

토모치치의 아버지도 추장이었는데 세례를 거부했다고 스페인들에 의해 화형을 당한 끔찍한 기억이 있으므로 스페인 사람들이 했던 것처럼 자

---

[71] Ward and Heitzenrater, *Journal and Diaries*, 18:157.
[72] Ward and Heitzenrater, *Journal and Diaries*, 18:173.
[73] Piette, *John Wesley*, 290-300.

기들에게 복음을 전하지 말아 달라고 오글도프와 영국 정부에 이미 부탁한 사람들이다(Tomo-Chichi made it clear that he did not want them to evangelize in the Spanish manner). 그들은 웨슬리에게 환영의 선물로 우유와 꿀을 주면서, 세례를 받기 전에 먼저 기독교에 대해 배우는 게 좋겠다(We would be taught before we are baptized)는 뜻을 전했고, 웨슬리도 그렇게 하는 것이 좋겠다고 말하며 다음을 기약했다. 그리고 19일 처음으로 찰스와 함께 인디언 마을을 방문했지만, 토모치치와 가족을 만나지는 못했다.[74]

웨슬리는 델라모트와 함께 인디언 마을을 방문하기로 하고, 1736년 12월 22일 프레데리카를 떠나 카우펜(Cowpen)으로 걸어가는 도중에 길을 잃어버리고 가슴까지 차는 습지에서 방황하다가 오후 6시쯤 누웠는데, 땅도 젖었고 옷도 젖어서 얼어 죽을 지경이었지만, 다행히 잠을 잘 수가 있었다. 간밤에 내린 서리로 온통 덮여 마치 눈 덮인 모습이었지만, 곧 해가 뜨자 감사하게도 걸을 수 있어 밤에 무사히 사바나로 돌아올 수 있었다.[75]

사바나 지역 근처에 있는 여러 인디언 중에서 가장 수가 많고 국가적 형태를 갖추었지만, 현대 문명과 거리가 멀기 때문에 가장 덜 타락했다고 생각하는(the Choctaws, the least polished, i.e., the least corrupted, of all the Indian nations) 촉타우(Choctaws)족에게 가겠다고 했을 때 모든 사람이 말렸다. 그들 중에는 매우 지혜로운 사람도 있었지만, 대부분 "잔인하고(cruel), 욕심꾸러기, 술주정꾼, 도둑, 위선자, 거짓말쟁이"(gluttons, drunkards, thieves, dissemblers, liars)들이기 때문에 위험하다는 것이었다.[76]

선교지에서 지내는 동안 그들에게 복음을 전하는 것이 얼마나 어려운 일인가를 날이 갈수록 심각하게 깨닫게 되었다. 이제 모든 열정과 좌절을

---

[74] Ward and Heitzenrater, *Journal and Diaries*, 18:148-49.
[75] Ward and Heitzenrater, *Journal and Diaries*, 18:173-74.
[76] Ward and Heitzenrater, *Journal and Diaries*, 18:163.

뒤로 한 채 1737년 12월 2일 사바나 지역을 떠난 후 선상에서 모든 크릭(Creeks) 인디언에 대한 자신의 결론을 다음과 같이 정리했다.

> 그들은 어느 것도 배우려고 하지 않고, 기독교에 대해서 들으려 하지 않는다. 반면에 자기들의 문화나 지혜는 근대 중국이나 고대 로마의 그것처럼 대단하게 여겼다(They show no inclination to learn anything, but least of all Christianity, being full as opinionated of their parts and wisdom as either modern Chinese or ancient Roman).[77]

인디언들은 인간의 죄와 문명에 물들지 않은 순수한 사람들일 것이라는 이상을 가지고 있던 웨슬리가 그들을 직접 만나고 선교를 하면서 자신의 이상은 여지없이 무너지고 말았다.

3) 다양한 인종과 만남

웨슬리는 선교지에서 종종 흑인들을 만나 그들에게 복음을 전하려고 노력했다. 당시 신대륙에 살고 있던 흑인 노예들의 대부분은 기독교 신앙에 대해 무지했지만, 주인에 의해 이미 기독교인이 되었기에 스스로 교회에 정기적으로 출석하는 사람도 있었지만, 교회에서 아무것도 배운 것은 없다고 했다.

웨슬리는 그들에게 하나님이 누구인지, 누구를 위해 태어났고, 누구를 위해 살아야 하는지 가르쳐 주었는데, 다음날 만나서 자신이 가르친 것에 관해 물어보니 모두 기억하고 있었다. 그리고 웨슬리를 만나면 어떻게 하

---

[77] Ward and Heitzenrater, *Journal and Diaries*, 18:204.

면 좋은 사람으로 살 수 있는지 물으려고 했다는 소리를 들었다.[78]

아마도 그때의 경험을 통해 노예 제도가 얼마나 비성경적이며 하나님께서 미워하시는 것인지 절감하게 되었을 것이며, 결과적으로 영국과 미국에서 노예 해방 운동에 앞장서는 원동력이 되었을 것이다.

우리는 이미 웨슬리가 조지아 선교지로 가면서부터 만난 독일의 경건주의자들인 모라비안들이나 찰츠버거인들과과 교제한 것을 잘 알고 있다. 그런데 선교지에서 웨슬리는 생각지도 못했던 사람들, 즉 영어를 전혀 못하는 독일인이나 프랑스 사람들이 영어권에 살면서 자신들의 언어로 예배를 드리지 못하고 있음을 발견하고 웨슬리는 토요일 저녁에 독일어와 프랑스어로 예배를 인도하기 시작했다.

또한, 스페인계 유대인들(Spanish Jews)을 만났는데 그들과 대화하고 그들을 위해 1737년 4월부터 스페인어를 공부하기 시작한다.[79] 그런가 하면, 10월에는 이탈리아에서 이주해온 사람들을 위해 그들의 언어로 기도문이나 신약성경을 읽어 주었다. 웨슬리가 주일 하루 만에 얼마나 다양한 언어로 예배를 드렸는지 놀라지 않을 수 없다.

주일 새벽 5-6시 반까지 영어 예배, 이탈리아어 예배는 오전 9시에, 오전 10시 반부터 정오 12시 반까지 영어 제2부 예배, 불어 예배는 오후 1시에 시작해서 한 시간 안에 마치고, 오후 2시에 어린이들에게 교리를 가르친 후 오후 3시에 영어 예배를 드린다. 그때는 가능하면 많은 사람이 참석하여 말씀과 기도와 찬양을 한다. 그리고 오후 6시에 모라비안들이 독일어로 드리는 예배에 참석하는데 그때는 가르치는 자가 아니라 배우는 자로 참석한다.[80] 종합해 보면, 주일 하루에 4개 언어로 6번의 예배를

---

[78] Ward and Heitzenrater, *Journal and Diaries*, 18:169, 180-81.
[79] Ward and Heitzenrater, *Journal and Diaries*, 18:178. ,
[80] Ward and Heitzenrater, *Journal and Diaries*, 18:194.

드렸다.

영어가 모국어인 웨슬리는 옥스퍼드대학교의 신성회 활동 시절에 이미 성경 히브리어와 헬라어, 라틴어에 능했으며, 프랑스어와 아랍어를 공부했다.[81] 그리고 선교지에서 독일어와 스페인어와 이탈리아어를 익혔기 때문에 총 9개 국어를 공부한 것이 된다. 하지만, 아랍어를 사용했다는 기록이 없고 스페인어와 이탈리아어로 예배를 인도한 적은 있지만, 그 외에 사용했다는 기록이 없는 것으로 보아 능숙했다고 볼 수는 없다. 한편, 선교지에 도착해서 얼마 후에 웨슬리는 동생에게 편지를 쓸 때 라틴어와 헬라어를 함께 써서 3개 국어로 편지를 쓰기도 했다.[82]

웨슬리가 학문적으로 연구하기 위해 헬라어, 히브리어, 불어, 독일어, 라틴어를 익힌 것을 보면 그가 얼마나 진지한 학자인지 알 수 있다. 그 외에 다른 민족에게 그들의 언어로 복음을 전하고 예배를 인도하기 위해 새로운 언어들을 배워 실천하는 일은 결코 쉬운 일이 아니다. 그러한 웨슬리로부터 세계 모든 사람에게 복음을 전하는 복음주의신학과 운동이 태동한 것은 전혀 놀랄 일이 아니다.

4) 사랑의 경험과 인간의 죄성에 대한 깊은 깨달음

웨슬리는 신성회에서 활동을 할 때부터 이미 하나님의 거룩함을 동경하면서 완전한 그리스도인이 되기 위해 노력했지만, 크고 작은 유혹에 넘어지는 일을 반복했다. 그래서 그가 선교지로 갈 때 "더 이상 유혹을 받을 일이 없는 곳으로 간다"(most of those temptations are removed which here so easily

---

[81] Whitehead, *The Life of the Rev. John Wesley*, 236; Tyerman, *John Wesley*, 1:55-56. 아랍어 공부 시간표에 대해서는 다음을 보라: Heitzenrater, *The Elusive Mr. Wesley*, 1: 52.
[82] Baker, *Letters*, 25:452-4.

beset me)라고 했던 것을 기억한다. 그리고 신 개척지에 가면 여자들과 가까이하지 않겠다고 굳게 다짐했다.[83]

그런데 그곳에서 자신보다 16세나 어린 17세의 소피아 홉키(Sophia Hopkey)라는 여인을 만나게 되면서 현실이 웨슬리의 이상을 위협했다. 웨슬리가 저녁에 인도하던 소그룹에 열심히 참석하던 홉키와 보베이(Bovey)라는 두 여성이 있었는데, 그중에 홉키가 웨슬리에게 프랑스어를 가르쳐 달라고 졸랐고 웨슬리가 이에 응해주며 둘만의 친밀한 관계가 시작되었다.[84]

홉키는 웨슬리가 거주하는 동안 집안일을 도와주는 일을 했다. 당시에 홉키는 웨슬리의 신앙 지도를 받으며 많은 위로를 받으면서 영적으로 성장하고 있었다.[85] 그런데 웨슬리가 1736년 3월 22일에 동생에게 쓴 편지를 보면 웨슬리가 모종의 유혹을 받고 있었음을 내비친다.

> 나는 매시간 위험 속에 있다. 여기에 2-3명의 젊고 아름답고 경건한 여자들이 있다. 내가 그들을 육체를 따라 알게 되지 않도록 기도해 주기 바란다. 우리 모두 강하고 담대하자. 주께서 우리와 함께 계신다(I am in danger every hour. There are two or three God-fearing, refined young women. Pray that I know none of them after flesh. Let us be strong and very courageous; for the Lord our God is with us).[86]

30대 초반을 지나는 웨슬리에게 결혼과 정욕의 문제는 간단한 문제가 아니었을 것이다. 그러던 중 8월 16일 웨슬리가 몹시 아팠다. 웨슬리가 회복될 때까지 홉키는 5일 동안 밤과 낮으로 웨슬리의 곁을 떠나지 않고 간

---

[83] Ward and Heitzenrater, *Journal and Diaries*, 18:365.
[84] Ward and Heitzenrater, *Journal and Diaries*, 18:439-442. Rack, *Reasonable Enthusiast*, 125. 웨슬리가 홉키를 처음 만난 날은 1736년 3월 13일이었고, 당시 홉키는 17세였다.
[85] Ward and Heitzenrater, *Journal and Diaries*, 18:365.
[86] Baker, *Letters*, 25:454. 상기한 부분은 모두 헬라어로 썼다.

호해 주었다. 간호하는 동안 홉키는 웨슬리가 화려한 옷을 입는 것을 싫어하므로 흰옷만을 입었다. 웨슬리는 회복을 위해 고기를 먹기도 하면서 고집스러운 채식주의에 대한 생각이 바뀌기도 했다. 5일간 심하게 앓고 회복되자 웨슬리는 자신을 지극 정성으로 간호해준 홉키에게 키스를 하며 고마움을 표시했다.[87]

건강을 회복한 웨슬리는 홉키에 대하여 애정을 느끼기 시작한 것 같다. 석 달쯤 지난 11월 10일 일기에서 웨슬리는 "앞으로 절대로 홉키를 만지지 않겠다"(resolved never to touch Ms. Hopkey)고 했고, 10일 후의 일기에서 홉키의 손을 잡았고, "한두 번 키스를 했다"(kissed her once or twice)라고 쓴 것을 보면 웨슬리는 분명 흔들리고 있었다.[88]

홉키와의 관계를 눈치챈 사람들 가운데는 둘이 결혼을 하는 것이 좋겠다고 부추기는 사람들도 생기자 웨슬리는 문제의 심각성을 느끼게 되었다.[89] 그때까지 웨슬리는 초대 교부들의 영성을 본받아 결혼을 최대한 늦추거나 독신으로 사는 것이 좋다고 생각하고 있을 때였고, 홉키도 역시 독신으로 살겠다고 말한 바가 있다.[90]

다음해 들어서면서 웨슬리는 홉키와 헤어지는 것이 좋겠다고 생각하고 1737년 2월 초에 자신의 문제를 모라비안 감독인 니츠만과 장로들에게 고백하며 그들의 의견을 물었다. 그들은 웨슬리에게 자신들의 의견을 준수하겠느냐고 물었고, 웨슬리가 그렇게 하겠다고 대답하자 그들은 웨슬리에게 홉키와 헤어질 것을 권했다. 웨슬리는 그렇게 하겠다고 대답함으로써

---

[87] Ward and Heizenrater, *Journal and Diaries*, 18:409-10.
[88] Ward and Heitzenrater, *Journal and Diaries*, 18:442.
[89] Ward and Heitzenrater, *Journal and Diaries*, 18:461.
[90] Ward and Heitzenrater, *Journal and Diaries*, 18: 441, 467-69, 478. 그런데 홉키는 꼭 성직자하고만 결혼하겠다고 말한 적도 있는 반면에 성직자하고는 절대 결혼하지 않겠다고 말하는 등 혼란스러움을 보였다.

문제가 해결되는 듯했다.[91] 그런데 2월 27일에 웨슬리는 다시 한번 홉키에게 키스를 하고 몹시 후회하는 일기를 썼다.[92]

한번은 웨슬리가 인디언들에게 선교하기 전에는 절대 결혼하지 않겠다고 말하자 홉키는 즉시 웨슬리에게 더 이상 프랑스어를 공부하지 않겠다고 통보하기도 했고, 웨슬리가 영국으로 돌아간다고 하자 자신도 따라가겠다고 말하기도 했다.[93] 한번은 웨슬리가 홉키에게 다른 사람과 결혼하라고 말하자 그녀는 울음을 터뜨렸다. 그런데 얼마 후에 웨슬리가 그녀에게 청혼을 암시하는 말을 하자 홉키는 성직자와는 결혼하지 않겠다고 하면서 독신으로 살겠다고 말하기도 했다.

웨슬리는 혼란스러웠다. 마음을 정할 수 없었던 웨슬리는 주사위를 던져 하나님의 뜻을 묻기로 했다.

첫째, 결혼할 것(Marry)
둘째, 올해는 생각하지 말 것(Think not of it this year)
셋째, 더 이상 생각하지 말 것(Think of it no more)

이 셋 중에서 세 번째가 선택되었다. 그리고 한 번 더 "그러면 앞으로 홉키를 만날 것인지 말 것인지"를 묻기 위해 주사위를 던졌는데, "델라모트와 함께 있을 때만 만날 것"(only in the presence of Mr. Delamotte)이 뽑혔기 때문에 그렇게 하기로 했다.[94]

그런데 3일 후 코스톤의 집에 초청을 받아 갔을 때 그 집에 살고 있던 홉키는 얼른 자리를 피해 주었지만, 웨슬리는 홉키가 자신에게 할 말이 있

---

91 Telford, *John Wesley*, 85-86.
92 Ward and Heitzenrater, *Journal and Diaries*, 18:478.
93 Ward and Heitzenrater, *Journal and Diaries*, 18:472, 476-77.
94 Ward and Heitzenrater, *Journal and Diaries*, 18:480.

다고 생각하고 정원에서 서성거리고 있는 홉키에게 다가갔다. 물론, 델라모트가 없이 만나지 않기로 서약해 놓고, 그의 표현대로 하면, "악한 영에 이끌리어"(The evil soul prevailed) 홉키에게 다가가 말을 걸었다. 몇 가지 진지한 말을 주고받고 있을 때, 다행스럽게 코스톤 부인이 집으로 들어오라고 해서 웨슬리는 위기를 모면할 수 있었다.

그 순간에 대해 웨슬리는 자신이 6살 때 "불 속에서 그을린 채 꺼내진 나무토막처럼"(snatched as a brand out of the fire) 위기에서 건짐을 받았다고 표현했으며 또한 "자신의 한계를 지나는 일처럼 느꼈다"(I felt it was now beyond my strength)라고 했다.[95] 정원에서 잠시 있었던 일을 가지고 마치 죽음에서 건져냄을 받은 것에 비유한 것은 과장이 아니라 그 당시 웨슬리에게는 그만큼 심각한 문제였다는 뜻일 것이다.

찰스와 잉햄과 델라모트는 홉키의 성품은 좋지만, 그녀의 신실성(her sincerity in religion)을 믿을 수 없다고 하면서 결혼을 반대했지만, 웨슬리는 그러한 평가는 단순히 악의적인 소문에 의한 것이라고 생각하면서 망설이고 있었다. 그러던 중 3월 8일 화요일 홉키는 윌리엄슨(Williamson)과 약혼을 하고, 다음날 코스톤 부인이 웨슬리에게 와서 "당신이 반대할 이유가 없다면"(unless you have nothing to object) 홉키와 윌리엄슨이 돌아오는 주일 결혼할 것이라고 통보했다.

윌리엄슨은 웨슬리보다 조금 늦게 온 젊은 탐험가인데, 웨슬리가 보기에 외모가 좋은 것도 아니고, 매너가 좋은 것도 아니고, 지식이 있거나 무슨 센스가 있는 사람도 아니었다. 그러나 이미 결정된 일이라는 것을 확인하고 더 이상 묻지 않았다.[96]

웨슬리는 홉키를 만났지만, 무슨 말을 해야할지 몰라 서로 눈물만 흘리며

---

[95] Ward and Heitzenrater, *Journal and Diaries*, 18:482.
[96] Ward and Heitzenrater, *Journal and Diaries*, 18:485. ,

한 시간을 보냈다. 홉키는 결혼 후에도 웨슬리와 친구로 지내고 싶으며, 서로 편지를 주고받자고 부탁했지만, 웨슬리는 거절했다. 그리고 집으로 돌아온 웨슬리는 마음을 진정시키려 했지만, 소용이 없었다.

그때의 감정을 "자신이 출생한 이래 가장 혼란스러운 일이며"(I had not known one such as this), "자신의 영을 삼켜 버린 독배와 같다"(the poison thereof drank up spirit)라고 했다. 그런가 하면, "홉키를 더 이상 볼 수 없다고 생각하니 칼로 찌르는 아픔"(To see her no more! That thought was as the piercings of a sword)을 느꼈다고 했다.

> 하나님을 찾고 찾았지만, 찾을 수가 없고, 전에는 내가 하나님을 버렸지만, 이제는 하나님이 나를 버렸다. 나는 기도도 할 수 없고, 오히려 죽음의 덫이 나를 노리고 있다(I did seek after God, but I fould Him not. I forsook Him before: now He forsook me. I could not pray. Then indeed the snares of death were about me).[97]

그날 밤 그가 쓴 일기장에는 "기도하려 안간힘을 쓰지만, 기도조차 못하는 침체된 모습(could not pray! Tried to pray; lost; sunk)이라고 썼고, 그동안 웨슬리에게서 볼 수 없었던 처참한 절규와 기도로 마치고 있다.

> 내가 태양을 본 이래 그런 날은 없었다!(No such day since I saw the sun!)
> 오, 당신의 종을 너무 심하게 다루지 마소서!(O deal tenderly with thy servant!)
> 다시는 이런 일을 보지 않게 하소서!(Let me not see such another!)[98]

한편, 홉키와 윌리엄슨은 웨슬리가 자신들의 결혼을 승낙하지 않을 것

---

[97] Ward and Heitzenrater, *Journal and Diaries*, 18:483, 486.
[98] Ward and Heitzenrater, *Journal and Diaries*, 18:483, 486.

을 알고 퓨리스버그(Purrysburg)로 건너가서 1737년 3월 12일 토요일에 결혼하고 돌아왔다. 그러나 그러한 행동은 조지아주의 관할권을 무시하는 불법행위였기 때문에 웨슬리가 영국 국교회 주교에게 고발함으로써 개인적인 문제는 곧 사회적인 문제로 확대되었다.

결혼 후에도 두 사람은 신앙 생활에 불성실했다.[99] 그런데 웨슬리는 홉키와 신앙상담을 끊지는 않았다. 7월에 홉키에게 윌리엄슨과 관계에 대해 잘못을 지적하는 편지를 보냈고, 그들이 결혼한 지 5개월쯤 되는 8월 7일 "주일 성찬에서 윌리엄슨 부인을 제외"(Wesley repelled Mrs. Williamson from the Holy Communion)하는 사고가 발생했다. 그녀가 자신의 잘못을 회개하지 않고 성찬을 받으려고 했다는 이유였다. 그러자 다음날 교회 회중 앞에서 윌리엄슨 부인의 성찬을 거부한 사유를 해명할 것과 윌리엄슨이 받은 상처와 명예 훼손으로 1,000파운드의 보상금을 요청했다는 고소장이 발부되었다.[100]

홉키의 외삼촌(Sophie was the niece of Causton's wife)이자 사바나의 최고 행정관(the Chief Magistrate)이었던 토마스 코스턴(Thomas Causton)은 웨슬리가 홉키에게 청혼을 했는데 홉키가 들어주지 않고 윌리엄슨과 결혼하자 복수 차원에서 성찬을 거부한 것이라는 소문을 내기 시작했다.[101] 그리고 웨슬

---

[99] Ward and Heitzenrater, *Journal and Diaries*, 18:487-90.
[100] Ward and Heitzenrater, *Journal and Diaries*, 18:187, 536-37. 타이어맨은 "웨슬리가 체포되었다"(Wesley was arrested)라는 표현을 쓰면서, "웨슬리가 체포된지 2주 후인 8월 22일 법정이 열렸다"(The Savanna court was to sit on August 22, a fortnight after Wesley's arrest)고 하는 것은 웨슬리가 체포되었고, 감옥에 있다가 2주 후에 법정에 나타난 것 같은 오해를 주고 있기 때문에 옳지 않다. See Tyerman, *John wesley*, 1:152, 254. 사실, 웨슬리는 체포된 것이 아니고 고소를 당한 것이고, 그 날 밤에도 예배를 인도했고, 계속하여 집에서 사람들을 만나고 주일 예배를 인도하는 등 정상적으로 목회를 하다가 2주 후에 재판을 받은 것이다.
[101] Ward and Heitzenrater, *Journal and Diaries*, 18:188. 코스톤(Thomas Causton)은 1733년 2월에 오글도프와 함께 신 개척지로 이주한 최초의 이주자로서, 그가 영국을 떠난 것도

리를 법정에 고소했다.

50명의 배심원이 구성되었고, 웨슬리가 홉키의 인격을 모욕하였고, 명예를 손상시켰으며 정당하지 못한 사유로 신도를 성찬식에서 제외했다는 등 영적 폭군으로 군림했다는 열두 가지 고소 내용을 22일 제출했다. 50명의 배심원이 구성되었다고 하는 사실이 당시에 그 사건이 얼마나 크게 다루어졌는지 짐작할 수 있게 만든다.

50명의 배심원 중에서 44명이 배석한 가운데 웨슬리에 대한 심의가 시작되었다. 한편, 배심원들 가운데 12명은 웨슬리에 대한 열 가지 고소 내용을 세심하게 검토한 결과 한 가지 내용만 "아직 분명하지 않다"(we are in doubt, as not well knowing the meaning of the word 'Ordinary')라고 한 것 외에 모두 무죄라는 소견서를 제출한다.[102]

웨슬리는 고소를 당한 상태에서도 그 이전보다 활발하게 목회와 선교를 감당하고 있었는데, 사건 발생 후 첫 주일 예배 때는 그 어느 때보다 많은 사람이 모였다. 9월에 재판을 받는 과정에서도 웨슬리는 "인디언들을 가르칠 방법이 없다"(there being no possibility as yet of instructing the Indians)라는 문제로 고민했고, 또한 조지아에서 이렇게 하는 것보다 영국에서 하면 훨

사기 죄를 짓고 도주한 것이었다. 신 개척지에서는 오글도프의 환심을 사서 본 국에서 보내오는 물자를 관리하는 일을 도맡아 하며 이득을 챙기고 있었다. 그는 안아무인격이고(a man of no substance), 교만하며(proud), 욕심이 많고(covetous), 속이기를 잘하는(deceitful) 사람이었다. 그는 당시에 그 지역 최고 행정장관(chief magistrate)이었기에 모든 권력을 사용할 수 있었다. 참조 Tyerman, *John Wesley*, I:143-44.

[102] Ward and Heitzenrater, *Journal and Diaries*, 18:190-93; Tyerman, *John Wesley*, 1:152-60. 웨슬리가 정리한 내용을 보면 고소 내용보다는 자신의 무죄를 주장해 준 소수의 의견서만 밝힘으로써 자신에게 유리한 문서만 밝히고 있는 듯하다. 혹자들은 "웨슬리가 밤중에 몰래 도망쳐 나왔다"라고 함으로써 웨슬리가 마치 범죄자로 야밤 도주한 것처럼 쓰고 있는데 옳지 않은 표현이다. 웨슬리는 분명 자기가 그날 떠나겠다고 법원과 회중들에게 통보했다. 물론, 법원은 떠나지 말라는 명령을 내렸지만, 웨슬리는 자신이 하지도 않은 일을 반복해서 해명하는 일을 더 이상 하지 않겠다는 소신 있는 결정이었다.

씬 더 많은 열매를 얻을 것이라는 생각을 하고 있었다.

동료들은 영국으로 돌아갈 것을 권하고 있었고 웨슬리도 사실은 9월부터 하나님께서 떠날 때를 허락하실 것이라고 믿고 있었다. 11월은 주로 법원에 출두하며 시간을 보내다가 마침내 코스톤에게 23일 영국으로 돌아가겠다는 뜻을 밝혔다.

12월 2일 법정은 50파운드의 벌금형을 내렸다. 당시 50파운드는 웨슬리가 받고 있었던 연봉 전액이었다.[103] 그리고 법정은 웨슬리의 모든 법적인 문제가 해결되기 전에 사바나를 떠날 수 없고 누구도 웨슬리가 떠나는 것을 도와서는 안 된다는 결정을 내렸다.

하지만, 웨슬리는 법원의 그러한 판결이 곧 선교지를 떠나라고 하는 하나님의 뜻으로 알고 저녁기도회를 마지막으로 인도한 직후 8시쯤 캐롤라이나(Carolina)로 떠나버렸다. 흥미로운 사실은 웨슬리가 떠난 이후에 어떤 법적 조치도 취해지지 않았다는 것이다.[104] 아마도 열 가지 기소 내용 중 한 가지 분명치 않은 것 외에 무혐의 처분을 받은 사람에게 법원도 강제로 법을 집행할 수 없었을 것이다.

그런가 하면, "사바나 대법원은 1737년에 코스톤의 행동이 적절치 못하다고 통보한 바 있고"(the grand jury of Savannah sent a remonstrance against him

---

[103] Ward and Heitzenrater, *Journal and Diaries*, 18:189-90, 194-95; Tyerman, *John Wesley*, 1:114, 163.

[104] Collins, *John Wesley*, 73; 한편, 타이어맨은 이 장면에서 "상식적으로 감옥에 가야 할 사람이 떠난 것"(He was now a prisoner at large, and the same evening, … he set out in the boat for Purrysburg)이라고 한 것도 옳지 않다. 왜냐하면 사실 아직 재판이 끝난 것도 아니고 웨슬리는 여전히 자신의 결백을 주장하고 있었고, 반면에 코스톤의 죄가 오히려 드러나는 단계였기 때문이다. 그런 의미에서 타이어맨은 이전에도 "웨슬리가 체포되었다"라는 표현을 쓴 것을 포함하여 마치 웨슬리가 유죄 판결을 최종적으로 받은 죄인 인 것처럼 묘사하고 있으며, 그렇기 때문에 웨슬리가 사바나를 떠난 것은 곧 법을 어기고 "죄인이 밤에 도망을 한 것"처럼 결론을 내리는 것은 잘못이다. See Tyerman, *John Wesley*, 1:163.

in 1737), 웨슬리에 대한 재판이 끝난 다음해인 1738년에 "식민지개척위원회는 코스톤이 하고 있던 물품 보관직을 박탈하고, 오글도프에게 그를 체포할 것을 명령한"(Georgia Trustees deprived him of storekeeper's place and then ordered Oglethorpe to arrest him) 것을 보면 웨슬리에 대한 그의 고소 내용을 신뢰할 수 없다는 증거이기도 하다.[105]

1736년 2월 5일에 신 개척지 조지아에 도착해서 다음해 12월 2일 떠났으니 2년이 채 안 되어 선교지를 떠나게 되었다. 그 일에 대해 웨슬리는 다음과 같이 정리했다.

> 내가 해야 할 일을 다 하지는 못했지만, 할 수 있는 한 복음을 전했고 (많은 약함과 부족함으로) 거의 1년 9개월 만에 발에 먼지를 털고 조지아를 떠났다(I shook off the dust of my feet, and left Georgia, after having preached the gospel there(with much weakness indeed and many infirmities,) not as I ought, but as I was able, one year and nearly nine months).[106]

그리고 캐롤라이나에서 1737년 12월 24일 사무엘(Samuel)호를 타고 마침내 영국의 찰스톤항(Charelston bar)을 향해 떠났다. 낭만인 열정을 가지고 찾아간 선교지에서 2년을 채우지 못하고, 아름다운 열매보다는 여자와 관계된 불미스러운 일 때문에 법정에 서는 총체적 난국의 상황 가운데 있다가 마치 법의 명령을 어기고 도주하는 사람처럼 떠났다.

웨슬리의 심정은 어땠을까?

영국으로 돌아온 웨슬리는 행정적으로 일을 수습하며 바쁜 설교 일정을 진행하고 있었지만, 사실 조지아에서 인디언들과, 교구 신자들과, 오글도

---

[105] Ward and Heitzenrater, *Journal and Diaries*, 18:149, note 52.
[106] Ward and Heitzenrater, *Journal and Diaries*, 18:195.

프를 비롯하여 개척 담당자들과, 그리고 한 여성과의 관계에서 깊은 상처를 받았음이 그의 일기 곳곳에 나타나고 있다.

그때까지 살면서 웨슬리 자신이 배우고, 공부하고, 체험했던 지식만으로는 소화할 수 없는 현상들 앞에서 당황하고 있었다. 그는 일단 조국으로 돌아왔지만, 어디에서 무엇을 어떻게 시작해야 할지 알 수 없는 상황 가운데 있었다.

6. 조지아 선교에 대한 신학적 결산

웨슬리는 1737년 12월 2일 조지아를 떠나서 1738년 2월 1일 새벽 5시 반에 모국의 디일(Deal)항에 도착하기까지 약 두 달쯤 걸렸다.[107] 공식적으로는 약 2년간 선교 사역을 마치고 돌아왔다고 하지만, 법적으로 해결되지 않은 문제를 뒤로한 채 철수한 것이니 마음이 편할 리가 없었다.

하지만, 웨슬리는 메도디스트의 역사를 기술하는 과정에서 조지아 선교를 메도디즘 태동의 두 번째 단계로 기술한 것으로 보아 그의 삶과 신학에서 중요한 시기였음이 분명하다. 그런 의미에서 웨슬리의 조지아 선교에 대한 의미와 내용을 다음과 같이 정리해 보자.

1) 자신의 믿음에 대한 비판적 자각

웨슬리가 조지아를 떠나 영국으로 돌아가는 길은 자신의 인생에 있어서 가장 어둡고 긴 터널을 빠져나오는 길이었을 것이다. 물론, 선교지를 떠나는 명분으로 할 일을 다 했다고 했지만, 가장 직접적인 원인은 홉키와의

---

[107] Ward and Heitzenrater, *Journal and Diaries*, 18:213-14.

관계에서 여지없이 드러난 자신의 미숙함, 죄성, 그런가 하면 자신을 무자비하게 공격하던 사람들의 악한 행동으로부터 도피한 것이라고 보는 것이 옳을 것이다.

웨슬리가 선교지에서 자기 자신을 포함하여 인디언들과 자기를 무자비하게 공격하던 사람의 내면 깊숙한 곳에 숨겨져 있는 공통점을 발견했는데 그것은 바로 인간의 죄성이었다. 웨슬리가 선교지에서 많은 영혼을 구원했다는 사실을 부정할 수 없지만, 신학적으로는 "인간의 죄성에 대한 깊은 깨달음"이 조지아 선교의 열매라고 보아야 할 것이다.

1737년 12월 2일 사바나를 떠나 퓨리스버그에 하루 만에 도착하여 그 곳에서 여전히 사역을 감당하다가 22일 비로소 미국을 떠나는 사무엘호를 타고 찰스톤항으로 향하면서 한 해를 넘긴다.[108] 다음해 1월 8일 선상에서 웨슬리는 그때의 참담했던 심정을 다음과 같이 토로하고 있다.

> 내가 내적으로 확실하게 깨닫게 된 것은 이것이다.
>
> ① 하나님을 믿는 사람이라면, 특히 예수 그리스도를 믿는 사람이라면 그렇게 흔들려서는 안 되는데 나는 현재 그러한 믿음이 없다는 것이다.
> ② 나는 나에 대해서도 그렇게 자부심을 느끼고 있었는데 이제 그러한 자부심마저 없어졌다는 것이다.
> ③ 내가 당황하여 폭풍우를 맞이할 때마다 살려달라고 외쳤던 기억밖에 없다는 것이다.
> ④ 내가 나의 적들에 대해 말할 때 내가 말하는 것을 보면 나는 경솔하고 사치스럽게 말할 뿐이었고, 나태해질 때마다 되풀이되는 일들이다.[109]

---

[108] Ward and Heitzenrater, *Journal and Diaries*, 18:207.
[109] Ward and Heitzenrater, *Journal and Diaries*, 18:208-9: By the most infallible proofs, of in-

그 전에 웨슬리가 자신 있게 주장하던 자세나 내용과는 매우 다르다. 자신에 대한 깊은 성찰이 느껴진다. 글 속에서 발견되는 인물은 위대한 성직자가 아니라 연약한 죄인뿐이다.

조국으로 돌아오는 길에도 죽음을 위협하는 태풍을 만났지만, 예전처럼 두려운 마음은 없었다. 그리고 1738년 1월 24일 선상에서 한 고백을 보면, 그는 분명 영적으로 흔들리고 있었다.

> 나는 인디언을 개종시키기 위해 아메리카로 갔다.
> 그러나 오! 누가 나를 개종시킬 수 있다는 말인가?
> 이 불신앙의 악한 마음에서 나를 구해줄 사람이 누구인가?
> 나는 그저 여름 종교를 갖고 있다. 나는 위험에 직면하기 전에는 말도 잘하고 확신도 있지만, 죽음은 언제나 나를 위협하고 내 영은 혼란스러워진다. 그리고 죽는 것이 곧 유익이라고 말하지도 못한다
>
> (I went to America to convert the Indians; but Oh! who shall convert me? Who, what is he that will deliver me from this evil heart of unbelief? I have a fair summer religion. I can talk well; nay, and believe myself, while no danger is near: but let death look me in the face, and my spirit is troubled. Nor can I say "To die is gain).[110]

---

ward feeling, I am convinced: Of unbelief, having no such faith in Christ as will prevent my heart from being troubled; which it could not be if I believed in God, and rightly believed also in him, [i.e., Christ]. Of pride, throughout my life past, inasmuch as I thought I had what I find I have not. Of gross irrecollection, inasmuch as in a storm I cry to God every moment, in a calm, not. Of levity and luxuriancy of spirit, recurring whenever the pressure is taken off, and appearing by my speaking words not tending to edify; but most, by my manner of speaking of my enemies.

110 Ward and Heitzenrater, *Journal and Diaries*, 18:211. 빌 1:21. "여름 종교"(summer religion)란 표현은 1년 중 겨울이 길거나 맑고 따뜻한 여름이 잠깐뿐인 나라에서 "겉보기에 좋아 보이지만, 사실은 잠깐에 불과한 상태"를 표현하는 말이다.

"여름 종교"(a fair summer religion)란 한순간만 뜨겁고 즉시 뜨거움이 사라지는 현상을 말하는데 웨슬리는 자신이 그렇게 열심이고 남보다 탁월한 듯 행동했지만, 사실 순간적 열정에 불과한 모습이라는 고백이다.

웨슬리의 문제는 20대까지 그토록 고민했던 개인의 경건의 문제에서 30대를 지나는 성직자로서 신학적 고뇌를 하고 있었는데, 문제는 그가 극심한 혼란 가운데 있었다는 것이다.

그의 신학적 혼란을 이해하기 위해 1738년 1월 25일 날 선교지를 떠나 조국으로 돌아오는 선상에서 쓴 저널의 내용을 보자.

제목은 헬라어로 빌립보서 4:14 "그러므로 너희가 내 괴로움에 함께 참예하였으니 잘하였도다"로 하고, 내용은 기독교에 대한 각각 다른 견해들을 다음과 같이 여섯 가지 항목으로 나누어 고찰하는 내용이다.

① 성경에 따라(by the Scripture)
② 교황주의자들(Papists)
③ 루터란과 칼빈주의자들(Lutherans and calvinists)
④ 영국의 신학자 (the English Divines)
⑤ 서명 거부자들(the Essentialist Nonjurors)
⑥ 신비주의자 (the Mystics)[111]

당시 웨슬리의 고민을 알기 위해 길게 인용하는 것이 불가피하다

교황주의자들이 너무 외형적인 선행, 또는 선행이 결여된 믿음을 강조하는 것이 문제가 있다고 알려져 있었다. 즉, 둘 중 어느 하나를 극단적으로 강조함으로써 다른 한 편을 잃어버리면 결코 진정한 희망이나 선행에 이

---

[111] Ward and Heitzenrater, *Journal and Diaries*, 18: 212-13.

르지 못한다는 것이다. 나도 처음에 은총의 수단과 선행 중 하나를 지나치게 강조했는데, 그 문제를 인식하지 못하다가, 이제 그 둘을 모두 명하신 하나님께서 정한 때에 우리를 그리스도의 마음으로 인도하실 줄 믿는다. 그러나 하나님의 때가 이르기 전에 나는 믿음을 지나치게 강조함으로써 다른 계명들을 볼 수 없게 만드는 루터나 칼빈주의자들에 매여 다른 가르침들을 볼 수 없었다. 그들은 교황주의자들을 지나치게 두려워한 나머지 다른 극단적 오류에 빠져 있었던 것이다. 결과적으로 그들 사이에서 나 또한 동일한 미궁에 빠져 무엇이 잘못되었고, 어떻게 성경과 상식이 조화를 이루어야 하는지 알지 못하고 있었다(It was early warned against laying, as the Papists do, too much stress on outward works, or on a faith without works; which as it does not include, so it will never lead to, true hope or charity. Nor am I sensible that to this hour I have laid too much stress on either; having from the very beginning valued both faith, and the means of grace, and good works, not on their own account, but as believing God, who had appointed them, would by them bring me in due time to the mind that was in Christ. But before God's time was come, I fell among some Lutheran and Calvinist authors, whose confused and indigested accounts magnified faith to such an amazing size that it quite hid all the rest of the commandments. I did not then see that this was the natural effect of their overgrown fear of Popery; being so terrified with the cry of merit and good works, that they plunged at once into the other extreme. In this labyrinth I was utterly lost; not being able to find out what the error was, nor yet to reconcile this uncouth hyperthesis either with Scripture or common sense).[112]

---

[112] Ward and Heitzenrater, *Journal and Diaries*, 18: 212-13, Heitzenrater, *The Elusive Mr. Wesley*, 93-96; Rack, *Reasonable Enthusiast*, 96-97.

당시에 웨슬리는 베버리지 주교(Bishop Beveridge)나 넬슨(Nelson) 등 영국의 저자들은 "뜻은 좋지만, 잘못된 결과를 가져오는 독일인들"(well-meaning, wrong-headed Germans)의 신학으로부터 자신을 구해 주지 못했다고 했다.

그런데 웨슬리를 혼란에 빠뜨린 사람들은 그러한 전통신학자들뿐 아니라 비국교도들이나 신비주의자들도 있었다. 신비주의자들은 "근사해 보이는 하나님과의 연합과 내적 종교"(noble descriptions of union with God and internal religion)에 대한 묘사는 선행을 포함 다른 외적인 요소들을 하찮은 것처럼 만들어 버렸는데, 자신의 연구와 경험을 통해 그들의 가르침은 놀랍게도 성경에서 예수님과 사도들이 가르친 것과는 아무 상관이 없다는 사실도 알게 되었다. 그런 의미에서 웨슬리는 "여러 적 가운데 가장 위험한 사람들이 신비주의자들이라고 했다"(the mystics are the most dangerous of all its enemies). 그러한 영적-신학적 혼란 가운데 있을 때 웨슬리가 토해내듯이 다음과 같이 탄식했다.

> 나는 순종과 불순종 사이에서 흔들리고 있다. 나는 무엇을 할 마음도, 열정도, 기력도 없다. 내가 옳은지 그른지 알 수도 없고, 혼란과 갇힌 상태에서 빠져나오지 못하고 있다(I fluctuated between obedience and disobedience: I had no heart, no vigor, no zeal in obeying; continually doubting whether I was right or wrong, and never out of perplexities and entanglement).[113]

물론 당시의 웨슬리는 어딘가로부터 빠져나온 후 겪을 수밖에 혼란 상태를 지나고 있었다. 그런 의미에서 그는 초기 개혁자들인 루터와 칼빈으로부터, 그리고 더 나아가 신비주의자들과 같이 기독교를 경시하는 사람

---

[113] Ward and Heitzenrater, *Journal and Diaries*, 18: 213.

들(triflers)로부터 자신을 건져 주신 분께 감사드린다고 하면서, 6살 때 엡워스 사제관에 불이 났을 때 자신이 "불에서 건진 거슬린 나무토막"과 같은 은총을 연상하듯이 자신을 지옥 불에서 건져 주신 하나님께 감사드린다고 한 것이다.

그 외에 웨슬리가 조지아에서 한 경험들, 즉 프로테스탄트 전통 안에서도 침례교, 루터교, 장로교, 모라비안과 경건주의자들, 비국교도들, 그런가 하면 퀘이커 등 다양한 그룹을 만나게 되었다는 것과 아울러 다양한 인종들, 즉 독일인, 이탈리안, 프랑스인, 흑인들 등을 만나면서 얻은 경험들은 매우 값진 신학적 자산들이 되었다.

그때까지 성경을 문자적으로 이해하고 실천하는 것만이 하나님의 뜻을 실현하는 가장 좋은 방법이라고 믿고 있던 웨슬리로서는 당황스러운 경험들이었다. 아마도 선교지에서 웨슬리를 가장 어렵게 만든 사람들은 비국교도들이었을 것이다.

같은 하나님을 믿고, 누구보다도 경건하게 살고자 노력하는 사람들임에도 불구하고 신앙의 모양과 방법이 다르므로 서로 비난하고 공격하는 일이 반복되는 현상을 어떻게 극복할 수 있을까?

며칠이 지난 1월 29일 웨슬리는 자신이 깨닫게 된 한 가지 사실에 대해 다음과 같이 고백했다.

> 내가 조지아의 인디언들에게 기독교 복음의 본질을 가르쳐주기 위해 조국을 떠난 지 2년 4개월이 지났다.
> 그러나 나는 그동안 무엇을 발견했나?
> 다른 사람들을 회심시키기 위해 미국으로 갔지만, 정작 가장 작은 자인 나 자신이 하나님께 회심한 적이 없다는 사실을 알았을 뿐이다
> (It is now two years and almost four months since I left my native country in order to teach the Georgian Indians the nature of Christianity. But what have I learned myself in the

meantime? Why, what I the least of all suspected, that I, who went to America to convert others, was never myself converted to God?).**114**

웨슬리는 그러한 혼란스러운 생각과 고뇌를 바다에 던져버리지 못한 채 조국 땅을 밟았다. 결국, 그가 조국에 들고 온 것은 선교지에서 구원한 영혼들의 명단이 아니라 "자신이 하나님께 회심한 존재가 아니라는 자각" 뿐이었다.

2) 인간의 죄성에 대한 깊은 통찰

웨슬리가 2년 만에 선교지에서 돌아왔지만, 그가 돌아온 것을 아는 사람은 거의 없었다. 웨슬리가 조지아 선교를 통해 얻은 것 중에서 신학적으로 가장 가치 있는 것은 "인간의 죄성"(the sinfulness of a human being)에 대한 발견일 것이다. 자기 자신의 죄성뿐만 아니라 인디언들, 그런가 하면, 하나님을 잘 믿는다고 하는 사람들의 죄성, 심지어 경건이라는 이름 안에 숨어 있는 인간의 죄성까지 보게 되었다.

특히, 홉키와의 관계를 통해 자기 자신이 얼마나 무기력하게 죄의 속성에 끌려다니는 죄인인지 깨닫게 되었다. 그리고 문명의 때가 묻지 않았기 때문에 순수할 것이고, 자기가 가르치는 대로 배우고, 전하는 대로 믿을 것으로 생각했던 인디언들의 죄성, 그런가 하면 한때는 교구의 한 사람으로서 많은 도움을 주던 사람들이 이해 관계가 얽히면서 누구보다도 잔인한 원수같이 행동하는 현상 등 인간의 뿌리 깊은 죄성에 대한 자각은 웨슬리신학에서 가장 큰 진보 중 하나이다.

---

114 Ward and Heitzenrater, *Journal and Diaries*, 18:214; cf. Curnock, *Journal*, 1:421-22.

죄의 문제는 이상적인 생각만으로 해결되는 것이 아니다. 다음의 고백을 보면 웨슬리는 더 이상 인간의 죄성에 대해 낭만적으로 생각할 수 없게 되었고, 모든 면에서 근본적으로 다시 생각하게 되었다는 사실을 보여 준다.

나는 나에 대해 아는 것이 없다.
나는 과연 도덕적으로 의롭고 무흠한가?
기독교의 진리에 대해 합리적 확신이 있는가?
이러한 것들이 과연 나로 하여금 거룩한 그리스도인이라고 주장할 수 있게 만드는가?
결코, 아니다. 만약, 하나님의 명령이 진리이고 우리가 그에 따라 산다면 이 모든 것들은, 비록 그리스도 안에 있는 믿음에 의해 그렇게 된다고 할지라도 거룩하고 의로운 것이다. 그러나 믿음이 없다면 이 모든 것들은 똥과 같이 쓸모없는 것에 불과하다(Or that "I know nothing of myself," that I am, as touching outward, moral righteousness, blameless? Or(to come closer yet) the having a rational conviction of all the truths of Christianity? Does all this give me a claim to the holy, heavenly, divine character of a Christian? By no means. If the oracles of God are true, if we are still to abide by "the law and the testimony," all these things, though when ennobled by faith in Christ they are holy, and just, and good, yet without it are "dung and dross").[115]

심지어 자기 자신을 "분노의 자식, 지옥에 갈자"(I am a child of wrath, an heir of hell)라고 묘사한 것은 거의 충격적이다.[116]

---

[115] Ward and Heitzenrater, *Journal and Diaries*, 18:214-15.
[116] Ward and Heitzenrater, *Journal and Diaries*, 18:215.

웨슬리가 이 시점에서 "누구든지 의롭게 하는 믿음을 가진 사람은 죄로부터 해방된 사람이기 때문에, 그 사람 안에 있는 모든 죄가 완전히 파괴된 것"(Whoever have it(faith) is 'freed from sin'; 'the whole body of sin is destroyed in him)이라고 분명히 알고 있었지만, 그러한 일이 아직 자신 안에 이루어진 것은 아니었다.[117] 1738년 2월 3일 자 일기에서 웨슬리는 조지아 선교를 통해 얻게 된 열매 하나를 긍정적으로 표현하고 있다.

> 아메리카에서 나의 계획이 다 잘 되지는 않았지만, 그 경험은 '내 자신을 겸손하게 만들었고, 내 자신을 시험해보는 기회였고, 내 마음속에 무엇이 있는지를 발견하게 하였다'('in some measure' humbled me and proved me, and shown me what was in my heart).[118]

조지아 선교를 전후로 하여 지난 2년 반 동안 겪은 일들은 웨슬리로 하여금 "내 마음속에 무엇이 있는지를 발견하게 하였다"(shown me what was in my heart)고 했는데, 곧 자신 안에 거룩이 없는 죄인이라는 사실을 깨닫게 되었다는 뜻이다. 결과적으로 근본적인 변화에 대한 갈망은 더 간절해졌다.[119] 웨슬리는 인간의 삶에 있어서 죄의 문제를 해결하는 것이 기독교 복음이라고 믿고 있었지만, 그러한 일이 실제로 자기 안에 일어난 것은 아니었기 때문에 그의 고뇌는 더욱 깊어질 수밖에 없었다.[120]

---

[117] Ward and Heitzenrater, *Journal and Diaries*, 18:216.
[118] Ward and Heitzenrater, *Journal and Diaries*, 18:221.
[119] Ward and Heitzenrater, *Journal and Diaries*, 18:215-6.
[120] Ward and Heitzenrater, *Journal and Diaries*, 18:216

3) 조지 휫필드(George Whitefield)와의 관계

한편, 웨슬리가 1738년 1월 29일 영국의 다운스(Downs)에 도착하기 하루 전날 조지 휫필드(George Whitefield, 1714-1770)는 사바나(Savannah) 지역의 목회를 맡아 달라는 요청을 받고 조지아로 떠났다. 웨슬리에 의하면, 그날 휫필드가 조지아로 떠나는 것을 자신이 몰랐고 휫필드 역시 웨슬리가 곧 영국에 도착하는 것을 몰랐다고 했다.[121]

당시 휫필드는 '식민지개척위원회'(the Georgia Trustees)로부터 사바나 지역 목회자가 되어 달라는 제안을 받고 떠나게 된 것이었다. 그렇다면 '조지아개척위원회'는 웨슬리의 재판 결과와 상관없이 웨슬리는 더 이상 사바나에서 목회를 감당할 수 없다고 판단하고 후임자로 휫필드를 청빙했던 것으로 보인다.

사실 그 전에 휫필드는 조지아로 갈 것인가에 대해 웨슬리에게 물었고, 웨슬리는 하나님의 뜻을 알기 위해 제비를 뽑은 결과 가지 않는 것으로 나와 휫필드에게 조지아 선교를 포기하라고 권했다. 그러나 휫필드는 "나는 하나님이 최상의 것을 위해 모든 것을 명령하셨다고 생각했다"(I considered God ordered all things for the best)라고 확신했기 때문에 웨슬리의 권면을 무시하고 선교지로 떠났다.[122]

웨슬리와 휫필드와의 관계는 신성회 때로 거슬러 올라간다. 휫필드는 옥스퍼드대학교에서 공부하는 동안, 신성회의 초기 회원이 되어 웨슬리의

---

[121] Ward and Heitzenrater, *Journal and Diaries*, 18:213-14: "The day before Mr. Whitefield had sailed out, neither of us then knowing anything of the other."
[122] Ward and Heitzenrater, *Journal and Diaries*, 18:213, esp., note 96. 휫필드는 신성회를 떠나 글루체스터(Gloucester)로 가서 1735년에 옥스퍼드의 신성회와 같은 신도회를 설립했다. 그러나 3년 후인 1738년 초에 웨슬리의 후임자로 신 개척지로 떠나게 되었던 것이다.

동역자가 된 사람인데, 그는 웨슬리보다 11살이나 아래지만, 1735년 20세 때 회심을 했다. 그리고 1736년 6월에 벤슨 감독(Bishop Benson)에 의해 사제 안수를 받은 후 크립트의 성마리아교회(the church of St. Mary de Crypt)에서 목회를 하고 있다가 조지아로 부름을 받았다.[123]

횟필드는 신성회 때부터 웨슬리를 존경하며 따랐고, 목회 현장에서도 은사는 다르지만, 서로를 존중하는 사이였다. 그런데 후에 극단적 칼빈주의자적 경향이 있는 횟필드와 웨슬리 사이에 갈등이 생기면서 가장 오랜 기간 가장 치열하게 대립하는 관계가 된다.

영국을 떠난 횟필드는 약 3개월 동안의 여정을 거쳐 5월 7일 마침내 조지아에 도착했다. 도착하자마자 웨슬리와는 구분되게 코스톤을 비롯한 사바나 관리들의 환영을 받았다. 그리고 16주 동안 사바나에 여학교(a girl's school)를 짓는 등 대대적인 활동을 성공적으로 마치고 영국으로 돌아올 때 사람들은 눈물의 환송을 하며 다시 돌아와 달라고 간청을 하였다.

횟필드는 웨슬리와 달리 친화력과 감화력이 있는 사람이었다. 1738년 11월 30일날 모국으로 돌아온 횟필드는 "웨슬리가 조지아에서 이룬 일들은 말로 설명할 수 없을 정도로 대단하다"(the good work Mr. John Wesley has done in America, under God, is inexpressible)라고 보고했다.[124] 모국에 돌아와 보니 1년 전 자신의 설교를 듣고 믿기 시작한 사람들이 웨슬리의 지도로 많이 성장해 있었고, 오직 믿음에 의한 칭의라고 하는 고전적인 복음이 새롭게 선포되었고, 신도회도 많이 성장했음을 발견했다. 그리고 웨슬리는 3개월 동안 하루에 두 번씩 설교하며 조지아에 학교나 고아원을 짓기 위해 1,000파운드 정도를 모금할 수 있었다.[125]

---

[123] Ward and Heitzenrater, *Journal and Diaries*, 18:213-14; Tyerman, *John Wesley*, 1:171-72.
[124] Whitefield, *Journal*, 157. Rack, *Reasonable Enthusiast*, 133에서 재인용. See Piette, *John Wesley*, 319-20.
[125] Tyerman, *John Wesley*, 1:172.

제3장

메도디즘 태동의 세 번째 단계: 페터레인신도회(Fetter Lane Society)

1. 뵐러(Peter Böhler)와의 만남

조지아에서 돌아온 웨슬리는 1738년 2월 3일에 런던으로 가서 네덜란드계 상인 바이난츠(Weinantz, a Dutch merchant)의 집에 거하는데, 7일 독일에서 영국에 도착한 모라비안 목사인 피터 뵐러(Peter Böhler)와 그의 동료들인 슐리우스(Schulius), 리흐터(Richter), 그리고 벤젤 나이서(Wenzel Neisser)를 만났다. 웨슬리가 그날을 "꼭 기억되어야 할 날"(A day much to be remembered)이라고 한 이유는 특히 뵐러와의 만남 때문이다.[1]

당시 25세인 뵐러는 웨슬리보다 9살이나 어린데도 불구하고 웨슬리와 많은 대화를 나누면서 웨슬리에게 지대한 영향을 끼치는 인물이 된다. 뵐러는 20살이 될 때쯤 예나대학교(Jena University)에서 공부하는 동안 신학에 더 몰입했다. 당시 독일의 경건주의 운동 중 하나인 모라비안 공동체의 지도자였던 진젠도르프(Zinzendorf) 백작의 영향을 많이 받고 그들의 공동체인 헤른후트(Herrnhut, 즉 "주님의 집"[Lord's Hill]이란 뜻)에 합류했다. 경건주의의 창설자 필립 제이콥 스페너(Philipp Jacob Spener)의 대자(godson)로서 모

---

1 Ward and Heitzenrater, *Journal and Diaries*, 18:223.

라비안 공동체 최고 지도자가 된 진젠도르프가 비숍이 되어 처음으로 한 공식적인 일은 뵐러에게 안수한 일이었다.

뵐러는 1737년 12월에 목사 안수를 받고 영국과 미국을 위한 선교사로 헌신하여 캐롤라이나(Carolina)로 가서 특히 흑인들에게 복음을 전하겠다는 사명을 가지고 가던 중 잠시 런던에 머무르게 되었는데, 그때 웨슬리를 만나게 된 것이었다.[2] 웨슬리는 그들이 영국에 아무 연고가 없다는 것을 알고 친구 제임스 허튼(James Hutton, 1715-1795)에게 소개하여 그의 집에 머무를 수 있도록 주선했다. 웨슬리 역시 허튼의 집에 거하면서 가능하면 그들과 많은 대화를 나눴다.

웨슬리는 런던으로 오자마자 누구보다도 먼저 오글도프를 만나려 했지만, 결국 만나지 못했다. 오글도프가 당시에 웨슬리의 믿음의 성향에 대해 염려한다는 말을 찰스에게 한 것을 보면 선교지에서 지내는 동안 사이가 틀어져 만나는 것을 피했던 것 같다.[3]

웨슬리는 오글도프를 만나지 못한 채 15일 '조지아이사회'(Board of Trustees)에 "조지아를 떠나게 된 사유서"(a written account why he left the colony)를 제출했다.[4] 그리고 17일 웨슬리는 옥스퍼드로 갔는데 그때 뵐러와 동행했다. 동행하는 중에 영적인 것에 대해 많은 이야기를 나누었지만, 웨슬리는 이해할 수 없었다고 했다. 뵐러가 끊임없이 강조한 것은 모든 철학을 버리고 "구원하는 믿음"(saving faith in Christ)을 가지라는 것이었다.

---

[2] Tyerman, *John Wesley*, 1:181; Piette, *John Wesley*, 302-3. 뵐러는 1740년에 모라비안들을 이끌로 펜실베니아(Pennsylvania)로 이주하여 나사렛과 베들레헴 타운들(towns of Nazareth and Bethlehem)을 형성하기도 했고 후에 영국(1747-1753)과 미국에서(1753-1764) 모라비안 지도자로 있었다.

[3] Ward and Heitzenrater, *Journal and Diaries*, 18:224, note 24.

[4] Tyerman, *John Wesley*, 1:173.

즉, 뵐러는 단호하게 다음과 같이 말했다

> 나의 형제여, 나의 형제여. 당신의 철학을 버려야만 합니다(*Mi frater, mi frater, excoquenda est ista tua philosophia*, My brother, my brother, that philosophy of yours must be purged away).[5]

뵐러가 보기에 웨슬리는 분명 하나님보다는 자기 생각으로 가득 찬 지식인으로서 자신이 믿고 있는 방법으로 하나님의 거룩에 도달하려는 사람처럼 보였다.

한편, 웨슬리가 조국으로 돌아온 뒤로 한 설교들을 보면 그가 어떤 자세로 기독교와 청중들을 대했는지 짐작할 수 있다. 2월 3일에 런던에 도착하고 그 다음날 성요한전도자교회(St. John the Evangelist's Church)에서 "누구든지 그리스도 안에 있으면 새로운 피조물이라"(고후 5:17)는 말씀을 강력하게 증거했다. 그런데 그날 청중들이 매우 불쾌했다는 이유로 더 이상 그 교회에서 설교할 수 없다는 통보를 받았다.

12일 홀본의 성앤드류교회(St. Andrew's, Holborn Church)에서 설교했는데, 그때도 "내가 내게 있는 모든 것으로 구제하고 또 내 몸을 불사르게 내어 줄찌라도 사랑이 없으면 내게 아무 유익이 없느니라"(고전 13:3)는 본문 말씀에 따라 설교하면서 마지막에는 그 교회에서 안수를 받고 죽는 순간까지 충성스럽게 목회를 감당하다 1689년에 죽은 한 사람, 즉 자신의 아버지 사무엘 웨슬리에 대해 언급했다.

그날 밤 웨슬리는 그 교회에서 다시는 설교할 수 없을 것이라는 생각이 들었다고 했다. 그런가 하면, 20일 위대한 성헬렌교회(Great St. Helen's

---

5　Ward and Heitzenrater, *Journal and Diaries*, 18:226. Clifford Towlson, *Moravian and Methodist*, 47.

Church)에서 "또 무리에게 이르시되 아무든지 나를 따라 오려거든 자기를 부인하고 제 십자가를 지고 나를 좇을 것이니라"(눅 9: 23)는 말씀을 강력하게 선포했다. 모든 설교의 공통점은 청중들이 그렇게 하지 못하는 것에 대해 수치감을 느낄 정도로 공격적이었다는 것이다. 결과적으로 대부분 청중은 그에 대한 반감을 드러냈고, 교회는 웨슬리에게 더 이상 설교할 수 없다는 통보를 했다.[6]

3월 2일 목요일 동생이 죽을 것 같다는 소식을 듣고 웨슬리는 급히 찰스가 거주하고 있던 옥스퍼드로 향했다. 다행히 이틀 후 동생은 위기를 넘기고 회복되었지만, 웨슬리는 영적으로 혼란을 겪는다. 자기 자신이나 동생이나 오직 하나님의 영광을 위해, 그리고 한 영혼이라도 더 구원하기 위해 모든 육체가 소진될 정도로 최선을 다했다

하지만, 동생의 병은 악화하였고, 자신은 선교지에서도 그리고 다시 돌아온 영국 국교회 내에서도 기피의 대상이 되어 있지 않은가?

특히, 구원을 얻을 만한 믿음도 없는 사람이 믿음에 대해 설교할 수 없다는 자괴감에 빠져 있었다. 마침내, 뵐러에게 믿음에 관한 설교를 멈추어야 할지를 물었다. 그때 뵐러는 "믿음을 갖게 될 때까지 믿음에 대해 설교하십시오, 그러면 당신이 결국 믿음을 갖고 그 믿음에 대해 설교하게 될 것입니다"(Preach faith till you have it, and then, because you have it, you will preach it)라고 답해 주었다.

웨슬리는 3월 6일 사형수인 클리포드(Clifford)에게 뵐러의 충고대로 "오직 믿음으로 얻는 구원"(salvation by faith alone)에 대해 설교했는데, 죽게 될 사형수가 즉시 자신의 죄를 고백하고 예수를 구주로 영접하는 것을 보고

---

6 Ward and Heitzenrater, *Journal and Diaries*, 18:223-27. 위대한 성헬렌(Great St. Helen's) 교회에서는 5월 9일 한번 더 설교하게 되는데, 그 때 "당신은 여기서 더 이상 설교할 수 없습니다"(Sir, you must preach here no more)는 통보를 받았다. See Ward and Heitzenrater, *Journal and Diaries*, 18:237.

설교자인 웨슬리가 놀랐다.[7] 이성적으로 이해하기 어려운 일이 반복되자 웨슬리는 그 상황에 대해 다음과 같이 기록했다.

> 나는 아직 구원하는 믿음의 본질에 대해 알지 못했지만, 여러 교회에서 설교했다. 그런데 3월 6일 월요일에 그런 현상을 목격하는 순간 나는 바로 구원하는 믿음을 선언했다. 그랬더니 여러 곳에서 내가 한 번도 경험하지 못했던 방법으로 하나님께서 일하기 시작하셨다(I preached in many churches, though I did not yet see the nature of saving faith. But as soon as I saw this clearly, namely on Monday, March 6, I declared it without delay. And God then began to work by many ministries as he never had done before).[8]

웨슬리는 3월 23일 뵐러를 만나고 다시 4월 22일 만나면서 점점 더 많은 것을 새롭게 배워가고 있었다. 진정한 믿음의 열매는 거룩함과 행복이라는 것, 우리가 예수 그리스도의 공로로 죄 사함을 받는다는 것, 그리고 성령이 우리가 하나님의 자녀인 것을 증거하신다는 것(롬 8:16), 그리고 하나님으로부터 난 자들은 더 이상 죄를 짓지 않는다는 것 등에 대해 들었다.

그 이전에 듣던 것과 크게 다르지 않았지만, 그런 일이 자신 안에 일어나지 않았다는 것이 문제였다. 특히, 그 모든 일이 "순간적으로 일어난다"(an instantaneous work)는 것에 대해서는 동의하기 어려웠다. 왜냐하면, 당시의 영국 국교회는 인간이 지속적인 노력을 통해 윤리적으로 완전한 데까지 성장할 수 있다고 가르쳤고, 웨슬리도 그러한 가르침이 가장 성경

---

[7] Ward and Heitzenrater, *Journal and Diaries*, 18:227-28, 248.
[8] Davies, *The Methodist Society: History, Nature, and Design*, 9:430. 뵐러를 만난 지 한 달 안에 그 전에 웨슬리가 경험하지 못한 일들이 계속 일어나기 시작했다.

적이라고 믿고 있었기 때문이었다.

그래서 뵐러에게 "성경을 문자적으로 믿는 믿음과 경험이 일치하지 않으니"(experience would never agree with the literal interpretation of those Scripture) 살아 있는 증거를 보여달라고 했다.⁹ 다음날 뵐러는 증인 몇을 더 데리고 와서 간증하도록 했는데, 그들도 한결같이 하늘에서 번개가 치듯이 순간적으로 어둠에서 빛으로, 죄와 두려움에서 성결과 행복으로 옮겨졌다고 간증하였다.¹⁰

웨슬리는 더 이상 거절할 수 없는 현상 앞에서 항복하듯이 외쳤다.

"나의 논쟁은 여기서 끝났다. 주여, 믿음 없는 나를 도와주소서"(Here ended my disputing. I could now only cry out, 'Lord, help Thou my unbelief.').¹¹

올더스게이트 체험 이후 지나온 날들을 회고하며 뵐러가 자신에게 가르쳐준 복음을 "새로운 교리 혹은 새로운 복음"(new doctrine or new gospel)이라고 표현했고, 그 내용을 다음과 같이 두 가지로 요약했다.

> **첫째**, 죄의 지배를 받지 않는 것(dominion over sin)
>
> **둘째**, 죄의 용서를 받았다는 확신 때문에 얻게 되는 지속적인 평안(constant peace from a sense of forgiveness)

그런 의미에서 웨슬리는 "구원의 주를 칭의와 성화의 주님으로 믿게 되었다"(a trust in Him as my Christ, as my soul justification, sanctification, and redemption).¹² 그리고 "순간적으로 구원받는" 예가 성경에 있는지 살펴본 결과 놀랍게도 성경에 나오는 바울의 회심을 포함해서 많은 예가 "순간적"이었음

---

9   Ward and Heitzenrater, *Journal and Diaries*, 18:248.
10 Ward and Heitzenrater, *Journal and Diaries*, 18:235.
11 Ward and Heitzenrater, *Journal and Diaries*, 234-235; 참조 Schmidt, *John wesley: A Theological Biography*, I:243.
12 Ward and Heitzenrater, *Journal and Diaries*, 18:248-249(Works, 1:96).

을 발견하게 된다.[13]

4월 25일 동료 델리모트(Delamotte)의 가족들과 브로톤(Broughton), 그리고 동생 찰스(Charles)에게 자신은 그동안 종의 믿음을 가졌었고, 아들의 믿음을 갖지 못했었다고 말했다. 그 말은 들은 브로톤은 그동안 그렇게 놀라운 일을 감당해 온 웨슬리가 구원하는 믿음이 없었다는 사실을 받아들일 수 없다고 했고, "동생은 형이 그렇게 말하는 것이 얼마나 잘못된 일인 줄 아느냐고 화를 냈다"(My brother was very angry, and told me I did not know what mischief I had done by talking thus).[14]

4월 26일 마침내 이사회로부터 요청받은 모든 문서를 제출하면서 사바나 지역의 목회 인증서(the instrument whereby they had appointed me minister of Savannah)도 반납했다. 반납이라 하지만, 사실 모든 서류를 그냥 놓고 나옴으로써 그동안의 모든 관계를 청산했다. 그리고 곧 뵐러를 만나 산책을 하며 대화를 나누는 가운데 뜨거운 눈물을 흘렸다.

뵐러는 그때 웨슬리의 모습은 상한 마음으로 슬피 울며 예수의 피로 의로워지기를 구하는 가련한 죄인의 모습이었다고 적어놓았다.[15] 사실 그때까지 해결되지 않았던 모든 법적인 문제, 즉 그동안 자신을 무겁게 누르고 있던 복잡한 문제들로부터 마침내 벗어나게 되었다는 감정과 새롭게 듣고 배운 복음적 내용 등이 그의 눈물 속에 섞여 쏟아지는 순간이었다.

영국에 돌아온 이래 거의 세 달 동안 웨슬리는 죄의 지배 앞에서 무력하게 무너져 버리곤 하던 자기 자신, 여전히 해결되지 않은 법적인 문제, 그

---

[13] Ward and Heitzenrater, *Journal and Diaries*, 18:234.
[14] Ward and Heitzenrater, *Journal and Diaries*, 18:234-235; T. Jackson, *The Works*, 1:91.
[15] Böhler described of Wesley at the moment: "He is poor sinner, who has a broken heart and who hungers after a better righteousness than that which he has had up till now, namely after the righteousness which is in the blood of Jesus Christ." See Schmidt, *John Wesley: A Theological Biography*, I: 243.

런가 하면 자신이 굳게 믿고 있었던 신념마저도 포기할 수밖에 없었던 신학적 고뇌와 씨름하고 있었다. 그리고 마침내 자신이 죄인이라는 사실과 그 죄인을 용서하시는 하나님의 긍휼을 확인하는 순간, 그는 무너지듯이 눈물을 흘리고 있었다.

그때 이후로 웨슬리는 하나님 앞에서 의인이 아니라 죄인으로 서게 되는 전환이 일어났다. 조지아에서의 경험과 모라비안 지도자인 뵐러와의 만남, 성경을 통한 확인, 그리고 순간적 회심을 체험한 사람들의 간증을 들음으로써 웨슬리는 마침내 "구원하는 믿음"과 "순간적 구원"을 영적으로 갈망하게 되었다.

2. 페터레인신도회 조직과 깊어가는 신학적 고뇌와 갈등

웨슬리에 의하면 '페터레인신도회'의 조직과 활동은 메도디즘 태동의 세 번째 단계가 되는 중요한 일이다. 옥스퍼드에서 신성회를 조직하면서 (1729년) 메도디즘 태동의 첫 번째 단계가 시작된 이래, 두 번째 단계인 조지아 선교(Georgia Mission, 1736-1737년)를 거쳐 1738년 중순쯤에 '페터레인신도회'(Fetter Lane Society)를 조직하기까지 약 10년이란 기간을 지나면서 메도디스트들은 서서히 역사 속에 등장하고 있었다.

웨슬리에게는 옥스퍼드에서 공부하던 시기나 사제 안수 과정을 거치면서 독서를 통해 얻게 된 영적인 가르침과는 비교할 수 없는 또 다른 삶이 그를 기다리고 있었다.

5월 1일 찰스의 병이 재발했다는 소식을 듣고 급히 런던으로 향했다. 동생은 허튼(James Hutton)의 집에서 요양하고 있었는데 다행히 상태가 호전되어 있었다. 그날 밤 허튼의 집이며 서점 'Little Wild Street'에서 찰스 형제와 허튼과 몇 사람이 매주 한 번씩 모임을 가지면서 "작은 모임"(little society)이 시작되었는데, 모임이 점점 커지자 그들은 페터레인(Fetter Lane)으로 옮겨 40-50명이 매주 수요일 모임을 가지면서 페터레인신도회(Fetter Lane Society)로 알려지게 되었다.[16]

야고보서의 가르침(약 5:16)에 따라 뵐러의 주도하에 만들어진 신도회의 규칙을 요약하면 다음과 같다.

> 매주 한 번 모여 서로에게 자신의 죄를 고백하며 상한 영혼을 치료받고 죄에서 구원받기 위해 기도한다(Members will meet together once a week, to confess their faults one to another, and to pray for one another that they may be healed).
> 5-10명 이내로 구성되는 여러 반 회(band)로 나누는데, 남녀 따로, 그리고 기혼자와 미혼자로 나누어서 모인다. 매주 수요일엔 전체 모임(conference)을 갖고, 회원은 신도회의 규칙에 절대적으로 순종해야 하며, 모든 모임은 찬양과 기도로 맺는다.
> 매월 넷째 주 토요일은 '중보기도회'로 모인다. 월 1회 주일 오후 7-10시까지 '애찬식'(lovefeast)를 한다.[17] 반회에서 누구나 자기 자신의 마음의 상태를 살펴 자유롭게 나눌 수 있지만, 단순하고 간결하게 한다(members meet once a week, be divided into bands or small companies, and speak as "freely, plainly, and concisely").
> 신입회원은 두 달의 수련 기간을 거친 후에 전체의 승인을 받은 사람에 한해서 받아들이고, 세 번의 경고를 받고도 규칙을 어긴 사람은 자동으로 퇴출당하기로 한다(any person not conforming to the rules of the society, after being thrice admonished, was to be expelled).[18]

---

[16] Davies, *The Methodist Societies*, 9:430. See Curnock, *Journal* 1:458, note 2.
[17] 모라비안들이 초대교회때 했던 의식이라고 믿고 시행하고 있던 것을 웨슬리가 그들과 생활하면서 배워서 메도디스트들에게 적용한 것이다. cf. F. Baker, *Methodism and the Lovefeast* (Epworth Press, 1957).
[18] Ward and Heitzenrater, *Journal and Diaries*, 18:236-37; 처음에 규칙을 만들 때는 조항이

비록, 페터레인 신도회는 웨슬리와 몇몇 메도디스트들이 동참했다고 하지만 처음부터 모라비안에 속해 있던 허튼 씨의 집에서 모이기 시작했고 또한 모라비안 지도자인 뵐러의 제안에 따라 규칙이 만들어졌기 때문에 모라비안적 성격이 강한 공동체였음에는 틀림이 없다. 하지만 웨슬리와 몇몇 메도디스트들이 동참했고, 당시 국교회 내에서도 시행되던 신도회의 활동과 형식도 도입되었기 때문에 다양한 형식이 가미된 새로운 형태의 신도회의 탄생이라고 보는 것이 옳을 것이다.[19]

신도회를 조직한 후 4일 뵐러는 캐롤라이나(Carolina)로 떠났다. 뵐러가 떠나는 날 웨슬리는 자신의 심경을 다음과 같이 표현하였다.

> 오! 그가 영국에 온 날 하나님께서는 어떠한 일을 하셨는가!(O what a work hath God begun since his coming into England!)
> 그러한 일은 하늘과 땅이 사라질 때까지 중단되어서는 안 된다(Such an one as shall never come to an end till heaven and earth pass away).[20]

웨슬리가 모라비안 지도자인 뵐러를 통해 얼마나 결정적인 영향을 받았는지 잘 나타내 주는 표현이다. 뵐러가 떠난 이후 웨슬리가 실질적인 지도

없었는데 진행하는 과정에서 몇 가지가 추가된 것 같다. 예를 들어, 토요일 중보기도회는 오후 12-2시, 3-5시, 그리고 6-8시 세번 모이게 되었고, 신도회의 금식기도를 멈추지 않기 위해 매일 3명씩 정해 금식기도를 했으며, 회원들은 월 1회 모두를 위해 사용할 기부금을 지도자에게 가져오게 했다는 것 등이다. cf. Tyerman, *John wesley*, 1:95-96; *John Wesley*, 99; Collins, *John Wesley*, 83.

[19] Ward and Heitzenrater, *Journal and Diaries*, 18:236, note 95: "The debates of nineteenth-century Methodist ecclesiologists on this society are no longer of interest. It was a Church of England society with love-feast and bands, and from it sprang both the Moravian society which became the Moravian Church, and also the first Methodist 'United Societies', which retained the Anglican connection."

[20] Ward and Heitzenrater, *Journal and Diaries*, 18:237.

자가 되면서 신도회는 새로운 공동체로 발전하고 있었다. 그런데 웨슬리가 지나치게 자신의 목적대로 진행하며 즉흥기도와 즉흥설교를 함으로써 특히 국교회에 속한 동료들의 우려를 자아내기도 했다.[21]

뵐러가 영국을 떠난 이후 5월 7일부터 21일까지 웨슬리가 구원하는 믿음과 순간적인 구원에 대해 가는 곳곳마다 설교하기 시작했는데, 설교 후 "당신은 여기서 더 이상 설교할 수 없습니다"(Sir, you must preach here no more)라고 통보하는 교회들이 점점 많아졌다. 성로렌스교회, 성캐더린크리교회, 성헬렌교회, 성베넷교회 등 다수이다.[22] 그동안 아른트(Arndt), 스펜서(Spencer), 프랑케(Francke) 등을 통해 배운 경건주의 복음과 뵐러를 통해 확인된 모라비안적 복음 등 매우 비국교도적인 내용을 영국 국교회 내에서 선포한 결과였다.[23]

사실 편협하고 극단적인 복음의 대립을 극복하기 위해 조화를 이루는 영국 국교회신학을 형성하고 가장 성경적인 복음이라는 자부심을 품고 있던 영국 국교회 동료들이 보기에 웨슬리는 자신들이 버린 극단적인 내용을 다시 가지고 들어와 새로운 것인 양 호들갑을 떠는 것으로 보였을 것이다.

그런데 웨슬리의 그러한 태도와 그가 전하는 내용은 영국 국교회 동료들뿐만 아니라 동생을 포함하여 웨슬리를 잘 알고 따르던 동료 메도디스트들까지 당황스럽게 만들고 있었다. 더 큰 문제는 자신이 새로운 복음을 그토

---

[21] Baker, *Letters*, 25:538-9; Rack, *Reasonable Enthusiast*, 141. 바이롬(Byrom)은 웨슬리가 머리를 자르는 것이 좋겠다는 제안을 하기도 했다.

[22] Collins, *John Wesley*, 84.

[23] 웨슬리에게 끼친 경건주의의 영향에 대한 저작들은 다음을 참고하라: F. Ernest Stoeffler, "Pietism, the Wesleys and Methodist Beginnings in America," in F. Ernest Stoeffler, ed., *Continental Pietism and Early American Christianity*(Grand Rapids, Mich. William. B. Eerdmans, 1976), 184-221; Kenneth J. Collins, "The Influence of Early German Pietism on John Wesley [Arndt and Francke]," *The Covenant Quarterly* 48(November 1990), 23-42; Dale W. Brown, "The Wesleyan Revival from a Pietist Perspective," *Wesleyan Theological Journal* 24(1989), 7-17.

록 담대하게 선포하면서도 자신도 알 수 없는 영적 침체를 경험하고 있었다는 것이다.

웨슬리는 10일부터 13일까지 웨슬리는 알 수 없는 심각한 영적 침체와 혼란을 겪으면서 다음과 같이 썼다.

> 나는 마음이 슬프고 무거워서 읽을 수도, 묵상할 수도, 노래를 부를 수도, 기도할 수도 없다. 아무것도 할 수가 없다(I was sorrowful and very heavy, being neither able to read nor meditate, nor sing, nor pray, nor do anything).[24]

웨슬리의 고민은 남에게 믿음으로 얻는 구원에 대해 설교하면서도 자신은 영적 침체를 겪고 있다는 것이었다. 그 순간 뵐러는 웨슬리가 실제로는 구원하는 믿음이 없다는 사실을 깨우쳐 주었다.

> 불신앙이란 죄를 깨달아야 합니다. 만약, 당신이 아직도 불신앙의 문제를 정복하지 못했다면, 오늘 예수 그리스도의 피로 그 불신앙을 정복해야 합니다. 미루지 마세요. 오늘 당신의 예수를 그리스도로 영접하기 바랍니다. 만약, 그분을 마음에 영접하면 그분께서 다른 가련한 많은 죄인을 위해 그렇게 하셨듯이 당신을 위해서 그 일을 가능케 하실 것입니다. 그의 사랑은 말로 다 표현할 수 없고, 이 땅에서 다함이 없습니다. 그분은 오늘 당장 당신을 돕기 위해 준비되어 있어요. 불신앙만이 그분의 일을 방해하는 것입니다(Beware of the sin of unbelief; and if you have not conquered it yet, see that you conquer it this very day, through the blood of Jesus Christ. Delay not, I beseech you, to believe in your Jesus Christ; but so put him in mind of his promises to poor sinners that he may not be able to refrain from doing for you what he hath done for so many others. O how great,

---

[24] Ward and Heitzenrater, *Journal and Diaries*, 18:238-39.

how inexpressible, how unexhausted is his love! Surely he is now ready to help; and nothing can offend him but our unbelief).²⁵

뵐러는 웨슬리로 하여금 "예수를 구원하시는 분으로 믿지 않음이 곧 많은 죄를 짓는 것"(that he had sinned enough is not believing in the Saviour)임을 깨우쳐 주었다.²⁶ 웨슬리는 "나는 죄를 지은 적이 없으므로 죄인이 아니다"라고 생각하고 있었고, 뵐러는 "아니다. 당신은 당신의 죄가 예수 그리스도의 피로 사함을 받았다는 사실을 믿지 못하기 때문에 여전히 죄인이다"라고 지적하며 당장 "구원하는 믿음"을 가지라고 촉구하는 양상이었다.

"나는 믿음으로 의롭게 되었다"라고 믿는 것이 구원을 의미하는 개혁주의신학과 "나는 구원하는 믿음이 없으므로 여전히 죄인이다"라는 뵐러의 가르침은 무슨 차이가 있는 것일까?

과연 이 문제가 서로를 배제하지 않고, 연합하여 선을 이룰 수 있다는 말인가?

웨슬리에게 정말 어려운 문제가 제기된 것이 분명하다.

---

25 Ward and Heitzenrater, *Journal and Diaries*, 18:238-39. 뵐러와 웨슬리는 라틴어로 대화하고 편지도 라틴어로 썼다. 웨슬리는 그 내용을 영문으로 번역해 주었다. 그런데 라틴어 원문에는 그 편지를 쓴 날짜가 5월 8일로 되어 있고(웨슬리는 날짜를 번역하지 않았다) 웨슬리가 그 편지를 읽은 날은 13일인 것 같다. 뵐러는 4일 영국을 떠났기 때문에 뵐러가 영국을 떠난 이후 웨슬리를 염려하며 쓴 것 같다. 그런데 어찌하여 케네스 J. 콜린스(Kenneth J. Collins)는 뵐러가 캐롤라이나로 가기 전에 그 편지를 썼다고 하는지 알 수 없다. See his *John Wesley*, 84: "However, a letter from Boller, who was about to set sail for the Carolinas, brought a measure of comfort."

26 Schmidt, *John Wesley: A Theological Biography*, 1:240.

3. 영적 혼란기: 윌리엄 로와의 갈등

 모라비안 지도자들과 뵐러를 통해 새로운 교리를 접한 이후 웨슬리는 그동안 자신이 잘못 배웠다고 생각했다. 그래서 자신의 스승이며 영적 멘토였던 윌리엄 로(William Law)선생에게 1738년 5월 14일에 편지를 써서 그의 두 책, 『그리스도인의 완전에 관한 실천적 연구』(*A Practical Treaties Upon Christian Perfection*)와 『헌신 되고 거룩한 삶에 대한 진지한 소명』(*A Serious Call to a Devout and Holy Life*)에서 주장하는 삶에 대해 다음과 같이 불평하였다.

> 인간이 실천하기에는 너무 높아서 그 법대로 살아야 한다면 누구도 의롭다 함을 받을 수 없다. 인간이 그 법대로 살 수 없고, 우리들이 그 법대로 살기 위해 아무리 최선을 다해도 그 법은 우리를 더 깊은 죄의 법 아래로 가두어 간다(it was too high for man and that by doing the works of this law no flesh living be justified. whereby a man could not live, the law in our members continually warring against it, and bring us into deeper captivity to the law of sin).

 심지어, 웨슬리는 스승을 향해 공격에 가까운 불평을 하였다.

> 당신은 저에게 한 번도 그러한 영적인 충고를 하지 않은 것에 대해 우리 주님께 어떻게 대답하시겠습니까?(How will you answer it to our common Lord that you never gave me this advice?)
> 왜 저는 당신이 주님의 이름을 부르는 것을 거의 들어본 적이 없습니까?(Why did I scarcely ever hear you name the name of Christ?)[27]

---

[27] Baker, *Letters*, 25:541. cf. Gal 2:16 and Rom. 7:23.

웨슬리는 자신이 구원하는 믿음을 깨닫는 데 있어서 선생의 가르침은 오히려 방해되었다는 의미에서, 뵐러를 만난 이후 자신 안에 일어난 신학적 대전환을 다음과 같이 묘사했다.

만약 당신이 내가 믿음이 있는 줄 알고 충고를 하였다면 잘못입니다. 당신은 저의 영적 상태에 대해 아는 것이 없습니다. 저는 사실 믿음이 없습니다. 저는 다만 악마적인 유다의 믿음과 개념에 불과한 무의미한 믿음만 가졌을 뿐이었습니다. 사실, 그러한 믿음은 머리로만 믿는 믿음이지 마음으로 믿는 믿음이 아닙니다.

그런데 예수의 피를 믿는 살았고 의롭게 하는 믿음, 우리의 죄를 씻고 우리가 하나님께 나아가게 하는 믿음, 하나님의 영광을 바라며 기뻐하는 믿음, 우리가 하나님의 자녀임을 증거하시는 성령께서 우리 마음에 부어주시는 하나님의 사랑을 믿는 믿음은 무엇입니까?(If you say you adviced them because you knew I had faith already, verily, you knew nothing of me, you discerned not my spirit at all. I know that I had not faith. Unless the faith of a devil, the faith of a Judas, that speculative, notional, airy shadow which lives in the head, not in the heart. But what is this to the living, justifying faith in the blood of Jesus? The faith that cleanseth from all sin, that gives us to have free access to the Father; to rejoice in the hope of the glory of God; to have the love of God shed abroad in our hearts by the Holy Ghost, which dwelleth in us, and the Spirit itself bearing witness with our spirits, that we are the children of God?).[28]

웨슬리는 이전에 자신이 믿어 왔던 믿음과 전혀 다른 믿음에 대해 언급하고 있다. 살아 있는 믿음, 실제로 죄를 이기는 믿음, 하나님의 자녀라는 증거가 분명한 믿음이 필요한데, 왜 당신은 그러한 믿음에 대해 말해 준

---

28 Baker, *Letters*, 25:541-42.

적이 없느냐고 떼를 쓰고 있다.

로는 5월 19일 답장을 하여 세 가지 논리로 웨슬리를 공박했다.

> **첫째**, 웨슬리가 말하고 있는 내용은 자신이 일전에 전해 준 작은 책자 『독일 신학』(German Theology)에서 이미 언급하고 있는 내용인데, 무엇이 새롭다고 호들갑이냐는 것.
>
> **둘째**, 예수께서 제자들에게 "나를 따르려거든 자기 십자가를 지고 따르라"고 하신 말씀은 결코 변경될 수 없는 근본적인 가르침인데 만약 웨슬리가 그러한 가르침에도 불구하고 십자가와 예수를 믿는 믿음을 분리하려 한다면 자신은 더 이상 웨슬리와 관계하고 싶지 않다는 것.
>
> **셋째**, 너무 일찍 새로운 가르침에 빠지지 말아야 하는 이유는 때로는 속을 수도 있다는 사실을 상기시키며, 동시에 누가 나를 당신의 선생이 되게 했으며(Who made me your teacher?), 웨슬리 자신이 몰랐던 문제를 왜 내가 책임을 져야 하느냐는 것(Who can make me answerable for any defects in your knowledge?).

로는 위와같이 다그치면서 편지를 마쳤다. 로의 지적은 냉정했고, 또한 정확했다. 웨슬리는 분명 그러한 세 가지 위험성을 다 가지고 있었다. 윌리엄 로는 웨슬리 형제에게 "세례 요한"(John the Baptist)과 같은 역할을 했다고 찰스가 말했던 것처럼 웨슬리 형제가 거룩함을 추구하는 모든 인간적인 노력을 하도록 인도한 것이 사실이다.[29]

하지만, 모라비안들과 또한 그들의 지도자 뵐러를 만난 이후로 그동안 지나치게 가혹할 정도로 철저했던 규칙들, 당시까지 자신의 모든 경건과

---

[29] Telford, *Life of John Wesley*, 108. 윌리엄 로와 웨슬리와 관계에 대해서는 다음의 글들을 참고하라: K. Harper, "William Law and [John] Wesley," *Church Quarterly Review* 163 (January-March 1982), 61-71; John R. Tyson, "John Wesley and William Law: A Reappraisal [Appendices]," *The Weslaysn Theological Journal* 17, no. 2 (Fall 1982), 58-78.

자존심을 지켜주던 모든 인간적인 노력과 헌신, 그리고 지적인 작업을 송두리째 버리고, 오직 구원하는 믿음(saving faith)과 죄 씻음(cleanseth from all sin)에 대한 복음을 받아들이기까지 겪을 수밖에 없는 영적 혼란을 피해갈 수는 없었다.

이제 웨슬리는 새로운 복음을 설교하기 시작했다. 그리고 놀랍게도 웨슬리의 변화에 거부반응을 보이던 동료들, 동생 찰스를 비롯하여 갬볼드(Gambold), 스톤하우스(Stonehouse), 휫필드(Whitefield), 헛친스(Hutchins) 등이 오직 믿음으로 말미암은 구원을 받아들였고 또한, 체험하게 되는 전환이 일어났다.[30] 하지만, 정작 자신은 그러한 체험을 하지 못했다는 것이 문제였다.

---

[30] Tyerman, *John Wesley*, 1:179.

제4장

올더스게이트에서의 특별한 체험

우리는 웨슬리의 삶과 신학에 대해 연대기적으로(chronologically) 살피고 있다. 그렇게 하는 이유는 어느 한순간에 웨슬리신학이 결정되고, 그 이후 변함이 없었던 것처럼 소개함으로써 웨슬리신학 안에 존재하는 갈등과 한계와 발전적 단계를 볼 수 없게 만들었던 오류를 극복하기 위함이다.

그러한 오류를 유발한 대표적인 예가 웨슬리가 35세가 되던 해인 1738년 5월 24일 올더스게이트(Aldersgate)에서 한 특별한 체험에 대한 이해 여부이다. 즉, 올더스게이트 체험을 통해 웨슬리의 삶과 신학은 결정된 것처럼 말하는 소위 회심주의자들의 주장에 대해 의문을 제기하는 것이다.

그러한 이해는 웨슬리신학에서 결정적인 두 가지 오류를 일으켰다.

첫째, 올더스게이트 체험을 통해 결정된 웨슬리의 삶과 신학이 가장 성경적이고, 가장 복음적이라는 것을 주장하기 위해, 그 이전에 겪어야만 했던 웨슬리 개인의 신학적 고뇌와 혼란을 오직 부정적인 시각으로만 보게 했다.

그렇게 되면 오랜 기간을 지나면서 겪어야만 하는 신학적 고뇌와 갈등과 시행착오의 가치를 볼 수 없게 만들고, 오직 단순하고 순간적인 현상만을 추구하는 신학으로 전락하게 될 것이다.

둘째, 올더스게이트 체험을 통해 마치 웨슬리신학이 결정된 것처럼 제시함으로써 그 이후에 있었던 또 다른 차원의 웨슬리만의 신학적 고뇌와 혼란과 발전을 볼 수 없게 만드는 우를 범했다.

그렇게 되면 그 이후에 웨슬리가 추구하며 발전시킨 웨슬리신학의 진정한 가치를 볼 수 없게 만드는 오류, 즉 웨슬리안들이 앞장서서 웨슬리신학의 가치와 실체를 볼 수 없게 만드는 반웨슬리적 웨슬리안신학(Wesleyan theology against Wesley)을 만들어 내기 때문이다.

그러므로 본 장에서는 웨슬리의 올더스게이트 체험을 그 이전의 웨슬리신학과 연장 선상에서 이해하는 데 먼저 주력할 것이고, 그 체험 이후에는 어떠한 측면에서 올더스게이트 체험이 후기 웨슬리신학의 형성에 영향을 미쳤으면서도 계속하여 어떤 변화와 교정을 거치면서 웨슬리의 신학이 발전하고, 교정되고 또다시 발전하면서 성숙해졌는지 볼 수 있도록 할 것이다.[1]

1. 찰스 웨슬리의 특별한 체험

동생 찰스는 항상 형에게 일어난 급작스런 영적-신학적 변화에 대한 비판적이었다. 그런데 동생 찰스가 그 이전의 어떠한 이성으로도 이해할 수 없는 매우 특별한 체험을 하게 된다. 타이어맨은 찰스의 체험에 대해서는 침묵하고 있지만, 사실 웨슬리의 체험과 밀접한 관계가 있으므로 살펴볼

---

[1] 올더스게이트 체험에 대한 최근의 학문적 토론에 대해서는 다음을 보라. Randy L. Maddox, ed., *Aldersgate Reconsidered* (Nashville, TN: Kingswood Books, 1990).

필요가 있다.²

빌러를 통해 형과 비슷하게 영향을 받은 찰스는 1738년 5월 영국 국교회 동료이면서도 동시에 모라비안 공동체와 연관이 있는 윌리엄 홀랜드(William Holland) 사제로부터 루터의 갈라디아서 주석을 소개받아 읽은 후 다음과 같은 후기를 남겼다.

> 우리의 영국 국교회가 오직 믿음으로만 의롭게 된다는 중요한 가르침 위에 세워졌다는 것을 누가 믿을 수 있겠는가?
> 나는 이 중요한 핵심 교리가 변경되거나 제거되지 않고 우리에게 전해졌다는 사실에 놀랐다(Who would believe our Church had been founded on this important article of justification by faith alone? I am astonished I should ever think this a new doctrine; especially while our Articles and Homilies stand unrepealed, and the key of knowlege is not taken away).³

특히, 그 시기에 찰스는 '신생'(the new birth)과 '내적인 변화'(inward change)에 대해 자주 언급했다. 그리고 "게으르고 죽은 믿음이 아니라 사랑으로 역사하는 믿음, 모든 선한 일과 거룩한 삶을 이루는 믿음"(not an idle, dead faith, but a faith that works by love and is necessarily productive of all good works

---

2   찰스의 회심에 대해서는 다음의 자료들을 참고하라: Franz Hilderbrandt, *Christianity According to the Wesleys* (London: The Epworth Press, 1956); Bernard G. Holland, "The Conversion of John and Charles Wesley and Their Place in Methodist Tradition," in *The Proceedings of the Wesley Historical Society* 38 (1971), 45-53, 65-71; Babara Ann Welch, "Charles Wesley and the Celebration of the Evangelical Experience" (Ph.D. diss., University of Michigan, 1971).

3   Thomas Jackson, ed., *The Journal of Rev. Charles Wesley* (May 17, 1738, London: John Mason, 1849; reprinted by Grand Rapids, Mich: Baker Book House, 1980), 1:88. 이하 Jackson, ed., *The Journal of Rev. Charles Wesley*로 표기. see Collins, *John Wesley*, 86.

and all holiness)을 실천해야 한다고 말했다.⁴

존이나 찰스나 모두 "오직 믿음에 의한 칭의"(justification by faith alone)를 인정하면서 그것이 바로 영국 국교회 교리의 핵심이라고 함으로써 영국 국교회에 반대되는 것이 아님을 명시한 것이다. 그리고 동시에 '믿음'에 대한 이해를 전통 개혁주의신학과는 달리 영국 국교회신학에 적합하게 해석하고 있다. 즉, 믿음으로 의롭게 된다고 할 때 그 믿음은 곧 '사랑으로 역사하는 믿음'이라는 것이다.

그즈음 찰스는 늑막염(pleurisy)이 재발하여 브레이(Bray) 집에서 요양 중이었는데, 5월 19일 금요일 브레이의 자매인 터너(Turner) 부인이 찰스에게 "당신이 믿기 전까지 당신은 결코 일어나지 못할 것이오"(you should not rise from your sickbed until you believed)라고 말했다. 찰스는 그 사람의 믿음이 진정 하나님에게서 온 믿음인지 알아보기 위해 물었을 때 긍정적인 답을 들었고, 찰스가 "당신은 지금 이 순간에도 죽을 수 있는가"라고 물었을 때 터너 부인은 "그렇다"라고 단호하게 대답하였다.

5월 21일 '성령강림주일'(Whitsunday) 찰스는 오후 9시경 형과 친지들의 방문을 받고 함께 기도하고 찬양을 하였다. 그리고 9시 30분쯤 홀로 남아 더욱 간절히 기도하다 잠이 들었는데, 그때 누군가 찰스의 방으로 들어와 "나사렛 예수의 이름으로 일어나라. 그리고 믿어라. 그러면 너는 모든 병과 연약함에서 치유될 것이다"(In the name of Jesus of Nazareth, arise and believe, and thou shalt be healed of all thy infirmities)라고 말했다.⁵

그 사람은 바로 이틀 전에 믿으면 치유될 것이라고 선언했던 터너 부인이었다. 브레이가 찾아와 예수님이 자기 누이의 꿈에 나타나셔서 찰스에

---

4   Jackson, ed., *The Journal of Rev. Charles Wesley;* Collins, *John Wesley,* 120, 122.
5   Jackson, ed., *The Journal of Rev. Charles Wesley,* 1:90. see Kenneth J. Collins, *A Real Christian: The Life of John Wesley,* 60.

게 가서 그렇게 말하라는 명령을 받고 왔다고 설명해 주었다.

찰스는 처음에는 이 음성이 무스그레이브(Musgrave) 부인의 음성인줄 알았는데, 사실 터너 부인의 음성이었다. 찰스는 터너 부인에게 아래층에 가서 무스그레이브 부인을 불러달라고 부탁하여, 터너 부인이 내려간 사이에 찰스 자신의 표현대로 하면 "심장이 이상하게 요동치는"(strange palpitation of heart) 것을 느꼈고, 두려움에 "믿습니다, 믿습니다"(I believe, I believe)만 반복했다.[6]

그 순간 브레이는 찰스가 주님의 음성을 들었다고 말해 주었고 찰스는 그렇게 믿는 순간 말할 수 없는 평화와 기쁨이 가득했다. 다음날 찰스가 그의 일기에 "나는 이제 그리스도를 나의 왕으로 모셨다. 그의 능력 안에서 주님을 보았으며, 십자가에 못 박히신 그리스도의 사랑을 체험했다"라고 하며 그날을 "오순절 날"(the Day of Pentecost)이라 했다.[7] 찰스는 분명 심각한 육체적 병으로부터 고침을 받음과 동시에 영적으로도 새로운 차원으로 발전하는 체험을 형보다 먼저 하게 되었다.

---

[6] Thomas Jackson, ed., *The Journal of Rev. Charles Wesley*, 1:91; Heitzenrater, *Wesley and the People*, 79; J. Ernest Rattenbury, *Wesley's Legacy to the World* (London: The Epworth Press, 1928), 62-63. 이하 Rattenbury, *Wesley's Legacy to the World*로 표기. 찰스의 회심 장면에 대해서 타이어맨은 전혀 언급을 하지 않고 있고, 다른 전기 작가들도 비슷한 수준인 것에 비해 J. 어니스트 래이튼버리(J. Ernest Rattenbury)와 콜린스는 조금더 자세히 전해 주고 있다. See Collins, *John Wesley*, 86-7.

[7] Jackson, ed., *The Journal of Rev. Charles Wesley* (, 1:91-92. Kenneth J. Collins, A Real Christian: The Life of John Wesley (Nashville, TN: Abingdon Press, 1999), 60. John R. Tyson, *Charles Wesley: A Reader*, 98-100. 우리는 여기에서 찰스가 "심장이 이상하게 요동치는"(a strange palpitation of heart) 것을 느꼈다고 한 것과 웨슬리가 올더스게이트에서의 체험을 묘사할 때 "나는 이상하게 마음이 뜨거워지는 것을 느꼈다"(I felt my heart strangely warmed)라고 표현한 것과 공통점을 발견한다.

2. 올더스게이트에서의 특별한 체험

5월 22일 존은 찰스가 병 고침을 받았다는 소식을 듣고, 동생을 방문하여 그에게 일어난 특별한 체험에 대해 듣고 기쁨과 감사의 예배를 드렸다. 동생 안에 일어난 근본적인 변화는 형에게 영적 도전이 되었을 것이다. "22일부터 24일까지 웨슬리는 슬프고 무거운 마음에 눌려 지냈다"(Monday, Tuesday and Wednesday I had continued sorrow and heaviness in my heart).

그때 친구에게 편지해서 "주여, 죽은 자들로 하여금 죽은 자들을 장사하게 하옵소서"(Lord, let the dead bury their dead, 마 8:22; 눅 9:60)라는 말씀을 인용하면서 새로움을 향한 영적 갈망을 피력하면서, 자신은 여전히 "하나님의 영광에 이르지 못하고"(fallen from the glory of God), "죄 아래 팔려간 자와 같다"(I feel that I am sold under sin, 롬 7:14)라고 했다.[8]

24일 웨슬리는 자신의 규칙에 따라 새벽 5시에 일어나서 성경을 읽고 기도를 하였는데 그때 읽은 성경 말씀이 그 이후 웨슬리신학의 핵심을 이루는 내용이 된 것은 결코 우연이 아닐 것이다.

> 이로써 그 보배롭고 지극히 큰 약속을 우리에게 주사 이 약속으로 말미암아 너희로 정욕을 인하여 세상에서 썩어질 것을 피하여 신의 성품에 참여하는 자가 되게 하려 하셨으니(Whereby are given unto us exceeding great and precious promises: that by these ye might bepartakers of the divine nature, 2 Peter 1:4. KJV)[9]

---

[8] Ward and Heitzenrater, *Journal and Diaries*, 18:241-42. 그 친구는 밝혀지지는 않았지만, 아마도 John Gambold 일 것이라고 추측한다.

[9] Ward and Heitzenrater, *Journal and Diaries*, 18:249. 당시 웨슬리는 헬라어 원어로 벧후 1:4을 읽었다.

이 말씀 중에서 "신의 성품에 참여하는 자"(partakers of the divine nature)란 개념이 웨슬리신학의 중심에 자리 잡게 된다. 그 말씀을 웨슬리는 죄인인 인간이 거룩한 신의 성품에 참여함으로써 인간도 거룩한 존재가 될 수 있다는 신학적 내용으로 발전시킨다.

오전에 집을 나서기 전에 다시 성경을 폈는데 "네가 하나님의 나라에서 멀지 않다"(Thou art not far from the kingdom of God, 막 12:34)라는 말씀이 눈에 들어왔다.[10] 그리고 오후에는 성바울대성당(St. Paul Cathedral)에 가서 퍼셀의 감동적인 성가(Purcell's deeply moving anthem)를 듣게 되었는데, 가사의 내용이 그날 웨슬리의 심정을 대변해 주고 있는 듯했다.

> 오! 주님, 깊음에서 부르심을 입어 당신에게로 인도되었습니다(Out of the deep have I called unto thee, O Lord).[11]

한 날에 연속적으로 일어난 세 가지 사건에 대해 웨슬리는 자신이 겪게 될 특별한 체험에 대한 계시적 사건인 것처럼 묘사하고 있다.[12]

웨슬리는 마침내 올더스게이트 거리(Aldersgate Street)의 네틀톤 코트(Nettleton Court)에 도착해서 모라비안신도회의 기도회에 참석한다.[13] 웨슬리는

---

[10] 웨슬리는 당시에 "bibliomancy"를 믿고 있었는데, 성경을 임의로 펴서 그날 읽게 되는 말씀에 특별한 의미를 두는 행위를 말한다.

[11] Ward and Heitzenrater, *Journal and Diaries*, 18:249; V.H.H. Green, *John Wesley* (London: Thomas Nelson, 1964), 59.

[12] Ward and Heitzenrater, *Journal and Diaries*, 18:249-50.

[13] 런던 북부의 변화가 지역에 Aldersgate Street이 있는데, 웨슬리가 참석했던 신도회는 본래 올더스게이트 거리의 입구 오른쪽에 위치한 네틀톤 코트(Nettleton Court)에서 모이고 있는 신도회였다. 그 곳에서 약 200미터 떨어진 남쪽에 찰스가 늑막염이 재발하여 요양중에 있으면서 회심을 했던 브레이(John Bray)의 집이 있다.
현재 거리 입구에 런던 박물관이 세워졌는데, 정문 부근이 당시 네틀톤 코트에 해당한다고 본다. 현재 도시 개발로 인해 회심 장소를 정확히 알 수 없는데, 박물관 입구에 세

뒷자리에 서서(혹은 앉아서) 한 사람이 루터의 로마서 주석 서문을 읽는 것을 듣는 순간 "이상하게 마음이 뜨거워지는"(my heart strangely warmed) 특별한 체험을 한다.[14]

웨슬리신학의 배경을 충실하게 밝혀 주고 있는 마틴 슈미트(Martin Shmidt)는 그때 웨슬리가 들었던 로마서 주석의 서문의 내용을 다음과 같이 추측하고 있다.

> 믿음은 우리 안에 일어나는 신적인 일로서 우리를 변화시키고 우리를 하나님의 거듭난 사람으로 만든다. 즉, 아담을 죽이고, 마음이나 성품이나 모든 능력을 변화시켜서 완전히 변화된 인간으로 만들고, 성령을 준다. 믿음은 살아 있는 것이고, 창조적이고, 활동적이며 능력 있는 것으로서 계속하여 선하게 역사하는 것을 멈출 수 없게 만든다. 그것은 선행을 하라고 요구하지 않고, 그것을 요구하기 전에 항상 활동한다(Faith is a divine work in us, which changes us and makes us newly born of God, and kills the old Adam, makes us completely different men in heart, disposition, mind and every power, and brings the Holy Spirit with it. O faith is a lively, creative, active, powerful thing, so that it is impossible that it should not continually do good works. It does not even ask if good works are to be done,

---

워진 웨슬리의 회심기념비는 1981년에 세워진 것이고, 런던 박물관으로부터 30여미터 떨어진 올더스게이트와 런던 성벽의 교차로에 세워진 회심기념 판은 드류 신학대학교가 1926년에 웨슬리 회심장소가 그곳이라고 주장하며 세운 것이다. 김진두, 『존 웨슬리의 생애』, 152, note 32; 조선석과 피기영, 『웨슬리 스토리』(서울: 수엔터테인먼트, 2005), 80-86, cf. Ward and Heitzenrater, *Journal and Diaries*, 18:249 note 75; Heitzenrater, *Wesley and the People*, 81.

[14] 당시 웨슬리가 '올더스게이트 기도 모임'에 참석해서 루터의 로마서 주석의 서문을 읽는 것을 들을 때 피에트는 "서서 들었다"(Here he stood listening to the reading of Luther's preface to the Epistle to the Romans)라고 했고(Piette, *John Wesley*, 308), 콜린스는 "앉아서 들었다"(Wesley was sitting in the society meeting at Aldersgate Street and hearing the words of Luther's graet Reformation classic)라고 한다(Collins, *John Wesley*, 90).

but before anyone asks it has done them, and is always acting).[15]

웨슬리는 그날의 기도회에서 자신이 체험한 것을 신도회 회원들에게 고백했다. 밤 10시쯤 되어서 회원들은 웨슬리를 데리고 동생 찰스에게 갔고, 거기서 형제와 신도회 회원들은 기쁨이 충만하여 찬송을 부르며 기도한 후 헤어졌다.[16] 그리고 돌아와서 그날의 특별한 체험에 대해 다음과 같이 기록했다.

저녁에 나는 마음이 내키지 않았지만, 올더스게이트에 있는 신도회에 갔다. 신도회에서는 한 사람이 루터의 로마서 주석의 서문을 읽고 있었다. 8시 45분쯤 그리스도 안에서 믿음을 통해 하나님이 우리의 마음 안에서 일으키시는 변화에 대한 설명을 듣는 순간 나는 이상하게 마음이 뜨거워지는 것을 느꼈다. 나는 이제 나 자신이 그리스도를 오직 그리스도만을 믿음으로 구원받았다는 것을 느꼈다. 그리고 주께서 나의 모든 죄를 영원히 제거하셨고, 나를 죄와 사망의 법에서 구원하셨다는 확신을 얻었다 (In the evening I went very unwillingly to a society in Aldersgate Street, where one was

---

15 Shmidt, *John Wesley: A Theological Biography*, 1:263. 참조 E. Theodore Bachmann, ed., *Luther's Works: Word and Sacrament* I(Philadelphia: Fortress Press, 1960), 35:369. 밑줄은 필자의 것. 한편, 슈미트는 당시 루터의 로마서 주석의 서문을 읽은 사람은 윌리엄 홀랜드(William Holland) 사제인데 그는 경건한 영국 국교도로서 웨슬리 형제에게 루터의 로마서와 갈라디아서 주석을 읽도록 권유한 사람이라고 추측했다. 그는 영국 국교도이면서도 모라비안들과 친밀한 영적 교제를 가지며 활동하고 있었으며, 페터레인신도회의 창립회원이었지만, 영국에서 약 10년간 모라비안신도회의 지도자로서 활동하다가 모라비안을 떠났다.
16 웨슬리가 기도회에 참석했을 때가 8시 45분쯤 될 때라고 했고, 기도회를 끝내고 찰스에게 10시쯤 갔다고 했는데, 그렇다면 로마서 서문을 읽는 것을 듣고 가슴이 뜨거워져서 기도한 후 즉시 회원들에게 고백을 한 일들이 거의 한 시간 안에 이루어진 것으로 보인다.

reading Luther's Preface to the Epistle to the Romans. About a quarter before nine, while he was describing the change which God works in the heart through faith in Christ, I felt my heart strangely warmed. I felt I did trust in Christ, Christ alone, for salvation; and an assurance was given me that He had taken away my sins, even mine, and saved me from the law of sin and death).[17]

전체적으로 보면 무슨 사건이 갑자기 일어났고, 그 순간에 그토록 자신을 괴롭히던 모든 문제가 완전히 해결되었다는 내용이다. 그런데 이 갑작스러운 변화를 웨슬리의 회심으로 볼 것인가의 여부를 두고 학자들 간에 논쟁이 되었다.

그해 10월 30일 웨슬리가 5개월 전 자신에게 일어났던 신비한 사건에 대해 형 사무엘에게 설명하며, 그 순간 자신은 비로소 죄의 지배로부터 해방되었다고 했고, 1745년 12월 30일 존 스미스(John Smith)에게 소상히 설명할 때는 좀 더 신학적으로 정리된 내용으로 "믿음으로 말미암은 구원"(salvation by faith)을 받았다고 했다.[18] 그렇다면 안수를 받은 사제요, 유명한 메도디스트 지도자인 웨슬리가 34세가 되어서 비로소 회심하고 진정한 그리스도인이 되었다는 뜻이 된다.

하지만, 왜 학자들은 웨슬리 자신의 고백과 회심주의자들의 해석에 의문을 제기하는 것일까?

이러한 문제를 이해하기 위해 우리는 다시 한번 당시 웨슬리의 고백과 그 이후에 일어난 일들에 대해 세밀하게 살펴볼 필요가 있다.

---

[17] Ward and Heitzenrater, *Journal and Diaries*, 18:249-250.
[18] Baker, *Letters*, 25:575 and 26:183. 웨슬리의 그러한 언급에 따라 타이어맨을 비롯하여 후대의 전기 작가들은 그러한 일련의 사건들을 계시적 사건으로 다루고 있다. Tyerman, *John Wesley*, 1:180; W.H. Fitchett, *Wesley and His Century*(Toronto: William Briggs, 1908), 122-23; Piette, *John Wesley*, 308; Collins, *John Wesley*, 87-88.

3. 올더스게이트 체험 이후의 일들

올더스게이트 체험 이후의 일정은 다음과 같다. 그는 일주일도 안 되어 자신의 체험에 대해 말하면서 가장 먼저 측근들을 놀라게 했다. 그리고 6월 11일 성마리아교회(the Church of St. Mary the Virgin)에서 "믿음으로 말미암은 구원"(Salvation by Faith)이란 제목으로 설교했는데 올더스게이트 체험 이후 형성된 그의 신학이 정제되지 않은 채 선포되었기 때문에 웨슬리신학의 중간기를 이해하는 데 데 매우 중요한 내용이다. 그리고 곧이어 6월 13일 유럽으로 떠나 3달 이상의 여행을 마치고 9월 16일 영국으로 돌아온다.[19]

그러므로 올더스게이트 체험과 관계하여 웨슬리신학을 이해하기 위해서는 올더스게이트 체험 직후 그가 남긴 기록과 아울러 그 후에 나타나는 현상과 논쟁들, 그리고 유럽 여행을 마치고 돌아와서 발생하는 사건과 새로운 일정들까지 주목해야 할 것이다.

1) 나는 그리스도인이 아니었다

웨슬리는 1738년 5월 24일 올더스게이트에서 특별한 체험을 한 후 일주일이 안 되어 당시 묵고 있던 허튼의 집에서 경건의 시간을 갖는 동안에 참석자들뿐만 아니라 오늘날의 웨슬리안들까지 혼란에 빠뜨리는 선언을 한다.

웨슬리는 사람들 앞에서 벌떡 일어나 "5일 전까지 나는 그리스도인이 아니었습니다"(five days ago, I was not a Christian)라고 말한 것이다. 이 내용은 현장에서 그 말을 듣고 너무 놀란 허튼(Mrs. E. Hutton) 부인이 웨슬리의 형

---

[19] See Ward and Heitzenrater, *Journal and Diaries*, 18:255, 19:13.

사무엘에게 6월 6일 편지로 알리며 도움을 요청하는 과정에서 알려졌다.[20] 무엇보다도 먼저 웨슬리가 왜 그렇게 말했는지 이해할 필요가 있다.

웨슬리는 선교지에서 돌아온 후 선교지에서 자신이 목회 및 선교를 할 때 자신의 영적 상태가 어떠했는지 자신의 저널에 매우 상세하게 묘사했다. 그 때는 무슨 일을 해도 "허공을 치는"(beating the air) 상태였고, 율법을 따라 자신의 의를 추구하고 있었는데, 결국 "육신에 속하여 죄 아래 팔린"(Yet, was I carnal, sold under sin, 롬 7:14) 상태라고 했다.

그리고 바울의 고백처럼 아무리 선한 일을 하려는 곳에 죄가 여전히 존재하고 있었기 때문에 "죄의 법에 사로잡혀 가는 일"(bring me into captivity to the law of sin)이 반복되었다. 결과적으로 아무리 죄와 싸워도 이길 수 없었고, 죄의 종 노릇만 할 뿐이었다. 그가 되돌아볼 때 알게 된 것은 당시에 성령의 증거가 없이 모든 일을 믿음으로 한 것이 아니라 율법적으로 했다는 것이었다.[21]

선교지에서 돌아온 후 깨닫게 된 것은 그동안 살아있는 믿음, 즉 구원하는 믿음이 없는 것은 곧 믿지 않는 것과 마찬가지인데, "자신은 다만 그런 믿음이 부족하다고 생각하고 있었다"(I was wholly void of this faith, but only thought I had not enough of it)라는 것이다. 당시에 뷜러는 다시 웨슬리로 하여금 구원하는 믿음은 곧 두 가지 열매, 즉 "죄를 이기는 것과 용서함 받았다는 평안함"(domination over sin, and constant peace from a sense of forgiveness)임을 깨닫게 해 주었는데, 웨슬리는 그것을 "새로운 복음"(new gospel)이라고 느꼈다.

그 이후로 다시 성경을 통해 확인하고 살아 있는 증인들을 만나 본 후 웨슬리는 그동안 자신이 가지고 있던 모든 생각을 버리고, 전적으로 의롭게 하는

---

20 See Ward and Heitzenrater, *Journal and Diaries*, 18:252, note 90.
21 See Ward and Heitzenrater, *Journal and Diaries*, 18:246-7.

믿음, 구원하는 믿음으로 그리스도를 자신의 유일한 구원자로 영접하였다.[22]

그런데 당황스럽게도 웨슬리가 그렇게 배우고, 그렇게 믿었음에도, "알 수 없는 무관심, 무력함, 냉랭함, 그리고 자주 죄에 굴복하는 상태"(strange indifference, dullness, and coldness, and unusually frequent relapses into sin)가 완전히 해결된 것은 아니었다.[23] 그런데 곧이어 올더스게이트에서 자신도 이해하기 어려운 신비한 체험하게 되었고, 그 순간과 비교해 볼 때 그런 체험을 하기 전에는 자신은 그리스도인이 아니었다고 했다.

당시 웨슬리 형제에게 숙식을 제공하는 동시에 기도회 장소를 제공하고 있던 친구의 아버지인 허튼이 가장 충격을 받고 물었다.

> 웨슬리, 당신 제정신이오?
> 우리가 세례받고, 성찬을 받은 것은 다 뭐란 말이오?
> 어떻게 그런 것을 다 무효로 돌릴 수 있단 말이오?
> (Have a care, Mr. Wesley, how you despise the benefits received by the two sacraments?)[24]

그래도 웨슬리가 계속 같은 말을 되풀이하자, 허튼 부인은 말했다.

> 내가 당신을 안 이래 당신이 그리스도인이 아니었다면 당신은 위선자입니다. 왜냐하면, 당신은 우리 모두를 당신이 그리스도인인 줄 믿게 했기 때

---

22 See Ward and Heitzenrater, *Journal and Diaries*, 18:248-9.
23 See Ward and Heitzenrater, *Journal and Diaries*, 18:249. 웨슬리와 인간의 죄와의 관계에 대해서는 다음을 참고하라: John Chongnahm Cho, "Adam's Fall and God's Grace: John Wesley's Theological Anthropology," *Evangelical Review of Theology* 10, no. 3 (July 1986), 202-213; John R. Tyson, "Sin, Self and Society: John Wesley's Harmartiology Reconsidered (his Sermons on several occasions)," *The Asbury Theological Journal* 44, no. 2(Fall 1989), 77-89.
24 Ward and Heitzenrater, *Journal and Diaries*, 18:252, note 90.

문입니다(If you was not a Christian ever since I knew you, you have been a great hypocrite, for you made us all believe you was one).²⁵

허튼 부인은 웨슬리 형제가 "극단적 열광주의 또는 광신주의자가 되었다"(turned a wild enthusiasts, or fanatics)라고 말하면서, 자기의 두 아들도 그 위험에 빠져들고 있으니 속히 그 문제를 해결해 달라고 요청하였다.²⁶ 당시 사무엘은 영국 국교회 목회자로서 '티버튼학교의 교장'(head master of Tiverton Free School)으로 있었는데, 그는 영국 국교회의 전통을 준수하는 고교회 주의자였다.²⁷

비록, 형은 비교적 늦게 11월과 12월에 답장을 했지만, 그 내용을 보면 동생은 분명 잘못된 신학에 사로잡혔다고 생각하며 매우 안타까워했다. 도대체 동생이 말을 듣지 않아 마치 "돌벽에다 머리를 박는"(run my head against a stone wall) 심정이라고 피력했다.²⁸

---

25 Ward and Heitzenrater, *Journal and Diaries*, 18:252, note 90; John Hampson, *Memoirs of the Late Rev. John Wesley*, AM, 1:96. 사실, 이 문장은 원문 그대로 인데, 타이어맨이 현대 영어에 맞게 교정한 대로 다음과 같이 읽는 것이 옳을 것이다. "If you have not been a Christian ever since I knew you, you have been a great hypocrite, for you made us all believe you were one." See Tyerman, *John Wesley*, 1:189.
26 Ward and Heitzenrater, *Journal and Diaries*, 18:252, note 90.
27 고교회와 저교회의 구분은 신분의 구분이 아니다. 고교회는 교회의 전통과 의식을 준수하려는 반면에 저교회는 의식을 준수하지 않아도 된다고 생각하는 그룹이다. 18세기 영국 국교회 내의 주교들의 다수는 저교회 주의자들이었다고 한다. 웨슬리는 의식의 준수에 있어서는 분명 고교회적 인물이지만, 주로 저교회 회중들을 대상으로 목회하며 그들의 대변자가 된 것이 웨슬리의 삶과 신학을 이해하는 데 있어서 고려해야 할 부분이다.
28 Baker, *Letters*, 25:578.

2) 믿음으로 말미암은 구원(Salvation by Faith)

올더스게이트 체험을 한 후 자기는 그 이전에는 그리스도인이 아니었다고 선언하여 측근들을 놀라게 한 웨슬리는 6월 11일 성마리아교회(the Church of St. Mary the Virgin)에서 "믿음으로 말미암은 구원"(Salvation by Faith)이란 제목으로 설교함으로써 그 설교를 들은 대학 동료들이나 관계자뿐만 아니라 그 소식을 전해들은 다른 사람들까지 놀라게 했다.

당시 옥스퍼드대학교에서 공부하고 안수를 받은 사람들은 주일이나 특별 기념일 순서에 따라 대학교 내 교회에서 설교하는 관례에 따라 웨슬리 형제도 설교했다. 대부분은 성마리아교회(the Church of St. Mary the Virgin)에서, 경우에 따라서 성베드로교회(St. Peter's Church) 등 다른 대학교 교회에서 하기도 했다.[29]

웨슬리도 관례에 따라 에베소서 2:8을 본문 말씀으로 하여 "믿음으로 말미암은 구원"(Salvation by Faith)이란 제목의 설교를 했다.[30] 알버트 C. 아우틀러(Albert C. Outler)와 리차드 P. 하이젠레이터(Richard P. Heitzenrater)가 그 설교를 "복음적 선언"(an evangelical manifesto)이라 부르는 이유는 웨슬리가 개혁주의신학의 전통 안에서 세계를 향한 하나님의 구원을 천명하는 설교였기 때문이다.[31]

---

[29] Outler, *Sermon*, 1: 109. 펠로우들에게만 주어지는 특권이 아니었다.
[30] 오전에 먼저 갬볼드가 목회하는 교회에서 설교하고, 옥스퍼드로 가서 같은 설교를 오후에 한 것이다. 그런데 특이하게도 웨슬리의 저널에서는 그토록 중요한 설교에 대해 언급하지 않았다는 것이다. 아마도 웨슬리 자신은 주어진 순서에 따라 관례적으로 하는 설교 정도로 인식했던 것 같다. 즉, 자신의 설교가 그토록 문제를 야기시킬 줄 몰랐다는 뜻이기도 하다.
[31] Albert C. Outler & Richard P. Heizenrater, eds., *John Wesley's Sermons: An Anthology* (Nashville, TN: Abingdon Press, 1991), 39.

웨슬리도 그 내용의 중요성을 알아 1746년에 처음으로 편집한 설교집의 첫 설교로 배치했다. 하지만, 그 설교를 한 날이 분명 6월 11일 임에도 불구하고, 웨슬리가 편집한 설교집에서는 6월 18일로 잘못 표기했는데, 사실 그때 웨슬리는 모라비안들을 찾아 독일로 가는 여정 중 네덜란드의 암스테르담에 있었다.[32]

그 설교에서 웨슬리는 세 가지 신학적인 질문에 답을 하고 있다.

첫째, "어떤 믿음을 통해 우리는 구원을 받았는가?"(What faith it is through which we are saved)라는 질문에 웨슬리는 하나님이 예수 그리스도를 통해 우리를 구원하셨다는 믿음이라고 했다. 바로 이 구원하는 믿음이 다른 이교도적 믿음과 구별된다는 것이다.

그때까지도 웨슬리는 자신이 "내가 공허한 믿음을 가진 줄도 모르고, 다만 믿음이 부족하다고만 생각했다"(I knew not that I was wholly void of this faith, but only thought I had not enough of it)라고 했다. 그런데 의롭게 하는 믿음(justifying faith)은 더 많이 가지고 있느냐 그렇지 못하냐의 문제가 아니라 질적으로 다른 믿음, 즉 예수 그리스도를 믿는 믿음이어야 한다.

둘째, 구원하는 믿음은 예수께서 살아계시는 동안 제자들이 가졌던 믿음을 훨씬 능가하는 믿음을 의미한다.

그것은 "그의 죽으심과 부활의 능력을 포함한다"(it acknowledges the necessity and merit of his death, and the power of his resurrection)는 뜻에서 다음과 같이 말했다.

> 그리스도의 복음에 전적으로 동의하는 것뿐만 아니라 그리스도의 피에 완전히 의존하는 것, 즉 그의 삶과 죽음과 부활을 믿는 것이다. 우리의 구원

---

32 Ward and Heitzenrater, *Journal and Diaries*, 18:255, note 4.

자를 흔들리지 않고 신뢰하는 것인데, 그분은 우리를 위해 보냄을 받았고, 우리 안에서 살아계신 분이다. 그런 믿음은 하나님을 믿음으로, 예수 그리스도를 인하여 그의 모든 죄가 용서받고, 하나님과 화목하게 된 것을 확신하는 것이다(Not only an assent to the whole gospel of Christ; but also a full reliance on the blood of Christ, a trust in the merits of his life, death, and resurrection; a recumbency upon him as our atonement and our life, as *given for us*, and *living in us*. It is a sure confidence which a man hath in God, that through the merits of Christ *his* sins are forgiven, and *he* reconciled to the favour of God).[33]

그러므로 의롭게 하는 믿음은, 웨슬리에 의하면, 인간을 죽음으로부터 구원하는 믿음이며 동시에 영원한 생명으로 회복하는 믿음인데 그러한 믿음은 철저하게 우리를 위해 죽으시고, 우리 안에 사시는 예수 그리스도를 믿음으로써 죄 사함을 받고, 하나님과 화해를 이루는 믿음을 의미한다는 것이다.

셋째, 웨슬리는 "구원하는 믿음"이 영국 국교회가 가르치고 있는 구원의 교리와 일치한다고 했다.

18세기 영국 국교회 내에서도 "믿음으로 얻는 구원"이란 가르침이 인간의 모든 노력을 수포가 되게 하므로 결국 사람들을 절망으로 인도하는(this teaching will drive people to despair) 불편한 교리(uncomfortable doctrine)라고 생각하는 사람들이 있었다.

그런데 웨슬리는 "믿음으로 얻는 구원"이란 가르침이 인간이 자신의 힘으로 의인이 될 수 없다는 것을 깨우쳐 줌으로써 결국 인간이 오직 하나님 한 분만을 믿게 만드는 유익한 교리라고 했다. 그런 의미에서 "믿음으로 얻는 구원"은 영국 국교회의 표준교리 "39개 조항"(Thirty-nine Articles of

---

[33] Outler, *Sermons*, 1:121.

Religion) 중에서 열한 번째 항목(Art. XI) "우리가 믿음으로 의롭게 되었다는 가르침이야말로 우리에게 가장 위로가 되는 교리이다"(that we are justified by faith is a most wholesome doctrine and very full of comfort)와 일치한다고 주장했다.[34]

3) 여전히 남아 있는 인간의 문제: 어떻게 해결할 수 있을까?

올더스게이트 체험을 이해하는 데 있어서 또 하나의 논쟁적 주제는 "구원의 확신"에 대한 문제이다.[35] 웨슬리는 올더스게이트 체험에 대해 기록한 내용의 결론을 "그가(예수 그리스도) 나를 죄와 사망에서 구원하셨다는 확신을 얻었다"로 맺었다. 죽음의 공포 앞에서도 전혀 흔들림이 없는 구원의 확신 가운데 찬양을 부르던 모라비안들을 만난 이후로 그토록 동경하던 영적 갈망이 비로소 이루어졌다고 선언한 것이었다.

실존적 인간이라면 피할 수 없는 죽음의 공포마저도 기쁨과 감사로 바뀌게 되었다고 선언한 "확신의 교리"가 웨슬리신학의 중심에 자리 잡게 되는 계기가 되었다. 그러나 하나님의 절대적인 주권을 강조하던 칼빈주의자들이 듣기에 확신의 교리는 마치 하나님의 구원을 하나님이 아닌 인간이 확정하는 것처럼 들리기 때문에 받아들일 수 없는 교리였다.

그 당시 웨슬리의 일기를 보면 올더스게이트 체험 이후 여전히 죄의 유혹이 있었고, 사람들로부터 공격을 받았지만, 모두 이길 수 있었다고 했다. 그런데 6월 6일 런던에서 한 편지를 받고 마음이 복잡해졌다.

> 의심하거나 두려워하는 것은 믿음이 약해서가 아니라 믿음이 없어서 그렇다는 것이다. 그러므로 누구든지 생명의 성령의 법이 죄와 사망의 법으로부

---

[34] Outler, *Sermons*, 1:117-30.
[35] Michael E. Lodahl, "'The Witness of the Spirit': Questions of Clarification for Wesley's Doctrine of Assurance," *Wesleyan Theological Journal* 23, No. 1 and 2(Spring-Fall 1988), 188-97.

터 완전히 해방하기 전에는 믿음이 전혀 없는 것과 같다(that whoever at any time felt any doubt or fear was not weak in faith, but had no faith at all; and that none hath any faith till the law of the Spirit of life hae made him wholly free from the law of sin and death).

웨슬리는 곧 성경을 읽고 기도를 해서 안정을 찾았지만, 다음과 같이 말했다.

> 나는 여전히 마음이 아팠다. 내 상처가 아직도 완전히 치유되지 않았음을 알게 되었다(Yet I felt a kind of soreness in my heart, so that I found my wound was not fully healed).[36]

웨슬리는 "비로소 모든 문제가 해결된 줄 알았는데 여전히 아닌 상태"에 직면하게 된 것이다. 결국, 웨슬리가 신학자가 되기 위해 반드시 넘어야 할 고비에 도달해 있는 것이다. 하나님과 인간 사이에서 인간의 문제는 생각했던 것보다 훨씬 깊고 치열한 문제였다. 그러한 문제에 직면하면서 웨슬리는 오랫동안 생각해 온 계획, 즉 모라비안들을 만나기 위해 독일로 가겠다는 뜻을 실행하기로 했다.

4. 올더스게이트 체험에서 드러나는 신학적 주제들

올더스게이트 체험은 분명 인간의 언어와 이성으로는 다 설명할 수 없는 신비한 경험이었다. 그러한 의미에서 웨슬리신학은 인간의 이성과 언어로

---

36 Ward and Heitzenrater, *Journal and Diaries*, 18:254.

다 설명할 수 없는 신비한 경험을 신학의 중심에 두는 데 기여를 했다. 설명할 수 없는 신비한 경험을 신학의 중심에 두는 데 기여를 했다. 인간 경험의 문제는 철학자 존 로크나 임마누엘 칸트(Immanuel Kant), 그리고 신학자 프리드리히 슐라이어마허(F. Schleiermacher)에게 중요한 주제였다.

로크나 칸트는 경험을 이성적 인식의 영역으로 확장시키면서도 여전히 이성에 기능에 집중한 반면에 슐라이어마허는 이성의 한계를 규정하고 경험의 기능을 확장시키는 데 기여했다. 즉, 슐라이어마허는 종교를 논하는데 있어서 이성보다는 경험에 더 의존했기 때문에 전통 신학자들로부터 자유주의신학의 아버지라 불렸다.

이 시점에서 웨슬리가 칸트나 슐라이어마허의 선구자가 된다는 사실을 인정한다면, 웨슬리신학은 현대신학을 논하는데 빼놓을 수 없다는 사실 또한 인식할 필요가 있다. 올더스게이트 체험에 대한 신학적 의미와 한계를 현대신학적 관점에서 살펴보기 위해 다시 한번 그날 웨슬리가 남긴 기록을 자세히 살펴보도록 하자.

저녁에 나는 마음이 내키지 않았지만, 올더스게이트에 있는 신도회에 갔다. 신도회에서는 한 사람이 루터의 로마서 주석의 서문을 읽고 있었다. 8시 45분쯤 되었을 때, 그리스도를 믿는 믿음을 통해 하나님이 우리의 마음 안에서 일으키는 변화에 관해 설명을 듣는 순간 나는 이상하게 마음이 뜨거워지는 것을 느꼈다. 나는 이제 나 자신이 오직 그리스도만을 믿음으로 구원받았다는 것을 느꼈다. 그리고 주께서 나의 모든 죄를 영원히 제거하셨고, 나를 죄와 사망의 법에서 구원하셨다는 확신을 얻었다(In the evening I went very unwillingly to a society in Aldersgate Street, where one was reading Luther's Preface to the Epistle to the Romans. About a quarter before nine, while he was describing the change which God works in the heart through faith in Christ, I felt my heart strangely warmed. I felt I did trust in Christ, Christ alone, for salvation; and an assurance was given me that He had taken away my sins, even mine, and saved me from the law of sin and death).[37]

1) 그리스도를 믿는 믿음을 통해(through faith in Christ)

루터의 로마서 주석에서 "그리스도를 믿는 믿음을 통해 하나님이 우리의 마음 안에서 일으키는 변화"(the change which God works in the heart through faith in Christ)에 대한 설명을 들었다. 가장 중요한 대목은 "그리스도를 믿는 믿음을 통해"(through faith in Christ)란 내용이다. 웨슬리신학은 모라비안과 루터신학을 통해 기독론적 신학으로 전환이 일어났다.

올더스게이트 체험 후 3주쯤 지난 6월 11일 성마리아교회(St. Mary Church)에서 "믿음으로 말미암은 구원"(Salvation by faith)이란 제목으로 행한 설교에서 웨슬리는 그 이전에는 "하나님을 믿는 믿음이었지, 그리스도 안에서 혹은 그리스도를 통해(구원 얻는) 믿음이 아니었다"(he meant only faith in God, not faith in or through Christ)고 한 것도 자신 안에 일어난 근본적인 변화를 밝힌 것이다.[38]

그러한 신학적 전환을 이해하기 위해서는 다음과 같은 일기의 다른 부분을 살펴볼 필요가 있다.

> 내가 믿기로는 내가 세례를 받을 때 성령의 씻음을 받은 이래 10살 때까지 나는 죄를 짓지 않았다. 나는 엄격하게 교육을 받았고, 또한 순종하고 모든 하나님의 계명을 준수하면 구원을 받을 수 있다고 배웠고, 내가 받

---

[37] Outler, *Sermons*, 1:249-250.
[38] Ward and Heitzenrater, *Journal and Diaries*, 18:247. Outler, *Sermons*, 1:120.

은 그런 가르침들에 대해 생각하고 했다. 그러나 모든 내적 순종이나 성결에 대해 나는 이해하지도 못했고 기억하지도 못했다. 결국, 나는 예수 그리스도의 법의 진정한 의미를 몰랐다(I believe, till I was about ten years old I had not sinned away that "washing of the Holy Ghost which was given me in baptism; having been strictly educated and carefully taught I could only be saved 'by universal obedience, by keeping all the commendments of God'; in the meaning of which I was diligently instructed. And those instructions, so far as they respected outward duties and sins, I gladly received and often thought of. But all that was said to me of inward obedience or holiness I neither understood nor remembered. So that I was indeed as ignorant of the true meaning of the law as I was of the Gospel of Christ).[39]

자신이 10살 때 세례를 받은 이래 올더스게이트 체험에 이를 때까지 전혀 알지 못했던 한 법을 비로써 깨닫게 되었는데, 그것이 곧 그리스도의 복음이라는 것이다. 그러므로 올더스게이트 체험 이후 웨슬리신학은 철저하게 기독론적 신학이 되었음을 알 필요가 있다.

8년 후인 1746년에 웨슬리가 말한 것은 올더스게이트 체험과 직접적인 연관성이 있는 고백이다.

1738년부터 오늘에 이르기까지 나는 오직 예수 그리스도에 대해서만 말해 왔다. 그를 모든 것의 기반으로 두고, 모든 것 안의 전부이며 처음과 나중이 되도록 했다(From 1738 to this time-speaking continually of Jesus Christ; laying Him only for the foundation of the building, making Him all in all, the first and the last).[40]

---

[39] Ward and Heitzenrater, *Journal and Diaries*, 18:242-3; Curnock, *Journal*, 1: 465.
[40] Telford, *Letters*, 2:264.

특히, 웨슬리가 칼빈주의자들의 예정론이 비성경적이라고 본 것은 그들의 선택론은 마치 예수 그리스도 없이도 하나님의 절대적인 주권에 의해 인간의 구원이 가능한 것처럼 말하기 때문이다. 반면에 웨슬리는 "믿음으로 얻는 구원"이라는 원칙에서 믿음은 곧 "예수 그리스도를 믿는 믿음"임을 분명히 했다. 그런 의미에서 믿음으로 얻는 구원은 "오직 그리스도 안에서"(in Christ, Christ alone), "예수 그리스도를 믿는 믿음을 통해"(through faith in Jesus Christ)를 의미한다고 했다.

웨슬리가 그리스도 중심의 신학을 선언한 지 150년 이후에 태어난 칼 바르트(Karl Barth, 1886-1968)는 기독교신학을 "그리스도를 중심으로"(Christocentric) 설명하는 데 크게 기여했는 데 초기 개혁자들과 칼 바르트(Karl Barth) 사이에 웨슬리가 있었다. 웨슬리신학을 이해하고 발전시키는 데 있어서 성령론에 치우쳤던 지난날들과 비교해 볼 때 상대적으로 웨슬리의 기독론이 충분히 드러나지 못한 단점을 보완해야 할 것이다.

웨슬리를 바르트의 선구자로 인식하며 웨슬리의 그리스도 중심의 신학을 드러내는 데 가장 크게 기여한 학자는 존 데슈너(John Deschner)이다. 데슈너는 그의 책 『웨슬리의 기독론』에서 웨슬리가 실천적 경건을 강조하는 경건주의 전통과 영국 국교회신학의 가르침에 따라 믿음과 선행이 조화를 이루는 신학을 형성했다는 사실을 직시하며 웨슬리가 가르친 실천적 경건은 철저하게 예수 그리스도의 삶과 가르침에 뿌리를 두고 있다는 사실을 밝혀 주고 있다.

그런 의미에서 저자는 웨슬리신학이 당시 어떤 신학자와도 비교될 수 없는 기독론적 신학을 형성했고, 그러한 웨슬리신학은 전통적인 기독교신학의 약점을 보완했을 뿐만 아니라 현대신학의 문을 여는 데 기여했음을 밝혀 주고 있다.[41]

---

[41] John Deschner, *Wesley's Christology: An Interpretation* (Dallas: Sothern Methodist Univer-

2) 믿음으로 얻는 구원과 개혁주의신학과의 관계

올더스게이트 체험 이후 웨슬리는 "오직 그리스도를 믿는 믿음을 통한 구원"(salvation through faith in Christ only)이라는 개혁주의신학 전통 안에 확고하게 서는 계기가 되었다고 함으로써 웨슬리가 마치 개혁주의신학자가 된 것처럼, 또한 개혁주의신학과 웨슬리신학이 같은 것처럼 받아들이는 것은 웨슬리신학에 있어서 다음과 같은 두 가지 사실을 간과하는 것이다.

첫째, 믿음을 구원을 위한 유일한 "조건"(condition)으로 제시함으로써 하나님의 구원에서 인간의 어떤 행위도 배제하는 믿음 만능주의의 오류에 빠지지 않으려고 했다.

웨슬리는 구원이 전적으로 하나님의 역사이며 하나님의 절대 주권하에 일어나는 사건임을 한 번도 부정한 적이 없지만, 동시에 구원의 대상인 인간이 아무 일도 하지 않아도 오직 하나님의 주권에 의해 구원이 결정되는 것에 대해서 찬성한 적도 없다.

웨슬리는 성경에서 하나님의 구원이 선포될 때마다 예수께서 "네가 믿느냐?"라고 질문함으로써 인간의 믿음을 조건으로 제시하신 것에 주목하면서 하나님의 구원에 인간의 행위를 참여시켰다는 점에서는 하나님의 주권만을 지나치게 강조한 초기 개혁자들과 구분되어야 할 것이다.

둘째, 믿음과 선행 중 어느 하나를 배제하지 않으면서 구원하는 믿음을 선언했다는 차이를 인식할 필요가 있다.

웨슬리는 "오직 믿음으로만 구원 받는다"라고 설교했지만, 그렇게 설교하면 발생하는 문제에 대한 비판이 제기되었고, 웨슬리는 그에 대해 다음과 같이 답변했다.

---

sity Press, 1960, 1985).

(사람들은) 오직 믿음으로 말미암은 구원이나 칭의에 대해 설교하는 것은 곧 거룩과 선행에 대해 반대하는 것과 같다(고 비판한다).
그러한 비판에 대해 어떻게 간단하게 대답할 수 있을까?
그것은 다른 사람들이 흔히 범하는 것과 같이 믿음을 선행으로부터 분리하는 것과 같다. 그러나 우리는 믿음의 열매로 선행과 성결이 나타나는 그런 믿음에 대해 말하는 것이다(To preach salvation or justification by faith only is to preach against holiness and good works. To which a short answer might be given: it would be so if we spake, as some do, of a faith which was separate from these. But we speak of a faith which is not so, but necessarily productive of all good works and all holiness).[42]

즉, 교황주의자들처럼 믿음에 앞서 마치 선행이 필요한 것처럼 말하는 것도 아니고, 무엇보다 먼저 믿음을 강조함으로써 선행을 멀리 있게 만드는 개혁주의신학의 오류 또는 한계를 분명하게 알고 있던 웨슬리는 믿음의 열매가 선행과 거룩한 삶으로 나타나는 것이 곧 예수의 가르침이라고 함으로써 구원론에 있어서 믿음과 선행과의 관계에 따른 고전적 문제를 해결하고 있다.

그런 관점에서 보면, 웨슬리가 올더스게이트 체험을 통해 종교개혁신학의 전통으로 회심한 것이라고 말하는 것은 단편적인 이해이다. 사실, 웨슬리는 종교개혁신학으로 회심한 것이 아니라 종교개혁신학으로 돌아가서 종교개혁신학을 개혁한 신학자인데 그 내용을 이해하는 것이 웨슬리신학을 알고 발전시키는 것이다.

---

[42] Outler, *Sermons*, 1:125.

3) 마음의 변화(God works in the heart)

웨슬리는 '의롭게 하는 믿음'(justifying faith)과 '악한 믿음'(faith of a devil)을 구별하여 설명하고 있는데, 마귀가 주는 악한 믿음은 "사변적이고, 합리적이고, 차갑고, 삶의 참여가 없는 동의, 머릿속으로 이어지는 생각"(speculative, rational, a cold, lifeless assent, a train of ideas in the head)일 뿐인데, 의롭게 하는 믿음은 "마음에 새겨지는 믿음"(a disposition of the heart)이라고 했다.[43]

기독교가 외형적인 형식으로만 남는 것을 가장 경계한 웨슬리는 기독교가 인간을 구원하고 변화시키는 일보다 사변적이고 외형적인 일에 집중하고 있는 현상을 철저히 배제하려고 했다. 그러한 의미에서 웨슬리에게 구원은 곧 '삶의 질적 변화'를 의미했다.

'삶의 질적 변화'가 배제된 채 구원을 보장해 주는 종교야말로 대표적인 악마적인 종교라는 것이다. '질적 변화'는 웨슬리로서는 양보할 수 없는 복음의 내용이었다. 웨슬리가 기독교는 사회적 종교라고 한 것도 사실은 사회를 변화시키는 데 주목한 내용이다. 그런데 기독교가 사회적 종교라 하여 사회를 변화시키려는 것이 아니라 복음적으로 변화된 인간의 결과로 나타나는 사회적 변화를 의미했다. 인간을 변화시키고, 그 결과로 사회 역시 변화시키는 것이 기독교 복음이 되어야 한다는 것이다.

그런 관점에서 기독교가 인간의 내면적인 변화 없이 사회적인 변화에 집착하는 것이야말로 웨슬리가 가장 경계한 내용이다. 구원받았다고 하는 것은 곧 질적인 변화가 일어났다고 하는 것이고, 그러한 질적인 변화는 반드시 사회적으로 표현되어야 한다는 것이 웨슬리신학의 내용이며 순서이다.

---

[43] Outler, *Sermons*, 1:120. 악한 믿음에 대한 또 다른 웨슬리의 언급에 대해서는 Telford, *Letters*, 4:219를 참고하라.

4) 순간적 회심 / 변화(while he was describing the change…I felt my heart strangely warmed)

"변화에 대한 설명을 듣는 순간 나는 이상하게 마음이 뜨거워지는 것을 느꼈다"라고 하는 고백은 "순간적 변화"에 대한 내용이다. 로마 가톨릭의 트렌트공의회의 결론은 인간의 노력을 통해 오랜 "과정"을 지나면서 비로소 이루어지는 것이 "성화"라 했고, 그러한 결론은 종교개혁을 거치면서 영국 국교회신학에까지 유지된 내용이었다. 오히려 영국 국교회는 더욱 철저하고 합리적으로 "오랜 수련 과정을 거쳐 성숙에 이르는" 교육적 신학을 강조하고 있었고 그런 교육을 받은 웨슬리로서는 받아들이기 어려운 내용이었다.[44]

하지만, "순간적 회심"에 대한 신학적 근거와 실천적 경건을 강조하던 모라비안들을 통해 소개받은 내용이었고 웨슬리에게도 그런 순간적 사건이 일어났기에 가능한 내용이다.

하지만, 웨슬리로서는 성경적으로, 자신의 확신에 이르기까지 정리되지 않으면 인정할 수도, 선언할 수도 없는 내용이기에 다음과 같이 세 가지 차원에서 다시 한번 정리해 보자.

첫째, 모라비안들과 뵐러를 만나기 전까지 "순간적 회심"은 웨슬리에게 생소한 혹은 거부해야 할 개념이었다.

어떻게 본질적 변화가 순간적(instantaneous)으로 일어날 수 있단 말인가?

그 문제를 해결하기 위해 자신이 직접 성경을 살펴본 결과 바울의 회심을 포함해서 많은 예가 "순간적"이었음을 발견한 후에 비로소 받아들이기 시작했다.[45] 만약, 웨슬리신학을 단계적으로만 이해하면 이 신비하고 영

---

[44] Outler, *Sermons*, 3:506.
[45] Ward and Heitzenrater, *Journal and Diaries*, 18:234.

적인 "순간적 변화"의 개념을 상실할 수 있다. 하지만, 이 시점에서 웨슬리가 국교회 신학을 통해 배운 "점진적 성화"의 개념을 완전히 버린 것이 아니라는 사실도 염두에 두자.

둘째, 신비한 하나님의 은혜 체험이었다.

웨슬리는 올더스게이트 체험 이후, 특히 "신비한 하나님의 은혜"(the mysterious grace of God)에 대해 더 많이 깨닫고 더 많이 인정하기 시작한다. 죄인인 인간의 구원은 오직 하나님의 은혜로만 가능하다고 하는 개혁주의 신학에 전적으로 동의했지만, 그러한 은혜가 인간의 이성 밖에서 신비하게 일어나는 것에 대해서는 무지했었다.

웨슬리는 영적이고 신비주의적인 것에 관심이 있었지만, 자신이 직접 체험한 적은 없었는데, 마침내 올더스게이트 체험을 통해 자신이 그토록 노력했건만, 정작 자신에게 일어난 전적인 변화는 자신의 노력에 의한 것이 아니라 오직 하나님의 은혜로 된 것임을 깨닫게 되었다. 앞으로 그 문제가 어떻게 전개될지 주목해 보아야 할 것이다.

셋째, 질적인 변화가 일어났다고 했다.

죄의 지배로부터 해방되는 질적 변화가 일어났는데, 웨슬리는 그러한 체험과 변화를 '신생'(New Birth)의 교리로 발전시킨다. 모라비안들은 순간적으로 질적 변화가 일어나서 더 이상 죄의 지배를 받지 않게 되는 것을 칭의라 했지만, 웨슬리는 칭의 교리 속에 함몰된 죄의 문제를 해결하기 위해 그 사건을 "신생"이라 했다. 그러므로 웨슬리의 관점에서 순서를 정해 보면, "칭의-신생-성화"가 될 것이다.

웨슬리는 질적인 변화가 없이도 가능한 칭의를 질적인 변화가 일어난 상태를 말하는 성화와 동일시할 수는 없었다. 하지만, 성화는 곧 질적인 변화이기 때문에 질적인 변화가 일어난 사건인 신생이 성화의 출발이라고 했다.

5) 죄의 문제에 대하여

올더스게이트에서 "이상하게 가슴이 뜨거워지는" 체험을 한 이후 "죄로부터 해방되었고, 죄의 용서를 통해서만 얻어지는 평화"(dominion over sin and constant peace from a sense of forgiveness)를 체험했다. 다시 말하면, "과거의 죄로부터 용서함을 받았고, 현재의 죄로부터는 해방을 받았다"(inseparable from a sense of pardon for all past, and freedom from all present sins)라는 것이다.[46]

이제 우리는 웨슬리신학에서 가장 논쟁적인 문제에 직면하게 되는데, 바로 올더스게이트 체험 후 웨슬리는 정말 죄로부터 해방된 삶을 살았는가 하는 문제이다. 신학적으로는 웨슬리가 물었던 것과 마찬가지로 기독교 복음이 "죄의 용서"인지, 아니면 "죄의 제거," 또는 "죄로부터의 해방"인지를 구별해야 할 때가 되었다.

웨슬리는 분명 그의 편지나 신학적인 글에서 "죄의 용서"(forgiveness of sin)에 대해 수없이 언급한 것이 사실이지만, 그의 궁극적인 목적은 죄의 용서뿐만 아니라 '죄로부터의 해방,' 또는 '죄의 제거'였고 그것이 성경적인 가르침이라고 굳게 믿고 있었다.

웨슬리는 조지아로 선교를 떠나기 전, 그리고 조지아에서 선교를 감당하는 동안 자신이 죄의 세력에 정복당하는 좌절을 수차례 경험하면서 죄로부터의 해방을 그 어느 때보다도 열망하고 있었다. 조지아 선교지에서 돌아오는 선상에서 그가 남긴 기록을 다시 한번 상기해 보자.

> 내가 원하는 믿음은 하나님을 순전히 신뢰하고 확신하는 믿음이고, 예수 그리스도를 통하여 나의 모든 죄가 용서받아서 하나님과 화목하게 되는 것이다. … 그러므로 그런 믿음을 가진 사람마다 죄로부터 자유롭게 되고,

---

[46] Ward and Heitzenrater, *Journal and Diaries*, 18:247-248.

우리 안에서 모든 죄가 완전히 파괴되는 것이다(The faith I want is, a sure trust and confidence in God, that through the merits of Christ my sins are forgiven, and I reconciled to the Cavour of God. … For whosoever hath it is 'freed from sin'; 'the *whole body of sin is destroyed*' in him).**47**

그러한 의미에서 올더스게이트 체험 이후 그는 마침내 죄와의 싸움에서 늘 승리하게 되었다고 다음과 같이 선언했다.

나는 죄의 법과 은혜의 법 아래서 싸우고 있었다. 그런데 나는, 자주는 아니라 해도, 간혹 죄에 정복당하곤 했다. 그런데 나는 지금 죄와 싸워 이기는 자가 되었다(I was striving, yea fighting with all my might under the law, as well as under grace. But then I was sometimes, if not often, conquered; now I was always conqueror).**48**

그리고 다음날 그는 "나는 하나님과 평화를 이루고 하루 동안 죄를 짓지 않았다"(I have now peace with God, and I sin not today)라고 썼다.**49** 계속하여 29일에 쓴 일기이다.

나는 어렵지 않게 지속적인 평안을 유지하였다. 그리고 불경한 욕망이 전혀 없이 온전히 죄로부터 자유함을 얻었다(I have constant peace, not one uneasy thought. And I have freedom from sin, not one unholy desire).

47　Ward and Heitzenrater, *Journal and Diaries*, 18:215-16.
48　Ward and Heitzenrater, *Journal and Diaries*, 18:250.
49　Ward and Heitzenrater, *Journal and Diaries*, 18:251.

이렇게 쓰고 있는 것을 보면 웨슬리의 삶에 근본적인 변화가 일어났는데, 그것은 죄와의 싸움에서 피비하곤 하던 자신이 이제 늘 승리하는 자, 즉 죄로부터 해방된 자가 되었다는 것이다.[50] 자신의 노력의 결과가 아니라 말로 표현할 수 없는 신비한 하나님의 은혜로 더 이상 죄의 지배를 받지 않게 되었다는 확신은 분명 웨슬리에게 전혀 새로운 감정이었다.

그러나 죄의 문제는 그렇게 한순간에 해결될 수 있을 정도로 간단한 문제가 아니었다. 동생이 지난 10월 30일 쓴 편지에 형은 이례적으로 두 번이나 편지했는데 11월 15일 자 편지에서는 그런 교리는 착각을 유발하고, "위험한 교리"(delusive and dangerous)라고 경고했고, 12월 13일 자 편지에서는 뿌리부터 "잘못된 교리는 줄기도 잘못될 수밖에 없다"(bad branches of a bad root)라고 경고하며, 창세기부터 계시록에 이르기까지 네가 말하는 내용이 어디에 나오며, 지난 5월 24일 전에는 그리스도인이 아니었다는 말이 도대체 무슨 말이냐고 물었다.

> 더 나아가, 네가 죄 없이 지낸 적이 있었는가?
> 죄가 너를 지배한 적이 없다고?
> 타락한 적이 없다고?
> 네가 자범 죄를 범하지 않았다고 하면 동의할 수 있겠지만, 네가 근본적으로 죄로부터 자유하다고 말하면 누가 그것을 인정하겠느냐?

이렇게 물으면서 동생이 인용하고 있는 성경 귀절도 오히려 동생의 주장을 반박하는 것이라고 비판했다.[51]

50　Ward and Heitzenrater, *Journal and Diaries*, 18:253. See also, Baker, *Letters*, 25:575 and 26:183.
51　Baker, *Letters* 25: 578-79, 598; Tyerman, *John Wesley*, 1:190.

웨슬리와 죄의 문제에 관한 한 우리는 두 가지 결론을 내릴 수 있을 것이다.

첫째, 죄로부터 해방을 추구하던 웨슬리에게 죄의 문제는 더욱 심각하게 다가왔다는 것이다.

둘째, 죄의 문제를 누구보다도 치열하게 해결하려고 시도하던 웨슬리가 도착한 지점은 인간 스스로 죄의 문제를 해결할 수 없다는 것이다. 물론, 그 이후로 웨슬리는 성령의 능력과 하나님의 은총을 더욱 의존하게 되었다.

이 두 가지 결론은 웨슬리의 삶과 신학에서서 대단한 진보라고 볼 수 있을 것이다. 사실, 웨슬리는 올더스게이트 체험 이후 20년 이상이 지난 1759년에 행한 "원죄"(*Original Sin*), 1763년에 행한 "믿는 자에게 있어서 죄의 문제"(*On Sin in Believers*), 그리고 1767년에 "믿는 자의 회개"(*The Repentance of Believers*)란 설교에서 인간의 죄성의 심각성을 인정하면서 더욱더 철저히 하나님의 용서와 은혜를 하고 있는 것을 발견할 수 있다.

6) 종합적 평가

이 시점에서 사제로서, 펠로우로서 30대 중반에 이른 웨슬리의 생애와 신학에 대해 정리해 보자.

먼저 1725년을 기점으로 생각한다면 1725년 이전에는 아직 성숙하지 못한 상태에서 하나님의 자녀로서 죄와 싸우며 경건 생활을 했다. 성직 안수 과정을 지나면서 영적 멘토들을 통해 비로소 '내적 성결'(inward holiness)을 추구하며 '하나님께 마음과 생각을 전적으로 헌신'(total dedication of our thoughts and motives)하기 시작했다. 신성회 때의 삶까지 포함하여 그때까지는 노력과 헌신으로 의롭게 되는 경건을 추구했다. 그러한 과정에서 "마음의 할례"(The Circumcision of the Heart)를 자신이 설교했고, 또한 그렇게 살았지만 여전히 해결되지 않는 문제가 분명히 있었다.

아마도 웨슬리의 문제가 가장 적나라하게 드러난 것은 신개척지로 가서 목회할 때일 것이다. 선교지에서 처참한 심정으로 돌아온 웨슬리는 올더스게이트 체험을 통해 인간의 모든 이성과 한계를 지나 역사하시는 은혜를 체험했고 비로소 인간의 노력이 아닌 믿음으로 의롭게 되는 영적-신학적 대전환을 이루게 된다. 그 과정을 통해 웨슬리신학은 더욱더 그리스도 중심이며 성령의 역사 중심으로 변하게 되었다. 그렇다고 하여서 모든 문제가 해결된 것 같지 않았다.

이제 우리는 앞으로 전개될 웨슬리의 삶과 안과 밖으로부터 제기되는 그를 향한 다양한 도전과 비판에 주목하면서 웨슬리신학이 어떻게 발전하고 변해 가는지 주목해야 할 것이다.

이 시점에서 한 가지 분명히 할 것은 웨슬리신학을 이해하는 데 있어서 그 모든 과정을 생략할 수 없다는 것이다. 마치 그 이전의 것은 실패이고, 어느 시점에 비로소 웨슬리신학이 완성된 것처럼 여기는 것은 웨슬리신학을 대표적으로 이해할 수 없게 만드는 방법이다.

올더스게이트 체험을 통해 영적-신학적 전환을 이룬 것은 분명하지만, 그 이후로 전개되는 경험과 배움을 통해 웨슬리신학은 교정되고 발전되는 모습을 보게 될 것이다.

5. 올더스게이트 체험에 대한 학자들의 평가: 과연 웨슬리의 회심으로 보아야 하는가?

지금까지 우리는 웨슬리가 올더스게이트에서 한 특별한 체험에 대해, 그리고 그 후에 변화된 웨슬리의 모습과 설교에 대해 간략하게 살펴보았다. 그런데 '올더스게이트 체험'은 웨슬리 당대만큼이나 웨슬리 사후 웨슬리안들 가운데 다음과 같이 논쟁거리가 되었다.

"올더스게이트 체험을 웨슬리의 회심 사건으로 보아야 하는가?"

특히, 웨슬리의 생애에 대해 가장 완성도 높은 전기를 쓴 타이어맨이 웨슬리가 올더스게이트 체험을 통해 회심(conversion)한 것이라고 규정한 이래, 웨슬리신학은 그 회심 사건의 전과 후로 크게 구분되는 이해가 주도적이었다.[52]

루터란 경건주의적 관점에서 웨슬리의 삶과 신학을 세밀하게 관찰한 마틴 슈미트도 올더스게이트 체험을 통해 웨슬리가 영적으로 회심하게 되었다고 주장한 것처럼 오늘날까지 웨슬리의 삶과 신학을 이해하는 데 있어서 올더스게이트 체험은 결코 도외시 될 수 없는 중요한 사건임에는 틀림이 없다고 했다.[53]

그런 의미에서 웨슬리신학은 청소년기 때나 신도회 때보다는 올더스게이트 체험을 계기로 갑자기 다르게 형성된 것처럼 여겨졌고, 그 이후로 웨슬리신학은 올더스게이트 체험 이후에 고착된 것처럼 여겨졌다.

그러나 다른 한편으로는 1738년 5월 이전에 웨슬리가 옥스퍼드대학교나 조지아 선교사 시절에 보인 신학에 더 많은 가치를 두는가 하면, 페터레인신도회에서 강하게 성령 체험을 한 것에 더 많은 비중을 두는 다른 해석이 있어온 것도 사실이다.

그런가 하면, 1739년 이후 야외설교와 메도디스트연회를 중심으로 형성되는 웨슬리신학이 진정한 웨슬리신학인 양 강조하는 그룹이 있는 것도 사실이다. 최근에 테오도르 제닝스(Theodore W. Jennings Jr.)와 랜디 L. 매덕스(Randy L. Maddox) 등 웨슬리안신학자들이 올더스게이트 체험을 잘못 해석함으로써 반웨슬리안신학을 양산하게 되었다고 비판하며 그 사건에 대

---

[52] Tyerman, *John Wesley*, 1:179-180.
[53] Schmidt, *John Wesley: A Theological Biography*, 1:153, 263-64, 305-9.

해 새롭게 조명할 필요가 있다고 한 사실에 주목할 필요가 있다.[54]

올더스게이트 체험이 웨슬리의 삶과 신학에 어떠한 의미가 있었는지 알아보기 위해서는 무엇보다도 먼저 웨슬리 자신이 어떻게 이해하고 설명했는지 살펴보고, 그 후에 학자들은 그의 설명을 어떻게 받아들이면서 이해했는지 간략하게 살펴볼 것이다. 그리고 최근에 아우틀러와 케네스 J. 콜린스(Kenneth J. Collins)가 평가한 내용을 통해 우리의 생각을 정리해 보자.

1) 존 웨슬리 자신의 설명

올더스게이트에서 특별한 체험을 한 후 특히 웨슬리 측근들 가운데 많은 논란이 있을 때 웨슬리가 10월 30일 형에게 쓴 편지에서 자신에게 일어난 일에 관해 설명하는 가운데, 특히 자신이 더 이상 죄의 지배를 받지 않을 수 있게 된 것은 그리스도 안에서 값없이 주시는 하나님의 은총 때문이라고 했다.

> 내가 의미하는 그리스도인이란 예수를 믿으며 죄가 더 이상 그를 지배하지 못하는 사람을 의미한다. 그런 뜻에서 나는 지난 5월 24일까지 그리스도인이 아니었다. 왜냐하면, 그때까지 나는 죄의 지배를 받고 있었기 때문이다. 그러나 지금은 비록 내가 죄와 싸우지만, 죄가 더 이상 나를 지배하지 못한다. 그것이 바로 값없이 주시는 하나님의 은혜이다(By a Christian I mean one who so believes in Christ as that sin hath no more domination over him, and in this obvious sense of the world I was not a Christian till May 24**th** last past. For till then sin

---

[54] Theodore W. Jennings Jr., "John Wesley Against Wesley," *Quarterly Review* 8 (Fall 1988), 3-22; Randy Maddox, "Celebrating Wesley – When?" *Methodist History* 29, no. 2 (January 1991), 63-75; Randy Maddox, "Aldersgate: A Tradition History," in Randy Maddox, ed., *Aldersgate Reconsidered* (Nashville, TN: Kingswood Books, 1990), 133-46.

had the domination over me, although I fought with it continually, but surely then, from time to this it hath not, such is the free grace of God in Christ).⁵⁵

그렇다면 올더스게이트 체험은 분명 웨슬리의 가장 오랜 고민, 가장 심각한 문제를 해결해 준 사건이었다. 웨슬리는 비로소 죄의 지배로부터 해방될 수 있었다는 것이다. 그런데 시간이 흐르면서 알 수 없는 변화가 일어났다. 웨슬리가 그렇게 획기적인 것처럼 표현한 초기에 비하면 시간이 지날수록 그 사건에 대해 자주 언급하지 않고 있다는 것이다.

웨슬리가 1765년 5월 14일 자신이 주장하는 "그리스도인의 완전"에 대해 이의를 제기한 존 뉴톤(John Newton)에게 쓴 편지에서 자신의 영적 성장 과정에 대해 잘 설명한 내용이나, 그 다음해에 쓴 『그리스도인의 완전에 대한 평이한 해설』에서 올더스게이트 체험에 대한언급이 전혀 없는 것은 당황스러운 일이다. 더 나아가, 1765년에 쓴 「메도디즘의 약사」(A Short History of Methodism)나 그보다 훨씬 구체적으로 연대별로 설명하며 1781년에 다시 쓴 『메도디스트들의 약사』(A Short History of the People Called Methodists)에도 올더스게이트 체험에 대해 전혀 언급이 없다.⁵⁶

이미 살펴본 바와 같이 그 체험을 통해 확신과 기쁨을 얻은 이후 죄의 유혹과 공격으로부터 승리하며 지내던 기간은 불과 2주 정도에 불과했다. 물론, 뵐러를 만난 이후와 올더스게이트에서 신비한 체험을 한 후, 사람들에게 충격을 줄 정도로 그의 태도와 설교는 완전히 달라졌지만, 내적으로는 여전히 죄의 공격을 받고 있었으며 또한 마음에 기쁨과 평화가 없이 원인 모를 영적 침체를 경험하곤 했다.

---

55 Baker, *Letters*, 25:575 (Oct. 30, 1738).
56 Davies, *The Methodist Societies*, 9:367-72, 425-503. 반면에 피터 뵐러와의 만남이나 독일의 헤른후트 방문 등에 대해서는 구체적으로 언급하고 있다.

한편, 찰스는 형과 유사한 체험을 먼저 했고 5월 23일 화요일 일기에서 "나의 회심에 대해 찬송을 지었다"(I began an hymn upon my conversion)라고 한 것을 보면 찰스는 자신에게 일어난 획기적인 사건과 변화에 대해 "회심"이 란 용어를 사용한 것에 비해 웨슬리는 올더스게이트 체험이 자신에게 결정 적인 변화를 준 것을 인정하면서도 의도적이라고 느낄 정도로 "회심"이란 용어를 사용하지 않은 것이 흥미롭다.[57]

2) 1725년 회심설

1725년 회심설의 근거는 웨슬리로부터 비롯되었다. 웨슬리가 80세가 넘은 1784년에 쓴 설교, "어떠한 면에서 우리는 세상을 떠나야 할까?"(In What Sense Weare to Leave the World)에서 1725년, 즉 그의 나이 22세 때의 일을 언급하면서 자신에게 있어서 "명목상 그리스도인"(a nominal Christian)에서 "진정한 그리스도인"(a real Christian)이 된 해로 언급했다.[58] 성직 안수를 받는 과정에서 만난 켐피스와 테일러와 같은 영적 멘토들을 통해 얻은 영적 깨달음과 도전들은 자신의 삶과 신학에서 결정적인 변화를 가져오게 했다는 것이다. 그에 따라 몇몇 전기 작가들은 1725년을 웨슬리의 회심 시기로 보았다.

일찍이 어거스틴 리거(Augustin Leger)가 그의 책 『청년 웨슬리』(*La Jeunesse de Wesley*, Young Wesley, 1910)에서 주장한 바 있고, 피에트가 그를 인용하며 동의했다. 1725년 회심설은 안수를 받고 목회를 하고 있던 사제가 여전히 회심하지 않았다는 부담을 털어내는 장점이 있지만, 올더스게이트 체험을 회

---

[57] J. Ernest Rattenbury, *Welsey's Lagacy to the World* (London: The Epworth Press, 1928), 67 에서 재인용.

[58] Outler, *Sermons*, 3:152, "In What Sense We Are to Leave the World."

심으로 이해하는 학자들이 보기에 성직 안수 과정에서 분명 많은 변화가 있었지만, 영적으로나 신학적으로 그렇게 획기적인 변화는 아직 일어나지 않았다고 보는 것이다.

3) J. 어니스트 래이튼버리(J. Ernest Rattenbury)

래이튼버리는 종교적 체험이 세상 심리학이나 정신 분석학자들에 의해 왜곡되는 현상들을 보며 종교적 체험만이 가지고 있는 영역이 세상에서 말하는 무의식이나 신비 체험과 어떻게 다른지 탁월하게 설명했다는 점에서 중요한 학자이다. 그는 특히 기독교의 영적 체험 안에서 웨슬리의 올더스게이트 체험이 어떻게 복음주의 운동의 원동력이 되었으며 그 내용이 무엇인지 보여 주고 있다.

그는 종교 체험은 막연한 체험이 아니라 분명하게 하나님과 만남이라는 내용이 있고, 동일한 체험을 한 사람들과 교감이 되기 때문에 일종의 "집단적 체험"(a collective experience)이라고 했다. 그런 관점에서 그는 다시 한 번 웨슬리안들 내에서 고전적인 질문, 즉 "올더스게이트 체험이 웨슬리의 회심 체험인지"(whether the experience is to be called conversion) 묻는다.

그에 의하면, 사도 바울이나 신학자 어거스틴이나 루터 등이 한 종교적 체험이 공통점이 있다면 하나님을 찾던 사람이 마침내 하나님을 만나는 체험을 한 것이고 그 과정에서 성령의 감동이나 증거가 있었으며, 그러한 삶이 곧 그들의 삶과 신학의 내용으로 표출되었다는 것이다.

그러한 관점에서 보면 웨슬리의 체험도 그들과 다를 바가 없는 종교적 체험이며, 웨슬리의 체험과 동일한 체험을 한 사람이 수없이 많아 메도디스트들이 되었다는 뜻에서 "메도디스트 체험"(the Methodist experience)이라 칭하기도 한다.⁵⁹ 그런 면에서 그는 웨슬리의 올더스게이트 체험을 "하나님을 재발견하는 체험"(I claim that this experience was a re-discovery of God)이라고 정의하며, 보편적으로 "복음적 체험"(the evangelical experience)이라고 했다.⁶⁰

래이튼버리 역시 웨슬리가 "회심"이라는 용어를 사용하지 않은 것에 주목하며 "올더스게이트사건이 웨슬리에게 회심 사건이었다"라고 주장하지 않지만, 올더스게이트 체험을 통해 웨슬리의 삶이 웨슬리신학으로 발전하여 사회 속에서 변화를 일으키는 원동력이 되었다고 함으로써 올더스게이트 체험이 웨슬리가 하나님을 발견하고 확신에 이르게 되는 계기가 되었음을 분명히 하고 있다.

다만, 래이튼버리의 관심이 올더스게이트 체험의 전과 후로 웨슬리의 신학을 구분하는 것이 아니라 오히려 종교적 체험을 한 사람만이 발견할 수 있고, 감당할 수 있는 일이 있는데 웨슬리가 바로 그런 체험을 했고, 동일한 체험을 한 동료들과 신학적으로도 기여했는데, 특히 하나님과 이웃에 대한 완전한 사랑을 실현하는 기여를 했다고 했다.

4) 비비안 그린(Vivian Green)의 평가

그린은 비록 "회심"이란 용어를 사용하지만 웨슬리를 국교회의 "고교회주의"(High Church) 전통 안에서 이해함으로써 그 이전의 웨슬리와 전격적으로 구분하기보다는 연속선상에서 이해하고 있는 것이 다르다. 그런 의미에서 그린은 웨슬리가 1738년에 획기적인 변화를 보이는 회심을 체험했다고 주장한 타이어맨을 반박하며 웨슬리는 실제로 1725년에 이미 회심했다고 주장한 피에트의 주장은 "지나친 단순화"(over-simplification)에 불과하다

---

59 Rattenbury, *Welsey's Lagacy to the World*, 66, 70-81.
60 Rattenbury, *Welsey's Lagacy to the World*, 65, 83, 85, 90.

고 주장하며 단순하게 볼 수 없는 웨슬리의 신학적인 배경에 주목했다.

즉, 그린에 의하면 웨슬리는 국교회의 고교회 주의신학을 버린 적이 없는데, 다만 올더스게이트 체험을 통해 "심리적으로"(psychologically) "그동안 자신을 괴롭히던 불확신으로부터 해방되어 내적인 확신을 얻는"(a feeling of reassurance about his faith which, in spite of continuing doubts and recurring depression, created an inner spiritual dynamic which had been lacking) 계기가 되었다는 것이다.[61]

그린은 웨슬리가 옥스퍼드대학교에서 공부하고, 또한 링컨대학의 펠로우로 있으면서 초대교회 교부들로부터 당시에 이르기까지 신학자들과 영성가들을 통해 받은 영향과, 특히 모라비안들로부터 많은 영향을 받았다는 사실에 주목하면서 올더스게이트 체험은 그 모든 내용들로부터 결별한 것이 아니라 오히려 자신이 이미 알고 있는 내용을 심리적으로 재확신(a psychological reassurance)하는 매우 영적이며 역동적인 사건이었으며, 그 체험 이후 웨슬리는 복음 전도자로서의 사명을 감당할 수 있게 되었다고 주장했다.[62]

5) 알버트 C. 아우틀러(Albert C. Outler)의 평가

아우틀러는 웨슬리가 1738년 올더스게이트 체험을 통해 "오직 믿음"(sola fide)으로 회심하게 되었다고 다음과 같이 말했다.

> 1738년은 웨슬리신학에서 대전환을 이룬 해이다. 그 순간이 극적인 이유는 그가 '오직 믿음'(sola fide)과 '거룩한 삶'(holy living)의 관계에 있어서 우선순위를 바꾼 이래, 그 순서를 번복한 적은 없다(1738 was Wesley's theological *annus mirabilis*[wonderful year or year of miracles] ··· and Aldersgate was the dramatic

---

61　Green, *The Young Mr. Wesley*, 271.
62　Green, *The Young Mr. Wesley*, 288; *Rack, Reasonable Enthusiast*, 146-7.

moment in that year when he reversed the priorities between sola fide and holy living, never to reverse them again).[63]

 웨슬리가 "오직 믿음" 과 "거룩한 삶"의 우선순위를 바꾸었다고 하는 말은 올더스게이트이전에는 "거룩한 삶"을 통해 하나님의 의(오직 믿음)를 이루려고 했지만, 체험 이후에는 믿음이 먼저이고, 그 믿음의 결과로 얻어지는 "거룩한 삶"에 이르는 순서를 택하게 되었다는 뜻이다.

 결과적으로 웨슬리가 개혁주의신학 전통으로 돌아가는 신학적 회심을 하게 되었다는 것이다. 그 이후로 웨슬리가 자신의 신학적 입장을 번복한 적이 없으므로, 웨슬리신학을 개혁주의신학의 연속 선상에서 보아야 한다는 그의 주장은 설득력이 있다.

 더 나아가, 아우틀러는 웨슬리가 올더스게이트 체험을 통해 얻었던 신학적 통찰 안에 머물러 있지 않고 계속 발전하여 마침내 초기 개혁자들이 범한 믿음 만능주의적 오류를 웨슬리가 극복했다는 사실을 상기시켜주고 있다.

 올더스게이트 체험을 했을 당시에 웨슬리는 루터를 "영광스러운 주님의 최고의 종"(that glorious champion of the Lord of Hosts")이라고 표현했지만, 1746년 웨슬리의 설교집에서는 그러한 문구가 생략된 것을 보면, 웨슬리의 변화된 생각을 감지할 수 있다.

 아우틀러는 웨슬리가 올더스게이트 체험을 통해 개혁주의신학으로 전환했다는 사실을 인정하면서도 그에 멈추지 않고 개혁주의신학의 오류를 극복하고 인간의 삶에 구체적인 변화를 주는 신학적 대안을 제시했다는 차원에서 역사상 가장 위대한 신학자 중 한 사람이라고 하는 것이다.

---

63 Outler, "John Wesley as a Theologian: Then as Now," in Thomas C. Oden and Leicester R. Longden, eds., *The Wesleyan Theological Heritage: Essays of Albert C. Outler*, 84.

6) 케네스 J. 콜린스(Kenneth J. Collins)의 평가

콜린스도 올더스게이트 체험은 웨슬리가 개혁주의신학으로 돌아가게 만든 결정적 체험이며 신학적 회심이었다는 아우틀러의 주장에 동의한다. 그러면서 콜린스는 가톨릭신학과 루터와 칼빈의 개혁주의신학의 전통 안에서 웨슬리의 신학이 "영국 국교회의 종합적 개혁주의신학"을 거쳐 "모라비안적 믿음 만능주의신학"을 지나 "웨슬리만의 복음주의신학"으로 발전하게 되었다고 주장했다.

그런 의미에서 콜린스는 웨슬리와 올더스게이트 체험과의 관계를 이해할 때 웨슬리를 중심으로 생각하던 관점을 벗어나 성령의 역사를 중심으로 생각하는 관점의 전환을 이룬다. 즉, 콜린스는 개혁주의신학과 성령의 역사를 연결하며 다음과 같이 말했다.

> 웨슬리가 올더스게이트 거리의 신도회에서 앉아 있는 동안 루터의 종교개혁의 고전 말씀을 들었는데, 메도디스트 지도자의 예배에 대한 원칙은 구원하는 은혜를 받아들인 기관은 눈이 아니라 귀였다. 즉, 웨슬리가 말씀을 듣는 순간 그 말씀이 자신의 마음 안에 성령의 '**임재**'가 전해지도록 했다(So then as Wesley was sitting in the society meeting at Aldersgate Street and hearing the words of Luther's great Reformation classic, the Methodist leader's principal organ of worship, if you will, the means by which he received comforting, saving graces, was not the *eye*, but in good Protestant fashion, the *ear*. That is, Wesley heard the words that mediated to him nothing less than the '**presence**' of the Holy Spirit in his heart).[64]

---

[64] Collins, *John Wesley*, 90.

하나님의 역사는 "보는 데서" 시작된 것이 아니라 "들음으로써" 시작되었는데, 바로 그 말씀을 통해 성령께서 임재하셨다는 것이다.

그런 관점에서 콜린스는 웨슬리의 삶과 신학에서 결정적인 전환점을 이루게 된 계기는 올더스게이트에서 시작되고 페터레인신도회에서 성령을 체험함으로써 비로소 완성된 것으로 본다. 즉, 콜린스는 올더스게이트 체험을 통해 웨슬리가 "비로소 죄를 짓지 않게 되었다"라고 말하지 않고, 페터레인신도회에서의 성령 체험까지 포함하여 웨슬리가 "성령의 은혜로 더 이상 죄를 짓지 않게 되었다"라고 말하고 있다.[65]

콜린스에 의하면, 올더스게이트 체험은 결정적인 사건이라기보다는 단초가 되는 사건이었고, 페터레인신도회에서 완성되었다고 보기 때문에 올더스게이트 체험을 회심으로 볼 필요가 없다는 것이다. 그리고 올더스게이트 체험과 페터레인신도회에서의 체험에 이르기까지 나타나고 있는 성령의 증거와 활동에 주목하면서 웨슬리의 삶과 신학에서 성령의 증거가 얼마나 중요한지 주목하게 만든다.

한편, 매덕스는 웨슬리가 은총을 능력의 개념으로 이해했다는 데 동의하면서도 그러한 웨슬리의 독특한 이해는 서방기독교 전통보다는 동방기독교(Eastern Christianity)의 영향이라고 주장했다.[66] 매덕스의 주장에 대해 콜린스는 은총을 능력의 개념으로 이해하는 것은 동방기독교 전통이 아니라 전형적인 서방기독교(Western Christianity) 전통이라고 반박한다.[67] 이 문제는 성화론과 기독교인의 완전에서 구체적으로 다루게 될 것이다.

아우틀러나 콜린스는 웨슬리의 올더스게이트 체험의 신학적 의의를 개혁주의신학의 전통 안에서 이해하고 확장하는 데 기여했다. 하지만, 그들도

---

[65] Collins, *John Wesley*, 100-102.
[66] Maddox, *Responsible Grace*, 151.
[67] Collins, *John Wesley*, 195-199.

마치 올더스게이트와 페터레인신도회에서의 체험을 통해 웨슬리신학이 결정되고 더 이상의 변화가 없었던 것처럼 결론을 내림으로써 그 이후에도 여전히 반복되는 웨슬리 개인의 실패와 좌절, 그에 따라 겪게 되는 한 인간의 고뇌와 모순을 볼 수 없게 만드는 약점에서 벗어나지 못하고 있다.

7) 종합적 정리

웨슬리가 올더스게이트 체험을 통해 회심했는가의 문제는 의외로 회심이란 용어의 정의에 따라 문제가 달라질 수 있다는 것을 알게 되었다. 사실, 웨슬리가 올더스게이트에서 체험한 것은 예수를 핍박하던 바울이 다메섹 도상에서 예수의 부름을 받고 오히려 그를 전하는 자로 회심을 한 것이나, 어거스틴이 방탕하던 삶으로부터 회심하여 하나님의 자녀와 일꾼으로 "회심"(conversion)한 경우와는 분명히 다르다.

그런 의미에서 올더스게이트 체험을 통해 웨슬리의 삶과 신학 안에 획기적인 변화가 있었다는 사실을 인정하면서도 그러한 변화를 전통적인 개념의 회심이라 할 수 없다는 뜻에서 학자들은 "회심"이란 용어를 직접 사용하지 않고 "지적 회심," 혹은 "복음적 회심," 또는 "확신의 체험"(experience of assurance) 등의 용어를 사용하고 있는 것이다.[68]

무엇보다 중요한 것은 올더스게이트 체험을 계기로 웨슬리의 신학적인 전환이 일어난 것은 사실이고, 그 이후로 죽을 때까지 "오직 믿음으로 구원받는다"라는 신학은 변한 적이 없는 것도 사실이다.

---

[68] "확신의 체험"(experience of assurance)이란 용어는 이미 래이튼버리가 사용했고, 2010년에 케임브리지대학교에서 편집하여 출판한 웨슬리 연구집의 필진들이 공통적으로 사용하고 있음을 본다. See J. Ernest Rattenbury, *Welsey's Legacy to the World*(London: The Epworth Press, 1928), 68; Randy L. Maddox and Jason E. Vickers, eds., *The Cambridge Companion to John Wesley* (Cambridge University Press, 2010), XiX, 85, 116.

하지만, 그렇기 때문에 웨슬리신학이 그때 이후로 고착된 것은 결코 아니라는 사실을 알 필요가 있다. 오히려 웨슬리의 삶이 다양한 지역에서 새로운 차원으로 발전하면서 그의 신학도 발전과 교정을 거듭했다.

그런 의미에서 필자는 올더스게이트 이후 페터레인과 야외설교, 그리고 메도디스트연회 등을 거치면서 계속 발전하는 웨슬리신학에 주목하기 위해 회심이라는 용어보다는 "올더스게이트에서의 특별한 체험"이란 표현을 사용할 것이다.

제5장

유럽 여행과 헤른후트 방문

웨슬리의 올더스게이트 체험과 모라비안 신학은 분리할 수 없는 관계이다. 그러므로 웨슬리는 6월 11일 주일 오후에 성마리아교회에서 "믿음으로 말미암은 구원"(Salvation by Faith)에 대해 설교한 후 이틀 만인 13일, 동료 벤자민 잉햄(Benjamin Ingham)과 존 틸칙(John Toltschig) 등 8명의 일행(5명의 영국인과 3명의 독일인)을 이루어 모라비안 공동체인 헤른후트(Herrnhut)를 방문하기 위해 떠났다. 여행 목적은 뵐러를 비롯, 동료 모라비안들을 통해서 들은 그 초대교회적 공동체를 확인하기 위함과 동시에 자신 안에서 생긴 신학적 질문들에 대한 답을 얻기 위함이었다.[1]

1. 유럽 여행과 헤른후트 방문이 웨슬리신학에 끼친 영향

웨슬리 일행은 먼저 네덜란드(Netherland) 남부 지역의 고다(Gouda)에 도착했는데 몇 곳에서 숙박을 거절당하는 가운데 겨우 찾은 한 숙소에 묵게 되었다. 그리고 집주인의 권유로 교회를 갔는데 웨슬리 일행은 교회 안으

---

[1] Ward and Heitzenrater, *Journal and Diaries*, 18:255; Curnock, *Journal*, 1:483 and 2:3.

로 들어가면서 모자를 벗었는데 그렇게 하지 말라는 말을 듣고 당황했다. 유럽은 교회 내에서 모자를 쓰고 있는 것이 예의였고, 영국은 모자를 벗는 것이 예의인 문화 차이 때문이었다. 6월 16일 금요일에 작은 모라비안 형제단이 있는 이셀스타인(Ysselstein)에 도착하여 그들의 공동 생활에 동참하며 주일을 보냈다.

이셀스타인(Ysselstein)에는 바론 와터빌(Baron Watteville)이란 젊은 지도자가 1717년에 창설한 "겨자씨수도회"(The Order of the Grain of Mustard Seed)란 공동체가 있는데 그들은 몇몇 독일의 형제, 자매와 8명의 영국인 모라비안과 함께 유대인과 이교도를 개종시키는 일에 헌신하고 있었다. 그들과 함께 지내는 동안 웨슬리는 그들을 통해 나타나는 하나님의 역사에 놀라움과 감사를 표시했다.[2]

그리고 월요일 아침 일찍 배를 타고 암스테르담(Amsterdam)으로 갔는데, 암스테르담은 그때까지 본 도시 중에 가장 아름답고 잘 정돈된 도시였다. 그곳에서 4일간 머무르면서 메노나이트들의 환대를 받으며 그들과 함께 예배도 드렸는데 그들이 부르는 찬송은 모라비안 공동체에서 사용하는 것을 번역한 것이었다.[3]

배를 타기도 하고 걷기도 하면서 네덜란드 일정을 마치고 22일 떠나 온종일 걷고 또 걸어서 마침내 26일 독일 중부지방에 있는 옛 도시 쾰른(Cologne/Koln)에 도착하니 오후 5시였다. 그 도시는 그때까지 웨슬리가 유럽에서 본 도시 중에 "가장 추하고 더러운 도시"(the ugliest, dirtiest city)라고 느꼈다. 28일 유럽에서 유명한 쾰른대성당에 가보았는데, "잘 정돈은 되어 있지만, 균형도 없이 다만 돌덩이 위에 또 돌덩이를 올려놓은 듯한 거대한 기형물"(mere heaps upon heaps; a huag, misshapen thing, which has no more of symmetry than

---

[2] Curnock, *Journal*, 2:3-6; Tyerman, *John Wesley*, 1:196-7.
[3] Ward and Heitzenrater, *Journal and Diaries*, 18:255-57.

of neatness belonging to it)이라고 혹평했다. 교회 밖으로 나오자 우리가 다른 지역에서 온 프로테스탄트인 것을 알아차린 한 교황주의자(a zealous Catholic)가 "저 루터파 개를 때려 눕혀라"(Knock down the Lutheran dog)고 소리쳤지만, 웨슬리 일행은 문제를 일으키지 않으려고 다시 교회로 들어갔다.[4]

웨슬리 일행은 쾰른에서 배를 타고 라인강을 거슬러 올라가며 마인츠(Mainz)에 도착할 때까지 4일간 배에서 생활하면서 교황주의자들(the Papists)이 개혁주의자들(the Reformed)이라고 불리는 자신들보다 여러 가지 면에서 품위가 있음을 발견한 것은 흥미로운 경험이었다. 즉, 그들은 매일 아침 모자를 정중하게 벗고 순항을 위해 기도했고 누가 무슨 말을 하든 경솔하게 답하지 않는 것을 보고 영국 사람들과 다른 면을 발견했다.

마인츠를 거쳐 7월 3일 극도로 지친 상태에서 프랑크푸르트(Frankfort)에 도착했지만, 도시 내 출입을 거절당했는데 피터 뵐러의 아버지인 요한 콘라드 뵐러(Johann Konrad Böhler)의 도움으로 들어갈 수 있었다.

다음날 마리엔본(Marienborn)으로 가서 그토록 만나고 싶어했던 진젠도르프 백작(Nicholas Ludwich von Zinzendorf, 1700-1760)을 만났지만, 웨슬리는 병이 나서 잠시 만나고 온종일 쉬어야만 했다. 마리엔본 공동체는 세계 각국에서 온 약 90여 명으로 구성된 공동체였는데 웨슬리는 그들과 대화할 때 주로 영어 혹은 라틴어로 대화했다.[5]

진젠도르프 백작은 웨슬리보다 세 살 위인 젊은 지도자로서 루터의 개혁주의신학적 전통 안에서 자라났다.[6] 그런데 루터 이후 200여 년이 지나

---

[4] Ward and Heitzenrater, *Journal and Diaries*, 18:255-58.
[5] Ward and Heitzenrater, *Journal and Diaries*, 18:258-59; Curnock, Journals, 2:10-13; Tyerman, *John Wesley*, 1: 197-98.
[6] 진젠도르프는 1700년에 독일의 작센(Sachsen)주 드레스덴(Dresden)에서 귀족인 게오르그 진젠도르프의 아들로 태어났다. 그는 경건주의적인 환경에서 자랐고, 비텐베르그대학교(Wittenberg University)에서 법학을 공부했다. 한편, 모라비안들이 핍박을 피해 진젠도르프 백작의 관할지인 베르텔스도르프(Berthelsdorf)까지 오게 되었는데 그들에게

면서 루터의 신학과 영성이 타락했다고 느끼고 있던 차에 진젠도르프는 핍박을 받으며 피해 다니던 모라비안들에게 피난처를 제공하면서 그들과 인연을 맺고 자연스럽게 그들의 지도자가 되었다.

모라비안들은 서로 다른 신앙적 배경에도 불구하고 그리스도인이라면 모두가 실천할 수 있는 도덕성을 갖춘 초대교회와 같은 영적 공동체를 세우자는 뜻에 동의하고 모였다. 처음부터 특정 교단을 세우려는 의도가 없이 "교회 내의 갱신 운동"과 같은 형식이었지만, 교황의 승인을 받지 못했기 때문에 핍박을 받았다. 그들은 교황주의자들의 위협을 피해 늘 은밀한 장소를 찾아다녀야만 했다.

마리엔본에서 진젠도르프를 비롯해 모라비안 공동체에서 함께 생활하며 느낀 것에 대해 어머니와 형 사무엘, 동생 찰스 등에게 쓴 편지 내용을 보면, 그들은 "기대했던 것 이상으로"(above our highest expection) 젊은이들부터 어른에 이르기까지 하나님과 화평을 이루고 죄로부터 자유한 새로운 피조물로 살아가고 있었다. 그들과 지내면서 느낀 점을 7월 6일 자 저널에 다음과 같이 남겼다.

> 나는 여기에서 내가 찾던 사람들을 만났다. 그들은 믿음의 능력으로 살아가는 사람들인데 하나님의 사랑이 그들의 마음에 부어져 내외적인 죄로부터 사함을 받았으며, 그들에게 주어진 성령의 증거를 따라 모든 의심과 두려움으로부터 해방된 사람들이었다(And here I continually met with what I sought for, viz. living proofs of the power of faith; persons saved from inward as well as outward sin by "the love of God shed abroad in their hearts" and from all doubt and fear by the

---

피난처를 제공해준 것이 계기가 되어 그들의 지도자가 되었다. 당시 20대 초반의 젊은 루터교도였던 백작은 그들과 함께 가장 초대교회적인 공동체를 이루면서 그 장소를 헤른후트(Herrn Hut), 즉 "주님의 집"(Lord's Hill)이라 불렀던 것이다. 모라비안 공동체는 어떤 교리도 가르치지 않고 오직 그리스도에 대한 온전한 사랑과 선교를 강조했다.

abiding witness of "the Holy Ghost given unto them).[7]

9일은 진젠도르프 백작이 설교하는 것을 들을 수 있었다. 12일은 로넨버그(Ronnenburg)에 있는 한 고성(old castle)에서 모이는 공동체에서 주최한 방문자들을 위한 컨퍼런스에 참가했는데, 프랑크푸르트(Frankfort)에서 온 한 사람이 "사람이 의롭게 되는 순간에 모를 수 있는가?"(Can a man be justified, and not know it?)라는 질문을 했다.

그에 대해 다음은 진젠도르프가 대답한 내용인데 웨슬리는 자신이 평소에 뷜러를 통해 들었던 답과 약간의 차이가 있음을 발견하고 다음과 같이 정리해 주었다.

① 칭의는 죄의 용서를 받은 것이다(Justification is the forgiveness of sins).
② 인간이 그리스도께 날아가는 순간 의롭게 된다(The moment a man flies to Christ he is justified).
③ 그리고 하나님과 평화를 누리지만, 항상 기쁜 것만은 아니다(And has peace with God, but not always joy).
④ 그리고 자신이 의롭게 되었다는 것을 오랫동안 모를 수 있다(Nor perhaps may he know he is justified till long after).
⑤ 왜냐하면, 의롭게 되었다는 것을 확신하는 것과 의롭게 된 것은 다르기 때문이다(For the assurance of it is distinct from justification itself).
⑥ 그러나 어떤 사람들은 자신이 의롭게 되었다는 사실을 알 수도 있는데, 죄를 이기고, 형제들을 사랑하고, 의에 주리고 목마른 것 등은 곧 영적인 삶이 시작되었다는 것을 증명하는 것이다(But others may know he is justified by his power over sin, by his seriousness, his love of the brethren, and his 'hunger

---

[7] Ward and Heitzenrater, *Journal and Diaries*, 18:260.

and thirst after righteousness,' which alone proves the spiritual life to be begun).

⑦ 의롭게 되었다고 하는 것은 곧 거듭났다는 것과 같은 개념이다(To be justified is the same thing as to be born of God).

⑧ 사람이 새롭게 깨어나는 것은 곧 하나님으로부터 거듭나는 것이고, 그의 두려움이나 슬픔, 그리고 하나님의 진노를 느끼는 것은 곧 거듭나기 위한 아픔이기도 하다(When a man is awakened, he is begotten of God; and his fear and sorrow and sense of the wrath of God are the pangs of the new birth).[8]

빌러가 평소에 웨슬리에게 답해준 내용은 다음과 같다.

① 사람이 그리스도 안에서 살아 있는 믿음을 가지면 그때 비로소 의롭게 되는 것이다(When a man has living faith in Christ, then is he justified).

② 이것은 항상 한순간에 주어진다(This is always given in a moment).

③ 그리고 그 순간에 그는 하나님과 화평을 누리게 된다(And in that moment he has peace with God).

④ 그가 가지고 있는 줄 모르는 것은 곧 그가 가질 수 없다(Which he cannot have without knowing that he has it).

⑤ 그리고 거듭난 사람은 죄를 짓지 않는다(And being born of God, he sinneth not).

⑥ 구원받은 사람은 자신이 죄로부터 구원받았다는 사실을 모를 수가 없다(Which deliverance from sin he cannot have without knowing that he has it).[9]

두 모라비안 지도자의 공통점과 다른 점은 다음과 같다. 두 사람은 순간적으로 의롭게 되는 것과 거듭나는 것은 같은 것이라는 데 동의한다. 다

---

8   Ward and Heitzenrater, *Journal and Diaries*, 18:260-61; Curnock, *Journal*, 2:12-13.
9   Ward and Heitzenrater, *Journal and Diaries*, 18:260-61; Curnock, *Journal*, 2:12-13.

만, 진젠도르프는 칭의는 곧 죄의 용서라고 하지만, 뵐러는 죄를 짓지 않는 것이라고 했고, 진젠도르프는 칭의의 순간에 모를 수도 있고, 오랜 시간이 지나서 알게 될 것이라고 하지만, 뵐러는 모를 수가 없다고 한 것이 다르다.

또한, 진젠도르프는 의롭게 되는 과정에서 반드시 고난을 받아야 하고, 선행을 통해 다른 사람들도 그 사람이 의롭게 된 것을 알게 될 것이라고 하지만, 뵐러는 고난이나 선행에 대한 언급이 없다. 같은 모라비안들이지만, 개인에 따라 교리적 이해가 다를 수도 있다는 것을 발견하는 것은 흥미로운 일이었고, 결과적으로 보면 웨슬리는 뵐러의 가르침에 더 많은 영향을 받았으면서도 진젠도르프의 의견을 수용한 것 같다.

한편, 공동체가 보기에 웨슬리는 지나치게 지식을 추구하며, 자신이 영국 국교회의 사제란 자부심에 집착하고 있었기 때문에(*homo perturbatus*) 자신들의 성찬식에 웨슬리가 참여하는 것을 허락하지 않았다.[10]

바이마르(Weimar) 지역을 지날 때는 오랫동안 붙잡혀 있기도 했는데 그곳의 고위 관리중 한 명이 왜 헤른후트로 가느냐고 물었을 때 웨슬리는 "그리스도인들이 사는 곳을 보기 위해서"(To see the place where the Christians live)라고 대답하니 이해할 수 없다는 표정을 지으며 보내 주었다.[11]

마침내 예나를 거쳐 할레(Halle)에 도착해서 그곳에서 경건주의 지도자인 고틸프 어거스트 프랑케(Gotthilf August Francke, 1696-1769)의 아버지 어거스트 헤르만 프랑케(August Hermann Francke, 1663-1727)가 세운 고아원을 방문해서 많은 도전과 감명을 받았다. 넉넉한 정부 지원금과 후원금으로 지어진 150야드나 되는 건물 안에는 숙박과 교육시설, 책방 등을 갖추고 있었다.

---

[10] Tyerman, *John Wesley*, 1:198. See also Collins, *John Wesley*, 98.
[11] Ward and Heitzenrater, *Journal and Diaries*, 18:262.

그 건물 안에 650여 명의 어린이가 거주하고 있었고, 3,000명이 그곳에서 배우고 있다고 들었다. 고아원은 인쇄와 출판을 하고 있었는데 경제적인 목적 때문이 아니라 경건한 신앙을 고양시키고 대중화하는데 기여하기 위해 운영하면서 독일어, 라틴어, 그리스어, 히브리어, 시리아어, 에디오피아어, 슬라보디어 등으로 출판할 수 있는 시설을 갖추고 있었다.

고아원은 많은 정부 지원금과 기부금, 그리고 프랑케 부자의 대를 잇는 지도력에 힘입어 역사에 유례없는 일을 진행하고 있는 것을 보고 놀라지 않을 수 없었다.[12] 웨슬리가 할레에서 본 것들은 그가 후에 뉴캐슬과 브리스톨과 런던에 고아원과 학교와 병원을 설립하는 모델이 되었다.

헤른후트로 가는 길에 30일 주일 마이센(Meissen) 지역에서 주일 예배를 드렸는데, 성찬식 때 떡과 잔을 받으러 나가는 사람이 극히 일부임을 보고 도대체 종교개혁을 일으킨 나라가 왜 이렇게 되었는지 탄식했다(Alas, alas! What a Reformed country is this!).

드레스덴(Dresden)에 갔을 때도 다른 여느 지역과 마찬가지로 이쪽저쪽 끌려다니면서 몇 시간씩 대기해야만 하는 처우를 받으면서 독일이나 영국 등 기독교를 믿는 국가에서 외국인을 대하는 몰염치(senseless)하고 비인간적인(unhuman) 문화와 태도를 보고 어찌하면 그런 문제를 해결할 수 있을지 고민하게 되었다.[13] 웨슬리가 유럽 여행을 통해서 종교적인 갈등뿐만 아니라 문화의 차이, 그런가 하면 기독교 신앙의 타락상 등을 직접 느끼게 된 것은 큰 소득이었다.

웨슬리 일행은 8월 1일 마침내 헤른후트에 도착하여 약 10일간 머무르면서 모라비안들의 공동 생활에 적극적으로 참여했다. 공동체는 "보헤미

---

12 Ward and Heitzenrater, *Journal and Diaries*, 18:262-64. 수잔나와 웨슬리는 이미 할레 경건주의자들의 지도자인 어거스트 헤르만 프랑케(August Hermann Francke, 1663-1727)의 저서들을 읽고 그를 동경하고 있었다. see Rack, *Reasonable Enthusiast*, 148.

13 Ward and Heitzenrater, *Journal and Diaries*, 18:265.

아와 경계인 상부 루사티아"(Upper Lusatia, on the border of Bohemia)에 위치해 있는데, 100여 채의 집으로 구성되어 있고 약 6-700명 수용하는 채플과 진젠도르프의 사택도 있었다.[14]

수요일엔 기혼자 중 남성들만이 참가하는 애찬회(love-feast)가 진행되었고, 다음날 성경 컨퍼런스(Bible conference)에 참여했는데 뮬러(Muller) 등 몇 명이 성경을 원어로 읽는 것을 보았다. 그리고 그곳에서 지내는 동안 몇몇 지도자들, 즉 데이비드(Christian David), 린너(Michael Linner), 도버(Martin Dober), 누서(Augustine Neusser) 등의 설교나 간증을 들었는데, 특히 데이비드는 무엇보다도 먼저 예수 그리스도의 피로 죄 사함을 얻는 것에 대해 말하면서도, "성령의 증거를 받지 않으면 아직 완전히 새로운 피조물이 된 것이 아니라고 했다"(they had not new heart; neither had they received the gift of the Holy Ghost).

그들은 한결같이 의심이나 두려움을 몰아내는 성령의 증거에 의해 확신하게 되었다고 말했다. 그 당시 웨슬리는 하루속히 자신이 공동체에서 보고 느끼는 그런 기독교가 "물이 바다 덮음같이" 온 세상에 가득하기를 원한다고 할 정도로 감동하고 있었다. 그 외에 웨슬리는 만나는 사람들과 깊은 대화를 나누면서 그들과 나눈 대화 내용을 약 30여 페이지 분량에 상세하게 정리해 두었다.[15]

공동체의 하루는 새벽 5시에 일어나서 기도와 노동을 한 후 오전 8시에 찬양과 성경 읽기와 기도로 시작해서 오후 8시에 모여 찬양과 성경 읽기와 기도를 한 후 평화의 키스로 마친다(conclude with the kiss of peace). 사람들은 90여 개의 반(about ninety bands)으로 나뉘어 한주에 최소한 2-3회 모임

---

[14] 현재 그 집은 장애 어린이들의 재활원으로 사용되고 있다(The house is now a rehabilitation center for handicapped children).
[15] Ward and Heitzenrater, *Journal and Diaries*, 18:267-93; Cf. Tyerman, *John Wesley*, 1:200-02.

을 가지면서 자신의 죄를 서로 고백하고 중보기도를 해 주었다. 지도자들은 매주 모임을 하고 회원들의 영혼의 상태를 점검했다. 방문자들도 주 1회 모임을 가지면서 가지고 있던 의문이나 문제를 해결 받는 데 주력했다.

어른들은 매일 오전 11시에 성경 공부를 하는데 매일의 분량을 원어로 읽으며 하나님의 뜻을 이해하려고 했다. 어린이들과 청년들을 위한 교육은 아침부터 저녁까지 학과 수업으로 가득 차 있고, 월요일부터 토요일까지 휴일도 없이, 놀이도 없이 진행되었다.

그들은 읽기, 쓰기, 산수, 라틴어, 그리스어, 히브리어, 프랑스어, 영어, 역사, 지리 등 여러 과목을 배웠는데, 모국어인 독일어 외에도 5개 국어를 공부하였다. 그중에서 히브리어는 주 4일, 그리스어는 주 2일간 공부함으로써 성경을 원어로 읽을 수 있도록 교육하고 있는 것에 놀랐다.[16]

약 70여 명이 생활하는 고아원의 경우는 새벽 5시에 일어나 기도한 후 7시까지 노동을 하고, 8시까지 학교로 가서 다시 1시간 동안 기도한 후 9시에 수업을 시작하는데 라틴어와 불어를 공부한다. 11시부터 1시간 동안 걷고 12시에 점심을 먹는다. 식사 후 일을 하거나 쓰기 공부를 한 후 5시까지 공부한 후 다시 한 시간 동안 걷고, 6시에 저녁을 먹고 남는 시간에 일한다. 다시 7시부터 1시간 동안 기도하며 일을 한다. 5-6세의 어린아이들은 8시에 잠자리에 들고, 그보다 큰 아이들은 8시에 모두 모여 예배를 드린다. 예배 후에는 하루를 정리하는 일을 한 후 10시에 잠자리에 든다. 일하는 것과 걷기를 하는 것이 눈에 띄고, 쉬는 시간이 없는 것은 당황스럽다.

당시에 어린이들을 가르치는 교리 교육은 루터의 교리문답(Luther's Catechism)을 사용했고, 특히 찬송을 많이 부른 것은 찬송을 통해 어린이들을 가르치는 것이 가장 효과적임을 경험을 통해 알게 되었기 때문이었다.[17]

---

[16] Ward and Heitzenrater, *Journal and Diaries*, 18:292; Cf. Tyerman, *John Wesley*, 1:203.
[17] Ward and Heitzenrater, *Journal and Diaries*, 18:292-3, 296. 공동체 내에서 봉사자들을

후에 웨슬리가 킹스우드(Kingswood)에 학교를 운영할 때도 매우 엄격한 규칙을 적용했는데 헤른후트에서 보고 배운 것을 적용한 것은 놀랄 일이 아니다. 주일에는 아침기도회가 6시에 시작되고, 9시 주일 공동 예배를 드리고, 오후 1시에 14개의 속회(fourteen classes)로 모이면서 서로를 격려하고 살피는 일을 했다. 오후 4시에 오후 예배를 드리고, 다시 오후 8시에 저녁 예배를 드린 후 남자 청년들은 각종 악기를 사용하여 찬송가 부르면서 헤른후트 시를 한 바퀴 돌고 주일을 마친다. 매주 토요일은 특별 집회로 모였다.

첫째, 토요일엔 세족식과 성찬식을 했고, 잠자리에 들 때까지 침묵했다.
둘째, 토요일엔 어린이들을 위한 기도회를 했다.
셋째, 토요일엔 중보기도와 감사기도를 했다.
넷째, 토요일엔 지도자들을 위한 집회로 모였다.[18]

공동체에서는 결혼을 중시했으며, 약혼은 이미 결혼한 부부로서 그들에게 가르침을 주었던 사람의 입회하에 가능하도록 했다. 남녀는 서로 예수께 먼저 철저히 헌신한 것이 확인되어야 결혼이 허락되었고, 아기가 태어나면 온 회중 앞에서 세례를 받도록 했다. 때에 따라서 애찬식(love-feasts)을 거행했고, 한 달에 한두 번 성찬식을 했다. 둘 중의 어느 것을 택해야 할지 모르지만 결정해야만 할 때는 제비를 뽑았다(Casting lots was used both in public and private, to decide points of importance, when the reasons on each side appeared to be of equal weight).[19]

다음과 같은 그룹으로 나누었다: Eldest(장로), Teachers(교사), Helpers(or Deacons. 집사), Overseers(감독자), Monitors(감시자), Almoners(구호품 분배자), Servants(봉사자).
[18] Ward and Heitzenrater, *Journal and Diaries*, 18:293.
[19] 초대교회 때도 가룟 유다를 대신할 사람으로 요셉이나 맛디아 중에서 제비를 뽑은 것

공동체 회원 중에서 죄를 범하고도 뉘우침이 없고 권면을 받고도 거부하면 공동체에서 퇴출하였는데 그가 잘못을 뉘우치면 다시 기쁨으로 받아들였다.[20] 하루의 시간 활용의 관점에서 다시 한번 정리해 보면, 밤 10시에 취침하여 새벽 5시에 기상하면 하루 7시간 수면, 세 번의 식사를 위해 3시간, 오전 8시 예배와 오후 8시 예배를 포함하여 매 4시간마다 예배 또는 경건의 훈련 시간을 갖도록 되어 있다.

웨슬리 일행이 8월 12일 헤른후트를 떠나 돌아오는 길에 마노에티우스(Manoetius)의 안내를 받았는데 그는 교황주의자들만큼이나 루터주의자들도 루터의 교리문답을 사용하는 헤른후트의 형제들에게 극심한 반감을 품고 있다고 말해 주었다.[21] 유럽 여행길에 웨슬리는 종교개혁 이후 수백 년이 지나도록 여전히 기독교인들 내에서 갈등과 증오가 뿌리 깊게 박혀있는 것을 목격했고, 또한 같은 교리문답을 사용하는 사람들끼리도 반감이 깊은 것을 보고 놀랐다.

여러 도시를 거쳐 마침내 9월 16일 토요일 밤에 영국에 도착했다. 돌아오자마자 주일 설교를 했고, 월요일에 페터레인신도회 회원들을 만났는데 3개월 전에 떠날 때는 10여 명에 불과하던 회원수가 3개월 후에 돌아와 보니 32명으로 증가해 있었다. 화요일 뉴게이트(Newgate)에서, 수요일은 올더스게이트신도회에서 설교하는 등 바쁜 일정을 이어갔다.

처럼(행 1:22-26), 모라비안들은 하나님의 뜻을 묻는 방법으로 제비를 뽑았는데, 웨슬리도 종종 그렇게 했다.

[20] Ward and Heitzenrater, *Journal and Diaries*, 18:296-7; Tyerman, *John Wesley*, 1:203-204. 웨슬리와 모라비안과의 관계에 대해서는 다음을 참고하라: Leon O. Hynson, "John Wesley and the 'Unitas Fratrum': A Theological Analysis," *Methodist History* 18(October 1979: 26-60; F. Ernest Stoeffler, "Religious Roots of the Early Moravian and Methodist Movement," *Methodist History* 24, no. 3(April 1986), 132-40; W.P. Stephens, "Wesley and the Moravians," in John Stacet ed., *John Wesley: Contempory Perspective*(London: The Epworth Press, 1988), 23-36.

[21] Ward and Heitzenrater, *Journal and Diaries*, 19:5.

당시 웨슬리의 영적 상태는 여전히 죄가 활동하지만, 죄의 지배를 받는 것은 아니었고, 자신을 새로운 피조물이라 할 수 없는 것은 성령의 열매인 기쁨이 없기 때문이며, 그런 의미에서 자신이 하나님의 자녀라고 하는 확신이 없다고 했다.[22]

2. 모라비안 신학과 구분되는 웨슬리신학

웨슬리를 올더스게이트 체험까지 인도한 사람은 모라비안들이고, 모라비안 공동체를 직접 방문하고 여러 지도자와 교제를 나누는 과정에서 그들로부터 신학적인 영향을 받음과 동시에 그들의 문제점까지 발견하게 되었다는 것은 웨슬리의 삶과 신학에 있어서 중대한 전환점이 되는 계기가 되었다.

그래서 영국으로 돌아온 지 10여 일이 지난 9월 27일과 28일 사이에 작성한 편지에는 모라비안 신학과 공동체에 대한 비판이 담겨 있었다. 그중의 몇 가지를 보면, 모라비안들은 금식을 외면하고, 행동이나 말이 가볍고, 시간을 가치 있게 사용하지 못하고, 가식적이라는 것이다. 그 내용에 대해 아는 사람이 별로 많지 않았는데, 공동체 내에서 모라비안들로 인해 문제가 발생하자 웨슬리는 내부의 혼란을 방지하기 위해 1740년 8월 8일에 더 긴 내용으로 발표하면서 문제는 더욱 심각해졌다.[23]

웨슬리가 그 전에 모라비안공동체에 머무르는 동안 "내외적인 죄로부터 구원받은 산 증인들을 만났다"(encountered many living proofs of those who had

---

[22] Ward and Heitzenrater, *Journal and Diaries*, 19:12-19; Tyerman, *John Wesley*, 1:205. Collins, *John Wesley*, 99.
[23] Telford, *Letters*, 1:258.

been saved from inward as well as outward sin)라고 기록했던 것과는 사뭇 다른 내용이었다.²⁴

1) 믿음과 실존 사이에서

웨슬리는 헤른후트에 머무는 동안 특히 평신도 지도자인 데이비드(Christian David)와 많은 대화를 했는데, 그는 직업이 목수(a carpenter)로서 50세가 안 돼 보이는 사람이었는데, 그와 독일어로 대화를 나누는 동안 대부분 이해했고 어려운 부분은 곁에 있는 사람이 라틴어로 통역해 주는 것을 웨슬리는 영어로 받아적었다.

데이비드는 자신이 죄 사함을 받고 구원의 확신이 있음에도 불구하고 "죄는 여전히 자신 안에 남아 있지만 주장하지는 못한다고 말하면서, 죄가 남아 있으므로 유혹도 여전히 받을 수밖에 없다"(though it did not *reign*, it did *remain* in me; and I was continually *tempted*, though not *overcome*)고 했다.²⁵

웨슬리는 자신의 경험에 비추어 볼 때 데이비드의 설명에 전적으로 동의했다. 그런 뜻에서 웨슬리가 9월 16일 헤른후트에서 돌아온 지 얼마 되지 않은 10월 6일에 "이 점에 있어서 나는 새로운 피조물이라고 말하지 않겠다. 왜냐하면, 새로운 욕망이 내 마음 안에 여전히 다시 일어나기 때문이다. 하지만, 그러한 죄의 욕망이 나를 지배하지는 못한다"(I dare not to say I am a new creature in this respect. For other desired often *arise* in my heart. But they do not *reign*)라고 하면서 그런 의미에서 자신이 하나님의 자녀라고 하는 확신이 없다고 했다.²⁶

---

24 Ward and Heitzenrater, *Journal and Diaries*, 18:260.
25 Ward and Heitzenrater, *Journal and Diaries*, 18:274.
26 Ward and Heitzenrater, *Journal and Diaries*, 19:12-19. 참조 Tyerman, *John Wesley*, 1:205. Collins, *John Wesley*, 99.

죄에 관한 한 "나는 새로운 피조물이라고 말하지 않겠다"라는 선언은 올더스게이트 체험 후 모인 기도회에서 벌떡 일어나 "5일 전까지 나는 그리스도인이 아니었다"라고 말한 것과 동일하게 생각해서는 안 된다. "5일 전까지 나는 그리스도인이 아니었다"라고 말한 것은 "이제야 비로소 나는 진정한 그리스도인, 즉 죄의 지배를 받지 않는 사람이 되었다"라는 뜻이었는데, 3개월이 지난 후 "나는 새로운 피조물이라고 말하지 않겠다"라고 한 것은 "자신이 죄로부터 완전히 해방된 존재가 못된다"라는 뜻을 내포하고 있기 때문에 오히려 반대의 개념이다.

웨슬리는 분명 모라비안적 올더스게이트 체험을 통해 얻었던 확신과 믿음에 대한 반성을 하고 있었다. 즉, 죄의 문제에 대해 더욱 신중해지면서, "죄로부터 해방되었다"라고 하는 믿음과 "죄가 여전히 내 안에 남아 있다"라고 하는 실존 가운데서 고뇌하는 존재가 되었던 것이다.

2) 하나님의 은혜에 대한 새로운 자각

올더스게이트 체험과 모라비안 공동체를 방문하고 돌아온 이후에 "더 이상 죄를 짓지 않게 되었다"라는 웨슬리의 선언에 가장 격렬하게 반발한 사람은 형 사무엘 웨슬리(Samuel Wesley Jr.)였다. 그는 이렇게 묻는다.

> 네가 진정으로 지속적으로 죄없이 산 적이 있단 말이냐?(Have you ever since continued sinless?)

그리고 다음과 같이 대답을 촉구한다.

> 그렇다면 너는 한 번도 타락한 적이 없단 말이냐?
> 아니면, 네가 말하고 있는 것이 다만 '자범죄'(presumptuous sins)를 짓지 않

을 수 있다고 말하는 것이냐?(Do you never, then, fall? Or do you mean no more than that you are free from presumptuous sins?)

그리고 그의 결론은 "만약 전자라면 나는 받아들일 수 없고, 만약 후자라면 누가 이의를 제기하겠는가?"(If the former, I deny it; if the latter, who disputes?)라고 반문한다.[27]

웨슬리는 형을 포함 자신을 비판하는 영국 국교회 지도자들에게 "죄인인 인간을 질적으로 변화시켜 의인이 되게 하는 것"이 영국 국교회신학이 가르치고 있는 내용과 절대 다르지 않다고 항변했다.[28]

웨슬리는 분명 올더스게이트 체험을 통해 죄의 용서를 받았을 뿐만 아니라 죄의 지배로부터 벗어났다는 해방감과 기쁨을 느낀 것도 사실이다. 그런데 인간의 죄의 문제는 그리 간단치 않았다. 오히려 뿌리 깊은 죄의 실상과 인간의 한계에 대해 더욱 처절한 인식에 도달하게 되었다.

분명한 것은 웨슬리는 더 이상 자신의 노력과 훈련으로 죄의 문제를 극복할 수 있다는 낭만적인 생각을 가질 수 없게 되었다는 것이며 그 시점부터 그는 하나님의 은총에 대해 더 많이 언급하기 시작했고, 그에게 하나님의 은총은 죄를 이기게 하는 "능력"(power)으로 인식되기 시작했다.

개혁주의신학 전통 안에서, 그리고 영국 국교회 내에서 질적 변화가 없이 "부과된 의"(imputed righteousness)가 문제라는 것을 웨슬리는 이미 알고 있었고, 질적 변화가 없이도 구원이 보장되는 칭의 교리의 한계를 극복하지 못하면 기독교는 명목상의 신자들로 가득해질 수밖에 없다는 문제를 해결하기 위해 그는 노력하고 있었다. 그 시점에서 웨슬리가 발견한 해결책은 더욱더 치열하게 노력하는 것이 아니라 더욱더 하나님의 은총과 성

---

[27] Baker, *Letters*, 25:598(Dec. 13, 1738).
[28] Baker, *Letters*, 25:599-600(Feb.3, 1739).

령의 능력을 구하는 일이었다. 이런 면에서 웨슬리는 분명 개혁주의신학의 한계를 극복하는 돌파구를 찾게 되었다.

3) 죄의 능력으로부터 구원받는 중생 강조

우리가 이미 언급한 대로 올더스게이트 체험 직후 옥스퍼드대학교의 채플에서 행한 "믿음으로 말미암은 구원"이란 설교에서 웨슬리는 "믿음을 통해 우리는 죄의 능력으로부터 구원을 받을 뿐만 아니라 죄책으로부터도 구원을 받는다"(Through this faith they are saved from the power of sin as well as from the guilt of it)라고 했는데 모라비안 신학의 영향을 감지할 수 있다.[29] 그리고 칭의와 중생의 관계에 대해 다음과 같이 설명했다.

이 세상에서 믿음을 통해 얻는 구원은 이것이다. 죄로부터 구원을 얻는 것인데 이것을 또한 칭의라고 한다. 칭의란 예수 그리스도의 구속에 의해 죄책과 형벌로부터 구원받는 것인데, 그러한 구원은 그를 믿는 사람의 영혼에 실제로 적용된다. 그리고 죄의 능력으로부터 구원받는 것은 곧 그리스도를 통해 그의 마음에 이루어진다. 결과적으로 믿음으로 의롭게 되거나 구원받은 것은 사실은 거듭났다는 것이다(This then is the salvation which is through faith, even in the present world: a salvation from sin and the consequences of sin, both often expressed in the word "justification," which, taken in the largest sense, implies a deliverance from guilt and punishment, by the atonment of Christ actually applied to the soul of the sinner now believing him, and a deliverance from the power of sin, through Christ "formed in his heart." So that he who is thus justified or saved by faith is indeed "born again").[30]

---

[29] Outler, *Sermons*, 1:123.
[30] Outler, *Sermons*, 1:124.

"믿음으로 의롭게 되거나 구원받은 것은 곧 거듭났다"(So that he who is thus justified or saved by faith is indeed "born again)라고 함으로써 웨슬리는 칭의와 중생을 동일한 것이라고 했다.

하지만, '칭의'(justification)가 '죄책으로부터 자유'(freedom from the guilt of sin)라고 하면 '중생'(regeneration)은 '죄의 능력으로부터 자유'(freedom from the power of sin)라고 구분한 것을 보면, 웨슬리가 비록 모라비안 신학으로부터 영향을 받았지만, 웨슬리만의 신학적 확신이 이미 드러나고 있음을 발견한다.[31]

그 이후로 웨슬리는 칭의보다는 중생에 더 많은 비중을 두었고, 그가 말하는 중생은 칭의 보다는 성화에 더 가까운 개념으로 발전한다. 바로 이 시점, 즉 믿음에 의한 칭의를 깨닫게 된 것이 초기 웨슬리라면, 칭의를 중생의 개념으로 이해하면서 결국은 질적인 변화를 의미하는 중생을 강조하면서 성화의 개념과 연결시키는 것이 중기 웨슬리의 시작으로 보아야 할 것이다.

4) 미리 보는 칭의와 성화와 중생과의 관계

올더스게이트 체험과 유럽 여행을 다녀온 후 웨슬리는 칭의를 지나 중생과 성화로 가는 것이 복음의 중심이라고 전하기 시작했다. 웨슬리에 의하면 '거듭남'(born again)은 '하나님으로부터 남'(born of God), '성령으로 남'(born of the Spirit), '하나님의 자녀 됨'(child of God), '양자의 영'(Spirit of adoption)임을 확신하며 담대하게 선포하기 시작했다.

1739년에 두편의 중생에 대한 설교, "신생의 표적들"(The Marks of the New Birth)과 "하나님으로부터 난자들의 특권"(The Great Privilege of Those are Born of God)을 선포했다. 거듭났다고 하는 것은 곧 "더 이상 죄의 지배를 받지 않는 존재가 되었다"라는 것을 의미하고 그것이 바로 성경이 가르치는 내용(요 3:16; 요일 3:1-2, 9; 롬 6:6)이라는 것이다.

---

[31] cf. Outler, *Sermons*, 1:314-34; Maddox, *Responsible Grace*, 143-44.

우리가 하나님으로부터 거듭났다고 하는 믿음의 직접적이고 지속적인 열매는 단 한 시간만이라도 죄의 문제와 따로 논할 수 있는 문제가 아니다, 믿음의 열매는 곧 죄를 이기는 능력이다. 모든 종류의 외적인 죄와 모든 악한 말과 행위를 이기는 능력이다(An immediate and constant fruit of this faith whereby we are born of God, a fruit which can in no wise be separated from it, no, not for an hour, is power over sin: power over outward sin of every kind; over every evil word and work).[32]

어떤 사람들은 "하나님으로부터 난 자는 습관적으로(habitually) 죄를 짓지 않는다"라고 주장하겠지만, 웨슬리는 성경에 그렇게 말한 적이 없다(It is not written in the Book. God plainly saith, he ; doth not commit sin)고 단호하게 말했다.[33]

이제 40대에 접어드는 웨슬리는 영국 국교회가 가르치는 세례와도 다른, 개혁주의신학이 가르치는 칭의와도 다른 신생을 강조하기 시작하면서 성령으로 거듭난 사람은 죄를 더 이상 범하지 않는다는 내용과 세례를 받았지만, 여전히 죄를 범하는 영국 국교회 내의 현상에 대해 설명하지 않으면 안 되는 신학적인 문제에 직면하게 되었다.

"하나님으로부터 난 자들의 특권"(The Great Privilege of those that are Born of God)에서 웨슬리는 자신이 의미하는 신생이 무엇인지, 그리고 칭의와 어떻게 다른지 탁월하게 구분했다.

> 칭의는 상대적인 변화를, 신생은 실제적인 변화를 의미한다. 하나님의 역사 가운데 칭의가 우리를 위해 하신 것이라면, 우리를 거듭나게 하는 신생은 우리 안에서 하신 것이다. 전자가 하나님과 우리 사이의 외형적 관계를

---

[32] Outler, *Sermons*, 1:419.
[33] Outler, *Sermons*, 1:419 웨슬리가 말한 죄의 개념에 대한 연구는 다음을 보라. Paul M. Bassett, "Wesleyan Words in the Nineteenth-Century World: 'Sin' a Case Study," *Evangelical Journal* 8(Spring 1990), 15-40.

바꾸는 것으로서 원수가 자녀가 되는 것이라면, 후자는 내적인 영혼을 바꾸는 것으로서 죄인이 의인이 되는 것을 말한다.

칭의는 우리로 하여금 하나님의 자녀가 되게 하는 것이라면, 신생은 하나님의 형상을 회복하는 것이다. 칭의는 죄책을 제거하는 것이라면, 신생은 죄의 능력을 제거하는 것이기 때문에 두 종류의 은혜는 어떤 시점에서는 만나겠지만, 각각 다른 특성을 가지고 있다(Justification implies only a relative, the new birth a real, change. God in justifying us does something *for* us; in begetting us again, He does the work *in* us. The former changes our outward relation to God, so that of enemies we become children; by the latter our inmost souls are changed, so that of sinners we become saints. The one restores us to the favour, the other to the image of God. The one is the taking away the guilt, the other the taking away the power of sin; so that, although they are joined together in point of time, yet are they of wholly distinct natures).[34]

즉, 하나님께서 "우리를 위하여"(for us) 일하시는 것이 칭의라면, 신생은 "우리 안에서"(in us) 일하시는 것이라고 했다. 그리고 칭의는 "죄책으로부터 자유롭게 되는 것"(freedom from the guilt of sin)인 반면에 중생은 "죄의 능력으로부터 자유롭게 되는 것"(freedom from the power of sin)이라고 구분하면서 둘은 분리되는 것은 아니지만 전적으로 다른 것이라고 했다.[35]

웨슬리는 분명 칭의의 순간에 신생이 일어날 수 있다는 사실을 인정하면서도, 칭의가 곧 신생이 될 수는 없는 반면에, 신생은 칭의가 될 수 있다는 차이를 포기하지 않았다. 두 편의 설교는 곧 1740년에 요한복음 3:7 본문으로 행한 설교 "신생"(The New Birth)을 통해 다음과 같이 구체적으로 정립되었다.

---

[34] Outler, *Sermon*, I: 431-32; See also "An Introductory Comment" on the sermon "The Great Privilege of those that are Born of God" in A. Outler & R. Heitzenrater, *John Wesley's Sermon*, 183.

[35] Outler, *Sermons*, 1:431-32.

첫째, "칭의는 중생에 선행한다"(justification precedes the new birth)라고 했다. 즉, "먼저 하나님의 진노가 해결된 후에 성령께서 우리 안에서 역사한다"(We first conceive his wrath to be turned away, and then his Spirit to work in our heart)라는 것이다.[36]

그런 의미에서 칭의가 우리와 하나님과의 관계를 회복시키는 것이라면, 중생은 우리의 내적인 본질이 변하여 아담의 타락 후 잃어버렸던 하나님의 거룩한 형상을 회복하는 것이다. 그것은 곧 예수 그리스도 안에서 새로 지음을 받는 것이고, 하나님을 따라 의와 거룩함으로 새롭게 지으심을 받는 일이다(엡 2:10; 4:24).

결과적으로 칭의 된 자도 반드시 거듭나야 한다는 내용이기 때문에 자신들은 이미 세례를 받는 순간 거듭났다고 믿고 있던 영국 국교회 교인들에게는 심각한 문제가 되는 내용이었다.

둘째, 신생 이후 궁극적으로 성화를 추구하는 시점에서 "신생은 성화가 아니다"(the new birth is not the same with sanctification)라고 함으로써 신생에서 멈추지 않고 성화의 단계로 성장할 수 있도록 했다.

> 신생은 성화 전체는 아니고 한 부분이다. 오히려 성화에 들어가는 문이라 하겠다. 그러므로 우리가 중생할 때는 우리 안에서 성화, 내외적인 거룩이 시작된다. 그 후로 우리의 머리 되는 그분에 이르기까지 성장하는 것이다 (This [the new birth] is a part of sanctification, not the whole; it is the gate of it, the entrance into it. When we are born again, then our sanctification, our inward and outward holiness, begins. And thenceforward we are gradually to grow up in him who is our head).[37]

---

[36] Outler, *Sermons*, 2:187.
[37] Outler, *Sermons*, 2:198.

본질이 변하지 않고는 하나님의 거룩을 이룰 수 없으므로 거룩에 이르기 위해서는 신생이 필연적인 과정인데, 신생은 단번에 일어날 수 있는 반면에 성화는 점진적으로 성장하는 것이라고 했다. 웨슬리신학을 이해하는 데 있어서 성화를 중심으로 하느냐, 아니면 신생을 중심으로 하느냐에 따라 달라질 수 있다. 청년기의 웨슬리가 성화를 중심으로 기독교신학을 이해했다면 올더스게이트 체험을 통해 칭의가 그의 신학의 중심이 되는 듯했다.

하지만, 페터레인신도회에서의 체험을 통해 그는 분명 칭의로는 설명 불가능한 다른 면, 즉 신생의 문제에 집중하기 시작하면서 그 이후의 신학을 결정했다. 특히, 야외설교에 나서면서 웨슬리는 그동안 모라비안들뿐만 아니라 필립 제이콥 스펜서(Philipp Jacob Spencer)나 어거스트 헤르만 프랑케(August Hermann Francke) 등 청교도 경건주의자들을 통해 수없이 들었던 신생이 기독교의 출발이요, 본질이 되어야 한다고 인식하기 시작했다.

그런데 메도디스트 운동이 확대되어 조직을 갖추어 나가면서 그는 신생과 성화를 연결하여 설명하기 시작하는데 후기로 갈수록 오히려 성화를 강조하기도 한다.

결과적으로 웨슬리 사후 웨슬리안들은 신생을 중심으로 웨슬리신학을 발전시킨 그룹과 성화를 중심으로 웨슬리신학을 발전시킨 그룹이 나타나는데, 그들의 공통점은 그 모든 일은 오직 성령의 역사와 증거에 의해 일어나는 질적 변화라고 한 것이다. 그렇다면 칭의와 신생과 성화의 조화를 이룬 것이 웨슬리신학인지, 아니면 그 중 어느 하나에 집중하도록 한 것이 웨슬리신학인지 점검해 볼 필요가 있다.

제4부

페터레인신도회의 분열과 파운더리신도회의 설립: 갈등과 분열

제1장 페터레인신도회에서의 성령 체험과 분열
제2장 야외설교와 갈등과 분열
제3장 파운더리신도회 시대와 웨슬리신학의 정체성 형성

웨슬리가 올더스게이트에서 특별한 체험을 하고 모라비안 공동체를 방문하고 온 후, 웨슬리 형제들에 대한 문제는 점점 가시화되기 시작했다. 주교들이 웨슬리 형제를 만나서 그들의 신학적 입장을 점검하는 일들이 빈번해졌다.

그러던 중 웨슬리가 페터레인신도회에서 매우 특별한 체험을 하게 되고 얼마 지나지 않아 야외설교에 나서게 되면서 영국 국교회 관계자들뿐만 아니라 동료들인 칼빈주의 메도디스트와 갈등을 겪게 된다.

특히, 영국 국교회와의 갈들이 점점 심각해지자, 형 사무엘이 "나는 결코 주교들이 내 동생 존을 파면하는 것을 두려워하지 않는다. 오히려 동생이 그 주교들을 파면할까봐 매우 두렵다"(I am not at all afraid of bishops excommunicating my brother John, but I am very much afraid that he will excommunicate the bishops)라고 말한 것이 당시의 상황을 잘 대변해 주고 있다.[1]

한편, 웨슬리가 40대에 접어드는 시점에 점점 많아지는 메도디스트들의 조직을 확장해 가는 과정에서 웨슬리의 삶은 전혀 예상치 못한 방향으로 전개된다.

---

1 Piette, *John Wesley*, 330-331에서 재인용.

제1장

페터레인신도회에서의 성령 체험과 분열

올더스게이트 체험은 루터의 로마서 주석의 내용을 듣는 순간 일어난 일이기 때문에 신학적으로도 의미가 있지만, 페터레인신도회에서의 체험은 어떠한 이론으로도 설명하기 어려운 신비한 체험이기에 주목해 보아야 한다.

1. 페터레인신도회에서의 특별한 체험

유럽에서 돌아온 후 웨슬리는 자신이 그토록 집중하며 해결하려고 했던 죄의 문제가 여전히 해결되지 않았다는 현실 앞에서 더 깊은 고민을 하고 있었다. 1738년 12월 마지막 날 월요일 밤에 페터레인신도회(society at Fetter Lane)에 60명 이상이 모여 애찬회(love feast)를 하며 철야기도를 하고 있었다. 새벽 3시경(1739년 1월 1일)에 웨슬리와 동료들은 그 이전에 한 번도 경험한 적이 없는 특별한 체험을 한다. 웨슬리는 그 순간에 일어난 일에 대해 다음과 같이 기록했다.

홀, 킨친, 잉햄, 휫필드, 헛친스와 나의 형제 찰스와 다른 형제 60여 명과 페터레인에서 애찬회에 참석하고 있었다. 새벽 세 시경 우리가 기도를 계속할 때에 하나님의 능력이 너무나 강하게 역사하여 우리 중에 많은 사람이 기쁨에 넘쳐서 큰소리를 질렀으며, 많은 사람이 바닥에 쓰러졌다. 우리가 주님의 권세 있는 임재에 놀라움과 경외감으로부터 조금 회복된 후에 모두 한목소리로 '우리가 당신을 찬양합니다. 오, 하나님! 우리가 당신을 우리의 주님으로 인정합니다'라고 외쳤다(Mr. Hall, Kinchin, Ingham, Whitfield, Hutchings and my brother Charles were present at our love-feast in Fetter Lane, with about sixty of our brethren. About three in the morning, as we were continuing instant in prayer, the power of God came mightily upon us, insomuch that many cried out for exceeding joy, and many fell to the ground. As soon as we were recovered a little from that awe and amazement at the presence of his majesty, we broke out with one voice, "We praise thee, O God; we acknowledge thee to be the Lord).[1]

올더스게이트에서 "이상하게 가슴이 뜨거워졌다"라는 체험은 조용하고도 개인적이었다면, 페터레인에서의 체험은 소리를 지르고 넘어지는 등 웨슬리가 한 번도 언급한 적도 없는 신비하고도 강력한 공동체적 체험이었다.

2. 페터레인신도회 성령 체험 이후

페터레인신도회에서 특별한 체험을 한 지 3일 후인 1월 4일 쓴 일기에 나타난 내용을 중심으로 다음과 같이 웨슬리신학을 정리해 보자.[2]

---

[1] Ward and Heitzenrater, *Journal and Diaries*, 19:29. 웨슬리에 의하면 그냥 지나칠 수 없는 매우 충격적인 순간이었는데, 이상하게도 찰스는 그날 있었던 일에 대해 어떠한 기록도 남기지 않았다.
[2] Ward and Heitzenrater, *Journal and Diaries*, 19:29-31.

1) 나는 지금 그리스도인이 아니다

"자신이 1년 전에 그리스도인이 아니라고 함으로써 친구들이 미쳤다고 했다"(My friends affirm I am mad, because I said I was not a Christian a year ago)는 사실을 인정하면서도 그는 이어서 "나는 지난 20년 동안 모든 은혜의 방편들을 사용하였지만, 나는 지금 그리스도인이 아니다"(Though I have constantly used all the means of grace for twenty years, I am not a Christian)라고 다시 말했다.

여기에서 한 가지 주목해야 할 차이가 있다. 올더스게이트 체험 이후에는 "5일 전까지 나는 그리스도인이 아니었다"(five days ago, I was not a Christian)라고 함으로써 "자신이 비로소 기독교인이 되었다"라는 뜻에서 긍정적인 반면에, 페터레인신도회에서 특별한 체험을 한 후에 "나는 지금 그리스도인이 아니다"(I am not a Christian)라고 말한 것은, 기독교인은 분명한 질적 변화와 그에 따른 그리스도의 열매가 나타나야 하는데, "자신에게 그런 열매가 없다"(I have not the fruits of the Spirit of Christ)라는 뜻이기 때문에 절망적인 상태라는 것이다.[3]

2) 이성이 한계와 하나님의 초월적인 역사

페터레인신도회에서 체험한 내용을 전하는 과정에서 웨슬리는 "나는 알고 있다. 왜냐하면, 내가 그렇게 느끼기 때문이다"(I know because I feel it) 란 표현을 사용하고 있다. 우리가 다른 사람을 사랑할 때도 사랑하는 마음은 느낌으로 알 수 있듯이, 하나님의 사랑과 은혜도 느낌으로 알 수 있는 것처럼 경험을 통해 얻는 영적 지식이 웨슬리에게 충격적으로 주어지면서

---

[3] Ward and Heitzenrater, *Journal and Diaries*, 19:16-19; Baker, *Letters*, 25:576-77; Tyerman, *John Wesley*, 1:193.

그의 이성적 신학은 영적 세계로 더욱 확장되었다.

웨슬리는 하나님의 은혜도 언제나 이성을 통해 이해될 수 있고 또한 이성적으로 납득되도록 전달되어야 한다고 믿고 있었다는 점에서는 당시의 이신론주의자들과 크게 다르지 않았다. 이성도 하나님이 주신 은혜의 방편이라고 믿고 있는 그에게 페터레인신도회에서 경험한 것은 충격이면서 동시에 하나님의 신비에 더욱 가깝게 다가가는 계기가 된 것은 분명하다.

3) 칭의에서 중생으로

웨슬리는 자신이 "거듭나야 한다"(must be born again)라고 말하며 거듭나지 않으면 하나님의 나라를 볼 수 없다고 했다. 결과적으로 보면 이후로 웨슬리신학은 칭의와 성화의 신학에서 "중생의 신학"으로 변하게 된다.

올더스게이트 체험을 통해 웨슬리는 칭의의 신학자가 되었지만, 이제 페터레인 체험을 통해 웨슬리는 중생의 신학자로 전환이 이루어지고 있다. 그리고 그 중심에 성령의 역사가 있기 때문에 그는 동시에 성령의 신학자가 되었다. 그런 변화를 염려하고 있던 형 사무엘은 1739년 3월 26일 동생에게 편지해서 성령이 구원에 필요한 것은 아니라고 말했다.[4]

1739년 1월 25일 이슬링톤(Islington)에서 다섯 명의 어른들에게 세례를 주었다. 그런데 세례를 받은 다섯 명 중에서 오직 한 명만 내적인 변화가 일어난 것이 분명하고, 나머지 네 명은 그저 죄의 용서를 받은 정도에 불과하다는 것을 발견한 웨슬리는 세례를 받는 것과 거듭나는 것은 다르기 때문에 구분할 필요가 있다고 생각했다. 세례식을 한 지 4일째 되는 날에 휫필드 외 다른 두 명의 목회자들과 "신생의 교리"(the doctrine of the new

---

4   Baker, *Letters* 25:613.

birth)에 대해 새벽 1시까지 토론했다.[5]

28일 아침 일찍 4-5명이 동료들과 소위 "프랑스의 예언자들"(French Prophets)이라 불리는 한 젊은 여자를 만나러 갔는데, 그는 웨슬리 일행을 맞이한 후 의자에 기대어 앉아 10여 분간 몸과 손발을 떨며 마치 무슨 충격을 받은 것처럼 행동하다가 입을 열어 예언하는 듯했지만, 대부분 성경 말씀을 그대로 전하는 것이었다. 동료들은 많은 감동한 듯하지만, 웨슬리는 그러한 행동이 '히스테리컬하거나 꾸미는 행동'(hysterical or artificial) 같았다고 했다.[6]

웨슬리에게 신생은 곧 하나님의 은혜와 사랑으로 내면적 본질이 변하여 완전히 새롭게 거듭나는 것이라는 생각이 점점 확고해졌다. 3월 2일 옥스퍼드에 갔을 때도 신생의 복음은 새로운 역사를 일으키고 있었다. 간청에 의해 옥스퍼드에 며칠 더 머무르게 되었는데, 6일 한 여인을 방문하여 복음을 토론하게 되었다.

토론하면 할수록 그 사람은 더욱 격렬하게 화를 내자 웨슬리 일행은 토론을 멈추고 함께 무릎을 꿇고 기도하자고 했다. 기도를 시작한 지 몇 분 만에 그 여인은 극도로 괴로워하더니 이내 "나는 이제 예수 그리스도를 통해 용서함 받았다는 사실을 알았다"(Now I know I am forgiven for Christ's sake)라고 소리쳤다. 그리고 계속 혼잣말을 하다가 한 시간쯤 지나 정상으로 돌아왔다.[7]

당시 영국 국교회의 39개 신앙고백 중 XXII 항 "세례에 대하여"(of Baptism) "세례를 받으므로 거듭난다"(baptismal regeneration for granted, as in the of-

---

5 Tyerman, *John Wesley*, 1:230.
6 Ward and Heitzenrater, *Journal and Diaries*, 19:33. "프랑스의 예언자들"(French Prophets)은 영국뿐만 아니라 독일과 홀란드 등 유럽 여러 지역에서 추종자들을 얻었는데, 그들이 프로테스탄트라는 점에서 위그노(Huguenot)라 할 수 있겠지만 다른 위그노들이 그렇게 한 것은 아니었다.
7 Ward and Heitzenrater, *Journal and Diaries*, 19:35.

fice for Baptism)는 내용에 대해 배우고 자신도 그렇게 주장하는 책자를 출판한 바 있는데, 웨슬리는 "물과 성령으로 나지 아니하면 하나님 나라에 들어갈 수 없다"(요 3:5)라는 말씀에 따라 세례를 통해 거듭난다고 하는 사실을 부정한 적은 없다.

그런데 웨슬리는 1739년 6월 10일 요한복음 3:8 말씀에 근거하여 "신생의 표"(The Marks of the New Birth)에 대해 설교하기 시작하여 1757년 12월까지 14번이나 설교했고, 그 설교는 1748년에 두 번째로 편집한 설교집에 포함되었다.[8]

그런가 하면, 요한복음 3:7을 본문으로 하여 "신생"(The New Birth)에 대해 1740년에 설교한 후 1755년에 5번, 다음해에 11번, 1757년에 6번, 그리고 1758년에 14번, 그 다음해에 13번을 포함하면 1750년대에만 50번 이상 신생에 대해 설교했다는 사실이 웨슬리에게 일어난 변화를 증명하고 있다.[9]

(1) 성령의 신학

사실 웨슬리의 기록들을 보면 그는 성령의 역사에 대해 이미 잘 알고 있었음에도 올더스게이트와 페터레인신도회에서 성령 체험을 한 뒤로 비로소 성령을 체험하게 된 것처럼 말한 것은 무슨 뜻일까?

특히, 올더스게이트 체험에 대해 기록할 때 "성령의 역사"에 대해 구체적인 언급이 없는 것을 보면 자신이 직접 체험하기 전까지는 그 실체와 능

---

[8] "An Introductory Comment" on the sermon "The Marks of the New Birth" in Outler, *Sermons*, 1: 416. 아우틀러는 1991년에 하이젠레이터와 공동으로 편집하여 출판한 *John Wesley's Sermon* 에서는 웨슬리가 1757년 12월까지 13번 설교했다고 했는데 그 후에 출판된 총서에는 "14번"으로 교정하였다. See "An Introductory Comment" on the sermon "The Marks of the New Birth" in Outler& Heitzenrater, *John Wesley's Sermon*, 173.

[9] Outler, *Sermons*, 2:186.

력과 열매에 대해 알지 못했다고 보는 것이 옳을 것이다. 그렇다면 페터레인신도회에서의 성령 체험을 통해 웨슬리는 경험의 문제와 성령의 문제가 그리스도인의 삶과 신학에서 얼마나 중요한지 비로소 깨닫게 되었다고 보는 것이 옳을 것이다. 그리고 성령의 역사와 체험 문제는 자신만의 문제로 끝나지 않고 야외설교의 현장으로 확장되면서 기독교신학과 목회 현장에서 웨슬리신학의 가장 큰 특징 중 하나가 되었다.

또한, 19-20세기 '아메리칸 부흥 운동'과 복음주의신학의 뿌리가 되었다. 그런 의미에서 웨슬리의 생애와 신학을 이해하고 평가하는 데 있어서 성령의 증거와 활동에 대해 더욱 살펴볼 필요가 있다. 즉, 교회 내에서만 선포되던 하나님의 말씀이 교회 밖에서 증거될 때 나타나는 성령의 증거와 활동, 그리고 그러한 새로운 경험과 신학적 문제가 그의 삶의 과정을 통해 어떻게 신학적으로 발전해 가는지 주목하자.

The Life and Theology of John Wesley

제2장

야외설교와 갈등과 분열

1739년 4월 2일, 웨슬리가 페터레인에서 성령 체험을 하고 3달이 지난 4월 2일 오후에 야외설교(field preaching or open air preaching)에 나서게 된다. 야외설교에 나서기 전까지 웨슬리는 런던과 브리스톨 지역에 있는 신도회에 전념하고 있었고 그 외의 지역에 나서는 것을 꺼리고 있었기에 당시까지 그의 활동과 신학적 사고는 자신의 내면적인 문제에 집중하고 있었고 지역적으로도 지극히 제한적이었다. 그런데 야외설교에 나서게 되면서 상황은 급격하게 변하기 시작했다.

결과적으로 보면, 야외설교는 웨슬리가 36세 때부터 시작하여 87세로 죽기 직전까지 50년 이상 매진한 일이기 때문에 20대에 성직 안수, 30대 중반에 올더스게이트와 페터레인신도회에서의 성령 체험이 인생의 전환점이 되는 특별한 계기가 되었다면 야외설교는 그때 이후로 웨슬리의 신학을 더욱 확장하고 발전시키는 데 장이 되었다고 볼 수 있다.[1]

---

[1] 야외설교를 영어로 'field preaching' 혹은 'open air preaching'이라 한다.

1. 야외설교의 신학적 명분

웨슬리를 야외설교의 현장으로 인도한 사람은 웨슬리보다 10살 어린 조지 횃필드(1714-1770)이다. 횃필드는 그의 나이 21세 때, 법의 규정보다 2년이나 일찍(ordained two years in advance of the requisite age) 부제(deacon) 안수를 받고 설교를 시작했는데, 런던(London)에서 대성공을 거두면서 유명해지기 시작하면서 옥스포드대학교 펨브르크대학(Pembroke College in the University of Oxford)에서 학업을 마칠 수가 없었다. 웨슬리와 함께 신성회 활동을 하는 동안 청교도들의 서적을 많이 보면서 특히 칼빈주의적 복음주의자가 되었다.[2]

횃필드는 언변이 화려하고, 사람들을 감동하게 하는 은사가 있는 대표적인 메도디스트 설교자였는데, 1739년 초부터 많은 영국 국교회는 이미 그가 교회 내에서 설교하는 것을 금지했고, 그에 따라 그는 감옥이나 런던이나 브리스톨 지역의 사적인 기도 모임 등에서 설교하는 순회전도자가 되었다.

그의 신체적 결함인 사시(斜視)는 위대한 설교자가 되는데 방해가 되지 않았다. 횃필드는 활동 영역을 웨일스까지 확장하였는데 그때 웨일스의 부흥 운동을 일으킨 하웰 해리스(Howell Harris, 1714-1773)의 야외설교에서 나타나는 현상에 영향을 받고 자신도 킹스우드(Kingswood)에서 첫 야외설교를 하게 된 것이 야외설교에 나서게 된 계기였다.[3]

---

[2] Collins, *John Wesley*, 102. Rack, *Reasonable Enthusiast*, 190-5. 랙은 횃필드에 대해 이례적으로 상세하게 설명하면서 웨슬리안들이 잊고 있었던 횃필드의 탁월성과 초기 메도디스트 운동의 대중화에 기여한 점 등을 부각시켜 줌으로써 웨슬리안들이 지나치게 횃필드를 폄하하는 문제를 교정하려고 한다.

[3] Tyerman, *John Wesley*, 1:220-21, 227. 하웰 해리스(Howell Harris)는 1714년 영국 웨일스의 브레콘셔 지방의 탈가스 지역의 트레베카에서(at Trevecca, Talgarth in Breconshire) 태어났는데, 20대 초반에 성찬을 받을 때 회심을 하고, 영국 국교회 성직자로 안수 받

그는 평생 영국과 미국을 20여 차례 오가며 두 나라의 대부흥 운동을 이끌었는데, 그는 극단적 예정론을 믿고 선포하는 칼빈주의자였기 때문에 누구든지 복음을 듣고 믿으면 구원을 받을 수 있다고 선포하는 웨슬리와 평생 갈등을 피할 수 없었다.

횟필드가 부흥회를 인도할 때 두 가지 탁월한 능력이 있었는데, 헌금을 많이 내게 하는 것과 냉냉하던 청중들의 눈에서 금방 눈물이 나도록 하는 것이었다. 그래서 횟필드는 "더 이상 참을 수 없는 헌금 걷어가는 자"(intolerable money collector)란 비판을 자주 듣게 되었고, 실제로 교구 목회자들로부터 설교를 거부당하는 이유가 되기도 했다.[4]

그런가 하면, 벤자민 프랭클린(Benjamin Franklin, 1706-1790)은 횟필드의 부흥회에 가는 사람들에게 반드시 지갑을 두고 가라고 충고했다고 한다.[5] 그렇지 않으면 빈 지갑을 가지고 돌아올 것이 분명하기 때문이었다. 그가 얼마나 많은 사람에게 쉽게 감동을 주었는지, 그가 강단에 서서 거의 의미

기를 원했지만, 지나치게 메도디스트적이라고 하는 이유로 거부당한 후 그는 평신도로서 웨일스를 깨우는 순회설교자로 활동한다. 1739년(20대 중반)에 고향으로 돌아가 "가족"(Teulu Trefeca = The Trevecca Family)이라는 공동체를 설립하여 그들의 지도자가 된다. 그는 칼빈주의메도디스트교회(the Calvinistic Methodist Church)인 웨일스장로교회(The Prebyterian Church of Wales)의 설립자로 여겨진다. See Ward and Heitzenrater, *Journal and Diaries*, 19: 71, note 62 and Rack, *The Minutes of Conference*, 10: p. 295, note 22. 국교회 내에서 야외설교를 처음으로 시작한 사람은 횟필드가 아니다. 국교회 사제 중에 그리피스 존스(Griffith Jones)는 1714년부터 야외설교를 시작했는데, 수년간 지속하는 동안에 국교회 내 교구를 침범한다는 비판을 받고 멈추었다. 그런데 동료 사제인 다니엘 로우랜드(Daniel Rowland)가 그의 영향을 받고 역시 야외설교를 하기도 했다. See Rack, *Reasonable Enthusiast*, 164.

4　Piette, *John Wesley*, 339-340.
5　벤자민 프랭클린(Benjamin Franklin, 1706-1790)은 미국에 이주해온 영국 청교도 가정의 아들로서 토마스 제퍼슨(Thomas Jefferson)과 존 아담스(John Adams)와 함께 미국 건국자가 되었다. 그는 정치인이면서도 과학자로서 피뢰침(lightning rod)이나 다촛점 렌즈(bifocals)의 발명자로도 유명하다. 그는 횟필드의 설교와 글들을 출판함으로서 제 1차 대 각성운동에 크게 기여했다.

없는 한 단어 "메소포타미아"(Mesopotamia)라고만 해도 청중들은 울기 시작했다고 한다.⁶

휫필드가 1739년 2월 17일부터 킹스우드에 살고 있는 가난한 광부들을 대상으로 야외설교를 시작했는데 그날 200여 명이 모였다. 그 이후 그의 설교를 듣기 위해 사람들이 몰려오는데, 3월 21일에 거의 2,000명, 23일에는 3-4,000명, 그리고 25일 주일에는 최소한 10,000명이 모였는데 모두 그의 목소리를 들을 수 있었다.

당시, 「젠틀맨 잡지」(Gentleman's Magazine)에 그의 설교 일정이 게시되기도 했다. 그러자 브리스톨의 주교와 교구위원회(diocesan council)는 설교권이 없는 지역에서는 설교하지 말라고 경고했다. 어쩔 수 없이 교회 밖에서 설교하는 경우가 많았는데 그때마다 하나님의 은혜를 사모하는 사람들을 보고 휫필드는 교회 밖에서라도 설교하는 것을 자신의 소명이라 느꼈다.⁷

휫필드는 자신을 도울만한 가장 적합한 야외설교자는 웨슬리라고 생각하고 3월 3일날 편지하여 자신이 심을테니 어서 와서 물을 주라고 했고, 22일과 23일에 편지하여 당장 브리스톨로 와서 야외설교에 동참해 줄 것을 강청했다. 심지어, 웨슬리의 허락도 받지 않고 웨슬리가 와서 설교할 것이라고 몇몇 지역 저널에 광고를 내고 웨슬리를 압박하기도 했다.⁸ 그러나 웨슬리가 휫필드의 요청에 선뜻 응할 수 없었던 이유가 두 가지 있었다.

첫째, 영국 국교회는 목회자들이 교회 밖에서 설교하는 것을 금하고 있었는데, 당시 국교회 목회자였던 웨슬리도 그 뜻을 어기고 싶지 않았다.

---

6 Collins, *John Wesley*, 102.
7 Piette, *John Wesley*, 345-6.
8 Baker, *Letters*, 25:605, 10-2; Luke Tyerman, *The Life of the Rev. George Whitefield*, 2 vols. (London: Hodder and Stoughton, 1890), 1: 193-94. Ward and Heitzenrater, *Journal and Diaries*, 19:37 and note 63에서 재인용. See Curnock, *Journal*, 2:156, note 1

당시 웨슬리는 "교회 안에서 하지 않는 영혼 구원은 죄가 될 것으로 생각하고 있었다"(I should have thought the saving of souls almost a sin if it had not been done in a church)라고 했다.[9]

둘째, 당시에 웨슬리의 건강이 좋지 않아 야외설교에 나서는 것은 사실상 무리라고 판단하고 있었다. 결과적으로 보면 야외설교에 나선 이후 웨슬리의 건강은 오히려 좋아졌지만, 그 당시 웨슬리의 건강은 그 일을 감당할 만큼 좋지 못했다.

그러나 영국 국교회 내에서 자신이 설교하는 것을 허락하지 않는 교회들이 점점 많아지고 있는 상황에서 웨슬리는 복음을 전하는 사명 받은 자신이 어디에서든 영혼을 구원하는 설교를 하지 않으면 화가 미칠 것이라고 하는 바울의 심정을 가지고 있을 때였기에(고전 9:16-17) 몇 가지 현실적 어려움에도 불구하고 야외설교를 향해 기울고 있었다.[10]

야외설교에 참여하기 전 3월 28일에 존 클레이튼(John Clayton)에게 편지했다.

> 나는 세계를 나의 교구로 본다. 나는 구원의 복음을 듣기 원하는 모든 사람에게 복음을 전하는 것이 옳으며 피할 수 없는 의무라고 생각한다"(I look upon all the world as my parish … I judge it meet, right, and my bounden duty to declare unto all that are willing to hear the glad tidings of salvation).

---

[9] Ward and Heitzenrater, *Journal and Diaries*, 19:46; Curnock, *Journal*, 2:167.
[10] Ward and Heitzenrater, *Journal and Diaries*, 19:67.

웨슬리의 마음은 이미 정해져 있었다.[11] 당시 진행되는 상황을 알고 있었던 동생 찰스가 먼저 반대했고, 페터레인신도회 회원들 간에도 의견이 분분했다. 제비뽑기로 하나님의 뜻을 묻는 것이 좋겠다는 의견에 따라(agreed to decide it by lot) 제비를 뽑은 결과 "야외설교에 나서라"(I should go)는 것이었다.[12]

드디어, 웨슬리는 1739년 3월 29일 목요일 런던을 떠나 브리스톨로 향한다. 31일 토요일 브리스톨(Bristol)에 도착한 웨슬리는 즉시 휫필드를 만났고 다음날 주일에 그가 야외에서 설교하는 것을 현장에서 보았다. 그런데 설교 후 휫필드는 웨슬리를 남겨둔 채 킹스우드와 글로체스터(Gloucester)를 향해 떠났다. 혼자 남게 된 웨슬리는 4월 2일 월요일 오후 4시쯤, 브리스톨시의 변두리에 위치한 공터에서 약 3,000명의 사람에게(to about three thousand people in a ground adjoining to the city) 설교함으로써 그의 야외설교는 시작되었다. 첫 야외설교에서 웨슬리는 이사야 61:1-2 말씀이 예수 안에서 실현되었다고 선언했다.

주의 성령이 내게 임하셨으니 이는 가난한 자에게 복음을 전하게 하시려고 내게 기름을 부으시고 나를 보내사 포로가 된 자에게 자유를, 눈먼 자

---

[11] Baker, Letters, 25:616. 사실, 이 중요한 편지는 1739년 3월 20일 제임스 허비에 쓴 것으로 알려졌었는데, 평소에 제자인 허비에 편지할 때 "My dear brother"라고 했던 것과 달리 "Dear sir"라고 한 것 등을 고려해 볼 때 그렇지 않다는 것이 중론이다. 그러나 같은 『200주년 기념 웨슬리 총서』임에도 불구하고, Gerald R. Cragg가 편집한 *The Appeals to Men of Reason and Religion and Certain Related Open Letters*에는 여전히 1739년 6월 11일 한때 링컨대학의 제자였던 허비에게 쓴 것으로 되어 있다(page 32, note 4). 한편 1739년 11월 10일 자 편지에서 휫필드도 "전 세계는 이제 나의 교구다"(The whole world is now my parish)라고 말한 것이 발견된다. See, Baker, *Letters* 1, 25:616, note 1. 그런가 하면, 휫필드는 설교 "영적 세례"(Spiritual Baptism)에서도 "all the world is my parish"라고 선언했다. See G. Whitehead, *Sermons on Important Subjects* (London, 1841), 736. Anthony Armstrong, *The Church of England*, 124에서 재인용. 아마도 이 선언은 당시 모든 야외설교자의 공통된 슬로건(slogan)이었던 것 같다.

[12] Ward and Heitzenrater, *Journal and Diaries*, 19:38 and note 64.

에게 다시 보게 함을 전파하며 눌린 자를 자유롭게 하고 주의 은혜의 해를 전파하게 하려 하심이라 하였더라(눅 4:18-19).

그리고 그날 밤과 다음날로 그의 야외설교가 이어지면서 웨슬리와 메도디스트가 대중 속으로 들어가기 시작했다. 8일 주일 오후에 로즈 그린(Rose Green)에서 5,000여 명에게 설교할 때 예수님께서 유월절 날 예루살렘 거리에 서서 대중들에게 외치셨던 것처럼 웨슬리 또한 외쳤다.[13]

명절 끝날 곧 큰 날에 예수께서 서서 외쳐 이르시되 누구든지 목마르거든 내게로 와서 마시라나를 믿는 자는 성경에 이름과 같이 그 배에서 생수의 강이 흘러나오리라 하시니(요 7:37-38).

그 이후, 웨슬리는 브리스톨과 그 주변 도시에 머무르면서 그 해가 끝날 때까지 총 500여 회 설교했는데 그중에서 교회에서 설교한 횟수는 8번에 불과했다.[14] 웨슬리는 4월 25일 뱁티스트 밀즈(Baptist Mills)에 모인 2,000명 이상의 청중에게 설교했다.

여러분은 다시 두려움에 빠지는 종의 영을 받은 것이 아니라 양자의 영을 받았으므로 하나님을 아바 아버지라 부르짖을 수 있습니다(Ye have not received the spirit of bondage again unto fear, but ye have received the spirit of adoption,

---

[13] Ward and Heitzenrater, *Journal and Diaries*, 19:46-8. 이 본문은 예수님이 자신의 고향인 나사렛에서 최초로 자신의 메시아적 사역을 시작하면서 읽은 사 61:1-2 말씀이다. 웨슬리는 예수님이 공생애 초기에 자신의 고향에서 읽으신 본문 말씀을 택함으로써 자신의 사역이 예수님의 사역과 다르지 않다고 강력하게 변호하고 있는것 같다.

[14] Tyerman, *John Wesley*, 1:234.

whereby we cry Abba, Father).[15]

당시, 웨슬리의 설교를 통해 은혜를 받는 사람들은 주로 광부나 가난한 사람들이나 청소년들이었다. 교구를 침범당한 목회자들이나 변화 받은 사람들 때문에 사업에 타격을 입게 된 사람 중에서는 폭도들을 동원하거나 돌멩이와 나뭇가지와 짐승의 배설물 등을 던지며 집회를 방해하는 사람들이 점점 많아지기 시작했다.

6월 3일, 킹스 웨스턴 힐(Kings Weston Hill)에서 설교할 때는 약 6,000명이나 모였다. 그때 웨슬리를 염려하는 사람들이 찾아와서 더 이상 설교하는 것은 위험하다고 만류하였지만, 그는 이사야 41:10 말씀, 즉 "두려워 말라, 내가 너와 함께 하리라"(Fear not thou, for I am with you)는 말씀에 의지하여 담대하게 설교하니 아무 일도 일어나지 않았다.[16]

브리스의 인근 도시들을 순회하며 복음을 전하던 중, 6월 11일 페터레인신도회에 내에 혼란스러운 일들이 생겼으니 속히 런던으로 돌아오라는 편지를 받고 가보니, "프랑스의 예언자들"(French Prophets)이라 불리는 사람들이 신도회의 분열을 조장했지만, 다행스럽게 잘 해결되었다.[17]

놀라운 것은 형이 야외설교에 나서는 것을 반대하던 동생 찰스가 야외설교에 합류했다는 사실이다. 휫필드는 1739년 2월 17일에 야외설교를 시작했고, 웨슬리는 6주 후인 4월 2일에 첫 야외설교를 했는데 찰스는 그 후 석달쯤 지난 6월 24일 첫 야외설교를 했다.

8월 16-18일 사이에 웨슬리가 브리스톨에 있는 동안에 신학자요 정치적으로도 영향력이 있으며 『종교의 유비』(The Analogy of Religion, Natural and

---

[15] Ward and Heitzenrater, *Journal and Diaries*, 19:51. cf. 롬 8:15. Tyerman, *John Wesley*, 1: 238-39, 273.
[16] Ward and Heitzenrater, *Journal and Diaries*, 19:62-63.
[17] Ward and Heitzenrater, *Journal and Diaries*, 9:66-69, 72.

Revealed, to the Constitution and Course of Nature, 1736)의 저자인 조셉 버틀러(Joseph Butler, 1692-1752) 주교가 웨슬리와 1시간쯤 면담을 했다.

그는 메도디스트들이 "자신들만 특별한 계시나 성령이 은사를 받은 것처럼 행동하는 것이야말로 정말 받아들이기 어려운 고약한 일(horrid thing, a very horrid thing)입니다"라고 말하고, 자기의 관할 구역에서 설교하지 말고 떠나라(You have no business here. You are not commissioned to preach in this diocese. Therefore I advise you to go hence)고 했다.

1년 전에 브리스톨의 주교로 임명받은 버틀러는 자신의 임기 초기에 문제를 일으키고 싶지 않았을 것이다. 하지만 웨슬리는 자신은 링컨대학의 펠로우로서, 만인을 위한 사제로 안수를 받았기 때문에 국교회의 교구에 얽매이지 않고 설교할 수 있다고 주장하며 그곳을 떠나지 않고 설교 일정을 이어갔다. 교구의 주교들은 메도디스트 설교자들에게 그 지역에서 설교할 수 있는 자격증(a licence)도 없이 설교하는 것이 불법이라 했는데, 그러한 비판에 대해 휫필드는 그렇다면 다른 주교들이 "술집을 드나드는 일이나 카드 놀이하는 것" (tavern-haunting and card-playing)도 성경의 법을 어기는 일이기 때문에 금해야 한다고 항의했다.[18]

타이어맨은 웨슬리가 야외설교에 나서게 된 역사적인 동기와 그 동료들의 활동을 정리한 후, "그들의 유일한 목적은 영혼을 구원하는 것이었

---

[18] Ward and Heitzenrater, *Journal and Diaries*, 19: 472. 웨슬리가 말한 원문은 다음과 같다. "I am priest of the Church of Universal. And being ordained as Fellow of a College, I was not limited to any particular cure, but have an indeterminate commission to preach the Word of God to any part of the Church of England." 버틀러 주교와의 만남은 한 번으로 끝난 것이 아니라 그 뒤로 두 번 더 있었던 것으로 보인다. Curnock., *Journal*, 2:256-7; Gerald R. Cragg, *The Appeals to Men of Reason and Religion and Certain Related Open Letters*, 11:30; See Rack, *Reasonable Enthusiast*, 208-9.

다"(Their chief, their only business was to save souls)라고 결론을 내렸다.[19] 물론, 그러한 결론은 웨슬리의 삶을 '복음 전도자'(evangelist)로 각인시키는 데 기여했지만, 다른 한편으로는 웨슬리를 신학자로 인식하는 데 방해가 된 것도 사실이다. 야외설교 현장에서 끊임없이 발생하는 각종 이적 현상들에 자신도 놀라고, 또한 그러한 현상에 대한 비판에 답변하는 과정에서 자신만의 신학으로 발전시켜 나간 것이 웨슬리신학이다. 그런 의미에서 웨슬리신학은 철저하게 현장의 신학인 것이다.

2. 메도디스트 동료 조지 휫필드와의 갈등

웨슬리가 휫필드의 권유를 받고 야외설교를 시작한 때가 1739년 4월 2일이었고, 칼빈주의자의 대표적인 존재인 조지 휫필드(George Whitefield)의 설교 내용을 정면으로 반박하는 "값없이 주시는 은혜"(Free Grace)에 대해 설교한 날은 웨슬리가 야외설교를 시작한 그달 29일의 일이었다. 즉, 한 달이 못 되어 웨슬리와 휫필드 사이의 신학적 차이가 노출되면서 둘 사이에 긴장 관계가 형성된 것은 당황스러운 일이었다.

웨슬리는 가는 곳마다, 특히 가난하거나 소외된 사람들이 하나님의 구원 대상임을 선언함으로써 그들로부터 환영을 받았다. "모든 사람이 구원받을 수 있다"라는 웨슬리의 설교 내용이 휫필드에게는 구원의 결정권을 가지신 하나님의 주권을 인간이 빼앗아 가는 것처럼 들렸고, "하나님의 주권에 의해 선택된 사람만이 구원받을 수 있다"라는 휫필드의 설교는 웨슬리에게는 모든 사람을 구원하시는 하나님의 구원 계획을 인간의 신학이 제한하는 것처럼 들렸기 때문에 결코 양보할 수 없는 문제였다.

---

[19] Tyerman, *John Wesley*, 1:236.

26일 뉴게이트(Newgate)에서 설교할 때 준비하지도 않았는데, 갑작스러운 감동으로 "하나님께서는 모든 사람이 구원받기를 원하신다"(God will all men to be thus saved, 딤전 2:4)는 말씀을 강하고 분명하게 선포했다. 밤에는 다시금 그리스도께서 모든 사람의 대신 속죄 물로 죽으셨다(마 20:28; 딤전 2:6)는 말씀을 성령의 감동에 따라 선포했다.

그리고 웨슬리는 "값없이 주시는 은혜"를 설교할 것을 마음에 정하고 있었지만, 그 설교를 하고 또 그 설교문을 출판해야 할지 하나님의 뜻을 묻기 위해 "제비를 뽑았는데"(drew a lot), "설교하고 출판하라"(preach and print)라는 쪽이 선택되었다.[20]

마침내, 29일 4천 명의 청중들에게 "값없이 주시는 은혜"를 설교했다.[21] 그 때, 웨슬리는 칼빈주의의 선택의 교리를 '무시무시한 교리'(horrible doctrine)라 칭하면서 정면으로 반박했고, 그런 설교를 했다고 허튼에게 편지로 알렸다.

그런데 편지에 의하면, 주일 설교를 하기 전에 "다시 한번 제비를 뽑은"(being so directed again by lot) 결과, 설교하기로 했다고 한 것을 보면 웨슬리도 그 설교를 하기 전에 정말 심각하게 고민한 것으로 보인다.[22] 그 소식을 들은 휫필드가 6월 25일 편지하여 제발 그렇게 하지 말고 서로 침묵하자고 했고, 둘은 곧 영국 국교회로부터 제명 당할 텐데 그럴수록 서로 굳건히 서는 동역자가 되자고 간청했다.[23]

---

[20] "An Introductory Comment" on the sermon, "Free Grace," in Outler, *Sermons*, 3:542; Tyerman, *John wesley*, 1:323; Collins, *John Wesley*, 103; Baker, *Letters*, 25:640.
[21] Ward and Heitzenrater, *Journal and Diaries*, 19: 51-52. "Free Grace," in Outler, Sermons, 3:542; Tyerman, *John Wesley*, 1:323; Collins, *John Wesley*, 103; Baker, *Letters* 25:640.
[22] Baker, *Letters* 25:637-41(Apr. 30, 1739) and note 6. 흥미로운 것은 칼빈이 자신의 기독교 강요 3장 33조 7항(Institutes, III. xxxiii.7)에서 "Decretum quidem horribile fateor"(The decree [of predestination of some to eternal death], I admit, is dreadful)이라고 한 것을 웨슬리가 그 용어를 사용하며 공격한 것 같다.
[23] Baker, *Letters* 25:661-2.

"값없이 주시는 은혜"에서 웨슬리가 예정론은 어떤 이름으로 불리든 "영원히 구원받을 사람들을 위해 영원히 멸망 받을 사람을 전제하지 않으면 안 되는"(one part of mankind are infallibly saved, and the rest infallibly damned) 잘못된 교리임을 증명하기 위해 예정론의 여섯 가지 해악을 다음과 같이 구체적으로 정리했다.

첫째, 예정론은 모든 설교를 헛되게 한다. 이미 하나님의 주권에 따라 구원받기로 결정된 사람들에게 설교가 무슨 필요가 있겠는가?

둘째, 예정론은 하나님의 법의 최종 목적인 거룩(the end of all the ordinances of God)을 쓸데없는 것으로 만들어 버린다. 그런가 하면, 사랑, 화평, 온유 등 하나님이 백성들이 추구해야 할 성결의 덕목들을 추구할 필요도 없게 만든다.

셋째, 기독교가 주는 모든 위로를 파괴한다(It tends to destroy the comfort of religion). 자신이 선택받지 못했을 수도 있다는 생각은 종교가 주는 위로와 기쁨보다는 의심과 두려움을 주기 때문이다.

넷째, 모든 선행을 향한 열심을 헛되게 한다. 한 영혼이라도 구원하기 위해 선행을 베풀어야 하는데 이미 심판을 받기로 예정 되었다면, 누가 하나님의 뜻을 거행하며 선을 행하겠는가?

다섯째, 예정론은 성경의 모든 계시를 쓸데없는 것으로 만들어 버린다. 모든 사람이 구원받기를 원하시는 하나님의 뜻과 구원 계획과 반대되는 교리이다.

여섯째, 그것은 의로우신 주님을 위선자로 만들어 버린다. 예수님은 "너희가 구원받기를 원한다"라고 하시지만, 실제로 이미 심판받기로 정해졌다면 예수님은 거짓말을 하는 것이 되기 때문이다.

결국, 하나님의 뜻과 구원 계획마저도 부정하는 것이 되기 때문에 하나님을 마귀보다 더 거짓되고 더 잔인하고 더 불의하게 만들기 때문에(it represents the most Holy God as worse than the devil; as both more false, more cruel, and more unjust) 신성모독(blasphemy)이 되는 것이다.[24]

그런 의미에서 웨슬리는 결론적으로 예정론은 하나님을 사탄보다 더 나쁜 존재로 만들기 때문에 "하나님은 사랑"이심을 증거하고 있는 "성경을 통해 결코 증명될 수 없는 교리"(No Scripture can prove predestination)라고 결론을 내렸다.

여기에서 한 가지 주목해야 할 것은 웨슬리는 예정론을 그토록 강력하게 부정한 반면에 예지론을 주장했다는 것이다. 그 예지론은 기독론적 예지론인데, 하나님께서 창세 전에 이미 예수 그리스도를 통해 구원하실 일을 알고 계획하셨다는 것이다. 그러므로 예수 안에서 누구나 정죄함이 없이 회개하고, 죄사함 받고 구원하시기를 원하시는 교리는 바울서신이나 야고보서가 공통으로 증거하는 복음이라는 것이다.[25]

그런 의미에서 웨슬리는 그리스도 안에서 모든 사람을 구원하신다는 구원론을 전개한 칼 바르트(Karl Barth)신학의 선구자가 되고 있는 것이다. 사실, 칼빈주의에 대한 웨슬리의 생각이 갑자기 생긴 것은 아니었다. 성직 안수 과정을 지나면서 어머니 수잔나와 편지를 통해 나눈 대화를 보면, 웨슬리는 이미 몇몇 제한된 사람들만 하나님의 주권에 의해 구원받고 다른 사람들은 하나님의 구원에서 이미 배제된 듯 가르치는 칼빈주의신학의 문

---

[24] Outler, *Sermons*, 3:544-63. 사실, 타이어맨은 여덟 가지로 정리했는데, 그가 분류한 2번과 3번은 '성결'(holiness)에 대한 같은 내용이고, 6번과 7번도 '계시'(revelation)에 대한 같은 내용이다. 한편, 4번은 "기독교가 주는 모든 위로를 파괴한다"(It tends to destroy the comfort of religion)고만 했는데, 웨슬리가 설명한 대로 "자신이 선택받지 못했다는 생각은 위로와 기쁨보다는 의심과 두려움을 주기 때문이다"란 설명이 추가되어야 할 것이다. See Tyerman, *John Wesley*, 1:319-20.

[25] Outler, *Sermons*, 3:557-9.

제점을 분명히 지적하고 있었다.

특히, 누구든지 설교를 듣고 회개하고 예수를 구세주로 영접하고 하나님의 자녀가 되는 야외설교의 현장에서, 칼빈주의신학이야말로 가장 걸림돌이 된다고 하는 사실을 웨슬리는 잘 알고 있었기에 대외적으로 공격하며, 구원하시는 하나님의 은혜와 구원에 이르게 하는 회개를 더욱더 강력하게 설교하기 시작했다. 웨슬리의 비판을 듣고 휫필드는 당황했고, 또한 죽음과도 같은 아픔을 느끼면서 그토록 존경하는 웨슬리와 분열을 원치 않는다는 뜻을 처절할 정도로 표현한다. 반면에 웨슬리는 지나칠정도로 냉정하게 외면하는 모습이 대조적이다.

1739년 7월 2일자 편지에서 휫필드는 "자신은 쇠하고, 웨슬리는 흥하기 원하며, 자신은 웨슬리의 발을 기꺼이 씻겠다"(May you increase, though I decrease! I would willingly wash your feet)라고 했다.[26]

그런가 하면, 미국의 선교지인 사바나에서 1740년 3월 26일에 쓴 편지에서 "선택의 교리나 성도의 견인의 교리 모두 예수 안에서 이루어질 일이라고 천 번 이상이나 확신한다고 했건만"(The doctrine of election, and the final perseverance of those that are truly in Christ, I am ten thousand times more convinced of) 이라고 하면서 둘 사이에 교리상으로 결코 큰 차이가 없으니 제발 더 이상 이 문제로 다투지 말자고 하소연한다.[27]

더 나아가, 6월 7일 제임스 허튼에게 편지하여 웨슬리가 휫필드와 논쟁하지 않도록 도와달라는 부탁을 하며 "웨슬리와 자신이 분열하느니 차라리 죽는 것이 낫다"(I think I had rather die, than see a division between us)라고까지 했다. 편지할 때마다 휫필드는 웨슬리와 자신이 분열하는 것을 사탄이 가

---

[26] Baker, *Letters*, 25:667.
[27] Baker, *Letters*, 26:11.

장 기뻐할 것이라는 사실을 거듭 상기시켰다.[28] 그러한 인간적 호소에도 불구하고 웨슬리는 8월 9일 편지에서 하나님께서 언젠가 우리의 길이 서로 다르지 않게 하나로 만드실 것을 기대하며 각자의 길을 가자고 했다.[29]

한편, 칼빈주의자인 평신도 설교자 하웰 해리스도 구원에 단계가 있다고 주장하는 웨슬리에게 1740년 7월 16일에 편지하여 하나님의 구원은 단번에 완성되는 것이지 결코 단계적으로 이루어지는 것이 아니라고 주장했다.

더 나아가, 웨슬리가 메도디스트신도회 중 한 사람이 선택론을 믿는다는 이유로 신도회에서 축출시킨 경우를 지적하며 제발 무자비하고, 완고한 일을 그만두라고 간청했다. 계속 그렇게 하는 것은 결국 자신과 휫필드 등 다른 전도자들과 결별하자는 뜻이기 때문에 자신도 끝까지 함께하기 어려울 것이라는 뜻을 비치면서 웨슬리 역시 "하나님의 선택을 받은 사람 중 한 사람"(You are one of God's elect)이라는 말로 편지를 맺었다.[30]

1739년은 웨슬리가 야외설교에 나서게 되면서 다른 어떤 해보다 바빴지만, 자신의 신학을 형성하고 결정하는 매우 의미 있는 책들을 출판했다. 『토마스 할리버튼의 삶과 죽음에 대한 요약본』(An Abstract of the Life and Death of Mr. Thomas Halyburton)과 어거스트 헤르만 프랑케(August Herman Francke)가 독일어로 쓴 『니고데모 또는 경건한 사람에 대하여』(Nicodemus; or, a Treatise on the Fear of Man)를 영어로 요약 번역하여 출판했고, 두 가지 교리서, 『오직 믿음에 의한 칭의』(Justification by Faith only)와 『인간의 자연 의지의 죄성』(The Sinfulness of Man's Natural Will), 그리고 『찬송과 거룩한 시 모음』(Hymns and Sacred Poems) 등을 출판했다.[31]

---

[28] Tyerman, *John Wesley*, 1:314-15.
[29] Baker, *Letters*, 26:31.
[30] Baker, *Letters*, 26:19-20.
[31] Tyerman, *John Wesley*, 1:289-90.

3. 야외설교 중에 생긴 일: 페터레인신도회의 분열과 파운더리신도회의 설립

웨슬리가 야외설교에 나서면서 최소한 세 가지 차원에서 비판과 갈등이 나타났고 논쟁이 심화되기 시작했다.

첫째, 영국 국교회 내에서 그에 대한 비판은 신학적인 문제에 한정되지 않고 교구의 침범 등 실제적인 문제로 확장되었다.

둘째, 웨슬리가 영국 국교회 밖으로 나가면서 영국 국교회 내의 문제는 자연스럽게 사회적인 문제로 확산되기 시작했다. 즉, 웨슬리가 이끄는 메도디스트 때문에 피해를 보게 된 사람들이 거세게 반발하면서 사회적으로나 정치적으로 핍박을 받기 시작했다. 그러나 동시에 사회를 개혁하는 요인이 되기도 했다.

셋째, 야외설교의 현장에서 동료 메도디스트들 내에서 갈등이 심화하면서 결국 분열이라는 아픔을 겪기도 한다.

상기한 세 가지 문제는 곧 웨슬리신학의 중심 요소로 발전하게 된다.

1) 야외설교에서 나타나는 현상들과 그에 대한 비판

야외설교 현장에서 웨슬리로서는 상상도 할 수 없는 일들, 즉 각종 사고와 핍박, 각종 이적 현상들이 계속 이어졌고, 또한 매우 신학적인 문제들이 계속 제기되었다. 야외설교를 시작한 지 2주만인 17일 백래인(Back Lane)에서 하루 만에 일어난 일들이 그 후 약 50여 년간 야외설교 현장에서 발생한 일들에 대해 상징적으로 설명해 주고 있다.

오후 5시에 작은 방 안에 너무 많은 사람이 모였는데, 설교하는 중에 마루의 버팀목이 무게를 견디지 못하고 무너지는 바람에 사람들이 바닥에 떨어졌지만, 다행히 아무도 다치지는 않았다. 그리고 밤에 볼드윈 거리(Baldwin Street)에서 사도행전 5장을 강해하는 동안에 한 여자가 비명을 질렀고, 곧이어 다른 두 사람이 고통 가운데 비명을 지르기도 했고, 또 엘리스라는 남성이 지옥에서 건져달라고 비명을 질렀는데 모두 고침을 받았다.[32]

그 이후로, 웨슬리 자신도 경험해 보지 못한 신비한 현상, 즉 황홀경에 빠지기도 하고(swooned), 실신하여 넘어지기도 하고, 강력한 신적 존재를 만난 듯이 두려움에 비명을 지르는 현상들이 계속 발생했다. 40여 년간 발생한 모든 사건과 현상을 모두 열거할 수 없기 때문에 야외설교에 나선 이래 한두 달 안에 있었던 일들만 살펴보고 그 후에는 필요할 때마다 살펴보도록 하자.

4월 21일 위버스 홀(Weavers' Hall)에서 설교할 때, 한 젊은이가 온몸을 떨며 발작을 시작하더니 쓰러졌다. 웨슬리 일행이 계속 하나님께 기도를 드리자, 그는 일어나 성령 안에서 기쁨과 평화를 찾았다.[33] 4월 30일 뉴케이트(Newgate)에서 설교할 때 많은 사람이 울부짖는 현상이 일어났는데 그 광경을 보고 있던 한 의사는 그러한 현상은 분명 조작일 것으로 생각했다. 마침 한 여인에게 다가가 자기 나름의 관찰을 해 본 후 이상한 면을 발견하지 못했는데 그 여인의 몸과 마음이 순간적으로 치유를 받는 것을 보고, 비로소 하나님의 역사임을 인정하게 되었다.[34]

5월 2일 뉴게이트(Newgate)에서 설교할 때 하나님을 잘 믿던 젊은 여성이 언젠가부터 하나님의 영이 떠났다고 느끼며 몹시 괴로워하고 있었다. 웨슬리 일행이 함께 기도해 주자, "그분이 오셨습니다. 그분이 오셨습니다. 나는 하나님 안에서 다시 나의 구원을 기뻐합니다"(He is come! He is

---

[32] Ward and Heitzenrater, *Journal and Diaries*, 19:49.
[33] Tyerman, *John Wesley*, 1:256.
[34] Ward and Heitzenrater, *Journal and Diaries*, 19:52-53.

come! I again rejoice in God my Saviour). 그날에 국교도에 충실한 한 남자가 웨슬리 일행을 보고 '사람들을 속이는 자'(a deceiver of the people)라고 비난했다. 그런데 그가 웨슬리 일행과 예배를 드리던 중에 땅에 쓰러져 비명을 지르고 바닥을 치며 자해를 하는 등 발작을 했다. 두세 명이 그를 붙들고 제어하려고 했지만, 감당하기 어려웠는데, 웨슬리 일행이 함께 기도하자 그는 발작을 멈추고 정상으로 돌아왔다.[35]

6월 17일 주일 아침 7시에 무어필드 지역에서 6-7천 명에게 설교한 후 오후에 신도회를 떠난 사람을 만났다. 그를 만나 따지지 않고 기도만 해 주었는데 즉시 교회로 돌아와서 오후에는 신도회 회원으로 다시 받아들였다. 그리고 18일 월요일 해리스가 찾아와서 말하기를 웨슬리에 대해 나쁜 소문들만 들었는데, 설교를 듣고 보니 하나님의 영이 함께하시는 것을 보고 기쁨과 사랑으로 가득하게 되었다고 말했다.

횟필드도 해리스에게 편지하여 웨슬리에 대한 소문은 대부분 잘못 평가된 것이라고 깨우쳐 주기도 했다.[36] 당시에 해리스는 남부 웨일스에 만도 약 30개의 신도회를 구성했던 영향력 있는 인물이었는데 그 후 웨슬리의 좋은 동역자가 되었다.[37]

---

[35] Ward and Heitzenrater, *Journal and Diaries*, 19:53-55.
[36] Ward and Heitzenrater, *Journal and Diaries*, 19: 71-2 and note 63.
[37] Ward and Heitzenrater, *Journal and Diaries*, 19:71, note 62. 하웰 해리스(Howell Harris)는 1714년 영국 웨일스의 브레콘셔 지방의 탈가스에서(at Talgarth in Brecknockshire) 태어났는데, 20대 초반에 성찬을 받을 때 회심을 하고, 교회의 종탑 안에서 성경을 읽으며 기도하던 중 성령을 체험한다. 목사 안수받기를 원했지만, 지나치게 메도디스트적이라고 하는 이유로 거부당한 후 그는 평신도로서 죽을 때까지 죄로 가득한 웨일스를 깨우는 순회설교자로 활동한다.
1739년(20대 중반에)에 횟필드 등 동역자들을 만나 연합회를 구성하여 활동하던 중 분란이 일어나자 고향 트레베카(Trevecca)로 돌아가 "가족"(Teulu Trefeca = The Trevecca Family)이라는 공동체를 설립하여 그들의 아버지(father)가 된다. 1768년 헌팅돈(Huntingdon) 백작 부인과 함께 설교자들을 양성하는 신학교를 설립했는데 개교 예배 설교를 횟필드가 했다. 그 후 웨슬리 등 다른 메도디스트 지도자들이 설교를 하기도 했

횟필드도 6월 25일 편지하여 웨슬리가 설교할 때 나타나는 각종 현상에 대해 심히 염려하며 다음과 같이 말했다.

> 나는 당신이 집회에서 경련을 일으키는 사람들을 너무 많이 격려하는 것이 옳지 않다고 생각합니다. 내가 그렇게 한다면 밤마다 몇 명이나 그렇게 울부짖을까요? 하나님께서 그런 기적을 원하시는 것처럼 만드는 것도 하나님을 시험하는 것이라고 생각합니다. 나도 그러한 현상 가운데 하나님이 역사하시는 요소가 있다고 생각하지만, 마귀가 개입할 수도 있습니다. 한때 프랑스의 예언자들처럼 기록된 하나님의 말씀과 그리스도의 복음을 제쳐놓고 환상이나 경련과 같은 것들에 더 의존하게 만드는 것과 다른 바가 없다고 생각합니다(I cannot think it right in you to give so much encouragement to those convulsions which people have been thrown into, under your ministry. Was I to do so, how many would cry out every night? I think it is tempting God to require such signs. That there is something of God in it, I doubt not. But the devil, I believe, interposes. I think it will encourage the French Prophets, take people from the written word, and make them depend on visions, convulsions, ets, more than on the promises and precepts of the gospel).[38]

그로부터 12일 후인 7월 7일 일기에서 웨슬리는 다음과 같이 썼다.

> 나는 오늘 횟필드와 하나님의 역사를 동반하는 외적인 표적들에 대하여 대화하는 기회를 가졌다. 나는 그의 반대가 주로 사실을 왜곡하는 사람들

다. 그는 칼빈주의자였기 때문에 횟필드와 헌팅돈 백작 부인과 더 친분이 깊었지만, 웨슬리 형제와도 친밀한 관계를 유지했는데 웻필드와 웨슬리 형제 사이에 갈등이 생겼을 때 서로를 화해시키려고 노력했다. 그는 칼빈주의 메도디스트교회(the Calvinistic Methodist Church)인 웨일스장로교회(The Prebyterian Church of Wales)의 설립자로 여겨진다.

38 Baker, *Letters* 25:661-62. Tyerman, *John Wesley*, 1:258.

의 말에 근거하고 있음을 알게 되었다. 다음날 그는 자신의 오해를 풀수 있는 기회가 주어졌는데, 내가 그의 설교를 적용하는 순간(in the application of his sermon) 네 사람이 거의 동시에 넘어져 경련을 일으켰다.

그중에 하나는 의식을 잃고 움직이지도 않는 상태에 들어갔다. 또 한 사람은 심하게 몸을 떨었다. 세 번째 사람은 온몸에 심한 경련을 일으키면서 신음만 낼 뿐이었다. 네 번째 사람도 경련을 일으키고 눈물로 울부짖으면서 하나님의 구원을 구했다. 이 순간부터 우리는 하나님은 당신이 기뻐하시는 방법으로 자기 일을 행하시는 것을 보게 될 줄 믿는다

(I had opportunity to talk with Mr. Whitefield of those outward signs which had so often accompanied the work of God. I found his objections were chiefly grounded on gross misrepresentations of matters of fact. But next day he had an opportunity of informing himself better; for, in the application of his sermon, four persons sunk down close to him, almost in the same moment. One of them lay without either sense or motion. A second trembled exceedingly. The third had strong convulsions and all over his body, but made no noise, unless by groans. The fourth equally convulsed, called upon God, with strong cries and tears. From this time, I trust, we shall all suffer God to carry on His own work in the way that pleaseth Him).[39]

웨슬리의 설교 현장에서 일어나는 기이한 현상에 대해 전해들은 형 사무엘이 언제 거룩한 교회 안에서(within consecrated walls) 그러한 현상들이 일어났던 적이 있는지 물으며 비판하는 편지를 보냈다.[40] 형은 어머니 수잔나와 동생들에게 편지를 써서 분리주의자들의 악명 높은 천박한 열광주의로부터 하루 속히 떠나라고 촉구했다. 야외설교 때 나타나는 각종 신비

---

[39] Ward and Heitzenrater, *Journal and Diaries*, 19:78-79; Tyerman, *John Wesley*, 1:258-59.
[40] Baker, *Letters*, 25:682.

현상들은 마귀의 장난에 불과하다는 것이었다. 형의 비판에 대해 1739년 10월 27일 쓴 편지에서 웨슬리는 다음과 같이 자신을 변호했다.

> 만약, 하나님께서 많은 사람을 죄와 사망으로부터 구원하시기를 원하시는데, 교회 즉 거룩하게 구분된 벽 안에서는 그러한 역사가 일어나지 않고 형님도 하나님의 일을 할 수 없다면 어떻겠습니까?
> … 그러나 저는 하나님은 어디나 계시다는 사실을 발견하고 기뻐합니다. 저는 교회에서 하는 예식이나 의식을 좋아합니다. 그러나 저는 위대하신 우리 구주께서는 그러한 것이 없이도 역사하신다는 사실을 압니다(How is it that you can't praise God for saving many souls from death, and covering such a multitude of sins, unless he will begin this work within "consecrated walls"? … But I rejoice to find that God is everywhere. I love the rites and ceremonies of the Church. But I see, well-pleased, that our great Lord can work without them).**41**

형에게 답변하는 과정에서 하나님께서는 교회의 성례전이 없이도 죽어가는 사람들의 영혼들을 구원하실 수 있다고 말한 것은 영국 국교회에 속한 성직자의 도를 지나친 생각임에는 틀림이 없다.

결과적으로, 웨슬리가 교회 밖에서 많은 회심자를 얻게 됨으로써 교회와 상관없이 하나님의 구원이 이루어지는 것이 가능한 것처럼 비쳐지는 것을 영국 국교회 관계자들은 방치할 수 없었을 것이다.

큰아들의 편지를 받고, 어머니 수잔나도 염려했지만 두 아들과 만나 진지하게 의견을 나눈 후 그들의 사역에 동의하게 되었다. 그런가 하면, 8월 중 사위 홀(Hall)이 성찬식을 집례할 때 잔을 주며 "이것은 당신을 위해 흘리신 예수님의 피입니다"라고 했을 때 그 말을 듣는 순간 가슴이 뛰며 정말 예수

---

41 Baker, *Letters*, 25:694-95.

님께서 내 죄를 모두 용서해 주셨다는 것을 깨닫게 되었다고 했다.[42]

그 후로 엄마는 주로 런던에 거주하며 죽을 때까지 두 아들의 든든한 후원자가 되었다. 한편, 엄마마저 동생들에게 설득당했다는 소식을 들은 큰아들은 10월 중 어머니에게 편지하여 동생들이 벌써 많은 영국 국교회로부터 배척을 받고 있으며 급기야는 갈라져 나갈 것 같다는 염려를 표출한다.[43] 그런데 사무엘이 1739년 11월 6일 49세의 이른 나이에 갑자기 죽음으로써 가장 강력했던 내부적 반대는 7개월 만에 끝이 났다.[44]

야외설교는 웨슬리로 하여금 교리의 한계를 극복할 수 있게 해 주었다. 즉, "우리는 하나님의 은혜로 믿음을 통해 구원받는다"(by grace we are saved through faith)라는 교리에서 "믿음"은 교회 안과 밖을 구분하지 않고 모든 사람의 믿음으로 이해하게 되었고, 교리적 절차를 거치지 않고도 죄인이 현장에서 즉시 회개하고, 거듭나는 것을 목격하는 일은 충격적인 일이었다. 그와 같은 일들을 목격하고 체험한 것들을 신학적으로 변호하고 설명하면서 웨슬리의 삶과 신학은 형성되었다. 그 과정에서 영국 국교회 내 성직자들뿐만 아니라 메도디스트 내에서도 적잖은 문제를 일으킨 것은 당연한 결과였다.

링컨대학의 제자요 신성회(Holy Club)의 회원이었던 제임스 허비(James Hervey)는 1739년 8월 21일 웨슬리에게 편지하여 교회 밖에서 하는 모든 활동을 속히 그만두고 옥스퍼드대학교로 돌아가 교수를 하든지, 아니면 교구의 사제가 되어 교구 목회에 전념할 것을 강력하게 요청한 것이 대

---

[42] 1739년 9월 3일. See Tyerman, *John Wesley*, 1: 285.
[43] Tyerman, *John Wesley*, 1:286-7.
[44] Ward and Heitzenrater, *Journal and Diaries*, 19:122-23, note 16. 형은 6일 죽었지만, 두 동생은 15일이 돼서야 티버톤(Tiverton)으로 떠나서 21일에 도착했다. 가는 중에도 집회를 인도하며 갔다.

표적인 예이다.⁴⁵

웨슬리의 위대함은 그렇다고 하여서 그가 기독교 전통과 영국 국교회를 떠난 것이 아니라 그들과 조화를 이루면서 자기 생각을 발전시켰다는 것이다. 웨슬리는 9월 16일 자신의 활동에 문제를 제기한 동료 목회자에게 "우리가 설교하는 교리는 영국 국교회의 교리이다. … 근본적으로 영국 국교회의 기도와 가르침과 설교에 있는 교리와 다르지 않다"라고 항변한다.⁴⁶

1739년 10월 웨슬리가 웨일스의 아버게이브니(Abergavenny)에 있는 한 교회에서 설교하기를 원했지만, 거절당한 후 기다리고 있던 1,000여 명의 청중에게 사도행전 28:22을 본문으로 하여 자신은 영국 국교회의 가르침대로 설교한다고 주장하기도 했다.⁴⁷

웨슬리의 논리대로라면, 영국 국교회는 자신들이 오래전에 성경적인 복음을 선포해놓고, 이제 메도디스트들이 같은 복음을 전한다고 해서 핍박을 한다는 것이다. 이에 대해 엑시터칼리지의 주임사제(canon)인 워커(John Walker, 1674-1747) 박사는 11월 24일 웨슬리가 설교하는 내용이 분명 영국 국교회의 것과 다르지 않다는 사실을 인정하면서도 웨슬리는 사람들을 열광주의자(enthusiasm)로 몰아가거나 그렇지 않으면, 결국 절망감(despair)에 빠지게 만드는 위험한 인물이라고 비판했다.⁴⁸

야외설교가 시작된 그해가 끝나기 전에 신문이나 잡지 등이 앞을 다투어가며 웨슬리 형제와 휫필드를 비난했다.

랄프 스커렛(Ralph Skerret) 박사, 존 와일더(John Wilder) 박사, 찰스 위틀리(Charles Wheatley) 박사, 헨리 스테빙 채플린(Henry Stebbing, a royal chaplain), 조셉 트랩(Joseph Trapp), 트리스탐 랜드(Tristam Land), 바이롬(Byrom) 박

---

45   Baker, *Letters*, 25:677.
46   Ward and Heitzenrater, *Journal and Diaries*, 19:96.
47   Ward and Heitzenrater, *Journal and Diaries*, 19:106.
48   Ward and Heitzenrater, *Journal and Diaries*, 19:123.

사, 죠시야 터커(Josiah Tucker) 박사, 런던의 주교 에드먼드 깁슨(Edmund Gibson, Bishop of London) 등 당시 유력한 사람들이 한결같이 웨슬리는 영국 국교회의 가르침과 다른 교리로 우매한 군중들을 속이고 있다고 비난했다. 특히, 깁슨 주교는 55페이지 분량의 목회 서신을 출판하여 그중의 3분의 2 이상을 메도디스트의 오류를 지적하며 그들을 경계하라고 썼다. 휫필드는 그러한 비판에 대해 탁월하게 답변하기도 했다.[49]

2) 신도회 내에서 모라비안들과 갈등과 결별, 그리고 파운더리신도회 설립

웨슬리가 야외설교에 참여하면서 페터레인신도회를 떠나는 일이 많아졌다. 1739년 11월 1일에 브리스톨을 떠나 3일 런던에 도착해 보니, 페터레인신도회는 모라비안 지도자인 필립 몰터(Philip Heinrich/ Philip Henry Molther, 1714-80)의 가르침에 따라 혼란이 일어났다.

몰터는 프랑스 알자스(Alsace) 지방에서 프로테스탄트 목사의 아들로 태어나 예나(Jena)에서 공부했고, 스팡겐버그처럼 진젠도르프의 아들의 개인교사를 하면서 프랑스어와 음악을 가르친 적이 있는 유능한 설교자요 교사요, 음악가였다. 그는 모라비안 찬송을 불어로 번역하기도 했다.[50]

그는 펜실베니아로 가는 도중에 1739년 10월 18일 런던에 도착해서 잠시 머무르는 동안 허튼의 소개로 신도회 활동을 하게 되었는데, 그가 프랑스에서 발생한 정적주의(靜寂主義, French-oriented quietism) 신앙을 가르치기 시작하면서 문제가 되었다. 즉, 구원의 확신을 얻을 때까지 오직 예수만을 바라보고, 하나님 앞에 "조용히 기다리는"(be still) 것 외에 어떠한 구원의 방

---

[49] Tyerman, *John Wesley*, 1:236-67. 문제의 심각성을 잘 인식한 타이어맨은 메도디스트를 비난하고 공격한 내용들을 30페이지 이상 할애하여 상세하게 다루고 있다.
[50] Ward and Heitzenrater, *Journal and Diaries*, 19:119 and note 2 and also Baker, *Letters*, 26:3 note 1.

편(the means of grace)을 사용하거나 선행도 해서는 안 된다는 가르침이었다.[51]

문제를 파악하기 위해 웨슬리는 다른 모라비안 지도자 스팡겐버그를 만나 대화했는데, "의심이나 두려움이 있는 것은 곧 전혀 믿음이 없는 것이다"(none has any faith so long as he is liable to any doubt or fear)라는 주장이나 "믿음을 가질 때까지 우리는 주님의 성찬을 비롯 어떠한 하나님의 은혜의 방편들을 삼가야 한다"(till we have it we ought to abstain from the Lord's Supper or the other ordinances of God)라는 주장에는 동의할 수 없었다.[52]

하지만, 분열을 막기 위해 최대한 노력한 후 순회설교 일정에 따라 12일 런던을 떠날 수밖에 없었는데, 신도회 내의 문제는 더욱 악화하여 대부분 회원이 몰터를 따르고 있다는 소식이 들려왔다.

심지어, 웨슬리 형제들에게 숙소 등 많은 도움을 줄 뿐만 아니라 당시 모임 장소를 제공해 준 제임스 허튼(James Hutton, 1715-1795)을 비롯하여 존 에드몬즈(John Edmonds, 1710-1803), 찰스의 오랜 친구인 평신도 존 브레이(John Bray) 부부도 몰터의 가르침에 동조하고 있었다. 브레이는 모라비안교회를 떠나서는 누구도 진정한 그리스도인이 될 수 없다(It is impossible for any one to be a true Christian out of the Moravian church)고 말하기도 했다.[53]

12월 19일 런던으로 돌아와 보니 신도회 회원들끼리 서로 물고 뜯는(biting and devouring) 현상이 반복되고 있었다. 31일 다시 한번 몰터를 만나 진지하게 대화한 후 집에 돌아와 도대체 어떤 면에서 서로 다른지 다음과 같이 다섯 가지로 정리해보았다.

---

[51] Ward and Heitzenrater, *Journal and Diaries*, 19:119-20. ,
[52] Ward and Heitzenrater, *Journal and Diaries*, 19:120.
[53] Ward and Heitzenrater, *Journal and Diaries*, 19:94 note 20, 130. 한편, 타이어맨은 브레이가 1740년 4월에 그의 밴드에서 찰스를 제명시키려고도 했다는 소식을 전해주고 있다. See Tyerman, *John Wesley*, 1:303.

몰터에 의하면, 구원의 확신, 성령의 증거, 그리스도의 내주를 믿음으로 새롭게 되느냐, 그렇지 못하느냐의 문제만 있을 뿐 믿음에 정도의 차이는 없다(There are no degree in faith, and that no man has any degree of it before all things in him new, before he has the full assurance of faith, the abiding witness of the Spirit, or the clear perception that Christ dwelleth in him).

그런 의미에서 믿는다고는 하지만, 실제로 의롭게 하는 믿음이 없는 것이고, 그러한 믿음이 없으므로 우리 마음에 부어주신 진정한 하나님의 사랑이 없고 육적이거나 상상에 의한 기쁨이나 사랑만 있는 것이라고 했다. 반면에, 웨슬리는 "내적으로 모든 것이 새로워지기 전에, 즉 구원의 확신에 이르기 전까지는 믿음에 정도의 차이가 있고"(a man may have some degree of faith before all things in him are become new; before he has full assurance of faith)라고 생각했다. 그리고 의롭게 하는 믿음에도 차이가 있으며, 하나님의 사랑을 확신하는 믿음은 분명 의롭게 하는 믿음이라고 했다.[54]

당시 웨슬리는 그렇게 정리된 내용을 마음에 두고 1741년 진젠도르프와 만나 깊은 대화를 나눈 다음에 그 차이점을 분명히 알게 되었고 이제 몰터와 진젠도르프와의 대화를 통해서 알게된 모든 내용을 잘 정리하여 1745년에 『모라비안 형제들과 웨슬리 형제간의 신학적 차이점』(*A Short View of the Difference between the Moravian Brethren, lately in England, and the Reverend Mr. John and Charles Wesley*)을 출판하게 되었다.[55]

---

[54] Ward and Heitzenrater, *Journal and Diaries*, 19:131-4. 스팡겐버그와 몰터가 주장한 가르침은 모라비안교회의 공식적인 가르침이라기보다는 모라비안들 내에서도 극단적인 가르침에 해당하는 것으로 보인다.

[55] Ward and Heitzenrater, *Journal and Diaries*, 19:131-4, 211-15. 그런데 총서의 편집자들 가운데 Ward and Heitzenrater는 19:211, note 53 에서(아마도 『웨슬리 총서』) 13을 근거로 제시했고, P. Chilcote and Collins, 13:33, note 3 에서는 '총서' 14라고 한 것이 다르다. 필자는 『웨슬리 총서』를 확인할 수 없었지만, 그 내용은 잭슨이 편집한 『웨슬리 총서』(*Wesley's Works*) 10:201-204에서 발견할 수 있었다.

두 사람의 신학적 견해의 차이는 화해를 불가능하게 만들었다. 신도회 내에서도 둘의 다른 가르침에 따라 생긴 분열이 점점 심각한 수준에 도달했다. 1740년 4월에 웨슬리는 찰스와 함께 몰터를 다시 만나 2시간 동안 대화를 했지만, 몰터의 주장은 4개월 전과 전혀 달라지지 않았다.

그는 "(이미) 그 마음에 깨끗함을 받은 사람에게는 소소한 의무, 즉 은혜의 방편 등이 전혀 필요치 않기 때문에"(to those who have a clean heart the ordinances are not a matter of duty) "사용해서는 안 된다"(ought not to use them)라는 가르침을 반복했다.[56] 시간이 지날수록 다수가 몰터의 가르침을 따르면서 신도회 내에서 "은혜를 증진시키는"(to increase faith) 데 방해가 된다고 하여 은혜의 방편들을 배제하기 시작했다. 마침내, 웨슬리는 6월 초에 모라비안 가르침을 "독소"(poison)라고 규정했고, 찰스는 모라비안 독소에 대한 해독제로(antidote) 야고보서를 제시했지만, 별 효과가 없었다.[57]

6월 29일 주일 신도회 회원인 심슨(Simpson)이 저녁에 별도의 모임을 만들어 그들에게 웨슬리는 하나님을 믿는 우리를 영국이나 프랑스의 교회법 정도에 종속시키려고 한다고 공격하고 나섰고, 벨(Bell)은 모라비안의 가르침이 더 성경적인 진리라고 거들었다.[58]

마침내, 그리고 7월 16일 신도회는 웨슬리에게 더 이상 설교하지 말라는 결정을 내렸고, 웨슬리는 "신도회가 독일 사람들만을 위한 장소가 되었구나"(This place is taken for the Germans)고 한탄했지만, 그 외에 다른 방법이 없었다.[59]

---

[56] Ward and Heitzenrater, *Journal and Diaries*, 19:147.
[57] Ward and Heitzenrater, *Journal and Diaries*, 19:151. 사실, "독소"(poison)라는 표현은 모라비안들이 하나님의 은혜로 거듭나기 전에 성경을 읽거나 기도하는 것이나, 성찬에 참여하는 것은 "독소"라고 비난한 것에 대해 웨슬리도 그들의 용어를 사용해서 그들의 교리를 공격하는데 사용했던 것이다.
[58] Ward and Heitzenrater, *Journal and Diaries*, 19:159-60.
[59] Ward and Heitzenrater, *Journal and Diaries*, 19:161; Tyerman, *John Wesley*, 1:307. 찬송집

그 즈음에 웨슬리는 "은혜의 방편"(The Means of Grace)이란 설교를 통해 다음과 같이 강조했다.

하나님은 일반적 은혜의 방편을 통해 우리를 의롭게 하시고 거룩하게 하시기 때문에 은혜의 방편은 거룩하신 하나님의 외부적인 말씀이요, 행동으로서 마지막 때까지 시행하라고 명령하신다(Wesley considered the means of grace to be "outward signs, words, or actions ordained of God, and appointed for this end – to be the ordinary channels whereby he might convey to men preventing, justifying, or sanctifying grace).[60]

그리고 웨슬리 형제는 은혜의 방편을 권장하는 찬송집 2권 『찬송과 거룩한 시 모음』(Hymns and Sacred Poems)을 편찬하여 출판하기도 했다.[61] 마침내, 웨슬리는 7월 20일 주일 밤에 애찬식에 참석한 후 자신의 결정을 밝히는 내용을 읽었다.

초판은 1739년에, 그리고 마지막 3판은 1742년에 출판되었다.
[60] Outler, *Sermons*, 1:378-97. 본 설교는 1746년에 출판되었고, 웨슬리가 언제 쓰고 설교했는지 알 수는 없지만, 페터레인신도회 내에서 모라비안들과 교리적 갈등과 분열을 겪고 여전히 존재하는 문제를 해결하기 위해 설교한 것은 분명하다.
[61] Chilcote and Collins, *Doctrinal and Controversial Treaties*, 13:33, 150. 이 때가 1741년 7월인데 찬송집 2권을 출판한지 25년쯤 지난 1766년에 쓴 『그리스도인의 완전에 대한 평이한 해설』(*A Plain Account of Christian Perfection*) 에서 웨슬리는 "1741년 봄이라고 생각한다"(I think in spring 1741)고 잘못 말했다. 같은 글에서 웨슬리는 『메도디스트의 특징』(*The Character of a Methodist*)를 1739년말에 출판했다고 했고, 그에 따라 타이어맨도 "웨슬리가 1739년 말에 그리스도인의 완전(Christian Perfection)을 출판했다"(Toward the end of 1739, Wesley published his tract, entitled "The character of a Methodist)고 썼지만,(See his *John Wesley*, 1:289) 사실 웨슬리가 1741년에 "그리스도의 완전"(Christian Perfection)에 대해 설교한 후이기 때문에 1742년 여름에 출판한 것으로 보아야 한다. See Chilcote and Collins, *Doctrinal and Controversial Treaties*, 13:142, note 40.

저는 그동안 여러분의 잘못을 계속해서 지적하면서 성경의 법과 증거로 돌아오기를 촉구했지만, 여러분은 점점 더 잘못된 길로 갔습니다. 이제 저는 여러분들을 하나님께 맡길 수밖에 없습니다. 여러분들 중에 누구라도 나와 같은 생각을 하는 분들은 나를 따르세요(I believe these assertions to be flatly contrary to the Word of God. I have warned you hereof again and again, and besought you to turn back to the law and the testimony. I have borns with you long, hoping you would return. But as I find you more and more confirmed in the error of your ways, nothing now remains but that I should give you up to God. You that are of the same judgment, follow me).[62]

그러자 18-19명이 웨슬리를 따라나섰고 그들 중 대부분이 여성들이었다. 결과적으로 페터레인신도회를 조직한 지 2년 만인 1740년 7월 23일 신도회에서 분리하여 런던 북부의 가난한 자들의 주거지인 무어필드(Moorfields)의 근처에 있는 문 닫은 파운더리(Foundery), 즉 대포(cannon)를 만드는 무기 공장터를 임대해서 모임을 갖기 시작하면서 파운더리 시대가 시작되었다.[63]

나중에 그 건물을 구입해서 예배당으로 사용하면서 크게 성장했는데 건물은 66개 속회가 모이는 방들과 1500명이 모이는 집회실과 주일학교, 주간학교, 웨슬리의 거실과 웨슬리의 어머니 수잔나의 거실, 설교자들의 숙소, 약방, 진료소, 친교실, 상담실, 신용조합 등이 있는 대단히 넓고 큰 건물이었다. 1741년에 약 1,000여 명의 신도회 회원들이 모였고, 매일 새벽 성경 강해 및 기도회에는 약 300명씩 모였다.[64]

---

[62] Ward and Heitzenrater, *Journal and Diaries*, 19:162. Tyerman, *John Wesley*, 1:309.
[63] 원래 그 명칭은 "foundry"(파운드리)인데, 웨슬리는 항상 "foundery"(파운더리)라고 썼다. See Ward and Heitzenrater, *Journal and Diaries*, 23:5 note 18.
[64] 사실 웨슬리는 1739년 11월 11일부터 파운더리를 사용하고 있었는데, 페터레인신도회에서 분리된 후 그 곳에서만 모이게 되면서 파운더리 시대가 된 것이다. See Ward and

한편, 페터레인신도회 내에서의 갈등과 파운더리신도회의 설립에 이르기까지 많은 신학적 갈등을 겪으면서도 브리스톨에서 뉴룸을 건축한 것을 언급하지 않을 수 없다. 1740년 4월부터 브리스톨에서 신도회를 조직하고 매주 1회 정기적으로 모이기 시작했는데 수가 급증하면서 더 넓은 공간이 필요했기 때문에 뉴룸(New Room)을 건축하여 7월 11일에 완공했다.

뉴룸은 영국의 거대한 대성당이나 예배당에 비하면 초라하기 짝이 없는 건물이었지만, 메도디스트들에게 많은 일을 할 수 있는 첫 공간이었다. 웨슬리는 그곳에서 매일 사도행전을 강해했고, 또한 가난한 사람들 100-150명을 먹이는 일을 했다. 웨슬리는 뉴룸 건축비 때문에 많은 빚을 지게 되었고 그 빚을 갚는데 오랜 기간이 걸렸다.[65]

웨슬리는 한 지역을 집중적으로 전도하여 교두보를 확보하고 그곳을 중심으로 신도회를 조직하며 확장해 나가는 전략을 택했다. 처음에는 브리스톨(Bristol)과 런던(London)과 콘월(Cornwall)을 비롯한 영국 남서부를 집중적으로 전도하여 중부와 북부로 이동하였다.

최남단에 있는 콘월 지방은 메도디스트 부흥 운동이 가장 활발하게 일어난 지역이며, 중 북부에 속하는 버밍햄(Birmingham), 맨체스터(Manchester), 요크(York)를 거쳐 리즈(Leeds), 쉐필드(Sheffield), 돈캐스터(Doncaster), 덜함(Durham)을 거쳐 북부인 뉴캐슬(Newcastle)로 확장되었다. 전체적으로

Heitzenrater, *Journal and Diaries*, 19:163, note 38; Tyerman, *John Wesley*, 1:271-3. 대포(cannon)를 만들던 공장이었는데 사고가 가서 많은 사상자를 내자 버려진 건물이었기에 웨슬리가 구입할 수 있었는데, 구입액수는 800파운드였을 것이라고 타이어맨은 추측한다. 파운더리신도회는 메도디스트 부흥 운동의 본부 역할을 했다. 그런데 웨슬리가 파운더리신도회를 메도디즘의 태동으로 보지 않고, 이미 2년 전에 시작된 페터레인신도회를 "메도디즘의 세 번째 태동"(the third rise of Methodism)이라고 한 것은 웨슬리는 그곳에서 매우 의미 있는 체험을 했고, 그것이 메도디스트의 특징을 결정하는 계기가 되었기 때문일 것이다.

65 Tyerman, *John Wesley*, 1:294, 378.

보면, 남서부에서는 브리스톨이, 남동부에서는 런던이, 그리고 북부에서는 뉴캐슬이 중심이 되었다.[66]

4. 파운더리신도회 내에서 칼빈주의자들과의 갈등: (1739-1941년을 중심으로)

모라비안들의 삶과 신학이 웨슬리의 삶과 신학에 끼친 영향은 지대하지만, 웨슬리는 그들과 결별하고 자신들만의 공동체를 설립했다는 것은 웨슬리의 삶과 신학에 대전환이 일어나면서 웨슬리신학의 정체성을 확립하기 시작했다는 것을 의미한다. 반면에, 동료 메도디스트들 내에서는 칼빈주의자들과의 갈등이 갈수록 치열해지는 것이 문제였다.

휫필드는 웨슬리가 1739년 4월 29일 "값없이 주시는 은혜"(Free Grace)를 설교한 이래 1년 반도 더 지난 1740년 9월 25일에 웨슬리의 행동을 공박하는 편지를 썼다.

존경하는 선생님, 제가 듣기로 당신이 이 땅에 사는 동안에 죄가 없는 완전을 이룰 수 있다고 말씀하셨다니 유감입니다. 저는 제가 머리를 땅에 묻고 영혼이 떠나기 전에 우리 안에 내재 된 죄가 없어지거나 파괴된 것을 볼 것이라고 기대하지 않습니다(I am sorry, honoured sir, to hear, by many letters, that you seem to own a sinlessperfection in this life attainable ⋯ I do not expect to see indwelling sin finished and destroyed till I bow down my head and give up the ghost).[67]

---

66 William Fitchett, *Wesley and His Century, a Study in Spiritual Forces* (London: Smith Elder, 1906), 190.
67 Baker, *Letters*, 26:32; Tyerman, *John Wesley*, 1:316.

휫필드에 의하면, 이스라엘 땅에 아멜렉이 존재함으로써 이스라엘 민족에게 경각심을 준 것처럼 죄는 항상 우리 안에 남아서 하나님께 거역하게 함으로써 우리가 하나님의 은혜가 있어야 하는 존재임을 깨우치고 있다는 것이다. 그러한 의미에서 휫필드는 웨슬리가 주장하고 있는 죄가 없는 그리스도인의 완전 교리는 복음에 반대되는 것(doctrines contrary to the gospel)이라고 했다.

더 나아가, 웨슬리는 인간의 능력을 높이지만 사람을 구원하시는 하나님의 주권을 약화시키고 있다고 하면서 웨슬리에게 "너무 경솔하고 너무 저돌적으로 행동하지 말아달라"(you would not be too rash and precipitant!)고 간청하며 편지를 맺었다.[68] 그리고 『자세히 살펴본 완전주의자』(The Perfectionist Examined)란 제목으로 출판함으로써 둘의 관계는 더욱 악화하였다.[69]

휫필드가 미국에 가 있는 동안에서도 웨슬리가 계속하여 예정론과 선택의 교리를 비판한다는 소식을 듣고, 1740년 11월 9일에 편지하여 "나는 당신과 함께 감옥에도 가고, 죽음까지 동행할 수 있지만, 결코 대항하고 싶지 않다"(I am willing to go with you to prison, and to death; but I am not willing to oppose you)라고 했다.[70]

다음해 2월 1일에 다시 웨슬리 형제에게 편지하여 왜 예정론에 반대하는 편지를 출판했느냐고 웨슬리에게 따지면서 동시에 왜 선택론(election)에 반하는 찬송을 썼느냐고 찰스에게도 따졌다.[71]

---

[68] Baker, *Letters*, 26:33; Tyerman, *John Wesley*, 1:317. 편지 내용 중에 "제비 뽑는 행위에 대해 자제해 달라"(You would be more cautious in casting lots)는 내용도 있는 것을 보면 휫필드는 웨슬리의 그러한 행동이 성경적이지 않다고 보았던 것이다. See Ward and Heitzenrater, *Journal and Diaries*, 19:188-9, and notes 39 and 43.

[69] William Fleetwood, *The Perfectionist Examined* (London: Roberts, 1941), 96-9. See Ward and Heitzenrater, *Journal and Diaries*, 19:179, note 13; Baker, *Letters*, 26 : 31-3.

[70] Baker, *Letters*, 26: 43. 물론, 휫필드는 그 이전부터 자신은 기꺼이 웨슬리와 함께 감옥에도 가고, 죽을 수도 있다고 고백하곤 했다. See Baker, *Letters*, 25:600.

[71] Baker, *Letters*, 26: 48. 당시에 휫필드가 자신의 예정론의 가장 설득력 있는 성경 본문으로 로마서 8: 31-39, 그중에서도 특히 32절을 제시했는데, 흥미롭게 웨슬리도 같은 로

휫필드는 1741년 초에 선교지를 떠나 3월 중순에 런던에 도착했다. 그런데 휫필드가 오는 도중인 2월 1일에 작년 9월 25일 휫필드가 웨슬리를 정면으로 반박하기 위해 출판했던 편지 『자세히 살펴본 완전주의자』(*The Perfectionist Examined*) 복사본이 파운더리에서 모이고 있는 웨슬리의 회중들에게 돌려졌다. 웨슬리는 그 편지는 분명 개인적인 것이고, 휫필드의 허락 없이 나돌게 된 것임을 알고 회중들이 보는 앞에서 찢어버렸다(tore it in pieces before them all).[72]

그런데 휫필드가 도착했을 때 그의 손에는 웨슬리를 비판하는 『웨슬리의 설교 '값없이 주시는 은혜'에 대한 답변』(*A Letter to the Rev. Mr. John Wesley in Answer to his Sermon Entitled 'Free Grace'*)이 들려 있었고, 그 편지를 출판하기 전에 찰스에게 건네주었다. 1740년 12월 24일 자로 되어 있는 그 편지에서 휫필드는 자기의 생각을 다음과 같이 단호하게 선언했다.

> 나는 형벌의 교리를 믿는데, 하나님께서는 예수 그리스도를 통해 다만 몇 명에게 구원하시는 은총을 주셨고, 나머지 사람들은 남아서 죄를 짓기 때문에 그 죄의 대가로 영원한 형벌을 받는다는 것을 믿는다(I believe the doctrine of reprobation, in this view, that God intends to give saving grace, through Jesus Christ, only to a certain member; and that the rest of mankind, after the fall of Adam, being justly left of God to continue in sin, will at last suffer that eternal death, which is its proper wages).[73]

편지 내용에 대해 들은 웨슬리는 3월 28일 휫필드를 찾아가 휫필드가 과연 자신에게 나쁜 감정을 가졌는지 물었고, 휫필드는 우리는 "서로 다

마서 중에서 8: 14-16을 근거로 예정론을 반박했다.
72 Ward and Heitzenrater, *Journal and Diaries*, 19:180; Collins, *John Wesley*, 115.
73 Tyerman, *John Wesley*, 1:323에서 재인용. 참조 Ward and Heitzenrater, *Journal and Diaries*, 19:189 and note 43, and Baker, *Letters*, 26:32.

른 복음"(two different gospels)을 설교하고 있기 때문에 함께 할 수 없고, 자신이 설교할 기회가 있을 때마다 웨슬리 형제들과 반대되는 설교를 하겠다(He was resolved to preach against him and his brother wherever he preached at all)고 단호하게 말했다.[74]

그리고 웨슬리가 자신의 편지를 회중들 앞에서 찢어버렸다는 소식을 들은 횟필드는 자신이 선교지에서부터 들고 온 편지를 3월 30일에 마침내 출판한다.[75] 그리고 「주간 역사」(The Weekly History)를 창간하여 칼빈주의적 복음을 적극적으로 변증하며 전파하기로 한다. 집필진은 횟필드 외에 세닉(Cennick), 하웰 해리스(Howell Harris), 조셉 험프리(Joseph Humphreys) 등이었다.[76] 그리하여 1741년에 매주 4페이지 분량으로 출판되는 최초의 메도디스트 잡지가 창간되었는데, 문제는 메도디스트들 내에서 웨슬리를 반대하는 잡지가 발간되었다는 것이다.

그 뒤로 웨슬리에 반대하는 논문이나 편지 등이 「주간 역사」(The Weekly History)를 통해 종종 출판되었다. 더 나아가, 횟필드와 그를 따르는 사람들은 힘을 합쳐 파운더리 근처에 나무로 된 간이 건물을 지어 칼빈주의자들의 모임 장소로 사용하는가 하면 킹스우드에도 건물을 지어 자신들만의 모임 장소로 사용하기 위해 모금 운동을 전개하기도 했다.[77]

웨슬리는 1741년에 출판한 "그리스도인의 완전"이라는 설교에서, "예수 안에서 어린아이도 하나님의 자녀로서 죄를 짓지 않는 완전함에 이를 수 있다"라고 했다. 그리고 "만약 여러분이 모든 그리스도인은 살아 있는 동안 죄를 지을 수밖에 없다"라고 말한다면 우리는 그러한 생각을 전적으로 거부합니다"(But if you would hence infer that all Christians do, and must commit

---

[74] Ward and Heitzenrater, *Journal and Diaries*, 19:188-9; Tyerman, *John Wesley*, 1:346.
[75] Tyerman, *John Wesley*, 1:324.
[76] Tyerman, *John Wesley*, 1:346.
[77] Tyerman, *John Wesley*, 1:348-49.

sin, as long as they live, this consequence we utterly deny)라고 했다.[78]

1741년 10월에 해리스는 둘의 관계를 화해시키려고 먼저 웨슬리 형제를 만난 이후에 휫필드에게도 편지로 자기의 뜻을 알렸다. 스코틀랜드에서 소식을 들은 휫필드도 즉시 웨슬리에게 편지하여 화해의 뜻을 전한다.

> 하나님께서 현재 우리를 막고 있는 모든 장벽을 없애주시기를 기도합니다. 저는 비록 하나님의 선택론을 지지하지만, 그러나 저는 모든 영혼들에게 예수 그리스도를 전합니다. 당신은 당신이 원하는 정도까지 성화를 이룰 수 있을 것이지만, 저는 우리가 사는 동안에 우리 안에 있는 모든 죄가 파괴될 수 있다는 당신의 주장에 동의할 수 없어요(May God remove all obstacles that now prevent our union! Though I hold particular election, yet I offer Jesus freely to every individual soul. You may carry sanctification to what degrees you will, only I cannot agree with you that the in-being of sin is to be destroyed in this life).[79]

화해를 시도하면서도 분명한 차이를 드러내는 내용이다. 사실 두 사람은 신학적으로는 대립을 하면서도 누구보다도 서로를 존중하고 신뢰하는 관계였다. 신학적인 논쟁이 한창일 때인 1742년 4월 23일 자 일기에서 웨슬리가 기록했다.

> 나는 휫필드와 한동안 서로 동의하는 내용을 나누었다. 그는 주 예수 그리스도를 사랑하는 모든 사람과 협력하는 일에 신실하다는 것을 나는 믿는

---

[78] Outler, *Sermons*, 2:99-121, esp., 105, 107; Collins, *John Wesley*, 116, 293. 웨슬리의 죄의 개념에 대해서 다음을 보라. John R. Tyson, "Sin, Self and Society: John Wesley's Hamartiology Reconsidered [his Sermons on several occasions]," *The Asbury Theological Journal* 44, no. 2 (Fall 1989), 77-89.
[79] Whitefield's Works, 1:331. Tyerman, *John Wesley*, 1:349 에서 재인용.

다(I spent an agreeable hour with Mr. Whitefield. I believe he is sincere in all he says concerning his earnest desire of joining hand in hand with all that love the Lord Jesus Christ.)

이렇게 말한 것도 휫필드에 대한 웨슬리의 감정을 잘 나타내 주고 있다.[80] 지금까지 우리가 논의한 바를 다음과 같이 연대별로 정리해 보자.

① 1738년 5월 1일부터 페터레인에서 모라비안들과 메도디스트들이 모이기 시작
② 5월 24일 올더스게이트에서 특별한 체험
③ 1739년 1월 1일 새벽 페터레인신도회에서 강한 성령의 체험
④ 1739년 4월 2일부터 야외설교 시작
⑤ 한 달 안에 칼빈주의자의 대표적인 존재인 휫필드와 신학적 갈등
⑥ 1740년 7월 23일 파운더리신도회 설립
⑦ 그 후 메도디스트들 내에서 칼빈 주의자들과의 갈등

결과적으로 보면, 웨슬리가 올더스게이트와 페터레인신도회에서 특별한 은혜를 체험하고 자신만의 신학적 확신을 가지고 야외설교를 하면서 영국 국교회 동료들과의 갈등, 칼빈주의자들과의 갈등과 결별, 그 와중에 신도회 내에서 모라비안들과의 갈등과 분열 등 웨슬리로서는 매우 힘든 시기를 보내고 있었고, 그에 따라 그의 신학적 고뇌와 통찰도 점점 깊고 예리하게 발전하고 있었다.

1740년은 메도디스트 역사에 있어서 최초로 순교자(the first Methodist martyr)가 발생한 해이다. 1702년에 태어난 윌리엄 시워드(William Seward)는 1738년에 찰스를 만난 이후로 그의 전도대에 합류했다. 그는 교육을

---

[80] Ward and Heitzenrater, *Journal and Diaries*, 19:260. ,

많이 받지도 못했고, 설교에도 재능이 없었지만, 휫필드가 두 번째로 조지아에 갈 때 동행했던 인물이다. 한번은 해리스가 웨일스에서 선교할 때 동행했는데 캐어런(Caerleon)에서 폭도들이 던진 썩은 달걀에 눈을 맞고 실명이 되었다. 그런데도 전도 여행을 멈추지 않았다.

그러던 중 1740년 10월 15일에 헤이(Hay)에 갔을 때, 그 교구의 사제와 동료들이 찾아와 침묵할 것을 강요했지만, 설교를 계속하자 사람들을 선동하여 그의 활동을 방해하던 중 누군가 그의 뒤에서 던진 돌에 맞아 머리를 심하게 다쳤다. 그는 회복하지 못하고 1740년 10월 22일에 38세의 나이로 숨을 거두고 말았다. 웨슬리는 27일에 그 소식을 듣고 놀라고 슬퍼하며 그의 영혼을 하나님께 의탁했다.[81]

그리고 1740년 말에는 바이올린 연주자였지만, 회심한 후 메도디스트 평신도 사역자가 된 제임스 로저스(James Rogers)의 제안에 따라 밤 8시 30분에 모여서 기도하고 찬양하며 보냈는데 그 모임이 메도디스트 역사의 최초 "철야 예배"(watchnight service)가 되었다.

1748년 페로넷에게 쓴 편지에 의하면, 그 당시 킹스우드신도회 회원들 가운데 밤에 모여 늦게까지 찬양과 기도하는 일들이 종종 발생하자 주위에서 그러한 모임을 중단시켜 달라는 요청도 있었지만, 웨슬리가 보기에 초대교회 때도 그러한 모임이 있었던 것을 생각하며 오히려 장려한 바 있다고 했다.[82]

---

[81] Ward and Heitzenrater, *Journal and Diaries*, 19:172 and note 75. 그런데 타이어맨은 메도디스트 역사에 있어서 최초의 순교자가 죽은 해를 1741년이라 잘못 적고 있다. See Tyerman, *John Wesley*, 1:342.

[82] Telford, *Letters*, 2:299. 물론, 모라비안들도 철야기도 및 찬양 예배를 드렸고 웨슬리도 그들로부터 배운 것도 사실이겠지만, 웨슬리가 편지에서 밝힌 바와 같이 메도디스트들 내에서 자연스럽게 시작된 철야기도 및 찬양 예배를 웨슬리가 적극적으로 활용하면서 정착된 메도디스트들의 특별한 예배로 발전했다고 보는 것이 옳을 것이다.

결과적으로 메도디스트들이 철야 예배를 드리는 것이 회원들에 의해 자연스럽게 진행괴기 시작했고 웨슬리가 그러한 모임을 허락할 뿐만 아니라 권장함으로써, 후에 신도회가 월 1회 철야 예배를 드리는 것이 보편화되었다.

1740년에 출판한 것 중에 12페이지 분량의 『선택과 심판론에 대한 진지한 고려』(Serious Considerations concerning the Doctrines of Election and Reprobation), 윌리엄 로의 저작을 19페이지로 간추린 『기독교의 본성과 계획』(Nature and Design of Christianity), 그리고 매년 하던 대로 1738년의 저널을 정리하여 출판하였다.[83]

---

[83] Tyerman, *John Wesley*, 1:333-34.

제3장

파운더리신도회 시대와 웨슬리신학의 정체성 형성

비록, 메도디스트들만의 파운더리신도회가 태동하였지만, 모라비안들과 칼빈주의자들과의 갈등은 치유되지 않고 오히려 점점 골이 깊어갔다. 그 와중에도 웨슬리는 야외설교에 치중하면서 복음으로 변화된 사람들을 중심으로 메도디스트신도회가 영국 전역으로 확산시켜 나갔다.

1. 진젠도르프와의 만남

동생 찰스와 동서인 홀(Hall) 목사가 모라비안적 경향으로 기우는 것을 발견하고 당황한 웨슬리는 1741년 4월 21일 찰스에게 편지하여 모라비안들의 문제점을 지적해 주었다. 그들은 성경에 반하는 신비주의(their tendency towards mystical as opposed to Scriptural), 자기 부정의 결여(their lack of self-denial), 은혜의 방편에 대한 무시(their relative neglect of the means of grace), 선행 무시 등의 문제가 있다고 하면서 그러한 독성(poison)을 제거하라고 했다.[1] 그때는 이미 허친스(Hutchins)나 세닉이 모라비안 교리에 동조하면서 신도회 분열

---

1 Ward and Heitzenrater, *Journal and Diaries*, 19:191.

의 원인이 되었음을 웨슬리는 잘 알고 있었기 때문에 모라비안적 독소에 대처하는 웨슬리의 언어와 논리가 점점 단호해지고 있을 때였다.

1741년 5월 6일 페터레인 신도회의 밴드 멤버들과 만나 재결합을 시도했지만, 그들이 자신들의 오류를 여전히 포기하지 않고 있다는 사실을 알고 함께 할 수 없다는 결론을 내렸다. 물론, 모라비안들이 최대한 죄를 억제하고, 하나님을 사랑하는 훈련에 집중하는 등 그들만의 장점이 있지만, 여전히 그들의 언어가 유치하며(silly, childish expression), 조잡하고(crude), 혼동이 있고(confused), 개념이 모호하고(undigested notions), 변덕스러운 것(their whims) 등 성경이나 이성에 근거하지 않은 면이 많이 있다는 것이다.

특히, 그들의 모든 저서를 섭렵해 본 결과 3대 오류가 발견되는데, '만인구원론'(universal salvation), '반율법주의'(antinomianism), 그리고 '변형된 정적주의'(new, reformed quietism)가 그것이라고 했다.[2]

6월 15일 런던으로 가는 길에 웨슬리는 루터의 갈라디아서 주석을 읽었는데 그 내용에 실망했다. 그동안 다른 사람들에 의한 평가나 몇몇 인용된 것만을 읽고 지나치게 존중했는데 직접 읽어보니, 그는 신학적인 문제를 전혀 해결하지 못하고 있고 오히려 신비주의적인 해석을 하고 있다는 점이 불만이었다.

그는 이성을 무엇보다도 하나님의 율법인 선행을 경시하며 마치 그리스도인들이 죄로부터 구원받은 것이 아니라 율법으로부터 구원받은 것처럼 말하고 있는 것이 또한 문제였다. 결국, 루터도 모든 그리스도인이 더 이상 거룩함을 추구하지 않아도 되는 것처럼 만들어 버린 것이 가장 큰 오류였다. 그러한 관점으로 보면, 모라비안들은 한편으로는 루터의 문제를 극복하면서, 다른 한편으로는 루터의 오류를 더욱 악화시켜서 이제는 그리스도인의 삶에서 선행도, 율법도, 계명도 없게 만들어 버렸다(no works, no

---

[2] Ward and Heitzenrater, *Journal and Diaries*, 19:192-3. .

law, no commandments)고 탄식했다.³

 웨슬리와 모라비안들이 결별한 것을 아쉽게 생각하던 진젠도르프가 9월 3일에 런던으로 와서 웨슬리를 만났다. 영어가 미숙한 독일인과 독일어가 미숙한 영국인은 라틴어로 대화를 했다. 무엇보다도 진젠도르프는 웨슬리의 그리스도인 완전의 교리가 "오류 중의 오류"(the error of errors)라고 하면서, "오직 그리스도만이 유일하게 완전하신 분이며, 누구든지 본질에서 완전하다고 주장하는 사람은 곧 그리스도를 부인하는 것"(Christ is our sole perfection. Whoever follows inherent perfection, denies Christ)이라고 했다. 죄인일 수밖에 없는 인간이 의롭게 될 수 있는 것은 오직 하나님의 은혜로 본질이 변하는 것이 아니라 신분이 변하는 것이기 때문에 칭의의 순간에 신자가 전적으로 성화 된다(the moment a believer is justified, he is sanctified wholly)는 것이다.

 하지만, 웨슬리는 놀라면서 "뭐라고! 사람이 사랑을 더 하므로 더 거룩해지는 것이 아닌가 … 그러므로 그리스도 안에서 아비 된 자가 새로 태어난 아기보다는 더 거룩한 것이 아니겠는가?"(What! Does not every believer, while he increases in love, increase equally in holiness? … Is not therefore a father in Christ holier than a new-born babe?)라고 반문하면서, "그리스도인은 마음과 삶에 있어서 모두 거룩해야 하고"(a believer is altogether holy in heart and life), "마음과 힘을 다하여 하나님을 사랑하고 섬기는 것"(he loves God with all his heart, and serve Him with all his powers)이 곧 그리스도인의 완전이요, 거룩이라고 했다.

 그러자 진젠도르프는 웨슬리가 무언가 오해하고 있다는 듯이 "우리의 모든 칭의와 성화는 동시에 발생하며 무엇이 더 크고 더 작다고 말할 수 없다"(Our whole justification, and sanctification, are in the same instant, and [the believer] receives neither more or less)고 단호하게 말함으로써 대화는 더 이상 진전될 수 없었다.⁴

---

3   Ward and Heitzenrater, *Journal and Diaries*, 19:201.
4   Ward and Heitzenrater, *Journal and Diaries*, 19:213-4. 웨슬리가 오후 3시에 그레이스 인

마침내 진젠도르프는 1745년 8월 2일에 제임스 허튼(James Hutton)을 시켜 「일일 통보」(Daily Advertiser)에 웨슬리 형제들은 잘못된 가르침으로 사람들을 속이는 죄의 종이라고 비난하며 그들은 결국 "자신들의 교만함 때문에 머리로 벽을 들이박는 벌을 받게 될 것"(running with their heads against the wall, for a punishment of their high spirits)이라고 말했다. 그리고 마침내 "모라비안 형제들은 웨슬리 형제들과 더 이상 상관이 없다"(the Moravians had no connection with Mr. John and Charles Wesley)라고 통보했다.[5]

웨슬리는 9월 6일, 진젠도르프에게 편지하여 그의 격에 어울리지 않게 자신을 비판한 것에 대해 점잖게 꾸짖으며, 그럼에도 불구하고 자신은 진젠도르프를 사랑한다고 했다.[6] 웨슬리가 조지아 선교지로 가는 선상에서 모라비안 형제들을 만난 지 10년이 지나서 결별로 마무리되었다.

웨슬리의 삶과 신학 안에는 모라비안적 요소가 상당이 많이 차지하고 있으면서도, 결코 그들과 같지 않다는 양면성이 있다. 교리적인 것 외에도 웨슬리는 모라비안들과의 교제를 통해 평신도들의 높은 영적 수준과 그들이 현장에서 훌륭하게 설교자, 혹은 선교사로 쓰임 받을 수 있다는 사실을 충분히 확인했다.

그런가 하면, 웨슬리가 "기독교는 사회적 종교인데 그러한 사회적 종교를 고립된 종교로 만드는 것은 곧 기독교를 파괴하는 행위"(Christianity is a social religion, and to turn it into a solitary one is indeed to destroy it)라고 강하게 비판한 것도 모라비안들과의 생활 속에서 보게 된 내용과 무관하지 않을 것이다.[7]

워크(Gray's Inn Walk)로 가서 진젠도르프와 라틴어로 대화한 내용을 숨기지 않고 그대로 두고 또한 자신이 번역하기도 했다.

5 Ward and Heitzenrater, *Journal and Diaries*, 20:88. Tyerman, *John Wesley*, 1:477.
6 Baker, *Letters*, 26:150-1.
7 "Upon Our Lord's Sermon on the Mount, Discourse IV." In Outler, *Sermons*, 1:533.

2. 웨슬리신학의 정체성 형성

　모라비안들이나 칼빈주의자들과 결별하고, 자신을 따르는 소수의 메도디스트와 함께 자신만의 소명의 길을 가게 된 웨슬리 앞에 해결해야 할 문제가 산적해 있었다. 영국 전역에 늘어만 가는 회심자들을 양육하기 위한 조직을 갖추는 일이 급선무였고, 그에 따른 지도자들을 양성하는 책임이 무겁게 다가왔다. 그 외 다양하게 제기된 문제를 극복하며 신학적-목회적 대안을 제시하는 과정에서 비로소 웨슬리신학은 그 정체성을 형성해 가기 시작했다.

1) 메도디스트만의 신도회 조직과 평신도 설교자들 문제

　메도디스트만을 위한 파운더리신도회가 1740년 7월 23일 결성된 이래 브리스톨과 킹스우드와 바스신도회(Bath society)에 들이 결성되었다. 웨슬리는 처음부터 메도디스트 운동을 영국 국교회와 다른 조직으로 발전시킬 생각은 없었다. 그의 생각은 오직 교회 안과 밖에 있는 영혼들을 구하고, 모든 기독교인이 성경에서 가르치는 대로 죄의 문제를 해결 받고 새로운 피조물로 살아가도록 하는 것이었다.
　그러므로 영국 국교회가 자신의 활동을 반대하기보다는 오히려 반기고 도와줄 줄 알았던 것 같다. 그래서 자신에 대한 오해가 풀리면 곧 영국 국교회 내에서 동역자들이 많이 나타날 것이라고 기대하고 있었는데, 교회 밖에서 결신자들이 늘어갈수록 영국 국교회의 비판은 거세졌고, 동역자들은 점점 웨슬리를 멀리했다.
　결과적으로, 새로운 영혼들을 돌볼 지도자와 설교자들이 절대적으로 부족한 상태에서 사역은 계속 확장되는 현실 앞에서 웨슬리가 찾은 대안은 그가 모라비안들을 통해 본 것처럼 평신도들을 훈련해 활용하는 것이었다. 그런데 평신도 지도자나 설교자들은 도움이 되는 만큼 문제도 많았다.

평신도 설교자 중 한 사람인 존 세닉(John Cennick, 1718-55)은 퀘이커교도의 가정에서 태어났지만, 후에 영국 국교도가 된 인물이다. 그는 20세가 되기 전인 1737년부터 평신도 설교자로 활동하던 중 1739년 3월 10일 레딩(Reading)을 방문 중인 웨슬리를 만났다. 그 후, 그는 웨슬리의 메도디스트 운동에 가담했는데, 웨슬리는 그를 1740년에 킹스우드신도회의 지도자로 임명했다.[8]

그런데 웨슬리가 전도 여행을 하는 동안에 세닉은 휫필드가 이끄는 신도회에서 교육을 받다가 결국은 웨슬리를 떠나 휫필드 진영에 가담하게 된다. 웨슬리가 1740년 12월 26일 킹스우드신도회에서 설교하는데 5-6명 정도밖에 모이지 않았다. 알고 보니 많은 사람들이 이미 세닉을 따르고 있었는데, 결국 브리스톨신도회의 경우 3월 8일 세닉과 그를 따르는 51명이 신도회를 떠났고, 90명 이상이 신도회에 남음으로써, 결국 신도회는 분열되는 아픔을 겪었다.[9]

1741년 2월 22일 주일 예배 때, 웨슬리는 작정하고 세닉의 가르침이 무엇이 잘못되었는지 회원들에게 설교했다. 그랬더니 세닉과 몇몇 동조자들이 찾아와 웨슬리는 "하나님의 신실하심보다는 인간의 신실함을 설교한다"(preach up man's faithfulness and not the faithfulness of God)라고 항의했다. 결국, 웨슬리는 그 날 밤 애찬식을 마친 후 세닉을 제외한 동료 메도디스트들만의 모임을 가짐으로써 메도디스트 역사에 있어서 최초의 분열이 일어났고 그 분열의 원인은 웨슬리가 가장 신뢰하고 양성한 평신도 사역자에 의해 발생했다.

---

[8] Tyerman, *John Wesley*, 1:274-5.
[9] Ward and Heitzenrater, *Journal and Diaries*, 19:175; Tyerman, *John Wesley*, 1:345. 그런데 랙은 그 반대, 즉 90명이 세닉을 따라 나갔고, 52명이 신도회에 남았다고 잘못 말하고 있다. See Rack, *Reasonable Enthusiast*, 199.

세닉보다 더 큰 문제를 일으킨 사람도 웨슬리가 누구보다 신뢰하며 세운 평신도 지도자 중 한 사람인 토마스 맥스필드(Thomas Maxfield)이다. 1739년 5월 21일 니콜라스 거리(Nicolas Street)에서 설교할 때 한 젊은이가 땅에 엎드려져 죽은 사람처럼 있다가 갑자기 큰 소리를 지르며 발작을 하자 장정 여섯 명이 그를 제어하지 못했다. 합심하여 기도할 때 마침내 평온을 찾게 되었고 후에 찰스와 함께 야외설교에 동행하면서 웨슬리의 총애를 받았다.

마침내, 웨슬리는 그를 복음 안에서 낳은 아들처럼 대하면서 평신도 설교자로 세웠고, 더 나아가 1742년에 평신도 중에서 최초로 파운더리신도회의 리더로 임명했다.¹⁰

그런데 그가 평신도 설교자들에게 금지된 일, 즉 신도회 내에서 설교하는 일을 범했다. 웨슬리는 돌아와서 그 일을 못 하도록 조치하기 전에 파운더리에 거주하며 그 광경을 목격한 어머니의 조언을 구했는데 뜻밖에도 어머니는 그 청년의 일을 긍정적으로 평가하면서 다음과 같이 조언했다.

> 그 젊은이 문제는 심사숙고해서 처리하기 바란다. 왜냐하면, 그는 네가 그렇듯이 복음을 전하라고 하나님의 부르심을 받은 사람이기 때문이다. 그

---

10   Ward and Heitzenrater, *Journal and Diaries*, 19:61, note 5. 웨슬리가 1739년 후반기에 맥스필드를 평신도 설교자로 세우기 전에 그는 1738년에 영국 내에서 최초의 편신도 설교자로 요셉 험프리스(Joseph Humphreys)를 세웠다고 했다. 험프리스가 파운더리에서 설교하며 지도자로 활동한 것은 1740년 9월부터 였다. 그는 모라비안 신도였는데 메도디스트 설교자로 활동하면서 사랑 안에서 그리스도의 완전을 체험했고, 1년 동안 죄를 짓지 않았다고 했다. 하지만, 그는 후에 칼빈주의자인 휫필드의 사역자가 되어 신문에 편지 형식으로 웨슬리 형제를 비난하는 글을 쓰기도 했다. 험프리스에 대해서는 다음을 참고하라. Baker, *Letters*, 26:46 note 16; Rack, *Reasonable Enthusiast*, 211; Curnock, *Journals*, 2:352, note 1과 8:93 and note 3. 한편 맥스필드는 곧 세계의 종말을 예언하였는데 웨슬리의 충고를 따르지 않고 계속 고집을 피우다가 마침내 1763년에 결별했고, 1778년에는 웨슬리를 비방하는 소책자를 발간하기도 했다가 다음해에 화해했다. 그는 1783년에 휫필드를 추종하는 여성 사역자 엘리자베스 브랜포드(Elizabeth Branford)와 결혼하였다가 1년 후에 죽었다. See Baker, *Letters*, 26:56 and note 3.

의 설교의 열매를 살피고 너 역시도 직접 들어보고 판단하거라(John, take care what you do with respect to that young man, for he is as surely called of God to preach, as you are. Examine what have been the fruits of this preaching, and hear him yourself).[11]

웨슬리는 어머니의 충고에 따라 좀 더 두고 보았지만, 사태는 점점 심각해져서 토마스가 웨슬리를 대적하는 정도로 악화하였다.[12]

신도회 내에서 많은 문제가 자주 발생하자 웨슬리는 분쟁을 피하고 영적인 일에 집중한다는 뜻에서 회원권을 발부하기 시작했다. 1741년 2월부터 티켓(tickets)을 발부하여 면담한 후에 받아들이거나 "시험 기간"(on trial)을 거치도록 했는데 실행 첫해에 기존 회원들 가운데 40명이 제명되었다.[13]

2) 옥스퍼드 성메리교회에서 한 두 번째 설교

옥스퍼드대학교의 졸업자들은 3년 주기로 옥스퍼드대학교의 교회에서 설교할 수 있는 책무를 줬고, 예배는 주로 성메리(St. Mary)교회에서 행해졌다. 그래서 웨슬리도 1738년 6월 11일 "믿음으로 말미암은 구원"(Salvation by Faith)을 설교했던 것이고, 이제 두 번째로 1741년 6월 28일

---

[11] *Proceedings of the Wesley Historical Society* (Burnley and Chester, 1989), 27:8. Heitzenrater, *Wesley and the People*, 115에서 재인용. 헌팅돈 부인도 맥스필드의 재능과 능력을 인정하며 변호했다. 랙은 출처 없이 수잔나의 조언을 언급하고 있다. See *Reasonable Enthusiast*, 210. 한편, 웨슬리가 동생과 맥스필드에 대해 상의하며 어떻게 하는 것이 좋을지 모르겠다고 하는 내용에 대해서는 Baker, *Letters*, 26:56을 보라.

[12] Tyerman, *John Wesley*, 1:274-75.

[13] Ward and Heitzenrater, *Journal and Diaries*, 19:183-4. 웨슬리는 티켓에 자신이 직접 회원의 이름을 써 넣었고, 분기에 한 번씩 갱신하였는데, 후에는 웨슬리 외에 찰스 등 신뢰할 만한 지도자들도 사인할 수 있도록 했다. 놀랍게도 그 티켓이 회원들의 신분을 보장하는 수단으로 쓰이면서 약 100년간 유지되었다. See Heitzenrater, *Wesley and the People*, 122-23.

에 "온전하지 못한 그리스도인"(Almost Christian)에 대해 설교하게 되었다.

이때는 야외설교가 한창 진행 중이었고, 웨슬리에 대한 비판이 점점 거세질 때였는데 웨슬리는 그러한 상황을 의식이라도 한 듯 매우 공격적인 언어로 설교했다. 웨슬리는 그 설교를 통해 "명목상의 그리스도인"(a nominal Christian)이 아닌 "진정한 그리스도인"(a Real Christian)은 어떤 사람인지 구분하면서 "온전한 그리스도인"(Altogether Christian)은 다음과 같은 사람이라고 했다.

> 지금 하나님의 능력은 우리의 교만, 분노, 욕망, 모든 불의, 모든 육신과 영의 더러운 것들로부터 우리의 마음을 청결하게 해 주신다는 믿음을 가진 사람은, 또한 사랑으로 역사하는 믿음을 가진 사람은 '절반의 그리스도인'이 아닌 '온전한 그리스도인'이다(Now whosoever has this faith which 'purifies the heart', by the power of God who dwelleth therein, from pride, anger, desire, 'from all unrighteousness', 'from filthiness of flesh and spirit'; … Whosoever has this faith, thus, 'working by love', is not almost only, but altogether a Christian).[14]

그리스도인 다운 능력과 질적 변화가 나타나야 한다는 것이다. 당시의 청중들은 옥스퍼드대학교의 학생들과 교수들이었는데 "당신들은 진정한 그리스도인이 아니다"라고 공격하는 듯한 설교를 듣고 분개했다.

그 이후로, 웨슬리의 설교와 신학에 "진정한 그리스도인"(a real Christian)은 일관되게 등장한다. 그런 관점에서 영국 국교회 내에서 자신들이 세례를 받았기 때문에 기독교인이라고 생각하는 것이 얼마나 잘못된 것인지 비판했다. 같은 관점에서 1746년에 쓴 『더욱 상세하게 설명한 메도디스트의 원칙들』(Principles of a Methodist Father Explained)에서 영국 국교회 교인들이 유아

---

[14] Outler, Sermons, 1:139.

세례를 받았기 때문에 곧 그리스도인이라고 생각하는 사람들은 술 취한 사람이나 헛된 맹세를 하는 사람들과 다른 바 없다고 비판하며, 그런 의미에서 영국은 더 이상 기독교 국가(a Christian country)가 아니라고 했다.[15]

---

15 Davies, *The Methodist Societies*, 9:225;『더욱 상세하게 설명한 메도디스트의 원칙들』(*Principles of a Methodist Father Explanined*)은 80여 페이지 분량의 장문의 글이다. 웨슬리는 분명 국교회의 세례를 인정하면서도 또한 그 맹점을 지적하면서 상대적으로 세례의 가치를 약화시키는 경향을 피할 길이 없었을 것이다. 1743년 3월경에 뉴캐슬 지역을 순회하며 설교하던 중 여러가지 이유로 신도회를 떠난 사람들이 많이 있는데 그중에서 "자기가 받은 세례를 저 버릴 수 없어서"(because he would not turn his back on his baptism) 신도회를 떠나 국교회로 돌아간 것을 당시에 세례의 비중이 얼마나 큰지 짐작할 수 있다. See Ward and Heitzenrater, *Journal and Diaries*, 19: 318.

제5부

메도디스트 운동의 조직과 성장: 1742-1744년

제1장   메도디즘의 확장과 조직
제2장   핍박과 어머니의 죽음
제3장   메도디스트연회와 웨슬리신학의 정체성 확립
제4장   1744년 최초의 메도디스트연회와 정리되는 웨슬리신학
제5장   메도디스트들에 대한 비판을 통해 드러난 웨슬리신학의 특징
제6장   1748년-1755년까지 웨슬리의 활동과 연회

제1장

메도디즘의 확장과 조직

존 웨슬리(John Wesley)와 메도디스트 설교자들이 집회를 마치고 그 지역을 떠나 다른 지역으로 이동했기 때문에 결신자들을 계속 양육하지 못하면 그 전보다 더 악한 상태로 되돌아가는 예를 많이 목격했다. 결과적으로 웨슬리는 복음을 전하는 일만큼이나 중요한 일은 복음을 듣고 변화 받은 사람들이 지속으로 성장하도록 돕는 일이라는 것을 깨닫고 1743년 3월 13일에 다음과 같이 말했다.

> 나는 날이 갈수록 사탄은 사람들을 반만 깨우고 곧 다시 잠들게 만드는 것을 원한다는 사실을 깨닫게 되었다. 그래서 나는 내가 계속해서 양육할 수 없다면 처음부터 깨우는 일을 하지 않기로 했다(I am more and more convinced that the devil himself desires nothing more than this, that the people of any place should be half-awakened and then left to themselves to fall asleep again. Therefore, I determine, by the grace of God, not to strike one stroke in any place where I cannot follow the blow).[1]

영혼 구원이라는 열정이 만들어낸 현실의 문제를 극복하기 위해 웨슬리는 결신자들을 계속 양육하는 조직, 즉 신도회와 반회와 참회자반 등 가장

---

[1] Ward and Heitzenrater, *Journal and Diaries*, 19:318.

효율적인 방안을 모색하고 있었다.

　웨슬리가 밴드를 조직하고 그에 대한 규칙을 만든 것은 1738년 12월의 일이지만, 그때는 필요에 의해 우선적으로 조직된 상태였고, 1739년 말부터 브리스톨과 런던에 신도회를 조직하고 영국 전역에 신도회를 조직해 나갔고, 1741년부터 회원증을 발부하여 4분기로 나누어 회원들을 점검해 나갔다.

　그런가 하면, 여러 신도회를 효과적으로 운영하기 위해 연합신도회가 조직되고, 그에 대한 규정을 1743년에 작성함으로써 메도디스트는 자신들의 정체성 중 하나였던 "작은 모임"(a little company)을 지나 방대한 조직으로 발전했다. 웨슬리가 1749년에 쓴 『메도디스트에 대한 평이한 해설』(*A Plain Account of the People Called Methodists*)에서 밴드와 신도회, 그리고 속회에 대해 설명하는 과정 중에 "초대교회 때부터 실시하던 것이 바로 이것이구나"(This is the very thing which was from the beginning of Christianity) 하고 깨닫게 되었다고 했다.[2]

1. 신도회의 조직과 활동

　1739년 말쯤에 자신들의 죄를 깨닫고 구원받기를 갈망하는 8-10명이 런던에 있던 웨슬리를 찾아 왔고, 웨슬리는 그들과 주로 목요일 밤에 정기

2　Davies, *The Methodist Societies*, 9:67-73, 77-79, 253-280, esp., 258. 한편, 잭슨(Thomas Jackson)은 웨슬리가 『메도디스트에 대한 평이한 해설』(*A Plain Account of the People Called Methodists*)을 쓴 해가 1748년이라 했는데, 『200주년 기념 웨슬리 총서』는 1749년이라 교정했다. See Thomas Jackson, *The Works*, 8: 248. 신도회, 반회, 연합신도회, 참회자반 등에 대한 간략한 정보를 위해 다음을 보라. Henry D. Rack, *The Minutes of Conference*, 10: 136, note 143.

적으로 모이면서 태동한 것이 런던신도회이다.³ 신도회는 한 명의 지도자를 포함하여 열두 명으로 구성된 속회(Classes)로 나뉘었다. 신도회 구성원들의 가장 근본적인 원칙은 "진노를 피하고 죄로부터 구원받기를 힘쓰는 것"(a desire to flee from the wrath to come, to be saved from sins)이다.

회원들의 영적 성장을 도모하기 위해 웨슬리는 초대교회 때부터 실시했다고 믿어지는 몇가지 은혜의 방편들(means of grace)을 사용했다. 특히, 매일 새벽의 말씀 공부 및 기도회, 매주 토요일 밤에 모여 기도하고 찬양했다.

런던의 킹스우드(Kingswood)신도회에서는 1742년 4월 9일부터 매주 금요일엔 철야 예배(watch-night service)를 드리며 3-4시간씩 기도했다. 철야 예배는 이미 신성회 때부터 실시하던 것이고 당시 영국 국교회에서도 초대교회 영성을 계승한다는 차원에서 시행되고 있었다.⁴ 또한, 매주 수요일과 금요일에 금식, 월 1회 애찬식과 편지 쓰는 날, 연중에는 경건 도서를 선정하여 읽게 하는 영적 독서회를 운영하기도 했다.⁵

메도디스트들만의 신도회 활동이 활발해지자 영국 국교회 내에서 분열을 조장한다고 비판의 목소리가 거세졌고, 웨슬리는 불필요한 오해를 받지 않기 위해 모임 장소를 "교회" 대신 "설교의 집"(preaching-house), 또는 "채플"(Chaple)이란 용어를 사용하며 "교회 내에 있는 작은 교회"(ecclesiolae

---

3   Davies, *The Methodist Societies*, 9:69.
4   Davies, *The Methodist Societies*, 9:264, 305; Ward and Heitzenrater, *Journal and Diaries*, 19:258.
5   새벽기도회, 매주 수요일과 금요일에 금식, 월 1회 애찬회와 편지 쓰는 날 지정, 매 신년 초에 새롭게 헌신하는 계약 예배(covenant service), 가족기도회, 영적 독서회 등 다양한 프로그램이 이미 18세기 영국의 메도디스트들과 19-20세기 아메리칸 부흥 운동 단체들이 실시했던 프로그램들이다. 이러한 사실을 확인하는 이유는 한 영국 국교회 지도자들이 유럽과 미국의 교회 지도자들에게 "너희는 없다, 그러나 우리는 있다." 혹은 "너희는 못한다. 그러나 우리는 한다"라는 식의 우월감을 느끼는 것은 잘못임을 확인하기 위함이다. 오히려 빚진 자로서, 겸손하게 배우며 발전시키는 자세가 필요하다.

in Ecclesia, little churches within church)라는 개념으로 설명했다.⁶

신도회의 규칙이 강화되면서 800여 명의 뉴캐슬신도회 회원 중에서 76명이 자진 탈퇴했는가 하면, 1743년 초에 회원 64명을 지명하기도 했는데, 그 사유는 다음과 같다.

① 2 for cursing and swearing(저주나 욕설)

② 2 for habitual Sabbath – breaking(습관적으로 주일성수 어김)

③ 17 for drunkenness(술 취함)

④ 2 for retailing spirituous liquors(술 판매)

⑤ 3 for quarrelling and brawling(싸움)

⑥ 1 for beating his wife(아내 구타)

⑦ 3 for habitual, willful lying(습관적으로나 의도적으로 거짓말 함)

⑧ 4 for railing and evil-speaking(욕설이나 악담)

⑨ 1 for idleness and laziness, and(게으름)

⑩ 29 for lightness and carelessness(유치함과 부주의)⁷

회원들을 심사하는 데 있어서 찰스는 웨슬리보다 더 엄격한 기준을 적용했다. 그래서 비록, 형의 검사를 통과한 회원이라 해도 찰스는 못마땅하게 여기는 경우가 많았다. 그런가 하면, 신도회 내에서 잘 훈련된 사람을 택하여 내부 조직(신도회, 반회, 속회 등)을 위한 지도자나 야외설교자로 세

---

6   "교회 내의 교회"(*ecclesiolae in Ecclesia*, little churches within church)란 개념은 기존의 교회를 위협하는 교회 내의 집단 등을 지칭할 때 사용되던 부정적인 개념이지만, 웨슬리는 긍정적으로 적용하고 있다.

7   Ward and Heitzenrater, *Journal and Diaries*, 19:318 (March 12, 1743). 조직 관리에 대한 평가에 대해서는 다음을 참고하라. Piette, *John Wesley*, 464.

우는 일도 병행했다.[8] 웨슬리는 결신 자들을 양육하는 일과 지도자들을 양성하는 일을 같은 체계 안에서 동시에 수행하는 효과적인 방법을 시행하고 있었던 것이다.

2. 반회의 구성

반회(Band)는 모라비안 공동체의 모델을 따라 페터레인신도회 때부터 시행되었기 때문에 연대적으로는 가장 이른 시기인 1738년 12월에 "반회의 규정들"(Rules of the Band Societies)을 작성한 적이 있다. 신도회 내에서 좀 더 높은 차원의 영적 성장과 성숙을 이루기를 원하는 사람들의 모임이었다. 회원들은 일주일에 한 번 정기적으로 만나면서, "서로의 죄를 고백하고 서로살펴 주면서 서로 치유 받도록 했다"(confess your faults one to another, and pray one for another that ye may be healed).[9]

가입을 원하는 모든 사람은 "당신은 죄사함을 받으셨습니까? …더 이상 안으로나 밖으로나 당신을 주장하는 죄가 없읍니까?"(Have you the forgiveness of your sins? … [and] has no sin, inward or ourward, dominion over you?) 등의 질문을 통과해야만 했다. 정식 회원들에게도 "지난 모임 이후 당신은 어떤 죄를 지었습니까?… 당신은 아무것도 숨기고 있지 않나요?"(What known sins have you committed since our last meeting? … Have you nothing you desire to keep secret?) 등의 질문을 하며 최고의 영적 상태를 유지하도록 노력했다.[10]

---

[8] D. Michael Henderson, *John Wesley's Class Meeting: A Model for Making Disciple* (Nappanee, Ind. Francis Asbury Press, 1997), 83.
[9] Davies, *The Methodist Societies*, 9:77.
[10] Davies, *The Methodist Societies*, 9:77-78.

모라비안 공동체처럼 남자는 남자들과 여자는 여자들과만 모이도록 했는데 더 높은 차원의 영적 성장을 이루며 '완전'에 도달하도록 격려했다. 그런데 밴드 모임은 "성경에 근거가 없다," "인간들의 모임일 뿐이다," "교황주의자의 모임이다" 등 비판을 받았는데, 웨슬리는 "오직 신부 한 사람에게만 죄를 고백하는 교황주의와 서로의 죄를 공적으로 고백하는"(not to a single person, a priest, but to each other) 밴드는 근본적으로 다르다고 항변했다.[11]

3. 속회

속회(class meeting)는 규모가 작은 소그룹 형식인데 신도회가 결성된 지 3년 후에 뜻밖의 과정을 통해 태동했다. 1742년 2월 15일 브리스톨에서 2년 전에 뉴룸을 짓느라고 진 빚을 갚는 방법을 논의하기 위해 모였고 다음과 같은 방법을 진행하도록 했다.

① 모든 신도회 회원은 1주일에 1페니씩 낸다.
② 신도회를 한 그룹 당 12명 정도의 작은 단위(little companies or classes)로 나눈다.
③ 그중 한 명이 그 모든 것을 모아 매주 신도회 청지기들에게 준다.[12]

그러자 회원들이 너무 가난해서 그 돈을 낼 수 없다는 의견이 제기되었다. 그때 은퇴한 선장 포이(Captain Foy)가 가난한 회원 11명을 자신에게 맡기면 매주 그들을 방문해서 만약 그들이 낼 수 없다면 자신이 그 몫을 내겠다고

---

[11] Davies, *The Methodist Societies*, 9:268.
[12] Ward and Heitzenrater, *Journal and Diaries*, 19:251.

제안하였다.¹³ 이때 몇몇 다른 회원들이 자신들도 그렇게 하겠다고 자원하여 각각 11명씩 맡아서 매주 1회 회원들을 방문하여 1주일에 1페니씩 모으는 일을 시작했다. 그런데 막상 실시해 보니 1페니씩 모으는 일보다 더 중요한 것은 가난한 신도회원들을 영적으로 돌보는 일이라는 것을 발견하게 된다.

즉, 속회는 회원들의 경제적인 생활을 돕겠다는 의도로 조직되었는데 실시하는 과정에서 경제뿐만 아니라 영적인 면을 살피는 데 주력하게 되었고, 속장들은 그 모든 상황을 웨슬리에게 보고함으로써 목회 사역으로 정착되었다. 그런가 하면, 신도회원으로서 부적절한 행동을 한 사람들을 보고하여 제명하는 일도 했다.¹⁴

속회를 잘 진행하는 일은 전적으로 속장에 달려있는데, 그 일을 무리 없이 잘 수행하는 사람들이 많지 않다는 것이 점점 심각한 문제로 대두되었다. 리더를 포함하여 5-12명으로 구성되는 속회의 지도자로 여성이 임명되기도 했다. 속장들은 일주일에 한 번씩 속회원들을 방문해서 약 1시간 정도의 시간을 갖도록 했는데, 기도와 찬양으로 시작하고 역시 기도와 찬양으로 마치도록 했다.

웨슬리는 날이 갈수록 속회가 성경적인 제도라고 믿게 되었는데, 반면에 신도회 중심으로 활동하던 사람들은 속회의 운영을 반대했다. 웨슬리는 너

---

13 선장 포이(Captain Foy)라고 알려진 인물이 정확하게 누구인지 알려진 바는 없다. 당시에 브리스톨과 런던에서 선박 무역을 하던 존 포이(Captain John Foy)가 있고, 해군 장교였던 매튜(Matthew), 혹은 윌리엄(William) 포이, 군인 장교 출신인 에드워드 포이(Captain Edward Foy) 등이 있기 때문이다. See, Leslie F. Church, *The Early Methodist People* (Oregon: Wipf & Stock, 2015; previously published by Epworth Press, 1948), 154.

14 Jackson, *Works*, 8:252-253. Tyerman, *John Wesley*, 1:378. Davies, *The Methodist Societies*, 19:251 note 26. 1페니(one penny)는 18세기 영국에서의 노동자들을 위한 빵 한 덩어리 또는 설탕 한 봉짓값이었는 데 2015년 현재 미국에서 $2 정도 될 것이다. 그렇다면 신도회 회원들에게 매주 2불, 한 달에 약 10불씩 내도록 한 것 같다. 한편, 웨슬리는 그리스도인들의 영적 성장과 전도를 위해 책자를 발행하여 1페니씩 팔아 신도회 운영을 위한 재정을 확보하기도 했다.

무 비대해진 조직 안에서는 회원들 간에 친목도 없고, 효과적으로 양육할 수 없었기 때문에 좀 더 효과적이고 성경적인 방법을 찾는 것이라고 설득했다. 한 반대자가 "성경 어느 곳에도 속회에 대한 언급이 없습니다"(There is no Scripture for the classes)라고 말하자, 웨슬리는 "성경 어느 곳에도 속회에 대해 반대하지 않습니다"(There was no scriptures against it)라고 답했다.[15]

신도회나 속회 등 메도디스트 모임에서 웨슬리가 가장 경계한 것은 '편협성'(a narrowness of spirit)이나 '편파성'(a party zeal)인데 다음과 같이 말했다.

> 하나님의 구원은 나뿐만 아니라 이웃, 다른 교단이나 다른 나라 사람들 모두를 구원하기를 원하시는데, 오직 자신들만을 위한 하나님을 고집하는 것은 성경이 가르치는 내용이 아니라는 것이다(God is carrying on in the earth, both in our own and other countries, not among us alone, but among those of various opinions and denominations).[16]

4. 연합신도회

지역마다 신도회가 조직되고, 한 지역에서도 여러 개의 작은 신도회들이 조직되면서 신도회 전체를 관리할 필요에 따라 "연합신도회"(the United Society)가 결성되었다. 사실, 최초의 연합신도회의 개념은 이미 브리스톨의 뉴룸에서 모일 때 웨슬리가 1739년 10월 30일 자 일기에서 "연합신도회에서"(at the united society)란 용어를 사용한 적이 있다.

---

[15] Davies, *Methodist Societies*, 9:263; Tyerman, *John Wesley*, 1:379-80. 그 외 목회적 적용에 대해 다음을 보라. D. Michael Henderson, *John Wesley's Class Meeting: A Model for Making Disciple* (Nappanee, Ind. Francis Asbury Press, 1997).
[16] Davies, *The Methodist Societies*, 9:265-6.

그런데 신도회 내에서 여러 가지 문제들이 발생했고, 웨슬리도 좀 더 엄격한 규칙을 적용하며 회원들을 관리할 책임을 느껴서 1743년 5월에 '연합신도회의 일반 규칙'(The Nature, Design, and General Rules of the United Societies, in London, Bristol, Kingswood, and New Castle upon Tyne)을 만들었는데, 다음과 같이 세 가지 사항을 지켜야 한다고 했다.

첫째, 남에게 해를 끼치지 말고(by doing no harm),
둘째, 선을 행하며(by doing good),
셋째, 하나님의 뜻에 따른다.

즉, 기도하고, 성경을 읽고 성찬을 받는 일 등을 준수하는 것(by attending upon all the ordinances of God)인데 그러한 모든 일은 활동보다는 '회개'의 방편으로 제시하고 있다는 것이 특징이다.[17]

이상 메도디스트 초기 조직과 은혜의 방편들에 대해 살펴보았다. 종합해 보면 메도디스트들의 조직이 영국 국교회나 모라비안들의 조직과 유사하면서도 그들과 같지 않은 특징이 있는데 다음과 같이 네 가지로 정리해 보자.

첫째, 교회 밖에 있는 사람들에게 복음을 전하거나 그리스도인이지만, 교회에 올 수 없었던 사람들을 살피는 일에 집중했다.

메도디스트신도회 회원들 가운데는 영국 국교회 신자들인 경우도 있지만, 그들 중 다수가 주일 정한 시간에 영국 국교회에 참석할 수 없는 사람들이었다. 그들을 위해 신도회는 주일 저녁이나 주중에 모이는 프로그램을 실행하면서 영국 국교회가 할 수 없는 일들을 감당하고 있었다.

---

17 Davies, *The Methodist Societies*, 9:69-73, 256.

메도디스트들은 주중에 성경 공부와 기도회로 모였어도 주일은 반드시 영국 국교회로 돌아가 예배에 참석하도록 했다. 영국 국교회 밖에서 그리스도인이 된 메도디스트들이 평소에는 신도회에서 생활 하다가 성찬을 받기 위해 영국 국교회 예배에 참석하는 일이 심각한 문제로 대두되었다.

1751년 델빈(Delvin) 교구사제(vicar)인 헨리 부커(Henry Booker)의 편지 내용에 따르면, 크리스마스 성찬식에 작년에 보이지 않았던 새로운 얼굴 50여 명이 성찬을 받기 위해 왔다. 사실, 그러한 현상은 자신이 시무하는 교구의 경우만이 아니라 주위 교구들을 살펴보면 성찬을 받기 위해 신자들의 90% 정도가 메도디스트들이었다고 한다.[18]

둘째, 회원들의 영적인 문제뿐만 아니라 삶의 문제, 특히 물질적인 문제까지 해결해 주었다.

신도회의 지도자들은 회원들 가운데 가난한 사람의 상태를 파악하고 가장 시급한 문제부터 해결해 주는 일을 했는데, 특히 가정을 건강하게 지키는 일, 자녀들을 교육하는 일, 병든 사람들을 위로하고 치료하는 일, 사업하는 사람들을 지원해 주는 일 등을 적극적으로 실시했다. 속회 모임을 통해 그러한 일들을 효과적으로 진행할 수 있었고, 필요에 따라 구제소를 운영하거나 학교를 지어 어린 자녀들을 교육하는 일 등으로 확장되었다.

셋째, 모든 면에서 지나치다는 비판을 받았다.

성경 공부나 기도회의 규칙들이 엄격했고 평신도들의 영적 성장에 도움이 된 것은 분명하지만, 신도회 내부적으로는 반발이 있었던 것도 사실이다. 한편, 영국 국교회에서 금지한 회중 찬송을 부르거나 열광적으로 기도하는 것 등에 대해서도 비난을 피할 수 없었다. 만약, 초기 메도디스트의 가장 뚜렷한 특징 중 하나가 "지나치게 열광적이다"라는 것이라면, 지나치게 열심이고, 성령의 역사가 열광적으로 나타나지 않는다면 초기 메도

---

[18] Leslie Church, *The Early Methodist People* (London: Epworth Press, 1948), 5.

디스트처럼 역사가 나타나지 않을 것이라는 논리도 가능해진다.

넷째, 이미 하나님의 은혜로 그리스도인이 된 사람도 멈추지 않고 계속 성장하여 완전한 그리스도인이 되는 것이 목표였다.

그러한 의미에서 칭의 이후에도 그는 성화와 완전성화를 추구했다. 그러한 일을 진행하는 가운데 매우 중요한 덕목이 자신에 대한 성찰이었다. 고린도후서 13:5의 말씀을 자신과 신도회 회원들에게 엄격하게 적용하여 신도회 회원들을 점검하여 자격을 박탈하기도 했다.

웨슬리 이후 메도디스트들의 지도자가 된 아담 클라크는 웨슬리와 휫필드의 차이에 대해 매우 흥미 있는 이야기 하나를 전해주고 있다. 웨슬리 당대에 휫필드는 분명 위대한 설교가요, 부흥사였음에도 불구하고 자신을 통해 회심한 사람들은 점점 쇠퇴해가는 반면에 웨슬리는 가는 곳마다 한 번 하나님의 은혜를 체험하고 결단한 사람들이 계속 성장할 수 있도록 한 정책에 대해 웨슬리가 옳았다고 인정한 대목이다.

휫필드는 웨슬리의 전도자 중 한 사람인 풀(Pool)을 만났을 때, 왜 자신의 선교가 문제가 있었는지, 그리고 어떤 의미에서 웨슬리가 옳았는지 인정하는 말을 했는데, 그로부터 그 이야기를 전해들은 아담 클락이 전해준 다음과 같은 이야기가 오늘날까지 회자되고 있다.

> 그는 자기 전도를 통해서 깨어난 영혼들을 속회에 연결했고, 그렇게 함으로써 그의 수고가 계속 결실하게 되었지요. 나는 이것을 게을리했소. 그래서 나의 추종자들은 모래 밧줄처럼 되었오(the souls that were awakened under his ministry he joined in class, and thus preserved the fruits of his labor. This I neglected, and my people are a rope of sand).[19]

---

[19] John Wesley Etheridge, *The Life of the Rev. Adam Clarke* (New York: Carlton & Porter,

5. 참회자반

"참회자반"(penitential bands)은 한번 은혜를 체험했다가 중도에 실패한 사람들이 다시 회개하고 회복을 받도록 돕기 위해 만들어진 반이다. 특별하게 운영된 반이기 때문에 일반 신도회원들의 경우보다는 주로 지도자급들인 '반회원'(bands member)들 가운데 발생한 일에 대한 조치였다. 한번 은혜를 체험했던 사람이 다시 타락할 경우 얼마나 심각한 문제를 일으키는지 찰스는 1740년 10월 23-24일 형에게 편지하여 자기의 생각을 밝혔다.

> 의롭게 된 사람이 다시 악에 빠지고, 과거에 받은 은혜가 오히려 그를 더욱 악하게 만들었다고 해서 나는 그가 의롭게 된 적이 없다고 말하지 않을 것입니다. 그러나 그는 한 번도 은혜를 받은 적이 없는 상태보다 더 나쁜 상태입니다. 그는 그 이전의 상태, 즉 가난하고, 정죄 받는 등 모든 것으로부터 박탈당한 상태에서 그리스도께 돌아오지 않는 한 다시는 회복 받지 못할 것입니다. 그렇게 이전의 안락에 빠진 사람들은 하나님의 자비를 멸시하는 사람들이기 때문에 세상 사람이나 혐오스러운 바리새인들보다 더 나쁜 사람들이기 때문에 나는 그들이 더 깊은 죄와 비참함에 빠지도록 둘 것입니다(Suppose a justified person settled again upon his lees [sank to the dregs]; and by past graces strengthening himself in his present wickedness[whether of heart or life], I would not tell such an one he never justified, but that he was now in a far worse than if he never had tasted the grace of God from which he is fallen. That he never can recover, till he comes to Christ as he did at first, a poor, damned, unjustified sinner-strip of all! But while he rests in his former comforts, he is worse than a publican, worse than even a gross

---

1859), 189. See also, Abel Stevens, *The History of the Religious Movement of the Eighteenth Century* (New York: Carlton & Porter, 1859), v. 2: 106.

Pharisee, inasmuch as he is now a subtle, inward, spiritual Pharisee, and trusts in the abuse of mercy. Out of this hold I would drive and thrust him down into the deep of his sin and misery).[20]

찰스가 말한 대로 한번 은혜를 체험했던 회원들 가운데 특히 리더들이 타락하여 더 큰 악에 빠지는 문제를 극복하기 위해 웨슬리는 참회자반을 운영했다. 하지만, 1744년에 개최된 최초의 메도디스트연회록에 의하면 그때까지 참회자반 운영에 대한 구체적인 규정은 만들지 못한 상태였던 것을 보면, 목적은 분명하지만, 어떤 규칙과 방법으로 운영했는지 가늠하기는 어렵다.[21]

분명한 것은 참회자반을 통하여 몇몇 귀하게 쓰일 리더들이 잃었던 신앙을 회복할 뿐만 아니라 그 이전의 상태보다 더 좋아진다는 것이었다 (Many of these soon recovered the ground they had lost. Yea, they rose higher than before, being more watchfaul then ever, and more meek and lowly, as well as stronger in the faith that worketh by love).[22]

이러한 결과는 이론적 신학으로는 설명하기 어려운 현상이다. 그런 의미에서 참회자반이 오늘날 신학과 목회에 주는 의미는 매우 크다고 할 수 있겠다. 즉, 믿음을 회복한 후 더 높은 인격과 더 신실한 헌신을 하게 되는 것을 목격하면서 잃은 자를 다시 찾으시는 하나님의 은총을 발견한 웨슬리의 신학적 사고는 더 깊고 넓은 하나님에 대한 이해로 발전했다.

찰스는 한번 은혜를 체험했다가 타락하는 사람들을 보면서 분노하고 좌절했다면, 비록 웨슬리는 타락했어도 다시 하나님의 은혜로 회복되는 사

---

[20] Baker, *Letters*, 26:41-2.
[21] Henry D. Rack, *The Minutes of Conference*, 10: 137. "Q. Are there any peculiar Rules for the Penetents? A. Not yet."
[22] Davies, *The Methodist Societies*, 9:269.

람들을 보면서 그들을 향한 더 깊은 애정과 희망을 갖게 되었다는 것이 다르다고 할 수 있겠다.

웨슬리가 참회자 반을 운영했다는 사실이 갖는 신학적인 의미를 다음과 정리할 수 있을 것이다.

첫째, 한번 은혜를 체험한 사람도 타락하거나 더 깊은 침체에 빠져 버릴 수 있을 것이다.
둘째, 비록 은혜의 과정에서 타락하거나 더 깊은 침체에 빠졌다 해도 그들이 하나님의 구원의 대상에서 제외된 것이 아니다.
셋째, 참회자반은 그 명칭이 보여 주듯이 "(인간의) 회개"가 얼마나 중요한지 보여 주는 대표적인 예이다.

웨슬리가 보기에 회개없이 구원이 보장되는 것은 결코 성경이 가르치는 교리가 아니었다. 그러한 관점에서 칭의 교리나 예정론은 동일한 오류를 범하고 있었다. 당시의 갤빈주의적 예정론자들에게 회개는 인간이 하나님의 구원에 영향을 미치는 행위로 여겨질 수 있었고, 또한 인간이 아무리 철저히 회개해도 결코 구원에 이를 수 있을 정도로 의로워질 수는 없다고 가르치고 있었다. 반면에 웨슬리는 칭의 교리의 한계와 예정론의 오류에 대한 치유책으로 "회개"를 제시하였다.

6. 소수 지도자반

웨슬리가 1749년에 출판한 『메도디스트들에 대한 평이한 평가』(*A Plain Account of the People Called Methodists*)에서 소수의 지도자반(a Select Company)에 대해 언급한 바 있다. 그는 신도회 내에 특별히 하나님의 은혜를 더 구하고, 지도자가 되기를 열망하는 몇몇 사람들을 선택하여 그들과 매주 월요일 오전에 만나 1시간씩 면담을 하고 지도하는 시간을 가졌다. 그리고 그들과 "자신의 깊은 것까지 나누며"(unbosom myself on all occasion), 또한 사명을 맡겨 일을 분담할 수 있기를 원하는 마음이었다. 비록, 그들은 높은 경지의 은혜, 즉 성화 또는 그리스도인의 완전을 체험을 했다고 하지만, 받은바 은사를 더욱 개발하고, 서로에게 유익한 존재가 되도록 격려함으로써 "더 높은 경지를 추구하라고"(to press after perfection) 격려함으로써 다른 신도회 회원들의 본이 되도록 했다.[23]

비록, 그러한 "소수 지도자반"이 얼마나 공식적으로 지속되었는지 알 수 없으나, 웨슬리는 당시에 메도디스트들이 점점 많아지면서 자신이 양성한 지도자들과 동역하는 것은 매우 효과적인 방법이었을 것이다.

하지만, 그러한 동역자들이 웨슬리에게 많은 도움이 되었다고 단정할 수 없는 것은, 또한 그들이 다양한 문제를 야기시키며 웨슬리의 삶과 사역에 심각한 타격을 준 것도 사실이기 때문이다. 특히, 웨슬리는 말년에 자신이 양성했거나 자신과 동역하던 지도자들이 자신의 지도력이나 신학에 도전하며 문제를 일으키는 것을 피할 수 없었다.

The Life and Theology of John Wesley

---

[23] Davies, *The Methodist Societies*, 9:254-280, esp., 269-70.

제2장

핍박과 어머니의 죽음

1. 아버지 무덤에서 설교하다

웨슬리는 1742년 5월에 뉴캐슬로 가는 길에 이틀 동안 크세노폰의 『소크라테스에 대한 추억』(Xenophone's Memorable Things of Socrates)을 읽고 소크라테스 자신의 변호에 매료되었다(I was utterly amazed at his want of judgment). 그리고 플라톤의 소크라테스만 알았다면 발견하지 못했을 가치를 발견하고 기뻐하면서도 "모든 이교적인 유물들을 볼 때 밝은 면과 함께 어두운 면"(the shades too of the brightest picture in all heathen antiquity)까지 보는 것이 좋을 것 같다고 했다.[1]

28일 금요일 북부에 위치한 뉴캐슬에 도착해 보니 술에 취한 사람들이 많았고, 심지어 어린이들까지도 심한 욕설을 하는 것을 듣고 놀랐다.

---

[1] 소크라테스의 변명에 대한 책이 둘 있는데, 하나는 플라톤의 『소크라테스의 변명』(Socrates' Apology)이 있고, 다른 하나는 크세노폰의 『소크라테스에 대한 추억』(Xenophone's Memorable Things of Socrates)이다. 플라톤은 당시 정치제도의 모순과 대중의 무지로 죽임을 당할 수 밖에 없었던 자신의 스승을 지혜와 철학의 아버지로 그린 반면에 크세노폰은 소크라테스가 자신에게 제기된 각종 불합리한 비난에 대해 해명하는 과정에서 드러나는 소크라테스의 위대성을 부각시킨 것이 다르다.

주일 오전 7시, 웨슬리는 영국 국교회 성직자의 의복을 입고 동행했던 존 테일러(John Taylor)와 함께 그 도시에서 가장 열악한 지역인 샌드게이트(Sandgate)에서 노래를 부르기 시작하자 처음에는 3-4명이 모였다가 곧 4-500명이 되더니, 마침내 1200-1500명 정도나 모였다. 설교를 마친 후 자신이 누구인지 정식으로 소개하고, 오후 5시에 다시 설교할 것이라고 광고했는데, 오후 5시가 되니 언덕 전체를 덮을 정도로 유례없이 많은 사람이 모였다.[2]

사람들은 웨슬리가 뉴캐슬에 더 머물기를 요청했지만, 일정상 다음날 31일 새벽 3시에 일어나서 6월 6일 엡워스에 도착하기까지 6일 동안 이동한다. 그리고 이동하면서 읽은 책에 대해 언급하는데, 먼저 뉴캐슬을 떠나면서 당시에 유명한 피카이른(Pitcairn) 박사의 책들을 읽었는데 여러 가지로 실망했다.

6월 4일, 명성으로만 듣던 제이콥 뵈메(Jacob Boehme, 1575-1624)의 『위대한 신비』(Mysterium Magnum, or the exposition of Genesis)를 읽고 이해할 뿐만 아니라 그 내용의 균형을 찾기 위해 노력했다. 그 다음 날 마담 귀용(Madam Guyon)의 책 『기도하는 법』(Short Method of Prayer)과 『영적인 급류』(Spieirual Torrents)를 읽었다.

결과적으로 웨슬리는 5월 말경에 뉴캐슬과 브리스톨을 오고 가는 일주일 동안 이동하면서 크세노폰의 『소크라테스에 대한 추억』을 비롯하여, 4권 이상의 책을 읽었다. 철학과 고전적 경건 서적과 당대 논란이 되는 신학 서적까지 섭렵하고 있고, 언어로는 영어, 라틴어, 불어로 읽은 것을 보면, 이동 중에도 얼마나 다양한 책을 다양한 언어로 읽으며 설교자로 살아갔는지 한눈에 볼 수 있다.

---

[2] Ward and Heitzenrater, *Journal and Diaries*, 19:268-69.

여러 곳을 거쳐 6월 6일 토요일 엡워스에 도착했다. 그리고 주일에 아버지가 목회를 했고(1696-1735년까지 72세에 죽기까지 40여 년간), 자신도 한때 부교역자로 사역했던 성앤드류교회(St. Andrew's Church)를 7년 만에 방문해서 기도를 하거나 설교할 것을 요청했지만 거절당했다. 당시 담임목사인 존 롬리(John Romley) 목사는 한때 아버지의 부교역자로 일하며 아버지의 욥기 주석의 필기를 도와주었던 사람인데 오히려 열광주의자들을 반대하는 설교를 했다.

웨슬리의 일행 중 존 테일러(John Taylor)는 오후 6시에 교회 마당에서 설교를 한다고 알렸고, 웨슬리의 설교를 듣기 위해 엡워스 역사 이래 최대의 인파가 몰렸다. 교회 안에서 설교하는 것을 거절당한 웨슬리는 교회 마당에 있는 "아버지의 무덤석 위에서"(upon my father's tombstone), "하나님의 나라는 먹는 것과 마시는 것이 아니라 오직 성령 안에서 의와 평강과 희락"(롬 14:17)이라고 설교했다.

그리고 이례적으로 계획을 변경하여 주변의 타운들을 순회하며 설교하면서 아버지의 무덤석 위에서 8일 동안 설교했다. 11일도 마른 뼈가 다시 살아나는 것을 본 에스겔의 환상에 대해 설교하니 사람들은 죄를 회개했고, 쓰러져 죽은 사람처럼 되기도 했고, 눈물로 하나님의 도움을 구하기도 했다. 마지막 날인 13일 주일은 엡워스 주변에서 몰려와 헤아릴 수 없을 정도로 많이 모였고, 거의 3시간 가까이 설교했다.[3]

웨슬리의 야외설교 중에서 가장 극적인 장면 중 하나는 아버지의 무덤석을 강단 삼아 설교한 장면일 것이다. 그 일에 대해 웨슬리는 1747년 3월에 존 스미스(John Smith)에게 쓴 편지에서 회고했다.

---

[3] Ward and Heitzenrater, *Journal and Diaries*, 19: 273-77.

아버지의 교회 강단에서 3년 동안 설교한 것 보다 아버지의 무덤에서 3일 동안 설교한 것이 훨씬 더 많은 사람에게 좋은 일을 했다(I am well assured that I did far more good to them [my Lincolnshire parishioners]by preaching three days on my father's tomb, than I did by preaching three years in his pulpit).[4]

그 후, 웨슬리는 1743년 1월 2일 다시 엡워스를 방문하여 지난번처럼 아버지 무덤석 위에서 설교했다. 그런데 그날은 성찬 주일이라 웨슬리는 일행 중 한 명에게 부탁하여 성찬을 받을 수 있는지 롬니의 의견을 물었을 때 롬니는 "웨슬리는 성찬을 받을 인물이 못 되기 때문에 나는 그에게 성찬을 주지 않을 것"(Pary tell Mr. Wesley I shall not give him ther Sacrament. For he is not fit)이라는 답변을 들었다.[5]

6월 27일 페인스윅(Painswick)에서 오전 7시에 설교한 후 10시에 국교회의 예배 참석해서 "오직 믿음으로만 의롭게 된다"(We are justified by faith alone)라는 설교를 들었다. 그런데 설교 내용은 마치 "우리는 선행을 통해 의롭게 된다"(We are justified by works)는 식이였다. 또는, "우리는 믿음과 선행으로 구원받는다"(We are justified by faith and works)라는 것과 다름이 없었다.

그에 대해 웨슬리는 "우리는 오직 믿음으로만 의롭게 된다. 그런데 그 믿음이 곧 선행이다!"(We are justified faith alone; but then by faith I mean works!)라고 교정하며 자신의 신학을 정립시켰다.[6]

---

[4] Baker, *Letters*, 26:237. Tyerman, *John Wesley*, 1:387-88. 아마도 웨슬리는 아버지의 무덤석을 강단 삼아 설교한 최초의 설교자 일 것이다.
[5] Ward and Heitzenrater, *Journal and Diaries*, 19: 309. 그 이후에도 롬니는 웨슬리의 메도디스트 지도자 중 한 사람에게 성찬을 거부하기도 했다. See Piette, *John Wesley*, 379; Tyerman, *John Wesley*, 1:405.
[6] 웨슬리가 1766년에 쓴 A Plain Account of Christian Perfection에 의하면, 『메도디스트의 특징』(*The Character of a Methodist*)이 1739년에 출판된 것으로 되어 있는데, 사실 1742

40대에 접어드는 웨슬리는 믿음과 선행은 분리될 수 없다는 전제하에 믿음이 곧 선행이라고 함으로써 "오직 믿음으로 구원받는다"라고 하는 개혁주의신학과 다르지 않으면서도 선행을 배제하는 개혁주의신학의 한계를 극복하고 있는 것이 웨슬리신학의 가장 큰 특징 중 하나이다.

2. 어머니 수잔나의 죽음

1742년 7월 20일 런던에 도착해 보니 어머니의 임종이 가까움을 느낄 수 있었다. 열흘이 지난 30일 임종의 시간이 다가왔다. 죽음 앞에서도 수잔나는 평안한 얼굴이었고, 눈은 위를 향하고 있었다. 찰스 외에 웨슬리와 다섯 명의 딸들이 그의 곁을 지키고 있었는데, 수잔나가 아직 말을 할 수 있을 때 "자녀들아 내가 죽는 순간 찬송을 불러다오"(Children, as soon as I am released, sing a psalm of praise to God)라고 부탁했고, 자녀들은 어머니의 뜻을 잘 이행했다.[7]

수잔나는 66세 때(1735년) 남편 사무엘 웨슬리(Samuel Wesley Sr.)를 잃고 과부가 된 후 자녀들과 지냈는데, 처음에는 딸 에밀리아(Emilia)와, 다음엔 장남 사무엘 주니어, 그리고 딸 마르타와 사위인 홀(Martha and her husband Wesltly Hall) 목사, 그리고 마지막으로 파운더리에서 웨슬리와 함께 지내다

년 여름에 출판되었다. 결국, 웨슬리 자신의 기록도 비판적으로 살펴볼 필요를 알게 한다. See Chilcote and Collins, *Doctrinal and Controversial Treaties*, 13:142, note 40; Davies, *The Methodist Societies*, 9:31-46. 권위 있는 전기 작가 타이어맨도 웨슬리의 기록에 따라 웨슬리가 1739년 말에 『그리스도인의 완전』(*Christian Perfection*)을 출판했다고 썼는데, 그 역시 교정되어야 한다. See his *John Wesley*, 1: 289. 하지만, 웨슬리가 두 글을 쓰기 전인 1741년에 이미 *Christian Perfection*에 대해 설교했던 것은 사실이다.

[7] Ward and Heitzenrater, *Journal and Diaries*, 19:283; 웨슬리는 어머니의 임종의 순간을 다음날 찰스에게 소상하게 알리는 편지를 썼다. See Baker, *Letters* 26:82-3.

가 73세에 하나님의 부르심을 받았다.[8]

장례는 8월 1일 주일 오후에 치러졌고 웨슬리가 인도하며 본문은 요한계시록 20장 12-13절을 설교했다. 수잔나는 비국교도들, 특히 존 번연(John Bunyan)이나 아이작 왓츠(Isaac Watts) 등 청교도 선조들이 묻힌 번힐(Bunhill Fields)에 묻혔다. 수잔나가 번힐에 묻히는 것을 누가 결정했는지 알 수는 없지만, 수잔나와 웨슬리가 동의하지 않았다면 불가능한 일이었을 것이다.

어머니와 아들은 분명 합리적인 국교도로 살아갔지만, 비국교도들이 목숨을 걸고 지키려고 했던 진정한 복음과 거룩한 삶에 대한 동경이 그들 안에 여전히 강하게 자리 잡고 있었던 것 같다.

장례식에 참석하지 못한 찰스는 후에 다음과 같은 비문을 썼다.

> 에네슬리 박사의 막내 딸로서
> 가장 오래 생존했던 수잔나의 시신이 여기에 놓여 있다.
> Here lies the body of Mrs. Susannah Wesley,
> the youngest and last surviving daughter of Dr. Samuel Annesley
>
> 부활의 확실하고 견고한 소망가운데
> 자신의 하늘의 사명을 완수한
> 한 그리스도인의 몸이 이곳에 뉘어있다.
> 십자가를 왕관으로 바꾸며
> In sure and steadfast hope to rise
> And claim her mission in the skies,
> A Christian here her flesh laid down,
> The cross exchanging for a crown.

8　Ward and Heitzenrater, *Journal and Diaries*, 19:68, note 48.

고난의 딸
아픔과 수난을 참으며
70세까지 율법에 매어 슬픔과 두려움으로 신음하는 어두운 삶을 살다가
아버지가 보내신 아들을
찢겨진 떡을 통해 드러내셨을 때
수잔나는 자신의 죄가 사함 받았다는 사실을 깨닫고 체험했으며
천국을 발견했다.

True daughter of affliction she,
Inured to pain and misery,
Mourned a long night of griefs and fears,
A legal night of seventy years.
The Father then revealed his Son,
Him in the broken bread made known.
She knew and felt her sins forgiven,
And found the earnest of her heaven.

하늘에서 만나자
"나의 사랑하는 딸아 일어나라"는 음성을 듣고
죽어가는 모습으로 "내가 갑니다"라고 대답하는 듯 했다.
그리고 순한 양처럼 죽으신 주님을 따라
그녀도 그렇게 죽음을 맞이했다.

Meet for the fellowship above,
She heard the call, 'Arise, my love.'
'I come,' her dying looks replied,

And lamb-like, as her Lord, she died.⁹

상기한 비문과 관련하여 다음과 같이 세 가지 흥미로운 사실들이 발견된다.

첫째, 수잔나가 죽은 날이 명시되어 있지 않다. 웨슬리의 저널에 의하면 7월 23일 오후 3시에 어머니에게 가서 죽음이 임박했음을 보았다고 했고, 그리고 그 날짜에 어머니가 죽은 것처럼 쓴 후 한 주간의 공백이 있고, 바로 8월 1일부터 저널이 시작된다. 그에 따라 타이어맨도 마치 수잔나가 1742년 7월 23일 죽은 것처럼 기록하고 있다. 그런데 커녹은 웨슬리와 찰스가 주고받은 편지에 의해 수잔나가 죽은 날은 1742년 7월 30일이라고 추정했다.

웨슬리의 저널에 기록된 일정에 의하면, 18일 브리스톨을 떠나 20일 런던에 도착했을 때 어머니의 임종이 가까웠다는 것을 알았다고 했고, 30일 오후 3시에 어머니에게 가서 임종을 지켜보았고, 8월 1일 주일 오후에 장례식을 거행하고 5시쯤에 하관한 것으로 되어 있다.

전기 작가 스티븐슨(Stevenson)은 1781년에 발행된 「알미니안 잡지」 (*Arminian Magazine*)이 수잔나의 죽음을 7월 30일이라 한 것과 웨슬리가 동생 찰스에게 7월 31일 쓴 편지에서 어머니의 임종을 알릴 때 "어제"(Yesterday)라고 한 것에 따라 교정한 것에 대해 언급하고 있다. 『200주년 기념 웨슬리 총서』는 웨슬리가 수잔나에게 간 날을 웨슬리의 저널에 "7월 23일 금요일"(Fri.23)로 되어 있는 것을 "7월 30일 금요일"(Fri. 30)로 교정함으로써 수잔나가 죽은 날을 "7월 30일"로 교정했다.¹⁰ 하지만, 장례식을 거행한 날은 모두

---

9 Ward and Heitzenrater, *Journal and Diaries*, 19:283-4. 이 비문은 1749년에 출판된 찰스 웨슬리의 『찬송과 거룩한 시 모음』(*Hymns and Sacred Poems*)에 실려있다.
10 Ward and Heitzenrater, *Journal and Diaries*, 19:282-5; Stevenson, *Memorials of the Wesley Family*, 223-30; *Arminian Magazine* (1781), IV. 312-13. 한편, 어머니가 임종한 다음날

8월 1일이라고 했다.

둘째, 비석에는 수잔나의 이름이 "Susannah"로 되어 있다. 그런데 평소에 수잔나는 서명을 할 때 자신의 이름을 "h"가 없는 Susanna로 썼고 아들도 분명 그 이름으로 비문을 썼다. 그런데 이상하게도 비문에는 "Susannah"로 되어 있는 것이다. 수잔나가 죽은 지 86년이나 지난 1828년에 '웨슬리출판위원회'(The Wesleyan Book Committee)가 교정된 이름이 새겨진 새로운 비석을 세움으로 오류를 교정했다.[11]

셋째, 찰스가 쓴 비문에 의하면 어머니 수잔나는 마치 "70세까지 율법에 매어 슬픔과 두려움으로 신음하는 어두운 삶을 살다가"(Mourned a long night of griefs and fears, A legal night of seventy years), 70세 때 성찬을 받는 순간 예수 그리스도를 발견하고 죄 사함을 얻은 것처럼 되어 있다.

수잔나가 70세쯤이 되는 1739년에 사위인 홀 목사 가정에서 함께 지내면서 사위가 인도하는 성찬 예배 때 인도자가 "이 예수 그리스도의 피는 당신을 위해 흘린 것입니다"(This blood of our Lord Jesus Christ which was given for thee)라고 하는 순간 수잔나는 "이 말씀이 나의 마음에 울렸고 나는 그 순간 하나님이 예수 그리스도를 통해 나의 모든 죄를 사해주셨음을 알았다"(these words struck through my heart, and I knew that God for Christ's sake had forgiven all my sins)고 고백했다는 내용을 웨슬리는 1739년 9월 3일 자 저널에서 언급하고 있다.[12]

그 소식을 동생에게 알리는 편지를 보면, 웨슬리가 아들로서 엄마에게 도리를 다하지 못한다고 비난을 받았던 것 같고, 웨슬리는 그 일에 대해 결코 수긍할 수 없다는 뜻을 라틴어로 표현했다. "It seems to be absurd, unfair, unjust beyond all measure, that anyone should attack me such a manner."

11　Ward and Heitzenrater, *Journal and Diaries*, 19:283, note 57; Stevenson, *Memorials of the Wesley Family*, 228.
12　Ward and Heitzenrater, *Journal and Diaries*, 19: 93-94.

그런데 그러한 내용을 중심으로 비문을 작성함으로써 아들들이 어머니의 체험을 이용해서 자신들의 신학을 대변하는 것처럼 묘사한 것이 문제였다. 즉, 평생 신실하고 충성스럽게 살아온 어머니가 70년 동안 "슬픔과 두려움으로 가득 찬 율법적 삶"을 산 것처럼 묘사함으로써, 어머니의 삶에 흠집을 내는 듯했다. 결국, 비문에서 잘못 표기된 수잔나의 이름을 교정하고 그의 영성을 존중하는 표현으로 교정된 비석이 1828년에 영국의 '웨슬리안출판위원회'(Wesleyan Book Committee)에 의해 세워짐으로써 문제를 해결했다.[13]

웨슬리가 런던에 머무르는 동안 마침 런던에 와 있던 휫필드와 4월 23일 만나 많은 대화를 나누었지만, 결론은 서로를 존중하며 각자의 길을 가자는 것이었다.[14] 웨슬리 일행은 여러 곳을 거쳐 11월 13일 뉴캐슬에 도착해서 12월 30일 떠날 때까지 뉴캐슬과 주변 지역을 순회하며 설교했고 놀라운 역사가 일어났다. 심지어 추운 겨울인데도 몇 차례 야외설교를 감행하기도 했다. 특히, 뉴캐슬에는 맥도날드(Mcdonald)에 의해 한 건물이 지어졌는데 그 건물이 영국 북부에 지어진 최초의 메도디스트 건물이었다.

웨슬리는 사람들이 "예배처소"(tabernacle)라고 부르기도 하는 그 장소에서 설교했다. 웨슬리는 브리스톨이나 런던과 달리 뉴캐슬에서 더 많은 열매를 맺는 것에 대해 놀라움을 표시했는데, 그 해에만 신도회에 800여 명이 모였다.[15]

그들을 위한 모임 장소가 필요하자 웨슬리는 수중에 26실링(twenty-six shillings)밖에 없으면서도 700파운드나 되는 공사 계획을 실행한다. 마침내, 아무도 믿지 않았던 건물이 지어졌고, 그 건물은 순회설교자들의 숙

---

[13] Ward and Heitzenrater, *Journal and Diaries*, 19: 283-4, note 57. See Stevenson, *Memorials of the Wesley Family*, 227-9; Collins, *John Weslery*, 119-20. 비문은 1902년에 다시 한번 교정되었다. See Curnock, *Journal*, 3:31, note 1and 2.
[14] Ward and Heitzenrater, *Journal and Diaries*, 19:260.
[15] Ward and Heitzenrater, *Journal and Diaries*, 19:302-03; Tyerman, *John Wesley*, 1:392-93.

소로, 어린이 주일학교로, 웨슬리의 고아원(Wesley's Orphan House)으로 사용되면서, 영국 북부에서 웨슬리의 메도디스트 운동의 본부가 되었다. 그리고 이어서 브리스톨과 킹스우드와 런던에 지어질 신도회 건물의 모델이 되었다.

그 외에 웨슬리에 의하면, 1742년 한 해에 다음과 같은 지역에 신도회들이 결성되었다. 소머셋셔(Somersetshire), 윌트셔(Wiltshire), 글로체스터셔(Gloucestershire), 라이체스터셔(Leicestershire), 워윅셔(Warwickshire), 노팅햄 셔(Nottinghamshire), 그리고 요크셔(Yorkshire)[16]이다.

1742년에 웨슬리가 한 일 중에서 주목해야 할 것은 『메도디스트의 특징』(The Character of a Methodist)과 『메도디스트의 원칙들』(The Principles of A Methodist)을 출판한 일이다.[17] 이미 언급한 바와 같이 모라비안들이나 칼빈주의자들, 특히 휫필드와의 관계에 대해 더 이상 연연하지 않고, 이제 자신들만의 길을 가겠다고 선언함과 동시에 동료 메도디스트들에게 부르심을 받은 소명과 앞으로 나아갈 방향을 분명히 하는 내용이다. 당시에 40세에 접어들고 있었던 웨슬리는 자신만의 삶과 신학을 대외적으로 선포하고 있는 비장함이 느껴진다.

『메도디스트의 특징』에서 "웨슬리는 하나님의 사랑은 원수 갚는 것, 시기, 악한 마음, 분노 등 모든 부정한 감정으로부터 정결하게 하셨다"(The love of God has purified his heart from all revengeful passions, from envy, malice, and wrath, from every unkind temper or malign affection)라는 사실에 따라 오직 하나님과 이웃을 내 몸과 같이 사랑하는 사람들이라고 했다.[18] 그리고 마지막으로 다음과 같이 결론을 내렸다.

---

16 Tyerman, *John Wesley*, 1:394.
17 Davis, *The Methodist Societies*, 9:31-46, 47-66.
18 Davis, *The Methodist Societies*, 9:38.

진정한 메도디스트는 내적으로나 외적으로 성경에 드러내신 대로 하나님의 뜻에 따릅니다. 그는 예수 그리스도 안에서 드러난 방법대로 생각하고, 말하고, 삽니다. 그의 영혼은 의와 모든 진정한 거룩함 가운데 하나님의 형상대로 새로워집니다. 그리고 그리스도 안에 있는 마음을 가지고 그리스도를 따라간다(He [a true Methodist] is inwardly and outwardly conformed to the will of God, as revealed in the written Word. He thinks, speaks, and lives according to the 'method' laid down in the revelation of Jesus Christ. His soul is renewed after the image of God', in righteousness and in all true holiness. And 'having the mind that was in Christ, he so walks as Christ also walked).[19]

『메도디스트의 원칙들』은 총 32페이지 분량의 팜플렛인데, 조시아 터커(Josiah Tucker)가 『메도디즘 원리의 약사』(A Brief History of the Principles of Methodism)를 써서 메도디스트들을 비판한 것에 대한 답변이었다.[20] 터커는 웨슬리와 메도디스트들은 다음과 같이 세 가지 문제를 가지고 있다고 했다.

첫째, 오직 믿음에 의한 은총을 믿는다는 것이다.
둘째, "죄 없는 완전"(sinless perfection)을 믿는다는 것이다.
셋째, 신학적 주장이나 행동에 일관성이 결여되어(inconsistencies) 있거나 상호 모순됨(contradictory to themselves)에도 계속 주장한다는 것이다.

그리고 이러한 현상이 웨슬리에게 나타나는 이유는 그가 윌리엄 로나 모라비안들에게 지나치게 의존하고 있기 때문이며, 칼빈주의와 알미니안주

---

[19] Davis, *The Methodist Societies*, 9:41.
[20] Tyerman, *John Wesley*, 1:399-400.

의를 혼합했기 때문이라고 비판했다.

첫 번째 비판에 대하여 웨슬리는 자신은 믿음을 계명과 사랑으로부터 분리하지 않는다는 뜻에서 다음과 같이 답변했다.

> 진정한 믿음이란 성경과 교회의 가르침이 진리라고 믿는 것뿐만 아니라 그리스도를 통해 영원한 심판으로부터 구원받았음을 확신하는 믿음인데, 그러한 믿음으로부터 그의 계명을 지키는 사랑의 마음이 나온다(the true Christian faith is not only to believe the Holy Scriptures and the articles of our fiath are true, but also to have a sure trust and confidence to be saved from everlasting damnation by Christ).[21]

두 번째 비판에 대한 답변으로 웨슬리는 "죄 없는 완전"(sinless perfection)을 주장한다는 내용을 동생과 함께 편집하여 출판한 『찬송과 거룩한 시 모음』(Hymns and Sacred Poems)의 서문에 썼던 내용 중에서 '무엇이 그리스도인의 완전이 아닌가?'(What Christian perfection is not)를 그대로 인용하면서 자신의 뜻을 잘못 이해하고 있다고 해명했다.

즉, 자신이 말하는 완전은 죄나 결함이 전혀 없는 그런 완전을 말하는 것이 아니라는 것이다. 그런 의미에서 그리스도인의 완전을 이룬 사람도 연약함이 있고, 유혹도 받으며 또한 실수도 할 수 밖에 없다고 했다.[22]

세 번째 비판, 즉 웨슬리 자신의 이론에 일관성이 없다는 비판에 대해서는, 웨슬리가 모라비안들과 논쟁을 하면서 자기 생각에 변화가 생긴 적이 있음을 인정한다. 그러나 이미 용서를 받고 의롭다 함을 받았지만, 자신

---

[21] Davis, *The Methodist Societies*, 9: 53. 영원한 정죄와 예수 그리스도를 통한 구원의 문제에 대해서는 웨슬리의 설교 "지옥에 대하여"(Of Hell)을 참고하라. Outler, *Sermons*, 3:30-44.

[22] Davis, *The Methodist Societies*, 9:53, n. 28.

안에 여전히 "의심과 두려움"(doubt and fear)이 있다고 한 부분에 대해서 터커가 웨슬리의 주장을 잘못 이해하고 있다고 답했다. 즉, "의심과 두려움"이 있다고 하여서 칭의의 순간에 하나님 안에서의 평화를 부정하는 것은 아니라고 해명했다.[23]

결론적으로 웨슬리는 자신의 주장이 성경에 어긋난다면 자신을 치고 질책하라고 공언하며, 마치 어떤 행위가 칭의의 조건이 되는 것처럼 주장하는 터커의 주장은 결코 성경이 가르치는 내용과 일치하지 않는다고 반박했다.[24]

The Life and Theology of John Wesley

---

[23] Davis, *The Methodist Societies*, 9:61.
[24] Davis, *The Methodist Societies*, 9:50, 66.

제3장

메도디스트연회와 웨슬리신학의 정체성 확립

이제 우리는 1743년대부터 전개되는 웨슬리의 삶과 신학을 보게 될 것이다. 특히, 1743년부터 메도디스트들의 연회가 시작되면서 웨슬리는 자기 생각을 동료 메도디스트들 뿐만 아니라 비판자들에게도 설명해야만 하는 책임을 지게 되었다. 이제 우리는 연회를 통해 웨슬리의 생각이 어떻게 교정되고 발전하는지 보게 될 것이다.

1. 웨슬리와 메도디스트들을 향한 비판과 핍박

메도디스트들에 대한 위협과 폭력은 가는 곳마다 발생했고, 통제할 수 없는 지경이 되자 웨슬리는 1744년 3월 5일 영국 왕에게 편지를 써서, 왕을 위해 매일 기도하고, 영국 국교회의 법과 질서를 잘 지키는 충성 된 메도디스트들을 폭도들로부터 보호해 달라고 간청했다. 왕은 그렇게 하겠다고 친절하게 답장을 보내왔지만, 상황은 크게 변하지 않았다.[1]

---

1   Ward and Heitzenrater, *Journal and Diaries*, 20:15-16.

뉴캐슬에 있는 세 명의 비국교도 목회자들은(three dissenting ministers) 교인들 가운데 메도디스트들의 모임에 참여하는 것을 그만두지 않는 한 그들을 성찬식에서 제외하자고 동의했다.[2]

쉐필드(Sheffield)에서 찰스 일행이 전도할 때 군인 하나가 칼을 빼 들고 찰스의 가슴을 겨누기도 했는가 하면, 휫필드를 어떤 사람이 지팡이로 무자비하게 때려 거의 죽을 지경이 된 적도 있었다.[3] 웨슬리가 프란시스 와드(Francis Ward)에 도착하여 그 지역의 경관인 존 이튼(John Eaton)의 집에 거하고 있을 때, 군중들이 몰려왔다. 그때 이튼은 경관으로서 문 앞에서 군중들의 소란에 반대하는 법안을 읽기 시작했는데 군중들이 머리를 향하여 돌을 던지는 바람에 안으로 피신하자, 군중들은 문과 창문을 파괴했다.[4]

6월 11일 더함(Durham)에서 순회설교자 존 넬슨(John Nelson)을 만났는데 얼마 후 건강이 악화하여 죽음으로써 충성스러운 동료를 잃는 아픔을 겪기도 했고, 8월 2일 토마스 윌리엄(Thomas Williams)를 동료 메도디스트 설교자 그룹에서 제명했는데, 그는 국교회 내에서 안수를 받기 위해 웨슬리의 뜻에 따르지 않았고 저항하기도 했기 때문이다. 반면에 8월 14일에는 빈센트 페로넷(Vincent Perronet, 1693-1785)을 소개받았는데 그 이후로 페로넷은 충성스러운 웨슬리의 동역자가 되었다.[5]

이처럼 웨슬리의 삶은 동역자들을 얻기도 하고, 잃기도 하고, 배신을 당하기도 하는 일들이 그의 삶 동안에 끊임없이 반복되었다. 7월 25일에 웨슬리와 존 다운스(John Downes)가 뉴캐슬(Newcastle)에서 달링톤(Darlington)에 도착했을 때 말이 견디기 어려운 무리한 일정을 진행한 탓에 두 사람의 말이 동시에 죽는 일이 발생했다.

---

[2] Tyerman, *John Wesley*, 1:425.
[3] Tyerman, *John Wesley*, 1:437.
[4] Tyerman, *John Wesley*, 1:408-09.
[5] Ward and Heitzenrater, *Journal and Diaries*, 20:32-5.

하지만, 웨슬리는 말을 빌려 타고 다운스는 걸어서 나머지 일정을 이어갔다.[6] 8월에 런던을 떠나 브리스톨로 갈 때 말 안장이 갑자기 말머리 쪽으로 미끄러지면서 말이 놀라 요동치자 웨슬리는 말에서 굴러떨어졌고, 말은 스미스필드(Smithfield)로 달아나 버리는 사고가 발생하기도 했다.

8월 12일 메도디스트들 내에서 갈등과 분열을 막기 위해 통합을 위한 모임을 하자고 하여, 알미니안 메도디스트(Arminian Methodists), 칼빈니스트 메도디스트(Calvinistic Methodists), 헌팅돈 부인, 그리고 모라비안들(Moravians)이 모여 필요 없는 교리적 갈등을 해소하기 위해 토론을 하자고 존 세닉이 제안했고 웨슬리가 동의했다. 그래서 웨슬리는 뉴캐슬에서, 찰스는 콘월(Cornwall)에서, 평신도 설교자인 넬슨도 요크셔에서 왔지만, 당시에 런던에 있던 휫필드가 불참을 통보했고, 모라비안들이 모임 자체를 거절함으로써 무산되고 말았다.

결과적으로 이 모임이 메도디스트들 내에서 통합을 위한 마지막 모임이 되었고, 그 이후로는 각자의 길을 갔다. 문제가 된 교리는 세 가지였는데, 즉 무조건적 선택(unconditional election), 불가항력적 은총(irresistable grace), 마지막 견인(final perseverance)이었다. 어느 한쪽이 양보할 수도, 다른 한쪽이 받아들일 수도 없는 내용들이었기에 결국 화해는 이루어지지 못했다.[7]

웨슬리가 10월 20일 왈살(Walsall)에서 설교할 때 폭도들이 달려들어 웨슬리를 붙잡고 왈살 시내 이끝에서 저끝으로 끌고 다녔다. 심지어 그의 머리채를 잡고 다기기도 했다. 그 와중에도 웨슬리는 그들에게 말할 기회를 요청하

---

6   Ward and Heitzenrater, *Journal and Diaries*, 19: 329. 존 다운스(John Downes, 1723-74)는 가장 열정적이고 천재적인 평신도 설교자중 한 사람이었는데 웨슬리는 그의 천재성이 아이작 뉴톤(Isaac Newton, 1642-1726)과 버금간다고 평했다. 그는 특히 웨슬리의 초상화를 조각한 것(engraving, a celebrated portrait of John Wesley)으로도 유명하다. See Ward and Heitzenrater, Journal and Diaries, 22:435-6.
7   Ward and Heitzenrater, *Journal and Diaries*, 19:332-3 and note 41.

자 그들은 오히려 "그의 머리를 부숴버려 한 번에 죽여버려라"(No, no. Knock his brains out, down with him, kill him at once)고 소리쳤다. 그때 웨슬리가 물었다.

내가 무슨 나쁜 일을 했나요? 당신들에게 내가 말이나 행동으로 잘못한 일이 있나요?(What evil have I done? Which of you all have I wronged in word or deed?)

그리고 말을 이어가는데 갑자기 목이 잠겨버렸다(my voice suddenly failed). 잠시 후 다시 말을 할 수 있게 되자, 웨슬리는 통성으로 기도하기 시작했다. 그 순간 폭도들 가운데 한 사람이 웨슬리에게 와서 "선생님, 앞으로 일생동안 당신을 모시겠습니다. 저를 따라오시면 아무도 선생님의 머리카락 하나도 해하지 않을 것입니다"(Sir, I will spend my life for you. Follow me, and not one soul here shall touch a hair of your head)라고 말하면서 2-3명의 동료와 함께 폭도들 사이에서 안전한 장소로 피신시켰다. 다리를 건너 밤 10시 직전에 안전한 장소인 웬스베리(Wednesbury)에 도착해 보니, 코트 한쪽이 찢어져 날아갔고, 손에 찰과상을 입은 것이 전부였다.[8]

2. 1744년: 최초의 메도디스트연회와 웨슬리신학의 정립

웨슬리는 한 해의 시작을 새벽 4시 예배로 시작해서 오후에는 하나님과의 계약을 갱신하는(to renew our covenant with God) 예배를 드리는 것이 그가 죽을 때까지 계속한 일상이다. 1743년 당시 런던에 있는 파운더리신도회는 약 1,000명을 수용할 수 있는 건물이 있었는데, 신도회 회원 수는 2,000명이 넘었기 때문에 새로운 건물이 절실하게 필요했다.

---

[8] Ward and Heitzenrater, *Journal and Diaries*, 19: 345-46. Tyerman, *John Wesley*, 1:411.

그런가 하면, 웨슬리가 아무리 노력을 해도 손길이 닿지 않는 사람들을 현장에서 즉시 도울 수 있도록 청지기들(Stewards)을 임명했다. 청지기들은 한 주에 최대 8파운드까지 사용하며 신도회 회원들을 돕도록 하는 제도였다. 7명의 청지기는 매주 목요일에 만나서 화요일까지 활동하고 사용된 경비를 화요일까지 보고함으로써 한 주 내에 모든 일이 진행되도록 했다.[9]

타이어맨은 1743년에 메도디스트신도회의 각각 인원과 연간 예산이 얼마였는지 밝히는 귀중한 자료를 보여 주고 있다. 2,000여 명의 런던신도회는 연간 400 파운드, 700여 명의 브리스톨신도회의 예산은 140 파운드, 800여 명의 뉴캐슬신도회의 예산은 160 파운드, 그리고 킹스우드 및 다른 지역의 연간 예산 100파운드 등 모두 합쳐 전체 메도디스트들의 연간 예산은 800파운드 정도였다고 한다.

그중 대부분을 신도회 운영과 구제에 쓰고, 나머지는 웨슬리 형제가 쓸 수 있는 예산이었는데, 웨슬리 형제가 돈을 많이 사용한다는 비판도 있었다. 심지어 휫필드와 웨슬리는 조지아의 고아원과 브리스톨의 건물을 짓기 위해 신도들의 돈을 갈취하는 사람들이라는 비난을 받기도 했지만, 웨슬리 형제를 포함 메도디스트 설교자들은 매우 검소하게 사는 것은 부정할 수 없는 사실이었다.[10]

1) 초기 메도디스트들의 목적

웨슬리가 41세 때 개최된 최초의 메도디스트연회는 1744년 6월 25일 런던의 파운더리에서 개최되어 6일 동안 진행되었다. 6명의 목회자, 즉

---

[9] Tyerman, *John Wesley*, 1:422. 랙은 파운더리신도회가 1,500명을 수용할 수 있다고 했다. Rack, *Reasonable Ehthusiast*, 212.
[10] Tyerman, *John Wesley*, 1:423, 29-30.

웨슬리 형제와 핫지스(John Hodges), 헨리 피어스(Henry Piers), 사무엘 테일러(Samuel Taylor), 그리고 존 메리톤(John Meriton)이 참석했다. 그 외에 4명의 평신도 설교자들, 즉 토마스 리차드(Thomas Richards), 토마스 맥스필드(Thomas Maxfield), 존 베넷(John Bennet), 그리고 존 다운즈(John Downes)까지 총 10명이 참석한 최초의 연회에서 찰스가 설교했다.[11]

그 역사적인 자리에 초대된 사람들은 처음부터 계획된 것이 아니라 철저하게 하나님의 섭리에 따른 것이라고 웨슬리는 밝히고 있다.

> 나는 나의 선택이나 계획이 아니고, 오직 하나님의 섭리에 따라 나에게 주신 능력으로부터 어느 한순간이라도 내 자신을 빼앗긴 적이 없다(Neither did I at any time divest myself of any part of the power … which the providence of God had cast upon me, without any design or choice of mine.)[12]

연회는 다음 세 가지 질문에 답을 하면서 자신들이 나아갈 방향을 정했다.

① 무엇을 가르칠 것인가?(What to teach?)
② 어떻게 가르칠 것인가?(How to teach?)
③ 무엇을 할 것인가?(What to do?)

---

[11] Rack, *The Minutes of Conference*, 10: 123-146. Tyerman, *John Wesley*, 1:441-43. 평신도 설교자들 중에서 3명은 첫 연회 이후 웨슬리를 떠나 다른 교회의 목회자들이 되었고, 마지막까지 메도디스트로 살다가 메도디스트로 죽은 사람은 존 다운즈(John Downes) 뿐이었다. 한편, 휫필드를 중심으로 모이는 '연합'(association)은 한해 전인 1743년 1월에 결성되었다. Rack, *Reasonable Enthusiast*, 211. 휫필드는 킹스우드학교를 비롯하여 야외설교, 연합회 결성, 그리고 자신들의 활동과 신학을 대변해 주는 「복음 잡지」(*Gospel Magazine*)을 1766년에 창간했는데 웨슬리가 그에 대항하기 위해 「알미니안 잡지」(*Arminian Magazine*)를 창간한 해가 1778년이다. 심지어 죽는 것도 웨슬리보다 먼저 죽었다.

[12] Jackson, *Works*, 8:312.

즉, "성경을 통해 배운 대로 사는 방법을 논의하기 위해 모인다는 것이다"(What to do, i.e., how to regulate doctrine, discipline, and practice?).¹³ 그리고 연회는 하나님 앞에서 같은 마음을 가지고 … 어린아이같이 배울 것이 … 모든 문제를 처음부터 자세히 검토하기를 원한다고 했다(all things may be considered as in the immediate presence of God … with a single eye, and as little children which have everything to learn; … every point may be examined from the foundation).

그 일을 위해 메도디스트들은 '신성회' 때부터 신도회 시절까지 했던 것처럼 "아무 제약도 받지 말고 자유롭게 말하며 제기된 문제는 충분히 토의되어야 한다"(every person may speak freely whatever is in his heart, … every question proposed may be fully debated)라는 원칙을 세웠고, 그러한 원칙은 이후에 개최되는 모든 연회에 적용되었다. 그와 함께 연회에서 언급된 신상에 대한 문제를 다른 어떤 곳에서도 말해서는 안 된다(No one word which may be here spoken of persons should be mentioned elsewhere)라고 주의 주는 것도 잊지 않았다.¹⁴

2) 칭의와 믿음과의 관계

연회가 개최되기 전부터 웨슬리와 동료 메도디스트들이 주장하는 내용에 대해 많은 의문이 제기되었다. 그런 뜻에서 연회는 무엇보다도 먼저 자신들이 주장하는 칭의에 대해 다음과 같이 정의했다.

> 칭의는 하나님의 용서를 받는 것을 의미하는데 우리가 그 상태에 계속 있으면, 마침내 구원을 받을 수 있다(Justification is to be pardoned and received into

---

13 Rack, *The Minutes of Conference*, 10: 124.
14 Rack, *The Minutes of Conference*, 10: 125.

God's favour, and into such a state that, if we continue therein, we shall finally be saved).[15]

칭의가 구원의 시작이지만, 구원의 완성은 아니라는 뜻을 내포하고 있다. 그런 의미에서 이 시점에서 우리는 칭의와 관계된 두 가지 내용을 정립했다.

첫째, 칭의의 유일한 조건은 믿음이다(faith is the only condition of justification).
둘째, 회개가 믿음에 선행되어야 한다(repentance goes before faith).

그리고 만약 회개가 자신의 죄를 깨닫는 진정한 회개라면 그 회개는 반드시 열매로 나타나야 한다고 설명함으로써(if by repentance you mean conviction of sin; and by works meet for repentance) 칭의와 선행은 불가분의 관계임을 분명히 했다.[16]

루터는 바울의 믿음과 야고보의 행위는 기독교 복음 안에서 대립될 수밖에 없는 것처럼 말하면서 "그 둘의 조화를 이룰 수 있는 사람에게는 박사모를 씌워주겠다"(He would give his doctor's beret to anyone who reconcile James and Paul)라고 했는데, 웨슬리는 "선행은 믿음의 결과로 나타나야만 한다"(works are necessary to the continuance of faith)라고 함으로써 루터에게 박사모를 청구하고 있다.[17]

"바울은 아브라함이 '믿음으로 의롭게 되었다'라고 하고, 야고보는 '행위로 의롭게 되었다'라고 하니 그들은 상호 대립 되는 것이 아닌가?"

이렇게 묻고 연회는 그에 대해 답을 하고 있다. 즉, 바울이 아브라함의 믿음을 말할 때는 그의 나이 75세, 즉 이삭이 태어나기 전의 믿음을 말하

---

[15] Rack, *The Minutes of Conference*, 10: 126.
[16] Rack, *The Minutes of Conference*, 10: 126-7.
[17] Roland Bainton, *Here I stand* (Nashville, TN: Abingdon Press; 1950; New York ans Scarborough: New American Library, 1977), 259에서 재인용.

는 것이니 행위 이전의 믿음에 대해 말하는 것이고, 야고보가 행위를 말할 때는 믿음의 결과로 나타나는 행위를 말하는 것이기 때문에 각각 다른 시점의 믿음을 말하는 것이라고 했다.

하지만, 바울이나 야고보는 오직 믿음으로 구원을 받는다는 사실에는 전적으로 동의할 뿐만 아니라 그 둘은 믿음과 행위를 분리하지 않았다고는 것이다.[18] 그리고 로마서의 말씀처럼 아담의 죄가 온 인류에게 전가된(imputed) 것처럼 예수 그리스도의 의가 온 인류에게 전가됨(imputed)으로써 죄 사함을 받게 되었는데, 예수 그리스도의 죽음과 부활을 통해 죄 사함을 받은 사람들이 "신의 성품에 참여하는 자가 되게 하셨다"(made partakers of the divine nature. 벧후 1:4)라고 했다.[19]

웨슬리는 죄인 된 인간이 변화되어 "신의 성품에 참여하는 자"(partakers of the divine nature. 벧후 1:4)가 될 수 있다고 믿었고 그것이 곧 성화라고 했다.[20]

그런 의미에서 연회는 그 다음날 성화에 대해 다음과 같이 정의했다.

> Q(질문). 성화 되었다고 하는 것은 무슨 뜻인가?(What is to do be sanctified?)
> A(답). 하나님의 형상 안에서, 의와 성결 안에서 새롭게 되는 것을 의미한다 (To be renewed in the image of God, in righteousness and true holiness).

> Q(질문). 사랑 안에서 완전해진다고 하는 것은 무슨 뜻인가?(What is implied in being made perfect in love?)

---

[18] 칼빈은 그의 『기독교 강요』에서 야고보서에서 믿음은 의롭게 하는 것이 아니라 하나의 의견에 불과한 것처럼 말했다고 했다. 다음을 보라: "The Promises of the Law and the Gospel" in *John Calvin, Institutes of the Christian Religion*, III, xvii, 11. John Calvin, translated by Henry Beveridge, Institutes of the Christian Religion (Michigan: Eerdman Publishing Comp., 1981), v.2, 113-4.
[19] Rack, *The Minutes of Conference*, 10:128-9.
[20] Rack, *The Minutes of Conference*, 10:130-31.

A(답). 마음을 다하고 뜻을 다하고 성품을 다하고 힘을 다하여 주 우리 하나님을 사랑하는 것을 의미한다(The loving the Lord our God with all our heart and with all our mind, and soul, and strength).

Q(질문). 완전해진 사람은 죄를 지을 수 없다는 것을 의미하는가?(Does it imply that he who is thus made perfect connot commit sin?)

A(답). 사도 요한이 분명하게 말한 것처럼, 하나님으로부터 난 자마다 죄를 범할 수 없다(St. John affirms it expressly: Hecannot commit sin, because he is born of God, 1 John 3:9-10).

Q(질문). 모든 내적인 죄가 제거되었다는 것을 의미하는 것인가?(Does it imply that all inward sin is taken away?)

A(답). 당연하다. 그렇지 않다면 어떻게 모든 죄로부터 깨끗하게 되었다고 말할 수 있겠는가?(Without doubt. Or how could he be said to be saved from all uncleanesses?)[21]

연회를 통해 정립된 믿음과 칭의와 성화와의 관계를 보면 웨슬리신학의 정체성이 다음과 같이 두 가지로 드러난다.

첫째, 웨슬리와 초기 개혁자들 모두 "오직 믿음으로만 의롭게 된다"라고 하는 점에서 차이가 없다. 그런데 초기 개혁자들은 칭의가 마치 구원인 것처럼 말한 것에 비해 웨슬리는 본질의 변화가 일어나지 않은 칭의를 구원이라 한 적이 없다. 즉, 웨슬리는 그리스도인들이 여전히 죄의 지배를 받고 있으며, 본질의 변화도 없이 구원받았다고 믿게 만드는 칭의 교리가

---

[21] Rack, *The Minutes of Conference*, 10:131-32.

낳는 폐단을 성화의 교리로 해결하려고 했다. 즉, 구원받은 사람은 죄의 문제를 해결하고 본질이 변함으로써 거룩하게 살아야 한다는 것이다.

둘째, 초기 개혁자들과 웨슬리는 인간의 구원은 전적으로 하나님의 은총에 의해서만 가능하다는 데 있어서 차이가 없다. 그러나 초기 개혁자들은 "아무 조건 없이 주어지는 전적인 하나님의 은혜"라고 하였지만, 웨슬리는 예수님이 인간을 구원하실 때 "네가 믿느냐?"라고 물으시고 믿는 자들만 구원하신 것처럼, 비록 전적으로 하나님의 은총이지만 그 은총에 대한 유일한 조건은 믿음이라고 한 것이 다르다.

즉, 웨슬리는 무조건적인 하나님의 구원하시는 은총을 주장했던 초기 개혁자들과 달리 인간이 믿음이라는 조건을 충족시킬 때 비로소 구원받을 수 있는 것처럼 말함으로써 하나님의 구원이 인간의 참여없이 이루어질 수 없는 것처럼 말한 것이 사실이다. 그러자 칼빈주의자들은 웨슬리가 구원의 결정권을 하나님이 아닌 인간이 차지하게 만들었다고 비판했던 것이다.

3) 설교자들을 위한 구체적인 지침 사항들

첫 연회는 설교자들, 특히 평신도 설교자들에게 열두 가지 행동강령을 제시함으로써 그들의 활동을 지원함과 동시에 주위로부터 받는 각종 비판에 능동적으로 대처하고 있다. 무엇보다 설교자들에게는 결신자들을 얻으면 즉시 신도회를 결성하라고 했다. 그렇지 않으면 설교자들이나 지도자들이 없는 그들은 곧 다시 흩어져 버리고 말기 때문이었다.

결혼하기 전에 웨슬리 형제나 동료 목회자들의 동의를 얻어야 하며, 노동하면서 사명을 감당하는 것을 부끄러워하지 말라고 했다. 배가 고플 때 음식은 받을 수 있지만, 돈을 받아서는 안되고, 웨슬리가 모르게 빚지는 것은 허용되지 않았으며(Contract no debt without my knowlwdge), 매주 사역 보

고서를 쓰도록 했다.[22]

많은 위험 요소를 감안하여 순회설교자들에게 무기 소지를 허용했다.[23] 물론 웨슬리 형제도 무기를 소지했다. 필요한 모든 은혜의 방편을 사용하는 것이 좋고, 월 1회 철야기도회를 하는 등 메도디스트들만을 위한 목회력을 따르도록 했다. 만나고 헤어질 때는 반드시 기도를 하도록 했고, 설교자는 특별한 경우가 아니면 주일이 아닌 평일에는 두 번 이상 설교할 수 없게 했다(They were never to preach more than twice a day, unless on Sundays or extraordinary occasions).

설교자로서 품위에 어긋나는 언행을 피하도록 했고, 모두가 알아들을 수 있도록 분명하게 발음하도록 했으며, 지정된 찬송 외에 임의로 작곡하여 부르는 일도 금했으며 찬송가를 부를 때는 한 번에 5-6곡 이상을 부르지 못하도록 규정했다. 설교 후에 레몬주스나 약간의 포도주를 마시는 것을 권했지만, 야식을 피하라고 했다. 그런가 하면, "메도디스트들이 자기를 부인하고 십자가를 져야 한다는 예수님의 말씀을 잊었다"(Perhaps sins of omission, neglect of self-denial and taking up our cross)라고 질책하며 사명을 바로 감당하지 못 하는 일은 곧 하나님의 자녀들을 사탄에게 넘겨주는 것이라고 했다.[24]

웨슬리 자신이 밝힌 내용과 그의 설교집에 나타난 바에 따라 웨슬리는 어떻게 설교했는지 추측할 수 있겠지만, 사실 그가 출판한 설교는 출판을 위해 다시 정리했기 때문에 현장에서 나타나는 역동성을 담지 못했다고 보아야 한다. 그러므로 주위 사람들에 의해 알려진 내용을 포함하여 몇 가

---

[22] Rack, *The Minutes of Conference*, 10:140-41. 1744년에는 단순히 "담당자가 지켜야 할 규칙들"(the Rules of an Assistant)이었는데, 과연 잘 지켜지고 있는지 1753년에 확인하면서 "순회설교자들이 지켜야 할 열두 가지 규칙들"(the Twelve Rules of an Itinerant Preacher)이라고 칭했다.
[23] Rack, *The Minutes of Conference*, 10:145.
[24] Rack, *The Minutes of Conference*, 10:139-46; Tyerman, *John Wesley*, 1:444-47.

지로 정리해 보면, 웨슬리는 1시간 넘게 설교하는 경우도 종종 있었다.

하지만, 대부분은 1시간 정도 설교했는데, 매우 평이한 언어로(in plain language), 열정적으로, 그리고 주로 예(anecdotes and illustrations)를 많이 사용하며 '이야기식설교'(story-telling)를 했다고 한다. 특히, 그는 원고 없이 즉흥설교(preached extempore)를 많이 했는데 자신의 지식이나 원고 보다는 성령의 인도하심을 따랐으며, 부드럽게 시작하지만 결론 부분에 이르러서는 목소리를 한층 높였고 때로는 매우 공격적인 언어를 사용했다고 한다.[25]

4) 최초의 메도디스트의 교리의 기원

타이어맨은 웨슬리신학과 초기 메도디스트 교리를 이해하는 데 있어서 매우 가치 있는 자료를 제공하고 있다. 그에 의하면, 최초의 메도디스트연회에서 정립하려고 했던 교리들의 기원이 1727년경에 웨슬리가 켐피스와 테일러와 로의 책을 읽고 정리한 내용들과 유사하다는 것이다. 먼저 그 내용을 살펴보자.

첫째, 선행은 믿음의 결과이다(Good works follow faith).
둘째, 그런데 믿음 전에 회개가 먼저와야 한다(Repentance must go before faith).
셋째, 구원은 죄로부터의 구원을 의미하는데, 그것은 곧 우리의 영혼을 새롭게 하여 하나님의 형상인 거룩한 본질을 회복하는 것이다(By salvation I mean, not barely deliverance from hell, or going to heaven, but a present deliverance from sin, a recovery of the Divine nature, renewal of our souls after the image of God).

---

[25] 설교자로서의 웨슬리에 대해 다음을 보라 Telford, *John Wesley*, 315-38; W.L. Doughty, *John Wesley, Preacher* (Epworth Press, 1955); Schmit, *John Wesley*, v.2, part 2, 9-66; Outler, *Sermon*, 1:13-29; Rack, *Reasonable Enthusiast*, 343-6; William J. Abraham, "Wesley as Preacher," in R. Maddox and J. Vickers, eds., *John Wesley*, 98-112.

넷째, 믿음은 구원의 유일한 조건이다(Faith is the sole condition of this salvation).

다섯째, 믿음과 구원의 유일한 주관자는 하나님이시다(The Author of faith and salvation is God alone).

여섯째, 그러한 모든 일이 가능하기 위해서는 성령의 능력을 받아야 한다(All power is in the Spirit, therefore, every man, in order to believe unto heaven, must receive the Holy Spirit).

웨슬리는 그러한 복음을 최고의 복음으로 생각했고, 하나님께서는 그러한 최고의 복음을 온 세상에 전할 사명자들로 신성회 때부터 시작된 메도디스트들을 일으키셨다고 믿고 있었다. 그런데 그러한 모든 내용이 17년 후에 개최된 최초의 메도디스트연회에서 재확인되고 정리되어 "최초의 메도디스트들의 교리"(the doctrines of the first Methodists)가 되었다는 것이다.

웨슬리는 만약 메도디스트들이 그러한 최고의 복음 전하는 것을 멈추면 역사 속에서 사라질 것이라고 했다(Methodism will sink and deservedly become extinct, when it ceases to proclaim, as its greatest dogmas, the above summary of Methodistic doctrines). [26]

5) 그 외에 주목할 내용들

첫째, 칼빈주의와의 관계이다.

연회는 자신들이 너무 칼빈주의에 기울어 있지는 않은지(Have we not then unawares leaned too much towards Calvinism) 물었고, 대답은 "그런 것 같다"(It seems that we have)라고 하였다.[27] 이미 칼빈주의자들과 결별했음에도 불구

---

[26] Tyerman, *John Wesley*, 1:53.
[27] Rack, *The Minutes of Conference*, 10: 130.

하고 자신들 안에 여전히 존재하고 있는 모라비안적 요소나 칼빈주의적인 요소가 있는데 아직 그것이 무엇을 의미하는지 분명하지 않은 것 같다.

한편, 웨슬리는 1744년 8월 22일 엘리자베스 허튼(Mrs. Elizabeth Hutton) 부인에게 쓴 편지에서 자신의 신학적 견해를 밝힌 적이 있는데 당시의 웨슬리신학을 이해하는 데 매우 유익한 자료이다.

> 나는 칼빈을 조금, 루터를 그보다는 조금 더 사랑하고, 모라비안들과 로 선생, 그리고 휫필드를 그 둘보다는 훨씬 더 사랑합니다(I love Calvin a little, Luther more; the Moravians, Mr. Law, and Mr. Whitefield far more than either).²⁸

칼빈주의자들과 격렬한 논쟁을 하면서 40대에 접어든 웨슬리는 신학적으로 칼빈주의보다는 루터에 더 가깝고, 실천적으로는 경건주의, 신비주의, 그리고 복음주의에 더 많은 애정을 품고 있었음을 알게 해 준다.

둘째, 영국 국교회와의 관계이다.

연회는 "우리는 영국 국교회로부터 분리할 것인가?"(Do we separate from the Church?)라고 묻고, "그렇게 생각하지 않는다"(We conceive not)라고 답했다.²⁹ 그리고 두 가지를 언급하고 있는데 하나는 자신들이 쫓겨나지 않는 한, 죽을 때까지 영국 국교회 내에 머물러 있겠다(We are persuaded, the body of our hearers will even after our death remain in the Church, unless they be thrust out)라고 한 것과, 비록 자신들이 죽은 이후에, 영국 국교회로부터 결별하는 일이 발생할지언정 현재 영혼을 구원하는 일을 도외시할 수 없다고 함으로써, 영국 국교회와의 관계보다 우선하는 것이 자신들만의 사명인 영혼 구

---

28 Baker, *Letters*, 26:113-14.
29 Rack, *The Minutes of Conference*, 10: 135.

원임을 분명히 했다.[30]

셋째, 설교자들이나 당시의 리더들이 읽어야 할 도서 목록(What books may an Assiatant read?)

Sallust, Caesar, Tully(i. e. *Cicero*), *Erasmus, Castellio, Terence, Vigil, Horace, Vida, Buchanan, Greek Testament,* Epictetus, *Plato, Ignatius, Ephrem Syrus, Homer, Greek Epigrams, Duport, Archbishop Ussher's Sermons,* Arndt, *Boehm, Nalson, Pascal, Franke, R. Gell, Brevint.* 그 외 회의록(*Our tracts*)과 *Cyprian, Chryssostom.*

성경 원어, 철학, 고대 교부들의 글, 고전 문학, 경건 서적 등을 총망라하고 있는 것을 보면 웨슬리가 얼마나 철저하게 설교자들을 지적으로 훈련시키려고 했는지 알 수 있다.[31] 다음해 연회에서 설교자들이 읽고 연구할 수 있도록 런던과 브리스톨과 뉴캐슬에 비치해 둘 도서 목록을 제시했는데 더 다양한 언어와 주제의 책들을 보고 놀라지 않을 수 없다.

지금까지 살펴본 바와 같이, 최초의 메도디스트 총회에서 그동안 논란이 되어 온 여러 가지 문제들을 총망라하여 검토하면서 자신들의 정체성뿐만 아니라 나아갈 방향을 정립하려고 했는데, 그러한 내용 중 다수가 웨슬리의 말년까지 반복하여 나타나고 있었고 그 과정에서 더 깊고 넓게 확장되어 간 것이 웨슬리신학이다.

---

[30] Rack, *The Minutes of Conference*, 10:135-36.
[31] Rack, *The Minutes of Conference*, 10:144.

3. 옥스퍼드 성메리교회에서 행한 세 번째 설교

웨슬리는 옥스퍼드대학교의 성메리교회(St. Mary)에서 1738년 6월 11일 "믿음으로 말미암은 구원"(Salvation by Faith), 1741년 6월 28일에 "온전하지 못한 그리스도인"(Almost Christian)에 대해 설교한 이래 세 번째로 1744년 8월 24일에 오전 10시에 "성경적 기독교"(Scriptural Christianity)에 대해 설교했다.

세 번째 설교는 런던의 파운더리에서 최초의 메도디스트연회를 개최한 뒤 두 달 만에 하는 것이었는데, 찰스와 동료 메도디스트들을 포함하여 예배당을 가득 채운 청중들은 웨슬리의 설교에 집중했다.[32]

웨슬리는 세 가지 관점에서 성경적인 기독교를 정의하며 공격적으로 설교했다.

첫째, 개인적 종교로서의 기독교(As beginning to exist in individuals)
둘째, 사람들에게 전해져야 할 기독교(As spreading from one to another)
셋째, 전 세계에 전파되어야 할 기독교(As covering the earth)

이러한 구분은 웨슬리가 야외설교를 통해 얻은 새로운 깨달음을 반영하고 있다. 즉, 기독교 복음이 교회와 한 개인 안에 갇혀 있지 말고 이웃과 세계에 전해져야 한다는 내용이다. 물론, 이러한 도전은 당시 교회 안에서 체제를 유지하면서 자신들의 고상한 인격을 고양하고 지위를 향상하는 일에 매진하던 당시 지식층과 지도층들이 듣기에 매우 거북한 내용이었을 것이다.

이어서 그는 당시 영국이 과연 기독교 국가인지, 어디에 성경적인 기독교가 존재하는지, 그리고 더 나아가, 성경에서 말씀하시는 성령의 열매는

---

32 Tyerman, *John Wesley*, 1:448-9.

과연 나타나고 있는지 물으며 당시 영국 국교회의 현재와 미래에 대해 심각하게 도전했다.[33] 계속하여 그는 옥스퍼드대학교의 학생들을 "가볍게 생각하고 행동하는 세대, 하나님에 대해서도, 이웃에 대해서도, 심지어 자기 자신에 대해서도 가볍게 생각하고 행동하는 세대"(generation of triflers; triflers with God, with one another, and with your own souls)라고 지적했다.[34]

설교를 들은 교수들과 학생들은 분개했고, 대학의 총장(The Vice-Chancellor)은 웨슬리의 원고를 가져오라고 해서 검토한 후 더 이상 그에게 설교를 허락하지 않기로 했다.[35] 때가 되면 순서에 따라 설교를 해야만 하는 순서에서 제외시킬 수 없음을 잘 알고 있으면서도 학교 측은 그 이후로 웨슬리 대신 다른 설교자를 세웠다.

만약, 설교자가 순서를 지키지 못 하면 다른 설교자를 초청하는데 필요한 경비 3 귀니(3 guineas)를 학교 측에 내야 하는 데, 학교 측은 웨슬리에게 그 경비를 청구하지 않으면서 다른 설교자들을 초청했다는 것은 의도적으로 웨슬리를 설교 순서에서 배제하려는 전략이었음을 알 수 있다.

그러한 상황을 충분히 인식하고 있던 웨슬리도 더 이상 설교하는 것에 연연하지 않았다. 얼마 후에 사람들이 그 설교의 내용을 부분적으로 인용하며 웨슬리를 비판했기 때문에 설교 전문을 알림으로써 오해를 풀기 위해 웨슬리는 설교 전문을 출판하여 6펜스(six pence)에 팔았다.[36]

---

[33] Outler, *Sermons*, 1:178.
[34] Outler, *Sermons*, 1:179.
[35] 오늘날 미국이나 한국 대학의 총장을 프레지던트(president)라 하는데, 18세기 영국에서는 대학을 대표하는 상징적인 직책을 챈슬러(Chancellor)라 하고, 실제적으로 대학의 모든 행정은 "부 챈슬러"(The Vice-Chancellor)가 담당하고 있었기 때문에 적절한 한국어가 없는 상황에서 부 챈슬러를 "총장"이라 번역하는 것이 적절할 것이다. 캐나다에서도 경우에 따라 챈슬러 제도를 유지하는 대학들이 있다.
[36] Ward and Heitzenrater, *Journal and Diaries*, 20:36-7. Tyerman, *John Wesley*, 1:448.

"성경적 기독교"(Scriptural Christianity)는 40대에 들어선 웨슬리가 영적 체험 뿐만 아니라 다양한 목회적 경험을 통해 깨닫고 배운 모든 내용을 담고 있는 신학적 선언문과도 같은 설교이다.

4. 1742-44년에 웨슬리가 출판한 책들

1) 1742년에 웨슬리가 출판한 책자들

웨슬리의 가장 큰 특징 중 하나가 그 많은 양의 일을 감당하면서도, 열악한 환경에서 이동하면서도 끊임없이 책을 읽고 쓰는 작업을 한다는 것이다. 웨슬리가 40대에 들어서는 기간에 출판한 책들을 살펴보는 것은 그의 삶과 신학을 이해하는 데 중요한 일이다. 책의 크기는 다양했고 필요에 의해 출판한 것이 대부분이지만, 외부적인 비판에 대한 답변도 포함되어 있다.[37]

① 『제단 예배를 위한 보충 안내서』(*A Companion for the Altar*), 24페이지.
② 『웨슬리 저널 발췌본: 1738년 8월 12-1739년 11월 1일』(*An Extract of the Rev. Mr. John Wesley's Journal, from August 12, 1738, to November 1, 1739*), 98페이지.
③ 『기독교인들의 조심스러운 행동에 관한 연구』(*A Treaties on Christian Pur-*

---

[37] 앞으로 소개될 웨슬리의 주요 출판물들은 타이어맨이 그의 책 끝에 소개한 내용을 요약 정리한 것이다. 타이어맨의 저작은 웨슬리의 삶을 연대기적으로 정리해 주었다는 최대 장점과 아울러 웨슬리의 출판물들을 역시 연대별로 정리해 주어서 독자들이 웨슬리의 지적인 배경과 내용을 볼 수 있도록 했다는 장점이 있다. 타이어맨이 열거한 모든 출판물을 다 소개하는 것은 아니지만, 최대한 반영하려 했음을 밝힌다. 독자들은 이 부분을 반드시 참고하기 바란다.

dence. *Extracted from Mr. Norris*, 노리스의 저작에서 발췌), 35페이지.

④ 『독일어 찬송에서 번역한 찬송 모음: 24편의 찬송』(*A Collection of Hymns, translated from German: These were twenty-four in number*), 36페이지.

⑤ 『뉴 잉글랜드의 노스햄튼에서 행하신 하나님의 행적 이야기』(*A Narrative of the Work of God, at and near Northhamton in New England*), 48페이지.

⑥ 『주로 파운더리 에서 부른 성가 악보집』(*A Collection of Tunes set to Music, sung at the Foundery*), 36페이지.

⑦ 『메도디스트의 특징』(*The Character of a Methodist*), 15페이지.

⑧ 『찬송과 거룩한 시 모음』(*Hymns and Sacred Poems*). 타이어맨은 웨슬리가 찰스와 함께 『찬송과 거룩한 시 모음』을 1739년에 출판했다고 했는데, 『200주년 기념 웨슬리 총서』는 1742년에 출판한 것으로 교정하고 있다.[38]

⑨ 『메도디스트의 원칙들』(*The Principles of a Methodist*), 32페이지.[39]

저작 중에서 특히 웨슬리는 찬송에 깊은 관심을 보였는데, 특히 찬송을 부르는 태도와 방법에 대해 구체적으로 가르치고 있는데 오늘날도 참고할 가치가 있기에 소개한다.

① 곡이 복잡해서는 안 된다.
② 반복해서 불러라.
③ 너무 늦게 불러도 안 된다.
④ 부르고 있는 곡을 완전히 익히기 전에 다른 곡을 소개하지 말라.

---

[38] Davies, *The Methodist Societies*, 9:53, note 28. See, Tyerman, *John Wesley*, 1:290.
[39] Tyerman, *John Wesley*, 1:397. 그 후에 『메도디스트의 원칙들: 더 자세한 설명』(*The Principles of a Methodist: Father Explained*)이 출판되었다.

⑤ 항상 오르간이 있을 필요는 없다.
⑥ 회중 전체가 부르도록 한다. 열 명 중 한두 명만 부르는 것은 옳지 않다.
⑦ 너무 멋있게 치장하지 말고, 가슴으로 찬양하라.[40]

2) 1743년에 웨슬리가 출판한 책자들

최초의 메도디스트연회를 전후로 하여 웨슬리는 현실적인 필요에 의해, 즉 신도회 조직과 개인의 경건 생활, 그런가 하면 외부로부터 받는 비판에 답변하는 교과서와 같은 규범들을 출판했다.

① 『연합신도회의 본질과 구성과 일반 규칙』(The Nature, Design, and General Rules of the United Societies, in London, Bristol, Kingswood, and Newcastle), 12페이지.
② 『군인들을 위한 제언』(A Word in Season; or, Advice to a Soldier), 6페이지.
③ 『결혼과 독신에 대한 생각』(Thoughts on Marriage and Celibacy), 12페이지.
④ 『어린이 양육 교범』(Instructions for Children), 38페이지.
⑤ 『그리스도인의 완전에 대한 실제적인 가르침』(A Practical Treaties on Christian Perfection), an abridgment of William Law's book, published in 1726(1726년에 출판된 윌리엄 로의 책 요약), 115페이지.
⑥ 『번연의 천로역정 요약』(An abridgment of Bunyan's Pilgrims Progress), 49페이지.
⑦ 『이성적이고 종교적인 사람들에게 하는 호소』(An Earnest Appeal to Men of Reason and Religion), 53페이지.

---

40 Tyerman, John Wesley, 1:398-99에서 발췌하여 요약한 것이다.

그중에서 특히 웨슬리의 열정이 느껴지는 책은 『어린이 양육 교범』이다. 머리말은 "모든 부모와 교사들에게"(to all parents and schoolmasters) 한 것이고 "어린이 기독교 교육에 대한 원칙들"에 대해 붙여 쓰인 책을 주로 번역한 것인데 그 책에서 웨슬리는 어린이들이 악해지는 것은 부모들의 잘못이나 무관심 때문이라고 하면서 아이들을 공립학교보다는 기독교 사립학교로 보내라고 주장했다.[41]

3) 1744년에 웨슬리가 출판한 책자들

① 설교 『성경적 기독교』(The sermon, "Scriptural Christianity").
② *An Extract from his Journal, from November* 1, 1739, *to September 3, 1741.*
③ *The Rules of the Band Societies*, 12페이지. 이미 1743년에 출판된 『연합신도회의 일반 규칙』(The Nature, Design, and General Rules of the United Societies)의 제4판에 붙여져 최초의 메도디스트연회에서 읽혔다. 내용은 모라비안들의 밴드 모임의 것을 그대로 도입한 것이다.
④ 『웬스베리와 스태퍼드셔의 다른 근접 지역에서 예증된 현대 기독교』(Modern Christianity exemplified at Wednesbury, and other adjacent places in Staffordshire), 28페이지.
⑤ 『고난과 핍박 중에 부를 찬송집』(Hymns for Times of Troubles and Persecution). 47페이지.
⑥ 『존경받는 영국 시인들에 의해 쓰인 도덕적이고 거룩한 시 모음 3권』(A Collections of Moral and Sacred Poems from the most celebrated English authors, Three volumes), 1,024페이지.

---

[41] Tyerman, *John Wesley*, 1:433-34.

⑦ 『가정을 위한 기도집』(*A Collections of Prayers for Families*), 24페이지.
⑧ 『그리스도의 죽음을 통해 인간을 구원하시는 것에 대한 진젠도르프 백작의 강연』(*An Extract of Count Zimzendorf's Discourses on the Redemption of Man by the Death of Christ*), 78페이지.
⑨ 『거룩한 삶으로의 진지한 소명』(*A Serious Call to a Holy Life*), 230페이지. 윌리엄 로의 책을 요약한 것.
⑩ 『인간의 영혼 안에 계신 하나님의 삶; 또는 기독교의 본질과 탁월성』(*The Life of God in the Soul of Man; or the Nature and Excellency of the Christian Religion*), 48페이지. 1678년에 28세의 젊은 나이에 죽은 스코틀랜드 목사 헨리 스쿠갈(Rev. Henry Scougal)의 책의 요약본.
⑪ 『하나님의 성령 역사에 대한 명백한 증거들』(*The Distinguishing Marks of a Work of the Spirit of God*). 뉴 잉글랜드 노스햄톤의 에드워드 목사의 책 『뉴 잉글랜드의 노스햄튼에서 행하신 하나님의 행적 이야기』(*A Narrative of the Work of God, at and near Northhamton in New England*) 요약, 48페이지.[42]

웨슬리가 출판한 도서 목록에서 발견되는 특징은 자신의 저작보다는 모음집이거나 요약본이 많다는 것이다. 20대 때 읽은 윌리엄 로의 책을 40대 때 다시 요약하여 출판한 것이나 진젠도르프 백작의 구원론을 요약하여 출판한 것을 보면, 비록 웨슬리가 그들과 결별을 했지만, 배울 것은 배우겠다는 자세를 본다. 한편, 영적인 삶에 도움이 되는 시 모음집을 1,024페이지나 되는 총 3권으로 출판한 것도 그의 영적, 학문적 소양이 얼마나 넓고 다양한지 엿볼 수 있게 만든다.

---

[42] Tyerman, *John Wesley*, 1:463-67.

제4장

1744년 최초의 메도디스트연회와 정리되는 웨슬리신학

40대 이전까지 웨슬리신학의 원칙과 방향과 목적이 결정되었다면, 40대 이후에는 그에 따라 발생할 수밖에 없는 문제들에 답변하고, 새롭게 대두되는 문제들에 대해 신학적 논리를 제공하는 과정에서 그의 신학적 정체성이 새롭게 정립되어 갔다.

1. 1745년 두 번째 연회와 그 후에 나타나는 웨슬리신학

1745년 5월부터 1748년 3월까지 존 스미스라는 필명(under the alias of John Smith)으로 웨슬리와 12번의 편지 왕래를 한 사람이 있다.[1] 그의 실제 이름은 토마스 섹커(Thomas Secker)로서 영국 국교회 내에서도 교양과 명망이 높은 사제였다. 그와 편지로 메도디스트에 대한 각종 의문과 교리적인 문제를 토론하였는데 그 문체나 신학적 수준은 상당히 높아 웨슬리도 매우 진지하게 응답하며 3년간 지속하였다. 그 내용은 1825년에 쓴 무어의 『웨슬리의 생애』(Mr. Moore's Life of Wesley)에 처음으로 수록되었다.

---

1 Baker, *Letters*, 26:138, note 18.

제2회 연회가 1745년 8월 1일에 브리스톨에서 개최되었고 6일 동안 진행되었다. 웨슬리 형제와 한 명의 목회자, 헛지스(Hodges) 목사, 그리고 6명의 평신도 설교자들이 참석했다. 그 외에 마마듀크 귄(Marmaduke Gwynne)이 참석했는데, 후에 찰스의 장인이 된 사람이다.

최초의 메도디스트연회에서 칭의 교리와 성화의 교리를 비롯하여 가장 시급한 문제들에 대해 더 이상 논란의 여지가 없도록 분명히 하려고 했는데, 그 다음해 연회에서 지난해 정립한 칭의 교리에 대해 점검하자(review)는 제안에 따라 다시 살펴보았다. 모든 것이 동일한데, 웨슬리는 칭의의 유일한 조건인 믿음을 이해할 때, 그 믿음은 "사랑으로 역사하는 믿음"이기 때문에 그 믿음은 곧 인간의 선행을 내포하고 있는 것인데 회개 없이 그런 믿음을 가질 수 없다고 함으로써 상대적으로 회개를 매우 강조하고 있다는 사실이다.[2]

그리고 지난 연회에서 믿음과 칭의에 대해 정립했다면 그다음 연회에서는 칭의와 성화와의 관계에 대해 집중적으로 살펴보았다.

1) 칭의와 성화와의 관계

웨슬리는 초기 때 칭의에 대해 강조한 것이 사실인데, 시간이 지날수록 더 자주, 더 강력하게 "그리스도인의 완전을 추구하라"(exhort to go on to perfection)고 강조했다. 그러나 "우리는 완전히 성화 된 상태를 강조하기 위해 칭의에 대해 약화하고 있는 것은 아닌가?"(Should we not have a care of depreciating justification in order to exalt the estate of full sanctification?)라고 묻고, 그렇지 않기 위해 조심해야 한다(Undoubtedly we should be aware of this, for one may insensibly slide into it)고 인정하면서 그런 오류를 피하기 위해 완전성화를

---

2 Rack, *The Minutes of Conference*, 10:148-9.

강조하기 전에 "먼저 더 확실하고 강력하게 칭의의 은혜를 강조할 것"(let us first describe the blessings of a justified state as strongly as possible)을 당부했다.³

그런 의미에서 "칭의의 순간에 내적 성화가 시작된다"(inward sanctification begins in the moment we are justified)고 함으로써 칭의 이후 성화까지 하나의 과정으로 설명하며 다음과 같이 말했다.

> 신자들은 점진적으로 죄에 대해 죽고 은혜에 대하여 성장한다. 그러나 영과 혼과 몸전체에서 성화가 이루어지기 전에는 죄의 근원은 그의 안에 여전히 내재한다([The] believer gradually dies to sin, and grows in grace. Yet sin remains in him, yea, the seed of all sin, till he is sanctified throughout in spirit, soul and body).⁴

칭의와 성화와의 관계를 논하는 과정에서 "완전성화"(Entire Sanctification)의 개념이 등장하는데, 완전성화는 죽음 직전에야 성취되는 것(This entire sanctification is not ordinarily given till little before death)이라고 했다.⁵

그런데 사실 "완전성화"라는 개념 자체가 문제가 될 수 있는 용어이다.

왜냐하면, 완전성화가 최종 목표라고 하면 과연 성화는 무엇을 의미한단 말인가?

성화에도 정도의 차이가 있단 말인가?

연회는 성화를 이루기 위해 모든 계명을 지키고(keeping all His Commandments), 자신을 부인하고(denying ourselves), 매일의 십자가를 지고(taking up our cross daily), 특별히 기도하고(prayer), 성경을 읽으며(searching the Scripture), 금식하는(fasting) 등 은혜의 수단을 쓰며, 경건 생활에 매진하라고 함으로써 마치

---

3 Rack, *The Minutes of Conference*, 10:152-3.
4 Rack, *The Minutes of Conference*, 10:154.
5 Rack, *The Minutes of Conference*, 10: 154.

인간의 경건 훈련과 노력으로 완전성화를 이룰 수 있는 것처럼 가르쳤다.[6]

2) 리더와 설교자들을 위한 도서 목록

두 번째 연회에서도 리더들이나 설교자들이 읽고 연구할 수 있도록 런던과 브리스톨과 뉴캐슬에 비치해 둘 도서 목록을 제시했는데 다양한 언어의 성경을 비롯하여 경건 서적, 물리학, 자연철학, 천문학, 역사, 그리고 라틴어, 헬라어 서적들과 히브리어성경 등 다양하고 전문적인 독서 목록에 놀라지 않을 수 없다.

그 가운데 동방교회 교부 중에서 이브라임 사이러스(Ephraim Syrus, 306-73)와 마카리우스(Macarius of Egypt, 300-90)의 저작들은 웨슬리가 주장한 그리스도인의 완전과 깊은 연관이 있다고 아우틀러는 주장했다.[7] 그 외에 1745년에 웨슬리가 출판한 책들은 다음과 같다.

① *Thoughts concerning the present Revival of Religion in New England* 원래는 조나단 에드워드(Jonathan Edward)가 쓴 글인데, 웨슬리가 124페이지로 요약한 것이다.

② *An Extract of Mr. Richard Baxter's Aphorisms on Justification*, 36페이지.

---

6   Rack, *The Minutes of Conference*, 10:155.
7   웨슬리는 1747년 3월 4일 이브라임의 『회개에 대한 진지한 권고』(*Serious Exortation to Repentance*)를 읽고 감동한 내용을 남겼다. See Ward and Heitzenrater, *Journal and Diaries*, 20:162. 그 책의 원제목은 "*Serious Exortation to Repentance and Sorrow for Sin and a Strict and Mortified Life*"이고, 헬라어와 라틴어본을 비교하며 영어로 번역하여 출판되었다(London: Bowyer, 1731).
Ephraim Syrus는 성경 주석가로서 로마에 정착했지만, 주로 시리아 어로 많은 저작들을 남겼다. 웨슬리는 또한 마카리우스의 『설교집』(*Homilies*)을 읽었고, 그의 『그리스도인 문고』에 포함시켰다. Rack, *The Minutes of Conference*, 10: 168, note 360.

③ *Hymns on the Lord's Supper, by John and Charles Wesley*
  서론에서 브레빈트(Brevint) 박사의 『기독교의 성찬과 희생』(*the Christian Sacrament and Sacrifice*)을 웨슬리가 141페이지로 요약하여 첨부했다. 166곡의 찬송이 수록되었다.
④ *An Earnest Persuasive to keep the Sabbath holy*, 4페이지.
  당시 영국 국교회 내에서 주일성수를 하지 않는 것이 심각한 수준이었기에, 그것이 얼마나 중요한 일인가 일깨우기 위한 소책자.
⑤ *Swear not at all, saith the Lord God of Heaven and Earth*, 4페이지.
  *A Word to a Swearer*란 제목으로 재출판 되기도 했다.
⑥ *A Word in Season; or, Advice to an Englishman*, 12페이지.
⑦ *A Word to a Drunkard*, 4페이지.
⑧ *A Word to an Unhappy Woman*, 4페이지.
⑨ 『메도디스트들을 향한 권고』(*Advice to the People called Methodists*), 12페이지.
⑩ 『이성적이고 종교적인 사람들에게 하는 호소』(*A Father Appeal to men of Reason and Relogion*),[8] 106페이지.

주로 값이 싼 소책자들이었지만, 많은 양이 전국적으로 보급됨으로써 웨슬리는 자신도 모르는 사이에 매년 100파운드 정도를 기부할 정도로 "부자가 되었다"(I unawares became rich)라고 했다.[9]

---

[8] Tyerman, *John Wesley*, 1:500-05.
[9] Wesley's *Works*, 7:9. Tyerman, *John Wesley*, 1:505 에서 재인용; Telford, *John Wesley*, 330-1; Rack, *Reasonable Enthusiast*, 350.

2. 1746년 연회와 웨슬리의 교회론

웨슬리는 1746년 3월 17일 다운스(Downes)와 세퍼드(Shepherd)와 함께 뉴캐슬을 떠나 남쪽으로 약 70마일쯤 거리가 되는 스미톤(Smeaton)에 도착했을 때 다운스는 병이 들어 더 이상 갈 수 없게 되었고, 웨슬리의 말도 다리를 절었다. 하지만, 둘은 7마일을 더 갔을 때 "지난 몇 달 동안 아프던 머리가 더 아파졌다"(my head ached more than it had done for some months). 그러자 웨슬리는 사람이든 동물이든 못 고칠 것이 없으신 하나님께 기도했을 때 두통이 멈추고, 말도 정상적으로 걷게 되는 치유를 받았다.[10]

11월 12일에 치통 때문에 오후 설교를 할 수 없었는데, 기도하자 통증이 사라졌다고 한 것처럼 웨슬리가 선교 여행 중에 육체적인 고통과 병을 피할 수 없었지만, 그때마다 치유하는 체험을 했기 때문에 치유하시는 하나님과 그 역사에 대해 확신하고 선포할 수 있었다.[11] 그 외에 신학적으로 관계된 일들을 중심으로 살펴보도록 하자.

1) 웨슬리의 교회론과 변화

1746년에 있었던 일 중에서 가장 주목해야 할 것은, 웨슬리가 1월 20일 브리스톨로 가는 노상에서 로드 킹(Lord King, 1669-1734)의 책 『초대교회의 헌법, 훈련, 통일성, 그리고 예배에 대하여』(*An Inquiry into the Constitution, Discipline, Unity, and Worship of the Primitive Church, that flourished three hundred years aftr Christ; faithfully collected out of the extant writings of those ages*)를 읽은 일이다.

---

10 Ward and Heitzenrater, *Journal and Diaries*, 20: 116.
11 Ward and Heitzenrater, *Journal and Diaries*, 20:145.

로드 킹은 철학자 존 로크(John Locke)의 조카(nephew)로서 그가 22살이던 1769년에 쓴 책이다. 그는 완고한 비국교도(a rigid Dissenter)로서 비국교도들이 영국 국교회의 핍박으로부터 벗어날 수 있도록 교회의 독립적 자율성을 보장해 주는 성경적 근거를 제공하기 위해 쓴 책이었다. 그 책을 읽은 후 웨슬리는 다음과 같은 독후감을 남겼다.

> 나는 심각하게 편견에 가득찬 교육을 받았음에도 불구하고, 이 책은 편견 없이 잘 쓰인 책이다. 만약, 이 책의 내용이 사실이라면, 감독이나 장로는 같은 직분이며, 모든 기독교 회중은 서로 독립적으로 존재하는 교회라고 보아야 한다!(In spite of ther vehement prejudice of my education, I was ready to believe that this was a fair and impartial draught. But if so, it would follow that bishops and presbyters are[essentially] of one order, and that originally every Christian congregation was a church independent on all others!)[12]

물론, 이러한 새로운 이해는 영국 국교회가 진정한 사도적 전승을 가진 가장 성경적인 교회라고 믿고 있던 웨슬리에게 많은 변화를 줄 수 있는 소지가 있는 내용이었다.

영국 전역에 신도회가 결성되면서 이제 서로 편리한 지역에서 예배드리도록 7개 교구(seven circuits)로 나누었다. 런던(London), 브리스톨(Bristol), 콘월(Cornwall), 이브스햄(Evesham), 요크셔(Yorkshire), 뉴캐슬(Newcastle), 그리고 웨일스(Wales). 그리고 각 지역마다 담당 지도자를 두었다. 웨슬리는 7개 교구를 중심으로 근접 지역을 순회하며 전도하기도 했고, 신도회를 돌보기도 했다.

---

[12] Ward and Heitzenrater, *Journal and Diaries*, 20:112. 참조 Tyerman, *John Wesley*, 1:508.

브리스톨에서 2월 17일 떠난 웨슬리가 300여 마일 떨어져 있는 뉴캐슬에 2월 26일에 도착한 것을 보니, 설교 일정을 소화하며 하루에 약 30여 마일씩 이동했다는 뜻인데, 대부분 길은 포장되지 않은 상태였고, 가는 곳곳마다 각종 장애물을 극복하며 가야만 했기에 절대 쉽지 않은 여정이었을 것이다.

웨슬리는 가는 곳곳마다 설교할 곳을 찾는 것이 문제였다. 때에 따라서는 메도디스트 설교자들을 받아주는 교회나 개인적으로 헌신한 가정에서 설교했지만, 대부분은 야외에서 설교할 수밖에 없었다. 신도회를 조직하고 모임 장소를 확보하기 위해 브리스톨, 킹스우드, 뉴캐슬, 그리고 런던에 채플을 세웠고, 이사진들(Trustees)을 구성해서 그들의 명의로 재산등록을 했다. 재정적 어려움을 해결하기 위해 리더들과 상의한 결과 차를 마시는 경비마저 줄이기 위해 끊었다. 1660년부터 각종 차가 처음으로 영국에 수입되었지만, 높은 세를 지불하며 차를 마시는 것은 사치에 해당할 때였다.

웨슬리도 지난 26년 동안이나 마시던 차를 끊으니 며칠간 머리가 아프고 잠을 제대로 못 자는 후유증이 나타나기도 했다. 그렇게 하여 절약한 돈으로 가난한 사람들을 구제하고 지원할 수 있었다. 그 후 12년이 지난 후에 포더길(Fothergill) 박사의 권고에 따라 건강상 이유로 다시 차를 마시기 시작했다.[13]

자본을 조성해서 가난한 사람들에게 대여해 주는 일과, 의학적 치료를 받을 수 없는 사람들을 위해 시간이 있을 때마다 의학적 처방을 해 주기도 했다. 의학 교육을 받지 않은 사람이 의료행위를 한다고 비난을 받았지만, 웨슬리는 자신이 잘못해서 죽은 사람은 하나도 없고, 고침을 받은 사람들

---

[13] Ward and Heitzenrater, *Journal and Diaries*, 20:125 and note 58. 차를 끊는 후유증이 찰스는 웨슬리보다 더 심했던 것 같다. 친구에게 쓴 편지에서 "온종일 자는 둥 둥 마는 둥 했다"(but half awake and half alive all day)라고 썼다.
See *Journal of Charles Wesley* (July 28, 1746, 1:424). 참조 Tyerman, *John Wesley*, 1:523-25.

이 대부분이라고 공언했다.

그때 정기적으로 약을 받아가는 사람만 70명이 넘었기에 약값을 마련하는 것도 보통 일이 아니었다. 그런가 하면, 런던의 파운더리에 먼저, 그리고 곧이어 브리스톨에 '구제소'(dispensary)를 세워 극빈자들을 도왔는데, 구제소를 이용하는 사람들이 점점 늘어났다고 웨슬리는 보고했다.[14]

2) 웨슬리가 주창하는 3대 교리

웨슬리는 자신들의 정체성을 변호하고 확립하기 위해 1742년에 『메도디스트의 원칙들』을 썼는데, 1746년에 토마스 처치(Thomas Church, vicar of Battersea) 목사가 쓴 『웨슬리 선생의 지난 답변에 대한 추가 질문들』(Some futher Remarks on Mr. Wesley's last Journal)에 답하기 위해 79페이지에 달하는 『더 상세하게 설명한 메도디스트의 원칙들』(The Principles of a Methodist farther explained; occasioned by the Reverend Mr. Church's second letter to Mr. Wesley; in a second letter to that gentleman)을 썼다.

여기에서 웨슬리는 자신이 선포하는 핵심 교리 세 가지, 즉 회개, 믿음 그리고 거룩이라고 하면서 다음과 같이 말했다.

> 우리의 핵심 교리 세 가지는 회개와 믿음과 거룩이다. 이중 우리가 말하고 있는 것이다. **첫째**, 회개는 종교에 있어 현관과 같은 것이고, **둘째**, 믿음은 문과 같은 것이라면, **셋째**, 거룩은 종교 자체라 할 수 있다(Our main doctrines, which include all the rest, are three, that of repentance, of faith, and of holiness. The first of these we account, as it were, the porch of religion; the next, the door; the third is religion itself).[15]

14　Tyerman, *John Wesley*, 1:527.
15　Davies, *The Methodist Societies*, 9:227; Tyerman, *John Wesley*, 1:529-32.

종교개혁신학 전통 안에서 회개를 가장 우선에 두면서 강조하는 것이 특징이다. 그리고 이어서 다음과 같이 말했다.

> 1738년부터 지금까지 계속하여 예수 그리스도에 대해 말하고 있다. 오직 모든 것의 모든 것 되시며, 처음과 나중이신 그분께만 모든 기초를 둔다. 예수님의 설교는 오직 한 가지, 즉 '하나님의 나라가 가까웠으니 회개하고 복음을 믿으라'이다. 바로 건초더미의 불과 같이 번지는 하나님의 말씀이다. 날이 갈수록 하나님의 영광이 드러났다. 많은 사람들이 '그 은혜를 인하여 믿음으로 말미암아 구원을 얻었다'라고 외쳤다고 외치는 가운데 나는 내가 무엇을 해야 하는지 알게 되었다(From 1738 to this time-speaking continually of Jesus Christ; laying Him only for the foundation of the building, making Him all in all, the first and the last; preaching only on this plan, "The Kingdom of God is at hand; repent ye, and believe the gospel," – the 'word of God ran' as fire among the stubble; it was glorified more and more; multitudes crying, 'By grace we are saved through faith'. I considered deeply with myself what I ought to do).[16]

올더스게이트 체험 이후 그리스도 중심 안에서 회개와 믿음과 구원을 강조하는 신학을 확립하게 되었다. 그런 의미에서 "예수를 믿는 믿음으로 죄 사함 받고, 하나님과 화목하게 되는 것"(by the merits of Christ his sins are forgiven, and he reconciled to the favour of God)이 모든 메도디스트들의 목표라고 했다.[17] 이 시점에서 웨슬리신학이 그리스도 중심의 신학으로 정립된

---

[16] Telford, *Letters*, 2:264. 사실, 이 내용은 웨슬리가 1745년 2월 2일에 토마스교회(Thomas Church)에게 편지 형식으로 쓴 답변인데, 100페이지나 되는 변증서이다(pp. 175-276). 이 내용을 웨슬리는 1746년 6월 17일 *The Principles of a Methodist Father Explained*라는 제목으로 출판했다. See Davies, *The Metodist Societies*, 9:160-237, see esp. 223.

[17] Davies, *The Metodist Societies*, 9:228.

이후에 후기로 갈수록 성령의 증거와 역사를 강조하는 변화가 일어난다는 사실을 미리 염두에 두자.

3) 최초의 설교집 출간

1746년 11월에 웨슬리는 메도디스트 역사상 가장 주목할 만한 책 중 하나인 『여러 상황을 위한 설교집』(Sermons on Several Occasions)을 출판했다. 지난 8년간 설교했던 설교 중에서 선별하여 출판했는데, 그 후에 3권을 더해 총 4권의 설교집을 출판했다. 자신의 설교들을 모아 한 권의 책으로 출판한 것은 이제 교회 밖에서 복음을 전하는 일뿐만 아니라 메도디스트 내부에서 설교자들이나 평신도 사역자들에게 교리적인 통일성을 제시하기 위함이었다.

첫 설교집의 서문에서 자신의 의도와 목적을 다음과 같이 밝혔다.

> 여기에는 정교하게 멋을 부리거나 어떤 수사적인 표현도 없다. 나는 매우 평범하게 평범한 모든 사람을 대상으로 썼을 뿐이다. 그러므로 나는 어떠한 철학적이거나 사변적인 내용이나 복잡한 논리를 극도로 피했다. 내가 정말 알기를 원하는 것은 하나님의 나라에 이르는 길이다. 하나님은 바로 그 길을 가르치시기 위해 내려오신 분이고, 그 길을 한 책에 써 놓으신 것이다. 그 책을 나에게 주세요. 어떤 값을 치르더라도 바로 그 하나님의 책을 주세요. 내가 바로 그 책을 가지고 있는데, 그 책에 필요한 모든 지식이 들어 있다. 나는 한 책의 사람이 되기 원한다. 나는 인간의 다른 일들로 바쁘지 않다. 다만, 여기에 홀로 앉아 있고, 여기에 하나님이 함께하신다. 그의 임재 앞에서 나는 그의 책을 펴 오직 한가지 목적, 즉 하나님의 나라에 이르는 길을 발견하기 위해 읽는다(Nothing here appears in an elaborate, elegant, or oratorical dress. …for I now write, as a generally speak, ad populum[to the bulk of mankind].

⋯I design plain truth for plain people. Therefore set purpose, I abstain from all nice and philosophical speculations; from all perplexed and intricate reasonings⋯. I want to know one thing, - the way to heaven.⋯ God himself has condescended to teach the way. ⋯He has written it down in a book. O give me that book! At any price give me the Book of God! I have it. Here is knowledge enough for me. Let me be homo unius libri[A man of one book]. Here then I am, far from the busy ways of men. I sit down alone; only God is here. In His presence, I open, I read His Book; for this end, to find the way to heaven).**18**

웨슬리는 이성적-철학적 방법을 피하고 오직 성경에서 가르치는 대로 "일반 대중들에게"(ad populum) 그들의 언어로 설교하면서 예수님이 가르쳐 주신 길, 즉 "하나님의 나라에 이르는 길"(the way to heaven)을 발견하고 또한 전하기 위해서 성경을 읽는다고 했다.

그런 의미에서 웨슬리는 자신이 "오직 한 책의 사람"(*homo unius libri*), 즉 성경의 사람이 되기를 원한다고 했다. 그러한 웨슬리의 뜻을 타이어맨은 다음과 같이 전해 주었다.

> 웨슬리는 표절자(남의 것을 표절하는 사람)가 아니다. 그의 신학은 고대신학자들이나 현대신학자 중 모라비안이나 다른 어떤 부류에도 의존하지 않았다. 피터 뵐러 및 몇몇 신학자들은 오직 믿음으로 얻는 구원론과 같은 오래된 교리들을 제시하겠지만, 웨슬리는 그런 것들을 받아들이기 전에 우선 신학의 근원지인 하나님의 책, 즉 성경으로부터 그의 신조를 추론해냈다. ⋯ 모든 신학생은 그를 본받아야 할 것이다(Wesley was no copist. He owed his

---

18 Outler, *Sermon*, 1: 103-7. Tyerman, *John Wesley*, 1:531-32. 아마도 웨슬리가 말한 *homo unius libri*(A man of one book)의 출처는 Jeremy Taylor, *Life of Christ*, ii. 12일 것이다. See Outler, *Sermons*, 105 note 9.

theology to no class of theologians, either ancient or modern, – Moravian or otherwise. Peter Böhler and others might suggest truths like the grand old doctrine of salvation by faith only; but before adopting them Wesley went to the only pure fount of theology existing, and deduced his creed, not from Böhler's notions, but from the book of God. …Let all divinity students copy his example).[19]

그런데 웨슬리가 다른 신학자들의 영향을 받지 않았다고 한 것은 웨슬리를 알고 있는 사람이 내린 결론이라고 믿기 어렵다. 웨슬리는 초기 교부들의 신학과 루터와 칼빈과 모라비안들과 청교도나 경건주의신학과 심지어 몇몇 신비주의자들의 영향을 받았다는 사실을 타이어맨은 잘 알고 있다.

또한, 웨슬리는 믿을 수 없을 정도로 다양한 분야를 공부했고 또한 설교자들에게 자신처럼 그렇게 다양하게 공부하도록 장려한 사실도 잘 알고 있다. 웨슬리가 다른 신학자들과 다른 것은 그렇게 축적된 모든 지식을 오직 영혼을 구원하는 일에 집중하라고 한 것일 뿐, 다른 신학자들의 책을 보지 말고 오직 성경만 보라고 한 것은 결코 아니었다.

그럼에도 불구하고 타이어맨은 "모든 신학을 공부하는 목회자 후보자들이 웨슬리를 따라 하게 하자"(Let all divinity students copy his example)라고 했는데, 사실은 역사적 웨슬리가 아니라 자신이 편협하게 이해한 웨슬리를 따라 하라고 한 것이고, 그 결과 후기 웨슬리안들은 지난날의 신학적 작업과 전통과 단절하고, 오직 타이어맨의 웨슬리에 갇혀 웨슬리신학의 황폐화를 초래하게 만드는 데 기여했다.

진정한 웨슬리안이 되기 위해서는 말을 타고 다니면서도 다양한 분야의 책을 읽고 요약하고, 자신이 선포한 내용에 대한 비판에 대해서도 성경적인 근거를 찾아 답하기 위해 끊임없이 연구해야 할 것이다.

---

[19] Tyerman, *John Wesley*, 1:532.

신약과 구약의 언어를 포함하여 라틴어와 독일어 등 8개 국어를 익히는 일이 어찌 성경만 연구해서 될 일인가?

오늘날 개혁주의신학 전통 안에서 시급한 일 중 하나는 루터와 칼빈부터 이어지는 웨슬리신학을 이해하고 발전시키는 일이고, 웨슬리안들에게 시급한 일 중 하나는 기독교신학 전체 안에서 웨슬리신학을 이해하고 현대신학으로 이어지는 신학적 발전과 변화를 이해하는 일이다. 타이어맨이 그랬던 것처럼 웨슬리신학을 반지성적 신학인 양 제시하는 것이야말로 가장 치명적인 반웨슬리안적 신학임을 다시 한번 밝힌다.

4) 1746년 출판물

1746년 말에 웨슬리는 『이성적이고 종교적인 사람들에게 하는 호소』(Father Appeal to Men of Reason and Religion) 제2부(Part II)와 제3부(Part III)를 이어서 출판했다. 총 139페이지나 되는 매우 논리적인 글로서 웨슬리가 가장 심혈을 기울여 쓴 대표작 중 하나다.

웨슬리는 자신과 메도디스트들이 추구하는 것이 무엇인지 설득하는 과정에서 무엇보다도 먼저 국가 전체가 하나님을 떠나 도덕적으로 타락한 현실을 적나라하게 지적했다. 국가 공무원들이나 변호사들이 타락했으며 교도소는 오히려 더 큰 범죄를 배우는 학교로 변했으며, 심지어 목회자들과 평신도 리더들까지 타락했다고 했다.

그리고 그 모든 문제를 교정하고 바로잡기 위해 일어난 운동이 메도디스트 경건 운동이라고 밝히면서 "우리는 단 한 가지 뜻, 즉 단순하고도 실천적인 종교를 전파하는 뜻을 가지고 있다"(We have one desire of spending and being spent, in promoting plain, practical religion)라고 선언했다.

이미 언급된 책들 외에 웨슬리는 몇 가지 상황에 따라 부를 수 있는 찬송집들과 아울러 76페이지 분량의 『어린이들을 위한 가르침』(Lessons for

Children, Part I. 7 페이지)을 썼다.[20]

5. 1747년 연회와 메도디스트들의 증가

1) 확장되는 사역

2월 중에 엡워스로 가려는 중에 펜 윅(W. Fenwick)의 요청을 받고 티일비(Tealby)를 방문하여 그곳에 있는 신도회원들을 위로했다.[21] 왜냐하면, 당시 담당 교구장으로 있던 리차드 박스터(Richard Baxter)가 메도디스트들을 비판하면서 성찬에서 제외했기 때문이었다. 3월에는 잠시 짬을 내어 『청교도들의 역사』(*The History of the Puritans*)를 읽었는데 자신들의 신앙을 지키기 위해 처참하게 핍박을 받은 위인들의 이야기에 감명을 받았다.[22]

3월 2일 뉴캐슬에 도착해서 고아원(Orphan House) 책임자 그레이스 머뢰이(Grace Murray)를 만났다. 그레이스는 런던에서 살고 있었는데 남편이 1742년에 죽자 뉴캐슬로 옮겨 여러 반회(several classes)의 지도자와 고아원의 운영자로 임명을 받았다. 그레이스는 얼마 후 웨슬리와 연인관계가 된다. 고아원은 예배 장소로, 학교로, 웨슬리 및 순회설교자들의 숙소로, 그런가 하면 설교자들을 위한 신학 교육 장소 등 다양한 용도로 사용되었다.

5월 7일 맨체스터(Manchester)에 도착한 웨슬리는 젊은이들을 만나 전도했는데, 그들의 모임 이후에 신도회로 발전했다. 계속하여 웨슬리는 부스뱅크(Booth Bank)를 처음으로 방문하여 설교했으며, 이어서 노리치(Nor-

---

20 Tyerman, *John Wesley*, 1:529-32.
21 Ward and Heitzenrater, *Journal and Diaries*, 20:159.
22 Ward and Heitzenrater, *Journal and Diaries*, 20:163.

wich)를 거쳐 쉐필드, 리즈, 버밍햄을 들러 런던에 도착했을 때가 5월 21일이다. 웨슬리는 거의 쉼이 없이 영국 북부에서 남부까지 순회하며 설교했음을 보여 주는 일정이다.[23]

2) 열악한 재정 상태와 구제 활동

5월 21일 런던에 도착해 보니, 해야 할 일에 비해 재정이 부족함을 발견하고 웨슬리는 16명이던 청지기들(stewards)을 7명으로 줄였고 새로운 규범을 만들었다. 청지기들은 매주 화요일과 목요일 아침에 모였고, 매달 돌아가면서 회장직을 맡도록 했으며, 특히 어려운 사람들을 방문하며 그들의 가장 시급한 문제들을 물질로 해결해 주는 일을 하되 도울 방법이 없을 때는 부드럽게 위로해도 된다고 했다.

누가 모금을 하든 공식적으로 보고하여 계수하고, 각자의 필요에 따라 다시 분배하였는데, 그 돈은 설교자들을 위한 사례비로는 전혀 사용하지 않고 가난한 사람들을 위해 매년 수백 파운드씩 분배했다고 한다. 무료 보건소를 운영했는데 6개월 만에 약 600명이 다녀갔는데, 그중 200여 명으로부터 좋아졌다는 보고를 받았다.[24]

런던에서 학교도 운영했는데, 두 명의 선생님과 6살 이상 되는 60여 명의 어린이들로 구성되었다. 수업료를 내는 학생들도 있었지만, 대부분 학생은 무료였고, 경우에 따라 먹고 입는 것까지 제공되었다.

모든 학생은 새벽 5시 예배에 참석해야 하고, 수업은 오전 6시에서 12시까지, 그리고 오후 1시부터 5시까지 진행되었다. 공휴일은 없었다(No holidays were granted). 학교에서 학생들끼리 대화는 허용되지 않았고, 오직

---

23 Tyerman, *John Wesley*, 1:544-48.
24 Ward and Heitzenrater, *Journal and Diaries*, 20:176-7. Tyerman, *John Wesley*, 1:549.

선생님께만 말할 수 있었다(No child was to speak in school, but to the masters). 과목은 읽기와 쓰기, 그리고 산수(arithmetic)가 있었다. 만약, 한 주에 두 번 허락 없이 결석하면 즉시 퇴출되었다. 매주 수요일 오전에 교사들은 부모들과 만나 어떻게 자녀들을 양육할 것인지 상담하도록 했다.[25]

그런가 하면, 가난한 사람들에게는 적은 돈이 절실하다는 것을 발견하고 런던 전역을 다니면서 50파운드를 모금하여 대여해 주기 시작했다. 돈을 빌려 간 사람은 3개월 안에 갚도록 하는 제도였다. 그 일은 매우 효과적이어서 1747년 한 해에 250여 명이나 혜택을 입었다. 웨슬리는 자본금이 더욱 증가하는 것이 하나님이 원하시는 일이라고 확신했다. 래킹톤(Lackington)이라는 사람은 돈이 한 푼도 없는 사람이었는데 웨슬리 펀드의 도움으로 책 장사를 시작하여 1년에 5,000파운드나 벌 정도로 성공했다. 한편, 웨슬리도 많은 돈을 받는다는 소문이 났다.

그때 웨슬리는 비난하는 사람들의 말이 사실이라면 지금쯤 자신은 영국 전역에서 아마도 80만 파운드 이상 받아야 할 것이라고 항변하면서 사실 자신은 많이 받지 않고 있으며 책 판매 등을 통해 번 모든 돈을 선교나 구제를 위해 사용한다고 밝혔다.[26]

3) 확신의 교리와 완전성화의 교리

네 번째 메도디스트연회는 1747년 6월 15일-18일까지 나흘 동안 진행되었다. 6명의 목회자와 9명의 평신도 설교자들이 참석했으니 그 이전과 비교해 볼 때 가장 많은 인원이 참석한 연회였다.[27] 눈에 띄는 변화는 메

---

[25] Tyerman, *John Wesley*, 1:550.
[26] Tyerman, *John Wesley*, 1:550-51.
[27] Rack, *The Minutes of Conference*, 10:188-209. 그런데 1747년 6월 15일 일기에 따르면, 연회는 15일부터 20일까지 6일 동안 진행되었다고 썼고, 타이어맨도 그대로 기록했다.

도디스트들이 지나치게 완고하고 배타적이라는 비판에 대해 신도회에 좀 더 많은 사람을 포용하자는 뜻에서 일단 회원으로 받아들이고, 성찬식만 제한하기로 했다.

그런가 하면, 평소에 가난한 사람들에게 집중함으로써 부자들을 외면한 것 같은 인상을 준 것에 대해 부자들을 좀 더 적극적으로 수용하자는 의견도 있었다. 메도디스트 설교자들이 가는 곳곳마다 반대와 핍박만 받는 것이 아니라 환영을 받기도 한다는 긍정적 보고도 있었다.

제4차 연회에서는 주로 확신의 교리와 완전성화에 대해 논했다. 의롭게 하는 믿음은 그리스도께서 나를 사랑하시고, 나를 위해 죽으셨다는 확신을 동반한다. 제자들도 성령강림을 체험하기 전까지는 확신이 없었다. 그러므로 구원의 확신은 믿음의 최고 단계라고 했다.[28] 그런데 그러한 정의에 대해 이의가 제기된 것 같다. 즉, 구원의 확신은 매우 중요하지만, 그러한 확신의 문제가 곧 구원 여부를 결정하는 것은 아니라는 것인데 웨슬리도 이에 동의하고 7월 31일 편지를 써서 찰스의 의견을 물었다.

> … 그러나 나는 의롭게 하는 믿음이 구원의 확신 또는 반드시 그 확신과 연관된 것이라는 것을 인정할 수 없다. 왜냐하면, 만약 의롭게 하는 믿음이 반드시 명백히 용서를 받았다는 확신을 암시하는 것이라면 그런 확신을 갖지 못한 사람은 하나님의 심판과 저주 아래 있다는 것을 뜻하기 때문이다. 그러나 이것은 성경와 경험에 어긋난 추측이다(사 50:10; 행 10:34).
> … 또한, 의롭게 하는 믿음이 용서에 대한 의식이라는 주장은 이성과도 어긋난다. 단순히 말해 불합리한 것이다. 어떻게 우리가 용서받았다고 하는 의식이 우리가 용서받는 조건이 될 수 있겠는가?(…But I cannot allow, that jus-

---

See Ward and Heitzenrater, *Journal and Diaries*, 20:177 and Tyerman, *John Wesley*, 1:551.
[28] Rack, *The Minutes of Conference*, 10:192-3.

tifying faith is such an assurance, or necessarily connected therewith. Because, if justifying faith necessarily implies such an explicit sense of pardon, then every one who has it not, and everyone so long as he has it not, is under the wrath and under the curse of God. But this is a supposition contrary to Scripture as well as to experience[Isa. 50:10, Acts 10:34]. ··· Again, the assertion that justifying faith is a sense of pardon, is contrary to reason; it is flatly absurd. For how can a sense of our having received pardon be the condition of our receiving it?)[29]

사실 이렇게 말하는 것은 올더스게이트 체험을 통해 비로소 죄사함을 체험한 확신이 들었고, 그렇지 못한 사람은 마치 그리스도인이 아닌 것처럼 말하던 이전의 자기 생각을 스스로 교정하고 있는 것이다.

이어서 완전성화에 대해 다음과 같은 두 가지 문제를 해결하려고 했다.

첫째, 현실적으로 "인간이 살아 있는 동안에 완전성화를 이룰 수 있을까?"(whether entire sanctification is attainable in the present life)

둘째, 메도디스트 설교자들조차도 "완전성화"에 대해 설교하지 않는다.

그러한 문제를 감안하여 연회는 다음과 같이 세 가지 사실에 동의했다.

① 누구나 죽기 직전에 완전성화가 이루어질 수 있다(That everyone must be entirely sanctified in the article of death).

② 그때까지 믿는 사람은 은혜 안에서 매일 성장하며 완전성화에 점점 가까이 다가가는 것이다(That till then a believer daily grows in grace, and comes nearer and nearer to perfection).

③ 우리는 이것을 추구하며 계속해서 노력해야 함과 동시에 다른 사람들

---

[29] Baker, *Letters*, 26:255. 참조 Tyerman, *John Wesley*, 1:552.

에게도 그렇게 하도록 격려해야 한다(That we ought to be continually pressing after this, and to exort all others so to do).³⁰

즉, 완전성화는 죽음 직전에 이루어질 수 있으므로 구원받은 사람도 멈추지 말고 계속 추구해야 한다는 것이다. 그리고 그에 대한 성경적인 근거를 다음과 같이 밝혔다(신 30:6; 시 130:3; 마 5:48; 22:37; 요 17:20-23; 고후 7:1; 엡 5:25, 27; 요일 3:8-9; 4:17). 그리고 성경에 등장하는 예로 사도 요한(요일 4:17)이 있다고 했다.

정리해보면, 웨슬리는 다음의 다섯 가지 사실에 근거하여 '완전성화,' 혹은 '그리스도인의 완전'을 끊임없이 주장할 수 있었던 것 같다.

첫째, 예수님의 말씀, 즉 하늘에 계신 너희 아버지의 온전하심과 같이 너희도 온전하라(Be ye perfect, as your Father which is ib heaven is perfect)는 말씀을 문자적으로 믿는다.

둘째, 사도 요한의 말씀, 즉 "하나님께로서 난 자마다 죄를 짓지 아니하나니"(Whosoever is born of God does not commit sin)란 말씀을 문자적으로 믿는다.

셋째, 사도 바울은 의롭다고 인정을 받은 사람들에게 진정한 그리스도인이 되기 위해 성화를 이룰 것을 끊임없이 강조하고 있다(엡 1:4; 빌 2:12; 롬 8:30).

넷째, 거룩함이 없이 아무도 주를 보지 못하리라(without holiness no man shall see the Lord, Heb. 12:14)는 말씀이다.

다섯째, 오직 믿음으로만 구원받는다(salvation by faith alone). 그런데 이 믿음은 "사랑으로 역사하는 믿음"(갈 5:6)이다.³¹

---

30   Rack, *The Minutes of Conference*, 10:195.
31   Rack, *The Minutes of Conference*, 10:195-8. 네 번째와 다섯 번째 성경 근거는 1747년 연

그러나 연회는 완전성화를 논하는 데 있어서 사람을 우상화하는(idolizing a person) 오류를 범하지 않도록 주의하라고 했다. 더 나아가, 완전성화에 대해 선포할 때는 그에 적절한 이유가 있어야 하고, 자기를 드러내는 자세로 해서는 안 되며, 특히 입술로 하지 말고 삶으로 설교하라고 했다.[32]

결과적으로 보면, "당장이라도 원하면 즉시 이룰 수 있다"라고 강조하던 이전과는 달리 "기대하고 추구하라"고 한 것과 "단호하게 전하라"고 다그치던 이전과는 달리 "조심스럽게 설교하라"는 뜻을 전한 것을 보면 완전성화를 주장하고 선포하는 데 있어서 신학적으로나 현실적으로 문제가 계속 제기되었고, 웨슬리와 동료들도 그런 현상을 잘 인식하고 있었던 것으로 보인다.

교리적 문제와 아울러 당시 메도디스트들의 현실적 문제는 영국 국교회와의 관계였다. 영국 국교회로부터 독립하려 한다는 외부적인 비판과 독립해야 한다는 내부적인 요구가 웨슬리를 압박하고 있을 때 연회는 다음과 같이 정리했다.

> Q(질문). 신약성경에 있는 교회는 항상 '한 교회'만을 지칭하는가?(Does a church in the New Testament always mean 'a single congregation'?)
>
> A(답). 우리는 그렇다고 믿는다. 그 외에 다른 예를 본 적이 없다(We believe it does. We do not recollect any instance to the contrary).
>
> Q(질문). 성경에 국가교회에 대한 예나 근거가 있는가?(What instance or ground is there then in the New Testament for a national church?)

회에서 제시되지 않았는데, 1752년 "Predestination calmly considered"에서 설득력 있게 제시되었다. See Chilcote and Collins, *Doctrinal and Controversial Treaties*, 13:261-320, esp., 261, 319. 웨슬리는 엡 2:8과 갈 5:6과 히 12:14 등을 가장 빈번하게 본문 말씀으로 택하여 설교했다.

32 Tyerman, *John Wesley*, 1:553.

A(답). 성경에서는 그런 예나 근거를 발견하지 못했다. 국가교회는 하나의 정치적인 기구라고 생각한다(We know none at all. We apprehend it to be a merely political institution).³³

메도디스트들이 공식적으로 영국 국교회 체제가 성경에서 그 예를 찾을 수 없는 하나의 정치적인 산물이라고 공식화한 것은 획기적인 선언이었다. 즉, 영국 국교회 사제인 웨슬리가 자신이 속해있는 교회를 정치적인 산물로 규정했다고 하는 것은 마치 교회를 부정하는 것과 같은 논리이고, 그런 의미에서 웨슬리의 의도는 무엇이고, 과연 그가 생각하는 교회는 어떤 것인지 묻지 않을 수 없게 만들었다.

토요일 연회를 마치자마자 웨슬리는 곧바로 콘월로 향했다. 그리고 다시 콘월을 떠나 여러 지역을 거쳐 브리스톨에 도착한 날이 8월 1일이었는데, 3일 후 다시 아일랜드로 향했다. 아일랜드는 1745년부터 이미 모라비안들에 의해 전도가 시작되었는데, 당시 모라비안 목회자였던 존 세닉(John Cennik)이 1746년에 와서 신도회를 조직했다.

존 세닉은 처음에는 웨슬리의 평신도 사역자였다가 웨슬리를 떠나 휫필드 진영에 가담하였지만, 결국 휫필드를 떠나 모라비안으로 간 인물이다.³⁴ 그런데 아일랜드에서 활동하는 세닉이 독일에서 열리는 모라비안 노회에 착석하기 위해 자리를 비운 사이에 웨슬리안 순회전도인 토마스 윌리엄스(Thomas Williams)가 설교하는 동안에 그를 따르는 그룹이 형성되었다. 토마스는 웨슬리에게 도움을 요청했고, 웨슬리는 지체하지 않고 아일랜드로 갔다.

---

33 Rack, *Minutes of Conference*, 10: 202; 참조 Tyerman, *John Wesley*, 1:509.
34 지난 4년간 아메리카에 머물다가 1748년 7월 5일에 돌아온 휫필드가 존 세닉이 모라비안으로 떠난 것을 알고 혼란스러워 했다. 당시에 세닉과 함께 휫필드의 태버내클(Tabernacle)을 떠난 모라비안들이 400여 명이나 되었다. Tyerman, *John Wesley*, 2:23

8월 9일 더블린 항구(Dublin Bay)에 도착해서 첫 설교를 했고, 20일간 머무르면서 336 페이지나 되는 『찬송과 거룩한 시 모음』(Hymns and Sacred Poems)을 주었는데, 그 안에는 지난 8년간의 메도디스트들의 역사가 적혀있고, 246곡의 찬송이 수록되어 있었다. 웨슬리가 아일랜드를 떠나 있는 동안 찰스가 6개월 이상을 머무르며 아일랜드 선교에 주력했다. 그 후로 웨슬리는 42회나 더 아일랜드를 방문하면서 1752년 8월 14-15일간 아일랜드의 림머릭(Limerick)에서 최초로 아일랜드연회를 개최하는 등 많은 결실을 보았다.[35]

8월 말에 런던으로 돌아온 웨슬리는 설교자들에게 남을 비판하지 말고, 교리들과 싸우지 말고 죄와 싸우라고 당부함으로써 불필요한 오해나 갈등을 유발하지 않으려고 노력했다. 그런데도 '예정론'(predestination)만은 최악의 교리이므로 비판하라고 강조한 것을 보면 웨슬리가 얼마나 단호하게 예정론을 반대했는지 알 수 있다. 한편, 누이 마르타(Martha)의 남편인 웨스틀리 홀(Rev. Westley Hall)이 간음죄를 짓고 아내를 버리고 떠나버리는 불상사가 발생하기도 했다.[36]

웨슬리가 출판한 다양한 책 중에서 특히 주목할 만한 것은 『가정의학 처방서』(Primitive Physic; or an easy and natural Method of curing most Disease)이다.[37] 총

---

[35] Ward and Heitzenrater, *Journal and Diaries*, 20:185, note 88; Tyerman, *John Wesley*, 1:556-60; 2:144.

[36] Tyerman, *John Wesley*, 1:561. 홀(Wesletly Hall, 1711-76)은 한때 옥스퍼드대학교에서 가르치던 웨슬리의 제자였지만, 학위과정을 다 마치지는 못했다. 그는 마르타와 약혼을 해 놓고도 몰래 마르타의 여동생인 케지아(Kezia)에게 청혼했던 것을 보면 처음부터 문제가 있었던 인물이다. See Ward and Heitzenrater, *Journal and Diaries*, 20: 199, 205; 18: 238, note 9; 20.

[37] 책의 영어 제목이 *Primitive Physic*이기 때문에 직역하면 '원초적 의학' 혹은 '원초적 의술'이 될 것이다. 그러나 그 책의 부제, 즉 "대부분 병을 치료하는 쉽고 자연적인 방법"(*an easy and natural Method of curing most Disease*)까지 참고할 때 그 책은 의학이나 의술책이라기보다는 가정에서 처방할 수 있는 의학적 안내서, 즉 『가정의학 처방서』라고 보는 것이 더 정확할 것이다.

119페이지 분량 안에 평소에 병원에 갈 수 없는 상황 가운데 있는 사람들, 특히 가난한 사람들이 가정에서 처방할 수 있는 내용을 정리해 주었다. 웨슬리가 살아 있는 동안에 23쇄나 재판될 정도로 널리 보급되었다. 그 수익금은 웨슬리가 운영하는 구제소(dispensary)에 많은 도움을 주었다. 전문가들로부터는 돌팔이 의사(a quack)가 쓴 책이라고 조롱을 받았지만, 웨슬리 자신뿐만 아니라 많은 사람이 그 책을 통해 도움을 받으면서 환영을 받았다.

당시에는 비전문가가 쓴 책 중 가장 우수한 저작 중 하나라는 평가를 받기도 했다. 그 책이 출판된 지 30년이 지난 1776년에 명망 있는 의학박사 호스(W. Hawes, M.D.)는 웨슬리의 책에 처방된 내용은 의학적 무지에 의한 것이므로 건강에 해로울 수 있다고 경고하기도 했다.

그리고 『어린이들을 위한 교육 2권』(Lessons for Children, Part II)을 출판했는데 이스라엘 백성이 요단강을 건너갈 때부터 가나안에 들어가 히스기야 왕 때까지 이 역사 속에서 어린이들에게 교훈이 되는 내용 54개를 108페이지 안에 정리한 교재이다. 어린이들과 젊은이들에게 적극적으로 복음을 전한 것이 또한 웨슬리신학의 특징 중 하나이다. 그 외 「프로테스탄트 성도에게」(A Word to a Protestant,), 16페이지 등 몇 가지 편지글들을 자신을 변호하기 위해 출판했다.[38]

---

[38] Tyerman, *John Wesley*, 1:561-64.

제5장

메도디스트들에 대한 비판을 통해 드러난 웨슬리신학의 특징

지금까지 우리가 살펴본 웨슬리의 삶과 신학은 주로 메도디스트들 내에서 살펴본 것들이다. 하지만, 메도디스트들이 영국 국교회 내에서 독자적으로 성장하여 그 여파가 사회적으로 확장되었고, 그에 따라 각종 언론 매체나 지식인들이 비판에 가세하면서 정치적인 문제로 발전하였다. 그에 따라 웨슬리의 사고는 사회 전반적으로, 더 나아가 국가적인 문제로 확장되면서 그의 신학적 사고의 영역도 더욱 확장될 수밖에 없었다.

이제 웨슬리와 메도디스트 운동이 영국 국교회 내외적으로 어떤 비판을 받았고 웨슬리는 그에 대해 어떻게 대처했는지 살펴보도록 하자.

1. 열광주의 혹은 광신주의

메도디스트 운동의 초기부터 마지막까지 일관되게 비판받은 공통적인 요소는 그들이 비이성적인 열광주의자들(enthusiasts), 혹은 광신주의자들(fanaticists)이라는 것이다.

영국 국교회 내에서, 특히 주교 글로체스터(Bishop of Gloucester), 윌리엄 와버튼(William Warbutton), 런던의 주교 에드먼드 깁슨(Edmond Gibson, Bishop of London), 브리스톨과 듀람의 주교 조셉 버틀러(Joseph Butller, Bishop of Bristol and Durham), 그리고 엑스터의 주교 라빙턴(Lavington, Bishop of Exeter) 등이 웨슬리와 메도디스트 설교자들을 열광주의자들(enthusiasts)이라고 맹렬히 비난했다.

그들은 영국 국교회 내에서는 랄프 스커렛(Ralph Skerret) 목사나 존 와일더(John Wilder) 목사 등 웨슬리를 따르는 메도디스트들을 '속이는 자들'(deceivers)이라고 비판했다. 런던의 퍼넥스 펠함 교구 찰스 위틀리(Charles Wheatley, vicar of Furneux Pelham) 주교는 『새로운 열광주의자들』(new enthusiasts)이란 제목의 설교문을 소책자로 만들어 보급했다.

그런가 하면, 왕실 채플린이요, 목사이자 신학박사인 스테빙(Rev. Dr. Henry Stebbing)은 『종교적 기만에 대한 경계』(A Caution against Religious Delusion)라는 설교를 출판하여 메도디스트들에 대해 가장 신랄하게 비판했는데 그 해에만 6판이나 인쇄되었다.[1]

윌리엄 와버튼(William Warbutton) 주교는 주교가 되기 전인 1738년에 데이 메이조(Des Maizeaux)에게 쓴 편지에서 메도디스트들을 『새로운 광신주의자들』(new set of fanatics)이라고 규정한 바 있다. 웨슬리는 "정상적인 사람들을 미치게 만드는 광신주의자"(a fanatic who drives the common people mad)라고 규정하고 "새롭게 나타난 이 예언자들(메도디스트들을 지칭하여)이 설교하는 방법은 과거에 존재했던 어떤 이단들보다 더 해로울 수 있다"(The way these new prophets preached might in itself do more harm than if they revived old heresies or invented new ones)라고 경고했다.[2]

---

[1] Tyerman, *John Wesley*, 1: 238-41.
[2] Gerald R. Cragg, *The Appeals to Men of Reason and Religion and Certain Related Open Letters*, 11: 25-26, 33-34. See also Ward and Heitzenrater, *Journal and Diaries*, 21:398, note 26. 참조 Tyerman, *John Wesley*, 1:208.

한편, 동생 찰스도 1743년 6월 중에 뉴캐슬에서 설교하는 동안 쓰러지고 소리를 지르는 사람들이 있었는데, 그들 중 많은 사람이 가식적으로 그렇게 하는 것을 보았다(Many counterfeits I have already detected). 그래서 그렇게 하지 말라고 당부도 하고, 그런 현상을 조장하는 사람들을 제명시키는 조치를 취하면서, 발작을 일으키는 등 각종 이적 현상은 오히려 "복음이 전파되는 것을 막으려고 하는 사탄의 도구가 될 수 있다는 것을 알고"(I am more convinced, the fits were a device of Satan to stop the course of the gospel) 형의 선교 현장에서 나타나는 현상에 대해 형에게도 조심하라고 충고했다.[3]

1744년에 『메도디스트들이라 불리는 소집단 사람들의 행동에 대한 관찰』(Observations upon the Conduct and Behaviour of a certain Sect usually distinguished by the name of Methodists)이라는 팜플렛이 익명으로 출판되었는데, 사실 깁슨(Edmund Gibson) 박사가 쓴 것이었다. 깁슨 박사는 메도디스트들이 칭의 교리의 수준을 일반인들이 따라올 수 없을 정도로 너무 높여놨기 때문에 오히려 종교를 거부하게 했고, 또한 교만해서 다른 사람들을 경멸하며, 자기 자신들만의 예배를 만들어서 영국 국교회의 질서를 파괴하고 있다고 비판했다.

메도디스트들이 기독교 진리를 "내적인, 비밀스러운, 그리고 갑작스러운 충동으로 만들고 있다"(by making inward, secret, and sudden impulses)라는 것이다. 그런 의미에서 깁슨 주교는 모든 영국 국교회들에게 메도디스트들을 경계하고 그들을 몰아내기 위해 굳게 무장하고 싸울 것을 촉구하였다.[4]

---

[3] Charles Wesley's Journal, 1:314-16. Tyerman, *John Wesley*, 1:264 에서 재인용.

[4] Edmund Gibson, "Observations upon the Conduct and Behaviour of a Certain Sect, usually distinguished by the Name of Methodists." See Gerald Cragg, *Appeals to Men of Religion and Religion and Certain Related Open Letters*, 11:14 and note 1; Whitefield, *Works*, 4:125. Tyerman, *John Wesley*, 1:454-55에서 재인용. 당시 런던 교구의 주교(Bishop of London)였던 깁슨 박사는 처음에는 웨슬리에게 호의적이었다가 후에 웨슬리와 메도디스트들을 강하게 비판한 사람이다. See also "A Letter to the Right Rev. The Lord Bishop of London,

1744년에 또 다른 팜플렛, 『열광주의에 반하여』(*A Charge against Enthusiasm*)가 출판되어 여러 교구에서 읽혔는데, 리츠필드의 주교(the Bishop of Lichfielf)가 쓴 것이었다. 그는 믿는 자들의 마음에 역사하는 성령의 내적 증거는 사도 시대에 한정되어 역사하던 특별한 은사(extraordinary gifts)로서 오늘날까지 그러한 역사를 주장하는 사람들은 모두 잘못된 열광주의자들이라고 주장했다.[5]

라빙톤 주교(Lavington, bishop of Exeter)는 『메도디스트 열광주의와 교황주의 열광주의자 비교』(*Enthusiasm of the Methodists and Papists Compared*)를 1749년부터 1751년까지 제3부로 써서 메도디스트들의 행태와 신학을 비판했다.[6] 그러한 비판에 대해 웨슬리는 1750년 라빙톤 주교에게 보내는 첫 번째 편지에서 조목조목 응답했다. 즉, 웨슬리가 일관성이 결여된 열광주의자라는 증거로, 교회 밖에서 설교하는 것을 좋아하며, 또한 돈을 경시하고, 사치를 거부하는 것 등을 제시했을 때 웨슬리는 자신은 여전히 교회 안에서 설교하는 것을 더 좋아하지만, 그렇지 못하면 교회 밖에서도 한다고 했고, 돈을 경시하고 사치를 거부하는 것이 열광주의자의 증거라면 사도들의 삶을 보면 그들도 역시 열광주의자일 것이라고 말했다.

그리고 주교는 웨슬리가 "순간적 회심"(conversion as sudden and instantaneous)을 설교한다고 비판했는데 웨슬리는 실제로 그런 내용을 전파한 적이 없다고 했으며 '그리스도인의 완전'에 대해서는 주교가 다른 이론들에 대해 좀 더 알기 전에는 이야기하고 싶지 않다고 했다. 그 외에 마지막으로 주교가 웨슬리에게 하나님이 하시는 위대한 일에 대해 어떻게 알 수 있느냐고 물었을 때 웨슬리는 ""죄인들을 회개케 하고 그들을 죄로부터 구원

---

in T. Jackson," *Works*, 8:481-95. 웨슬리가 깁슨 주교에게 편지를 쓴 해는 1747년으로 되어 있다.
5   Tyerman, *John Wesley*, 1:456.
6   (London:Knapton, 1749).

하는 것이 바로 하나님이 하시는 일"(to bring sinners to repentance, to save them from their sins, is allowed by all to be the work of God)이라고 답했다.⁷

그리고 하나님께서 메도디스트들을 통해서 하시는 일에 대해 다음과 같이 구체적으로 변호했다.

분명한 사실은 수년 전까지만 해도 영국과 아일렌드는 이 바다에서 저 바다까지 온통 죄악으로 가득 찼었습니다. 신앙의 형식만 조금 남아 있을 뿐 경건의 능력은 거의 사라졌습니다. 이러한 암흑 가운데 하나님께서 빛을 비춰주셨습니다. 아주 짧은 기간에 수많은 죄인들을 부르시고 회개케 하셨습니다. 그들은 외적인 악을 버리고 내적으로는 기질과 성품이 변했고, 진정한 종교가 무엇인지 알게 되었습니다. 그들은 하나님과 온 인류를 사랑하며 거룩한 믿음으로 경건과 자비의 삶을 살아가고 있습니다(But the clear and undeniable fact stands thus: A few years ago Great Britain and Ireland were covered with vice from sea to sea. Very little of even the form of religion was left; and still less of the power of it. Out of this darkness God commanded light to shine. In a short space he called thousands of sinners to repentance. They were not only reformed from their outward vices, but likewise changed in their dispositions and tempers; filled with 'a serious, sober sense of ture religion', with love to God and all mankind, with an holy faith producing good works of every kind, works both of piety and mercy).⁸

지금까지 살펴본 바를 종합해 보면, 웨슬리는 열광주의 혹은 광신주의자란 비판을 피할 수는 없었을 것이다. 분명한 것은 웨슬리의 삶과 신학으

---

7   Gerald R. Cragg, *The Appeals to Men of Reason and Religion and Certain Related Open Letters*, 11: 361-75, esp., 374.
8   Gerald R. Cragg, *The Appeals to Men of Reason and Religion and Certain Related Open Letters*, 11: 374.

로부터 열광주의적 혹은 광신주의적 요소를 제외할 수 없다는 것이다. 다만, 그러한 현상과 경향성이 결코 이성을 배제한 것도 아니며, 자신들의 특별한 능력을 발휘한 일도 아니라는 사실 외에 그들은 분명 열광주의자들이었다.

웨슬리는 "하나님은 실천신학이 필요하셨건만 마귀는 그것을 논란거리로 만들었다"(God made practical divinity necessary; the devil, controversial)라는 말을 인용하면서, 자신은 현장에서 실천하는 전도자요 신학자임을 증명하려고 했다.[9]

웨슬리는 자신에게 비판이 집중되던 시기인 1743년에 『이성적이며 종교적인 인사들에게 보내는 진지한 호소』(An Earnest Appeal to Men of Reason and Religion)라는 논문 형식의 변증문을 출판하였으며, 이어서 1745년에는 『이성적이며 종교적인 인사들에게 보내는 추가 호소문』(A Father Appeal to Men of Reason and Religion)을 발표하였고, 계속해서 제2부와 제3부를 출판하였다.[10]

제목에서도 암시하듯이 자신들은 그들이 생각하듯이 그런 열광주의자가 아니고 오히려 매우 이성적인 사람들이라고 다음과 같이 반박했다.

> 당신은 이성을 어떻게 생각하십니까?
> 내가 생각하기에 당신은 이성을 영원한 이성, 혹은 사물의 본성, 즉 하나님의 본성과 인간의 본성, 그것들 사이에 필수로 존재하는 관계들로 보는 것 같습니다. 이것이 바로 우리가 설교하는 종교, 즉 영원한 이성, 모든 사물의 필연적 본성에 확실히 기초하며 모든 면에서 그것과 일치하는 종교입니

---

[9] Ward and Heitzenrater, *Journal and Diaries*, 20:407. "하나님은 실천신학이 필요하셨건만 마귀는 그것을 논란거리로 만들었다"(God made practical divinity necessary; the devil, controversial)라고 하는 말은 오래전부터 전해져온 유명한 말인데, 마치 웨슬리가 한 것처럼 말하는 것은 잘못이다.

[10] 그 전체 내용은 350페이지가 넘는 분량이다.

다. 바로 그 종교는 하나님과 인간의 본질과 그 상호 관계에 근거하고 있습니다(What do you mean by reason? I suppose you mean the eternal reason, or the natureof things: the nature of God and the nature of man, with the relations necessarily subsisting between them. Why, this is the very religion we preach: a religion evidently founded on, and every way agreeable to, eternal reason, to the essentialnature of things. Its foundation stands on the narure of God and the nature of man, together with their mutual relations).[11]

웨슬리는 하나님과 사람을 동시에 사랑하는 것이 자연적이고 이성적인 일이며 그러한 이성을 하나님이 창조하셨기 때문에 이성은 곧 영원한 종교의 본질이라고 믿고 있었다. 그러한 관점에서 이성주의자들이 주로 호소하는 자연법(natural law)이 곧 하나님과 사람을 동시에 사랑하라고 하는 영원한 신적 율법이라고 했다.

더 나아가, 웨슬리는 성령의 역사로 이성적인 사람들이 자신의 죄를 인식하는 충격과 죄로부터 해방되는 감격이 그렇게 나타난 것인데 결과는 지극히 이성적인 일이라고 설명했다. 즉, 모든 현상은 예언자들이 활동할 때 나타났던 현상과 초대교회 때 나타났던 각종 이적 현상과 동일한 하나님의 역사라는 것이다.[12]

웨슬리의 답변을 가장 탁월하게 변호해준 철학자요 현대신학자 폴 틸릭(Paul Tillich)이다. 그는 기독교를 "황홀경"(ecstasy)의 개념으로 설명한다. 물론, 그는 기독교적인 이적 현상과 비기독교적인 초월적 현상이 상호 대립 되는 것으로 보지 말고, 인간의 가장 기본적이고 공통적인 본질이요 현상으로 봄으로써, 기독교가 잃어버린 가장 기초적인 종교성을 회복하자는

---

[11] Gerald R. Cragg, *The Appeals to Men of Reason and Religion and Certain Related Open Letters*, 11: 55.
[12] cf. Tyerman, *John Wesley*, 1:474, 480. *Notes on the New Testament on* I Cor. 14:20.

뜻에서 그런 용어를 사용했다.

즉, 그는 이성과 문명이 역대 최고조로 발달한 20세기에 기독교가 맞이한 최대 위기 가운데 하나는 기독교가 인간의 실존적 삶으로부터 격리되어 있다는 것인데, 인간의 삶과 가장 밀접하게 관련된 내용 중 하나가 바로 신비라고 하는 것이다. 지난 수 세기 동안 합리주의의 지배 가운데 인간 실존과 기독교가 만나는 신비를 배제한 것이 오늘날 기독교가 정체성을 상실하는 위기를 초래하게 되었다는 통찰이다.[13] 비록, 웨슬리와 틸릭과는 200여 년간의 공백이 있지만, 인간의 실존과의 관계 안에서 기독교 복음을 제시했다는 차원에서 공통점이 있다.

2. 영국 국교회의 권위와 질서 파괴

웨슬리가 1739년 4월 초부터 야외설교에 나서면서 영국 국교회 내에서 동료 사제들의 교구를 침범한다는 비판이 강하게 제기되었다. 그런 비판이 있음을 잘 알고 있는 웨슬리는 동생 찰스에게 7월 31일 자신이 야외설교를 멈출 수 없는 명분을 분명히 밝혔다.

> 하나님은 나에게 모든 사람에게 좋은 일을 하고, 무지한 자들을 가르치고, 악한 사람들을 변화시키며 선한 사람들을 견고케 하는 일을 명하셨다. 사람들은 나보고 이러한 일을 다른 교구에서는 하지 말고 하는데, 그 말은 결국 어느 곳에서도 사역하지 말라는 것과 같다(God commands me to do

---

[13] Paul Tillich, *Systematic Theology*, v. 3 (Chicago: The University Press, 1963). 조직신학 제1권이 주로 신학 방법론에 대한 것이고 제2권이 기독론이고, 제3권은 인간의 삶 가운데 신학적 내용이 삶 가운데 실현되어야 한다는 내용이다.

good unto all men, to instruct the ignorant, reform the wicked, confirm the virtuous. Man commands me not to do this in another's parish; that is, in effect, not to do it at all).[14]

그렇게 밝힌 직후인 8월에 브리스툴과 듀람의 주교 조셉 버틀러가 웨슬리의 교리적인 문제를 지적하며 자신의 교구를 즉시 떠나라고 했지만, 웨슬리는 불복하고 야외설교를 이어갔다.[15]

한 번은 웨슬리의 제자였던 허비가 웨슬리에게 속히 학교나 교구로 돌아가고 더 이상 교구를 침범하는 등 문제를 일으키지 말아 달라고 강청한 것에 대해 10월 25일 답장에서 자기 뜻을 다음과 같이 밝혔다.

> 복음을 전하는 사명이 나에게 주어졌는데 만약 내가 복음을 전하지 않으면 나에게 화가 미칠 것이다. 그런데 그대는 나에게 교구 안에서만 복음을 전하라고 하는 것 같군. 나의 형제여, 어느 교구를 말하는가? 나는 교구가 없고 앞으로도 교구를 갖게 되지 않을 것 같네. 그렇다면 나는 나의 재능을 땅에 묻어두어야 할까? 그러면 나는 사악하고 무익한 종일 뿐이지
>
> (A dispensation of the godpel is committed to me, and woe is me if I preach not the gospel. But you would have me preach it in a parish. What parish, my brother? I have none at all, Nor I believe ever shall. Must I therefore bury my talent in the earth? Then am I a wicked, unprofitable servant).[16]

사실 웨슬리가 "교구를 침범한다는 것"(violating the parish boundaries of the Anglican Church)은 어떠한 신학적인 논리로도 용인하기 어려운 매우 현실

---

14 Baker, *Letters*, 25:660. 크로스비(Mrs. Crosby) 부인에게도 비슷한 관점에서 자신의 사명을 변호하고 있다. Thomas Jackson, *Works*, 12:356.
15 Cragg, *The Appeals to Men of Reason and Religion and Certain Related Open Letters*, 11:30.
16 Baker, *Letters*, 25:692. cf. 마 25:25-26, 30.

적이고 심각한 문제였지만, 웨슬리는 그 부분에 대해서는 조금도 양보하지 않고, 오직 하나님께서 자기에게 주신 사명, 즉 교회 안과 밖에 있는 영혼들을 구원한다는 일념으로 자신의 길을 갔다. 그러면서도 메도디스트이야말로 영국 국교회의 법과 질서를 준수하며 어디서나 참된 경건과 성결한 생활을 하는 충성된 국교도들이라고 변호하는 일도 멈추지 않았다.[17]

3. 영국 국교회신학으로부터 이탈

영국 국교회 내에서 웨슬리와 메도디스트들의 문제가 점점 심각해짐에 따라 교리적 갈등을 피할 수 없게 되었다. 물론 그중에 가장 민감한 구원론의 세 가지 문제, 즉 구원의 내용, 구원의 방법, 그리고 구원의 순서에 있어서 웨슬리는 당시 국교회 지도자들의 구원론과 다른 내용을 가르친다고 비판했다.

웨슬리가 옥스퍼드대학교에서 한 세 편의 설교를 통해서 살펴본 바와 같이, 영국 국교회 지도자들이 보기에 웨슬리는 영국 국교회 교인들이 받았다고 생각하는 구원은 구원도 아니라고 말하는 듯했다. 당시 영국 국교회를 포함한 모든 개혁주의자들은 인간이 본질적으로 죄인인데 하나님의 은혜로 구원받는다는 사실에 동의하고 있을 때 웨슬리는 죄인의 본질이 변하지도 않은 것을 어찌 구원이라 할 수 있겠느냐고 공박하니, 갈등을 피할 길이 없었다. 구원의 방법도 문제였다. 즉, 로마 가톨릭의 트렌트공의회의 결론에 따라 인간은 오랜 "과정"을 지나면서 많은 노력을 통해 변할

---

[17] Gerald R. Cragg, *The Appeals to Men of Reason and Religion and Certain Related Open Letters*, 11:45-94. 1743년에 첫 번째로 쓴 *An Earnest Appeal to Men of Reason and Religion*은 50페이지 분량이나 된다.

수 있다는 가르침을 계승하고 있는 영국 국교회 내에서 어느 한순간에 질적인 변화가 일어날 수 있다고 가르치는 웨슬리를 이해하기는 어려운 일이었다.[18]

구원의 순서에 대해 웨슬리가 정한 것은 없다. 다만, 웨슬리가 마치 구원에 순서가 있는 것처럼 설교하고 가르치는 것이 문제였다. 구원의 순서의 문제는 좀 더 복잡하다. 당시 개혁주의신학은 선행을 믿음보다 우선하는 것처럼 가르치던 가톨릭신학을 개혁하면서, 선행으로는 결코 구원받을 수 없고, 무엇보다도 믿음으로만 구원을 받는다고 하는 개혁주의신학을 세웠다.

그리고 웨슬리는 특히 올더스게이트 체험을 계기로 하여 철저하게 개혁주의신학을 확고히 했다. 그런데 당시 영국 국교회는 선행을 강조하는 것이 개혁 이전의 가톨릭신학과 크게 다르지 않다는 데 문제가 있었다. 그래서 웨슬리는 1765년 행한 설교, "구원에 이르는 성경적 방법"(The Scripture Way of Salvation)에서 믿음과 선행의 순서를 개혁주의신학에 따라 재정립시켰다.

그러므로 여러분은 믿음이나 선행으로 구원받기 위해 노력할 수 있습니다. 여러분은 성화 되기 전에 먼저 어떤 일을 해야 한다고 생각할 것입니다. 즉, 구원받기 위해 먼저 무엇이 되어야 하고, 무엇을 해야 한다고 생각하는데, 그렇게 오늘날까지 선행을 통해 구원받으려고 했습니다. 그런데 믿음으로 구원받으려고 하면, 여러분의 모습 그대로 지금 당장 믿음으로 구하십시오(And by this token may you surely know whether you seek it by faith or by works, you want something to be done first, before you are sanctified. You think, "I must first be or do thus or thus." Then you are seeking it by works unto this day. If you seek it by faith, you may expect it as you are: and if as you are, then expect it now).[19]

---

[18] Outler, *Sermons*, 3:506.
[19] Outler, *Sermons*, 2:169.

한 가지 분명히 해야 할 사실은 웨슬리가 선행을 강조했다는 사실을 인정하면서도 믿음으로만 구원받는다고 하는 내용과 순서를 바꾼 적은 없다는 사실이다. 그런데 흥미롭게도 웨슬리는 자신의 그런 주장이 영국 국교회 신학과 일치한다고 주장한 반면에 국교회 동료들은 웨슬리가 지나치게 믿음을 강조함으로써 인간의 활동, 즉 지적 활동이나 사회적 선행을 약화시킨다고 비판했다.

4. 영국 국교회로부터 분리할 것인가?

"영국 국교회로부터 분리할 것인가?"
이런 질문은 이미 1744년 최초의 연회 때부터 심도 있게 다룬 문제이다. 물론, 결코 분리하는 일은 없으리라는 것이 결론이었다. 그런데 메도디스트들 내에서도 분리하자는 요구가 점점 거세진다는 것이 문제였다. 웨슬리는 1745년 10월 10일에 「메도디스트들에게 주는 충고」(*Advice to the People Called Methodists*)를 통해 영국 국교회를 떠날 생각이 추호도 없음을 분명히 선언하라고 촉구했다.

> 당신들은 영국 국교회를 떠날 의도가 전혀 없음을 분명하게 선언하세요. 당신들은 공적으로 계속하여 그럴 생각이 없고 그런 생각을 해본 적도 없다고 선언하세요(You absolutely disvow all desire of separating from them. You openly and continually declare you have not, nor ever had, such a design).[20]

---

[20] Davies, *Methodis Societies*, 9:123-31, esp., 127.

그리고 그렇게 말하는 사람들이나 핍박하는 사람들을 비난하거나 상대하지 말고 오히려 조용히 그들을 위해 기도하고 사랑하면 곧 그런 말들이 사라지게 될 것이라고 했다.

마침내, 동서인 웨스틀리 홀(Westley Hall)이 1745년 말경에 메도디스트들이 속히 영국 국교회로부터 독립해야 한다고 촉구하는 장문의 편지를 썼다. 그에 대해 웨슬리 또한 장문의 편지를 써서 그렇게 할 수 없을 뿐만 아니라 자신은 사도성을 이어받은 영국 국교회의 권위 아래서 모든 일을 수행할 것임을 단호하게 밝혔다.

> 우리는 사도권을 계승하고 있다고 믿는 감독들로부터 우리가 그렇게 하도록 위임받지 않았다면 세례나 성찬식을 베푸는 것이 옳지 않다고 믿는다
> (We believe it would not be right for us to administer either Baptism or the Lord's Supper, unless we had a commission so to do from those bishops whom we apprehend to be in a succession from the apostles).[21]

그러나 한편, 모교회의 법에 충실하겠지만, 자신들이 진행하고 있는 일에 대해 적법한 이해와 설명이 없이 억압하는 경우에는 따르지 않겠다는 뜻도 동시에 밝히고 있다.

> ① 우리는 모교회의 모든 법칙을 따를 것이다(교회법에 따른 관행들을 제외한 모든 기본 원칙들을 그대로 받아들일 것이다). 양심에 거스르지 않는 한 그리고 동일한 한도 내에서 우리는 그런 법칙들을 실행하는 자들인 감독들에게 순종할 것이다(We profess, we will obey all the laws of that Church(such we

---

[21] Baker, *Letters*, 26:173; Ward and Heitzenrater, *Journal and Diaries*, 20:109-111, esp., 110.

allow the rubrics to be, but notthe customs of the ecclesiastical courts), so far as we can with safe conscience).

② 그러나 그러한 원칙들을 떠나 자기들의 욕심대로 하는 법에는 순종하지 않을 것이다. 야외설교는 우리가 순종키로 한 교회 법에 저촉되지 않는다. 그리고 평신도 설교자들을 세우는 것도 교회법에 저촉되는 것이 아니다. 그러나 만약 그렇다고 한다면 우리는 양심상 그 법을 따를 수 없다(we will obey, with the same restriction, bishops, as executors of those laws; but their bare will, distinct from those laws, we do not profess to obey at all).

결론적으로 보면, 영국 국교회로부터 분리 여부의 문제는 웨슬리가 어느 한쪽을 선택하면 정리가 되는 문제가 아니었다. 그런가 하면, 그러한 문제 때문에 야외설교와 메도디스트들 내의 조직의 확대를 멈출 수도 없는 문제였기에 영국 국교회와 메도디스트들과의 관계는 결코 간단한 문제가 아니었다.

웨슬리는 한편으로는 영국 국교회의 법에 순종한다고 하면서 다른 한편으로는 국교회의 규범을 지나 자기 길을 가는 이중적인 태도를 보일 수밖에 없었다. 결국, 영국 국교회로부터 결코 분리해서는 안 된다는 동생 찰스의 말에 전적으로 동의한다고 하면서, 영국 국교회 사제로서 결코 해서는 안 되는 일들을 독자적으로 진행해 나갔기 때문에 동생이 마침내 형님으로부터 독립하게 만드는 계기가 되었다.

5. 자체 모순 또는 일관성의 결여

이미 살펴본 바와 같이 1742년 당시 31세에 불과한 조시아 터커(Josiah Tucker)가 『메도디즘 원리 역사』(*A Brief History of the Principles of Methodism*)를

써서 웨슬리가 세 가지 잘못을 범하고 있다고 지적했다.[22]
그에 의하면, 웨슬리는…

첫째, 오직 믿음에 의한 칭의를 가르치는 것
둘째, 죄 없는 그리스도인의 완전을 믿는 것
셋째, 자기의 주장에 일관성이 없다는 것

그중에서 세 번째 잘못을 다음과 같이 지적했다.

> 메도디스트들은 처음에는 신비주의자 윌리엄 로의 제자들이었는데 나중에 모라비안들의 제자가 되었다가 이제 그들의 원칙은 칼빈주의, 알미니안주의, 퀘이커주의, 정적주의, 몬타니즘까지 모두 완벽하게 합쳐놓은 것이 되었다(the Methodists were, in the first instance, had been the disciples of William Law the mystic, and then of the Moravians; and, that now their principles were a perfect "medley of Calvinism, Arminianism, Quakerism, Quitism, and Montanism, all thrown together).[23]

그러한 비판에 대해 웨슬리는 1742년 말에 『메도디스트의 원리들』(*The Principles of a Methodist*)을 출판하여 조목조목 답변했는데, 그중에서 웨슬리의 이론에 일관성이 없다는 비판에 대해서는, 일부분 인정하면서도 터커가 잘못 이해했으며 오히려 그의 주장이 성경적이 아니라고 반박했다.[24]

사실 웨슬리의 신학적 주장에 일관성이 결여되어 있다고 하는 비판을 피할 수 없었던 이유는 다음과 같은 웨슬리만의 세 가지 난제 때문이었다.

---

[22] 터커는 브리스톨 지역의 영국 국교회 사제(rector of All Saints' Church in Bristol)였고, 1758년에는 글로체스터의 학장(Dean of Gloucester)이 되었다.
[23] Tyerman, *John Wesley*, 1: 399. 참조 Davis, *The Methodist Societies*, 9:47-66.
[24] Davis, *The Methodist Societies*, 9:61.

첫째, 비국교도의 신학적 배경을 가진 국교도 사제이기 때문이다.

자신의 신학이 영국 국교회신학과 일치한다고 주장했지만, 사실 웨슬리는 일부 비국교도적인 관점으로 영국 국교회를 갱신하려 했기 때문에 일관성을 유지하는 것은 불가능한 일이었다.

둘째, 웨슬리 자신이 그 이전의 삶과 생각으로부터 전환을 이루는 체험을 했기 때문이다.

웨슬리로서도 어쩔 수 없는 변화였고, 그 변화의 전과 후를 일치시키는 것은 불가능한 일이었다. 그런 의미에서 웨슬리의 신학적 주장에 일관성이 없다고 하는 것은 비판이 아니라 정확한 판단이라고 볼 수도 있다.

셋째, 경을 문자적으로 믿는 웨슬리만의 특성 때문이다.

비록, 웨슬리는 신학적으로 설명할 수 없지만, 성경에 기록된 말씀은 반드시 이루어진다는 확신을 가지고, 비록 이성적으로 모순된다 해도 믿고 선포하기 때문에 웨슬리의 생각에서 신학적 일관성을 찾기는 쉽지 않은 일이었을 것이다.[25]

지금까지 살펴본 바에 의하면 웨슬리의 믿음과 삶에는 믿을 수 없을 정도로 일관성이 있고, 누구보다도 믿음과 삶에 일관성이 있는 신학자요 설교자임에는 틀림이 없다. 하지만, 상기한 바와 같이 일관성의 관점에서 설명할 수 없는 웨슬리만의 삶과 신학이 전개된 것도 사실이다.

---

25 신학은 시대와 현장이 변할 때마다 새롭게 제기되는 문제에 대한 답을 주어야 하는 학문이기 때문에 상황에 따라 변하는 것이 당연하다. 아니 변해야만 한다. 그런가 하면, 신학자 개인의 성장과 개인의 경험에 따라 자신의 주장을 변경시키거나 철회할 수 있다는 사실도 인정해야만 한다. 웨슬리의 삶과 신학의 특징은 분명한 원칙과 제한된 범위 안에서 당시 영국 국교회신학으로는 해결할 수 없는 다양한 환경에 따라 창조적이며 영적으로 대처해 나간 신학이기 때문에 그의 신학이 일관성이 결여되었다는 비판을 피할 길은 없지만, 그렇다고 해서 부정적으로 볼 일도 아니다. 그것이 웨슬리신학의 특징이며 장점이기 때문이다.

실제로 웨슬리는 복음의 내용이 영국 국교회신학과 다르다 하여도 더 큰 명분을 위해 자기만의 길을 갔던 것도 사실이고, 국교회로부터 독립해야 한다는 요구가 무겁게 제기될 때마다 한편으로는 단호하게 거부하면서도 다른 한편으로는 이미 국교회로부터 독립한 사람처럼 행동한 것도 사실이고, 또한 평소에 무엇인가 중대한 것을 결정해야만 할 때 제비를 뽑고, 평소에 자신이 무엇이라 말했든 상관없이 제비뽑은 결정을 따르는 웨슬리에게서 일관성을 기대하는 것은 쉬운 일이 아니다.

이제 이후로 우리는 웨슬리의 삶과 신학에 있어서, 야외설교와 관계된 일, 또한 메도디스트의 조직을 견고히 할 뿐만 아니라 확장시키는 일, 더 나아가 웨슬리 개인의 경건과 웨슬리안신학이 영국의 각 지역과 미국 등 여러 지역으로 확장되는 일 등에 대해 살펴볼 것이다.

The Life and Theology of John Wesley

제6장

1748년-1755년까지 웨슬리의 활동과 연회

1748년부터 1755년까지 8년 동안은 웨슬리의 야외설교가 가장 활발하게 진행되면서 동시에 메도디스트 조직을 강화하여 정착시키는 기간이었다. 그런가 하면, 이 기간에 그 많은 일을 수행하는 가운데서도 웨슬리의 일생 작업이라 할 수 있는 두 가지 작업이다.

첫째, 『그리스도인 문고』(*Christian Library*)를 1748년에 시작해서 1755년에 마쳤다.

둘째, 『신약성경 주해』(*Notes on the New Testament*) 작업을 1754년에 시작하여 1755년에 마쳤다.

하지만, 이 기간에 발생한 가장 큰 변화는 평생 독신으로 살 것만 같았던 웨슬리가 1751년에 전격적으로 결혼한 일일 것이다.

1. 1748년: 아일랜드 선교와 킹스우드학교의 설립

웨슬리는 1748년 1월 1일을 여느 때처럼 새벽 4시에 일어나서 시작했다. 지난 한 해 동안 파운더리에서 약 300명에게 의약품을 공급했는데 그 중 90여 명이 완전히 치유되었다. 돈을 모금하여 가난한 사람들에게 빌려주고 석 달 동안 매주 조금씩 갚게 하는 제도를 운용했는데 지난 1년 반 동안 255명이 이용을 했다. 1월 28일 브리스톨로 가는 길에 롱브릿지 데버릴(Longbridge Deverill)을 지나는 중에 말에서 떨어져 죽을 뻔한 적도 있고, 브리스톨에서는 예배 중에 채플 건물이 무너져 많은 사람이 다치는 사고가 발생하는 등 외부적으로 닥치는 핍박뿐만 아니라 각종 사고를 감내하며 순회설교 일정을 이어갔다.[1]

5월 10일 더블린(Dublin)에 도착했을 때는 기력이 다하여 이틀간 휴식을 취한 후에야 설교할 수 있었다.[2] 대부분의 신도회는 회원들이 증가했다. 예를 들어, 리즈(Leeds)신도회에는 180명에서 500명으로 증가했다. 특히, 1748년에는 아일랜드 선교에 주력하기 위해 2월 15일 갔다가 5월 말에 돌아오니 런던신도회 내에서 불만의 소리가 높아지기도 했다. 그때마다 웨슬리는 "참으면 곧 아일랜드를 통해 보상을 받을 것이요"(Have patience, and Ireland will pay you)라고 달래곤 했다.[3]

6월 2일 개최된 연회에서는 해결해야 할 현실적인 문제들로 인해 교리적인 문제를 다루지 못했다. 다만, 설교자들을 위해 몇 가지 주의사항을 강조했는데, 대중기도를 8-10분 이상 길게 하지 말 것, 유명세를 조심할 것 등이다. 한편, 웨슬리가 설교자들은 경건 생활을 위해 결혼을 하지 않

---

1 Ward and Heitzenrater, *Journal and Diaries*, 20:204-06; Tyerman, *John Wesley*, 2:1.
2 Ward and Heitzenrater, *Journal and Diaries*, 20:204-06; Tyerman, *John Wesley*, 20:226.
3 Moore, *Life of Wesley*, 2:130. Tyerman, *John Wesley*, 2:3 에서 재인용.

는 것이 좋겠다는 뜻을 담은 "결혼에 대한 생각"(Thoughts on Marriage)을 발표했는데, 반대의견이 제시되자 결국 웨슬리도 믿는 자가 결혼함으로써 영적으로 손해를 보는 것은 아니라는 사실에 동의했다.

1740년에 지었던 킹스우드학교를 1748년에 확장하여 6월 24일 다시 개교했는데, 그때 잠언 22:6 말씀, 즉 "마땅히 행할 길을 아이에게 가르치라 그리하면 늙어서도 그것을 떠나지 아니하리라"(Train up a child in the way that he should go, and when he is old, he will not depart from it)는 말씀을 증거했다. 킹스우드학교는 무엇보다도 먼저 순회설교자들의 자녀들을 위해 시작되었는데 점점 더 확장되어 학교에 갈 수 없는 어린이들을 교육하는 데 집중했다. 재정적인 어려움이 있을 때 웨슬리가 알지 못했던 한 여인이 800파운드를 기부해 문제를 단번에 해결할 수 있었다.

웨슬리는 그때까지 공립학교에서 사용하는 교재들이 지나치게 세속적이고, 수준도 부실하다고 보고, 자신이 직접 교재를 쓰고, 학칙을 강화하여 자녀들을 잘 훈련된 학생들로 양성하려고 노력했다. 그때 웨슬리는 부모들이 자녀들에게 "부드럽게"(tender) 대하는 것은 자녀들을 악마에게 바치는 것과 같다고 했다.

이미 언급한 바대로 새벽 4시에 기상하여 밤 8시에 잠자리에 들기까지 학칙이 너무 엄격하여 어기는 일이 빈번하게 발생하는 것이 웨슬리에게는 골칫거리였다. 학칙이 엄격할수록 법을 어기기는 방법이 교묘해지고, 또한 종교 교육에 대해 혐오감을 느끼는 사람들이 많아지는 것이 문제였다.[4] 당시 학교는 남자와 여자들로 구분하여 운영했고, 각각 주간과 야간반까지 4개 학교로 운영되었다.[5]

---

[4] Wesley's *Works*, 13:276-77. Tyerman, *John Wesley*, 2:7-10에서 재인용.
[5] Tyerman, *John Wesley*, 2:35. Rack, *Reasonable Enthusiast*, 355.

횟필드가 지난 4년간 머물렀던 아메리카에서 1748년 7월 5일에 영국으로 돌아왔는데 도착하자마자 웨슬리 형제에게 편지를 썼다. 그리고 서로의 일정 때문에 만나지 못하자 9월 1일 다시 편지를 썼는데 당시 횟필드의 감정을 잘 나타내 주고 있다.

> 제가 당신을 런던에서 만나지 못해 아쉬웠습니다. 당신은 우리의 연합에 대해 어떻게 생각하십니까? 내가 보기에 외부적으로 연합하는 것은 불가능할 것 같습니다. 당신의 설교를 보니 내가 생각한 것보다 훨씬 다른 원칙을 가지고 있는 것을 발견합니다. 그리고 앞으로의 계획도 다른 것이 분명합니다. 나는 모든 사람에게 복음을 증거하는 것이 목적이지만, 당신은 가는 곳마다 신도회를 세우는 것을 목표로 하는 것 같습니다. 우리가 만나면 이보다 다른 점이 더 많을 것입니다(My not meeting you at London has been a disappointment to me. … What have you thought about an union? I am afraid an external one is impracticable. I find by your sermons that we differ in principles more than I thought, and I believe we are upon two different plans. … I intend therefore to go about preaching gospel to every creature. You, I suppose, are for settling societies everywhere; but more of this when we meet).[6]

횟필드가 "자신은 많은 사람을 구원하기 위해 복음을 전하는 일을 열심히 하지만, 웨슬리는 자신을 위해 신도회를 세우는 일에 더 열심"이라고 비판한 것은 자신은 하나님의 일을 열심히 하지만, 웨슬리는 인간적인 일에 열심이라고 비판한 것이다.

---

[6] Baker, *Letters*, 26:327-8; Tyerman, *John Wesley*, 2:19.

휫필드는 8월 중순부터 헌팅돈 부인의 고급스러운 집(mansion)에서 모이는 약 30여 명의 사람에게 일주일에 두 번씩 설교하기 시작했다.[7] 휫필드와 함께 칼빈주의적 부흥 운동을 이끌었던 대표적인 평신도 지도자는 헌팅돈의 백작(Earl of Huntingdon)이었던 테오필루스 헤이스팅스(Theophilus Hastings)의 미망인 셀리나(Selina, 1707-1791)였다.

그녀는 페러의 백작 워싱톤 설리(Washington Shirley, Earl Ferrers)의 딸로서 친정과 시댁이 모두 경건한 헌신자들이었으며 재정적으로도 풍족하였는데, 그녀는 웨슬리의 설교를 듣고 회심을 체험한 후 웨슬리의 든든한 후원자가 되었는데, 1746년 남편이 죽은 이후에는 "헌팅돈(Countess Huntingdon) 백작 부인"이라 불리며 물질로 메도디스트 운동을 적극적으로 도왔다. 특히, 상류층 사람들을 크고 화려한 자신의 저택에 초청하여 대접하면서 전도를 하는 일에 기여했다.

그런데 휫필드의 설교를 듣고, 칼빈주의자가 되어 웨슬리의 만인구원설과 완전성화의 가르침을 비판하는 대표적인 인물이 되어 영국 남부와 웨일스와 런던에 여러 개의 예배당을 세웠다.[8] 1768년에는 영국 국교회의 복음주의 목사를 길러내는 목적으로 웨일스 트레베카(Trevecca)에 신학교를 세우기도 했다.

휫필드는 11월 19일 편지에서 세닉이 런던신도회를 떠나 모라비안들에게 가담하는 사건이 발생함으로써 신도회는 극심한 혼란을 겪었다고 했고, 다시 12월 21일 편지에서 400명 이상이 휫필드가 이끄는 메도디스트 그룹인 태버너클(Tabernacle)을 떠나 모라비안신도회에 가입한 것을 언급하면서 위기 의식을 드러냈다. 그런가 하면, 엑스터의 라빙톤 주교(Lav-

---

[7] Tyerman, *John Wesley*, 2:20-22.
[8] 휫필드는 웨일스를 매우 중요한 선교 전략지로 삼았지만, 웨슬리는 이례적으로 웨일스를 단 한 번밖에 방문하지 않았다. 결과적으로 웨일스 지방의 메도디스트들은 대부분 칼빈주의자들이 되었다.

ington, bishop of Exeter)는 『메도디스트들과 교황주의자들의 열광주의 비교』 (*Enthusiams of the Methodists and Papists compared*)를 출판하여 메도디스트들을 비판했다.[9]

1748년 8월에 뉴캐슬에 도착하자 지병인 두통이(one of my old companions returned) 심해져 설교를 할 수 없는 지경이 되었는데 그때 뉴캐슬 고아원에서 봉사하고 있던 미망인 그레이스 머뢰이(Grace Murray)의 간호를 받는다. 그녀는 26세 때 과부가 되었고, 28세 때부터 전적으로 헌신하기 위해 뉴캐슬에 있는 고아원(the Orphan House at Newcastle)에 들어와 봉사하고 있을 때였다.

아픈 중에서 설교 일정을 진행할 수밖에 없었는데, 웨슬리가 비딕(Biddick), 스펜(Spen), 홀슬리(Horsley), 그리고 뉴캐슬에서 설교하는 동안 그녀는 웨슬리와 동행하며 간호를 해 주었다.

뉴캐슬로 돌아오는 길에 웨슬리는 호머의 일리아드 10장(the tenth Illiad of Homer)을 읽고, 누구와도 견줄 수 없는 저자의 천재성에 감탄한다.[10] 그런데 당시 45인 웨슬리는 자신을 지극 정성으로 간호해 준 여인, 즉 12살 아래인 과부에게 청혼하는 돌발 사건이 발생한다. 타이어맨은 10페이지 이상 지면을 할애하여 웨슬리와 베넷과 그레이스의 삼각 관계에 대해 상세하게 다루면서 웨슬리의 인간적인 면과 고뇌를 잘 드러내 주었다.[11]

---

[9] Tyerman, *John Wesley*, 2:23-25.
[10] 두통은 웨슬리의 지병이었다. 심할 때는 일정을 멈추고 누워야만 할 때가 있었지만, 대부분 두통 중에도 설교 일정을 이어갔다. 한편, 웨슬리의 일기를 보면 그 일정 중에 그레이스 머뢰이에 대한 언급이 전혀 없다. See Ward and Heitzenrater, *Journal and Diaries*, 20:236-8.
[11] Tyerman, *John Wesley*, 2:42-53. 특히 타이어맨은 William Bennet 이 쓴 "Memoires of Mrs. Grace Bennet"에 의존해서 많은 사실을 알게 된다. 그 문서는 나중에 웨슬리가 약간 손을 본 후 출판했는데, 현재는 영국 박물관(the British Museum)에 보관되어 있다. See Tyeman, *John Wesley*, 2:48, note 1.

그레이스는 18세 때 원치 않는 남자와의 결혼을 강요하는 부모를 피해 런던에 살고 있던 언니에게 도망을 가서 하녀 생활을 하던 중 20세 때 알렉산더 머뢰이(Alexander Murray)라는 스코틀랜드 선원과 결혼을 한다. 그런데 첫 아이를 잃고 정신적 고통을 겪던 중, 휫필드와 웨슬리의 설교를 듣고 회심을 한 후 충실한 메도디스트가 되었다. 그리고 메도디스트들과의 관계를 끊으라고 위협하던 남편이 1741년 8월에 버지니아로 항해를 떠났는데 죽었다는 소식만 돌아왔다.

26세에 과부가 된 그레이스는 2년 동안 영적으로 심각한 방황을 하다가 다시 힘을 얻고 1745년 말부터 뉴캐슬의 신도회와 고아원에서 전적으로 봉사하면서 특히 평신도 사역자들의 병간호를 탁월하게 수행하고 있었다. 그레이스는 분명 탁월한 리더이며 간호사였지만, 동료 봉사자인 잭슨(Jackson) 자매뿐만 아니라 다른 동료들과 자주 다투는 문제가 있었다.[12]

그레이스는 웨슬리의 청혼을 받고 수락했지만, 문제는 웨슬리의 동역자로서 탁월한 설교자인 존 베넷(John Bennet)과 이미 사랑하는 사이라는 것이었다. 존 베넷은 더비셔(Derbyshire)에서 태어나 성장하면서 책을 사랑하고 공부를 많이 했으며, 22세 때부터 쉐필드와 매클스필드(Sheffield and Macclesfield)를 오가며 운송업을 시작했으며 특히 마차가 갈 수 없는 지역에서 짐을 운반하는 말이나 경주마(racehorse)를 팔던 사람이었다.

그가 25세가 되던 1739년에 쉐필드에 갔다가 메도디스트 순회설교자 데이비드 테일러(David Taylor)의 설교를 듣고 회심했다. 그 후 1742년에 웨슬리를 만나 다음해에 순회설교자로 임명을 받았고, 1744년 첫 연회 때 참석했던 사람이다.[13]

---

[12] Tyerman, *John Wesley*, 2:45-7.
[13] Tyerman, *John Wesley*, 2:42-3, 47. See also Fitchett, *Wesley and His Century, a Study in Spiritual Forces*, 459.

1747년 순회설교자 존 베넷(John Bennet)이 거의 6개월간 병 중에 있을 때 그레이스가 간호했는데, 그때 두 사람은 연인 관계로 발전했다. 그런 사실을 모르고 있었던 웨슬리는 그레이스의 간호를 받는 동안에 그레이스에게 끌려 청혼까지 하게 되었다. 웨슬리의 청혼을 받은 그레이스는 즉시 웨슬리와 결혼할 것을 기정사실처럼 받아들였다. 약 2주간의 일정을 마치고 뉴캐슬을 떠나게 되었는데 그녀가 헤어지는 것이 싫다고 하자 웨슬리는 그녀와 동행했다. 요크셔(Yorkshire)를 거쳐 베넷이 머무르고 있던 더비셔(Derbyshire)에 도착했을 때 둘의 관계를 전혀 모르고 있던 웨슬리는 그레이스를 그곳에 남겨두고 런던으로 향했다.[14]

콘월과 브리스톨을 거쳐 10월 15일 런던에 도착하여 그해 말까지 주로 책을 읽고, 편집하고 쓰는 일에 몰두했다. 한편, 뉴캐슬에서 웨슬리는 병상에 있는 동안, 자신이 언제 죽을지 모르는데, 죽기 전에 '역사에 길이 남을'(that is the most valuable in the English tongue) 중요한 일 두 가지를 계획한 것 같다. 하나는 하나님을 두려워하는 사람들의 경건 활동에 도움을 주기 위해 실천적 경건에 대한 전집을 만드는 일이고, 다른 하나는 자신과 관계된 모든 자료를 총망라하여 '총서'를 만드는 일이었다.

그 일은 큰 노력과 경비가 드는 일이었기에 완쾌되어 뉴캐슬을 떠나기 전인 8월 14일 당시 은행업자인 에벤에셀 블랙웰(Ebenezer Blackwell)에게 그 뜻을 밝히면서 도움을 요청했고, 웨슬리는 그의 도움에 힘입어 50권으로 된 "그리스도인 문고"(The Christian Library)를 각 권 100권씩(a hundred copies of each), 그리고 32권으로 된 "웨슬리 총서"(Wesley's Works)를 출판하여 보급할 수 있었다.[15]

---

[14] Tyerman, *John Wesley*, 2:49.
[15] Baker, *Letters*, 26:322-3; Tyerman, *John Wesley*, 2:26. 『그리스도인 문고』는 1749-55년 동안, 『웨슬리 총서』는 1771-4년에 출판되었다. 책을 완성하는 과정에서 당시 평신도 설교자 중에서 책을 디자인하는데 천재적인 재능을 가진 존 다운스(John Downes, 1723-74)의 도움을 받았다.

1748년에 켐피스의 『그리스도를 본받아』(*Thomas a Kempis de Christo Imitando*) 등 라틴어 저작들 서너 권과 『간추린 영어 문법책』(*A Short English Grammar*), 12 페이지를 편집하여 출판했다. 그리고 이어서 쉰일곱 가지 주제를 에스라, 느헤미야, 욥기, 시편, 잠언에서 발췌하여 정리한 『어린이를 위한 가르침』(*Lessons for Children*, Part III), 124페이지와 『여러 상황을 위한 설교집』(*Sermons on several Occasions*, Vol. II), 312페이지도 출판했다.

특히, 「친구에게 차를 마시는 것에 대해」(*A Letter to a Friend concerning Tea*), 24 페이지에서 편지로 조언했고, 「성직자들에게 보낸 편지」(*A Letter to a Clergyman*), 8 페이지에서는 성직자가 되는 것은 대학교 교육을 받고, 안수를 받는 것보다 더 근본적으로 영혼을 구하는 그리스도의 일꾼이 되는 것이라는 사실을 강조했다. 또한, 「최근에 퀘이커에 합류한 사람에게 보낸 편지」(*A Letter to a Person lately joined with the People called Quakers*), 웨슬리는 퀘이커들이 성경적으로 오류가 있다는 사실을 아홉 가지로 지적해 주었다. 예를 들어, "침묵하는 모임"(a silent meeting)에 대해서는 지난 1,600년 동안 들어본 적이 없다고 했다.[16]

2. 1749년: 찰스의 결혼, 그레이스 머뢰이와의 관계, 「그리스도인 문고」와 『신약성경 주해』 출판

1) 찰스의 결혼

1749년 4월 8일 웨슬리는 아주 짧게 단 두 줄로 동생의 결혼 소식을 전한다. 사실, 웨슬리 형제는 가능하면 여성을 멀리하고 경건 생활을 유지

---

16 Tyerman, *John Wesley*, 2:28-30.

하면서 오직 하나님의 일에 매진하자고 약속했다. 그런데 찰스가 1747년에 웨일스를 여행하는 동안 자신보다 열일곱 살이나 어린 사라 귄(Sarah Gwynne)을 만나 이성 간의 사랑을 느끼고 편지를 주고받다가 형 웨슬리의 주례로 결혼했는데, 당시 신랑은 40세, 신부는 23세였다.

결혼식을 마친 후 웨슬리는 그날은 매우 성스러운 날(a solemn day)이었다고 했고, 동생은 모든 사람 중에서 형이 가장 기뻐했다는 후기를 남겼다.[17] 반면에 "결혼식이 마치 장례식 같았다"(It resembled a funeral rather than a wedding)고 말한 사람들도 있었다.[18]

결혼하기 전에 아마도 찰스가 "채식 다이어트를 하는 것"(keep up a vegetable diet)과 메도디스트 전도자로서 "먼 거리로 위험한 선교 여행을 가는 것"(to travel as an evangelist), 그리고 가족을 부양하기에 충분한 수입이 없다는 것이 걸림돌이 된 것 같다.

그러자 형과 페로넷(Charles Perronet)은 2월 중순쯤에 웨일스로 가서 결혼을 성사시키기 위해 신부 측 부모님을 설득했다. 즉, 부족한 수입을 보충하기 위해 형은 자신이 출판을 통해 얻는 수입에서 매년 100파운드를 동생에게 주겠다고 약속했고, 신부의 엄마는 그것으로 부족하다고 거부했지만, 찰스의 친구들이 나서서 설득함으로써 마침내 결혼 승낙을 받았다.

당시 링컨대학의 펠로우인 웨슬리의 수입은 연 30파운드에 불과했지만, 출판물 판매를 통해 꽤 많은 수입을 올리고 있었기에 가능한 일이었다. 그리고 신부는 채식 다이어트와 장거리 선교 여행을 용납함으로써 결혼이 성사되었다.[19]

---

[17] Ward and Heitzenrater, *Journal and Diaries*, 20:266 and note 43.
[18] Fitchett, *Wesley and His Century, a Study in Spiritual Forces*, 457-8. ,
[19] Tyerman, *John Wesley*, 2:34. 찰스는 장모님의 뜻을 신중하게 받아들여 결혼 후에는 장거리 전도여행을 삼갔다.

찰스는 8명의 자녀를 낳았지만, 2남 1녀 외에 모두 잃었다.[20] 아버지의 재능을 타고 난 큰아들 찰스는 파이프오르간, 둘째 아들 사무엘은 바이올린 연주자가 되었으며 딸 새라(Sarah)는 시인이 되었다. 특히, 둘째 아들 사무엘의 자녀 중에는 유명한 오르간 연주자요 교회 음악 작곡가인 사무엘 세바스찬 웨슬리(Samuel Sebastian Wesley, 1810-1876)가 있다. 찰스는 결혼 이후부터는 순회전도 여행을 자주 쉬기도 했고, 런던과 브리스톨에 한정하여 교구 목회에 집중했다.

그리고 1756년에(결혼 7년 만에, 그의 나이 50세쯤에) 마지막으로 전국 순회전도를 한 후 그만두었다. 찰스가 순회전도는 멈추었지만, 교구 목회자로서, 그리고 행정가요, 찬송가 작곡가로서 살았다. 81세로 생을 마칠 때까지 웨슬리의 가장 든든한 동역자요 메도디스트 운동의 확장에 가장 많이 기여한 것은 분명하다. 반면에 웨슬리는 메도디스트 운동의 확장에 가장 많이 기여한 것은 분명하다.

2) 그레이스 머뢰이와의 관계

동생의 결혼식 이틀 만에 웨슬리는 그레이스와 함께 아일랜드로 출발해 4월 16일 새벽 3시에 더블린(Dublin)에 도착했는데 그때까지만 해도 둘은 곧 결혼할 것으로 생각했다. 그 기간 베넷도 그레이스도 편지를 쓰지 않았다. 순회전도를 마치고 7월 말경에 브리스톨로 돌아왔을 때 그레이스는 웨슬리와 몰리 프란시스(Molly Francis)가 연인 관계 같다는 소문(some idle tales)을 듣고 질투의 마음에 사로잡히게 된다.

둘이 8월에 런던으로 왔을 때 동료 메도디스트들은 웨슬리에게 그레이스와 결혼해서는 않된다고 했고, 그레이스의 친구 또한 만약 그레이스가

---

[20] Tyerman, *John Wesley*, 2:35.

웨슬리와 결혼을 한다면 런던에 있는 메도디스트들이 그레이스를 웨슬리의 아내로 취급하지 않을 것이라는 소식을 전해 주었다.[21]

한편, 웨슬리가 아일랜드 선교에 집중하고 있을 때 휫필드는 칼빈주의적 부흥 운동을 확장해 가면서, 특히 기쁜 소식지(Glad Tidings)도 발행했다. 휫필드가 이끄는 칼빈주의적 메도디스트 부흥 운동 역시 뉴 캐슬과 북부 지역, 그리고 런던에 있는 태버너클(Tabernacle)과 인접 지역에서 활발하게 진행되고 있었는데, 특히 헌팅돈 부인의 도움을 얻어 상류층 사람들과 여성들의 참여가 두드러졌다. 하워스(Haworth)에서는 6,000여 명에게, 리즈에서는 10,000명 이상 청중에게 설교했다.

휫필드가 뉴캐슬로 가던 중 찰스를 만났는데 찰스는 그에게 설교하도록 했고 그와 동행하면서 그의 설교 현장을 목격하고 10월 8일 자 편지에서 "조지 휫필드와 형님과 나는 하나다"(George Whitefield, my brother, and I, are one), … "그는 정말 축복받은 사람으로서 더 잘할 수 없을 정도로 잘하고 있다"(He was never more blessed, or better satisfied)라고 평했다.[22]

웨슬리는 다시 8월 28일 두 달간의 북쪽 지역 순회설교 일정을 떠났는데 엡워스에 도착했을 때 베넷과 만났다. 이때 베넷은 웨슬리가 그레이스에게 보낸 모든 편지를 그레이스가 자신에게 주었다는 사실을 알린다. 충격적인 소식을 들은 웨슬리는 두 사람이 결혼하는 것이 좋겠다는 메모를 남기고 떠나버렸다.

그레이스는 즉시 웨슬리에게 달려가서 "그렇게 말하지 마세요. 그렇게 말씀하시려면 차라리 나를 죽여주세요."(not to talk so unless you designed to kill me)라고 애원했다. 그즈음에 베넷은 웨슬리를 찾아와서 그레이스는 자기의 부인이 되어야 한다고 주장하는 등 상황이 복잡해지자 그레이스가 몸

---

21 Tyerman, *John Wesley*, 2:50.
22 *Methodist Magazine*, 1848, 639. Tyerman, *John Wesley*, 2:33-34에서 재인용.

져누웠다. 그때 그레이스는 병문안을 온 웨슬리에게 말했다.

> 어떻게 당신은 내가 당신보다 다른 사람을 더 사랑했다고 생각하세요. 나는 베넷보다 당신을 수천 배 더 사랑해요. 다만, 내가 그와 결혼하지 않으면 그가 미쳐버릴 것 같아 걱정입니다(How can you think I love any one better than I ever loved you! I love you thousand times better than I ever loved John Bennet in my life. But I am afraid, if I don't marry him, he will run mad).

그런데 다음날 아침에 그레이스가 베넷과 결혼하겠다고 웨슬리에게 통보했을 때 웨슬리는 정말 어찌해야 할지 몰랐다.[23] 웨슬리는 그레이스와 9월 4일 뉴캐슬로 가서 다시 한번 그의 의중을 물었다. 그때 그레이스가 "나는 양심적으로나 마음으로 이제 당신과 함께 살고 함께 죽기로 했어요"(I am determined to, by conscience as well as by inclination, to live and die with you)라고 말하자 모든 것이 결정된 듯 웨슬리는 7일 베넷에게 자신과 머뢰이가 결혼할 것이라는 편지를 보냈다. 그런데 편지를 전해주기로 한 사람이 알 수 없는 이유로 베넷에게 그 편지를 전달하지 않았다.

당시에 웨슬리는 같은 내용을 동생에게도 보냈는데, 동생은 9월 18일 그 편지를 받은 것 같다. 편지를 받자마자 당황한 동생은 브리스톨에서 리즈까지 약 일주일간 정신없이 달려갔는데 형은 얼마 전에 떠난 상태였고, 그곳에서 "머뢰이가 베넷과 약혼했다"라는 소식과 함께 머뢰이에 대해 각종 나쁜 소문들을 들었다.

그러나 웨슬리는 그레이스에 대한 질투 정도로 생각하고 결혼 절차를 진행하고 있었다. 동생은 다시 형을 만나러 화이트헤이븐(Whitehaven)에 가서 9월 25일쯤에 형을 만났고 형은 동생에게 편지 형식으로 그 당시까

---

[23] Tyerman, *John Weskey*, 2:51-2.

지 결혼에 대한 자신의 모든 생각과 변화를 상세하게 설명해 주었다.[24]

형제는 리즈에서 다시 만났는데, 그때 동생은 만약 형이 그레이스와 결혼하면 자신은 형과의 관계를 끊고 오히려 이교도들과 함께하겠다고 했다. 그때 그 현장에 미리 도착해 있던 횟필드와 넬슨은 그 광경을 보고 울음을 터뜨렸고 두 형제는 목을 껴안고 아무 말도 못 하고 있었다.[25] 놀라운 것은 당시 웨슬리의 일기나 저널에 그런 일에 대한 언급이 전혀 없다는 것이다.

다만, 9월 24일 "갑자기 몸이 떨리고 열이 났으며 토할 것 같았다"(a shivering run through me, and in a few minutes I was in fever. I though of taking a vomit immediately…)라고만 했는데, 당시 그의 몸과 정신이 극도로 쇠약해져 있었음을 짐작하게 할 뿐이다.[26]

마침내, 웨슬리는 그레이스에게 베넷에게 돌아가라고 말했다. 그러자 그레이스는 웨슬리에게 그동안 잘못 행동한 것에 대해 용서를 구하고 베넷에게 돌아갔고, 며칠 후 둘은 성앤드류교회(In St. Andrew Church)에서 결혼식을 올렸다.[27]

웨슬리는 10월 7일 토마스 빅(Thomas Bigg)에게 편지하여 "자신이 6살 이후 지나온 여러 날 중에서 그렇게 어려운 날들은 없었다"(Since I was six years old, I never met with such a severe trial as for some days past)라고 함으로써 그가 6살이 되기 직전에 겪었던 엡워스 목사관의 화재사건을 연상시키고 있는 것은 당시에 웨슬리는 죽음과도 같은 아픔을 겪고 있었다는 사실을 그렇게

---

[24] Baker, *Letters*, 26:380-87.
[25] Baker, *Letters*, 26:380 note 12. 1744년 6월 11일 사망한 순회설교자 넬슨과 동명이인이다. Tyerman, *John Wesley*, 2:53.
[26] Ward and Heitzenrater, *Journal and Diaries*, 20:300. 그 외 웨슬리의 결혼에 대한 더 많은 정보와 자료를 위해 note 41을 참고하라.
[27] Tyerman, *John Wesley*, 2:42-53. cf. Fitchett, *Wesley and His Century, a Study in Spiritual Forces*, 462-3.

표현했던 것이다.[28]

웨슬리의 결혼에 대한 해프닝은 메도디스트들 사이에서 웨슬리의 권위에 심각한 타격을 주었다. 특히, 뉴캐슬에서 매튜 에링톤(Matthew Errington)은 고아원이 온통 불타버리는 꿈을 꾸었고, 어떤 꿈꾸는 사람(another dreamer)은 웨슬리가 지옥에 있는 것을 보았다고도 했고, 제니 케이트(Jennie Keith)는 직접 웨슬리에게 사탄의 자식이라고 욕설을 퍼부었는데 그 이전에는 상상도 할 수 없는 일들이었다.[29]

베넷은 결혼 생활 10년 후 1759년 45세의 나이로 죽었다.[30] 그리고 40여 년이 지난 1788년에 그레이스의 요청으로 둘은 다시 만났지만, 이미 86세가 된 웨슬리는 짧은 만남을 뒤로 한 채 곧 떠났고, 그 후로 그녀의 이름을 언급한 적이 없다. 그레이스는 1803년 87세 때 죽었다.[31]

1749년에 웨슬리가 출판한 주목할 만한 책들은 다음과 같다.

① 『간추린 라틴어 문법』(A Short Latin Grammar). 48페이지.
② 『킹스우드학교에 대한 평가』(A Short Account of the School in Kingswood, near Bristol), 8페이지.
③ 『설교자들을 위한 발음과 제스처 안내』(Directions concerning Pronaunciation and Gesture), 12페이지.
④ 『1741년 9월 3일 - 1743년 10월 27일 저널』(An Extract of the Rev. Mr. John Wesley's Journal, from September 3, 1741, to October 27, 1743), 12페이지.
⑤ A Letter to the Rev. Dr. Conyers Middleton, occasioned by his late 'Free Inquiry, 120페이지.

---

[28] Baker, Letters, 26:388-9.
[29] Tyerman, John Wesley, 2:57.
[30] Tyerman, John Wesley, 2:44.
[31] Tyerman, John Wesley, 2:54.

이 편지의 결론은 후에 *A Plain Account of Genuine Christianity*라는 제목으로 출판되었다. 12페이지.

⑥ 『메도디스트들에 대한 평이한 해설』(*A Plain Account of the People called Methodists*).

⑦ 『트랩 박사의 죄에 대한 네 가지 설교에 대한 답변, 로의 저작에서 발췌』(*A Serious Answer to Dr. Trapp's Four Sermons on the Sin, Folly, and Danger of being Righteous Overmuch, extracted from Mr. Law*), 48페이지.

⑧ 『고대 그리스도인들의 자세, 프랑스 저자로부터 발췌』(*The Manner of the Ancient Christians, extracted from a French Author*), 24페이지.

⑨ 『가톨릭교회의 저자들이 쓴 교리문답과 그에 대한 답변』(*A Roman Catechism, faithfully drawn out of the allowed writings of the Church of Rome, with a reply thereto*), 79페이지.

사실 이 책은 1686년에 이미 출판되었던 *A Catechism truly representing the Doctrines and Practices of the Church of Rome, with an answer thereunto. By a Protestant of the Church of England. London*, 1686을 다시 출판한 것임에도 불구하고 초기에는 웨슬리의 것인줄 알고, 그의 전집에 포함되어 있었다.

⑩ 『로만 가톨릭 교도에게 쓴 편지』(*A Letter to a Roman Catholic*), 12페이지.

⑪ 『그리스도인 문고』(*A Christian Library*. Consisting of Extract and Abridgments of the Choicest of Practical Divinity, Bristorl: Felix Farley).

그 외에도 킹스우드학교의 교과서로 사용할 몇몇 라틴어책 요약과 메도디스트 동료 중에서 안수를 받은 사람들과 대화한 내용이나 동료 설교자에 대한 전기를 출판하기도 했다.[32]

---

[32] Tyerman, *John Wesley*, 2:60-67.

상기한 출판물 중에서 타이어맨은 잭슨의 『웨슬리 총서』(*Wesley's Works*)나 『200주년 기념 웨슬리 총서』에서도 찾아볼 수 없는 가치 있는 자료인 『설교자들을 위한 발음과 제스처에 대한 안내』(*Directions concerning Pronunciation and Gesture*)을 소개하고 있다. 12페이지에 불과하지만, 설교자들에 대한 웨슬리의 생각을 잘 나타내 주고 있기 때문에 주목할 필요가 있다. 웨슬리가 보기에 영국 국교회 내 설교자들이나 메도디스트 평신도 설교자들이 흔히 범하는 오류(the chief faults of speaking) 일곱 가지는 다음과 같다.

첫째, 너무 크게 말한다.
둘째, 너무 작은 소리로 말한다. 크게 말하는 것보다 더 나쁜 방법이다. 목소리가 작은 사람은 최소한 하루에 30분씩 소리 내 읽거나 말하면서 연습을 하는 것이 좋다.
셋째, 혼자 중얼거리듯이 말한다. 그러한 잘못을 교정하기 위해서는 고대 웅변가들이 한 것처럼 입에 자갈을 물고 소리 내는 연습을 해야 한다.
넷째, 너무 빨리 말하는 것도 문제다.
다섯째, 너무 천천히 말한다.
여섯째, 너무 산만하게 말하며, 목소리의 변화가 너무 심하다.
일곱째, 무엇보다도 가장 심각한 문제는 목소리에 여러 가지를 가미하는 것이다.

즉, 여자 목소리, 비명 소리, 노래하듯 하는 소리, 속삭이듯이, 그런가 하면 기괴하거나 극적인 소리로 말하는 것 등이다. 웨슬리는 모두가 알아들을 수 있도록 분명하게 말하도록 장려했고, 효과를 극대화하기 위해 꾸며내는 소리를 가장 경계했다.

제스처(gesture)에 대해서도 그는 세밀하게 지도했는데, 목소리는 자신이 들을 수 있어서 교정할 수 있지만, 제스처는 자신이 말하는 동안에 볼 수 없어서 교정하기 더 어려우므로 설교자들은 거울을 보고 연습하거나 좋은 모델을 선정하여 따라 하면서 배우라고 장려했다.

입 모양을 이상하게 하지 말라, 입술을 자꾸 빨거나 깨물지 말라, 어깨를 들썩거리지 말라, 팔꿈치에 기대지 말라, 손뼉을 치거나 강대상을 치는 것을 하지 말라, 손을 올리되 눈높이 이상으로 올리지 않도록 주의하라, 습관적으로 같은 동작을 반복하지 말라, 그렇게 하는 것을 고대 웅변가들은 "손으로 떠는 수다"(the babbling of the hands)라고 말했다고 했다.[33] 웨슬리는 효과를 높이기 위해 어떤 형태로든 과장하는 것을 가장 경계한 것이 분명하다.

3. 1750년: 웨슬리와 메도디스트들에 대한 공격

1750년도 초부터 휫필드와 웨슬리 형제, 그리고 하웰 해리스가 함께 야외설교를 하면서 화해가 이루어지는 듯했다. 웨슬리도 휫필드의 설교에 감동하고 "각각 설교자에게 다른 은사를 주신 하나님을 찬양했다"(How wise is God in giving different talents to different preachers). 휫필드는 1750년 한 해 안에 남부 런던을 떠나 최북부 에든버러(Edinburgh)에 이르는 동안 총 14만 명을 만나면서 90여 회 설교했다.[34]

메도디스트들의 활동이 활발한 만큼 그들에 대한 비판도 거세졌다. 블랙 맨스톤의 사제인 존 커크비(John Kirkby, rector of Blackmanstone)는 55페이지에 달하는 책자를 써서 메도디스트들을 비판했다. 그는 친구들에게 메도디스트들은 "영적인 에브라임 지파요, 바리새인들의 후손으로서 위선과

---

[33] Tyerman, *John Wesley*, 2:60-61.
[34] Ward and Heitzenrater, *Journal and Diaries*, 20: 318-9; Tyerman, *John Wesley*, 2:69.

영적 자만으로 가득하고 메스껍게 거룩한 것을 오용하는 사람들"(Spiritual Ephramites, are the true successors of the pharasees, in hypocrisy and spiritual pride, and nauseously abuse sacred things)이라고 했고, 그들의 지도자 웨슬리는 "누구와도 견줄 수 없이 뻔뻔하고, 사악하고, 불경한 선동가"(matchless impudence and wickedness, and of impious cant)라고 했다.[35]

1750년에 특히, 런던에 세 번 연속 일어났던 지진으로 인해 임박한 종말론이 만연되었고, 그에 대해 휫필드 등 메도디스트 지도자들도 잘못 대처함으로써 그들이 선포하는 내용이나 활동에 대해 의심을 하게 만들기도 했다. 2월 8일 지진이 일어났고, 한 달 후에 다시 지진이 있었다.[36] 그때 군인 한 명(타이어맨은 "미친 병사"{a crazy soldier}라고 했다)이 일어나 4월 4일 또 한 번의 지진이 있을 것이라고 예언하자 런던을 빠져나가는 사람들이 많았고, 일부는 교회로 몰려들기도 했다.

그때 런던의 주교였던 셜록(Sherlock)은 런던과 웨스트민스터(Westminster)의 주민들에게 지진이 일어났을 때 해야 할 일에 관해 쓴 12페이지 분량의 편지를 만들어 돌렸는데, 6만 부나 팔렸다. 그 당시 휫필드도 마치 하늘의 심판을 선포하는 사람처럼 서서 사람들에게 심판의 날에 일어날 일들에 대해 설교함으로써 시민들을 공포에 떨게 만드는 데 합류했다.

한편, 웨슬리는 지진이 일어난 날 금식을 선포했고, 철야기도를 하는 등 민감하게 대처했다. 찰스는 런던에 남아 "지진의 원인과 대처"(The Cause and Cure of Earthquakes)에 대해 설교했고, 3월 8일에는 "지진이 일어났을 때 부를 찬송"(Hymes occasioned by the Earthquake)을 지어 돌리기도 했다.

웨슬리는 지진 문제를 뒤로하고 2월에 브리스톨로 가서 불어 문법책을 쓰다가 아일랜드로 떠나 4월 6일 도착했다. 한편, 4월 3일 밤에 많은 사람

---

[35] Tyerman, *John Wesley*, 2:70.
[36] Ward and Heitzenrater, *Journal and Diaries*, 20: 323.

이 밤새 무슨 일이 일어날 일에 대비해 몸에 가운을 걸치고 기다리고 있었는데 그 가운을 소위 "지진 가운"(earthquake gowns)이라고 불렀다.[37]

그러나 다음날 아무 일도 일어나지 않았다. 지진과 종말 예언소동이 끝난 후 많은 사람이 주교 셜록의 미숙한 대처에 대해 격렬하게 항의했던 것을 보면, 휫필드와 웨슬리 형제도 그러한 비판에서 제외될 수 없었을 것이다.「브리스톨 주간지」(Bristol Weekly Intelligencer)에 메도디스트들을 비난하는 글이 실렸는데, 다음과 같이 네 가지 문제를 지적했다.

첫째, 무식하고 경솔하여 무엇이나 새로운 것, 놀랍고 신비스러운 것이라면 무엇이라도 믿는 사람들이다.
둘째, 우울하고 병적인 사람들이어서 안전한 곳으로 인도해준다고 약속하는 사람을 쉽게 믿는다.
셋째, 도덕적으로 악명높은 삶을 살면서 종교도 소란스럽게 믿는다.
넷째, 여성 설교자들은 남편이나 자녀들을 돌보지 않는 등 가정을 소홀히 한다. 그 외에도 다음과 같은 비난들이 쏟아졌다.

그 외에도 다음과 같은 비난들이 쏟아졌다: 설교자들은 성경의 뜻도 잘 모르면서 자신들의 생각을 성경에 억지로 적용한다(itinerants interlarded their miscellaneous thoughts with a whole effusion of Scripture texts, without regard to their just sense or proper application).
집회 때 일어나는 각종 비이성적인 현상들, 즉 고함을 지르고 울부짖는 것들까지도 성령의 역사라고 주장한다(they roared, raved, thundered, and stunned their congregations, using every variation of voice, and all manner of bodily agitations, and attributed the whole to the powerful operations of the Holy Ghost).

---

37 Tyerman, *John Wesley*, 2:71-72.

그들은 양 떼들보다도 십일조에 더 관심이 많고, 기도보다는 자신들의 즐거움을, 그리고 영생보다는 선량한 삶을 더 강조한다(They had more regard for their tithes than for their flocks. their pleasures than their prayers; and they strove more for good livings tha for eternal life).[38]

웨슬리가 콘월(Conwall) 지역을 순회하며 설교하는 중에 신도회의 규율이 엉망이고 회원들을 많이 잃어버린 것을 발견하고, 역시 옛사람들이 말한 바와 같이 "사람은 몸과 혼으로 이루어졌듯이 그리스도인은 영과 훈련으로 된다"(The soul and body make a man; the spirit and discipline make a Christian)는 말이 옳다고 생각했다. 계속되는 설교 일정 중에 『예언과 관계하여 기독교가 잘못 알고 있는 것에 대하여』(The General Delusion of Christians with regard to Prophecy)란 독특한 책(an odd book)을 읽고 두 가지 사실을 깨닫게 된다.

첫째, 기독교 초기 2-3세기에 이단으로 정죄 되었던 몬타니스트들(the Montanists)이 사실은 성경적인 그리스도인들이었다는 사실을 알게 되었다.
둘째, 초대교회 이후 각종 이적 현상과 은사들이 사라지게 된 이유는 믿음과 거룩함을 상실한 교회가 능력을 상실했기 때문이기도 하지만, 메마르고 형식적인 종교가 각종 이적 현상을 미친 것이라고 조롱했기 때문이라는 사실을 알게 되었다.[39]

이처럼, 웨슬리는 전통 교회나 영국 국교회가 인정하지 않는 몬타니스트들의 신학이나 활동, 모라비안들이나 청교도들, 그리고 비국교도 신학

---

[38] Tyerman, *John Wesley*, 2:85-86.
[39] Ward and Heitzenrater, *Journal and Diaries*, 20: 356-7.

을 받아들여 삶과 신학에 적용하기를 꺼리지 않았다.

9월 15일엔 진젠도르프가 직접 쓴 전기를 읽었는데, 웨슬리가 보기에 그는 지나치게 지식을 자랑하며, 자신의 경력이나 업적을 치장하고 있다는 느낌을 받았다.[40] 연말에 킹스우드로 가서 한 달간 머무르면서 학교 교재로 사용하기 위해 교정 및 집필 작업을 했는데, 그중에서『간추린 영국사』(Short History of England)와 라틴 역사가들에 대한 입문서로『간추린 로마사』(Short Roman History)를 집필했고, 지난 2년간 작업해 온 케이브(Cave)의 저서『원시기독교』(Primitive Christianity)의 요약을 거의 마쳤다. 그 책은 일찍이 아버지 사무엘 웨슬리가 읽고 국교도가 되는 데 많은 영향을 받은 책이다.[41]

그리고 홀메스(Holmes)의『라틴어 문법』(Latin Grammar)을 읽고 교재로 사용할 수 있도록 요약했다. 런던으로 돌아와 보니 "신도회를 독일의 늑대들"(German wolves, Moravians)로부터 보호해야겠다는 생각이 들었다. 그가 11월 27일 쓴 편지에 왜 그가 모라비안들을 경계하며 그들이 성경적이지 않다고 생각하는지 상세하게 밝혔는데 아마도 모라비안들에 대한 가장 구체적인 비판일 것이다.[42]

1750년에 웨슬리가 라틴어 저서 중에서 킹스우드학교의 교재로 쓰기 위해 요약 출판한 것을 포함하여 다음과 같은 책들을 출판했다.

(1) *Desiderii Erasmi Colloquia Selecta. In Usum Juventutis Christianae. Edidit Ecclesiae Anglicanae Presbyter*, 85페이지.

(2) *Phadri Fablae Selectae. In Usum Juventutis Christianae. Edidit Ecclesiae Anglicanae Presbyter*, 35페이지.

---

[40] Ward and Heitzenrater, *Journal and Diaries*, 20: 361-2.
[41] Ward and Heitzenrater, *Journal and Diaries*, 20: 363; Schmidt, *John Wesley: A Theological Biography*, 1:44.
[42] Ward and Heitzenrater, *Journal and Diaries*, 19: 131-34와 20: 366-72을 비교해서 볼 것.

(3) *A Compendium of Logic*, 33페이지. 이 책 역시 킹스우드학교에서 설교자들을 위한 교재로 쓰기 위해 1691년에 알드리히(Aldrich)가 라틴어로 쓴 책 *Artis Logicae Compendium*을 번역한 것이다.

웨슬리에 의하면, 논리학은 사물을 분명하게 이해하기 위한, 진리를 판정하는, 그리고 합리적인 결론을 내리는 기술이다(Logic is the art of apprehending things clearly, judging truly, and reasoning conclusively).

(4) *Letter to the Rev.Mr. Bailet, of Coke, in answer to a letter to the Rev. John Wesley*, 36페이지.

(5) 「아일랜드 주민들에게」(*A Short Address to the Inhabitants of Ireland*): *occasioned by some late occurrences*. Dublin, 1750, 8페이지. 이 소책자에서 웨슬리는 메도디스트들에 대한 다음과 같은 세 가지 질문에 답하고 있다.

① 메도디스트들은 어떤 사람들인가?(What are the Methodists?)
② 그들이 무엇을 가르치는가?(What do they teach?)
③ 그들의 가르침이 어떤 영향을 끼치는가?(What are the effects of their teaching?)

특히, 엑스터의 주교 라빙턴(Lavington, bishop of Exeter)은 메도디스트들을 비판하기 위해 쓴 『메도디스트들과 교황주의자들의 열광주의 비교』(*Enthusiams of the Methodists and Papists compared*)에 답변하는 편지 *A Letter to the Author of the 'Enthusiams of the Methodists and Papists compared*를 출판했는데, 웨슬리는 라빙턴 주교의 영어가 전혀 센스도 없고, 문법적으로 틀린 곳이 너무 많아 주교에 걸맞지 않다고 말하며, "저자가 이름을 감추기를 잘했다. 그렇지 않았다면 얼굴을 감추지 않을 수 없었을 것"(it is well he hides his name; otherwise he would be obliged to hide his face)이라고 했다.[43]

---

[43] Campbell, *Letters*, 27: 315. See also Tyerman, *John Wesley*, 2:93. 라빙톤 주교는 1762년 9

4. 1751년: 결혼에 대한 웨슬리의 생각과 그에 따라 발생하는 문제들

1751년에 들어와서 웨슬리는 자신과 메도디스트들에 대한 대중들의 태도가 변했다는 것을 느꼈다. 옥스퍼드에서 설교할 때 어느 사람도 방해하는 사람이 없어지자 웨슬리 자신도 "자기가 더 이상 십자가 복음을 전하지 않고 인간의 종이 되어가는 것은 아닌지"(Am I become a servant of men? Or is the scandal of the cross ceased?) 걱정하기도 했다.[44]

50대에 접어드는 웨슬리에게 일어난 가장 큰 변화는 그가 결혼했다는 것이다. 그런데 웨슬리의 삶과 그의 신학적 여정을 살피는 작업을 한 콜린스나 막시민 피에트 등 몇몇 웨슬리안신학자들은 이상하게도 웨슬리의 결혼 생활에 대해 언급하고 있지 않다. 아마도 그들이 보기에 웨슬리의 결혼이 신학적으로 중요하지 않다고 생각하거나 웨슬리의 삶과 신학에서 알려지기엔 불편한 진실이라고 느낀 것 같다.[45]

하지만, 웨슬리의 결혼 생활이야말로 인간 웨슬리의 한계와 고뇌를 가장 직접으로 보여 줄 뿐만 아니라 웨슬리에게는 다른 어떤 사건과 비교할 수 없을 정도의 깊이 있는 신학적 통찰을 제공했기에 주목할 필요가 있다.

월 13일 죽었다.
[44] Ward and Heitzenrater, *Journal and Diaries*, 20:377.
[45] 콜린스는 웨슬리가 신성회 활동을 할 때 있을 법했던 여인들과의 관계에 대해 추측을 하고, 사바나에서 목회와 선교를 하는 중에 만났던 소피아 홉키(Sophia Hopkey)와의 관계에 대해 언급했고, 피에트는 여인들과의 관계에 대해서는 거의 언급하지 않고 있고, 두 저자 모두 결혼 생활에 대해서는 이상하게도 침묵하고 있다. 웨슬리와 여성들과의 관계에 대한 연구들은 다음을 보라.
W.H. Fitchett, "Wesley's Love Affairs," in *his Wesley and His Century: A Study in Spiritual Forces* (Toronto: William Briggs, 1908), 456-72. John P. Briggs, "Unholy Desires, Inordinate Affections: A Psychodynamic Inquiry into John Wesley's Relationship with Women," *Conneticut Review* 13 (Spring 1991), 1-18; Earl Kent Brown, *Women in Mr. Wesley's Methodism* (Lewiston, N.Y. Edwin Mellon, 1983). John C. English, "'Dear Sister': John Wesley and the Women of Early Methodism," *Methodist History* 33, no. 1 (October 1994), 26-33.

1) 결혼과 독신에 대한 웨슬리의 생각

웨슬리는 옥스퍼드대학교에서 공부하는 동안 초대교회 제자들과 초대교부들의 수도사적인 삶에 감동하고, 자신도 육신의 정욕에 사로잡히지 않고 오직 하나님만을 위해 헌신하는 것이 더 하나님의 사명을 거룩하게 감당하는 길이라고 믿고 있었다.[46]

웨슬리가 성직 안수 과정 때 만난 여인들과의 관계와 선교지에서 만난 소피아 홉키(S. Hopkey)와의 관계, 그리고 결혼까지 약속했던 그레이스 머뢰이와의 관계까지 종합해 볼 때 한 가지 발견되는 공통점은 웨슬리는 다양한 여성들과 활발하게 교제를 하면서도 막상 사랑하는 관계로 발전하거나 결혼을 결정해야만 하는 순간에는 미숙하게 대처하거나 포기해 버리는 것이었다.

여성들과의 관계에 관한 한 웨슬리는 혹독한 값을 치렀지만, 마땅한 해결책들을 발견하지 못한 상태였다. 그 후 중년에 이르기까지 웨슬리는 항상 하나님에 대한 거룩한 사랑과 인간의 육적인 사랑 사이에서 고뇌했고, 하나님을 기쁘시게 하기 위해서는 독신으로 사는 것이 좋다는 생각을 하고 있었다.[47]

또한, 웨슬리가 결혼을 계속 미룰 수밖에 없었던 몇 가지 이유가 더 있었다. 그는 펠로우로서 연 30파운드의 수입이 있었는데, 결혼하는 즉시 펠로우직은 자동 사임 되기 때문에 수입이 없어진다. 그렇게 되면 결혼과 동시에 빚쟁이가 되는 일을 해결할 방법이 없었던 웨슬리는 결혼을 망설일 수밖에 없었다. 그런가 하면, 순회전도자로 사는 삶도 웨슬리의 결혼에 큰 걸림돌이 되었다. 즉, 장기간 집을 떠나야만 하는 순회전도자로 사는 삶과

---

[46] Ward and Heitzenrater, *Journal and Diaries*, 20: 377-78; Curnock, *Journal*, 3:515.
[47] Baker, *Letters*, 26:380-87.

가정 생활을 동시에 할 수 없다는 현실적인 문제가 웨슬리가 결혼을 생각할 수 없게 만들었을 것이다.

웨슬리는 1743년에 「결혼과 독신에 대한 생각」(Thoughts on Marriage and Celibacy)을 12페이지에 정리해서 메도디스트 설교자들에게 결혼을 최대한 늦추거나 독신으로 지내는 것이 좋다고 격려한 바 있다.[48]

> 웨슬리도 자신이 결혼하지 않았기 때문에 그 많은 일을 감당할 수 있다고 생각하며 하나님께 감사기도를 드리기도 했다(I believe I could be more useful in a single than in a married state. And I praise God, who enabled me so to do).

그러나 40대 중반에 접어들면서 정신적-육체적 건강은 쇠약해졌고, 업무가 점점 가중되면서 누군가의 도움이 절실해졌다. 그런 가운데 웨슬리가 전격적으로 결혼을 함으로써 그를 알고 있는 모든 사람을 충격에 빠뜨리는 사건이 발생한다.

2) 48세 노총각과 41세 과부의 결혼

웨슬리의 결혼과 관계하여 흥미로운 사실은 웨슬리가 일기에서 결혼에 대해 전혀 언급하지 않고 있다는 것이다. 당시에 「젠틀맨스 잡지」(Gentleman's magazine)는 웨슬리가 1751년 2월 18일 월요일 결혼했다고 했고, 「런던스 잡지」(London's Magazine)는 19일 화요일에 결혼한 것으로 전했다.[49] 웨슬리의 일기에 기록된 당시의 일정을 요일별로 정리하면 2월 10일 일요일에 런던 다리를 건너다가 다쳤고, 한 곳으로 옮겨져 그곳에서 일주일 동안

---

[48] Tyerman, *John Wesley*, 1:432.
[49] Ward and Heitzenrater, *Journal and Diaries*, 20:378, note 51.

치료를 받은 후에 17일 파운더리로 가서 일어서지도 못하는 상태에서 무릎을 꿇고 설교를 했고, 18일도 그렇게 했다.

그리고 일기는 며칠 간의 공백을 둔 후 24일 스피탈필즈(Spitalfields)에서 설교한 것으로 연결된다. 그리고 3월 4일 걷지는 못하지만, 간신히 말을 탈 수 있는 상태가 되자 연회 참석을 위해 브리스톨로 떠난 것으로 되어 있다. 그렇다면 3월 11일부터 15일까지 진행된 연회 기간에도 웨슬리의 행동은 자연스럽지 못했을 것인데, 연회 기간에 자신의 결혼에 대해 언급했다는 기록은 없다. 연회는 잘 진행되었고 모든 사람이 새 힘을 얻고 돌아갔다고 했다.[50] 그렇다면 자신의 결혼에 대해 웨슬리는 의도적으로 언급을 회피하고 있다고 볼 수밖에 없다.

웨슬리는 왜 그런 태도를 보였을까?

이제 우리는 웨슬리의 일기와 역사가들의 기록에 의존하여 웨슬리의 결혼과 관계된 사실들을 추적해보자.

웨슬리는 2월 2일 런던에서 동료 목회자 빈센트 페로넷(Rev. Vincent Perronet of Shoreham)에게 결혼에 대한 의견을 물었는데, 그의 대답을 듣고 웨슬리는 "결혼을 해야겠다"라고 생각했다(I was clearly convinced that I ought to marry).[51] 그리고 즉시 동생에게 자기의 뜻을 밝혔고 그 소식을 들은 찰스는 충격을 받았다. 먼저 그의 기록을 보자.

> 2월 2일 토요일 - 내 형이 옥스퍼드로부터 돌아왔다. 그리고 내게 와서 결혼하기로 작정했다고 말했다. 정말 너무 놀랐다. 그리고 충격이라고밖에 대답할 수 없었다. … 믿을 만한 네드 페로넷이 바로 이어서 형수 될 사람이 내가 상상도 할 수 없었던 사람 바질(Vazeille) 여사라고 말해 주었다. …

---

50 Ward and Heitzenrater, *Journal and Diaries*, 20:379-80.
51 Ward and Heitzenrater, *Journal and Diaries*, 20: 378.

다른 사람들이 받을 충격까지 생각하며 나는 온종일 신음하며 음식을 먹지도 못하고 설교도 못 하고 밤낮 괴로워 쉴 수조차 없었다(Feb. 2, Sat. - My brother returned from Oxford, sent for and told me he was resolved to marry! I was thunderstruck, and could only answer he has given me the first blow, ⋯ Trusty Ned Perronet followed, and told me the person was Mrs. Vazeille - one of whom I never had the least suspicion. ⋯ Groaned all the day, and several following ones, under my own and the people's burden. I could eat no pleasant food, nor preach, nor rest either by night or by day).

2월 3일 일요일 - 능력도 생명도 느껴지지 않는 성만찬을 인도했다. 성찬식 도중에 찬양이나 기도도 할 수 없었다(Sun. 3. - Gave the sacrament, but without power or life. No comfort in it; no singing between, no prayer after it).[52]

상기한 찰스의 기록에 따르면, 다음과 같은 세 가지 사실을 알 수 있다.

첫째, 찰스가 이미 2일과 3일에 형의 결혼 계획을 들었는데 특히 형수 될 사람이 바질 부인이라는 사실을 알고 몹시 괴로워했다. 그런데 웨슬리가 다리를 다쳐서 간호를 받는 중에 애정을 느껴서 결혼한 것처럼 말하는 것은 잘못이다.[53]

둘째, 메도디스트 최고 지도자인 웨슬리는 동료 메도디스트들 내에서 평이 좋지 않은 여인과 결혼을 했다. 햄슨(Hampson)이나 잭슨(Jackson)과 같은 초기 전기 작가들은 바질 부인이 메도디스트 최고 지도자의 부인이 되기에는 인격적으로나 지적으로 문제가 있다고 했지만, 타이어맨은 왜곡

---

[52] Curnock, *Journal*, 3:514-5.
[53] Fitchett, *Wesley and His Century, a Study in Spiritual Forces*, 468. 피쳇은 마치 "그 사건이 아니었다면 웨슬리가 그 여인에 대해 잊을 수도 있었을 것"(it is probable he would have quite forgotten Mrs. Vazeille)이라고 했다.

된 면이 있음을 부각시키며 충분한 자격이 있는 것처럼 말했다.⁵⁴ 그런데 일전에 바질 부인의 도움을 받으며 만난 적이 있는 찰스가 1749년 7월 20일에 그녀를 "슬픔이 가득한 여인"(a woman of sorrowful spirit)이라고 표현한 것을 보면 문제가 있는 것은 분명한 것 같다.⁵⁵

셋째, 그 소식을 들은 동생은 얼마나 걱정이 되고 괴로웠든지 음식을 먹지도 못하고, 밤이나 낮이나 쉴 수도 없었다. 심지어 주일 성찬식을 인도할 때도 찬송가를 부를 수 없었고 기도 또한 할 수 없었다고 하니 그 괴로운 정도가 어느 정도 인지 가늠할 수 있다. 형제간의 신뢰와 사랑은 최악의 상태가 되었다.

한편, 며칠 후(6일) 독신 남자들을 만났을 때는 "독신의 은사를 받고 하나님의 나라를 위해 헌신한 좋은 예들"(it was good for those who had received that gift from God to remain single for the Kingdom of heaven's sake)에 대해 말해 주었다고 했는데, 그렇다면 자신은 이미 결혼하려고 마음을 굳힌 상태에서 독신 남성들에게는 독신을 지키는 것이 좋겠다고 말한 것이 된다.⁵⁶ 그리고 일요일인 10일 오후 5시 설교를 마친 후 북쪽 지방 순회설교 일정을 맞추기 위해 런던 다리(London Bridge)를 급하게 건너다가 얼어 있던 길에서 미끄러져 넘어지면서 다리를 심하게 다쳤다.

걸을 수 없게 된 웨슬리는 스레드니들 거리(Threadneedle Street)에 살고 있던 41세의 과부 메리 바질(Mary Vazeille)의 집으로 실려가 그녀의 간호를 받게 된다.⁵⁷ 치료를 받는 7일 동안에는 주로 기도와 읽기와 자기를 돌봐주

---

54 Tyerman, *John Wesley*, 2:102.
55 Baker, *Letters*, 26:429, note 19; Tyerman, *John Wesley*, 2:101.
56 Ward and Heitzenrater, *Journal and Diaries*, 20:378. cf. Matt. 19:12.
57 Tyerman, *John Wesley*, 2:105. 웨슬리의 일기에는 단순히 "I removed to Threadneedle Street, where I spent remainder of the week, partly in prayer, reading, and conversation,

는 여인과 대화를 하면서 또한 『히브리어 문법책』(*a Hebrew grammar*)과 『어린이들을 위한 교재』(*Lessons for Children*)를 쓰고 있었다.

주일이 돌아오자 걸을 수 없는 상태에서 무릎을 꿇고 설교를 했다. 그리고 하루나 이틀 후에 자신을 간호해 주던 메리 바질과 전격적으로 결혼을 한 것이었다. 그의 일기에 따르면, 화요일과 수요일(19-20일) 저녁에 무릎을 꿇고 설교를 했다.[58] 일정상 결혼식은 월요일인 18일 한 것 같다. 그렇다면 무릎을 꿇고 결혼식을 했다는 뜻이다. 17일 주일 있었던 일에 대해 웨슬리는 침묵하고 있지만, 찰스에 의하면 웨슬리는 자신이 결혼하는 것에 대해 사과했고, 듣고 있던 사람들은 얼굴을 숨길 정도로 참담했다고 한다.

그런데 그날 웨슬리의 사과를 들은 사람들 중에서 웨슬리가 불과 하루나 이틀 만에 결혼식을 올릴 것이라고 상상한 사람은 아무도 없었을 것이다. 결국, 48세의 총각 웨슬리가 3명의 자녀를 둔 41세 과부와 언제, 어디에서, 누구의 주례로 결혼식을 했는지 아무도 모르지만, 웨슬리는 더 이상 독신이 아니었다.

웨슬리의 삶에 대해 세밀하게 살핀 커녹도 당시 웨슬리의 결혼을 주례한 사람은 둘을 알고 있는 찰스 매닝(Charles Manning) 목사일 것이라고 추측할 뿐 정확한 자료를 제공하지 못하고 있다.[59] 웨슬리의 부인은 한 달 안에 새로운 취미가 생겼는데 사람들 앞에서 남편의 흠을 잡는 것이었다.

그로부터 8년 후인 1759년에 찰스가 형에 대한 감정을 표현할 때 "형의 불행한 결혼 이후로 내가 형과 이렇게 가깝게 동질감을 느끼며 좋아한 적은 없다"(I never liked him better, and was never more united to him, since his unhappy

---

partly writing an Hebrew Grammar, and Lessons for Children"이라고 되어 있다. "그곳에 살고 있던 메리 바질(Mrs. Mary Vazeille) 부인의 집으로 옮겼다"라는 것은 당시 상황을 잘 알고 있던 전기 역사가들이 전해준 내용이다.

[58] Ward and Heitzenrater, *Journal and Diaries*, 20:379.
[59] Curnock, *The Journal*, 3:515; Tyerman, *John Wesley*, 2:101, note 2.

marriage)라고 표현하는 것을 보면 형의 결혼은 둘의 관계에 심각한 타격을 주었던 것 같다.[60]

어떻게 그런 일이 일어난 것일까?

그리스도인의 완전을 추구하던 한 성직자가 무너진 것일까?

아니면 비로소 한 인간의 모습으로 돌아온 것일까?

아니면 인간이라면 누구도 피할 수 없는 실수였을까?

웨슬리는 평소에는 세상에서 가장 강한 사람처럼 행동하다가 병이 나면 약해지고 판단력이 흐려지는 단점을 가진 것 같다. 결혼의 경우까지 포함하여 1737년 조지아(Georgia)에서 홉키의 간호를 받았을 때와 1748년 뉴캐슬(Newcastle)에서 그레이스의 간호를 받았을 때의 경우를 보면, 웨슬리는 초인적인 일정을 진행하는 과정에서 병이 나곤 했는데, 간호를 받을 때마다 자신을 간호해준 여인들에게 사랑을 느끼고 청혼을 했다는 공통점이 발견된다.[61]

당시 바질 부인은 미망인으로서 만 파운드나 되는 재산을 물려받은 상태였기에 웨슬리가 돈을 보고 결혼한다고하는 비난을 피하기 어렵게 되었다. 그래서 웨슬리는 부인의 재산은 오직 부인과 자녀들만을 위해 사용한다는 계약을 하고 결혼했다.[62]

웨슬리는 1749년 9월 25일 자신이 왜 그레이스 머뢰이와 결혼해야 하는지 매우 설득력 있게 설명한 적이 있는데, 그 내용을 통해 웨슬리의 결혼관을 파악할 수 있다. 그동안 어머니와 같은 여성을 만나지 못해 결혼할 수 없었는데, 머뢰이가 바로 어머니와 같이 지성과 영성을 겸비하고 자기를 살펴줄 적임자라는 것이다. 그 외에 자신이 결혼하는 것이 좋겠다는 이

---

[60] Charles Wesley, *Journal*, 2:219. Tyerman, *John Wesley*, 2:323에서 재인용.
[61] Fitchett, *Wesley and His Century, a Study in Spiritual Forces*, 458-59.
[62] *Methodist Magazine* (1847), 868; Tyerman, *John Wesley*, 2:101 에서 재인용.

유를 다음과 같이 밝혔다.

성경적으로 보아도 결혼하는 것이 결코 육신을 더럽히는 행동이 아님을 알게 되었고, 결혼하면 자녀를 양육해야 하는 등 돈이 많이 드는데 이제 킹스우드학교에 보내면 되니 자녀 양육비를 걱정하지 않아도 되는 환경이 되었다. 결혼하면 복음을 전하는데 방해될 줄 알았는데, 반대로 좋은 동역자를 만나면 오히려 힘을 얻을 수 있다는 생각과 무엇보다도 자신의 건강을 돌봐줄 사람이 필요하다는 현실적 필요도 있었다.[63] 비록, 머뢰이와의 관계는 아픈 가운데 끝났지만, 그때 이후로 웨슬리는 결혼에 대해 매우 적극적으로 생각하게 되었다는 것으로 보인다.

웨슬리의 전격적인 결혼도 놀랍지만, 결혼 직후의 그의 행동이 더욱 놀랍다. 결혼식 후에도 여전히 걷지는 못하지만, 말 안장에 앉을 수 있게 되자 3월 9일부터 15일까지 진행되는 연회에 참석하기 위해서 3월 4일 2주 전에 결혼한 집에 두고신부를 집에 두고 브리스톨로 출발했다. 연회 기간 중인 11일 아내에게 편지했는데, 사랑의 편지라기보다는 일 잘하고 있으라는 내용이 대부분이었다.[64]

연회를 마치고 런던으로 돌아와 잠시 머문 후 27일 순회설교를 떠나는 날 이제 한 아내의 남편이 된 웨슬리는 결혼 후에 선교여행에 열심을 내지 않는 동생을 포함 다른 설교자들에게 "어떻게 결혼과 동시에 하루에 한 번 정도만 설교하는 것과 순회설교를 떠났다가 하루 만에 돌아올 수 있느냐?"(I cannot understand how a Methodist preacher answer to God to preach one sermon or travel one day less in a married than in a single state)라고 하면서 "결혼한 사람도 마치 아내가 없는 것처럼 활동해야 한다"(it remaineth that they who have wives

---

[63] Baker, *Letters*, 26:380-87.
[64] Baker, *Letters*, 26:451-2.

be as though they had none)라고 말했다.⁶⁵

가정을 가진 사람으로서 웨슬리처럼 하지 않으면 그 많은 일을 감당할 수 없는 것이 사실이겠지만, 웨슬리처럼 하기 때문에 발생하는 문제에 대해서는 어떻게 할 것인가??

런던에서 42마일 떨어진 테트워스(Tetworth)에 27일 당일 도착하자마자 웨슬리는 부인에게 편지를 썼다. 사랑 고백과 함께 몇 가지 일을 부탁한 후 마치 제자나 다른 리더들에게 하듯이 하루에 한 시간 이상 읽고, 기도하라고 당부했다. 그리고 마지막으로 자기에게 오는 모든 편지를 부인이 열어보도록 허락했다.⁶⁶

아마도 결혼할 때부터 부인은 웨슬리가 메도디스트 여성 지도자들과 편지하는 것에 대해 염려 혹은 의심을 표현한 것 같고, 웨슬리 자신은 아무 거리낄 것이 없다고 생각하며 그렇게 허락했지만, 그것이 그토록 심각한 문제를 일으킬 줄 웨슬리는 상상도 못 했을 것이다.

3월 30일 다시 웨슬리는 아내에게 "나는 지금 당신이 바로 내 곁에 앉아서 당신이 부드럽게 말하는 소리를 듣고, 사랑스럽게 미소짓는 것을 봅니다"(I can imagine then I am sitting just by you, and see and hear you all the while, softly speak and sweetly smile)라는 로맨틱한 편지를 보냈다. 여기에서 "and see and hear you all the while, softly speak and sweetly smile"라는 표현은 당시 에디슨(Addison)이란 작가의 에세이에서 그대로 베껴 쓴 것이다.⁶⁷

수도사처럼 살던 순회전도자와 자녀가 있는 재력가 과부와의 결합은 곧 서로에게 악몽처럼 변해갔다. 결혼하고 보니 부인은 전 남편의 유산을 물

---

[65] Ward and Heitzenrater, *Journal and Diaries*, 20: 380.
[66] Baker, *Letters*, 26:454. 웨슬리는 부인에게 다음과 같이 말했다. "If any letter comes to you, directed to the Revd. Mr. John Wesley, open it – it is for youself."
[67] Baker, *Letters*, 26:455 and note 15. 또 다른 웨슬리의 사랑 표현에 대해서는 다음을 참고하라: Baker, *Letters*, 16:456, 457, 462.

려받는 문제로 각종 소송을 하며 어려움을 겪고 있었다. 결혼한 지 두 달 쯤 지난 5월 14일 자 편지에서 웨슬리는 아내가 전도 여행 중 여러 가지 시험을 만나지만, 다 필요한 것들이고, 앞으로 아내도 잘 받아들이면 좋을 것이라고 하는 희망을 나타내고 있다.[68]

그런가 하면, 형수는 동생 찰스에게 형에 대한 불만을 쏟아내기 일쑤였다. 그러면서도 1752년 3월에 둘은 아내의 딸 중 하나와 함께 영국 북부 여행을 했는데 4월 16일 블랙웰에게 쓴 편지를 보면 아내는 시간이 거듭 될수록 어려움을 잘 견뎌주고 있다고 자랑스럽게 말하기도 했다.[69]

그런데 1755년 웨슬리가 메도디스트 사역자들에게 쓴 편지 다발을 찰스 페로넷(Charles Perronet)에게 보냈는데, 어찌 된 일인지 그 편지 다발이 부인의 손에 들어가게 되었고, 부인은 곧 편지를 뜯고 내용을 읽는 중에 웨슬리가 르페브르(Lefevre) 부인과 주고받은 내용을 보고 분노한 적이 있다.

르페브르 부인은 웨슬리에게 보내는 답장에서 "오랜 비가 온 후에 햇빛에 의해 꽃들과 새들과 대지가 새 힘을 얻는 것 같이 내 영혼이 당신의 편지를 통해 새 힘을 얻었다오"(My soul was as much enlivened by your letter as the earth, the birds, and flowers are by the rays of the sun after a long and heavy rain)라고 시작하고 "변함이 없는 당신의 사람"(I am unalterably yours)이라는 표현과 함께 편지를 맺었다.[70]

당시에 웨슬리는 도로시 펄리(Dorothy Furly), 사라 크로스비(Sarah Crosby), 사라 라이언(Sarah Ryan) 등의 여성들과 편지를 교환했는데, 특히 사라 라이언과의 관계가 또한 문제가 되었다. 라이언은 세 번 결혼을 했고 그 남자들은 모두 생존해 있었기에(she had three husbands living, and was separated from

---

68 Baker, *Letters*, 26:459, 461.
69 Baker, *Letters*, 26:492-3; Tyerman, *John Wesley*, 2:107-109.
70 Baker, Letters 26:553; Tyerman, John Wesley, 2:109.

them all) 많은 사람들의 지탄을 받고 있을 때 웨슬리의 설교를 통해 회심한 후 메도디스트 신도회에서 활발하게 활동하면서 웨슬리의 주목을 받았다.

1757년 10월에 당시 33세인 사라가 주로 웨슬리가 거주하는 브리스톨과 킹스우드의 집사(housekeeper)로 임명되면서 문제가 심각하게 야기되기 시작했다. 즉, 웨슬리와 사라와의 관계가 지나치게 가깝다고 의심하던 부인은 질투심으로 가득했다.

한번은 브리스톨 신도회에서 웨슬리가 60-70명의 설교자들과 식사를 하고 있을 때 라이언이 헤드 테이블에 앉아 있는 것을 보고 질투심에 불타던 부인은 방으로 달려 들어와 라이언을 가리키며 "지금 당신을 위해 식탁 봉사를 하는 저 사람은 현재 세 명의 남편과 사는 불결한 여자입니다"(The … now serving you has three husbands living)라고 손가락질을 한 적도 있었다.[71]

마침내 바질 부인은 웨슬리가 라이언에게 쓴 편지를 보고 극도로 화를 내며 집을 나갔는데, 그 이후로 집을 나가는 사건이 종종 발생했다. 마침내, 부인은 웨슬리가 다른 여인들과 부적절한 관계를 맺고 있다고 소문을 퍼뜨리는가 하면, 남편 몰래 그의 전도 여행길을 100마일이나 미행하며 웨슬리가 다른 여자와 함께 마차를 타고 가는지 살피기도 했다.

바질 부인은 웨슬리의 편지들을 강제로 빼앗아 웨슬리와 대립 관계에 있던 칼빈주의자들이나 언론사에 넘겨 주기도 했다. 그런가 하면, 편지의 내용을 일부 수정하여 사람들 앞에서 읽어줌으로써 웨슬리가 얼마나 나쁜 사람인지 오해하게 하기도 했으며, 심지어 동생 찰스가 매우 게으르다고 비난하는가 하면 찰스의 아내가 웨슬리의 정부(mistress)라는 소문을 퍼뜨리기도 했다.

당시 찰스는 분노를 감추지 못하고 몸을 떨었지만, 부인 샐리는 누가 그 사람의 말을 믿겠느냐며 웃어넘겼다(Sally calmly smiled and said, "who will be-

---

[71] Tyerman, *John Wesley*, 2:285-88.

lieve my sister now).⁷² 왜소한 웨슬리보다 몸집이 컸던 메리는 웨슬리에게 육체적 폭력을 행사하기까지 했다고 전해진다.

초기의 전기 작가인 존 햄슨(John Hampson)이 자기 아들에게 사적으로 해 준 말에 의하면 햄슨이 아일랜드 북쪽에 있을 때 웨슬리가 묵고 있던 방에 들어갔는데 메리는 웨슬리의 머리카락을 한 줌 쥐고 씩씩대고 있었고, 웨슬리는 마룻바닥에 엎드려져 있는 모습을 보았다는 것이다.

그때 햄슨은 웨슬리와 그렇게 친하지도 않았지만, 하도 화가 나서 그 여자를 죽여버리고 싶었다(I felt as though I could have knocked the soul out of her)고 했다.⁷³ 모든 메도디스트들의 지도자요 순회전도자인 웨슬리의 모습이라고는 상상할 수 없는 장면이 그의 불행한 결혼 생활을 단적으로 설명해 주고 있는 듯하다.

1758년 메리가 처음으로 집을 나간 이후로 10년 이상 나가고 들어오는 일이 반복되었는데, 웨슬리는 그럴 때마다 여전히 아내를 사랑한다고 고백하며 정중하게 돌아오라고 요청했다. 1771년 6월 23일도 "다시는 돌아오지 않겠다"(never to return)라는 메모를 남기고 뉴캐슬로 떠났을 때 웨슬리가 그 이유를 모르겠다고 표현한 것을 보면 웨슬리도 지쳐있는 듯하다.⁷⁴

1년 후에 웨슬리가 뉴캐슬로 가서 아내와 함께 돌아왔지만, 얼마 후 메리는 다시 집을 나갔고 웨슬리도 더 이상 그녀에게 돌아오라고 요청하지도 않았다.

5-6년의 별거 후 1777년 메리가 돌아오겠다는 의사를 전했지만, 이번에는 웨슬리가 다시는 편지를 훔쳐 가거나 다른 여자들과 간통을 했다는

---

72 Tyerman, *John Wesley*, 2:110; Fitchett, *Wesley and His Century, a Study in Spiritual Forces*, 468-9.
73 Hamson's *Life of Wesley*, 2:127. 그 외에 Private manuscripts. Tyerman, *John Wesley*, 2:110-111에서 재인용.
74 Moore, *Life of Wesley*, 2:175. Tyerman, *John Wesley*, 2:112 에서 재인용.

헛소문을 내지 않겠다는 맹세를 하라고 요구했다. 그리고 1년 후 웨슬리는 최후 통첩과도 같은 편지를 보냈다. 웨슬리를 아는 사람이라면 누구도 웨슬리의 편지일 것이라고 상상할 수 없는 내용이다.

> 당신이 천년을 산다 해도 당신이 나에게 저지른 잘못을 다 돌려놓지 못할 것이오. 만약, 당신이 그렇게 한다 해도 그 일을 다 하기 전에 나는 당신에게 작별을 고할 것이오(If you were to live a thousand years, you could not undo the mischief that you have done. And till you have done all you can towards it, I bid you farewell).[75]

결국, 메리는 집에 돌아오지 못한 채 1781년 10월 8일 81세의 나이로 숨을 거두었다.

3) 킹스우드학교와 평신도 설교자 문제

웨슬리는 1751년에 처음으로 스코틀랜드(Scotland)에 갔고 그곳에 신도회를 세워가고 있었는데, 이미 스코틀랜드에 신도회를 세우고 활발하게 활동하고 있던 휫필드는 스코틀랜드에 진출하는 것을 불쾌하게 생각하고 있었다. 스코틀랜드에 갈 때는 설교를 할 생각은 없었는데 요청을 받고 설교했을 때 모든 사람이 말씀에 집중하는 것을 보고 놀랐다.

그런가 하면, 누가 스코틀랜드 사람들이 낯선 사람 앞에서 수줍어한다고 말했는지 이해할 수 없을 정도로 그들은 자유롭게 대화하며 은혜의 시간을 보냈다. 에든버러(Edinburgh)에 가보니 유럽 여행 때 독일에서 본 퀼른

---

[75] Telford, *Letters*, 6:322; Fitchett, *Wesley and His Century*, 471. 『200주년 기념 웨슬리 총서』는 웨슬리의 편지 중 2019년 현재 1765년까지만 출판되었기 때문에 그 이후의 것에 대해서는 텔포드의 표준판을 참고할 것이다.

(Cologne in Germany)보다 더 지저분한 도시임을 발견하고 놀랐다. 그곳에서 웨슬리는 "여호와를 만날 만할 때에 찾으라"(사 55:6)는 말씀을 전했다.[76]

1748년에 설립된 킹스우드학교를 운영하는 데 있어서 많은 문제가 발생하자 6월 22일 새롭게 정리하기로 했다. 먼저 학교에서 일하는 두 사람이 서로 험담을 하며 갈라져 있는 것이나 교사들이 그 문제를 해결하지 못하고 오히려 악화시키는 것, 그런가 하면 통제 불능의 학생들 문제까지 겹치자 웨슬리는 몇몇 학생들을 퇴학시키고, 교사와 일꾼 몇 명을 해고하는 등 문제 해결을 위해 노력했다. 그리고 자신은 교과서로 사용하기 위해 영어, 라틴어, 헬라어, 히브리어, 불어 문법책을 쓰기 시작했다. 이제 두 명의 교사와 11명의 학생, 그리고 몇 명의 봉사자로 새 출발 하게 만들었다.[77]

그런가 하면, 메도디스트의 설교자들이 신학 교육을 받지 못한 무자격자라는 비판에 대해 웨슬리는 적극적으로 변호했지만, 사실 그들 가운데는 신학 교육이나 인격적인 부재로 인해 메도디스트들 내에서나 사회적으로 물의를 일으키는 일이 빈번했고, 웨슬리는 설교자들로 인해 발생하는 문제들을 해결하는 데, 어려움을 겪고 있었다.

첫 평신도 설교자를 임명한 이래 10년을 지나는 동안 80명이 넘게 되었지만, 그들 중에서 문제가 있는 설교자들을 제외하니 40여 명만 남게 되었다. 그런 문제를 방지하기 위해 심각하게 논의한바 빈센트 페로넷(Vincent Perronet)의 조언을 따라 설교자를 임명하고, 제외하고 재임명할 때 웨슬리나 찰스 중 한 사람만 반대해도 임명하지 않기로 했고, 만약 둘의 의견이 일치하지 않을 때는 페로넷의 조언을 따르기로 했다.[78]

---

[76] Ward and Heitzenrater, *Journal and Diaries*, 20:385-6; Curnock, *The Journal*, 3:522, note 1; Tyerman, *John Wesley*, 2:117-19.
[77] Ward and Heitzenrater, *Journal and Diaries*, 20:393-4.
[78] John Whitehead, *The Life of the Rev. John Wesley*, 437-38.

12월 19일 라빙톤(George Lavington, 1684-1762) 주교가 메도디스트들을 비판한 문서 『메도디스트들과 교황주의자들의 열광주의 비교』(The Enthusiasm of Methodists and Papists Compared)에 대한 두 번째 답변을 쓰기 시작했다. 사실, 웨슬리는 청교도들 사이에서 유행하던 말 "하나님은 실천신학이 필요하셨고, 마귀는 이론적 신학을 필요하게 만들었다"(God made practical divinity necessary; the devil, controversial")라는 말을 떠올리며 본인이 그런 일을 하는 것은 정말 피곤한 일(heavy work)이라고 했다.

그 이후로 웨슬리의 일기가 다음해 3월 15일부터 기록된 것을 보면 연말과 새해 연초를 이론적인 작업을 하는 데 소모한 것 같다. 그래서 1749년에 시작한 『그리스도인 문고』의 2권부터 12권까지 3,250여 페이지 분량이나 되는 11권의 책을 1751년 한 해에 출판될 수 있었다. 그 외에 다음과 같은 책들을 출판했다.[79]

① 『유아세례에 대해』(Thoughts upon Infant Baptism), 21페이지.
유아세례의 정당성을 주장한 내용이다.
② 『간추린 히브리어 문법』(A Short Hebrew Grammar), 11페이지.
③ 『간추린 헬라어 문법』(A Short Greek Grammar), 80페이지.
④ 『간추린 불어 문법』(A Short French Grammar), 35페이지.
웨슬리는 20세 이상이 된 사람들은 헬라어나 라틴어를 배우려고 하지 말라고 했다. 왜냐하면, 그 나이에 새로운 언어를 배우기 위해서는 너무 많은 시간과 에너지가 소모되기 때문이라고 했다.[80]
⑤ 『성도의 견인에 대한 진지한 생각』(Serious Thoughts upon the Perseverence of the Saints), 24페이지.

---

[79] Tyerman, John Wesley, 2:135-6.
[80] Wesley's Works, 2:368. Tyerman, John Wesley, 2:135 에서 재인용.

『성도의 견인에 대한 진지한 생각』에서 웨슬리는 "믿는 자들이 하나님의 자녀라 해도 그들이 믿음을 상실하고 계속 믿지 않는다면 지옥에 간다"([a child of God, a true believer] may go to hell, yea, and certainly will, if he continues in unbelief)라고 선언함으로써 칼빈주의의 "성도의 견인"(the Perseverance of the Saints)의 교리를 정면으로 반박했다.[81] 칼빈주의자들뿐만 아니라 영국국교회에서도 용납할 수 없는 선언이었기에 주위로부터 반발이 거셌다.

5. 1752년: 아일랜드연회와 칼빈주의자에 대한 비판

웨슬리와 아내와 딸들이 1752년 3월 중에 순회설교에 동행했다. 3년 전에 발생했던 결혼과 관계된 후유증이 여전했다. 즉, 베넷(John Bennet)이 가는 곳마다 웨슬리에 대해 나쁜 소문을 퍼뜨렸으며 심지어 웨슬리는 믿음에 의한 칭의를 부인하는 교황주의자라고 비난하고 다닌다는 소식을 들었다.

심지어 웨슬리가 자기 재산을 축적한다고 비난하며 웨슬리와 모든 관계를 끊었다고 선언했다. 웨슬리는 이동하면서 독서 하는 일을 멈추지 않았는데, 10월에는 파스칼의 『팡세』(Thoughts, Pensees)를 읽었다.[82]

1752년은 아일랜드에서 메도디스트연회가 처음으로 개최된 해이다. 당시 아일랜드신도회는 다음의 세 가지 원인 때문에 쇠퇴하고 있었다.

첫째, 칼빈주의적 가르침에 따라 율법 폐기론적 설교 때문이었다.
둘째, 훈련의 부족 때이었다.

---

[81] Chilcote and Collins, *Doctrinal and Controversial Treaties*, 13: 257; Jackson, *Works*, 10:297.
[82] Ward and Heitzenrater, *Journal and Diaries*, 20: 413-4, 428, 441.

셋째, 설교자들의 부적절한 행동 때문이었다.

그러한 모든 문제를 해결하기 위해서 설교자들에 대한 좀 더 철저한 교육과 관리가 필요하다는 의견이 제기되었다. 아울러 메도디스트들 내에서 칼빈주의신학을 철저히 배제함과 동시에 칼빈주의신학의 문제점을 대외적으로 알리는 것이 필요하다고 느껴 2월에 『냉정하게 살펴본 예정론』 (*Predestination calmly Considered*)을 출판했다.[83] 결과적으로 잠재되어 있던 문제가 더 큰 분쟁과 분열로 치닫게 되었다.

사실 1년 전에 웨슬리가 『성도의 견인에 대한 진지한 생각』(*Serious Thoughts upon the Perseverance of the Saints*)을 썼는데, 유대계 칼빈주의자인 존 길 (John Gill, 1697-1771) 박사가 그에 대한 반박으로 『성도의 견인 교리에 대한 변증: 성도의 견인에 대한 진지한 생각에 대한 답변』(*The Doctrine of the Saints Final Perseverance, Asserted and Vindicated: In Answer to a Late Pamphlet, called, 'Serious Thoughts' on the Subject*)을 출판했고, 그에 대한 답변으로 쓴 것이 『냉정하게 살펴본 예정론』(*Predestination calmly Considered*)이다.[84]

---

[83] Chilcote and Collins, *Doctrinal and Controversial Treaties*, 13:261-320; Tyerman, *John Wesley*, 2:144-45. 웨슬리는 논리 중에 "Let us calmly and fairly weigh these things in the balance of the sanctuary"(다와서 신중하고 공평하게 균형의 성소에서 이것들을 저울질해보자)라고 했는데(참조 Dan. 5:27) "이 뜻은 성경의 빛과 하나님 앞에서(in the light of Holy Scripture and in the presence of God, *coram Deo*) 문제를 신중하고 정직하게 생각해 보자/ 문제를 해결하자"라는 뜻으로서 당시 청교도들 사이에서 널리 쓰이던 표현이다. 사실, 이 뜻은 유대교에서 성전에서 무게를 재는 저울을 의미한다. 성전에서 각종 헌물이나 제물의 무게를 공평하고 정확하게 재기 위해 제사장들이 사용하던 저울을 의미한다. 웨슬리도 그러한 자세로 자신의 논리를 전개하고 있다는 뜻을 함축하고 있다. See, Chilcote and Collins, *Doctrinal and Controversial Treaties*, 13:264, note 18 and Outler, *Sermons*, 1:281 and note 74.

[84] 길 박사 또한 그 해 말에 다음의 글로 웨슬리를 논박했다. The Doctrine of Predestination Stated and Set in the Scripture-Light; in opposition to Mr. Wesley's 'Predestination calmly Considered'. 웨슬리 형제도 마지막으로 1754년에 *An Answer to all which the Rev., Dr.*

설교자들 가운데는 웨슬리의 가르침에 충실하지 않고 자신들의 생각대로 행동하는 사람들이 있었고, 특히 휫필드와 헌팅돈 부인과 함께 활동하며 칼빈주의적 교리를 설교하는 사람들도 있었다. 심지어 찰스도 휫필드와 같은 생각을 하고 있다는 소문이 들리자, 웨슬리는 8월 8일 동생에게 편지하여 자기 생각에 일어난 중대한 변화에 대해 언급했다. 즉, 그동안 너와 나는 특별한 경우 전적으로 하나님의 선택을 받은 사람들도 있지만, 모든 사람은 조건부로 선택을 받았다는데 동의하고 있었다(both you and I have often granted an absolute unconditional election of some, together with a conditional election of all men). 그런데 그러한 생각이 다음의 두 가지 차원에서 변화가 일어났다는 것이다.

첫째, 절대적인 선택과 저주의 교리는, "그런가 그렇지 않은가만 있을 뿐 다른 여지가 없다"(either absolute reprobation and election, or neither).

둘째, 특별히 예외적 선택을 인정하면 사람들이 그러므로 웨슬리도 절대 예정론이나 성도의 견인의 교리를 인정하는 것처럼 악용하는 경우를 보았다. 그러므로 다시 생각해 보니 성경은 결코 선택과 저주의 교리를 인정하지 않는다는 사실을 분명히 할 필요가 있다는 것이다.[85]

사실 이 내용은 몇 달 전에 자신이 쓴 『냉정하게 살펴본 예정론』의 내용 중 일부를 수정하고 있다. 그는 분명 특별한 경우의 선택을 믿는다고 말했다.

Gill has printed on the Final Perseverance of the Saints를 출판했는데 사실 이 글은 1741년에 찰스의 찬송집 Hymns on God's Everlasting Love에서 발췌한 것이다. See Chilcote and Collins, *Doctrinal and Controversial Treaties*, 13: 258.

[85] Baker, *Letters*, 26:498-9. 이 편지는 1752년 8월 8일 쓴 것인데, 웨슬리가 1751년에 『성도의 견인에 대한 진지한 생각』(*Serious Thoughts upon the Perseverance of the Saints*), 그리고 1752년 2월에 『냉정하게 살펴본 예정론』(*Predestination calmly Considered*)을 출판한 후였다. 참조 Tyerman, *John Wesley*, 2:144.

하나님은 특정인들을 세상에서 특별한 일을 하기 위해 지목하신다. 그리고 이러한 선택은 매우 개인적일 뿐만 아니라 절대적이고 무조건적인 것이라고 나는 믿는다. 그와 같이 고레스 왕은 성전의 재건축을 위해 선택받았고, 사도 바울도 열두 사도들과 함께 복음을 선포하라고 선택받았다([A] divine appointment of some particular men to do some particular work in the world. And this election I believe to be not only personal, but absolute and unconditional. Thus Cyrus was elected to rebuild the temple, and St. Paul, with the twelve, to preach the gospel).[86]

그런 의미에서 웨슬리는 "예지 예정"(elect according to the foreknowledge of God)을 믿는다고 하면서도(This election I as firmly believe as I believe the Scripture to be of Gd) 그렇게 선택된 가룟 유다도 사도로 선택을 받았지만, 사탄의 도구로 전락한 것처럼(마 25:541) 영원한 구원을 의미하는 것은 아니라고 했다.

종합해 보면, "전적인 예정론은 저주의 교리 없이 불가능하므로"(the decree of election cannot stand without the decree of reprobation), 사랑의 하나님께서 몇 사람을 구원하기 위해 다른 사람을 저주하는 예를 성경에서 찾아볼 수 없으므로 받아들일 수 없다고 단언했다.[87]

아일랜드의 신도회 내에서도 칼빈주의자들로 인해 혼란이 발생하자 단호하게 대처하기 위해 웨슬리는 메도디스트 설교자가 메도디스트 교리를 지키

---

[86] Chilcote and Collins, *Doctrinal and Controversial Treaties*, 13: 267-8.
[87] Chilcote and Collins, *Doctrinal and Controversial Treaties*, 13:265. 한편, 칼빈이 서술한 예정론의 핵심은 다음과 같다. All men are not created fit for the same end; but some are foreordained to eternal life, others to eternal damnation. So according as every man was created for the one end or the other, we say he was elected, i.e., predestinated to life; or reprobated, i.e., predestinated to damnation(모든 사람이 다 같은 결말을 맞이하도록 창조된 것은 아니다. 어떤 사람은 영원한 생명을 얻도록, 다른 사람은 영원한 저주를 받도록 창조되었다. 모든 사람은 구원 혹은 심판 중 하나를 받도록 창조되었다. 그러므로 우리가 그는 택함을 받았다는 것은 그가 생명을 얻도록 예정되었거나 영원한 저주를 받도록 예정되었다고 하는 것이다. Calvin, *Institutes*, III.xxi).

지 않으면 퇴출하겠다고 결정했다. 그 외에 순회설교자로 인해 발생하는 문제들을 해결하기 위해 다음해인 1753년 2월 6일 평신도 설교자 토마스 캐피터(Thomas Capiter)에게 편지하여 순회설교자들이 갖추어야 할 원칙과 소양에 관해 다음과 같이 설명한 후 모든 동료 설교자들에게도 알리라고 부탁했다.

첫째, 주일이나 특별한 사유가 아니라면 설교자는 하루에 두 번 이상 설교하지 않는다. 이것을 지키지 않고 더 많은 설교를 하는 것은 자기 자신을 죽이는 일과 같다.
둘째, 설교는 기도와 찬송을 포함하여 1시간을 넘기지 않아야 한다.
셋째, 지나치게 큰 소리로 설교해서는 안 된다.

그 외에 회중들은 반드시 무릎을 꿇고 기도해야 하며, 찬송가 부를 때나 성경을 봉독할 때는 일어서야 한다. 설교자들은 최소한 일 년에 8파운드를 사용할 수 있고, 그의 아내들에게 10파운드를 지급하도록 했다. 설교자들은 금식에 대해 강력하게 설교해야 하고 자신들도 건강이 허락하는 한 매주 금요일 금식해야 하며, 하루에 한 시간씩 개인기도를 해야 한다고 했다.[88]

엑스터의 라빙톤 주교는 『메도디스트들과 교황주의자들의 열광주의 비교』(The Enthusiasm of Methodists and Papists compared) 제2부를 1749년에, 그리고 1751년에 제3부를 출판했다. 웨슬리가 그에 대한 답변으로 『엑스터 주교에게 보내는 두 번째 편지』(A Second Letter to the Bishop of Exeter)를 출판한 것은 바로 다음해인 1752년이다. 몇 달 후 라빙톤 주교는 다시 15페이지짜리 『웨슬리가 쓴 후기 편지에 대한 엑스터 주교의 답변』(The Bishop of Exeter's Answer to Mr. Wesley's late Letter to his Lordship)을 출판했다. 웨슬리 역시 5월 8일 라빙톤 주교의 답변은 논리적으로도 앞뒤가 맞지 않는 수준 이하의 글이라는 뜻에

---

[88] Baker, Letters 26:500.

서 간단하게 답변하였다. 라빙톤 주교는 1762년에 76세로 세상을 떠났다.[89]

신도회가 있는 도시를 방문할 때는 회원들의 영적 상태를 점검하고 티켓을 발부하는 일도 큰일이었다. 1752년의 마지막 두 달은 『그리스도인 문고』를 끝내는데 몰두해서, 마침내 12권째 출판이 되었는데, 그에 대한 경비로 200파운드의 빚을 지게 되었다.

웨슬리는 "그 책이 다음 세대들에게 기여할 것을 기대"(Perhaps the next generation may know the value of it)하면서 그 일을 진행하고 있었다.[90] 이미 언급된 책 외에 4페이지에 불과한 짧은 글 「대부와 대모 제도에 대한 진지한 생각」(Seropis Thoughts conecerning godfathers and Godmothers)을 써서 대부와 대모 제도를 인정하지만, 그들이 없어도 세례는 효력이 있다고 했다.

6. 1753년: 평신도 설교자들 문제와 웨슬리의 유서

새해가 밝자마자 웨슬리는 자신보다 어리지만, 이미 순회전도자로 잘 알려진 칼빈주의자 하웰 해리스(Howell Harris, 1714-1773)로부터 대중적 인기를 조심하라는 것과 예수님 외에 자신을 우상화하지 말라는 충고를 들었다. 칼빈주의자들이 보기에 웨슬리는 대중적 인기가 높아지면서 인간을 하나님보다 높이거나 자신을 우상화하는 것처럼 보였던 것 같다.[91]

한편, 영국에서 모라비안들의 세가 확장되어 감에 따라 진젠도르프는 건물을 무리하게 구입하여 3만 파운드나 되는 융자를 받았는데 제때 빚을 갚지 못해 채무 불이행자로 구속될 위기에 직면했다. 그 일로 인해 진젠도르

---

[89] Tyerman, *John Wesley*, 2:147-53.
[90] Ward and 2Heitzenrater, *Journal and Diaries*, 20: 443.
[91] Edward Morgan, *Life and Times of Howel Harris* (1852), 203. Tyerman, *John Wesley*, 2:154 에서 재인용.

프 개인뿐만 아니라 모라비안들에 대한 신뢰도에 심각한 타격을 입었다.[92]

웨슬리는 순회설교 중에 장례식을 치르고, 병자들을 치료하고, 감옥을 방문하기도 했다. 1월 15일 스노우스필즈(Snowsfields)에 갔을 때 오랫동안 중풍을 앓고 있는 여성에게 전기 충격 요법을 썼더니 차도가 있었다(she was electrified and found immediate help).

웨슬리는 1747년 9월에 전기의 활용법에 대해 알게 된 이래 전기를 이용하여 병을 고치는 데 활용하면서 자신도 그 효능에 놀랐지만, 전문가들이 무시하는 것에 대해 아쉬워했다. 그런데 1752년에 벤자민 프랭클린(Benjamin Franklin, 1706-1790)이 번개가 곧 전기(lightening is electricity)라는 사실을 제안하는 등 전기를 활용하는 것에 대해 활발하게 연구하며 피뢰침(the lightening rod)을 발견한 것처럼 웨슬리도 전기의 활용법을 연구하여, 마침내 1756년에는 전기충격 치료기를 개발하여 신경계에 문제가 있는 사람들(in nervous disorders)을 고쳐주기 시작했다.

하루에 한 시간 정도씩은 환자를 보며 자기가 개발한 전기충격기로 치료해 주었는데, 웨슬리에 의하면, 수많은 사람이 고침을 받았지만, 그에 대한 불평은 없었다.[93] 많은 사람이 일하면서도 술과 사치로 가난해지는 것을 보고 한탄하기도 했다.

4월 17일 스코틀랜드를 두 번째로 방문하여 글라스고우(Glasgow)에 가 보니 학교 건물이나 학생들의 복장이 영국보다 못하다는 느낌을 받았다. 일종의 이동식 강대상(a kind of moving pulpit)을 가지고 옮겨 다니며 설교를 했는데, 4월 25일 앨른윅(Alnwick)에 도착해서 신도회를 점검해 보니 예정론주의자들이 분리해 나갔음을 알고, 그들과의 관계를 청산하고, 비록 소

---

[92] Tyerman, *John Wesley*, 2:155.
[93] Ward and Heitzenrater, *Journal and Diaries*, 20:195, 444. 웨슬리는 1749년에 이미 병원에 갈 수 없는 사람들을 위해 가정에서 쉽게 처방할 수 있는 『가정 의학서』(*Primitive Physick*)를 출판한 바 있다.

수지만, 메도디스트들로서 든든히 서 가도록 했다.

그리고 10여 일간의 스코틀랜드 일정을 마치고 28일 뉴캐슬로 돌아온 후 5월 30일 제너럴 우드(General-Wood)에서 설교할 때는 너무 더워 설교를 마친 후 탈진하여 겨우 볼튼으로 이동하여 누워있어야만 했다.

6월 10일 윗선데이(Witsunday)에서 설교할 때는 청중들이 진지하게 반응했고, 웨슬리도 "어느 사람도 방해하는 사람이 없었다"(not one offering any interruption)라는 기분 좋은 기록을 남겼다.[94]

5월 22일 리즈(Leeds)에서 연회로 모였을 때는 웨슬리를 포함하여 세 명의 목회자(three clergymen)와 25명의 순회설교자(twenty-five itinerant preachers)와 16명의 지역 설교자(sixteen local preachers)가 모였다. 이 연회에서 중요한 정체성 확립이 있었기에 메도디스트들은 1753년 연회록을 "대회의록"(The Large Minutes)이라 부른다. 연회는 앞으로 런던과 브리스톨과 리즈에서 돌아가면서 개최하기로 했다.[95]

연회는 "칭의의 순간에 대해 모든 사람이 다 정확한 시간을 알 수 있는가?"(Does everyone know the exact time when he was justified?)란 질문을 하고, "99 페센트의 사람들은 모를 수가 없지만 칭의에 대해 이미 알고 있었던 사람이 아니라면 모를 수도 있다."[96]

이때까지만 해도 웨슬리는 극히 소수의 예외를 인정하면서도 전체적으로는 칭의의 순간에 당사자가 모를 수 없다는 생각이었다. 그런데 웨슬리가 논쟁이나 비판을 거치면서 "모를 수도 있다"라는 가능성을 좀더 수용

---

[94] Ward and Heitzenrater, *Journal and Diaries*, 20:453-4, 460, 464.
[95] Ward and Heitzenrater, *Journal and Diaries*, 20:459; Rack, *The Methodist Societies: The Minutes of Conference*, 10:260 and note 861. 그런데 이유를 알 수 없지만, 1765년에 맨체스터에서 연회가 개최된 적이 있고, 1784년 이후 행동강령(Deed of Declaration)에 따라 다른 곳에서 개최된 적도 있다.
[96] Rack, *The Minutes of Conference*, 10:262.

하는 변화를 보인다.

이어서 "만약 우리가 완전히 성화 되었어도 여전히 그리스도를 필요로 할까?(But if we are fully sanctified in this life, shall we then have any need of Christ?)라는 질문에, "그렇다"(Undoubtedly as much as ever)라고 했다. 우리가 이 땅에서 완전히 성화 된다고 하는 믿음과 그 믿음의 유일한 근거는 예수를 믿는 믿음이라(for the only foundation of all holiness is faith in him)고 하는 것과 아울러 여전히 계속 성장해야 한다고 하는 메도디스트들의 정체성을 분명히 밝힌 내용이다.

교리 문제 외에 신도회원들이 불신자들과 결혼하는 경우가 많은데 결과적으로 서로에게 좋지 않은 결과를 가져왔다는 사실을 알고, 설교자들은 회원들이 불신자들과 결혼하기 전에 반드시 상담할 것을 권고했다.[97] 당시 설교자들이 당하는 가장 큰 어려움은 가족들을 부양할 수 있을 정도의 수입이 없다는 것이었지만, 어디에서 그 경비를 마련할 대안을 찾지 못했다. 연회 보고에 따르면, 웨일스(Wales)와 아일랜드(Ireland) 교구까지 포함하여 총 12개의 교구(twelve circuits)가 있었다.[98]

연회 직후 웨슬리는 메도디스트들이 모라비안들이나 휫필드와 같은 칼빈주의자들과 어떻게 다른지 분명하게 구분할 필요를 느끼고, 휫필드에게 다음과 같은 세 가지 잘못된 내용을 설교하고 있다고 편지를 보냈다.

첫째, 칭의의 순간을 모를 수도 있다(a man may be justified and not know it).

둘째, 한번 구원받은 사람은 은혜로부터 제외되지 않는다(there is no possibility of falling away from grace).

셋째, 이 땅에서 그리스도인의 완전은 있을 수 없다(there is no perfection in this life).

---

[97] Rack, *The Minutes of Conference*, 10:263-4.
[98] Rack, *The Minutes of Conference*, 10:266-7.

그리고 휫필드의 사역이 더욱 왕성해지기 바란다는 말로 맺었다.[99]

8월 초에도 그의 건강 상태는 한두 시간을 앉아 있을 수 없을 정도로 악화되었음에도 불구하고 순회설교 일정을 이어가고 있었다. 10월 19일부터 23일까지 그의 일기를 보면 그가 얼마나 초인적으로 일정을 이어가고 있었는지 발견하게 될 것이다.

금. 19일. 나는 런던으로 돌아왔다(Fri. 19. I returned to London).

토. 20일. 나는 분명 무언가 잘못된 것을 알았다. 하지만, 곧 괜찮아질 것이라고 믿었다(Sat. 20. I found myself out of order, but believed it would go off).

주일. 21일. 몸 상태는 오히려 악화하였다. 하지만, 주일에 쉴 수 없었다(On Sunday 21, I was considerably worse, but could not think of sparing myself on that day).

월. 22일. 나는 너무 아파 일어날 수조차 없었다. 하지만, 할 수만 있다면 일정을 진행하기로 하고 4시 이후에 캔터베리로 떠났다. 그리고 웰링에 도착했을 때 더 이상 갈 수 없어 한 시간쯤 휴식을 취한 후에 조금 호전되자 말을 타고 떠났는데 곧 악화되어 차탐 근처 브램톤에 이를 때까지 계속 아팠다. 그러나 오후에 설교했고, 다음날 새벽 5시에도 설교를 했다. 마침내, 오후 1시에 캔터베리에 도착했을 때 나는 학질에 걸려 꼼작도 못하게 되었다(Monday 22, I rose extremely sick. Yet I determined, if it were possible, to keep my word, and accordingly set out soon after four for Canterbury. At Welling I was obliged to stop. After resting an hour, I was much better. But soon after I took horse, my sickness returned and accompanied me to Brompton, near Chatham. In the evening, I preached to a serious congregation, and at five in the morning. We came to Cantebury about one, when I was presently seized with the cold fit of an ague)[100]

---

99 Whitefield's *Works*, 3:7. Tyerman, *John Wesley*, 2:166-8에서 재인용.
100 Ward and Heitzenrater, *Journal and Diaries*, 20:479-80.

계속해서 일정을 살펴보자. 11월 1일에 "목소리가 나오지 않았다"(I found by the loss of my voice …), 11월 8일. "밤에 내가 콘월을 떠날 때보다 더 심하게 아팠다"(In the night my disorder returned more violent than it had been since I left Cornwall), … 12일 에섹스 지역의 레이(at Leigh in Essex)에서 설교할 때 감기에 걸려 런던으로 돌아온 직후 병이 악화하여 시골의 친구 집에서 요양하게 되었는데, 의사들은 급성 폐렴(a galloping consumption)이라고 진단했다.

11월 26일 웨슬리에게 다시 차를 마시라고 권했던 의사 포더길(Fothergill) 박사는 웨슬리에게 이제 도시보다 조용한 시골로 가서 맑은 공기 마시면서 요양을 하라고 권했다. 그날 웨슬리는 곧 죽을 것에 대비해 다음과 같이 묘비문(an inscription for his tombstone)을 써서 반드시 그대로 쓰라고 명했다.

여기에 불 속에서 꺼낸 타다남은 나무토막과 같은 존재, 존 웨슬리의 몸이 잠들어 있다. 그는 51세의 나이에 빚을 갚고 나면 단 10파운드도 남기지 못한 채, 하나님 이 무익한 종에게 자비를 베푸소서라는 기도하며 폐병으로 세상을 떠났다.[101]

Here lieth

The Body of John Wesley,

A Brand plucked out of the burning;

Who died of a Consumption in the Fifty-first Year of his Age

Not leaving, after his Debts are paid, Ten Pounds

behind him Praying

God be merciful to me, an unprofitable servant![102]

---

[101] Ward and Heitzenrater, *Journal and Diaries*, 20:482.
[102] Ward and Heitzenrater, *Journal and Diaries*, 20:480-2.

웨슬리는 자신이 죽은 다음에 사람들이 얄팍하게 칭찬하는 어떠한 행위도 못하게 하려고(to prevent vile panegyric) 그렇게 했다. 동생은 형이 위급하다는 소식을 듣고 달려가서 목을 껴안고 울음을 터뜨렸다.[103] 그런데 놀랍게도 12월에 기력을 회복하고 의사가 하지 말라고 한 일, 즉 책을 읽고 쓰는 일을 계속하여, 마침내 14일『그리스도인 문고』라는 대작을 완성했다.[104]

그리고 다시 기력을 잃고 쓰러져 성탄 예배도 드리지 못했다. 몸이 회복되자 다음해 1월 1일 런던으로 돌아가 6일부터 다시『신약성경 주해』를 쓰기 시작했다.[105]

1753년에 웨슬리가 출판한 것들은 다음과 같다.

① 『그리스도인 문고』 20권부터 33권까지 14권, 총 4,300페이지 완성.
② 『누구나 부를 수 있는 찬송가집』(*Hymns and Spiritual Songs, intended for the use of real Christians of all Denominations*), 124페이지.
③ 『1743년 10월 27일-1746년 11월 17일까지 저널 선집』(*An Extract of the Reverend Mr. John Wesley's Journal, from October 27, 1743, to November 17, 1746*), 160페이지.
④ 『영어사전, 최고의 영어 작가들의 글에서 발견되는 어려운 단어 사전』(*The Complete English Dictionary, explaining most those hard words which are*

---

[103] Tyerman, *John Wesley*, 2:175.
[104] 『그리스도인 문고』는 철저하게 "실천적 경건"(practical divinity)을 중심으로 하되, 예수님을 인정하는 저자들의 것만을 엄선했다. 대부분 국교회 저자들의 것이고, 그 다음으로 청교도들의 작품이 많고, 그 외에 이그나티우스(Ignatius)나 마카리우스(Macarius) 등 초대 교부들의 작품들과 아른트(Arndt)나 파스칼(Pascal) 등과 같은 외국어 작품들, 그리고 몇몇 신비주의자들의 작품 중에서 하나님의 사랑을 강조하는 것들을 포함하고 있다. 다만, 하나님의 구원을 추구하는 것을 방해하거나 포기하게 만드는 칼빈주의자들의 것은 의도적으로 배제했다.
[105] Ward and Heitzenrater, *Journal and Diaries*, 20: 483.

found in the best English writers), 144페이지. 웨슬리는 이 사전이 당시에 출판되는 사전 중에 가장 우수한 사전이라고 자부하고 있었다.[106]

웨슬리의 많은 저작 가운데 헬라어나 히브리어 문법책 외에 『가정 의학서』나 『영어 사전』 등을 편집한 것을 보면 웨슬리가 얼마나 다양하게 책을 읽으며 남을 돕기 위해 노력했는지 놀라지 않을 수 없다.

7. 1754년: 건강의 악화와 『신약성경 주해』 작업

웨슬리는 지난해 말부터 앓고 있는 상태에서 새해를 시작했고 6개월 동안 야외활동을 거의 할 수 없었다. 그러자 웨슬리는 브리스톨의 핫웰즈(Hotwells)에 머물면서 『신약성경 주해』 작업을 시작했는데, 하루 16시간씩 10주 동안 작업했다. 1월 27일부터 찰스와 함께 헤일린(Heylyn, 1685?-1759) 박사의 『신학 강의』(*Theological Lectures at Westminster Abbey, with an Interpretation of the Four Gospels*)와 도드릿지(Philip Doddridge, 1702-51) 박사의 『가정 성경 주석』(*Family Expositor*)의 번역을 원어와 대조하는 일을 했다.

몸이 조금 회복되자 3월 26일 브리스톨에서 4개월 만에 처음으로 설교했는데, 그때 웨슬리는 자신의 입으로 진리의 말씀을 전하는 것을 금하지 않으신 하나님께 감사드린다고 했다.[107] 그리고 한 달 후에 다시 건강이 악화하였지만, 파운더리에서 설교했다.

---

[106] Tyerman, *John Wesley*, 2:181-82.
[107] Ward and Heitzenrater, *Journal and Diaries*, 20:484. 1753년 12월 말부터 1754년 3월 25일까지 웨슬리는 건강상 설교를 할 수 없었는데 그 4개월 동안은 아마도 웨슬리가 성직 안수를 받은 이래 죽을 때까지 가장 오랜 기간 설교를 하지 않은 기간이 될 것이다.

나는 건강을 완전히 회복하지 못했다. 아마도 영원히 회복하지 못할 수도 있다. 그러나 건강이 허락하는 한 멈추지 않을 것이다(I have not recovered my whole voice or strength; perhaps I never may; but let me use what I have).[108]

5월 22-25일까지 런던에서 연회가 개최되었는데 회의록에는 참석자들 명단도 없다. 다만, 한 가지 연회를 마치고 돌아가기 전에 모든 설교자가 독단적으로 행동하지 않을 것에 동의함으로써 그동안 어수선한 분위기가 정리되었다고만 보고할 뿐이다.[109]

사실 설교자들이 독자적으로 행동함으로써 발생하는 문제를 해결하기 위해 1752년 1월 29일과 3월 16일에 이미 동일한 서약을 한 바 있고, 이번 연회에서 서약한 내용도 웨슬리 형제가 연회가 개최되기 전인 5월 8일 작성된 내용에 24명의 설교자가 서명한 것을 연회에서 인준한 것이다.

그런데 이러한 서약을 1756년에 한 번 더 했고, 1769년 이후에는 매년 갱신한 것을 보면 메도디스트들 내에서, 특히 설교자들이나 봉사자들 안에서 문제가 계속 발생함으로써 분란 또는 분열의 위험성이 있었다는 것을 감지할 수 있다.[110]

그런가 하면, 순회설교자들 가운데 자신들의 신분에 만족하지 않고 중도에 포기하는 사람들이 늘어나고 있었고, 설교자들이 신도회를 인도할 장소를 물색하는 것이 점점 어려워지는 등 메도디스트들의 수가 늘어나면서 발생하는 문제들 또한 점점 심각해졌다.

9월 27일 건강이 완전히 회복되었다고 생각하고 그동안 하지 못했던 철야 예배를 시작했는데 밤 11시가 되어 목소리가 전혀 나오지 않게 되었고,

---

108 Wesley's *Works*, 12:169. Tyerman, *John Wesley*, 2:185에서 재인용.
109 Rack, *The Minutes of Conference*, 10:269-70.
110 Ward and Heitzenrater, *Journal and Diaries*, 20:486, note 68.

다음날에는 설교하다가 끝을 내지 못할 지경이 되었다.[111]

10월 4일 런던으로 돌아왔는데 일기는 10월 28일까지만, 기록되어 있고, 다음해 2월 16일부터 시작되는 것을 보면 약 4개월 동안 『신약성경 주해』 작업에 몰두하면서 동시에 『성도의 마지막 견인에 대한 길 박사의 글에 대한 답변』(*An Answer to all which the Rev. Dr. Gill has printed on the Final Perseverance of the Saints*)을 썼고, 『그리스도의 문고』 34-41권까지 8권을 더 출판하는 일에 주력할 것으로 추측된다.[112]

8. 1755년: 칼빈주의자와 교리 논쟁과 플레처와 만남

1) 칼빈주의자와의 논쟁과 후기 웨슬리신학의 형성

1753년 연회에서 메도디스트들만의 정체성을 드러내는 과정에서 칼빈주의자들을 공격한 것에 대해 1755년 새해부터 한때 웨슬리의 제자였던 제임스 허비(James Hervey, 1714-1758)가 웨슬리를 비판하고 나섰다. 허비는 예정론과 전가된 '의'(imputation)의 개념을 그리스도교의 진리로 주장하는 책 『테론과 아스파시오』(*Theron and Aspasio*)를 써서 웨슬리에게 평가해 달라고 부탁했다.

웨슬리는 1,300페이지 분량 중에서 처음 세 개의 대화편에 해당하는 129페이지까지, 교정을 한 후 매우 공격적인 어조로 허비의 이해는 성경적이 아니며 특히 그의 "전가된 의의 개념"은 신자들에게 "거룩한 삶이 따라주

---

[111] Ward and Heitzenrater, *Journal and Diaries*, 20: 492.
[112] Tyerman, *John Wesley*, 2:191-93.

지 않는 자만"(self-satisfied, without holiness)을 유발한다는 답변을 보냈다.[113]

허비는 웨슬리가 예정론 부분만 집중적으로 교정하고 비판을 한다고 불평한 후 『테론과 아스파시오: 가장 중요하고 흥미로운 주제에 대한 대화와 편지 편』(*Theron and Aspasio; or, A Series of Dialogues and Letters, upon the most Important and Interesting Subjects*)이란 제목으로 출판했다.[114]

웨슬리는 그에 대한 답변으로 1758년에 『확정되지 않은 종교개념에 대한 방어』(*A Preservative Against Unsettled Notions of Religion*)를 출판했다. 허비는 웨슬리와 개인적으로 편지를 주고받으며 신학적인 논쟁을 하던 중 건강이 악화하여 1758년에 죽고 말았는데, 그 후 웨슬리는 1762년에 『그리스도의 전가된 의에 대한 고찰』(*Thoughts on the Imputed Righteousness of Christ*)을 출판하였다.

한편, 죽기 전에 그는 동생에게 그동안 자신과 웨슬리 사이에 주고받은 편지를 출판하지 말라고 말해두었는데 윌리엄 커드워스(William Cudworth) 목사가 그 편지들을 입수해서 곧 출판하였다.

하지만, 허비의 동생이 보기에 오류도 많고, 커드워스 목사가 형에 대해 잘못 평가하고 있음을 발견하고 1765년에 다음의 제목으로 교정판을 출판한다. 『허비 목사가 웨슬리 목사에게 보낸 11개의 편지』(*Eleven Letters from the late Rev. Mr. Hervey to the Rev. Mr. John Wesley; Containing an Answer to that Gentleman's Remarks on Theron and Aspasio*)를 출판했다.

그에 대한 답변으로 같은 해 11월 24일 "우리의 의가 되시는 주"(Lord Our Righteousness)란 설교를 통해 웨슬리는 그리스도의 대속의 죽음은 형식적인(formal) 구원을 위한 것이 아니라 구원에 이르도록 하는 것(meritorious cause of a sinner's justification)을 주셨는데 그것은 "선재은총"(prevenient grace), "자유의지"(free will), 그리고 "온 인류의 구원"(universal redemption)이라고 함

---

[113] John S. Simon, *John Wesley, the Master-Builder* (London: The Epworth Press, 1927), 166.
[114] Tyerman, *John Wesley*, 2:194.

으로써 칼빈주의자인 허비가 주장하는 예정론과 불가항력적인 은총의 개념을 신학적으로 공격했다.

물론, 허비는 그러한 웨슬리의 태도를 프로테스탄트와 교황주의의 중간상태라고 비난했다. 아우틀러는 그 설교가 후기 웨슬리신학의 정체성을 드러내는 설교라고 했는데, 왜냐하면 이 설교를 계기로 더 이상 주저함 없이 휫필드와 결별을 불사하는 논쟁을 이어갔기 때문이다.[115]

리즈에서 5월 6일 개최된 연회에 설교자들만 63명이 모였는데, 1744년 첫 연회에서 10명이 모인 것과 비교하면 대단히 큰 연회가 되었다.

사실 그렇게 많은 인원이 모인 이유는 그동안 논란이 되어 왔던 문제, 즉 "메도디스트들이 모교회를 떠나는 것이 옳은가?"(Whether we(Methodists) ought to separate from the established Church?)에 관해 집중적으로 논의할 것이란 것을 알고 있었기 때문이었다. 대부분 설교자가 분리를 원했지만, 웨슬리 형제는 그렇게 하는 것이 옳지 않다(Whether it was lawful or not, it was not expedient for the Methodists to separate from the Established Church)고 선언했다.[116]

그 당시에 웨슬리는 "메도디스트들이 영국 국교회를 떠나는 순간 하나님은 그들을 떠날 것이다"(Whenever the Methodists leave the Church, God will leave them)라고 말하곤 했다.[117] 그런데 문제는 웨슬리의 선언은 단호했지

---

[115] Outler, *Sermons*, 1:444-6, and 449-65. 사실, 본 설교는 1747년이나 1748년에 쓰인 것인데 웨슬리가 다시 선언한 것이다. 아우틀러는 그 설교에 대해 다음과 같이 말했다. It signals the end of Wesley's efforts to avoid an open rift with the Calvinists; it signals the beginning of that stage in his career that we have labeled 'the later Wesley.' 전기 웨슬리(the early Wesley)는 어린 시절부터 올더스게이트 체험전까지라고 하면, 중기 웨슬리(middle Wesley)는 올더스게이트 체험을 전후로 하여 모라비안 신학과 칼빈주의신학이 웨슬리 안에 공존하던 시기를 말할 수 있을 것이다. 그리고 후기 웨슬리(the later Wesley)는 모라비안들과 칼빈주의로부터 완전히 독립하여 자신만의 길을 가기 시작한 1755년부터라고 보면 될 것이다.

[116] Tyerman, *John Wesley*, 2:198, 201, 207.

[117] Rack, *The Minutes of Conference*, 10:270-1, and note 950.

만, 그가 취한 행동은 애매했다는 것이다. 즉, 한편으로는 분열을 요구하는 설교자들의 요구를 무마시키고 영국 국교회에 남을 것을 선언함과 동시에 다른 한편으로는 영국 국교회의 간섭을 받지 않고 매우 독자적인 활동을 이어가고 있었기 때문이었다.

그런가 하면, 상황에 따라 언젠가는 분리할 수도 있을 것이라는 뉘앙스를 남기기도 했다. 예를 들어, 영국 국교회 내에서 친분이 있었던 토마스 아담(Thomas Adam) 목사에게 편지하여 밝힌 바와 같이 "우리가 쫓겨나지 않는 한 스스로 나가지 않겠다"(We will not go out; if we are thrust out)라고 한 것을 보면 "분리 불가"가 웨슬리의 원칙인 것 같지만, 다음과 같이 "때에 따라서는 분리 가능"의 여지를 남기고 있는 것을 보면 무엇이 웨슬리의 진심인지 혼란스러운 것이 사실이다.

> 우리는 우리가 영국 국교회로부터 분리하는 것이 합법적이라고 생각하지 않는다. 그러나 만약에 그것이 절대적으로 필요하다면(그렇게 할 수도 있을 것이다) 그러나 아직 그럴 필요를 전혀 느끼지 못하고 있다. 그러므로 우리는 현재 영국 국교회로부터 분리할 생각이 없다(We are fully convinced that to separate from an established Church is never lawful but when it is absolutely necessary; and we do not see any such necessity yet. Therefore we have at present no thoughts of separaton).[118]

충성스러운 고교회 주의자였던 찰스는 형의 미온적인 태도에 화를 내기도 했다. 휫필드 또한 분열은 자애(self love)와 자의(self will)의 표출에 불과하며 악중의 악(the devil of devils)이라고 말하면서 영국 국교회로부터 독립

---

[118] Baker, *Letters*, 26:609; Tyerman, *John Wesley*, 2:209-10. 연회 후 9월 24일 동료 사제인 사뮤얼 워커(Samuel Walker)에게 쓴 편지에 의하면 자신도 어찌해야 좋을 지 모르겠다는 당혹감을 나타내기도 했다. See Baker, *Letters* 26: 592-6.

하는 것을 결사적으로 반대했다.[119]

한편, 찰스는 1756년에 로더함(Rotherham)에 있는 신도회에서 설교할 때 "영국 국교회를 떠나면 구원도 없다"(There is no salvation out of the church)고 선언할 정도로 영국 국교회와의 문제는 점점 더 심각한 수준이 되었고, 그 와중에 자신들이 독자적으로 결정하고 모교회를 떠나는 메도디스트들이 종종 발생하고 있었다.[120]

연회 마지막 날에 모든 순회설교자들이 7년 전의 열정을 잃어버렸다고 반성했다. 그래서 웨슬리는 모든 설교자에게 새벽 4시에 일어나는 것, 자기를 부인하는 것, 금요일에 금식하는 것, 부지런히 일하고, 분기별로 신도회를 방문하는 것, 신도회의 규칙을 준수하는 것 등을 다시 한번 강조했다.

그런가 하면, 순회설교자들의 생활비나 가족을 부양할 최소한의 경비를 지원하는 일이 심각하게 다가왔다. 설교자들은 자신들의 경비를 스스로 마련하기 위해 물품을 판매하는 등 상업 행위를 해 왔는데 부작용이 빈번하게 발생하자 그마저 1768년에 금지할 수밖에 없었지만, 설교자들의 경제적인 어려움을 해결할 대안은 없었다. 그처럼 신학적인 문제뿐만 아니라 현실적인 문제들이 50대를 지나는 웨슬리의 어깨를 무겁게 누르고 있었다.

연회를 마치고, 6월에 런던으로 돌아온 웨슬리는 리차드 톰슨(Richard Tompson)과 9개월 동안 편지를 주고받으며 논쟁을 했다. 그는 특히 "그리스도인의 완전"의 교리를 비판하면서, 만약 어떤 사람이 그리스도인의 완전을 이룰 수 있다면, 다른 사람도 이룰 수 있고, 그리스도인의 완전을 이룬 두 사람이 만나서 자녀를 낳으면 그 자녀들은 틀림없이 죄가 없이 완전하게 태어난 새로운 종(new species)일 것이고, 그러므로 그들은 예수 그리

---

[119] Whitefield's *Work*, 3:144. Tyerman, *John Wesley*, 2:209에서 재인용.
[120] Tyerman, *John Wesley*, 2:252.

스도의 의가 필요하지 않을 것이라고 했다.[121] 그런 의미에서 그리스도인의 완전은 하나님이 원하시지 않는 비성경적인 교리라는 것이다.

그에 대한 웨슬리의 답변은 마치 동문서답과 같다. 즉, 그리스도인의 완전에 대하여, 내가 믿기는 그렇게 사랑으로 완전하게 된 두 사람이 결혼한 적도 없고, 앞으로도 그런 일은 없을 것이다(As to Christian perfection, I believe two, who were made perfect in love, never did, or will, marry together)고 답했다.[122] 또한, 톰슨과 논쟁을 하면서 웨슬리는 구원의 확신이 있어야만 하는 것처럼 주장하던 종전과 달리 다음과 같이, 비록 칭의 된 사람도 분명한 확신이 없을 수 있다고 했다.

> 나는 의롭게 하는 믿음은 내가 의롭게 되었다라고 믿는 확신이 아니라는 점에 대해 당신과 동의합니다. 자신의 죄가 용서받았다는 사실을 확신하지 못하는 사람도 마귀나 이교도들과 구별되는 믿음을 가질 수 있으므로 나는 그에게 성찬을 허락할 수 있습니다. 그러나 나는 여전히 마음을 깨끗하게 하는 그리스도인의 믿음은 죄 용서에 대한 확신을 의미한다고 믿습니다(I agree with you that justifying faith cannot be a conviction that I am justified; and that a man who is not assured that his sins are forgiven may yet have a kind or degree of faith which distinguishs him not only from a devil, but from an heathen; and on which I may admit him to the Lord's Supper. But still I believe, the proper Christian faith which purifies the heart implies such a conviction).[123]

올더스게이트 체험 직후 웨슬리는 구원에 대한 확신이 없으면 마치 그리스도인이 아닌 것처럼 말함으로써 동료들을 충격에 빠뜨렸던 것을 기억한

---

[121] Baker, *Letters*, 26:571. .
[122] Baker, *Letters*, 26:575.
[123] Baker, Letters, 26: 575;

다면, "구원의 확신이 없다고 하여 구원받지 못한 것이 아닐 수 있다"라고 말한 것은 분명 변화이다.

2) 존 윌리엄 플레처(John William Fletcher)와의 만남

웨슬리는 자신이 육체적으로 가장 나약해졌을 때, 그리고 이론적으로 가장 절박할 때 멀리 스위스에서 온 탁월한 동역자 존 윌리엄 플레처(John William Fletcher, 1729-85)를 만났다.[124] 그는 스위스(Switzerland)에서 태어나 제네바대학에서 공부한 후 영국에 와서 가정교사로 일하던 중 메도디스트 설교자들의 설교를 듣고 선지자가 되기로 결정한 사람이다.

플레처가 1755년 11월 29일 웨슬리에게 쓴 편지에 의하면 그는 곧 다가올 종말을 믿고 있었고, 구세주가 재림하여 천 년 동안 다스릴 것이라고 하는 전 천년설에 대해 설명했고, "주 예수여 어서 오시옵소서"(Even so some, Lord Jesus)라는 말로 맺었다.

웨슬리도 그 편지를 통해 전천년설에 대해 더 깊게 알게 되었다. 플레처는 28세에 성직 안수를 받고 마델리 교구의 사제(the vicar of Madeley)가 되었다. 학문적으로 탁월하고 영적으로 진지했던 플레처는 웨슬리의 가장 친밀한 동역자가 되어 웨슬리보다 더 탁월하게 웨슬리의 신학을 설명하며 웨슬리의 신학을 정립하는 데 기여했다. 그러나 안타깝게도 그는 56세라는 짧은 생애를 살고 1785년에 웨슬리보다 먼저 하나님의 부르심을 받는다.[125]

1749년부터 작업하기 시작한 『그리스도인 문고』와 1754년에 시작한 『신약성경 주해』가 모두 1755년에 완성되었다. 먼저 『그리스도인 문고』

---

[124] Ward and Heitzenrater, *Journal and Diaries*, 21: 89.
[125] Baker, *Letters*, 26: 613-6 and note 20; 한편, 플레처는 1757년 5월 10일 찰스에게 자서전적인 장문의 편지(a long autobiographical letter)를 쓰기도 했다. 참조 Tyerman, *John Wesley*, 2:262.

는 50권의 분량 안에 초대 교부들로부터 저작들부터 웨슬리 당시까지 지난 150년 안에 출판된 저작 중에서 실천적 경건에 도움이 되는 내용을 요약하거나 발췌하여 정리함으로써 웨슬리 자신뿐만 아니라 메도디스트 설교자들이나 지도자들이 교범으로 삼도록 하였다. 내용이 방대하므로 1749년에 시작하여 6년 후인 1755년에야 마칠 수 있었는데, 50권을 다 출판하기 전에 이미 200파운드나 빚을 지게 되었다.

당시 펠로우의 연봉이 30파운드임을 감안할 때 7년 치 연봉에 해당하는 빚을 진 것은 심각한 문제가 될 수 있었다. 마침내, 『그리스도인 문고』를 출판하고 나니 웨슬리 자신의 오류뿐만 아니라 출판사에서 작업하는 과정에 발생한 오류들(the carelessness of the correctors)이 다수 발견되었다.

결국, 웨슬리는 초판의 오류를 교정하는 작업을 스스로 수행해야만 했고, 그 결과물은 그가 죽은 후 1819-26년 사이에 30권으로 다시 출판되었다.[126]

제1권은 교부 클레멘트, 이그나시오스, 폴리캅 등의 서신들(The Epistles of the apostolic fathers, Clement, Ignatius, and Polycarp)이 포함되어 있고, 주후 300년대의 인물 『마카리우스의 설교선집』(*An Extract from the Homilies of Macarius*)이나 1600년대의 대표적 경건주의자 아른트(Arndt)의 『진정한 기독교』(*True Christianity*)에서 발췌한 내용 등이 포함되어 있다.

『신약성경 주해』는 총 762페이지 분량에 그림들을 담고 있었다. 웨슬리는 출판하기에 앞서 초본을 신뢰할 만한 학자요 목회자였던 제임스 허비(Rev. James Hervey)에게 보내 의견을 물었던 적이 있는데, 그는 6월 29일자 답변에서 주석이 지나치게 산만하지만, 웨슬리의 관점은 빈약하기 그지없으니(Many expositions are too corpulent, yours are too lean) 교정되고 보충될 여지가 많다는 의견을 보냈다.[127]

---

[126] *Methodist Magazine* 2(1827), p. 314; Tyerman, *John Wesley*, 2:66에서 재인용.
[127] Baker, *Letters*, 26:538. James sent the following answer: "… I think, in general, you are too

2년 후에 개정판이 나왔고, 1759년 12월 12일부터 며칠간 동생과 함께 모든 번역을 원문과 대조하며 다시 읽고 검토한 후에, 마침내 1760년에 개정 증보판을 완성했다.[128] 그 외에 『리스본에서 발생한 지진에 대한 진지한 생각』(Serious Thoughts on the Earthquake at Lisbon)을 썼다.[129]

1755년의 출판물 중에서 주목해야 할 것은 『보편적인 영』(Catholic Spirit: A Sermon on II Kings 10:15)인데, 31페이지 분량의 글에서 웨슬리는 삼위일체적인 원칙하에 서로 다른 종파들이 복음적으로 연합할 가능성을 제시했다. 다양한 프로테스탄트 그룹을 만나면서 비국교도들이나 칼빈주의자, 침례교도 등 각각 다른 교단들도 자신들만의 고유한 예배 형식과 고백에 따라 예배드리는 것이 가능하다고 하는 관점이다.[130]

오늘날 웨슬리신학을 에큐메니칼 신학의 관점에서 평가해야 한다고 주장한 선구자들은 알버트 C. 아우틀러(Albert C. Outler)와 콜린 W. 윌리엄스(Colin W. Williams) 등이다.[131]

---

sparing of your remarks and improvements. Many expositions are too corpulent, yours are rather too lean"(대체로 당신이 언급한 것이나 발전시킨 것은 거의 없는 것 같네요. 여러 가지 해설들은 지나치게 방만하지만, 당신의 것은 너무 빈곤한 것 같습니다). 참조 *Methodist Magazine*, 1847, p. 965; Tyerman, *John Wesley*, 2:227.

[128] Ward and Heitzenrater, *Journal and Diaries*, 21:236; Wesley's *Works*, 2:495. Tyerman, *John Wesley*, 2:227에서 재인용. 초판과 개정판과 개정 증보판이 나오기까지 웨슬리는 계속 교정하고 검토하는 작업을 했다.

[129] Ward and Heitzenrater, *Journal and Diaries*, 21:35.

[130] Outler, *Sermons*, 2:81-95; Tyerman, *John Wesley*, 2:225, 374.

[131] 아우틀러는 웨슬리는 에큐메니칼신학자로 인식되어야 한다고 다음과 같이 주장했다. In the contemporary theological situation, therefore, Wesley may be more readily appreciated as an "ecumenical theologian" than as the eponymous hero of a particular denomination. See A. Outler, ed., *John Wesley* (New York: Oxford University Press, 1964), viii. 아우틀러 이전에 콜린 윌리엄스는 메도디스트들이 웨슬리신학이 얼마나 에큐메니칼신학과 운동에 기여했는지 알아차리지 못한 것이 큰 잘못이라고 지적하며 자신이 그 일을 수행하는 차원에서 책을 쓴 것이라고 했다. See his *John Wesley's Theology Today*(New Yor, Nashville, TN: Abingdon Press, 1960), 5-6.

제6부

후기 웨슬리신학의 형성과 그에 대한 비판

제1장 1756-1760: 여전히 해결되지 않은 문제들
제2장 1761-1769: 완전성화의 교리 논쟁과 신도회 내의 갈등
제3장 웨슬리신학에 대한 자체 수정

제1장

1756년-1760: 여전히 해결되지 않은 문제들

50대 중반에 들어선 존 웨슬리(John Wesley)에게 야외설교 현장에서 나타나는 각종 이적 현상이나 성령주의 등 외형적인 면에 집중되던 비판이 이제 그가 설교하는 교리에 집중되면서 해명을 요구하는 도전과 비판이 다양한 계층으로부터 제기되었다. 그중에서도 "그리스도인의 완전"(Christian Perfection)의 교리가 가장 심각한 도전을 받고 있었다.

1. 1756년: 그리스도인의 완전에 대한 설명

1756년 새해부터 휫필드는 목이 부어 설교할 수 없었다. 의사에 따르면, 편도선염(quinsy)이었고, 설교해서는 안 된다는 진단을 했다. 그러나 휫필드는 죽을 때까지 설교하는 것이 좋은 처방이라고 하며, 2월에는 롱 에이커(Long Acre)에서 설교하기 시작했다. 하지만, 그 지역 감독은 휫필드의 설교를 금지하라고 명했고, 사람들을 동원하여 소란을 피우게 했으며 설교할 때 유리창을 깨기도 했다.[1]

1　Whitefield, *Works*, 3:155. Tyerman, *John Wesley*, 2:228 에서 재인용.

웨슬리안들 가운데는 휫필드의 헌신이나 공로를 평가 절하하는 경향이 있는데, 사실 휫필드는 야외설교 현장에서 웨슬리보다 더 영향력이 있었고 또한 많은 핍박을 받았으며 영국과 미국에서 마지막 숨이 다할 때까지 영혼 구원과 사회적 사랑에 온몸을 바친 위대한 메도디스트였다는 사실을 알 필요가 있다.

마침내 영국 국교회 지도자들은 1756년 초에 229페이지 분량의 책, 『종교개혁부터 현재에 이르기까지 열광주의의 역사』(The History of Modern Enthusiasm from the Reformation to the Present Times)를 출판하여 메도디스트들을 비판했는데, 그에 대한 답변으로 웨슬리는 2월 6일 『성직자들에게 고함』(Address to the Clergy)을 썼다.[2] 그런가 하면, 27세의 젊은 학자요 설교자인 도드(William Dodd, 1729-77) 박사가 1월 26일 편지하여 웨슬리에게 "그리스도인의 완전"에 대해 이의를 제기했고, 그에 대해 웨슬리는 2월 5일 다음과 같이 답했다.

> 당신이 그리스인의 완전에 대해 발전시킨 것에 대해 듣고 싶고 또한 생각해 볼 용의가 있습니다. 내가 성경을 나의 연구 과제로 삼았을 때(아마도 27년 전), 그리스도인이란 하나님을 온 마음을 다해 사랑하고 그를 온 힘을 다해 섬기도록 부름을 받았다는 사실을 알게 되었습니다. 그것이 바로 내가 성경적인 용어 "완전"을 의미하는 것입니다(I do desire to hear, and am very willing to consider, whatever you have toadvance onthe head of 'Christian Perfection'. When I began to make the Scripture my chief study[about seven and twenty years ago], I began to see, that Christians are called to love God with all their heart, and to serveHim with all their strength; which is precisely what I apprehend to be meant by the scriptural term 'perfection').[3]

---

2 T. Jackson, *Works*, 10: 480-500.
3 Campbell, *Letters*, 27: 5; *Arminian Magazine* 2(1779), 434-35; Tyerman, *John Wesley*,

특히, 웨슬리가 'perfection'을 'the scriptural term'이라고 한 것은 "자신은 성경에 나와 있는 용어를 그대로 사용하기 때문에 성경적일 수밖에 없다"라는 논리와 함께 "성경이 말씀하신 것이라면 인간의 삶 가운데 반드시 실현된다"라는 웨슬리 자신의 믿음을 그렇게 표현한 것이다.

그리고 3월 12일 다시 설명했다.

"완전"이란 용어가 무엇을 의미하는가는 다른 문제입니다. 그러나 분명한 것은 그것이 성경적인 용어라는 사실은 부정할 수 없습니다. 그러므로 그 용어를 어떻게 사용하든, 어떻게 설명하든 그에 반대할 수 없습니다. 나의 설교의 첫 항목 아래 개진한 문제에 대해 당신이 어떤 이의를 제기하든 나는 진지하게 고려할 것입니다. 그러나 나는 하나님이 인간을 완전하고 거룩하게 만드셨기 때문에 완전은 곧 거룩이요, 하나님의 형상이라고 생각합니다. 당신은 그러한 사실에 대해 처음으로 의문을 제기한 사람입니다.
완전은 정도를 인정합니다. 그러므로 나는 완전의 종류와 정도의 차이를 인정합니다. 고대나 현대에 어떤 사람도 그에 대해 반대하는 글을 쓴 사람은 없습니다. 그리고 완전이란 하나님을 사랑하고 또한 섬기는 것 이외에 다른 것을 말하거나 의미하는 것이 아닙니다(What is the meaning of the term 'perfection' is another question; but that it is a scriptural term is undeniable. Therefore, none ought to object to the use of the term, whatever they may do to this or that explication of it. I am very willing to consider whatever you have to object to what is advanced under the first head of that sermon. But I still think that perfection is only another term for holiness, or the image of God in man. God made man perfect, I think, is just same as He made him holy, or in His own image. And you are the very first person I ever read of or spoke with who made any doubt of it. Now this perfectiondoes certainly admit of degrees. Therefore, I

2:232 에서 재인용. 참조 Deut. 6:5; Lk. 10:27.

readily allow the propriety of that distinction, perfection of kinds, and perfection of degrees. Nor do I remember one writer, ancient or modern, who excepts against it. … Nor did I ever say or mean any more by perfection than the thus loving and serving God).**4**

웨슬리의 답변은 다음과 정리될 수 있을 것이다.

첫째, 완전(perfection)이란 용어는 성경에 나오는 대로 사용한 것이므로 누구도 이의를 제기해서는 안 된다.

둘째, 완전(perfection)이란 결국 '거룩'(holiness), 혹은 '인간 안에 있는 하나님의 형상'(the image of God in man)이라는 말과 다른 바 없다. 왜냐하면, 하나님이 인간을 거룩하게 지으셨다는 말이나 자신의 형상대로 만드셨다는 말은 곧 그를 완전하게 지으셨다는 뜻이라고 했다.

셋째, 완전이라 해도 정도의 차이나 종류의 차이를 인정할 수밖에 없는 것은 고대나 현대에 정도의 차이가 없는 완전을 인정한 사람은 없다고 했다.

넷째, 내가 말하고 있는 완전은 마음을 다하여 하나님을 사랑하고, 힘을 다하고 그를 섬기는 것 외에 다른 것을 의미하는 것이 아니다.

그런 관점에서, 웨슬리는 만약 그리스도인의 삶의 기준을 "너무 높게 하는 것은 쓸데없는 공포를 유발하는 것이고, 너무 낮게 하는 것은 그리스

---

4 Campbell, *Letters*, 27: 19-20; *Arminian Magazine* (1779), 475-81. 그런데 본문을 인용하는 과정에서 웨슬리의 원문에는 "그러한 설명"(that explication of it)이라고 되어 있는 것을 타이어맨은 "그러한 적용"(that application of it)이라고 잘못 인용하고 있고, 또한 그 이후의 한 문장, "I am very willing to consider whatever you have to object to what is advanced under the first head of that sermon"을 아무 예고도 없이 생략해 버린 것은 명백한 실수이다. See Tyerman, *John Wesley*, 2:233.

도인들을 지옥 불에 집어넣는 것과 같다"(If I set the mark too high, I drivemen into needless fears; if you set it too low, you drive them into hell-fire)라고 했다.⁵

웨슬리는 몇몇 영성가들이 거룩한 삶의 기준을 너무 높여 놓았기 때문에 희망보다는 좌절을 준다고 생각했고, 또한 영국 국교회는 너무 낮추었기 때문에 그리스도인의 정체성과 능력이 나타나지 못한다고 보면서 너무 높지도 않고, 너무 낮지도 않은, 즉 인간이 살아 있는 동안에 이룰 수 있을 정도의 완전을 주장한다는 논리이다.

3월 19일 웨일스로 갔는데 22일부터 앞을 볼 수 없을 정도로 눈이 와서 길을 갈 수 없었는데 얼마 후에 우박으로 변했다. 밤이 되기 전에 겨우 돌겔로(Dolgellau)에 도착하여 잠을 청한 후 다음날 떠났는데 길이 얼어붙어 속도를 낼 수 없었지만, 웨슬리 일행은 아일랜드까지 일정을 이어갔다.⁶

3월 29일 아일랜드에 도착하여 일정을 이어가던 중에 4월 11일 약 100여 명의 어린이들을 만났는데, 토마스 월쉬(Thomas Walsh)가 한 주에 두 번씩 어린이들을 가르친 열매였다. 웨슬리는 감탄하며 모든 설교자들이 월쉬처럼 해 주면 좋겠다고 했다. 약 5개월간의 아일랜드 일정을 마치고 영국으로 돌아올 때는 8월 11일 배에 올라 23시간 만에 도착했다.⁷

8월 26-28일까지 진행된 브리스톨연회에서는 그동안 시행해 온 신도회의 규칙, 밴드의 규칙, 그리고 킹스우드학교의 규칙들을 점검했고, "결코 영국 국교회를 떠나서는 안 된다"(never to separate from the Church)라고 재차 확인하고 연회를 마쳤다.⁸

---

5 Campbell, *Letters*, 27:20.
6 Ward and Heitzenrater, *Journal and Diaries*, 21:45-6.
7 Ward and Heitzenrater, *Journal and Diaries*, 21:49, 74.
8 Ward and Heitzenrater, *Journal and Diaries*, 21:76-77. 같은 내용을 찰스는 다음과 같이 기록했다. "형님과 나는 영국 국교회와 함께 살고 영국 국교회와 함께 죽겠다는데 동의했다고 강력하게 선포하면서 연회를 마쳤다"(My brother and I ended the Conference with a strong declaration of our resolution to live and die in the communion of the Church

한편, 에드워드 페로넷(Edward Perronet)이 279페이지에 달하는 책 『미터』(The Mitre)를 써서 주의 성찬을 부정하는 등 문제가 있는 내용을 유포하자 웨슬리는 금서로 제한하는 등 웨슬리의 통제만으로 해결하기 어려운 일들이 자주 발생했다.[9] 9월 6일 브리스톨을 떠나 런던으로 가는 길에 웨슬리는 특히 결혼에 대한 책을 읽고, 겉으로 보기에 잘못된 결혼이라 해도 교회가 금할 수 없다는 논리에 동의했다.

그때까지 그는 결혼에 대한 문제로 고민하고 있었던 것 같다. 그 기간에 볼테르의 『앙리아데』(Henriade)를 불어로 읽고, 저자의 문학적 재능을 높게 평가하되 불어에 대해서는 혹평을 했다. 즉, 독일어와 스페인어가 오르간(an organ)이라면 불어는 지고 다니는 풍적(a bagpipe)에 불과하다고 했다.[10]

웨슬리는 11월 11일 『세례에 대한 강론』(A Treaties on Baptism)을 출판했다. 그 책은 사실 그의 아버지가 1700년에 출판했던 『세례에 대하여』(Short Discourse on Baptism)의 내용을 56년 만에 약간 축약하고 최소한으로 교정하여 출판하면서도 원저자에 대해서는 한마디도 언급하지 않았다. 그런가 하면, 102페이지 분량의 글, 『로 선생의 후기 저작을 읽고』(A Letter to the Rev. Law, occasioned by some of his late writings)를 써서 선생을 공격했다.

왜냐하면, 로 선생은 점점 더 신비주의로 기울면서 책을 출판했는데 그의 영향력이 메도디스트신도회원들 간에 혼동과 분열을 초래하는 경향이 있었기 때문이었다. 한때 로 선생은 웨슬리에게 철학적 신학을 버리라고 충고한 적이 있는데, 웨슬리가 보기에 로 선생이야말로 철학과 신학을 혼합하여 비성경적인 기독교를 만들고 있다고 비난했다.[11]

---

of England). 찰스의 기록은 더 강력한 의지와 애정, 그리고 조금 더 공식적인(formal) 태도를 갖추고 있다.
9 Tyerman, *John Wesley*, 2:241-44.
10 Ward and Heitzenrater, *Journal and Diaries*, 21:79.
11 Tyerman, *John Wesely*, 2:266.

그리고 자신이 출판한 팸플렛 『성직자들에게 고함』(*Address to the Clergy*)을 보내 주었다. 로 선생은 웨슬리의 비판과 태도에 당혹스러워하며 다음해인 1757년 4월 10일 답장을 하여 웨슬리의 비판은 내용도 없고 논조도 없기 때문에 답변할 가치를 느끼지 않는다고 하며(To answer Mr. Wesley's letter seems to be quite needless, because there is nothing substantial or properly argumentative in it), 웨슬리는 자기 자신만의 영에 사로잡혀 있고(I judged him to be much under the power of his own spirit), 교황처럼 야콥 보헤미아(Jacob Boehme)를 통해 드러난 신비를 정죄한다고 반박하며, 특히 그가 보낸 팜플렛의 내용에 대해서는 웨슬리는 "공허한 소리를 주절대고 있다"(empty babble)라고 혹평했다.[12]

웨슬리는 『성직자들에게 고함』(*Address to the Clergy*)에서 설교자들은 다음과 같은 덕목들을 갖추어야 한다고 했다.

> "이해력"(good understanding), "자발적인 생각"(liveliness and readiness of thought), "기억력"(good memory), 다양한 지식, 예를 들어 설교자라고 하는 "자기 자신의 본분, 성경, 성경 원어인 히브리어와 헬라어, 세상 역사, 과학, 인간에 대한 이해, 신중한 생각 혹은 상식, 좋은 매너"(good knowledge of his own office, the scriptures, the original languages such as Hebrew, Greek, profane history, science, world or human being, the early Fathers, prudence or common sense, good breeding) 등, 그리고 설교자가 되는 유일한 동기는 오직 하나, 즉 "하나님을 영화롭게 하며 죽음으로부터 영혼을 구하는 일"(to glorify God and to save souls from death)이어야 한다고 했고, 더 나아가 하나님과 이웃을 사랑하는 일에 모범이 되어야 한다고 했다. 그런 일을 잘 수행하기 위해서는 "좋은 목소리와 전달 기능도 좋아야 한다"(a musical voice and a good delivery)라고 하면서 자신들이 그렇게 잘 감당하고 있는지 "신중하게 살펴야 한다"(seriously examine

---

[12] Ward and Heitzenrater, *Journal and Diaries*, 21:278.

라고 했다.[13]

2. 1757-1760년: 심각해지는 영국 국교회와의 관계

1757년부터 찰스의 야외설교 일정을 발견하기 어렵다. 아마도 1757년부터 찰스는 주로 브리스톨과 런던 교구에 집중했으며, 경우에 따라서만 야외설교나 연회에 참석한 것으로 보인다. 한편, 휫필드는 에든버러(Edinburgh)에 24일을 머무르는 동안 하루에 두 번꼴로 50번이나 설교를 했고, 아일랜드의 더블린(Dublin)에서는 거의 순교를 당할뻔했는데(he was well-nigh murdered), 겨우 옥스맨톤 그린(Oxmanton Green)으로 피신하여 치료를 받고 계속 설교할 수 있었다.

그곳을 떠날 때는 수백 명의 교황주의자들이 그를 둘러싸고 흙이나 돌 등을 던졌는데 휫필드는 머리와 얼굴에 맞고 피범벅이 되기도 했다. 다행히 그 지역의 목사관으로 피신했는데, 휫필드는 말을 할 수 없는 지경이 되었다. 가는 곳곳마다 비판과 핍박은 끊이지 않았지만, 그의 야외설교 일정은 계속되었다. 4월 12일 베드포드(Bedford)에 도착했는데 그 곳 시장인 파커(William Parker)가 반갑게 맞아 주었는데, 그 도시는 시장의 정책에 따라 주일은 도시 전체가 노동과 상업을 중지하고 주일을 거룩하게 지키고 있었다.[14]

웨슬리 일행은 6월 초에 스코틀랜드로 가서 순회설교를 마치고, 런던으로 돌아와 런던에서 8월 4일부터 11일까지 개최된 연회에서 다시 한번 메도디스트들이 영국 국교회를 떠날 것인가란 문제를 가지고 심도 있게 토

---

13 Jackson, *Works*, 10:480-500.
14 Ward and Heitzenrater, *Journal and Diaries*, 21:91, 135. 그는 시장직을 마친 후 파운더리에서 설교를 하기도 했다. 참조 Tyerman, *John Wesely*, 2:274.

의했다.[15] 당시 투루로의 사제였던 워커(Walker, of Truro) 목사는 웨슬리에게 편지하여 최소한 두 가지를 요구했다.

첫째, 영국 국교회로부터 분리를 주장하는 대부분 사람이 평신도 설교자들인데 그들이 영국 국교회를 떠난다면 그들을 포기하고 웨슬리는 영국 국교회에 남아 있는 것이 좋을 것이라는 의견이다.

둘째, 웨슬리가 살아 있을 때 그 문제를 해결하는 것이 필연적이라는 것이다.[16]

그에 대해 웨슬리는 즉각 9월 24일 답장을 하여 매우 깊은 관심을 보여 주는 것에 대해 감사를 표하며 평신도 설교자들을 임명하는 것을 멈추지 않는 한 이 문제는 해결될 수 없지만, 자신은 그 일을 멈출 수 없다고 하면서 자신도 무엇을 어떻게 해야 할지 모르겠다고 표현하기도 했다.[17] 1757년에 웨슬리가 쓴 것 중에 가장 중요한 것은 『원죄론:성경과 이성과 경험에 따라서』(*The Original So; according to Scripture, Reason, and Experience*)일 것이다.[18]

1758년 1월 3일 웨슬리는 24페이지짜리 『브리스톨에 있는 신사들에게』(*A Letter to a Gentleman at Bristol*)를 썼는데, 그 내용은 선행을 통해 구원을 추구하는 사람(seeking salvation by works)이나 율법무용론(antinomianism)적 신앙 생활을 하는 사람들을 깨우치기 위함이었다. 그리고 일기에 의하면 17일 원스워스(Wandsworth)에서 설교한 후 10여 일간 공백 후에 28일부터 시작된다.[19]

---

[15] Ward and Heitzenrater, *Journal and Diaries*, 21:106; Rack, *The Minutes of Conference*, 10:279.
[16] Baker, *Letters*, 26:582-6.
[17] Baker, *Letters*, 26:592-6.
[18] Tyerman, *John Wesely*, 2:288, 294.
[19] Ward and Heitzenrater, *Journal and Diaries*, 21:133-4.

사실 그사이에 20일 밤에 웨슬리의 아내가 웨슬리에게 심한 말을 한 후 "다시는 웨슬리를 보지 않겠다"(vowing she would see Wesley no more)고 선언하고 집을 나갔기 때문에 웨슬리로서는 개인적인 일로 공백기를 갖지 않을 수 없었던 것으로 보인다.

사실 그날 웨슬리는 사라 라이언에게 편지를 썼는데, 봉하지 못하고 설교하러 갔다. 그런데 그사이 그의 아내가 웨슬리의 방으로 들어와 옷 주머니를 뒤져 편지를 발견하고 분노했다.

편지는 라이언이 무슨 일인지 어려운 시기를 지나고 있었는데, 웨슬리는 그러한 일을 통해 자신과 하나님을 더 아는 계기가 될 것이라고 격려한 후 "당신과 말로든, 편지로든 대화를 할 수 있다는 것이 나에게는 말로 표현할 수 없는 축복이라오"(The conversing with you, either speaking or writing, is an unspeakable blessing to me)라고 표현한 것 등 문제가 될 수 있는 내용을 보고 분노한 부인이 집을 나가버렸던 것이다.[20]

그런데 부인이 집을 나간 지 한 달도 안 되어 웨슬리가 2월 10일 라이언에게 쓴 편지 내용을 보면 문제의 소지가 발견된다. 웨슬리는 서두에 "지난번 당신의 편지는 정말 적절했어요. 당시에 나는 마음이 점점 힘들어지고 있었다오"(Your last letter was seasonable indeed. I was growing faint in my mind)라고 했고, 다음의 내용을 보자.

> 대리석 위에 떨어지는 물방울처럼,
> 오랫동안 내 영혼이 침체하도록 만들었어요.
> 그러나 나는 당신이 내린 재앙을 거두어 달라고 말할 수 없어요.
> 다만 순수해지길 원할 뿐, 소모되는 것을 원치 않아요(Like drops of eating water on the marble, At length have worn my sinking spirits down. Yet I could not say, 'Take

---

20 Campbell, *Letters*, 3: 111-12, 112-3.

Thy plague away from me; But only, 'Let me be purified, not consumed).²¹

둘의 관계는 알 수 없지만, 부인이 보기에 문제가 될 수도 있는 표현이다.²² 3월 말에 아일랜드에 가서 한 달 동안 순회설교를 하면서 보니 그곳에서 활동하던 월쉬(T. Walsh)가 떠난 뒤로 오전 5시나 8시 예배는 사라진 지 오래되었고, 경건 훈련조차 하지 않고 있었다. 성베드로교회에서 설교할 때는 부자들이 거만한 태도로 예배드리는 것을 보고 분개하기도 했다. 그 해 연회는 브리스톨에서 8월 12-16일까지 진행되었다.²³

메도디스트들의 경건 생활에 문제가 있는 것으로 보고, 매주 금요일 아침 금식을 하도록 했고, 설교자들은 '잡담'(chit-chat)을 금하고, '라틴어나 히브리어 공부'(learn Latin or Hebrew)에 열중하면서 '영혼 구원'(saving souls)에 집중해야 한다고 했다. 그리고 순회설교자들이 웨슬리의 저서들을 적극적으로 판매하기로 했다. 특히, 신도회원들 가운데 규칙을 준수하지 않는다면, 비록 전체 회원 수의 3분의 2 정도가 돼도 제명하기로 한 것을 보면 웨슬리가 얼마나 단호하게 위기에 대처하고 있는지 알 수 있다.²⁴

연회 후 다음날 성당에 가서 '헨델의 메시아'(Händel's Messiah) 공연을 참관했는데, 설교를 들을 때보다 합창을 들을 때 청중들이 더 진지한 것을 보고 못마땅해했다. 9월 초에는 플레처와 다른 설교자들을 만나 그리스도인

---

21 Ted. Campbell, *Letters*, 3:114-5. 시의 후반부는 타이어맨으로부터 인용한 것이다. 한편, 편지를 쓴 날이 1758년인데, 타이어맨은 1756년이라 잘못 기록했다.
   See Tyerman, *John Wesley*, 2:109.
22 라이언은 1762년에 런던으로 돌아와 신도회를 구성하고 고아원을 만들었다. 그리고 1768년 6월에 요크셔(Yorkshire)로 고아원을 옮긴후 두달 후불과 44세라는 이른 나이에 생을 마감했다. See Tyerman, *John Wesley*, 2:287.
23 당시 연회 참석자들 가운데 평신도 설교자로 활동하던 맥스필드(Thomas Maxfield)가 포함된 것은 아마도 그가 영국 국교회로부터 사제 안수를 받았기때문일 것이다.
   See Rack, *The Minutes of Conference*, 10:280, note 977.
24 Rack, *The Minutes of Conference*, 10:280-87.

의 완전에 대해 진지한 대화를 나누었다. 왜냐하면, 연회에서뿐만 아니라 내외적으로 그리스도인의 완전에 대한 비판이나 문의가 잇따르기 때문이었다.[25]

11월 29일 원스워스(Wandsworth)에서 메도디스트 지도자 길버트가 소유하고 있던 두 흑인 노예(two Negroes belong to Mr. Gilbert)에게 세례를 주었는데 웨슬리가 만난 최초의 아프리카 그리스도인들이었다. 그리고 12월 11일부터 『창조에 나타난 하나님의 지혜에 관하여』(*A Survey of the Wisdom of God in the Creation*)와 『자연철학』(*Natural Philosophy*)에 대하여 정리하는 데 집중했다.[26]

1758년에 출판한 것은 이미 언급한 것 외에 『영국 국교회로부터 독립해서는 안 되는 이유』(*Reasons against a Separation from the Church of England*)에 대해 22페이지나 설명한 것은 그 문제를 잠재우기 위한 노력이었다. 그런가 하면, 신도회 회원들뿐만 아니라 젊은 설교자들을 위해 그동안 자신이 출판했던 것 중에서 도움이 될 만한 것들을 편집하여 12권, 246페이지나 되는 『아직 규정되지 않은 종교의 개념들로부터 보호책』(*A Preservative against unsettled Notions in Religion*)을 출판했다.[27]

웨슬리의 가장 우선적인 관심은 영혼 구원이지만, 동시에 외부로부터 가해지는 비판이나 잘못된 가르침들로부터 메도디스트들을 보호할 책임을 느끼고 적극적으로 대처해 나갔다.

1759년 초를 분주하게 보내고, 2월 27일 무슨 이유인지 웨슬리 형제와 맥스필드는 런던에 있는 헌팅돈 부인의 집에 갔는데, 그곳에서 횟필드와 동료들을 만났다. 횟필드는 성찬식을 인도하기로 되어 있었는데 웨슬리에게

---

[25] Ward and Heitzenrater, *Journal and Diaries*, 21:161, 165.
[26] Ward and Heitzenrater, *Journal and Diaries*, 21:172-3.
[27] Tyerman, *John Wesely*, 2:317-19.

양보했고, 또한 헌팅돈 부인의 부탁에 따라 설교도 했다. 당시의 관계는 매우 미묘할 때인데 휫필드와 그의 동료들은 웨슬리를 예우하고 있었다.

3월 6일 노리치(Norwich)에 가서 4월 2일까지 머무르면서 한때 1,500-1,600명이나 모이다가 완전히 흩어진 신도회를 다시 세우는 노력을 한 끝에 한 달 만에 600여 명이 다시 모였다. 웨슬리는 효과적인 운영과 훈련을 위해 신도회를 속회(classes)로 나누었다.

3월 21일 콜체스터(Colchester)에서 7명의 성인에게 세례를 주었는데, 그 중 2명에게는 침례를 했다는 것을 보면 아마도 웨슬리는 어떤 수례자들의 요청에 따라 그렇게 한 것 같다. 그렇다면 웨슬리는 세례와 침례 중 어느 하나만을 고집한 것 같지는 않다. 그런데 그날 밤 메도디스트들의 모임에 참석했던 사람 중에는 자신들이 속해 있는 영국 국교회로부터 제명을 당했는데, 당시에 메도디스트신도회원이라는 이유만으로 영국 국교회로부터 제명당하는 일들이 종종 발생하고 있었다.[28]

영국 전역을 순회하며 설교한 후 8월 4일 에버튼(Everton)에 도착하여 설교하던 중 6일 오후 5시에 15세인 앨리스 밀러(Alice Miller) 양이 입신(황홀경) 상태에 있는 것을 보았다. 그녀는 의자에 앉아 벽에 기대고 있었으며 눈은 위를 향해 고정되어 있었다. 얼굴은 경외감과 기쁨으로 가득했지만, 동시에 볼에는 눈물이 흐르고 있었고 입술은 소리를 알아들을 수 없을 정도로만 움직이고 있었다.

그러다가 30분 후 얼굴이 고통스럽게 변하고, 눈물을 흘리며 "주여, 그들이 멸망할 것입니다"(Dear Lord, they will be damned)를 반복하였다. 그리고 5분 후에 다시 얼굴이 평온해졌다. 그런데 30분 후 다시 고통이 가득한 얼굴로 변하고, "주여 세상이 지옥으로 갈 것입니다"(Dear Lord, the world will go to hell)라고 반복하여 말했다.

---

[28] Ward and Heitzenrater, *Journals and Diaries*, 21:179-82.

그리고 잠시 후 그녀는 "하나님께 영광을 돌려라"(Give God the glory)라고 말한 후 7시쯤에 정상으로 돌아왔다. 웨슬리가 어디에 갔다 왔느냐고 물었을 때 앨리스는 주님과 함께 있었다고 말했다. 왜 울었느냐고 물으니, 세상을 생각하고 울었다고 했다. 하나님께 영광을 돌리라고 했는데, 누구 한테 말한 것이냐고 물으니, 목회자들에게 말한 것이라고 했다.[29]

8월 8일 런던에서 개최되어 11일까지 계속된 연회에서 주로 설교자들을 점검하는 데 주력했다. 아무것도 없는 상태에서 영혼 구원에 주력하던 초기 메도디스트들과는 달리 이제 영국 전역을 순회하며 신도회를 조직하는 단계가 됨으로써 공동체를 건강하게 유지하고 발전시키기 위해 무엇보다도 설교자들을 훈련하고 점검하는 일이 웨슬리의 중대한 과제가 되었다. 그리고 『그리스도인의 완전』에 대해 세밀하게 살핀 후 연회 직후 『그리스도인의 완전에 대한 생각들』(Thoughts on Christian Perfection)을 출판했다.[30]

30페이지 분량의 글에서 웨슬리는 그리스도인의 완전에 대한 새로운 내용보다는 지난 25년 동안 자신이 주장한 내용이 바뀌지 않았다는 사실을 알리는 데 주력했다. 그리고 그 기준이 너무 높다는 비판이나 웨슬리가 말하는 그리스도인의 완전은 사실 완전히 아니라는 비판, 심지어 그렇게 문제가 많은 교리를 더 언급하지도 말자는 의견에 답을 하려고 했다.[31]

특히, 실제로 그러한 완전을 성취한 예가 있느냐는 문제가 끊임없이 제기되자 웨슬리는 많은 산 증인들이 있다고 다음과 같이 주장했다.

> 만약, 그동안 영국이나 다른 여러 지역에서 그토록 오랫동안 선포해 온 그리스도인의 완전을 영국에서 성취한 사람이 없다고 내가 생각한다면, 나

29　Ward and Heitzenrater, *Journal and Diaries*, 21:222-3.
30　Ward and Heitzenrater, *Journal and Diaries*, 21:224; Rack, *The Minutes of Conference*, 10:287-8.
31　Tyerman, *John Wesley*, 2:346.

는 그동안 성경을 잘못 이해한 것이고, 결과적으로 나는 사람이 죽는 날까지 죄인으로 살아야 한다고 가르치는 꼴이 될 것이다(If I were convinced that none in England had attained what has been so clearly and strongly preached by such a number of preachers, in so many places, and for so long time, I should be hereby convinced that we had all mistaken the meaning of those Scriptures; and therefore for the time to come I too must teach that sin will remain till death).[32]

10월 30일부터 3일 동안 웨슬리는 "전기 충격 요법"(Electricity)에 대해 좀 더 세밀하게 다듬는 작업을 했다. 11월에 샘 프랭크스(Sam Francks)가 웨슬리의 책을 관리하는 직분을 맡게 되었다. 그런데 그는 1773년까지 그 일을 잘 수행하다가 알 수 없는 이유로 올드 파운더리(in the old Foundery)에서 자살하는 사건이 발생했다. 그런데 2주 후에 파운더리 교사(the Foundery schoolmaster)였던 매튜(Matthew)역시 자살했다.[33]

12월 9일 애찬식(love-feast)를 거행했는데 그동안 하나님의 의를 체험한 밴드 회원들에게만 한정했던 것과 달리 모든 신도회 회원들이 참여하도록 했다.[34] 그리고 『신약성경 주해』(Explanatory Notes on the New Testament)의 초

---

[32] Chilcote and Collons, *Doctrinal and Controversial Treaties*, 13:54-80, esp., 80.
[33] Tyerman, *John Wesley*, 2:345.
사실 메도디스트들 내에서 은혜를 체험하고 설교자 등 사역자로 활발하게 봉사하다가 우울증 등 정신적인 이유로 중도에 포기한 예가 종종 언급된다. 그런가 하면, 자살 등과 같은 극단적인 예도 보고된 바 있는데 정확한 원인에 대해서는 언급하지 않았다. 사실, 그와 같은 현상은 오늘날에도 종종 발생하고 있는데, 그 원인과 방지책에 대해 적극적으로 연구할 필요가 있다고 본다.
[34] Ward and Heitzenrater, *Journal and Diaries*, 21:236.
그동안 소위 하나님의 의를 체험했다는 밴드 회원들에게만 허용되던 "애찬식"(love-feast)에 모든 회원들이 참여할 수 있도록 했다는 것은 메도디스트 운동에 있어서 중대한 변화이다. 1751년에 발생한 일로써 웨슬리가 50대를 바라보고 있는 메도디스트 운동의 성숙기에 접어드는 시점에서 발생한 변화인데, 그동안 메도디스트들 내에서도 계층간 갈등과 분열이 조성되고 있었고, 결과적으로 영혼 구원이라는 가장 우선적인 일을

판의 많은 오류를 수정하기 위해 12월 12월 12일부터 며칠간 동생과 함께 모든 번역을 원문과 대조하며 다시 읽고 검토하는 작업을 했다.[35]

그리고 『홉킨스 주교의 십계명 해설 요약』(*A Short Exposition of the Ten Commandments: Extracted from Bishop Hopkins*), 96.페이지을 출판했다.[36]

노리치에서 해를 넘기고 1760년 1월 7일에 런던으로 돌아와서 3월 3일 순회설교 일정을 떠날 때까지 런던신도회를 점검하고 양성하는 데 주력했다. 3월 4일 버밍햄에 도착하여 그날 밤에 웬스베리(Wednesbury)에 있는 신도회가 새로 건립한 채플에서 설교했다. 1758년에 리차드 와코트(Richard Whatcoat)가 그 신도회에 가입했고, 후에 프란시스 애즈베리(Francis Asbury)가 새로 건립된 채플에서 회심 체험을 하고 둘은 미국선교에 전념하게 된다.

파운더리신도회보다 더 많은 숫자가 새벽 예배에 나오는 등 하나님의 은혜가 특별하게 나타나는 신도회였다. 그 지역에서 만난 두 사람은 분명히 그리스도인의 완전을 이룬 사람들로 보였다. 그때 웨슬리는 그와 같이 그리스도인의 완전을 이룬 사람들이 많다고 믿었고, 그런 사람들이 수천 명으로 늘어날 수 있기를 희망하며 기도했다(I believe many have attained, … May God increase their number a thousandfold!).[37] 60대에 접어드는 웨슬리가 보기에 그리스도인의 완전을 이룬 증거는 다음의 세 가지였다.

등한시하는 일이 발생하고 있었던 것 같다. 리더들을 양성하고 그들의 영적 성장을 증진시킨다고 하는 명분과 새로운 회심자들을 영입하고 양성해야만 한다는 현실 가운데서 순발력 있게 대처한 상황이라고 볼 수 있을 것이다.

35 Ward and Heitzenrater, *Journal and Diaries*, 1: 236.
36 Tyerman, *John Wesley*, 2:345.
37 Ward and Heitzenrater, *Journal and Diaries*, 21: 242, 245.

① 내면적으로 죄를 느낄 수 없으며 외형적으로도 자신이 알기에 죄를 범하지 않는다(They feel no inward sin and, to the best of their knowlwdge, commit on outward sin).
② 모든 순간 하나님을 알고, 사랑하며 마지막까지 기도하고, 즐거워하며 감사한다(they see and love God every moment and pray, rejoice, give thanks evermore).
③ 의롭다고 인정을 받은 것처럼 계속하여 성화를 이루는 분명한 하나님의 증거가 있다(they have constantly as clear a witness from God of sanctification as they have of justification). 그리고 그러한 경지를 이룬 사람이라 해도 여전히 완전한 성화를 추구하라고 했다.[38]

3월 30일 아일랜드로 떠나 4월 6일 도착했다. 그곳에서 처음으로 새벽 4시에 예배를 드림으로써 아일랜드에 새벽 예배 를 소개했다. 그리고 18일 프랑스 사람들이 갇혀 있는 감옥을 방문하여 "사랑으로 역사하는 믿음"에 대해 설교했는데, 프랑스 사람들이 웨슬리가 불어로 설교하는 것을 듣고 놀랐다.[39]

계속하여 킬힌(Killeheen)이나 발링가레인(Ballingarlane)이나 뉴마켓(New-market) 등 독일 사람들 거주지에 가서도 설교를 했는데 독일계 이민자들은 대부분 가난하게 살고 있었다. 당시 아일랜드는 1641년 말부터 프로테스탄트와 가톨릭 간에 분쟁이 발생하여 양측 각각 30만명 이상씩 죽었기 때문에 그 충격에서 아직 회복되지 못한 상태였다.[40]

1760년 6월 23일에 동생 찰스에게 쓴 편지 내용을 보면 50대 후반의 웨슬리의 상태가 어떠했는지 알 수 있다.

---

[38] Ward and Heitzenrater, *Journal and Diaries*, 21: 247.
[39] Ward and Heitzenrater, *Journal and Diaries*, 21: 250.
[40] Ward and Heitzenrater, *Journal and Diaries*, 21: 268-9.

첫째, 웨슬리가 "네가 어디 있는지 모르겠고, 어떻게 지내는지 모르겠구나, 하지만, 모든 일이 잘 되기를 바란다"(Where you are now I know not, and how you are I know not, but I hope the best)라고 한 것을 보면, 형은 동생의 도움 없이 순회설교를 이어가고 있었고, 편지 왕래 또한 끊겼었던 것 같다.

둘째, 웨슬리가 동생에게 "내 아내가 어디에서 어떻게 지내고 있는지 아는가? 내가 지난 토요일 편지를 썼는데"(Where and how is my wife?)라고 묻는 것을 보면 아내와도 연락이 두절된 상태였다.

셋째, 웨슬리는 다음의 연회 장소를 물으며, "만약 우리가 뻔뻔스러운 짐승 같은 사람들의 입을 막을 수만 있다면 연회는 어려움이 없이 진행될 것이다"(If we could but chain or gag the blatant beast, there will be no difficulty)라고 한 것을 보면 웨슬리 형제의 정책에 반대하는 무리들이 형성되어 두 사람도 어찌하기 힘든 일들이 발생하고 있었음을 알 수 있다.

영국 국교회와의 관계에 있어서 웨슬리는 피할 길 없는 이중적 난관에 봉착하고 있었다. 즉, 메도디스트가 성장하면 할수록 영국 국교회로부터 비판이 거세졌고, 영국 국교회로부터 비판이 거세질수록 내부적으로는 영국 국교회로부터 분리하자는 요구에 시달리고 있었다. 노리치에 있는 설교자들인 그린우드(Greenwood), 토마스 미첼(Thomas Mitchell), 존 멀린(John Murlin) 등은 웨슬리의 허락 없이 성찬식을 진행하는 등 이미 영국 국교회를 떠난 것처럼 행동하고 있었다.

그러한 사실을 알게 된 찰스는 지난 몇 년 동안의 침묵을 깨고, 3월 초에 형에게 편지하여 설교자들은 타락했고 그들은 우리가 죽기 전에 영국 국교회로부터 독립할 것이라고 경고하면서 형이 단호하게 대처할 것을 촉구했다.⁴¹ 그리고 찰스는 공공연히 메도디스트들이 영국 국교회로부터 독립을 한다면 자신은 메도디스트들로부터 독립을 하겠다(nothing could ever force me to leave the Methodists, but their leaving the Church)고 말했고, 동료들도 그러한 찰스의 입장을 익히 알고 있었다.⁴²

그 모든 사실을 잘 알고 있던 웨슬리는 6월 23일 동생에게 편지하여 "만약 우리가 노력하지 않는다면, 아마도 상황은 우리를 딜레마 상태, 즉 야외설교를 그만두느냐 아니면 모교회를 떠나느냐로 몰아갈 것 같다. 그러나 하나님께 감사한 것은 그것을 결정해야만 하는 때는 아직 아니라는 것이다"(If we do not exert ourselves, it may drive us to that bad dilemma, leave preaching or leave the Church. We have reason to thank God it is not come to this yet)고 말하면서 사태를 지켜보자는 뜻을 전했다.⁴³

웨슬리는 11월과 12월에 로이드 이브닝 포스트(Lloyd's Evening Post)지에 익명으로 메도디스트들을 비난하는 글을 기고한 사람과 편지를 주고받았다. 기고자는 웨슬리가 영국 국교회의 교리, 즉 "자신이 변호하던 교리를 자신이 배신했다"(apostatized from those principles of religion which [he] undertook to defend)라고 비판했다. 비판에 대한 답변으로 웨슬리는 12월 1일 자 편지에서 자신이 정말 변호하고 있는 것은 다음의 세 가지, 즉 성경(the Bible)과 영국 국교회의 표준설교집(the Homilies)과 공동기도서(Book of Common Prayer)라고 했다.

그리고 12일 다시 답장을 썼는데 자신은 여전히 영국 국교회의 예식에 참여하고 있고, 영국 국교회의 가르침을 그대로 가르치기 때문에 자신이 영국 국교회 사제가 아니라고 증명할 것은 아무것도 없다고 단언했다.⁴⁴

---

41 Jackson, *Life of C. Wesley*, 2:180. Tyerman, *John Wesley*, 2:381에서 재인용.
42 *Methodist Magazine* (1848), 1205. Tyerman, *John Wesley*, 2:388에서 재인용.
43 Campbell, *Letters*, 27: 199-200 and note 60. 참조 Telford, *Letters*, 4:100.
44 Campbell, *Letters*, 27:220-23, 225-30.

사실 웨슬리는 영국 국교회는 초대교회의 삶과 교리적 가르침을 가장 충실하게 계승하고 있다고 믿고 있었고, 자신이 이끄는 메도디스트 운동 또한 초대교회의 가르침과 삶을 회복하는 운동이라고 주장하면서 서로 헤어져야 할 이유가 없다고 항변했다.

한편, 당시에 순회설교자들은 90여 명이 되었고, 메도디스트의 채플은 거의 영국 전역에 세워지게 되면서 메도디스트들은 사회적으로도 공격의 대상이 되었다.[45]

대표적으로 하나만 언급한다면, 사무엘 푸트(Samuel Foote)라는 인물은 91페이지짜리 『미성년자』(The Minor)라는 책을 써서 당시 "메도디스트들의 기괴함을 드러내고, 얼마나 위선적인지 샅샅이 살피는"(to expose the absurdity, and to detect the hypocrisy, of the Methodism) 내용이었다.

『미성년자』는 극장에서 코미디로 공연됨으로써 대중적으로도 메도디스트들을 조롱하고 비판하는 효과가 있었다. 연극에서 휫필드가 어린 시절부터 미련했고, 외모는 우스꽝스러웠고, 그의 사투리나 품행은 야만적이라고 조롱했다.[46] 그 외에 알렉산더 제프슨(Alexander Jephson), 그리고 성직자들인 목사 존 그린(Rev. John Green)과 제임스 클락(Rev. James Clark)등은 한결같이 메도디스트들은 혼란스럽고, 혼동스럽고, 천하고, 야만적이라는 인신 공격을 퍼부었다.[47]

1760년도 연회는 브리스톨에서 8월 29-30일 양일간만 진행되었다. 사실, 웨슬리가 화요일이나 수요일까지 도착해야 했지만, 도로와 일기 등 여러 가지 문제로 인해 28일 밤 11시에 도착해서 금요일과 토요일 양일간만 회의를 진행했고, 웨슬리도 자신을 기다려준 설교자들에게 사랑과 감사를

---

[45] Tyerman, *John Wesley*, 2:391.
[46] Tyerman, *John Wesley*, 2:368.
[47] Tyerman, *John Wesley*, 2:369-74.

표현한 것으로 연회에 대한 보고를 마쳤다.⁴⁸

1760년에 출판한 것 중에서 가장 주목해야 할 것은 그동안 자신이 한 설교들을 모아서 300페이지 분량으로 『여러 상황을 위한 설교집』(Sermons on Several Occasions)을 출판했는데, 그 설교집 안에는 "메도디스트들의 복장에 대한 지침"(Advice to the Methodists, with regard to Dress) "남편과 아내의 의무"(The Duties of Husbands and Wives) "돈의 사용"에 대해(The Use of Money) 등이 수록되어 있다. 복장에 대해서는 단정하고 평범하게 입으라고 하면서 금이나 진주 등 보석을 달지 말고, 머리도 파마 등을 하지 말라고 했다.

더 나아가, 주위 사람들의 눈길을 끌만큼 반짝이는 옷을 입지 말 것이며, 특히 여성들은 반지나 목걸이나 귀고리를 하지 말고, 주름치마 등을 입지 말라고 했다. 돈의 사용에 대한 설교에서 웨슬리는 오늘날까지 잘 알려진 세 가지 원칙을 가르쳐 주었다.

첫째, 가능한 한 많이 벌어라(Gain all you can). 다만, 남에게 해가 되지 않으며 자연 환경을 해치지 않는 방법으로 벌어야 한다.

둘째, 가능한 한 많이 저축하라(Save all you can). 자신과 가족들을 위해 꼭 필요한 만큼의 돈을 저축해 두어야 한다.

셋째, 가능한 한 많이 주어라(Give all you can). 자신과 가족들의 생필품을 위해 저축해 두고 나머지는 하나님과 이웃을 위해 다 주는 것이 진정한 부자이며 행복한 삶이라고 했다. 이렇게 하지 않으면 하나님보다 돈을 더 사랑하게 되고, 세상적 쾌락에 빠져 영혼과 삶의 파멸에 이르게 된다고 경고했다.⁴⁹

---

48 Rack, *The Minutes of Conference*, 10:288-89. 당시만 해도 웨슬리 없이 연회를 진행하는 것은 상상도 못했다. 그러나 1780년 연회 때는 웨슬리가 도착할 때까지 하퍼(Hopper)를 임시 의장으로 대체하여 연회를 진행한 적이 있다. See note 1014. cf. Ward and Heitzenrater, *Journal and Diaries*, 21:273.

49 Outler, *Sermons*, 2: 266-80. "돈의 사용"은 1744년에 처음 설교했는데, 1760년에 출판

그리고 1755년에 출판하고 57년에 개정한 『신약성경 주해』(*Explanatory Notes on the New Testament*)의 개정 증보판을 출판했다. 서문에서 밝힌 바와 같이 주해서의 목적이다.

> 교육을 받지 못한 평범한 사람들이 자국어로 하나님의 말씀을 존경과 사랑으로 이해하게 함으로써 그들의 영혼을 구원하기 위함이다(chiefly for plain, unlettered men, who understand only their mother tongue, and yet reverence and love the word of God, and have a desire to save their souls).

한편, 주해서에는 웨슬리 상이 새겨져 있는데, 그것은 1743년부터 웨슬리와 동행한 평신도 설교자로서 판화 등 예술적인 부분에 천재적인 재능이 있는 존 다운스(John Downes)의 작품이다.[50]

했다.
50 Wesley's *Works*, 4:33. Tyerman, *John Wesley*, 2:226에서 재인용. 존 다운스(John Downes, 1723-74)에 대해서는 다음을 보라. Ward and Heitzenrater, *Journal and Diaries*, 19:329 and note 30.

제2장

1761-1769: 완전성화의 교리 논쟁과 신도회 내의 갈등

1761년부터 1769년까지 메도디스트 운동이 가장 왕성하게 전개될 때 거의 웨슬리 혼자 야외설교 일정과 외부로부터 오는 비판에 대응하고 내부적으로 발생하는 문제에 대처하는 일을 감당해야만 했다. 한편, 휫필드는 1764년에 아메리카로 떠났지만, 한주에 겨우 2-3번 정도의 설교만 할 수 있을 정도로 건강이 악화하였고 1767년이 되어서야 건강이 회복되어 정상적인 활동을 하게 되었다.[1]

그러므로 1761-67년까지는 주로 웨슬리의 활동에 주목할 것이고, 신학적으로는 주로 완전성화에 대한 교리적인 논쟁과 신도회 내에서의 교리적 갈등 등에 주목할 것이다. 설교 현장에서는 여전히 비판과 핍박이 끊이지 않았지만, 반복을 피하고자 언급을 생략할 것이다.

---

1 Tyerman, *John Wesley*, 2:393, 431, 497, 595.

1. 1761년: 여성 설교자 임명

웨슬리는 야외설교 현장에서 일어나는 현상을 보고 하나님의 은혜와 섭리를 깨닫게 되었다. 1761년 4월에 얼 다트머스(Earl Dartmouth)에게 쓴 편지에서 웨슬리는 다음과 같이 말했다.

> 만약, 교회 안에서 설교하는 것이 허락되지 않은 사람은 어느 곳에서도 설교할 수 없다고 한다면 그 법은 정말로 잘못된 악법이라고 생각한다(if there is a law that a minister of Christ who is not suffered to preach the gospel in the church should not preach it elsewhere, I do judge that law to be absolutely sinful).[2]

당시에는 교회 밖에서 얻은 열매들을 관리하고 양육하는 일이 가장 큰 과업이 되었는데, 문제는 그 일을 감당할 만한 지도자나 설교자가 부족하다는 것이었다. 웨슬리는 부족한 설교자들을 충원하는 방법으로 여성 설교자를 임명할 것을 심각하게 고려하게 되었다.

사라 크로스비(Sarah Crosby)는 1761년 새해에 런던을 떠나 중부 지역인 더비(Derby)로 가서 반회 모임을 매우 성공적으로 이끌면서 회원을 200여 명으로 부흥시켰다. 결과적으로 반회의 원래 취지대로 개인 개인을 만날 수 없게 되자 사라는 전체를 대상으로 찬양과 기도를 인도하고 자신의 경험에 비추어 각 개인이 아니라 대중을 격려하게 되었다. 그런데 그러한 행위가 곧 예배를 인도하는 것과 같은 행동이 되었고 문제가 될 것을 염려하는 마음으로 웨슬리에게 문의하는 편지를 보냈다.

웨슬리는 2월 14일 답장에서 메도디스트들 중에 여성 설교자가 없고, 자신 또한 그에 대해 심각하게 생각해 본 적은 없지만, 지혜롭게 잘하라는

---

[2] Telford, *Letters*, 4:147.

뜻에서 다음과 같이 격려했다.

> 나는 당신이 법을 어겼다고 생각하지 않아요. 그냥 침착하게 그리고 꾸준히 당신의 일을 하면 돼요. 만약, 당신이 다른 여성 사역자들이 이전에 하던 것처럼 그렇게 설교를 읽어 주거나 성경 강해를 읽어 주는 것은 괜찮다고 생각해요(I do not see, that you have broken any law. Go on calmly and steadily. If you have time, you may readto them the Notes on any chapter before you speak a few words; or any one of the most awakening sermons, as other women have done long ago).[3]

흥미롭게도 동료 메도디스트들이 사라의 활동을 문제 삼은 적이 없는 것을 보면, 메도디스트 역사에 있어서 최초의 여성 설교자는 그렇게 세워졌던 것 같다. 사라는 1804년 죽을 때까지 그 일을 잘 감당했다.

5월 21일 이브라임 사이러스(Ephraem Syrus/ Ephraim the Syrian, 306-373)의 『회개를 위한 진지한 권고와 죄에 대한 슬픔, 그리고 고행의 삶』(*A Serious Exhortation to Repentance and Sorrow for Sin and a Strict and Mortified Life*)을 읽고 감동받았다. 사실, 그 책은 시리아어로 쓰였는데, 헬라어와 라틴어 번역본이 있었고, 영어 번역본은 1731년에 런던에서 출판되었다.

웨슬리는 30대 때부터 그 책을 전에 원문으로 읽었는데, 영어 번역본을 나중에 발견하고 요약해 준 것 같다.

사이러스는 니시비스(Nisibis, 오늘날의 터키 지역)에서 태어나 교육을 받은 동방교회(Eastern Orthodox Church)의 존경받는 수도사(Monk)였다. 그는 오직 시리아어로만 글을 썼는데, 400편 이상의 찬송과 시, 설교, 성경 주석 등을 남겼는데 주로 유대교적 문서를 참고하여 기독교적인 회개와 하나님의 은혜와 구원을 강조함으로써 죄인인 인간이 하나님의 성품처럼 변화받

---

[3] Campbell, *Letters*, 27:242.

을 수 있다는 내용이었다.⁴

1761년 연회는 런던에서 9월 1-5일 사이에 개최되었는데 불행하게도 회의록이 없다. 다만, 웨슬리와 그때 참석자들의 일기와 사적인 기록에 의하면, 찰스는 불참했고, 휫필드가 참석했다. 회의 중에 "완전성화가 순간적으로 이루어질 수 있다"(entire sanctification is attainable in an instant)라고 한 것에 대해 논란이 되었고, 토마스 맥스필드(Thomas Maxfield)가 신도회 내에서 웨슬리와 동료 메도디스트들을 비판한다는 보고를 듣고 동료 설교자들이 분개했지만, 웨슬리가 일단 무마시켰다.⁵

당시 타이어맨의 보고에 의하면, 오틀리(Otley)에서 처음으로 완전성화 운동이 강하게 일어났고, 그 뒤로 요크셔나 런던 등 다른 지역으로 확대되어 나갔다. 당시 런던신도회의 2,350명 중에서 자신이 완전성화를 이루었다고 선언한 사람들이 약 30명이었다.

웨슬리는 오틀리로 가서 완전성화를 이루었다는 사람들을 한 사람씩 점검했는데, 공통적으로 "내적으로 더 이상 죄를 느끼지 못하고 있고 외적으로도 그들이 아는 한 죄를 짓지 않는다"(They felt no inward sin; and to the best of their knowledge, committed no outward sin)고 고백했다. 웨슬리는 1733년 "마음의 할례"(the circumstance of the heart)에 대해 설교하면서 그리스도인의 완전 교리를 선포한 이래 30여 년 만에 오직 믿음만으로 완전성화를 이루었다는 보고를 들었을 때 흥분을 감추지 못했고 그들이야말로 자신이 증거하는 복음의 산 증거자들이라고 믿었다.

흥미로운 사실 중 하나는 웨슬리가 사람들의 고백에 의존하여 그 사람들이 완전성화를 이루었는지 아닌지를 판단하면서 정작 자신은 그 문제에

---

4   Ward and Heitzenrater, *Journal and Diaries*, 20: 162 and 21:322. 웨슬리와 이브라임과의 관계에 대해서 다음을 참고하라: Gordon Wakefield, "John Wesley and Ephraem Syrus," in *Hugoye: Journal of Syriac Studies*(1998, 2010), v. 1-2: 273-286.
5   Rack, *The Minutes of Conference*, 10: 291-92; Ted Campbell, *Letters*, 27: 273, 276.

대해 한 번도 고백한 적이 없다는 것이다. 타이어맨도 그 문제에 대해 다음과 같이 언급했다.

> 웨슬리 자신은 그리스도인의 완전을 이루지 못했다. 그리고 다른 사람들은 그리스도인의 완전을 이루었다고 고백한 것과 달리 웨슬리는 죽을 때까지 그러한 고백을 한 적이 없다는 사실은 분명 문제가 되었다(Wesley himself had not received it; and it is an important fact that, so far as there is evidence to show, to the day of his death, he never made the same profession as hundreds of his people did).[6]

웨슬리 자신이 "나는 그리스도인의 완전을 성취했다"라고 선언한 적이 없다는 사실이 웨슬리와 동시대 사람들뿐만 아니라 그의 사후에도 여전히 문제가 되었기에 타이어맨은 그 문제에 대해 언급하지 않을 수 없었다.

런던신도회는 1761년 말까지 완전성화의 교리에 대한 혼란을 겪게 되었고, 그 중심에 토마스 맥스필드(Thomas maxfield)가 있었다. 신도회 내에서 문제가 심각해지자 그는 웨슬리를 비판하면서도 직접 만나는 것을 회피하고 있었다.[7]

웨슬리는 12월 26일 병 중에 있는 찰스에게 편지하여 "우리는 항상 열광주의 위험 가운데 있다"라고 인정하면서도 완전성화가 메도디스트들 안에 실제로 일어나고 있는 현상이며 그것이 또한 하나님의 뜻이 이 땅에서 이루어지는 현상이라고 말했다.[8]

그러나 당시 「런던 메거진」(London Magazine)은 "(웨슬리는) 이슬람교도들보다 성경에 대해 무지한 … 종교의 적이요, 사람들을 속이는 자"(an enemy

---

[6] Tyerman, *John Wesley*, 2:418.
[7] Ward and Heitzenrater, *Journal and Diaries*, 21: 346.
[8] Campbell, *Letters*, 27: 281.

to religion, and a deceiver of the people, … with no more knowledge of and esteem for the holy Scriptures than a Mahommedan)라고 비판하였다.⁹

1761년에 웨슬리는 139페이지나 되는 『메도디스트 찬송집』(Select Hymns: with Tunes Annexed: Designed Chiefly for the Use of the Called Methodists)을 출판했고, 서론과 부록에서 찬송을 부를 때 어떻게 불러야 하는지 가이드라인(Directions for Singing)을 제시했다.¹⁰ 그 외에 12페이지 분량의 『진정한 기독교에 대한 평이한 해설』(A Plain Account of Genuine Christianity)을 출판했다.¹¹

2. 1762-63년: 극단적 웨슬리안들, 토마스 맥스필드와 조지 벨, 평신도 안수 사건

1762년에 대한 기록은 가장 빈약하다. 연회도 리즈에서 8월 10일 시작해서 15일 브리스톨에서 설교한 것으로 보아 13일이나 14일 오전에 끝난 것으로 추측할 뿐이고, 교리적으로 무슨 문제를 다루었는지 알 수가 없다.¹² 다만 분명한 것은 1762년과 1763년 사이에 그리스도인의 완전의 교리는 내외적으로 신랄한 비판을 받고 있었다는 사실이다.

1762-63년 사이에 와버튼(Warburton) 주교는 259페이지나 되는 『은총의 교리』(The Doctrine of Grace: or, The Office and Operations of the Holy Spirit vindicated from the Insults of Infidelity, and the Abuses of Fanaticism)를 써서 성령으로 역사하는 은총이 마치 자신들에 의해 역사하는 것처럼 말하는 열광주의자들(fanatists)에

---

9   London Magazine (1761), 19. Tyerman, John Wesley, 2:427 에서 재인용.
10 See Franz Hilderbrandt and Oliver A. Beckerlegge, A Collection of Hymns for the Use of The People Called Methodists, 7:765
11 Tyerman, John Wesley, 2:429-30.
12 Rack, The Minutes of Conference, 10:293.

의해 잘못 이해되고 오용되고 있다고 비판했다.

특히, "그리스도인의 완전"의 교리에서 웨슬리는 연약함(infirmities) 때문에 죄를 짓는것은 사실 죄가 아니라고 하는 것은 잘못이라고 비판했다.[13] 흥미로운 사실은 와버튼 주교는 책으로 출판하기 전에 웨슬리에게 원고를 보내 교정을 봐 달라고 했는데, 교정을 본 후 웨슬리는 1763년 1월 5일 동생 찰스에게 편지하여 주교의 신약성경에 대한 이해가 무지하다는 사실과 또한 그의 헬라어 실력에 문제가 있음에 놀랐다고 했다.[14]

그리스도인의 완전을 부정하는 사람들보다 오히려 극단적으로 주장하는 사람들 때문에 발생하는 문제가 더 심각했는데, 그 중심에 조지 벨 (George Bell)과 토마스 맥스필드(Thomas maxfield)가 있었다.

맥스필드는 1739년에 메도디스트가 된 이후 열정과 지도력을 인정받아 1742년에 신도회 리더로 임명받은 이후 종종 문제를 일으키던 인물이다.[15] 1760년에 웨슬리가 선택받은 몇 명을 위한 밴드 지도자로 맥스필드를 임명하면서 문제가 불거지기 시작했다. 즉, 밴드 멤버들 가운데 꿈을 꾸고 비전을 보는 사람들이 나타났는데, 웨슬리는 그런 현상을 절제시키려 했지만, 맥스필드는 오히려 권장하며 자기들만 특별한 은사를 받은 것처럼

---

13 Tyerman, *John Wesley*, 2:492. 참조 Outler, *Sermons*, 2:99-121, 특히 103.
14 Campbell, *Letters*, 27: 315. 그동안 본 편지는 1762년에 쓴 것으로 알려져왔는데, 찰스가 형에게 답장을 한 시기 등 여러 가지 요인을 고려해 볼 때 웨슬리가 동생에게 1763년에 편지한 것으로 보인다. 한편, 1750년에 엑스터의 라빙턴 주교(Lavington, bishop of Exeter)가 메도디스트들을 비판하기 위해 쓴 『메도디스트들과 교황주의자들의 열광주의 비교』(*Enthusiasms of the Methodists and Papists compared*)에 답하는 편지 *A Letter to the Author of the 'Enthusiasms of the Methodists and Papists compared*를 출판했을 때 웨슬리가 라빙턴 주교의 영어가 전혀 센스도 없고, 문법적으로 틀린 곳이 너무 많아 주교에 걸맞지 않다고 비판했던 것을 보면 웨슬리는 높은 수준의 영어와 성경 원어 실력을 갖추어 있었고, 논쟁의 대상들이었던 당시 주교들은 그에 걸맞는 수준을 갖추어야 한다고 생각했던 것 같다.
15 Heitzenrater, *Wesley and People*, 115; Tyerman, *John Wesley*, 1:274-5.

행세하는 것이 문제였다. 또한, 웨슬리는 맥스필드가 칭의를 경시하는 태도, 즉 칭의는 하나님의 자녀가 되는 길이 아니라고 가르치는 것과 순간적인 성화를 부정하는 것 등에 대해 못마땅해했다.

1762년 8월 21일 웨슬리 형제는 맥스필드와 오랫동안 대화를 해서 오해를 푼듯했지만 문제는 계속되었다. 10월에 런던에 돌아와 보니 맥스필드는 이미 자기를 따르는 사람들을 규합하여 따로 모임을 갖고 있었다. 마침내 웨슬리는 1762년 11월 2일에 맥스필드에게 다음과 같은 편지를 썼다.

> 나는 당신의 완전 교리, 또는 순수한 사랑, 즉 죄를 배제하는 사랑의 교리를 좋아합니다. 그러나 당신이 마치 사람들이 천사처럼 절대적으로 완전해지는 것, 즉 유혹도 받지 않고, 더 타락하지 않을 것처럼 말하는 것은 좋아하지 않습니다. 나와 동생은 지난 20년 이상 순간적인 성화에 대해 가르쳐왔건만, 당신은 반복해서 순간적인 성화를 부인하고 있습니다(I like your doctrine of perfection, or pure love – love excluding sin. … But I dislike your supposing man may be as perfect 'as an angel'; that he can be absolutely perfect; that he can be infallible, or above being tempted; or that the moment he is pure heart he cannot fall from it. … You have over and over denied instantaneous sanctification to me. But I have known and taught it(and so has my brother, as our writings show) above these twenty years).[16]

얼마 지나지 않아 둘 사이의 교리적 차이와 갈등이 표면적으로 드러나는 사건이 발생했다. 1763년 1월 17일 커벤트리(Mrs. Coventry) 부인은 "더 이상 두 가지 교리를 들을 수 없어요. 맥스필드가 완전에 대해 설교하면 웨슬리는 다시 그것을 끌어내리고 있어요"([I would] hear two doctrine no longer. … Mr. Maxfield preached perfection but Mr. Wesley pulled it down)라고 말하면서 자신

---

[16] Campbell, *Letters*, 27: 306-9. See also Ward and Heitzenrater, *Journal and Diaries*, 21:394.

과 남편과 딸들과 집의 하인들을 위한 반 출석표(class ticket)를 던져버렸다.[17]

커벤트리 부인은 두 사람 다 거부한 것이 아니라 그 후로 "맥스필드가 우리의 선생이다"(Mr. Maxfield is our teacher)라고 선언했다. 2월 말경에 소위 성화를 체험했다고 하는 사람들 30여 명이 신도회를 떠났다. 그리고 조지 벨(George Bell)을 비롯 몇몇 사람들이 "눈먼 웨슬리가 우리를 가르칠 수 없다. 우리는 맥스필드를 따를 것이다"(Blind John is not capable of teaching us; we will keep to Mr. Maxfield)라고 선언하고 신도회를 떠나는 등 약 200여 명이 웨슬리를 떠났다.[18]

그 후 맥스필드는 웨슬리를 비난하며 웨슬리와 다른 성화론을 주장하다가 20여 년 만에 죽었는데 말년에 병이 들었을 때 웨슬리는 그를 방문하기도 했고 그의 교회에서 설교하기도 했다.[19]

맥스필드 외에 신도회를 극도로 혼란 가운데 빠뜨린 사람은 벨이다. 그는 1758년에 회심을 한 후 곧 웨슬리의 사역에 동참했고, 1761년 3월부터 자신은 성화 되었다고 주장했다. 그리고 "성화 되지 않은 사람은 결코 성화된 사람을 가르칠 수 없다"(none can teach those who are renewed in love, unless he be in the state himself)라고 주장했는데, 사실 그때까지 자신이 성화 되었다고 선언하지 못한 웨슬리가 성화된 자기를 가르치는 것을 받아들이지 않겠다는 뜻이며 동시에 자기만이 성화를 가르칠 적임자라는 태도였다.[20]

벨은 런던에서 설교할 때 괴성을 지르거나 몸을 요동치게 하는 것 (screaming and wild gesticulation)까지 포함해서 그리스도인의 완전히 이루어지는 것이라고 했다. 그리고 완전한 사람은 모든 법칙과 전통, 그리고 각종

---

[17] Ward and Heitzenrater, *Journal and Diaries*, 21:403.
[18] Ward and Heitzenrater, *Journal and Diaries*, 21:407, 410.
[19] Tyerman, *John Wesley*, 2:440-41.
[20] Ward and Heitzenrater, *Journal and Diaries*, 21:400. 참조 Tyerman, *John Wesley*, 2:433-34.

판단으로부터도 자유로운 존재라고 하며 벨 자신의 반대자들을 하나님의 뜻을 방해하는 적들로 정죄하였다.[21] 벨은 결과적으로 모든 율법이 폐지되었다는 극단적인 주장을 하게 된다.

하지만, 벨은 한 발 더 나가 1763년 2월 28일에 지구의 종말이 온다고 했는데 적지 않은 사람들이 그 말을 믿고 있었다. 마침내, 1762년 12월 22일 벨이 파운더리에서 더 기도할 수 없다고 했고, 26일 만나서 다시 한번 권고할 때 그는 마치 하나님의 음성을 듣고 직접 말하는 것처럼 말했지만, 웨슬리가 보기에 아니었다(He now spoke as from God, what I knew God had not spoken). 웨슬리는 더 내버려 둘 수 없어서 그가 더 이상 파운더리에서 설교하지 못하도록 조치했다.[22]

해를 넘겨 1763년 1월 7일 다시 벨을 만나 1763년 2월 28일에 지구의 종말이 온다고 한 것을 취소할 것을 종용하였지만, 벨은 웨슬리의 권고를 거부했다. 자신이 예언한 종말의 날 하루 전에 벨과 추종자들은 곧 도시가 "불타버리기 전에"(before its conflagration) 마지막으로 한 번 더 보기 위해 "성 누가 병원 근처에 있는 작은 둑 위에 올랐다"(ascended a mound near the city of St. Luke's hospital). 그러나 그는 도시를 혼란스럽게 만드는 미친 예언자라는 죄명으로 체포되었고, 그가 예언한 날에 아무 일도 일어나지 않았다.[23]

한편, 1762년 9월 29일 주일엔 그토록 신랄하게 자신을 비판했던 라빙톤 주교와 함께 성찬식에 참여하기도 했다. 웨슬리는 1751년 11월 19일 그에게 편지를 쓸 때 마귀를 대적하는 심정이었던 적이 있었는데, 함께 주심의 성찬을 받으면서 하나님의 나라에서 만날 것을 기대하기도 했다. 주교는 2주 후에 하나님의 부르심을 받았다.[24]

21　Ward and Heitzenrater, *Journal and Diaries*, 21:398-99.
22　Ward and Heitzenrater, *Journal and Diaries*, 21:400-1.
23　Tyerman, *John Wesley*, 2:438.
24　Ward and Heitzenrater, *Journal and Diaries*, 20: 406-6 and 21:387.

1753년에 대 회의록(The Large Minutes)이 만들어진 이래 10년 만인 1763년에 다시 만들어졌는데, 10년 만에 웨슬리는 동료 지도자들에게 "하나님께서 메도디스트 설교자들을 일으키신 이유에 대해 우리는 어떻게 믿어야 할까?"(Whar may we reasonably believe to be God's design in raising up the preachers called Methodists?)라고 묻고 다음과 같이 답했다.

> 국가와 특히 교회를 개혁하고, 성경적 거룩을 온 땅 위에 전파하기 위해 (To reform the nation, and in particular, the Church; to spread scriptural holiness over the land).[25]

그리고 1년 후 다시 "야외설교만큼 사탄의 왕국을 흔들 수 있는 것은 또 무엇이 있겠는가?(What can shake Satan's kingdom like field-preaching)라고 반문하면서, "야외설교야말로 사탄의 왕국을 무너뜨리는 가장 효과적인 방법"(field preaching is the most effectiveway of overturning Satan's kingdom)이라고 단언하였다.[26]

1763년 총회는 7월 19-23일 사이에 런던에서 개최되었는데, 그때 하웰 해리스가 참석하여 평신도 설교자로서 처음으로 간증과 함께 말씀을 전했는데 그때 그는 평신도 설교자로 헌신한 후 모든 것을 다 잃고 가족을 부양할 어떤 것도 없었고 빚도 300-400파운드나 지고 있었지만, 오직 하나님의 말씀의 대사로 헌신하는 삶에 대해 말함으로써 많은 감동을 주었다.

---

[25] Minutes of Several Conversations between the Rev. Mr. John and Charles Wesley, and Others(1753, 1763), in Rack, *The Minutes of Conference*, 10: 844-74, esp., 845; Tyerman, *John Wesley*, 2:474. The Large Minutes는 1753, 1763, 1770, 1772, 1780, 1789년에 각각 만들어졌다. See Rack, *The Minutes of Conference*, 10: 844-74, 874-909, 910-35.

[26] Ward and Heitzenrater, *Journal and Diaries*, 21: 479; 22:8. See also Rack, *The Minutes Conference*, 10: 844-74.

한편, 1763년 연회를 주목해야 할 또 다른 이유는 대의원들이 처음으로 웨슬리의 절대적인 권력에 대해 의문을 제기하기 시작했다는 것이다. 그 일에 대해 해리스도 심각하게 생각하며 만약 웨슬리가 계속하여 권력을 남용할 경우에 대해 말하자 다른 설교자들이 눈물을 흘리며 더 이상 그 문제에 대해 논하지 말자고 했다. 그 일이 있은 지 3년 후 1766년 연회에서 웨슬리는 자신의 지도력을 더욱 강화하기 시작했다.[27]

야외설교가 왕성하게 진행되면서 지도자나 설교자 부족의 문제를 해결하는 방법으로 평신도 설교자들이나 여성 설교자들을 세우는 것만으로는 절대적으로 부족하게 되었다. 1763년 8월 말경에 웰쉬(Welsh) 순회설교를 마치고 나서 웨슬리는 시급한 문제에 대해 다음과 같이 말했다.

> 날이 갈수록 분명해지는 것은 사도처럼 설교하여 영혼을 구하고, 그들을 하나님의 방법대로 훈련하지 않는 것은 곧 아이를 낳아 살인자에게 주는 것과 같다는 것이다. 지난 20년간 펨브로크셔 전역에서 얼마나 많은 설교를 했던가. 그러나 정기적으로 모이는 신도회가 없고, 서로 연결하여 진행하는 질서나 훈련이 없었던 결과는 영적으로 깨어난 열 명 중 아홉은 그 이전보다 빨리 잠들어버렸다(I was more convinced than ever that the preaching like an apostle, without joining together those that are awakened, and training them up in the ways of God, is only begetting children for the murderer. How much preaching has there been for these twenty years all over Pembrokeshire. But no regular societies, no discipline, no order or connection. And the consequence is that nine in ten of the once awakened are now faster asleep than ever).[28]

---

[27] Rack, *The Minutes of Conference*, 10: 295-96.
[28] Ward and Heitzenrater, *Journal and Diaries*, 21: 424; Tyerman, *John Wesley*, 2:480.

마침내 웨슬리는 평신도 설교자들에게 안수하여 성찬식을 수행해도 된다고 하는 제한적 권한을 허용하는 방안을 적극적으로 검토하게 되었지만 그러한 조치가 어떤 문제를 일으킬지 잘 알고 있던 웨슬리는 마지막까지 망설일 수밖에 없었다. 그러던 중 하나의 대안을 택했는데, 영어를 못하는 그리스 주교(Greek Bishop), 에라스무스(Erasmus)를 초청하여 그로 하여금 평신도 설교자들에게 안수하게 하는 것이었다.

존 존스(John Jones)가 1763년에 처음으로 안수를 받았고 나중에 샘슨 스타니 포스(Samson Staniorth), 토마스 브라이언트(Thomas Bryant) 등 여섯 명이 안수를 받았다. 그 일에 대해 당장 "돈으로 매수했으며 알 수 없는 언어로 안수했다"(procured by money and performed in an unknown tongue)라는 비판이 제기된 것은 당연한 결과였다.[29] 평신도 설교자들에게 안수함으로써 웨슬리는 건너서는 안 될 강을 건너버렸다. 60세가 된 웨슬리는 이제부터 더 물러서지 않고 자신의 길을 가겠다는 선전포고와도 같은 조치였다.

그런데 웨슬리의 그러한 조치에 가장 강력하게 반발한 사람이 동생 찰스였다. 찰스는 안수의 부당성을 주장하며 안수받은 존 존스가 신도회를 떠나도록 강요했고, 스타니 포스 역시 사제의 의무를 하지 못하도록 했다. 브라이언트는 오직 쉐필드신도회 내에서만 사제의 일을 하도록 제한했다.[30] 후에 형은 동생에게 존스의 목사 안수를 인정해 달라고 요청했지만, 결국 동생은 뜻을 굽히지 않아 존스는 결국 메도디스트들을 떠나 런던 주교에게 다시 안수를 받고 국교도 사제가 되었으니 당시 웨슬리의 지도력에는 타격을 입었고 메도디스트들에게는 큰 손실이었다.[31]

---

[29] Telford, *Letters*, 4:290; Tyerman, *John Wesley*, 2:486. 그리스교회(Greek Church)와 웨슬리와의 관계에 대해서는 다음을 보라. Thomas Jackson, *Works*, 9:217, 274.
[30] Tyerman, *John Wesley*, 2:487.
[31] Tyerman, *John Wesley*, 2:508.

그런데 이 시점에서 우리는 웨슬리가 1746년에 로드 킹(Lord King)의 책 『초대교회의 헌법, 훈련, 통일성, 그리고 예배에 대하여』(*An Inquiry into the Constitution, Discipline, Unity, and Worship of the Primitive Church*)를 읽고 "초대교회 때는 감독과 장로가 같은 등급의 일을 감당하던 직책"(it would follow that bishops and presbyters are [essentially] of one order in the early Christian congregation)이었음을 알게 되었다는 고백을 기억할 필요가 있다.³²

그리고 다음해인 1747년에 열린 연회에서 웨슬리와 메도디스트 대의원들은 초대교회 때부터 다양한 형태의 교회들이 존재했고 국가교회는 종교적이라기보다는 하나의 정치적 구조에 의해 형성된 것이라는 의견에 동의한 바 있다.³³ 결국, 웨슬리는 자신도 사제로서 다른 사람에게 안수할 수 있는 감독의 기능을 감당하는 것이 성경적으로 틀리지 않는다는 확신을 가지고 일을 진행했다.³⁴

한편, 토마스 러더포스(Thomas Rutherforth, 1712-1771) 박사도 95페이지 분량의 팜플렛을 써서 메도디스트들이 열광주의자들이고 웨슬리는 일관성이 없다고 비판했다. 그에 대해 웨슬리는 5년 후에 답을 하는 과정에서 지난 1725년부터 1768년까지 40여 년간의 가르침을 되돌아보면 분명 자신의 가르침 중에서 폐기한 것도 있고, "자신도 모르게 교정한 것도 있음을 인정하면서도"(I have relinquished of my former sentiments. During these last thirty years I may have varied in some my sentiments or expressions without observing it), "지난 30여 년간의 내용을 보면 크게 모순되는 것은 없다"(There will found few if any real contradictions in what I have published for near thirty years)라고 했다.³⁵

---

32 Ward and Heitzenrater, *Journal and Diaries*, 20: 112.
33 Rack, *The Minutes of Conference*, 10: 202.
34 Tyerman, *John Wesley*, 2:488.
35 Telford, *Letters*, 5:357-69, esp., 358; *Wesley's Work*, 14: 329. Tyerman, *John Wesley*, 2:490-91 에서 재인용.

11월 초에 런던으로 돌아와 옛날 신성회(Holy Club) 동료였다가 지금은 모라비안 감독이 된 존 갬볼드(John Gambold)와 만나 깊은 대화를 했지만 의견차이가 많아 더 이상 동료가 될 수 없음을 발견했다. 그리고 신도회를 점검해 보니 맥스필드를 따라 나간 사람들이 175명이었다. 남아 있는 신도회 회원들을 점검해 보니 초기와 같은 열정과 함께 그에 따른 자만과 편견 등이 사라졌지만 가장 귀한 보물과 같은 것, 즉 "사랑으로 역사하는 믿음"(갈 5:6)만은 잃지 않고 계속 상승하고 있다고 진단했다.[36]

한편, 영국 국교회 내에 웨슬리와 메도디스트 운동에 호의적인 사람들도 있었다는 사실을 간과해서는 안 된다. 웨슬리는 영국 국교회 내에서 자신과 뜻이 맞는 목회자들과 동역하기를 원했지만, 성공하지는 못했다. 다만 영국 국교회 내에 흐르고 있는 부정적인 분위기 때문에 자기들도 메도디스트라고 밝히지는 못하지만, 익명으로 지지하거나 동참하는 다수가 있었던 것은 분명하다.

그들 가운데는 웨슬리가 설교할 수 있도록 강단을 허락해 준 목회자들과 직접 동참한 동료 목회자들도 있었는데, 쇼어햄(Shoreham) 교구의 빈센트 페로넷(Vincent Perronet), 투루로(Truro)교구의 사무엘 워커(Samuel Walker), 하워스(Haworth)교구의 윌리엄 그림쇼(William Grimshaw) 등이 그들이다. 특히 페로넷은 1744년 최초의 메도디스트연회 때부터 참여했고, 웨슬리 형제를 자신의 교구로 초청하여 설교 듣기를 즐겼고, 웨슬리가 1749년에 쓴 『메도디스트들에 대한 평이한 해설』(*Plain Account of the People Called Methodists*)을 가장 먼저 발표한 곳도 페로넷의 교구에서였다.[37]

1762년에는 주목할 만한 저술이 없고, 1763년에 웨슬리가 출판한 것 중에서 가장 주목해야 할 것은 다음과 같다.

---

[36] Ward and Heitzenrater, *Journal and Diaries*, 21: 438-40.
[37] Davies, *The Methodist Societies* 9: 254.

『그리스도인의 완전에 대한 진지한 생각』(Father Thoughts upon Christian Perfection)은, 설교『신자 안에 있는 죄』(Sin in Believers), 그리고 총 2권으로 완성한 『창조에 나타난 하나님의 지혜: 또는 자연철학 대요』(A Survey of the Wisdom of God in Creation; or, a Compendium of Natural Philosophy).[38]

3. 1764-65: 찰스와의 불화, 구약성경 주해 작업

웨슬리가 1764년 1월 19일 헨리(Henley)에 가서 설교할 때 설교를 이해하지 못하는 무지한 청중들을 보고 다시는 오지 않을 것 같다고 했고, 23일 선돈(Sundon)에 가서 설교할 때는 웨슬리가 마치 헬라어로 설교하는 것처럼 사람들이 이해하지 못했다고 했다. 그런가 하면, 3월 19일 스트라우드(Stroud)에 갈 때마다 한 잘못된 사람(one wrong-headed man)이 그렇게 방해함으로써 전혀 열매를 맺지 못하다가 그가 떠난 후에야 비로소 믿고 결단하는 사람들이 나타나기 시작했다.

3월 16일 브리스톨에 가서 몇몇 성직자들을 만나 가장 근본적인 교리, 즉 원죄론, 믿음에 의한 칭의, 거룩의 추구 등에 이견이 없으면 함께 동역하자는 뜻을 밝혔지만, 동의를 얻지 못해 아쉬워했다.[39] 결과적으로 보면 웨슬리가 60이 넘어서도 메도디스트로서 영국 전역을 순회하며 야외설교를 진행한 지 20년이 넘어서도 여전히 영국 국교회나 주위 비국교도들 성직자들의 연합체를 이루지 못했다는 뜻이다. 결국, 평신도들에게 안수하

---

[38] Tyerman, *John Wesley*, 2:457-58, 494-95. 『창조에 나타난 하나님이 지혜; 또는 자연철학 대요』(*A Survey of the Wisdom of God in Creation; or, a Compendium of Natural Philosophy*)는 1770년에 3권으로, 그리고 1777년에 마침내 5권으로 완성한 큰 프로젝트의 결실이다.

[39] Ward and Heitzenrater, *Journal and Diaries*, 21: 442-444.

여 동역자로 세우는 일 외에 다른 대안을 찾지 못하고 있었던 것이다.

한편, 윈윅(Winwick)의 사제요, 헌팅돈 부인의 친구로서 많은 부분에 웨슬리의 메도디스트 운동에 동정적인 토마스 하틀리 사제(Rev. Thomas Hartley, 1709-84)가 476페이지나 되는 전천년설에 대한 책,『파라다이스 회복』(*Paradise Restored: or, A Testimony to the Doctrine of the Blessed Millenium: with Some Considerations on its Approaching Advent from the Signs of the Times*)을 썼는데, 부록으로『신비주의자들에 대한 변호』(*A Short Defence of the Mystical Writers*)를 첨부했다.

하틀리는 성경과 고대 교부들, 즉 바나바스(St. Barnabas), 헤르마스(St. Hermas), 저스틴 마터(Justin Martyr), 이레니우스(Irenaeus), 터툴리안(Tertullian), 오리겐(Origen), 락탄티우스(Lactantius) 등을 인용하며 전천년설을 설득력 있게 주장했다. 그 책을 읽은 후 웨슬리는 저자의 노고에 감사를 표하는 편지를 보냈다.[40]

타이어맨은 당시까지 누구에게도 알려지지 않은 웨슬리의 편지 하나를 소개하고 있는데, 1749년 1월 4일 코니어 미들톤(Conyers Middleton) 박사에게 편지하여 저스틴 마터(Justin Martyr)의 전천년설의 핵심을 소개하는 내용이다.

즉, 주님의 재림 때에 순교 당한 자들이 일어나며 이사야 선지자가 예언한 것처럼(사 65장) 재림하신 구세주와 예루살렘에서 천년 동안 다스릴 것이며 천년이 다하는 날 마지막 심판을 받기 위해 모든 사람이 하나님 앞에 서게 될 것을 말하면서 웨슬리는 그 모든 내용이 성경에 근거한 것이라고 말했다.

그리고 웨슬리는 1784년에「알미니안 잡지」에 발표한 "모든 것을 새롭게 함"(*The Renovation of All Things*)이란 글에서 종말에 대한 자신의 견해를 밝힌 바 있다. 즉, 예언자들에 의하면, 오늘날과 같이 타락한 세상과 마지막 하나님의 구원의 날 사이에 중간기가 있다. 그 중간기는 낙원과 같아서 그

---

[40] Tyeraman, *John Wesley*, 2:523.

때 세상에 있는 모든 것들이 하나님의 창조 뜻에 따라 회복될 것이라고 했다. 하지만, 웨슬리 자신은 언제 천년왕국이 시작될 것인지 알 길이 없으며 그러한 것을 계산하는 것은 자신의 한계 밖에 있는 일이라고 했다.[41]

한편, 웨슬리는 2월 5일 토마스 하틀리 사제의 『신비주의자들에 대한 변호』를 반박하면서 신비주의자들 가운데 나타나는 문제를 다음과 같이 세 가지로 지적했다.

> **첫째**, 그들은 교회에서 실행되는 예전을 무시하고, 특히 문자로 기록된 어떤 것보다 자신들이 더 지혜롭다(wise above what is written)고 생각하며, 성경에 없는 자신들만의 사색(unscriptural speculations)을 통해 구원에 이르는 것처럼 말함으로써 전체적으로 보면 은혜보다는 사람의 공로로 구원받는 것(justification by works)처럼 행동한다.
> **둘째**, 그들의 영(spirit)은 대부분 어둡고, 격리되어 있기를 원하는 성격이다(dark, reserve See also d, unsociable temper). 그리고 자신들과 다른 사람들은 아직 세속적(cardinal)이며 깨닫지 못한(unenlightened) 사람들로 여긴다.
> **셋째**, 어투(phraseology)의 문제인데, 그들은 주로 성경이 표현한 대로 평이한 언어로 말하지 않고 신비한 어투로 말하는 것이 문제이다.[42]

그렇기 때문에 웨슬리는 한때 매력을 느꼈던 신비주의를 떠났고, 메도디스트 공동체 안에서도 신비주의적 경향을 철저히 배제했다.

웨슬리는 당시의 평신도 사역자 존 존스(John Jones)에게 안수하여 자신

---

[41] Telford., *Letters*, 2:312-88. 약 75페이지 분량인데 이것은 편지처럼 보낸 것이지만, 하나의 소책자라 할 수 있겠다. Tyeraman, *John Wesley*, 2:524. 미들톤(Middleton) 박사에게 쓴 편지는 '200주년 기념 웨슬리총서'에는 수록되어 있지 않다.
[42] Ward and Heitzenrater, *Journal and Diaries*, 21: 442-3. 웨슬리의 신비주의자들에 대한 비판이 잘 요약되어 있다.

을 돕도록 하려했는데, 동생이 격렬하게 반대하자 할 수 없이 그 계획을 보류했다.⁴³

사실 5월 25일 편지해서 형이 동생에게 "너와 내가 더 이상 교류하지 않을 무슨 이유가 있는가?(Is there any reason why you and I should have no further intercourse with each other?)

이렇게 묻는 것을 보면, 평신도 안수 문제를 두고 형제 사이에 불화가 있었던 것으로 보인다.⁴⁴ 12월 7일 편지해서 "너와 내가 서로 남처럼 지낼 필요가 없다"라고 말하고, 이제 지혜롭게 생각해서 관계를 회복하자고 하며 자신이 쓰고 있는 책 중에서 라틴어나 헬라어 인용문을 영어로 옮겨 달라는 부탁을 하기도 한다.⁴⁵ 사실 당시 웨슬리는 맥스필드나 조지 벨 등 친밀한 동역자들이 웨슬리를 떠나 오히려 공격하고 있고, 칼빈주의 메도디스트들과는 결별함으로써 누군가의 도움이 절실할 때 형의 사정을 외면하고 있는 동생이 야속하기만 했던 모양이다.

브리스톨에서 8월 6일부터 10일까지 개최된 연회에서 무엇을 토론했는지 알 수 없지만, 그 당시에 연회에 참석했던 사람들의 편지글을 통해 추측해 볼 때 평신도 설교자들이 자신들의 역할과 지위 문제를 두고 두고 계속 이의를 제기하고 있었음을 알 수 있다.⁴⁶

---

43 Campbell, *Letters*, 27: 351-2 and note 18. 존 존스는 그리스 정교회 감독이라고 주장하는 에라스무스(Erasmus)를 통해 안수를 받았다가 찰스가 끝까지 그의 안수를 인정하지 않자 메도디스트를 떠나 1770년에 영국 국교회로부터 안수를 받았다.
44 Campbell, *Letters*, 27: 426. 참조 Tyerman, *John Wesley*, 2: 536. 그런데 타이어맨은 John Newton 이 아니라 Mr. Knox 라고 했다.
45 Campbell, *Letters*, 27: 369-70, 401-2. 그런데 웨슬리가 1765년에 출판한 *Earnest Appeal to Men of Reason and Religion*에 보면, 인용된 라틴어가 영어로 번역되지 않았다. 만약, 그 때 형이 언급한 것이 그 글이었다면 찰스가 형의 부탁을 들어주지 않았다는 추측이 가능해진다.
46 Rack, *The Minutes of Conference*, 10: 298.

그 문제는 결국 평신도 설교자들이 영국 국교회로부터 독립할 것을 요구함과 동시에 안수받은 사제들과 동등한 권리를 요구하는 등 결국 웨슬리의 동역자들이었던 평신도 설교자들이 이제는 가장 심각한 문제가 되는 실정이었다.

한편, 1764년 10월 11일 노리치(Norwich)에 도착하여 신도회를 살펴보니 영국 내 다른 어떤 신도회들과 달리 참석 인원의 숫자가 지나치게 변화가 심했다. 5년 전만 해도 760명이던 회원들이 174명으로 줄어있었다. 다시 런던에 도착해서 그동안 매우 고민하던 문제, 즉 런던신도회의 빚 900 파운드를 갚는 모금을 시작했는데, 6일 만에 거의 3분의 2나 되는 양을 모금할 수 있었다. 그리고 런던에 있는 4-5일간 매일 아침 10시에 설교자들과 만나『창조에 나타난 하나님의 지혜에 관한 연구』(Survey of the Wisdom of God in the Creation)를 함께 읽었다.[47]

1764년 한 해 동안에 웨슬리를 비판하는 글들이 다양한 사람들에 의해 출판되었는데, 그 내용은 대부분 웨슬리는 위선자, 모호하고 모순에 가득 찬 자, 광신자라는 내용이었다. 그중에서 특히 도드(Dodd) 박사는 웨슬리와 메도디스트 일행은 교회 분리주이자(separatists)이며 동시에 그들의 주장은 항상 자기 모순적(self-contradiction)이라고 비난했다.[48] 그런가 하면, 1764년에 아일랜드의 순회설교자 토마스 윌리엄(Thomas William)을 제명시킴으로써 자신이 세운 평신도 설교자를 처음으로 제명시키는 아픔을 겪기도 했다.[49]

1765년 1월 6일 모든 신도회 회원 전체가 모여 약 4시간가량 예배를 드렸는데 메도디스트신도회가 많이 생기면서 그들 전체를 잘 양성하고 통제

---

[47] Ward and Heitzenrater, *Journal and Diaries*, 21: 492-4.
[48] Tyerman, *John Wesley*. 2:525-7.
[49] Tyerman, *John Wesley*. 2: 536.

해야 할 필요를 느꼈기 때문이었다. 7일 저녁에 위컴(Wycombe)에서 설교했는데, 그곳에서 당시 22살의 한나 볼(Hannah Ball)을 만났다. 한나는 몇 년 후(1769년) 최초로 "메도디스트 주일학교"(Methodist Sunday-school)를 시작함으로써 메도디스트 운동의 성장에 크게 기여했다. 그는 일주일에 두 번, 즉 주일과 월요일에 어린이들을 만나면서 그들에게 예수 그리스도를 믿고 교회 생활을 하도록 격려했다.

바나드캐슬(Barnard Castle)로 가서 2-3년 전에 완전성화를 이루었다고 고백한 사람들을 점검해 본 결과 실망스러운 결과를 얻었다(The result was far from satisfactory). 런던신도회에서도 성화를 이루었다고 고백한 사람 중에서 3분의 2나 확신을 상실했다. 그리고 4월 15일 뉴캐슬에 도착해 보니 대부분 신도회원이 영적으로나 숫자상으로 성장했지만, 두 사람이 벨을 따르며 자신들은 이미 거룩의 단계에 도달했기 때문에 누구의 판단도 받을 필요가 없다고 주장했다.[50]

1765년 5월 14일 존 뉴턴(John Newton)에게 쓴 편지에 의하면 당시까지 웨슬리는 일 년에 약 800회의 설교를 20년째 해 오고 있었다. 그리고 자신과 칼빈과의 관계에 있어서 중요한 의견을 밝혔다.

> 칭의에 대하여 내가 지난 27년간 가르친 내용은 칼빈의 주장과 다르지 않다. 칭의에 관한한 나는 칼빈과 머리카락만큼의 차이도 없다(I think on justification just as I have done any time these seven-and-twenty years, and just as Mr. Calvin does. In this respect I do not differ from him an hair's breadth).[51]

---

[50] Ward and Heitzenrater, *Journal and Diaries*, 21: 498-503.
[51] Campbell, *Letters*, 27:427; Telford, *Letters*, 4:298. See also Ward and Heitzenrater, *Journal and Diaries*, 21: 508-11. "an hair's breadth"(머리카락만큼)이란 표현은 미세한 차이를 드러내는 일종의 관용적 표현인데 웨슬리는 종종 그 표현을 사용했다.

아우틀러도 "웨슬리가 칭의에 관한 한 칼빈과 자신은 머리카락만큼의 차이도 없다고 한 것은 결코 과장이 아니라고 인정했다"(Weesley claimed, in all sincerity, that he differed not a hair's breadth from Calvin on justification– and on this score, he was right, in a way).[52]

하지만, 한 가지 주의해야 할 것은 웨슬리가 "칭의에 대해서는"이라고 한정했다는 사실이다. 사실, 칭의에 관한 한 칼빈이나 웨슬리는 개혁주의신학 전통에 따라 "믿음에 의한 칭의"(justification by faith)에 전적으로 동의하지만, 다른 면에서는 결코 방치할 수 없는 칼빈주의의 "위험한 실수"(a dangerous mistake)에 대해서 웨슬리는 절대 간과하지 않았고 마지막까지 논쟁하며 그 오류를 드러내려고 비판했기 때문에 칼빈과 웨슬리의 공통점을 드러내기 위해 다른 점을 간과하는 것 또한 오류이다.

죄인일 수밖에 없는 인간을 구원하시는 분은 오직 하나님 한 분이라는 데에는 서로 동의하지만, 그 죄인인 인간에 대한 이해와 그 인간을 구원하시는 방법에서는 조화를 이룰 수 없는 차이가 있다는 사실도 알 필요가 있다.

1765년 연회는 맨체스터에서 8월 20일에 개최했다. 사실, 1753년 연회의 결정에 따라 연회는 세 곳, 즉 런던, 브리스톨, 리즈에서 개최해 왔는데, 어떤 이유에서 맨체스터에서 연회를 개최하게 되었는지 설명이 없다.[53] 1765년 연회 때부터 모든 회의록이 출판되도록 했고, 연회 기간 웨슬리가 매일 설교했고, 특히 주일 저녁에는 야외에서(in the open air) 설교했는데 야외설교가 얼마나 중요한지 설교자들에게 각인시키려는 조치였던 것 같다. 당시에 영국 내에만 25개 교구(circuits)가 형성되어 있었고 영국 연합 전체적으로 39개 교구와 92명의 순회설교자들이 있었다.

---

52 Outler, "John Wesley as Theologian – Then and Now," in *The Wesleyan Theological Heritage*, 55-74, esp., 67.
53 Rack, *The Minutes of Conference*, 10:260.

연회에서는 설교자들을 위한 펀드가 조성되었는데, 그들이 죽은 이후에 미망인들이나 자녀들에게 전해지도록 했고, 특히 은퇴한 설교자들도 일 년에 10파운드를 받기로 했지만, 시행된 적이 있는지는 알 수 없다. 예배 시간을 철저히 지킬 것을 당부했고, 남녀는 반드시 따로 앉아야 하고, 특히 애찬식은 1시간 반을 넘지 않아야 하고 모든 성도는 9시까지는 집에 가야 한다고 했다.[54]

신도회 회원들이 옮길 때 반드시 신도회의 허락을 득하고 이명 증서를 제출해야 한다. "교회에서 여자들이 말하는 것은 부끄러운 일이라고 한 말씀에 따라"(고전 14:35), 여자들은 신도회 내에서 잠잠해야 하느냐는 질문에 대해서 연회는, 더 이상 그렇지 않다고 했다.

신도회 내에서 서로를 호칭할 때 "형제나 자매"(brother and sister)라 부르도록 권장했고, 설교자들이 말을 많이 하고 읽기를 덜한(talked too much and read too little) 문제를 교정하기 위해, 말을 적게 하고 1시간 이상 머물러야 하는 곳에 간다면 반드시 책을 들고 가라고 했다.

그런가 하면, 설교자 중에는 술을 마시거나 담배를 피우는 사람들이 있었는데 철저하게 금하는 등 설교자들로 인해 발생하는 문제들을 해결하는 데 집중했고, 실제로 6명의 설교자를 지명하기도 했다. 설교자들 가운데는 그리스도인의 완전 교리를 토론하기를 원했지만, 웨슬리가 허락하지 않았다. 다만, 모든 믿는 사람들이 완전에 이르기를 힘쓰도록 격려하라(Exhort all believers to go on to perfection)고 했다.[55]

흥미로운 것은 연회는 메도디즘의 기원에 대해 다시 물었는데(What was the rise of Methodism, so called?), 웨슬리는 "1729년에 내 동생과 내가 성경 읽기를 하면서 시작되었다"(In 1729 my brother and I read the Bible)고 했고, 1738년에 "성

---

[54] Rack, *The Minutes of Conference*, 10:309-10.
[55] Rack, *The Minutes of Conference*, 10:302, 314.

화 전에 먼저 칭의가 이루어져야 한다"는 사실을 알게 되었다고 했다.

그리고 모든 메도디스트들의 목적은 내외적으로 성결을 이루는 일인데 이 일을 방해하기 위해 사탄은 칼빈주의와 (루터란) 율법무용론(Antinomianism)을 일으켰지만, 하나님께서는 그들을 굴복시키고 성결을 이루시기 위해 메도디스트들을 일으키셨다고 했다. 하지만, 사회적으로 부자가 된 메도디스트들이 하나님보다는 세상을 더 사랑함으로써 세상을 개혁하라고 일으킨 사람들이 이제 개혁의 대상이 되어가는 현상을 매우 안타깝게 생각했다.[56]

9월 21일 브리스톨에 돌아와 보니 50여 명이 신도회를 떠났는데 웨슬리는 설교자들이 "그리스도인의 완전"에 대해 지속으로 강조하지 않았기 때문이라고 진단했다. 런던신도회 내에는 약 400여 명이 성결을 체험한 후 계속 강조하지 않았기 때문에 그중 반 정도가 그 은혜(the blessed gift of God)를 잃어버렸다고 했다. 웨슬리가 31세의 젊은 선장 웹(Captain Webb)을 만난 것도 이때쯤이다.[57]

그는 7년 전에 캐나다에 있는 동안 불어(French)를 배우기도 했지만, 한쪽 눈을 잃고 팔에 상처를 입기도 했다. 영국으로 돌아와 1765년 3월 23일 회심을 하고 곧 메도디스트 설교자가 되어, 1769년에 미국에 메도디즘을 전하는 선구자가 되었고 그 뒤를 딕슨(Dixon) 박사가 이어갔다. 신약성경을 원어로 읽는 능력을 갖추었던 웹은 가장 초기 메도디스트(primitive Methodism)다운 복음을 미국에 전한 선구자라는 평가를 받았다.[58]

10월 28일 휫필드를 만나서 아침 식사를 한 후 그에 대한 인상을 남기면서 자신에 대해서도 밝혔는데 당시 웨슬리의 모습을 상상해보는 좋은 자료가 되고 있다.

---

[56] Rack, *The Minutes of Conference*, 10: 311.
[57] *Methodist Magazine* (1799), 201. Tyerman, *John Wesley*, 2:546 에서 재인용.
[58] Tyerman, *John Wesley*, 2:547.

나는 휫필드와 조찬을 하였다. 그는 주님을 섬기는 일에 매진하여 50세라고는 믿어지지 않을 정도로 늙어 보였다. 나는 63세이지만, 이가 좀 빠졌고, 머리가 조금더 희다는 것 외에 아픈 곳 없고, 쇠하거나 약한 것도 없는 것이 마치 25세와 같다(I breakfasted with Mr. Whitefield, who seemed to be an old, old man, being fairly worn out in his Master's service, though he has hardly seen fifty years. And yet it pleases God, that I, who am now in my sixty-third year, find no disorder, no weakness, no decay, no different from what I was at five-and-twenty - only that I have fewer teeth, and more grey hairs)![59]

1714년 출생인 휫필드가 50세를 갓 넘긴 사람치고는 너무 늙어 보이지만, 63세가 된 자신은 건강해 보인다고 했다. 다만, 흰 머리가 조금 더 많고, 이가 빠진 모습이었던 것 같다. 그러면서도 자신이 25세와 같은 건강을 유지하고 있다고 한 것은 웨슬리만의 표현법이라고 이해하는 것이 좋을 것이다.

1765년에 출판된 것 중에서 가장 주목해야 할 것은 「메도디즘의 약사」 (*A Short History of Methodism*)이다. 60세가 넘은 웨슬리는 자신과 동료 메도디스트들을 위해, 그리고 자기가 죽은 이후의 일들을 생각하며 11페이지 안에 정리하여 출판했는데, 그 내용은 옥스퍼드대학교의 신성회를 기점으로 메도디즘이 태동해서 조지아 선교와 파운더리신도회의 설립 등을 거치면서 발전해 온 과정을 밝히면서 자신들이 "성경 그리스도인"(Bible Christians)이라고 불리는 데 대해 자부심을 드러냈다.[60]

---

[59] Ward and Heitzenrater, *Journal and Diaries*, 22:24.
[60] 타이어맨은 「메도디즘의 약사」(*A Short History of Methodism*)가 1764년에 출판되었다고 했다. See Tyeraman, *John Wesley*, 2: 533. 반면에, 『200주년 기념 웨슬리 총서』는 그 연대를 1765년이라고 교정했다. See Davies, ed., *The Methodist Societies*, 9:367-72.

그 외에 22페이지나 되는 설교 『구원에 이르는 성경적 길』(*The Scripture Way of Salvation*)을 출판했다. 이 설교의 본문은 웨슬리가 일찍이 1738년 6월 11일 옥스퍼드대학교 성마리아교회(the Church of St. Mary the Virgin)에서 한 설교 "믿음으로 말미암은 구원"(salvation by faith)과 같은 본문인 에베소서 2:8 말씀이다.

아우틀러와 하이젠레이터가 그 설교를 "복음적 선언"(an evangelical manifesto)이라 평가했는데, 그때 이후로 27년 만에 웨슬리가 같은 본문에 다른 제목으로 설교한 것은 복음적 선언을 더욱 분명하게 할 필요를 느꼈기 때문일 것이다.

그리고 설교 『우리의 의가 되시는 주님』(*The Lord Our Righteousness*)을 출판함으로써 믿음에 의한 칭의, 즉 '예수님의 의의 전가'(imputation of Christ to us)가 얼마나 중요한지 재확인했고, 또한 비교적 짧은 11페이지 분량의 『독신 생활에 대하여』(*Thoughts on a Single Life*)를 출판함으로써, 비록 자신은 결혼했지만, 지난 30년간 독신생활에 대한 자신의 생각은 변함이 없음을 강조했다.

그리고 마침내 『구약성경 주해』(*Explanatory Notes upon the Old Testament*)를 출판하기 시작해서 다음해 12월 24일에 마쳤는데, 매튜헨리(Matthew Henry, 1662-1714)의 『매튜헨리 주석』(*Matthew Henry's Exposition*)과 비국교도 신학자인 매튜 풀(Matthew Poole, 1624-1679)의 『영어 관주 성경』(*English Annotations on the Holy Bibl*e)을 많이 참고했다.[61]

---

[61] Tyerman, *John Wesley*, 2:550-54.

4. 1766-1768년: 그리스도인의 완전 교리에 대한 심각한 도전

1766년도 여느 때와 같이 새벽 4시 예배로 시작하여 오후에는 하나님과의 계약을 갱신하는 예배(covenant service)를 드렸다. 웨슬리와 메도디스트들은 언젠가부터 매 신년 초에 새롭게 헌신하는 계약 예배 (covenant service)를 드리기 시작하다가 1780년부터는 신년 첫 주에 드리기 시작했다.[62]

곧 이어, 노리치 방문을 마치고 1월 28일에 런던으로 돌아오니 당면한 과제, 즉 500파운드의 빚을 하루빨리 청산하자는 의견에 따라 모금을 하니 320파운드가 약정되었다.[63]

웨슬리는 평신도 지도자 조지 메리웨더(George Merrywheather)에게 2월 8일 보낸 편지에서 '그리스도인의 완전'이 강하고 분명하게 전파되지 않는 곳에서는 하나님의 부흥이 일어날 수 없다"(Where Christian Perfection is not strongly and explicitly preached, there is seldom any remarkable blessing from God)라고 하면서 신도회원들이 완전한 구원(full salvation)을 얻을 때까지 끊임없이 강조해야 한다고 말했다.[64]

---

[62] 하나님과의 계약을 새롭게 하는 예배는 청교도들이 전통적으로 시행하던 것을 웨슬리가 메도디스트들의 영적인 삶에 적용한 것인데, 정확하게 언제부터 공식적인 형식을 갖추고 실시했는지 알 수 는 없다. Rack, *Reasonable Enthusiast*, 413; Ward and Heitzenrater, *Journal and Diaries*, 23: 159. 정확하게 "하나님과 계약을 갱신하다"(renew our covenant with God)는 용어를 웨슬리가 사용한 예가 1766년에 처음 등장한다. Ward and Heitzenrater, *Journal and Diaries*, 22: 28.

[63] Ward and Heitzenrater, *Journal and Diaries*, 22:28-9.

[64] Telford, *Letters*, 4:321. 『200주년 기념 웨슬리 총서』는 2019년 현재 웨슬리의 편지 중에서 1765년까지만 편집된 것이 출판되었기 때문에 그 이후의 편지들에 대해서는 텔포드가 편집한 것을 참고할 것이다. 텔포드의 편집본은 『200주년 기념 웨슬리 총서』와 달리 웨슬리가 다른 사람에게 쓴 편지들만 편집했기 때문에 다른 사람이 웨슬리에게 쓴 내용을 알 수 없는 것이 단점이다.

그런가 하면, 동생 찰스에게 2월 28일 편지하여 "더 이상 미루지 말고 어서 와 일하자! 우리가 가지고 있는 모든 힘을 다 발휘하자!"(*Eia, age; rumpe moras!*[Come on, act; break off delay] Let us this day use all the power we have!)라고 동생의 도움을 간청하는 것을 보면 웨슬리는 할 일은 태산같이 많은데 믿을만한 동역자가 없었던 것 같다.[65]

6월 27일도 동생에게 편지하여 웨슬리 자신은 "믿음, 사랑, 칭의, 그리스도인의 완전" 외에 다른 것을 설교하지 않겠다고 말한 후 동생에게 "어서 하나님께서 너를 부르신 목적"대로 "계속하여 순간적인 축복을 강조하라"(Press the instantaneous blessing)고 다그치며, 자신은 자신의 부르심에 합당하게 좀 더 시간을 가지고 "점진적인 일"(the gradual work)을 강조하겠다고 했다. 그리고 리즈에서 개최되는 연회에 참석하기를 희망하며 그에 대한 경비를 지원하겠다는 말로 편지를 맺는다.[66]

3월 12일에 브리스톨로 가서 킹스우드(Kingswood)학교에 도착하여 선생들과 학교 관계자들에게 어느 때보다도 엄격하게 학생들을 다룰 것을 부탁한 뒤 "기독교 학교가 아니면 아무것도 아니다"(a Christian school, or none at all)라고 한 것을 보면 당시 킹스우드학교는 기독교 학교로서 정체성을 상실할 정도로 문제가 있었던 것 같다.[67]

당시에 맨체스터, 런던, 브리스톨 등 각 신도회마다 "그리스도인의 완전"을 고백하는 사람들이 점점 줄어들고 있었고, 휫필드는 어느 때보다도 강력하게 "그리스도인의 완전" 교리를 "죄 없는 완전을 주장하는 괴물 같은 교리"(monstrous doctrine of sinless perfection)라고 비판했다. 이 시점에서 우리는 과연 칼빈은 그리스도인의 완전의 문제에 대해 어떻게 설명하며 주

---

[65] Telford, *Letters*, 4:322.
[66] Telford, *Letters*, 5:15-7.
[67] Ward and Heitzenrater, *Journal and Diaries*, 22: 32.

장했는지 살펴보는 것이 필요하다. 칼빈도 이미 로마 가톨릭뿐만 아니라 개혁자들 사이에서 문제가 되고 있던 "그리스도인의 완전의 문제"에 대해 그의 『기독교 강요』에서 간단하면서도 단호하게 설명한 바 있다.

칼빈에 의하면, 어거스틴이 일찍이 가르친대로 그리스도인이 완전에 이르도록 추구하는 것은 좋은 일이다. 하지만 그리스도인의 완전이 인간이 더욱 노력해서 성취하는 것이 아니라 죄인이 하나님의 은혜로 죄의 용서를 받음으로써 주어지는 감사의 선물인데, 살아 있는 동안에는 "부분적이고 불완전한"(partial and imperfect) 완전일 뿐이고, 인간이 살아 있는 동안에 이룰 수 있는 것이 아니다.

비록, 성인들이 이룬 완전이란 덕목에 대해 이야기할 수는 있겠지만, 그러한 완전의 한 부분도 "우리가 불완전하다는 것을 인식하고 진리와 겸손함으로 추구할 때 얻을 수 있다"(When we speak of the perfect virtue of the saints, part of this perfection consists in the recognition of our imperfection both in truth and in humility)라고 한 어거스틴의 말을 인용하면서 자신의 주장을 대신했다.[68]

물론 모든 칼빈주의자들은 칼빈의 논리를 그대로 따르면서 웨슬리를 비판했던 것이다. 칼빈주의자들의 비판이 거세지면서 신도회 내에서도 논란이 그치지 않자 메도디스트 설교자들도 그리스도인의 완전에 대해 강력하게 증거하는 것을 꺼리고 있었다. 그런 상황가운데서 신학적으로 웨슬리를 도와준 사람이 바로 플렛쳐였다. 그런 상황 가운데서 유일하게 웨슬리의 동역자가 되어준 사람이 플레처였다.

그는 1766년 2월 17일 웨슬리에게 장문의 편지를 써서 "우리는 성취 가능한 완전이 무엇을 의미하는지 분명하게 정의할 필요가 있습니다"(We must

---

[68] John Calvin, *Institutes of the Christian Religion*, III, xvii, 15. See John Calvin, translated by Henry Beveridge, *Institutes of the Christian Religion* (Michigan: Eerdman Publishing Comp., 1981), v.2, 118.

define exactly what we mean by the perfection which is attainable here")고 말하면서 "그리스도인의 완전"에 대한 내용이 성경(Scripture)과 이성(reason)과 경험(experience)과 교회의 권위(the authority of the church)에 의해 증명되어야 한다고 제안했다.[69]

"완전"이란 용어에 대한 정의를 명확하게 하자는 플레처의 제안을 받은 웨슬리는 28일 답장에서 "나는 이미 내가 처음에 그리스도인의 완전에 관해 썼을 때와 나중에 더 깊은 생각으로 한 번 더 썼을 때, 그 뜻을 정의한 대로, 순수한 사랑, 항상 기뻐하는 것, 항상 기도하는 것, 그리고 범사에 감사하는 것입니다"(I have defined both in the first and in the father thoughts upon that subject. 'Pure love, rejoicing evermore, praying always, in everything giving thanks)라고 했고, 그런 의미에서 플레처가 말하는 "완전"과 자신이 주장하는 "완전"이 다르지 않다고 했다.[70]

5월 19일 아내와 딸들과 함께 스코틀랜드를 향하여 순회설교 일정을 떠난 것을 보면 웨슬리가 1751년에 결혼한 이래 15년 동안 많은 어려움 가운데서도 결혼 생활을 유지하고 있었던 것으로 보인다.[71] 7월 9일 동생에게 쓴 편지에 의하면, 아내가 놀랍도록 변화되었다는 소식을 전하면서 하나님의 기적이라고 하기도 했다.[72]

5월 24일 에든버러에서 설교한 후 라이스(Leith), 던디(Dundee) 등에서 설교했는데 많은 경우 아무리 평이한 언어로 설교를 해도 청중들이 알아듣지 못하는 것 같았다. 그런 의미에서 웨슬리는 영국이나 스코틀랜드

---

[69] Tyerman, *John Wesley*, 2:563-4에서 재인용. 플레처가 웨슬리에게 쓴 편지에서 오늘날 소위 "웨슬리안 사변형"이라 알려진 내용이 언급되었다. 즉, 성경(Scripture)과 이성(reason)과 경험(experience), 그리고 교회의 권위(the authority of the church), 즉 전통(tradition)이다.

[70] Telford, *Letters*, 5:4.

[71] Ward and Heitzenrater, *Journal and Diaries*, 22:40.

[72] Telford, *Letters*, 5:21.

에서 평이한 언어로 설교하지 않으면 "모래 위에서 쟁기질하는 것과 같다"(ploughing upon the sand)라고 했다.

한편, 스코틀랜드에서 순회설교를 하는 중에 웨슬리는 찬송을 부를 때는 서서 불렀고, 기도할 때는 무릎을 꿇었는데, 그렇게 하는 것이 성경적이라고 믿고 있었고, 영국이나 스코틀랜드에서 동료 설교자들이 자신과 같이했으면 좋겠다고 했다.[73]

7월 3일 뉴캐슬로 돌아와 23일 태드캐스터(Tadcaster)에 가보니, 한때 메도디스트신도회보다 더 크게 신도회를 이루었던 잉햄(Ingham)의 신도회는 모두 흩어져 버린 것에 반해(shrunk into nothing), 메도디스트신도회는 꾸준히 성장하고 있었다. 그런가 하면, 빙리(Bingley)와 하워스(Haworth)에서는 재세례파의 영향으로 신도회의 많은 회원이 떠난 것을 발견하고 마음이 무거웠다. 그 당시에 영국 국교회를 떠나는 회원들이 메도디스트신도회도 떠나는(Whoever separate from the Church will separate from the Methodists) 현상을 보고 지역 교회의 일원이 되는 것이 얼마나 중요한지 깨닫게 되었다.[74]

1766년 회는 리즈에서 8월 12일 시작되어 4일간 진행되었는데, 날이 갈수록 심각해지는 안건은 역시 모교회와의 관계이다. 메도디스트들이 드리는 예배도 분명 하나님이 받으시는 예배임이 틀림없지만, 영국 국교회 예배와 동일시 할 수는 없다는 것이 문제였다.

설교자들은 주중에는 부지런히 심방을 하고, 어린이들을 잘 가르치면서도 게으르지 말고 오직 지식을 얻는 데 힘쓰라고 강권했다(Be diligent. Never be unemployed a moment). 그리고 새벽기도를 마친 후 오전 내내 아니면 하루에 최소한 5시간은 유익한 책을 읽는 데 사용하라고 했다. 조지 벨(George

---

[73] Ward and Heitzenrater, *Journal and Diaries*, 22:41-5. "모래 위에서 쟁기질하는 것과 같다"(ploughing upon the sand)는 표현은 웨슬리가 자주 인용하는 격언 중 하나이다.
[74] Ward and Heitzenrater, *Journal and Diaries*, 22:55.

Bell)이 그랬던 것처럼 오직 성경만을 읽는다면 설교를 하지 말라고 하면서도 "지식을 얻는 것은 좋은 일이다. 하지만, 더 좋은 일은 영혼을 구원하는 일이다"(Gaining knowledge is a good thing; but saving souls is a better)는 사실을 분명히 했다.[75]

연회를 마치고 17일 헌팅돈 부인의 요청에 의해 서둘러서 런던으로 와 휫필드와의 관계를 회복하는 모임을 했다. 웨슬리 형제는 매일 휫필드와 만나면서 마침내 아무리 어려운 일이 있어도 협력하기로(to go on hand in hand through honour and dishonour) 했다. 그리고 25일 헌팅돈 부인의 채플(Countess of Huntingdon's Chapel)에서 설교한 이래 10월 5일엔 바스(Bath)에 있는 채플에서 성찬식을 인도하는 등 칼빈주의자들과 좋은 관계를 유지하게 된 모습이다.[76] 그리고 11월 말부터 다음해가 오기 전까지 주로 그리스도인의 완전에 대해 집중적으로 설교하면서 연말을 보냈다.

1766년에 출판한 것 중 가장 주목해야 할 것은 162페이지 분량의 『그리스도인의 완전에 대한 쉬운 해설: 웨슬리가 1725년부터 1765년까지 믿고 가르친 내용』(A Plain Account of Christian Perfection, as believed and taught by the Rev. John Wesley, from the year 1725, to the year 1765)이다. 그 책을 통해 웨슬리는 "그리스도인의 완전"의 교리는 1725년 이래 40년 동안 변한 적이 없다는 사실을 강조했다. 그리고 "그리스도인의 완전은 오직 믿음에 의해, 순간적으로 이룰 수 있다"(Christian perfection is attainable in an instant, and by faith only)고 주장했다.[77]

1767년 첫 두 달간 웨슬리는 주로 런던에 머무르면서 동생과 휫필드와 좀 더 친밀한 관계를 회복하려고 노력했다. 건강을 회복한 후 활발하게 활동하고 있던 휫필드가 3월 4일 웨슬리 형제와 식사를 하면서, 비록 신학적

---

[75] Rack, *The Minutes of Conference*, 10:315-42.
[76] Ward and Heitzenrater, *Journal and Diaries*, 22:57-63.
[77] Chilcote and Collins, *Doctrinal and Controversial Treaties*, 13:136-91. 참조 Tyerman, *John Wesley*, 2:593.

견해는 다르지만, 서로를 염려하는 마음은 남다른 동지애를 확인했다.[78] 웨슬리가 1월 27일 동생에게 편지하여 자신이 증거하고 있는 그리스도인의 완전 교리에 대해 다음과 같이 세 가지로 밝혔는데, 이전의 어떤 것보다 가장 잘 정리된 것 같다.

① 내가 말하는 "완전"이란 겸손하고, 예의 바르고, 하나님과 인간에 대하여 성질과 말과 행동과 마음 전체를 통제하는 참을성 있는 사랑을 의미한다. 반면에 부분적으로나 전체적으로 우리가 편집한 찬송집에서 이미 표현했듯이 타락하지 않는 것을 의미하는 것이 아니다. 나는 죄 없는 완전을 주장하는 것이 아니지만, 그렇다고 하여서 배제하지도 않는다(By perfection I mean the humble, gentle, patient love of God and man ruling all the tempers, words, and actions, the whole heart by the whole life. I do not include an impossibility of falling from it, either in part or in whole. Therefore I retract several expressions in our Hymns which partly express, partly imply, such an impossibility. And I do not contend for the term sinless, though I do not object against it).

② 그리스도인의 완전을 성취하는 방법에 대해서는, 나는 단순한 믿음에 의해 영혼에 순간적으로 이루어지는 것이라고 믿는다. 그러나 나는 그리스도인의 완전이 순간적으로 이루어지기 전이나 후에 점진적으로 이루어지는 것이라고 믿는다(As to the manner. I believe this perfection is always wrought in the soul by faith, by a simple act of faith, consequently in an instant. But I believe in a gradual work both preceding and following that instant.)

③ 시간적인 면에 있어서, 영이 몸을 떠나기 직전에 그리스도인의 완전이 성취된다고 믿는다. 그러나 죽기 10년 전, 20년 전, 또는 40년 전에도 이루어질 수 있다고 믿는다(As to the time. I believe this instant generally is

---

[78] Tyerman, *John Wesley*, 2:596.

the instant of death, the moment before the soul leaves the body. But I believe it may be ten, twenty, or forty years before death).

그리고 완전은 일반적으로 칭의 이후에 혹은 5년 안에, 혹은 5개월 전에 성취될 수 있다고 말하면서 동생에게 물었다.

이점에 있어서 우리는 동의하는가?
그렇지 않은가?
(Do we agree or differ here?)[79]

그리고 2월 12일 다시 편지하여 오해를 풀기 위해 두 가지 사실을 첨가했다.

첫째, "순간적으로 성화가 이루어지는가?"란 질문에 자신은 "그렇다"라고 하는 반면에 동생은 "아니다"라고 말하는 것 같다.
둘째, 한번 성화를 이룬 사람이 타락하는가?(Can one who has attained it fall?) 란 질문에 자신은 그렇지 않다고 생각했는데(Formerly I thought not), 나중에 자신의 잘못을 깨닫게 되었다고 했다.[80]

---

[79] Telford, *Letters*, 5:38-9, 타이어맨이 1월 27일 자 편지에 대해 언급하지 않은 것은 안타까운 일이다. 사실 이 편지가 일찍 알려졌다면 독자들은 웨슬리의 생각이 무엇인지 조금 더 일찍 알게 되었다.

[80] Telford, *Letters*, 5:40-1. 타이어맨이 1월 27일 자 편지에 대해 언급하지 않은 것은 안타까운 일이다. 사실, 이 편지로 독자들은 웨슬리의 생각이 무엇인지 조금 더 일찍 알게 되었다.

1756년에 27세의 젊은 나이에 "그리스도인의 완전"에 관해서 웨슬리에게 심각한 문제를 제기했던 도드(Dodd) 박사가, 10년도 더 지난 1767년에 「크리스천 잡지」(Christian Magazine)에 정기적으로 기고를 하면서 논쟁이 재점화 되었다. 그때 웨슬리가 3월 5일 도드 박사에게 쓴 편지가 4월 3일 자 「로이드's 이브닝 포스트」(Lloyd's Evening Post)에 출판되었는데 그 편지에서 웨슬리는 자신이 주장하는 "그리스도인의 완전"과의 관계에 있어서 두 가지 사실을 분명하게 밝혔다.

첫째, 자신이 30대 초반에 알렉산드리아의 클레멘트(Clemens Alexandrinus)가 주장한 그리스도인의 완전에 대해 읽은 후 자신도 그렇게 될 수 있기를 희망하며 추구하고 있다는 것이다.

물론, 웨슬리가 그러한 내용에 끌리고 그렇게 생각하게 된 배경으로 당시의 낭만주의적인 경향과 웨슬리 자신의 성격적인 경향까지 여러 가지로 추측할 수 있겠지만, 일단 웨슬리는 자신이 그렇게 생각하게 된 출처는 알렉산드리아의 클레멘트라고 밝히고 있다.

둘째, 웨슬리 자신은 결코 다른 사람들이 비판하는 것처럼 자신이 완전하다고 말한 적도 없고, 또한 자신은 완전하지도 않다고 말하면서 "내가 가감 없이 말하는데, 지금까지 내가 설교해온 '그리스도인의 완전'을 이룬 적이 없다"(I tell you flat, I have not attained the character I draw)고 한 것이다.[81]

그리고 결론적으로 밝히고 있는 것은 자신은 결코 인간적인 노력에 의해 인간이 완전해 질 수 있다고 주장한 적도 없고, 다만 자신은 성경에서

---

[81] Telford, *Letters*, 5:42-4. See also Ward and Heitzenrater, *Journal and Diaries*, 22:71-3. 편지 헤드에 3월 26일(March, 26)로 되어 있는 것을 보면, 그때 편집장이 받았고 4월 3일 자 편에 출판된 것으로 보인다.

증거하는대로, 하나님의 은혜로 인간은 거룩하게 될 수 있다고 주장한다고 했다. 웨슬리의 논리는 "성경이 그렇게 말씀하셨기 때문에 자신도 그렇게 믿고, 또한 설교한다"라는 뜻에서 그렇게 말한 것이다. 그런 의미에서 1768년 8월 27일에 로렌스 코플란(Lawrence Coughlan)에게 쓴 편지에서 "성경이 착각이 아니라면 그리스도인의 완전은 결코, 착각일 수 없다"(This perfection cannot be a delusion, unless the Bible be a delusion too)라고 하면서 종지부를 찍으려고 했다.[82]

8월 18일 화요일에 런던에서 연회를 개최하였고, 목요일과 금요일에는 휫필드와 하웰 해리스 등 칼빈주의자들과 청지기들까지 대거 참석했다. 연회는 당시까지 영국연합 전역의 신도회에 등록된 메도디스트가 총 몇 명인가를 확인하는 숙원 사업을 해결하였는데, 총 41개 교구(circuits) 내에 25,911명이 등록되어 있었고, 순회설교자는 104명이었으며 11,383 파운드의 빚을 지고 있음이 확인되었다.[83]

웨슬리는 적극적으로 모금을 해서 많은 빚을 갚았지만, 다른 한편으로 해야 할 일이 너무 많아 경제적인 부담은 점점 더 무거워졌다. 한편, 타이어맨은 1870년의 통계를 1767년의 것과 비교하면서 지난 100년 동안 메도디스트들이 얼마나 성장했는지 보여 주었는데, 1767년에는 총 41개 교구에 25,911명이었던 것이 1870년에는 총 701개 교구에 36만 8,434명이 되었다고 함으로써 지난 100년 만에 메도디스트들은 14배 이상 성장했음을 보여 주었다.[84]

한편, 설교자들이 연회에 참석하는 동안에 신도회원들이 영적으로 침체하고, 인원이 줄어드는 현상을 막기 위해 연회는 모든 설교자가 다 참석할

---

[82] Telford, *Letters*, 5:102.
[83] Rack, *The Minutes of Conference*, 10: 342-52.
[84] Tyerman, *John Wesley*, 2:608-10.

필요 없이 일부는 남아서 신도회를 지키기로 했고, 참석자들은 최대한 늦게 교구를 떠나 연회가 마치자마자 복귀하라고 했다. 그런가 하면, 조직이 방대해지고, 연회 참석 등 행정적인 일들이 많아지면서 설교자들이 영혼 구원보다는 다른 일들로 바빠지면서 자신들이 부르심을 받은 목적, 즉 영혼을 구하는 하나의 목적을 상실할 위기에 처하자 다음과 같은 선언으로 연회를 마쳤다.

> 우리 모두 오직 하나의 일에 매진하는 사람들이 됩시다. 우리는 오직 우리 자신의 영혼과 우리의 설교를 듣는 사람들의 영혼을 구하기 위해 살아가는 사람들입니다(Let us all be men of one business. We live only for this, 'to save our own souls, and them that hear us).[85]

9월 25일 프레쉬포드(Freshford)에서 설교하려고 할 때 그 동네에 천연두(smallpox)가 발생해 집 안에서 사람들이 모일 수 없게 되자 교회 마당에 탁자를 펴고 설교하려고 했다. 그런데 설교를 하기도 전에 그 일에 반대하는 한 사람이 종을 울리기 시작했다. 그런데 놀랍게도 그곳에 모인 사람들이 모두 웨슬리의 설교를 또렷하게 들을 수 있었고, 특히 귀머거리가 되어 지난 수년간 들을 수 없었던 사람이 웨슬리의 설교를 잘 듣고 이해할 수가 있었다고 고백하는 기적이 일어났다.[86]

그 외에 웨슬리는 순회설교를 감당하면서 각 지역의 신도회를 점검하고, 신도회 내의 분쟁을 해결하기도 하고, 또한 곳곳에서 장례식을 인도하는 일 등은 계속 반복되는 일정이었다.

1767년에 일어났던 일들 중에서 가장 주목해야 할 일은 웨슬리가 노리

---

[85] Rack, *The Minutes of Conference*, 10: 351-2.
[86] Ward and Heitzenrater, *Journal and Diaries*, 22: 104.

치(Norwich)를 향해 가던 중 뉴마켓(Newmarket)에 도착한 다음날인 12월 1일에 그 동안의 일들을 회고하며 다음과 같이 자신의 생각을 재정립한 것이다.

첫째, 자신이 의롭게 되었다는 것을 잘 표현할 수 없는 사람도 구원받을 수 있다(That a man may be saved who connot express himself properly concerning imputed righteousness).
둘째, 믿음으로 의롭게 된다는 칭의에 대한 명확한 이해가 없는 사람도 구원받을 수 있다(That a man may be saved who has not clear conceptions of it).
셋째, 교회를 다니지만 칭의에 대한 명확한 이해가 부족한 사람도 구원받을 수 있다 (That a pious churchman who had not clear conceptions even of justification by faith may be saved).
넷째, 심지어 믿음으로 의롭게 된다는 칭의론을 부정하는 신비주의자(a mystic)도 (로 선생의 경우처럼) 구원받을 수 있다(That a mystic who denies justification by faith (Mr. Law, for instance) may be saved).[87]

올더스게이트 체험을 통해 오직 믿음으로만 의롭게 되었음을 확신할 수 있게 되었다고 함으로써 자신이 비로소 구원받은 그리스도인이 된 것처럼 단언했던 것과는 너무 다른 결론이다. 믿음에 의한 칭의에 대한 명확한 이해가 없을 뿐만 아니라 그런 내용을 부정하는 신비주의자들조차도 구원을 받을 수 있다고 한 것은, 정말 웨슬리가 그렇게 말했는지 의심케 만든다.
이어서 웨슬리는 사도행전 10:35 말씀을 따라 "하나님을 경외하고 의를 행하는 사람은 하나님이 받으신다"라고 함으로써 특정 교리적 훈련이나 자각 없이도 누구나 구원받을 수 있는 것처럼 말했다.

---

[87] Ward and Heitzenrater, *Journal and Diaries*, 22: 114-5. Rack, *Reasonable Enthusiast*, 391.

정리해 보면, 웨슬리는 60대 후반에 접어들면서 국교회나 칼빈주의와 같은 교리에 의해 하나님의 구원이 제한되어서는 않된다는 문제의식을 가지고 세상의 모든 사람들에게 활짝 열려 있는 하나님의 구원을 선포할 자신만의 신학을 정립시킬 때가 되었다고 느꼈던 것 같다.

1770년 연회에서 그동안 자신들이 지나치게 칼빈주의에 치우쳐 있던 부분을 교정했고, 특히 1779년에 "믿음에 의한 구원에 대하여"(Thoughts on Salvation by Faith)를 썼는데, 사실 자신이 익히 알고 있는 문제를 왜 다시 생각하며 무엇인가 교정하고 있음을 발견한다. 즉, 오직 믿음으로만 구원받는다는 사실을 분명히 하면서도 "누구라도 믿음의 행위가 없이 구원받을 수 없다"(No man is finally saved without works)라고 함으로써 지난 200년 동안 지속되어 온 개혁주의신학의 고질적인 문제를 교정하고 있다는 사실에 주목할 필요가 있다.[88]

웨슬리가 1767년에 출판한 것 중에서 밀수 문제를 어떻게 해결하는 것이 좋은지 연회에서도 다루었듯이 8페이지 분량의 『밀수업자들에게』(A Word to a Smuggler)란 글을 출판해서 비매품으로 보급했다. 그 외에 주목할 것은 『믿는 자들의 회개』(The Repentance of Believers)란 설교를 출판한 것이다.[89] 시기적으로 보면 "그리스도인의 완전"에 대한 교리적 논쟁이 한창일 때 웨슬리는 오히려 "회개"(repentance)를 더욱 강조했다. 웨슬리는 후기로 갈수록 "믿음"에 이어 "회개"와 "성령의 체험"을 강조하는 변화를 보인다. 찰스 웨슬리는 1767년에 『삼위일체에 대한 찬송집』과 『가족을 위한 찬송집』을 출판했다.

1768년에 찰스는 브리스톨에서 런던으로 이사를 하였는데 그 이후로 전도 여행은 물론 연회조차 거의 참석하지 않았다. 웨슬리는 1월부터 3월

---

[88] Jackson, *Works*, 11: 492-6.
[89] Tyerman, *John Wesley*, 2:617-8.

까지 이동하면서 프리즐리(Priestly) 박사가 쓴 책 『전기』(electricity)와 워드로우(Wodrow)의 『스코틀랜드교회의 고난의 역사』(History of the Sufferings of the Church of Scotland), 그리고 시집 『설교자』(Choheleht; or The Preacher)란 시집 등을 읽었다. 2월 26일 불어로 쓰인 영적 열망을 고양하는 책 『도덕과 경건의 다양한 주제에 관하여』(Lettres sur divers sujets de morale et de piete, [Lectures on various topics of morality and piety])를 영어로 번역하기 시작했다.[90] 3월 말경 버밍햄(Birmingham)을 지나 웨스트 브롬위치(West Bromwich)를 거치는 과정에서 웨이틀리(Whately) 양의 시집을 읽고, 만약 그가 정규 교육을 받았다면, 영국에서 최고의 시인이 되었을 것이라는 소감을 남기기도 했다.[91]

3월 12일 옥스퍼드대학교에 다니던 학생 여섯 명이 메도디스트들처럼 성경을 읽고, 찬송을 부르며, 선행이 없이 오직 믿음만으로 구원을 얻기에 충분하다고 가르치는 메도디스트 교리를 믿는다는 이유로 학교에서 제적당했다. 사실, 그들은 웨슬리안 메도디스트들이라기보다는 예정론을 옹호하는 칼빈주의자들이었는데, 학교 측은 그들의 주장이 영국 국교회가 가르치는 교리와 일치할 수 없다고 판단했다.

그러자 헌팅돈 부인은 그 학생들을 옹호하며 탈가스(Talgarth) 교구에 트레베카(Trevecca)신학교를 세워서 8월 24일 개교했는데, 그때 휫필드가 설교했고 플레처가 교장으로, 조셉 벤슨(Joseph Benson)이 교수로 임명되었다. 두 사람은 신학적 견해가 달라 곧 사퇴하였지만, 그 신학교는 1792년까지 칼빈주의신학을 가르치며 목회자를 양성하는데 크게 기여했다.[92] 웨슬리

---

[90] 후에 그 책은 *Directions to Preserve Fervency of Spirit* 이란 제목으로 출판되었다. See, Ward and Heitzenrater, *Journal and Diaries*, 22:117-8, note 5 and 119, note 14.
[91] Ward and Heitzenrater, *Journal and Diaries*, 22:122, 124 and note 37, 161. 후에 웨슬리는 길버트 양의 책을 요약하여 *An Extract of Miss Mary Gilbert's Journal* 이란 제목으로 출판했다.
[92] Tyerman, *John Wesley*, 3:32-35.

는 11월 19일 그 보고서를 상세히 읽을 수 있었는데, 학교의 결정에 동의하는 듯 반대의 뜻을 밝히지 않았다.[93]

웨슬리가 동생에게 6월 14일 쓴 편지에 의하면 형제는 여전히 "그리스도인의 완전"의 교리에 대해 의견을 달리하고 있었다. 형은 동생에게 편지해서" 둘이 힘을 합쳐 그리스도인의 완전에 대해 세상에 선포하든지, 아니면 조용히 내려놓는"(Shall we go on in asserting perfection against all the world? Or shall we quietly let it drop?) 문제를 결정해야만 하는 시기가 되었다고 했다. 왜냐하면, 동료 설교자들 가운데서도 자신들의 목적에 따라, 혹은 "웨슬리를 인용하기도 하고, 혹은 찰스를 인용하면서"(preachers quoting one of Wesleys against the other) 메도디스트들 내에서 분열의 조짐을 보였기 때문이었다.[94] 그런 당면 과제를 해결하기 위해 형은 동생이 자신의 의견을 따르기를 촉구했고 동생은 더는 형의 일에 관여하지 않는 방법으로 대처하고 있었다.

한편, 웨슬리는 자신이 죽으면 생길 혼란을 염려하여 1768년 4월 27일 유서를 써 두었는데, 주로 동생과 아내, 그리고 동료 설교자들 등에게 유산을 분배하는 내용이었다. 그런데 결과적으로 보면 웨슬리는 그들보다 더 오래 살았다.[95]

웨슬리는 5개월 이상의 전도 여행의 순회를 마치고 8월 13일 토요일에 브리스톨에 도착하자마자 런던에 있는 부인이 아프다는 소식을 들었다. 이틀 후에 연회가 열릴 예정이었지만, 그는 228마일(367km)이나 떨어져 있는 런던으로 급히 갔다.

---

[93] Ward and Heitzenrater, *Journal and Diaries*, 22:164, note 13 166, and note 18.
[94] Telford, *Letters*, 5:43; Tyerman, *John Wesley*, 3:12-13.
[95] Tyerman, *John Wesley*, 3:15. 하지만, 그의 저널에서는 이에 대한 언급이 없다. 결국, 웨슬리는 1753년에 한 번의 비문과 1768년과 1789년에 두 번의 유서를 쓴 사람이 되었다.

달리는 거리에서 주일을 보내고 월요일 새벽 1시에 런던에 도착해 보니 아내의 병이 호전되어 있었다. 그러자 그는 한 시간 정도 있다가 여전히 앓고 있는 아내를 두고 연회 참석을 위해 다시 브리스톨로 떠났다. 그리고 월요일 오후에 도착하여 다음날인 16일에 연회를 개회할 수 있었다.[96] 65세 노인으로서는 감당하기 어려운 일정을 소화했다는 경외감과 병중에 있는 아내를 간호하지 않고 한 시간 만에 되돌아간 것에 대한 당혹감이 교차하는 일정이었다.

연회를 마치고 9월 4일 주일 뉴린(Newlyn)에서 야외설교를 한 후 월요일 아침 즉시 아내에게 편지를 썼다. 자신이 병중에 있을 때 아내의 간호로 회복되었던 때를 상기시키며, 건강은 분명 회복되니 염려하지 말라고 위로한 후 마지막으로 건강의 회복보다 자신이 정말 원하는 내용을 다음과 같이 썼다.

> 무엇보다도 먼저 요청되는 것은 하나님께서 당신에게 모든 은혜를 베푸시는 것이오. 당신이 할 수 있는 모든 일은 건강이나 생명보다 하나님께 전적으로 헌신하는 것입니다(What is chiefly to be desired is that God may sanctify all His dispensations to you: that all may be means of your being more entirely devoted to Him whose favour is better than strength or health or life itself).[97]

그 뒤로 웨슬리가 런던으로 돌아온 기록이 없다. 9월 24일 근처인 브리스톨로 돌아와 한달을 지나는 동안에도 아내에게 들린 적이 없이 다시 순회설교를 떠났다가 옥스퍼드를 거쳐 다시 런던에 왔을 때가 11월 11일이다. 그리고 다음해까지 켄터베리(Canterbury)나 쇼어햄(Shoreham) 등 런던

---

[96] Ward and Heitzenrater, *Journal and Diaries*, 22:152; Tyerman, *John Wesley*, 3:20-21.
[97] Telford, *Letters*, 5:105.

근교에서 일정을 소화했다.[98]

그런데 웨슬리가 찰스에게 쓴 12월 17일 자 편지에서 "자기가 다시 펠로우가 되었다"(I am now a mere fellow of a college again)고 한 것을 보면 당시에 그의 아내가 그를 떠난 것으로 보인다.[99] 언제, 그리고 왜 떠났는지 알 수는 없지만, 사경을 헤매는 자기를 두고 한 시간 만에 돌아간 무정한 남편, 그런가 하면 아직 회복도 되지 않은 사람에게 "하나님께 헌신하는 것이 회복되는 것보다 더 중요하다"라고 말하는 남편의 처신과 결코 무관하지 않을 것이다.

19일까지 진행된 연회는 평신도 순회설교자들의 처우에 대해 집중적으로 논의했다. 당시에 많은 설교자가 재정적 어려움을 극복하기 위해 상업행위를 병행했는데, 연회는 "설교자들이 돈을 벌기 위해 상업행위를 해야 하는가?"(Should itinerant preachers follow trades?)라고 묻자, 목자 잃은 양 떼들에게 보냄을 받은 자로서 세상의 어떤 것보다 오직 부르신 목적에 매진하자는 결론을 내렸다. 그리고 "야외설교를 하지 않으면 하나님의 일은 정체되거나 쇠퇴할 것이 분명하니 적극적으로 야외설교에 나서야 한다"(Let there be more field preaching. Without this the work of God will hardly increase in any place)라고 했다.

더 나아가, "새벽 5시에 20명 이상이 모이는 곳이라면 반드시 새벽 예배를 드리는 것이 메도디스트들의 영광이며, … 일찍 일어나는 것이 몸과 영혼을 위해 좋다"(Let the preaching at five in the morning be constantly kept up, wherever you can have twenty hearers. This is the glory of the Methodists. … Rising early is equally good for soul and body)라고 했다. 남자나 여자 4명이 모이면 밴드(band)를 구성하고, 설교자들을 돕는 청지기(steward)들이 오래되고 타성에 젖으면 오히려 설교자들의 머리 위로 올라가려고 하니(to ride over the preacher's

---

[98] Ward and Heitzenrater, *Journal and Diaries*, 22:163.
[99] Telford, *Letters*, 5:117-8. 참조 Tyerman, *John Wesley*, 3:30.

head) 모든 신도회가 분기별로 한 명씩 교체하는 것이 좋다고 했다.[100]

그리고 "그리스도인의 완전" 교리에 대해 다음과 같이 단호하게 정리했다.

> 내가 단호하게 말하는데, 우리가 그리스도인의 완전에 대해 변호할 것인가 아니면 포기할 것인가? 우리가 하나님과 이웃을 사랑하는 사랑으로 죄로부터 구원받는 완전에 관해 주장했듯이 당신들 모두 완전을 변호하는 데 동의한다. 교황주의자들은 '우리가 연옥에 충분히 거하기 전에는 결코 완전을 이룰 수 없다'라고 말한다. 비국교도들은 '몸과 혼이 분리되는 순간 완전해질 수 있다'라고 한다.
> 초기 메도디스트들은 우리가 죽기 전에 완전해질 수 있다고 한다. 과연 그럴까? 당신들 모두 우리가 죽기 전에 모든 죄로부터 구원받을 수 있다는 데 동의한다. 그 핵심 내용이 결정되었다. 그런데 순간적으로 이루어지는가 아니면 점진적으로 이루어지는가? 둘 다 가능하다. 우리가 의롭게 되는 순간 점진적으로 성화에 이르거나 하나님을 알아가고 사랑하는 은총 안에서 점진적으로 성장한다(I ask once for all, shall we defend this perfection or give up? You all agree to defend it, meaning thereby, as we did from the beginning, salvation from all sin, by the love of God and our neighbourfilling the heart. The Papists say, 'This can't be attained till we have been a sufficient time in purgatory.' The Dissenters say 'Nay it will be attained as soon as the soul and body part.' The old Methodists said, it may be attained before we die; a moment after is too late. Is it so or no? You are all agreed, we may be saved from all sin before death. The substance then is settled. But as to the circumstance, is the change instantaneous or gradual? It is both one and the other. From the moment we are justified there may be a gradual sanctification, or a growing in grace, a daily advance in the

---

[100] Rack, *The Minutes of Conference*, 10:358-61.

knowledge and love of God).[101]

메도디스트들은 초기부터 일관되게 "죽기 전에 성화가 이루어진다"라고 믿고 선포하고 있음을 분명히 함과 동시에 방법에서는 "순간적으로" 이루어지는 경우와 "점진적으로" 이루어지는 경우 둘 다 인정하고 있다. 그리고 "그리스도인의 완전"이나 "완전성화"는 질적으로 "모든 죄로부터 구원받는 것"(salvation from all sin)이며 몸과 마음과 정성을 다해 하나님과 이웃을 사랑하는 것이라고 하는 정의했다. 그런데 그 두 가지 정의가 어떻게 조화를 이룰 수 있는지에 대한 언급은 없다.

또한, 연회는 어린이들에게 복음을 전하고 가르치는 일에 전념하지 않으면 당시에 일어나고 있는 부흥도 "*res unius aetatis*," 즉 "한 시대에 국한될 것"(a thing of only one age)이라고 하면서 다음과 같이 구체적인 지침을 주었다.

① 어린이들이 좋아하든 말든 모든 지역에서 일주일에 한 시간씩 그들과 시간을 보내라(Spend an hour a week with the children in every large town, whether you like or no).
② 가정에서 자녀들을 볼 때마다 그들과 대화하라(Talk with them every time you see any at home).
③ 자녀들을 위해 열심으로 기도하라(Pray in earnest for them).
④ 각 가정에서 모든 부모를 부지런히 그리고 열심으로 격려하라(Diligently instruct and vehemently exhort all parents at their own houses).
⑤ 자녀들을 가르치는 일에 대해 분명하게 설교하고, 특히 여름에 킹스우드학교에 대해 언급하며 설교하라(Preach expressly on this, particularly at

---

[101] Rack, *The Minutes of Conference*, 10:363. "The old Methodists"란 표현은 초기부터 일관되게 사용한다는 의미에서, 즉 변치 않는 핵심 내용이란 뜻에서 사용한 표현이다.

mid-summer when you speak of Kingswood).[102]

그 외에 모든 설교자는 영국 국교회의 오전 예배에 참석하고, 오후나 주중에도 가능하면 많이 참석하라고 권면하며 영국 국교회를 떠나는 것은 곧 메도디스트들을 떠나는 것(To leave the Church is to leave the Methodists)이라고 했다.

연회를 마치고 즉시 21일 주일 뉴스퀘어(New Square) 근처에서 야외설교를 했는데, 정말 다양한 사람들이 은혜받는 것을 보고, 웨슬리는 다시 한번 "지옥의 문을 흔드는 것은 야외설교 외에 다른 것이 없다고 확신하게 되었다"(This is the way to shake the trembling gates of hell. Still, I see, nothing can do this so effectually as field-preaching)[103]라는 것을 확인했다.

9월 18일 주일 찰톤(Chalton)과 림프샴(Lympsham) 사이에 강이 있는데 물이 불었다가 빠진 사이를 배를 타고 갈 수도 없고, 걷거나 말을 타고 가기고 힘든 상황이었는데, 한 남성이 웨슬리를 어깨에 메고 건너 준 적도 있다. 윌트셔 교구(Wiltshire circuit)에 속하는 프롬(Frome) 지역에 가보고 놀란 것은 구성원이 너무 다양하다는 것이었다. 신도회 회원들 가운데는 재세례파(anabaptists), 퀘이커(quakers), 장로교(Presbyterians), 아리안(Arians), 율법무용론자(antinomians), 모라비안(Moravians) 등이 모여 있었는데 모두 하나님의 능력 안에서 하나가 되어 있다는 것이 놀라웠다.[104]

계속되는 일정 가운데 10월 31일 말을 타고 가는데, 말발굽이 맞지 않아 말이 계속 절룩거리면서 가다가 호크리프(Hockliffe)에서 멈췄다. 마침 그곳에서 한 장인을 만나 말 발굽을 교체했지만, 일정이 늦어져 서둘러 가

---

102 Rack, *The Minutes of Conference*, 10: 364-65.
103 Ward and Heitzenrater, *Journal and Diaries*, 22: 153.
104 Ward and Heitzenrater, *Journal and Diaries*, 22: 158-60.

야만 했다. 그 일정이 얼마나 고된지 위틀베리(Whittlebury)에 도착했을 때는 젊은 설교자 중 하나인 제임스 글라스브룩(James Glasbrook)은 손발을 움직일 수 없을 정도로 지쳤고, 웨슬리도 한동안 말을 못 할 지경이었지만, 다음날부터 위든(Weedon), 노샘튼(Northampton), 베드포드(Bedford) 등으로 이동하며 설교할 수 있었다.

잠시 위틀베리에서 쉬고 있던 글라스브룩이 합류했지만, 그는 다시 탈진되고 말았다.[105] 그런가 하면, 12월 2일 차탐(Chatham)을 떠날 때 마부에게 자기를 태우러 오라고 한 후 먼저 떠나 7-8마일을 먼저 가자고 했는데, 말과 마부에게 쉴 수 있는 시간을 주기 위함이었다.[106]

한편, 12월 1일에 토마스 랜킨(Thomas Rankin)에게 편지했는데, 2년 안에 갚아야 할 빚이 11,000파운드나 되었는데 일부는 갚고 여전히 7,000파운드의 빚이 남아 있어서 형제, 자매들이 2-10기니(guineas)를 헌금해 달라고 하면서 모든 사람이 기꺼이 기쁨으로 동참할 것을 믿는다는 내용이었다.[107] 사실 웨슬리는 죽는 순간까지 빚에서 벗어난 적이 없었다.

웨슬리와 메도디스트들을 비판하는 글이나 책들이 출판되긴 하지만, 현저하게 줄어들었고, 그에 따라 웨슬리는 비판에 대한 응답이나 교리적 선언보다는 필요에 따라 설교나 책을 출판하는 일에 매진할 수 있었다. 웨슬리는 그의 설교『거짓 선지자들에게: 마태복음 7:15-20에 대한 설교』(*A Letter to False prophets: a Sermon on Matthew* 7:15-20)를 출판하여 메도디스트들로 하여금 비도덕적(immoral)이거나 잘못된 교리를 가르치는 설교자들을 주

---

[105] Ward and Heitzenrater, *Journal and Diaries*, 22:162-3. 1758년부터 메도디스트 설교자로 활동하다가 1774년에 죽었는데, 죽기 전에 그는 이유는 알 수 없지만, 웨슬리를 떠나 뉴욕에서 장로교 목사로 활동했다. See Ward and Heitzenrater, *Journal and Diaries*, 21:139, note 53.
[106] Ward and Heitzenrater, *Journal and Diaries*, 22:165.
[107] Telford, *Letters*, 5:113-5.

의하라고 했다.

로(Law)의 후기 저작 중에서 총 2권의 요약본을 출판했다. 그리고 선교하다가 30세가 되기 전에 죽은 데이비드 브레이너(David Brainerd) 목사의 생애에 대한 책을 요약하여 출판했는데, 274페이지나 되는 분량이었다. 그런가 하면, 47페이지 분량의 글 『현재 공적으로 발생하는 일들에 대한 자유로운 생각』(Free Thoughts on the Present State of Public Affairs)을 출판했는데 아마도 웨슬리가 쓴 최초의 정치적 문서일 것이다.[108]

4. 1769년: 웨슬리의 죽음에 대한 준비

3월 5일에는 캠벨(Campbell) 박사가 당시에 기적을 부인하는 철학자 흄(David Hume)이 제기한 문제들에 대해 탁월하게 답변한 책, 『기적에 대한 연구』(Dissertation on Miracles)를 읽었다. 웨슬리는 기독교의 진리와 기적을

---

[108] Tyerman, *John Wesley*, 3:36-37. 웨슬리가 정치에 참여 했는지 아니면 멀리 했는지 여부는 논란이 되는 문제이다. 정치에 관한 한 웨슬리는 다음과 같은 세 가지 원칙을 가지고 있었던 것으로 보인다.
첫째, 권력은 인간이나 어떤 조직으로부터 나오는 것이 아니라 오직 하나님으로부터 나온다.
둘째, 그러므로 정치 지도자들은 하나님의 뜻에 따라 정치를 해야 한다.
셋째, 시민들은 특별한 일이 없는 한 정치 지도자들에게 충성해야 한다.
그런 의미에서 웨슬리는 친 정부, 보수주의자라고 여겨진다. 하지만, 웨슬리는 종교의 자유를 침해하거나 박탈하는 경우 등 성경적인 원칙에 어긋나는 일을 단호하게 반대했고, 또한 양심적인 사람을 선출하도록 여러 차례 독려한 것을 보면, 웨슬리는 정치적인 문제에 매우 적극적으로 대처했음을 알 수 있다. 그런 의미에서 웨슬리가 정치에 무관심했다고 말하는 것은 옳지 않다. See Ward and Heitzenrater, *Journal and Diaries*, 20:180-1. 웨슬리와 정치와의 관계에 대해서 다음을 보라. D. Hempton, *Methodism and Politics in British Society* 1750-1850 (Hutchison, 1984), Rack, *Reasonable Enthusiast*, 370-80.

부인하는 흄의 논리에 반박하는 저자들의 책을 즐겨 읽었는데 1772년 5월 5일에 읽은 비에티(Beattie) 박사의 『진리에 대한 탐구』(Inquiry after Truth)도 그중 하나다.[109] 웨슬리는 3월 21일에 아일랜드(Ireland)로 가서 7월 24일까지 14주 동안 아일랜드 전역을 순회하며 설교했다.[110]

8월 1일 리즈에서 개최된 연회에서 아메리카에서 온 요청에 대해 논의했다. 즉, 1765년에 아일랜드로부터 미국의 뉴욕으로 이주한 메도디스트들이 있었는데, 그들 중 평신도 설교자인 필립 엠버리(Philip Embury)에 의해 최초로 1766년에 미국에 메도디스트 '설교자의 집'(preaching-house)을 짓고 자금 지원 및 설교자들을 보내 달라는 요청이었다.

보고된 바에 의하면 당시 아메리카에 메도디스트들이 316명이 있었기 때문에 그곳에 설교자를 파송하는 일이 시급한 문제였다.[111] 리차드 보드만(Richard Boardman)과 조셉 필모어(Joseph Pilmore)가 자원하였으므로 그들을 파송하며 50파운드를 모금하여 보냈다.[112]

그리고 마침내 8월 4일 연회 마지막 날 웨슬리 자신과 회원들 모두의 마음에 있던 가장 중대한 문제, 즉 웨슬리가 죽은 다음에 어떻게 대처해야 하는지를 논의했는데, 웨슬리가 모든 회원에게 당부하는 편지를 읽음으로써 그 일을 주도했다.

무엇보다도 먼저 가장 중요한 원칙, 즉 "믿음으로 받는 구원"을 선포하는 데 있어서 모든 메도디스트들은 "한 몸"(one body)임을 강조하며, "하나의 눈"(a single eye), 즉 오직 "하나님의 영광과 인간의 구원"(the glory of God and the salvation of men)을 추구하는 것 외에 개인의 이익이나 영광을 추구하

---

[109] Ward and Heitzenrater, *Journal and Diaries*, 22:172, 321.
[110] Ward and Heitzenrater, *Journal and Diaries*, 22:167-96.
[111] Tyerman, *John Wesley*, 3:48.
[112] Rack, *The Minutes of Conference*, 10:374; Ward and Heitzenrater, *Journal and Diaries*, 22:197.

는 사람은 결코 우리와 함께할 수 없다는 원칙을 단호하게 발표했다.

이어서 자신이 죽으면(On notice of my death), 영국과 아일랜드 전역에 있는 모든 설교자가 6주 안에 런던으로 집결하여, 금식기도를 하며 모든 사람이 동의하는 결의서를 작성하여 서명을 받으라고 했다. 그리고 자신이 하던 역할을 대신할 수 있는 위원회를 구성하되 3명, 혹은 5명 혹은 7명을 선정하여 그들이 돌아가면서 의장(moderator)을 하는데, 그동안 웨슬리가 해왔던 일을 대행하도록 했다.

9월 1일 웨슬리는 평소에 자신을 비판하는 이어스킨(Erskine) 박사의 『구원하는 믿음』(saving faith)에 관한 책을 읽고, 그가 말하고 있는 믿음과 자신이 설교하는 믿음이 큰 차이가 없는데 왜 그가 자신을 비판하는지 의아하게 생각했다. 즉, 둘 다 믿음은 "초자연적인 것"이라는 데 동의하고 있었다.

다만 그는 믿음은 "하나님의 말씀에 초자연적으로 동의하는 것"(supernatural assent to the Word of God)이라고 한 반면에 웨슬리는 "세상을 화해시키는 그리스도 안에 하나님이 계시다는 것을 확신하는 것"(a divine conviction that God was in Christ, reconciling the world unto himself)이라고 한 것이 다를 뿐이라고 했다. 그리고 남은 한 주간 이동하면서 호머의 『오딧세이』(Homer's Odyssey)를 읽고 또 읽었다.[113]

9월에 휫필드는 조지아로 떠나면서 웨슬리에게 편지하여 지나온 날들 동안 서로 사랑하고 신뢰했던 일들을 회상하며, 7번째로 미국을 방문하는 심정을 마치 유언처럼 남겼다. 자신의 모든 일정과 운명을 하나님께 전적으로 맡기고 하나님의 영광을 위해 길을 떠난다고 한 후 "모든 작은 자보다 더 작은 자"(Less than the least of all)가 쓴다는 말로 편지를 맺었다. 그리고 1년 후에 그는 영국으로 다시 돌아오는 노정에 죽었고, 얼마 후에 웨슬

---

[113] Ward and Heitzenrater, *Journal and Diaries*, 22:202-3.

리도 그 소식을 들었다.[114]

결과적으로 보면, 웨슬리가 아메리카 선교의 문을 열었지만, 휫필드가 더 많은 시간을 할애하며 더 크게 성장시켰고, 아메리카에 있는 메도디스트들의 요청에 의해 설교자들을 파송하면서 아메리카 선교는 더욱 확장되어 갔다.

9월경에 브리스톨로 돌아온 웨슬리는 당시 킹스우드학교의 상태를 점검해 보니 30명이 정원임에도 불구하고 50명이나 받아서 선생님들의 부담은 늘어났고 교육의 질은 떨어졌지만, 그래도 영국에서 가장 기독교 사립학교다운 학교라고 했다.[115]

한편, 최초의 주일학교는 1769년에 당시 26세의 처녀 메도디스트 사역자인 한나 볼(Hanna Ball)에 의해 위컴(Wycombe)에서 시작되었는데, 어린이들은 일주일에 두 번 매주 일요일과 월요일에 모였다.[116]

1769년에 웨슬리가 출판한 것 중에서 가장 주목해야 할 것은 16페이지 분량의 설교 "성령의 증거"(The Witness of the Spirit)인데, 성령은 우리가 하나님의 자녀임을 증거한다고 했다. 그런가 하면, 티솟(Tissot) 박사의 의학서 『건강을 위한 의학적 조언』(*Advices with respect to Health: Extracted from a late Author*)을 218페이지 안에 요약하여 출판함으로써 의사를 찾아갈 수 없는 가난한 사람들이 집에서도 참고하며 도움을 얻을 수 있도록 조치했다.

웨슬리는 티솟의 처방은 간단하고, 값이 싸며, 안전하다고 높게 평가하면서도 몇 가지 문제점을 지적하고 책 뒤에 자신만의 처방을 첨부했다.[117]

---

[114] *Methodist Magazine* (1783), 273. Tyerman, *John Wesley*, 3:40 에서 재인용. See also Ward and Heitzenrater, *Journal and Diaries*, 22: 259, note 30.
[115] Ward and Heitzenrater, *Journal and Diaries*, 22: 205.
[116] Tyerman, *John Wesley*, 2:534.
[117] Tyerman, *John Wesley*, 3:57. 타이어맨의 책에는 이상하게도 티솟의 책이 1759년과 1769년에 출판된 것처럼 되어 있는데, 출판과정에서 잘못된 것 같다. See Tyerman, *John Wesley*, 2: 345-47.

제3장

웨슬리신학에 대한 자체 수정

1. 1770년: 칼빈주의적 웨슬리신학에 대한 반성과 수정

    1770년에 총 50개의 메도디스트 교구가 형성되었는데, 그중 하나는 미국에 있었고 120여 명의 순회설교자들과 총 3만 여 명의 메도디스트들이 있었는데 런던에 가장 많은 1,800명이 있었다.[1] 2월 초에 웨슬리는 루소(Rousseau)의 교육 이론서인 『에밀』(*Emile, On Education*)을 읽고 실망했다. 책은 저자 자신의 자랑으로 가득했으며 마지막까지 변덕스러운(whimsical) 그 책은 경험적으로나 이성적으로 근거가 없다(neither upon reason nor experience)고 보고, 루소는 볼테르에 버금갈 정도로 문제가 있는 인물로 평가했다.[2]

---

1   Ward and Heitzenrater, *Journal and Diaries*, 22:213.
2   ard and Heitzenrater, *Journal and Diaries*, 22:214-5. 루소의 책은 불어로 출판되자 마자(Amsterdam, 1762), 곧 이어 영어로 번역되어 *Emilius and Sophia; or A New System of Education*(London, 1762-63)이란 제목으로 출판된 책이다. 웨슬리가 이렇게까지 신경질적인 인물이 또 어디 있을까 할 정도로 루소에 대해 혹평했다. See, Tyerman, *John Wesley*, 3:58-59.

그런가 하면, 바론 임마누엘 스웨덴보그(Baron Emanuel Swedenborg, 1688-1772)의 책을 읽고 문제의 심각성을 발견하기도 했다. 그는 스웨덴 사람(Swedish)으로서 당대 최고의 과학자였는데, 1743년 런던으로 와서 페터레인에서 모이던 모라비안의 채플에 참석했다가 큰 은혜를 받고 그때부터 자신이 본 환상에 대해 쓴 책을 출판했다.

웨슬리는 그의 지식과 헌신을 존중하고 있었는데 오히려 그의 책을 읽고 난 후 더 이상 그렇게 할 수 없게 되었다. 그가 본 환상과 남긴 글은 비성경적이며 정상적이지 않다고 결론을 내렸다. 보그는 런던에서 죽어 런던에 있는 스웨덴 사람들의 교회에(in the Swedish church) 묻혔는데, 오늘날까지 그가 남긴 소위 스웨덴보기안 교리(the creed of the Swedenborgians)를 따르는 사람들에 의해 여러가지 형태의 교회들이 형성되었다.[3]

1770년 3월 15일에 바톤 양(Mrs. Barton)에게 쓴 편지에 의하면 런던신도회 내에서만도 한때 수백 명이 그리스도인의 완전을 이루었다고 고백한 적이 있다. 하지만, 대부분 1년 반도 지속하지 못하고 다시 죄에 빠져버려서 그 많은 사람 중에서 20명 정도도 안 되는 것 같다고 했다.[4] 그리스도

---

3   스웨덴 웁살라(Uppsala) 대학의 신학 교수요, 감독이었던 야스퍼 스웨덴보그(Jasper Swedenberg)의 아들인 보그는 영국에 있는 동안 과학자 뉴톤(Newton) 뿐만 아니라 철학자 로크(Locke)의 영향을 받았다. 그는 모라비안 공동체를 통해 특별한 은혜를 체험했는데, 자신이 약 25년간 지속적으로 기존의 교회를 대체할 "새로운 교회"(New Church)를 세우겠다는 계시를 예수님으로부터 직접 받았다고 주장했다. 새로운 교회는 오직 한분 하나님, 즉 예수 그리스도만을 예배하는 교회로서 모든 믿는 사람들은 재림 예수와 함께 회개와 자신의 개혁과 중생을 얻기 위해 협력해야 한다고 했다. 그가 죽은 후 15년만인 1789년에 영국에서 "New Church movement"가 결성되어 미국과 아프리카, 아시아 등으로 확장되어 오늘날 New Christians, Church of the New Jerusalem 등으로 불리며 전 세계에 약 30,000명의 회원을 가진 교회로 존재하는 것으로 알려졌다. 웨슬리안들 가운데도 스웨덴보그의 영향을 받은 사람들이 있고, 캐나다에는 토론토와 키치너(Kitchener)에 교회가 있다. 참조 Ward and Heitzenrater, *Journal and Diaries*, 22:216-217 and note 32.
4   Telford, *Letters*, 5:185.

인의 완전 교리에 대해 가장 설득력 있는 증거로 여겨졌던 산 증거자들이 1-2년 안에 그렇지 않다고 밝혀짐에 따라 웨슬리의 주장은 옳지 않음을 증거하는 가장 설득력 있는 증거로 변해버리는 사태가 발생하고 있었다.

리즈(Leeds)에서 메도디스트 고아원을 관리하는 보장퀘(Bosanquet) 양도 한때 그리스도인의 완전을 이루었다고 고백했지만, 그 은혜를 상실하고 말았다. 그 뒤 고아원을 운영하는 일은 그의 친구 사라 크로스비(Mrs. Sarah Crosby)에게 맡겨졌는데, 웨슬리는 7월 초에 그 지역을 방문하여 특히 그리스도인의 완전에 대해 더욱 강력하게 설교했다.[5]

한편, 휫필드는 조지아에 고아원과 학교를 짓는다는 목적으로 3800에이커(3800 acres)를 정부로부터 부여받고 개발하기 위해 75명의 흑인 남녀 노예들을 사서 작업을 하고 있었다. 당시 웨슬리로서는 상상도 할 수 없는 방법이었지만, 타이어맨에 의하면 휫필드는 전혀 문제의식 없이 진행했다고 한다. 그 당시 웨슬리가 아메리카로 가는 것에 대해 의견이 분분했지만, 그는 조금 더 분명한 하나님의 인도하심을 기다리며 3월 5일 북쪽 지방으로 5개월 일정의 설교 일정을 떠났다.[6]

웨슬리는 말을 타고 다니면서 책을 읽는 법에 대해 기록해두었다. 즉, 지난 30여 년간 고삐를 단단히 잡거나 때에 따라 느슨하게 잡으면서 걷는 말 위에서도 균형을 유지하는 자신만의 방법대로 책을 읽으며 다닐 수가 있었는데, 두 번 곤두박질친 때 외에는 큰 문제 없었다고 했다.[7] 5월 12일 토요일에 에든버러(Edinburgh)에 도착해 보니 160명이던 신도회 회원들이

---

[5] Ward and Heitzenrater, *Journal and Diaries*, 22:239 and note 12; Tyerman, *John Wesley*, 3: 59, 68. 한편, 보장퀘 양은 마델리(Madeley)교구사제인 플레처와 1781년에 결혼을 했고, 플레처가 죽은 후에도 그 곳에서 목회 사역을 잘 감당했다. See Ward and Heitzenrater, *Journal and Diaries*, 21:495 and note 60.

[6] Tyerman, *John Wesley*, 3:61-2.

[7] Ward and Heitzenrater, *Journal and Diaries*, 22:223.

50명으로 줄어들었는데, 그 원인이 한 설교자가 한 곳에 1년 이상 상주했기 때문이라고 생각하면서 웨슬리는 설교자들이 한곳에 오래 상주하는 것은 곧 복음 증거에 게으르기 때문이라고 했다.[8]

4월 3일, 그동안 각 신도회 내에서 문제가 끊이지 않고 발생하는 요인 중에서는 조직의 운영에 문제가 있었기 때문임을 알고, 각 리더 간의 업무를 다시 정립했다. 신도회는 돕는자(assistant), 설교자들(the preachers), 청지기들(the stewards), 평신도 지도자들(the leaders), 그리고 회원(people)들로 구성되어 있는데 실무적인 일은 청지기들이, 그리고 회원들 안에서 발생하는 문제들에 대해서는 주로 평신도 리더들이 담당하도록 했다.

돕는자(assistant)는 웨슬리를 직접적으로 돕는자로서 주로 영적인 일들을 담당하는 설교자들이었다. 평신도 리더들은 돕는자들이나 청지기들을 일주일에 한 번씩 만나야하고, 주중에는 회원들을 심방하는 일, 헌금이나 기증품을 받아서 청지기들에게 전달하는 일 등을 했다. 돕는자는 다른 리더들을 교체할 수 있는 권한을 가지고 있었지만, 그 지역의 실무를 잘 모를 수 있기 때문에 각 신도회의 리더들과 갈등이나 충돌이 발생하기도 했다.[9]

한편, 6월 16일 지난 1764년부터 순회설교자로 헌신했던 제임스 브라운필드(James Brownfield)가 그리스도인의 완전 교리 등 몇 가지 문제에 불만을 표시한 후 메도디스트들을 떠났는데 웨슬리는 그에 대해 좋은 말이든, 나쁜 말이든 하지 말라고 했다. 6월 17일 영국 국교회에 갔는데 오전 예배 때 설교자가 자신이 무슨 설교를 하는지 모르는 것 같았다. 그래도 오후 예배 때 또 간 것은 청교도 설교자였던 필립 헨리가 한 말, 즉 우리가 교회에 가서 설교를 들을 때, "만약 그 설교자가 자신의 의무를 모르면 나는

---

[8] Ward and Heitzenrater, *Journal and Diaries*, 22:229.
[9] Ward and Heitzenrater, *Journal and Diaries*, 22:267-9. See Armstrong, *The Church of England*, 67.

나의 의무를 알게 해 주신 하나님께 감사한다"(If the preacher does not know his duty, I bless God that I know mine)라는 말이 생각났기 때문이다.[10]

1770년 연회는 런던에서 8월 7일 개최되어 10일까지 진행되었는데 30여 년간 진행된 메도디스트 운동을 새롭게 점검해 보니, 총 50개 메도디스트 교구와 120명의 순회설교자들과 총 29,406명의 메도디스트들이 있었는데 그중 한 개 교구가 아메리카였다.[11] 1770년 연회가 획기적이라고 할 수 있는 이유는 메도디스트 역사상 최초로 아메리카에 선교사들을 공식적으로 파송한 해이기 때문이다. 연회는 조셉 필모어(Joseph Pilmore), 리차드 보드만(Richard Boardman), 로버트 윌리엄(Robert William), 그리고 존 킹(John King)을 파송했다.[12]

그 외에 재정적인 문제도 점검해 보니 약 7000파운드의 빚을 지고 있었기 때문에 앞으로 건물을 수리하거나 새로운 건물을 짓는 일을 당분간 금하기로 했다. 순회설교자들(travelling preachers)의 판매 행위, 즉 자신들의 경비와 가족을 위해 향유나 의약품 등을 판매하는 행위가 주위 상권을 해치는 등 부작용이 보고되면서 철저히 금하기로 하고, 반면에 설교자들을 위한 기금(the Preachers' Fund)를 적극적으로 모금해 나가기로 했다. 그 해에도 그 기금에서 43명의 설교자의 아내에게 지원하기로 했다.[13]

교리적으로는 1744년에 했던 질문, "우리는 칼빈주의에 너무 기울어 있다. 어떤 면에서 그런가?"(We have leaned too much toward Calvinism. Wherein?)를 다시 묻고, 칼빈주의와의 관계를 분명하게 정리했다. 내용은 주로 "인

---

[10] Ward and Heitzenrater, *Journal and Diaries*, 22:230 and note 72, 234-5. 웨슬리는 필립 헨리의 생애에 관한 내용을 그의 『그리스도인 문고』에 요약하여 포함시켰다. See Ward and Heitzenrater, *Journal and Diaries*, 19: 239 note 82.
[11] Tyerman, *John Wesley*, 3:70.
[12] Ward and Heitzenrater, *Journal and Diaries*, 22:243, note 37.
[13] Rack, *The Minutes of Conference*, 10:379-94.

간의 믿음"(man's faithfulness)에 대한 점검인데, 그동안 배워온 가르침, "인간이 의롭게 되기 위해 할 것은 아무것도 없다"(a man is to do nothing in order to justify)라는 "가장 잘못된 가르침이었다"(Nothing can be more false)는 것을 깨닫고 다음과 같이 8개 항목으로 나누어 점검했다. 용어상 민감한 문제이기 때문에 영어 문장을 함께 보는 것이 좋을 것이다.

① 하나님은 우리 중에 누구를 받으셨는가?
사랑과 순종의 마음으로 예수님을 믿는 사람(Who of us is now accepted of God? He that now believes in Christ with a loving, obedient heart).

② 예수님에 대해 들어본 적이 없는 사람은 어떻게 하나?
자신의 양심에 따라 하나님을 경외하며 의로운 일을 하는 사람을 받으신다(But who among those that never heard of Christ? He that feareth God and worketh righteousness, according to the light he has).

③ 그렇다면 신실한 사람을 받으신다는 것과 같은 뜻인가?
그렇다고 할 수는 없지만, 거의 같은 뜻이다
(Is this the same with 'he that is sincere'? Nearly, if not quite).

④ 결국, 행위로 구원받는다는 뜻이 아닌가?
행위의 공로로 구원받는 것은 아니지만, 행위가 조건이 될 수는 있다(Is not this 'salvation by works'? Not by the merit of works, but by works as a condition).

⑤ 우리는 지난 30년간 무엇 때문에 그렇게 논쟁을 해 왔던가?
용어에 문제가 있다고 본다(What have we then been disputing about for these thirty years? I am afraid about words).

⑥ "공로"라는 용어가 문제이다. 우리의 공로에 따라 보상을 받는다.
그렇다면 "우리의 공로로 인하여"란 말과 어떻게 다른가?
그리고 "우리의 행위의 공로에 따라"라고 말하는 것과 어떻게 다른가?
이 차이를 구분할 수 있을까?

구분할 수 없다고 생각한다(s to merit itself, of which we have been so dreadfully afraid: we are rewarded according to our works, yea, because of our works. How does this differ from for the sake of our works? And how differs this from secundum merita operum?(according to the merits of our works) As our works deserve? Can you split this hair? I doubt, I cannot).

⑦ 그 이전의 가르침 중에서 가장 문제가 되는 것은 어떤 사실에 의해 비롯된다. 하나님은 사실 자신들이 전혀 하나님을 경외하거나 의로운 일을 행한 적이 없다고 하는 사람도 의롭다고 하신다.
그렇게 하시는 일이 과연 예외적인 것인가?
하나님이 어떤 예외조항을 만들었다고 생각하지 않는다.
그러나 어떻게 그가 하나님을 경외하거나 의로운 일을 하지 않았다고 확신할 수 있을까?
비록, 자신이 그렇다고 말해도 그의 말이 증거가 될 수 없다. 왜냐하면, 우리는 자신이 죄를 범했다고 생각하는 사람들이 모든 면에서 얼마나 자신들에 대해 과소평가하는지 알기 때문이다(he grand objection to one of the prededing propositions is drawn from matter of fact. God does in fact justify those who, by their own confession, neither feared God, nor wrought righteousness. Is this an exception to the general rule? It is a doubt, God makes any exception at all. But how are we sure that the person in question never did fear God and work righteousness? His own saying so is not proof: for we know how all that are convinced of sin undervalue themselves in every respect).

⑧ 의롭게 된 것처럼 혹은 성화 된 것처럼 말하는 것 자체가 사람들을 잘못 인도하는 경향이 있는 것은 아닌가?
대부분 한순간에 모든 일이 다 일어날 수 있는 것처럼 잘못 인도하지는 않는가?

반면에, 우리는 매시간, 매 순간 우리의 행위, 즉 내적인 성질과 외적인 행동으로 인해 하나님을 기쁘시게 하기도 하고, 슬프시게 하기도 한다 (oes not talking of a justified or a sanctified state tend to mislead men? Almost naturally leading them to trust in what was done in one moment? Whereas we are every hour and every moment pleasing or displeasing to God, according to our works– according to the whole of our inward tempers, and our outward behaviour).[14]

그동안 하나님의 주권을 절대적으로 강조하는 칼빈주의자들과 공존하며 상대적으로 인간의 행위를 경시해 온 문제를 교정하기 위해 하나님의 구원에 믿음도 인간의 선행이 될 수 있다는 차원에서 인간의 선행을 통해 구원받는 것은 결코 아니지만, 믿음이라는 인간의 선행이 구원의 조건이 되어야 한다고 했다. 그런가 하면, 하나님의 은혜로 인간이 어떤 영적인 상태에 도달하면 더 이상 변수가 없는 것처럼 생각하는 칼빈주의자들과 달리 인간의 행위는 하나님 앞에서 살아 있는 동안에는 선과 악의 긴장 관계를 유지할 수밖에 없다고 선언했다.

헌팅돈(Huntingdon) 부인은 회의록에 있는 8개 조항을 읽어본 후 웨슬리는 "가면을 벗은 교황주의"(popery unmasked)라고 신랄하게 비판했다.[15] 그리고 "누구든지 이 회의록에 있는 내용을 전적으로 부정하지 않는 한 자신이 운영하는 학교를 떠나야 한다"(whoever did not wholly disavow the theses should quit her college)라고 선언한 것은 학교 내에 웨슬리안들이 있음을 알고 한 선언이었다.[16]

---

[14] Rack, *The Minutes of Conference*, 10: 392-4.
[15] Ward and Heitzenrater, *Journal and Diaries*, 22:285-6, n. 42.
[16] Tyerman, *John Wesley*, 3:73.

실제로 1771년에 조셉 벤슨(Joseph Benson)이란 학생이 너무 웨슬리적인 생각을 한다고 하여 학교에서 제적시켰고, 그러한 조치에 대해 학장이요, 웨슬리의 후계자로 주목받고 있던 존 플레처(John Fletcher)가 불만을 품고 사임했다.[17]

한편, 메도디스트연회에서 칼빈주의자들과 분명히 선을 긋는 조치가 취해진 후 9월 29일 휫필드가 뉴잉글랜드(New England)의 보스톤(Boston)으로 가는 길에 엑스터(Exeter)에서 2시간 동안이나 야외설교를 한 후 뉴베리포트(Newburyport)로 가서 30일 오전 6시에 죽어 그곳에 묻혔다. 그는 평소에 웨슬리 형제와 함께 묻히기를 원한다고 했을 정도로 그들을 존경했고, 또한, 관계가 회복되기를 원했지만, 소원을 이루지 못한 채 56세라는 젊은 나이에 생을 마감했다. 설교자로서 34년간 총 18,000회 이상의 설교를 한 그는 웨슬리와 첨예한 갈등을 겪었지만, 메도디스트 운동에 있어서 웨슬리의 동역자였음을 부정할 수 없다.[18]

웨슬리는 11월 10일 런던으로 돌아왔는데 그때 휫필드가 죽었음을 확인했고, 장례 위원회는 웨슬리에게 18일 주일에 있을 장례식 설교를 부탁했다. 사실, 휫필드는 그 이전 해에 미국 갈 때 만약 자기가 돌아오지 못하면 자신의 장례 설교를 웨슬리에게 부탁한다는 뜻을 로버크 키인(Robert Kean)에게 부탁하고 간 것을 보면 이미 자기 죽음을 예견한 것 같다. 웨슬리는 그 뜻을 기꺼이 수락하고 민수기 23:10, "나는 의인의 죽음같이 죽기를 원하며 나의 종말이 그와 같기를 바라도다"(Let me die the death of the righteous, and let my last end be like this, KJV)라는 말씀을 본문으로 해서 설교했다.

하지만, 설교 중에 자신과 휫필드 간에 동총적인 내용, 즉 칭의와 신생에 대해 강조한 반면에 휫필드가 가장 중점적으로 설교한 선택의 교리와

---

[17] Telford, *Letters*, 5:228, 9; Rack, *Reasonable Enthusiast*, 455.
[18] Tyerman, *John Wesley*, 3:75-8.

성도의 견인(he omitted to mention the election and final perseverance of the saints)에 대해 전혀 언급하지 않았다. 그러자 장례 후에 칼빈주의자들은 웨슬리가 의도적으로 휫필드의 신앙을 무시한 것이라고 분개했다. 웨슬리는 휫필드 장례예배 설교를 마치고, 그의 저널에 "하나님께서 그동안 서로가 가졌던 반감에 없애 주셨다"(God has given a blow that bigotry which had prevailed for many years)라고 했는데, 사실 현실은 그 반대였다.[19]

1770년에 웨슬리가 출판한 책 중에서 32페이지 분량이나 되는 『휫필드 장례식 설교』(*A Sermon on ther Death of the Rev. Mr. George Whitefield*)가 있고, 8페이지 분량의 『알미니안이란?』(*What is an Arminian?*) 소책자에서 웨슬리는 칼빈주의자(Calvinist), 혹은 알미니안(Arminian)이란 용어를 사용하지 말라고 했다.

그 외에 웨슬리는 토프레이디(Augustus Montague Toplady, 1740-1778)가 제롬 잔키우스(Jerome Zanchius)의 저서 『기독교에 대한 고백』(*Confession of the Christian Religion*, 1562)을 번역하여 『절대적인 예정』(*The Doctrine of Absolute Predestination*, 134페이지)이란 제목으로 출판한 것을 읽고 12페이지로 요약한 소책자 『A. T. 목사에 의해 선언된 절대적인 예정에 관하여』(*The Doctrine of Absolute Predestination Stated and Asserted, by the Rev. Mr. A. T.*)를 3월에 출판했다.[20] 그리고 책의 마지막에 있는 다음과 같은 내용을 그대로 인용하면서 그러한 교리의 불합리성을 고발했다.

---

[19] Ward and Heitzenrater, Journal and Diaries, 22:259-60, note 30; Tyerman, *John Wesley*, 3:70-77. 참조 *Gospel Magazine* (1771), 39. See the Sermon "On ther Death of the Rev. Mr. George Whitefield" in Outler, *Sermons*, 2:325-47.

[20] 토프레이디(Augustus Montague Toplady, 1740-1778)가 발행한 소책자들에 대해서는 웨슬리가 1769년 12월 30일 월터 셀론(Walter Sellon)에게 쓴 편지에서 언급되었는데, 당시에 웨슬리는 "그는 영국에서 자기가 가장 위대한 천재인줄 알고 있지"(He does certainly believe himself to be the greatest genius in England)라고 비웃듯이 표현했다. See elford, *Letters*, 5:167; Tyerman, *John Wesley*, 3:54.

20명 가운데 한 명만 선택을 받았다. 20명 중 19명이 심판을 받았다. 선택 받은 사람은 구원을 받을 것이고 심판을 받은 사람은 그들이 한 행동에 따라 벌을 받을 것이다. 독자는 이것을 믿으시오. 그렇지 않으면 심판을 면치 못할 것입니다. 어거스트 토플레이디(One in twenty [suppose] of mankind are elected; nineteen in twenty are reprobated. The elect shall be saved, do what they will; the reprobated shall be damned, do what they can. Reader, believe this, or be damned. Witness my hand, Augustus M. Toplady).[21]

그런데 마지막에 웨슬리가 저자의 이름, 어거스트 토플레이디(Augustus Toplady)의 첫 자만 남기고 모두 삭제하여 *Witness my hand, A___. T___.*로 출판한 것을 보고 분개한 토프레이디는 웨슬리가 원저자와 자신의 주장을 왜곡하고 있다고 공격하는 30페이지짜리 장문의 편지를 써서 같은 달에 「웨슬리 선생에게: 잔키우스의 예정론 연구의 요약에 대하여」(*A Letter to the Rev. Mr. John Wesley: Relative to His Pretended Abridgment of Zanchius on Predestination*)란 제목으로 출판했다.[22]

당시 30세에 불과했던 그는 영국 남서부의 데븐 주(Devon) 교구사제로 일하면서 영국 국교회 내에서 알미니안 주의를 뿌리채 뽑아버리고 칼빈주의를 강화하는 과정에서 웨슬리와 메도디스트들의 가르침에 반박했다. 그는 1769년에 이미 『영국 국교회는 알미니안이라는 비판에 대한 변호』(*The Church of England Vindicated from the Charge of Arminianism*)를 출판한 바 있다.[23] 그리고 1774년에도 총 2권으로 된 700페이지 분량의 『영국 국교회의 칼빈주의신학에 대한 역사적 증거』(*Historic Proof of the Doctrinal Calvinism of the*

21　Southey, *The Life of Wesley and the Rise and Progress of Methodism*, 437-38.
22　Tyerman, *John Wesley*, 3:81-2, 140, 179.
23　Tyerman, *John Wesley*, 3:140.

Church of England)를 써서 다시 웨슬리를 신랄하게 비판했다.²⁴ 그러면서도 자신에게 문제가 있다면, 전갈(scorpion)로 다스려야 할 웨슬리를 관대하게 채찍(whip)으로 다스리는 것이라고 했다.²⁵

그에 관하여 웨슬리는 1770년 6월 24일에 조지 메리웨더(George Merryweather)에게 쓴 짧은 편지에서 "나는 굴뚝 청소부하고는 싸우지 않아요. 그는 내가 관여하기에 너무 지저분한 사람이지요. 내 손가락만 더럽힐 뿐이오"(I do not fight with chimney-sweepers. He is too dirty a writer for me to meddle with; I should only foul my fingers)라고 말했다.²⁶ 수년간 지속하던 논쟁이 멈추게 된 이유는 38세에 불과한 젊은 논객이 갑자기 죽었기 때문이다.

그는 당대에 탁월한 문장가요, 신학자였는데, 특히 많은 찬송가 작사가로도 유명하다. 한국의 새찬송가 494장 "만세 반석 열리니"(Rock of Ages, Cleft for Me)와 373장 "고요한 바다로"(If, on a Quite Sea)가 그가 작사한 곡이다.²⁷

2. 1771년: 웨슬리신학의 정체성 확립에 기여하는 플레처

1771년 1월 23일에 웨슬리의 아내는 "다시는 돌아오지 않겠다"(never to return)란 메모를 남기고 뉴캐슬로 떠났다. 그런 일이 반복되자 웨슬리는 "나는 그녀를 떠나지 않았다. 내가 그녀를 보내지 않았다. 나는 그녀를 다시 부르지 않을 것이다"(Non eam reliqui. non dimisi. non revocabo[I did not desert

---

24 Tyerman, John Wesley, 3:179.
25 Tyerman, *John Wesley*, 3:181.
26 Telford, *Letters*, 5:192.
27 TTyerman, John Wesley, 3:266-7, 타이어맨은 토플레이디가 찬송가 작사가임을 드러내지 않았다. W.H. Fitchett, Wesley and His Century, 385. See also 김진두, 『존 웨슬리의 생애』, 352.

her. I did not put her away. I will not recall her])라고 썼다.[28] 그동안 아내와의 관계를 해결하려고 노력하던 것과는 전혀 다른 모습이다.

그러나 다음해 5월 25일 뉴캐슬로 가서 아내와 지내다가 연회 참석을 위해 브리스톨로 올 때 아내와 함께 온 것을 보면 다시 화해한 것으로 보인다.[29] 1월 25일은 자신의 유언장을 교정했다고 한 것을 보면 웨슬리는 자신의 유언장을 미리 써 놓고, 계속 교정하고 있었던 것으로 보인다.[30]

칼빈주의자들은 자신들의 대변지인 「복음 잡지」(Gospel Magazine)를 통해 웨슬리의 신학을 집요하게 비판했다. 그즈음 웨슬리는 5월 27일 메리 비숍(Mary Bishop)에게 편지하여 지난해 연회에서 검토한 8가지 조항에 대한 확고한 견해를 밝히고 있다.

> 내가 모든 관점에서 세밀하게 살펴본 결과, 보면 볼수록 만족하고 확신하게 된다. 8개 조항은 성경과 우리의 경험에 부합될 뿐만 아니라 가장 중요한 진리를 담고 있다(I have considered them in every point of view; and truly, the more I consider them, the more I like them, the more fully I am convinced, not only that they are true, agreeable both to Scripture and to sound experience, but that they contain truth of the deepest importance, ⋯).[31]

비로소 자신들만의 신학적 정체성을 정립했다고 믿고, 더 양보하지 않겠다는 웨슬리의 의지를 느낄 수 있다. 웨슬리는 플레처로 하여금 "1770년 회의록의 타당성을 변호하는 글"(a Vindication of the Minutes of 1770)을 쓰

---

[28] Ward and Heitzenrater, *Journal and Diaries*, 22:262.
[29] Tyerman, *John Wesley*, 3:126.
[30] Ward and Heitzenrater, *Journal and Diaries*, 22:262.
[31] Telford, *Letters*, 5:252.

도록 했고, 그 글이 완성되자 즉시 출판했다.[32]0

한편, 헌팅돈 부인의 조카인 월터 셜리(Walter Shirley)는 1770년의 메도디스트연회에서 가결한 8개 조항은 "무시무시한 이단설"(a dreadful heresy)이라 하며 1771년 브리스톨(Bristol)에서 개최되는 메도디스트연회를 대체하는 자신들만의 연회를 열겠다고 하는 계획과 함께 그 조항들을 철회할 것을 요구하는 편지를 메도디스트들에게 돌렸다. 사태의 심각성을 인식한 대의원들이 8월 6일 개최된 연회에 더 많이 모였다.[33]

웨슬리도 연회 동안에 셜리와 동조자들 10여 명을 만나 깊은 대화를 나눈 후에 서로에 대한 오해가 풀렸다는 뜻에서 다음과 같은 선언문을 작성하여 발표했다.

> 1770년 8월 7일 런던에서 개최된 메도디스트연회에서 가결된 교리들을 관찰해 본 결과 처음에는 선행을 통한 칭의를 주장하는 것같이 보였지만, 웨슬리와 그의 동료들은 그러한 교리는 가장 위험하고 혐오스러운 교리라는 사실에 동의하였다. 회의록에는 그러한 입장이 충분하게 반영되지 못했기 때문에 다시 한번 엄숙하게 선포하는 것은 우리가 사나 죽으나, 심판 때에 오직 우리 주 예수 그리스도의 공로만이 우리를 의롭게 한다는 사실이다. 선을 베풀지 않고 구원을 받을 수 있는 그리스도인은 없다는 사실을 인정하면서도 우리의 선행이 처음이나 나중이나, 전체적으로나 부분적으로나 결코 우리를 의롭게 할 수는 없다는 사실은 분명하다(Whereas the doctrine points in the Minutes of a Conference held in London, August 7th, 1770, have been understood to favor justification by works – Now, we, the Rev. John Wesley and others assembled in Conference, to declare that we had no such meaning, and that we abhor the

---

32 Ward and Heitzenrater, *Journal and Diaries*, 22:287 note 42.
33 Ward and Heitzenrater, *Journal and Diaries*, 22:286.

doctrine of justification by works as a most perilous and abominable doctrine. And as the said Minutes are not sufficiently guarded in the way they are expressed, we hereby solemnly declare in the sight of God, that we have no trust or confidence but in the alone merits of our Lord and Savior, Jesus Christ, for justification or salvation, either in life, death or the day of judgment. And though no one is a real Christian believer(and consequently connot be saved) who doth not good works when there is time and opportunity, yet our works have no part in meriting or purchasing our justification from first to last, either in whole or in part).[34]

선언문을 보면, 그 이전 문서에 약간의 혼돈이 있었음을 인정하면서 다시 한번 선행을 통해 구원을 받을 수 있다고 하는 교리는 위험하고 혐오스런 교리라고 하는 사실에 전적으로 동의하면서, 칭의와 구원은 오직 예수 그리스도만을 통해서만 이루어지는 것이라고 분명하게 선언하고 있다.

비록, 후반부에 진정한 그리스도인은 시간과 기회가 있을 때마다 반드시 선행을 행해야만 진정한 그리스도인이 될 수 있다고 하는 내용을 첨가했지만, 선행을 통해 의롭게 되는 것은 결코 아니라고 재차 선언함으로써 논쟁의 불씨는 꺼진듯했다.

플레처는 칼빈주의자들의 강력한 항의와 도전을 받으며 그에 응답하는 차원에서 1771년부터 『율법무용론주의자에 대한 방지책들』(*Checks to Antinominianism*)을 쓰기 시작하여 연속하여 다섯 편이나 썼다.[35]

---

[34] Ward and Heitzenrater, *Journal and Diaries*, 22:285-87, n. 42 (August 6, 1771).
[35] Tyerman, *John Wesley*, 3:111. 다섯 번째 방지책은 제1부와 제2부로 나누어 썼고, 제1부와 제2부를 각각 따로 출판했기 때문에 여섯 편이라고 말하기도 한다. cf. Rack, *Reasonable Enthusiast*, 456. Jeffrey L. Wallace, ed., The Works of Joseph Fletcher, v. 1, *Five Checks to Antinomianism* (Missouri: Apprehending Truth Publishers, 2011).

첫 번째 방지책(The First Check)에서 칭의는 오직 하나님이 은혜로만 가능하다는 사실을 강조하면서도 동시에 회개와 회개의 열매는 필연적이라고 했다. 웨슬리신학의 중심에 회개가 자리매김하는 논리를 제공함과 동시에 회개가 없이 신학 논리에 따라 구원의 여부가 결정 나는 것을 방지하는데 기여했다. 두 번째 방지책(The Second Check)에서 칭의를 부정하거나 약화하는 것이 아님을 분명히 하기 위해 칭의가 없으면 최후의 구원을 받지 못한다는 사실을 분명히 했다. 그리고 다음해에 세 번째와 네 번째 방지책을 썼다.

결과적으로 칼빈주의자들이 웨슬리는 "선행에 의한 구원"(salvation by works)을 주장한다고 다시 공격하기 시작했다. 그에 대해 웨슬리는 6월 19일 헌팅돈 부인에게 쓴 편지에서 자신은 청년 때부터 "거룩이 없이는 누구도 하나님을 볼 수 없다"(without holiness no man shall see the Lord)라는 명백한 사실을 알고 그렇게 선포하고 있었다.

그런데 10년 이상 지난 후 그것이 "하나님의 아들 예수를 믿는 믿음으로"(by faith in the Son of God) 가능하다는 사실을 깨닫게 되었고, 즉시 그러한 깨달음대로 "우리는 믿음으로 죄로부터 구원받았다. 우리는 믿음으로 거룩하게 되었다"(We are saved from sin, we are made holy, by faith)라는 복음을 지난 30년 이상 공적으로나 사적으로, 그리고 출판을 통해 외쳐왔다고 했다.

그리고 그런 면에 있어서 휫필드나 다른 칼빈주의자들이 외치는 복음과 자신이 외치는 복음이 다르지 않다고 항변했다.[36] 흥미로운 사실은 당시

---

36 Telford, *Letters*, 5:258-60; Tyerman, *John Wesley*, 3:92-93. 웨슬리의 거룩에 대한 이해에도 미묘한 변화가 감지된다. 즉, "거룩이 없이는 누구도 하나님을 볼 수 없다"(히 12:14, without holiness no man shall see the Lord)는 개념이 초기부터 말기까지 일관되게 나타나지만, 그가 초기에 거룩함을 이루려고 했던 것(경건 훈련)과 중기에 이루려고 했던 것(오직 그리스도를 믿는 믿음)과 후기에 이루려고 했던 것(오직 하나님의 은혜와 성령의 능력)이 다름을 알 필요가 있다.
그런가 하면, 거룩함을 이루는 방법 또한 각각 달리 제시된다. 즉, 도덕적 개념의 거룩

영국 국교회 지도자들은 웨슬리가 하나님의 절대적인 주권만을 지나치게 강조함으로써 상대적으로 인간의 가능성을 배제한다고 비판한 것을 보면, 당시에도 웨슬리를 정당하게 이해한 사람들은 거의 없는 것 같다.[37]

칼빈주의적 선택과 칭의의 교리에 대한 웨슬리의 신학적 답변은 "값없이 주시는 은혜"(Free Grace)와 "확신의 교리"(the doctrine of assurance)였다. 그런데 1771년에 이르러 웨슬리는 초기의 확신(initial assurance), 즉 여전히 의심과 두려움이 남아 있는 확신과 완전한 확신(full assurance), 즉 의심과 두려움이 전혀 없는 확신을 구분함으로써 사실상 확신이 곧 구원을 의미하는 것은 아님을 인정했다.

웨슬리 또한 여러 가지 사례들을 통해서 확신이라고 하는 것이 인간의 감정에 의해 언제나 변할 수 있다는 것을 인정하지 않을 수 없게 되었고, 반면에 인간의 어떤 감정보다도 두려움과 의심이 완전히 사라지고 하나님의 자녀가 되었다는 절대적인 확신은 성령의 직접적이고 내적인 증거에 의해 주어진다고 했다. 그러한 의미에서 웨슬리는 후기로 갈수록 더욱더 성령의 증거를 강조하면서 삼위일체적 신학에 가깝게 다가가고 있었다.

1775년에 쓴 "삼위일체에 대하여"(On the Trinity)란 설교를 통해 성령의 내적 증거에 의해 온전한 그리스도인, 즉 하나님의 자녀가 된다고 선언하고 있는 것이 좋은 증거이다.

함을 훈련과 노력으로 반드시 성취할 줄 믿었는데(초기), 날이 갈수록 죄의 세력이 얼마나 치명적인지 깨닫고 모든 노력을 죄의 제거에 집중하게 된다(중기). 그러나 후기로 갈수록 거룩의 성취는 죽기 직전에 가능하거나 그렇지 않을 수 있다는 가능성을 열어 놓는다. 물론, 그러한 변화를 발전적으로 이해하는 것이 중요하다. 즉, 거룩의 성취에 대한 후퇴가 아니라 오히려 더 현실적으로 문제에 접근하게 되었다는 것이다. 그러한 과정과 차이를 구분하지 않고 "웨슬리는 초기부터 후기까지 일관되게 거룩함을 주장했기 때문에 그의 거룩에 대한 이해가 언제나 동일했던 것처럼 생각하는 것이 오히려 정확하지 않은 생각이다.

37 웨슬리에 대한 영국 국교회 지도자들의 비판에 대해서는 다음을 보라. Tyerman, *John Wesley*, 3:105-07.

그러나 나는 사도 요한이 말하는 성령의 증거를 받기 전에 어떻게 그리스도인이 될 수 있는지 알지 못한다. 하나님의 영은 우리가 하나님의 자녀인 것을 증거 하신다. 즉 성령은 하나님 아버지께서 그를 하나님의 아들 예수 그리스도를 통해 자녀로 받으셨다는 것을 증거 하신다(But I know not how anyone can be a Christian believer till "he hath[as St. John speaks] the witness in himself"; till "the Spirit of God witnesses with his spirit that he is a child of God"- that is, in effect, till God the Holy Ghost witnesses that God the Father had accepted him through the merits of God the Son).[38]

1771년에 프란시스 애즈베리(Francis Asbury)와 리차드 라이트(Richard Wright)는 아메리카에 있는 메도디스트들을 돌보라는 사명을 받고 아메리카로 파송되었다. 보산케(Bosanquet) 양은 웨슬리에게 자신이 여성 설교자가 되는 것에 대해 자문했는데, 웨슬리는 6월 13일 자 답장에서 여자들은 교회에서 잠잠하라고 했던 사도 바울도 특별한 경우에는 여성 사역자들을 인정했다고 상기시키며 긍정적인 답변을 보냈다.[39]

6월 28일 자신이 69살이 되었다고 한 날의 일정을 보면, 오전에 폴타다운(Portadown) 거리에서 설교했고, 저녁에는 킬모리아티(Kilmoriarty)에서 설교했다. 웨슬리는 생일에도 그때까지 사역을 감당할 수 있다는 사실에 감사하며 설교 일정을 이어갔던 것이다.[40]

1771년에는 그동안 자신이 출판했던 많은 책을 교정할 뿐만 아니라 설교 등 다른 내용을 편집하여 전 5권으로 출판했는데 총 1,800페이지나 되는 작업으로써 『웨슬리 총서』로 발전했다. 그리고 12월 30일엔 동생의 성

---

[38] Outler, *Sermons*, 2:385.
[39] Telford, *Letters*, 5:257.
[40] Ward and Heitzenrater, *Journal and Diaries*, 22:282.

화에 못 이겨 초상화를 그리도록 앉아 있었다.⁴¹

3. 1772년: 영국 내 종교를 위한 자유와 노예 해방 문제

1772년부터 웨슬리는 자기 죽음 이후에 일어날 일들에 대해 염려하며 대비하는 듯한 행보를 이어간다. 그중 하나가 영국 국교회의 핍박으로부터 메도디스트들을 보호하는 법적인 장치를 마련하는 것이었다. 당시 영국의 집권 보수당(Tory)은 영국의 모든 시민에게 충분한 자유를 보장하고 있다고 주장했고 웨슬리도 어느 정도 인정했다.

하지만, 1772년 2월 24일 『자유에 대한 고찰』(Thoughts upon liberty)에서 그는 자신과 모든 영국인은 개인이 누릴 수 있는 많은 자유를 누리지만, 여전히 종교적인 자유를 충분하게 누리지 못하고 있다고 주장했다. 메도디스트들이 더 이상 국가의 견제나 핍박을 받지 않고 마음대로 활동할 수 있는 자유를 얻기 위한 발언이었다. 그러한 의미에서 웨슬리는 다음과 같이 정의했다.

> 종교의 자유는 우리의 양심에 따라 하나님께 예배드리기 위해 우리 자신의 종교를 선택하는 것을 의미한다(Religious liberty is a liberty to choose our own religion to worship God according to our own conscience).⁴²

---

41 Tyerman, *John Wesley*, 3:111-13.
42 Jackson, *Works*, 11:37, 41-2. 기독교가 이교도 국가에서 선교할 때는 누구나 양심에 따라 기독교를 선택할 수 있는 자유를 보장하라는 의미에서 주창했지만, 웨슬리처럼 영국 국교회 체제에서 요구하는 종교의 자유는 영국 국교회와 다른 교리와 조직을 갖춘 기독교도 인정해 달라는 뜻에서 종교의 자유를 주창하는 것이다. 반면에 기독교가 지나치게 지배하는 체제에서는 기독교 외에 다른 종교를 믿을 수 있는 자유를 의미하는 것이기 때문에 종교의 자유는 상황에 따라 달리 해석될 수 있는 문제이다. 그런데 오늘날과 같은 포스트 모더니즘 시대에는 모든 종교에서 벗어날 수 있는 권리, 즉 종교를 거부하거

흥미롭게도 같은 시기에 다른 차원에서 종교의 자유를 추구하는 청원서가 제출되었다. 1771년에 런던의 페덜스 태번(in the Feathers Tavern in London)에서 약 250여 명의 성직자들이 모여 기독교 신앙은 오직 성경에 근거하기 때문에 다른 어떤 것으로부터도 제약을 받으면 않된다고 믿으며, 국교회의 39개 조항에 서약하는 것을 폐지해야 한다는 청원서(petition)를 정부에 제출했다. 하지만, 다음해인 1772년에 부결되었고, 1773년과 1774년에도 연속하여 부결되다가 1779년에 마침내 통과되었다. 그러나 페덜스 태번 청원은 개혁주의 신앙에 바탕을 두었다고는 하지만, 삼위일체 등 전통적인 교리로부터도 자유를 추구하는 일종의 종교관용주의였기 때문에 웨슬리가 추진한 종교의 자유와는 성격이 다르다.⁴³

이와 같이, 1770년대를 지나면서 당시 국교회는 웨슬리뿐만 아니라 다양한 분야로부터 종교정책에 관한 도전을 받고 있었는데, 그러한 움직임이 사회 각층이 자유를 추구하는 당시의 정치적인 경향과 무관하지 않았다.

1772년에 웨슬리는 노예 제도에 관한 책을 읽고 그 문제가 얼마나 심각한 반기독교적인 문제인지 더욱 절실하게 깨닫게 되었다.⁴⁴ 바로 그 해에 변호사(a lawyer)였던 그랜빌 샤프(Granville Sharpe, 1745-1813)가 노예 무역제도 폐지를 주창하며 사회 운동으로 이끌어가기 시작했다. 그로부터 15년 후인 1787년 5월 22일 영국에서 '노예 무역 폐지를 위한 위원회'(Society for

---

나 갖지 않을 수 있는 자유를 보장하는 것 또한 종교의 자유가 될 것이다.
43 Tyerman, *John Wesley*, 3:146; Rack, *Reasonable Enthusiast*, 462-3.
44 웨슬리가 읽었던 책은 퀘이커교도인 앤소니 베네젯(Anthony Benezet, 1713-1784)이 노예 제도가 얼마나 반기독교적이며 동시에 반인륜적인가를 고발하기 위해 1772년에 자비로 출판한 팜플렛(pamphlet) "귀니아에 대한 역사적인 고찰들"(Some Historical Accounts of Guinea)로 추측된다. 앤소니는 프랑스 태생이나 두살 때 영국으로 갔다가 다시 십대때 미국으로 가서 살았다. 그는 미국에서 학교 선생과 작가로 활동하며 끊임없이 영국과 미국 내의 노예 제도 폐지를 위해 투쟁하고 있었다. See Ward and Heitzenrater, *Journal and Diaries*, 22:307, n. 40.

Effecting the Abolition of the Slave Trade)가 설립되었고, 열두 명의 창립회원들 가운데 영국 국교회 교인은 토마스 클락슨(Thomas Clarkson)과 당시 국회의원 (MP, 1780년에 국회의원에 당선)인 윌리엄 윌버포스(William Wilberforce) 였다.[45]

물론, 그 문제의 심각성을 잘 알고 있던 웨슬리도 그 운동에 동참했고, 죽기 일주일 전인 1791년 2월 26일에도 윌리엄 윌버포스(William Wilberforce, 1759-1833)에게 편지하여 하나님께서 반드시 함께하신다고 격려했다.[46] 그리고 60여 년 후인 1807년에 영국에서 완전히 노예 무역 제도의 폐지가 가결되었는데, 그것은 앞으로 미국에서 전개될 노예 제도 폐지 운동의 전거가 되는 획기적인 사건이었다.

웨슬리가 죽기 전에 해야 할 큰 일이 하나 더 있었는데 그것은 미국에 메도디스트 선교사들을 파송하며 미국을 비롯 세계에 복음을 전하는 일이었다. 그동안 여러 차례 아메리카로 와서 복음을 전해달라는 요청을 받기도 했고, 자신 또한 갈 준비를 하면서도 월터 셀론(Walter Sellon)에게 쓴 2월 1일 자 편지를 보면 급할 때마다 자신에게 적용하고 있던 원칙 "천천히 서둘러라"(Festina lente, make haste slowly)를 언급하며 신중하게 준비하고 있었다.

그런데 웨슬리는 의미심장한 언급을 하는데, 자신이 아메리카로 가면 자신은 감독(Bishop)이 될 것이라는 말을 한다(I am going to America to turn bishop … I am not to be a bishop till I am in America).[47] 그렇다면 이미 웨슬리는 아메리카로 가는 순간, 아메리칸 메도디스트들을 위해 성직 안수를 하는 등 감독으로 활동하겠다는 의지를 가지고 있었다고 보아야 할 것이다.

그런데 1772년 4월 1일 조나단 브라이언(Jonathan Bryan)은 웨슬리가 거절하기 어려울 정도로 설득력 있게 편지를 썼다. 비록, 휫필드가 해변가를

---

[45] 열두 명의 창립 멤버 중 9명이 퀘이커들이었다.
[46] Jackson, *Works*, 13: 153.
[47] Telford, *Letters*, 5:303. Tyerman, *John Wesley*, 3:117.

중심으로 선교를 하여 어느 정도 성공을 거두었지만, 내륙 지방에는 아직도 복음을 듣지 못한 사람들이 너무 많고 특히 백인들의 필요를 위해 흑인들이 얼마나 비참하게 혹사당하고 있는지 보고하면서 그러한 모든 문제를 복음적으로 해결할 사람은 웨슬리밖에 없다고 압박했다.[48]

웨슬리는 아직도 영국에서 해야 할 일들이 많이 있다고 생각하며 답변을 보류하고 있었다. 그는 당시 영국의 정치인들이 권력을 잘못된 방향으로 사용하고 있다고 생각하고, 그러한 오류를 교정하기 위하여 『권력의 기원에 대한 고찰』(Thoughts on the Origin of Power)을 출판했다. 그 글에서 웨슬리가 주장한 것은 정치인들은 권력이 사람들로부터 온다고 말하면서도 실제적으로는 사람들을 억압하는 모순을 범한다는 것이다.

특히, 당시 21세 이상 된 자로서 일정한 액수의 재산을 소유한 남성에게만 투표권이 주어지는 문제를 지적하며 남성과 여성, 심지어 어린이들에게도 투표권을 주어야 한다고 주장하면서 모든 권력의 주인은 하나님(there is no power but of God)이라고 주장했다.[49]

웨슬리는 『자유에 대한 고찰』에 이어 권력의 기원과 정의에 관해 정립함으로써 당시 억압받고 있던 영국 내에 있는 비국교도들, 노예들, 그리고 메도디스트들을 위한 자유와 권리를 보장하려고 노력하고 있었다.

웨슬리는 3월 1일 북쪽 지역으로 순회전도 여행을 떠나 7개월 동안 각 지역을 방문하는 중에 메도디스트 설교자들이 더 이상 "그리스도인의 완전"에 대해 설교하지 않고 있다는 사실을 발견하고 동생에게 참담한 마음으로 편지를 썼다. 웨슬리는 3월 25일 콘글톤(Congleton)에서 편지하여 동생에게 "너와 나는 죽어가는 영혼들을 구원하는 일에 부름을 받았기 때문

---

[48] Tyerman, *John Wesley*, 3:116-17.
[49] Jackson, *Works*, 11:37, 46-53; Tyerman, *John Wesley*, 3:145-46. 『자유에 대한 고찰』 (*Thoughts upon liberty*)이 2월 24일 출판된 것에 반해 『권력의 기원에 대한 고찰』 (*Thoughts on the Origin of Power*)이 언제 출판되었는지는 정보가 없다.

에(You and I are called to this; to save souls from death) 그 사명을 잊어서는 안 된다고 말했다. 그리고 지난 1766년에 했던 것처럼 다시 한번 "와서 미루지 말고 행동하자"(Eia, age; rumpe moras! Come on, act; break off delay)라고 했다.[50]

그리고 한 달 후(4월 26일) 다시 펄쓰(Perth)에서 편지하여 "너와 내가 해야 할 한 가지 일은 오직 영혼을 구원하는 일이야"(Your business, as well as mine, is to save souls)라고 말하면서 성직 안수를 받을 때 부여받은 한 가지 사명에 붙들린 자(Sum totus in illo, I am entirely occupied with it)가 되어야 한다고 했다.[51]

69세인 웨슬리에게 당면한 가장 심각한 문제는 건강 상태였다. 문제의 심각성을 잘 알던 동료 목회자들은 웨슬리에게 순회하며 설교하는 일을 멈추라고 종용했고 불가피한 경우엔 반드시 마차를 이용하라고 건의했다. 그러나 웨슬리는 그들의 염려는 아랑곳하지 않고 3월 1일 런던을 떠나 5월 9일 에든버러에 도착할 때까지 하루에도 네 번 정도씩 설교하며 강행군을 이어갔다.

4월 18일 페로넷도 동생 찰스에게 웨슬리의 건강 상태가 심각한 상태라고 보고하는 편지를 썼다. 에든버러에 도착했을 때 세 명의 의사들이 10일간 진찰해 본 결과 수종증(hydrocele)이었다.[52] 그런데 웨슬리는 여행하거나 말을 타서는 안 된다는 의사들의 경고를 뒤로한 채 4월 25일 뉴캐슬을 향해 떠나 5월 25일 도착했다.

여행 중에 5월 5일에 비에티(Beattie) 박사의 『진리에 관한 탐구』(Inquiry after Truth)를 읽었는데, 기독교의 진리와 덕목을 경시하는 철학자 흄을 비판하는 책이었다. 그런데 웨슬리는 "하나님과 사람들에게 적이라고 공언한"(an avowed enemy to God and man) 사람인 흄에 대해 저자가 지나치게 높게

---

[50] Telford, *Letters*, 5:314 *and* 4:322.
[51] Telford, *Letters*, 5:316.
[52] Tyerman, *John Wesley*, 3:123-24. 수종증 혹은 음낭 수종증이라 하는데, 음낭 안에 물이 차서 부풀어 오르는 증상이다.

평가하는 것을 이해할 수 없다고 불평했다.[53]

뉴캐슬에 도착한 웨슬리는 18개월 전에 자신을 떠나 먼저 와 있던 아내와 지냈다. 뉴캐슬과 그 주변에서는 이미 놀라운 역사들이 일어나고 있었는데, 예들 들어 위어데일(Weardale)에서는 기도회가 밤 10시나 11시에 끝나는가 하면 가끔 새벽 4시까지 진행되기도 했다. 그런데도 뉴캐슬 지역의 전 신도회를 점검해 본 결과 대체로 숫자가 줄어들었다. 웨슬리는 다시 한번 각 가정을 심방하면서 살피지 않는 한 숫자상으로나 영적으로 성장할 수 없다는 사실을 확인할 수 있었다. 리즈에서 개최되는 연회에 참석하기 위해 6월 15일 아내와 함께 뉴캐슬을 떠나 리즈로 왔다.[54]

1772년 연회는 8월 4일 리즈(Leeds)에서 개최되었는데, 조셉 벤슨(Joseph Benson) 등 그 해에 새로 임명된 설교자 4명을 먼저 소개했다. 연회는 당시까지 모든 순회설교자들과 교구 담당 설교자들과 전체 신도회 회원 수를 보고했는데, 아메리카에 배치된(stationed) 설교자들은 프란시스 에즈베리(Francis Asbury), 리차드 보드만(Richard Boardman), 조셉 필모어(Joseph Pilmore), 리차드 라이트(Richard Wright)이고, 런던신도회에 가장 많은 2,441명이 등록되어 있으며, 아메리카에 있는 500명을 포함하여 전체 메도디스트 수는 31,984명이라 했다.

---

[53] Ward and Heitzenrater, *Journal and Diaries*, 22:321. 흄과 같이 기독교의 모순과 신학적인 문제를 파악하고 비판하는 사람을 웨슬리는 수용할 수 없었다. 웨슬리는 기독교 복음을 믿지 않게 만드는 사람들을 언급할 때 대표적으로 "흄과 볼테르"에 비교하곤 했다. 그는 "그들은 흄과 볼테르 보다 더 효과적으로 성경에 대한 불신을 조장한다"(They promote the cause of infidelity [of the Bible] more effectually than either Hume or Voltaire)고 한 경우나 "흄과 볼테르는 믿겠지만, 나는 그렇게 할 수 없다"(Hume or Voltaire might believe this – but I cannot)고 말한 경우 등이다.(See Ward and Heitzenrater, *Journal and Diaries*, 22:385, 395). 그와 같이 오늘날의 웨슬리신학도 기독교의 전통적인 가르침에 비판적인 사상이나 인물들을 비판하고 더 이상 연구하지 않는 경향이 있는데, 그러한 자세가 웨슬리신학의 발전에 장애가 되고 있는 것이 사실이다.

[54] Ward and Heitzenrater, *Journal and Diaries*, 22:327, 344; Tyerman, *John Wesley*, 3:126.

1772년 연회에서는 재정적인 어려움을 해결하기 위해 모금을 해서 우선으로 빚을 갚는 데 사용하고 일부는 모금한 교구로 되돌려주기로 했다. 그 외에 설교자들의 아내와 자녀들을 위해 "설교자 펀드"(Preachers' Fund)를 꾸준히 적립하고 있었다.[55]

연회를 마치자마자 웨슬리는 즉시 순회설교를 떠났는데 트레베카에서는 오랜 친구인 하웰 해리스(Howel Harris)를 만난 후 9월 초에 브리스톨에 도착하여 다음과 같은 자신의 소회를 밝혔다.

> 오늘날까지 야외설교는 나에게 십자가였다. 하지만, 나는 나의 소명인 야외설교가 아니면 모든 피조물에 복음을 증거가 될 다른 방법이 없다는 사실을 잘 알고 있다(to this day field preaching is a cross to me. But I know my commission, and see no other way of preaching the gospel to every creature).[56]

그리고 킹스우드에서는 많은 어린이를 방문하여 살피고 대화도 했는데, 당시 영국 국교회 내에서는 찾아보기 어려운 일들이었다.

순회 여행 중 5월에 라이스(Leith)와 10월에 도(Dorking)과 브롬리(Bromley)에 새로운 채플(a new chapel)을 세우는 등 메도디스트신도회가 세워지는 곳곳에 새로운 채플을 세워 나갔다. 그런 뜻에서 12월 11일 조셉 벤슨에게 편지하여 "전 세계에 복음의 빚을 지고 있는 메도디스트 설교자가 한 곳에 오래 머무르는 것은 부끄러운 일"(It is a shame for any Methodist preacher to confine himself to one place. We are debtors to all the world)이라고 했다.[57]

---

[55] Rack, *The Minutes of Conference*, 10: 404-15.
[56] Ward and Heitzenrater, *Journal and Diaries*, 22:346-8.
[57] Telford, *Letters*, 6:3; Tyerman, *John Wesley*, 3:134-35.

12월 15일 동생에게 편지를 쓴 내용에 의하면, 당시 메도디스트들은 비록 믿음과 선행을 함께 강조하는 균형을 이루고 있었지만, 더 이상 거룩을 강조하지 않는 심각한 문제를 나타내고 있었다. 그래서 그는 "초기 메도디스트 시절"(the early or old Methodist)을 그리워하는 정서를 동생에게 다음과 같이 표출한 바 있다.

> 나는 가끔 '나에게 이전의 삶을 돌려다오'라고 외친다. 나는 다시 옥스퍼드 시절의 메도디스트가 되고 싶다. 내가 크건 작건 옥스퍼드 시절의 규칙들을 지키며 사는 것이 나에게 가장 좋은 것이 아니겠는가?
> 나는 그때 하나님과 가깝게 동행했으며 모든 시간을 거룩하게 사용했지. 그런데 지난 30년 동안 나는 여기서 무엇을 하고 있단 말인가?(I often cry out, *Vitae me redde priori!* Let me be again an Oxford Methodist. I am often in doubt whether it would not be best for me to resume all my Oxford rules, great and small. I did then walk closely with God, and redeem the time. But what have I been doing these thirty years?)[58]

물론, 초기 메도디스트 시절처럼 순수하게 하나님의 거룩함을 추구하던 열정을 회복하고 싶다는 뜻이겠지만, 많은 일을 혼자 감당하기에 이미 너무 늙었고, 자기 뜻을 이해해 주는 사람들이 더 이상 남아 있지 않은 상태에서 옥스퍼드 시절처럼 동생과 함께 뜻이 맞아 열심히 하고 싶다는 자신의 고독한 감정을 그렇게 표현했다.

당시 웨슬리는 영국 전역을 직접 순회하며 보았기 때문에 웨슬리만큼 국민의 현실을 실질적으로 파악하는 사람은 없었다. 웨슬리는 경제적인 궁핍과 불평등의 문제를 정확하게 파악하며 그 문제들을 해결할 수 있는 가장 현실적인 대안을 정부에 제시하는 장문의 편지를 써서 정부 각

---

[58] Telford, *Letters*, 6:6.

료들이 볼 수 있도록 「로이드스 이브닝 포스트」 발행인에게(To the Editor of 'Lloyds's Evening Post) 보냈다. 특히, 국민이 옥수수를 재배하여 빵을 만들어 먹어야 하는데, 그 옥수수로 술을 만들어 판매하며 정부의 수입을 늘리는 구조적 악을 고발했다. 과연 국민의 생명을 담보로 왕의 배를 채우는 나라의 도덕성이 얼마나 타락한 것인지 한탄하며 그러한 행위는 국민의 살과 피로 술을 만들어 파는 행위라고 했다.[59]

그 외에 몇몇 부자들이 행하는 농산물이나 가축들에 대한 독점 판매, 그리고 사치 등이 국민의 경제와 삶을 위협하고 있는데 그러한 행위를 법으로 금지하라고 제안했다. 그 편지는 12월 21일 「로이드스 이브닝 포스트」와 12월 29일에 리즈 머큐리(Leeds Mercury)를 포함 다른 여러 잡지와 신문 등에 출판되는 등 많은 이들의 관심을 끌었다.[60]

1772년에 플레처는 114페이지 분량의 『율법 무용론에 대한 세 번째 방지책』(A Third Check to Antinomianism)을 썼다. 힐 형제들(Richard and Rowland Hill)은 한목소리로 플레처를 공격했으며 동시에 웨슬리는 지난 30년 동안 자신의 논리에 상충 되는 주장을 하고 있다(Wesley has been a proverb for his contradictions)고 비판했다. 그들의 말에 의하면, 웨슬리의 논리 안에는 "펠라기안주의, 세미펠라기안주의, 알미니즘, 교황주의, 신비주의, 그리고 퀘이커주의가 섞여있다"(a mixture of Pelagianism, semi-Pelagianism, Arminianism, popery, mysticism, and Quakerism)라는 것이다.

어거스투스 토플레이디(Augustus M. Toplady)도 웨슬리는 교활할 대로 교활하고, 모하메드처럼 칼로 자신의 종교를 선전하며 교황과도 같은 지위를 누리고 있다고 날이 갈수록 신랄하게 웨슬리를 공격했다.

---

59 Telford, *Letters*, 5:349-54.
60 Telford, *Letters*, 5:349-54.

토플레이디나 힐 형제나 헌팅돈 부인 등 모든 칼빈주의자들의 공통적인 생각은 웨슬리가 종교개혁 신학에 맞서기 위해 로마 가톨릭에서 개최한 '트렌트공의회'(the Catholic Council of Trent, 1545-63)의 결론처럼 하나님의 은혜에 인간이 협력함으로 비로소 구원이 완성되는 것처럼 주장한다는 것이다.

그렇게 하는 것은 인간을 구원하시는 하나님의 주권을 인간이 침해할 뿐만 아니라, 마치 인간이 선행을 통해 구원받을 수 있다는 가능성을 열어 놓음으로써 웨슬리는 개혁주의신학을 종교개혁 이전으로 되돌리려는 교황주의자라고 비판했던 것이다. 결과적으로 웨슬리는 "이중적 칭의"(double justification), 즉 믿음에 의한 칭의와 선행을 통한 칭의를 주장하고 있는 것과 마찬가지라고 했다.

그에 대해 플레처는 인간을 구원하시는 하나님의 은혜가 결코 인간의 선행을 배제하지 않는다고 강조했다. 결과적으로 구원이 마치 하나님의 은혜와 인간의 노력(혹은 선행)이 협력해야 완성된다고 하는 "신인협동설"을 주장하는 것처럼 들렸던 것이 사실이다. 237페이지 분량의 네 번째 방지책『율법폐지론에 대한 네 번째 점검』(Logica Genevensis; or, a Fourth Check to Antinomianism)에서 힐 형제들의 주장에 대한 방지책으로 야고보서의 내용을 제시했다.[61]

1772년을 시작할 때부터 문제가 된 웨슬리의 건강 상태는 지적인 작업을 할 수 없게 만들었음에도, 그는 순회설교 일정을 소화하면서도 독서를 멈추지 않았다. 8월 초 연회를 마친 후의 일정만 보아도 그는 8월 12일 모하임(Mosheim)의『교회사』(Ecclesiatical History), 10월 14일 핫지(Hodge) 박사의『엘리후, 또는 욥기서의 범위와 디자인의 원칙에 대한 탐구』(Elihu, or, An Enquiary into the Principle Scope and Design of the Book of Job), 그리고 12월 7일 전 4권으로 되어 있는 후크(Hooke)의 방대한 저작『로마의 역사』(Roman

---

[61] Tyerman, John Wesley, 3:136-9.

History)의 제1권을 다 읽었다고 하는 등 그는 한순간도 책을 놓지 않고 살고 있음을 보여 준다.⁶²

---

62 스웨덴보그(Swedenborg)의 저작들 중에서『하늘의 신학』(*Theologia Coelestis*)를 발견할 수 없다. 그렇다면 웨슬리가 스웨덴보그의 저작들 중『하늘의 신비』(*Arcana Coelestia*) 등 다른 책들 중 하나를 잘못 인용한 것으로 보인다. See Ward and Heitzenrater, *Journal and Diaries*, 22:216, 287-301.

제7부

웨슬리신학의 확장과 한계: 아메리칸 감독교회의 탄생, 영국 국교회와의 관계, 동료 목회자들과의 갈등

제1장 영국 내 메도디스트들의 문제와 아메리칸 메도디스트들의 등장
제2장 메도디스트의 부흥과 도전받는 웨슬리의 권위
제3장 1783-1790까지: 아메리칸 메도디스트들과의 갈등, 영국 국교회
　　　와의 관계
제4장 웨슬리의 죽음과 그가 남긴 신학적 과제

이제 우리는 존 웨슬리(John Wesley)의 삶과 신학의 마지막 단계를 살펴볼 때가 되었다. 즉, 웨슬리가 70대에 접어들면서 생을 마감할 때까지 약 17년간의 내용이다. 70대에 접어든 웨슬리는 동료 메도디스트들에게 교리적 정립과 조직, 그리고 시설을 완비해 줌으로써 앞으로 메도디즘 운동을 일관되게 이끌어 갈 수 있도록 준비해 줌과 동시에, 자신이 죽은 후에 영국 국교회로부터 독립하게 될 것을 예견이라도 한 듯한 행보를 이어갔다.

웨슬리의 말년의 삶과 신학을 구체적으로 고려하기 위해서 다음과 같이 다섯 가지 항목으로 분류해서 살펴보는 것이 좋을 것이다.

첫째, 영국 내 메도디스트들의 문제와 아메리칸 메도디스트들의 등장
둘째, 아메리카의 독립과 최초의 『웨슬리 총서』 발행
셋째, 아메리카 선교를 진행하는 과정에서 발생하는 메도디스트 내의 갈등
넷째, 웨슬리와 아메리칸 메도디스트 지도자들과의 갈등
다섯째, 웨슬리의 죽음과 그가 남긴 과제

상기한 주제에 따라 다섯 개의 장으로 나누어 정리한 후, 마지막 6장에서 웨슬리의 삶과 신학을 종합적으로 평가하며 웨슬리안신학의 미래와 목회적 대안을 모색해 볼 것이다.

제1장

영국 내 메도디스트들의 문제와 아메리칸 메도디스트들의 등장

1. 1773-74년: 최초의 아메리칸 메도디스트연회개최

1773년은 아메리카가 자신들의 뜻이 무시된 채 강요된 세금정책에 반발하여 영국에 반기를 들기 시작한 해이다. 영국 국기와 배들이 불태워지고, 미국은 '13개 주로 연합한 국회'(The Congress of the Thirteen United Colonies)를 구성하고 조지 워싱턴(George Washington)을 지도자로 내세웠다. 그러한 격동기에 영국과 아메리카의 관계 안에서 전개되는 메도디스트들 내에서의 변화와 갈등에 대처하는 웨슬리를 살펴보는 것은 그의 삶과 신학을 이해하는 데 중요한 전환점이 되기에 주목할 필요가 있다.

웨슬리는 1773년 1월 15일에 존 윌리엄 플레처(John William Fletcher)에게 편지하여 앞으로 자신이 죽은 이후에 메도디스트들을 이끌 지도자의 조건을 나열한 후 "그에 가장 적합한 인물이 누구냐"(Who is he?)라고 묻고, "당신이 바로 그 사람"(Thou art the man)이라고 했다. 웨슬리는 그가 분명히 "나는 그러한 과업을 수행할만한 인물이 못 됩니다"(I am not equal to that task)라고 말할 것을 예측하고, 자기 뜻에 순종하면 하나님께서 그 모든 일

을 감당할만한 능력을 주실 것이라고 설득하며 편지를 맺었다.¹

그러자 플레처는 2월 6일 자 편지에서 자기보다는 웨슬리의 동생 찰스가 적임자이고 자신은 찰스를 돕겠다고 말했다. 그리고 자신은 마델리(Madeley) 교구를 떠날 수 없다는 사실과 건강이 허락하는 한 메도디스트 교리를 정립하고 전하는 일에 매진하고 싶다는 뜻을 밝힘으로써 정중하게 거절한다.

그런가 하면, 찰스의 요청에 따라 여전히 논란의 대상이 되고 있던 "그리스도인의 완전"의 교리를 정립하기 위해 펜을 들었다고도 했다.² 웨슬리는 포기하지 않고 7월 9일 직접 마델리로 찾아가서 플레처를 만났지만, 그는 하나님의 섭리에 따라 때가 되어 부르신다면 기꺼이 응하겠다고 하면서 그 순간을 모면했다. 하지만, 웨슬리는 돌아와서 21일 다시 편지로 그렇게 되면 너무 늦을 수 있으니 늑대가 들어와 양떼를 해치기 전에 결단하라고 다그쳤다.³

웨슬리는 새로운 선교지에 지대한 관심이 있었다. 1월 18일 짬을 내어 『아메리카에 정착한 유럽인들에 대한 평가』(*An Account of the European Settle-*

---

1 Telford, *Letters*, 6:10-12.
2 Tyerman, *John Wesley*, 3:149에서 재인용. 편지원문은 다음과 같다. "I have laid my pen aside for some time; nevertheless, I resume it last week, at your brother's request, to go on with my treaties on Christian perfection. I have made some alterations in the sheets you have seen, and hope to have a few more ready for your correction, against the time you come this way. How deep is the subject!" 이 내용에 따라 최소한 세 가지 사실을 알 수 있다.
첫째, 플레처도 "그리스도인의 완전"에 대해 계속 연구하고 있었는데, 그 내용을 깊이 연구할수록 매료되었던 것 같다.
둘째, 이때가 1773년이면 웨슬리가 70세가 되었을 때인데 여전히 수정하고 있고 또한 앞으로도 수정할 내용이 있다고 한 것을 보면, 웨슬리가 지난 50여 년을 그 내용에 대해 설교하고 주장했지만, 여전히 수정하고 보완할 내용이 있었다는 것을 의미한다.
셋째, 웨슬리안이라면 누구라도 웨슬리가 주장한 "그리스도인의 완전"과 플레처가 주장한 "그리스도인의 완전"이 동일할까라는 의문을 갖게 될 것이다. 비교하며 연구할 가치가 있다.
3 Telford, *Letters*, 6:33-34.

ments in America)를 읽은 것도 아메리카 선교를 준비하기 위함일 것이다.[4] 버지니아에서 활동하던 메도디스트 자라트(Jarratt) 목사는 웨슬리에게 편지하여 미국에 95개 교구가 있는데 그중 93개 교구에 설교자가 없으니 메도디스트 설교자들을 보내 달라고 요청했다.[5]

그 외 영국 내외 지역에서 설교자들을 보내 달라는 요청도 쇄도하고 있었다. 그런가 하면, 점점 확장되는 선교와 채플 설립을 위해 더 많은 돈이 필요해지면서 빚은 점점 늘어만 갔다. 3월 7일 아이랜드(Ireland)로 떠나 3개월 동안 순회설교를 감행한 후 런던으로 돌아와 7월 21일 모임을 하고 재정 상태를 점검해 보니 그동안 빚을 갚기보다는 200파운드 정도 늘어났다. 그때 그는 "나는 70년 동안 모든 노력을 다했건만, 남은 것은 5-600파운드의 빚뿐이다"(all my labours has gained me, in seventy years, a debt of five or six hundred pounds)고 밝혔다.[6]

웨슬리는 자신의 재정 상태와 빚을 청산하기 위해 자신이 쓴 책의 판매 상황을 점검해 달라고 했는데 보고에 의하면 출판사에 500파운드의 빚을 졌고, 재고로 쌓여 있는 책의 가치는 거의 11,000파운드나 된다고 했다. 그런데 이유를 알 수 없게 당시 책 판매를 담당했던 사무엘 프랭크(Samuel Franks)가 자살하는 사고가 발생함으로써 책 판매와 그 수입을 관리하는 데 있어서 부정이 있었다는 의심을 사기도 했다.[7]

8월 3일부터 런던에서 개최된 연회는 47명의 설교자가 참석하여 다음과 같은 열여덟 가지의 내용을 점검하며 결정했다.

---

[4] Ward and Heitzenrater, *Journal and Diaries*, 22:358.
[5] *Methodist Magazine* (1786), 397. See Tyerman, *John Wesley*, 3:151-2에서 재인용.
[6] Ward and Heitzenrater, *Journal and Diaries*(1765-1775), 22:384. 재정적 상황에 대해서 다음을 참고하라. Telford, *Letters*, 6:16.
[7] Ward and Heitzenrater, *Journal and Diaries*, 22:384, note 69. 참조 각종 루머에 대해서는 다음을 보라. Tyerman, *John Wesley*, 3:155-56.

Q1. 올해의 대의원들은 누구인가?(What preachers are admitted this year?)

Q2. 누가 준회원인가?(Who remain on trial?)

Q3. 누가 신입 준회원인가?(Who are admitted on trail?)

Q4. 순회설교를 멈춘 사람은 누구인가?(Who desist from traveling?)

Q5. 조력자들은 누구인가(Who act as Assitants this year?

Q6. 우리 설교자들 중 누구에게 제기된 이의가 있는가?(Are there any objections to any of our preachers?)

Q7. 각 지역마다 설교자들의 상황은 어떠한가?(How are they stationed this year?)

Q8. 각 신도회마다 회원들의 숫자는 얼마나 되나?(What numbers are in the society)

Q9. 킹스우드학교를 위한 모금상황은 어떤가?(What is the Kingswood collection?)

Q10. 킹스우드학교의 신입생은 누구인가?(What children are admitted?)

Q11. 현재 빚을 얼마나 상환했나?(What is contributed toward the debt?)

Q12. 어떻게 배분되었나?(How was it distributed?)

Q13. 설교자들을 위한 기금은 얼마나 되나?(What is contributed to the Preachers' Fund?)

Q14. 설교자들이 지원을 요청한 내용은 무엇인가?(What demands are there upon it?)

Q15. 설교자들의 아내들 중에서 몇 명 몇 지원을 받게 되어 있는가?(How many preachers' wives are to be provided for?)

Q16. 어느 신도회가 지원을 하는가?(By what societies?)

Q17. 차기 연회는 언제, 어디에서 개최되나?(When and where may the next Conference begin?)

Q18. 앞으로 연합을 위한 근거를 마련하기 위해 무언가 실행될 필요가 있지 않은가?(Can anything be done now, in order to lay a founation for the future union?) 내가 죽기 전에 몇 가지 사항에 동의한다는 서명을 하는 것이 좋지 않겠는가?(Would it not be well for any that are willing to sign some Articles of Agreement before God calls me hence?)

결과적으로 대의원들은 다음과 같은 세 가지 내용에 서명하고 연회를 마쳤다.

① 자기를 부인하고, 매일 십자가를 지고, 오직 한 가지 일, 즉 우리 자신의 영혼과 우리의 설교를 듣는 사람들의 영혼을 구원하는 일에 매진하기 위해 우리 자신을 전적으로 하나님께 드린다(To devote ourselves entirely to God; denying ourselves, taking up our cross daily, steadily aiming at one thing, to save our own souls, and them that hear us).
② 연회록에 기록된 대로 다른 것이 아닌 오직 초기 메도디스트 교리만을 설교한다(To preach the old Methodist doctrines, and no other, contained in the minutes of the conference).
③ 그동안 연회록에 수록된 모든 메도디스트 규범을 준수하며 실시한다(To observe and enforce the whole Methodist Discipline, laid down in the said minutes).[8]

그리고 웨슬리 이후에는 개인 행동을 할 수 없도록 모두가 연회의 결정에 따르는 것에 동의했다. 이 과정에서 웨슬리가 "초기 메도디스트 교

---

[8] Rack, *The Minutes of Conference*, 10:415-26. 사실 이 내용은 1769년 연회에서 이미 가결된 것을 재확인하는 뜻에서 명시한 것이다. See Rack, *The Minutes of Conference*, 10:415-26, 10:377-78.

리"(the old Methodist doctrines)란 표현을 했는데, 아마도 다음과 같은 두 가지 뜻이 함축되어 있을 것이다.

첫째, 자신이 전한 복음은 초기부터 전혀 변함이 없이 일관성이 있다.
둘째, 그러나 교리적 일관성뿐만 아니라 초기 메도디스트들이 가졌던 헌신과 열정을 의미하는 것이다.

죽음을 앞둔 웨슬리가 가장 염려한 것은 메도디스트들이 초기의 복음과 열정을 상실하고 자신들이 하나님으로부터 부여받은 사명보다는 세상을 더 사랑하며 변질되는 것이었다. 그리고 영혼을 구하는 일보다는 자신들의 안위와 영광을 추구하고, 거룩한 삶보다는 이론적 논쟁을 일 삼으며 분열로 치닫는 현상을 보며 그렇게 말했다.

그런 의미에서 후기 웨슬리안들 가운데는 자신들만이 "초기 메도디스트 교리"(the old Methodist doctrines)를 계승한 진정한 웨슬리안들이라고 주장하는 분파가 나타나기도 했다. 플레처는 웨슬리를 변호하는데 속도를 내서 1773년 1월 2일에 57페이지 분량의 『제네바인들의 논리 혹은 율법무용론에 대한 네 번째 검열』(Logica Genevensis; or a Fourth Check to Antinomianism)을 출판했다.[9]

네 번째 검열에서 그는 인간의 자유의지는 자연적인 것이 아니라 하나님의 은총에 속하는 것인데, 그 은총을 "선행은총"(prevenient grace)이라 했다. 웨슬리가 믿음과 함께 인간의 선행이 필연적이라고 함으로써 웨슬리가 인간의 선행에 의해 구원이 결정되는 것처럼 말했다는 비판을 해명하는 과정에서 플레처는 인간의 자유의지 자체도 하나님이 이미 주신 은총, 즉 선재은총에 속한다고 함으로써, 결국 인간에 대한 구원은 철저히 하나님의 주권이며 은총이라고 설명했다. 마침내, 70세가 된 웨슬리가 예정론

---

[9] Tyerman, *John Wesley*, 3:159.

을 정면으로 비판하는 "예정론에 대하여"(On Predestination)란 설교를 했고 그 내용을 출판함으로써 칼빈주의자들과의 논쟁이 더욱 격해지게 되었다.

그 해가 가기 전에 웨슬리는 그동안 출판했던 글들을 모아 전 9권, 3439페이지로 출판했다. 그 안에 있는 내용 중에서는 조나단 에드워드(Jonathan Edwards)가 쓴 『신앙 감정론』(A Treaties concerning Religious Affections)에서 발췌한 것이나 불어에서 번역한 총 336개 항목의 『기독교인의 묵상』(Christian Reflections)이 포함되어 있다. 그 외에 리차드 힐(Richard Hill)의 비판에 대한 답변으로 쓴 『힐 선생의 두 번 걸러진 혼합물에 대한 평가』(Some Remarks on Mr. Hill's 'Farrago Double-Distilled)와 155페이지 분량의 『간추린 로마 교회사』(A Short Roman History)가 있다.[10]

1774년이 시작될 때 가장 긴급한 관심사는 웨슬리의 건강 문제였다. 지난해 10월 14일자 편지에서 존 포슨(John pawson)이 웨슬리의 건강이 급격히 나빠지고 있으니 그가 우리와 함께할 수 있는 시간이 얼마 남지 않았다는 사실을 직시할 필요가 있다고 한 것을 보면 그때부터 웨슬리의 건강 상태가 눈에 띄게 나빠지기 시작했던 것 같다.[11]

1월 4일 일기에 의하면, 3-4년 전에 말에서 떨어지면서 다친 곳이 부어올라 통증이 심해져서 진찰을 받아보니 한쪽 고환이 부어올라 다른 쪽의 것보다 두 배나 되었다(one testicle was twice as large as the other)을 발견했다. 결국, 수술을 통해 완전히 치료되었다. 그런데 2주 이상 회복기를 가져야 한다는 의사의 권고와는 달리 일주일 만에 동부지역으로 가서 신도회를 방문하기 시작했다. 이러한 상황에 대해 타이어맨은 웨슬리는 "마치 자기가 일하지 않으면 하나님의 일이 진행되지 않는 것처럼 일했다"(He worked as thought

---

10 Chilcote and Collins, *Doctrinal and Controversial Treaties*, 13: 490-525.
11 Tyerman, *John Wesley*, 3:163.

nothing could be done without his working)라고 평가했다.[12]

3월 30일 수요일에 콘글톤(Congleton)에 도착했을 때 140마일쯤 떨어져 있는 브리스톨에 급히 와 달라는 요청을 받고, 오후 1시쯤에 이륜마차(chaise)를 타고 달려가 다음날 새벽 1시 반쯤에 도착했다. 그리고 약 두 시간 동안 일을 처리하고 다시 콘글톤으로 돌아오니 금요일 오후였다. 그날 그가 남긴 기록에 의하면 총 280마일(459km)의 거리를 48시간 동안 이륜마차를 타고 달렸음에도 불구하고, "떠날 때보다(하나님의 은혜로) 오히려 덜 피곤했다"(no more tired[blessed be God!]than when I left it)라고 했다.[13]

4월 19일 도그린(Dawgreen)에 가보니 그린우드(Greenwood)가 죽어가고 있었는데 사람들은 그가 통풍(gout)에 걸렸다고 했다. 그런데 웨슬리가 진찰해 본 결과, 통풍이 아니라 히버든(Heberden, 1710-1801) 박사나 맥브라이드(MacBride, 1726-78) 박사가 잘 설명한 바에 따르면 협심증(angina pectoris)일 가능성이 컸다. 그래서 웨슬리는 그에게 더 이상 약을 먹지 말고 가슴에 전기 충격을 받으라고 처방했고, 그는 웨슬리의 처방대로 하니 통증 없이 잠을 잘 수 있었다.[14]

웨슬리가 5월 9일에 스코틀랜드로 향해서 12일 글라스고우(Glasgow)에 도착해서 여러 사람들에게 설교했는데 그들은 많은 것을 알고 있지만, 느낌이 없는(know everything, and feel nothing) 그런 사람들이었다. 그리고 교회에 참석해서 오전과 오후에 설교를 들었는데, "비록 진리를 말하지만, 이탈리안 오페라가 영혼을 깨우는 것과 다를 바 없는 그런 설교였다"(They

---

[12] Ward and Heitzenrater, *Journal and Diaries*, 22:395-6. 웨슬리는 "한쪽 고환이 부어올라 다른 쪽의 것보다 두 배나 되었다"는 말을 다음과 같이 라틴어로 썼다. *testiculum alterum altero duplo majorem esse.* See also Tyerman, *John Wesley*, 3:164.

[13] Ward and Heitzenrater, *Journal and Diaries*, 22:402 and note 57.

[14] Ward and Heitzenrater, *Journal and Diaries*, 22:404-5. 웨슬리는 독학으로 상당한 의학지식을 가지고 있었고, 때로는 의사들의 진단과 달리 자신의 처방대로 환자를 고치는 경우가 종종 있었다.

contained much truth, but were no more likely to awaken one soul than an Italian opera)고 했다.

웨슬리는 신도회 회원들이 전혀 증가하지 않은 것을 보고, 설교자들이 반쯤 자고 있는데, 청중들은 어떠하겠는가?(And if he[a Methodist preacher] is but half alive, what will the people be?)라고 반문하며 안타까워했다.

그리녹(Greenock)이나 퍼스(Perth)도 상황은 마찬가지였는데 특히 새벽예배를 멈춘 이후로 신도회 회원들은 적었고(few), 죽어 있었고(dead), 냉냉했다(cold). 그런 문제를 해결하지 못하면 결국 각 신도회는 사라져 버릴 것이라고 했다. 그들 대부분은 지혜가 있고 선하게 살지만, 다가올 심판을 피할 능력을 발견하지 못하고, 웨슬리는 "자는 자들이여, 일어나라"(Awake thou that sleepest, Eph. 5:14)고 강력하게 설교했다.[15]

웨슬리는 다시 6월 초에 뉴캐슬로 와서 순회설교를 하며 동시에 아내의 가족들과 지내고 있었다. 6월 20일 오전에 딸과 사위와 어린 손녀들과 마차를 타고 홀슬리(Horsley) 지역으로 가던 중 언덕에서 말들이 갑자기 쏜살같이 달리는 바람에 마부가 굴러떨어지고, "공포의 질주를 한참 하다가 섰는데 낭떠러지 끝자락에 겨우 멈춰섰기에"(The horses ran on till they came to the edge of a steep precipice), 죽음을 모면할 수 있었다. 그런데도 아무도 크게 다치지 않은 것은 천사가 보호해준 것으로 생각했다.

그리고 자신의 71번째 생일 하루 전인 6월 27일 뉴캐슬을 떠나 떠났기 때문에 순회설교 중 71세 생일을 맞이한다. 생일에 일기에서 자신이 30대와 같이 건강한 이유는 지난 50년간 매일 새벽 4시에 기상하여 5시에 설

---

[15] Ward and Heitzenrater, *Journal and Diaries*, 22:407-09; Tyerman, John Wesley, 3:167. 웨슬리는 청중들이 전혀 반응을 보이지 않으면 마치 외국어로 설교를 듣는 듯했다고 표현하곤 했다. 예를 들어 1776년 7월 9일에 엡위스 근처 브릭(Brigg)이란 곳에서 설교했는데, 청중들은 "내가 마치 헬라어로 설교한 것 같은"(if I had been talking Greek) 반응을 보였다고 했다. See Ward and Heitzenrater, *Journal and Diaries*, 23:23.

교하는 것과 일 년에 육로나 해로를 통해 4500마일 이상을 순회하며 설교하기 때문이라고 했다.[16]

1774년은 메도디스트 역사상 매우 의미있는 해이다. 영국을 떠나 미국 필라델피아에서 5월 25일 첫 메도디스트연회를 한 날이기 때문이다. 아메리카에는 보드맨(Boardman), 조셉 필무어(Joseph Pilmoor), 애즈베리(Asbury) 등이 메도디스트들을 위해 사역하고 있었는데, 웨슬리는 1년 전에 아메리카에 있는 형제들을 위해 총재(generalissimo)의 역할을 하도록 토마스 랜킨(Thomas Rankin)을 파송했다. 연배나 경력으로 보면 서로 비슷했지만, 애즈베리 등 전임자들은 랜킨의 지도에 순종했지만, 필 무어는 랜킨을 떠났을 뿐만 아니라 순회설교 자체를 그만두었다.

랜킨이 웨슬리에게 연회의 결과에 대해 보고했을 때, 웨슬리는 7월 21일 답장을 하면서 아메리카에 있는 메도디스트들에게 "칭의 이후에 그리스도인의 완전을 위해 계속 정진해야만 한다는 교리를 분명히 하지 않았다"(We have not made it a rule, as soon as ever persons were justified, to remind them of going on to perfection)라는 것에 대해 아쉬워했다. 앞으로 그 문제를 거론하며 그들에게 강조하기가 쉽지 않을 것이라고 한 웨슬리의 예상은 정확했다. 한편, 2년 안에 미국이 영국으로부터 독립하게 되었을 때 모든 메도디스트 설교자들과 지도자들은 본국으로 돌아갔는데 애즈베리만 웨슬리의 뜻에 따르지 않고 선교지에 남기로 했다.[17]

---

[16] Ward and Heitzenrater, *Journal and Diaries*, 22:416-8. 참조 Tyerman, *John Wesley*, 3: 169-70. 웨슬리가 1년에 여행하는 거리에 대한 정보이다. 그렇다면 그가 50여 년간 순회하며 설교한 거리를 계산하면 22만 마일이 넘는데, 지구 한바퀴가 약 4만 마일이므로 지구를 다섯바퀴 반을 돌만큼의 거리를 여행하며 설교한 것이 된다.

[17] Tyerman, *John Wesley*, 3:175-78. 조셉 필무어가 떠난 이유에 대해서는 알려진 것이 없다.

웨슬리는 당시 산업혁명에 의해 빈부 격차가 심화되고, 더 많은 노예를 요구하는 사회로 변해가자, 1773년에 인간의 사치와 이기심을 경계하는 『공급의 부족 상태에 대한 고찰』(Thoughts on the Present Scarcity of Provisions)을 썼다. 당시에 노예를 소유하고 있던 사람들의 공통적인 주장은 "합법적"(legal)이라는 것이었다. 그러나 웨슬리는 1774년에 『노예 제도에 대한 고찰』(Thoughts Upon Salvery)을 써서 인간이 만든 법에 따라 합법적이라 해도 자연법(natural law)에 어긋난다면 그것은 잘못된 것이라고 반박했다.[18]

하나님의 형상을 따라 창조된 인간의 권리에 대한 법 중에서 아무리 많은 사람이 동조하고, 시행되고 있는 법이라 해도 자연법과 조화를 이루지 못하는 한 타당한 법이 될 수 없다는 웨슬리의 주장은 당시의 법 이해와 해석에 있어서 대단한 진보라고 보아야 할 것이다.[19]

당시에 노예를 소유한 사람 중에는 자신들이 노예를 산 것이 아니라 부모로부터 물려받았기 때문에 자신들은 죄가 없다는 논리를 폈다. 웨슬리는 그들에게 "만약 당신의 아버지가 한 인간으로서 다른 사람을 노예로 사용할 권리가 있다고 하면 당신은 양심적으로 아무 가책이 없는가?"(Is it enough to satisfy your own conscience? Had your father, have you, has any man living, a right to use another as a slave?)라고 반문하면서 당연히 자유를 누릴 권한이 있는 사람들에게 자유를 돌려주라고 촉구했다.[20]

그러나 1775년에는 제임스 왓트(James Watt)가 증기기관 엔진을 발명하여 실용화하는 등 과학 기술이 발전함에 따라 몇몇 특권층이 부를 독점

---

[18] Jackson, *Works*, 11:70.
[19] Outler, *Sermons*, 2:10. 노예 제도에 대한 웨슬리의 비판에 대해서는 다음을 보라. Frank Baker, "The Origins, Character, and Influence of John Wesley's Thoughts Upon Salvery," *Methodist History* 22, no. 2 (January 1984), 75-86.
[20] Jackson, *Works*, 11:79. 웨슬리의 글은 영향력은 대단하여 미국에서도 앤소니 베네젯(Anthony Benezet)이 자비로 출판하여 1787년에 미국에서 '노예제도억제위원회'(the Society for the Suppression of Slavery)가 태동하는데 동기를 제공했다.

하면서 빈부 격차가 점점 심해지고 있었다. 더 나아가, 아담 스미스(Adam Smith)는 1776년에 『국부론』(*An Inquiry into the Nature and Causes of the Wealth of Nations*)을 써서 부를 축적하는 이기심과 경쟁심을 긍정적으로 묘사함으로써 시장 등 여러 분야에서 더 많은 노동자나 노예들을 필요로 하는 사회로 발전하고 있었다. 물론, 노예 제도 폐지를 주창하는 정부나 노예를 소유하고 있던 다른 기독교인들에게 웨슬리는 눈엣가시처럼 여겨졌을 것이다.

8월 6일 브리스톨에서 개최되는 연회에 참석하기 위해 뉴포트(Newport)에서부터 브리스톨까지 16마일(약 25킬로미터) 정도의 거리를 걸어서 갔다.[21] 9일 시작된 연회는 전년과 다를 바 없이 무난하게 끝났지만, 런던의 시티로드채플(City Road Chapel)에서 웨슬리의 부재 시에 찰스와 몇몇 특정 설교자들만 예배를 주관하는 것에 대해 다른 설교자들이 불평했다는 사적인 기록들이 있는 것을 보면, 메도디스트들 내에서 특히 웨슬리 형제의 독단적인 운영과 안수받은 설교자들과 평신도 설교자들 사이에서 문제가 점점 더 드러나기 시작한 것으로 보인다.[22]

연회 후 즉시 떠난 순회설교를 마치고 11월 초에 다시 런던 근교로 왔을 때 탁월한 평신도 설교자인 존 다운스(John Downes)가 웨스트스트리트(West Street)신도회 회원들과 죽기까지 함께하고 싶다는 의사를 밝히고, "수고하고 무거운 짐진 자들아 다 내게로 오라"(마 11:28)는 말씀으로 10여 분간 설교한 후, 더 이상 말을 잇지 못하는 상태로 되었다. 그리고 곧 하나님의 부르심을 받았다.

그는 여러 가지 면에서 천재적인 재능을 가졌던 사람인데, 『신약성경 주해』(*Explanatory Notes on the New Testament*)에 있는 웨슬리의 초상이 그가 동

---

21 Ward and Heitzenrater, *Journal and Diaries*, 22:423-4.
22 Rack, *The Minutes of Conference*, 10:426.

판에 새긴 것이다.²³ 그는 동판 작업을 배운 적도 없고 도구도 없었는데, 모든 도구를 자신이 만들어서 그러한 작업을 했다.

1774년에 플레처는 『다섯 번째 검열의 제1부』(*The First Part of the Fifth Check to Antinomianism*)를 출판하였다. 제1부는 48페이지 분량이고, 44페이지 분량의 『다섯 번째 검열의 제2부』(*The Second Part of the Fifth Check to Antinomianism*)는 다음해에 마쳤다. 그 외에 플레처는 264페이지 분량의 『바리새주의와 율법 무용론에 대한 검열에 대한 첫 번째 부분』(*The First Check to Pharisaism and Antinomianism*)을 출판하기도 했다.

지금까지 언급된 저서들 외에 웨슬리는 카도간(Cadogan) 박사의 「통풍과 모든 지병에 관한 논문집」(*Dissertations on the Gout and all Chronic Diseases*)의 발췌록 외에 인간의 존엄성이 상실되는 노동현장을 비판하는 『필요에 대한 고찰』(*Thoughts Upon Necessity*)을 출판했다. 마지막으로 그동안 썼던 글들을 모아 편집하여 출판하여 1774년 현재 32권이 되었다.²⁴

2. 1775-76년: 아메리카의 독립과 최초의 「웨슬리 총서」 발행

1775-76년 사이에 웨슬리는 두 가지 차원에서 위기를 맞이한다. 하나는 웨슬리가 표절했다는 문제로 사방에서 비난을 받으면서 개인적 신뢰성에 타격을 입은 것이고, 다른 하나는 아메리카가 독립하는 정치적 상황 가운데 웨슬리가 그 이전과 달리 아메리카 독립의 부당성을 주장함으로써 영국 내 동료들로부터 앞뒤가 다른 믿을 수 없는 사람이란 비판을 받게 된 일이다.

---

[23] Ward and Heitzenrater, Journal and Diaries, 22: 425-6.
[24] Tyerman, *John Wesley*, 3:182-83.

사무엘 존슨(Samuel Johnson) 박사는 영국이 식민지에 세금을 부과하는 것이 전혀 부당하지 않음을 주장하는 팸플렛, 『억압적 세금 아니다: 미국 국회가 제기한 문제들에 대한 답변』(Taxation no Tyranny: an Answer to the Resolutions and Address of the American Congress)을 출판했다. 그런데 웨슬리는 그 팸플렛의 내용을 요약하여 저자의 동의도 구하지 않은 채 4페이지로 요약하여, 『식민지 미국 시민들에게 보내는 냉정한 연설』(A Calm Address to our American Collonies)이란 제목으로 출판하여 1페니씩 판매를 팔았다.

그 영향력은 대단하여 불과 3주 만에 4만 부나 팔려나갔고, 정부 관계자들로부터 칭송을 받으며 앞으로 메도디스트들의 활동을 지원하겠다는 약속과 함께 메도디스트 자선 사업을 돕는 50파운드의 지원금을 받기도 했다. 그런데 그 글이 존슨 박사의 것을 그대로 표절(plagiarism)한 것이 밝혀지면서 상상하기 어려운 문제(an unparalled sensation)를 야기시켰다. 웨슬리의 뻔뻔스러움을 성토하면서 "베 옷을 입고 머리에 재를 쓰고 앉아 있어야 할 사람이 오히려 감독들이 쓰는 모자를 요구하고 있다"(he is in quest of a mitre; though he ought yo sit in sackcloth and pour dust upon his head)라고 비판했다. 물론, 요약본 재판에서 존슨 박사의 내용을 요약했다고 밝혔지만 이미 신뢰성에 엄청난 타격을 입은 뒤였다.[25]

한편, 웨슬리가 식민지를 선교지로 보면서 그들을 위해 발언하고 사랑하던 태도가 하루아침에 변하여 식민지 주민들은 영국의 식민지 정책에 순응하라고 촉구하는 웨슬리를 향한 비판 또한 대단했다. 웨슬리가 그리스도인의 완전을 주장하면서 "완전"이란 용어를 사용한 것을 많은 사람이 알고 있다. 그런데 그 용어를 극도로 반대하던 비판자들이 이제는 그 용어를 사용하며 웨슬리를 비판했는데, 웨슬리가 선교지에 대한 자신의 전의 주장과 완

---

25 Tyerman, *John Wesley*, 3:185-91. 당시에 가장 민감하고 격렬하게 웨슬리를 비판하던 토프레이디도 이 비판에 적극적으로 가세했다.

전혀 다른 주장을 할 때 그들은 웨슬리가 "거짓말을 하는 데 있어서 가장 완전한 사람"(a tip-top perfectionist in the art of lying)이라고 비판했다.[26]

웨슬리가 정치적인 문제에 깊게 관여하면서 메도디스트들 내에서 의견을 달리하는 사람들이 나타났다. 대표적인 사람들이 햄슨(Hampson), 존 화이트헤드(John Whitehead), 토마스 랜킨(Thomas Rankin), 그리고 F. 애즈베리(F. Asbury)와 동생 찰스였다. 찰스는 형과 달리 미국 독립에 대해 어느 한쪽을 지지하는 것이 잘못이며 어느 한쪽도 우리가 나서서 해결할 수 없기 때문에 하나님께서 이끄시는 대로 따르자고 제안했다.[27]

전쟁을 통해 많은 인명 피해가 나면서 웨슬리는 당시 식민지에서 활동하고 있는 설교자 7명에게 모두 영국으로 돌아오라고 했고 특히 애즈베리(F. Asbury)를 가장 먼저 소환하려고 했지만, 그는 조국보다는 선교지에 더 많은 열정과 비전을 가지고 선교지에 남겠다고 했다. 당시의 급박한 상황을 말해 주듯 토마스 랜킨(Thomas Rankin)에게 편지하기를 4월부터 10월까지 거의 매달 편지를 쓰며 의견을 주고받았다.[28]

한편, 1775년 4월 27일 한때 웨슬리의 가장 친한 동역자이자 멘토였던 피터 뵐러(Peter Böhler)가 영국 런던에서 63세로 죽었다.[29] 한동안 웨슬리와 뵐러 사이에 편지 왕래가 끊겼다가 죽기 3달 전쯤인 2월 5일 웨슬리가 먼저 뵐러에게 편지함으로써 지난 30여 년간의 침묵을 깨고 관계를 회복하려 했다. 뵐러도 2월 13일 답장을 하여 웨슬리가 모라비안들에 대하여 지나치게 한 일과 그에 따른 결과로 결별하게 된 것이 매우 가슴 아픈 일이라고 하면서 관계가 회복되기를 바라는 마음을 비쳤다.

---

26 Tyerman, *John Wesley*, 3:194, 210.
27 Tyerman, *John Wesley*, 3:191-95..
28 See Telford, *Letters*, 6:147-82.
29 Tyerman, *John Wesley*, 3:201. 하지만, 웨슬리는 그의 저널에서 그토록 자신과 가까웠고, 또한 많은 영향을 주었던 뵐러의 죽음에 대해서 전혀 언급하지 않았다.

웨슬리는 즉시 18일 답장을 하여 자신이 거의 50년 동안 지키는 원칙, 즉 "누구든지 하늘에 계신 아버지의 뜻을 행하는 사람은 곧 나의 형제요, 자매와 어머니이다"라는 예수님의 말씀을 원칙으로 하고 있는데, 모라비안들이 그러한 자신의 사랑을 이용했다(abuse)고 생각하지만, 이제 그런 문제를 떠나 다시 한번 관계가 회복되기 바란다고 했다.[30] 두 달 후에 빌러가 죽음으로써 관계가 정리되었다.

얼마 후 웨슬리는 런던을 떠나 영국 중부와 아일랜드 등으로 순회설교 일정을 떠났는데, 6월 13일 코크힐(Cockhill) 지역에서는 날씨가 너무 덥고 체력이 바닥나 더 이상 걸을 수 없게 되자 지난 40여 년간 종종 하던 대로 잔디에 누워 쉬면서 잠이 들기도 했다.

그러나 일정을 이어갈수록 죽음과도 같은 열병을 앓거나 마치 3-4일간 살아 있다고 볼 수 없는 상태로 누워있으면서 물 한 모금도 마실 수 없는 상태가 되는가 하면, 책을 읽을 수도 없고, 심지어 설교 중에 무슨 말을 하는지 알 수도 없는 상태가 되기도 했다.

웨슬리가 의식을 잃거나 "말을 못 할"(senseless and speechless) 정도로 건강이 악화가 되었다는 소식을 들은 존 존스(John Jones) 박사는 웨슬리에게 먼 거리를 여행하지 말라고 강력하게 권고했다. 그런 와중에 실제로 웨슬리가 죽었다는 기사가 나기도 했다.[31] 찰스도 형이 곧 죽을 것으로 생각하고 측근들과 대책을 상의하고 있었다. 하지만, 웨슬리는 조금이라도 회복되면 즉시 순회설교를 떠나 측근들의 염려와 충고를 무색하게 만들었다.

11월 11일엔 "아메리칸 식민지 동료들을 향한 냉정한 연설"(Calm Address to Our American Colonies)의 내용을 약간 수정했다. 그 글을 통해 웨슬리는 영국이 식민지인 미국에 세금을 부과할 법적, 도덕적 권리가 있다고 주장함

---

30 Telford, *Letters*, 6:140-1.
31 Ward and Heitzenrater, *Journal and Diaries*, 22:455-8.

으로써 그와 달리 생각하고 있던 동료 메도디스트들을 다시 한번 당황스럽게 만들었다. 어떤 사람은 웨슬리의 두 눈 중에 "하나는 자신의 노인 연금을 주시하고 있고 다른 한 눈은 천국을 바라보고 있다"(having one eye upon a pension and another upon heaven)라고 비판했다. 그런가 하면, 도대체 왜 그런 글을 출판했느냐고 묻는 편지를 받기도 했다.

그에 대해 웨슬리는 당시 영국은 서로 미워하고 반목하는 증오의 불길에 싸여있기 때문에 그러한 불길을 진화하기 위해 썼다고 하면서, 몇몇 돈에 매수된 사람들이(hireling writers) 각각 달리 판단할 수 있겠지만, 자신은 그렇게 생각할 수밖에 없었다고 했다.[32]

웨슬리가 70대 초반에 이르기까지 정말 다양한 분야에서 신학적 주제를 개진해 왔는데, 그때까지 웨슬리의 곁에서 지켜보았던 칼빈주의자 토플레이디가 웨슬리에 대해 비판한 내용을 보면 당시 비판자들의 눈에 웨슬리가 어떻게 보였는지 가늠하는 데 도움이 될 것이다.

즉, 그는 웨슬리의 신학 안에 이교주의(heathenism), 펠라기아니즘(Pelagianism), 마호멧교(Mahometism), 교황주의(popery), 마니교(Manicheanism), 과격한 성령주의(ranterism), 율법무용론(antinomianism), 그리고 심지어 무신론(atheism)까지 포함되어 있다고 했다.

그러므로 결과적으로 보면 웨슬리는 "형이상학 안에서 노를 젓고, 조금 알면서 많은 것을 추측하고, 논리적 전개 없이 결론을 내린다"(He paddles in metaphysics, knows a little, presumes a great deal, and so jumps to conclusions)라고 평가하면서 웨슬리는 "쓸데없이 세상 모든 일에 끼어드는 자"(an universal meddler)라고 비판했다. 또 다른 비판자들은 메도디스트들의 설교를 "납득할 수 없는 것을 쏟아낸 것"(a ridiculous effusion)이라고 말하기도 했다.[33]

---

[32] Ward and Heitzenrater, *Journal and Diaries*, 22:71-4; Jackson, *Works*, 11:80-90.
[33] Tyerman, *John Wesley*, 3:210.

플레처는 마지막으로 『율법 무용론의 마지막 검열: 기독교인의 불완전과 연옥설이라는 쌍둥이 교리에 대한 고찰』(*The Last Check to Antinomianism: A Polemical Essay on the Twin Doctrines of Christian Imperfection and a Death Purgatory*)을 출판함으로써 율법무용론에 대한 가장 학문적인 "검열 시리즈"(Check series)를 다 마쳤다.[34]

웨슬리는 몇몇 역사가들의 저서를 요약하고 편집하여 네 권으로 된 『간추린 영국사: 초기 역사부터 조지 2세의 죽음까지』(*A Concise History of England, from the earliest times to the death of George II*)를 출판했는데 그 책을 통해 많은 이익을 얻을 수 있었다. 그때 출판업자 윌리엄 파인(William Pine)은 그때까지 출판된 웨슬리의 모든 글을 모아 32권으로 된 최초의 『웨슬리 총서』를 출판했는데 그 후 아메리카의 독립을 적극적으로 지지하는 자신과 달리 생각하는 웨슬리를 떠났다.[35]

1776년은 당시에 런던신도회에 모이고 있던 1,800명의 메도디스트와 함께 시작했다. 2일부터 브리스톨로 가는 중에 존 랭혼(John Langhorne)이 편집한 『테오도시우스와 콘스탄티아 사이에 주고받은 편지』(*The Correspondence between Theodosius and Constantia*)를 읽는 재미가 있었는데, 그중에서 젊었을 때는 더 순수하다고 보고, 나이가 들면서 인간이 더 계산적이고 더 이기주의자가 되는 것처럼 말한 것에 대해서는 동의하지 않았다. 왜냐하면, 웨슬리는 어린 시절이나 청소년기에 오히려 불완전하고, 나이가 들면서 더욱 성장하고, 성숙해질 수 있고, 특히 하나님에 대해 더 알아갈 수 있다고 보았기 때문이다. 웨슬리의 생각과 신학 안에는 언제나 성장의 개념이 들어 있었다.

---

[34] 플레처는 첫 번째부터 다섯 번째 검열까지 썼지만, 마지막 것을 여섯 번째라고 하지 않았기 때문에 다섯 개의 검열 시리즈를 쓴 것으로 알려졌지만, 마지막 검열까지 포함한다면 여섯 개의 검열 시리즈를 썼다고 볼 수도 있다.

[35] Tyerman, *John Wesley*, 3:210-11.

6일 다시 런던으로 돌아와 14일부터 몇 주간 지난해부터 시작한 『간추린 영국사』(Concise History of England)를 끝내려고 노력했다. 그 책은 전 4권으로 되어 있는 것인데, 주로 골드스미스(Goldsmith), 랩핀(Rapin), 스몰릿(Smollett)의 책들을 대폭 축약하면서, 그 안에서 하나님이 활동하시는 것을 가미함으로써 세상 속에서 하나님의 활동을 세상 역사책을 통해 드러내려고 시도했다.[36]

그 와중에 1월 25일 앤 볼튼(Ann Bolton)에게 쓴 편지에 의하면, 당시 그리스도인들의 영적인 상태에 대해 웨슬리가 어떻게 느끼고 있었는지 잘 나타내 주고 있다.

> 소위 그리스도인들의 무지는 우리가 인식하는 것보다 훨씬 심각하다. 대부분 영국의 그리스도인들은 마호메트교도들이나 이교도들보다 그리스도교의 구원에 대해 더 많이 알고 있지 못하다(The ignorance of Christians(so called) is indeed greater than can well be conceived. English Christians in general know no more of Christian salvation than Mahometans or heathens).[37]

당시 영국 국교회의 참담한 현실과 그에 따른 그리스도인들의 사명을 분명하게 확인시켜 주면서 야외설교 현장에 나설 것을 촉구하였다.

한편, 웨슬리는 2월 4일 당시에 신비주의에 빠져서 웨슬리와 거리를 두고 있었던 메리 비숍(Mary Bishop)에게 편지하여, 파스칼의 『팡세』(Thoughts)와 『종교에 있어서 결정되지 않은 개념들에 대한 방지책』(Preservative against Unsettled Notions in Religion) 제1장과 제2장을 읽을 것을 권했다. 그런데 메리 비숍은 다시 삼위일체에 대해 지나치게 사회 생활과 격리된 신비주의적

---

36 Ward and Heitzenrater, Journal and Diaries, 23:2-3.
37 Telford, Letters, 6:201-2.

관점에서 이해하자 웨슬리는 다시 한번 4월 17일 편지하여 자신은 "셋이 하나"(three are one)임을 믿는다고 했다.

그런가 하면, 비숍이 제기한 질문, "하나님의 나라가 과연 상태인가 장소인가?"(Is heaven a state or a place?)에 대해서, 웨슬리 자신은 그것이 상반된 것이 아닌 것은 하나님이 계신 장소(place)이면서도 영화로운 상태(state)에서 하나님과 함께 있기 때문이라고 설명했다. 그러나 무엇보다도 하나님의 나라에 관한 한 가장 본질적인 것은 "하나님을 만나고, 하나님을 알고, 하나님을 사랑하는 것"(it is to see God, to know God, to love God)이라고 했는데 비숍에게 설명한 바와 같이 웨슬리는 항상 사회와 격리된 신비주의를 거부했고, 사회 속에서 하나님을 믿고 또한 사랑하는 것이 기독교 복음의 핵심이라고 믿으며 그렇게 가르쳤다.[38]

그런가 하면, 2월 14일 쇼어햄(Shoreham)신도회에서 설교했는데, 비록 늦게 조직되었지만, 다른 어느 신도회보다 빨리 성장한 이유는 탁월하고 열정적인 지도자 페로넷(Perronet) 양이 있었기 때문이었다. 웨슬리는 3월 1일 그동안 마음에 품고 있던 일, 즉 파운더리는 이제 방대해진 메도디스트들의 조직을 수용할 수 없기에 그보다 훨씬 큰 건물을 마련하는 계획을 수립했다. 그 건물은 앞으로 모든 메도디스트들의 본부가 될 대표적 채플로서 "시티로드"(in the City Road)에 건축하여 "시티로드채플," 또는 "뉴채플"(New Chapel)이라고 불렀다.

---

[38] Telford, *Letters*, 6:205-6, 213-4. 웨슬리는 성장할 때부터 신비주의에 많은 영향을 받았고 관심도 있었지만, 30대 초반 때부터 기독교 복음의 왜곡을 초래하는 잘못된 이론이나 신학을 극도로 경계하는 가운데, 신비주의가 가장 위험한 것이라고 했다. 그는 다음과 같이 말한 바 있다. "all the other enemies of Christianity are triflers; the Mystics are the most dangerous." See letter of November 23, 1736, to his brother Samuel Wesley. See Baker, *Letters*, 25:487-9 and Telford, *Letters*, 6:232.

그 장소는 이전에 프랑스 프로테스탄트들이 사용하던 건물이었는데 웨슬리가 임대하여 1743년 5월 29일부터 메도디스트들의 만남의 장소 등 다 목적으로 사용되던 곳인데, 그 장소를 임대하여 지난 30년 동안 초기 메도디스트들이 모이면서 수천 명이 하나님을 만나고, 전 영국과 미국에 복음을 전하는 사명을 완수했지만, 이제 더 큰 일을 위해 크고 넓은 건물이 필연적으로 요청되던 때에 웨슬리는 모금을 시작했다.

8월 2일 처음으로 헌금 작정을 했는데 두 번 만에 1000파운드 이상 작정이 되었다. 11월에 구체적인 계획이 수립되어, 마침내 1777년 4월에 기공식을 하고, 1778년 11월 1일에 입당식을 하는 역사적인 일이 진행되었다.[39]

신도회의 구성원들이나 지도자들의 자격과 품행 문제가 점점 심각하게 대두되었다. 어떤 설교자들은 술(dram)이나 담배(tabacco), 심지어 마약(opium)을 하는 등 문제가 끊임없이 발생했다. 오히려 오래된 신도회 내에서 더 메도디스트 답지 않은 문제가 발생하는 등 문제가 심각해지자 웨슬리는 당시에 뉴캐슬에서 목회하고 있던 벤슨에게 2월 22일 편지하여 신도회 회원들은 이 주일에 한 번씩이 아니라 일주일에 한 번씩 모이고, 모임을 게을리하는 사람과 자신에게 맡겨진 회원들의 영혼을 돌보지 않는 지도자들은 누구라도 제명하라고 권했다.

그에 따라 벤슨은 한 밀수업자(a smuggler)를 제명했는데 웨슬리는 그에게 잘했다고 칭찬하며 하나님이 함께하시니 두려워하지 말라고 격려하며 영적 지도자들은 살아 있는 자들과 죽은 자들 사이의 경계에서(stand in the gab between the living and the dead) 사명을 감당하도록 부름을 받았다는 사실을 상기시켰다.[40]

---

[39] Ward and Heitzenrater, *Journal and Diaries*, 23:25-6.
[40] Telford, *Letters*, 6:208, 226, 235-6, 240. 설교자들 가운데는 신비주의 등 영적 혼란에 빠지는 경우뿐만 아니라 술이나 담배나 마약 등 중독된 사람이나, 도둑질한 장물을 사고파는 등 다양한 문제가 발생했다. 그런가 하면, 지나치게 많은 일정을 소화하면서 건

3월 23일 치핑 캠프덴(Chipping Campden)의 사역자(minister)인 웨스톤(Weston)이 자신의 교회에서 설교해 달라고 해서 갔는데 그는 마음을 바꾸어 웨슬리를 받아들이지 않았다. 그와 같이 웨슬리는 설교 요청을 받고 갔지만, 거절당하는 경우가 여전히 종종 발생했는데, 대부분 웨슬리가 설교할 것이란 소식을 늦게 들은 유력한 사람들의 반대 때문이었다.[41]

한편, 7월 24일 제닌스(Jenyns)의 저서 『기독교 종교의 내적 증거』(*The Internal Evidence of the Christian Religion*)를 읽고 저자의 탁월함을 인정하면서도 그가 과연 그리스도인인지, 이신론자인지, 무신론자인지 구분할 수 없다고 했다. 왜냐하면, 그는 모든 성경이 하나님의 감동으로 쓰였다는 사실을 부인하면서, 성경의 저자들이 자신들의 관점에 따라 기록한 부분도 있으므로 실수한 것도 분명히 있다고 주장했기 때문이다.

그러나 웨슬리는 만약 실수한 것이 한두 개 있다면 곧 수천 개가 될 수도 있다는 뜻도 가능하고, 성경에 오류가 있다면 그것은 하나님의 말씀이 될 수 없다는 뜻이 되기 때문에 웨슬리로서는 동의할 수 없었다.[42]

연회는 8월 6일 시작하여 9일 마치면서 영국과 미국을 위해 금식기도를 했다. 연회의 분위기는 예전과 달리 매우 심각했다고 웨슬리는 전했다. 사실 미국의 독립전쟁(War of Independence)의 여파로 메도디스트들 내에서 의견이 분분했기 때문이고, 그즈음에 뉴채플을 짓기 위해 모금을 해야 했다.

강을 해치거나 정서적으로도 우울증에 시달리거나 실제로 자살을 하는 경우도 발생했다. 또한, 사역자들끼리 다투는 일은 비일비재했다. See Tyerman, *John Wesley*, 3:212 and Telford, *Letters*, 6:203, 205, 212, 229, 232, 240, 243-4. 이러한 설교자들의 문제들을 비판적으로 평가하지 않고 마치 메도디스트 설교자들이 모두 복음의 전사들처럼, 순교자들처럼 사역을 감당하며 부흥을 이끌었다고 가르치는 것 또한 반웨슬리적 신학의 한 유형이라고 볼 수 있을 것이다.

41 Ward and Heitzenrater, *Journal and Diaries*, 23:6.
42 Ward and Heitzenrater, *Journal and Diarie*, 23:25.

특히, 아일랜드신도회는 그에 대해 전혀 기여하지 않고 있다는데 동료들이 불만을 토로하기도 했다. 칼빈주의가 각 신도회 내에 침투하여 분열을 조장하고 있는 것도 문제였다. 그래서 연회는 이례적으로 칼빈주의 설교자들 문제에 대해 대처하기 위해 더욱 자주 모든 사람이 믿음으로 구원받을 수 있다고 설교하되 부드럽게 할 것과 그들처럼 소리를 지르거나 지식을 자랑하거나 하지 말라고 했다. 그리고 부지런히 신도회원들을 방문하여 확신에 머무르고, 그들의 설교를 듣지 않도록 격려하라고 결의했다.[43]

메도디스트들이 영국과 미국 등에 활발하게 성장할수록 모든 메도디스트들의 지도자가 해결해야 할 가장 시급한 문제는 설교자들과 그 가족들에 대한 생계 문제를 해결해 주는 것이었다. 당시 가족 수에 따라 월급이 지급되었는데, 웨슬리는 월 30파운드, 찰스는 형의 두 배인 60파운드를 받았다. 순회설교자들과 그의 부인들에게는 분기에 3파운드씩만 지급되는 반면에 생필품이나 공공 경비는 별도로 지급되었다. 또한, 문제가 있다고 판단되는 설교자 세 명을 제명시키기도 했다.

당시 메도디스트들이 4만 명이나 되었고 웨슬리는 그들의 절대 권력자이기 때문에 매우 사치스럽게 살고 있을 것이라고 비난을 받기도 했다. 그때 웨슬리는 자신에게 속한 재산 중에서 런던에 은 스푼이 두 개 있고 브리스톨에 두 개 더 있는데 주위에 빵을 요구하는 사람들이 있는 한 더 이상 스푼을 사지 않을 것이라고 했다.[44]

연회 후에 플레처는 웨슬리에게 순회설교에 동참하겠다는 의사를 표시했다. 사실, 그 해 들어 플레처는 폐병(pulmonary consumption)이 깊어져 심하게 기침을 하며 각혈을 하는(a violent cough, accompanied with spitting of blood) 등 건강이 악화하였는데, 웨슬리는 그에 대한 처방으로 플레처에게 집에

---

[43] Rack, *The Minutes of Conference*, 10:462-3.
[44] Tyerman, *John Wesley*, 3:224, 227, 235.

만 있지 말고 오히려 말을 타고 다니면서 순회설교에 동행하면 건강을 회복할 것(riding on horseback is the best of all exercises for you, so far as your strength will permit)이라고 제안했었다. 그리고 실제로 플레처는 웨슬리를 따라 순회설교 여행에 동참했고, 11월 중순쯤에 동행했을 때는 설교도 감당했다. 런던으로 돌아왔을 때는 그의 건강이 분명히 좋아졌는데 친구들의 만류로 플레처는 더 이상 순회설교에 동참하지 않기로 한 것에 대해 웨슬리는 아쉬워했다.[45]

8월 13일 웨슬리는 마침내 평생의 동역자인 웨일스 태생 토마스 콕(Welshman Thomas Coke, 1747-1814)을 만나게 된다. 당시 29세의 젊은 콕은 옥스퍼드대학교 예수대학(Jesus College, in the University of Oxford)에서 학사와 석사를 공부한 후 법학 박사(Doctorate in civil law)학위를 받은 이후 1770년에 부제(deacon) 안수를, 2년 후인 1772년에 영국 국교회 사제(priest)로 안수를 받고 당시에는 사우스 페더톤(South Petherton)에서 부사제로 일하던 중 웨슬리를 만난 후 메도디스트가 되었다.

콕은 다음해 브리스톨연회에 참석하면서 그의 활동을 시작한 후 특히 웨슬리신학을 정립하는 데 도움을 줌과 동시에 메도디스트들이 영국이란 한계를 떠나 미국이나 인도 등으로 확장하는 데 기여하고 헌신함으로써 "메도디스트 선교의 아버지"(Father of the Methodist Missions)라 불리게 된다. 1782년도에 최초의 아일랜드연회가 개최되면서 초대 의장으로 활동했다.[46]

11776년 당시 조사된 바에 의하면, 영국의 인구는 4백만 명, 혹은 4백 50만 명 정도이고 한 가정에 4명-4.5명 정도였다고 했지만, 최근에 조사된 바에 따르면 당시에 18세기 초에 인구가 빠르게 증가하여 6-7백만 명

---

[45] Tyerman, *John Wesley*, 3:212-3; Ward and Heitzenrater, *Journal and Diaries*, 23:27 and note 18, 37. See also John Wesley, "A Short Account of The Life and Death of The Reverand John Fletcher" in Jackson, *Works*, 11:273-365, esp., 304.

[46] Ward and Heitzenrater, *Journal and Diaries*, 23:27 and note 20.

쯤 되었다고 한다.[47]

정치적으로나 종교적으로 1776년에 일어났던 일 중에서 가장 주목해야 할 일은 아메리카의 독립이다. 독립전쟁은 1775년에 발발했고, 1776년 7월 4일 13개 식민지의 대표자들이 필라델피아 인디펜던스홀에 모여 '미국 독립선언'에 서명하고 아메리카 합중국을 설립했다.

오늘날까지 미국은 이날을 독립기념일로 지키고 있다. 초대 대통령으로 조지 워싱턴을 선출하고 미국의 독립을 선언한 것은 1776년이었지만, 1781년이 돼서야 전쟁에 승리하고 독립을 확정할 수 있었다. 아메리카의 독립은 웨슬리와 동료 메도디스트들의 삶과 신학과 결코 무관할 수 없었는데 그 과정에서 발생하는 문제들에 대해서는 다음에 살펴보게 될 것이다.

1776년에 출판한 책 중에는 『마담 귀용의 생애 요약』(*An Extract of the Life of Madame Guion*), 230페이지 외에 정치적인 소책자들, 즉 『자유에 대한 몇 가지 고찰』(*Some Observations on Liberty*)과 『영국인들이 심각하게 생각해야 할 주제에 대한 시기적절한 제언』(*A Seasonable Address to the more Serious Part of the Inhabtants of Great Britain*) 등이 있다.[48]

---

[47] Rack, *Reasonable Enthusiast*, 1; Ward and Heitzenrater, *Journal and Diaries*, 23:32 and note 45.
[48] Tyerman, *John Wesley*, 3:234-35.

제2장

메도디스트의 부흥과 도전받는 웨슬리의 권위

1. 1777-79년: 'City Road Chapel'(또는 Wesley's Chapel) 설립, 알미니안 잡지 창간

1777년 "전도서"(the Book of Ecclesiates)를 강해하며 시작했는데, 웨슬리는 그 이전에 알 수 없었던 새로운 의미와 아름다움을 깨달았고, 결국 전도서는 "하나님이 없이는 행복도 없다"(there is no happiness out of God)라는 사실을 증명하고 있음을 알게 되었다고 했다. 그리고 새해부터 옥스퍼드에 있을 때 제자들을 위해 했던 것처럼 런던에 있는 설교자들과 매일 오전 1시간씩 보내기로 했다.

런던으로 가서 1월 26일 올 할로우스교회(All Hallows Church)에서 설교했는데, 50년 전과는 전혀 다르게 자유를 느꼈고, 성도들이 은혜받는 것을 보면서 웨슬리 자신이 핍박받던 사람에서 이제는 존경받는 인물이 된듯한 느낌을 받았다. 심지어 웨슬리가 오히려 진정한 그리스도인이라는 평가를 받기도 했다.[1]

---

1 Ward and Heitzenrater, *Journal and Diaries*, 23:40-1; Richard Green, *John Wesley, Evange-*

2월 3일 한 반정부주의자로 인해 브리스톨에 정치적 혼란이 일어났다. 그래서 웨슬리는 급히 브리스톨로 가서 시민들에게 정부에 복종하라고 강력하게 권고했지만, 사태가 진정되지 않자 5일 23페이지짜리 『영국인들에게 냉정하게 고함』(A Calm Address to the Inhabitants of England)을 써서 영국은 정치, 종교, 문화 등 전 분야에 걸쳐 충분한 자유를 당연히 누려야 하지만, 식민지 미국은 누릴 자유가 남아 있지 않고 오히려 군주의 통치에 복종해야 한다고 말함으로써 마치 "벌집을 쑤셔 놓은"(it stirred a nest of hornets) 듯한 반발을 샀다.[2]

한때, 웨슬리의 신랄한 비판자이자 런던에서 유명한 설교자였던 윌리엄 도드(William Dodd) 박사는 청탁과 사기 행각을 벌이다 잡혀 감옥에 갇혔다. 그런데 이상하게도 자신이 그렇게 비판했던 웨슬리에게 편지하여 면회를 와달라고 부탁했다. 웨슬리는 2월 15일과 18일 두 번이나 그를 방문하고 위로했다. 웨슬리가 그를 처음으로 방문했을 때 그는 "선생님, 저는 오랫동안 당신을 만나기를 원했습니다. 그런데 첫 만남의 장소가 이런 곳이 될 줄은 꿈에도 생각을 못 했습니다"라고 말했다.

사형 선고를 받은 이후에도 두 번 더 방문하여 대화를 나누었는데, 비록 그는 모든 것을 체념하고 하나님의 결정에 순응하겠다고 했지만, 외부적으로는 그토록 유명했던 설교자가 범죄자가 되어 6월 26일 사형을 당함으로써 당시 기독교의 신뢰성에 심각한 타격을 입었다.[3]

웨슬리는 3월부터 순회설교를 떠나곤 했지만, 새로운 건물이 완공되기 전에는 장기간 런던을 떠날 수 없어 곧 돌아오곤 했다. 4월 21일, 마침내 머릿돌을 세웠다(layed the foundation stone). 당시 순회설교 일정 중에 웨슬리

---

list, 491-492.
[2] Jackson, *Works*, 11:129-40; Ward and Heitzenrater, *Journal and Diaries*, 23:42 and note 95; Tyerman, *John Wesley*, 3:236-37.
[3] Ward and Heitzenrater, *Journal and Diaries*, 23:42-3, 56; Tyerman, *John Wesley*, 3:239.

는 많은 양을 모금할 수 있었다.[4]

3월 30일 부활절 주간 아침마다 성찬식을 인도했는데, 그때 웨슬리는 "가장 초대교회적인 방법대로 했다"(I administered the Lord's Supper every morning, after the example of the Primitive Church)라고 한 것처럼 웨슬리는 가장 초대교회적인 것이 가장 복음적인 것이라고 생각했다.[5]

4월 17일 웨슬리는 로버트 젤(Robert Gell) 박사의 『성경의 마지막 번역에 대한 수정』(Essay toward an Amendment of the Last Translation of the Bible)을 읽었는데 저자의 성경에 대한 지식을 높게 평가했다. 6월 16일 로스웰(Rothwell)에서 여자 어린이들을 만났는데 1776년 4월에 만났을 때는 11명 있던 것이 일 년 후에 다시 보니 20명이 되었다. 그들 대부분은 하나님의 자녀답게 잘 성장하고 있었다.

그런데 그로부터 몇 년이 지난 1780년 4월 12일에 다시 로스웰에 가보니 믿음을 잘 지키고 있는 부모들의 자녀들은 여전히 잘 성장하고 있는 반면에 부모가 믿음을 버린 자녀들도 역시 모두 세상을 사랑하러 떠난 것을 보고 안타까워했다.[6] 그리고 다시 런던으로 돌아와 6월 28일 74세 생일을 맞이했는데 그때도 그는 자신은 마치 24세와 같다고 했다.

한편, 6월 25일 당시 독설가로 유명한 로우랜드 힐(Rowland Hill)은 40페이지 분량이나 되는 『발각된 사기행위와 입증된 죽음』(Imposture Detected, and the Dead Vindicated) 책자를 써서 웨슬리는 엄청난 거짓말쟁이(a liar of the most gigantic magnitude)이며 중상 모략가(a libeler/ a crafty slanderer)이며, 정말 나쁜 배교자(a miscreant apostate) 등 최대한 강한 비속어를 써가며 비판했다.

---

4   Tyerman, *John Wesley*, 3:237-41.
5   Ward and Heitzenrater, *Journal and Diaries*, 23:45-6.
6   Ward and Heitzenrater, *Journal and Diaries*, 23:10, 55, 164.

웨슬리가 주장하는 완전은 모든 선과 선한 사람들을 완전하게 미워하는 그런 완전(Wesley's perfection consists in his perfect hatred of all goodness and good men)이라고 비아냥거렸다.

다음날 저널에서 로우랜드 힐을 보니 그동안 나에 대해 그렇게 심하게 비판했던 토플레이디는 그에 비하면 매우 점잖게 말한 것임을 알게 되었다고 말하면서, 자신은 그러한 욕설에 욕설로 답하지 않기로 했는데(not rendering railing for railing) 왜냐하면, "자신은 그리스도를 그렇게 배우지 않았기 때문"(I have not so learned Christ, Eph. 4:20)이라고 했다. 그리고 그는 "사랑 안에서 진리를 말하는"(speaking the truth in love) 태도로 답변했는데, 12 페이지 분량의 그 답변은 로우랜드 힐의 『발각된 사기행위'에 대한 답변』(*An Answer to Mr. Rowland Hill's Tract, entitled, Imposture Detected*)이란 제목의 소책자로 출판되었다.[7]

그런가 하면, 칼빈주의자들의 대변지인 「복음 잡지」(*Gospel Magazine*)의 편집자는 웨슬리가 자신의 메도디즘이 성경에 가장 가까운 종교이며, 초대교회적이며, 영국 국교회에 속한다고 말하는 것은 사탄이 말한 어떤 거짓말보다 더 악한 거짓말이라고 비판했다. 그리고 특히 헌팅돈 부인이 웨슬리를 거부하고 칼빈주의자들에게 합류한 이유도 웨슬리가 영국 국교회를 떠나 자신만의 공동체를 구성하려고 했기 때문이라고 하면서 결국 웨슬리를 역겨운 비방자(a vile traducer)요, 여우(a fox)라고 묘사했다.[8]

7월 20일 성다니엘스교회(St. Daniel's Cjurch)에 넘치도록 모인 회중에게 설교할 때 웨슬리는 평소와 달리(an uncommon thing with me) 1시간이나 설교했다고 한 것을 보면, 웨슬리는 아마도 대부분 1시간 이상 설교하지 않은

---

[7] Ward and Heitzenrater, *Journal and Diaries*, 23:56-7.
[8] Tyerman, *John Wesley*, 3:255-57.

것으로 보인다.⁹

웨슬리가 1777년 2월 16일 존스톤(Mrs. Johnston) 부인에게 밝힌 바와 같이 "설교를 길게 하면 더 좋은 일이 일어날 것처럼 생각하는데 그런 생각은 매우 잘못된 생각"(People imagine the longer the sermon is the more good it will do. This is a grand mistake)이라고 한 것과 동시에 "설교자들이 설교를 포함하여 예배 전체를 1시간 안에 마치도록"(about an hour in the wehole service) "메도디스트 룰"(the Methodist rule)을 정한 것을 보면, 아마도 설교는 건강 상태에 따라 20-40분 정도 했을 것으로 추측된다. 웨슬리는 평소에 역사는 하나님께서 하시는 것이므로 그분은 우리의 많은 말을 필요하지 않으신다(The help done on earth God doth it Himself; and He doth not need that we should use many words)라고 생각했다.¹⁰

8월 5일에 브리스톨에서 개최된 연회에서 웨슬리와 대의원들은 "신도회가 지난 수년간보다 침체하여 있는가 아니면 활성화되어 있는가?"(Are the societies in general more dead or more alive to God, than they were some years ago?)를 물으며 새로운 도약을 모색했다. 당시에 외부에서뿐만 아니라 설교자들 가운데서도 메도디스트들이 타락했다는 비판이 제기되었기 때문이다.

특히, 지난 18년 동안 순회설교자로 살았던 존 힐튼(John Hilton)은 메도디스트들이 타락했다는 이유로 설교자직을 포기하고 떠나버렸다. 그런가 하면, 연회에서 "올해 죽은 설교자들은 누구인가?"(What preachers have died this year?)라는 질문이 처음으로 제기되었고 그때 이후로 연회마다 확인하게 되었다.¹¹

9　Ward and Heitzenrater, *Journal and Diaries*, 23:62.
10　Telford, *Letters*, 6:255.
11　Ward and Heitzenrater, *Journal and Diaries*, 23:64 and note 15; Rack, *The Methodist Societies*, 10:463, note 663. 타이어맨은 Hilton 이라 했고, 『200주년 기념 웨슬리 총서』에서는 Helton이라 했는데, 무엇이 정확하지 알 수 없다. Tyerman, *John Wesley*, 3:245-6.

한편, 연회 셋째 날(7일) 병세가 심해 걷기도 힘든 플레처가 왔는데, 모든 대의원이 자리에서 일어나 그를 환영했다. 특히, 그가 동료들에 연설을 하는 동안 웨슬리는 그의 옆에서 무릎을 꿇고 그를 위해 기도했고, 그의 말씀을 듣는 이들은 모두 눈물을 흘렸는데, 당시 현장에 있던 테일러(Thomas Taylor)는 그렇게 많은 사람이 그렇게 우는 것은 처음 보았다고 전했다.[12] 그런데 당시에 부자가 된 메도디스트들 중에는 더 이상 하나님과 이웃을 위해 돈을 사용하지 않고, 오히려 하나님에게서 멀어지고 타락하는 현상이 곳곳에서 나타났다.

반면에 미국이 영국으로부터 독립하는 과정에서 미국에 있던 메도디스트 지도자들은 핍박을 받으며 위험 가운데 있었기 때문에 모두 영국으로 돌아왔는데 애즈베리는 선교지에 남기로 결정했고, 그의 전도와 지도 아래 미국의 메도디스트들은 부흥을 하여 1776년 보고에 의하면 3,148명이 되었고, 특히 메리랜드와 버지니아에서(in Maryland and Virginia) 더 많은 부흥이 일어났다.[13]

애즈베리는 1745년 영국 중부 버밍엄 근처 함스테드 브리지, 스태퍼드셔(Hamstead Bridge, Staforddshire)의 핸즈워드(Handsworth) 교구에서 경건한 부모의 아들로 태어났다. 아버지는 정원사였고, 어머니는 복음적 회심을 체험한 독실한 성도였다. 어려서부터 믿음이 좋고, 영특하고 독서를 좋아하는 아이였지만, 12세가 되기 전에 학교를 중퇴하고 철물 제조 공장의 견습공이나 무역업자의 심부름꾼 생활을 해야만 했다.

그러던 중 13세 때 메도디스트 설교자인 알렉산더 마터(Alexander Mather)의 설교를 듣고 회심 체험을 하고 그의 권고에 따라 17세(1763년) 때부터 순회전도단을 조직하여 설교하기 시작했고 21세 때 웨슬리로부터 순회설

---

[12] Rack, *The Minutes of Conference*, 10:464, note 663.
[13] Tyerman, *John Wesley*, 3:245-47.

교자로 임명을 받았다. 26세기 되던 1771년에 아메리카 선교사로 파송되어 활동하던 중 31세가 되는 1776년부터 하루에 100페이지의 책을 읽고, 3시간씩 기도하기로 작정한다. 그는 독학으로 성경과 신학에 놀라운 지식을 쌓았으며 라틴어와 히브리어와 그리스어로 성경을 읽을 정도가 되었다. 그는 금식을 너무 많이 하고 순회전도에 매진하느라 건강을 해치기도 했다.

1816년 71세로 생애를 마칠 때까지 45년 동안 하루에 30-50마일씩, 1년에 5,000-6,000마일씩, 그래서 평생 27만 마일을 말을 타고 다니면서 2만 번 이상 설교한 것이 된다. 그렇다면 그는 웨슬리가 말을 타고 이동한 거리 25만 마일을 능가하는 유일한 설교자였다.

그는 1816년 죽을 때까지 독신으로 지내며 오직 복음 전도에만 온 삶을 바치고 미국 볼티모어(Baltimore)에 묻혔다. 그는 죽으면서 자신의 생애에 대한 어떤 것도 출판되어서는 안 된다고 명하였기에 그의 동료나 제자들은 그의 뜻대로 그의 업적을 기리는 어떤 책도 출판하지 않았다.[14] 그러나 미국 메도디스트 역사는 애즈베리 없이 미국 감리교회의 역사를 쓰는 것은 불가능하다.

8월 말경에 웨슬리는 급하게 아일랜드로 갔는데 더블린에서 존 햄슨(John Hampson)과 사무엘 브래드번(Samuel Bradburn)이 신도회 회원들 가운데 문제를 일으키는 회원 34명이나 지명하는 일이 발생했기 때문에 수습하기 위해 갔다.[15]

---

[14] Tyerman, *John Wesley*, 3:248-51.
[15] Tyerman, *John Wesley*, 3:251. 존 햄슨은 매우 재능이 많지만, 다혈질적인 설교자였다. 한번은 노루위치(Norwich)에서 설교를 하는데 회중 가운데 한 사람이 계속 방해를 하자, 멈추지 않으면 내쫓겠다고 경고하였음에도 불구하고 계속 그렇게 하자 그는 단에서 내려와 그를 밖으로 끌고 나가 길거리에 내동댕이치고 들어와 설교의 결론을 맺었다고 한다. 그는 웨슬리가 미래의 메도디스트 지도부 명단에서 자신을 제외한 것에 반감을 품고 웨슬리를 떠나 사업과 책을 쓰는 일에 매진했다. 그는 평소에도 웨슬리의 정

10월 말경에 옥스퍼드셔(Oxfordshire)에 가서 설교할 때 한 사람이 창가에서 계속 드럼을 치는 바람에 웨슬리는 설교할 수 없었고, 대신 기도와 찬양만으로 예배를 마치기도 했다. 새로운 채플을 건설하기 위한 펀드를 마련하는 일은 절대 쉽지 않은 일이었다.

이미 언급한 책과 글들만 보아도 74세의 웨슬리로서는 감당하기 어려운 일들이었지만, 그 외에 웨슬리는 시티로드채플의 머릿돌을 놓을 때 했던 설교와 11월 23일 '휴먼협회'(Humane Society)에서 행한 설교를 출판했다. 그리고 21세의 젊은 나이에 죽은 『엘리자베스 힌드말쉬 양에 대하여』(Elizabeth Hindmarsh)와 11페이지 분량의 『하나님의 주권에 대하여』(Thoughts upon God's Sovereignty)를 출판했는데 당시에 웨슬리는 인간의 자유와 선택이 완전히 무시되고 오직 하나님의 주권에 의해 인간의 구원이 결정된다고 주장하는 칼빈주의자들의 주장을 논박했다.[16]

1778년에 가장 주목할 만한 일은 칼빈주의자들의 대변지인 「복음 잡지」에 대항하기 위해 웨슬리가 「알미니안 잡지」를 1월에 창간한 일이다.[17] 다른 잡지에 비해 적은 양의 글들이 게재 될 것이고 정치적 논쟁이나 개인적 독설(personal invectives)이나 종교적으로 공격적인(offensive) 내용을 담는 잡지가 아니라 "하나님은 모든 사람이 구원받기 원하신다는 진리를 사랑으로 세상에 널리 알리기 위해"(to maintain that God willeth all men to be saved, by speaking the truth in love) 창간하게 되었다고 밝히며 글의 내용은 매

책에 공공연히 반대했고, 개인적으로는 그렇게 다혈질적인 성격을 동료들이나 신도회 내에서 발휘했기 때문에 웨슬리는 그를 지도부 명단에서 제외한 것 같다. See Charles Atmore, *The Methodist Memorial* (Broad Street: Richard Edward, 1801), 177.
16 Tyerman, *John Wesley*, 3:260. 엘리자베스 힌드말쉬(Elizabeth Hindmarsh) 양의 경우처럼 웨슬리는 동역자들이나 평신도 설교자들이나 측근들 중에서 거룩한 삶을 살다가 거룩한 죽음을 맞이한 사람들에 대한 짧은 평전을 남기곤 했다.
17 「복음 잡지」(*Gospel Magazine*)는 1766년에 창간되었으므로 그보다 12년 늦게, 그리고 웨슬리의 말년에 창간되었다. See Tyerman, *John Wesley*, 3:281.

우 성경적이며 동시에 매우 이성적인 내용이 될 것이라고 했다.[18]

초판에 쓴 글 『만인구원에 대하여』(*Extracts and Original Treaties on Universal Redemption*)가 그 목적을 잘 대변해 주고 있다.[19] 흥미롭게도 『알마니안 잡지』를 창간한 해에 웨슬리를 비판하는 글들이 다른 해에 비해 더 많이 출판되었다.

한편, 2월 17일에는 『영국인들에게 신중하게 고함』(*A Serious Address to the Inhabitants of England*)을 썼는데 영국의 상황에 대해 무지한 자들에 의해 왜곡된 사실을 교정하기 위해 썼다고 했다.[20] 한편, 그토록 박해가 심했던 아일랜드에서의 상황은 완전히 반전되어 있었다.

3월 초에 아일랜드로 가서 7월 19일에 떠날 때까지 약 4개월이나 머무르며 집회를 인도했는데, 대부분 무난하게 순회설교 일정을 이어갈 수 있었고, 그 지역의 성직자들이나 관료들도 웨슬리를 호의적으로 대해 주었다.

5월 9일 『아일랜드 사람들에게 열정적으로 고함』(*A Compassionate Address to the Inhabitants of Ireland*)을 써서, 몇몇 선동적인 애국자들(mock-patriots)이 마치 아일랜드가 곧 망할 것처럼 말하지만, 하나님의 말씀이 사람들을 깨우고 신실한 종들이 기도와 말씀대로 살아가기 때문에 그렇지 않다고 했다. 영국에서도 그런 일이 있었는데 아일랜드에도 그런 일이 반복되고 있는 현실을 보고 웨슬리는 비이성적이고 맹목적인 사상이나 종교가 얼마나

---

[18] Ward and Heitzenrater, *Journal and Diaries*, 23:65 and note 19.

[19] Tyerman, *John Wesley*, 3: 281-85. Nolan Harmon, ed., *The Encyclopedia of World Methodism*, vol. 1 (Nashville, TN: The United Methodist Publishing House, 1974), 139.

[20] Ward and Heitzenrater, *Journal and Diaries*, 23:76. 1777년에 출판한 "영국인들에게 냉정하게 고함"(A Calm Address to the Inhabitants of England)과 1778년에 출판한 "영국인들에게 신중하게 고함"(A Serious Address to the Inhabitants of England)을 혼동하기 쉬우므로 잘 구별할 필요가 있다.

파괴적인지 다시 한번 확인하게 되었다.[21]

5월 23일 쿠테힐(Cootehill)에서 칼빈주의 장로교도들의 모임 장소에서 설교하게 되었을 때 보니 스코틀랜드장로교들(Seceders), 아리안들(Arians), 모라비안들 등 다양한 교인들이 모였을 때 웨슬리는 담대하게 "거룩함이 없이 누구도 주를 볼 수 없다"(Without holiness no man shall see the Lord, Heb. 12:14)고 선포했다. 6월 25일엔 크세노폰의 『사이러스의 교육』(Education of Cyrus or Cyropaedia)를 다 읽었는데, 역사적인 내용이지만, 역사는 아니고, 주로 교육에 대한 소크라테스식 대화편인데, 유명세에 비해 감동적이지 않다고 평가했다.

그러나 7월 4일 『마르세이의 생애』(Life of Mr. Marsay)를 읽고 그의 경건한 삶에 감동하였다. 웨슬리는 철학적-문학적 저작들을 평가하는 능력이 탁월했는데, 그중에서 삶이 결여된 이론적 서술보다는 삶으로 표현된 경건에 더 높은 가치를 두었다.

다만, 마르세이의 경우처럼 높은 수준의 경건이지만 성경적 내용보다는 자신만의 이상을 따라 지나치게 소모적인 열정만을 가지고 사는 것이 결코 기독교적 삶이 될 수 없다고 하면서, "진리와 허위를, 경건과 지나친 열정을 적절하게 혼합하는 작가들이 다른 어떤 사람들보다도 위험한 인물"(I do not know that ever I read a more dangerous writer, one who so wonderfully blends together truth and falsehood, solid piety and wild enthusiasm)이라고 지적했다.[22]

7월 7일에 아일랜드 설교자들 20여 명이 모여 연회를 했는데, 그들 중 한 명이 영국 국교회를 떠나야 한다는 의견을 제시했지만, 웨슬리는 "그것이 하나님의 뜻이 아니다"(it is our duty not to leave the Church, wherein God has

---

21　Tyerman, *John Wesley*, 23:85; Jackson, *Works*, 11:149-54.
22　Tyerman, *John Wesley*, 23:97-8.

blessed us and does bless us still)고 분명하게 밝혔다.[23]

사실 그 문제는 이미 10년 전인 1768년 리즈연회 때 심각하게 제기된 바 있는데 그때 이후로 메도디스트들이 영국 국교회를 떠나야 한다는 의견이 끊임없이 제기되면서 웨슬리에게는 시간이 흐를수록 무겁게 다가오는 문제였다. 연회 후 신도회를 떠난 사람들을 심방 해서 돌아오도록 설득했지만, 소용이 없었다. 아일랜드 선교를 마칠 즈음에 하나님을 알고, 사랑하고, 즐거워하지 않으면 결국은 허무와 영적인 혼란만 있을 뿐이라는 사실을 다시 한번 확인하고, 7월 19일 돌아오는 배에 올랐다.[24]

8월 4일 리즈에서 개최된 연회에서 매우 현실적인 문제, 즉 "왜 우리 설교자 중에서 자주 신경쇠약에 걸리는가?"(Why do so many of our preachers fall into nervous disorders?)라는 문제를 다루었다. 그에 대한 처방으로 나태와 무절제(indolence and intemperance)를 피하라고 했다. 그리고 좀 더 구체적으로 설교자가 된 이후로 운동이 부족하니 매일 운동을 할 것과 술이나 담배 등을 피하고 적당량의 식사를 하고, 밤 10시 전에 눕고, 오전 6시 전에 일어나라고 권했다.[25]

하지만, 다음과 같은 두 가지 문제를 배제한 채 설교자들 안에 나타나는 병적 현상의 문제를 해결할 수는 없을 것이다.

첫째, 영적인 사명을 감당하기 위해 갖추어야 할 교육에 대해 언급하지 않은 것은 자신들의 현실적인 문제를 회피하는 것과 같다. 사실, 당시

---

[23] Tyerman, *John Wesley*, 23:98 and note 91; Tyerman, *John Wesley*, 3:269-70. 이것이 아일랜드에서 개최된 연회 중에서 최초로 회의록으로 기록된 연회이다. 그리고 웨슬리의 기록에 의하면 거의 이견이 없이 결론이 난 것처럼 되어 있지만, 사실은 논쟁이 있었다고 전하는 기록도 있다.
[24] Tyerman, *John Wesley*, 23:100.
[25] Rack, *The Minutes of Conference*, 10:483.

평신도 설교자들 간에는 성경적인 지식과 세상적인 교육이 결여되어 있었기 때문에 자신들만의 이상과 열정만을 지나치게 추구하다 결국 감당하기 어려운 영적 혼란에 빠지게 되고, 그러한 영적 혼란과 부담은 결국 정신적인 혼란과 도피 등으로 나타날 수 있다.

둘째, "그리스도인의 완전"의 교리 등 모든 죄로부터 자유롭게 될 수 있다는 가르침과 현실적인 삶과의 괴리적 현상도 빼놓을 수 없는 문제이다. 사실 당시 런던에 거주하던 지도자들 중에서 포슨, 랜킨, 테넌트 등도 죄책감이나 우울증, 혹은 죽음에 대한 두려움 등에서 자유로운 사람은 없었다고 한다.[26]

1778년 11월 1일은 메도디스트 역사에 있어서 매우 의미 있는 날이다. 즉, 소위 "새로운 시티로드채플"(the New Chapel in the City Road)을 개원한 날이기 때문이다. 지난 35년간 파운더리를 사용하면서 특히 메도디스트 사역자들의 다수를 차지하는 여성 사역자들을 위한 공간이 부족했고, 각종 특별 예배를 드릴 때도 주위의 예배당 건물이나 다른 용도로 지어진 건물들을 빌려쓰곤 했다.

그래서 1776년부터 새로운 건물을 위한 모금 운동을 전개하여, 다음해에 웨슬리의 어머니 수잔나가 묻힌 번힐필드(Bunhill Fields)의 길 건너편에 있는 올드 파운더리에서 그리 멀지 않은 '시티로드'(the City Road)에 있는 큰 건물을 구입하여 메도디스트들을 위한 본부 건물로 사용하기 위해 공사를 시작할 수 있었다.

---

[26] Ward and Heitzenrater, *Journal and Diaries*, 23:194. 존 포슨(John Pawson)의 경우에 대해서는 다음을 보라. Ward and Heitzenrater, *Journal and Diaries*, 22: 87 note 6. 토마스 테넌트(Thomas Tennant)에 대해서는 다음을 보라. Charles Atmore, *The Methodist Memorials*, 414-16.

1777년 4월 21일에 머릿돌이 세워진 지 1년 6개월이 지나서 마침내 공식적으로 입주하게 되었다. 건물이 완공된 후 웨슬리는 "꽤 괜찮지만, 그렇게 좋지는 않은 건물이다. 하지만, 파운더리보다 훨씬 많은 사람을 수용할 수 있다"(It is perfectly neat, but not fine; and contains far more people than the Foundary)라고 평가한 후 모닝채(Morning Chapel)와 합치면 그 근교 '토튼햄 코트 로드'(Tottenham Court Road)에 있는 칼빈주의자들의 본부 격인 테버나클(Tabernacle)과 비슷한 크기라고 했다. 그날 웨슬리는 성전 봉헌식 때 한 솔로몬의 기도(왕상 8:22; 대하 6:12)와 시온산에서 어린양과 함께 있는 14만 4,000명에 대해(계 14:1) 언급하며 설교했다.[27] 그 건물은 "웨슬리채플"(Wesley's Chapel)이라고도 불린다.

그런데 메도디스트들만을 위한 새로운 채플이 생김으로서 몇 가지 혼란스러운 일들이 발생했는데, 다음의 안수 받은 네명, 즉 찰스 웨슬리, 토마스 콕, 존 리차드슨(John Richardson), 존 아브라함(John Abraham) 외에 평신도 설교자들은 그곳에서 주중 외에 예배를 인도할 수 없다고 했다.

1776년에 뉴채플 건립과 운영 계획이 확정될 때 이미 "오직 감독의 손가락이 그들의 머리를 터치하지 않았다"(Their heads had not been touched by a bishop's fingers)라는 이유만으로 예배를 인도할 수 없다는 결정에 평신도 설교자들은 강한 불만을 표시했다.[28] 특히, 뉴채플이 봉헌되기 몇 달 전에

---

[27] Ward and Heitzenrater, *Journal and Diaries*, 23:111-12.
[28] Tyerman, *John Wesley*, 3:216-22. 예배당 안에 특권층을 위한 좌석이 배정되어 지위가 높은 사람이나 돈을 더 많이 낸 사람들이 차지하는 관행은 종교개혁 이전에도 있었고, 종교개혁 때에도 시행되던 제도였다. 루터도 그렇게 설계된 예배당에서 그 관행을 실시하며 예배를 인도했고, 또한 그들과 협력하면서 종교개혁을 진행했다. 그 후 200년이 지난 웨슬리 때에도 그러한 관행은 여전히 시행되고 있었고 웨슬리채플 또한 그러한 관행에 따라 운영되었다. 하지만, 웨슬리는 동료 지도자들과 신중하게 토론한 결과 런던의 "뉴채플이나 웨스트스트리트채플에서는 어느 누구도 자기 자리를 주장할 수 없다"(none should claim any pew as his own, either in the new chapel, or in West Street)라고 결정한 것은 상당한 진보라고 볼 수 있다. 후에 벤자민 로버트(Benjamin Titus Roberts)

런던교구(the Rondon Circuit)로 임명받은 평신도 설교자들, 즉 존 포슨(John Pawson), 토마스 랜킨(Thomas Rankin), 토마스 테넌트(Thomas Tennant), 피터 제이코(Peter Jaco) 등이 격렬하게 항의했고, 안수받은 콕이나 리차드슨을 포함한 다른 평신도 설교자들도 그에 동조했다.

사실 그러한 결정은 뉴채플에서 인도할 예배에 집중하기 위해 브리스톨에서 런던으로 이주한 찰스가 고집스럽게 주장한 것인데 그는 형에게 편지하여 자신의 결정에 반대하는 평신도 설교자들이 위험할 정도로 교만하다고 평가하며 형이 나서서 그러한 잘못된 태도를 시정해야 한다고 제안했다.

그런데 평신도 설교자인 포슨(Pawson)이 쓴 편지는 당시 상황을 잘 설명해 주고 있다. 그에 의하면 찰스는 형과 달리 설교가 "무미건조하고, 생명이 없이"(dry and lifeless) 하면서 자신보다 설교를 잘하는 평신도 설교자들을 시기한다고 했다. 예를 들어, 존 햄슨(John Hampson)이 뉴채플에서 설교하겠다고 하자 찰스가 반대하며 그를 욕심 많은 늑대(a grievous wolf)라고 부르며 형과 자신이 죽은 다음에 양떼를 분열시킬 사람이라고 분노했다고 전했다.[29]

1779년에 영국은 미국과의 전쟁 결과로 많은 빚을 지게 됨으로써 경제적으로 심각한 위기를 맞이했고 정치적으로도 미국뿐만 아니라 스페인과 프랑스로부터도 위협을 받는 등 심히 불안한 상태였다. 영적으로도 거짓 선지자들이 나타나 마치 재앙이 곧 닥칠 것처럼 말하며 국민을 더욱 불안

는 웨슬리안 목회자로서 노예 제도를 반대하면서 동시에 예배당 좌석은 가난한 자들까지 포함하여 모든 사람에게 차별 없이(free) 제공되어야 한다고 주장했고, 그의 뜻에 동조하는 사람들에 의해 1860년 뉴욕에 설립된 교회가 바로 자유감리교회(Free Methodist Church)이다.

29 Tyerman, *John Wesley*, 3:297-309, 312.

하게 만들고 있을 때 웨슬리는 시편 43:5[30]을 가지고 기도하도록 격려했다. 때로는 설교로, 때로는 금식을 하며 한 해 동안 계속 국가의 안전을 위해 기도하며 설교했다.

그 해를 지나며 주위에서 벌어지는 상황을 보고 웨슬리는 10월 10일 사무엘 브래드번(Samuel Bradburn)에게 편지하여, 하나님께서 기도를 들으시고 적들이 영국을 침범하지 못하도록 하신 이유 두 가지를 말하는데, 하나는 미국군이 플리마우스(Plymouth)에 충분히 상륙할 수 있었음에도 결국은 물러간 것, 다른 하나는 침략군들 안에 치명적인 열병(the malignant fever)이 돌아 수천 명이 죽은 경우를 보면 하나님께서 분명 우리의 기도에 응답해 주셨다고 했다.[31]

4월 15일 할리팩스(Halifax)에 갔는데, 누군가에 의해 나팔 부는 천사상(An angel blowing a trumpet)이 강대상 위에 설치되었는데, 그것을 찬성하는 사람과 반대하는 사람들 사이에 극한 대립이 일어났다. 그에 반대하는 사람이 그 천사상을 제거하고 교회 마당에서 불태워버렸다.

그 천사상을 세웠던 사람들이 다음날 그것을 발견하고 격렬하게 항의한 후 신도회를 떠나버렸다. 그 주간에 이미 언급한 바 있는 바론 스웨덴보그(Baron Swedenborg)가 천국과 지옥에 대해 묘사한 것을 보았는데, 삼위일체 하나님보다는 한 분이신 하나님을 주장하며 마치 삼위일체 하나님을 믿는 사람은 천국에 갈 수 없다고 하는 등 심각한 오류를 지적하며 조심 없이 그와 같은 비성경적인 교리를 따르는 사람들에게 경고했다.[32]

---

[30] 시 43:5 내 영혼아 네가 어찌하여 낙심하며 어찌하여 내 속에서 불안해 하는가 너는 하나님께 소망을 두라 그가 나타나 도우심으로 말미암아 내 하나님을 여전히 찬송하리로다.
[31] Telford, *Letters*, 6:358.
[32] Ward and Heitzenrater, *Journal and Diaries*, 23:126-27.

4월 24일 크로스홀(Cross Hall)에서 웨슬리를 만난 테일러는 웨슬리의 열정에 감탄하며, 25일 브리스톨로 함께 가서 설교할 때 테일러는 자신이 그 이전에 볼 수 없었던 많은 무리가 모였다고 보고했다. 26일 허더즈필드(Huddersfield)에서 설교하자 대단한 부흥이 일어나고 있었는데 한 번에 20명이 회심하는 때도 있었다. 그 외 다른 지역에서는 감독이나 사제들이 웨슬리에게 설교를 요청하는 일이나 많은 사제가 참석하여 웨슬리의 설교를 듣는 일, 그런가 하면 정부 관리들이나 군인들도 회중 가운데 많이 참여하는 일 등은 전에는 없었던 일들이다.[33]

한편, 미국에서는 미 남부 지역의 메도디스트 설교자들이 5월에 연회를 개최하고(The Conference of Southern Methodist preachers), 양떼들을 돌봐야 한다는 명목을 가지고 몇몇 시니어 설교자가 평신도 설교자들에게 안수하게 하여 그들이 세례식과 성찬식을 집례하도록 하는 일이 발생했다. 물론, 그러한 독자적인 행동은 웨슬리뿐만 아니라 미국 내에 있던 동료 메도디스트 지도자들을 당황스럽게 만든 일이었기에 1780년 4월에 개최된 볼티모어연회에서 정죄당했다.[34]

5월 중순부터 거의 한 달간의 일정으로 스코틀랜드로 가서 순회설교를 했는데, 그곳에서도 웨슬리는 예전과 달리 환영과 환대를 받았다. 유명 인사 중 하나인 제임스 보스웰(James Boswell)은 "나는 몇 가지 점에서 웨슬리와 의견을 달리하지만, 그의 다양한 은사와 종교적 열정을 존경한다"(Though I differed from Mr. John Wesley in some points, I admired his various talents, and loved his pious zeal)라고 말하기도 했다.

---

[33] Ward and Heitzenrater, *Journal and Diaries*, 23:124-28; 4월 24일과 25일의 일정에 대해서는 웨슬리가 저널에서 언급한 바 없지만, 타이어맨이 테일러의 일기의 내용에 따라 전해준 것이다. See Tyerman, *John Wesley*, 3:292-3.
[34] Telford, *Letters*, 7:20.

그 후 스코틀랜드를 떠나 6월 22일 뉴캐슬에 도착하여 하루를 쉰 후 다음날부터 영국의 동부 해안 지역을 따라 이동하며 설교를 한 뒤 한 달쯤 지난 7월 23일 런던에 도착했다. 런던에서 8월 3일 연회를 개최했는데, 런던 교구 외에 다른 19개 교구에서도 인원이 감소했다는 보고가 있었다. 어떻게 그런 일이 일어났는지 살펴본 결과 웨슬리는 다음과 같은 원인을 찾아냈다.

> **첫째**, 익숙한 장소에서 설교하면서 더 많은 새로운 장소에서 설교하지 못했다.
> **둘째**, 평소에 왕이나 정부 관료나 특히 메도디스트 내 지도자들에 대해 편견으로 비판하는 설교를 했다.
> **셋째**, 가장 직접적인 원인은 메도디스트들이 어느덧 세속화되면서 세상의 일에 더 많은 관심을 두고, 세상을 닮아가기 때문이다.[35]

그 외에 순회설교자들이 설교한 후 급히 집으로 돌아가고 사명이 주어질 때까지 집에 오래 머물러 있는 문제를 지적하며 웨슬리는 모든 설교자가 다시 야외설교에 집중하고 가정마다 심방 하는 일에 매진할 것을 촉구했다. 그때까지 영국 전역에서 증가하기만 했던 메도디스트들이었는데, 웨슬리 생전에 전국적으로 감소하는 현상을 목격하는 것은 충격이었을 것이다.

9월 4일 브리스톨에 도착하여 13일 바스(Bath)에서 설교했는데, 그때 아내의 건강을 위해 바스로 이주해 온 순회설교자 에드워드 스미스(Edward Smyth) 목사를 발견하고 그가 바스에 거주하는 동안 매주 오후에 설교할 수 있도록 임명했다. 그러한 조치에 반발한 사람은 평신도 설교자 알렉산

---

[35] Rack, *The Minutes of Conference*, 10:491-92.

더 맥냅(Alexander McNab)이다. 그는 당시 34세로서 지난 13년 동안 훌륭하게 순회설교자로서 사명을 완수했고, 연회에서 브리스톨 지역의 사역자로 임명을 받았기 때문에 당연히 자신이 바스 지역의 설교자라고 믿고 있었다.

그런데 웨슬리가 스미스 목사를 설교자로 임명하자, 지역의 설교자는 연회에서 임명하는 것이지 웨슬리 개인이 임명하는 것이 아니라고 처음으로 반발한 것이었다. 비록, 웨슬리가 11월 22일 바스에 찾아가서 과거의 문서, 즉 설교자들은 웨슬리가 임명할 수 있다는 문서를 그대로 읽어 주었지만, 맥냅에 동조하는 사람들의 불만은 쉽게 가라앉지 않았다. 결과적으로 바스신도회는 분열되었고 브리스톨 교구도 혼란 가운데 빠졌다.[36]

다음해부터 맥냅은 설교자들의 모임에서 제외되는 것으로 문제가 해결된 듯했지만, 그 사건은 메도디스트들 내에서 웨슬리의 권위에 도전한 최초의 사건이었기에 간단히 해결될 문제가 아니었다. 1780년 1월에 브리스톨의 사역자(Assistant at Bristall)였던 테일러에게 쓴 편지 내용을 보면 웨슬리는 자신과 동역하는 설교자들을 "복음 안에서 아들들"(sons in the gospel)이라 부르며 당시 160명의 설교자 가운데, 비록 50명이 떠나도 모든 설교자는 반드시 자신의 지시에 순종해야 한다고 단호하게 말했다.[37]

그러나 설교자들을 임명하는 것이 웨슬리 고유의 권한인가 아니면 연회의 권한인가를 정리하지 않으면 안 되는 시기가 임박하고 있는 것이 문제였다. 1780년에 웨슬리는 맥냅과 화해를 하고 연회에서 그를 순회설교자로 다시 복원시켰다.[38] 물론, 그러한 결정은 동생 찰스의 뜻을 거스르는

---

[36] Tyerman, *John Wesley*, 3:303-06.
[37] Telford, *Letters*, 6:375-6. See also Tyerman, *John Wesley*, 3:306. 텔포드는 이 편지가 1780년 1월 18일 테일러에게 보내진 것으로 추측한다.
[38] Tyerman, *John Wesley*, 3:313. 그 후 맥냅은 몇 년간 더 다른 지역의 설교자와 목회자로 봉사하다가 쉐필드(Sheffield)에 정착하여 작은 교회에서 목회하다가 1797년에 생을 마

일이었기에 둘의 관계는 다시 소원해졌다. 사태는 찰스가 염려하는 방향으로 진행되고 있었기에 그는 형에게 편지하여 평신도 설교자들을 조심하라고 간절하게 요청하였다.[39]

찰스는 평신도 설교자들의 개인적인 자질의 문제도 있지만, 그들이 권한을 가지면 분명히 자신들만의 권위를 갖기 위해 영국 국교회로부터 분리할 것을 염려하고 있었던 반면에 평신도 설교자들은 찰스가 자기보다 설교를 잘하는 평신도 설교자들을 시기하며 배제하려고 한다고 생각하는 것이 문제였다.

한편, 찰스의 자녀 중에서 두 아들, 즉 21세인 찰스 웨슬리(Charles Wesley, Junior)와 13세인 사무엘 웨슬리(Samuel Wesley)가 있었는데 집에서 음악 콘서트를 수년간 진행했다.[40] 그 콘서트에는 평균 30-50여 명이 참석했는데, 특히 교양 있는 부자들이나 유명 인사들을 교회로 인도하는 계기가 되었고, 아버지는 자녀들이 하는 일에 대해 자랑스럽게 생각하고 있었다. 하지만, 그러한 음악회는 종교적인 회심으로 이끌지 못하므로 결국은 세속적인 모임에 불과하다고 못마땅해하는 동료 메도디스트들이 있었다는 것이 또한 문제였다.

웨슬리 또한 1781년 1월 25일 음악회에 참석한 후 그렇게 수준 높은 음악은 대중들로부터 너무 멀다고 느꼈고, 그런 면에서 그는 단순한 음악과 단순한 사람들이 더 좋다(I love plain music and plain company best)고 했다.[41] 결과적으로 보면, 더 좋은 건물 안에서, 더 많은 설교자가 설교했고, 밖으로는 품격 높은 음악회를 개최하면서 목회를 했는데, 그 해에 뉴채플에 출감했다.

---

[39] Tyerman, *John Wesley*, 3:312.
[40] Tyerman, *John Wesley*, 3:313. 3:360-61.
[41] Tyerman, *John Wesley*, 3:313. 참조 Tyerman, *John Wesley*, 3:301-02, 345; Ward and Heitzenrater, J*ournal and Diaries*, 23:192.

석하는 인원은 감소했다는 것은 시사하는 바가 크다. 결국, 그 음악회는 1786년 4월 이후 더 이상 지속하지 못한 것으로 보인다.⁴²

1779년에 자신을 교황주의자라고 비판하는 사람들에게 자신이야말로 교황주의자들이 무엇이 잘못되었는지 밝혀주는 사람이라고 주장한 『냉정하게 살펴본 교황주의자』(*Popery Calmly Considered*)를 썼다. 그 외에 1752년에 쓴 『냉정하게 살펴본 예정론』(*Predestination Calmly Considered*)과 10명의 순회설교자들에 대한 평가와 93개의 편지와 70여 개의 시적인 작품들을 「알미니안 잡지」에 발표하였다.⁴³

2. 1780-82년: 아내의 죽음과 도전받는 웨슬리의 권위

1780년이 시작되자, 첫 두 달 동안 런던과 인근에서 지낼 때, 1월 22일 애쉬톤 레버(Ashton Lever) 경의 개인 박물관에서 전시된 각종 파충류 등 자연으로부터 수집한 것들을 감상했다. 2월에는 런던과 브리스톨 지역에서 신도회를 점검한 후 3월 13일 북쪽 지역으로 떠났다.⁴⁴

4월 7일 웨슬리는 델프(Delph)란 지역을 처음으로 방문해서 설교했고, 4월 27일 역시 처음으로 블랙번(Blackburn)에 가서 설교할 때는 도대체 어디에서 그렇게 많은 사람이 모였는지 알 수 없을 정도로 모여 은혜를 받았

---

42 Telford, *Letters*, 7:324.
43 Tyerman, *John Wesley*, 3: 316-17.
44 2월 28일은 웨슬리가 Newbury, Bath, 그리고 브리스톨 지역에서 설교하면서 동시에 신도회를 점검한 후 실제로 3월 13일 북쪽 지역으로 떠났는데 타이어맨은 "2월 28일 그는 북쪽 지역으로 떠났다"(On February 28, he started on his journey to the north)라고 했다(Tyerman, *John Wesley*, 3:323). 그날 웨슬리의 저널에는 "Mon. 13. I set out for the north"라고 했고, 그 날은 3월 13일을 의미했다. See, Ward and Heitzenrater, *Journal and Diaries*, 23:161.

고, 한때 메도디스트 설교자들을 심하게 핍박했던 페이틀리 브릿지(Pateley Bridge)에서도 웨슬리를 환영하며 그 지역의 목회자는 교회에서 설교할 수 있도록 친절하게 배려해 주는 변화가 일어났다.

또한, 5월 초에는 처음으로 립폰(Ripon)에 가서 설교했다. 평생을 순회하며 설교한 사람으로서 이미 형성된 조직만 관리하기에도 힘이 부족한데 델프, 블랙번, 립폰 등 새로운 지역에 찾아가서 설교했다는 것은 그가 얼마나 영혼 구원을 우선으로 하고 있는지 보여 주는 매우 좋은 예라고 할 수 있겠다. 11일 뉴캐슬로 가서 다시 스코틀랜드로 향했다.[45]

1780년 6월 28일 일기에 의하면 웨슬리는 "내가 어느덧 78세가 된 것을 믿을 수 없다"(I can hardly think I am entered this day into the seventy-eight year of my age)라고 했다. 그런데 정확하게 계산하면 그 날은 웨슬리가 77세가 된 날이다. 웨슬리가 1777년 6월 28일자 일기에 "내 생애 74년을 마쳤다"(I have now completed my seventy-fourth year)라고 한 것이나, 1778년에 "나는 오늘 75세가 되었다"(I am this day seventy-five years old)라고 한 것은 옳다.

그렇다면 1779년에 76세가 되는 것이고 그 다음해인 1780년엔 77세가 되어야 하는데, 78세라고 쓴 것은 아마도 70대 후반이 된 웨슬리가 혼동한 것 같다.[46] 그런 관점에서 보면, 1781년 6월 28일 "나는 오늘 79세가 되었다"(This day I entered my seventy-ninth year)고 한 것과 1782년 6월 28일 "나는 80세가 되었다"(I entered into my eightieth year)고 한 것도 잘못이다.[47] 실제로 웨슬리가 80세가 되는 날은 1783년 6월 28일이다. 그의 비석에도 88세로

---

[45] Tyerman, *John Wesley*, 3:323-27.
[46] Tyerman, *John Wesley*, 3:244, 355. 다음의 기록들을 참고할 것. Ward and Heitzenrater, *Journal and Diaries*, 23:57 (1777년 6월 28일, 74세라 한 날), 98 (1778년 6월 28일, 75세라 한 날), 1779년엔 자신의 생일에 대한 언급이 없다.
[47] Ward and Heitzenrater, *Journal and Diaries*, 23:244. 필자는 그러한 전 이해하고 웨슬리의 일기에 나타나는 날짜를 교정하지 않고 그대로 인용할 것이다.

되어 있는 것을 보면 전기 작가들도 웨슬리의 계산을 그대로 따른듯한데 사실 웨슬리는 만 87세 9개월 만에 죽었다.

1780년에 발생한 일 중에서 언급하지 않을 수 없는 것은 설교자들 내에서 교리적 문제로 정죄하는 일이 발생한 것이다. 콕은 조셉 벤슨(Joseph Benson)이 아리아니즘(Arianism)의 영향을 받고 예수의 신성을 부인하고 있다고 정식으로 제소하며 연회에서 잘못을 인정하라고 요청했다. 그러나 그러한 방법을 원치 않았던 웨슬리는 조사위원회를 구성해서 조사해 본 결과 위원회는 만장일치로 문제가 없음을 인정했고 두 사람은 연회에서 화해했다.

그런데 콕은 브래드번(Bradburn)도 비슷한 문제가 있다고 제소하는 등 설교자들 사이에 문제가 발생하자 웨슬리로서는 설교자들 사이에서 더 이상 갈등과 분열이 생기지 않도록 교리적으로 통일을 이루는 문제가 큰 숙제로 대두되었다.[48]

브리스톨에서 8월 1일 개최된 연회는 다른 때보다 더 오래 진행해 9일에 마치게 되었는데, 많은 사람이 여러 지역에서 모이고 좀 더 심도 있게 논의하기 위해 시간이 더 필요했던 것 같다.[49]

연회의 가장 큰 이슈는 속회(class meetings)를 더욱 활성화하자는 것인데, 그 일이 가능하기 위해서는 부적절한 지도자들(improper leaders)을 제외하고, 좀 더 합리적인 판단을 하는 신실한(man of sound judgment, but truly pious) 리더를 세우는 것이라고 했다. 웨슬리는 리더들에게 새벽에 20명 이상 모이면 반드시 설교하고, 회중들을 거룩하게 세우라고 했는데 거룩함이 없이 주님을 볼 수 없기 때문이라고 했다(to build them up in that holiness without which they cannot see the Lord). 그리고 모든 설교자가 금식기도를 등한히 하지 말라고 했다.

---

[48] Rack, *The Minutes of Conference*, 10:496.
[49] Ward and Heitzenrater, *Journal and Diaries*, 23:182-3.

한편, 설교자들의 삶에 대해 두 가지를 정리했는데 한 가지는 설교자들의 아내는 옷을 단정히 입고 말과 행동에 있어서 거룩한 모범을 보여야한 다고 했다. 그런가 하면, 신도회원들이 설교자들의 집(preachers' house)을 마치 커피숍(coffee shops) 드나들듯이 하는데 앞으로는 허락 없이는 들어갈 수 없도록 했다. 그런가 하면, 설교자들의 집(preachers' house)을 마치 커피숍(coffee shops)을 드나들듯이 하는데 앞으로는 허락 없이는 들어갈 수 없도록 했다.[50]

당시까지 64개의 교구에 멤버들은 4만 3,830명이고, 순회설교자들은 171명이라 보고되었다. 그리고 당시 미국에는 20개 교구와 42명의 순회 설교자들과 8,504명의 신도회 회원들이 있었다.[51] 한편, 당시 73세였던 찰스는 회의의 진행과 결과에 불만을 토로하며 앞으로 절대로 연회에 참석하지 않겠다고 선언했다.

미국에서는 볼티모어(Baltimore)에서 4월 24일 연회를 개최하고 영국 국교회와 지속적인 관계를 유지하기로 했다. 미국에는 메도디스트들이 급속하게 성장하지만, 성찬식을 인도할 자격을 갖춘 목회자들이 없으므로 주변에 메도디스트에 호의적인 성직자들을 초대하여 성찬식 인도를 부탁하는 등 많은 어려움을 겪고 있었다. 그런데 문제는 선교지에서 발생하는 여러 가지 상황과 그에 따른 요청에도 불구하고 웨슬리는 그에 대한 어떠한 조치도 취할 수 없다는 것이었다.[52]

1780년에 영국군이 사우스 캐롤라이나(South Carolina)의 왕의 산(King's Mountain) 전투에서 패배했고, 다음해에는 카우펜스(Cowpens) 전투에서 패

---

50 Tyerman, *John Wesley*, 3:329. 『200주년 기념 웨슬리 총서』에 수록된 총회록에서는 이러한 내용을 발견할 수 없지만, 타이어맨은 『웨슬리 총서』(*Wesley's Works*, 12:379)에 의존하여 가치 있는 내용을 밝혀 주고 있다.
51 Minutes of Methodists Conferences in America. Tyerman, *John Wesley*, 3:330 에서 재인용.
52 Tyerman, *John Wesley*, 3:330-31.

하는가 하면 프랑스 군은 햄튼로드(Hampton Rodas)에서 영국 해군을 물리치고 체사피크 항(Chesapeake Bay)을 봉쇄해 버렸다. 마침내, 요크타운(Yorktown) 전투에서 영국군이 항복함으로써 찰스톤(Charleston)과 사바나(Savannah)에서 완전히 철수하게 되면서 영국은 더 이상 미국에 대한 통치권을 행사할 수 없게 되었다.

결과적으로 웨슬리에게 미국은 가장 관심을 가져야 할 선교지가 되었다. 가장 시급한 문제는 미국에 있는 메도디스트들에게 설교자들이 부족했고, 특히 세례식과 성찬식을 집례할 목회자들이 절대적으로 부족하다는 것이었다. 그래서 웨슬리는 1780년 8월에 런던의 주교인 로우드(Lowth, the Bishop of London) 박사에게 편지를 써서 미국에서 선교를 도울 목회자들을 보내 달라고 요청했다. 그런데 로우드 주교는 "이미 세 명의 사제들이 활동하고 있습니다"(There are three ministers in that country already)라고 답변만 보내왔다.⁵³

웨슬리는 "그 큰 나라에서 그 많은 영혼을 돌보는데 세 명뿐이라니요?"(but what are three to watch over all the souls in that extensive country?)라고 반문하며 거듭 요청했지만, 더 이상 답변이 없자 웨슬리는 크게 실망하여 영혼 구원을 외면하는 목회자의 지식은 "돼지 코에 걸린 진주와 같다"(As a jewel in a swine's snout)라는 말과 함께 다음과 같이 주교의 심기를 불편하게 만들었다.

> 당신은 라틴어나 헬라어는 조금 알고 고래를 잡을지언정 영혼 구원에 대해 전혀 알지 못하는 사람들에게 안수하여 아메리카로 보내는 것이 좋겠다고 생각하고 있군요(Your Lordship did see good to ordain and send into America other persons who knew something of Greek and Latin, but who knew no more of saving souls than of catching whales).⁵⁴

---

53 Telford, *Letters*, 7:20, 30.
54 Telford, *Letters*, 7:30-31. See Tyerman, *John Wesley*, 3:332-33.

1780년이 다하기 며칠 전 77세가 된 웨슬리는 자신이 태어난 이래 70대 후반에 이르기까지 영적으로 15분 이상 낙망한 상태에서 보낸 적이 없다고 했는데 웨슬리 특유의 과장접인 것 같다.[55]

1780년에 웨슬리는 『하나님과의 계약을 갱신하는 방안들』(Directions for Renewing our Covenant with God), 『아메리카 반란의 발생과 진행에 대하여』(Reflections on the Rise and Progress of the American Rebellion), 그리고 520페이지나 되는 『메도디스트들을 위한 찬송집』(A Collection of Hymns for the use of the People called Methodists)과 「알미니안 잡지」를 8권으로 묶어 출판했다. 그리고 웨슬리는 "마음에 드는 초상화를 원하는데, 만약 그렇지 못하면 아예 초상화를 남기지 않겠다"(He declared that he will have better, or none at all)라고 했다.[56]

1781년은 연초부터 새로운 설교 "자녀들아. 우상을 멀리하라"(Little children, keep yourselves from idols) "열심"(Zea), "동물 창조"(The Brute Creation) 등을 썼는데, 특히 부유해진 메도디스트들의 문제를 지적하며 혹독하게 책망한 "부의 위험성"(Danger of Riches)에 주목할 필요가 있다.

이즈음 웨슬리가 연초부터 순회하면서 행한 설교의 본문과 내용이 당시 웨슬리의 생각이 어떠했는지, 즉 그의 신학적 내용이 무엇인지 여실히 보여 주고 있다. 1월 7일 런던 뉴채플에서 요한일서 3:8의 말씀을 전했다.

죄를 짓는 자는 마귀에게 속하나니 처음부터 범죄함이니라 하나님의 아들이 나타나신 것은 마귀의 일을 멸하려 하심이니라(요일 3:8).

---

[55] 「메도디스트 매거진」(Methodist Magazine, 1781), 185. Tyerman, John Wesley, 3:341-42에서 재인용. 영어 원문: "I do not remember to have felt lowness of spirits for one quarter of an hour since I was born."

[56] Tyerman, John Wesley, 3:342-44.

1월 14일 성 요한의 왜핑(St. John's Wapping)에서 로마서 12:1 말씀으로 설교했다.

> 그러므로 형제들아 내가 하나님의 모든 자비하심으로 너희를 권하노니 너희 몸을 하나님이 기뻐하시는 거룩한 산 제사로 드리라 이는 너희의 드릴 영적 예배니라(롬 12:1).

1월 18일 벌링(Birling)에서 마가복음 1:15 말씀으로 설교했다.

> 회개하고 복음을 믿으라(Repent and believe the gospel, 막 1:15).

2월 12일 노리치에서 빌립보서 2:12-13 말씀으로 설교했다.

> 그러므로 나의 사랑하는 자들아 너희가 나 있을 때 뿐 아니라 더욱 지금 나 없을 때에도 항상 복종하여 두렵고 떨림으로 너희 구원을 이루라(Work out your own salvation) 너희 안에서 행하시는 이는 하나님이시니 자기의 기쁘신 뜻을 위하여 너희로 소원을 두고 행하게 하시나니(빌 2:12-13).

전체적으로 보면, 몸과 마음을 산 제사로 드리는 예배와 회개를 통해 죄를 이기고 우리 자신의 구원을 이루라는 말씀을 강조하고 있는 것이 나태해진 메도디스트들을 깨우고 있다. 당시 웨슬리의 모든 관심은 하나님의 구원으로부터 멀어져 가는 메도디스트들이 죄의 지배로부터 벗어나 구원받은 자로 살아가도록 하는 것이었다.[57]

---

[57] Ward and Heitzenrater, *Journal and Diaries*, 23:188-90.

78세가 되는 해에도 웨슬리는 2월 한 달 안에 200마일 이상 여행을 하며 설교를 하는가 하면 3월 중에는 아직 추운 겨울 날씨임에도 불구하고 야외설교를 하기도 했다. 그리고 3월 30일에는 맨체스터의 올드햄 거리에 (in the Oldham Street) 또 하나의 채플을 세웠는데 런던의 시티로드채플과 거의 같은 크기의 건물이었다.[58]

그리고 오직 주일학교로 사용하기 위해 필데스(Fildes)는 자신의 집 뒤에 사비로 건물 하나 지어 바쳤다. 그 외에 리버플을 중심으로 하는 교구에 속해 있던 리지웨이게이트(Ridgway Gates)에 1776년부터 새로운 채플을 짓기 시작하여 수년간의 노력 끝에 완성했는데 그때 그 교구에 속해 있던 모든 지역, 예들 들어 리버플, 볼튼(Bolton), 노스위치(Northwich), 프레스톤(Preston), 위건(Wigan) 등 각 신도회에서 헌금을 해주어 완성할 수 있었다. 이와 같이, 초기 메도디스트들은 자신들이 어려움에도 불구하고 인접 지역과 때에 따라 먼 선교지까지 힘을 합쳐 건물을 짓고 설교자들을 돕고, 선교를 확장해 나갔다.[59]

리버플에서 4월 12일 아일랜드로 가기 위해 웨슬리는 다른 세 명의 남자와 두 명의 여성 사역자들과 배를 탔다. 그런데 출발한 지 한 시간 만에 웨슬리조차도 지난 40년 동안 겪어보지 못한 심한 풍랑을 만났다. 웨슬리는 이틀 동안 먹지도, 마시지도 못하는 고통을 당했고 온몸은 멍이 들었다. 아일랜드에서 타고 다니기 위해 배로 운송하던 말들이 난동을 부리는 바람에, 배와 주위를 상하게 할까 봐 말을 죽여야 할지 심히 고민했다. 그때 스노우든(Mrs. Snowden) 부인이 팔을 벌려 웨슬리에게 향하며 "우리는 모두 죽게 될 거야"(We will die together)라고 말했다.

---

[58] Ward and Heitzenrater, *Journal and Diaries*, 23:196-7.
[59] Tyerman, *John Wesley*, 3:349-52.

다행히 배가 해변에 정박하게 되자 웨슬리는 동료들과 함께 기도해 본 결과 그 시점에 아일랜드로 가는 것이 결코 하나님의 뜻이 아니라고 생각하고 체스터(Chester)로 돌아왔다. 78세의 웨슬리는 2-3일 쉰 후에 브레콘(Brecon)에 있는 윗처치(Witchurch)에서 설교하는 등 인근 지역을 순회하며 설교하고 복음을 전하는 일을 멈추지 않았다.[60]

1781년 8월 5일부터 리즈에서 열린 연회에는 1100여 명이나 참석한 가운데 설교자들이 70여 명이나 되는 신기원을 이루었지만, 조직이 비대해지면서 발생하는 문제 또한 감당하기 어려웠다. 특히, 많은 설교자에게 필요한 돈을 지급할 수 없어서 결혼한 사람은 더 이상 설교자로 받아들이지 말자는 안건을 가결했다.[61]

또 하나의 흥미로운 조치는 예배 전후에 회중들이 대화하거나, 특히 설교에 대해 언급하는 것을 금하기로 하고 "설교자들은 회중들이 조용히 돌아가도록 장려하라"(Let the preacher desire every person to go silent away)고 했다. 사실, 신도회 내에서 서로 간에 비난하거나 지도자들에 대해 악담(evil-speaking)을 하는 문제에 대해 지난 1779년 연회 때부터 논의해 오다가 급기야 거의 말을 못 하게 하는 정도의 이상한 조치를 하게 된 것이다.

한편, 언젠가부터 설교자들이 웨슬리의 승인 없이 책을 출판하는 일이 종종 발생하자 연회는 마침내 웨슬리의 검토와 승인이 없이 책을 출판하지 못하도록 했고, 더 나아가 책 판매를 통해 얻는 수익은 개인이 갖는 것이 아니라 메도디스트 공금으로 입금하도록 했다. 그런가 하면, 개인이 노래를 만

---

[60] Ward and Heitzenrater, *Journal and Diaries*, 23:198-9.
[61] Rack, *The Minutes of Conference*, 10:255, 375, 515. "설교자들을 위한 기금"(Preachers Fund)은 1752년 연회에서 그 필요성이 처음 제기된 이래 꾸준히 발전하여 1769년에 대대적으로 발전시키면서 제법 규모가 커졌지만, 현실적 어려움을 해결하기에 턱없이 부족하였기에 문제는 점점 심각해졌다. 1752년 설교자들에게 1년에 제공되는 금액은(a yearly allowance) 8-10파운드 정도였다.

들어 부르는 일도 금했다. 수준 이하의 노래나 교리적 혼란을 일으키는 노래가 불리는 것에 대해 웨슬리와 연회는 강력하게 대처하기로 했다.

이미 언급한 바와 같이 수년 전부터 신도회원들이나 지도자들 가운데 돈을 사랑하는 사람들이 등장하며 공동체의 단결과 영성에 해가 되는 일들이 발생하자, 연회는 "돈을 사랑하는 사람들은 기독교 공동체에 흑사병과 같은 존재"(These money-lovers are the pest of every Christian society)로 규정하고, "그들을 쫓아내지 않으면 그들이 우리를 파괴할 것"(They will destroy us if we do not put them away)이라고 경고했지만, 과연 그들을 어떻게 구분하여 조치할 것인가에 대해서는 뽀족한 대안을 찾지 못하고 있었다.[62]

한번은 웨슬리가 요크셔 지역의 베일돈(Baildon in Yorkshire)신도회를 방문하고 있을 때 받은 질문인데, 메도디스트들이 영국 국교회에 출석했는데, 그 교회 설교자가 반메도디스트적 설교를 할 때 어떻게 해야 하는지에 관한 질문을 제기했다.

그때 웨슬리는 "심각한 고민 끝에 그 설교를 비판하거나 공격하지 말고 조용히 교회를 떠나고 다음 기회에 예배에 참석하도록 하라"(Methodists should quietly go out of the Church; yet attent it again at the next opportunity)고 조언했다.[63]

메도디스트들이 영국 국교회와 충돌하는 문제를 방지하는 조언임은 틀림없지만, "때에 따라 떠날 수도 있다"라는 여지를 둠으로써 지난해에 보상궤(Bosanquet) 양에게 편지하여 "영국 국교회를 떠나는 어떤 사람도 우리와 함께할 수 없다"(none who leave the Church shall remain with us)라고 말한 것과 분명 차이가 있고, 영국 국교회와의 관계에 있어서 강력하게 조치하지 않는 형과 절교를 선언한 동생을 더욱 화나게 만드는 일이었다.[64]

---

[62] Rack, *The Minutes of Conference*, 10:516-8.
[63] Ward and Heitzenrater, *Journal and Diaries*, 23:218 and note 99; Tyerman, *John Wesley*, 3:363.
[64] Telford, *Letters*, 7:30. Rack, *The Minutes of Conference*, 10:495.

웨슬리는 영국 서부 지역의 순회설교 일정을 마치고 10월 11일 런던으로 돌아와 보니 지난 8일(월)에 아내 메리가 죽었다는 소식을 들었다. 그런데 웨슬리는 자신이 도착한 날 저녁에 아내가 캠버웰교회(Camberwell Church) 마당에 묻혔는데도 그 소식을 하루나 이틀 후에 들었다(This evening she was buried, though I was not informed of it till a day or two after)고 기록했다.[65]

그녀는 71세, 웨슬리는 78세 때의 일이다. 아내는 모든 유산을 아들에게 물려주었고, 남편에게는 반지 하나만을 남겼다.[66] 48세가 되는 1751년에 갑작스럽게 결혼함으로써 모두를 놀라게 할 뿐만 아니라 메도디스트 최고 지도자로서의 신뢰마저 잃어버릴 정도로 충격을 주었던 결혼 생활이 30년간의 갈등과 상처를 남긴 채 마감되었다.

결혼 이후 얼마 지나지 않아 시작된 불화가 지속되는 가운데 죽기 전 10년 동안은 완전히 별거 상태로 지내다가 아내가 죽었다는 소식마저도 나중에 들었다는 이유 등 부정적인 모습 때문에 그의 결혼과 가정 생활은 웨슬리의 삶과 신학을 평가하는 데 있어서 분명 걸림돌이 된다. 웨슬리를 기독교 역사에 있어서 유례없는 영웅이며 기독교의 완전을 실현한 인물로 평가하려는 타이어맨조차 웨슬리의 결혼부터 아내의 죽음까지 살펴본 후

---

[65] 웨슬리의 기록에서 미심쩍은 부분을 그냥 지나칠 수 없다. 첫째는 어떻게 자신이 도착한 날 아내가 묻혔는데, 그 소식을 하루나 이틀 지난 후에 들을 수 있겠느냐는 의문이다. 누군가 의도적으로 감추려고 하지 않았다면 불가능한 일이다. 두 번째로, 자신이 그 소식을 들은 날을 정확하게 기억하지 못하고 "하루나 이틀이 지나서"(till a day or two after)라고 했는데, 그 소식을 들은 날을 잘 기억하지 못한다는 뜻인가? 의도적으로 무관심을 표현하려고 한 것인지 아니면 책임을 회피하려고 그렇게 한 것인지 이해하기 어려운 기록이다. 웨슬리가 런던에 도착한 날은 11일인데, 타이어맨은 12일이라고 잘못 기록하고 있다. See Ward and Heitzenrater, *Journal and Diaries*, 23:225 and Tyerman, *John Wesley*, 3:365.

[66] Hampson, *Life of Wesley*, 2:128. Tyerman, *John Wesley*, 2:114에서 재인용. 반지를 남겼다고 했는데, 그것은 유산의 개념보다는 돌려준 것이라고 보는 것이 옳을 것이다. 그렇다면 웨슬리는 뒤늦게 혼자라도 결혼을 취소하려고 했던 것일까?

"웨슬리도 책임이 있다"(Wesley was not faultless)라는 결론을 내린 것이 좋은 예이다.[67] 아내가 묻힌 뒤 4일 만에 애도의 기간도 충분히 갖지 않은 채 그는 15일에 다시 순회설교를 위해 옥스퍼드셔(Oxfordshire)로 향했다.[68]

그런 웨슬리의 모습을 후대의 웨슬리안들은 어떻게 받아들였을까? 아마도 다음의 세 가지 중 하나일 것이다.

첫째, 웨슬리가 주장한 신학적 내용을 무비판적으로 반복(tautology)하며 삶에 적용하려고 했다. 일찍이 철학자 루트비히 비트겐슈타인(Ludwig Wittgenstein)Wittgenstein, 1889-1951)이 철학자들은 특정 용어를 무비판적으로 답습하면서 그 언어의 한계에 갇혀 용어의 반복 이상을 할 수 없는 사람들이라고 한 비판의 범주에 머물러 있는 사람들이다.

둘째, 아메리칸 메도디스트들이 한 것처럼 웨슬리의 한계를 인정하고 문제가 되는 부분을 제외한 채 웨슬리신학의 일부를 수정 보완하는 것이다. 하지만, 그들이 제외한 부분이 소위 웨슬리신학 전체를 지탱해주는 핵심 내용, 즉 "그리스도인의 완전" 혹은 "완전한 성화"라고 하면 문제는 복잡해진다. 왜냐하면, 그러한 핵심적인 내용을 제외한 웨슬리신학을 과연 웨슬리신학이라 할 수 있느냐는 문제가 제기될 수 있기 때문이다.

셋째, 웨슬리의 삶과 신학을 통해 얻은 신학적 통찰 중에서 한두 가지 내용만을 극단적으로 강조하는 것이다. 오직 영혼 구원만이 웨슬리의 목적이었다고 믿고 영혼 구원에 매진하는 소위 복음주의자들이나, 성령의 역사를 통해 얻어지는 성결한 삶을 강조했던 성결운동주의자들이나, 인간의 자유로운 선택에 따른 도덕적 삶을 강조한 도덕주의자들이나, 구제를 통한 사회 개혁에 집중하는 사회복음주의자들 등이 그에 해당할 것이다.

---

[67] Tyerman, *John Wesley*, 2:114.
[68] Ward and Heitzenrater, *Journal and Diaries*, 23:225.

한국의 성결교회는 세 번째 그룹에 의해 태동하여 첫 번째 그룹에 속하는 태도를 보인다. 한국의 감리교회는 두 번째의 아메리칸 웨슬리안신학을 계승하고 있는 듯하다. 그러한 의미에서 한국의 웨슬리안신학은 한편으로는 다양하게 발전되었다는 장점과 함께 정체성 혼란을 겪을 수밖에 없는 단점을 가지고 있다.

1781년 12월 21일 금요일엔 영국 전역이 금식하며 기도하는 날인데 웨슬리도 동참했다.[69] 인생의 말년에 웨슬리는 모쉐임(Mosheim)의 『교회사』(*A Concise Ecclesiastical History, from the Birth of Christ to the Beginning of the present Century*)를 네 권으로 요약하여 출판했다.

그런데 그 책에 112페이지 분량의 『메도디스트들의 약사』(*A Short History of the People called Methodists*)를 첨가함으로써 메도디스트들의 역사가 교회사에 속하는 하나님의 섭리임을 동료 메도디스트들에게 뿐만 아니라 모든 기독교인, 더 나아가 후세들에게도 인식시키려고 했다. 그리고 총 8권의 「알미니안 잡지」를 출판했는데, 그 안에 6편의 새로운 설교 외에 카스텔리오(Castellio)의 『예정론에 대한 대화록』(*Dialogues on Predestination*)을 번역하여 첨부하여 예정론을 비판하는 일을 계속했다.[70]

1782년 새해 1월 14일 콜체스터(Colchester)신도회가 설교자들의 잘못된 행실로 문제가 생겨 신도회가 완전히 와해될 위기에 처하자 웨슬리가 급히 가서 많은 사람들을 만나며 회복시키는 데 주력했다. 그런가 하면, 3월 28일 콩글톤(Congleton)에 가보니 칼빈주의자들이 신도회에 많은 혼란을 주고 회원들을 데리고 나갔다. 메도디스트 초기에는 가는 곳마다 신도회를 세우느라 모든 시간과 에너지를 썼다면 말년의 웨슬리는 각 신도회에서 발생하는

---

[69] Ward and Heitzenrater, *Journal and Diaries*, 23:228.
[70] Tyerman, *John Wesley*, 3:367.

문제들을 수습하느라 많은 시간과 에너지를 소모하는 것이 대조적이다.[71]

5월 말에 에든버러에 도착하여 맥스웰(Lady Maxwell) 부인의 사역 현장에 갔는데, 미망인이었던 그녀가 가르치고 있는 가난한 어린이들 40여 명에게 설교를 했다. 6월 켈소(Kelso)에 도착하여 사역하던 중 지하로 내려가다가 미끄러져 6-7계단을 굴러떨어지는 사고가 발생했다. 아래로 떨어질 때는 머리를 두세 번 부딪치는 충격을 받았지만, 일어나 보니 약간의 찰과상 외에 크게 다치지 않은 것을 보고, 웨슬리와 동료들은 다시 한번 하나님께서 천사를 보내셔서 지켜주셨다고 찬양했다.

27일 요크에 도착하여 다음날 80세 생일을 맞이했는데, 마치 25세처럼 힘이 있고 아픈 곳이 없어서 여전히 일 년에 4-5천 마일을 여행할 수 있다고 했다. 바로 다음날 리즈에 가서 신도회 회원들을 만나본 결과 약 60여 명의 신도회 회원 모두 "예수 그리스도의 피가 모든 죄로부터 자신들의 죄를 씻어주셨다"(요일 1:7)라고 고백했다.[72]

8월 6일 런던에서 개최된 연회에서 주일성수 문제가 심각하게 대두되었다. 메도디스트들 간에는 주일에 이발소를 가거나 군사 훈련을 하는 사람들이 있었는데, 주일성수를 하지 못하는 사람들을 제명시키라고 했다. 설교자들도 머리를 지나치게 가꾸거나 가발을 쓰는 것(to powder their hair or to wear artificial curls)이 금지되었다.[73] 그리고 헌금도 충실하게 이행할 것을 강조하면서, 너무 난하지 않다면 한주에 1페니(one penny weekly), 넉 달에 한 번씩 1실링(one shilling quarterly)씩 내는 원칙을 고수하기로 했다.

웨슬리는 "돈을 사랑하는 사람들은 기독교 신앙을 파괴하는 병적 존재들이기 때문에 우리가 그들을 제외하지 않으면 그들이 우리를 무너뜨릴

---

71 Ward and Heitzenrater, *Journal and Diaries*, 23:229, 233.
72 Ward and Heitzenrater, *Journal and Diaries*, 23:240-41, 243-45, 248.
73 Rack, *The Minutes of Conference*, 10:529.

것"(Money lovers are the pest of every Christian society. They have been the main cause of destroying every revival of religion. They will destroy us, if we do not put them away)이라고 경고했다.[74]

그 외에 연회에서 가장 심각하게 다룬 문제는 브리스톨에 새로운 채플(to build another preaching house at Bristol)을 짓는 문제였다. 그 건물은 어떤 용도로 지을 것이며, 건물을 짓기 위한 자금을 마련하는 일부터 시작하여 건물이 완성되면 누가 설교를 할 것이며, 그 건물 안에서 어떤 내용을 설교할 것인지의 문제를 가지고 웨슬리 형제와 이사회 사이에 갈등이 있었다.

자금을 마련하기 위해 영국 전역에서 모금하는 일(let a collection be made throughout all England)과 아울러 돈을 내고 지정받은 예배 자리에 앉는 사람들을 통해 350파운드를 마련하겠다는 계획(The trustees advancing the 350 pounds were to have, as their security, the rents and profits to arise from the hearers' pews and seats) 등을 수립했다. 설교자들에게는 당시 350파운드나 되는 빚을 청산하기 전에는 여전히 10파운드씩만 지급하기로 했다.

그런데 무엇보다도 민감한 문제는 새로 건립되는 채플에서 설교할 사람을 임명하는 권한을 누가 갖느냐는 것이었다. 웨슬리가 5월 28일 동생에게 쓴 편지를 보면 얼마 전에 이사진들이 웨슬리를 찾아와 자신들이 제안하는 안에 사인해 달라고 요구했다. 구체적인 내용을 다 알 수는 없지만, 새로 지어질 건물에서 설교할 설교자를 임명하는 권한을 이사회나 연회가 갖는다는 내용을 포함한 것 같다.

웨슬리는 그들과 1시간 동안이나 논쟁을 한 끝에 사인하지 않겠다는 말을 남기고 방으로 들어가 버렸다는 이야기를 전해주고 있다. 그런데 그들이 밤에 잠들기 전에 다시 찾아와 재차 사인할 것을 요구했지만, 웨슬리가 보기에 그들의 계획은 자신이 그때까지 가르치고 추진한 내용과 일치하지

---

[74] Tyerman, *John Wesley*, 3:372.

않기에 동의할 수 없었다고 했다.[75]

찰스도 형의 뜻에 동의하며 연회 일주일 전에 그들에게 편지하여 형과 같이 지혜롭고 믿음이 단호한 사람이 그 일을 추진하지 않으면 재정을 동원하는 일이 불가능할 것이며, 그렇게 되면 건물도 짓지 못하고 의견이 갈라져 결국 "하나님은 메도디스트들이란 이름을 지구상에서 없애버릴 것"(God will sweep away the very name of Methodist)이라고 했다.[76]

웨슬리와 이사회 사이의 갈등 가운데, 웨슬리는 설교자들을 임명하는 권한을 양보할 수 없다는 단호한 태도와 웨슬리의 설교와 신구약성경 주해서를 벗어나는 내용을 설교하는 설교자는 3개월 이내에 교체될 것이라는 내용을 삽입했다. 19명으로 구성된 이 사회는 웨슬리의 안을 거부했지만, 웨슬리 형제가 살아 있는 동안은 설교자를 임명하는 권한은 웨슬리 형제에게 있고, 그들이 죽은 다음에는 연회가 갖는다고 하는 내용과 "웨슬리의 신구약성경 주해서를 벗어나는 내용을 설교해서는 안 된다"(The said preachers preach no other doctrine than is contained in Mr. Wesley's Notes upon the Old and New Testament)라는 내용을 포함하는 절충안을 제시했던 것 같다.[77]

웨슬리 형제는 자신들이 살아 있는 동안에 자신들의 권한을 제한하려는 현실 앞에서 충격을 받았다. 결국, 웨슬리 형제는 그러한 도전이 곧 메도디스트들의 결속과 부흥을 위협한다고 보고, 2년 후 메도디스트 행동강령을 제정하여 자신들의 권한을 더욱 공고히 하는 일을 결행하게 된다.

연회를 마치고 브리스톨로 가는 길에 아침에 일어나 보니 마차를 도난 당했다. 하지만, 감사하게도 도둑 일당이 모두 잡혀 마차를 찾아 브리스톨에 무사히 도착할 수 있었다. 8월 18일에는 엑스터(Exeter)의 주교의 초

---

[75] Telford, Letters, 7:124-5.
[76] Tyerman, *John Wesley*, 3:376-77에서 재인용.
[77] Tyerman, *John Wesley*, 3:381.

청을 받고 대접을 잘 받았는데, 웨슬리에 대한 변화된 인식과 위상을 느낄 수 있는 장면이다.

9월 6일 브리스톨에 도착했는데, 거기에서 젊어서 하나님께 헌신한 청년을 소개받았는데 그가 바로 메도디스트들 가운데서 탁월한 학자로 성장했고, 후에 웨슬리에 대한 전기를 쓰고 웨슬리의 후계자가 된 아담 클락(Adam Clarke)이다. 랜킨이 클락을 웨슬리에게 소개해 주었고, 웨슬리는 잠시 그와 잠시 상담을 하며 "형제는 전적으로 하나님의 일에 헌신하겠는가?"(Well, brother Clark, so you wish to devote yourself entirely to the work of God?)라고 물었을 때 그는 "하나님이 기뻐하시는 일을 하고 싶다"(I wish to do what God pleased)라고 대답했다. 그러자 웨슬리는 그를 미래의 설교자로 임명하는 안수기도를 한 후 그를 킹스우드학교로 보내 훈련을 받도록 했다.[78]

1782년에 웨슬리는 23페이지짜리 『현재의 매너에 대한 평가』(An Estimate of the Manner of the present Times)를 썼는데, 세상에 빠져 하나님을 무시하는 당시 풍조를 염려하는 내용이다. 8권의 「알미니안 잡지」, 680페이지를 출판했는데 그 안에는 카스텔리오(Castellio)의 대화록 『선택론과 자유의지에 대하여』(Dialogues of Castellio on Election and Free Will) 의 번역을 계속 연재했고, 아이작 왓츠(Isaac Watts) 박사의 『주의 고난에 대하여』(Treaties on the Passion)에서 발췌한 내용을 「창조에 나타난 하나님이 지혜」(Survey of the Wisdom of God in Creation)란 제목으로 실었다. 그 외에 「시간을 아끼는 일」(Redeeming the Time) 등 여섯 편의 새로운 설교 등 다양한 글들이 실려 있다.

---

78 Ward and Heitzenrater, *Journal and Diaries*, 23:249, 253 and note 4.

제3장

1783-1790년까지: 아메리칸 메도디스트들과 갈등, 영국 국교회와의 관계

죽음이 점점 현실로 다가올 때 웨슬리가 진정으로 고뇌했던 것은 무엇일까?

죽음의 순간까지 웨슬리가 발전시키고 완성한 신학은 어떤 신학일까?

그의 죽음은 그의 신학 중에서 무엇을 증명하고 무엇을 부정하고 있는가?

그의 죽음 이후 메도디즘은 과연 어떤 방향으로 발전되어 갔는가?

그의 삶과 신학이 잘 보전되었는가?

왜곡되었는가?

아니면 교정되었는가?

이러한 질문들을 가지고 웨슬리의 죽음의 순간과 죽음 이후의 신학적 발전을 고려해 봄으로써 웨슬리의 삶과 신학을 이해하려는 우리의 여정을 마치려 한다.

웨슬리는 자신의 예측과는 달리 장수하면서 거의 1세기를 살았는데 그는 극심한 가난 가운데 태어나고 성장했지만, 경제적 풍부가 주는 피해가 얼마나 심각한지 목격하게 되었고, 5-6명에 불과한 거룩함을 추구하는 청년들과 시작된 메도디스트들이 전 세계에 10만 명이 넘게 성장했으며 그들의 지도자로 살아 있는 현실에 직면하게 되었다.

이제 생의 말년에 더 이상 움직일 수 없을 정도로 노쇠했지만, "그동안 이룬 일"보다는 "앞으로 해야 할 일"이 더 많은 현실을 그는 피해갈 수 없었다. 이제 우리는 그의 말년에 일어났던 일과 특히 그의 죽음의 순간에 침상을 지켰던 사람들이 전해준 최후의 순간에 대해 살펴보면서 웨슬리가 마지막까지 추구했던 삶과 신학이 무엇인지 살펴보자.

1. 1783-85년: 아메리칸 메도디스트들과 갈등

웨슬리가 80세가 되는 1783년 초부터 새로운 경험을 하게 되는데, "영국 국교회로부터 자신이 감당할 수 없을 정도로 많은 설교 요청을 받는다"(I have more invitations to preach in churches than I can accept of)라는 것이다. 거부의 대상이 이제는 환영을 받게 되었고, 자신의 사역을 이해해 주는 동역자들이 많아졌다는 뜻이다.

그러나 지난 수년 동안 영국 국교회와 관계가 해결된 것은 아니었다.

웨슬리는 1월 16일 평신도 지도자 중 하나인 조셉 테일러(Joseph Taylor)에게 편지하여 "만약 메도디스트들이 영국 국교회를 떠나면 자신은 메도디스트들을 떠날 것이다"(If ever the Methodists in general were to leave the Church, I must leave them)라는 자기의 뜻을 분명히 했다.[1]

2월 21일 메도디스트 전체의 1년 수입을 조사해 본 결과 3000파운드 이상인 것으로 확인되었다. 하지만, 웨슬리는 여전히 30파운드만 가지고 살고 있었다. 3월 15일부터 감기에 걸려 열과 기침으로 고생하다가 16일 눕게 되자 케네스 J. 콜린스(Kenneth J. Collins)가 대신 설교 일정을 소화해 주었다. 거의 한 달간 앓고 일어나 4월 11일 아일랜드로 가서 약 한 달간의

---

[1] Telford, *Letters*, 7:163. Tyerman, *John Wesley*, 3:391.

일정을 소화하고 돌아왔다.[2]

웨슬리는 6월 11일 동료 설교자들과 네덜란드(Holland)로 가서 휴가와도 같은 17일간을 보냈다. 당시까지 웨슬리는 히브리어, 헬라어, 라틴어, 영어, 아랍어, 불어, 독일어, 그리고 스페인어(Hebrew, Greek, Latin, English, Arabic, French, German, and Spanish) 등 8개 국어에 능통했지만, 네덜란드어(Dutch language)를 배운 적이 없어 통역을 썼다.[3] 네덜란드는 같은 유럽에 속해 있지만, 영국이나 독일 등과 또 다른 건축 양식이나 자연 환경이었기에 웨슬리는 세밀하게 관찰하여 저널에 기록해 두었다.

그곳에서도 영어로 예배드리는 사람들을 만나 교제를 나누었고 가는 곳곳마다 많은 사람들의 환영과 대접을 받는 것이 영국 내에서 느끼지 못하던 분위기였다. 헤이그(Hague)의 한 가정에서 예배를 드렸고 예배 후에는 거리를 걸으며 순회전도가 아닌 휴식을 즐기기도 했다. 하렘(Haarlem)으로 가는 선상에서 찬양했는데 많은 사람이 따라 불렀고 통역을 통해 설교했는데 역시 많은 사람이 은혜를 받았다.

암스테르담(Amsterdam)에서 만난 사람들은 어린아이같이 순박하고 신앙도 매우 좋다는 것을 발견했고, 영어 예배에 참석하여 설교하면서 그동안 홀랜드 사람들은 무뚝뚝하고 엄격하다고 알고 있던 자기 생각을 바꾸게 되었다.

우트레흐트(Utrecht)에 속해 있는 짜이스트(Zeist) 마을에서 공동체를 형성하고 있는 모라비안 형제들을 만나 교제하는 가운데, 그곳에서 50년 만에 친구 안톤 감독(Bishop Anton)을 만나기도 했고, 80세 생일을 그곳에서 보냈다. 6월 29일 주일에 영어로 예배드리는 교회로 가서 설교한 후 저녁에는 개인 집에서 그날의 설교를 다시 반복할 때 더치 어로 통역을 했는데

---

[2] Ward and Heitzenrater, *Journal and Diaries*, 23:262-8.
[3] Tyerman, *John Wesley*, 3:394.

찬송만은 각자 자기들의 언어로 부르며 은혜를 나누는 색다른 경험을 하기도 했다. 모든 일정을 마치고 웨슬리 일행은 7월 4일 밤늦게 런던으로 돌아왔다.[4]

시간과 돈을 그토록 아끼는 웨슬리도 홀랜드 여행 기간 사용한 일정과 경비가 전혀 아깝지 않은 여행이었고, 특히 여행하면서 만났던 사람들과 새로운 건물들, 자연 환경들, 그리고 색다른 문화에 대한 경험 등은 그 이전에 경험할 수 없었던 매우 귀한 것이라고 회고했다. 주일 뉴채플에서 그 모든 경험을 동역자들과 기쁨으로 나눈 후 즉시 옥스퍼드 지역으로 순회 설교를 떠났다가 22일 브리스톨로 돌아왔다.

그리고 7월 29일 개최된 연회에 참석하여 일정을 진행하는 중에 웨슬리는 급성이질(a most impetuous flux)에 걸려 고생했는데, 포슨(John Pawson)이 기록한 연회 보고서에 의하면, 당시에 "웨슬리의 병세가 심각해서 웨슬리 없이 회무를 진행할 수밖에 없었다"라고 했다. 웨슬리는 "극약처방을 세 번이나 받은 후"(a grain and a half of opium in three doses) 경련(cramps)이 멈췄다.

하지만, 당시에 그는 "말도 못 하고, 잘 듣지도 못하고, 움직일 힘도 없어서 머리부터 발끝까지 무감각해져서 마치 나무토막같이 누워 있는"(took away my speech, hearing and power of motion, and locked me up from head to foot, so that I lay a mere log) 상태에서 3주 동안 앓았다. 조금 나아지자 8월 24일 주일 뉴룸에서 설교를 한 후, 월요일 글루체스터(Gloucester)로 떠나면서 순회 설교를 재개했다.[5]

웨슬리는 나이가 들고 건강이 악화되는 반면에 하나님을 신뢰하는 믿음은 더욱 강해지는 듯했다. 웨슬리는 상황이 점점 힘들어져 가는 현실 가운데서 동생과 자신의 차이를 드러내 주는 소회 하나를 밝혔다. 즉, 메도디

---

4 Ward and Heitzenrater, *Journal and Diaries*, 23:272-83.
5 Ward and Heitzenrater, *Journal and Diaries*, 23:286-7.

스트 초기에 어려움이 닥칠 때마다 동생은 "하나님이 나에게 날개를 주시면 날겠는데"(If the Lord would giver me wings, I would fly)라고 말하곤 했는데, 웨슬리는 그와 달리 "하나님께서 나에게 날으라고 명하시면, 나에게 날개를 주실줄 믿는다"(If the Lord bid me fly, I would trust Him for the Wings)고 했다는 것이다.[6]

사명자들 가운데는 무엇을 주셔야 일을 하는 사람이 있는가 하면, 받은 것이 없지만 어떤 일을 이룸으로써 그 일을 가능케 하신 분이 하나님임을 드러내는 사람이 있는데, 찰스가 전자에 속하는 사람이라면 웨슬리는 분명 후자에 속하는 사람이었다.

한편, 연회에서는 두 가지 큰 문제를 다루었다고 했는데 하나는 '브리스톨 설교자의 집'(the Bristall House)에서 있었던 일이고, 다른 하나는 지난 35년간 운영하면서 문제가 없었던 적이 없는 킹스우드학교에 대한 문제였다.

첫 번째 문제는 만약 어떤 설교자가 웨슬리의 가르침을 따르지 않을 때 어떻게 할 것이냐는 문제였다.

웨슬리는 그런 문제가 발생한 브리스톨을 9월 3-5일 동안 방문하여 '브리스탈하우스위원회'(the trustees of Bristall House)와 만나 그런 경우에는 인접 지역의 사역자들(Assitants)에게 보고하고, 필요하다면 3개월 이내에 다른 설교자를 파송하자는 제안을 했지만, 5명 외에 다른 위원들은 부했다.

그러나 웨슬리는 그 이상 다른 대안을 찾지 못하고 돌아와서 나중에 콕으로 하여금 모든 신도회를 순회하게 하며, 만약 웨슬리의 가르침을 따르지 않는 설교자가 있을 경우 모든 결정을 연회가 하도록 하고 그 외의 문제에 대해서는 전적으로 웨슬리에게 일임하도록 설득하는 작업을 했다.[7]

---

6   *Methodist Magazine* (1825), p. 390. Tyerman, *John Wesley*, 3:406에서 재인용.
7   Ward and Heitzenrater, *Journal and Diaries*, 23:286-7 and note 35. 연회 회의록은 한 안

두 번째 문제는 또 하나의 골칫거리인 킹스우드학교의 문제이다.

웨슬리는 학생들은 놀지 말아야 하고, 교사는 항상 학생들과 함께 있어야 한다는 규칙을 준수하지 않는 한 폐지하는 것이 좋겠다고 단호하게 말했다. 학생들은 영국뿐만 아니라 덴마크, 노르웨이, 스웨덴 등지에서 활동하는 설교자들의 자녀들까지 입학했지만, 실력을 갖춘 경건한 교사들이 없다는 것이 문제였다(None of the scholars were remarkable for piety or learning).

웨슬리는 킹스우드학교를 통해 어렸을 때부터 성경적인 그리스도인을 양성한다는 낭만적인 생각을 가지고 있었지만, 현실은 그렇지 못했다. 학생들은 집에서나 학교에서나 노는데 너무 많은 시간을 보내고 있었고, 학교는 학생들로 하여금 종교에 대해 비아냥거리게 만드는 장이 되었다.

연회는 학교 최고 책임자(the headmaster) 심슨(Simpson) 때문에 발생한 문제는 아니라고 하면서도 결국은 그를 순회설교자로 발령하는 방법으로 물러나게 했고, 그 자리를 22살밖에 안 된 젊은이 토마스 맥기어리(Thomas McGeary)가 대신하도록 했다. 그리고 몇몇 교사들을 교체하고 나니 그 다음해부터 정상화되기 시작했다. 그로부터 4년 뒤인 1786년에 웨슬리는 비로소 킹스우드학교가 자기 생각대로 잘 진행되고 있다고 했다.[8]

그 해에 웨슬리는 『어린이 교육 방법에 대하여』(*A Thought on the Manner of Educating Children*)를 써서, 당시에 가장 합리적인 교육법인양 시행되고 있던 루소의 교육 이론을 내용이 전혀 없고(the most empty), 스스로를 속는(a self-conceited) 믿을 수 없는 이론이라고 비판하며 자신만의 어린이 교육

건에 대해서 이례적으로 많은 분량을 할애해서 설명하고 있다.

8 Rack, *The Minutes of Conference*, 10:539-40. Ward and Heitzenrater, *Journal and Diaries*, 23:297 and note 80. Tyerman, *John Wesley*, 3:396-400. 참조 A.G. Ives, *Kingswood School in Wesley's Day and Since*(London, 1970). 한편, 킹스우드학교에서 물러난 심슨은 비록 요크(York) 지역의 순회설교자로 발령받았지만, 가지 않고 대신에 바스(Bath) 근처 킨샴(Keynsham)에 학교를 설립한 것으로 보아 연회가 학교의 책임을 물어 자신을 경질한 것으로 보고, 연회의 결정에 불복했던 것으로 보인다.

학을 제시했다. 즉 웨슬리는 어린이가 말을 배우기 시작하는 순간부터 악한 감정도 일어나기 때문에 그러한 악한 감정이 습관이 되기 전에 어려서부터 조기교육을 시켜야 한다고 했다. 물론 부드럽게 하면 좋겠지만 경우에 따라서는 체벌(punishment)이 필요하며, 성장할 때도 쉴 틈 없이 공부와 경건 생활을 엄격하게 가르쳐야 그리스도 안에서 하나님의 형상을 회복하고 거룩을 추구하는 인물이 될 수 있다고 주장했다.[9]

9월 28일 바스(Bath)에 가서 경제적인 어려움을 당하는 사람들을 보고, 그들을 위해 50파운드 정도를 모금하여 나누어 주었다. 10월 10일 윈체스터에 갔을 때 미국의 독립전쟁 때 포로로 잡힌 더치 군인들을 방문하여 찬송을 부르고 영어로 짧게 설교했는데 그들이 매우 고마워했다.

10월 말경에 노루위치(Norwich)로 갔는데 그곳에서 메도디스트 초기부터 지난 30년 이상을 모범적인 속회와 반회의 지도자였던 한 여성이 술로 인해 문제를 일으키자 회원권을 박탈할 수밖에 없는 당황스러운 일이 발생했다. 그런가 하면, 12월 6일 런던으로 돌아와 맥스필드를 만났는데 그는 여전히 하나님을 믿는다고 하면서도 끊임없이 거짓말을 반복하고 있었다.[10]

웨슬리를 당황스럽게 만든 것은 이미 구원받은 영혼이 다시 죄에 빠지는 것과 구원의 확신을 고백한 사람들이 여전히 죄악 가운데 살아가는 일들이 종종 발생한다는 것이었다. 신도회 내에서도 지도자들이나 순회설교자 등 지도자들이 다시 죄에 빠지거나 신경쇠약 등 건강상의 문제나 경제적인 문제로 현장을 떠나거나, 심지어 자살하는 경우를 대하면서 웨슬리는 그러한 문제를 근본적으로 해결할 수 있는 기독교 복음을 끊임없이 추구하고 있었다.

---

[9] Jackson, *Works*, 13:474-7; Rack, *Reasonable Enthusiast*, 355-6.
[10] Ward and Heitzenrater, *Journal and Diaries*, 23:290-3.

웨슬리는 영국 내에 있는 메도디스트들과 아메리카에 있는 메도디스트들이 주위 환경과 상관없이 가장 성경적인 기독교를 이루어가기를 바랐다. 그러나 아메리카에 있는 메도디스트들안에서 몇 가지 우려되는 점들이 발생하는 것을 감지한 웨슬리는 10월 3일 「아메리카에 있는 설교자들에게」(To the Preachers in America) 편지하여 다음과 같은 자기 뜻을 전달했다.

> 여러분 모두 네 권의 설교집, 신약성경 주해, 그리고 대회의록에 명시되어 있는 메도디스트 교리와 장정을 준수해주기 바랍니다(Let all of you be determined to abide by the Methodist doctrine and discipline published in the four volumes of Sermons and the Notes upon New Testament, together with the Large Minutesof the Conference).[11]

그 외에 애즈베리(Francis Asbury)를 총 책임자(the General Assistant)로 파송하니 어려움 없이 받아주기 바란다는 뜻과 함께, 다음과 같은 세 가지, 즉 영국이 아닌 유럽의 다른 지역에서 온 설교자들(preachers from Europe), 아메리카 내에서 타락한 내용을 말하는 자들(speaking perverse things), 그리고 새로운 교리들, 특히 칼빈주의(new doctrines, particularly Calvinism)를 전하는 자들을 주의하라고 당부했다.[12]

11월 20일경 세븐오크스(Sevenoaks)에서 자신의 몸무게를 재보니 122파운드(55.3kg)였는데, 1769년에도 똑같이 122파운였음을 상기시키며, 14년 전과 몸무게가 똑같은 사람이 영국에 또 누가 있을까라고 자문하며 한껏 자랑하기도 했다. 5피트 3-5인치 정도 되는 키(161-165cm)에 근육형의 다부진 몸매를 가진 웨슬리는 날카로운 눈에 독수리 코(an aquiline nose)를 가

---

[11] Telford, *Letters*, 7:191.
[12] "the General Assistant"는 "총 책임자"로 이해하면 될 것이다.

졌고, 젊었을 때는 검은 머리였지만, 늙어서는 완전히 흰 머리가 되었다고 한다.[13] 80세에 들어선 웨슬리는 자신이 살 수 있는 기한을 이미 지났다고 생각하는 듯 항상 죽음과 직면하는 삶을 살았다.

학문적인 작업이 거의 불가능한 고령임에도 불구하고, 끊임없이 계속되는 순회설교 일정 등을 소화하면서 웨슬리는 다음과 같은 글이나 소책자를 출판했다. 24페이지의 『기도의 영』(The Spirit of Prayer)과 76페이지의 『회심하지 않은 사람들을 향한 박스터의 요청』(Baxter's Call to the Unconverted), 그리고 23페이지 분량의 설교 『중요한 질문』(The Important Question)을 출판했다.

그 외에 연회 기간에 「자녀들을 교육하는 자세에 대한 고찰」(A Thought on the Manner of Educating Children)을 아르미니안 잡지에 기고하여 모든 교육은 반드시 종교적이어야 한다고 주장했다.

또한, 선한 천사와 타락한 천사에 대한 글 두편을 발표한 내용에 의하면 웨슬리는 이원론적 관점에서 천사의 존재와 활동을 믿었다. "불법의 비밀"(The Mystery of Iniquity)이란 설교에서 웨슬리는 진정한 기독교(genuine Christianity)에게 닥친 가장 큰 충격은 콘스탄틴 대제(Constantine the Great)가 기독교로 개종하면서 기독교, 특히 성직자들에게 엄청난 부와, 명예와 권력을 안겨준 것이라고 했다.[14]

---

[13] Ward and Heitzenrater, *Journal and Diaries*, 23:294. 웨슬리가 자신의 몸무게를 밝힌 유일한 기록이다. 헨리 랙은 1741년 존 윌리엄스가 묘사한 대로 웨슬리의 키를 5피트 3인치라 하며 1.53cm라 했는데 아마도 잘못 계산한 것 같다. 5피트 3인치는 161cm이다. 한편, 텔포드는 가족들의 평균 크기를 참고하며 "웨슬리는 5피트 6인치가 않된다"(He measured not quite five feet six inches)고 함으로써 조금 크게 묘사했다. See Rack, *Reasonable Enthusiast*, 183, 527, 645와 Telford, *The Life of John Wesley*, 354.

[14] 살후 2:7 "불법의 비밀이 이미 활동하였으나 지금 막는 자가 있어 그중에서 옮길 때까지 하리라"(For the mystery of iniquity does already work: only he who now letteth will let, until he be taken out of the way).

그 외에 "가정 종교와 자녀 양육에 대하여"(On Family Religion and on Training Children)에 대한 설교를 쓴 것을 보면 웨슬리가 얼마나 가정에서 자녀를 종교적으로 양육하는 일에 깊은 관심을 가졌는지 알 수 있다.

연재물로서는, 자신의 「자연철학」(Natural Philosophy), 존 로크(John Locke)의 「인간 오성에 대해」(Essay on the Human Understanding), 힐드롭(Hilldrop) 박사의 「짐승을 창조에 대한 고찰」(Thoughts on the Brute Creation)을 요약 발췌하여 발표하면서, 결국 하나님께서 창조 때 모습으로 회복시킬 것이라는 자기 생각을 증명하려고 했다. 그리고 박스터(Baxter)의 「영의 세계에 대한 확실성」(Certainty of the World of Spirits)을 발췌하여 「영혼의 진정한 기원」(The True Original of Soul)에 대해 연재하고 있었다. 그런가 하면, 웨슬리 자신과 동료 매쏘디스트들을 떠난 햄슨(John Hampson)과 톰(William Thom)에 대한 글을 쓰기도 했다.

웨슬리는 브라이언트(Bryant)의 「고대 신화 분석」(Analysis of Ancient Mythology)을 매우 높게 평가하면서 연재했고, 또한 「스웨덴보그의 글에 대한 고찰」(Thoughts on the Writings of Baron Swedenborg)에서 "스웨덴보그가 죽기 직전에 벌거벗은 채 거리로 뛰쳐나가 자신이 메시아라고 선언했다"(he ran into ther street stark naked, proclaimed hilself the Messiah)라는 내용을 소개하면서 그는 미친 천재였다고 말했다. 그 외에 여러 사람과 주고받은 편지 45개를 편집했고, 또한 영적으로 유익하며 수준 높은 41편의 시를 발표하기도 했다.[15]

웨슬리가 81세가 되는 해인 1784년에 영국 내에서 웨슬리의 권위에 도전하는 반발 세력들이 있었고, 또한 선교지인 아메리카에서도 웨슬리의 지시를 따르지 않는 반란 등 같은 일들이 발생하면서 웨슬리의 말년을 더욱 어렵게 만들고 있었다. 1월 14일 웨슬리는 동인도 지역(East Indies)에 선

---

[15] Tyerman, *John Wesley*, 3:399, 406-7.

교사를 파송하는 것에 대해 논의한 결과 아직 때가 안됐다고 판단했다.[16]

2월 28일 웨슬리는 메도디스트 역사에 있어서 매우 중요한 일, 즉 자신이 죽은 후에 발생할 일에 대해 대비하는 법적인 문서를 작성하는 일을 했다. 영국 내 메도디스트들이 성장하여 비대해졌고, 또한 모든 운영이 독자적으로 진행되면서 국교회 내의 모임이 아닌 자신들만의 조직임을 부정할 수 없게 된 상황 가운데 웨슬리가 죽은 다음에 가중되는 재정적 부담이나 조직의 운영상 발생할 수밖에 없는 혼란들을 방지하기 위한 대책을 강구한 문서였다.

한편, 메도디스트들이 영국 국교회에서 나와 '영국 메도디스트교회'(The Methodist Church of England)를 설립하는 것이 유일한 해결책이라고 주장하며 웨슬리를 압박하는 동료들이 점점 많아졌다. 당시 영국 전역에 359개의 메도디스트의 채플들이 있었던 것처럼 재산과 건물과 인원을 가진 그룹이었지만, 그들의 모임을 '메도디스트들의 회합체'(conference of the people called Methodists)라고만 할 뿐 어떤 법적 용어나 지위가 없다는 것이 문제였다.

2년 전 연회 때 브리스톨에 있는 '설교의 집'(the preaching house at Bristall)의 경우에서 문제가 발생하자 연회는 '옥스퍼드대학교에서 시민법을 전공한'(a Doctor of Civil Law of Oxford) 콕에게 문제를 해결하도록 위임한 바 있다. 콕은 다음해에 매독스(Maddox, a barrister) 변호사의 법적 자문을 받으면서 그동안 웨슬리 한 개인에게 한정되어 있던 모든 권한을 연회로 이전하고, 회원 전체가 참여하는 법적 단체를 만들자는 문서를 만들어 1784년 연회에서 발표하기 전에 먼저 웨슬리의 승인을 받으려고 했다.[17]

---

[16] Ward and Heitzenrater, *Journal and Diaries*, 23:296. 1778년 연회에서도 아프리카에 선교사를 파송할 것에 대해서 논의한 후 아직 때가 아니라고 판단한 적이 있다. See Rack, *Minutes of Conference*, 10: 473.

[17] 콕은 찰스와 함께 영국 국교회주의자였다. 하지만, 웨슬리와 함께 동료 메도디스트들의 문제에 깊게 참여하면서 1783-9년 사이에 생각의 변화가 일어나며 분리주의자가 되

그런데 그 문서에 동의할 수 없었던 웨슬리는 콕과 상의도 없이 인원을 100명으로 제한하는 "행동강령"(the Deed of Declaration)을 작성하여 2월 28일 고등법원(the High Court of Chancery)에 제출함으로써 메도디스트들 전체를 혼란과 갈등 속에 빠뜨렸다.[18]

'법적인 100인회'(the Legal Hundred)란 별칭이 붙여진 그 강령은 웨슬리 형제가 죽은 뒤에 발생할 문제들에 대비하는 법적인 문건이지만, 웨슬리 형제가 살아 있는 한 연회에 참석하는 사람을 추천하고 임명하는 모든 권한은 웨슬리 형제가 갖는다는 내용이 그 중심에 있다.

강령에서 자신들을 지칭할 때 "메도디스트라 불린 사람들"(the people called Methodist)이라 규정했고, 평소에 메도디스트들이 모든 모임을 하던 장소를 설교하는 집(preaching-houses)이라 불렀지만, 문서에서는 "채플"(chapels)이라 칭했다.

그 외에 15가지 구체적인 조항을 준수하도록 했는데, 매년 런던, 브리스톨, 리즈 중의 한 곳에서 연회를 개최할 것과 연회 기간은 5일 이상, 3주 이내로 진행할 것, 모든 결정은 다수결로 할 것, 40명 이상이 참석하지 못하면 연회의 결정은 무효가 될 것, 특별한 사유나 연회의 인준 없이 2년 이상

있다. See "Letter of 14 May 1791 to Bishop Samuel Seabury," New York Historical Society, *Facsimiles of Church Documents*, 1874-9. Baker, *John Wesley and the Church of England*, 384 note 34에서 재인용.

[18] 웨슬리는 그렇게 중요한 일을 해 놓고도 그의 저널에서 '행동강령'에 대해 전혀 언급하지 않았다. 저널에 의하면 2월 21일부터 말일까지 이탈리안 시인 루도비코 아리오스토(Ludovico Ariosto)의 시집 『올랜도 퓨리오소』(*Orlando Furioso*)를 읽고 그 내용을 정리했고, 3월 1일 뉴베리(Newbury)로 떠남으로써 북쪽 지방을 지나 스코틀랜드까지 다녀오는 긴 여정을 떠난 것으로 되어 있다. 아마도 웨슬리는 그 중대한 문서를 법원에 제출한 후 의도적으로 멀리, 그리고 긴 순회설교 일정을 떠난 것 같다. 느헤미아 커녹(Nehemiah Curnock)은 당시에 웨슬리가 서명한 문서 중에서 「twenty eight of February 1784」가 선명하게 보이는 페이지의 복사본(Facsimile)을 보여 주고 있다. See his *Journal*, 6:479. 참조 Heitzenrater, *Wesley and the People*, 283 and Baker, *John Wesley and the Church of England*, 229. 원본은 연회 사무실 금고에 보관되어 있다고 한다(The original deed is in the safe at the Conference Office).

연회에 참석하지 않으면 자동으로 회원권이 말소될 것, 매년 연회장과 총무 (a President and a Secretary of the Conference)를 선정할 것 등이 명시되었다.[19]

그 강령은 아마도 다음과 같은 세 가지 의미가 있다 보아야 할 것이다.

첫째, 웨슬리 형제가 살아 있는 동안에는 반드시 그들의 지시를 따라야만 하도록 법적 근거를 만들어 놓았다.

둘째, 웨슬리 형제가 죽은 후에도 메도디스트 교리와 강령을 따르게 함으로써 웨슬리안 메도디스트들이 흩어지지 않고 역사 속에 계속 존재하도록 만들었다.

셋째, 그렇게 함으로써 자신이 살아 있는 동안에는 동료 메도디스트들이 영국 국교회로부터 독립하는 것을 방지할 수 있었다.

그런데 결과적으로 보면 웨슬리 형제가 죽은 이후에 메도디스트들이 국교회로부터 독립할 수 있도록 법적 기구를 만들어 놓은 것이 되었다. 물론, 그러한 결과가 웨슬리가 의도한 것인지 아닌지는 알 수 없지만, 웨슬리로서는 자신이 죽은 후 동료들은 결국 영국 국교회로부터 독립할 것이라는 현실을 인정하면서도 메도디스트라는 정체성만은 잃지 않으려는 최선의 조치였을 것이다.

192명의 설교자 중에서 절반 정도인 100명에게만 연회 회원권을 제한했다는 것이 문제가 되었다.[20] 메도디스트 설교자로서 수십 년간 봉사한 사람 중 많은 사람이 제외되고, 놀랍게도 지난 2-6년 정도만 활동한 설교

---

[19] See Appendix A: "The Deed of Declaration," 1784 in Rack, *The Minutes of Conference*, 10:949-56; Heitzenrater, *Wesley and the People*, 283-84.

[20] 그러한 결정을 내린 배경을 설명하는 과정에서 웨슬리는 진젠도르프는 자신이 죽은 이후에 공동체를 다스릴 사람들로 오직 6명만 임명했다는 예를 언급하기도 했다. "Count Zinzendorf named only six who were to preside over the community after his decease."

자들을 대거 포함하는 등 이해하기 어려운 결정이었다.

　미래의 일이기 때문에 나이를 고려하여 젊은 세대들을 참여시키기 위해 어쩔 수 없는 결단이었다고 하지만, 시니어 설교자들은 자신들이 배제된 현실을 용납하기 어려웠을 뿐만 아니라 아무리 뛰어난 설교자라 해도 웨슬리의 정책에 반대하면 연회 회원이 될 수 없다는 암시라도 하는 듯한 결정에 햄슨(Hampson, Sen.) 등 여럿이 강력하게 항의했다. 심지어 콕도 그들과 함께 "우리와 함께 하는 모든 설교자에게 연회 회원권을 주어야 한다"(every preacher in full connection should be member of the conference)라고 반발했다.[21]

　타이어맨에 의하면 그 여파로 5명의 주요 사역자들이 더 이상 순회설교에 참여하지 않겠다고 선언했는데, 그들은 햄슨 부자(the two Hampsons, 아버지와 아들)와 필모어(Pilmore), 엘스(Eells), 그리고 아틀레이(Atlay)이다.[22] 문제가 생각보다 심각함을 느낀 웨슬리는 다음해 1785년 3월 3일 「나중에 발생한 일들에 대하여」(Thoughts upon some Late Occurrences)란 글을 써서 자신이 잘못했을 가능성을 인정하면서도 연회 개최를 위한 경비를 절약하고, 연회 기간에도 교구에 남아 목회할 사람이 필요하다는 현실을 감안한 최선의 결정이었다고 해명했다.[23]

---

[21] T. Coke, *An Address to the Methodist Society in Great Britain and Ireland, on the Settlement of the Preaching House*(Liverpool: M'Greery, 1795), 7. Baker, *John Wesley and the Church of England*, 227 에서 재인용. See also Heitzenrater, *Wesley and the People*, 284.

[22] Tyerman, *John Wesley*, 3:425. 그런데 『200주년 기념 웨슬리 총서』 연회록의 편집자인 랙(Rack)에 의하면, 엘스와 아틀레이는 다시 활동하다가 몇 년 후(1788년) 다른 일로 떠났다고 한 반면에 저널과 일기의 공동 편집자인 와드와 하이젠레이터는 엘스에 대한 언급이 없이 4명만 떠났다고 했다. See "Background to the Conference of 1784 and the Deed of Declaration," in Rack, *The Minutes of Conference*, 10: 546-9 and note 13 and also Ward Heitzenrater, *Journal and Diaries*, 23:344 and note 324 and note 3.

[23] Ward and Heitzenrater, *Journal and Diaries*, 23:344 and note 93. 웨슬리는 다음과 같이 말했다. .. But I am not infallible. I might mistake, and think better of some of them than

3월 15일 스트라우드(Stroud)에 가보니 그 인근 지역까지 포함하여 새벽 기도회가 더 이상 진행되지 않는 것을 보고 놀라며 다음과 같이 말했다.

> 만약 내가 살아 있을 때도 이런 상태라면, 내가 죽었을 때는 메도디즘은 점점 쇠퇴하여 하나의 분파로 전락할 것이며 하나의 의견이나 예배의 형식으로만 남게 될 것이다(If this be the case while I am alive, what must it be when I am gone? Give up this, and Methodism too will degenerate into a mere sect, only distinguished by some opinions and modes of worship).**24**

그리고 3월 29일 뉴캐슬에서 2-3마일 떨어진 레인 엔드(Lane End)에 가서 저녁 설교를 하게 되었는데 사람들이 너무 많이 몰려와 설교하는 집에다 수용할 수 없게 되자 웨슬리는 살을 에는 듯한 추위에도 불구하고 밖에서 설교했다.

그런데 4월 4일 체스터(Chester)에 도착해 보니 스트라우드와 마찬가지로 "사람이 모이지 않는다" 혹은 "너무 추운 겨울이라" 등의 이유로 새벽예배가 폐지된 상태였다. 그때 웨슬리는 만약 그렇다면, 메도디스트들은 타락했고(the Methodists are a fallen people), 첫사랑을 잃어버렸다(They have lost their first love)는 증거를 더 이상 부인할 수 없게 되었다(it cannot be denied)고 한탄했다. 순회설교 중에 웨슬리가 발견하는 공통적인 현상은 "사랑 안에서 완전해지기를 갈망하며 추구하면 숫자상으로나 영적으로 성장"(if they

---

they deserved. However, I did my best; and if I did wrong, it was not the error of my will, but of my judgment. … No: for then the expence of meeting would have been double, and all the Circuits would have been without Preachers…. That is, if they continue to walk by faith, and to show forth their faith by their works; otherwise, I pray God to root out the memorial of them from the earth. See Jackson, *Works*, 13:248-50.

24 Ward and Heitzenrater, *Journal and Diaries*, 23:298.

continue too long and expect to be perfected in love, they will and must increase in numbers as well as in grace)하지만, 그렇지 못할 때는 쇠퇴한다는 것이다.[25]

뉴캐슬을 거쳐 6월 8일 도착한 스탁톤(Stockton)에서 웨슬리는 하나님께서 특별히 어린이들에게 역사하시는 것을 목격하며 놀랐다. 진지하게 설교를 듣고 있는 60명 이상의 청중들 가운데는 6-14세 되는 어린이들이 많이 있었는데, 설교를 마치고 내려오니 어린이들이 몰려와 웨슬리를 빙 두르고 있다가 한 아이가 무릎을 꿇자 다른 모든 아이가 무릎을 꿇고 앉았다. 그러자 웨슬리도 무릎을 꿇고 그들을 위해 기도해 주었다.[26]

1780년 9월 7일 츄 마그나(Chew Magna)에서 설교할 때, 웨슬리는 오전에 어린이들과 한 시간을 보낸 후, "우리가 하는 일 중에서 가장 어려운 일"(the most difficult part of our work)이라는 의미심장한 말을 한 적이 있다.[27]

또한, 웨슬리와 동료들은 "다음 세대를 위해 설교하는 집을 확보하는 데 노력하고 있었는데"(labouring to secure the preaching-house to the next generation) 그 일 또한 재정적인 압박을 감당해야만 하는 매우 힘든 일이었다.[28] 그의 저널에서 발견되는 특이한 사실 중 하나는 웨슬리는 어디를 가도 어린이들과 만난 일이나 그들이 하나님의 말씀을 듣고 은혜받는 일, 그런가 하면 킹스우드학교나 고아원에서도 어린이들이 교육을 잘 받고 하나님을 영접하는 일 등에 대해 언급하는 것을 잊지 않는다는 것이다.

그는 분명 메도디스트들 뿐만 아니라 기독교의 미래는 어린이들에게 복음을 전하고 그들이 잘 자라도록 양육하는 일이라는 사실을 분명히 알고 노력했는데 그 일이 자신이 하는 일 중에서 가장 어려운 일이라는 것이다. 그런 관점에서 본다면 웨슬리가 어린이들에게 복음을 전하고 양육하는 내

---

[25] Ward and Heitzenrater, *Journal and Diaries*, 23:306.
[26] Ward and Heitzenrater, *Journal and Diaries*, 23:315.
[27] Ward and Heitzenrater, *Journal and Diaries*, 23:185.
[28] Ward and Heitzenrater, *Journal and Diaries*, 23:300-1.

용을 언급하지 않으며 그의 삶과 신학을 논한다면 매우 중요한 요소를 상실하는 일이 될 것이다.

6월 20일 스카보로(Scarborough)에 있는 한 교회에 출석하여 설교를 들었는데 메도디스트들을 날카롭게 비판하는 것을 보고, 자신이 그동안 동료들이 영국 국교회에 참석하라고 그렇게 강조하던 것을 단번에 포기하게 만들었다고 했다.[29] 2년이 지났는데도 그때 일을 기억하며 1786년 4월에 찰스에게 편지하여 자신은 그때까지 메도디스트들에게 영국 국교회에 출석하라고 종용했지만, 영국 국교회 설교자의 설교를 들어보니 '양심상'(in conscience) 더 이상 그렇게 할 수 없겠다고 한 것을 보면, 그때 이후로 웨슬리의 영국 국교회에 대한 생각과 태도에 변화가 있었던 것으로 보인다.[30]

그리고 27일 오후에 아버지가 40년간이나 목회하고 묻힌 엡워스에 도착하여 시장(marketplace)에서 설교했고, 그 다음날 자신이 82세가 되었는데 마치 40대와 같다고 하면서 오히려 젊었을 때 앓던 두통이나 치통 등 잔병들이 없어졌다고 했다.[31] 그런데 실제로 그날은 그의 나이 81세가 되는 날이었기에 웨슬리가 자신의 생일에 대해 혼동을 한 듯하다. 나이에 대한 혼동은 이미 언급한 대로 그의 나이 78세 때 한 번 있었는데, 80세가 넘어서 종종 혼동하는 것이 발견된다.

사실 1703년 6월 28일 태어난 웨슬리가 1791년 3월 2일 죽었기 때문에 그는 만 87세에 죽은 것이 되는데, 텔포드가 1896년에 『웨슬리의 생애』를 출판한 이래 신학교에서 교과서로 쓰이고, 웨슬리안들 사이에서 가장 공신력 있는 전기로 알려진 책에서 "웨슬리는 1791년 3월 2일, 수요일에 88세의 나이로 죽었다"(Wesley died Wednesday, March 2nd, 1791, in the eighty-eight year

---

[29] Ward and Heitzenrater, *Journal and Diaries*, 23:317.
[30] Telford, *Letters*, 7:326.
[31] Ward and Heitzenrater, *Journal and Diaries*, 23:319-20.

of his age)라고 함으로써 마치 웨슬리가 88세에 죽은 것으로 알려지게 된 것 같다.[32]

웨슬리는 7월 15일 오틀리(Otley)에서 2-3일 쉬었다고 했다. 웨슬리의 일정 중에서 "쉬었다"(rested)란 표현을 좀처럼 찾아보기 어려운데 사실 그가 말하는 쉬었다는 표현은 밖에서 설교하기보다는 주로 다른 문서 작업을 한 경우가 대부분이다.

그의 일기에는 "대답하다"(Answer)라고 쓰여 있는 데, 사실 그때 지난해에 발표한 행동강령에 강력하게 항의한 존 햄슨에게 답변을 쓴 것으로 추측된다.[33] 주일엔 빙리교회(Bingley church)에서 설교할 때 주일학교(Sunday School)에 들어가 보니 어린이가 240명이나 되었는데, 주일 교회에서 그렇게 많은 어린이를 가르치는 것을 보고 기독교를 뿌리부터 성장시키는 가장 좋은 방법이라고 느꼈다.

타이어맨은 이것이 웨슬리가 주일학교에 대해 최초로 언급한 것이라고 했는데, 사실 그 학교는 메도디스트 주일학교가 아니고, 독립교단적 학교였다. 그런데 웨슬리가 죽은 이후에 메도디스트들이 많은 주일학교를 설립하거나 인수받아서 기독교 역사에 있어서 주일학교 발전에 크게 기여하게 된다.[34]

---

[32] Telford, *The Life of John Wesley*, 351. 참조 타이어맨도 웨슬리가 죽은 해를 마치 그가 88세가 된 것처럼 기록했다. See his *John Wesley*, 3:244, 355, 655, 660.

[33] Ward and Heitzenrater, *Journal and Diaries*, 23:322 and note 98, 492. 당시 햄슨은 자신이 100인회에서 제외된 것에 대해 웨슬리 형제와 연회에서 그들의 뜻에 동의한 동료 지도자들에게 다음과 같은 문서를 배포함으로써 강력하게 항의했다. "An Appeal to the Reverend John and Charles Wesley; to All the Preachers who act in connexion with Him, and to Every Member of their Respective Societies in England, Scotland, Ireland and America." 제목만 보아도 햄슨은 영국뿐만 아니라 스코틀랜드, 아일랜드, 그리고 아메리카에 있는 모든 메도디스트들에게 자기의 억울함을 호소할 뿐만 아니라 웨슬리 형제의 권력에 저항하라는 선동적인 면도 있는 것 같다. 햄슨은 항의하는 과정에서 웨슬리는 매우 불공정(unjust)하고, 억압적(oppressive)이며 폭군적(tyrannical)이라고 묘사했다.

[34] Ward and Heitzenrater, *Journal and Diaries*, 23:323 and note 1.

연회가 개최될 장소 리즈에도 주일학교들이 발달하여 26개나 있었는데, 대부분 주일학교는 오후 1시부터 공부를 시작하고 오후 3시에 교회로 갔다가 다시 돌아와 공부한다. 남자와 여자가 따로 앉았고, 교사들은 능력에 따라 1이나 2실링(shillings)의 월급을 받았다.[35]

7월 27일 리즈에서 연회에 개최되었고, 8월 3일 마쳤는데, 대부분 연회를 마친 후에는 긍정적으로 평가하던 평소와 달리 "연회는, 사랑 안에서, 모든 면에서 실망스럽게 마쳤다"(Our conference concluded, in much love, to the great disappointment of all)고 한 것은 매우 이례적이다.[36]

사실 '법적인 100인'을 선정한 후유증이 좀처럼 해결되지 않은 채 분열로 치닫고 있었는데, 그나마 '사랑 안에서'(in much love) 끝낼 수 있었던 것은 플레처의 진심 어린 중재가 있었기 때문이었다. 당시 연회에서 있었던 상황을 아트모어(Charles Atmore)가 다음과 같이 전하고 있다.

> 그때 플레처가 웨슬리와 동료 설교자들과 함께 무릎을 꿇고 한 행동을 결코 잊지 못할 것이다. 웨슬리에게는 '나의 아버지, 나의 아버지! 그들은 분명히 당신의 마음을 상하게 했습니다. 그러나 그들은 당신의 자녀들입니다.' 동료 설교자들에게는 '나의 형제들이여, 나의 형제들이여! 그는 당신들의 아버지입니다'라고 말한 후 그들이 서로 하나가 되도록 한 후 다시 무릎을 꿇고 더욱 간절히 기도했다. 연회는 눈물바다가 되었고 많은 사람이 소리 내 울었다(Never ⋯ shall I forget with what armour and earnestness Mr. Fletcher expostulated, even on his knees, both with Mr. Wesley and preachers. To the former he

---

[35] Tyerman, *John Wesley*, 3:415. 그에 관한 내용이 다음해 「알미니안 잡지」(*Arminian Magazine*). 1785년 1월 호에『최근에 영국 전역에서 시작되고 있는 주일학교에 대한 평가』(*An Account of the Sunday Charity Schools, lately begun in various parts of England*)란 제목으로 실렸다.

[36] Ward and Heitzenrater, *Journal and Diaries*, 23:325.

exclaimed, 'My father! My father! They have offended, but they are your children'. To the latter he exclaimed, 'My brethren! My brethren! He is your father' and then, portraying the work in which they were unitedly engaged, fell again on his knees and with much fevour and devotion engaged in prayer. The conference was bathed in tears, many sobbed aloud).[37]

리즈에서 8월 3일 연회를 마치고 약 한 달 후인 28일 밤에 브리스톨에 도착했다.[38] 그런데 바로 31일 콕과 리차드 와코트(Richard Whatcoat)와 토마스 배시(Thomas Vasey)가 런던에서 브리스톨로 온 것을 보면 미리 계획된 만남이 아니면 불가능한 일정이다. 놀랍게도 그들이 도착한 바로 다음 날 웨슬리는 와코트와 배시를 미국으로 파송했는데, 그렇게 한 이유는 "오랫동안 생각하던 것이 비로소 명백해졌기 때문에 그렇게 했다"(Being now clear in my moind, I took a step which I had long weighed in my mind)라는 것이다.[39]

무엇이 명백해졌는지 알기 위해서는 다음의 일정에 주목해야 된다. 자신이 계획하지 못한 하나님의 섭리, 즉 미국이 영국과 독립전쟁을 치르는 와중에 미국 내에서 메도디스트의 부흥이 급격하게 일어나는 상황에 따른 결단이었다.

---

[37] Jackson, *Early Methodist Preachers*, 1:220. See also, Rack, *The Mitutes of Conference*, 548. 아트모어(1759-1826)는 스코틀랜드에서 성례전을 집례할 수 있도록 1786년 연회에서 웨슬리로부터 안수를 받았고, 1790년에는 뉴캐슬에 주일학교를 만드는 데 많은 기여를 했으며 1811년 연회에서는 의장으로 선출되기도 했다. See Ward and Heitzenrater, *Journal and Diaries*, 23:391 and note 12.

[38] 도중에 웨슬리는 볼테르의 "자신에 대한 기억들"(Voltaire's Memoires of himself)를 읽었는데 다 읽고 나서 "자기 멋 부림의 극치"(Certainly was never a more consummate coxcomb!)라고 혹평했다. 웨슬리는 볼테르와 철학자 흄을 당대 유럽의 기독교에 가장 해로운 사상가들로 여겼다. 하지만, 그들의 작품을 완전히 무시하는 것이 아니라 계속하여 읽고 평가하는 모습을 발견할 수 있다. 특히, 볼테르의 그 작품은 1784년 불어로 출판된 것인데 그렇다면 웨슬리는 그 책이 출판되자마자 불어로 읽은 것이 된다.

[39] Ward and Heitzenrater, *Journal and Diaries*, 23:329-30.

1774년에 2,073명에 불과하던 메도디스트들이 1784년에는 7배 이상 성장하여 14,988명이 되었고, 83명의 순회설교자들과 각 지역의 설교자들까지 많은 평신도 설교자들이 활동하게 되었다.

그런데 문제는 성찬식과 세례식을 집례할 자격이 되는 목회자들이 없어 미국 내 메도디스트들은 "마치 목자 없는 양 같은"(as sheep without shepherds) 신세였다. 그렇다고 자신이 갈 수도 없는 상황 가운데 웨슬리가 찾은 대안은 콕과 왓코트, 그리고 배시를 미국으로 파송하는 것이었다. 그래서 다음 날 콕을 미국의 감리사(superintendent)로, 전날에 "집사"(deacon)로 안수 받은 왓코트와 배시를 불과 하루 만에 다시 세례를 주고 성찬식을 인도할 자격을 갖춘 장로(elder)로 임명하는 전격적인 조치가 이루어졌던 것이다.[40]

그런데 당시에 콕은 이미 영국 국교회에서 안수받은 성직자였기 때문에 안수가 필요 없었지만, 콕이 8월 9일 웨슬리에게 편지하여 자신이 웨슬리로부터 안수를 받고 가는 것이 좋겠다고 제안을 했고, 웨슬리도 그렇게 하는 것이 좋겠다고 생각했기 때문에 일이 진행되었다.[41]

콕이 안수받을 것을 요청한 것에 대해 타이어맨은 위험할 정도로 야심이 많았던(dangerously ambitious) 콕이 절대적 권위가 있는 웨슬리로부터 안수를 받음으로써 선교지에서 감독의 권위를 확보하기 위한 전략이었다고 해석했다.[42] 마침내, 웨슬리는 콕에게 임명장(the certificate)을 주고 미국의 감리사로 "파송하였다"(set apart).[43]

---

[40] Telford, *Letters*, 7:239. 왓코트와 배시는 일찍이 고아가 되었다(orphaned). See Ward and Heitzenrater, *Journal and Diaries*, 23:329 note 30, 31.
[41] Telford, *Letters*, 8:182. 토마스 콕(Thomas Coke, 1747-1814)은 1770년에 부제안수를 받았고, 2년 후인 1772년에 사제 안수를 받았다(Coke was ordained deacon in 1770 and priest in 1772). See Ward and Heitzenrater, *Journal and Diaries*, 23:27 note 20.
[42] Tyerman, *John Wesley*, 3:433.
[43] Collins, *John Wesley*, 232.

그런데 이 모든 절차에서 웨슬리가 독자적으로 안수식을 거행한 것이 문제가 될 수 밖에 없었다. 웨슬리가 독자적으로 안수식을 실행했다는 것은 다음의 두 가지를 의미하는 것인데, 하나는 웨슬리 스스로 자신이 감독의 역할을 한 것이고 결과적으로 그러한 절차는 메도디스트들이 마침내 영국 국교회로부터 독립을 선언하는 것과 같은 행위가 되는 것이었다.

흥미로운 사실은 웨슬리는 그의 저널(journal)에서 "임명하였다"(appointed)라는 용어를 사용했지만, 그 자신의 일기에서는 두 번의 행위를 모두 "안수하였다"(ordained)라고 기록하고 있다는 것이다.[44] 웨슬리 자신이 "안수했다"라는 표현을 썼다는 것은 정말 많은 의미를 내포하고 있는 것이다.

웨슬리는 1746년에 로드 피터 킹(Lord Peter King)의 『초대교회의 법적 구조, 치리, 통일성, 그리고 예배』(*An Enquiry onto the Constitution, Discipline, Unity, and Worship of the Primitive Church*)를 읽고, 다시 몇 년 후에 에드워드 스틸링플리트(Edward Stillingfleet)의 『평화로운 조화』(*Irenicon*)를 읽고 난 후 초대교회 때는 감독(bishop)이나 장로(presbyter)는 같은 등급의 직책이었다는 사실을 알게 되었다고 했는데, 수십 년이 지나서, 마침내 자신이 알게 된 내용을 실행에 옮길 때가 되었다고 생각했다.

사실 웨슬리가 '감리사'(superintendent)란 용어를 사용한 것은 "감독"이란 용어를 사용하지 않기 위함이었음에도 '감독'(overseer)이란 뜻을 가진 헬라어 *spiscopos*를 'Bishop'이 아닌 '감리사'(superintendent)로 번역함으로써 사실은 같은 뜻으로 사용하고 있음에 주목할 필요가 있다.[45]

---

[44] Ward and Heitzenrater, *Journal and Diaries*, 23:497.
[45] Rack, *The Minutes of Conference*, 10:587. See Kenneth Cracknell, "The Spread of Wesleyan Methodism," in Randy L. Maddox and Jason E. Vickers, *The Cambridge Companion to John Wesley*, 247. 한편, 웨슬리가 죽은 다음에는 메도디스트들 내에서 안수식이 멈춘 것이 아니었다. 흥미롭게도 콕은 자신이 감독이 되어 경우에 따라서 안수를 거행하기도 했다. Rack, *Reasonable Enthusiast*, 520을 보라.

또 하나의 문제는 안수식이 거행된 브리스톨에 찰스가 있었음에도 웨슬리는 동생에게도 알리지 않고 그 일을 감행했다는 사실이다. 그 일에 대해 찰스는 "나는 당시 브리스톨에 있었는데, 나에게 약간의 암시도 주지 않다니"(I was then in Bristol, at his elbow; yet he never gave me the least hint of his intention)라며 분개했다.

웨슬리가 거의 모든 일을 상의하던 동생에게도 알리지 않고 독단적이고 기습적으로 실행한 일이 두 가지가 있다면, 하나는 자신이 결혼할 때와 다른 하나가 바로 감독으로서 안수식을 거행할 때였다. 사실, 웨슬리는 자신이 안수식을 거행하는 것이 어떤 의미가 있고 어떤 파문을 일으킬 것인지 충분히 인지하고 있었다.[46] 찰스는 "형은 자신이 그렇게도 주장하던 것과 모순되는 행동을 했으며, 자신의 이름에 평생 지울 수 없는 오점을 남겼다"(he has acted contrary to all his declarations, protestations, and writings; … left an indelible blot on his name)라고 한탄했다.

사실 웨슬리는 안수식을 거행하기 전에 동료들의 의견을 물었는데 한결같이 모두 반대했다. 왜냐하면, 그들은 웨슬리가 안수를 준다는 것은 평소 그가 하던 말과 일치하지 않을 뿐만 아니라 안수는 곧 영국 국교회로부터 분열이라는 현실을 분명히 인지하고 있었기 때문이었다. 당시 한 동료는 웨슬리가 취한 행동은 "감독교회도 아니고, 장로교도 아니고, 일관성도 없는 뒤죽박죽 엉망진창"(it is neither Episcopalian nor Presbyterian; but a mere hodge-podge of inconsistencies)이라고 불만을 토해냈다.[47]

하지만, 어떠한 희생을 감수하면서라도 자신이 꿈꾸던 이상적인 기독교, 즉 초대교회 같은 교회를 아메리카에서 실현하겠다는 열망이 강했던 웨슬

---

46 *Methodist Magazine* (1786), 677; Tyerman, *John Wesley*, 3:435-36에서 재인용.
47 Whitehead, *The Life of John Wesley*, 2:418-20. Rack, *Reasonable Enthusiast*, 518에서 재인용.

리로서는 더 이상 미룰 수 없는 결정이었다.

웨슬리는 이미 1783년 10월 3일 "아메리카에 있는 설교자들에게"(To the Preachers in America) 편지하여 애스베리(Francis Asbury)를 미국의 "총괄 담당 사역자"(the General Assistant)로 임명한 바 있는데 다음해 9월 10일 "미국에 있는 우리의 형제들에게"(To 'Our Brethren in America') 편지하여 콕과 애스베리를 북미에 있는 우리 형제들을 돌보는 공동 감리사(Joint Superintendents over our brethren in North America)로 임명했다고 알렸다.

그리고 그렇게 하는 이유는 "미국에 있는 동료들이 미국이나 영국의 제도로부터 완전히 독립하여"(totally disentangled both from the State and from the English hierarchy) "전적으로 성경적이고 초대교회적인 교회를 실현할 자유를 주기 위함"(full liberty simply to follow the Scriptures and the Primitive Church)이라고 했다.[48]

그러나 사실은 아메리카의 메도디스트 형제들이 미국이나 영국의 정치적인 간섭으로부터 독립하기보다는 웨슬리의 간섭으로부터 독립하기를 원한다는 사실을 외면하는 조치였다.

웨슬리는 9월 30일 미국에서 활동하고 있던 메도디스트 설교자 중 한 사람인 존 맥기어리(John McGeary)가 영국을 방문하는 중에 그를 만나 장시간 대화를 나누었다. 그는 당시 미국에서 하나님의 은혜로 메도디스트들이 계속 증가하고 있다는 소식을 전하면서 웨슬리에게 죽기 전에 꼭 한 번 미국을 방문해 달라고 부탁했다. 그때 웨슬리는 "아니야. 나는 죽을 때

---

[48] Telford, *Letters*, 7:239; cf. 7:190-1. 당시 아메리카의 메도디즘의 발전에 관한 탁월한 연구로는 다음과 같은 것들이 있다. Richard P. Heitzenrater, "At Full Liberty: Doctrinal Standards in Early American Methodism," in Richard P. Heitzenrater, ed., *Mirror and Memory: Reflections on Early Methodism* (Nashville, TN: Kingswood Books, 1989), 189-204; Thomas C. Oden, *Doctrinal Standards in the Wesleyan Tradition* (Grand Rapids, MI: Francis Asbury Press of Zondervan Publishing House, 1988).

까지 미국을 방문하게 되지는 않을 것이야"(Nay, I shall no more visits to new worlds till I go to the world of spirits)라고 말했다.[49]

웨슬리 역시 하나님의 역사와 섭리가 강하게 일어나고 있는 미국에 많은 관심이 있었지만, 자신을 떠난 미국의 메도디스트들로부터 마음이 떠나 있었던 것으로 보인다.

한편, 콕과 왓코트와 배시는 웨슬리의 편지를 들고 9월 18일 영국을 떠나 약 1달 반만인 11월 3일에 아메리카에 도착했다. 그리고 12월 24일에 60여 명의 설교자가 볼티모어(Baltimore)에 모여 크리스마스연회(Christmas Conference of 1784)를 개최함으로써 1773년 미국 필라델피아에서 초대메도디스트설교자연회가 개최된 지 11년 만에 선교지에서 아메리칸 웨슬리안들의 독립적인 연회가 개최되는 역사를 이루었다.[50]

연회는 다음해 1월 2일까지 열흘 동안 진행되었는데, 당시에 감리사(superintendent)였던 콕은 연회 기간에 프란시스 애즈베리(Francis Asbury)를 첫째 날 부제(deacon)로, 둘째 날 사제(priest)로, 그리고 셋째 날 감리사(superintendent)로 임명하는 파격 행보를 감행했다.[51]

그런데 애즈베리 안수식에서 콕이 행한 설교 제목 가운데 미국에 있는 교회를 지칭할 때 '메도디스트감독교회'(Methodist Episcopal Church, MEC)로 되어 있다. 즉, '감독교회'(Episcopal Church)는 '감독'(Bishop)에 의해 다스려지는 교회인데, 그렇다면 감독이란 직함을 피하고자 '감리사'(superintendent)란 명칭을 사용한 웨슬리를 콕이 감독이라고 인정하는 격이 된 것이다.

---

[49] Ward Heitzenrater, *Journal and Diaries*, 23:332-3.
[50] 그러나 아메리칸 메도디스트들은 1784년의 크리스마스연회를 아메리칸 메도디스트들의 최초의 연회로 생각하지 않는다. 최초의 미국 회중 교회 연회(the First Annual Conference of the Methodist Episcopal Church of America)는 1785년 4월 19일에 노스 캐롤라이나(North Carolina)의 루이스버그(Louisburg) 근처에 있는 그린 힐 하우스(Green Hill House)에서 개최되었다고 본다.
[51] Tyerman, *John Wesley*, 3:436.

연회에서는 웨슬리가 영국 국교회의 "39개 조항"(the Thirty-Nine Articles) 을 축약하여 편집한 "25개 조항"(the Articles of Religion)을 「미국메도디스트 감독교회의 교리 선언문」(a statement of doctrine for the Methodist Episcopal Church in America)으로 채택하였다.

웨슬리는 자신의 신학적 관점에 따라 칼빈주의적인 요소를 제거하고 24개 조항으로 축약했지만, 미국의 메도디스트들은 23번 항에 미국은 독립 국가로서 자신들이 선출한 대표들에 의해 통치를 받고, 다른 외국의 지배를 받지 않는다는 내용을 첨가하여 25개 조항으로 만들었다.

웨슬리는 또한 영국 국교회의 예전서인 「공동기도서」(The Book of Common Prayer)를 아메리카의 메도디스트들이 사용할 수 있도록 편집하여 「주일 예배 인도서」(the Sunday Service of the Methodists in North America)를 만들어 콕의 손에 들려 보냈다. 그 서문에 다음과 같이 썼다.

> 나는 고대나 현대에 이렇게 온전하고 성경적이며 합리적 경건으로 이루어진 예전서는 세계에 없다고 본다. 영국 국교회 예전서는, 비록 200년 전에 만들어졌지만, 그 언어는 오늘날까지도 흠이 없이 순결할 뿐만 아니라 최고 수준의 품위 있는 언어로 만들어진 가장 좋은 예전서라고 확신한다(I believe there is no liturgy in the world, either in ancient or modern language, which breathes more of a solid, sctriptural, rational piety, than the Common Prayer of the Church of England. And though the main of it was compiled considerably more than two hundred years ago, yet is the language of it, not only pure, but strong and elegant in the highest degree).[52]

---

[52] John Wesley, *The Sunday Service of the Methodists in North America*(London, 1784), 2; James F. White, ed. with an Introduction, *John Wesley's Sunday Service of the Methodists in North America*(The United Methodist Publishing House and the United Methodist Board of Higher Education and Ministry, 1984), 2. 개정판에서 웨슬리는 음악이나 장식품들이 예배에서 너무 많은 비중을 차지하는 것이나 예배 후에 국가를 부르는 것, 그리고 무릎

그 외에 웨슬리가 편집한 『찬송집』(a Hymnbook)도 사용하도록 했다.

크리스마스연회를 통해 자신들만의 "장정"(Forms of Discipline)을 만들었다.[53] 그것이 다음과 같은 제목으로 출판되었다. 웨슬리가 "복음 안에서 낳은 자녀들"(Sons in the Gospel)답게 그들의 연회록에 나타나는 가장 큰 특징은 웨슬리의 뜻을 그대로 따르려고 최대한 노력했다는 것이다.

그 특징을 우리의 목적에 따라 다음과 같이 네 가지로 요약해 보자.

첫째, 형식에 있어서 영국의 메도디스트연회록과 같이 "질문과 답변"(questions and answers)의 형식을 취했다.

둘째, 하나님께서 메도디스트들을 이 땅에서 일으킨 섭리를 웨슬리가 깨달은 대로, 자신들의 목적도 "아메리카 대륙을 개혁하고 성경을 온 땅 위에 전파하기 위해"(to reform the continent and to spread Scriptural Holiness over these land)라고 분명히 명시했다.

셋째, 영국에서 웨슬리에 의해 대의원 수가 100명으로 제한된 "행동강령"(The deed of declaration)이 만들어진 것을 잘 알고 있던 미국의 형제들도 그에 따른 연회의 결정, 즉 "during the life of Mr. Wesley they were ready to obey his commands in matters belong to church government"(웨슬리가 살아 있는 동안

을 꿇는 행위 등을 최소화하는 등 매우 간소화하여 예배 시간도 줄어들었다. 하지만, 그 「주일 예배 인도서」가 그렇게 우수하지도, 유용하지도 않다고 생각하는 미국의 설교자들에 의해 외면당하면서 잘 사용되지 못했다. 그런데 1789년 6월 20일 웨슬리가 월터 쳐치(Walter Churchey)에게 편지한 내용에 의하면, 콕은 웨슬리에게 알리지도 않고 몇 가지를 변경해서 1788년에 개정판을 냈다. See James F. White, "an Introduction," 9-37, esp., 8-13; Telford, Letters, 8:144-5.

53 장정의 제목은 다음과 같다: Minutes of Several Conversations Between the Rev. Thomas Coke, LL.D. the Reverand Francis Asbury and Others, at a Conference, Begun in Baltimore, in the State of Maryland, on Monday, the 27th of December, in the Year 1784, Composing a Form of Discipline for the Ministers, Preachers, and Other Members of the Methodist Episcopal Church in America.

에는 교회 정치에 관한 내용은 그의 결정을 따른다)란 문구를 연회록에 기록했다. **넷째**, 웨슬리가 그렇게 했던 것처럼 노예 제도에 대해 전적으로 반대하고 (took a strong stand against slavery) 노예를 소유한 사람은 메도디스트가 될 수 없다고 선언했다.[54]

그 외에 영국에서의 일을 교훈 삼아 처음부터 설교자들과 자녀들과 가족들을 위한 기금을 마련하여 지급하기로 했고, 앞으로 전개될 목회적 사명을 감당할 지도자들을 양성하기 위해 대학을 설립하기로 했다. 이때까지만 해도 미국의 지도자들이나 형제들은 전적으로 웨슬리의 뜻을 따르는 한 몸인 것처럼 보였다.

그런데 웨슬리가 만들어준 교리서나 의식서를 전적으로 따르는 일은 생각처럼 간단한 문제가 아니었다. 즉, 정치와 문화가 다른 아메리카의 메도디스트들이 영국 국교회의 예전서를 그대로 사용하면 아메리카에 살고있는 영국 국교도가 되는 것과 다를 바가 없게 되고, 그렇게 되면 정치적으로 영국으로부터 독립하려는 의지를 가진 아메리칸 메도디스트들에게는 분명 걸림돌이 될 수 있는 사안이었다.

시간이 흐르면서 영국의 웨슬리와 아메리카에서 활동하는 지도자들과의 갈등이 표출되기 시작했다. 결과적으로 "웨슬리가 살아 있는 동안에는 교회 정치에 관한 내용은 그의 결정을 따른다"(during the life of Mr. Wesley they were ready to obey his commands in matters belong to church government)란 문구가 1787년 마국연회에서 삭제되는 사건이 발생했는데 그 일에 대해서는 다음에 자세히 살펴볼 것이다.[55]

---

[54] Roger M. Gramling, *The American Methodists: Organization, Division, Reunion* (Columbia, South Carolina: Print Media Center, 2008), 27-8.
[55] Etheridge, *Life of Coke*, 173; *Methodist Magazine* (1788), 486. Tyerman, *John Wesley*, 3:498, note 2에서 재인용.

22페이지 분량의 콕의 설교에는 당시 아메리카 메도디스트들의 의지가 잘 나타나 있다. 죄악으로 가득 찬 세상을 구하기 위해 하나님께서 웨슬리라는 지도자를 통해 메도디스트들을 세우셨고, 그런 의미에서 "웨슬리는 안수할 자격이 있다"(he has a right to ordain)라고 했다. 콕은 이미 마음속에 영국 내의 메도디스트들이 영국 국교회로부터 독립하고 웨슬리는 영국이나 미국에서 메도디스트감독교회의 수장으로서 안수하여 필요한 성직자들을 양성하는 것이 좋겠다는 자기 뜻을 웨슬리에게 그렇게 밝혔다.

또한 "감독들 또는 감리사들"(bishops or superintendents)이라고 함으로써 감리사인 자신들도 감독처럼 안수할 수 있는 자격을 자신들이 부여하고 있다.[56] 결국, 콕은 미국의 메도디스트들은 영국 국교회 소속이 될 수 없다는 현실을 직시하며 동시에 영국의 메도디스트들과 상황이 다르기 때문에 독립적으로 발전할 수밖에 없다는 생각을 그렇게 추진하고 있었다.

그 당시 미국 내에서는 조나단 에드워드(Jonathan Edwards, 1703-1758)가 대각성 운동을 이끌어 가고 있었는데, 특히 그는 칼빈주의적 신학에 따라 오직 예수 안에서 철저한 회개를 통해 용서받지 않으면 하나님의 심판을 피할 수 없다고 선포했다.[57]

그렇게 함으로써 에드워드는 아메리카에서 회개와 영적 각성이 일어나고, 죄의 세력이 물러나고, 새로운 피조물로 거듭나도록 촉구했다. 아메리카에서 웨슬리안 메도디스트들이 부흥하면 할 수록 조나단 에드워드와의 갈등을 피할 수 없게 되었다. 그러나 웨슬리와 에드워드는 종교성의 근원은 인간의 감정(sentiment) 즉 열정(passion) 혹은 감각(sensation)에 있기 때문에 성경적 경건에 이르는 매우 중대한 통로는 하나님을 경험(체험)하는 것이라

---

[56] 콕의 설교는 분명 웨슬리가 보기에 문제의 소지가 있었기에, 웨슬리는 그 설교가 동료 메도디스트들에게 회람되는 것을 원치 않았다. See Tyerman, *John Wesley*, 3: 436-7, 466.
[57] P. Miller, ed., *The Works of Jonathan Edwards* (New Haven, Yale Univ. Press, 1957-1989), 1:131, 4:104.

고 선포했다는 차원에서 그들은 동역자일 수 밖에 없다는 것도 사실이다.[58]

1784년 첫 안수식을 거행한 이래 웨슬리는 1789년까지 거칠 것 없이 안수식을 거행했다. 처음에는 영국이 아닌 미국에 파송하려는 조치였지만, 다음해인 1785년에는 존 포슨(John Pawson), 토마스 핸비(Thomas Hanby), 조셉(Joseph Taylor) 등을 스코틀랜드나 영국 외 지역에 선교사로 파송하기 위해 안수를 했다.

그런데 알렉산더 메이더(Alexander Mather), 헨리 무어(Henry Moor), 토마스 랜킨(Thomas Rankin)은 영국에서 사역하기도 했다. 안수식은 공식 행사가 아닌 사적으로(in private) 진행되었고, 대부분의 안수식은 새벽 4시에 거행되었는데 먼저 부제(deacon) 안수를 하고 바로 다음날에 장로(elder)로 안수하는 속성 과정이었다.[59] 그러면서도 웨슬리는 자신의 그러한 행동이 영국 국교회로부터 분리하는 일이 결코 아니라고 항변하는 것도 잊지 않았다.

그러나 찰스는 형의 그러한 행동을 멈추려고 노력했다. 1785년 8월 14일자 편지에서, 비록 메도디스트들이 자신들이 죽은 다음에 흩어질 것을 두려워하여 형은 그들을 붙잡아두기 위해 안수라는 수단을 쓰지만, 그들은 결국엔 자기들 마음대로 할 것이 분명하니 형은 제발 가만히 있으라고 간청하면서, 자기는 그런 일이 일어나기 전에 죽는 것이 좋겠다고 했다.[60]

그에 대해 형은 8월 19일 답장에서 "만약 네가 나와 동의한다면 좋다. 그러나 동의하지 않는다면(휫필드가 종종 말했던 것처럼) 우리가 동의하지 않는다고 동의할 수 있다"(If you agree with me, well, if not, we can[as Mr. Whitefield used

---

[58] Miller, ed., *The Works of Jonathan Edwards*, 2: 106-114; 웨슬리는 에드워드가 알미니안 주의를 마치 이신론과 동일시 하는 것이나 영국 국교회를 마치 교황주의자들로 치부하는 것이 마음에 들지 않았다. See Curnock, *Journal*, 4:123.

[59] Tyerman, *John Wesley*, 3:441-42. 스코틀랜드 메도디스트들은 자신들을 결코 영국 국교도라고 생각하지 않을 뿐만 아니라 영국 국교도들은 곧 교황주의자들이라고 반감을 가지고 있었다.

[60] Tyerman, *John Wesley*, 3:444.

to say] agree to disagree)라고 했다.

웨슬리의 논리는 영국 국교회가 모든 교회를 의미하는 것은 아니고 또한 가장 성경적인 교회를 의미하는 것도 아니므로 하나님의 말씀이 선포되고, 성례전이 성경적으로 집례되는 교회를 세우는 것이 곧 분열을 의미하는 것은 아니라는 것이다. 그리고 "나와 함께 할 수 없다면 방해는 하지마라"(But do not hinder me if you will not help)는 최후통첩과도 같은 말을 하면서 자신은 돕는 사람이 있든 없든 "기어서라도 가겠다"(However, with or without help, I creep on)라고 했다.

이제 대화의 가능성조차 사라진 현실을 직감한 동생은 9월 8일 답장에서 "자신이 살아 있는 동안 마지막까지 다툴 사람은 형"(you are the last man upon earth whom I would wish to quarrel with)이라고 했다. 그리고 "형이야말로 겉으로는 분리를 반대하지만, 실제로는 분리를 조장하는 사람이 아니냐"(Have you not made yourself the author of all his actions? I need not remind you, qui facit per alium facit per se/ He who acts through another does the act himself)라며 강하게 질책했다.[61]

9월 13일 자 답장에서 웨슬리는 다시 한번 "도울 수 없으면 방해는 말아달라"고 부탁한 후 자신은 "죽을 때 발생할 일을 두려워하여 아무것도 못 하기보다는 살아 있는 동안에 더 많은 영혼을 구하는 일에 매진하겠다(I must and will save as many souls as I can while I live without being careful about what may possibly be when I die)는 뜻을 분명히 밝혔다.[62]

---

[61] Tyerman, *John Wesley*, 3:446-7.
[62] Telford, *Letters*, 7:288-9. 흥미로운 사실은 메도디스트 연합으로부터 떠난 햄슨(John Hampson, Sen.)은 자신은 여전히 메도디스트라고 생각하면서, 자신들만을 위한 신도회를 조직하고 신도회에서 목회를 담당할 설교자들을 안수했다는 것이다. 헌팅돈 백작 부인 계열의 칼빈주의 메도디스트들도 그렇게 했는이 영국 국교회 신도들이 아니라면 세례식과 성찬식을 집례할 목회자들이 필요하다는 명분가운데 독자적으로 안수식을 거행하는 방법 외에 그 문제를 해결할 방법은 없었던 것 같다. 한편, 햄슨 주니어도 웨슬리

1784년에는 이미 언급한 책들과 「알미니안 잡지」(*Arminian Magszine*)와 그 안에 연재하던 글들과 새로운 설교 6편 외에 달리 출판한 것은 없다. 82세가 되는 해인 1785년 1월 4일 일기는 그가 말년까지 무엇을 위해 그토록 노력했는지 보여 준다.

연초가 되면 우리는 신도회의 가난한 사람들에게 석탄과 빵을 나누어 주었는데, 이번에는 그들이 식량뿐만 아니라 의복이 필요하다는 것을 알았다. 그래서 나는 4일간이나 시내를 다니면서 200파운드를 모금하여 그들이 가장 원하는 옷을 공급해주었다. 그런데 당시에 모든 거리가 녹아내리는 눈이 발목까지 찰 정도로 덮였기 때문에 아침부터 저녁까지 녹는 눈 속에 발이 빠지면서 다녀야만 하는 고된 일이었다. 토요일 저녁때까지 그 일을 하고 나니 밤에 심한 이질 설사로 고생했는데 시간이 지날수록 점점 심해져 아침 6시에 화이트 박사가 와서 돌봐주었다(At this season, we usually distributed coal and bred among the poor of the society. But I now considered they wanted clothes as well as food. So on this and the four following days, I walked through the town and begged two hundred pounds in order to clothe them that wanted it most. But it was hard work, as most of the streets were filled with melting snow which often lay ankle deep, so that my feet were steeped in snow-water nearly from morning till evening. I held it out pretty well till Saturday evening I was laid up with a violent flux which increased every hour, till at six in the morning Dr. Whitehead called upon me).[63]

를 떠난 이후 선더랜드(Sunderland)에서 목회를 하던 중 1788년 웨슬리가 그 지역을 방문했을 때 웨슬리를 초청하여 설교를 하게 한 것을 보면 여전히 관계를 유지하려고 했던 것 같다. See Tyerman, *John Wesley*, 3: 534.

[63] Ward and Heitzenrater, *Journal and Diaries*, 23:340; 참조 Telford, *The Life of John Wesley*, 334.

12월에 다시 구제를 위한 모금을 하면서 "자신이 남에게 가서 구걸하듯이 모금할 의무는 없지만, 아무도 그 일을 하는 사람이 없으므로 자신이 할 수밖에 없다고 했다"(It is true I am not obliged to do this. But if I do it not, nobody else will).⁶⁴ 웨슬리가 남을 돕는데 사용하는 대부분의 돈은 그의 책 판매를 통해 얻는 수입인데 그 돈이 1000파운드 이하였던 적이 없었다고 한다.⁶⁵

평생 웨슬리의 삶을 가까이서 지켜본 무어는 웨슬리가 일생에 남을 돕는데 사용한 돈은 약 30,000파운드나 된다고 했는데 그 또한 드러난 액수일 뿐이었다.⁶⁶

그리고 노 사도는 여전히 추운 3월 21일 아일랜드 선교를 떠나 4월 11일 도착하여 두 달 이상 머무르면서 거의 60여 개 도시를 순회하며 설교했다. 주로 교회 등 공간이 허락되는 모든 곳에서 설교했지만, 야외설교를 한 적도 여러 번 있다. 5월 9일 평생의 동역자였던 페로넷(Vincent Perronet)이 92세의 일기로 세상을 떠났다는 슬픈 소식을 들었지만, 그는 일정을 이어갈 수밖에 없었다.⁶⁷

아일랜드에서 많은 사람이 큰 은혜를 받고 사랑 안에서 완전을 체험했다고 고백한 사람도 많았다. 아일랜드를 떠나기 전 6월 26일 노 사도는 지도자 가렛슨(Garretson)에게 편지하여 신도회원들이 "반쪽 그리스도인"(half Christian)에 머물러 있지 말고 "단순한 믿음만으로 당장이라도 완전한 성화를 성취할 수 있다"(to aspire after full sanctification as attainable now by simple faith)라고 가르칠 것을 촉구했다.⁶⁸

---

64 Ward and Heitzenrater, *Journal and Diaries*, 23:382.
65 Telford, *The Life of John Wesley*, 330-331.
66 Henry Moore, *The Life of the Rev. John Wesley* (London: John Kershaw, 1824), 186; Tyerman, *John Wesley*, 3:615-16에서 재인용.
67 Tyerman, *John Wesley*, 3:463.
68 Telford, *Letters*, 7:276-7. 타이어맨은 이 편지를 쓴 날짜를 "6월 16일(June 16)"이라고 했다. See his John Wesley, 3:461-2. 웨슬리의 일기에 "letter"를 쓴 것으로 기록된 날은

더블린에서 82세 생일을 보낸 후 7월 15일 런던에 도착하여 17일 주일 "어린이 교육에 대해"(on the education of children) 설교한 후 월요일 새벽 5시에 어린이들에게 설교하겠다고 광고했다. 다음날 새벽에 채플이 넘치도록 많은 사람이 몰려왔다. 7월 26일 연회가 개최되어 8월 3일까지 진행되었는데 지난해에 많은 진통을 겪으면서 연회에 참석할 수 있는 인원을 100명으로 제한했음에도 불구하고, 그보다도 적은 70명만 초청했는데 웨슬리는 특별히 안건이 없고 정해진 업무만을 이행하는 연회였기 때문이라고 했다.

하지만, 그 연회에서 스코틀랜드에 파송하기 위해 포슨과 핸비와 조셉 테일러에게 안수하는 중대한 일을 감행한 것을 보면 오히려 웨슬리가 문제의 소지를 줄이기 위해 그렇게 한 것으로 보인다.[69]

당시 스코틀랜드에서는 메도디스트들이라는 이유만으로 성찬에서 제외되는 일들이 빈번하게 발생했다. 그래서 웨슬리는 스코틀랜드에 있는 메도디스트들만을 위해 성찬식을 집례할 수 있는 권한을 주기 위해 그 세 명에게 안수하여 파송했지만, 그들이 영국으로 돌아올 때는 자신들이 받은 직분을 포기해야 한다는 조건부 안수였다.[70]

하지만, 선교지인 미국이 아닌 대영제국 내의 선교지로 파송하기 위해 안수식을 거행했다고 하는 것은 영국 국교회 사제였던 웨슬리가 되돌릴 수 없는 길을 갔다는 뜻이 된다.

26일이다. See Ward and Heitzenrater, *Journal and Diaries*, 23:527. 웨슬리는 그날 각각 가렛슨(Freeborn Garrettson)과 릿치(Elizabeth Ritchie)에게 두 편의 편지를 쓴 것으로 보인다. See Telford, *Letters*, 7:276-8.

[69] Ward and Heitzenrater, *Journal and Diaries*, 23:371-2.
[70] Tyerman, *John Wesley*, 3: 496-97. 그런데 후에 핸비와 조셉 테일러가 노팅햄 교구(Nottingham circuit)로 돌아오자 웨슬리가 그들에게 목사직을 포기하도록 요구하자 조셉 테일러는 순순히 따른 반면에 핸비는 거부했다. 포슨은 웨슬리의 그러한 조치가 지나치게 억압적이라고 평하기도 했다. See Tyerman, *John Wesley*, 3:574.

1785년 3월 25일 바나바 토마스(Barnabas Thomas)에게 보낸 편지에 의하면 웨슬리의 마음은 그 이전에 이미 명분을 찾았고, 실행할 것을 준비하고 있었음을 알 수 있다.

> 당신이 알다시피 나는 철저하게 영국 국교회 사제입니다. 동시에 나는 캔터베리의 대주교와 같은 그런 진정한 주교임을 압니다. 하지만, 나는 항상 행동을 자제하고 특별한 필요가 아니라면 대주교로서의 기능을 발휘하지 않으려고 노력하고 있습니다. 아메리카에서는 그럴 필요가 있습니다. 이러한 사실을 런던의 대주교에게도 밝히면서 그의 도움을 요청했지만, 그는 단호하게 거절했습니다(I am now as firmly attached to the Church of England as I ever was since you knew me. But meantime I know myself to be as real a Christian bishop as the Archbishop of Cantebury. Yet I was always resolved, and am still, never to act as such except in case of necessity. In America it did exist. This I made known to the Bishop of London and desired his help. But he peremptorily refused it).[71]

웨슬리는 이미 자신을 "캔터베리의 대주교에 버금가는 주교"(a Christian bishop as the Archbishop of Cantebury)라고 함으로써 마침내 자신에게 'bishop'(주교 혹은 감독)이란 칭호를 적용하고 있었고 필요하다면 언제라도 그 기능을 사용하겠다고 주위에 알리고 있었다. 그 외에 연회는 주일에 물건을 사고파는 일, 머리를 단장하는 일, 세상일로 대화하는 일, 그리고 주일에 아이들을 춤을 배우는 학교에 보내는 것 등이 부적절하다고 했다.[72]

그러나 무엇보다도 의미 있는 일은 지난해 연회에서 검토한 "행동강령"(The deed of declaration)을 확정한 것이었다. 메도디스트들은 법적인 명칭

---

[71] Telford, *Letters*, 7:262.
[72] Rack, *The Minutes of Conference*, 10: 589; Tyerman, *John Wesley*, 3:465.

과 지위(a legal specification of the phrase, The Conference of the People called Methodists)를 확보하게 되었지만, 웨슬리가 선택한 100인에서 제외된 무어(William Moor)와 햄슨 부자(the two Hampsons) 등 80여 명의 설교자가 메도디스트 연합체를 떠나는 대가를 치러야만 했다.

1785년 8월 14일 누구보다도 충성스러운 웨슬리의 동역자였던 플레처(1729-1785)가 세상을 떠났다. 자신보다 25-6년이나 젊은 플레처가 자신의 후계자가 되어주기를 바라고 있었는데 먼저 세상을 떠나다니! 칼빈주의자들과 피곤한 신학 논쟁을 이어갈 때 그토록 힘이 되어 주었던 동역자가 55세라는 이른 나이에 생을 마감했다.

플레처는 죽기 직전 주일에도 설교했고 성찬식을 집례했다. 그즈음 웨슬리는 영국 서부 지방을 순회하고 있었기 때문에 그 소식을 듣지 못했고 물론 그의 장례식에도 참석하지 못했다.[73] 11월 6일이 되어서야 웨슬리는 모든 일정을 마치고 런던으로 돌아와 플레처의 장례 설교를 할 수 있었다.[74]

플레처는 메도디스트 그룹 안에서 어떠한 공식적인 직함을 갖지는 않았지만, 해박한 신학 지식과 복음적인 열정, 그리고 그리스도를 닮은 성품으로 인해 메도디스트들 안에서 누구보다도 폭넓은 영향력을 끼치고 있었다. 하지만, 하루에 14-16시간씩 쉼도 없이 공부하는 지나친 학문적 열정과 계속되는 성경 읽기와 묵상, 그런가 하면 자신의 건강을 지키기에 턱없이 부족한 소식, 즉 약간의 과일과 치즈와 빵과 물만 먹는 생활을 지속하면서 그의 건강은 점점 쇠약해졌다.

특히, 1775년에 여섯 번의 검열 시리즈를 마친 이후 급격히 건강이 악화되었다. 웨슬리의 권유에 따라 건강을 회복하기 위해 말을 타고 순회

---

[73] Tyerman, *John Wesley*, 3:463.
[74] Ward and Heitzenrater, *Journal and Diaries*, 23:380.

전도 여행에 동참하기도 했고, 스위스에서 3년간 요양을 하며 지내기도 했다.

52살이 되는 1781년에 돌아와 10살 연하인 보산케(Bosanquet, 1739-1815) 양과 11월 12일 결혼을 하고 4년을 못 채우고 생을 마감했다.⁷⁵ 둘 다 40이 넘어서 한 결혼인데 당시에 플레처는 자신들만을 위한 결혼이 아니라 메도디스트 전체를 잘 섬기기 위한 결혼이라고 생각했다. 그때 보산케는 그 이전까지 몰리에서(in Moley) 봉사하던 자선 교육 단체인 크로스 홀(Cross Hall)을 정리하고 플레처의 교구인 마델리(Madeley)로 이주하여 공동 사역을 함으로써 메도디스트 역사에 있어서 최초의 공동 사역자들이 되었다.⁷⁶

그의 장례식 설교에서 웨슬리는 플레처가 그렇게 심한 고통 중에도 한 번도 불평한 적이 없고, 그와 같이 30년 이상을 지내면서 "단 한 번도 그가 그리스도인으로서 부적절한 말이나 행동을 하는 것을 본 적이 없다"(I never heard him speak one improper word nor saw him do an improper action)라고 했다. 또한, 웨슬리는 유럽이나 미국에서 자기가 알고 있는 모든 사람 가운데서도 플레처만큼 마음과 삶에 있어서 거룩하고, 내외적으로 하나님께 헌신 된 사람은 본 적이 없으며 앞으로도 그런 사람을 만나기는 어려울 것이라고 했다.⁷⁷

한편, 웨슬리는 미망인이 된 메리 보산케에게 자신과 가까이 지낼 수 있는 런던이나 브리스톨로 이주하기를 청했지만, 그녀는 그 지역에 남아 1815년 12월 9일 죽을 때까지 교구원들을 돌보면서 특히 어린이 사역에 힘썼다.⁷⁸

---

75 Tyerman, *John Wesley*, 3:213.
76 Ward and Heitzenrater, *Journal and Diaries*, 24:9 note 32.
77 John Wesley, "On the Death of John Fletcher" in Outler, *Sermons*, 3:611-29. See also, "A Short Account of the Life and Death of the Reverend John Fletcher," in Jackson, *Works*, 11:277-365.
78 Telford, Letters, 7:290. 보산케는 마델리에 있는 남편의 묘에 함께 묻혔다(She buried in Madeley in a shared grave with her husband. 그녀는 몇 권의 교육용 팜플렛을 출판 하기

메도디스트 운동이 비대해지고, 노쇠한 웨슬리의 영향력이 감소하면서 평신도 설교자들로 인해 발생하는 문제들이 많아졌다. 자질이 부족한 설교자들은 종종 신도회에서 문제를 일으켰고, 몇몇 설교자들은 자신들의 능력에 걸맞은 대우를 받지 못하고 있다고 불만을 쏟아내기도 했다. 그러한 문제들은 메도디스트들이 영국 국교회를 떠나야 한다는 목소리와 함께 웨슬리를 압박하고 있었다.

9월 3일 브리스톨에 도착해 보니 "웨슬리가 곧 영국 국교회를 떠날 것"(Wesley was just going to leave the Church)이라는 소문이 파다함을 알고 바로 그 다음날 주일에 웨슬리는 40년 전이나 지금이나 영국 국교회를 떠날 생각이 전혀 없다는 자기 뜻을 밝히기도 했다.[79]

1785년에 특히 포켓 찬송집 『장례 설교와 포켓 찬송집』(*A Pocket Hymn Book for the Use of Christians of all Denominations*)을 출판했고, 리차드 박스터(R. Baxter)의 책 『비개종자의 부름』(*A Call to the Unconverted*), 그리고 그때까지 발행된 「알미니안 잡지」를 8권 668페이지 분량으로 편집하여 출판했다.[80]

특히, 알미니안 잡지를 편집하고 교정하는 일은 웨슬리 외에 감당할 수 있는 사람이 없었기 때문에 웨슬리는 그 일을 하면서 연말을 보내야만 했다. 사실, 편집자로 순회설교자 중에서 탁월한 문장가로 알려진 토마스 올리버(Thomas Oliver)를 1776년에 공동 편집자로 고용한 적이 있었지만, 오자가 많은 문제가 시정되지 않았고, 또한 자기도 모르게 다른 글이나 내용이 첨가되는 문제가 종종 발생하자 웨슬리는 1786년에 그를 해고하고 자신이 직접 편집하고 교정하는 일까지 감당하고 있었다.[81]

도 했다.
[79] Ward and Heitzenrater, *Journal and Diaries*, 23:376.
[80] Tyerman, *John Wesley*, 3:469.
[81] Ward and Heitzenrater, *Journal and Diaries*, 23:383 and note 69. See also 24:149. 유대교의 회당에서 하나님을 찬양할 때 부르는 곡조(Yigdal, May He be magnified. Opening

2. 1786-88년: 찰스의 죽음

1786년 2월 27일 뉴베리(Newbury)에 갔을 때는 숙소가 얼마나 추운지 한잠도 못 자고 4시에 일어나 5시에 떠났지만, 밤새 눈이 와서 걸을 수가 없을 지경이었다. 그런 상태가 거의 한 달간 지속되는 가운데 웨슬리는 강행군을 이어갔다. 특히, 순회하며 설교를 하는 가운데 회중들 가운데서 지나치게 열정적으로 기도하거나 죽은 사람처럼 넘어지거나 펄쩍펄쩍 뛰는 현상들이 나타나는 것을 우려했다. 하지만, 그들을 책망할 때는 최대한 부드럽고 점잖게 해야한다(Yet whenever we reprove them, it should be in the most mild and gentle manner possible)고 했다.[82]

한편, 미국이 영국으로부터 독립한 후 미국에 있던 메도디스트 설교자들이 영국으로 오거나 캐나다 등 다른 지역으로 떠났다. 그때 윌리엄 블랙(William Black, 1760-1834)이 캐나다 노바 스코샤(Nova Scotia) 지역으로 와서 메도디스트신도회를 설립하는 등 메도디스트 선교가 캐나다, 인도, 캐리비안 지역으로 확대되기 시작했고, 콕도 1786년 초부터 웨슬리에게 세계 여러 나라에 설교자들을 파송할 것을 강력하게 요청했다.[83] 하지만, 영국

---

word of a liturgical hymn)에 맞추어 가사를 쓴 곡들 중에서 가장 많이 알려진 "The God of Abraham Praise"가 있는데, 그 곡이 바로 토마스 올리버(Thomas Oliver)가 쓴 곡이다. 그 곡은 웨슬리가 편집한 『장례 설교와 포켓 찬송집』(*A Pocket Hymn Book for the Use of Christians of all Denominations*, 교단을 초월하여 모든 그리스도인들을 위한 포케 찬송집)에 포함된 후 널리 사랑을 받았다. 한국에서는 "여호와 하나님"으로 번역되어 사랑을 받았는데, 찬송가가 개편되는 과정에서 누락되었다. 1절 가사: "여호와 하나님 하늘에 계시니 온 천하 만민 주 앞에 찬송하네 이 천지 만들도 주 앞에 엎드려 그 거룩하신 이름을 늘 높이네").

[82] Ward and Heitzenrater, *Journal and Diaries*, 23:385-9.
[83] 콕도 노바스코샤에 가려고 했지만, 일기가 허락하지 않아 캐리비안 지역의 안티구아(Antigua)에 상륙하게 되었는데 놀랍게도 그 곳에 수년 전에 웨슬리의 설교를 들었던 길버트(Nathaniel Gilbert)와 그의 동역자들에 의해 메도디스트신도회가 구성되어 있었는데 콕이 도착했을 때는 1,500여 명이나 모이고 있었다. See Kenneth Cracknell, "The

내에서 많은 문제가 발생하고 있었기 때문에 설교자들을 보내 달라는 요청을 들어주지 못하고 있었다.

개인적으로는 장례식에도 참석 못 한 동역자 플레처가 목회하던 교구를 방문하여 가족과 교구원들을 위로하기 원했는데, 마침내 3월에 마델리(Madeley)를 방문하여 장례 설교를 하고, 그 후로는 짬이 날 때마다 플레처의 삶과 죽음에 관해 쓰기 시작했다. 한편, 동료 메도디스트들 가운데 분리의 움직임이 곳곳에서 구체화하고 있는 것을 감지한 찰스는 형에게 "분리 절대 불가"를 분명하게 선언해 달라고 요청하자 형은 4월 6일자 편지에서 "메도디스트들은 최소한 내가 살아 있는 한 영국 국교회를 떠나지 않을 것이다"(The Methodists will not leave the Church, at least while I live)라고 답변을 했다.[84]

그리고 5월 3일 다시 편지하여, 비록 어떤 사람이 영국 국교회를 떠날 수는 있지만, 그것이 우리가 영국 국교회를 떠나는 것은 아니니(one may leave a church without leavingthe Church) 크게 염려하지 말라고 했다.[85] 5월 12일엔 철학자 프란시프 베이컨(Francis Bacon, 1561-1626)이 쓴 것을 저자가 죽은 후 윌리엄 로울리(William. Rawley) 박사가 편집하여 1627년에 출판한 『10세기 동안의 자연 역사』(*A Naturall History in Ten Centuries*)를 살펴보았는데 매우 흥미롭고 유용한 내용이라고 생각했다.[86]

6월 28일 83세 생일을 맞이했는데 자신도 놀랄 정도로 건강하다고 하면서 자신의 건강 비결은 지속적인 운동과 신선한 공기를 마시는 것인데 특히 공기가 건강에 얼마나 중대한 영향을 미치는지 알게 되었다고 했다.

Spread of Wesleyan Methodism," in Randy L. Maddox and Jason E. Vickers, *The Cambridge Companion to John Wesley*, 248-49.

[84] Telford, *Letters*, 7:324.
[85] Telford, *Letters*, 7:327.
[86] Ward and Heitzenrater, *Journal and Diaries*, 23:393. 웨슬리는 저널에서 "Lord Bacon's Ten Centuries of Experiments"라고 했다.

7월 2일에 쉐필드(Sheffield)에서 오전과 오후에 6-7백 명의 청중에게 설교한 후 저녁때 메도디즘의 태동에 관해 설명했는데, 특히 메도디즘을 '성경적 기독교'(old scriptural Christianity)라 규정했다.

7월 5일에는 자기도 알지 못하는데 벨퍼(Belper)에서 설교하기로 되어 있다는 것을 알고 웨슬리는 "내가 정말 좋아하지 않는 일"(I was nothing glad of this)이라고 말하면서도 가서 영생에 관한 말씀을 증거했다. 21일에 킹스우드학교가 모든 면에서 잘 운영되고 있음을 확인하고 학교에 대한 자부심을 나타냈다.[87]

7월 25일부터 8월 1일까지 진행된 연회에서 영국 국교회로부터 분리하는 문제를 토의한 결과 "단 한 사람의 반대도 없이 국교회 내에 거하자고 결정했으며"(we all determined to continue therein, without one dissenting voice), 웨슬리는 "자신이 죽을 때까지 이 결정은 변함이 없을 것을 의심하지 않는다"(I doubt not but this determination will stand, at least till I am removed into a better world)라고 했다. 물론 그러한 평가 속에는 웨슬리가 죽은 이후에는 어떤 결정을 내려도 뜻이 들어 있는 것 같다. 찰스는 메도디스트들 내에서 분열을 조장하는 사람들이 가장 악한 사람들이라고 선언하고 그 이후 다시는 연회에 참석하지 않겠다는 말을 남기고 연회를 떠났다.[88]

연회는 조슈아 케일리(Joshua Keighley), 찰스 아트모어(Charles Atmore)를 스코틀랜드로, 윌리엄 워레너(William Warrener)를 안티구아(Antigua)로, 그리고 윌리엄 함멧(William Hammet)을 뉴펀랜드(Newfoundland)로 파송하기 위해 안수를 마쳤다.[89] 그리고 웨슬리가 1787년 5월 20일에 조슈아 케일리(Joshua Keighley)에게 쓴 편지에서 "나는 이미 너무 멀리 갔다"(I have already gone too far)라고 밝혔듯이 영국 국교회로부터 결별하는 것과 다르지

---

[87] Ward and Heitzenrater, *Journal and Diaries*, 23:401-10.
[88] Tyerman, *John Wesley*, 3:478-79.
[89] Tyerman, *John Wesley*, 3:441. Rack, *The Minutes of Conference*, 10: 618.

않은 극단적인 행동을 했음을 인정했다.[90]

연회의 결정과 상관없이 메도디스트들이 영국 국교회로부터 분리하는 현상이 곳곳에서 나타나고 있었다. 웨슬리가 10월 24일 뎁포드(Deptford)에 갔을 때도 메도디스트들이 영국 국교회의 예배 시간과 같은 시간대에 자신들만의 모임을 하는 것을 보고 "메도디스트 예배 시간을 영국 국교회의 예배 시간과 같은 시간대에 두는 것은 영국 국교회로부터 우리를 분리하든지 아니면 우리로부터 분리하게 만드는 행위"(to fix it [Methodist preaching] at the same hour is obliging them to separate, either from the Church or us)이므로 결코 용납되어서는 안 된다고 강력하게 제지했다.[91]

그런데 다음해 1월 2일 다시 가보니 여전히 분쟁이 심해 웨슬리는 마치 "사자의 굴속에 끌려온 것 같다"(it seemed I was got into a den of lions)라고 했다. 다행히 2월 15일 다시 가보니 그 문제가 평화스럽게 해결되어 웨슬리 자신도 놀랐다.[92]

8월 12일 홀랜드(Holland)에 다시 갔을 때 현지 목회자 두 사람이 웨슬리에게 설교를 부탁했는데 서로 양보하지 않기 때문에 할 수 없이 계획을 변경하여 한 주 더 머무르며 두 교회에서 설교하기로 했다. 그래서 먼저 감독교회에서 오전에 "너희가 어느 때까지 두 사이에서 머뭇머뭇 하려느냐?"(왕상 18:21)라는 말씀으로 설교할 때 회중들은 집중하여 들었지만, 웨슬리는 그들이 듣기만 하고 느끼지 않은 것 같아 염려가 된다(I fear they only heard, but did not feel)고 했다.

다행히 다음 주에 설교하기로 한 교회에서 그렇게 하는 것을 원치 않는다고 해서 다음 날 그 지역을 떠나는 배를 탈 수 있었다. 암스테르담을 거

---

90 Telford, *Letters*, 7:384.
91 Ward and Heitzenrater, *Journal and Diaries*, 23:422.
92 Ward and Heitzenrater, *Journal and Diaries*, 24:2, 4.

처 하렘(Haarlem)에 갔을 20일 주일은 영어권 예배에서 설교하기로 되어 있었는데 몇몇 장로들이 원치 않아 그냥 청중으로 앉아 설교를 들었다. 그런데 그 설교는 아마도 유대인이나 터키인(Turks)이나 이교도들이 들으면 전혀 반감을 갖지 않을 최악의 설교였다. 9월 5일 런던으로 돌아와서 휴식도 없이 설교 일정을 이어갔다.[93]

9월 12일 플렛쳐의 생애에 관해 쓰는 작업에 몰두했고, 25일부터 다시 11월까지 가능하면 오전 5시부터 오후 8시까지 그 책을 쓰는 데 집중했다. 웨슬리가 공부하거나 이론적인 작업에 집중할 때 가장 많이 사용하는 시간대는 오전 5시부터 오후 8시까지인데 83세인 웨슬리는 "그 이상하면 눈에 무리가 온다"(I cannot write longer in a day without hurting my eyes)라고 했다.

9월 30일 자정에 설사 때문에 깼는데, 설사는 멈추었지만, 곧이어 몸에 심한 경련이 와서 주치의 화이트헤드 박사를 불렀고 그는 새벽 4시에 와서 치료해 주자 3시간 만에 정상으로 돌아왔다. 그때 웨슬리는 집회서(Book of Ecclesiasticus)의 저자 시락(Sirach)의 말씀, "의사를 공경하라, 왜냐하면, 주께서 그를 보내셨기(창조하셨기) 때문이다"(Ecclus. 38:1)를 인용하며 자신도 그런 뜻에서 의사의 도움을 받았다고 했다.[94]

11월 11일에는 동료 설교자 조셉 테일러에게 편지하여 절제하라고 당부한다.

> 나는 당신이 너무 적게 일하는 것을 염려하는 것이 아니라 너무 많이 일하는 것을 염려해요. 당신의 육체가 허락할 수 없을 정도로 자주 설교하는 것이나, 너무 오래 혹은 너무 큰 소리로 설교하는 것을 염려합니다. 우

---

[93] Ward and Heitzenrater, *Journal and Diaries*, 23:411-7.
[94] Ward and Heitzenrater, *Journal and Diaries*, 23:419-20. 집회서는 70인역 성경의 한 권으로서 총 51장으로 이루어졌는데 외경으로 분류된다. 유대계 기독교를 이단으로 보고 유대교로부터 축출하는 것이 거론된 유일한 책이기도 하다.

리의 설교자들이 설교나 식생활에도 절제가 필요해요. 그렇지 않으면 마귀는 우리가 더 설교할 수 없게 만들 것입니다(I am nor afraid of your doing too little, but of your too much, either by preaching oftener than your strength will yet bear or by speaking too long or too loud. Our preachers have as great need of temperance in preaching as in eating or drinking; otherwise our grand enemy will carry his point, and soon disable us from preaching at all).[95]

그러면서 "모든 믿는 자들에게 완전에 이르도록"(to go on to perfection) 촉구하라고 당부하는 것을 잊지 않았다. 그리스도인의 완전을 이루는 데 있어서 매우 중요한 덕목으로 웨슬리가 제시한 것은 "지나침"이 아니라 오히려 "절제"(temperance)였다는 사실을 아는 사람은 많지 않은 것 같다.

1786년에는 존 플레처의 『삶과 죽음에 대한 간략한 평가』(*A Short Account of The Life and Death of The Reverand John Fletcher*)와 8권의 「알미니안 잡지」을 출판한 것 외에 다른 것을 출판하지 않았다. 상대적으로 출판물이 적은 이유는 웨슬리가 그만큼 플레처의 생애에 관해 쓰는 일에 집중했다는 뜻이다. 그는 동료 조셉 테일러에게 11월 11일 편지했을 때도 "내가 플레처의 생애에 관한 책을 거의 끝냈다"(I have nearly finished Mr. Fletcher's Life)라고 했다.

그는 지난해 8월에 플레처가 죽은 이후로 그의 생애에 관해 쓰기로 작정을 하고 자료를 수집하여 자신의 기억에 의존하며 1년 만에 227페이지 분량의 책을 완성할 수 있었다. 688페이지 분량의 「알미니안 잡지」를 포

---

[95] Telford, *Letters*, 7:351. 웨슬리는 이미 1785년 12월 29일에도 조셉 테일러에게 편지하여, 차나 술을 많이 마시지 말고, 하루에 두 번 이상 설교하지 말고, 한번 설교할 때 너무 목청을 돋우거나 45분 이상 하지 말라고 하는 등 구체적으로 당부한 후, "다음 달에 잘하고 있는지 보고하라"(And send me word next month how you are)고 한 경우와 그 이후에도 조셉 테일러에게 쓰는 편지에서 절제 자주 언급하는 것을 보면 조셉 테일러에게 문제가 있었던 것으로 보인다. See 7:306-7.

함하면 그 해에도 1,000페이지에 가까운 문서를 출판한 것이 된다.[96]

1787년은 벽두부터 "대부분의 신도회 지도자들"(Most of the leading men of the society)은 영국 국교회와 같은 시간대에 예배를 드리겠다고 하며 웨슬리에게 불만을 쏟아냈다. 메도디스트 신도들이 성찬을 받지 못한다는 문제는 여전히 심각한 문제였다. 성찬을 받기 위해 비국교도 예배나 영국 국교회 예배에 참석하면서 자연스럽게 메도디스트신도회를 떠나는 경우도 발생하고 있었다. 그러한 문제를 해결하기 위해 메도디스트들이 동 시간대에 예배를 드려야 한다는 요구가 점점 강하게 제기되었고 그 선봉에는 항상 콕이 있었다.

하지만, 웨슬리가 "당신들의 마음이 그렇게 결정되었다면, 동 시간대에 예배를 드리시오. 그러나 기억하세요. 그 순간부터 당신들은 내 얼굴을 다시는 보지 못할 것이오"(If you are resolved, you may have your service in church-hours; but remember. From that time, you will see my face no more")라고 강력하게 경고했더니 수그러들었다.[97]

웨슬리는 년 초에 어김없이 200파운드를 모금하여 어려운 사람들을 도왔다. 2월 7일 런던에서 124마일 떨어져 있는 뉴왁(Newark)에 새롭게 오픈하는 설교의 집(preaching house)에서 설교해 달라는 요청을 받고 먼 거리를 시간에 맞추어 가기 위해 우편물을 나르는 마차(mail-coach)를 타고 가서 무사히 당도할 수 있었다. 우편물을 나르는 마차는 웨슬리가 처음으로 시도했는데, 그 이후로 필요할 때마다 자주 이용하는 이동 수단이 되었다.[98]

2월 17일 뉴캐슬의 설교자 윌리엄 퍼시발(William Percival)에게 밝힌 바와 같이 웨슬리는 "국교회의 원수들은 곧 나의 원수이기도 합니다"(They that

---

[96] Telford, *Letters*, 7:351. Jackson, *Works*, 11:273-365. See also Tyerman, *John Wesley*, 3:488.
[97] Ward and Heitzenrater, *Journal and Diaries*, 24:2.
[98] Ward and Heitzenrater, *Journal and Diaries*, 24:3 and note 8.

are enemies to the Church are enimies to me)라고 말했는가 하면, 3월 25일 콜른 (Colne) 교구의 사역자(Assistant) 사무엘 발드슬리(Samuel Bardsley)에게 편지하여 자신은 여전히 "메도디스트들이 국교회를 떠나는 순간 하나님은 그들을 떠날 것이다"(When the Methodists leave the Church of England, God will leave them")라고 생각한다고 밝혔다.[99]

찰스는 4월 9일 형에게 "우리가 서로 다르다는 데 동의합시다"(Let us agree to differ)라고 했는데, 둘의 생각이 다름을 인정하면서도 영국 국교회 문제만큼은 다르지 않기를 바란다는 뜻을 그렇게 전했다. 그리고 동생은 형이 가지고 있는 모든 권위를 동원해서라도 영국 국교회로부터 분리하는 것을 막고, 죽은 후에 일어날 일에 대해서는 "본인들이 알아서 결정하도록 하고"(detur digniori, let it be given to those most worthy), 나머지 일은 하나님께 맡기자고 호소했다.[100]

3일 4일 플리마우스 독(Plymouth Dock)에서 예배드릴 때 주일 오전 9시 반에 시작한 예배가 오후 1시쯤에 끝날 정도로 많은 사람이 모여 은혜를 받았다. 그런데 저녁 예배 때는 너무 많은 사람이 몰려 웨슬리는 강대상에 올라갈 수 없는 지경이 되었다. 그때 "사람들이 웨슬리를 의자 위로 들어 옮겨주어"(They made shift to lift me over the seats) 강대상에 도착하여 설교할 수 있었다. 그 다음날 엑스터(Exeter)로 떠나기 직전까지 그 이전에 볼 수 없었던 성령의 역사가 계속되었고, 엑스터에 도착해서 에베소서 2:8 "그 은혜를 인하여 믿음으로 말미암아 구원을 얻었다"(By the grace ye saved through faith)라는 말씀을 전했는데 그때도 전에 볼 수 없었던 은혜가 임했다.[101]

3월 18일 주일 예배 때는 마델리에서 온 플레처(Mrs. Flectcher) 부인이 그

---

[99] Telford, *Letters*, 7:369-70, 377.
[100] Tyerman, *John Wesley*, 3:523 에서 재인용.
[101] 엡 2:8 말씀은 웨슬리가 설교할 때 가장 빈번하게 사용한 본문 말씀이다.

동안 자신이 경험했던 것을 나누었는데, 웨슬리가 보기에 그녀는 지난 몇 년 동안 영적으로 성장하여 그 이전보다 훨씬 강하면서도 부드럽고 자연스럽게 전하는 설교자가 되어 있었다.[102]

웨슬리는 4월 첫 주에 아일랜드로 가서 8일 윌리엄 스미스(William Smyth)가 설립한 채플에서 설교할 때, 청중들은 7-8백 명쯤 되는데, 15-20명으로 구성된 훌륭한 성가대가 찬양했다. 그런데 그의 저널에서 "그러한 찬양을 하는 것이 과연 하나님께 드리는 예배인지!"(But is this Christian worship!) 또는 "교회에서 그런 일이 진행되어야 하는지?"(Ought it ever to be suffered in a Christian church?) 자문하고 있는 것을 보면 웨슬리는 분명 예배가 영혼 구원 외에 다른 것에 집중하는 것을 극도로 경계하는 모습이다.

그리고 오그림(Aughrim)에서 설교할 때는 프로테스탄트들과 가톨릭 신자들이 혼합된 청중들을 향해 설교했는데, 놀랍게도 그 두 그룹이 모두 은혜를 받는 것을 보고 웨슬리는 "하나님께서 자신에게 그 두 그룹에 하나님의 뜻을 알리는 능력을 주셨다고 믿었는데"(I believe God enabled me to find the way to the hearts both of Protestants and Roman Catholics) 신학적으로나 연륜적으로나 웨슬리는 충분히 그럴만한 능력이 있었을 것이다.[103]

1787년 5월에 노예 무역 폐지를 위한 위원회가 구성되었는데 주요 멤버들은 그랜빌 샤프(Granville Sharp), 윌리엄 딜윈(William Dillwyn), 토마스 클락슨(Thomas Clarkson), 그리고 윌리엄 윌버포스(William Wilberforce) 등이다. 우리가 잘 알고 있는 바와 같이 웨슬리는 13년 전에 이미 "노예 제도에 대한 고찰"(Thoughts upon Slavery)이란 설교를 통해 노예 문제가 얼마나 심각한 죄인가를 대중들에게 알렸고, 위원회가 조직된 그해에 발행되는 알마니안 잡지에 긴 편지를 써서 그들을 격려했다.

---

[102] Ward and Heitzenrater, *Journal and Diaries*, 24:7-9.
[103] Ward and Heitzenrater, *Journal and Diaries*, 24:15-8.

자신이 13년 전에 한 설교를 다시 한번 출판하여 모든 메도디스트 공동체에 회람시킬 것을 약속하고 앞으로 격한 반대와 핍박이 와도 사명을 잘 완수해 달라고 격려하며 그들을 보호하시고 힘주실 하나님께 그들을 위탁하는 내용이었다. 웨슬리는 그 후 4년 만에 죽었지만, 1834년 8월 1일 영국에서 '노예 해방령'(the Emancipation Act)이 발효됨으로써 웨슬리가 노예무역의 죄성을 지적하며 사회적으로 이의를 제기한 이래 46년 만에 결실을 거두게 되었다.[104]

지난 4월에 약 3주간 아일랜드를 다녀왔는데 다시 6월 21일 더블린에 도착하여 7월 7일부터 10일까지 아일랜드 내 메도디스트들만을 위한 연회(Irish conference)를 잘 마쳤다. 그때 미국으로부터 콕이 와서 아일랜드 일정에 참여했고, 콕은 당시 미국에서 일어나고 있는 하나님의 역사를 전해 주었다.[105]

콕은 영국으로 돌아와서도 웨슬리의 순회설교에 합류하여 함께 활동한 것을 보면 웨슬리가 애즈베리에게 쓴 편지에서 보여 주듯이 콕과 애즈베리의 처신 등에 대해 극한 거부감을 드러냈지만, 콕은 당시에 웨슬리의 가장 귀한 동역자임에는 틀림이 없다. 영국으로 돌아올 때 배가 암초에 부딪히는 사고를 당했지만 크게 파손되지 않아 무사히 영국으로 돌아올 수 있었다.[106]

웨슬리의 일기에 의하면 맨체스터(Manchester)에서 7월 31일부터 8월 4일까지 연회를 개최했는데 흥미롭게도 그의 저널에 전혀 언급이 없다. 사실, 맨체스터(Manchester)는 연회 개최지가 아닌데 무슨 이유로 그곳에서 개최되었는지 알 수는 없다.[107] 그런데 영국 국교회로부터 분리할 것을 주장하는 토마스 테일러가 초청을 받지 못한 것을 보면, 웨슬리가 자신의 판

---

[104] Tyerman, John *Wesley*, 3:508-9.
[105] Ward and Heitzenrater, *Journal and Diaries*, 24:41-2.
[106] Ward and Heitzenrater, *Journal and Diaries*, 24:43.
[107] Ward and Heitzenrater, *Journal and Diaries*, 24:216-7.

단에 따라 대의원들을 선별하여 초청한 듯하다.[108]

포슨의 기록에 의하면 연회 기간에 웨슬리는 지나칠 정도로 반복하여 분리불가를 주장했다고 한 것을 보면 국교회와의 관계가 주요 의제였던 것으로 추측된다.

3일에는 4명에게 안수를 주었고 다음날 던컨 맥칼럼(Duncan McAllum) 등에게 안수했다. 그리고 사라 말렛(Sarah Mallety)이란 여성 설교자를 동 앵글리아(East Anglia)라는 한정된 지역에서만 활동하는 조건하에 설교자로 임명했다. 그런가 하면, 웨슬리의 허락 없이 메도디스트들과 관계가 없는 설교자들이 메도디스트 공동체에서 설교하는 것을 금하기로 했다.[109]

한편, 포슨이 스코틀랜드에서 영국으로 복귀하자 웨슬리는 안수를 받을 때 조건에 따라 그가 영국 내에서는 자격을 갖춘 성직자가 아니라는 뜻에서 "목사"(Rev.) 대신 "미스터"(Mr.)라고 불렀는데, 그러한 처신에 대해 포슨은 교황도 갖지 못한 절대 권력을 웨슬리는 가지고 있다고 불평했다.[110]

연회를 마친 4일 런던에서 발표한 "메도디즘에 대한 생각들"(Thoughts upon Methodism)은 메도디스트들의 현재 상황을 반성하며 정체성을 확립하기 위해 미리 준비했던 것 같다. 당시 메도디스트들은 남들보다 근면하고 믿음 중심으로 살았기 때문에 더 많은 부를 얻게 되었다. 그런데 부유해진 메도디스트들이 점점 안일해지고, 교만해지면서 많은 문제들이 곳곳에서 나타나는 현실에 직면한 노 사도의 심각한 염려는 메도디즘의 확장이 아니라 메도디스트들의 변질이었다.

웨슬리는 자신의 주위에서 발생하는 문제들에 대해 다음과 같이 직설적으로 표현했다.

---

108 Rack, *The Minutes of Conference*, 10:619.
109 Rack, *The Minutes of Conference*, 10:620, 639.
110 Tyerman, *John Wesley*, 3:496-98.

나는 메도디스트라 불리는 사람들이 유럽이나 미국에서 사라지는 것을 두려워하지 않는다. 내가 정말 두려워하는 것은 그들이 단지 능력이 없는 종교의 형식만 가지고 있는 죽은 분파로 존재하는 것이다. 만약, 그들이 처음 출발할 때 가졌던 그 교리와 정신, 그리고 그 훈련을 그대로 지키지 않는다면 틀림없이 그렇게 되고 말 것이다(I am not afraid, that the people called Methodists should ever cease to exist either in Europe or America. But I am afraid lest they should only exist as a dead sect, having the form of religion without power. And this undoubtedly will be the case unless they hold fast both the doctrine, spirit, and discipline with which they first set out).[111]

그러면서 웨슬리는 메도디즘은 한마디로 "평범한 성경적인 종교"(plain scriptural religion)로서 그 본질은 마음과 삶의 거룩이고 다른 가르침들은 바로 이것을 이루기 위해 있는 것이라고 했다. 만약, 메도디스트들이 그 본질을 상실하면 남는 것은 "똥과 찌꺼기들"(dung and dross)뿐일 것이라고 했다.

그리고 마지막으로 그 모든 문제를 해결하는 방법을 제시했는데, 즉 돈을 "벌 수 있는 만큼 벌고"(gain all we can), "저축할 수 있는 만큼 저축하고"(save all we can), 그리고(어려운 이웃들에게) "줄 수 있는 만큼 주는"(give all we can) 것이라고 했다. 그것이 바로 더 많은 은혜를 받는 일이고, 더 많은 보화를 하늘에 쌓는 일이라는 것이다.[112]

---

[111] Davies, *The Methodist Societies*, 9:527.
[112] Davies, *The Methodist Societies*, 9:529-30. 마지막 결론은 다음과 같다. What way then(I ask again), can we take, that our money may not sink us to the nethermost hell? There is one way, and there is no other under heaven. If those who *gain all they can*, and *save all they can*, will likewise *give all they can*, then the more they gain, the more they will grow in grace, and the more treasure they will lay up in heaven. 이 문서는 그 때까지 메도디즘의 역사와 웨슬리가 발전시킨 그의 신학을 가장 잘 요약한 문서일 것이다. 메도디즘의 신학에 대해서 웨슬리는 1742년에 『메도디스트의 특징』(*The Character of a Methodist*)과 『메도디스트의

6월에 아일랜드를 방문했을 때 합류했던 콕은 웨슬리의 모든 일정에 동행하면서 많은 설교를 담당했다. 9월 17일 브리스톨로 와서 당시 그곳에 와 있던 찰스와 함께 오래간만에 주일 예배를 인도했는데 23일 주일엔 동생이 기도하고 형이 설교했고, 다음 주 30일엔 형이 기도를 하고 동생이 설교했다. 브리스톨에 올 때마다 킹스우드학교를 방문하여 점검하며 학생들을 축복하는 것을 잊지 않았다.

다시 런던 근교인 힌스 워스(Hinxworth)에서 설교할 때 다시 에베소서 2:8을 본문으로 택하면서 웨슬리는 "아무리 설교해도 지나치지 않은 본문"(on that inexhaustible text)이라고 표현한 것처럼 그는 오직 하나님이 은혜와 믿음으로 구원받는 것에 대해 지나칠 정도로 반복하여 설교했다.

12월 4일엔 런던 근교의 레인햄(Rainham)에서 조용히 쉬며 신약성경을 출판하기 위해 준비했다고 했는데, 그것은 아마도 1790년에 출판된 포켓용 신약성경을 의미하는 것 같다.[113]

1784년 미국에서 있었던 첫 연회 때 "웨슬리가 살아 있는 동안에는 교회 정치에 관한한 그의 결정을 따른다"(during the life of Mr. Wesley they were ready to obey his commands in matters belong to church government)는데 모두가 동의하고 그 내용을 연회록에 남긴 것을 기억한다.

원칙들』(The Principle of a Methodist)을 연이어 발표한 이래, 1749년에 종합적으로 가장 길게 정리한 글 『메도디스트들이라 불리는 사람들에 대한 평이한 평가』(A Plain Account of the People Called Methodists)에서 정리해 주었다. 그리고 메도디스트의 역사에 대해서는 1765년에 쓴 「메도디즘 약사」(A Short History of Methodism)과 『메도디스트들의 약사』(A Short History of the People Called Methodists)가 있다. 그런데 웨슬리는 1786년에 메도디즘의 역사와 신학을 요약 정리하며 다시 한번 메도디스트들에게 그 본질과 능력을 잃지 않도록 더욱 강력한 언어로 쓴 것이 『메도디즘에 대한 생각들』(Thoughts upon Methodism)이다.

113 Ward and Heitzenrater, Journal and Diaries, 24:60-7.

그런데 웨슬리는 1786년 중에 아메리카에 있는 메도디스트들과 상의하지 않고 1787년 5월 1일에 볼티모어(Baltimore)에서 연회를 개최할 것과 그때 리차드 와코트(Richard Whatcoat)를 프란시스 애즈베리와 공동 감리사(Superintendent)로 임명하는 것이 좋겠다는 뜻을 전했다.[114]

그런데 1787년 한 해 안에 미국에서는 메도디스트들이 하루에 50명 정도씩 성장하여 6,849명이 늘어날 정도로 성장하면서 미국 내에 있는 지도자들의 역할이 많아지면서 웨슬리의 장악력이 감소할 수밖에 없었다. 결과적으로 웨슬리의 뜻은 받아들여지지 않았을 뿐만 아니라 웨슬리의 통제를 받는다는 문구 자체를 1787년 연회에서 삭제함으로써 웨슬리로부터 독립을 시도했다.

그때 동료들이 웨슬리의 뜻을 배제할 것이라는 뜻을 인지하고 있던 애즈베리는 그저 조용히 앉아 있음으로써 결국 웨슬리의 이름이 연회록에서 삭제되도록 했다는 사실을 웨슬리는 알고 있었다.[115]

그러한 조치는 콕의 표현에 의하면, 아메리카의 메도디스트들이 "웨슬리를 파면시킨 것"(excommunication of Wesley)과 같은 조치였고, 그 사실을 알게 된 웨슬리는 고개를 떨구며 "내가 이제 죽을 때가 되었구나"(I had lived long enough)라는 말을 했다고 전해주면서 그 일이 결국 웨슬리의 죽음을 재촉했다고 보았다.[116]

1789년 10월 31일자 편지에서 웨슬리가 애즈베리로부터 받은 편지 내용에 대해 언급하는데, 그때 애즈베리는 "유럽에 있는 사람은 누구도 아메리카에서 메도디스트들을 어떻게 인도해야 할지 모른다"(no person in Europe

---

[114] Telford, *Letters*, 7:339.
[115] Telford, *Letters*, 8:73, 183.
[116] Etheridge, *Life of Coke*, 173; *Methodist Magazine* (1788), 486. Tyerman, *John Wesley*, 3:498, note 2 에서 재인용. 하지만, 타이어맨은 그 일이 웨슬리의 죽음을 재촉했다는 콕의 주장에 동의하지 않았다.

knew how to direct those in America)라고 말했던 것을 기억하면서 웨슬리가 파송한 왓코트(Whatcoat)를 거부한 애즈베리를 원망하고 있다.

애즈베리는 아메리카의 메도디스트들과 영국의 메도디스트들과의 관계를 "종속이 아닌 연계"(connexion but no subjection)라고 생각하고 있었다. 그런가 하면, 아메리카에서 활동하다가 이제 영국으로 돌아간 동역자 조지 셰퍼드(George Shadford)에게 "웨슬리 선생님과 나는 마치 시저와 폼페이 같아서 그는 동등한 것을 인정할 수 없고 나는 불평등을 인정할 수 없는 것과 같다"(Mr. Wesley and I are like Caesar and Pompey: he will bear no equal, and I will bear no superior)라고 말하면서 그것이 자신이 져야만 할 십자가라면 기꺼이 지겠다고 했다(I bear it as my cross, yet it seems that a necessity is laid upon me).

그런 갈등 관계 가운데 아메리카에 있는 메도디스트들이 자신들의 회의록에서 웨슬리란 이름을 삭제하자는 투표를 할 때 애즈베리는 모른척하고 가만히 있었다는 사실을 잘 알고있던 웨슬리는 애즈베리는 더 이상 자신과 아무 관계도 없다는 사실을 그렇게 증명했다고 함으로써 자신도 역시 결별을 선언했다.[117]

12월 6일 아메리카 메도디스트들은 또 하나의 역사적인 일을 했다. 1785년 6월 5일 콕과 애즈베리의 이름을 합친 콕스베리(Cokesbury)대학 설립을 위한 기공식에서 콕이 설교한 이래, 마침내 25명의 학생들과 함께 메릴랜드의 아빙돈에서(at Abingdon, Maryland) 개교하게 되었던 것이다. 히스(Heath)는 그 대학의 초대 학장을 맡기 위해 8월에 영국에서 미국으로 향

---

[117] Telford, *Letters*, 8:182-3. 애즈베리는 1788년 이후부터는 "superintendent"라는 직책 대신 "Bishop"이란 직책으로 자신을 소개하기 시작했다. See Kenneth Cracknell, "The Spread of Wesleyan Methodism," in Randy L. Maddox and Jason E. Vickers, *The Cambridge Companion to John Wesley*, 248. 참조 Elmer T. Clark, J. Manning Potts, and Jacob S. Payton, eds., The Journal and Letters of Francis Asbury(Nashville, TN: Abingdon Press, 1958), 3:63, 75.

했는데 웨슬리는 지난 3월 23일 그를 만나 보고 그는 콕스대학의 학장이 되기에 충분한 자격을 갖추었다고 생각했다.[118]

아메리카에서 일어나고 있는 일들에 대해 잘 인지하고 있던 노 사도 웨슬리는 1788년 9월에 애즈베리에게 편지하여 자신의 참담한 심정을 숨김없이 드러냈는데 당시 웨슬리의 심정과 상황을 이해하기 위해서 긴 인용이 불가피하다.

모든 메도디스트들을 위해 활동하는 나와 미국을 위해 활동하는 당신과 많은 차이가 있군요. 당신이 미국의 메도디스트들의 장자라면, 나는 모든 메도디스트들의 아버지라 할 수 있지요. 그러므로 나는 당신을 다른 어떤 사람과도 달리 특별히 생각하고 있어요. 그런데 친애하는 형제여, 콕과 당신은 나와 다른 면이 있는 것에 대해 염려합니다. 나는 작은 사람이 되고자 애쓰지만, 당신들은 위대한 사람이 되고자 애쓰는군요. 나는 기어 다니는데 당시들은 활보합니다. 나는 학교(school)을 세웠는데 당신들은 대학(college)을 세웠군요. 그리고 당신들의 이름을 붙였다니요! 아닙니다. 오! 조심하십시오. 무언인가 특별한 존재가 되려고 하지 마십시오. 우리는 아무것도 아닌 것으로 하고 그리스도만이 모든 것이 되도록 합시다. 또 하나 몹시 염려되는 것이 있네요.

어떻게 당신들이 자신을 감독이라 부를 수 있습니까? 나는 생각만 해도 몸서리가 쳐지는데! 사람들이 나를 무뢰한 자, 바보, 불량배, 악당이라고 부

---

[118] Telford, *Letters*, 7:376. Ward and Heitzenrater, *Journal and Diaries*, 24:11. 학교를 짓고 완성하기까지 총 경비 4000 파운드가 들었는데 그 모든 경비를 조달하는 모든 책임을 애즈베리가 감당하면서 그는 옷 한벌 살 수 없는 지경이 되었다. 1788년 8월 15일에 애즈베리는 오랜 친구 재스퍼 윈스컴(Jasper Winscom)에게 말하기를 "자신은 한편으로는 감독이지만, 한편으로는 거지"(I am a bishop and a begger)라고 말했던 것은 당시의 현실을 그대로 밝힌 것이다. See Telford, *Letters*, 8:90-1.

른다 해도 나는 만족해요. 비록, 내가 그렇게 하라고 해도 사람들이 나를 감독이라고 부르는 일은 없을 것입니다. 나 웨슬리와 하나님과 그리스도를 위해서라도 이것으로 끝냅시다. 장로 교인은 자신들이 좋아하는 것을 하게 하고, 우리 메도디스트들에게는 더 좋은 이름이 무엇인지 알게 합시다(There is indeed, a wide difference between the relation wherein you stand to the Americans and the relation wherein I stand to all the Methodists. You are the elder brother of the American Methodists: I am under God the father of the whole family. Therefore, I naturally care for you all in a manner no other person can do.… But in one point, my dear brother, I am a little afraid both the Doctor and you differ from me. I study to be little: you study to be great. I creep: you strut along. I found a school: you a college! Nay, and call it after your own names! O beware, do not seek to be something! Let me be nothing, and; Christ be all in all!' One instance of this, of your greatness, has given me great concern. How can you, how dare you suffer yourself to be called Bishop? I shudder, I start at the very thought! Men may call me a knave or a fool, a rascal, a scoundrel, and I am content; but they shall never by my consent call me Bishop! For my sake, for God's sake, for Christ's sake put a full end to this! Let the Presbyterians do what they please, but let the Methodists know their calling better …).[119]

매우 개인적이면서도 참담한 심정으로 결별을 결심한 듯 말하면서도 희망 또한 버리지 않은 모습이다. 그러나 웨슬리의 호소는 안전히 무시되었

---

[119] Telford, *Letters*, 8:90, 91. 이 편지는 프란시스의 1789년 3월 15일 자 일기에 언급되고 있는데, 이것이 프란시스가 웨슬리로부터 받은 마지막 편지로서 프란시스는 일기에서 웨슬리를 포함하여 영국에서 자신을 지배하려고 하는 모든 사람에 대하여 극한 반감을 품었던 것으로 보인다. 그런 의미에서 프란시스가 웨슬리를 포함하여 영국의 리더들을 향하여 "그들 모두 거룩하게 하소서"(May they all be sanctified)라고 했는데 사실은 축복이 아니라 경멸의 뜻으로 보아야 할 것이다. 그 일기에서 프란시스는 자신들에게 연회를 개최할 것과 감리사를 임명하라고 하는 등의 월권 행위를 이해할 수도, 받아들일 수도 없다고 했다.

다. 1789년 5월에 콕과 애즈베리가 미국의 초대 대통령 워싱톤(G. Washington)에게 자신들을 소개할 때 "감리교회의 감독들인 우리"("We, the Bishops of the Methodist Episcopal Church)라고 말한 것을 보면 그들은 이미 자신들의 갈 길을 정한 상태였음을 알 수 있다.[120]

12월 18일 웨슬리는 스토커 뉴잉턴(Stoke Newington)이란 지역으로 가서 거의 3일간 아무도 모르게 피해있었다고 했는데 이유는 밝히지 않았다. 다만, 21일 위원들(committee)을 만났는데 그들이 런던의 두 채플(New Chapel or West Street)에서 예배드리는 것에 관하여 두 가지를 제안했다.

첫째, 그동안 모든 남녀는 따로 앉아 예배를 드렸는데, 가족들이면 남녀가 함께 앉을 수 있게 하자.
둘째, 예배드리는 자리를 개인이 자치하여 소유할 수 있게 허락하자.

웨슬리는 그러한 건의에 대해 "자신이 지난 50년 동안 가르쳐 온 것을 단 한 번에 날려버리려 한다"(thus overthrowing at one blow the discipline which I have been establishing for fifty years)라고 한탄했다. 그 일에 대해 좀 더 구체적으로 상의하고 고민한 결과 크리스마스이브 날 두 가지 다 허용하지 않겠다고 발표했다. 즉, 남녀는 여전히 따로 앉아야 하고, 어느 사람도 자기 자리를 소유하거나 주장할 수 없다는 것이다.[121]

예배 자리를 차지하는 것에 대해 이미 언급한 『메도디즘에 대한 고찰』(*Thoughts upon Methodism*)에서 좀 더 구체적인 원칙을 밝혔는데, "누구도 자기 자리를 주장할 수 없고, 먼저 온 사람들이 먼저 앉으면 된다"(none were

---

[120] Etheridge, *Coke's Life*. Tyerman, *John Wesley*, 3:437에서 재인용.
[121] Ward and Heitzenrater, *Journal and Diaries*, 24:68.

suffered to any place their own, but the first-comers sat down first)라고 했다.[122] 년말에 윌리엄 해밀톤(William Hamilton, R.A. 1730-1804)이란 화가가 자신의 초상화를 그리겠다고 하여 1시간 반이나 앉아 있어야 했는데 결과적으로 웨슬리는 그때까지 그려진 것 중에 가장 마음에 드는 초상화를 얻을 수 있었다.[123]

웨슬리가 84세가 되던 해인 1787년에는 『메도디즘에 대한 고찰』 외에 기존의 찬송집을 다시 편집하여 출판한 것과 「알미니안 잡지」를 통해 발표한 글들이 전부다. 사실, 1787년 이후부터는 설교와 기존에 발표했던 것들을 필요 때문에 재판 혹은 교정하여 출판한 것 외에 웨슬리의 창작을 발견할 수 없다. 다만, 「알미니안 잡지」를 통해 6개의 새로운 설교를 썼는데, 그중에서 "더 나은 길"(More Excellent Way)을 주목할 필요가 있다.

웨슬리는 이 세상에서 살아가는 여러 가지 방법이 있는데 자기를 치장하고, 카드 놀이를 하고, 극장에 가고, 춤을 배우는 등 세상의 일에 시간과 에너지를 사용하지 말고 시나 소설을 읽고 음악이나 철학 등 고상한 것을 배우는 데 힘쓰라고 했다. 무엇보다도 돈 사용에 있어서 가난한 자들을 돕기 위해 사용하는 모든 돈은 하나님 나라의 은행에 저축하는 것과 같으며 영생을 얻는 영적인 삶이라고 했다.[124]

1788년 1월 1일부터 2월 24일까지 웨슬리의 저널이 분실되었기 때문에 그 기간의 활동에 대해 알 길이 없다. 다만, 그 기간의 일기를 통해서 웨슬리는 주로 기도, 설교, 대화, 그리고 「알미니안 잡지」나 편지 등 문서 작업을 했고 1월 5일엔 토마스 올리버(Thomas Oliver)의 집에서 점심(dinner) 식사를 했다. 일한 경우에는 "필요한 일"(necessary business), 영적이거

---

[122] Davies, *The Methodist Societies*, 9:528.
[123] Ward and Heitzenrater, *Journal and Diaries*, 24:68. 그 초상화에 따라 1788년에 제임스 피틀러(James Fittler)가 조각했는데, 그 작품은 약 100년이 지난 1871년부터 National Gallery(국립 미술관)에 전시되어 있다.
[124] Tyerman, *John Wesley*, 3:517-19.

나 경건에 관해 대화한 것에 대해서는 "종교적 담화"(religious talk) 등이 가장 자주 등장하고, 그 외에 설교하거나 신도회를 방문한 것에 대해서도 기록했다.

그런데 1월 1일부터 2월 3일 사이에서 1월 29일 한번, 그리고 2월 1일 다시 한번 "죄"(sins)라고 쓴 것이 등장한다. 아마도 자신이 잘못한 것에 대해 인정하고 회개한 것으로 보인다. 오전 8시와 오후 5시쯤에 차(tea)를 마시는 것은 매일 반복되는 행위임에도 불구하고, 매일 기록하고 있는 것이 웨슬리의 일기의 특징이다.[125]

85세가 되는 해 3월 2일 주일 "내게 사는 것이 그리스도니 죽는 것도 유익함이라"(To me to live is Christ, to die is gain, 빌 1:21)는 말씀을 증거했는데, 하나님의 영광이 온 회중 가운데 넘치는 것을 목격했다.

3일 브리스톨로 가서 "양심"(conscience)에 대한 설교를 작성한 후 6일 노예 문제에 대해 설교했다. 사실, 노예 무역에 대해서는 이미 1774년에 "노예 제도에 대한 고찰"(Thoughts upon Slavery)에서 정리한 바 있는데, 다시 이 문제에 집중하게 된 이유는 지난 2월에 윌버포스가 노예 제도 폐지안을 국회에 상정하기로 되어 있었지만, 궤양성대장염(ulcerative colitis) 때문에 그렇게 하지 못하고 연기된 상태였기 때문이다. 웨슬리는 윌버포스와 의견을 같이하며 노예 무역 폐지 운동을 지원하는 뜻에서 다시금 대외적으로 설교하게 된 것이다.[126]

1788년 들어 웨슬리에게 가장 염려가 되는 것은 동생 찰스의 건강 문제였다. 2월 18일 동생에게 편지하여 누워있지만 말고 매일 밖에 나갈 것을 권하면서, 혹시 돈을 아끼다가 죽을 수도 있으니 밖에 나가 돌아다닐 것과

---

[125] Ward and Heitzenrater, *Journal and Diaries*, 24:232-37. 영국에서는 점심을 dinner라고 하고, 저녁을 supper 라고 한다.
[126] Ward and Heitzenrater, *Journal and Diaries*, 24:69-70.

그에 따른 경비는 형이 책임지겠다는 뜻을 전했다.

10일 후 웨슬리는 자신도 언덕을 오를 때는 걸음이 늦어졌고, 기억력과 시력이 쇠퇴한 것이 사실이지만, 여전히 일할 수 있을 정도로 건강하다고 하면서 북쪽 지방으로 순회설교를 떠났다. 그런데 순회설교 일정 중에도 3월 2일, 5일, 7일, 13일, 그리고 17일 계속하여 동생의 건강을 염려하면서 동생, 혹은 동생의 가족들에게 편지를 쓴 것을 보면 웨슬리가 얼마나 동생의 건강을 염려하고 있었는지 짐작할 수 있다.

결국, 3월 29일 찰스는 하나님의 부르심을 받았다. 그때 웨슬리는 영국 중서부 지역의 슈르스베리(Shrewsbury)에서 설교하고 있었기 때문에 그 소식을 들을 수 없었다. 그런데 부고가 전달되는 과정에서 웨슬리가 있어야 할 주소가 잘못되어 당시 매클스필드(Macclesfield)에 있던 웨슬리가 부고를 받았을 때는 묻히기 하루 전인 4월 4일 금요일이었다. 그런데 이상하게도 웨슬리는 동생의 죽음에 대해 들었음이 분명한데 그의 저널에 동생에 대한 언급이 전혀 없다. 그다음 날에 대한 기록도 없고, 다만 주일인 6일 교회에서 설교한 것으로 되어 있다.[127]

그러나 사실 동생이 죽었다는 소식을 들은 웨슬리는 30분 만에 제수씨에게 편지를 썼다. 주신 분도 하나님이시고 거두어 가신 분도 하나님이시니 주의 이름이 복되도다"(The Lord gave and the Lord hath taken away; blessed be the name of the Lord)라고 위로하면서 앞으로 미망인과 가족의 생계를 책임지겠다고 약속했다.[128]

3년 전에 플레처가 먼저 떠난 슬픔이 아직 채 가시기도 전에 이번에는 자신 보다 네 살 어린 동생이 81세로 형에게 영원한 작별을 고했다. 웨슬리는 누구보다도 용감하게 자신을 변호하고, 누구보다도 정직하게 자신을

---

[127] Ward and Heitzenrater, *Journal and Diaries*, 24:75.
[128] Telford, *Letters*, 8:51.

비판해 주던 진정한 동역자를 잃었다. 결국, 하루 뒤에 있을 장례식에 참석할 수 없는 거리에 있는 웨슬리는 예정된 일정을 따라 동생과는 더 먼 쪽으로 이동해 갈 수밖에 없었다.¹²⁹

예상과 달리 장수하였던 웨슬리는 부모님의 죽음과 형의 죽음, 집을 나간 아내의 죽음, 동료 휫필드의 죽음, 사랑하는 제자 플레처의 죽음, 그리고 형제 이상의 의미가 있는 찰스의 죽음까지 맞이하는 가혹한 현실을 견디면서 여전히 사명의 길을 가야만 했다.

나중에 확인된 바에 의하면 동생이 죽는 바로 그 순간에 스태포드셔(Staffordshire)에서 설교하고 있던 웨슬리는 "청중들과 함께 와서 위에 있는 형제들과 함께하자"(Come let us join our friends above)로 시작해서 "우리 중 일부는 이미 강을 건넜고, 나머지는 지금 건너고 있다"(Part of His host have crossed the flood, And part are crossing now)로 끝나는 찬송을 부르고 있었다고 한다.¹³⁰

마치 동생의 죽음을 예견이라도 한 듯한 가사 내용이다. 그리고 2주 후에 웨슬리는 볼톤(Bolton)의 신도회에서 설교하다가 교인들에게 찰스의 유명한 찬송 "씨름하는 야곱"(wrestling Jacob)을 부르자고 제안한다.¹³¹ 그리고 교인들과 찬송가 부르던 웨슬리는 다음과 같은 가사에 이르자 울음을 터뜨렸다(he broke down in tears).

---

129 Ward and Heitzenrater, *Journal and Diaries*, 24:75. 결과적으로 웨슬리는 자신의 생애에 있어서 매우 중요한 세 사람, 즉 아내, 플레처, 그리고 동생의 장례식에는 참석하지 못한 사람이 되었다.
130 Telford, *The Life of John Wesley*, 300-301. 타이어맨은 당시에 웨슬리가 설교하고 있던 장소를 슈롭셔(Shropshire)라고 했다. See his John Wesley, 526. his *John Wesley*, 526.
131 찰스의 "Come, O Thou Traveller unknown"이라는 시는 1742년에 "Wrestling Jacob"라는 제목으로 발표되었다. 찬송가로 작곡된 후 그 영적인 깊이에 비해 대중들이 부르기에 적합하지 못하다는 평가를 받으면서 메도디스트들의 찬송가 외에 다른 어떤 찬송가에도 수록되지 못했다. 1887년에 출판된 『초기 메도디스트 찬송집』(*The Primitive Methodist Hymnal*)에 수록되었다. cf. Rack, *The Minutes of Conference*, 10:646.

나의 친구들은 다 가고(My company before is gone)

나는 홀로 당신과 함께 남았네!(And I am left alone with Thee)!

웨슬리는 강대상 앞에 주저앉아 두 손으로 얼굴을 가리고 더 이상 말을 이어가지 못했고 그 순간 청중들도 부르던 찬송을 멈췄다. 웨슬리는 한참 후에야 마음을 가다듬고 일어나 설교를 이어갈 수 있었다.[132]

충성스러운 영국 국교회의 고교회주의자였던 찰스는 런던 파운더리에 있는 시티로드채플(City Road Chapel)이나 어머니 수잔나가 묻힌 비국교도들의 묘지인 번힐 필즈(Bunhill Fields)에 묻히기를 거부하고 자기가 살던 집 근처, 즉 런던의 북서쪽에 있는 영국 국교회 메릴본교회 내 묘지(Merylebone churchyard)에 묻혔다.

메도디스트들이 국교회를 떠나서는 않되며, 비록 동료들이 떠나도 자신만은 떠나지 않겠다는 마지막 설교를 그렇게 한 것 같다. 웨슬리는 그러한 동생의 결정에 당황하면서 피어드 디킨슨(Peard Dickenson) 목사에게 편지하여 특정 장소는 잘 꾸며놓았다는 의미 외에 다른 의미가 없으므로 그 장소가 성스럽게 여겨지는 것은 성경적인 근거가 없다는 자신의 견해를 밝히기도 했다.[133]

한편, 웨슬리는 홀로된 제수씨를 보살펴 주었고, 조카들(사라, 존, 사무엘)의 보호자가 되어 주었다. 그 조카들의 자녀들 가운데 교회 음악사에서 유명한 오르간 연주자와 작곡자인 세바스찬 웨슬리(Samuel Sebastian Wesley,

---

[132] Whitehead, *The Life of John Wesley*, 2:451. Rack, *Reasonable Enthusiast*, 530에서 재인용. See Tyerman, *John Wesley*, 3:527, note 2와 Telford, *John Wesley*, 300-1. 그의 저널에 나타난 볼턴에서의 일정을 보면 동생과 관계된 어떤 언급도 없이 다만 어린이 찬양대와 함께 매우 감동적인 예배를 드린 것만 기록하고 있다. See Ward and Heitzenrater, *Journal and Diaries*, 24:76-7.

[133] Telford, *Letters*, 8:52. Tyerman, *John Wesley*, 3:528-29.

1810-1876)가 나왔는데, 오늘날 우리가 부르고 있는 찬송가 600장 "교회의 참된 터는"(The Church's One Foundation)이 바로 그가 1864년에 작곡한 곡이다.[134]

웨슬리가 4월 19일엔 볼튼(Bolton)에 가서 설교할 때 약 100여 명으로 구성된 어린이 찬양대가 영국 어디에서도 찾아볼 수 없는 아름다운 소리로 찬양하는 것을 보고 감동하였고, 그 다음날 주일 예배 때 약 1,000여 명이나 되는 주일학교 학생들을 보고 그와 같은 일들이 영국과 유럽 전역에서 일어날 수 있기를 희망한다고 했다. 5월 18일 스코틀랜드에 가서 설교하는 동안 사람들은 많이 모였지만, 그들만의 교리와 예배 형식에 갇혀 있어서 어떻게 하면 그들의 마음을 움직이는 설교를 할 수 있을지 난감해했다.

그때 웨슬리는 칼빈주의자들이나 재세례파나 퀘이커들과 달리 메도디스트들은 동일한 교리와 동일한 예배 형식이 아니어도 오직 "영혼을 구하려는 열정"(a desire to save souls)만 있다면 회원과 설교자로 받아들이는 자유함이 자신들에게 있다고 하면서 메도디스트들은 "생각하고 다른 사람들도 생각하게 만드는"(they think and let think) 사람들이라고 자랑스럽게 설명했다.[135]

6월 5일 위어데일(Weardale)에서 설교하기로 되어 있어서 방에서 나가는 순간에 층계에서 발을 헛디뎌 앞으로 넘어질 때 계단 모서리에 오른쪽 눈 위가 부딪치면서 피가 났지만, 종이를 붙여 지혈하고 설교를 했는데 설교

---

[134] "세바스찬"이란 이름은 아버지가 그토록 존경하던 음악가 세바스찬 바하(Sebastian Bach)의 이름을 아들에게 붙여준 것이다. 세바스찬 웨슬리는 교회 음악 감독 혹은 오르간 연주자로 활동하다가 1839년 옥스퍼드대학교에서 음악 박사학위를 받고, 1850년부터 국립 음악원(Royal Academy of Music)의 오르간 교수가 되었는데 평생을 영국 국교회를 위해 작곡과 연주 활동을 했다.
[135] Ward and Heitzenrater, *Journal and Diaries*, 24:76-7, 85. 웨슬리가 일찍이 자주 인용하던 경구 "think and let think"와 그의 교리나 다른 종교에 대한 태도에 대해서는 다음을 보라: 그의 설교 "The Way to the Kingdom" in Outler, *Sermons*, 1:218-32, esp., 220 note 7.

하는 데 불편하지 않았다고 했다. 그리고 스탠호프(Stanhope)에 가서 새벽 5시에 설교하는데도 장소에 비해 너무 많은 사람이 몰려 기둥이 무너져 내리는 사고가 발생했지만, 사람들은 다치지 않고 불쌍한 개 한 마리만 다치는 일이 발생하기도 했다.

하지만, 웨슬리는 곧 사태를 수습하고 야외에서 설교해서 더 많은 사람이 은혜를 받았다. 웨슬리는 그렇게 다치기도 하고, 집이 무너지는 사고를 당했음에도 불구하고 정오에 다시 번옵필드(Burnopfield)에서 설교했는데 그 전에 볼 수 없었던 강력한 하나님의 은혜(overwhelming power of grace divine)가 넘쳤다.[136] 85세 노인의 일정이라고 하기에는 믿기 어렵다.

6월 19일 말톤(Malton)에서 설교할 때 "한번 죽는 것은 사람에게 정하신 것이요"(It is appointed for men once to die, 히 9:27)란 말씀을 전했다. 웨슬리는 3월 2일에 "내게 사는 것이 그리스도니, 죽는 것도 유익함이라"(To me to live is Christ, to die is gain, Phil. 1:21)고 죽음에 대해 설교한 이래 4월 30일 혼리(Honley)에서 다시 한번 히브리서 말씀으로 죽음에 대해 설교한 것을 보면 그는 아마도 자기 죽음이 다가오는 것에 대해 영적으로 준비하고 있는 듯하다. 아니면 동생의 죽음이 임박한 것을 알고 그렇게 준비하고 있는 듯했다.[137]

6월 23일 욕(York)에 도착해서 한때 웨슬리와 관계가 틀어졌던 출판업자 로버트 스펜서(Robert Spence)와 화해를 하는 아침 식사를 했다. 그런데 아침 식사 시간이 새벽 3시였고, 마부(coachman)에게 4시까지 마차를 대라고 하면서 "15분 혹은 5분 지나서가 아닌 4시 정각"(I do not mean a quarter or five minutes past, but four)이라고 했는데, 정말 4시가 되니 웨슬리는 일어나 스펜

---

[136] Ward and Heitzenrater, *Journal and Diaries*, 24:89-90.
[137] Ward and Heitzenrater, *Journal and Diaries*, 24:79, 93.

스와 악수를 하고 마차에 올랐다.[138] 이처럼 새벽부터 일정을 시작하는 경우나, 시간을 지나칠 정도로 엄격하게 준수하는 일은 웨슬리에게 결코 새로운 일이 아니다.

그리고 엡워스에 도착해서 85세 생일을 맞이했다. 그날 일기에 의하면 그는 양쪽 눈이 어두워졌고 기억력에 문제가 있지만, 여전히 설교를 쓰거나 하는 일에는 문제가 없다고 했다. 하지만, 20대와 같다는 식의 반복되던 과시가 사라진 것은 분명하다. 이어서 자신이 그토록 건강할 수 있는 것은 전적으로 하나님의 은혜와 성도들의 기도 덕분이라고 하면서 다음과 같이 여섯 가지로 건강 비결을 밝히고 있다.

① 지속해서 운동하며 맑은 공기를 마신 것
② 밤에 잠을 잘 잔 것(어려서부터 건강할 때나 아플 때나, 육지이거나 바다이거나 잠을 못 잔적이 없다)
③ 낮이나 밤이나 필요할 때마다 잠을 잔 것
④ 지난 60여 년 이상 새벽 4시에 기상한 것
⑤ 지난 50년 이상 새벽 5시에 예배를 인도한 것
⑥ 그리고 아픈 곳 없이 살면서 근심이나 염려하지 않은 것[139]

7월 6일 엡워스에 도착하여 오전 8시 예배를 드리고 아버지가 목회하던 교회에 참석했는데 50여 명이 참석하던 교회에 20명도 안 되는 사람들

---

[138] Tyerman, *John Wesley*, 3:539.
[139] Ward and Heitzenrater, *Journal and Diaries*, 24:96-7. 그런데 그날 웨슬리가 "나는 오늘 85세가 되었다"(I this day became eighty five years old)라고 했어야 옳다. 그런데 웨슬리가 "나는 오늘 85세에 들어섰다"(I this day enter on my eighty-fifth year)라고 했는데, 사실 그날은 웨슬리가 85세가 된 날이며, "86세로 들어선 날"이다. 웨슬리의 기억력에 문제가 있는 것이 노출되기 시작한다.

(scarce twenty communicants)만 모여 예배를 드리고 있었다. 담임사제인 깁슨 (Joshua Gibson)은 경건한 사람들을 격려하는 것이 아니라 오히려 정죄하는 경향이 있었는데 웨슬리는 그런 사람의 설교를 들어야 하는지, 그런 사람이 인도하는 성찬식에 참여해야 하는지 스스로 묻지 않을 수 없었다. 문제는 그런 현상이 영국 전역의 교회에서 일어나는 보편적인 현상이었기에 차라리 메도디스트들이 영국 국교회로부터 분리하는 것을 반대할 것이 아니라 격려해야 할 지경이 되었다.[140]

7월 19일엔 체스터필드 거리(Chesterfield Street)에서 동생의 미망인과 그 자녀들과 한 시간을 보냈다고 했는데 그것이 동생의 죽음과 관련되어 그의 저널에 나타나는 첫 언급이다.[141]

7월 29일 런던에서 개최되어 8월 6일까지 진행된 연회에서도 영국 국교회를 떠날 것인가 말 것인가의 문제를 심각하게 다루었는데 결론은 지난 50년 전처럼 영국 국교회를 떠나지 않겠다는 뜻에는 변함이 없지만, 영혼을 구원을 위해서는 앞으로도 변경될 소지가 있다는 것을 인정했다. 그와 동시에 메도디스트들이 점점 증가하면서 그에 따른 경비들이 요청되면서 경제적인 어려움을 겪게 되었는데, 설교의 집, 킹스우드학교 운영, 선교지 확장에 따른 재정 지원, 그런가 하면 설교자들이 많아지면서 설교자들과 그 가족들을 지원하는 문제가 다른 어떤 교리적인 문제보다 심각해지고 있었다.

그리고 "올해 누가 죽었는가?"(Who have died this year?)란 항목에서 다른 여섯 사람과 함께 찰스의 죽음이 보고되었다.[142] 흥미로운 것은 연회 중에 안수식이 있었음에도 웨슬리의 저널이나 연회 회의록에는 안수식에 대한 언급이 전혀 없다는 것이다.[143] 연회를 마치고 며칠 쉬면서 여러 가지 일

---

[140] Ward and Heitzenrater, *Journal and Diaries*, 24:100.
[141] Ward and Heitzenrater, *Journal and Diaries*, 24:103.
[142] Rack, *The Minutes of Conference*, 10:645-6.
[143] Rack, *The Minutes of Conference*, 10:641.

을 하는 동안에 오랫동안 자신의 집을 관리해주던 한 여성 사역자가 주정뱅이 남편 때문에 더 이상 사역을 감당할 수 없게 되자 다른 사람으로 대체하는 어려움을 겪기도 했다.[144]

그동안 웨슬리가 안수한 것은 영국 이외의 지역, 즉 영국 국교회가 없는 지역에 설교자들을 파송한다는 의미에서 묵인할 수 있었다지만, 1788년에 영국 내에서 목회와 선교를 감당하게 될 메이더를 8월 6일 부제(deacon), 그리고 7일 장로(presbyter)로 안수했다는 것은 묵과할 수 있는 일이 아니었다.

다음해 2월 26일과 27일에 무어와 랜킨에게도 같은 방법으로 안수했는데, 계속하여 웨슬리는 영국뿐만 아니라 스코틀랜드, 아메리카, 노바스코시아(Nova Scotia), 뉴펀랜드(Newfoundland), 그리고 웨스트 인디즈(West Indies)에 파송하기 위해 안수를 한 사람들이 총 25명 이상이 된다.[145]

결과적으로 웨슬리가 모교회로부터 축출되지 않은 것이 이상할 정도이다. 1788년 5월 11일 무어에게 보낸 편지에서 웨슬리는 말했다.

> 나는 영국 국교회의 사람이다. 내가 50년 전에 말했던 것처럼 나는 영국 국교회에서 나를 축출하기 전까지는 영국 국교회 내에서 살다가 죽을 것이다(I am a Church-of-England man; and, as I said fifty years ago so I say still, in the Church I will live and die, unless I am thrust out).[146]

---

[144] Ward and Heitzenrater, *Journal and Diaries*, 24:104; Rack, *The Minutes of Conference*, 10:668.
[145] Rack, *The Minutes of Conference*, 10:641, note 327. 웨슬리가 평생 안수한 목회자 수는 28명으로 추정된다. See Collins, *John Wesley*, 237.
[146] Telford, *Letters*, 8:58.

메도디스트들이 영국 국교회와 같은 시간대에 예배를 드려야 한다는 의견을 강력하게 제기한 콕에게도 "우리가 30년 전에 리즈연회에서 결의했던 바와 같이 나는 결코 모교회를 떠나지 않을 것"(I cannot, I dare not, leave the Church, for the reasons we all agree to thirty years ago in the conference at Leeds)이라고 자기 뜻을 분명하게 밝혔다.[147]

영국 국교회와의 관계에 있어서 웨슬리는 동생이 죽은 뒤로 좀 더 융통성 있는 방향으로 변한 것 같다. 당시 더블린에서 사역을 감당하던 윌리엄 와이트스톤(William Whitestone)에게 웨슬리가 5월 20일 쓴 편지에서 말한 것이 당시 웨슬리의 변화된 생각을 잘 나타내주고 있다.

> 나는 영국 국교회를 떠나지 않을 것이다. 그러나 조건이 있는데, 형제들은 한 달에 한 번은 성패트릭교회에서 예배를 드리고 나머지 삼 주는 뉴룸에서 진행되는 예배에 참석하는 것을 허락한다(I will not leave the Church. But on condition that our friends will attend St. Patrick's one Sunday in the month, on the other three I will allow that there should be service at the New Room).[148]

그리고 한발 더 나아가, 9월 20일 어느 동료에게 쓴 편지에서는 메도디스트들이 하나님의 뜻에 합당하지 않은 영국 국교회의 예배를 거부해도 된다고 한 것을 보면 그는 자신의 거듭된 약속과는 달리 경우에 따라서 메도디스트들이 동 시간대에 예배를 드려도 된다고 된다고 허락하는 듯한 말을 했다.

---

[147] Telford, *Letters*, 8:59. 이 외에도 웨슬리가 모교회를 떠나지 않았음을 확인할 수 있는 여러 편지 내용이 있다. Telford, *Letters*, 7:288, 324, 332-33; 8:186.
[148] Telford, *Letters*, 8:60.

복음적으로 살지 않거나 복음을 설교하지 않는 목회자는 하나님으로부터 보냄을 받은 사람들이 아니다. 그러므로 메도디스트들은 마땅한 교회를 발견할 수 없다면 그런 교회에 출석할 필요가 없다(Those ministers[so called] who neither live nor preach the gospel I dare not say are sent of God. Where one of these is settled, many of the Methodists dare not attend his ministry; so, if there be no other church in that neighbourhood, they go to church no more).[149]

그가 죽기 2년 전에 내린 결정이었다. 영국 국교회와의 관계뿐만 아니라 웨슬리의 한계를 벗어나는 또 하나의 일이 있는데 그것은 웨슬리와 미국의 메도디스트들과의 관계이다. 즉, 웨슬리가 와코트에게 7월 17일 보낸 편지에 의하면 애즈베리를 비롯하여 미국에 있는 메도디스트들은 결국 웨슬리를 떠나고 말 것이라는 사실을 분명히 인지하면서 앞으로 그들에게 일어날 일들에 대해 다음과 같이 정확하게 예측한다.

내가 죽자마자 나를 부정하고 떠나는 경우가 발생하면서 영국의 메도디스트들과 아메리카의 메도디스트들은 결국 완전히 분리될 것이다. 만약, 그들이 우리 없이도 잘 할 수 있다면 우리 역시 그들 없이 잘 할 수 있다. 아마도 그들은 자신들 안에서 생각지도 못한 차이점들을 발견하게 될 것이고, 결과적으로 분열하게 될 것이다(It is truly probable the disavowing me will, as soon as my head is laid, occasion a total breach between the English and American Methodists. They will naturally say, 'If they can do without us, we can do without them.' But they will find a greater difference than they imagine. Next would follow a separation between themselves).[150]

---

[149] Telford, *Letters*, 8:92.
[150] Telford, *Letters*, 8:73-4.

85세가 된 웨슬리의 시력이 급격하게 나빠지기 시작해서 책을 읽는 것이 힘들게 되었다. 그런 의미에서 웨슬리는 더 이상 창작 활동을 할 수 없었고 다만 설교 외에는 이미 출판된 것들을 편집하는 일 정도만 할 수 있었다. 그중에서 1781년부터 발행되는 「알미니안 잡지」에 1775년 이후 쓰인 설교들 총 42편을 발표해 왔는데, 그 설교들 외에 다른 설교들을 포함하여 총 56편의 설교들을 묶어 전 4권으로 출판했다. 그렇게 한 목적은 다른 평신도 설교자들이 활용할 수 있도록 교리적 표준을 제시함과 동시에 설교자들이 설교를 작성하는 데 도움을 주기 위함이었다.

　그런 뜻에서 설교집의 서문에서 설교자들의 글쓰기에 대해 매우 가치 있는 조언을 했다. 즉, 자신도 한때는 한껏 멋을 부리면서 글을 쓴 적도 있지만, 이제는 사람들을 즐겁게 하기보다는 하나님의 뜻을 모든 사람에게 더 분명하게 드러내기 위해 가장 평범한 문체로 쓴다고 했다.

　설교자로서 말을 할 때는 베드로전서 4:11 말씀처럼 "누가 말을 하려거든 하나님의 말을 하는 것같이 하고," 글을 쓰려면 요한 일서처럼 평범하게 쓰는 것이 가장 좋다고 하면서 "우리가 하나님을 사랑하는 것은 그가 먼저 우리를 사랑하셨기 때문이다"(We love Him, because He first loved us, 요일 4:19)라고 말씀한 것이 모든 복음적 내용의 핵심을 드러내는 가장 평범하면서도 탁월한 표현이라고 했다.[151]

　그런데 그 설교집에 포함된 설교들을 보면 평소에 웨슬리가 한 설교들보다 더 많은 인용을 하면서 설득력을 더하려고 했다는 것이고 과거처럼 신학적인 내용에 집중하기보다는 현실적인 각종 도전에 성경의 가르침대로 대처하면서 살아가도록 격려하고 가르치는 내용이 주류를 이루고 있다. 그런 의미에서 웨슬리는 덜 신학적이고 더 실제적인 일들에 집중하고

---

[151] Tyerman, *John Wesley*, 3:521-22.

있었음을 알 수 있다.[152]

미국의 메도디스트들만을 위한 예배 규범을 만들어 출판한 것도 주목할 만하다. 국교회의 『기도서』(the Book of Common Prayer) 중에서 몇 가지를 삭제 또는 첨가한 기도서(the Prayer Book)인 『북미의 메도디스트들을 위한 주일 예배 규범』(Sunday Service of the Methodists in North America)을 만들었고, 그것을 자신과 동생이 편집하여 430페이지 분량이나 되는 『주일 예배를 위한 찬송집』(Collection of Psalms and Hymns for the Lord's Day)에 첨부하였다.[153]

그 규범에서 웨슬리는 사제(priest)라는 단어를 목사(minister)라는 단어로 교체했고, 성찬식에서도 사제(priest) 대신 평신도가 참여한다는 의미에서 장로(elder)와 함께 진행하도록 했다. 유아세례 부분에서 마치 유아세례가 곧 중생을 의미하는 듯한 문장 "유아세례는 어린아이를 거듭나게 하므로 하나님을 기쁘시게 하는 일이다"(it hath pleased God to regenerate this infant with His Holy Spirit)를 삭제했고, 가톨릭적 잔재라고 느껴지는 대부(godfathers), 대모(godmothers)란 용어 역시 삭제했다.[154]

---

[152] Outler, *Sermons*, 1: 47-8.
[153] John Wesley, *Sunday Service of the Methodists in North America* (The United Methodist Publishing House and the United Methodist Board of Higher Education and Ministry, 1984); Heitzenrater, *Wesley and the People*, 257, 288.
[154] E.G. Rupp, A.R. George and R.E. David, eds., *A History of the Methodist Church in Great Britain*, 4vols. (Epworth Press, 1965, 1973, 1983, 1988), 1:268. cf. Rack, *Reasonable Enthusiast*, 395.
사실 유아세례에 관한 한 웨슬리의 생각은 모순적인 점이 없지 않다. 즉, 그는 영국 국교회 사제로서 모든 성례전을 인정하고 시행했지만, 유아들을 포함하여 세례를 받은 것이 곧 의롭게 되고 구원을 보장받은 것처럼 여겨지는 것을 거부했기 때문에 유아세례에 대한 웨슬리의 말을 어떻게 받아들여야 할지 논란이 되어 온 것이 사실이다. 그래서 오늘날도 웨슬리가 했던 것처럼 유아세례를 실시하는 웨슬리안과 나사렛 교단이나 자유감리교처럼 성인세례만 인정하는 것이 더 웨슬리의 뜻에 가깝다고 생각하는 사람들도 있는 것은 웨슬리의 모호한 입장 때문이다. 웨슬리는 유아세례와 신생과의 관계를 완전히 부정한 것은 아니지만 유아세례가 곧 신생이라는 주장을 부정한 것은 분명하다.

영국 국교회에서는 부제(deacons), 사제(priests), 그리고 감독(bishops)을 세울 때 안수하는데, 웨슬리는 그 대신 부제(deacons), 장로(elders), 그리고 감리사(superintendents)로 대체했다.[155] 메도디스트들은 누가 보아도 하나의 교단이 되어가고 있었고, 그런 의미에서 웨슬리는 분리주의자(separatist)란 혐의를 지울 수 없게 되었다.

동생이 죽은 다음에 다른 설교자들을 위해 그렇게 했던 것처럼 그의 삶과 죽음에 대해 평전을 쓰기 위해 자료들을 모았지만, 그 뜻을 이루지는 못했다. 그리고 동생의 유작들을 정리하는 가운데 동생의 작품에 나타나고 있는 '신비주의적 독소'(poisonous mysticism)가 기독교를 우울하거나 고독한 종교로 만들었다고 보고 일부를 교정하거나 배제하기도 했다.[156]

3. 1789-90년: 영국 국교회와의 관계, 동료 메도디스트들과 갈등

1789년을 여는 1월 1일 웨슬리는 몇몇 예언자들이 예언한 것처럼 그 해가 자신에게 마지막이 될 것 같다고 느끼면서 "마지막 해가 최고의 해가 되기 바란다"(I hope it will be the best)라고 했다.[157] 1년 전에 동생을 잃었고, 이제 자신이 떠날 때가 가까이 다가왔음을 인정하면서도 그렇다고 하여서 두렵거나 흔들리지 않고 전적으로 하나님의 결정에 따르겠다는 뜻을 표하고 있다.

---

[155] Tyerman, *John Wesley*, 3:548.
[156] Ward and Heitzenrater, *Journal and Diaries*, 24:117.
[157] 흥미롭게도 당시에 웨슬리에게 1-2년 더 살고 죽을 것이라고 예언한 몇몇 예언자들이 있었고, 웨슬리는 그 것을 심각하게 받아들였던 것 같다. 그렇게 예언한 사람들중 한명이 동생 찰스인데 그는 자신이 죽으면 형은 1년 정도 있다가 죽을 것이라고 말한 적이 있다고 한다. See Henry Moore, *The Life of the Rev. John Wesley*, 2: 378. Ward and Heitzenrater, *Journal and Diaries*, 24:118 note 42에서 재인용.

그런데 9일 "나는 가진 것이 없으므로 내 유언장에서 다른 사람에게 남길 것이 없다"(I left no money to anyone in my will, because I had none)라고 했고 실제로 빚도 있는데 죽기 전에 모두 해결하겠다고 했다. 하지만, 죽은 다음에 자신이 저술하고 편집한 책들을 판매하면 돈이 될 것이라고 예상했다. 반면에, 그즈음에 동료 메도디스트들이 돈과 세상을 사랑하는 것에 대해 염려하고 있었다.[158]

1월 말에 런던으로 돌아와 2월 한 달간 머무르면서 인접 지역을 방문하여 설교하고, 새로운 설교의 집을 세우는 등 바쁜 일정 가운데서도 무어와 랜킨에게 성직 안수를 주었는데 그 둘은 웨슬리가 마지막으로 안수한 사람들이다.[159] 특히, 2월 6일엔 약 20-30명의 지역 설교자들(the local preachers)과 웨스트스트리트채플에서 모임을 가지면서 바울이 디모데에게 부탁한 것을 잘 지키라고 한 것처럼 웨슬리도 "하나님께서 메도디스트들에게 위탁하신 그리스도인의 완전 교리를 잘 지키라"(keep the doctrine of Christian Perfection which God has peculiarly entrusted to the Methodists)고 격려했다.[160]

그리고 18일에 유언장을 마무리하기 위해 어느 한적한 곳에 가서 하루나 이틀을 지낸 후 22일 주일에 웨스트스트리트채플에서 설교했다.[161] 웨슬리의 유언장은 1789년 2월 20일 작성된 것으로 되어 있는 것으로 보아 이미 언급한 바와 같이 1월 9일부터 쓰기 시작하여 2월 20일 마친 것으로 보인다. 웨슬리는 자신이 밝힌 바와 같이 남기는 돈은 없는 대신에 가지고

---

[158] Ward and Heitzenrater, *Journal and Diaries*, 24:119-20.
[159] *Methodist Magazine* (1867), 623. Tyerman, *John Wesley*, 3:565-66에서 재인용. 저널에서는 안수에 대한 언급이 전혀 없다.
[160] Ward and Heitzenrater, *Journal and Diaries*, 24:121.
[161] See Ward and Heitzenrater, *Journal and Diaries*, 24:119, 121. 『200주년 기념 웨슬리 총서』 119페이지, 각주 48에서 웨슬리가 유언장을 완성하기 위해 한적한 곳에 가서 작업한 날을 "1789년 2월 19일"이라 했는데, "2월 18-19일"이라 하는 것이 옳다. cf. Curnock, *The Journal*, 7:470, note 1.

있던 유물들과 책 판매를 통한 수입을 다음과 같이 분배했는데 다음과 같이 매우 구체적으로 자상하게 남긴 내용을 정리해 보자.

책 판매를 통한 수입 중에서 85파운드는 찰스의 미망인과 그 자녀들을 위해 주고, 나머지는 순회설교자들을 위한 펀드로 연회에서 관리한다. 킹스우드에 있는 가구와 책 등 자신에게 속한 모든 것은 콕과 메이더와 무어에게 주어 앞으로 사역하는 데 사용하도록 한다. 런던과 다른 장소에 있는 모든 책은 콕과 화이트헤드와 무어에게 주어 런던에서 사역하는 설교자들을 위해 쓰도록 한다.

그리고 또한 자신이 남긴 모든 원고는 콕과 화이트헤드와 무어에게 주어 그들이 불사라 버리든지, 아니면 출판을 하든지 그들이 보기에 좋을 대로 하게 한다. 8권으로 출판된 설교집은 자신이 죽은 후 6개월까지 메도디스트로 남아 있는 설교자들에게 나누어 줄 것 등이다.

그리고 런던에 있는 자신의 책상 서랍 등 어디에서든 발견되는 모든 동전은 손녀들인 메리와 제인 스미스(Mary and Jane Smith)에게 줄 것, 판매하는 책의 첫 수입 중 40파운드는 생존해 있는 누이 마르타(Martha)에게 줄 것, 나의 관을 운반하는 여섯 사람에게 각각 1 파운드씩 줄 것, 여기에서 언급되지 않은 물품이 있다면 손녀 딸들인 엘리슨과 콜렛(his two nieces, E. Ellison, S. Collet)에게 똑같이 나누어 줄 것 등이다. 그 외에 런던에 있는 자신의 책상 서랍이나 옷 호주머니에서 발견되는 모든 현금은 누구누구에게 전하라고 하는 등의 내용이다.[162]

---

[162] Jackson, *Works*, 4:500-2; See "Wesley's Last Will and Testament" in Curnock, *The Journal*, 8:342-44. 『200주년 기념 웨슬리 총서』에서는 웨슬리의 유언장을 발견할 수 없다. 특히, 웨슬리의 저널은 1790년 10월 24일에 끝난다. 다만, 그 이후에도 웨슬리는 1791년 3월 2일 죽기 6일 전인 2월 24일까지 일기를 썼다. 하지만, 그 날도 날짜만 기록되어 있을 뿐 아무 내용도 없다. 반면, 윌버포스에게 마지막으로 편지를 쓴 날이 2월 24일로 되어 있는 것은 그날 편지를 쓸 수는 있었던 것으로 보인다. See Telford, *Letters*, 8:265, 286.

물려 주는 유산 가운데 웨슬리 소유의 부동산이나 현금은 전혀 없다는 것이 특징이다. 화이트헤드 박사는 웨슬리가 지난 50년 동안 구제를 위해 사용한 돈이 2만-3만 파운드가 된다고 했고, 무어는 웨슬리의 장부를 세밀하게 관찰한 결과 파운드와 펜스까지 정확하게 기록되어 있는데 그가 평생 기부한 돈은 3만 파운드보다 최소한 몇천 파운드 더 되는 계산이 나온다고 했다.

그리고 사무엘 브래드포드에 의하면, 1780년 한 해에만, 1,400파운드를 개인적으로 기부한 것으로 되어 있고, 웨슬리가 자기에게 말하기를 일 년에 1,000파운드 이하로 기부한 적이 없다고 했다고 했다. 또한, 브래드포드가 전해주는 바에 의하면, 웨슬리로부터 도움을 받은 사람들이 감사 표시를 할 때마다 웨슬리는 정중하게 모자를 벗고 그들에게 예를 표했다고 한다.[163]

3월 1일 주일 뉴채플에서 설교를 마친 후 5개월 일정의 순회설교를 떠났다. 브리스톨과 버밍햄 등을 들러 27일 아일랜드로 가기 위해 배에 올랐다. 그런데 태풍으로 인해 4시간이면 갈 거리를 36시간 동안 가면서 그는 극심하게 아팠다. 하지만, 일요일 밤에 더블린에 도착하자마자 뉴룸으로 가서 설교하고 성찬식을 집례했다. 그리고 다음날 새벽 5시부터 일정에 따라 순회설교를 이어갔다.

4월 13일 더블린을 떠나 6월 19일까지 9주 동안 웨슬리는 아일랜드의 60여 개 도시나 마을을 돌면서 100여 번의 설교를 했는데 그중 야외에서 또는 외양간에서 설교하기도 했다. 그동안 비바람이 몰아치는 날씨가 반복되었기 때문에 일정을 소화하는 것이 쉽지 않았지만, 가는 곳곳마다 영국의 런던이나 다른 지역에서 볼 수 없을 정도로 많은 사람이 몰려들었다.

한편, 2년 전부터 아일랜드에서는 메도디스트들이 영국 국교회에 갈 시간에는 집에 있거나 비국교도들의 예배에 참석하는 경우가 발생하자 그 문

---

[163] Tyerman, *John Wesley*, 3:616 and note 2.

제를 해결하기 위해 웨슬리는 매월 첫 주에는 영국 국교회 예배에 참석해야 한다는 조건으로 뉴룸에서 동 시간대에 예배드리는 것을 허락했는데, 그렇게 한 이유는 "분리에 대비해서 한 것이 아니라 분리를 방지하기 위한"(not to prepare for, but to prevent a separation from the Church) 조치였다고 했다.[164]

하지만, 그러한 모든 방편을 시행하는 데 있어서 비판과 자기모순을 피할 수 없었고, 그러한 심정을 웨슬리는 6월 초에 다음과 같이 피력했다.

> 내가 모교회 예배와 같은 시간대에 예배를 드린 사실을 부인할 수 있을까? 부인할 수 없다. 그러나 나는 부인하였고 지금도 부인한다. 왜냐하면, 그러한 행위는 곧 모교회를 떠나는 행위이기 때문이다(Could I even then deny that I had service in church hours? No; but I denied, and do deny still, that this is leaving the Church).[165]

웨슬리는 다시 더블린으로 돌아와 86세 생일을 맞았는데 당시에 그는 당뇨병(diabetes)으로 고생하고 있었다. 매년 생일 때마다 등장하던 건강에 대한 자랑이 사라지고 모든 면에서 약해졌다는 사실을 인정하고 있다. 특히, 점점 몸이 약해지고, 이해력이 떨어지면서 자신이 지나치게 완고(stubbornness)해지거나 짜증(peevishness)내는 사람이 되지 않을까 염려한다.[166]

그리고 7월 3일부터 7일까지 아일랜드연회를 개최했다. 7월 12일 아일랜드를 떠나는 장면은 사도 바울이 에베소교회를 떠나는 장면을 연상시킨다(행 20:17-38). 사람들은 웨슬리가 타고 떠날 배가 있는 곳까지 따라가서, 웨슬리가 배에 오르기 전에 찬송을 부르자 그들도 따라 불렀다. 그리고 웨

---

[164] Ward and Heitzenrater, *Journal and Diaries*, 24:126.
[165] Telford, *Letters*, 8:142.
[166] Ward and Heitzenrater, *Journal and Diaries*, 24:145.

슬리가 무릎을 꿇고 그들을 위해 축복기도를 한 후 악수를 하자 슬피 울며 여러 사람이 웨슬리의 목을 껴안고 키스를 하였다. 웨슬리는 배에 올라 두 손을 들고 축복기도를 하였는데 그들의 눈에서 웨슬리가 사라질 때까지 손을 들고 있었다.[167]

한편, 포슨이 5월 9일 아트모어에게 쓴 편지에 의하면, 스코틀랜드에서 사역한다는 조건으로 1785년에 포슨과 핸비가 안수를 받았는데 2년 후 웨슬리는 그들을 다시 영국으로 불러들인 후 더 이상 목회적 기능을 행사하지 못하도록 했다. 그 일에 대해 포슨은 못마땅해하면서 웨슬리의 뜻을 거역할 수 없었다.

그런데 비슷한 조건으로 안수를 받은 테일러도 핸비와 함께 노팅햄 교구(Nottingham circuit)에 배치되었는데, 사람들은 그들이 안수받은 자로 성례전을 집례하기를 원했지만, 웨슬리는 허락하지 않았다. 그 일에 대해 테일러는 웨슬리의 뜻에 따랐지만, 핸비는 거부했다.

당시에 핸비가 동료들에게 각각 5월과 6월에 쓴 편지를 보면, 웨슬리가 자기를 경멸조로 대하는 등 부당하게 대했기 때문에 자신도 더 이상 그와 함께할 수 없다는 뜻을 밝히고 지난 35년간 동역했던 웨슬리를 떠났다.[168] 웨슬리가 죽은 다음에 핸비는 복권이 되었고, 1796년 연회의 의장으로 선출되었으며 성탄절 설교를 한 후 4일 후에 생을 마쳤다.

7월 28일 리즈에서 개최된 연회에 100명 이상의 설교자들이 대의원으로 참여했고 밤에는 3,000-4,000명, 새벽 5시에는 그의 반 정도 모이는 사람들에게 웨슬리가 설교했는데 당시에 현장에 있던 사람들의 기록에 의하면 너무 노쇠한 웨슬리의 설교를 많은 사람이 알아들을 수 없었다고 한다.[169]

---

[167] J.B. Wakeley, *Anecdotes of the Wesleys*, 312-313; Tyerman, *John Wesley*, 3:578 에서 재인용. 저널에서 그런 장면을 발견할 수 없다.
[168] Tyerman, *John Wesley*, 3:573-76.
[169] Rack, *The Minutes of Conference*, 10: 670. 한편, 1789년 연회록은 처음으로 웨슬리와 콕

설교자의 자녀들의 복장 문제로 설교자들이 비판을 받는 경우가 많은데, 자녀들은 밴드의 규칙에 따라 옷을 입도록 규정했다.[170] 설교자들이나 청지기들 등 리더들의 복장 문제가 심각했던 것 같다.

웨슬리의 비서로서 마지막까지 곁을 지키던 미스 리치(Miss Ritchie)가 동료 디킨슨(Peard Dickenson) 목사의 부인에게 8월 3일 편지하여 "메도디스트들 가운데 복장이 점점 심각해지는 악"(We all lament dress as a growing evil among the Methodists)이라고 표현하면서 웨슬리도 평소에 설교자들의 복장이 마음에 들지 않는다고 자주 언급한다는 소식을 전한다.

그러면서 특히 디킨슨 목사가 평소에 부와 사치의 상징인 주름 잡힌 셔츠(ruffles)를 입는 것을 웨슬리가 못마땅해하니 아내로서 남편이 그런 옷을 입지 않도록 해 달라는 부탁을 하는 것을 보면 웨슬리는 메도디스트 설교자들을 포함하여 모든 사역자와 그 자녀들까지 검소하게 살면서 모범을 보이도록 지도했음을 알 수 있다.[171] 연회는 웨슬리의 허락 없이 책을 출판할 수 없다는 규정을 다시 한번 확인했다.

웨슬리는 연회를 마치고 8월 5일 뉴왁(Newark)으로 가서 7일 런던으로 돌아갔다. 런던에서 「알미니안 잡지」 공동 편집장인 올리브(Thomas Olive)를 교체하는 등 필요한 일을 한 후 오후 7시에 런던을 떠나 밤새 달려 다음날 오후에 브리스톨에 도착했다. 그리고 인근 지역을 순회하는 과정에서 트루로(Truro)에서 오전 6시에 설교하기 위해 8월 27일 새벽 3시에 일어나 출발한 경우나 31일도 엑스터(Exeter)에 오후에 도착하기 위해 그날도 역시 새벽 3시에 출발한 경우처럼 웨슬리는 어떤 악천후에도 불구하고 주어진 일정을 맞추기 위해 노력하면서 때로는 밤새 달리거나 새벽 일찍

이 의견에 따라 영국판과 미국판을 따로 출판하였다. See 10: 673 note 419.
[170] Rack, *The Minutes of Conference*, 10: 701.
[171] Tyerman *John Wesley*, 3:621.

출발하는 경우가 종종 있었다.[172]

9월 5일에 브리스톨에 도착하여, 한 달간 지내는 동안 9월 16일 조카 사무엘 웨슬리에게 편지하여 밤 10시에 자고, 새벽 4시에 일어날 것과 토마스 아 켐피스의 책과 『그레고리 로페즈의 생애』(the Life of Gregory Lopez) 등이 아버지의 서재에 있으니 읽으라고 권했다.[173] 브리스톨을 떠나 10월에 런던에 도착하여 이제 하루에 두번 이상 설교하기 어렵다(I cannot easily preach above twice a day)고 했다. 그러나 런던에서 지내는 동안 새로운 경험을 하게 되는데 교회 강단으로부터 거부당하곤 하던 이전과 달리 이제는 다 수락할 수 없을 정도로 설교 요청이 많다(I have now more invitation to preach in churches than I can accept of)는 것이었다.[174]

한편, 아메리카에서 개최된 1789년 연회의 첫 질문과 답은 웨슬리와 토마스 콕와 애즈베리가 장소만 다를 뿐 동급인 것처럼 다음과 같이 표현했다.

문: 누가 유럽과 아메리카의 메도디스트교회의 지도자들인가?
답: 존 웨슬리, 토마스 콕, 그리고 프란시스 애즈베리

(Who are the persons that exercise the episcoa; office in the Methodist church in Europe and America? Answer: John Wesley, Thomas Coke and Francis Asbury, by regular order and succession).[175]

그리고 아메리카와 유럽에서 자신들이 감독이 되기 위해 웨슬리 또한 감독이라 칭하는 듯한 내용이다. 그런데 그 일에 대해 웨슬리가 공식적으로 항의하거나 취소했다는 증거가 없다. 웨슬리는 그 후에 그 연회록을 보

---

172 Ward and Heitzenrater, *Journal and Diaries*, 24:149-54.
173 Telford, *Letters*, 8:171.
174 Tyerman, *John Wesley*, 3:587-90.
175 *American minutes*(1789). Tyerman, *John Wesley*, 3:437 에서 재인용.

았고, 그의 허락하에 출판이 되었지만, 그 항목은 삭제되지 않았다는 면에서 웨슬리는 그러한 조치를 받아들이고 있었다고 보는 것이 옳을 것이다.[176]

영국 국교회와의 관계에 대하여 해명하는 뜻에서 웨슬리는 『예언자와 제사장』(*Prophets and Priests*)이란 설교를 썼는데 1년 후인 1790년 알미니안 잡지에 출판했다. 웨슬리에 의하면, 구약에서 제사장은 설교자가 아니었다. 그리고 설교자나 예언자들은 또한 제사장이 아니었다. 신약에서도 전도자들은 목회자들이 아니었다. 목회자들은 성례전을 집례하고, 양 떼를 돌보는 일은 했지만, 설교자들은 순회하며 오직 복음을 전하는 일에 매진한 사람들이다. 그런 관점에서 "메도디스트들은 영국 국교회 내에서 성례전을 집례하는 목회자라기보다는 오직 복음을 전하는 설교자요 전도자들"(Methodists are evangelists, not pastors; and that their work is wholly and soley to preach, not to administer sacraments)이라고 정체성을 정립했다.

그런 면에서 웨슬리는 자신들이 1730년부터 그 때까지 국교회로부터 분리하지 않고도 자신들만의 사명의 길을 갈 수 있었는지, 그리고 앞으로 그렇게 할 수 있는 성경적인 명분을 찾았던 것이다. 즉 "다음과 같은 두 가지 원칙의 조화이다"(I put these two principles together).

첫째, 자신은 절대로 영국 국교회로부터 분리하지 않으리라는 것이다.
둘째, 필요하다면 그들과 다른 길, 즉 복음 전도자로서 사명의 길을 갈 것이다(I say, put these two principles together, first, I will not separate from the church; uet, secondly, in cases of necessity, I will vary from it; and inconsistency vanishes away. I

---

[176] See Dr. Abel Stevens, History of Methodism, vol. 2, 209. As is found in the Appendix in Tyerman, *John Wesley*, 3:661-683, esp., 673.

have been true to my profession from 1730 to this day).**177**

웨슬리는 1789년이 끝나기 전 12월 11일에 지난 50여 년간의 자신의 사역을 되돌아보며 영국 국교회로부터 분리해야 한다는 문제에 대해 정리하는 『교회 분리에 대한 더 깊은 생각』(*Father Thoughts on Separation from the Church*)을 썼는데, 1790년 알미니안 잡지 4월호에 출판되었다. 그 글에서 웨슬리는 다음과 같이 말했다.

나는 어려서부터 성경, 즉 하나님의 말씀을 사랑하고 존중하며, 또한 초기 3세기까지 교부들의 글을 존중하도록 배웠다. 초대교회 다음으로 나는 우리의 영국 국교회가 세계에서 가장 성경적인 국가교회라고 인정한다. 그러므로 나는 영국 국교회의 모든 교리에 동의하고 가능한 한 가장 정확하게, 심지어는 내 삶의 위기 때에도, 모든 성례전의 규칙을 준수한다(From a child I was taught to love and reverence the Scripture, the Oracles of God: and next to these to esteem the Primitive Fathers, the writers of the three first centuries. Next after the primitive church I esteemed our own, the Church of England, as the most scriptural national church in the world. I therefore not only assented to all ther doctrines but observed all the rubrics in the liturgy, and that with all possible exactness, even at the peril of my life).

그리고 결론적으로 "나는 국교회 사제로 살다가 국교회 사제로 죽을 것"이라고 말하면서 "기와 뜻을 같이하는 사람이라면 국교회로부터 분리하는 일은 없을 것"(I declare once more, that I live and die a member of the Church of England; and that none, who regard my judgment or advice, will ever separate from it)이라고 단언

---

177 Outler, *Sermons*, 4:81; AOutler and Heitzenrater, eds., *John Wesley's Sermons*, 542-48. Tyerman, *John Wesley*, 3:635-36.

했다.[178] 웨슬리는 1790년을 여는 새해 첫날 다음과 같이 쓰고 시작했다.

> 나는 이제 머리부터 발끝까지 쇠퇴한 늙은 사람이다. 두 눈은 어두워졌고, 오른손은 떨리고 매일 아침 침이 마른다. 나는 거의 매일 온몸에 열이 난다. 움직임은 약하고 둔하다. 그러나 하나님의 축복으로, 게으르지 않게 일을 한다. 나는 여전히 설교하고 글을 쓸 수 있다(I am now an old man, decayed from hand to foot. My eyes are dim; my right-hand shakes much; my mouth is hot and dry every morning. I have a lingering fever almost every day. My motion is weak and slow. However, blessed be God, I do not slack my labour. I can preach and write still.)[179]

무어는 웨슬리의 집에서 함께 지내는 동안에 "웨슬리의 육체가 자기가 생각했던 것보다 훨씬 나쁘다"(I could not imagine his weakness was so great)라는 사실과 그럼에도 불구하고 매일 새벽 4시에 기상하여 자신이 감당해야 할 일들을 불평없이 매우 잘 수행하는 것을 보고 놀랐다고 했다.[180]

1월에 분기별 회의(Quarterly Meeting)를 통해 재정상태를 점검해 본 결과 신도회는 지난해에 약 3000파운드를 모금했는데, 지출이 항상 수입을 초과하는 것이 문제였다. 그리고 2월 22일 다시 한번 초상화를 위해 앉아 있었는데, 그림 속의 늙은 모습을 보고 자신조차 놀랐다. 다음날 순회설교를 위해 런던을 떠나기 전에 참회자들(penitents), 즉 한번 은혜를 체험했다가 타락한 후 다시 돌아온 사람들을 만나서 권면했는데 하나님의 은혜가 그들에게 가득했다고 했다.

---

[178] *Arminian Magazine* (1790), 214-216; Tyerman, *John Wesley*, 3:634-35에서 재인용. 참조 Frank, *John wesley and the Church of England*, 320-22.
[179] Ward and Heitzenrater, *Journal and Diaries*, 24:164; Curnock, *Journal*, 8:35.
[180] Ward and Heitzenrater, *Journal and Diaries*, 24:164, note 62.

사실 한번 하나님의 은혜를 체험했다가도 하나님을 떠나 타락하는 경우를 무수히 보아온 웨슬리는 그들이 회개하고, 다시 하나님의 은혜를 회복하고 돌아오게 하는 것이 하나님의 뜻이고 긍휼인 줄 알고 그들을 위한 모임을 만들었고, 기회 있을 때마다 그들을 만나 권면했음을 알 수 있다.[181]

그리고 28일 런던에서 설교하고 오후에는 북쪽 지방으로 순회설교를 떠나 3개월 동안 50개 이상 도시를 돌며 사역을 하는 일정을 출발했다. 가는 곳곳마다 그 이전과 다른 현상은 몰려오는 청중들을 모두 수용할 수 있을 정도로 크고 넓은 설교의 집이나 채플이 없어 어려움을 겪는다는 것이다.

3월 18일 스토우포트(Stourport)에 갔는데, 그곳은 3년 전에 알미니안들과 칼빈주의자들이 힘을 합쳐 채플을 지은 특별한 곳이다. 그런데 채플을 함께 지을 때 알미니안과 칼빈주의 설교자들이 돌아가면서 설교하기로 했는데 분쟁이 생기면서 알미니안 설교자들의 설교가 금지되는 일이 발생했다. 그러자 알미니안들은 그 채플에서 나와 이전 채플보다 더 큰 채플을 지었고 웨슬리가 그곳에서 설교할 때 갑자기 100여 명이 한꺼번에 떠들며 설교를 방해했다. 충격을 받은 웨슬리는 "앞으로 스토우포트에는 다시 오지 않겠다"(I will see Stourport no more)라고 선언하고 그곳을 떠났다.

그리고 퀸톤(Quinton), 버밍햄(Birmingham), 웬스베리(Wednesbury), 더들리(Dudley) 마델리(Madeley), 슈루스베리(Shrewsbury)를 거쳐 3월 27일 뉴캐슬에 도착하는 동안에도 여전히 청중들은 그 이전과 비교할 수 없을 정도로 많아졌고, 또한 하나님의 역사는 왕성하게 일어나는 것을 체험했다.[182] 그런데 3월 30일 매클스필드(Macclesfield)에 도착하여 설교한 후 4월 1일 출발하려고 보니 마차를 끌던 말 중 한 마리가 죽어서 갈 수 없게 되자 모두

---

[181] Ward and Heitzenrater, *Journal and Diaries*, 24:165-7.
[182] d and Heitzenrater, *Journal and Diaries*, 24:170-2.

그곳에 남겨두고 우편 마차(post-chaises)를 타고 떠났다.[183]

한편, 뉴캐슬에서 찰스 아트모어(Charles Atmore)가 고아원에서 주일학교를 시작했는데 교사가 70여 명, 어린이가 1,000명 이상이나 될 정도로 성공적으로 진행되고 있다는 소식을 듣고, 웨슬리는 3월 24일 아트모어에게 편지하여 5월 초에 달링톤(Darlington)과 더함(Durham)을 거쳐 5월 6일 오후 4-5시 사이에 뉴캐슬을 방문하여 설교하겠다고 알렸다.[184]

그런데 4월 11일부터 5월 23일까지에 대한 웨슬리의 저널이 분실되었기 때문에 그의 일기나 다른 사람들의 기록을 참고하면서 회복할 수밖에 없다. 그의 일기에 의하면, 5월 6일 3시 30분에 일어나 4시에 출발한 것으로 되어 있고, 오전 7시에 더함에 도착했고, 마침내 오전 10시 30분에 뉴캐슬에 도착한 것으로 되어 있다.

그렇다면 5월 5일 달링톤에서 설교한 후 새벽 3시 반에 일어나 4시에 출발하여 그가 40여 일 전에 약속한 대로 뉴캐슬에 도착하여 오후에 설교하겠다는 약속을 지킨 것이 된다. 다만, 5월 4일에도 3시 30분에 일어나 일정을 시작했는데, 다음날 오후 2시 30분에 30분간 잠을 잤다고 했고, 뉴캐슬에 도착해서도 오후 3시 30분에 30분간 잠을 잔 후 4시 30분에 정확하게 이사야 57:1-2 본문 말씀으로 설교했다. 87세의 노인이 진행한 일이라고는 믿기 어렵다.[185]

콕은 웨슬리의 뜻과 달리 독자적으로 모금을 하고 있었고, 그 일로 인해 영국 국교회 관계자들이 메도디스트들은 자기들만의 모임을 구성한다고 비난해도 어쩔 수 없게 되었다고 웨슬리는 불편한 심기를 드러냈다.[186]

---

[183] d and Heitzenrater, *Journal and Diaries*, 24:173.
[184] Telford, *Letters*, 8:208.
[185] Ward and Heitzenrater, *Journal and Diaries*, 24:316.
[186] Telford, *Letters*, 8:211. 웨슬리가 "자신들만의 모임을 구성한다"(they form a separate sect)는 표현을 한 것으로 보아 웨슬리도 매우 구체적으로 진행되는 상황을 인지하고 있

웨리는 설교자의 집이나 채플을 짓기 위해 돈이 들어가는 것을 원치 않았고 그 외 다른 일들을 위해 서로 무분별하게 모금하는 것을 원치 않았는데, 웨슬리의 측근이자 영향력 있는 리더 중 한 사람인 콕이 자신의 통제를 벗어난 행동을 하는 것에 대해 웨슬리는 4월 25일 편지하여 불만을 표시했다.[187] 그런가 하면, 찰스의 아들 사무엘(Samuel Wesley)이 가톨릭으로 개종하는 등 자신의 통제 밖에서 발생하는 일에 대해 안타까워했지만, 그에 대한 어떤 조치도 할 수 없는 상태가 되었다.[188]

한편, 웨슬리가 4월 8일 출판업자(the Printer)에게 보낸 편지에 의하면 당시의 영국은 유럽의 어떤 나라들보다도 자살(self-murder)률이 높았다. 그 일에 대해 웨슬리는 영국이 하나님의 뜻과는 달리 타락하여 참을성이 없어졌기 때문이라고 했다.

웨슬리는 자살하는 사람을 모두 미친 사람으로 여길 수도 없고, 또한 살인죄로 다스릴 수도 없지만, 그렇다고 방치할 수도 없는 문제였다. 그래서 웨슬리는 자살한 여성들의 옷을 벗겨 거리에서 모든 사람이 보게 함으로써 그 문제를 해결했던 스파르타(Sparta)의 예를 들어가며 영국에서도 신분과 상관없이 자살한 모든 사람을 쇠사슬에 묶어 매달아 두어 모든 사람이 보게 하면 자살 문제가 해결될 것이라고 제안했다.[189] 오늘날뿐만 아니라 당시에도 누구도 동의하기 어려운 제안을 한 웨슬리를 이해하기는 쉽지 않은 일이다.

웨슬리는 평소에도 동료 설교자들에게 매우 구체적으로 조언하며 설교자들이 일으키는 문제를 방지하려고 했다. 4월과 5월 사이에 동료들에게 쓴 편지 내용을 통해 웨슬리가 얼마나 구체적으로 조언을 하고 그 문제를

었던 것으로 보인다.
[187] Telford, *Letters*, 8:215-6.
[188] Telford, *Letters*, 8:211, 218-9.
[189] Telford, *Letters*, 8:211-2.

해결하려고 했는지 알아보자.

디킨슨에게는 매사에 늦는 문제를 해결하기 위해 빨리, 그리고 생동감 있게 행동하라고 했고, 스미스에게는 자신을 너무 높게 평가하지 말고, 하나님께서 겸손하게 만들기를 기도한다고 하면서 "그는 매우 위험한 단계에 있다"(You walk on slippery ground)라고 경고했으며, 토마스 웨이드(Thomas Wride)에게는 설교할 때 "괴상한 표현이나 지나치게 꾸미는 표현"(queer, arch expression)을 하지 말라고 경고하면서 가장 평범하게 설교하라고 했다.

한편, 무어에게 "할 수 있는 한 나를 사랑해 달라"(love me as well as you can)고 부탁하는 것을 보면 플렛쳐나 동생이 떠난 이후 자기를 이해하며 도와줄 동역자가 없이 고군분투하는 웨슬리의 절박한 심정을 느낄 수 있다.[190]

6월 4일 다시 한번 뉴캐슬을 방문하여 고아원에 있는 7-800명의 어린이에게 설교한 후 스탠호프와 더함에서는 너무 많은 사람이 몰려와 야외에서 설교했다. 그리고 6월 말경에 홀(Hull)에 도착하여 27일 주일 오전 7시와 오후 6시 예배에서 설교했다. 그리고 다음날 그는 87세 생일을 맞는다. 그런데 흥미롭게도 웨슬리는 자신이 "이날 88세가 되었다"(This day I enter into my eight-eight year)라고 했다.[191] 그 이전 해에는 자신이 86세가 되었다고 했다.[192] 그러므로 다음해에는 87세라 해야 함에도 불구하고 88세라 한 것처럼 말년의 웨슬리는 자신의 나이를 혼동하는 경향이 있었다.

웨슬리의 저널에는 7월 4일부터 8월 27일까지 공백이 있으므로 그 기간에 있었던 일에 대해서는 그가 주고받은 편지 내용에 의존할 수밖에 없다. 아마도 그때 웨슬리는 거의 죽을 지경에 이르도록 아팠던 것으로 추정된다. 9월 15일 로버트 C. 브래켄베리(Robert C. Brackenbury)에게 쓴 편지에

---

[190] Telford, *Letters*, 8:210-21.
[191] Ward and Heitzenrater, *Journal and Diaries*, 24:178-82.
[192] Ward and Heitzenrater, *Journal and Diaries*, 24:145.

의하면, 당시에 거의 죽을 지경이 되었지만, 그래도 기어다닐 수는 있었고, 또한 하루에 한 번씩 설교도 할 수 있었다.[193]

7월 13일에 여 조카 사라에게 편지하면서 자신이 만약 10월까지 살아 있다면 그때 다시 보기를 원한다고 했다. 그리고 7월 28일 윌리엄 로바츠 (William Robarts)에게 자신이 3주간 웨일스를 방문하고 싶다고 할 정도로 그는 여전히 활동을 멈출 생각이 없었다.

7월 31일 하루에 세 통의 편지를 썼는데, 특히 한동안 연락이 없던 사역자 사라 말렛(Sarah Mallet)이 자신에게 닥친 여러 가지 시험에 대해 도움을 요청한 것에 대해 웨슬리는 하나님의 부르심을 받은 사람들은 피할 수 없는 시험과 고난이므로 잘 견디라고 하면서 동시에 동역자들에게 솔직하게 고백하고 힘을 얻으라고 권면했다.[194]

한편, 7월 16일 자신의 재정 장부에 남긴 메모에 의하면 86세까지 작성하던 장부를 더 이상 쓰지 않기로 작정했는데, 그동안 성경의 가르침에 따라 자신이 정한 경제 원칙을 충실하게 이행한 후 장부 정리를 멈추는 자신의 소회를 다음과 같이 밝혔다.

> 나는 86세까지 회계장부를 정확하게 작성했다. 그러나 이제 더 이상 그렇게 하지 않을 것이다. 나는 내가 저축할 수 있는 한 저축했고, 내가 줄 수 있는 한 내가 가진 모든 것을 준다고 하는 원칙을 지켜왔다는데 만족한다
> (For upwords of eighty-six years I have kept my accounts exactly. I will not attempt it any longer, being satisfied with the continual conviction that I save all I can, and give all I can, that is, all I have).[195]

---

[193] Telford, *Letters*, 8:237-38.
[194] Telford, *Letters*, 8:226-8.
[195] Curnock, *Journal*, 8:80, note 2. 이것이 웨슬리가 자신의 나이를 가장 정확하게 기억하고 기록한 것이다. 흥미로운 사실은 같은 해 6월 28일 자신이 88세가 되었다고 기록한

그 장부에는 그가 그해에 얼마를 벌었고 얼마를 어떻게 사용했는가 상세하게 기록되어 있다. 예를 들어, 1782년에 웨슬리가 번 돈은 361파운드 19펜스인데 그중에서 옷가지 등 5파운드 19펜스만 자신이 사용하고 356파운드를 남을 위해 사용한 것으로 되어 있다.[196]

1790년 7월 27일에 브리스톨에서 연회가 개최되었는데 그것이 웨슬리가 참석한 마지막 연회였다. 찰스 아트모어(Charles Atmore)에 의하면 당시 웨슬리는 불러야 할 찬송을 찾지 못할 정도로 시력이 약화하였지만, 목소리는 정정했고 동료 메도디스트들을 향한 사랑은 여전히 강하게 전달되었다.[197]

인생의 말년에 웨슬리가 맞이한 가장 큰 문제는 자신의 건강이 약해지는 것이라기보다는 자신의 영향력이 약해지는 것이었다. 즉, 동료 지도자들이 더 이상 웨슬리의 지도를 받지 않는 사례가 빈번하게 발생하고 있었다.

그런 상황 가운데 연회에서는 주로 설교자들의 문제가 집중적으로 토의되었는데, 다음과 같은 것들이 가결되었다.

① 교구에서 연회에 참석하는 설교자들의 경비를 지원한다. 그러므로 교구의 지원을 받지 못하는 설교자는 참석할 수 없다.
② 설교자들의 생활비를 해당 교구에서 지원한다. 그렇지 않으면 더 이상 설교자들을 보내 줄 수 없다.
③ 전임자에 의해 해고된 청지기를 후임자가 전임자와 상의 없이 다시 받아들일 수 없다.

것이다. See Ward and Heitzenrater, *Journal and Diaries*, 24:182.
[196] Tyerman, *John Wesley*, 3:615.
[197] Rack, *The Minutes of Conference*, 10:708, note 534. "Atmore says that Mr. Wesley appeared very feeble; his eyesight had failed so much that he could not see to give out the hymns; yet his voice was strong and his spirit remarkably lively and the powers of his mind and his love towards his fellow creatures were as bright and as ardent as ever. 참조 Tyerman, *John Wesley*, 3:618.

④ 저녁 설교를 마친 설교자는 신도회원들을 만나기 전에 서둘러 집에 가 서는 안 된다.

⑤ 연회에 참석한 설교자는 모든 회원의 동의를 얻기 전에 회의장을 떠날 수 없다.

⑥ 어떤 설교자도 하루에 같은 청중에게 세 번 설교할 수 없다. 또는 주중에 같은 청중에게 하루에 두 번 설교하는 것이나 주일 세 번 설교하는 것도 마찬가지로 금한다.

⑦ 연회 기간에는 연회이동이 없이 먼저 회의장을 떠날 수 없다.[198]

"어떤 설교자도 하루에 같은 청중에게 세 번 설교할 수 없다"(No preacher shall preach three times the same day, to the same congregation)라는 규정을 말했을 때 그의 오랜 동료 설교자들, 즉 메이더, 포슨, 톰슨 등이 그에 동의할 수 없다고 했다. 가장 뚜렷한 이유는 웨슬리 자신이 매주 그렇게 했고, 또한 자신들도 지금까지 그렇게 한 적이 많이 있다는 것이었다.

그런데 사실 웨슬리는 하루에 세 번 이상 설교하는 시행착오를 통해 하루에 세 번 설교하는 것은 곧 자신의 목숨을 단축하는 일이라는 것을 깨닫게 되었기 때문에 그러한 규정은 곧 설교자들을 보호하기 위해서 만든 법이라고 해명했다.[199]

연회는 아담 클락(Adam Clarke)을 더블린 교구(Dublin circuit) 담당자로 임명했다. 그런데 9월 5일 클락은 웨슬리에게 편지하여 토마스 러더포드(Thomas Rutherford)가 류마티즘으로 앓고 있는 사이에 열광주의자들에 의해 감당하기 어려운 상황이 벌어지고 있다고 보고했다. 그들은 주일기도회를 시작하여 밤 10시나 11시, 때에 따라서는 자정이나 새벽 1시까지 기

---

[198] Rack, *The Minutes of Conference*, 10:736-38.
[199] Tyerman, *John Wesley*, 3:619-20.

도회를 하며 그중에 30분에서 45분 정도는 서로를 영적으로 지적하고 훈계하는데 사용한다는 것이다.

웨슬리는 9일 답장을 써서 모든 기도회 모임은 평소에, 특히 주일엔 9시 전에 끝내야 하고, 기도회를 하면서 누가 누구를 훈계하는 일이 없어야 하며, 질투하거나 비난하는 일이 없어야 하며 한다고 하면서, 아담에게 비록 비난을 받는 어려움이 있어도 비정상적인 일들을 바로잡는 것이 필요하다고 했다. 그 후 클락은 그 문제를 해결했다고 보고했고 웨슬리는 잘했다고 칭찬했다.[200]

타이어맨은 웨슬리가 죽기 전 10년 동안(1780-1790)에 대영제국 내(in the United Kingdom) 메도디스트들에게 일어난 성장과 변화를 보여 주는 가치 있는 자료를 제공하고 있다. 10년 전에는 64개 교구(circuits)에 171명의 순회설교자(itinerant preachers)와 43,380명의 신도회 회원들(members of society)이 있었던 반면에 10년이 지나면서 115개 교구에 294명의 설교자, 그리고 71,568명의 신도회원으로 성장했다. 그리고 10년 전에는 알 수 없지만, 1790년 현재 19명의 선교사를 외국에 파송한 상태였다. 미국에서도 메도디스트들은 괄목할 만한 성장을 이루었다.

1780년에는 20개 교구에 42명의 순회설교자들, 그리고 총 8,504명의 신도회 회원들이 있었던 반면에 10년 후에는 114개 교구에 228명의 순회설교자, 그리고 신도회 회원 수는 5,7631명이나 되었다.[201] 웨슬리는 모든 메도디스트들이 그리스도인의 완전을 삶으로 추구했기 때문에 가능한 일이라고 생각했다. 그가 9월 15일 브래켄베리에게 쓴 편지에서 그때까지 웨슬리의 삶과 신학이 함축된 생각을 다음과 같이 밝혔다.

---

[200] Telford, Letters, 8:236-7, 244.
[201] Tyerman, John Wesley, 3:620.

D 형제가 성화에 대해 좀 더 분명한 생각하게 되어 기쁩니다. 성화의 교리는 하나님께서 메도디스트들에게 위탁하신 대 교리로서, 그것을 세상에 알리라고 우리를 일으키신 것입니다(I am glad brother D …. has more light with regard to full sanctification. This doctrine is the grand depositum which God has lodged with the people called Methodists; and for the sake of propagating this chiefly He appeared to have raised us up).[202]

웨슬리는 하나님의 피조물인 인간이 하나님의 은혜로 믿음을 통해 변화받는 것이 하나님의 뜻이라는 사실을 확신하면서 자신이 죽은 이후에도 모든 메도디스트들로 하여금 그 사명과 정체성을 잃지 않게 하려고 그렇게 선언했다.

웨슬리는 10월 2일 런던에 도착하여 다음날 주일에 시티로드채플에서 설교하고 사랑의 애찬식(lovefeast)을 가졌다. 이틀 후에 그는 런던을 떠나 10월 5일 윈첼시(Winchelsea)에 도착하여 이틀 후인 7일 야외설교를 했는데, 그것이 웨슬리의 마지막 야외설교가 되었다. 그때 조그만 나무 아래에서 설교했는데 사람들은 그 나무를 "웨슬리의 나무"(Wesley's Tree)라 칭했고, 그 후로 웨슬리안 순례자들이 그 나무를 꺾어 기념되는 장신구를 만드는 일이 빈번하게 발생하면서 많이 훼손되었다. 웨슬리의 마지막 야외설교의 본문은 예수님의 첫 야외설교의 내용이었다.

하나님의 나라가 가까웠으니 회개하고 복음을 믿으라(The kingdom of God is at hand; repent ye, and believe the gospel, 막 1:15).

---

[202] Telford, *Letters*, 8:237-38. 웨슬리가 언급한 D 형제가 누구인지는 알 수 없다.

당시 곁에서 들은 로버트 밀러(Robert Miller)는 능력의 말씀이 전달되자 사람들은 눈물을 흘렸다고 전했다.[203]

4. 죽음 직전의 웨슬리와 메도디스트에게 닥친 최대 위기

웨슬리의 말년에 메도디스트들에게 나타나는 현상은 이율배반적이었다. 즉, 겉으로 보기에는 매우 성장하고 있었지만, 내부적으로는 웨슬리의 힘만으로는 해결할 수 없을 정도로 타락해 가고 있었다.

말년에 웨슬리의 설교나 편지는 메도디스트들에게 나타나는 죄의 현상, 신도회 내에서 발생하는 갈등과 문제들, 그런가 하면 사역자나 설교자들의 타락 등에 대해 경각심을 주며 다시금 하나님이 메도디스트들을 일으키신 목적을 상기시키며 초기 메도디즘을 회복시키는 데 주력했다. 다음은 웨슬리가 죽기 5개월 전쯤에 나타나는 현상들을 정리한 것이다.

1) 평신도 메도디스트들의 타락

웨슬리가 말년에 출판한 14편의 설교는 모두 메도디스트들이 초기 영성을 상실하고 돈의 유혹에 빠지고 부가 축적되면서 나태해지고 세상을 사랑하는 것에 대해 경고하는 것으로 가득하다. 메도디스트 운동 초기의 구성원들은 대부분 가난한 사람들이었지만, 산업혁명기를 지나면서 근면한 삶을 통해 부를 축적하게 되었다. 메도디스트들 내에서 돈으로 인해 여러 가지 문제들이 발생하기 시작한 것은 아마도 1740년대부터인 것 같다. 웨슬리가 "돈의 사용"(the use of money)에 대해 설교한 해는 1744년이고, 그

---

[203] Tyerman, *John Wesley*, 3:626.

설교를 출판한 해는 1760년이다.[204]

그리고 1780년대에 두 편의 핵심적인 설교를 했는데 첫 번째 설교 "부의 위험성"(*The Danger of Riches*)은 1781년「알미니안 잡지」2월 호에 제목도 없이 발표했다가 1788년 웨슬리가 자신의『설교전집』제7집에 넣을 때 본 제목을 붙였다.[205] 두 번째 설교 "부에 대하여"(*On Riches*)는 1788년에 웨슬리의『설교전집』제8집에 수록되었는데 그 직전에 쓰인 것으로 보인다.[206]

그런데 웨슬리가 죽기 몇 달 전인 1790년 9월 21일에 다시 한번『부의 증가에 따른 위험성』(*The Canger of Increasing Riches*)을 출판한 것을 보면 그 문제는 해결되는 것이 아니라 점점 악화하여 갔음을 볼 수 있다.[207] 웨슬리는 그 이전부터 이미 돈을 사랑하는 것이 일만 악의 뿌리가 된다는 사실을 경고했는데 그 악이 메도디스트들 내에 편만하게 나타나고 있었다.

데살로니가후서 2:7을 본문으로 "불공평의 신비"(The Mystery of Iniquity) 란 설교에서 웨슬리는 "초대 그리스도교를 최초로 오염시킨 것"(the first plague that infected the Christian church)은 바로 "돈을 사랑하는 것"(the love of money)이었음을 명심하라고 하면서, 결국 하나님의 의가 모든 것을 완전케 하실 것이라는 낙관적인 결론을 내렸다.[208]

하지만, 현실은 그렇지 않았다. 마침내, 웨슬리는 1781년에 "부에 대하여"(On Riches) 설교하면서 물질의 악에 무섭도록 빠져들고 있는 동료 메도디스트들에게 예수님이 제자들에게 하신 것처럼 자신을 부정하고 오직 십자

---

[204] Outler, *Sermons*, 2::263-5, 266-80.
[205] See Outler and Heitzenrater, eds., *John Wesley's Sermons*: 451.
[206] Outler, *Sermons*, 3:518.
[207] Outler, *Sermons*, 4:178-86. 이렇게 해서 웨슬리가 1760년에 처음 "돈의 사용"(the use of money)에 대해 설교한 이래 30여 년간 돈 때문에 타락하는 현상을 꾸준히 경계하는 네 편의 설교를 완성했다.
[208] Outler, *Sermons*, 2:456.

가를 지고 따를 것을 강력하게 촉구했다.[209]

10월 14일 토마스 테일러에게 쓴 편지에 의하면 문제가 있는 사람들 때문에 다른 사람들이 상처를 받고 떠나야만 하는 일들이 발생하는 것에 대해 "치료할 수 없는 것에 대해서는 견디는 수밖에 없다"(What can't be cured must be endured)라고 조언하면서 신도회 내에서 발생하는 각종 문제에 대해 잘 견디라고 조언했다. 그리고 3일 후 재스퍼 로빈슨(Jasper Robinson)에게 편지하여 "만약 하나님이 우리를 위하시면 누가 우리를 대적하리요?"(If God is for us, who can be against us?)

> 그러나 내가 정말 염려하는 것은 하나님이 우리에게 화를 내시는 것이다. 우리는 우리 자신에 대해 점검할 시간이 필요하다(But I am afraid lest God should be angry with us. It should be with us a time of much self-examination).[210]

2) 설교자나 지도자들에게서 나타나는 갈등과 타락 현상들

설교자들은 더 이상 완전성화에 대해 설교하지 않고 있으며 실천적으로는 금식이나 기도 등 하나님의 사명을 감당하기 위해 필연적인 영적 훈련을 등한히 하고 있었다. 10월 23일 동료 설교자 제임스 맥도날드(James Macdonald)에게 쓴 편지에 의하면, 영국과 아일랜드의 메도디스트들 사이에 "자신을 더 부인할수록 더 많이 은혜 안에서 성장할 것이다"(The more thou deniest thyself, the more thou will grow in grace)는 수도사 켐피스의 가르침이

---

[209] Outler, *Sermons*, 4:137-38.
[210] Telford, *Letters*, 8:242-3, 240-41.

잊혀진 지 오래되었다고 탄식했다.²¹¹

특히, 무엇보다도 설교자들의 타락을 안타까워했다. 그는 동료 설교자 메이더(Alexander Mather)에게 메도디즘이 무너지는 원인은 바로 설교자들이 하나님 앞에 영적으로 타락했기 때문이라고 하면서 자신이 기도하고 있는 내용을 다음과 같이 썼다.

> 우리 설교자 중 많은 사람이 영적이지 못하고 타락하여 하나님을 향하지 못하고 있어요. 그들은 부드럽고, 활력을 잃었고, 멸시나 고생을 두려워하고 있습니다. … 나에게 100명의 설교자를 주옵소서. 죄짓는 것 외에 두려워하지 않는, 하나님 한 분 외에는 원하는 것이 없는 그런 설교자라면, 그들이 안수받은 목회자든 평신도든 상관하지 않습니다. 그런 사람들만이 지옥의 문을 흔들고 하나님의 나라를 이 땅에 세워 나갈 것입니다(Our preachers, many of them, are fallen. They are not spiritual. They are not alive to God. They are soft, enervated, fearful of shame, toil, hardship. …Give me one hundred preachers, who fear nothing but sin, and desire noting but God, and I care not a straw whether they be clergymen or laymen, such alone will shake the gates of hell, and set up the kingdom of heaven upon earth).²¹²

그리고 11월 4일 사역을 잘 감당하다가 실족하여 더 이상 사명을 감당하지 못하고 있던 안 볼톤(Ann Bolton)에게 편지하여 하나님께서 함께하실 것이니 편지를 받는 즉시 사역을 다시 시작하라고 격려했다.²¹³

---

211 Telford, *Letters*, 8:242-3.
212 Kingston's *Life of Bram well*. Tyerman, *John Wesley*, 3:632 에서 재인용. 텔포드가 편집한 표준판 편지 본에는 없다.
213 Telford, *Letters*, 8:240-46.

그런가 하면, 한편, 11월 8일 조지 홀더(George Holder)에게 편지하여 웨슬리가 어떤 사람인지 분명하게 보여 주는 조언을 한다. 즉, "책을 많이 읽는 사람이 더 많은 은혜를 받을 수 있다"(It cannot be that the people should grow in grace unless they give themselves to reading)라는 것이다. 그런 의미에서 "많이 읽는 사람은 많이 아는 사람이고, 말을 많이 하는 사람은 아는 것이 거의 없는 사람"(A reading people will always be a knowing people. A people who talk much will know little)이라고 한 것은 전형적인 웨슬리의 삶과 생각을 나타내 주고 있으며 동시에 다른 열광주의자들과 구분되게 만든다.[214]

다음은 11월 26일 아담 클락(Adam Clark)에게 쓴 내용인데, 말년의 웨슬리신학을 이해하고 판단하는데 매우 중요한 자료가 되고 있다.

> 하나님의 은혜를 처음 받는 것보다 더 어려운 것은 잃어버렸다가 다시 받는 것입니다. 3분의 1도 성공하지 못하지요. 그러므로 이미 한번 하나님의 완전한 사랑을 맛본 사람도 계속하여 하나님의 은혜를 추구해야 한다는 사실이 강하고 분명하게 촉구되어야 합니다. 만약, 이러한 가르침에 반대하는 설교자나 리더가 있다면, 메도디스트들의 설교자나 리더가 되게 해서는 안됩니다(To retain the grace of God is much more than go gain it: hardly one in three does this. And this should be strongly and explicitly urged on all who have tasted of perfect love. If we can prove that any of our local preachers or leaders, either directly or indirectly, speak against it, let him be a local preacher or leader no longer.)[215]

---

[214] Telford, *Letters*, 8:247.
[215] Telford, *Letters*, 8:249.

클락에게 말한 내용을 통해 다음과 같은 흥미로운 사실들을 발견할 수 있다.

첫째, 웨슬리가 'Christian perfection'이란 용어 대신에 'perfect love'란 용어를 사용한 것이 중대한 변화이다. 날이 갈수록 그는 "그리스도인의 완전" 보다는 "완전한 사랑"을, "완전성화" 보다는 "성화"란 용어를 더 많이 사용한 것은 그 자신도 그러한 용어의 문제를 파악한 것으로 보인다.
둘째, 비록 완전한 사랑인 구원을 획득한 사람이라 할지라도 상실하는 비율이 높고 그중에서 회복하는 비율이 3분의 1도 안 된다고 했다. 믿기만 하면 구원받는다고 선언했지만, 현장에서 나타나고 있는 현상들은 그를 낙관적인 설교자에서 매우 신중한 설교자로 변화시켰던 것이다.
셋째, 동료 메도디스트들이 "그리스도인의 완전" 교리에 반대하는 것에 대해 엄히 대처할 것을 권고하는 것을 보면 메도디스트들 내에서도 그리스도인의 완전에 대해 회의적인 사람들이 많았음을 알 수 있다.
넷째, 초기 메도디스트 시절에 강조하던 "순간적인 은혜"보다는 점진적인 성장이 얼마나 중요한지 강조하고 있는 것을 보면 상황의 변화, 즉 순간적인 은혜와 변화를 강조하던 야외설교의 현장보다는 지속적인 성장을 추구하는 신도회로 현장이 바뀌었음을 알 수 있다.

이러한 사실을 부정적으로 평가할 필요는 없다. 사실, 웨슬리는 매우 경직된 사고를 한 것처럼 인식되지만, 상황에 따라 최선의 방법으로 대처한 신학자로 인식하는 것이 더 정확할 것이다.

1790년에도 웨슬리는 신체적인 악조건에도 불구하고 책을 읽고 쓰는 일들을 계속해 나갔는데, 그중에서 특히 신약성경 주해를 계속 교정해 나가면서, "기억에 대한 고찰"(Thoughts on Memory), "자살에 대한 고찰"(Thoughts on Suicide) 6편의 설교를 「알미니안 잡지」를 통해 출판했다.

제4장

웨슬리의 죽음과 그가 남긴 신학적 과제

1. 1791년: 웨슬리의 마지막 사역과 죽음

1791년은 웨슬리가 죽은 해이다. 그가 생일을 맞이하기 전에 죽었으므로 87세에 죽은 것이다. 이미 언급한 바와 같이 웨슬리의 나이가 51세가 되던 해인 1753년에 그는 곧 죽을 것에 대비하여 묘비 문을 써 둔 적이 있다. 하지만, 곧 건강을 회복하여 그 이후 37년이나 더 쓰임을 받았기에 오늘날처럼 메도디즘이 태동하여 발전하는 것이 가능했다.

이제 생애 마지막 해인 1791년 첫 달 22일에 그레이트헤드(Thomas Greathead)에게 밝힌 바에 의하면 "나는 거의 장님이 되었고, 다리를 절고 있다. 그러나 하나님의 도우심으로 여전히 기어 다닐 수 있다"(I am half blind and half lame; but by the help of God I creep on still)라고 한 것을 보면 자신뿐만 아니라 동료 메도디스트들에게 자신의 임박한 죽음을 공식화하고 있는 듯하다.[1]

---

1   Telford, *Letters*, 8:257.

또한, 웨슬리는 앨리스 케임브리지(Alice Cambridge)라는 아일랜드 메도디스트 여성 설교자가 동료들과 불화가 생기는 자신의 사역을 소개하며 조언을 구하는 편지를 보냈을 때, 1월 31일 그 편지를 받고 한 시간 만에 답장해서 다른 교구와 겹치지 않는 것이 좋고 자신을 너무 드러내지 말라고 조언하는 열정을 보이기도 했다.²

미국 필라델피아에서 활동하고 있던 메도디스트 동역자 이즈키엘 쿠퍼(Ezekiel Cooper)에게 2월 1일 자 편지, 즉 죽기 한 달 전에 쓴 편지에서 모든 사람에게 "전 세계에 흩어져있는 모든 메도디스트들은 하나"(the Methodists are one people in all the world)라고 선포할 것과 아울러 앞으로도 계속 그래야 한다고 당부한 것을 보면 웨슬리는 자신이 죽은 다음에도 영국, 아일랜드, 스코틀랜드뿐만 아니라 미국 등 나라를 초월하여 모든 메도디스트들이 한 몸으로 존재하기를 원했다.³

2월 17일과 18일 사이에는 각각 람베트(Lambeth)와 첼시(Chelsea)에서 설교했고, 19일 우스터(Worcester)에서 활동하고 있는 수잔나 냅 자매(Mrs. Susanna Knapp)에게 편지하여 건강이 허락된다면 3월 22일에 그곳에 가고 싶다고 했다. 22일은 시티로드채플에서 설교했는데 그것이 시티로드채플에서 한 마지막 설교가 되었다. 2월 23일 런던에서 18마일 떨어져 있는 레더헤드(Leatherhead)로 가서 최근에 하나님을 영접한 가정에게 이사야 55:6 말씀, 즉 "너희는 여호와를 만날만한 때에 찾으라 가까이 계실 때 그를 부르라"는 말씀을 전한 것이 그가 공적으로 한 마지막 설교이다.⁴

---

2 Thomas Jackson, *The Works of John Wesley*, 14 vols.(London, 1829-31; reprinted 2007 by Baker Books), 4:500. 이하 Jackson, W*orks*로 표기. Telford, *Letters*, 8:258-9; Jackson, *Works*, 13:153.
3 Telford, *Letters*, 8:259-60.
4 James Rogers, *Some account of the last sickness and death of the Rev. John Wesley, M.A.* (Doublin: Dugdale, 1791), 5.

그리고 24일에는 영국의 국회의원으로서 노예 제도 폐지 운동에 앞장서고 있던 윌리엄 윌버포스(William Wilberforce)에게 편지하여 그동안 하나님이 함께하시지 않았다면 여기까지 올 수 없었다는 사실을 상기시키면서 하나님께서 함께하시기 때문에 반드시 승리할 것이라고 다음과 같이 격려했다.

> 그 무리가 하나님보다 강합니까? 두려워하지 말고 하나님의 이름으로 계속하세요. 해 아래 가장 사악한 악인 미국의 노예 제도가 완전히 사라질 때까지 하나님의 능력 안에서 계속 싸우기 바랍니다(Are all of them together stronger than God? O be not weary in well doing! Go on, in the name of God, and in the power of His might, till even American slavery[the vilest that ever saw the sun] shall vanish away before it).[5]

반 페이지 분량의 이 편지가 웨슬리가 쓴 마지막 편지이다. 그는 모든 사람이 악으로부터 해방되어 하나님의 형상을 회복하는 일을 이 땅에서 실현하기 위해 마지막 남은 에너지까지 그렇게 소모하고 있었다.

웨슬리의 말년에 그의 간호사 역할을 하던 엘리자베스 리치(Elizabeth Ritchie)는 웨슬리가 죽음을 맞이하던 며칠간의 상태에 대해 자세히 기록해 두었고 그의 장례식에서 낭독되었는데, 그 후 동료들의 요청으로 출판되었다.[6] 금요일인 2월 25일에 웨슬리는 울프(Wolff)의 부축을 받으며 런던의 시티로드(City Road) 목사관으로 와서 위층으로 올라가 30여 분간 홀로 있기를 원했다.

---

[5] Telford, *Letters*, 8:265.
[6] Rogers, *Some account of the last sickness and death of the Rev. John Wesley, M.A.* 2월 25일이 금요일임에도 불구하고 "토요일"(Saturday the 25th)이라고 잘못 표기했다. See page 7. 반면에 타이어맨은 "금요일"이라고 했다. See his *John Wesley*, 3:651.

그런데 브래드퍼드(Joseph Bradford)가 보니 상태가 좋지 않아 얼른 주치의 화이트헤드 박사를 불렀다. 위독한 상태로 하루를 지나고 놀랍게도 27일 주일에 일어나 의자에 앉았다. 그리고 밝은 얼굴로 동생이 지은 찬송을 불렀다.

> 이 내 몸이 누울 때까지 나는 기뻐요
> 주여 당신의 종을 살펴주소서
> 오! 내 생명이 마지막까지 승리함으로
> 자비의 관을 쓰게 하소서
>
> (Till glad I lay this body down, Thy servant, Lord, attend! And oh! My life of mercy crown-With a triumphant end!)[7]

그리고 1783년 브리스톨연회 때 자신이 병으로 거의 죽게 되었을 때 자신이 했던 말을 다시 한번 언급했다.

> 나는 죄인 중에 괴수다. 그러나 예수님은 나를 위해 죽으셨다(I, the chief of sinners, am. But Jesus died for me).

그리고는 더 이상 말을 이어가지 못하자 리치가 "이것이 현재 당신의 마음을 나타내는 말입니까, 당신이 정말 그렇다고 느끼십니까?"(Is this the present language of your heart, and do you now feel as you then did?)라고 물었고, 그는 "그렇다"(Yes)라고 대답했다. 이어서 그는 "그분이 전부이다. 그분이 전

---

[7] 1769년 리즈(Leeds) 총회 때 이 찬송을 부르면서 마무리한 적이 있다. See John Atkinson, *History of the Wesleyan Movement in America and the Establishment of Methodism*(New Jersey: Wesleyan Publishing Company, 1896), 117.

부이다"(He is all, He is all)라는 고백과 함께 "나는 갈 것이다"(I will go)라고 했는데 그가 동료들에게 한 마지막 주일 설교가 되었다.[8] 사실 "나는 죄인 중의 괴수"라는 이 고백은 그가 1753년에 죽을 줄 알고 쓴 유언장의 내용이기도 하다.

웨슬리의 삶과 신학을 보면, 그는 자신이 죄인이라는 사실을 부정한 적이 없을 뿐만 아니라 오히려 결정적일 때마다 "나는 죄인입니다"라는 고백을 했다. 이러한 사실을 인정해야만 그가 그토록 강조했던 "그리스도인의 완전"이 무엇을 의미하는지 이해하게 될 것이다.

28일 월요일엔 다시 잠이 들었다가 깨어나서 주위에 있는 동료들에게 "예수의 피가 아니면 가장 거룩한 곳에 들어가는 길은 없다"(There is no way into the holiest, but by the blood of Jesus)라고 한 것도 역시 자신의 죄를 포함하여 인간의 죄를 씻을 수 있는 유일한 길은 오직 예수님의 피, 즉 하나님의 전적인 사랑과 은혜밖에 없다고 고백한 것이다.

3월 1일 화요일에 웨슬리는 브래드 포드(Bradford)를 불러 펜과 잉크를 달라고 해서 주었지만, 그의 손은 이미 글을 쓸 수 없었다. 리치에게 "나는 쓰고 싶다"(I want to write)고 했지만, 결국 쓸 수 없었다. 그러자 리치가 "제가 대신 쓰겠습니다. 말씀하세요"(Let me write for you, sir; tell me what you would say)라고 말하자, 그는 "아무것도 없어요. 하나님이 우리와 함께 계시다는 것밖에는"(Nothing! but that God is with us)이라고 말하고 다시 말을 멈추었다.

오후가 되어 그가 일어나 "내가 숨을 쉬는 동안 나는 나의 창조자를 찬송하리로다"(I will praise my Maker while I have breath)로 시작하는 아이작 왓츠(Isaac Watts)의 찬송을 불렀다.

---

[8] Rogers, *Some account of the last sickness and death of the Rev. John Wewsley*, M.A., 9-10.

얼마 후 브래드퍼드가 다시 지난 연회에서 결정된 사항 중 웨슬리 사후 변경시킬 것이 있는지 물으니 그는 "아니요. 연회에서 결정된 대로 준수하세요"(No, by no means, let all things remain as concluded at the conference)라고 말했다. 침대 곁에 있는 사람들은 모두 무릎을 꿇고 기도했다.

웨슬리는 한참 동안 힘을 가다듬었다가 주위에 있는 동역자들에게 "모든 것 중 최고는 하나님이 우리와 함께하신다는 것입니다"(The best of all, God is with us)라는 말을 연속 두 번이나 외친 후 주위 사람을 알아보지 못하는 상태가 되었다. 그 순간 곁에 서 있던 로저스(Rogers)나 랜킨(Rankin)을 보고 "이 사람들이 누구냐?"고 물었다. 곧이어 찰스의 미망인(Mrs. Wesley)이 들어와서 그의 손을 잡자 웨슬리는 감사를 표현한 후 손에 입을 맞추려 했다.[9]

3월 2일 수요일 오전에 주치의 화이트헤드 박사, 비서 엘리자베스 리치, 찰스 웨슬리의 미망인과 그의 딸, 그리고 로저스 부부 등이 모였다. 충성스러운 종 브래드퍼드가 임종기도를 마치니 웨슬리는 모두에게 "안녕"(farewell)이라는 마지막 인사를 했다. 이제 때가 된 것을 알고 모두가 그의 침상 곁에서 다시 한번 무릎을 꿇고 기도한 후 웨슬리는 1791년 3월 2일 오전 10시경에 하나님의 부르심을 받았다.[10]

죽은 지 7일 뒤인 1791년 3월 9일 너무 많은 사람이 올 것을 염려하여 새벽 5시에 장례식이 거행되었지만, 많은 사람이 모여들었다. 웨슬리는 죽기 전에 써 놓은 유언대로 장례는 매우 검소하게 거행되었는데, 검은 천으로 덮인 관은 가난한 사람들 6명에 의해 운반되었으며 그들에게 각각 1파운드의 수고비가 주어졌다. 웨슬리가 죽었을 때 그가 남긴 현금은 5파

---

[9] Rogers, *Some account of the last sickness and death of the Rev. John Wesley, M.A.*, 12-17. See also, Curnock, *Journal*, 8:131-44, esp., 138.
[10] Tyerman, *John Wesley*, 3:655; Piette, *John Wesley*, 392.

운드가 안 됐다고 당시 「런던지」(London Paper)가 전했다.

설교는 지난 30여 년간 동역했던 존 리차드슨(John Richardson) 목사가 했는데, "전능하신 하나님께서 사랑하는 우리의 형제(brother)의 영혼을 취하셨다"라고 하는 순간에 그는 잠시 멈추었다가 형제 대신 "아버지"(father)라고 고쳐서 말하자 흐느끼던 청중들이 갑자기 통곡하기 시작했다.[11]

오전 10시에 시티로드채플(City Road Chapel)에서 하관 예배를 드릴 때는 화이트헤드 박사가 집례했다.[12] "채플 뒤편에 있는 묘지 중앙에 묻힌"(buried in the middle of the graveyard behind the City Road Chapel) 웨슬리의 관 위에는 다음과 같은 글이 라틴어로 쓰였다.

> 요하네스 존 웨슬리 문학 석사(IOHANNES JOHN WESLEY, A.M.)
> 전 옥스퍼드대학교 링컨대학 펠로우(OLIM. SOC. COLL. LIN. OXON.)
> 1791년 3월 2일 소천(OB. 2Do. DIE. MARTH, 1791)
> 향년 88세(AN. AET. 88)[13]

소우데이의 통계에 의하면, 그 당시 영국에는 313명, 미국에는 198명의 설교자가 있었고, 영국에는 76,968명, 미국에는 57,621명의 메도디스트

---

[11] Southey, *The Life of Wesley and the Rise and Progress of Methodism*, 543. 참조 Rogers, *Some account of the last sickness and death of the Rev. John Wesley, M.A.*, 21-22.

[12] Telford, *The Life of John Wesley*, 352.

[13] 이 라틴어 자료는 타이어맨, 텔포드, 커녹, 그리고 하이젠레이터도 제공하지 않았는데, 소우데이가 제공하고 있다. See his *The Life of Wesley and the Rise and Progress of Methodism*, 543. cf. Rogers, *Some account of the last sickness and death of the Rev. John Wesley, M.A.*, 22. 웨슬리가 1703년 6월 28일 태어나서 1791년 3월 2일, 즉 생일이 지나기 전에 죽었으므로 만 87세이지만, 묘비에 88세라 함으로써 오늘날까지 그렇게 알고 있다. 웨슬리 사후 100주년인 1891년 3월 2일 아담스 액션(Adams Action)이 제작한 웨슬리 동상을 채플 앞에 세웠다.

들이 있었다.[14]

타이어맨은 웨슬리의 모든 삶을 자세히 살핀 후 마지막 질문 "웨슬리는 흠이 없는 인간이었는가?"(Was Wesley without faults?) 이렇게 묻고 "아니"(No)라고 대답했다. 그러나 전기 작가로서 그의 출생부터 죽음까지 살펴본 결과 그는 지구상에 존재했던 어떤 누구보다도 완전했던 사람(… made him as perfect as we ever expect man to be on this side heaven) 이라는 결론을 내렸다. 웨슬리가 마지막 순간까지 가르치고 외쳤던 그리스도인의 완전을 염두에 두고 내린 결론일 것이다.

웨슬리는 평생 25만 마일을 여행하며 4만 번 이상 설교를 했고, 죽을 때 영국과 미국에만도 13만 명의 메도디스트들과 500명 이상의 설교자들이 있을 정도로 성장을 이루었다는 사실을 알 때 타이어맨의 결론에 이의를 제기할 사람은 별로 없을 것이다.[15]

하지만, 말년에 그가 목격한 것은 "그리스도인의 완전"보다는 오히려 "그리스도인의 불완전"이었을 것이다. 동료 메도디스트들은 영국 국교회로부터 독립하겠다는 뜻에서 웨슬리를 거역했고, 아메리카의 메도디스트들은 조국의 메도디스트들과는 상황이 다르다는 뜻에서 웨슬리를 거역했다. 그가 남기고 간 것은 그가 양성한 메도디스트들과 설교자들, 그리고 남은 유물 외에 자신이 살아 있는 동안에 해결하지 못한 문제들이었다.

14　Southey, *The Life of Wesley and the Rise and Progress of Methodism*, 543-44.
15　Tyerman, *John Wesley*, 3:658-60. 같은 순회 설교자로서 오랫동안 웨슬리를 지켜본 햄슨에 의하면, 웨슬리는 평생 20만 마일을 이동하며 4만번 이상 설교했다고 했는데, 타이어맨은 그 보다 더 많은 25만 마일이라고 했다. See J. Hampson, *Memoirs of John Wesley*, (Sunderland, 1791), 3:190.

2. 웨슬리의 죽음과 그가 남긴 신학적 과제들

지금까지 우리는 초기 웨슬리의 삶과 신학이 그의 삶의 중반을 지나면서 정리되고 후기와 말기에는 교정되고 변화되는 과정을 살펴보았다. 결과적으로 그의 삶과 신학 안에 초기에서 말기에 이르기까지 연속성과 불연속성이 공존하고 있음을 알게 되었다.

이제 그의 죽음과 마지막 순간까지 살펴본 이 시점에서 우리는 웨슬리가 죽는 순간까지 주장하고 추진했지만 결국 결론을 맺지 못한 문제들에 대해 간략하게 살펴볼 필요를 느낀다. 웨슬리는 다음과 같은 세 가지 문제를 동료 멧도디스트들에게 숙제로 남기고 떠났다.

① 영국 국교회와의 관계
② 그리스도인의 완전 교리에 대한 딜레마
③ 아메리카에 있는 웨슬리안 형제들과의 정치적, 교리적 갈등

그의 후손들은 그 문제를 해결하는 과정에서 갈등과 분열을 반복했다. 웨슬리 이후 발생한 일에 대해서 간략하게 살펴보는 이유는 웨슬리의 뜻이 장소와 시대를 달리하며 적용되는 과정에서 발생하는 한계와 모순, 그리고 가능성을 보기 위함이다. 그렇게 함으로써 우리에게 주어진 도전과 한계를 극복하고, 창조적으로 발전시켜 나갈 책임과 도전으로 안내하기 위함이다.

1) 웨슬리의 죽음 이후 메도디스트들과 영국 국교회와의 관계

웨슬리가 죽은 지 2년이 지난 1793년 연회에서 의장인 포슨(Pawson)이 "우리는 현재 통제 기구가 없다"(At present we really have no government)라고

한 것은 웨슬리가 없는 메도디스트들의 당면한 현실을 정확하게 말해 준 것이었다.[16]

그 다음해에 메도디스트들이 와해될 수도 있다는 위기감에 직면한 콕은 영향력 있는 지도자들을 비밀리에 불러서 연회에서 감독들을 임명하고 그들로 하여금 부제(deacons)나 장로(elders) 등 지도자들을 안수하자는 안건을 통과시킴으로써 영국 국교회로부터 완전히 독립한 것과 같은 수순을 밟아 갔다. 그러한 일을 진행할 수 있었던 사람은 콕 밖에 없었는데, 국교화 사제였던 콕은 웨슬리가 살아 있을 때 그로부터 안수를 받았다는 명분이 있었다.

당시 콕이 안수를 받은 것은 야심 많은 콕이 웨슬리의 권위를 힘입어 아메리카에서 웨슬리와 같은 권위를 발휘하기 위해 꾸며진 일이라고 평가한 타이어맨과 달리 스티븐스(Abel Stevens)는 자기가 죽은 이후에 발생할 일을 이미 예측하던 웨슬리가 그때를 대비하여 의도적으로 콕과 메이더(Mather)에게 안수한 것이라고 주장했다.[17]

실제로 웨슬리가 죽은 지 4년 뒤인 1795년에 '평화안'(the Plan of Pacification)이 영국 국교회 내에서 통과됨으로써 메도디스트에서 안수받은 성직자들이 독자적으로 성찬식이나 결혼식 등을 주관할 수 있게 되었는데 세례식이나 장례식까지 할 수 있도록 확장되면서 결국 메도디스트들만의 독립성이 인정되었다.

그리고 3년 뒤인 1907년에 '메도디스트 신연계조직'(The Methodist New Connexion)이 결성되면서 실질적으로 영국 국교회로부터 독립하게 되었다.

메도디스트들이 국교회로부터 독립한 이후의 역사를 부흥과 발전의 역사이기도 하지만 동시에 분열의 역사이기도 하다. 휴 본(Hugh Bourne)이 이

---

[16] Tyerman, *John Wesley*, 3: 682.
[17] Stevens, *History of Methodism*, 3:51; See Appendix in Tyerman, *John Wesley*, 3: 661-683, esp., 682.

끌던 '캠프모임메도디스트'(Camp Meeting Methodists)가 발전하여 1810년에 '초기메도디스트연합'(the Primitive Methodist Connection)이 되었고, 1815년에 윌리엄 오브라이언(William O'Bryan)의 의해 '성경 그리스도인'(the Bible Christians)이 태동했다.

1827년에 조직된 '개혁주의 메도디스트'(The Protestant Methodists)와 1836년에 조직된 '웨슬리안메도디스트연합'(the Wesleyan Methodist Association)이 합병하여 1850년에 '웨슬리안개혁자들'(Wesleyan Reformers)로 태동했는데, 곧이어 1857년에 '연합자유감리교회'(the United Methodist Free Churches)가 되었다. 그 과정에서 연합을 거부한 사람들은 여전히 웨슬리안 개혁자들(Wesleyan Reformers)로 남았다.[18]

그런데 20세기에 접어들면서 메도디스트들 내에 연합 운동이 일어나면서, 마침내 1907년에 모든 웨슬리안 교단이나 단체들이 연합하여 '연합감리교회'(United Methodist Church)를 형성했고, 1932년에, 마침내 약 90만 명의 회원수를 가진 '대영국감리교회'(the Methodist Church of Great Britain and Ireland)가 되었다. 그 이후 메도디스트들의 회원수는 계속 감소 추세를 보이고있다. 최근 통계에 의하면 2006년에 26만 2,972명으로 감소하였고, 그마저도 2016년 20만 명 이하로 떨어졌다.[19]

2) 아메리칸 메도디즘의 형성과 분열

웨슬리와 아메리칸 메도디스트들과의 관계는 보는 관점에 따라 완전히 반대일 수 있다. 타이어맨처럼 웨슬리의 관점에서 보면 아메리칸 메도디

---

[18] Frederik A. Norwood, *The Story of American Methodism* (Nashville, TN: Abingdon Press, 1974), 119-209.
[19] Statistics for Mission. *The Methodist Conference*. Accessed 24, Oct., 2017. 영국 인구의 2%가 되지 않는다.

스트들이 웨슬리의 순수한 뜻을 이해하기보다는 자신들만의 상황과 필요에 의해 웨슬리를 배신한 것이라고 볼 수 있는 반면에 아메리칸 메도디스트들의 관점에서 보면 웨슬리가 상황을 무시한채 지나치게 간섭할 뿐만 아니라 독단적인 권력을 행사하는 것이 더 많은 문제를 야기시킴으로 자신들만의 길을 갈 수밖에 없었다고 볼 수도 있기 때문이다.

그런데 아메리칸 메도디스트 목사요, 역사학자인 아벨 스티븐스(Abel Stevens, 1815-1897) 박사는 웨슬리와 그를 통해 메도디스트들이 세상에 등장한 것은 하나님의 섭리에 의한 것이고, 그러한 메도디즘이 아메리카로 전해진 것 또한 하나님이 섭리에 의한 결과라고 했다.

그러한 관점에서 그는 애즈베리가 감독이 되어 아메리카에서 메도디스트들의 부흥을 이룬 것은 기독교의 역사에 있어서 종교개혁 이후 가장 중요한 사건이라고 함으로써 아메리칸 웨슬리안들이 웨슬리로부터 독립한 것 또한 하나님의 섭리라는 해석을 가능케 했다.[20]

아메리카에 메도디스트들이 정착하게 된 것은 개인적으로 아일랜드나 영국에서 먼저 메도디스트들 설교자들로부터 은혜를 받은 메도디스트들이 1760년대부터 미국으로 이주하면서부터 시작되었다. 웨슬리로부터 평신도 설교자로 임명받은 필립 엠버리(Philip Embury)에 의해 1766년에 최초로 뉴욕에 '메도디스트신도회'가 설립되었다.

그 소식을 접하게 된 평신도 설교자요 군인 장교 출신인 토마스 웹(Captain Thomas Webb)이 뉴욕에 정착한 메도디스트들을 돕는 과정에서 웨슬리에게 설교자들을 보내 달라고 강력하게 요청했지만, 당시까지 웨슬리는 그 청을 들어주지 못하다가 1769년 리즈연회에서 조셉 필모어(Joseph Philmore)와

---

[20] Dr. Abel Stevens, *History of the Religious Movement of the Eighteenth Century Called Methodism, Considered in Its Different Denominational Forms, and Its Relations to British and American Protestantism* (New York: Carlton & Porter, 1858-61), v. 1, chapter 5 and v. 2, 209.

리차드 보드맨(Richard Boardman)이 자원했기에 보낼 수 있었다.[21]

그리고 필모어의 요청에 의해 두 사람을 보냈는데 바로 리차드 롸이트(Richard Wright)와 당시 26세였던 프란시스 애즈베리(Francis Asbury)가 1771년에 약 두 달간의 항해 끝에 1771년 10월 27일에 필라델피아에 도착했다. 그리고 웨슬리는 토마스 랜킨(Thomas Rankin)과 조지 셰퍼드(George Shadford)를 연이어 파송했다.[22]

1770년대 중반에 미국이 영국으로부터 독립하려는 전쟁이 발발하면서 상황은 급변했다. 대부분의 메도디스트 설교자들이 웨슬리의 명에 따라 본국으로 돌아간 반면에 애즈베리는 선교지에 남아 영혼 구원에 매진했다. 선교지에서 메도디스트들이 부흥하면서 미국에 있는 메도디스트들과 영국의 웨슬리와의 관계에 대해 문제가 야기되기 시작했다.

미국 내 메도디스트들을 위해 성례전 등을 인도할 안수 받은 성직자가 절대적으로 요청되면서 애즈베리 등 평신도 설교자들이 그 일을 할 수 있는 자격을 부여해야 한다는 목소리가 거세지고 있었지만, 애즈베리는 오직 안수받은 성직자만이 성례전 등을 집례할 수 있다는 웨슬리의 원칙을 미국의 메도디스트들이 따라야 한다는 견해를 양보하지 않았다.

영국에서 1784년에 '행동강령'(Deed of Declaration)이 제정되고 미국에 있는 형제들도 그 내용에 따를 것이며 동시에 웨슬리가 살아 있는 동안에는 전적으로 그의 지도를 받겠다고 한 것이 당시까지 애즈베리와 미국의 메도디스트 지도자들의 결정이었다.[23] 하지만, 웨슬리의 죽음을 전후로 하여 상황은 그들이 선교지인 아메리카에 더욱 집중하게 만들면서 갈등과 분열을 피할 수 없게 만들었다.

21　Rack, *The Minutes of Conference*, 10:374.
22　Roger M. Gramling, *The American Methodists: Organization, Division, Reunion* (Columbia, South Carolina: Print Media Center, 2008), 17.
23　*Methodist Magazine* (1788), 486. Tyerman, *John Wesley*, 3:498, note 2에서 재인용.

1780년대 후반에 콕의 권유로 찰스톤(Charleston, South Carolina)에 정착하게 된 아일랜드 계 영국인 평신도 순회설교자 윌리엄 헴멧(William Hammett)에 의해 미국 메도디스트 내 첫 분열이 일어났다. 그는 미국에서 유명해지고 그를 따르는 사람들이 많아짐에 따라 애즈베리의 지도력에 머무는 것을 거부하고, 자기를 따르는 사람들과 함께 1791년 11월에 '메도디스트 감독교회'(Methodist Episcopal Church, MEC)를 떠나 '초기메도디스트교회'(the Primitive Methodist Church)를 설립했다. 하지만, 1803년에 그가 죽자 대부분 다시 감독교회로 돌아왔다.

1792년 연회에서 노스 캐롤라이나와 버지니아에서 영향력 있는 젊은 설교자 제임스 오켈리(James O'Kelly) 역시 감독교회 내에서 애즈베리가 설교자를 임명하는 권한이 너무 크기 때문에 문제가 있다는 수정안을 제시했고, 연회는 격론 끝에 그의 수정안을 선호하는 이변이 일어났다. 오켈리는 즉시 감독교회를 탈퇴하고 '기독교교회'(Christian Church)를 창립했는데 그 역시 오래가지 못하고 다시 감독교회로 흡수되었다.

한편, 델라웨어의 윌밍톤에서(in Wilmington, Delaware) 1813년 9월에 피터 스펜스(Peter Spence)가 아프리카계 아메리칸들을 결속하여 그들을 중심으로 '미국메도디스트감독교회연합'(the Union American Methodist Episcopal Church)을 세웠는데, 그것이 미국 내에서 태동한 최초의 아프리카계 아메리칸 독립교단이다.

1810년까지의 통계에 의하면 당시 미국 감독교회의 구성원 중에서 20% 정도가 아프리카계 아메리칸들이었다고 한다. 1816년 아프리칸 노예였다가 돈으로 자유를 산 리챠드 알렌(Richard Allen)이 후에 메도디스트 설교자가 되었는데 그를 따르는 사람들을 중심으로 '아프리칸메도디스트감독교회'(the African Methodist Episcopal Church, AME Church)를 형성한 후 1876년에는 40만 명에 이르도록 성장했다.

그 이전에 1796년 제임스 바릭(James Varick)이 감독교회로부터 탈퇴하여 시온교회(Zion Church)를 설립한 후 계속 성장하여, 마침내 "아프리칸메도디스트감독시온교회"(the Afircan Methodist Episcopal Zion Church, AME Zion Church)를 설립함으로써 '미국메도디스트감독교회' 내에서 가장 큰 독립적 감독교회가 되었다.

웨슬리 이후 메도디스트들 내에 늘 발생하던 문제가 둘 있었는데 하나는 안수받은 성직자들과 평신도 설교자들과의 관계였다. 또 하나는 순회 설교자들과 지역 교회 목회자들과의 관계였는데, 문제는 안수받은 성직자들이 항상 평신도 설교자들에 대한 지배권을 행사했고, 순회설교자들이 항상 지역 교회 목회자들의 지배권을 행사하는 경향이 있었다.

물론, 그러한 관행은 영국 국교회 시절부터 안수받은 성직자가 더 많은 권한을 갖는 것이 당연했고, 웨슬리는 순회설교를 선호하면서 한 지역에서 오래 머무는 것이 반복음적인 것처럼 취급했기 때문에 미국 감독교회 내에서도 그러한 불평등적인 관행이 웨슬리의 뜻과 일치하는 진정한 웨슬리안인 것처럼 시행되고 있었다.

그런데 안수받은 설교자들과 동등한 자격을 주장하는 평신도 설교자들과 지역 교회 목회자들이 순회설교자들과 동등권을 주장하는 사람들이 서로 연합하여 1830년에 25,000여 명으로 구성된 '메도디스트개혁교회'가 태동했는데 이것이 아프리카 메도디스트들이 이탈하여 독립적인 교단을 세운 경우와는 달리 메도디스트들 내에서 일어난 최초의 분열이라고 할 수 있겠다.[24]

한편, 미국의 감독교회와 미국 외 다른 나라들과의 연계성에 대해 점점 복잡한 문제들이 발생하기 시작했다. 비록, 웨슬리의 뜻대로 전 세계에 흩어져있는 모든 메도디스트들은 교리나 장정에 있어서 가장 성경적인 전도

---

[24] Roger M. Gramling, *The American Methodists: Organization, Division, Reunion*, 31-7.

자들로서 '한몸'(one body)이라는 원칙에 동의하지만, 문화와 헌법이 다른 것을 극복하는 일은 쉽지 않았다.

1824년에 캐나다의 메도디스트들은 자신들만의 연회를 개최할 수 있는 권한을 요청했고, 미국감독교회는 이를 승인함으로써 '캐나다메도디스트감독교회'(Canada Methodist Episcopal Church)가 설립되었다. 그리고 1833년에 '영국웨슬리안메도디스트교회'(British Wesleyan Methodist Church)와 연합하여 '캐나다웨슬리안메도디스트교회'(the Wesleyan Methodist Church in Canada)가 되었다.

그 후 1884년에 '캐나다웨슬리안메도디스트교회'(the Wesleyan Methodist Church in Canada)와 '캐나다성경기독교인교회'(Bible Christian Church of Canada)와 '캐나다초기메도디스트교회'(the Primitive Methodist Church in Canada)가 연합하여 '메도디스트교회'(the Methodist Church)가 됨으로써 캐나다 내에서 최대 교단이 되었다. 1925년 캐나다 내에 있는 장로교나 다른 모든 교단이 합병하여 '캐나다연합교회'(the United Church of Canada)가 된 후 오늘날까지 존재하고 있다.[25]

한편, 영국에서는 휴 본(Hugh Bourne)이 이끌던 '캠프모임'(camp meeting)을 통해 은혜를 체험했던 사람들이 미국에 이민한 후 1829년에 '초기메도디스트연합'을 조직하고 '캠프모임'을 이끌면서 미국 내에 성령 운동이 확산되는 초석이 되었다.

초기 아메리칸 메도디스트 설교자들 가운데는 10대 후반에서 20대 초반에 이르는 젊은 평신도들이 대부분을 차지했는데 그들 중 다수가 35세 이전에 그만두는 경우가 많았다. 1800년대 전환기까지 약 1,500명의 설교자가 자원했는데, 약 반 정도가 35세 이전에 그만두었는데 경제적인 이유, 안

---

[25] Victor A. Shepherd, "The Methodist Tradition in Canada," in his *Mercy Immense and Free: Essays on Wesley and Wesleyan Theology* (Toronto: Clements Academic, 2010), 137-42.

수받은 설교자와 신분의 차이, 그리고 교육의 부재 등이 주요 원인이었다.[26]

노예 문제는 아메리카의 역사와 종교와 불가분의 관계이다. 1784년 크리스마스연회에서 아메리칸 메도디스트들은 노예를 소유하거나 사거나 파는 사람이나 그것을 조장하는 어떤 사람도 메도디스트가 될 수 없다는 데 동의한 바 있다. 콕과 애즈베리 등 당시 아메리칸 메도디스트 지도자들은 노예를 소유하거나 파는 행위는 인간이 범하는 가장 잔혹한 죄 중 하나요, 기독교 복음이 결코 허락할 수 없는 행위라는 웨슬리의 뜻에 전적으로 동의하고 있었다.

그런데 미국 내의 경제 상황, 특히 농장을 중심으로 형성되어 있는 남부의 경제는 노예 제도를 바탕으로 유지되고 발전된다는 것을 알게 된 지도자들은 노예들을 해방하면 더 많은 혼란이 일어날 것을 염려하고 노예 제도에 대한 반대 및 노예 해방을 포기하고 노예들에게 설교하고 전도하는 정책을 택하게 되었다.

특히, 1793년 조면기(cotton gin, 목화씨 빼는 기계)가 발명된 이후 목화 산업이 번창하면서 농장주들은 더 많은 부를 쌓기 위해 더 많은 노예를 필요로 하는 시대가 되었다. 그러자 1808년 연회에서 노예 문제는 개인의 선택이므로 각자 알아서 결정하도록 함으로써 사실상 반노예 제도를 외쳤던 웨슬리와 거리를 두게 되었다.

그런데 미국 내에서 1830년대부터 반노예 제도 정서가 일어나면서 1832년에 '미국반노예연합회'(the New England Anti-Slavery Society)가 조직되었다. 영국에서는 이미 1787년 5월에 그랜빌 샤프(Granville Sharp), 윌리엄 딜윈(William Dillwyn), 토마스 클락슨(Thomas Clarkson), 그리고 윌리엄 윌버포스(William Wilberforce) 등이 주축이 되어 노예 무역 폐지를 위한 위원회가 구성되었다.

---

[26] Roger M. Gramling, *The American Methodists: Organization, Division, Reunion*, 28-9.

물론, 웨슬리는 그 이전부터 반노예 제도에 대해 설교했고, 그 내용을 출판하여 모든 메도디스트 공동체에 회람시키기도 했다. 그리고 영국에서는 웨슬리가 죽은지 134년만인 1834년 8월 1일, 마침내 '노예 해방령'(the Emancipation Act)이 발효되었는데 미국에서는 그 시기에 종교적인 차원을 넘어 국가적인 문제로 확산되고 있었다.[27]

즉, 메도디스트들 내에서 북부에 속해있는 교회와 남부에 속해있는 교회들 사이에 갈등과 분열의 씨앗이 되었다. 남부에서는 노예 문제는 정치적인 문제이기 때문에 종교적인 연회에서 정치적인 노예 문제를 논하는 것이 바람직하지 않다고 했다.

마침내, 1840년 연회에서 노예 문제가 메도디스트 지도자가 되고 안수를 받는 데 있어서 걸림돌이 되어서는 안 된다고 가결함으로써 노예를 소유하거나 파는 사람들도 설교자나 감독으로 선출될 수 있는 길을 열어 놓음과 동시에 노예 제도는 국가가 허락하는 적법한 일이라고 선언하게 되었다.[28]

그리고 6월 5일 노예 제도의 필연성을 주장하는 '남부 대의원들의 선언문'(Southern Declaration)을 제출했는데, 그것이 후에 '분리안'(Plan of Separation)이 되어 1844년 연회에서 채택되었고, 1845년 5월 1일에 켄터키 루이빌(Louisville, Kentucky)에서 남부 지역 대표들만이 모여 '남부메도디스트감독교회'(the Methodist Episcopal Church, South)를 조직하기로 94대 3으로 가결되었다.

그리고 마침내, 1846년 5월 1일에 버지니아 피터스부르그(Petersburg, Virginia)에서 '최초남부메도디스트감독교회연회'(the first General Conference of the Methodist Episcopal Church, South)가 개최되었고 87명의 대의원이 참석

---

27 Tyerman, *John Wesley*, 3:508-9.
28 Norwood, *The Story of American Methodism*, 185-96.

하였다. 그런데 연회에서 남부의 결정에 따라 그들에게 재산을 분할 해 주겠다는 결의안이 부결되는 일이 벌어졌다. 결과적으로 분리에 반대하는 사람들은 결과적으로 분리안이 부결된 것이라고 주장하면서 그 문제는 미국 대법원에 제출되어 마침내 재산권의 분할과 상관없이 분리안은 유효하다는 판결을 내렸다. 교회가 분리된 후 남부교회는 1846년에 45만 5,217명에서 1860년에 74만 9,068명으로, 같은 기간에 북부교회도 64만 4,229명에서 98만 8,523명으로 각각 성장했다.

한편, 메도디스트감독교회는 1860년에 '자유메도디스트교회'(Free Methodist Church)가 결성되면서 분열되었는데 정치적으로는 미국의 민주정치를 따르고, 교리적으로는 성화를 강조했다. 그들은 안수받은 사람이나 평신도 설교자가 동등하다고 했고, 감독을 없애고, 감리사를 4년마다 선출하기로 했고, 설교자들도 임명되는 것이 아니라 평신도와 목회자로 구성된 '배치위원회'(stationing committee)에서 결정하도록 했다.

특히, 그들은 "그리스도인의 완전"을 강조하며 노예 제도뿐만 아니라 흡연, 사치스럽게 보석 등으로 치장하는 것을 금했다. 교리적으로는 웨슬리안이지만, 행정적으로는 더 이상 웨슬리안이 아닌 선택을 한 교단이 되었다. 그 외에 일부가 감독교회를 탈퇴하여 1855년에 '메도디스트개혁교회'(the Methodist Protestant Church)를 구성하기도 했다. 1861년에 "미국남부전쟁"(American Civil War, 1861-1865)이 발발하면서 교회의 분열은 더 깊게 굳어지는 결과를 가져왔다. 결국, 인간과 그리스도인의 삶의 문제에 있어서 노예 문제는 미국에서 교회뿐만 아니라 국가를 분열시키는 결과를 가져왔다.

하지만, 분열 이후 재결합을 위한 노력이 계속되었다. 자신들이 공유한 동일한 역사와 신학적 유산을 거듭 확인하다가, 마침내 최초의 크리스마스연회개최 100주년이 되는 1884년 12월 9-17일간 100년 전의 장소인 볼티모어(Baltimore)에 모인 400명의 대의원은 다시 7개 메도디스트교회들이 연합하기 위해 연합체(federation)를 구성하기로 합의했다.

그때 이후로 연합을 위한 다양한 노력이 시도되고 다양한 기구들이 설립되면서, 마침내 1935년에 '연합 안'(Plan of Union)을 만들어 추진한바 1939년 4월 26일 소위 '연합연회'(Uniting Conference)가 미주리 캔자스시티(Kansas City, Missouri)에서 개최되었고, 5월 10일 밤에 연합이 선포되었다(Declaration of Union).

12,000명의 대의원이 모인 연합연회에서 각각 존재하던 세 개의 메도디스트교회, 즉 '감독교회,' '남부메도디스트감독교회,' '메도디스트개혁교회'가 그날 이후로 하나의 '메도디스트연합교회'(United Methodist Church)가 되었다고 선포했다. 결과적으로 4,500개의 지교회와 25,000명의 목회자와 1,000명 이상의 선교사를 파송한 대 교단이 되었다.[29]

3) 초기 아메리칸 메도디즘과 "그리스도인의 완전"의 교리

> 그러므로 하늘에 계신 너희 아버지의 온전하심과 같이 너희도 온전하라
> (Be ye therefore perfect, even as your Father which is in heaven is perfect, 마 5:48).[30]

웨슬리가 그토록 주장했던 그리스도인의 완전 교리는 웨슬리가 살아 있는 동안에는 그의 지도와 통제를 받았기 때문에 여전히 메도디스트들 안에 가장 중요한 가르침으로 남아 있었다. 하지만, 웨슬리가 죽은 이후에는 상황이 달라지기 시작했다. 영국의 메도디스트들 내에서는 웨슬리의 가르침으로 받아들이고 계속 강조하는 정도로 인식하고 있었지만, 미국에서 그러한 가르침을 웨슬리보다 더욱 강력하게 주장하거나 조용히 포기하거

---

[29] Gramling, *The American Methodists: Organization, Division, Reunion*, 51-61.
[30] 1747년 연회록에 "그리스도인의 완전" 혹은 "완전성화"에 대한 웨슬리의 초기 의도가 가장 잘 나타나 있다. See Rack, *The Minutes of Conference*, 10:197.

나, 아니면 다양하게 해석하여 적용하는 그룹들이 나타나기 시작했다.

물론, 그러한 여파가 다양한 웨슬리안 그룹들로 분열됨으로써 세계에 흩어져있는 모든 메도디스트들이 일치하도록 주장한 가르침이 오히려 분열을 초래하는 결과를 가져왔다. 그리스도인의 완전 교리는 웨슬리 사후에 영국보다는 미국에서 더욱 다양하게 이해되며 다양한 그룹을 형성하게 되므로 18세기 영국의 상황과 아울러 19세기 미국의 상황을 고려하며 그리스도인의 완전 교리를 이해하는 것이 도움이 된다.

18세기 웨슬리의 그리스도인의 완전에 대한 교리가 19-20세기를 지나며 미국에서 어떻게 이해되고 비판과 수정을 거쳤는지 보여 주는 가장 탁월한 연구는 존 피터스(John L. Peters)의 『그리스도인의 완전과 아메리칸 메도디즘』(*Christian Perfection and American Methodism*)이다.[31]

이 책에서 저자는 웨슬리가 그리스도인의 완전을 주장하고 선포했을 때 그 뜻이 무엇이었는지 정확하게 이해하려고 했고, 또한 웨슬리 사후에 아메리카에서 다양한 학자들에 의해 어떻게 이해되고 발전되고 변형되었는지 보여 주고 있다. 피터스는 두 가지 문제를 지적했다.

첫째, 웨슬리와 동시대인이며 최초의 웨슬리안신학자라 할 수 있는 아담 클락이 지적한 것처럼 용어가 부적절(inappropriate)했다.

둘째, 웨슬리가 그 용어를 사용할 때 일관성이 없었다(inconsistent).

그래서 그 용어와 설명에 대한 반대가 계속 제기될 수밖에 없었다는 것이다.[32] 그 두 가지 이유를 조금 더 생각해 보자.

---

[31] John L. Peters, *Christian Perfection and American Methodism* (Grand Rapids, MI: Francis Asbury Press, 1956).

[32] Peters, *Christian Perfection and American Methodism*, 63, 105: "Wesley was not consistent in his usage of the term. He defined perfection variously and frequently disregarded even

첫째, 웨슬리는 성경을 문자적으로 믿는 경향이 있었다.

그런 면에서 자신이 주장하는 그리스도인의 완전 교리는 철저하게 성경적이라고 확신하고 있었다. 그가 주장하는 그리스도인의 완전의 성경적 근거는 "그러므로 하늘에 계신 너희 아버지의 온전하심과 같이 너희도 온전하라"(Be ye thereforeperfect, even as your Father in heaven is perfect, 마 5:48)와 "모든 사람과 더불어 화평함과 거룩함을 따르라 이것이 없이는 아무도 주를 보지 못하리라"(Without holiness no man shall see the Lord, 히 12:14) 외에 로마서 6:15-18, 요한일서 1:5, 베드로전서 4:1-2, 베드로후서 1:4 등이 있다.

그러나 웨슬리의 자세는 그가 1741년에 행한 설교 "그리스도인의 완전"(Christian Perfection)에 대해 말하면서 "내가 이미 얻었다 함도 아니요"(Not as though I had already attained)라고 한 것을 보면 빌립보서 3:12 말씀, 즉 "내가 이미 얻었다 함도 아니요, 온전히 이루었다 함도 아니라 오직 내가 그리스도 예수께 잡힌바된 그것을 잡으려고 좇아가노라"였다고 보는 것이 옳을 것이다.[33]

둘째, 웨슬리가 그 용어 사용에서 일관성이 없다는 비판이 계속 제기되었다.

"그리스도인의 완전"(Christian Perfection)이라는 용어는 웨슬리가 창안한 것이 아니라 그 또한 성경과 초대 교부들, 그리고 영성가들의 저서를 통해 알게 되었고 그 용어를 택하여 자신만의 교리로 발전시킨 것이었다.

그런데 웨슬리가 "완전"이란 용어를 사용할 때는 인간의 어떤 실수나 오점을 허용하지 않는 "완벽"(faultless)을 의미하는 것이 아니라는데 문제가 있다. 즉, 그는 "완전"은 "어떤 실수나 잘못이 없는 완벽을 의미하는 것은 아니다"라고 설명했는데, 그렇다면 "완전"(perfection)이란 용어를 달

---

those definitions," 63.
[33] Chilcote and Collins, *Doctrinal and Controversial Treaties*, 13:142.

리 이해하거나 해석해야 한다는 문제가 제기될 수밖에 없다.

웨슬리의 "그리스도인의 완전"(혹은 성결)의 교리는 신대륙 아메리카에도 그대로 전해졌다. 콕이 리버플(Liverpool)에서 아메리카에 있는 티모시 메릿(Timothy Merritt)에게 1802년에 편지한 내용이다.

> 현재 미국에서 일어나고 있는 부흥의 소식을 들으니 매우 기쁘군요. 다른 나라에서 부흥이 일어나는 것보다 더 기뻐요. 그리고 애즈베리를 통해 들으니 당신은 계속하여 회중들에게 성화와 전적으로 하나님께 헌신할 것을 강조한다니 매우 기쁩니다(The great revival on the [American] Continent rejoices me exceedingly – yea, more, I can truly say, than a revival in any other country in the world. … I am glad to find by brother Asbury, that you universally press upon your believing hearers the necessity of sanctification and entire devotedness to God).³⁴

그런가 하면, 애즈베리가 1805년에 자신의 저널에 메릴랜드(Maryland)에서 진행되고 있던 '캠프모임'에 대해 전하면서 "1805년은 미국이나 세계에서 가장 큰 부흥이 일어난 해라고 볼 수 있다. 거룩한 복음을 증거하는 설교자들에게 거룩할 것과 열심히 하도록 해야겠다"(I calculate 1805 to be the greatest year that ever was known in America or the world; only let the preachers of a holy Gospel, be holy and laborious).

메릴랜드(Maryland)에서 진행되고 있던 '캠프모임'에 대해 "580명이 회심을 했고, 120명이 성화를 이루었다고 확신했다"(Five hundred and eighty were said to be converted; and one hundred and twenty believers confirmed and sanctified. Lord, let this work be general)라고 한 것처럼 1800년대 초부터 아메리카에서 웨슬리

---

34 Unpublished letter. On file at the New England Methodist Historical Association Library. John Peters, *Christian Perfection and American Methodism*, 97에서 재인용.

안 성화의 복음이 선포됨으로써 대부흥이 일어나고 있었음을 알 수 있다.[35]

그런데 그것도 잠시 10년 안에 웨슬리의 그리스도인의 완전 교리가 아메리카의 부흥 현장에서 점점 사라지기 시작한다. 그리고 "아메리칸 메도디스트들의 1812년 연회"(The Conference of 1812)에서 장정(Discipline)의 "부피를 줄이자는 뜻에서"(in the interest of size and convenience) '교리 부분'(Doctrinal Tracts)을 따로 출판하자는 내용을 가결했다.

당시 교리 부분(Doctrinal Tracts)에는 웨슬리의 『그리스도인의 완전에 대한 평이한 해설』(Plain Account of Christian Perfection) 혹은 『그리스도인의 완전에 대하여』(Of Christian Perfection)가 포함되어 있었다. 그런데 교리 부분이 1832년에야 비로소 출판되기까지 20년간 장정은 교리 없이 출판됨으로써 "그리스도인의 완전"의 교리를 도외시하는 결과를 가져왔다.[36]

연회의 의도가 무엇이었는지 알 수는 없지만, 다음과 같이 두 가지로 추측할 수 있을 것이다.

첫째, 아메리칸 메도디스트들이 웨슬리의 영향력에서 벗어나려고 의도적으로 그렇게 했을 것이다.

둘째, 그리스도인의 완전 교리가 신 개척지인 미국에서도 여전히 문제가 될 것을 잘 알고 있던 지도자들이 교리적 논쟁보다는 영혼 구원에 집중하기 위해 그렇게 했을 것이다.

---

35 The Journal of the Rev. Francis Asbury, 3:210. John Peters, *Christian Perfection and American Methodism*, 97에서 재인용.

36 그렇게 함으로써 규율서는 700페이지가 넘는데, 그 안에는 웨슬리가 축약하여 만든 7페이지 분량의 '25개 조항'만 포함되어 출판되었다. See Paul S. Schilling, *Methodism and Society in Theological Perspective*, vol. III of Methodism and Society (Nashville, TN: Abingdon Press, 1960), 28. Robert E. Chiles, *Theological Transition in American Methodism* (Lanham, New York, London: University Press of America, 1783), 25 note 6.

다양한 추측에 결과는 하나로 나타났다. 즉, 당시 아메리칸 메도디스트들의 잡지인 「메도디스트 계간지」(Methodist Magazine and Quarterly Review)에서 특히 1836-1840년 사이에 성화 또는 그리스도인의 완전에 대해 쓴 글이 단 한 편도 발견되지 않는다는 것이다. 그리고 얼마 후, 1853-1861년 사이에도 같은 현상이 나타났다.[37]

웨슬리가 모든 그리스도인은 단순한 믿음으로 당장 그리스도인의 완전을 이룰 수 있을 것처럼 강조하며 끊임없이 외쳤음에도 불구하고 설득력이 떨어지는 치명적인 이유는 웨슬리 자신이 살아 있는 동안에 그리스도인의 완전을 이루었다고 선언한 적이 없다는 것이다. 더 적극적으로 표현하면 웨슬리 자신이 그리스도인의 완전을 이룬 적이 없다고 선언한 것이다. 1767년 3월에 웨슬리가 「로이드 이브닝 포스트」(Lloyd's Evening Post) 편집장(editor)에게 쓴 편지에 의하면, 비판자들, 특히 도드(Dodd) 박사나 편집장은 마치 웨슬리가 자신은 완전해서 죄도 짓지 않는다고 말한다고 비판하는데, 사실은 그러한 비판은 전혀 근거 없는 것이라고 항변하면서, "내가 당신께 가감 없이 단순하게 말하는데 나는 내가 말하는 그리스도인의 완전을 이룬 적이 없습니다"(I tell you flat I have not attained the character I draw)라고 분명히 밝혔다. 그리고 자신이 동료들에게 강조하는 것은 오직 하나님의 은혜로 더 거룩한 존재가 되도록 끊임없이 사모하며 추구하라고 강조하는 것이라고 했다.[38]

그러한 웨슬리의 해명은 그가 "나는 그리스도인의 완전을 체험했다"라고 고백한 것만큼이나 많은 문제를 야기 시킨 것 또한 사실이다. 타이어만

---

[37] 이러한 경향에 대해서는 1830-41년까지 발행된 「메도디스트 계간지」(Methodist Magazine and Quarterly Review)에 기고된 설교와 논문과 평가 등을 살펴보면 발견할 수 있다. 그 잡지는 1818-30년까지 Methodist Magazine 이란 이름으로 출판되었다. 참조 John L. Peters, Christian Perfection and American Methodism, 101, 124.

[38] Telford, Letters, 5:42-4.

이 일찍이 지적했고, 피터슨도 웨슬리의 그러한 태도와 선언이 당시뿐만 아니라 오늘날까지 문제가 되고 있음도 사실이다.[39]

그런데 흥미롭게도 웨슬리가 그처럼 완전하게 산 사람도 없다고 극찬한 플레처도 그렇게 고백한 적이 없고, 아메리칸 메도디스트들의 아버지인 에즈베리 역시 자신이 그리스도인의 완전을 이루었다고 고백한 적이 없다는 것이다. 플레처는 "자신이 죄에 대하여 죽고(dead indeed unto sin), 죄로부터 자유롭게 되는 은혜를 4-5번 체험했지만, 곧 잃어버렸다"(I received this blessing [I am freed from sin] four or five times before; but I lost it)라고 밝힌 적이 있다.[40]

애즈베리도 아메리카에 도착해서 "나는 여전히 내가 얼마나 부족한지 잘 알고 있다"(I am still sensible of my deep insufficiency)라고 했고, 몇 년 후에는 "나는 사랑 안에서 완전해지기 갈망한다"(I long to be made perfect in love)라고 함으로써 여전히 "그리스도인의 완전"을 추구하고 있음을 나타내기도 했다. 즉, 웨슬리나 플랫쳐의 경우처럼 "자신도 순간 순간 그리스도인의 완전을 체험하기는 하지만, 여전히 부족한 것이 많아서 계속 은혜를 구할 수밖에 없다"(My soul was watered with the peaceful influence of divine grace. But what I enjoyed was a stimulus urging me to groan for more)라고 했던 것이다.[41]

"믿기만 하며 당장 그리스도인의 완전을 성취할 수 있다"라고 강조했던 웨슬리와 달리 "계속 추구하라"는 개념으로 변한 것이 분명하다.

---

[39] Tyerman, *John Wesley*, 1:462. "Wesley preached the doctrine [Christian perfection]; but he was slow to believe those who professed to experience it; and it is a fact more remarkable, that, so far as there is evidence to show, Wesley never, to the day of his death, professed as much as this himself." See also, John Peters, "John Wesley: The Problem of His Testimony to Entire Sanctification," 201-15 in his *Christian Perfection and American Methodism*. Rack, *Reasonable Enthusiast*, 398-401, 550.

[40] "John Fletcher: The Record of His Testimony," in John Peters, *Christian Perfection and American Methodism*, 215-17.

[41] "Francis Asbury: The Character of His Testimony," in John Peters, *Christian Perfection and American Methodism*, 217-19.

웨슬리는 성결(Holiness), 완전성화(Entire-Sanctification), 그리스인의 완전(Christian Perfection), 죄의 씻음(Cleansing from all sin)을 상황에 따라 달리 사용하지만, 사실 거의 같은 개념으로 사용했다.

웨슬리가 정의한 모든 답변을 세밀하게 살핀 피터스는 "과연 웨슬리의 입장은 무엇인지 자문한 뒤, 솔직히 말해 무엇이라 말하기 어렵다"(What was Wesley's position? Frankly, it is not easy to determine), 또는 "웨슬리는 사실 그리스도인의 완전에 대해 교리화 하지 못했다"(Wesley was never able, in fact, to be dogmatic at this point)라고 하면서 "그 교리에 반대하지 않는 사람은 혼란스러움을 피할 수 없었다"(Those who were not opposed could scarcely avoid being confused)라는 결론을 내렸다.[42]

아메리카에서 웨슬리의 그리스도인의 완전 교리를 적극적으로 수용한 학자나 설교자들조차도 웨슬리가 주장한 내용과 반드시 일치하는 것은 아님을 발견할 수 있다. 다음과 같이 대표적인 몇 명의 학자들의 경우를 살펴보자.

(1) 아담 클락(Adam Clarke, 1760-1832)

클락은 초기 메도디스트 역사에 있어서 가장 신뢰받는 성경학자요 조직신학자였다. 그는 40년 동안 최초로 총 6권으로 구성된 『신구약성경 주석』(Commentary on the Old and New Testament)을 완성했고, 그 주석은 초판이 11,800부나 팔릴 정도로 유명했다.[43] 또한, 그의 신학적인 글들을 편집하여 그의 사후에 1835년에 『기독교신학』(Christian Theology)이 출판되었다. 그는 지구

---

[42] John Peters, *Christian Perfection and American Methodism*, 59-60, 63.

[43] 그는 주석에서 칼빈의 예정론을 반박했으며 특히 계시록 주석에서 가톨릭교회(Catholic Church)를 적 그리스도(Antichrist)로 규정했다. 그는 또한 예수 그리스도가 성육신(Incarnation)하기 전에는 존재하지 않았다고 주장했다. 그렇게 함으로써 예수의 독립적인, 예속적이 아닌, 신성(independent, not subordinate, divinity)을 확보하려 했지만, 리차드 왓슨(Richard Watson) 등 동료 메도디스트 학자들은 반박했다.

상에 그리스도인의 완전을 이룬 사람이 한 사람도 없다고 하였다.

그리스도인의 완전 교리는 분명 문제가 있다고 했다. 그런데 그는 "완전"(perfection)이라는 용어가 "너무 많은 것을 포함하기 때문에 문제가 있는 것이 아니라 너무 적게, 즉 하나님의 오묘하신 은혜와 역사를 담아내기에 한계가 있으므로"(not because perfection connotes too much, but because it connotes too little) 더 적절한 용어를 찾아내기 전에는 웨슬리가 그랬던 것처럼 자신도 여전히 그 용어를 사용하고 강조할 수밖에 없다고 했다.⁴⁴

그는 분명 웨슬리신학의 문제점을 인식하면서도 인간의 언어의 한계로 인해 발생하는 문제 때문에 그 신학의 타당성을 부정할 수 없다는 것이다. 그런 관점에서 그는 웨슬리보다 더 적극적으로 인간의 죄성과 성령의 초월적인 역사를 인식하며 오직 순간적인 성령의 은혜로만 그리스도인의 완전히 이루어지고, 점진적인 성장을 통해 인간이 완전에 도달한다고 하는 개념은 성경에 없다고 주장했다.⁴⁵

(2) 리차드 왓슨(Richard Watson, 1781-1833)

왓슨은 클락보다 21살이 어리면서도 클락이 죽은 지 6개월 만에 죽은 젊은 학자였다. 그는 메도디스트 신학에서 최초의 조직신학을 쓴 학자로 알려졌는데, 그에 의하면 '그리스도인의 완전'을 이루는 최고의 은혜는 '중생'(regeneration)이라고 했고 또한 클락과 달리 점진적인 성장에 의해 그리스도인의 완전을 이룰 수 있다고 주장했다.⁴⁶

---

44 John L. Peters, *Christian Perfection and American Methodism*, 103-5.
45 Adam Clarke, *Christian Theology*(London, 1835), 207-8: "In no part of Scriptures are we directed to seek holiness *gradatim*. We are to come to God as well for an instantaneous and complete purification from all sin, as for an instantaneous pardon". 참조 John L. Peters, *Christian Perfection and American Methodism*, 106.
46 Richard Watson, *Theological Institutes*, 3 vols (New York: Emory and Waugh, 1828). See John L. Peters, *Christian Perfection and American Methodism*, 108. "리차드 왓슨은 영국

즉, 플레처가 주장했던 것처럼 그리스도인의 완성을 하나의 성숙(maturity)으로 보고, 성결(holiness)도 시간이 지나면서 더 많은 체험을 하면서 증대되는 것이라고 했다. 한 가지 주목해야 할 것은 웨슬리신학에서 중생이 얼마나 중요한지 밝혔다는 것이고 그렇게 함으로써 성화의 문제가 칭의보다는 중생과 더 밀접한 관계가 있도록 만든 것이다.

사실 웨슬리신학에서 칭의 혹은 성화의 문제에 집착하면서 실제적인 변화가 일어나는 중생이 도외시된 부분을 왓슨은 정확하게 인식하고 중생을 웨슬리신학의 중심에 자리 잡게 하는 기여를 했고 그에 따라 웨슬리신학의 발전이 이루어진 것도 사실이다.

(3) 티모시 메릿(Timothy Merritt, 1775-1845)

클락과 왓슨과 동시대인이면서 가장 오래 산 티모시 메릿은 월간지로 출판되는 『그리스도인의 완전에 대한 안내』(Guide to Christian Perfection) 후에 『성결에 대한 안내』(Guide to Holiness)로 변경해서 그리스도인의 완전을 촉진하는 일을 했다.

그는 순간적인 은혜로 완전성화를 이룰 수 있다고 강조했는데, 당대에 약 40,000명의 독자층을 가지고 있는 영향력 있는 저널이었다. 그즈음 1735년부터 뉴욕에 있는 감리교회에 속해 있던 피비 팔머(Phoebe Palmer)와 사라 랭포드(Sarah Langford) 자매들에 의해 그들의 집에서 '성결촉진화요모임'(the Thuesday Meeting for the Promotion of Holiness)이 시작되었고, 초기에는 여성들만 참여하다가 1839년부터 남성도 참여하기 시작했다.

그 후 60여 년간 지속하면서 그리스도인의 완전, 혹은 완전성화를 성령

과 미국에서 메도디스트 신학을 정립하는 데 독보적인 역할을 한 신학자이다"(Richard Watson(1781-1833) was the determinative theologian who contributed to constructing Wesleyan theology both in Britain and in America).

의 은혜로 순간적으로 성취할 수 있다고 선포하며 대중적인 영향력을 끼쳤다. 그 외에 아사 마한(Asa Mahan)의 『진정한 신자, 그의 특성, 의무, 그리고 특권』(*The True Believer, His Character, Duty, and Privileges*) 등에 의해 다양하게 해석되거나 적용되면서 아메리칸 웨슬리안들은 다양한 그룹으로 분열되었다.[47]

---

[47] John L. Peters, *Christian Perfection and American Methodism*, 109-10.

에필로그

지난 10년간 18세기 웨슬리와 동행하면서 그의 신학적 사고와 발전을 살펴본 결과 다음과 같은 다섯 가지 사실을 깨닫게 되었다. 첫 페이지를 열고 여기까지 도달한 독자들이라면 모두가 동의할 것이다.

첫째, 웨슬리신학을 이해하는 가장 바람직한 방법은 무엇보다도 먼저 웨슬리의 생애와 함께 이해하는 것이다.

웨슬리는 자신의 삶과 직접적인 연관이 있는 것들을 신학적으로 고민하며 성경적인 답을 찾으려고 했기 때문에 그의 생애를 떠나서 그의 신학을 이해하는 것은 사실상 불가능하다. 웨슬리에게 삶이 곧 신학이고, 신학이 곧 삶이었던 것처럼 웨슬리가 오늘날의 설교자들이나 신학자들에게 가르쳐준 가장 위대한 가르침 중 하나는 삶이 결여된 신학은 불가능하다는 사실이다.

둘째, 웨슬리신학은 그의 생애를 따라가며 발전적으로 이해하는 것이 중요하다.

웨슬리신학은 어느 한순간에 이루어진 것이 아니라 삶의 상황에 따라 발전하고 교정되고 완성되어 갔다. 한국에 소개된 웨슬리신학은 주로 19-20세기 미국에서 '웨슬리안 부흥 운동'을 통해 은혜 받은 선교사들에 의해 올더스게이트에서 중생의 체험을 통해 웨슬리신학이 결정된 것처럼 알려지면서, 그 사건을 전후로 하여 발전한 웨슬리신학을 볼 수 없게 만든 단점을 피할 수 없게 되었다.

셋째, 웨슬리신학은 루터의 신학과 칼빈의 신학과 함께 이해하는 것이 중요하다.

그렇지 않으면 웨슬리가 왜 그런 고민을 하며 그런 신학적 대안을 제시했는지 이해하기 어려울 것이며 결과적으로 어떤 의미에서 웨슬리신학이 통합적이고 창조적인 신학인지 알 수 없게 될 것이다. 루터란이나 칼빈주의자들도 자신들의 신학적 전통을 이해할 뿐만 아니라 그 한계를 극복하기 위해서 웨슬리신학을 공부할 필요가 있는 것도 같은 이유이다.

더 나아가, 웨슬리신학이 미국에 전해지면서 19-20세기 성결운동과 복음주의신학의 뿌리가 되었을 뿐만 아니라 20세기 현대신학을 태동시킨 슐라이어마허, 칼 바르트, 불트만, 본 헤퍼 등의 선구자가 되었기 때문에 기독교신학 전반을 이해하기 위해서 웨슬리신학을 이해하는 것은 필연적이라고 하겠다.

넷째, 웨슬리신학이 다양하게 발전될 필요가 있다.

웨슬리는 자신의 삶의 경험을 통해 신학을 발전시켰기 때문에 오늘날까지 우리의 삶과 밀접한 관계가 있다는 장점이 있는 반면에 18세기 영국의 웨슬리 안에 한정된 주제에 따라 발전했기 때문에 매우 제한적이라는 단점을 피할 수 없게 되었다. 한국에 웨슬리신학이 소개된 이래 오늘날까지 발전한 것을 되돌아보면, 한국의 상황에 따라 편향적으로 발전해 왔다는 사실을 부인할 수 없다.

예를 들어, 사회적 복음이 강조되면서 웨슬리가 그토록 치열하게 투쟁했던 인간 개인의 죄의 문제가 도외시되거나, 이론적으로 성화 혹은 그리스도인의 완전 교리를 중심으로 발전하면서 현장의 영성, 즉 새벽기도, 금식기도, 야외설교, 순회전도 등의 활동이 도외시 되었고, 그런가 하면 지나치게 성령의 증거와 역사를 강조하는 과정에서 마치 성령의 역사가 모든 것이기 때문에 신학이 오히려 방해가 된다고 하는 반 지성적 태도를 갖게 된 경우 등을 들 수 있다.

다섯째, 웨슬리는 전도자요 신학자임에는 틀림이 없지만, 그가 한 지역 교회의 목회자가 아니었기 때문에 웨슬리신학이 부흥 운동이나 선교학에 탁월한 기여를 했음에도 불구하고 지역 교회 목회학을 발전시키는 데 있어서 약점을 가질 수 있다는 점을 지적하지 않을 수 없다.

물론, 웨슬리는 신도회나 속회 등 조직과 양육 프로그램을 발전시킨 것도 사실이고 국교회와의 관계 안에서 교회론이 분명한 것도 사실이지만, 그의 활동이 대부분 교회 밖에서 이루어졌고 교회 내에서도 주로 순회설교자로 활동했기 때문에 그의 신학적 통찰력을 오랜 기간 동안 한 지역에 머물러야 하는 지역 교회 목회학에 적용하기 위해서는 새로운 해석과 발전이 이루어져야 할 필요가 있다. 웨슬리안 목회학과 부흥 운동이 새로운 도전이 되어야 할 것이다.

결과적으로 종합해 보면, 웨슬리신학은 인간의 삶의 상황 안에서 치열하게 발전한 신학이기 때문에 오늘날까지 우리 안에서 발생하는 많은 문제들에 답을 주는 매우 실존적이고 성경적이고 창조적인 신학임을 알게 되었다. 하지만, 다른 한편으로는 그가 했던 말이나 행동을 오늘날도 반복하는 것이 곧 웨슬리안이 되는 것은 아니라는 사실 또한 분명하다.

그 보다는 웨슬리가 했던 것처럼 그 시대를 살아가면서 그 시대가 주는 도전과 문제들을 극복하는 신학적 대안을 제시하는 것이 진정한 웨슬리안이 되는 길이라는 것이다. 그런 의미에서 21세기를 살아가는 우리에게 닥친 도전들을 피해 18세기 웨슬리에게 피신하는 것을 보면 웨슬리가 벌떡 일어나 몽둥이를 들고 쫓아오며 야단칠 것이다.

　　이 악하고 게으른 종들아!
　　누가 너희를 가르쳐 너희에게 닥친 도전을 피하라 하더냐?

부록

부록1. "그리스도인의 완전" 교리와 20세기 웨슬리안신학의 흐름
부록2. 년도 별로 정리한 설교(Sermons in Chronological Sequence)
부록3. 웨슬리의 주요 연대(Chronology of John Wesley)

부록 1

"그리스도인의 완전" 교리와 20세기 웨슬리안신학의 흐름

"그리스도인의 완전"의 교리와 관계하여서 오늘날 나타나고 있는 가장 큰 특징은 학자들은 더 이상 그 용어를 사용하지 않고, 대신 "완전성화"(Entire Sanctification), 혹은 단순히 "성화"(Sanctification), 그리고 "성결"(Holiness)이란 용어를 사용한다는 것이다.

만약, 웨슬리가 의도한 대로 "그리스도인의 완전"(Christian Perfection) 혹은 "완전성화" 외에 단순히 성화나 성결이란 용어를 사용한다면, 웨슬리신학과 루터와 칼빈신학이 크게 다른 바가 없다는 문제가 제기될 수 있다.

이러한 상황 가운데 오늘날까지 "그리스도인의 완전"의 문제에 주목한 세 사람, 즉 헤롤드 린드스트롬(Harold Lindström), 알버트 C. 아우틀러(Albert C. Outler), 그리고 케네스 J. 콜린스(Kenneth J. Collins)가 어떻게 그 문제를 이해하고 발전시켰는지 간략하게 살펴보면서 우리의 문제를 점검해 보도록 하자.

1. 해롤드 린드스트롬(Harold Lindström)

스웨덴의 신학자 린드스트롬(Harold Lindström)이 1946년에 출판한 『웨슬리와 성화』(*Wesley and Sanctification*)는 웨슬리신학에서 가장 논쟁적인 주제라 할 수 있는 그리스도인의 완전 혹은 성화론을 가장 탁월하게 설명해 주고 있다.[1]

영국 사람도, 미국 사람도 아니므로 웨슬리에 대한 독자적인 이해를 할 수 있었던 그는 웨슬리의 모든 관심이 구원론에 집중하고 있음을 분명히 하면서, 웨슬리의 "거룩하게 하는 은총"(sanctifying grace)에 의해서 이루어지는 성화를 칭의와 관계 안에서 설명하고 있다.

그런 점에 있어서 린드스트롬은 개혁주의신학, 특히 루터의 신학 전통 안에서 웨슬리신학의 중심 내용과 신학적 기여를 드러내고자 했다. 믿음을 강조하는 다른 개혁주의신학자들과 달리 린드스트롬은 은총을 강조하는 과정에서 웨슬리신학에서 "선재은총"(the prevenient grace)이 없었다면 그의 신학은 흔들릴 수밖에 없다는 중대한 사실을 드러내 주었다.

웨슬리에게 구원은 "의롭다고 인정받는 것"(imputation)이 아니고 "의로움을 드러내며 살아가는 것"(impartation)이라고 하면서 그러한 실제적인 변화는 칭의보다는 거듭남, 즉 중생에 의해 비로소 시작되는 것이라고 했다. 그러나 중생은 성화의 출발일뿐 완성이 아니므로 중생 이후에 하나님의 형상을 완전히 회복할 때까지 성장해야 한다는 것이다.

린드스트롬은 중생과 성화를 함께 생각할 때 웨슬리의 성화론에서 점진적인 면을 강조하는 경향을 보인다. 물론, 그렇게 성화, 혹은 완전성화를 점진적인 성장의 개념으로 이해하는 과정에서 성령의 역사와 순간적 변화가

---

[1] Harold Lindström, *Wesley and Sanctification*(London: Epworth Press, 1946).

도외시되는 약점을 갖게 되었다.[2]

2. 알버트 C. 아우틀러(Albert C. Outler)

아우틀러는 웨슬리가 1741년에 행한 설교 "그리스도인의 완전"(Christian Perfection) 교리를 소개하는 과정에서 웨슬리가 말한 그리스도인의 완전의 진정한 의미가 무엇이었는지 다음과 같이 정리해 주고 있다.

> 만약, 웨슬리에게 구원이란 우리 안에서 왜곡되었던 하나님의 형상을 완전하게 회복하는 것이라면, 그리고 구원의 성취가 곧 죄를 짓지 않을 수 있는 능력을 회복하는 것이고, 달리 표현하면 전적으로 하나님을 사랑하는 능력을 회복하는 것이라면, 우리가 이 세상에서 성취하기 위해 더 많은 은총과 승리가 요청되는 것을 의미하고, 웨슬리는 그러한 삶을 "그리스도인의 완전"이라고 부르기도 했다(If, for Wesley, salvation was the total restoration of the deformed image of God in us, and if its fullness was the recovery of our negative power not to sin and our positive power to love God supremely, this denotes that furthest reach of grace and its triumphs in this life that Wesley chose to call "Christian Perfection").[3]

하나님의 자녀로서 거룩하신 하나님을 닮아 거룩하게 되는 본질의 변화, 즉 더 이상 죄를 범하지 않을 수 있는 거룩성을 회복하는 것이 곧 그리스도인의 완전이요, 또한 구원이라고 했다는 것이다.

---

[2] See Timothy L. Smith, "Forward," in Harold Lindström, *Wesley and Sanctification*(London: Epworth Press, 1946), II-XIII.
[3] Outler, *Sermons*, 2:97.

아우틀러에 의하면 웨슬리는 비록 "죄 없는 완전"(sinless perfection)을 주장한 것은 아니지만, "죄의 지배로부터 해방된 인간"을 추구했다는 것이다.[4] 아우틀러는 웨슬리가 처음부터 의도했던 내용과 그가 답한 내용을 종합하여 웨슬리가 진정으로 말하려고 했던 것을 정리해 주고 있지만, 웨슬리가 사용한 용어, 즉 본질의 변화, 혹은 거룩한 본질에의 참여보다는 "회복"의 개념으로 설명함으로써 "본질의 변화"라고 하는 근본적인 문제를 볼 수 없게 만들었다.

아마도 아우틀러는 웨슬리가 의도했던 대로 "죄인인 인간의 본질이 변해 하나님처럼 거룩해질 수 있다"라는 문제를 가지고 여전히 논쟁하는 것은 의미 없다고 판단한 듯하다.

3. 케네스 J. 콜린스(Kenneth J. Collins)

콜린스는 그의 책 『존 웨슬리의 신학: 거룩한 사랑과 은총』(The Theology of John Wesley: Holy Love and the Shape of Grace)에서 "무엇이 완전성화가 아니고"(What Entire Sanctification is not), "무엇이 완전성화인지"(What Entire Sanctification is not) 구분해 주었다.[5] 그에 의하면, 다음과 같은 네 가지는 웨슬리가 주장한 완전성화가 아니다.

첫째, 그리스도인이 결코 지식에 완전하지 않다(Believers are not perfect in knowledge). 그러므로 모든 그리스도인은 배우면서 계속 성장해야 한다.

---

[4] Telford, *Letters*, 4:187.
[5] Kenneth J. Collins, *The Theology of John Wesley: Holy Love and the Shape of Grace*(Nashville, TN: Abingdon Press, 2007).

둘째, 하나님의 은혜는 상실하지 않을 상태에 머물러 있는 것이 아니다(no state of grace is so lofty that one cannot fall). 즉 언제든지 다시 죄에 빠질 수 있다.[6] 그런 의미에서 그는 단 한번도 "죄 없는 완전"(sinless perfection)을 주장한 적이 없다고 했다.

셋째, 그리스도인은 결코 육체적 한계로부터 오는 연약함, 즉 실수나 혼동 등에서 벗어날 수 없다(Christians are not so perfect as to be free from infirmities due to the limitations of the body: that is mistakes, confusedness of apprehension).

넷째, 완벽한 사랑을 한다고 해서 유혹을 전혀 받지 않는 것이 아니다(perfect love does not eliminate temptation). 결국, 웨슬리에게 있어서 "완전"의 의미는 한번 성취했기 때문에 영원히 고정된 것도 아니고 전혀 흠이 없는 상태도 아니라고 했다.[7]

그런가 하면, 웨슬리가 말하는 완전성화는 무엇인지 설명하는 과정에서 그리스도 안에서 어린이가 아닌 성숙한 그리스도인을 비유한 의미 안에서 다음과 같이 설명했다.

첫째, 사랑 안에서 완전하다고 하는 것은 의지적으로 죄를 범하지 않는 것을 의미한다(perfection in love is simply the power not to sin willfully).

둘째, 우리가 그리스도 안에 있다고 하는 것은 죄의 성격으로부터 자유로움을 의미한다(Adult Christian in Christ are free from evil temper). 즉, 죄에 대해 죽고 의에 대해 살아서 성경에서 말하는 각종 성령의 열매를 나타내는 인격이 되는 것을 말한다.

---

[6] Telford, *Letters*, 7:58.
[7] Kenneth J. Collins, *The Theology of John Wesley: Holy Love and the Shape of Grace*, 298-300.

셋째, 마음과 삶을 전적으로 하나님께 헌신하는 것뿐만 아니라 하나님과 사람과의 관계 안에서 하나님의 형상을 회복하고 마음을 새롭게 하는 것을 의미한다(It not only includes a 'heart and life all devoted to God,' but also embraces the purification of the relation between God and humanity such that the imago Dei has been renewed in its glory and splendor).[8]

물론, 콜린스도 완전성화, 즉 그리스도인의 완전에 대해 웨슬리만을 인용하며 그가 의미했던 것이 무엇인지 정리하는 듯하지만, 결론적으로 보면 웨슬리의 의도와는 관계없이 "성숙"의 개념으로 이해하고 있음이 발견된다. 웨슬리가 어린이와 어른을 비유한 의도는 믿음도 단계가 있는데, 갓 태어난 어린이가 미숙한 것처럼 처음 믿는 사람은 어린이와 같은 것이 당연하고, 믿음 이후에도 계속하여 성장하여 성숙에 당연히 이르러야 한다는 주장을 할 때 사용한 비유이다.

즉, 마치 한번 믿으면 그것으로 모든 구원이 보장된 듯 믿는 개혁교회나 영국 국교회, 그리고 모라비안들까지 예외 없이 오류를 범하고 있는 것에 대해 웨슬리는, 그들이 말하는 성화와 근본적으로 다르다는 것을 주장하기 위해 "완전성화"를 주장하게 되었다. 완전성화에 대해 웨슬리의 의도가 가장 잘 드러나 있는 것이 1747년 연회록 일 것이다.[9] 결론적으로 린드스트롬이나 아우틀러나 콜린스 모두 수정된 웨슬리안신학을 발전시키고 있음을 본다.

그리스도인의 완전 교리와 관계하여 21세기 현대의 메도디스트들 가운데 나타나는 양상을 보면 그들은 다음의 네 가지 중 하나를 선택한 것 같다.

---

[8] Kenneth J. Collins, *The Theology of John Wesley: Holy Love and the Shape of Grace*, 300-03.
[9] Rack, *The Minutes of Conference*, 10:195. 그런가 하면, 웨슬리는 그의 1739년 9월 13일자 저널에서 자신과 메도디스트들이 어떤 면에서 공통점이 있고 어떤 면에서 다른지 잘 설명해 주었다. See Ward and Heitzenrater, *Journal and Diaries*, 19:96-7.

첫째, "그리스도인의 완전"에 대해 비록 웨슬리는 분명하게 설명하지 못했지만, 자신들이 더욱 분명하게 설명하려고 시도한다(많은 웨슬리안 학자들이 시도하고 있다).

둘째, 인간이 살아 있는 동안에 성취할 수 없다는 사실을 인정하면서도 웨슬리가 그랬던 것처럼 성경이 그렇게 말씀하셨기 때문에 여전히 믿고 선포한다.

셋째, 웨슬리도 담대하게 선포하던 초기와는 달리 비판에 밀려 결국 그리스도인의 완전히 아닌 완전을 주장하게 되었던 것처럼 후대의 웨슬리안들도 더 이상 그리스도인의 완전의 문제에 집착할 필요가 없다.

넷째, 웨슬리는 비판을 받으며 수정했지만, 웨슬리보다 더욱 강력하게 그리스도인의 완전을 주장하고 공공연하게 그리스도인의 완전을 성취했다고 선언한다(아마도 극단주의자들이나 광신주의자들이 이에 속할 것이다).

후대의 웨슬리안들은 상기한 네 가지 중 하나를 택하여 오늘날까지 다양한 웨슬리안신학을 발전시키며 다양한 웨슬리안 그룹을 형성하여 자신들이 가장 적통의 웨슬리안들이라고 주장하고 있는 것 같다.

지금까지 살펴본 바에 따라 우리는 최소한 웨슬리가 주장한 그리스도인의 완전 교리에 관해 다음과 같은 세 가지 결론을 내릴 수 있을 것이다.

첫째, 웨슬리는 그리스도인이 죄로부터 자유롭게 되는 완전을 이루는 것을 포기하는 것은 곧 그리스도인이기를 포기하는 것이라고 보고, 죽는 순간까지, 동료 설교자들에게 그리스도인의 완전에 대해 설교하는 것을 멈추지 말라고 독려했다. 그리고 자신이 정말로 목표로 했던 "죄의 지배를 받지 않는 완전한 삶"은 곧 "하나님과 이웃을 완전하게 사랑하는 삶"이라고 했고, 다른 한편으로는 그러한 완전은 자신의 노력이 아니라 전적으로 하나님의 은총에 의해서만 가능하다고 했다.

둘째, "그리스도인의 완전을 성취했다"라는 동료 메도디스트들의 고백을 믿고 "그리스도인의 완전" 교리의 타당성을 주장할 수 없다는 현실을 깨닫게 되었다. 웨슬리도 처음에는 고백에 의존했다가 날이 갈수록 그러한 고백의 허구성, 혹은 광신을 인식하고 더 이상 고백에 의존하지 않게 되었다는 것은 분명한 사실이다. 웨슬리나 플렛쳐나 애즈베리의 공통점이 있다면 자신들이 살아 있는 동안에 그리스도인의 완전을 이루었다고 고백한 적이 없고, 죽는 순간까지 치열하게 하나님의 은혜를 구했다는 것 또한 역사적 사실이다.

셋째, 웨슬리 이후 아메리칸 웨슬리안들은 그러한 문제를 인식하고 "성취"보다는 "추구"의 개념으로 이해했고, 완전한 성취는 성화의 단계보다는 "영화"의 단계로 이해함으로써 신학적인 해결을 모색했는데, 그 또한 웨슬리안신학의 발전이라 할 수 있겠다. 웨슬리 이후 아메리카에서 최근까지 반복 혹은 발전하고 있는 그리스도인의 완전의 교리에 대해서는 특히 콜린스와 매덕스의 신중한 고찰에 주목할 필요가 있다.[10]

이제 우리는 "그리스도인의 완전"에 대해 다음과 같이 두 가지로 정리하며 결론을 내릴 수 있을 것이다.

첫째, 웨슬리는 당시에 그 문제로 가장 심각하게 비판과 질문을 받았는데, 오늘날도 그러한 질문과 비판은 끊이지 않고 있다는 것이다.
둘째, 웨슬리가 그것에 답변하는 과정에서 몇 가지 변화를 보였다는 것이다.

예를 들어, 1747년 연회록에서는 사도 요한을 성경에서 완전을 성취한 인물이라 했지만, 정작 이 땅에서 그리스도인의 완전을 성취한 예를 묻는

---

10 Collins, *John Wesley*, 189-201, esp., 190; Maddox, *Respomsible Grace*, Chapter 7 and 9.

질문에는 답을 하지 않았다. 더 나아가 그러한 논리로 그리스도인의 완전에 대해 묻는 항목 자체가 삭제된다.[11]

후기로 갈수록 이미 그리스도인의 완전을 성취했다고 하는 사람들에게, 다시 죄에 빠지지 않도록 경계하며 더욱 하나님의 은총을 구하라고 격려하는 것이 전부이다.

웨슬리를 신학자로 인식하는 일은 그의 신학이 가장 우수하고 완전한 신학이라고 주장하는 것이 아니다. 오히려 그의 신학이 더욱 발전되고 교정될 필요가 있음을 인식하는 일이기도 하다. 그런 의미에서 오늘날 웨슬리안들은 웨슬리신학으로부터 배울뿐만 아니라 그의 신학을 더욱 발전시킬 책임과 의무를 갖고 있다는 사실을 분명히 인식할 필요가 있다.

---

[11] Rack, *The Minutes of Conference*, 10: 198.

부록 2

년도 별로 정리한 설교
(Sermons in Chronological Sequence)

설교 작성을 밝힌 연도가 아니면 설교한 날이나 출판한 날 기준(Date of Composition, if known; otherwise, date preached or published)[1]

1725년 10월 1일_____Death and Deliverance(욥 3:17)

1725년 11월 21일_____Seek First the Kingdom(마 6:33)

1726년 9월 29일___On Guardian Angels(시 91:11)

1727년 1월 11일___On Mourning for the Dead(삼하 12:23)

1727년 10월 6____On Corrupting the Word of God(고후 2:17)

1728년 1월 17일___On Dissimulation(요 1:47)

?_____Two Fragments on dissimulation

1730년 7월 4일____On the Sabbath(출 20:8)

1730년 10월 13____he Promise of Understanding(요 13:7)

1730년 11월 1일___The Image of God(창 1:27)

1731년 7월 12일___The Wisdom of Winning Souls(잠 11:30)

1732년 9월 3일____Public Diversions Denounced(암 3:6)

---

1 『200주년 기념 웨슬리 총서』의 목록을 인용한 것임을 밝힌다.

1733년 1월 1일	The Circumcision of the Heart(롬 2:29)
1733년 9월 15일	The Love of God(막 12:30)
1734년 4월 20일	In Earth as in Heaven(마 6:10)
1734년 5월	The one Thing Needful(눅 16:8)
1735년 9월 21일	The Trouble and Rest of Good Men(욥 3:17)
1736년 2월 3일	A Single Intention(마 6:22-23)
1737년 2월 20일	On Love(고전 13:3)
1738년 2월 20일	Salvation by Faith(엡 2:8)
1739년 4월 29일	Free Grace(롬 8:32)
1741년 6월 24일	Hypocrisy in Oxford, English text(사 1:21)
1741년 6월 27일	Hypocrisy in Oxford, Latin text(사 1:21)
1741년 7월 25일	The Almost Christian(행 26:28)
1741년	Christian Perfection(빌 3:21)
1742년 4월 4일	"Awake, Thou that Sleepest"(엡 5:14)
1744년 8월 24일	Scriptural Christianity(행 4:31)
1746년	Justification by Faith(롬 4:5)
1746년	The Righteousness of faith(롬 10:5-8)
1746년	The Way to the Kingdom(막 1:15)
1746년	The First-fruits of the Spirit(롬 8:1)
1746년	The Spirit of Bondage and of Adoption(롬 8:15)
1746년	The Witness of the Spirit, Discourse I(롬 8:16)
1746년	The Witness of Our Own Spirit(고후 1:12)
1746년	The Means of Grace(말 3:7)
1748년	The Marks of the New Birth(요 3:8)
1748년	The Great Privilege of those that are Born of God(요일 3:9)
1748년	Upon our Lord's Sermon on the Mount, I(마 5:1-4)
1748년	Upon our Lord's Sermon on the Mount, II(마 5:5-7)
1748년	Upon our Lord's Sermon on the Mount, III(마 5:8-12)

1748년	Upon our Lord's Sermon on the Mount, IV(마 5:13-16)
1748년	Upon our Lord's Sermon on the Mount, V(마 5:17-20)
1748년	Upon our Lord's Sermon on the Mount, VI(마 6:1-15)
1748년	Upon our Lord's Sermon on the Mount, VII(마 6:16-18)
1748년	Upon our Lord's Sermon on the Mount, VIII(마 6:19-23)
1748년	Upon our Lord's Sermon on the Mount, IX(마 6:24-34)
1750년	Upon our Lord's Sermon on the Mount, X(마 7:1-12)
1750년	Upon our Lord's Sermon on the Mount, XI(마 7:13-14)
1750년	Upon our Lord's Sermon on the Mount, XII(마 7:15-20)
1750년	Upon our Lord's Sermon on the Mount, IV(마 7:21-27)
1750년	The Original, Nature, Properties, and Use of the Law(롬 7:12)
1750년	The Law Established through Faith, I(롬 3:31)
1750년	The Law Established through Faith, II(롬 3:31)
1750년	The Nature of Enthusiasm(행 26:24)
1750년	A Caution against Bigotry(막 9:38-39)
1750년	Catholic Spirit(왕하 10:15)
1750년	Satan's Devices(고후 2:11)
1758년 3월 10일	The Great Assize(롬 14:10)
1759년	Original Sin(창 6:5)
1760년	The New Birth(요 3:7)
1760년	The Wilderness State(요 16:22)
1760년	Heaviness through Manifold Temptations(벧전 1:6)
1760년	Self-denial(눅 9:23)
1760년	The Cure of Evil-speaking(마 18:15-17)
1760년	The Use of Money(눅 16:9)
1762년	Wandering Thoughts(고후 10:5)
1763년 1월 30일	The Reformation of Manners(시 94:16)
1763년 3월 28일	On Sin in Believers(고후 5:17)

1765년	The Scripture Way of Salvation(엡 2:8)
1765년 11월 24일	The Lord our Righteousness(렘 23:6)
1767년 4월 4일	The Witness of the Spirit, Discourse II(롬 8:16)
1767년 4월 24일	The Repentance of Believers(막 1:15)
1768년 5월 14일	Good Steward(눅 16:2)
1770년 11월 18일	On the Death of George Whitfield(민 23:10)
1773년 6월 5일	On Predestination(롬 8:29-30)
1775년 5월 7일	On the Trinity(요일 5:7)
1775년 9월 11일	The Important Question(마 16:26)
1775년 11월 7일	National Sins and Miseries(삼하 24:17)
1777년 4월 21일	On Laying the foundation of the New Chapel(민 23:23)
1777년 11월 23일	The Reward of Righteousness(마 25:34)
1778년 5월 20일	A Call to Backsliders(시 77:7-8)
1778년	The Late Work of God in North America(겔 1:16)
1780년 12월 22일	Spiritual Worship(요일 5:20)
1781년 1월 5일	Spiritual Idolatry(요일 5:21)
1781년 1월 20일	The End of Christ's Coming(요일 3:8)
1781년 1-2월	The Danger of Riches(딤전 6:9)
1781년 5월 6일	On Zeal(갈 4:18)
1781년 7월 6일	The Case of Reason Impartially Considered(고전 14:20)
1781년 11월 30일	The General Deliverance(롬 8:19-22)
1782년 1월 20일	On Redeeming the Time(엡 5:16)
1782년 3월 13일	On the Fall of Man(창 3:19)
1782년 7월 9일	God's Love to Fallen Man(롬 5:15)
1782년 7-8월	God's Approbation of His Works(창 1:31)
1782년 10월 10일	Of Hell(막 9:48)
1783년 1월 7일	Of Evil Angels(엡 6:12)
1783년 1-2월	Of Good Angels(히 1:14)

1783년 4월 22일	The General Spread of the Gospel(사 11:9)
1783년 5월 26일	On the Family Religion(수 24:15)
1783년 5-6월	The Mystery of Iniquity(살후 2:7)
1783년 7월 12일	On the Education of Children(잠 22:6)
1784년 1-2월	On Dissipation(고전 7:35)
1784년 5월 5일	The Imperfection of Human Knowledge(고전 13:9)
1784년 3-4월	On Patience(약 1:4)
1784년 4월 28일	The Wisdom of God's Counsels(롬 11:33)
1784년 7월 17일	In What sense we are to Leave the World(고후 6:17-18)
1784년 9-10월	On Obedience to Parents(골 3:20)
1784년 10월 15일	On Charity(고전 13:1-3)
1784년 12월 6일	On Perfection(히 6:1)
1785년 3월 18일	On Obedience to Pastors(히 13:17)
1785년 7-8월	An Israelite Indeed(요 1:47)
1785년 9월 28일	Of the Church(엡 4:1-6)
1785년 9-10월	On Working Out Our Own Salvation(빌 2:12-13)
1785년 10월 24일	On the Death of John Fletcher(시 37:37)
1785년 11-12월	The New Creation(계 21:5)
1786년 3월 3일	On Divine Providence(눅 12:7)
1786년 3월 30일	On Schism(고전 12:25)
1786년 5월 1일	On Friendship with the World(약 4:4)
1786년 5월 23일	On Visiting the Sick(마 25:36)
1786년 6월 28일	On Eternity(시 90:2)
1786년 10월 7일	On Temptation(고전 10:13)
1786년 12월 30일	On Dress(벧전 3:3-4)
1787년 5월 22일	On Pleasing All Men(롬 15:2)
1787년	The Duty of Constant Communion(눅 22:19)
1787년 6월 27일	Of Former Times(전 7:10)

1787년 7월 23일	What is Man?(시 8:3-4)
1787년 7월 28일	The Duty of Reproving our Neighbor(레 19:17)
1787년 7-8월	The More Excellent Way(고전 12:31)
1787년 8월 27일	The Signs of the Times(마 16:3)
1787년 10월 7일	On Attending the Church Service(삼상 2:17)
1787년 10월 17일	On God's Vineyard(사 5:4)
1788년 3월 25일	Dives and Lazarus(눅 16:31)
1788년 4월 8일	On Conscience(고후 1:12)
1788년 4월 9일	On Faith(히 11:6)
1788년 4월 22일	On Riches(마 19:24)
1788년 5월 2일	What is Man?(시 8:4)
1788년 6월 11일	On the Discoveries of Faith(히 11:1)
1788년 8월 12일	On the Omnipresence of God(렘 23:24)
1788년 12월 30일	Walking by Sight and Walking by Faith(고후 5:7)
1789년 4월 9일	The Unity of the Divine Being(막 12:32-33)
1789년 5월 4일	Prophets and Priests(히 5:4)
1789년 7월 2일	Causes of the Inefficacy of Christianity(렘 8:22)
1789년 8월 15일	On Knowing Christ after the Flesh(고후 5:16)
1789년 8월	Human Life a Dream(시 73:20)
1789년 9월 25일	On a Single Eye(마 6:22-23)
1790년 2월 19일	On Worldly Folly(눅 12:20)
1790년 3월 26일	On the Wedding Garment(마 22:12)
1790년 4월 21일	The Deceitfulness of the Human Heart(렘 17:9)
1790년 6월 17일	Heavenly Treasure in Earthen Vessels(고후 4:7)
1790년 7월 6일	On Living without God(엡 2:12)
1790년 9월 21일	The Danger of Increasing Riches(시 62:10)
1791년 1월 17일	On Faith(히 11:1)

부록 3

웨슬리의 주요 연대(Chronology of John Wesley)[2]

1703. born 6월 28(June 17. By the Julian calendar then in use) at Epworth.

1707. brother Charles born Dec. 18 at Epworth.

1709. 2월 9. Rescued from buring parsonage in Epworth.

1711. 5월 12. Nominated for Charterhouse by the Duke of Buckingham.

1714-20. student at London's Charterhouse school.

1720. 6월 24 -1724. Student at Christ Church, Oxford.

1725 began keeping spiritual journal, while studing for Master's degree

1725. 8월 19. Ordained deacon.

1726. 3월 17. Elected Fellow at Lincoln College, Oxford.

1728. 9월 22. Ordained Anglical priest.

1729. Name Methodist given.

1735. Whitefield joins the Holy club.

1735. 4월 25. His father's death.

1735. 10월 14. Wesleys sail for Georgia under auspices of SPCK.

1736, 2월 5. Reaches America.

---

2 본 연대기는 Telford's Letters of the Rev. John Wesley, 281-86의 것과 Randy Maddox and Jason E. Vickers, eds., *The Cambridge Companion to John Wesley*, xix 을 종합하여 재구성한 것이다.

1736. 8월 11. Charles Wesley leaves Georgia.

1737. 12월 2. John Wesley leaves Savannah.

1738. 2월 1. John Wesley lands at Deal.

1738. 5월 21. Charles Wesley's evangelical conversion(or experience of assurance).

1738. 5월 24. John Wesley's evangelical conversion(or experience of assurance).

1738. 6월 13. Visits the Moravian Church.

1739. 4월 2. Field-preaching in Bristol.

1739. 11, 8. Brother Samuel Wesley, Jr. dies.

1739. 11월 11. Preaches in the Foundery.

1740. 7월 20. Withdraws from fetter Lane.

1742. 6월 6. Preaches on his father's tomb

_____.6월 30. Death of Susanna Wesley.

1743, 5월 29. Opens West Street Chapel, London.

1744. 6월 25. First Annual Conference.

_____. 8월 24. His last University sermon.

1747. 8월 9. First visit to Ireland.

1749. 4월 8. Charles Wesley marries Sarah Gwynne.

_____. 10월 3. Grace Murray marries John Bennet.

1751. 2월. Wesley marries Mrs. Vazeille.

_____. 4월. First visit to Scotland.

_____. 6월 1. Resigns his Fellowship.

1753. 11월 26. Writes his Epitaph at Lewisham.

1755. 1월. Notes upon the New Testament published.

1757. 3월 13. Ordination of John fletcher.

1759. 2월 16. Public Fast; fear of French invasion.

1762. 11월 26. Answer to Bishop Warburton.

1763. Model Deed adopted.

1765. 1월. Conference on Ordinations.

_____.Sermon "The Scripture Way of Salvation"

1766. 1월 31. Closer union with Whitefield.

1767. 8월 18. Conference in London; effort to remove debts on preaching-houses; Francis Asbury received on trial.

1768. 4월 27. Wesley makes a Will.

1769. 8월 1. The first lay preachers, Richard Boardman and Joseph Pilmoor Volunteer to go to New York.

1770. 9월 30. Death of George Whitefiled.

1771. 9월 4. Francis Asbury sails for America.

_____. Flecher's First and Second Check to Antinomianism published.

_____. Wesley issues the first five volumes of his collected Works.

1772. Friends provide Wesley with a carriage.

1775. A Calm Address to our American Colonies published.

_____. 4월 27. Death of Peter Böhler.

_____. 8월. Asbury decides to stay in America.

1776. 7월 4. American Declaration of Independence.

_____. 8월 18. Wesley first meets Dr. Coke.

1777. 4월 21. Foundation-stone of City Road Chapel laid.

1778. 1월 1. First number of Arminian Magazine.

_____. 11월 1. Opening of City Road Chapel.

1781. 10월 8. Death of Mrs. Wesley.

1783. 6월. Visit to Holland.

1784. 2월 28. Deed of Declaration executed.

_____. 9월 1-2. Ordinations for America.

_____. 12월 25-7. Francis Asbury ordained and set apart as General Superintendent for America.

1785. 8월 14. Death of John Fletcher.

1788. 3월 29. Death of Charles Wesley.

_____. 4월 4. Wesley in Macclesfield hears of his brother's death.

1790. His revised Translation of the New Testament published; and Hymns for Children, selected from his brother's hymns for Children; Preface dated March 27, 1790.

_____. 10월 6. Last open-air sermon, at Winchelsea.

_____. 10월 24. Last entry in Wesley's Journal.

1791. 2월 1. Wesley's last letter to America.

_____. 2월 22. Last sermon at Leatherhead; and last entry in his Diary.

_____. 2월 24. Last letter, to Wilberforce.

_____. 3월 2. Dies at City Road at 10 a.m.

_____. 3월 9. Buried at City Road

색인

ㄱ

가정 성경 주석 581
가정의학 처방서 229, 511
가톨릭신학 13, 27, 35, 56, 58, 60, 353, 523
간추린 교회사 199
간추린 라틴어 문법 544
간추린 로마사 551
간추린 영국 551
간추린 영어 문법책 538
값없이 주시는 은혜 397, 398, 418, 682
개혁신학 11, 336
개혁주의 메도디스트 864
개혁주의 신학 49, 54, 56, 226, 315, 335, 523, 889
결혼과 독신에 대한 생각 555
경건주의 35, 79, 210, 215, 295, 480, 501, 590
경건주의 운동 57
공동기도서 34, 74, 76, 118, 215, 783
관용법 145
교회 분리에 대한 더 깊은 생각 837
교회사 753
구약 성경 주해 630, 640
구원에 이르는 성경적 방법 523
구원의 순서 522, 523
그레고리 로페즈의 생애 251, 835
그레이스 머뢰이 503, 535, 538
그리스도교교양증진회 237
그리스도를 본받아 109, 177, 210, 251, 538
그리스도의 전가된 의에 대한 고찰 584

그리스도인 문고 53, 492, 530
그리스도인의 완전 51, 225, 232, 251, 464
그리스도인의 완전에 관한 실천적 연구 308
그리스도인의 완전에 대한 평이한 해설 173, 224, 232, 347
극단적 오류 27
극단적 칼빈주의 80, 82, 112, 294
기도하는 법 453
기독교신학 12, 56, 162, 334, 880
기독교의 본성과 계획 425
기독교지식증진회 125, 238
기독교지식촉진회 86

ㄴ

남부메도디스트감독교회 871
내적인 변화 314
냉정하게 살펴본 예정론 570, 571, 741
노예 제도 263, 272, 685, 686, 707, 785
뉴룸 442, 444, 824, 832
뉴캐슬 453
뉴캐슬신도회 440, 470
느헤미야 커녹 53
니코데무스 251

ㄷ

대립적 관점 27, 29
대영국감리교회 864
대 회의록 201
더블린 항구 511
데이비드 니츠만 245
도덕과 경건의 다양한 주제에 관하여 654
도르트회의 81
독신 생활에 대하여 640
돈의 사용 613, 848
동방교회 36, 37, 617

ㄹ

라틴어 문법 551
랜디 매덕스 15
런던스 잡지 555
런던신도회 439, 470, 534, 608, 618, 638, 667
레이튼 버리 15
로드 킹 494, 495, 628
로렌스 코플란 650
로마서 주석 319, 320, 381
로버트 E. 차일스 38
로버트 E. 크슈만 65
로 선생의 후기 저작을 읽고 598
루크 타이어만 49
루터 15
리차드 왓슨 881
리차드 후커 76
리처드 P. 하이젠래이터 17
리처드 그린 40

ㅁ

마담 귀용의 생애 요약 721
마음의 할례 225, 230, 618
마틴 슈미트 18, 319
막시민 피에트 54, 553
막심 피엣 15
만인구원론 80, 427
만인 구원에 대하여 730
만인제사장 85
매덕스 37, 67, 354
매일 기도집 210
매튜헨리 주석 640
메도디스트감독교회 66, 867
메도디스트들과 교황주의자들의 열광주의 비교 535
메도디스트들을 위한 찬송집 746
메도디스트들의 역사 199, 511, 753
메도디스트 약사 753
메도디스트연회 43, 469, 478, 486, 490, 697
메도디스트 운동 43, 57, 430, 534, 540, 848
메도디즘 201, 725, 758, 873

메도디즘에 대한 고찰 813
메도디즘의 약사 202, 203, 639
메리 바질 558
메릴랜드 876
명목상 그리스도인 348
모라비안 공동 442
모라비안 공동체 262, 441
모라비안신도회 318, 534
모르간 주니어(216
묘비문 579
미국메도디스트감독교회 868
미국메도디스트감독교회연합 867
미국메도디스트감독교회의 교리 선언문 783
믿는 자들의 회개 653
믿음으로 말미암은 구원 321, 332, 640
밀수 업자들에게 653

ㅂ

바나바 토마스 792
바돌로매 웨슬리 52
바스신도회 430, 739
바질 556
바툴로메 웨슬리 52
반회 262, 437, 441, 616
버킹엄 공작 148
법적인 100인회 769
보편적인 영 591
복음주의 신학 14, 16, 59, 387
복음홍보회 86
볼테르 88
부의 증가에 따른 위험성 849
불에서 꺼낸 그슬린 나무 139, 141
브리스톨 453
브리스톨신도회 470
브리스톨연회 597, 720, 857
비개종자의 부름 795
빙리교회 775

ㅅ

사라 크로스비 563, 616, 668
사무엘 웨슬리 36, 297, 371, 456
사이몬, 존 54
삶과 죽음에 대한 간략한 평가 801
삼위일체에 대한 찬송집 653
새로운 열광주의자들 514
생활습관개혁위원회 130
서방교회 37
선재은총 584, 702
선택론과 자유의지에 대하여 757
설교의 집 439, 768, 802
설교자 654
설교자들을 위한 발음과 제스처 안내 544
성경적 기독교 482, 798
성공회 31
성도의 견인에 대한 진지한 생각 568
성 마리아교회 294
성서 77
성 앤드류교회 454
성직자들에게 고함 594
성화 179, 338, 428, 474, 490, 888
세례에 대하여 598
세례에 대한 강론 127, 598
소수 지도자반 450
소우데, 로버트 46
소크라테스에 대한 추억 452
소피아 홉키 274, 553
속회 262, 438, 442
수잔나 92, 93, 456, 459
순간적 회심 338
슐라이어마허 14, 331
스코틀랜드교회의 고난의 역사 654
시어도어 룬 20
시티로드 45, 716, 733, 818
시편과 찬송 모음집 261
시험령 83
식민지개척위원회 263
신구약 성경 주석 880
신도회 131, 262
신비주의 426
신비주의 신학 35
신생 314, 339, 374
신성화 37
신성회 131, 201
신약 성경 주해 530, 581, 708
신인협동설 27, 28, 693
신학 강의 581
실천적 신학 15, 518, 568
씨름하는 야곱 817

ㅇ

아담 클락 47, 757, 845, 852, 880
아이리쉬 89
아이작 왓츠 457, 858
아프리칸메도디스트감독시온교회 868
안드레교회, 성 297
알미니안 신학 80
알미니안 잡지 53, 229, 459
알버트 아우틀러 15, 31, 351, 591, 890
애즈베리 810, 866
어거스트 헤르만 프랑케 251, 363, 402
어거스틴 리거 59, 179, 348
어니스트 래이튼버리 316, 349
어니스트 레이튼 버리 15
어린이들을 위한 가르침 502
어린이들을 위한 교육 2권 512
얼 다트머스(616
에드문드 깁슨 245
에드윈 숙든 53
에딘버러 547, 668, 754
엘리자베스 116
엡워스 206, 453, 774
여러 상황을 위한 설교집 499, 538
연합신도회 438, 444
연합자유감리교회 864
열광주의에 반하여 516
영국 국교회 13
영국웨슬리안메도디스트교회 869
영어 관주 성경 640
영적인 급류 453
예언자와 제사장 836
예정론 80, 399, 450, 571, 583
예정론에 대한 대화록 753
예지론 80
오직 믿음에 402
오직 믿음에 의한 칭의 294, 315, 527
오직 한 책의 사람 500

올더스게이트 59, 312, 348, 498, 523
올리버 크롬웰 82, 99
완전성화 491, 507, 592, 618, 619, 635, 659, 888
요한 아른트 262
요한전도자교회, 성 297
욥기 주석 237, 240, 454
우리의 의가 되시는 주님 640
원시기독교 551
원에 이르는 성경적 길 640
원죄 343, 630
웨스트민스터 148, 548
웨스트스트릿채플 829
웨스틀리 홀 511, 525
웨슬리신학 23, 59
웨슬리신학 방법론 26
웨슬리안개혁자 864
웨슬리안 부흥 운동 38, 884
웨슬리안신학 23, 27, 51, 753
웨슬리역사위원회 52
웨슬리의 나무 847
웨슬리의 생애 51, 489
웨슬리의 포도원 227
웨슬리의 표준설교 53
웨슬리 총서 43, 683
웨슬리출판위원회 460
윌리엄 라우 79
윌리엄 케이브 79, 119
윌리엄 R. 캐논 20, 62
윌리엄 로 188, 463
윌리엄 몰간 201
윌리엄슨 277
윌리엄 시워드 423
윌리엄 제임스 58
윌리엄 해밀톤 814
윗필드 397
유아세례 827
유아세례에 대해 568
은혜의 방편 384, 415, 439, 477
이브라임 사이러스 492
이브라임 싸이러스 617
이성 77
이즈키엘 쿠퍼 855
인간의 자연 의지의 죄성 402
인디언 선교 268

ㅈ

자연철학 604
자유에 대한 몇 가지 고찰 721
자유의지 584
재세례파 56
전기 654
전통 77
정적주의 411
정치법, 교회 78
제레미 테일러 109
제이콥 뵈메 453
제임스 오켈리 867
제임스 허비 409, 583
젠틀맨스 잡지 555
조나단 에드워드 786
조셉 버틀러 396
조셉 벤슨 46
조셉 테일러 759
조시아 터커 526
조지 J. 스티븐슨 52
조지 셰퍼드 810, 866
조지아개척위원회 293
조지아 선 61
조지아 선교 241, 340
조지아식민지개척위원회 282
조지 크래프트 셀 59
조지 크로프트 셀 15
존 낙스 79
존 다운스 614
존 데슈너 334
존 둔톤 121
존 로슨 65
존 로크 88
존 번연 457
존 세닉 510
존 스미스 454
존 웨스틀리 123
존 웨슬리의 생애 48
존 위클리프 156
존 윌리엄 플레쳐 589
존 커크비 547
존 크리소스톰 129
존 테일러 453, 454
존 텔포드 51

존 톨랜드 88
존 포슨 45, 735
존 폭스 78
존 햄슨 43, 775
존 허튼 245
존 화이트헤드 44
종교개혁신학 13, 498
종교의 유비 395
종교적 기만에 대한 경계 514
종합적인 신학 16
죄의 용서 300
주간 역사 421
주교회의 144
주일 예배를 위한 찬송집 827
주일 예배 인도서 783
진정한 그리스도인 348
진정한 기독교 100, 590
진젠도르프 259, 295, 363, 488

ㅊ

차터하우스 136, 149, 246
찬송과 시편송 415
찰스 2세 118
찰스 아트모어 840
찰스 웨슬리 40
참회자반 448
창조에 나타난 하나님의 지혜에 관하여 604
채플 439
책임적 은총 67
청교도들의 역사 503
초기메도디스트교회 867
초기메도디스트연합 864
최초남부메도디스트감독교회연회 871
츠빙글리 56

ㅋ

칼 바르트 14, 334
칼빈 15
캐나다성경기독교인교회 869
캐나다연합교회 869
캐나다웨슬리안메도디스트교회 869
캐나다초기메도디스트교 869
캐서스톤 116
캠프모임메도디스트 864
케네스 E. 로 65
케네스 L. 카더 31
콕 824
콕스 63
콕스베리 810
콜린 윌리엄스 63, 591
크롬웰 82
크리스마스연회 782
클리포드 298
킹스우드신도회 431
킹스우드학교 532

ㅌ

타이어맨 60
테오도르 제닝스 345
텔포드, 존 18
토마스 디이컨 209
토마스 랜킨 866
토마스 아 켐피스 251
토마스 아켐피스 60, 109
토마스 월쉬 597
토마스 잭슨 48
토마스 카트라이트 78
토마스 캐피터 573
토마스 콕 720, 835
토머스 콕 45
통합적 관점 27, 29
튤립 81
티모시 메릿 882

ㅍ

파운더리신도회 639
페터레인신도회 302
펠라기우스주의 81
프라임 싸이러스 266
프란시스 애즈베리 608
프란츠 힐데브란트 63
프랭크 베이커 20
프리즐리 654

프리칸메도디스트감독교회 867
플레처 793
피카이른 453
필립 몰터(Philip Heinrich/ Philip Henry
　　　411

ㅎ

하나님과의 계약을 갱신하는 방안들 746
하웰 해리스 574
하이젠레이터 640
행동강령 866
헌신 되고 거룩한 삶에 대한 진지한 소명
　　　308
헤른후트 295
헬렌교회 297
홉킨스 주교의 십계명 해설 요약 608
횟필드 199
휴먼협회 729

참고 문헌(Bibliography)

200주년 기념 웨슬리 총서(The Works of John Wesley Bicentenial Edition)

Baker, Frank. ed., *The Works of John Wesley*, vol. 25, *Letters* 1-2. Oxford: Clarendon Press, 1980-82.

Campbell, Ted A. ed., *The Works of John Wesley*, vol. 27, *Letters* 3. Nashville, TN: Abingdon Press, 2015.

Chilcote, Paul Wesley. ed., *The Works of John Wesley*, vol. 13, *Doctrinal and Controversial Treaties* 2. Nashville, TN: Abingdon Press, 2013.

Cragg, Gerald, ed. *The Works of John Wesley*, vol. 11, *Appeals to Men of Reason and Religion and Certain Related Open Letters*. Nashville, TN: Abingdon Press, 1975.

Davies, Rupert E, ed. *The Works of John Wesley*, vol. 9, *The Methodist Societies: History, Nature, and Design*. Nashville, TN: Abingdon Press, 1989.

Hildebrandt, Franz and Beckerlegge, Oliver A. ed., vol. 7, *A Collection of Hymns for the Use of The People Called Methodists*. Nashville, TN: Abingdon Press; first published by Oxford University Press, 1983.

Maddox, Randy L. *The Works of John Wesley*, vol. 12, *Doctrinal and Controversial Treaties* 1. Nashville, TN: Abingdon Press, 2012.

Outler, Albert, ed. *The Works of John Wesley*, vol. 1-4, *Sermons*. Nashville, TN: Abingdon Press, 1984-87.

Rack, Henry D, ed. *The Works of John Wesley*, vol. 10, *The Methodist Societies: The Minutes of Conference*. Nashville, TN: Abingdon Press, 2011.

Ward, Regnald W. and Heitzenrater, Richard P. *The Works of John Wesley*, vol. 19-24, *Journal and Diaries*, 1988-2003. Books and Articles(책과 논문)

Armstrong, Anthony. *The Church of England, the Methodists, and Society, 1700-1850*. London: University of London Press Ltd., 1973.

Atkinson, John. *History of the Wesleyan Movement in America and the Establishment of Methodism*. New Jersey: Wesleyan Publishing Company, 1896.

Atmore, Charles. *The Methodist Memorial*. Broad Street: Richard Edward, 1801.

Bainton, Roland . *Here I stand*. Nashville, TN: Abingdon Press; 1950; New York ans Scarborough: New American Library, 1977.

Baker, Frank. *John Wesley and the Church of England*. Nashville, TN: Abingdon, 1970.

_____. "The Origins, Character, and Influence of John Wesley's Thoughts Upon Salvery," *Methodist History* 22, no. 2, January 1984, 75-86.

Blankenship, Paul Freeman. "Significance of John Wesley's Abridgement of the Thirty-nine Articles as Seen from His Deletion," *Methodist History* 2, no. 3, 1964, 35-47.

Briggs, John P. "Unholy Desires, Inordinate Affections: A Psychodynamic Inquiry into John Wesley's Relationship with Women," *Conneticut Review* 13, Spring 1991, 1-18; Brown, Earl Kent. *Women in Mr. Wesley's Methodism*. Lewiston, N.Y. Edwin Mellon, 1983.

Bundy, David. "Wesley and The Eastern Church," in Young Tae Han, ed., 조종남.「목사 성역50주년 기념 논문집」. 서울: 두루, 2006, 367-377.

Butterworth, R. "Wesley as TheAgent of The S.P.G." *Proceedings of the Wesley Historical Society*, vol. 7. 1910, 99-102.

Cannon, William R. *The Theology of John Wesley, with special reference to the doctrine of Justification*. New York: Abingdon Press, 1946.

Cell, George Croft. *The Rediscovery of John Wesley*. New York: Henry Holt and Company, 1935.

Chilcote, Paul Wesley. *John Wesley and the Women Preacher of Early Methodism*. Metuchen & London: The Scarecrow Press, Inc., 1991.

Chiles, Robert E. *Theological Transition in American Methodism*. New York: Abingdon Press, 1965; Lanham, New York, London: University Press of America, 1983.

Church, Leslie. *The Early Methodist People*. London: Epworth Press, 1948.

Clarke, Adam. *Memories of the Wesley Family Collected Principally From Original Docu-*

ments. New York: Collord Printer, 1832.

_____. *Christian Theology*. London, 1835.

Coke, Thomas and Moore, Henry. *Life of Rev. John Wesley*. London, 1792.

Collins, Anthony. *A Discourse of Free-Thinking*. London:1713.

Collins, Kenneth J. *John Wesley: A Theological Journey*. Nashville, TN: Abingdon Press, 2003.

_____. *The Theology of John Wesley: Holy Love and the Shape of Grace*. Nashville, TN: Abingdon Press, 2007.

_____. *A Real Christian: The Life of John Wesley*. Nashville, TN: Abingdon Press, 1999.

Coppedge, Allan. *Shaping the Wesleyan Message: John Wesley in Theological Debate*. Indiana: Francis Asbury Press, 1987.

Cox, Leo. *John Wesley's Concept of Perfection*. Beacon Hill Press, 1964.

Cracknell, Kenneth. "The Spread of Wesleyan Methodism," 248-49 in Randy L. Maddox and Jason E. Vickers, *The Cambridge Companion to John Wesley*. Cambridge: Cambridge University Press, 2010.

Curnock, Nehemiah. ed. *The Journal of the Rev. John Wesley*, A.M., 8 vols. Epworth Press, 1938; 초판 1909.

Dallimore, Arnold A. *Susanna Wesley: The Mother of John and Charles Wesley*. Grand Rapids, MI: Baker Book House, 1993.

Deschner, John. *Wesley's Christology: An Interpretation*. Dallas: Sothern Methodist University Press, 1960, 1985.

English, John C. "'Dear Sister': John Wesley and the Women of Early Methodism," Methodis History 33, no. 1, October 1994, 26-33.

Etheridge, "Life of Coke," *Methodist Magazine*,1788, 486.

Fitchett, William. *Wesley and His Century, a Study in Spiritual Forces*. London: Smith Elder, 1906.

Fleetwood, William. *The Perfectionist Examined*. London: Roberts, 1941.

Flew, R. Newton. *Idea of Perfection in Christian Theology*. Oxford: Oxford University Press, 1934; Oregon: Wipf and Stock Publishers, 2002.

Gramling, Roger M. *The American Methodists: Organization, Division, Reunion*. Columbia, South Carolina: Print Media Center, 2008.

Miller, P. ed. *The Works of Jonathan Edwards*. vol. 2. New Haven, Yale Univ. Press, 1957-1989.

Rogers, James. *Some account of the last sickness and death of the Rev. John Wesley*, M.A. Doublin: Dugdale, 1791.

Green, R. *The Works of John and Charles Wesley. A bibliography containing an exact account of all the publications issued by the brothers Wesley; arranged in chronological order, with a list of early editions, and descriptive and illustrative notes*. London, 1896; reprinted. 1906.

Green, Vivian H. H. *The Young Mr. Wesley: A Study of John Wesley and Oxford Methodist*. New York: St. Martin's Press, 1961.

Hampson, John. *Memoirs of the late Rev. John Wesley*, M.A., *with a review of his life and writings, and a History of Methodism, from its commencement in 1729 to the present time*. Sunderland, 1791.

Heitzenrater, Richard P. *The Elusive Mr. Wesley: John Wesley as Seen by His Own Biographer*, vol. 1 and 2. Nashville, TN: Abingdon Press, 1984.

Heitzenrater, Richard P. *Wesley and the People Called Methodists*. Nashville, TN: Abingdon Press, 1992.

Heitzenrater, Richard P. "At Full Liberty: Doctrinal Standards in Early American Methodism," pp. 189-204, in Richard P. Heitzenrater, ed., *Mirror and Memory: Reflections on Early Methodism*. Nashville, TN: Kingswood Books, 1989.

Hempton, D. *Methodism and Politics in British Society 1750-1850*. Hutchison, 1984.

Henderson, D. Michael. *John Wesley's Class Meeting: A Model for Making Disciples*. Nappanee, Ind. Evangel Publishing House, 1997.

Hildebrandt, Franz. *From Luther to Wesley*. London: Epworth Press, 1951.

Hooker, Richard. *Of the Laws of Ecclesiastical Polity*, v. 1, *with Introduction by Christopher Morris*. London: J.M. Dent & Sons LTD, 1907, last printed 1958.

Jackson, Thomas. *The Works of John Wesley*, 14 vols. London, 1829-31; reprinted 2007 by Baker Books.

_____. *The Journals of Rev. Charles Wesley*. London: John Mason, 1849; reprinted by Grand Rapids, MI. Baker Book House, 1980.

Jennings Jr., Theodore W. "John Wesley Against Wesley," *Quarterly Review* 8, Fall 1988, pp. 3-22.

LeeHoo-Jung. "Experiencing the Spirit in Wesley and Macarius," in Randy L. Maddox, ed., *Rethingking Wesley's Theology*. Nashville, TN: Kingswood Books, 1998.

Lindström, Harold. *Wesley and Sanctification*. London: Epworth Press, 1946.

Lodahl, Michael E. "'The Witness of the Spirit': Questions of Clarification for Wesley's Doctrine of Assurance," *Wesleyan Theological Journal 23*, No. 1 and 2, Spring-Fall 1988, pp. 188-97.

Locke, John. *The Reasonableness of Christianity, as Delivered in the Scriptures*. London: Adam and Charles Black, 1958.

Logan, James C. *Theology and Evangelism in the Wesleyan Heritage*. Nashville, TN: Kingswood Books, 1994.

McAdoo, Henry R. *The Spirit of Anglicanism*. New York: Charles Scribner's Sons, 1965.

Maddox, Randy L. ed., *Aldersgate Reconsidered*. Nashville, TN: Kingswood Books, 1990.

_____. Maddox, Randy L. *Responsible Grace*. Nashville, TN: Kingswood Book, 1994.

_____. Maddox, Randy. "Celebrating Wesley – When?" *Methodist History* 29, no. 2, *January 1991*, pp. 63-75.

Maddox, Randy L. and Vickers, eds., Jason E. *The Cambridge Companion to John Wesley*. Cambridge University Press, 2010.

Methodist Bicentennial Commemorative Reprint, *John Welsey's Sunday Service of the Methodists in North America*. The United Methodist Publishing House and the United Methodist Noard of Higher Education and Ministry, 1984.

Monk, R. C. *John Wesley: His Puritan Heritage*. Nashville, TN: Abingdon Press, 1966.

Moore, Henry. *The Life of John Wesley*, 2 vols. London: John Kershaw, 1824-25.

Nagler, Arthur Wilford . "Pietism and Methodism: A Comparative Study," in *Pietism and Methodism, Or, The Significance of German Pietism in the Origin and Early Development of Methodism*. Nashville, TN: Publishing House M.E. Church, South, 1918.

Newton, John A. *Methodism and the Puritans*. London: Dr. Williams's Trust, 1964.

Norwood, Frederick A. *The Story of American Methodism*. Nashville. Abingdon Press, 1974.

Oden, Thomas C. and Longden, Leicester R. eds., *The Wesleyan Theological Heritage: Essays of Albert C. Outler*. Grand Rapid, MI. Zondervan Publishing House, 1991.

Oden, Thomas C. *John Wesley's Scriptural Christianity*. Grand Rapid: Zondervan Publishing House, 1994.

Oden, Thomas C. *Doctrinal Standards in the Wesleyan Tradition*. Grand Rapids, MI: Francis Asbury Press of Zondervan Publishing House, 1988.

Outler, Albert C. ed., *John Wesley*. New York: Oxford University Press, 1964.

_____. Outler, Albert C. "The Place of Wesley in the Christian Tradition," in Kenneth E.

Rowe, ed., *The Place of Wesley in the Christian Tradition*. Metuchen, NJ: The Scarecrow Press, 1976.

Outler, Albert C. and Heitzenrater, Richard P. eds., *John Wesley's Sermon: An Anthology*. Nashville, TN: Abingdon Press, 1991.

Piette, Maximin. *John Wesley in the Evolution of Protestantism*. New York: Sheed and Ward, 1938; in Franch 1925.

Peters, John L. *Christian Perfection and American Methodism*. New York, Abingdon Press, 1956.

Pine, William. ed., *The Works of the Rev. John Wesley*, A.M., 32 vols. Bristol: 1771 – 1774.

Rack, Henry D. *Reasonable Enthusiast: John Wesley and the Rise of Methodism*. Nashville, TN: Abingdom Press, 1992.

Rack, Henry D. *The Works of John Wesley*, Volume 10: *The Methodist Societies, the Minutes of Conference*. Nashville, TN: Abingdom Press, 2011.

Rattenbury, J. Ernest. *Welsey'sLagacy to the World*. London: The Epworth Press, 1928.

Rowe, Kenneth E. ed., *The Place of Wesley in the Christian Tradition*. Metuchen, NJ: The Scarecrow Press, 1976.

Runyon, Theodore. ed., *Wesleyan Theology Today: A Bicentenial Theological Consultation*. Nashville, TN: Kingswood Books, 1985.

Schilling, Paul S. *Methodism and Society in Theological Perspective, vol. 3 of Methodism and Society*. Nashville, TN: Abingdon Press, 1960.

Schmidt, Martin. *John Wesley: A Theological Biography*. Vol. 1-2. Nashville, TN: Abingdon Press, 1962.

Simon, John S. *John Wesley, the Master-Builder*. London: The Epworth Press, 1927.

Snyder, Howard A. *The Radical Wesley*. IL: IVP, 1980.

Southey, Robert. *The Life of Wesley and the Rise and Progress of Methodism*. London, 1820; Oxford, 1925.

Stacey, John. *John Wesley: Contemporary Perpectives*. London: Epworth Press, 1988.

Stevenson, George J. *Memorials of The Wesley Family*. London: S.W. Partridge & Co., 1876.

Sugden, Edwin H. W*esley's Standard Sermons*, 2 vols. Epworth and Allenson, 1954, 56.

Telford, John. *Life of John Wesley*. London, 1886.

_____. ed. *The Letters of the Rev. John Wesley*, A.M., 8 vols. Epworth Press, 1931.

Thorsen, Don. *The Wesleyan Quadrillateral*. Lexington: Emeth Press, 1990, 2005.

Toland, John. *Christianity not Mysterious*. London, 1969.

Tyerman, Luke. *The life and Times of Samuel Wesley*. London, 1866.

_____. *The Life and the Times of the Rev. John Wesley*, M.A., Founder of the Methodists, 3 vols. London, 1870.

Tyson, John R. ed., *Charles Wesley: A Reader*. Oxford: Oxford University Press, 1989.

Tyson, John R. "Sin, Self and Society: John Wesley's Hamartiology Reconsidered [his Sermons on several occasions]," *The Asbury Theological Journal* 44, no. 2(Fall1989), 77-89.

Wakeley, J.B., ed., *Anecdotes of the Wesleys*. New York: carlton & Lanahan; Cincinnati: Hitchcock & waldon: 1870,

Wallace Jr., Charles. ed., *Susanna Wesley: The Complete Writings*. New York: Oxford University Press, 1997.

Wallace, Jeffrey L. ed., *Five Checks to Antinomianism*. Missouri: Apprehending Truth Publishers, 2011.

Watson, Richard. *Observations on Southey's "Life of Wesley."* London, 1821.

_____. *Theological Institutes*, 3 vols. New York: Emory and Waugh, 1828.

White, James F. ed. *John Wesley's Sunday Service of the Methodists in North America*. The United Methodist Publishing House and the United Methodist Board of Higher Education and Ministry, 1984.

Whitehead, John. *The Life of the Rev. John Wesley*. London, 1793.

Wakefield, Gordon. "John Wesley and Ephraem Syrus," in *Hugoye: Journal of Syriac Studies*, 1998, 2010, v. 1-2: 273-286.

Williams, Colin W. *John Wesley's Theology Today*. New York & Nashville, TN: Abingdon Press, 1959.

Wordsworth, Christopher. *Social Life at the English Universities in the Eighteenth Century*. Cambridge, 1874.

Wynkoop, Mildred B. *Foundations of Wesleyan - Arminian Theology*. Kansas City: Beacon Hill Press, 1854.

국내 도서

김진두. 『존 웨슬리의 생애』. 서울: kmc, 2010, 초판 2006.
_____. 『웨슬리의 뿌리』. 서울: kmc, 2009, 초판 2005.
김홍기. 『종교개혁사: 마틴 루터에서 존 웨슬리까지』. 서울: 지와사랑: 2004.
박창훈. 『존웨슬리, 역사비평으로 읽기』. 서울: 대한기독교서회, 2007.
_____. 『존웨슬리, 사회비평으로 읽기』. 서울: 대한기독교서회, 2014.
이후정. 『성화의 길』. 서울: 대한기독교서회, 2001.
장기영, 개신교신학의 양대 흐름: 루터신학 vs 웨슬리신학. 경기: 웨슬리르네상스, 2019.
조종남, 『요한 웨슬레의 신학』. 서울: 대한기독교서회, 1984, 2008년 12쇄.
주승민, 『정교회와 웨슬리의 성화론의 관계 연구』. 강근환 교수 은퇴 기념 논문집 출판 위원회, 성결과 하나님 나라. 서울: 한들, 2000, 97-142.

국외 도서 및 역서

노로요시오. 『존 웨슬리의 생애(生涯)와 사상(思想)』, 김덕순 역. 서울: 기독교대한감리회홍보출판국, 1993; 1974 일본어판.
베르나르 코트레. 『루터 칼뱅 웨슬리』. 박건택 역. 서울: 솔로몬, 2004.